실질실무와 이론·사례로 구성한

통합 도산법(파산 회생) 실무총서

구(舊) 회사정리법, 화의법, 파산법, 개인채무자회생법

감수 : 박 근 영
편찬 : 김 용 환

법무사·변호사·법조계의 가장 광범위한 새로운 영역!

법 문 북 스

개정 증보판을 내면서

채무자의 회생 및 파산에 관한 사항이 회사정리법·화의법 및 파산법에 분산되어 있어서 각 법률마다 적용대상이 다를 뿐만 아니라, 특히 회생절차의 경우 회사정리절차와 화의절차로 이원화되어 있어서 그 효율성이 떨어지므로 상시적인 기업의 회생·퇴출체계로는 미흡하다는 지적이 있었다.

이에 2005년 3월 31일 도산법제를 1개의 법률로 통합하기 위하여 회사정리법·화의법 및 파산법을 통합하여 「채무자의 회생 및 파산에 관한 법률」의 체계를 일원화하는 한편, 기존의 회생절차중 화의절차를 폐지함과 아울러 회사정리절차를 개선·보완하고, 정기적 수입이 있는 개인채무자에 대하여는 파산절차에 의하지 아니하고도 채무를 조정할 수 있는 개인회생제도를 도입하여 파산선고로 인한 사회적·경제적 불이익을 받게 되는 사례를 줄이며, 국제화시대에 부응하여 국제도산절차에 관한 규정을 신설하여 2006년 4월 1일부터 시행하게 되었다. 그 후 수차례에 걸쳐 현실에 맞게 다시 개정하여 지금에 이르게 되었다.

이 책에서는 복잡하고 다양하게 바뀐 내용을 알기 쉽게 정리하였고, 특히 다음 사항들에 대해 중점적으로 분석하여 수록하였다.

1. 실무에 있어서의 처리
법률이 명문의 규정 그대로 적용되고 해석되어야 하겠지만 몇몇 경우에 있어서는 실무에서 그의 적용이 다소 다른 경우가 없지 않다. 따라서 이 책에서는 이와 같은 경우에 있어서 실무가들에게 도움이 되고자 실무에서의 처리상황에 대해서 서술하려고 노력하였다.

2. 실무에서 문제되는 경우
법원의 확립된 판례가 없는 경우이거나 학계에서도 그의 견해가 통일되지 못한 경우가 있다. 이런 경우에 있어서는 편저자의 해석을 통하여 결론을 도출하려고 노력하였다.

3. 최근 대법원 판례의 빠짐없는 수록
최근의 대법원 판례는 빠짐없이 수록하였다. 판례가 법원성이 있는 것은 아니지만 판례의 중요함은 아무리 강조를 해도 지나치지 않을 것이다.

4. 판례와 이론 그리고 실무의 조화

판례와 이론 그리고 실무가 조화를 이루도록 하여 어느 한쪽으로 치우침이 없도록 하였다. 그리고 전체법의 적용과 해석에 있어서 통일을 이루고자 노력하였다.

5. 서식의 다양화

각 종 절차에 있어서 반드시 필요한 서식들을 관련 법조문·규칙·예규·질의회신 등에 맞추어 빠짐없이 수록하여 법률실무가들이 신속하고 정확한 사건처리와 새로운 영역인 채무자 회생 및 파산에 관해 정확한 지식을 얻을 수 있게 하였다.

6. 종전의 회사정리법, 파산법 및 개인채무자회생법의 정확한 해설

채무자의 회생 및 파산에 관한 법률은 제정된 법률이지만 종전의 회사정리법, 파산법 및 개인채무자회생법의 연장선상에 있기 때문에 종전의 회사정리법, 파산법 및 개인채무자회생법과 유사한 경우도 여러 개 있다. 이에 따라 제정된 법률에 종전의 회사정리법, 파산법 및 개인채무자회생법 내용을 표시하여 수록 이해의 편의를 높이고자 하였다. 그러나 법률실무가들의 편의상 제1편 개인회생절차, 제2편 파산절차, 제3편 총칙, 제4편 회생절차, 제5편 국제도산, 제6편 벌칙으로 편제하고, 개인회생신청 작성실례를 정리·수록하여 이해와 편의를 높이고자 하였다.

이 책은 채무자의 회생 및 파산에 관한 법률은 회생절차와 파산절차 그리고 개인회생절차에 있어서 유사한 경우가 여러 개 있어서 적용 및 해석에 있어서 조심해야 한다. 그래서 각 조문별 적용요건을 명확히 이해하여 적용을 잘못하게 되는 경우는 없도록 법 조문순서에 따라 정리하였다.

아무쪼록 이 책이 채무자의 회생 및 파산에 관한 업무를 담당하는 자 및 실무자 모든 분들에게 큰 도움이 되리라 믿으며, 열악한 출판시장임에도 불구하고 흔쾌히 출간에 응해 주신 법문북스 김현호 대표에게 감사를 드린다.

2024. 01
편저자 씀

참 고 문 헌

회사정리실무		법원행정처
화의사건실무		법원행정처
도산처리법1, 2		사법연수원교재
보전소송		사법연수원교재
민사실무		사법연수원교재
민사집행		사법연수원교재
대법원판례집		법원행정처
법원공보		법원행정처
법원실무		법원행정처
법원실무제요		법원행정처
파산사건실무		서울중앙지방법원
개인채무자회생실무		서울중앙지방법원
개인회생사건유형별사례집		서울중앙법원파산부
회사정리와구조조정		세종신문사
파산법 2판	전병서	한국사법행정학회
실무파산법	이해우	법률문화원
실무화의법	이해우	법률문화원
도산법총론	박승두 저	법률SOS
회사정리법	박승두 저	법률SOS
개인파산개인채무자회생법실무	이호선편저	백영사
민사서식절차총람	박동섭	법문출판사
민사집행실무편람	이재용	법률미디어
대법원자료실무총람	대한실무법령편찬회	법문출판사
법률종합서식대전	박근영 외	법문출판사
가압류 가처분 실무총람		동민출판사
민법주해		백영사
민법실무총람	김동현	법문출판사
민사실무대전		백영사
상업등기총람	정주수 외	법문출판사
부동산등기요해	정주수 외	법문출판사
실무상업등기	김태식	동민출판사
실무부동산등기	신현기	동민출판사
실무법인등기	신현기	동민출판사
법률양식서식총람	오용호	법문출판사
법률구조공단상담사례		법률구조공단
대법전		현암사
파산법연구		박영사
합법적인개인파산신청법	박준오	이지북

차 례

제1편 개인회생절차

제1장 총칙

용어의 정의(제579조) ·· 3
  1. 개인채무자 ··· 3
  2. 급여소득자 ··· 3
  3. 영업소득자 ··· 5
  4. 이중소득자 ··· 7
  5. 가용소득 ··· 7

개인회생재단(제580조) ·· 8
  1. 개인회생재단에 속하는 재산 ··· 8
  2. 개인회생재단과 파산재단의 차이 ··· 8
  3. 개인회생재단의 조사 ··· 9
  4. 문제되는 점 ··· 9

개인회생채권(제581조) ·· 10
  1. 정의 ·· 10
  2. 개인회생채권의 요건 ··· 10

개인회생채권의 변제(제582조) ·· 12

개인회생재단채권(제583조) ·· 12
  1. 의의 ·· 12
  2. 개인회생재단채권의 범위 ··· 12
  3. 개인회생재단채권의 성질 ··· 14
  4. 개인회생재단채권은 개인회생채권보다 먼저 변제한다. ······················· 14
  5. 개인회생재단채권의 실무상 처리 ··· 15

부인권(제584조) ·· 16
  1. 개념 ··16
  2. 부인권의 성립요건 ··16
  3. 부인권의 행사 ···21
  4. 부인권 행사의 효과 ··21
  5. 부인권의 소멸 ···23
  【서식】부인권행사명령 ··24
환취권(제585조) ·· 25
  1. 개념 ··25
  2. 환취권의 대상 및 그 기초가 되는 권리 ·································25
  3. 환취권의 행사 ···26
별제권(제586조) ·· 26
  1. 파산절차 별제권 규정의 준용 ···26
  2. 담보권 실행의 중지, 금지 ···26
  3. 회생채무자에 대하여 임대차보증금 반환채권을 가진 채권자의 경우 ·····28
  4. 별제권 행사로 만족받지 못할 채권액을 정하는 방법 ···········29
상계권(제587조) ·· 29

제2장 개인회생절차의 개시

개인회생절차개시의 신청권자(제588조) ······································ 30
  【관련 질의응답】 ···30
  소비자파산제도의 내용과 절차 ··30
  소비자파산제도의 내용과 절차 ··32
  수입이 없는 경우 개인회생신청 ···33
  개인파산과 개인회생의 차이 ··33
  사채빚이 있는 경우 개인회생신청 ··33
  가족 중 일부 소득이 있는 경우의 개인회생신청 ·······················33
  계획보다 지출이 커지는 경우 ··34
  변제완료 후 면책불허가결정 ··34
  채무면책취소 ···34
  개인파산 후 경제활동 복귀 가능성 ···34
  파산선고 후의 제한사항 ··35
  파산에서 면책까지의 경과시간 ··35
  파산 선고 후 불이익 ···36

개인회생절차개시신청서(제589조) ·· 37

  1. 신청서의 제출 ··37
  2. 신청서의 기재사항 첨부 ···37
  3. 신청서에 대한 법원의 심리 ··39
  4. 개인회생위원의 선임 ···39
  5. 개인회생채권자 목록의 수정 ···40
  6. 개인회생채권에 관한 자료제출 ···40

개인회생채권자목록의 수정(제589조의2) ························· 41

  1. 신설된 내용 ··41

비용의 예납(제590조) ·· 42

  1. 인지액 ···42
  2. 절차비용 ··42
  3. 추가 납부 ···43
  4. 비용을 납부하지 아니한 경우의 효과 ·····································44

계산의 보고 등(제591조) ·· 44

개인회생신청서류 ·· 45

  【서식】 개인회생절차개시신청서 ··45
  【서식】 재산목록 ··49
  【서식】 채무자의 수입 및 지출에 관한 목록 ································51
  【서식】 진술서 ··56
  【서식】 개인회생채권자목록 ···59
  【서식】 재산조회신청서 ···61
  【서식】 개인회생재단에 속하지 않는 재산목록 제출서 ···················65
  【서식】 면제재산결정신청서 ···66
  【서식】 개인회생 채권조사확정재판 신청서 (채권자 → 채무자) ········68
  【서식】 개인회생 채권조사확정재판신청서(제3채권자 → 채권자, 채무자) ········70
  【서식】 변제계획안(가용소득으로만 변제에 제공하는 경우) ·············72
  【서식】 변제계획안(가용소득과 재산처분으로 변제에 제공하는 경우) ····80
  【서식】 변제계획안 간이양식 ··89
  【서식】 개인회생채권자목록 간이양식 ··93
  【서식】 재산목록 간이양식 ···95
  【서식】 수입 및 지출에 관한 목록 간이양식 ·······························96
  【서식】 소득증명서(급여소득자용) ···98
  【서식】 소득증명서(영업소득자용) ···99
  【서식】 보증인의 확인서(영업소득자용) ······································100
  【서식】 자료송부청구서 ···101

【서식】 자료송부서 ··102
【서식】 채권자 계좌번호 신고서 ···103

보전처분(제592조) ···104
  1. 의의 ···104
  2. 신청권자 ··104
  3. 보전처분의 시기 ··104
  4. 내용 ···105
  5. 보전처분의 효력 ··105
  6. 보전처분의 취소, 변경 ···106
  7. 즉시항고 ··106
  8. 등기, 등록 및 공시절차 ··107
  【서식】 보전처분결정(급여소득자) ··108
  【서식】 보전처분결정(영업소득자) ··109
  【서식】 회생절차개시신청 취하에 따른 보전처분 취소결정 ·········110
  【서식】 보전처분의 기입등기·등록촉탁서 ································111

중지명령(제593조) ···112
  1. 의의 ···112
  2. 신청권자 ··112
  3. 요건 ···112
  4. 중지 또는 금지할 수 있는 절차 또는 행위 ····················113
  5. 중지명령의 효력 ··114
  6. 중지명령의 취소, 변경 ···115
  【서식】 중지명령 신청서 ··116
  【서식】 중지명령 ···117
  【서식】 금지명령 신청서 ··118
  【서식】 금지명령 ···119
  【서식】 가압류의 취소결정 ···120

개인회생절차개시신청의 취하(제594조) ·································121
  1. 개시결정 취하의 시한 ··121
  2. 개시결정 전의 취하의 제한 ······································121
  【서식】 개인회생절차개시신청의 취하허가결정 ·························122

개인회생절차개시신청의 기각사유(제595조) ···························123
  【서식】 개인회생절차개시결정 공고문 ····································124

개인회생절차의 개시결정(제596조) ·······································125

개시의 공고와 송달(제597조) ··125

【서식】개인회생절차개시결정 통지서 ……………………………………128
【서식】개인회생사건 진행표 ………………………………………………130
개인회생절차개시재판에 대한 즉시항고(제598조) …………… 131
1. 불복의 형식과 불복할 수 있는 사람의 범위 ……………………131
2. 즉시항고의 기간 ………………………………………………………131
3. 즉시항고의 효력 등 …………………………………………………131
4. 원재판의 경정 …………………………………………………………131
5. 항고법원의 판단 및 그 후속조치 ………………………………132
【서식】즉시 항고장 ……………………………………………………133
개인회생절차개시결정의 취소(제599조) ……………………… 134
【서식】개인회생절차개시결정 취소결정 확정공고 ……………………135
【서식】개인회생절차개시결정 취소결정 확정통지서 ……………………136
다른 절차의 중지 등(제600조) ……………………………………… 137
1. 다른 도산절차의 중지, 금지 ………………………………………137
2. 강제집행, 가압류, 가처분의 중지, 금지 …………………………137

제3장 회생위원

선임 및 해임(제601조) …………………………………………………… 139
1. 의의 ……………………………………………………………………139
2. 선임, 보수, 해임 등 …………………………………………………139
3. 피선임자격 ……………………………………………………………140
4. 선임절차 ………………………………………………………………140
5. 보수 ……………………………………………………………………141
6. 사임과 해임 등 ………………………………………………………142
7. 회생위원의 대리 ………………………………………………………143
회생위원의 업무(제602조) ……………………………………………… 143
1. 회생위원의 업무 ………………………………………………………143
2. 채무자의 재산 및 소득에 대한 조사 ……………………………144
3. 부인권 행사명령의 신청 및 그 절차 참가 ………………………145

제4장 개인회생채권의 확정

개인회생채권의 확정(제603조) ………………………………………… 147
1. 개요 ……………………………………………………………………147

2. 채권신고제도 등의 비교 ···147
3. 개인회생채권자목록의 제출, 수정과 이의 ·································148
4. 이의기간 도과 등에 따른 확정 ···149
　【서식】개인회생채권자목록 ···151
　부속서류 1. 별제권부채권 및 이에 준하는 채권의 내역 ···········153
　부속서류 2. 다툼이 있거나 예상되는 채권의 내역 ··················155
　부속서류 3. 전부명령의 내역 ···156
　【서식】채권자목록 수정허가 신청서 ·······································157
　【서식】채권조사확정재판에 대한 이의의 소장1-1(채권자→채무자 : 기각취지 불복) ··········158

개인회생채권조사확정재판(제604조) ····································· 160
1. 재판의 당사자 ··160
2. 신청방식 및 절차 ··161
3. 회생절차 진행과의 관계 ···162
4. 문제되는 경우 ···162
　【서식】채권조사확정재판 신청서 1(채권자→채무자) ·················164
　【서식】채권조사확정재판 신청서 2(제3채권자→채권자, 채무자) ····166
　【서식】채권조사확정재판 기록표지(제3채권자→채권자, 채무자) ·····168
　【서식】채권조사확정재판 심문조서1(채권자→채무자) ················169
　【서식】채권조사확정재판 결정 2-1(제3채권자→채권자,채무자:기각취지) ·····170

개인회생채권조사확정재판에 대한 이의의 소(제605조) ·········· 172
1. 원고적격 ··172
2. 피고적격 및 변론병합의 구조 문제 ·······································172
　【서식】채권조사확정재판에 대한 이의의 소장1(채권자→채무자 : 인용취지 불복) ·······174
　【서식】채권조사확정재판에 대한 이의의 소장2(채권자→제3채권자, 채무자 : 인용취지 불복) ·····176
　【서식】채권조사확정재판에 대한 이의의 소장2-1(제3채권자→채권자 : 기각취지 불복) ·······178

개인회생채권의 확정에 관한 소송결과 등의 기재(제606조) ··········· 180

개인회생채권의 확정에 관한 소송의 판결 등의 효력(제607조) ········· 180
　【서식】채권조사확정재판에 대한 이의의 소 판결 주문기재례 1(채무자와 채권자 사이) ········181
　【서식】채권조사확정재판에 대한 이의의 소 판결 주문기재례 2(채권자와 제3채권자, 채무자 사이) ·182

소송비용의 상환(제608조) ··· 183
1. 소송비용의 상환 ··183

개인회생채권확정소송의 목적의 가액(제609조) ····················· 183
1. 목적의 가액의 결정 ···183
2. 소가결정이 이의의 소의 사물관할결정 및 사건배당에 영향을 미치는지 여부 ·······183
　【서식】채권조사확정재판에 대한 이의의 소 소가결정 ···············184

제5장 변제계획

명의의 변경(제609조의2) ·· 185

변제계획안의 제출 및 수정(제610조) ·· 185
  1. 변제계획안 ··185
  2. 변제계획안의 수정가능 여부 ···186
  【서식】 변제계획안1(가용소득으로 변제에 제공하는 경우) ·············188
  【서식】 변제계획안2(가용소득과 재산처분으로 변제에 제공하는 경우) ···196
  【서식】 변제계획 수정안 제출서 ···208
  【서식】 채권자목록 수정허가 신청서 ···209
  【서식】 채권자목록 변경안 제출서 ···210

변제계획의 내용(제611조) ·· 211
  제정이유 ··211
  최장 변제기간 단축 ···211
  1. 필요적 기재사항 ···211
  2. 임의적 기재사항 ···211
  3. 변제개시일 ··212
  4. 변제기간 ··213

특별한 이익을 주는 행위의 무효(제612조) ······························· 213

개인회생채권자집회(제613조) ··· 214
  1. 개인회생채권자집회의 의의와 특징 ···214
  2. 개인회생채권자집회 기일의 지정, 공고와 송달 ·································215
  3. 기일의 진행 ··216
  4. 기일의 변경, 연기, 속행 등 ···217
  5. 미확정채권이 있는 경우의 처리 ···218
  【서식】 개인회생절차개시결정 ···219
  【서식】 개인회생절차개시결정 공고문 ···220
  【서식】 개인회생절차개시결정 통지서 ···221
  【서식】 개인회생채권자집회조서 ···223

변제계획의 인부(제614조) ·· 226
  최저변제액 제도 신설 ···226
  1. 인부결정의 시기 ···226
  2. 기일의 지정 여부 ···226
  【서식】 변제계획 인가결정 ··228

변제계획인가의 효력(제615조) ································· 229
　1. 변제계획인가의 효력 ···229
전부명령에 대한 특칙(제616조) ··························· 230
　1. 변제계획인가결정의 확정에 따른 급여채권의 효력상실 ············230
　2. 변제받지 못한 전부채권자 ·····································231
　　【서식】 채권압류 및 전부명령신청서 ···························232
변제의 수행(제617조) ·· 237
　변제계획의 수행 ···237
　1. 회생위원이 선임되어 있는 경우 ································237
　2. 채무자가 회생위원에게 금원을 임치하는 방법 ·················237
　3. 공탁을 할 수 있는 경우 ·······································237
　4. 회생위원이 선임되어 있지 않거나, 변제계획 또는 변제계획인가결정에서 다르게 정한 경우 ···238
　　【서식】 채권자 계좌번호신고서 ·································240
채무자를 위한 공탁(제617조의2) ·························· 241
　제정이유 ··241
변제계획 인부결정에 대한 즉시항고(제618조) ············ 241
　1. 즉시항고권자 ···241
　2. 즉시항고의 절차 ··242
　3. 즉시항고와 변제계획의 수행 ···································244
　4. 항고심의 결정 ··245
　5. 재항고 가부의 문제 ···246
　　【서식】 항고보증금 공탁명령(“불인가결정” 또는 “개인회생절차폐지결정”에 대한 항고시) 249
　　【서식】 항고장 각하결정(“불인가결정” 또는 “개인회생절차폐지결정”에 대한 항고시) ······250
　　【서식】 변제계획 수행정지 결정(변제계획 인가결정에 대한 항고시) ···········251
인가 후의 변제계획변경(제619조) ························· 252
　1. 인가후의 변제계획 변경을 인정할 필요성 ·······················252

제6장 폐지 및 면책

변제계획인가 전 개인회생절차의 폐지(제620조) ············· 253
변제계획인가 후 개인회생절차의 폐지(제621조) ············· 253
　1. 신청 ··253
　2. 변제계획이 인가된 후 변제계획에 따라 이미 변제를 행한 경우 ·····254
　3. 이미 행한 변제부분 ···254
　4. 다른 절차의 실효의 번복여부 ···································254

개인회생절차폐지결정의 공고(제622조) ······································· 255

개인회생절차폐지결정에 대한 즉시항고(제623조) ························ 255

  개인회생절차폐지에 대한 불복 ··255

면책결정(제624조) ··· 255

  1. 개인회생채권의 면책 ··255

  2. 면책의 요건과 절차 ··255

    【서식】 면책결정 1(변제완료시) ··259

    【서식】 면책결정 2(변제미완료시) ······································260

    【서식】 구의견서(변제미완료시 면책결정을 하기 전) ········261

    【서식】 면책 불허가 결정(채권자목록에서 누락한 채권이 있을 경우) ·······263

    【서식】 면책결정 공고 ··264

면책결정의 효력(제625조) ··· 265

  1. 면책의 의미 ··265

  2. 채무의 소멸과 책임의 면제의 차이 ······································265

  3. 면책결정의 효력발생 시점 ···265

  4. 보증이나 담보에 미치는 효력 ··265

  5. 개인회생절차의 종료 ··265

  6. 면책에서 제외되는 채권 ···266

면책의 취소(제626조) ··· 266

  1. 면책의 취소 ···266

  2. 면책취소의 사유 ··267

  3. 면책취소의 절차 ··267

    【서식】 면책취소 결정 ··269

    【서식】 면책 취소 관련 이해관계인 심문기일 지정 ············270

    【서식】 면책 취소 관련 이해관계인 심문조서 ····················271

    【서식】 면책취소신청 기각결정 ···272

    【서식】 면책취소결정 공고 ··273

면책결정 등에 관한 즉시항고(제627조) ······································· 274

  면책취소의 결정에 대한 불복방법 ··274

제7장 개인회생관련 규칙·처리지침·예규

개인회생사건 처리지침 ·· 275
회생사건의 처리에 관한 예규 ··· 290
채무자 회생 및 파산에 관한 규칙 ·· 298

제8장 개인회생신청 작성실례

회생사례 I. 자 영 업 자 ·· 329
회생사례 II. 근 로 소 득 자 ··· 360

제2편 파산절차

제1장 파산절차의 개시등

제1절 파산신청

파산신청권자(제294조) ··· 393
　1. 신청권자 ··· 393
법인의 파산신청권자(제295조) ······································ 394
일부 이사등의 파산신청(제296조) ·································· 394
그 밖의 법인에의 준용(제297조) ··································· 394
　채무자에 준하는 자 ··· 394
법인해산 후의 파산신청(제298조) ·································· 395
　1. 사법인의 경우 ··· 395
　2. 권리능력 없는 사단 또는 재단 ··································· 395
상속재산의 파산신청권자(제299조) ································· 395
　1. 파산신청 또는 파산선고가 있은 후에 상속이 개시된 경우 ········· 395
　2. 신청권자 ··· 395
　3. 상속재산으로 채무를 완제할 수 없는 경우 ······················· 395
　4. 소명 ··· 395
상속재산에 대한 파산신청기간(제300조) ···························· 396
외국에서 파산선고가 있은 경우(제301조) ·························· 396
신청서(제302조) ··· 396
　1. 신청서 ··· 396
　2. 신청서의 기재사항 ·· 396
　【서식】파산신청서(채무자) ··· 400
소비자파산이란 ··· 422
소비자파산의 목적 ··· 422
파산 및 면책 동시신청의 방법 ····································· 422
소비자파산의 특징 ··· 422
파산선고의 불이익 ··· 424
　【서식】파산 및 면책신청서 ··· 425

【서식】 진술서 ··427
【서식】 채권자목록 ···432
【서식】 재산목록 ··434
【서식】 현재의 생활상황 ··439
【서식】 수입 및 지출에 관한 목록 ························441
【서식】 채무자심문기일 통지 겸 보정명령 ············446

파산절차비용의 예납(제303조) ···························· 447

1. 파산절차비용의 예납 ···447
2. 실무에서의 처리 ···447
3. 채무자가 임의로 예납하지 않는 경우 ···············447
4. 절차비용의 부족으로 동시폐지를 하여야 할 사안 ·····448
5. 예납금의 결정 기준 ···448
6. 예납명령 ···448
7. 예납금의 사용과 반환 ·······································449
【서식】 비용예납명령(자기파산신청) ·····················450
【서식】 비용예납명령(채권자신청) ························451

파산절차비용의 가지급(제304조) ·························· 452

제2절 파산선고 등

보통파산원인(제305조) ·· 452

지급불능 ···452

법인의 파산원인(제306조) ···································· 453

1. 채무초과 ···453
2. 자산의 평가 기준 ··453

상속재산의 파산원인(제307조) ···························· 454

파산신청 또는 선고 후의 상속(제308조) ··············· 454

기각사유(제309조) ··· 454

파산선고(제310조) ··· 455

파산의 효력발생시기(제311조) ····························· 455

파산선고와 동시에 정하여야 하는 사항(제312조) ····· 455

1. 파산관재인 선임 ···455
2. 공고와 송달 ··455
3. 채권신고기간 결정, 제1회 채권자집회 기일, 채권조사기일 결정 ·····455

　　4. 실무에서의 처리 ··456
　　5. 소파산 결정 ··456
　　【서식】 파산관재인 선임증(자격증명서) ··························457
　　【서식】 파산선고 및 소파산결정 ······································458
　　【서식】 소파산으로 변경하는 결정 ···································459
　　【서식】 소파산취소결정 ···460

파산선고의 공고 및 송달(제313조) ··461
　　1. 공고 ···461
　　2. 송달 ···461
　　【서식】 파산선고 공고 ··462
　　【서식】 파산채권신고서 ···463
　　【서식】 파산채권신고에 관한 주의사항 ····························467

법인파산의 통지(제314조) ···469

검사에 대한 통지(제315조) ···469

파산신청에 관한 재판에 대한 즉시항고(제316조) ·····················469
　　1. 파산선고의 경우와 동시폐지의 결정의 경우 ·················469
　　2. 즉시항고 신청권자 ···469
　　3. 항고기간 ···469
　　4. 집행정지의 효력 유무 ···470
　　5. 유의사항 ···470
　　【서식】 즉시항고장 ··471
　　【관련 질의응답】 ···472
　　파산선고의 기각 ··472

파산선고와 동시에 하는 파산폐지(제317조) ·····························472
　　1. 파산선고시에 파산재단으로써 파산절차의 비용을 충당하기에는 충분하지 않다고 인정되는 경우 ···472
　　2. 유의할 점 ··472
　　3. 동시폐지 결정을 하기에 앞서 필요할 경우 ·················473
　　4. 통지 ···473
　　【서식】 파산선고와 동시폐지의 결정 ·······························474
　　【서식】 공고(동시폐지의 경우) ··475
　　【서식】 채권자에 대한 통지(동시폐지의 경우) ·················476

동시파산폐지의 예외(제318조) ···477

파산선고를 받은 채무자의 구인(제319조) ·································477

파산선고를 받은 채무자의 법정대리인 등의 구인(제320조) ········477

채무자 등의 설명의무(제321조) ···477

파산선고 전의 구인(제322조) ·· 477

파산선고 전의 보전처분(제323조) ·· 478
 1. 보전처분의 필요성 ·· 478
 2. 보전처분의 시기 ·· 478
 3. 실무에서의 처리 ·· 478
 4. 동시폐지가 예상되는 사건의 경우 ·· 478
 5. 절차 ·· 479
 6. 내용 ·· 481

책임제한절차의 정지명령(제324조) ·· 481

파산취소의 공고 및 송달(제325조) ·· 481

책임제한절차폐지의 결정이 확정될 때까지의 파산절차의 정지(제326조) ········· 482

책임제한절차폐지의 경우의 조치(제327조) ·· 482

제3절 법률행위에 관한 파산의 효력

해산한 법인(제328조) ·· 483

채무자의 파산선고 후의 법률행위(제329조) ·· 483

파산선고 후의 권리취득(제330조) ·· 484

파산선고 후의 등기·등록 등(제331조) ·· 484

파산선고 후 채무자에 대한 변제(제332조) ·· 484

파산선고 후의 어음의 인수 또는 지급(제333조) ·································· 485
 【관련 질의응답】 ·· 485
 약속어음발행인의 파산 등 경우와 만기 전 소구권 행사 가능여부 ········ 485

선의 또는 악의의 추정(제334조) ·· 486

쌍방미이행 쌍무계약에 관한 선택(제335조) ·· 486
 1. 개요 ·· 486
 2. 확답의 최고 ·· 486
 3. 미이행 쌍무계약의 의미 ·· 487
 4. 소유권유보부매매 ·· 487
 5. 파산관재인의 선택권 ·· 487
 6. 매매계약 ·· 488
 【관련 질의응답】 ·· 492
 수급인이 파산선고를 받은 경우 하자보수채권이 '재단채권'인지 ········· 492

지급결제제도 등에 대한 특칙(제336조) ·· 494

파산관재인의 해제 또는 해지와 상대방의 권리(제337조) ····················· 494

거래소의 시세있는 상품의 정기매매(제338조) ··································· 496

「민법」 상의 해지 또는 해제권이 있는 경우(제339조) ························· 496

임대차계약(제340조) ··· 497
  1. 임대차계약 ··· 497
  2. 임차인이 파산한 경우 ··· 498

도급계약(제341조) ··· 499
  1. 도급계약 ··· 499
  2. 수급인이 파산한 경우 ··· 500
  3. 계약을 맺을 경우 ··· 501
  4. 파산관재인이 이행을 선택한 경우 도급인의 해제 ····························· 501

위임계약(제342조) ··· 501
  1. 위임자가 파산한 경우 ··· 501
  2. 수임자가 파산의 사실을 알지 못하는 경우 ··································· 501
  3. 수임자가 파산한 경우 ··· 502
  4. 위임자가 알지 못하거나 통지하지 않은 경우 ······························· 502

상호계산(제343조) ··· 503

공유자의 파산(제344조) ··· 503

배우자 등의 재산관리(제345조) ··· 503

파산과 한정승인 및 재산분리(제346조) ··································· 504
  【관련 질의응답】 ·· 504
  상속재산과 상속인 재산의 분리 ··· 504

파산재단에 속하는 재산에 관한 소송수계(제347조) ······················· 504
  1. 파산재단에 속하는 재산에 관한 소송수계 ··································· 504
  2. 채권자대위소송, 채권자취소소송이 중단된 경우 ····························· 506
  3. 중단된 소송이 수계되지 않고 있는 사이에 파산취소, 파산폐지, 종결 등에 의하여 파산절차가
     해지된 경우 ··· 506

강제집행 및 보전처분에 대한 효력(제348조) ······························· 507
  1. 강제집행, 보전처분 ··· 507
  2. 실무에서의 처리 ··· 507
  3. 담보권실행경매 ··· 509

체납처분에 대한 효력(제349조) ··· 510

행정사건에 대한 효력(제350조) ·· 511

제4절 법인의 이사등의 책임

법인의 이사등의 재산에 대한 보전처분(제351조) ························ 512
  1. 법인의 이사등의 재산에 대한 보전처분 ··························512
손해배상청구권 등의 조사확정재판(제352조) ·························· 513
  1. 손해배상청구권 등의 조사확정재판 ····························513
이의의 소(제353조) ·· 515
  1. 이의의 소 ··515
  【서식】 채권조사확정재판에 대한 이의의 소 ·····················516
조사확정재판의 효력 ·· 517

제2장 파산절차의 기관

제1절 파산관재인

파산관재인의 선임(제355조) ·· 518
파산관재인의 수(제356조) ·· 518
  1. 파산관재인의 수 ··518
  2. 한 사람의 파산관재인이 수행하기에 충분한 정도가 된 경우 ······519
자격증명서(제357조) ·· 519
  1. 자격증명서 ··519
법원의 감독(제358조) ·· 520
  1. 법원의 감독권 ··520
당사자적격(제359조) ·· 520
여럿의 파산관재인의 직무집행(제360조) ································ 522
  1. 파산관재인이 복수인 경우 ··································522
  2. 파산관재인이 복수인 경우의 직무수행 ························522
  3. 복수의 파산관재인이 선임된 경우, 그 중에 한명의 파산관재인이 단독으로 한 행위의 효력 ···522
파산관재인의 의무 등(제361조) ·· 522
  1. 선관주의의무 ··522
  2. 중립의무 및 충실의무 ······································523

3. 보고의무 ··524
4. 의무 위반의 효과 ··525

파산관재인대리(제362조) ··527
1. 파산관재인대리의 취지 ··527
2. 파산관재인대리의 긍정적인 점 ··527
3. 파산관재인대리의 부정적인 점 ··527
4. 법원의 결정 ··527
5. 대리인이 되는 자 ··528
   【서식】 파산관재인의 대리인 선임 인가결정 ·························529

파산관재인의 사임(제363조) ··530
1. 파산관재인의 사임 ··530
2. 법원의 결정 ··530
3. 실무에서의 처리 ··530
4. 결정문의 작성과 후임파산관재인 선임 ··································530
   【서식】 파산관재인 사임허가결정 ···531
   【서식】 신임 파산관재인 선임결정 ···532

파산관재인의 해임(제364조) ··533
1. 파산관재인의 선임 ··533
2. 결정의 유형별 즉시항고권자 ··533
3. 해임사유 ··533
4. 해임이 이루어진 경우 ··533
   【서식】 파산관재인 해임결정 ···534

계산의 보고의무(제365조) ··535
1. 소집신청 ··535
2. 계산보고서 제출 ··535
3. 계산보고집회의 진행 ··535
4. 재산의 처분 ··536
   【서식】 채권자집회기일통지서 ···537
   【서식】 수지계산보고서 ···538
   【서식】 계산보고를 위한 채권자집회 조서 ···························540

임무종료시의 긴급처분(제366조) ··542
1. 사임허가의 결정 ··542
2. 긴급처분의 의무 ··542

제2절 채권자집회

소집(제367조) ·· 542
1. 채권자집회의 의의 ···542
2. 소집 ···542
3. 권한 ···543
기일 및 회의목적의 공고(제368조) ··· 543
1. 소집권자 ···543
2. 결정의 유형별 즉시항고권자 ···543
3. 기일 ···543
4. 공고 ···544
5. 결의의 대상 ···544
6. 실무에서의 처리 ···544
7. 송달과 공고 ···544
8. 소집장소의 공개여부 ···544
　【서식】 조사위원의 보수결정 - 관리위원 ···545
법원의 지휘(제369조) ·· 546
1. 지휘의 내용 ···546
2. 채권자가 불출석한 경우의 처리 ···546
결의의 성립요건(제370조) ·· 547
1. 결의의 성립요건 ···547
2. 의결권의 행사 ···548
3. 의결권 행사의 제한 ···548
4. 결의의 성립 ···548
5. 결의의 효력 ···549
6. 결의의 집행금지 ···549
　【서식】 결의의제결정 ···551
　【서식】 결의집행금지결정 ···552
의결권의 불통일 행사(제371조) ·· 553
의결권의 대리행사(제372조) ·· 553
　의결권의 행사 ···553
의결권을 행사할 수 있는 채권액(제373조) ·· 553
1. 의결권의 행사 ···553
2. 결정에 대한 변경 ···553
3. 송달여부 ···553

　　4. 의결권 행사의 제한 ···554
　　5. 기타 ···554
감사위원의 동의에 갈음하는 효력(제374조) ·······················554
　　1. 권한 ···554
　　2. 의무 ···555
결의집행의 금지(제375조) ···555

제3절 감사위원

감사위원설치의 의결(제376조) ··556
　　1. 감사위원 제도의 의의와 운영방침 ·································556
　　2. 감사위원의 설치 ··556
감사위원의 자격 등(제377조) ···557
　　1. 감사위원의 선임 ··557
　　2. 감사위원의 수 ··557
　　3. 감사위원의 자격 ··557
　　4. 법원의 인가 ···557
　　5. 실무에서의 처리 ··558
　　【서식】감사위원 선임인가결정 ··559
직무집행의 방법(제378조) ···560
　　1. 직무집행의 방법 ··560
　　2. 특별이해관계인의 배제 ··560
　　3. 감사위원의 정족수 부족이 발생한 경우 ·······················560
　　4. 비용 및 보수 ··560
감사위원의 직무집행 등(제379조) ···································560
감사위원의 해임(제380조) ···561
　　1. 사임 ···561
　　2. 해임 ···561
　　3. 중요한 사유가 있는 경우 ···561
　　4. 결정의 종류에 따른 즉시항고 신청권자 ·······················562
　　5. 후임 감사위원의 선임 ··562
준용규정(제381조) ···562
　　1. 유급 감사위원을 선임한 경우 ·······································562
　　2. 감사위원의 직무 수행 ··562

제3장 파산재단의 구성 및 확정

제1절 파산재단의 구성

파산재단(제382조) ·· 563
  1. 파산재단의 성립 ·· 563
  2. 파산재단에 속하는 재산의 의의 ······························ 563
  3. 자유재산 ··· 563
  4. 신탁재산 ··· 563
파산재단에 속하지 아니하는 재산(제383조) ·············· 565
  1. 파산재단의 범위 ·· 565
관리 및 처분권(제384조) ·· 567
  1. 관리처분권의 이전 ··· 567
  2. 파산관리인의 역할 ··· 567
  3. 파산자의 잔존 권리 ··· 567
파산선고 후의 단순승인(제385조) ······························ 570
  1. 단순승인 ··· 570
  2. 취지 ··· 570
파산선고 후의 상속포기(제386조) ······························ 570
  1. 채무자의 상속포기 ··· 570
  2. 파산관재인의 상속포기 ··· 570
파산과 포괄적 유증(제387조) ······································ 571
파산과 특정유증(제388조) ·· 571
상속재산의 파산(제389조) ·· 571
  1. 상속재산에 대하여 파산선고가 있는 경우 ·················· 571
  2. 상속재산에 대하여 파산선고가 없는 경우 ·················· 571
상속인의 재산처분(제390조) ·· 571
  1. 상속인이 상속재산을 처분한 경우 ···························· 571

제2절 부인권

부인할 수 있는 행위(제391조) ····································· 572
  1. 의의 ··· 572

2. 취지 ···572
3. 제도의 운영상 주의할 점 ···573
4. 다른 절차상의 부인권 등과 비교 ··573
5. 법적 성질과 귀속주체 ···573
6. 부인권을 행사할 수 있는 자 ··574
7. 부인유형과 상호관계 ···574
8. 각 부인간의 관계 ··574
9. 실무의 현황 ···574
10. 일반적 성립요건 ··575
11. 부인권을 행사할 수 있는 대상이 되는 행위 ··578
12. 개별적 성립요건 ··579

특수관계인을 상대방으로 한 행위에 대한 특칙(제392조) ·················· **589**

어음지급의 예외(제393조) ·· **589**
1. 어음채무의 지급에 관한 부인의 제한 ···589
2. 취지 ···589
3. 본 제도 적용의 제한 ···590

권리변동의 성립요건 또는 대항요건의 부인(제394조) ···················· **590**
1. 대항요건, 효력요건의 부인 ··590
2. 취지 ···590
3. 법 제391조와의 관계 ···591
4. 입증책임 ··591
5. 성립요건 ··591
6. 지급정지 등이 있기 전에 이루어진 가등기에 기한 본등기 ······················592

집행행위의 부인(제395조) ·· **592**
1. 의의 ···592
2. 본조의 부인의 성격 ···592
3. 부인의 대상이 되는 행위 ··592

부인권의 행사방법(제396조) ··· **593**
1. 부인권을 행사 할 수 있는 자 ··593
2. 행사방법 ··594
3. 부인소송의 법적성질 ···594
4. 배척을 구할 수 있는 경우 ···594
5. 유의해야할 점 ···594

부인권행사의 효과(제397조) ··· **594**
1. 원상회복 ··594

  2. 가액배상 ···595
  3. 무상부인과 선의자의 보호 ··595
상대방의 지위(제398조) ·· 596
  1. 반대이행의 반환청구 ···596
  2. 행사방법 ···596
상대방의 채권의 회복(제399조) ·· 597
  1. 상대방 채권의 부활 ···597
  2. 효과 ··597
  3. 문제되는 점 ···597
상속재산의 파산의 경우의 부인권(제400조) ······························ 598
유증을 받은 자에 대한 변제 등의 부인(제401조) ······················ 598
부인의 상대방에 대한 변제(제402조) ····································· 598
전득자에 대한 부인권(제403조) ··· 598
  1. 전득자에 대한 부인 ···598
  2. 의미 ··598
  3. 공통적인 성립요건 ···599
지급정지를 안 것을 이유로 하는 부인의 제한(제404조) ·············· 599
부인권행사의 기간(제405조) ··· 600
채권자취소소송 등의 중단(제406조) ······································ 600
신탁행위의 부인에 관한 특칙(제406조의 2) ···························· 601

제3절 환취권

채무자에게 속하지 아니한 재산의 환취(제407조) ······················ 601
  1. 파산재단의 구성 ··601
  2. 환취권의 의의 ···601
  3. 환취권의 성격 ···602
수탁자에 대한 파산절차에서의 환취권에 관한 특칙(407조의2) ······· 603
운송 중인 매도물의 환취(제408조) ·· 604
위탁매매인의 환취권(제409조) ··· 604
대체적 환취권(제410조) ··· 604

제4절 별제권

별제권자(제411조) ·· **604**
  1. 별제권의 의의 ···································· 604
  2. 별제권자의 권리행사 ······················ 605
  3. 별제권자의 신고대상 ······················ 605
  【관련 질의응답】 ······························· **607**
  임대아파트의 임차인에게 파산법상 별제권이 인정되는지 ····· 607
별제권의 행사(제412조) ································ **608**
  1. 별제권자의 행사 ································ 608
  2. 파산선고가 있는 경우의 근저당권 ·············· 608
  3. 다른 저당권자가 신청한 경매에서 배당에 참가하는 방법으로 별제권을 행사하는 경우 ····· 609
  4. 채권조사 단계에서 별제권의 존재가 의심스러운 경우 ······· 609
  5. 조사 전 유의사항 ····························· 609
  6. 실무에서의 처리 ······························ 609
별제권자의 파산채권행사(제413조) ·············· **610**
  1. 별제권자의 파산채권 행사 ·················· 610
  2. 타 권리에의 영향 여부 ···················· 610
준별제권자(제414조) ·································· **611**
  1. 준별제권자 ······································ 611
  2. 준용규정 ·· 611
주택임차인등(제415조) ······························ **611**
  1. 우선하여 보증금을 변제받을 권리 ·········· 611
  2. 대항요건의 구비 ····························· 611
  3. 준용 ··· 611
임금채권자 등(제415조의2) ························ **612**
  1. 우선하여 보증금을 변제받을 권리 ·········· 612

제5절 상계권

상계권(제416조) ······································· **612**
  1. 상계권 행사의 방법 ························· 612
  2. 시기적 제한 ···································· 612
  3. 확정여부 ·· 613

4. 자동채권 ··613
5. 자동채권의 평가액 ···613
6. 자동채권이 해제조건부채권인 경우 ··613
7. 자동채권이 정지조건부채권 또는 장래의 청구권인 경우 ····················614
8. 문제되는 경우 ··614
9. 수동채권 ··615

기한부 및 해제조건부 등 채권채무의 상계(제417조) ····························· 615

정지조건부채권 및 장래의 청구권과의 상계(제418조) ·························· 616

해제조건부채권의 상계(제419조) ··· 616

자동채권의 상계액(제420조) ·· 617
1. 자동채권의 상계액 ···617
2. 준용 ··617

차임·보증금 및 지료의 상계(제421조) ··· 617

상계의 금지(제422조) ·· 617

제4장 파산채권 및 재단채권

제1절 파산채권

파산채권 ·· 620
1. 의의 ···620
2. 파산채권의 행사 ···620
3. 파산채권의 우열 ···620

파산채권의 행사(제424조) ·· 622
1. 파산채권자의 권리행사 ···622
2. 파산채권 행사의 절차 ···622
【관련 질의응답】 ··623
파산채권자가 채권보전을 위하여 파산관재인의 권리를 대위 할 수 있는지 ······ 623

기한부채권의 변제기도래(제425조) ·· 624

비금전채권 등의 파산채권액(제426조) ·· 624

조건부채권 등의 파산채권액(제427조) ·· 624

전부의 채무를 이행할 의무를 지는 자가 파산한 경우의 파산채권액(제428조) ··· 625
여럿의 채무자가 파산한 경우 ···625

보증인이 파산한 경우의 파산채권액(제429조) ·························· 626
　1. 보증채권의 인부 ··· 626
장래의 구상권자(제430조) ··· 629
　1. 보증인의 사전구상권 ·· 629
　2. 보증인의 사후구상권 ·· 629
　3. 기타 ·· 631
여럿이 일부보증을 한 때의 파산채권액(제431조) ····················· 632
무한책임사원의 파산(제432조) ······································ 632
유한책임사원의 파산(제433조) ······································ 632
상속인의 파산(제434조) ··· 632
상속재산 및 상속인의 파산(제435조) ································· 632
상속인의 한정승인(제436조) ·· 633
상속인의 피상속인에 대한 채권 등(제437조) ························· 633
상속인의 채권자(제438조) ·· 633
파산절차참가의 비용(제439조) ······································ 633
동일순위자에 대한 평등변제(제440조) ······························ 633
우선권 있는 파산채권(제441조) ····································· 634
　1. 일반우선권 있는 파산채권 ··· 634
　2. 문제되는 사례 ··· 634
　3. 우선권의 기재가 없는 경우 ·· 634
　4. 우선권 없는 채권으로서 시인되어 확정된 후 ······························· 634
우선권의 기간계산(제442조) ·· 634
상속채권자의 우위(제443조) ·· 635
상속인이 파산한 경우의 채권자간의 순위(제444조) ···················· 635
상속재산 및 상속인의 파산재단의 순위(제445조) ······················ 635
후순위파산채권(제446조) ··· 635
　1. 후순위파산채권 ·· 635
　2. 문제되는 경우 ··· 636
　3. 용어의 정의 ··· 636
　4. 벌금, 과료 등의 경우 ··· 637
　5. 당사자 사이의 약정으로 정한 후순위채권 ·································· 637
　6. 이자채권 ··· 637

제2절 파산채권의 신고 및 조사

채권신고방법(제447조) ·· 638
  1. 파산채권의 신고의 효과 ··· 638
  2. 신고인 ·· 638
  3. 신고 ··· 639
  4. 채권신고기간 ·· 640
  5. 접수된 채권신고서의 처리 ·· 640
  6. 채권신고서의 검토 ·· 640
  7. 기재에 흠결이 있는 경우 ··· 641
  8. 별제권자의 신고 ·· 642
  9. 명의의 변경 ·· 642
  【관련 질의응답】 ·· **644**
  별제권 행사시 채무자회생및파산에관한법률 소정의 신고.조사절차 여부 ········ 644

파산채권자표의 작성(제448조) ······································ 645

파산채권자표 및 채권신고서류의 비치(제449조) ·············· 645

채권조사의 대상(제450조) ·· 646
  1. 기일의 결정 ·· 646
  2. 인부여부의 결정 ·· 646
  3. 이의책임 ·· 647
  4. 채권조사의 대상 ·· 647
  5. 인부의 기준 ·· 647
  6. 문제되는 경우 ·· 648
  7. 조사기일의 절차 ·· 648
  【서식】 파산채권자표 ··· 650
  【서식】 채권조사결과표 ·· 651

관계인의 출석(제451조) ··· 652
  1. 의견진술 ·· 652
  2. 파산채권이 가압류되어 있는 경우 ································ 652

파산관재인의 출석(제452조) ··· 652

신고기간 후에 신고한 채권의 조사(제453조) ·················· 652
  1. 채권신고기간 경과 후의 채권신고의 처리 ···················· 652
  2. 최후배당 직전에 된 채권신고의 처리 ························· 653

파산채권자의 이익을 해하는 변경(제454조) ···················· 653

일반기일 후의 채권신고(제455조) ···································· 653

  1. 채권신고기간이 경과한 경우 ···································· 653

  2. 이의여부에 따른 분류 ·· 654

  3. 특별조사기일을 여는 경우의 비용 ···························· 654

  4. 인부를 유보한 다른 채권이 있는 경우 ······················ 654

특별기일의 공고 및 송달(제456조) ································ 655

채권조사기일의 변경 등(제457조) ································ 655

채권의 확정(제458조) ·· 655

  1. 채권의 확정 ·· 655

  2. 확정의 효력 ·· 655

  3. 채권표의 기재가 채권조사기일의 결과와 다른 경우 ······ 655

조사결과의 파산채권자표 기재(제459조) ······················ 656

  1. 조사결과의 기재 ·· 656

  2. 어음, 수표 등의 유가증권 또는 차용증서 등의 채권증서 ···· 657

  【서식】채권표 표지 ·· 658

확정채권에 관한 파산채권자표 기재의 파산채권자에 대한 효력(제460조) ········· 659

파산채권의 이의에 관한 통지(제461조) ························ 659

  1. 조사기일을 종료하는 경우 ······································ 659

  2. 이의 사유의 기재 ·· 659

  3. 실무에서의 처리 ·· 659

  【서식】이의통지서 ·· 660

파산채권 조사확정의 재판(제462조) ···························· 661

  1. 관할 ·· 661

  2. 파산채권확정의 소의 사물관할 ································ 661

  3. 출소기간 ·· 662

  4. 청구원인의 제한 ·· 662

  5. 채권확정판결의 주문 ·· 662

  6. 채권확정판결의 효력 ·· 663

  7. 소송비용 ·· 663

  8. 파산채권확정소송 확정 후의 절차 ···························· 664

채권조사확정재판에 대한 이의의 소(제463조) ················ 664

이의채권에 관한 소송의 수계(제464조) ························ 665

  1. 소송의 수계 ·· 665

청구원인의 제한(제465조) ·· 666

집행권원이 있는 채권에 대한 이의주장방법(제466조) ································ 667

파산채권의 확정에 관한 소송결과의 기재(제467조) ································ 668

파산채권의 확정에 관한 소송의 판결 등의 효력(제468조) ······················ 668

소송비용의 상환(제469조) ·· 668
  1. 소송비용 ···668
  2. 종국적 귀속여부 ··668

파산채권확정소송의 목적의 가액(제470조) ·· 669
  1. 결정의 기준 ···669
  2. 관할법원 ···669
  3. 배당예상액의 결정 ··669
  4. 문제되는 경우 ··669
  5. 기타의 경우 ···670
  6. 실무에서의 처리 ··670
  【서식】 이의통지서 ···671

벌금 등의 신고(제471조) ·· 672
  1. 벌금 등의 경우 ···672
  2. 파산관재인이 이의를 한 경우 ···672

행정심판 또는 행정소송의 대상인 경우(제472조) ································· 672
  1. 법원의 통지 ···672
  2. 준용규정 ···672

제3절 재단채권

재단채권의 범위(제473조) ··· 672
  1. 재단채권과 파산채권의 차이 ···672
  2. 파산관재인의 역할 ··673
  3. 파산선고 후의 채권의 경우 ··673
  4. 재단채권의 범위 ··673

부담있는 유증의 부담의 청구권(제474조) ·· 679
  1. 부담부 유증의 이행을 받은 경우 ··679
  2. 취지 ··679
  3. 가액의 청구권 ··679
  4. 상대방의 소송비용청구권 ··680
  5. 집행비용 ···680
  6. 파산자의 행위가 부인된 경우에 반대급부에 의하여 생긴 이익이 현존하는 경우 ··············680

7. 쌍무계약의 경우 ···681
8. 파산재단이 채권확정에 관한 소송으로 인하여 이익을 받은 경우 ···············681
9. 파산선고에 이르기 전에 회생절차가 선행하여 실패하고 난후 결국 파산선고가 행하여진 경우, 이러한 선행절차를 진행하기 위하여 생긴 채권 및 절차비용 ···681

재단채권의 변제(제475조) ··· **682**

재단채권의 우선변제(제476조) ··· **683**

재단부족의 경우의 변제방법(제477조) ····································· **683**

1. 재단의 부족 ···683
2. 유의할 점 ···685

파산채권에 관한 규정의 준용(제478조) ··································· **686**

1. 준용규정 ···686
2. 파산채권인 경우 ··686

제5장 파산재단의 관리·환가 및 배당

제1절 파산재단의 관리 및 환가

파산재단의 점유 및 관리(제479조) ·· **688**

1. 파산재단의 의의와 범위 ···688
2. 파산재단의 점유, 관리 ···688
3. 실무에서의 처리 ··689
　【서식】 공고문 작성예 ···690

봉인(제480조) ··· **691**

1. 봉인이 필요한 경우 ···691
2. 봉인의 대상 ··691
3. 봉인의 방법 ··691
4. 봉인후의 조치 ···691
5. 실무에서의 처리 ··692
　【서식】 봉인집행 조서 ···693

재산장부의 폐쇄(제481조) ·· **694**

1. 재산장부의 폐쇄 ··694
2. 장부의 폐쇄의 목적 ···694
3. 장부폐쇄 의무자 ··694
4. 폐쇄대상 장부 ···694

5. 법원사무관의 역할 ··694

6. 폐쇄후의 조치 ··694

7. 실무에서의 처리 ··694

【서식】 장부폐쇄 조서 ··696

재산의 가액의 평가(제482조) ··697

1. 재산가액의 평가 ··697

2. 평가 기준 ··698

재산목록 및 대차대조표의 작성(제483조) ··699

1. 재산목록, 대차대조표의 작성 ··699

우편물의 관리(제484조) ··700

1. 우편물의 관리 ··700

우편물관리의 해제(제485조) ··701

1. 우편물관리의 해제 ··701

2. 취소해야되는 경우 ··701

영업의 계속(제486조) ··701

1. 영업의 계속 ··701

2. 영업의 계속을 허가할 수 있는 경우 ··701

3. 영업의 계속을 허가하는 것이 바람직하지 않은 경우 ··703

4. 영업 계속 허가시의 주의 점 ··703

5. 법원에 의한 설명 ··704

6. 영업의 계속을 허가한 후 ··704

7. 방법의 전환이 필요한 경우 ··704

8. 영업의 계속을 허가할 경우 ··705

9. 영업 계속 허가 후의 조치 ··705

고가품의 보관방법(제487조) ··705

1. 고가품의 보관 ··705

2. 허가신청서 ··705

3. 문제되는 경우 ··706

4. 보관장소의 수 ··706

5. 보관방법 ··707

6. 보관장소의 변경 ··707

7. 부동산 관리에 있어서의 유의점 ··707

【서식】 고가품보관장소에 대한 통지 ··709

【서식】 임치금보관장소에 대한 통지 ··710

파산경과의 보고(제488조) ··711

　1. 파산경과의 보고 ···711
　2. 보고의 목적 ···711

채권자집회의 결의사항(제489조) ·· 711

별제권의 목적물의 제시(제490조) ······································ 711
　1. 파산관재인은 별제권자에 대하여 그 권리의 목적인 재산을 제시할 것을 요구할 수 있다. ······711
　2. 파산관재인이 별제권자에게 권리의 목적인 재산을 제시할 것을 요구한 경우에 재산을 평가하
　　고자 하는 때에는 별제권자는 이를 거절할 수 없다. ·······················711

환가시기의 제한(제491조) ··· 712

법원의 허가를 받아야 하는 행위(제492조) ························ 712

채무자의 의견청취(제493조) ·· 714

법원의 중지명령(제494조) ··· 714

선의의 제3자의 보호(제495조) ··· 715

환가방법(제496조) ··· 715
　1. 부동산의 환가방법 ···715
　2. 임의매각 ···715
　3. 강제집행 ···718
　4. 기계 ··719
　5. 집기, 비품, 가구 ···719
　6. 타인 소유 건물에 부착되어 있는 물건 ···719
　7. 일괄매각, 개별매각의 선택 ···720
　8. 매각의 구체적 방법 ··720
　9. 반제품 ···721
　10. 유의할 점 ··721

별제권의 목적물의 환가(제497조) ······································ 721
　별제권자의 환가 ···721

별제권자의 처분기간의 지정(제498조) ································ 722

파산관재인의 상황보고(제499조) ······································ 722

임치품의 반환청구(제500조) ·· 722
　1. 임치금의 반환 ··722

법인파산재단의 환가(제501조) ·· 723

익명조합원에 대한 출자청구(제502조) ······························· 723

상속인의 파산과 상속재산의 처분(제503조) ······················ 723

준용규정(제504조) ··· 723

제2절 배당

배당시기(제505조) ··· 724

  1. 의의 ··724
  2. 배당은 그 실시되는 시기에 따라 중간배당, 최후배당, 추가배당으로 구분된다. ········724
  3. 실무에서의 처리 ··724
  4. 시기 ··725
  5. 중간배당을 적극적으로 실시하는 이유 ··725
  6. 횟수의 제한 여부 ··725
  7. 절차 ··725
  【서식】 파산관재인 보수결정(중간배당시) ···727

배당에 필요한 허가(제506조) ··· 728

  1. 배당허가 ··728
  2. 허가신청서 ··728
  3. 배당률의 결정 ··728
  4. 실무에서의 처리 ··728

배당표의 작성(제507조) ··· 728

  1. 배당표의 작성 ··728
  2. 배당표에 기재할 내용 ··729
  3. 배당표의 확정 ··729
  4. 배당표에 기재하여야 하는 사항에 관하여 문제되는 점 ····································729
  【서식】 배당표 ··734

배당표의 제출(제508조) ··· 735

배당액의 공고(제509조) ··· 735

  1. 배당의 공고 ··735

배당중지의 공고(제510조) ··· 735

배당절차의 속행과 공고(제511조) ·· 735

  【서식】 배당공고 ··737

이의있는 채권자 및 별제권자의 배당제외(제512조) ··························· 738

  1. 집행력 있는 채무명의 또는 종국판결이 있는 채권(이른바 유명의채권) ················738
  2. 집행력 있는 채무명의 또는 종국판결이 없는 채권(이른바 무명의채권) ················738
  3. 별제권자의 파산채권 ··739
  4. 배당표의 경정 ··739

배당표의 경정(제513조) ··· 739

1. 배당표 경정 ···739
2. 배당표를 경정하여야 하는 사유 ···739
3. 배당표 경정의 절차 ···740
4. 공고 여부 ···740

배당표에 대한 이의(제514조) 740
1. 배당표에 대한 이의 ···740
2. 이의신청의 방법 ···741
3. 공고와 송달 ···741
4. 즉시항고 ···741
5. 항고기간 ···741
6. 법원의 기각결정 ···741
7. 이의에 대한 결정을 한 후, 중간배당의 경우 ·····························742
【서식】 배당표 경정결정 ···743
【서식】 배당표에 대한 이의신청 기각결정 ·····································744

배당률의 결정통지(제515조) 745
1. 배당률 결정 및 통지 ···745
【서식】 배당표에 대한 이의신청 기각결정 ·····································747
【서식】 배당금영수증/송금의뢰서 ···748

해제조건부채권자의 배당(제516조) 749
1. 배당표 작성 당시 이미 조건이 성취한 때 ·································749
2. 배당표 작성시까지 해제조건이 성취되지 않았는데 그 채권자가 배당을 요구하는 경우 ······749

배당방법(제517조) 749
1. 배당금의 수령 ···749
2. 실무에서의 처리 ···749
3. 채권자가 채권조사 종료 후 어음 등의 지시증권을 분실할 경우 ·········749
4. 파산채권자가 파산재단에 의무를 부담하고 있는 경우 ·················750
5. 문제되는 경우 ···750
6. 배당실시보고서 제출 ···750
7. 채권표 및 채권증서에 배당액 기입 ···750

종전의 배당에서 제외된 자의 우선배당(제518조) 751

배당액의 임치(제519조) 751
1. 배당액을 임치하는 경우 ···751
2. 임치의 장소 ···751
3. 대위변제 받은 사실을 알게 된 경우 ···751
4. 배당통지서를 전달 할 수 없는 경우 ···752

  5. 배당의 순서 ···752

최후배당의 허가(제520조) ·· 752

  1. 최후배당 ···752
  2. 사전 검토사항 ···753
  3. 절차 ···754

최후배당의 배당제외기간(제521조) ·· 755

  최후배당의 제척기간 결정 ···755

최후배당액의 결정 및 통지(제522조) ·· 755

  1. 최후배당액의 결정 및 통지 ···755
  2. 실무에서의 처리 ···755
  3. 배당액의 결정방법 ···755
  4. 배당액 확정의 효과 ···756

정지조건부채권자의 제외(제523조) ·· 756

해제조건부채권자에 대한 지급(제524조) ·· 756

별제권자의 제외(제525조) ··· 756

임치금의 배당(제526조) ··· 757

새로운 재산이 있게 된 때의 배당표의 경정(제527조) ····················· 757

  배당표의 경정 ···757

배당액의 공탁(제528조) ··· 757

  1. 배당의 실시와 공탁 ···757
  2. 공탁의 절차 ···757
  3. 파산관재인이 공탁하여야 하는 경우 ···758
  4. 경우별 공탁의 효력 ···758
  5. 관련문제 ···758

계산보고의 채권자집회(제529조) ·· 759

파산종결의 결정 및 공고(제530조) ·· 759

추가배당의 공고 및 배당액의 통지(제531조) ······································ 759

  1. 추가배당을 하여야 하는 경우 ···759
  2. 추가배당을 하여야 할 경우의 예 ···760

추가배당의 기준(제532조) ··· 761

  1. 추가배당 ···761
  2. 배당통지 ···761
  【서식】 추가배당허가 ···762

계산보고서(제533조) ·· 763
　계산보고서 ···763
파산관재인이 알고 있지 아니한 재단채권자(제534조) ············· 763
　배당통지의 효력 ···763
확정채권에 관한 파산채권자표 기재의 파산선고를 받은 채무자에 대한 효력(제535조) ··· 763
원상회복의 신청(제536조) ··· 764
상속재산의 잔여재산(제537조) ··· 764

제6장 파산폐지

동의에 의한 파산폐지의 신청(제538조) ·································· 765
　1. 동의폐지의 의의 ··765
　2. 요건 ···765
　3. 신청 ···766
　4. 동의폐지결정 확정의 효과 및 확정 후의 절차 ··767
법인 등의 파산폐지신청(제539조) ··· 767
　1. 파산폐지결정이 확정된 경우와 달리 파산자가 법인인 경우 ·······················767
　2. 법인의 종류에 따른 구별 ··767
파산폐지신청과 법인의 존속(제540조) ··································· 768
입증서면의 제출(제541조) ··· 768
　1. 신청서와 함께 제출하여야 하는 서면 ···768
　2. 파산폐지동의서의 제출 ···768
파산폐지신청의 공고 및 서류비치(제542조) ···························· 768
　공고 및 서류의 비치 ··768
　【서식】 파산폐지신청공고 ··770
채권자의 이의신청(제543조) ·· 771
　1. 채권자의 이의신청 ···771
　2. 이의신청 기간 14일의 성격 ···771
　3. 이의사유 ··771
　4. 법원의 결정 ···771
관계인의 의견청취(제544조) ·· 772
　1. 의견청취 ··772
　2. 심문을 하는 경우 ··772

    3. 의견청취의 내용 ···772
    【서식】 동의폐지에 대한 의견서 제출요구 ·····························773
비용부족으로 인한 파산폐지(제545조) ·······························774
    1. 파산폐지결정과 의견청취 ···774
    2. 예납이 충분한 경우 ··774
    3. 즉시항고 ··774
파산폐지결정의 공고 ···774
    1. 공고 ··774
    2. 송달 ··774
    3. 즉시항고 ··774
    【서식】 동의에 의한 파산폐지결정 ·······································775
    【서식】 동의에 의한 파산폐지 공고 ·····································776
재단채권의 변제 및 공탁(제546조) ·······································777
    1. 동의폐지 신청에 대한 재판 ···777
    2. 송달 ··777
    3. 즉시항고 ··777
    【서식】 파산폐지신청 각하결정 ···778
준용규정(제548조) ···779

제7장 간이파산

간이파산의 요건(제549조) ···780
  제정이유 ··780
    1. 간이파산 결정 ···780
    2. 병합 ··780
    3. 실무에서의 처리 ···781
파산절차 중의 간이파산결정(제550조) ·································781
    1. 파산절차 중의 간이파산 결정 ···781
    2. 법원의 결정 ··781
간이파산의 취소(제551조) ···781
채권자집회의 기일과 채권조사기일의 병합(제552조) ···········781
감사위원의 불설치(제553조) ···782
채권자집회의 결의에 갈음하는 결정(제554조) ·····················782
1회 배당(제555조) ···782

제8장 면책 및 복권

제1절 면책

제정이유 ···783
　1. 면책의 의의 ···783
　2. 면책제도의 성격에 대한 학설 ···784
　3. 신청권자 ···784
　4. 상속재산의 경우 ···785
　5. 관할 ··785
　6. 신청수수료, 송달료 및 예납금 ···785
　7. 면책신청의 시기와 방법 ···785
　8. 실무에서의 처리 ···786
　9. 면책신청의 방법 ···786
　10. 예납금을 미납한 경우 ···786
　【서식】 면책신청서 ···788
강제집행의 정지(제557조) ··793
　1. 강제집행의 정지 ···793
　2. 면책결정이 확정된 경우 ···793
채무자의 심문(제558조) ··793
　1. 파산자 심문기일의 결정 ···793
　2. 파산관재인에 대한 조사보고서 제출명령 ····························794
　3. 비용예납 전에 면책사건이 취하 등으로 종료한 경우 ··············794
　4. 파산자의 소환 및 채권자에게의 심문기일 통지, 공고 ·············794
　5. 파산자가 불출석한 경우의 처리 ·······································795
　6. 심문의 방식 ···797
　7. 심문기일의 진행 ···797
　8. 조서의 작성 ···799
　【서식】 파산폐지신청 각하결정 ···800
　【서식】 면책심문기일소환장(파산자) ·····································801
　【서식】 면책심문기일통지(채권자) ··802
　【서식】 이의신청기간 결정 ···803
　【서식】 봉인집행 조서 ···804
면책신청의 기각사유(제559조) ··805

  1. 면책신청의 기각 ·· 805
  2. 즉시항고 ··· 805
파산관재인의 조사보고(제560조) ······································ **805**
  1. 파산관재인의 조사보고 ·· 805
  2. 조사보고서의 제출기한 ·· 805
  3. 조사보고서의 기재내용 ·· 805
  4. 유의할점 ··· 805
면책신청에 관한 서류 등의 비치(제561조) ··················· **806**
면책신청에 대한 이의(제562조) ······································ **806**
  1. 이의신청권자 ·· 806
  2. 이의신청권이 없는 자 ·· 806
  3. 면책불허가사유의 존부 ·· 806
  4. 이의신청에 대한 재판 ·· 806
  5. 이의신청의 방식 ·· 807
  6. 이의신청의 내용 ·· 807
이의신청에 관한 의견청취(제563조) ······························ **807**
  1. 의견청취기일 ·· 807
  2. 의견청취기일을 열지 않는 경우 ··· 807
  3. 부본의 송달과 반론서의 제출 ··· 807
  4. 실무에서의 처리 ·· 808
  5. 의견청취기일의 지정 ··· 808
  6. 의견청취기일 통지서의 송달 ··· 808
  7. 이의신청에 대한 의견서 등이 제출되어 있는 경우 ····················· 808
  8. 이의신청이 취하된 경우 ·· 808
  9. 의견청취기일의 실시 ··· 808
 10. 지정된 서면의 제출여부 ·· 809
 11. 의견청취기일 전에 반론서가 제출되어 있는 경우 ····················· 809
 12. 추가조사보고와 석명 ··· 809
 13. 의견청취기일의 변경, 연기, 속행 ··· 809
 14. 의견청취기일 종료 후의 심문기일 ··· 809
 15. 의견청취기일 조서 작성 ·· 809
 【서식】 의견청취기일 결정 ··· 810
 【서식】 의견청취기일통지 ·· 811
 【서식】 의견청취기일 조서 ··· 812
면책허가(제564조) ·· **813**
  제정이유 ··· 813

1. 면책불허가 사유 ···813
2. 유의해야 할 점 ···814
3. 채무자회생및파산에관한법률 제564조 제1호 ·····································814
4. 사기파산죄 해당 행위 ···814
5. 채무자회생및파산에관한법률 제564조 제2호 ·····································823
6. 허위의 채권자명부의 제출 또는 재산상태에 관한 허위의 진술행위 ·······825
7. 채무자가 파산절차 후 면책결정을 받은 경우에는 7년, 개인회생절차에 의한 면책결정을 받은 경우에는 5년 내의 면책받은 사실이 없어야 한다. ·············826
8. 파산법상의 의무위반 ···826
9. 면책불허가 사유가 있는 경우의 절차상 유의점 ·································827
【관련 질의응답】 ···830
면책불허가결정 항고 ···830
면책허가결정 ···830
【서식】 면책불허가결정에 대한 항고장각하명령 ······································831
면책결정의 효력발생시기(제565조) ··832
1. 효력발생시기 ···832
2. 소급효 인정여부 ···832
면책의 효력(제566조) ···832
1. 파산채권자에 대한 효력 ···832
2. 파산자에 대한 효력 ···834
3. 관련문제 ···834
【관련 질의응답】 ···836
파산의 비면책사유 ···836
보증인 등에 대한 효과(제567조) ··836
1. 파산자의 보증인 등에 대한 효력 ···836
【관련 질의응답】 ···837
개인파산으로 면책결정시 면책된 채무에 대한 보증인의 책임 ············837
면책결정의 기재(제568조) ···838
1. 채권표에의 기재 ···838
2. 확정된 파산채권에 대하여 파산자가 이의를 진술하지 않은 경우 ·······838
3. 본적지 시, 구, 읍 면장에 대한 통지 ··838
【서식】 면책허가결정서 ···839
4. 파산관재인의 보수 결정 ···840
5. 예납금의 반환 ···840
면책의 취소(제569조) ···840

면책취소에 관한 의견청취(제570조) ·· 840
면책취소결정의 효력발생시기(제571조) ·· 840
신채권자의 우선권(제572조) ··· 841
면책취소결정의 기재(제573조) ·· 841

제2절 복권

당연복권(제574조) ··· 841
신청에 의한 복권(제575조) ·· 841
　1. 신청에 의한 복권의 요건 ··841
　2. 신청 ···842
　3. 관할 ···842
　4. 신청서 접수 후의 처리 ··842
　5. 결정 ···842
　　【서식】 복권신청 각하명령 ···845
　　【서식】 복권불허가결정 ··846
　　【서식】 복권허가결정 ··847
　　【서식】 복권결정 공고 ··848
　　【서식】 복권결정 확정공고 ···849
　　【서식】 복권결정확정통지(본적지) ··850
복권신청의 공고 등(제576조) ··· 851
　　【서식】 복권신청 공고 ··852
복권신청에 관한 이의(제577조) ·· 853
　1. 이의신청의 기한 ··853
　2. 신청권자 ··853
　3. 의견청취 ··853
　4. 실무에서의 처리 ··853
복권결정의 효력발생시기(제578조) ·· 853

제9장 유한책임신탁재산의 파산에 관한 특칙

적용범위(제578조의2) ··· 855
파산신청권자(제578조의3) ··· 856
파산원인(제578조의4) ··· 856

신탁재산 파산의 통지 등(제578조의5) ··· 856

파산선고를 받은 신탁의 수탁자 등의 구인(제578조의6) ················ 856

파산선고를 받은 신탁의 수탁자 등의 설명의무(제578조의7) ·········· 857

파산선고 전의 보전처분(제578조의8) ··· 857

수탁자등의 재산에 대한 보전처분(제578조의9) ································· 857

수탁자등에 대한 손해배상청구권 등의 조사확정재판(제578조의10) ········· 858

파산관재인(제578조의11) ·· 858

파산재단(제578조의12) ·· 858

유한책임신탁에서의 부인(제578조의13) ··· 858

유한책임신탁에서의 환취권(제578조의14) ·· 859

신탁재산 파산 시 파산채권액(제578조의15) ······································· 859

신탁재산 파산 시 파산채권의 순위(제578조의16) ····························· 859

파산폐지에 관한 특칙(제578조의17) ·· 859

제10장 파산관련 예규·사무처리지침

개인파산 및 면책신청사건의 처리에 관한 예규 ································· 860

채무자회생및파산에관한법률에 따른 법인등기 사무처리지침 ············ 863

채무자회생및파산에관한법률에 따른 부동산등의 등기 사무처리지침 ········· 881

제11장 파산신청 작성실례

파산사례 I ·· 911

　【서식】 파산 및 면책신청서(채무자) ··· 913

제3편 총칙

목 적(제1조) ··· 943

외국인 및 외국법인의 지위(제2조) ··· 943

재판관할(제3조) ·· 943

   1. 회생사건, 간이회생사건 및 파산사건 또는 개인회생사건은 다음 각호의 어느 한 곳을 관할하는

   회생법원의 관할에 전속한다. ··· 943

   2. 회생사건 및 파산사건 ··· 944

   3. 제3항 ·· 944

   4. 제4항 ·· 945

   5. 제5항 ·· 945

   6. 제6항 ·· 945

   7. 제7항 ·· 945

   8. 제8항 ·· 945

   9. 제10항 ··· 946

손해나 지연을 피하기 위한 이송(제4조) ··· 946

법원간의 공조(제5조) ·· 946

회생절차폐지 등에 따른 파산선고(제정이유)(제6조) ······················ 947

   1. 제정이유 ·· 947

   2. 제1항 ·· 947

   3. 제2항 ·· 948

   4. 제3항 ·· 948

   5. 제4항 ·· 949

   6. 제5항 ·· 949

   7. 제6항 ·· 949

   8. 제7항 ·· 949

   9. 제8항 ·· 950

   10. 제9항 ··· 950

   11. 제10항 ··· 950

파산절차가 속행되는 경우의 공익채권 등(제7조) ·························· 950

송달(제8조) ·· 951

   1. 재판은 직권으로 송달 ··· 951

   2. 회사인 채무자의 사채권자 또는 주주·지분권자에 대한 송달 ········ 951

   3. 등기된 담보권을 가진 담보권자에 대한 송달 ···························· 951

공고(제9조) ·· 951

송달에 갈음하는 공고 (제10조) ·· 952
　　【서식】 송달에 갈음하는 결정 ···953

공고 및 송달을 모두 하여야 하는 경우(제11조) ·································· 954

임의적 변론과 직권조사(제12조) ··· 954
　　【서식】 채권자의견조회(동시폐지사건) ·······································955
　　【서식】 감독관청 의견조회 ··956

즉시항고(제13조) ·· 957

불복의 방법(제14조) ·· 958

관리위원회의 설치(제15조) ·· 958

관리위원회의 구성 등(제16조) ·· 958
　　1. 관리위원회의 구성 ···958
　　2. 관리위원의 임기 ···958
　　3. 관리위원의 자격 ···959
　　4. 관리위원의 위촉 ···959
　　5. 위원장의 지명과 임기와 공무원 의제 ·······································959
　　6. 관리위원의 해촉 ···959
　　7. 관리위원의 보수 ···960
　　8. 복무 ··960
　　9. 기피 ··960
　　10. 간사 및 직원 ···960

관리위원회의 업무 및 권한(제17조) ··· 961

관리위원에 대한 허가사무의 위임(제18조) ·· 963
　　1. 법 제61조 제1항에서 규정된 행위에 대한 허가사무중 법 제18조의 규정에 의하여 관리위원에
　　　게 위임할 수 있도록 하고 있다. ··963
　　2. 파산절차에 대한 위임할 수 있는 허가사무 ·································964
　　3. 위임의 절차 ···964

관리위원의 행위에 대한 이의신청(제19조) ·· 964
　　1. 이의신청의 방법 ···964
　　2. 이의신청의 처리권자 ··964
　　3. 이의신청의 처리 ···965
　　4. 불복신청과 집행정지의 효력유무 ···965
　　5. 이의신청의 기재사항 ··965

보고서의 발간 및 국회 상임위원회 보고(제19조의2) ···························· 965

채권자협의회의 구성(제20조) ··· 966
  1. 채권자협의회 제도의 취지와 목적 ·· 966
  2. 채권자협의회의 구성 ·· 966
  3. 예외 ·· 967
  4. 소액채권자의 채권자협의회 참석가능여부 ································· 967
  5. 대표채권자 ·· 967
  6. 회의 및 의결 ·· 968
  7. 의견의 송부 ·· 968
  8. 변호사등 전문가의 선임 ·· 968
  9. 채권자협의회의 활동에 필요한 비용등의 부담 ························· 969
  10. 운영규정 ··· 969
채권자협의회의 기능 등 (제21조) ·· 969
채권자협의회에 대한 자료제공(제22조) ·· 970
신규자금대여자의 의견제시권한 및 그에 대한 자료제공(제22조의2) ··············· 972
법인에 관한 등기의 촉탁(제23조) ·· 972
  1. 절차의 개시후의 등기 ·· 972
  2. 회생절차 개시결정 후 법원사무관의 등기 또는 등록 ·············· 973
  3. 촉탁사유 ·· 973
  【서식】 회사정리절차 개시결정의 등기촉탁서 ······························ 975
  【서식】 회사재산에 관한 개시결정의 기입등기·등록촉탁서 ········· 976
등기된 권리에 관한 등기 등의 촉탁(제24조) ······································ 977
  【서식】 회사재산에 관한 개시결정의 기입등기·등록촉탁서 ········· 979
등기소의 직무 및 등록세 면제(제25조) ·· 980
  【서식】 파산선고의 결정을 한 경우 등기촉탁서 ··························· 981
부인의 등기(제26조) ··· 982
  1. 부인등기를 하여야 할 경우 ·· 982
  2. 부인등기의 절차 ·· 982
  3. 부인의 등기를 신청하여야 하는 경우 ·· 982
  4. 이해관계인의 청구에 따른 등기의 말소 ···································· 982
등록된 권리에의 준용(제27조) ··· 982
사건기록의 열람 등(제28조) ··· 983
채무자의 재산 등에 관한 조회(제29조) ·· 984
  1. 재산조회제도 ··· 984
  2. 재산조회의 신청방식과 비용 ·· 986

【별표】재산조회를 할 기관단체 등 ··988
【서식】재산조회신청서 ··989

관리인 등의 보수 등(제30조) ···993
1. 보수 결정의 기준 ···993
2. 특별보상금의 지급 ···993
3. 실무준칙에의 공로의 예 ···993
4. 보수 및 보상금의 한계 ···993
5. 즉시항고 ··994
6. 비용의 예납 ··994
7. 관리인등의 보수 및 비용의 청구권의 성격 ·····································994

대리위원 등의 보상금 등(제31조) ··994
1. 비용의 상환 또는 보상금의 지급 ···994
2. 즉시항고 ··994

시효의 중단(제32조) ··995
1. 시효중단의 효력 ··995
2. 중단의 사유와 중단의 효력 발생 시기 ··995
3. 시효중단이 안되는 경우 ···996
4. 보증인에 대한 시효 ···996
【관련 질의응답】 ···999
재산명시결정에 소멸시효중단의 효력이 인정되는지 ·······················999
확정된 지급명령을 받은 채권의 소멸시효기간 ·······························1000
연대채무자 1인에 대한 소멸시효중단의 효력 ·······························1001
국가가 부당이득금반환 납부고지한 경우 시효중단의 효력이 있는지 ········1003
재산명시명령이 송달된 때 '최고'로서 소멸시효가 중단되는지 ·············1004
손해배상청구권의 소멸시효 중단사유 ·······································1005

차별적 취급의 금지(제32조의2) ··1005
민사소송법 및 민사집행법의 준용(제33조) ·······································1005

제4편 회생절차

제1장 회생절차의 개시

제1절 회생절차개시의 신청

회생절차개시의 신청(제34조) ·· 1009

  제정이유 ··1009

  1. 채무자가 회생절차를 신청할 수 있는 상황요건 ·······························1009

  2. 채무자외의 자가 회생절차개시를 신청하기 위한 요건 ·····················1010

  3. 채권자·주주·지분권자가 회생절차개시의 신청을 한 때에는 채무자에게 경영 및 재산상태에 관한 자료를 제출할 것을 명할 수 있다. ·······································1010

파산신청의무와 회생절차개시의 신청(제35조) ·· 1010

  1. 회생절차의 취지 ···1010

  2. 청산 중이거나 파산선고를 이미 받은 채무자의 신청 ·······················1011

신청서(제35조) ··· 1011

  【서식】개인회생절차 개시신청서(개인채무자) ···1012

    개인회생절차 개시신청서 작성요령 ···1014

  【서식】정리절차개시신청 통지서(1) ···1015

  【서식】정리절차개시신청 통지서(2) ···1017

서류의 비치(제37조) ·· 1018

소명(제38조) ·· 1018

  1. 소명과 원인의 추정 ··1018

  2. 소명을 해야할 자 ···1018

비용의 예납 등(제39조) ·· 1018

  1. 비용의 예납 ···1018

  2. 실무에서의 처리 ··1019

  【서식】비용예납결정 ··1020

회생절차의 진행에 관한 법원의 감독 등(제39조의2) ······························ 1021

감독행정청에의 통지 등(제40조) ·· 1021

  1. 통지 대상 ···1021

  2. 통지의 기한 ···1021

  3. 의견청취 ···1022
심문(제41조) ·· 1022
  1. 대표자의 심문 ··1022
  2. 실무에서의 처리 ··1022
  3. 심문기일의 지정 ··1022
  【서식】 대표자심문기일지정결정 ···1024
회생절차개시신청의 기각사유(제42조) ·· 1025
가압류·가처분 그 밖의 보전처분(제43조) ··· 1027
  1. 의의 ···1027
  2. 보전처분과 가압류와 가처분의 취지 ···1027
  3. 보전처분, 가압류와 가처분의 시기 ···1027
  4. 보전처분의 대상 ··1028
  5. 민사소송법상의 보전처분과의 구별 ··1028
  6. 채무자회생및파산에관한법률 114조(법인의 이사등의 재산에 대한 보전처분)의 보전처분과의 관계 ··1028
  7. 신청권자와 신청권자의 소명 ··1029
  8. 처리기준 ···1029
  9. 결정시한 ···1029
  【관련 질의응답】 ··1032
  회사에 대한 채권으로 대표이사 개인재산을 강제집행할 수 있는지 ················· 1032
  소송진행 중 피고회사가 회사정리절차개시 신청된 경우 ································ 1034
  【서식】 보전처분에 대한 의견조회 ···1035
  【서식】 보전처분결정 ···1036
다른 절차의 중지명령 등(제44조) ·· 1038
  1. 중지명령의 의의 ··1038
  2. 보전처분과의 관계 ··1038
  3. 제58조(다른 절차의 중지 등)에 의한 절차중지와의 관계 ·······························1038
  4. 요건 ···1039
  5. 중지명령의 효력 ··1039
  6. 중지명령의 취소, 변경 ···1040
  【관련 질의응답】 ··1040
  경제적 사정으로 체납한 것이 조세범처벌법상 정당사유인지 ··························· 1040
회생채권 또는 회생담보권에 기한 강제집행등의 포괄적 금지명령(제45조) ······· 1041
포괄적 금지명령에 관한 공고 및 송달 등(제46조) ·· 1042
포괄적 금지명령의 적용 배제(제47조) ·· 1042
  포괄적인 금지명령제도의 신설 ···1042

회생절차개시신청 등의 취하의 제한(제48조) ································· 1043
  1. 명령이 있기 전 ·· 1043
  2. 명령이 있은 후 ·· 1043
  3. 취지 ··· 1044
  4. 법원의 결정의 기준 ··· 1044
  5. 취하의 방법 ··· 1044
  6. 관리위원회의 의견청취 ·· 1044
  7. 신청 취하를 허가할 경우 ·· 1044
  8. 등기의 촉탁 ··· 1045
  【서식】 회사정리절차 개시신청의 취하 허가결정 ····················· 1046
  【서식】 회사정리절차 취하 허가결정 ································· 1047
  【서식】 보전처분 취소결정 ·· 1048
  【서식】 보전처분 및 관리명령 취소결정 ······························· 1049
  【서식】 관리명령 취소 공고 ··· 1050

제2절 회생절차개시의 결정

회생절차개시의 결정(제49조) ··· 1051
회생절차개시결정과 동시에 정하여야 할 사항(제50조) ············· 1051
  1. 필수적 결정사항 ··· 1051
  2. 기간의 연장 ··· 1052
  【서식】 정리절차 개시결정 ·· 1053
회생절차개시의 공고와 송달(제51조) ································ 1055
  1. 공고 ··· 1055
  2. 송달 ··· 1055
  【서식】 개시결정 공고 ··· 1057
  【서식】 송달에 갈음하는 결정 ·· 1058
회생절차개시의 통지(제52조) ··· 1059
  1. 통지대상 ··· 1059
  2. 통지사항 ··· 1059
  【서식】 채권자협의회에 대한 개시결정의 통지 ······················ 1060
회생절차개시신청에 관한 재판에 대한 즉시항고(제53조) ·········· 1061
  1. 항고를 할 수 있는 자 ·· 1061
  2. 즉시항고의 효과 ··· 1061
회생절차개시결정의 취소(제54조) ···································· 1062

1. 취소결정 ···1062
2. 취소결정의 후속조치 ··1062
3. 취소결정확정의 효과 ···1063

회생절차개시 후의 자본감소 등(제55조) ··························· 1064

회생절차개시 후의 업무와 재산의 관리(제56조) ··············· 1066
1. 회생절차개시의 효력 발생시기 ··1066
2. 관리인의 업무수행 보장 ···1066

정보 등의 제공(제57조) ·· 1070
1. 정보와 자료의 요구 ···1070
2. 정보와 자료의 요구의 거부 ··1070
3. 인수희망자의 정보 등의 제공청구 ······································1070

다른 절차의 중지 등(제58조) ·· 1071
1. 회생절차개시결정이 다른 절차에 미치는 효력 ·····················1071
2. 금지, 실효, 중지되는 절차 ···1071
   【서식】 화의절차 중지명령 ···1074

소송절차의 중단 등(제59조) ·· 1077
1. 취지 ···1077
2. 중단하는 소송의 범위 ···1077
3. 정리절차 중의 신소송의 제기 ···1077
4. 수계의 유형 ··1078

이송(제60조) ·· 1082

법원의 허가를 받아야 하는 행위(제61조) ························· 1083
1. 원칙 ···1083
2. 법원의 허가를 받아야 할 경우 ··1083
3. 법원의 허가를 받아야 하는 관리인의 행위 ·························1083

영업 등의 양도(제62조) ·· 1084
   제정이유 ··1084

주식회사의 영업 등의 양도에 대한 허가결정의 송달 등(제63조) ········· 1085
1. 허가결정서의 송달 ···1085
2. 효력발생 시기 ···1085
3. 즉시항고 ···1085
   제정이유 ··1085

회생절차개시 후의 채무자의 행위(제64조) ························ 1086
1. 회생절차개시 후의 채무자의 행위 ······································1086

2. 법률행위의 의의 ···1086
3. 효력의 범위와 상대방 ···1086
4. 효과 ···1086
5. 회생절차개시일에 행한 법률행위 ···1086

회생절차개시 후의 권리취득(제65조) ·································· 1087
1. 회생절차개시 후의 권리취득 ···1087
2. 회생절차개시일의 권리취득 ···1087

회생절차개시 후의 등기와 등록(제66조) ························· 1087
1. 부동산 또는 선박에 관하여 회생절차개시전에 생긴 등기원인으로 한 등기 또는 가등기 ····1087
2. 판례의 태도 ··1087
3. 회생절차 개시결정의 기입등기가 경료 된 경우 ···················1087

회생절차개시 후의 채무자에 대한 변제(제67조) ·············· 1088
1. 회생절차개시 후의 변제 ··1088
2. 회생절차개시 후 악의로 채무자에게 변제한 경우 ················1089

선의 또는 악의의 추정(제68조) ··· 1089

공유관계(제69조) ··· 1089
1. 분할의 청구 ··1089
2. 보상의 지급과 채무자의 지분 취득 ······································1089

환취권(제70조) ··· 1090
1. 회생절차의 개시가 환취권에 영향을 미치는지 여부 ·············1090
2. 환취권의 행사 방법 ··1090

운송 중인 매도물의 환취(제71조) ······································ 1090
1. 매도인이 목적물을 환취할 수 있는 경우 ·····························1090
2. 목적물을 환취할 수 없는 경우 ··1090

위탁매매인의 환취권(제72조) ··· 1090

대체적 환취권(제73조) ·· 1091
1. 채무자가 회생절차개시 전에 환취권의 목적인 재산을 양도한 경우 ····1091
2. 회생절차의 개시전에 채무자에 재산을 양도한 자 ················1091

제2장 회생절차의 기관

제1절 관리인

관리인의 선임(제74조) ·· 1092

제정이유 ·· 1092
  1. 관리인의 선정 시기 ·· 1092
  2. 선정방법 ··· 1093
여럿인 관리인의 직무집행(제75조) ······································· 1096
  1. 관리인을 수인으로 선임한 경우의 직무집행 ····················· 1096
  2. 법원의 허가를 받은 경우 ·· 1096
  3. 관리인이 수인인 경우에 제3자의 의사표시 ························ 1096
관리인대리(제76조) ··· 1097
고문(제77조) ··· 1098
  1. 고문의 선임과 보수 ·· 1098
  2. 실무상의 경우 ··· 1098
당사자적격(제78조) ··· 1098
관리인의 검사 등(제79조) ·· 1100
  1. 관리인의 검사 ··· 1100
  2. 감정인의 선임 ··· 1101
우편물의 관리 및 그 해제(제80조) ·· 1101
  1. 운송물에 대한 촉탁 ·· 1101
  2. 법원에 의한 등기의 촉탁의 취소 또는 변경 ······················ 1101
  3. 회생절차가 종료한 경우 ··· 1101
관리인에 대한 감독(제81조) ·· 1101
  1. 관리인에 대한 감독 ·· 1101
  2. 선임증 교부시기 ··· 1102
  3. 유의사항 ··· 1102
관리인의 의무 등(제82조) ··· 1102
  1. 관리인의 의무 ··· 1102
  2. 연대 손해배상 책임 ·· 1102
  [관련 질의응답] ··· 1102
  불법행위 성립 후의 감사가 잘못된 경우 감사자의 불법행위책임 여부 ······· 1102

관리인의 사임 및 해임(제83조) ··· 1103
  1. 관리인은 법원의 허가를 받아 사임할 수 있고, 법원도 중요한 사유가 있는 때에는 관리인을 해
    임할 수 있다. ··1103
  2. 즉시항고 ···1104
  3. 집행정지의 효력 유무 ··1104
  4. 적용 배제 ···1104
임무종료의 경우의 보고의무 등(제84조) ··· 1104
  1. 계산의 보고 ···1104
  2. 승계인의 의미 ···1104
  3. 보고의 내용 ···1105

제2절 보전관리인

보전관리인의 권한(제85조) ··· 1105
  1. 관리명령의 효과 ···1105
  2. 채무자를 비롯한 종래의 이사, 감사 ··1105
관리인에 관한 규정 등의 준용(제86조) ·· 1105
  1. 관리인에 대한 규정을 보전관리인에도 준용하여 적용한다. ··································1105
  2. 보전관리 명령의 유무에 따른 구분 ··1106

제3절 조사위원

조사위원(제87조) ··· 1108
  1. 조사위원제도의 의의 ··1108
  2. 조사위원의 경제성에 대한 판단 ··1108
  3. 조사위원의 자격 및 선임 ··1108
  4. 조사위원의 조사내용 ··1109
  5. 조사보고서의 제출기간 ··1109
  6. 조사위원의 책무와 권한 ··1109
  7. 조사위원의 보수결정 ··1110
  【서식】조사위원 보수 기준표 ··1111
  【서식】조사위원 선임에 관한 의견조회서 ··1112
  【서식】조사위원 선임결정 ··1113
관리인에 관한 규정의 준용(제88조) ·· 1114

제3장 채무자재산의 조사 및 확보

제1절 채무자의 재산상황의 조사

채무자의 업무와 재산의 관리(제89조) ································· 1115

재산가액의 평가(제90조) ··· 1115

재산목록과 대차대조표의 작성(제91조) ································ 1115

  1. 재산의 가액평가와 대차대조표의 작성 ···························· 1115
  2. 실무에서의 처리 ··· 1115

관리인의 조사보고(제92조) ·· 1116

그 밖의 보고 등(제93조) ··· 1116

  1. 기타 법원이 명하는 사항에 대한 보고 ·························· 1116
  2. 법원이 정하는 주요서류의 제출 ······························· 1116
  3. 실무에서의 처리 ··· 1116
  【서식】 법원의 허가사항과 위임사항에 관한 결정 ··················· 1117

영업용 고정재산의 평가(제94조) ······································ 1120

서류의 비치(제95조) ··· 1120

영업의 휴지(제96조) ··· 1120

재산의 보관방법 등(제97조) ·· 1120

관리인 보고를 위한 관계인집회(제98조) ································ 1120

  1. 관계인집회 소집 ··· 1120
  2. 관계인집회를 소집하게 할 필요성이 인정되지 아니하는 경우 ········ 1121
  3. 관리인의 의무 ··· 1121

관계인설명회(제98조의2) ··· 1121

  【서식】 정리절차 개시결정 ······································· 1123
  【서식】 개시결정 공고 ··· 1126
  【서식】 감독행정청 등에 대한 개시결정의 통지 ······················ 1128
  【서식】 제1회 관계인집회 및 정리채권 등의 일반조사기일 조서 ········· 1130

법원의 의견청취(제99조) ··· 1136

  【서식】 관리인이 유의할 사항 ····································· 1137

제2절 부인권

부인할 수 있는 행위(제100조) ··· 1138
   1. 부인권의 의의 ··· 1138
   2. 부인권과 채권자취소권의 차이 ··· 1138
   3. 부인의 유형은 여러 가지로 나눌 수 있으나 일반적으로 다음과 같이 나눈다. ····· 1138
   4. 부인권의 행사기간의 제한 ·· 1139
   5. 부인권 행사의 성립요건 ··· 1140
특수관계인을 상대방으로 한 행위에 대한 특칙(제101조) ················ 1155
   제정이유 ·· 1155
   1. 특수관계인의 범위 ··· 1155
   2. 특칙의 적용 ··· 1155
어음채무지급의 예외(제102조) ··· 1156
   1. 어음금 채무의 변제의 경우 부인의 예외 ·· 1156
   2. 부인의 예외의 제한 ··· 1156
권리변동의 성립요건 또는 대항요건의 부인(제103조) ···················· 1157
   1. 대항요건 등의 구비행위를 권리변동의 원인행위와 분리 ································ 1157
   2. 취지 ··· 1157
   3. 본조의 적용 제한 ··· 1157
   4. 본 조에 의한 부인의 성립요건은 다음과 같다. ·· 1157
   5. 유의사항 ··· 1157
집행행위의 부인(제104조) ··· 1159
   1. 의의 ··· 1159
   2. 부인의 대상이 되는 행위 ··· 1159
부인권의 행사방법(제105조) ·· 1160
   1. 부인권을 행사할 수 있는 자 ··· 1160
   2. 부인권의 행사방법 ··· 1160
   3. 부인소송의 법적성질 ·· 1161
   4. 유의사항 ··· 1161
부인의 청구(제106조) ··· 1162
   1. 소명 ··· 1162
   2. 법원의 결정 ··· 1162
   3. 심문 ··· 1162
   4. 송달 ··· 1162

부인의 청구를 인용하는 결정에 대한 이의의 소(제107조) ································ 1162
  1. 제기권자 ··· 1162
  2. 제기기간 ··· 1163
  3. 관할 ··· 1163
  4. 결정유형 ··· 1163
  5. 판결의 효력 ··· 1163
부인권행사의 效果 등(제108조) ·· 1163
  1. 원상회복 ··· 1163
  2. 가액배상 ··· 1164
  3. 무상부인과 선의자의 보호 ·· 1164
  4. 부인된 경우의 권리행사 ·· 1164
상대방의 채권의 회복(제109조) ·· 1165
  1. 반대이행의 반환청구 ·· 1165
  2. 상대방 채권의 부활 ··· 1166
  3. 실무상 문제되는 경우 ·· 1166
전득자에 대한 부인권(제110조) ·· 1167
  1. 전득자에 대한 부인 ··· 1167
  2. 성립요건 ··· 1168
지급정지를 안 것을 이유로 하는 부인의 제한(제111조) ································· 1168
  1. 지급정지를 안 것을 이유로 하는 부인의 제한 ································· 1168
  2. 개시 신청이 있는 날부터 1년을 넘어선 경우의 해결방법 ·················· 1168
부인권행사의 기간(제112조) ·· 1169
채권자취소소송 등의 중단(제113조) ·· 1169
  1. 채권자취소소송의 중단의 취지 ·· 1169
  2. 소송의 경우에 있어서의 준용 ··· 1169
신탁행위의 부인에 관한 특칙(제113조의2) ·· 1169
  1. 채무자가 신탁행위를 부인할 때 ·· 1169
  2. 관리인의 원상회복 청구 ·· 1170

제3절 법인의 이사등의 책임

법인의 이사등의 재산에 대한 보전처분(제114조) ··· 1171
  1. 이사등의 재산에 대한 보전처분 ·· 1171
  2. 신청권자 ··· 1171
  3. 보전처분을 신청할 수 있는 시기 ··· 1171

  4. 의견청취 ··· 1171
  5. 즉시항고 ··· 1171
  6. 집행정지의 효력 여부 ··· 1171
  7. 송달 ··· 1171

손해배상청구권 등의 조사확정재판(제115조) ································ **1172**
  1. 손해배상청구권 등의 조사확정재판 ··· 1172
  2. 관리인이 재판을 신청해야 하는 경우 ··· 1172
  3. 관리인의 소명 ··· 1172
  4. 법원이 직권으로 조사확정절차를 개시하는 경우 ······························· 1172
  5. 시효의 중단 여부 ··· 1172
  6. 결정의 형식 ··· 1173
  7. 이해관계인에 대한 심문 ··· 1173
  8. 조사확정절차의 종료 ··· 1173
  9. 송달 ··· 1173
  【관련 질의응답】 ·· **1173**
    대표이사의 공금 횡령으로 파산한 주식회사 채권자의 손해배상청구권 ······· 1173
    총주주의 동의로 감사의 회사에 대한 책임을 면제할 수 있는지 ················ 1174

이의의 소(제116조) ·· **1176**
  1. 의의 ··· 1176
  2. 즉시항고를 할 수 있는 결정 ··· 1176
  3. 집행정지의 효력 여부 ··· 1176
  4. 신청권자 ··· 1176

조사확정재판의 효력(제117조) ·· **1176**

제4장 회생채권자 · 회생담보권자 · 주주 · 지분권자

제1절 회생채권자 · 회생담보권자 · 주주 · 지분권자의 권리

회생채권(제118조) ·· **1177**
  1. 회생채권의 의의 ··· 1177
  2. 회생채권의 요건 ··· 1178
  【관련 질의응답】 ·· **1185**
    정리채권의 신고를 하지 아니한 정리채권자의 손해배상청구권 ················ 1185

쌍방미이행 쌍무계약에 관한 선택(제119조) ··· 1186
　1. 쌍무계약 ··· 1186
　2. 근로계약에 미치는 영향 ·· 1187
　　【관련 질의응답】 ·· 1188
　　화의인가결정이 확정된 회사에 대한 임금 등 청구 가능 여부 ······················ 1188
　　화의절차 중인 회사에 대한 임금청구 ·· 1189
　3. 단체협약의 특칙 ·· 1189
지급결제제도 등에 대한 특칙(제120조) ··· 1194
쌍방미이행 쌍무계약의 해제 또는 해지(제121조) ·· 1195
　1. 계약이 해제 또는 해지된 경우 ·· 1195
　2. 쌍무계약에 관하여 회생절차개시 당시에 아직 그 이행을 완료하지 아니한 경우 ········ 1196
계속적 급부를 목적으로 하는 쌍무계약(제122조) ·· 1197
개시 후의 환어음의 인수 등(제123조) ·· 1197
　1. 개시 후의 환어음의 인수 ··· 1197
　2. 회생채권자로 될 수 있는 자의 선의, 악의 여부 ·· 1197
임대차계약 등(제124조) ··· 1198
　1. 임대인인 채무자에 대하여 회생절차가 개시된 경우 ·· 1198
　2. 효력을 주장하지 못하게 된 자의 손해배상청구권 ·· 1198
　3. 지상권의 경우 ··· 1198
　4. 주택임대차보호법 준용 여부 ·· 1198
상호계산(제125조) ··· 1198
　1. 상호계산 ··· 1198
　2. 잔액청구권의 성격 ··· 1199
채무자가 다른 자와 더불어 전부의 이행을 할 의무를 지는 경우(제126조) ······· 1199
　1. 여럿이 각각 전부의 이행을 하는 의무를 부담한 때에 그 전원이나 수인에 대하여 회생절차가
　　개시된 때 ··· 1199
　2. 회생절차 개시 전에 채권소멸사유가 있는 경우 ··· 1199
　3. 당해 회생절차 내에서 법원의 허가 하에 이루어진 일부 변제 ···························· 1199
채무자가 보증채무를 지는 경우(제127조) ·· 1202
　1. 원칙 ··· 1202
　2. 보증채무의 보충성 ··· 1202
　3. 보증인에 관하여 회생절차가 개시된 경우 ·· 1202
**법인의 채무에 대해 무한의 책임을 지는 자에 대하여 회생절차가 개시된 경우의 절
차 참가(제128조)** ··· 1203

법인의 채무에 대해 유한책임을 지는 자에 대하여 회생절차가 개시된 경우의 절차참가 등(제129조) ·· 1203

일부보증의 경우(제130조) ·· 1203

회생채권의 변제금지(제131조) ·· 1203
　　1. 채권의 소멸금지원칙 ·· 1203
　　2. 소멸금지원칙에 대한 예외 ·· 1204

회생채권의 변제허가(제132조) ·· 1209
　　1. 변제허가의 요건 ·· 1209
　　2. 변제허가의 절차와 재판 ·· 1209
　　3. 변제허가 및 변제의 효과 ·· 1209

회생채권자의 권리(제133조) ·· 1210

이자없는 기한부채권(제134조) ·· 1210
　　1. 원칙 ·· 1210
　　2. 적용 ·· 1211
　　3. 이자없는 기한부채권의 예외 ·· 1211

정기금채권(제135조) ·· 1211

이자없는 불확정기한채권 등(제136조) ·· 1211

비금전채권 등(제137조) ·· 1212
　　1. 비금전채권 ·· 1212
　　2. 의결권액의 산정을 위하여 평가가 필요한 채권 ·· 1212

조건부채권과 장래의 청구권(제138조) ·· 1213
　　1. 조건부채권과 장래의 청구권 ·· 1213
　　2. 구체적 방법 ·· 1213

우선권의 기간의 계산(제139조) ·· 1215

벌금·조세 등의 감면(제140조) ·· 1215
　　1. 회생계획에서 회생채권인 조세채권에 대하여 ·· 1215
　　2. 실무에서의 처리 ·· 1215

회생담보권자의 권리(제141조) ·· 1217
　　1. 회생담보권의 의의 ·· 1217
　　2. 채무자회생및파산에관한법률 제126조(채무자가 다른 자와 더불어 전부의 이행을 할 의무를 지는 경우) 내지 131조(회생채권의 변제금지) 및 제139조(우선권의 기간의 계산)의 규정은 회생담보권에 관하여 준용한다. ·· 1217
　　3. 회생절차에 참가 ·· 1217

4. 회생담보권자의 권리실현 ··· 1218
5. 회생절차에 참가할 수 있는 범위 ··· 1218
6. 회생담보권자의 의결권 ··· 1218
7. 준용규정 ··· 1219

대리위원(제142조) ··· **1224**
1. 선임 ··· 1224
2. 신고 ··· 1224
3. 회생채권자 등이 법원의 허가를 얻어 선임한 경우, 담보부사채신탁법상의 수탁회사의 경우 1224

수탁회사(제143조) ··· **1225**
1. 신고권자 ··· 1225
2. 담보부사채신탁법상의 수탁회사의 경우 ······································· 1225
3. 일반 회사채의 경우 ··· 1225
4. 외국에 거주하는 채권자의 경우 ··· 1225

상계권(제144조) ··· **1225**
1. 상계를 인정하는 취지 ··· 1225
2. 상계의 요건 ··· 1226
3. 상계권의 행사 ··· 1226
4. 관리인측에서의 상계 ··· 1227

상계의 금지(제145조) ··· **1229**
1. 취지 ··· 1229
2. 상계가 금지된 경우 ··· 1229
3. 상계금지를 위반하여 한 상계의 효력 ··· 1229

주주·지분권자의 권리(제146조) ··· **1230**
1. 일반론 ··· 1230
2. 주주의 회생절차 중의 지위 ··· 1230
3. 의결권 ··· 1231
4. 권리 ··· 1231

제2절 회생채권자·회생담보권자·주주·지분권자의 목록작성 및 신고

회생채권자·회생담보권자·주주·지분권자의 목록(제147조) ··········· **1234**
제정이유 ··· 1234
목록의 작성 ··· 1234
회생채권의 신고(제148조) ··· **1236**
1. 회생채권의 신고 ··· 1236

　　2. 신고사항 ···1236
　　3. 신고의 주체 및 상대방 ···1237
　　4. 신고기간 ···1237
　　【서식】 정리채권 등 신고서 ··1241
회생담보권의 신고(제149조) ···1242
　　【서식】 정리담보권, 정리채권, 주식의 신고 및 시·부인 총괄표 ·······1243
주식 또는 출자지분의 신고(제150조) ·····························1244
　　1. 신고 ···1244
　　2. 신고를 하지 않은 경우 ···1244
　　3. 부본의 제출 ···1244
　　【서식】 주식(출자지분)보유명세서 ······································1245
　　【서식】 조세채권 등 신고명세서 ··1246
신고의 의제(제151조) ···1247
신고의 추후 보완(제152조) ···1247
　　1. 추완이 가능한 경우 ···1247
　　2. 추완사유의 의미 ···1247
　　3. 추완신고가 접수된 경우의 처리 ····································1248
신고기간 경과 후 생긴 회생채권 등의 신고(제153조) ···········1252
　　1. 신고기간 경과 후에 발생한 회생채권의 경우 ·················1252
　　2. 실무에서의 처리 ···1253
　　3. 제2회 관계인집회 종료 후에 추완신고된 회생채권 등의 처리 ·······1253
　　【서식】 정리채권 신고의 각하결정 ·····································1255
명의의 변경(제154조) ···1256
　　1. 신고명의의 변경 ···1256
주식 또는 출자지분의 추가신고(제155조) ·······················1259
　　1. 주식의 추가 신고 ···1259
　　【서식】 주식의 추가 신고기간 지정결정, 공고 ····················1261
　　【서식】 정리회사 ○○ 주식회사의 추가신고기간 지정결정 공고 ·······1262
　　【서식】 신고기간이 지난 주식 신고의 각하결정 ···················1263
벌금·조세 등의 신고(제156조) ···1264
　　1. 벌금, 조세 등의 신고 ···1264
　　2. 효력이 생기는 기재에 해당하는지 여부 ·························1264
회생절차개시 전의 벌금 등에 대한 불복(제157조) ···············1266
　　1. 불복 신청권자 ···1266
　　2. 조세 등의 청구권 ···1266

제3절 회생채권·회생담보권 등의 조사 및 확정

회생채권자표·회생담보권자표와 주주·지분권자표(제158조) ·············· 1268
  1. 작성권자 ·· 1268
  2. 기재사항 ·· 1268
  3. 작성의 시기와 방법 ·· 1268
  4. 등본의 교부 및 비치 ·· 1268
  5. 잘못된 기록 또는 계산의 경우 ·· 1269
  【서식】 정리채권자표 ·· 1270
  【서식】 정리담보권자표 ·· 1271
  【서식】 주주표 ··· 1272
등본의 교부(제159조) ·· 1273
조사기간 동안의 서류열람(제160조) ··· 1273
  1. 조사의 의의 ··· 1273
  2. 조사절차 참가자 ··· 1273
  3. 조사의 대상 ··· 1273
  4. 조사기일 ··· 1274
  5. 병합 ·· 1274
회생채권 및 회생담보권에 대한 이의 등(제161조) ································· 1275
  1. 이의의 유무 ··· 1275
  2. 출석 ·· 1275
  3. 이의의 대상으로 되는 사항 ·· 1275
  4. 이의철회의 통지 ··· 1275
  5. 관리인이 하는 이의의 방식 ·· 1275
신고기간 후에 신고된 회생채권 및 회생담보권의 조사(제162조) ············ 1277
  1. 기일의 지정 ··· 1277
  【서식】 제2회 관계인집회, 제3회 관계인집회 및 특별조사기일의 기일지정결정 ········ 1278
  2. 공고, 송달 및 통지 ··· 1279
  【서식】 면책결정 2(변제미완료시) ·· 1280
  3. 조사의 비용 ··· 1281
  4. 실무에서의 처리 ··· 1281
특별조사기일의 송달(제163조) ·· 1281
관계인의 출석(제164조) ··· 1281
  1. 관계인의 출석 ·· 1281

2. 이의제기 ·· 1281
3. 통상의 이의제기 ··· 1282
4. 대리인을 통하여 출석, 이의 제기 ·· 1282

관리인의 출석(제165조) ··· 1282

1. 관리인의 출석 ··· 1282
2. 관리인이 수인인 경우 ··· 1282
3. 관리인대리가 있는 경우 ·· 1282
4. 관리인이 이의권을 행사하지 않는 경우 ·· 1283

회생채권 및 회생담보권 등의 확정(제166조) ··· 1283

1. 확정의 의의 ·· 1283
2. 확정의 요건 ·· 1283

회생채권자표 및 회생담보권자표에의 기재(제167조) ·· 1285

1. 조사결과의 기재권자 ·· 1285
2. 기재에 명백한 오류가 있는 경우 ·· 1285

기재의 효력(제168조) ··· 1286

1. 확정판결과 동일한 효력 ·· 1286
2. 기판력이 있는지 여부 ··· 1286

이의의 통지(제169조) ··· 1289

1. 이의의 통지 ·· 1289
2. 통지의 시기, 방법 및 내용 ·· 1289
   【서식】 이의통지서 ·· 1290

회생채권 및 회생담보권 조사확정의 재판(제170조) ··· 1291

1. 회생채권 등 확정의 재판 ·· 1291
2. 적용 ·· 1292
3. 출소기간(제소기간) ·· 1293
4. 신청 ·· 1293
5. 조사확정재판의 방식 ·· 1293

채권조사확정재판에 대한 이의의 소(제171조) ·· 1299

1. 불복의 기한과 병합 ··· 1299
   【서식】 채권조사확정재판에 대한 이의의 소장 (채권자→채무자 : 인용취지 불복) ············· 1300
   【서식】 채권조사확정재판에 대한 이의의 소장(채권자→채무자 : 기각취지 불복) ············· 1302
   【서식】 채권조사확정재판에 대한 이의의 소장(채권자→제3채권자, 채무자 : 인용취지 불복) ·· 1304
   【서식】 채권조사확정재판에 대한 이의의 소장(제3채권자→채권자 : 기각취지 불복) ········· 1306
2. 효력 ·· 1308
   【서식】 채권조사확정재판에 대한 이의의 소 판결 주문기재례(채무자와 채권자 사이) ········· 1309

【서식】 채권조사확정재판에 대한 이의의 소 판결 주문기재례(채권자와 제3채권자, 채무자 사이) 1310
  3. 원고 ··1311
  4. 피고적격 및 변론병합의 구조 문제 ···1311
이의채권에 관한 소송의 수계(제172조) ·····································1312
  1. 이의채권에 관한 소송의 수계 ··1312
  2. 내용의 변경 ··1312
주장의 제한(제173조) ··1315
집행력있는 집행권원이 있는 채권 등에 대한 이의(제174조) ···········1316
  1. 집행력 있는 채무명의(집행권원)나 종국판결이 있는 회생채권 ·····1316
  2. 집행력 있는 집행권원의 의미 ···1317
  3. 채무자가 할 수 있는 소송절차 ···1317
회생채권 및 회생담보권의 확정에 관한 소송결과의 기재(제175조) ·····1318
  1. 소송결과의 기재 ···1318
  2. 관리인이 승소한 경우 ···1318
회생채권 및 회생담보권의 확정에 관한 소송의 판결 등의 효력 제176조) ·······1318
소송비용의 상환(제177조) ··1319
회생채권 또는 회생담보권 확정소송의 목적의 가액(제178조) ············1319
  제정이유 ···1319
  1. 결정의 주체 ··1320
  2. 소송물가액 결정 신청의 주체 ···1320
  3. 신청과 결정의 시기 ··1320
  4. 소송물가액결정의 기준 ···1320
  5. 소송물가액결정에 대한 불복 ···1321
  6. 재도의 소가결정 ···1321
    【서식】 정리채권 등 확정소송의 소가결정문(1) ···························1322
    【서식】 정리채권 등 확정소송의 소가결정문(2) ···························1323
    【서식】 정리계획안 제출명령 ··1324

제4절 공익채권과 개시 후 기타채권

공익채권이 되는 청구권(제179조) ···1325
  1. 공익채권의 의의 ···1325
  2. 공익채권으로 되는 권리 ··1325
  3. 기타 공익채권 ··1326

공익채권의 변제 등(제180조) ·· 1331
　　1. 회생절차에 의하지 아니하는 수시변제 ································1331
　　2. 수시변제의 의의 ··1331
　　3. 강제집행 등 ···1332
　　4. 공익채권의 승인과 법원의 허가 ··1332
　　5. 회생채권 및 회생담보권에 우선하는 변제 ···································1332
　　6. 채무자 재산이 부족한 경우의 변제방법 ··1332
개시후기타채권(제181조) ··· 1333

제5장 관계인 집회

기일의 통지(제182조) ·· 1334
　　1. 제1회 관계인집회 ··1334
　　2. 관계인집회의 기일 ··1334
　　3. 제1회 관계인집회의 의미 ···1334
　　4. 제2회 관계인집회 ··1334
　　5. 제3회 관계인집회 ··1335
　　6. 기일의 지정 ···1335
　　7. 관계인집회기일의 소환 ···1336
기일의 통지(제183조) ·· 1337
법원의 지휘(제184조) ·· 1337
기일과 목적의 공고(제185조) ··· 1337
　　【서식】 제2회 및 제3회 관계인집회기일 공고 ·································1338
관계인집회의 기일과 특별조사기일의 병합(제186조) ····················· 1339
　　1. 병합의 필요성 ···1339
　　2. 병합의 절차 ···1339
　　【서식】 제2회 관계인집회, 제3회 관계인집회 및 특별조사기일의 기일지정결정 ······1340
의결권에 대한 이의(제187조) ··· 1341
　　1. 회생채권자, 회생담보권자의 의결권에 대한 이의 ························1341
　　2. 주주의 의결권에 대한 이의 ···1341
　　3. 실무에서의 처리 ···1342
　　4. 법원의 결정에 대한 이의 ···1342
　　5. 불복가능 여부 ···1342

의결권의 행사(제188조) ·· 1343
  1. 이의의 대상이 되는 권리 ·· 1343
  2. 법원의 결정 ·· 1343
  3. 법원의 결정의 취소 ··· 1343
  4. 송달 ··· 1343
의결권의 불통일행사(제189조) ·· 1343
부당한 의결권자의 배제(제190조) ··· 1344
  1. 의결권 행사의 제한 ·· 1344
  2. 판단의 기준 ·· 1344
의결권을 행사할 수 없는 자(제191조) ··· 1344
의결권의 대리행사(제192조) ··· 1346
  1. 대리행사권이 있는 자 ··· 1346
  2. 대리인의 관계인집회 참가 ··· 1347
  【서식】 위임장 ··· 1348

제6장 회생계획

제1절 회생계획의 내용

회생계획의 내용(제193조) ··· 1349
  1. 회생계획안에 반드시 기재되어야 할 사항 ····································· 1349
  2. 선택적 기재사항 ·· 1350
  3. 실무에서의 처리 ·· 1350
회생채권자 등의 권리(제194조) ··· 1350
  1. 권리에 영향을 받는 자 ··· 1350
  2. 권리에 영향을 받지 아니하는 자 ··· 1350
채무의 기한(제195조) ·· 1351
담보의 제공과 채무의 부담(제196조) ··· 1351
미확정의 회생채권 등(제197조) ··· 1351
변제한 회생채권 등(제198조) ··· 1352
공익채권(제199조) ·· 1353
영업 또는 재산의 양도 등(제200조) ·· 1353

　　1. 회생절차에 의하지 않으면 할 수 없는 사항의 변경 ································1353
　　2. 중대한 시책의 변경 ··1354
분쟁이 해결되지 아니한 권리(제201조) ··1354
정관의 변경(제202조) ··1354
　　1. 정관의 변경 ··1354
　　2. 실무에서의 처리 ··1354
　　3. 출자전환이나 주주의 권리변경 또는 제3자 인수와 관련하여 채무자의 발행예정 주식의 총수를
　　　변경하여야 하는 경우 ··1354
이사 등의 변경(제203조) ··1355
　　1. 이사 등의 변경 ··1355
　　2. 유임의 경우 ··1355
　　3. 유임된 임원의 임기 ··1355
이사 등의 선임 등에 관한 사항(제204조) ··1355
주식회사 또는 유한회사의 자본감소(제205조) ································1356
　　1. 자본의 감소 ··1356
주식회사 또는 유한회사의 신주발행(제206조) ································1358
　　1. 신주발행의 세 가지 유형 ··1358
주식회사의 주식의 포괄적 교환(제207조) ··1361
　　1. 포괄적 교환을 해야 할 경우의 기재사항 ··1361
주식회사의 주식의 포괄적 이전(제208조) ··1362
　　1. 회생계획에서 신회사를 설립하는 방법을 취하여 회생 재건을 기도하고자 할 경우의 기재사항 ··1362
주식회사의 사채발행(제209조) ··1363
　　1. 사채발행 ··1363
　　2. 사채발행의 결정 ··1363
　　3. 사채발행의 방법 ··1364
회사의 흡수합병(제210조) ··1364
　　1. 흡수합병의 절차 ··1364
　　2. 합병에 필요한 요건 ··1364
　　【서식】흡수합병에 관한 기재례 ··1365
　　3. 흡수합병의 결정 ··1367
회사의 신설합병(제211조) ··1368
주식회사의 분할(제212조) ··1369
주식회사의 분할합병(제213조) ··1370

주식회사의 물적분할(제214조) ··· 1372

주식회사 또는 유한회사의 신회사 설립(제215조) ······························· 1372

해산(제216조) ··· 1373

  1. 해산의 절차 ··· 1373

공정하고 형평한 차등(제217조) ·· 1374

  1. 회생담보권자, 회생채권자, 주주의 권리를 변경하는 조항은 본 조에서 정하는 순위 ······· 1374

  2. 실무에서의 처리 ··· 1374

평등의 원칙(제218조) ·· 1378

  1. 평등의 원칙 ··· 1378

  2. 평등의 원칙의 예외 ·· 1378

특별한 이익을 주는 행위의 무효(제219조) ··· 1382

제2절 회생계획안의 제출

회생계획안의 제출(제220조) ··· 1384

  1. 의의 ··· 1384

  2. 명령의 시기 ··· 1384

  3. 명령 후의 조치사항 ·· 1385

  【서식】 회생계획안 제출명령 ··· 1386

  4. 회생계획안의 작성, 제출권자 ·· 1387

  5. 실무에서의 처리 ··· 1387

  6. 제출기간의 결정 ··· 1387

  7. 제출기간의 연장결정 ·· 1388

  【서식】 정리계획안 제출기간의 연장결정문 ··· 1390

  【서식】 정리계획안 제출기간 연장결정의 공고문 ································· 1391

회생채권자 등의 회생계획안 제출(제221조) ··· 1392

청산 또는 영업양도 등을 내용으로 하는 회생계획안(제222조) ·········· 1392

  1. 회생계획안의 원칙 ·· 1392

  2. 회생계획안의 원칙에 대한 예외 ·· 1392

  3. 실무에서의 처리 ··· 1393

  4. 청산형 회생계획안의 의의 ··· 1393

  5. 청산형 회생계획안 작성의 허가 요건 ·· 1394

  6. 절차적 요건 ··· 1395

  7. 작성허가결정 ··· 1396

  【서식】 정리계획안 제출기간의 연장결정문 ··· 1397

8. 허가 후의 절차 ……………………………………………………1398

9. 허가의 취소 ………………………………………………………1398

10. 청산형 회생계획안의 심리 및 결의 ………………………………1398

11. 가결요건 …………………………………………………………1399

회생계획안의 사전제출(제223조) ………………………………… **1399**

1. 사전계획안의 제출권자 ……………………………………………1399

2. 사전계획안의 제출시기 ……………………………………………1399

3. 회생계획안 사전제출의 효과 ………………………………………1399

회생계획안심리를 위한 관계인집회(제224조) ………………… **1401**

1. 회생계획안 심리를 위한 관계인집회 ………………………………1401

2. 법원의 심사 ………………………………………………………1401

회생계획안에 대한 의견청취(제225조) ………………………… **1402**

1. 의견청취 …………………………………………………………1402

2. 의견조회의 실시 시기와 회신기한 ………………………………1402

3. 의견조회 회신 도착 후의 조치 ……………………………………1402

감독행정청 등의 의견(제226조) ………………………………… **1403**

1. 의견청취 …………………………………………………………1403

2. 통지 ………………………………………………………………1403

3. 행정청의 허가, 인가, 면허 기타의 처분을 요하는 사항을 정하는 계획안 …1403

채무자의 노동조합 등의 의견(제227조) ……………………… **1404**

　　【서식】 회사의 노동조합 등에 대한 의견조회서 ……………………1405

회생계획안의 수정(제228조) …………………………………… **1406**

1. 관련규정 …………………………………………………………1406

2. 계획안 수정의 요건 ………………………………………………1406

회생계획안의 수정명령(제229조) ……………………………… **1408**

1. 의의 ………………………………………………………………1408

2. 수정명령을 할 수 있는 시기 ………………………………………1408

3. 수정명령의 내용 …………………………………………………1408

4. 수정의 기한 ………………………………………………………1408

5. 수정명령신청에 대한 재판 …………………………………………1409

6. 수정명령 후의 절차 ………………………………………………1409

7. 법원이 정한 기간 경과 후의 수정신청 ……………………………1409

관계인집회의 재개(제230조) …………………………………… **1410**

1. 관계인집회의 재개 ………………………………………………1410

2. 수정명령의 효력발생시기 …………………………………………1410

회생계획안의 배제(제231조) ·· 1410
　1. 회생계획안의 배제 ··1410
　2. 법원의 권한 ··1410
　3. 배제할 수 있는 경우 ··1411
　4. 배제의 시기, 방법 ··1412
　5. 배제의 효과 ··1413
회생계획안의 배제에 대한 특칙(제231조의2) ··································· 1413
　1. 회생계획안을 관계인집회의 심리 또는 결의에 부치지 아니할수 있는 경우 ·····1413
　2. 회생계획안을 관계인집회의 심리 또는 결의에 부쳐서는 아니되는 경우 ·········1414
　3. 정보의 제공 또는 자료의 제출을 명할 수 있는 경우 ·································1415
회생계획안의 결의를 위한 관계인집회(제232조) ····························· 1415
　1. 제2회 관계인집회 및 제3회 관계인집회의 의의 ···1415
회생을 위하여 채무를 부담하는 자 등의 출석(제233조) ················· 1416
　1. 회생을 위하여 채무를 부담하거나 담보를 제공하는 자의 진술 ···················1416
　2. 본조의 의미 ··1416
회생계획안의 변경(제234조) ··· 1418
　1. 의의 ···1418
　2. 회생계획안의 변경과 회생계획안의 수정과의 차이 ······································1418
　3. 변경의 요건 ··1418
　4. 변경의 절차 ··1419
　5. 법원의 결정 ··1419
　6. 불복신청 가능 여부 ··1419
　7. 유의할 점 ··1419

제3절 회생계획안의 결의

결의의 시기(제235조) ·· 1421
결의의 방법과 회생채권자 등의 분류(제236조) ································· 1421
　1. 조별결의 ···1421
　2. 조의 형성 ··1421
　3. 법원의 조의 분류 ··1421
　4. 실무에서의 처리 ···1422
　5. 결의의 대상 ··1422
　6. 결의에 참가할 자(의결권자) ···1422
　7. 의결권의 범위 ··1422

가결의 요건(제237조) ·· 1423
　제정이유 ··· 1423
　1. 가결의 요건 ··· 1424
속행기일의 지정(제238조) ·· 1427
　1. 가결되지 않은 경우의 처리 ·· 1427
가결의 시기(제239조) ··· 1429
　1. 가결의 시기 ··· 1429
서면에 의한 결의(제240조) ··· 1430
　1. 결의의 대상 ··· 1430
　2. 결의의 방법 ··· 1430
　3. 회신기간 안에 회신이 도달한 경우 ······································ 1431
　4. 준용 ··· 1431
　5. 서면결의로 가결되지 아니한 경우 ·· 1431
회생계획안이 가결된 경우의 법인의 존속(제241조) ··············· 1432

제4절 회생계획의 인가 등

회생계획의 인가 여부(제242조) ··· 1433
　1. 관계인집회에서 회생계획안이 가결된 경우 ······························ 1433
　2. 실무상의 처리방법 ·· 1433
　3. 문제되는 경우 ·· 1433
　4. 회생계획안이 관계인집회에서 확정적으로 부결된 경우 ··················· 1434
　5. 계획인부기일을 지정하는 경우의 실무 ··································· 1434
　6. 이해관계인의 의견진술 ·· 1435
서면결의를 거친 경우 회생계획의 인가 여부(제242조의2) ·········· 1436
회생계획인가의 요건(제243조) ··· 1436
　제정이유 ··· 1436
　1. 권리보호조항제도 ·· 1437
　2. 수행가능성의 요건 ·· 1437
회생계획의 불인가(제243조의2) ·· 1441
동의하지 아니하는 조가 있는 경우의 인가(제244조) ··············· 1442
　1. 권리보호 조항제도의 취지 ·· 1442
　2. "조" ··· 1442
　3. 회생계획안이 부결되는 경우의 폐해방지 ································· 1442

　　4. 권리보호조항의 설정 요건 ·· 1443
　　5. 권리보호조항을 정하는 방법 ··· 1445
회생계획인가 여부 결정의 선고 등(제245조) ·································· **1451**
　　1. 공고와 송달 ·· 1451
　　2. 공고가 필요하지 않은 경우 ··· 1451
　　3. 등기, 등록의 촉탁 ··· 1451
회생계획의 효력발생시기(제246조) ·· **1452**
　　1. 회생계획의 효력발생시기 ··· 1452
　　2. 취지(일반적인 소송절차와의 차이점) ·· 1453
　　3. 가처분을 하는 경우 ··· 1453
　　4. 회생법원이 회생계획을 불인가하거나 회생절차를 폐지하였는데, 항고심이 원심을 취소하고 회
　　생계획을 인가한 경우 ··· 1453
항고(제247조) ··· **1454**
　　1. 회생계획 인부결정에 대한 불복방법 ·· 1454
　　2. 즉시항고권자 ··· 1454
　　3. 즉시항고의 절차 ·· 1456
　　4. 항고심의 심판 ··· 1458
　　5. 즉시항고와 회생계획의 수행 ·· 1461
　　6. 인가결정 취소의 효과 ··· 1463
　　7. 특별항고에의 준용 ··· 1463
　　8. 항고와 보증으로 공탁하게 할 금액 ·· 1463
회생계획불인가의 결정이 확정된 경우(제248조) ··························· **1466**
　　1. 확정시기 ·· 1466
　　2. 확정의 효과 ··· 1466
회생채권자표 등의 기재(제249조) ··· **1468**
　　1. 회생계획조항의 기재 ·· 1468
　　2. 기재권자 ·· 1468
회생계획의 효력범위(제250조) ··· **1468**
　　1. 효력이 미치는 주관적 범위 ··· 1468
　　2. 관리인도 포함되는지 여부 ··· 1469
　　3. 시효기간의 특칙 ·· 1469
회생채권 등의 면책 등(제251조) ··· **1475**
　　1. 회생계획의 인가 ·· 1475
　　2. 실무에서의 처리 ·· 1475
권리의 변경(제252조) ·· **1481**

회생채권자 및 회생담보권자의 권리(제253조) ·· 1486
신고하지 아니한 주주·지분권자의 권리(제254조) ·· 1486
　　1. 주주의 경우 ··· 1486
　　2. 회생계획의 규정에 의하여 인정되는 권리 ··· 1486
회생채권자표 등의 기재의 효력(제255조) ··· 1487
　　1. 기재의 효력 ··· 1487
　　2. 효력이 생기는 기재 ··· 1487
　　3. 기재의 대상 ··· 1488
중지 중의 절차의 실효(제256조) ··· 1490
　　1. 의의 ··· 1490
　　2. 실효하는 절차의 범위 ··· 1490
　　3. 절차가 효력을 잃는다는 것의 의미 및 효과 ·· 1490
　　4. 강제집행, 가압류, 가처분, 담보권실행 등을 위한 경매절차 등의 경우 ·········· 1491
　　5. 절차의 실효의 효과 ··· 1491

제7장 회생계획인가 후의 절차

회생계획의 수행(제257조) ·· 1493
　　1. 회생계획 수행의 담당자 ··· 1493
　　2. 관리인의 업무수행 ··· 1493
　　3. 자금의 조달 ··· 1493
　　4. 법원의 감독 ··· 1494
　　5. 자산매각계획의 수행 ··· 1494
　　6. 매각 대상이 되는 자산 ··· 1494
　　7. 회생채권 등의 변제 ··· 1495
　　8. 회생채권을 변제할 자력이 부족할 경우 ··· 1495
　　9. 변제기 전에 변제하는 경우 ··· 1495
　　10. 신규자본의 유입 ··· 1496
　　11. 기타 회생계획에 규정된 사항의 수행 ··· 1497
회생계획수행에 관한 법원의 명령(제258조) ·· 1497
　　1. 회생계획 수행명령 ··· 1497
　　2. 수행명령의 절차 및 효과 ··· 1497
　　3. 실무상 수행명령의 기능과 의의 ··· 1498
　　4. 실무에서의 처리 ··· 1498
채무자에 대한 실사(제259조) ··· 1498

주주총회 또는 사원총회의 결의 등에 관한 법령의 규정 등의 배제(제260조) ··· 1499

영업양도 등에 관한 특례(제261조) ··· 1499
  1. 본 조의 적용 대상 ··1499
  2. 상법의 규정에 대한 특칙 ··1499
  3. 이유 ···1499

정관변경에 관한 특례(제262조) ··· 1500
  1. 정관의 변경 ··1500
  2. 실무에서의 처리 ··1500

이사 등의 변경에 관한 특례(제263조) ·· 1500

자본감소에 관한 특례(제264조) ··· 1501

납입 등이 없는 신주발행에 관한 특례(제265조) ···································· 1502
  1. 신주의 발행 ··1502
  2. 주식병합에 의한 자본감소와 동시에 이 규정에 의한 신주발행을 하는 경우 ···1503
  3. 단주의 처리 ··1503

납입 등이 있는 신주발행에 관한 특례(제266조) ···································· 1504

주식회사의 납입 등이 없는 사채발행에 관한 특례(제267조) ··············· 1505

주식회사의 납입 등이 있는 사채발행에 관한 특례(제268조) ··············· 1505

주식회사의 주식의 포괄적 교환에 관한 특례(제269조) ······················· 1506

주식회사의 주식의 포괄적 이전에 관한 특례(제270조) ······················· 1506

합병에 관한 특례(제271조) ··· 1507
  1. 합병 ···1507
  2. 기재 ···1507
  3. 회생계획을 통하여 합병을 할 경우 ··1507
  4. 합병 당사회사들이 모두 회생회사인 경우 ··1507
  5. 신청서 ···1507

분할 또는 분할합병에 관한 특례(제272조) ··· 1508

새로운 출자가 없는 신회사의 설립에 관한 특례(제273조) ··················· 1508

그 밖에 신회사의 설립에 관한 특례(제274조) ·· 1509

해산에 관한 특례(제275조) ··· 1509

주식 등의 인수권의 양도(제276조) ·· 1510

공장재단 등에 관한 처분제한의 특례(제278조) ····································· 1510

허가·인가 등에 의한 권리의 승계(제279조) ·· 1510

조세채무의 승계(제280조) ·· 1511

퇴직금 등(제281조) ·· 1511

회생계획의 변경(제282조) ·· 1511
   1. 회생계획 변경의 의의 ·· 1511
   2. 다른 제도와의 차이점 ·· 1511
   3. 원칙 ·· 1511
   4. 예외 ·· 1512
   5. 회생계획 변경절차의 개요 ·· 1512
   6. 회생계획 변경절차를 요하는 경우 ···································· 1512
   7. 회생계획 변경절차를 요하지 않는 경우 ···························· 1514
   8. 회생계획의 변경이 필요 없는 경우 ·································· 1514
   9. 회생계획 변경의 절차 ·· 1514
     【서식】 변경계획 인가결정 ·· 1524
     【서식】 변경계획 불허가결정 ·· 1525
     【서식】 변경계획 불인가결정 ·· 1526
     【서식】 변경계획 인가결정 공고 ······································ 1528
     【서식】 인부결정 통지서 – 감독청 등에 대한 통지 ············ 1530
     【서식】 변경계획 불인가결정 공고 ···································· 1531

회생절차의 종결(제283조) ·· 1533
   1. 의의 ·· 1533
   2. 회생절차 종결의 요건 ·· 1533
     【서식】 정리절차 종결결정 ·· 1535

이사등의 경영참여금지(제284조) ·· 1537
   1. 원칙 ·· 1537
   2. 예외 ·· 1537

제8장 회생절차의 폐지

회생계획안 제출명령 전의 폐지(제285조) ※이 조항 삭제 ·············· 1538

회생계획인가 전의 폐지(제286조) ·· 1538
   1. 채무자회생및파산에관한법률 제286조 제1항에 의한 폐지 ······ 1538
   2. 채무자회생및파산에관한법률 제272조 제2항에 의한 폐지 ······ 1540
     【서식】 정리절차 종결결정 기입등기·등록촉탁서 ·············· 1543

신청에 의한 폐지(제287조) ·· 1544
   1. 의의 ·· 1544

　2. 요건 ·· 1544
　3. 절차 ·· 1545
회생계획인가 후의 폐지(제288조) ··· 1545
　1. 의의 ·· 1545
　2. 폐지사유 및 필요성의 판단 ··· 1546
　3. 폐지절차 및 실무상의 유의사항 ·· 1548
　4. 폐지결정 후의 법원의 조치 ··· 1551
　　【서식】 정리절차 폐지에 관한 관계인집회 기일지정결정 ····················· 1554
　　【서식】 정리절차 폐지에 관한 관계인집회 기일지정공고 ····················· 1555
　　【서식】 정리절차 폐지에 관한 관계인집회 조서 ··································· 1556
　　【서식】 정리절차 폐지결정에 관한 의견제출기한 지정 결정 ··············· 1558
　　【서식】 정리회사 폐지결정에 관한 의견제출기한 공고 ······················· 1559
　　【서식】 정리절차 폐지결정에 관한 의견조회서(이해관계인용) ············· 1560
　　【서식】 정리절차 폐지결정에 관한 의견조회서(관리위원회용) ············· 1561
　　【서식】 인가 후 정리절차 폐지결정 ·· 1562
폐지결정의 공고(제289조) ·· 1565
　　【서식】 정리회사 폐지결정 공고 ·· 1566
항고(제290조) ··· 1567
　1. 즉시항고 ··· 1567
　2. 항고제기의 방식 ··· 1567
　3. 항고의 심사 및 보증금 공탁명령 ·· 1568
　4. 항고인이 법원이 정하는 기간 내에 보증을 제공하지 아니하는 때 ······· 1568
　5. 항고제기의 효과 ··· 1569
공익채권의 변제(제291조) ·· 1570
　1. 회생절차의 종료의 경우의 원칙 ·· 1570
　2. 예외 ·· 1570
회생채권자표 등의 기재의 효력(제292조) ································ 1571
　1. 효력 ·· 1571
준용규정(제293조) ··· 1572
　1. 채무자회생및파산에관한법률 제255조(회생채권자표 등의 기재의 효력) ········· 1572
　2. 제288조(회생계획인가 후의 폐지) ·· 1573

제9장 소액영업소득자에 대한 간이회생절차

용어의 정의(제293조의2) ··· 1574

적용규정 등(제293조의3) ··· 1574
간이회생절차개시의 신청(제293조의4) ························· 1575
간이회생절차개시의 결정 등(제293조의5) ··················· 1576
관리인의 불선임(제293조의6) ······································ 1577
간이조사위원 등(제293조의7) ······································ 1577
회생계획안의 가결 요건에 관한 특례(제293조의8) ········ 1577

제5편 국제도산

정의(제628조) ·· 1581

적용범위(제629조) ··· 1582

관할(제630조) ·· 1582

외국도산절차의 승인신청(제631조) ······························· 1583

외국도산절차의 승인결정(제632조) ······························· 1585

외국도산절차승인의 효력(제633조) ······························· 1586

외국도산절차의 대표자의 국내도산절차개시신청 등(제634조) ············· 1586

승인 전 명령 등(제635조) ·· 1586

외국도산절차에 대한 지원(제636조) ····························· 1586

국제도산관리인(제637조) ··· 1588

  1. 국제도산관리인의 선임 ··1588

  2. 국제도산관리인의 임무와 감독등 ······························1589

국내도산절차와 외국도산절차의 동시진행(제638조) ········· 1589

복수의 외국도산절차(제639조) ·· 1590

관리인 등이 외국에서 활동할 권한(제640조) ·················· 1591

공조(제641조) ·· 1591

배당의 준칙(제642조) ··· 1592

제6편 벌칙

사기회생죄(제643조) ··· 1595

제3자의 사기회생죄(제644조) ··· 1597

사기회생죄에 대한 특칙(제644조의2) ······························ 1597

회생수뢰죄(제645조) ·· 1597

회생증뢰죄(제646조) ·· 1598

경영참여금지위반죄(제647조) ·· 1599

무허가행위 등의 죄(제648조) ·· 1599

보고와 검사거절의 죄(제649조) ······································ 1600

사기파산죄(제650조) ·· 1600

과태파산죄(제651조) ·· 1602

일정한 지위에 있는 자의 사기파산 및 과태파산죄(제652조) ·········· 1603

구인불응죄(제653조) ·· 1603

제3자의 사기파산죄(제654조) ·· 1603

파산수뢰죄(제655조) ·· 1604

파산증뢰죄(제656조) ·· 1604

재산조회결과의 목적외사용죄(제657조) ··························· 1604

설명의무위반죄(제658조) ·· 1605

국외범(제659조) ·· 1605

과태료(제660조) ·· 1605

제1편 개인회생절차

제 1 장 총칙· 3

제 2 장 개인회생절차의 개시· 30

제 3 장 회생위원· 139

제 4 장 개인회생채권의 확정· 147

제 5 장 변제계획· 185

제 6 장 폐지 및 면책· 253

제 7 장 개인회생관련 규칙·처리지침·예규· 275

제 8 장 개인회생신청 작성실례· 328

제1편 개인회생절차

제 1 장
총 칙

용어의 정의(제579조)

1. 개인채무자

"개인채무자"라 함은 파산의 원인인 사실이 있거나 그러한 사실이 생길 염려가 있는 자로서 개인회생절차개시의 신청 당시 다음 각목의 금액 이하의 채무를 부담하는 급여소득자 또는 영업소득자를 말한다.

(1) 유치권·질권·저당권·양도담보권·가등기담보권·「동산·채권 등의 담보에 관한 법률」에 따른 담보권·전세권 또는 우선특권으로 담보된 개인회생채권은 15억원

(2) (1)외의 개인회생채권은 10억원

2. 급여소득자

"급여소득자"라 함은 급여·연금 그 밖에 이와 유사한 정기적이고 확실한 수입을 얻을 가능성이 있는 개인을 말한다. 구체적인 예를 살펴보면 다음과 같다.

(1) 회사원 또는 공무원

근로계약 또는 고용계약에 기하여 급여를 얻고 있는 사람은 당연히 여기에 해당된다. 또한 급여 시스템이 성과급제인 경우에도 과거의 실적 등을 볼 때 매월 일정액의 수입이 있는 것과 같이 볼 수 있는 경우에는 개인회생절차를 이용할 수 있다. 따라서 기본급으로 매월 70만원을 받는 이외에 성과급이 더해지는 것과 같은 경우에는 이 절차이용이 가능하다. 그 대표적인 예로 택시 운전사를 들 수 있을 것이다.

(2) 아르바이트, 파트타임 종사자, 일용 근로자

아르바이트나 파트타임 종사자의 경우에도 동일한 근무처에서 장기간 일하면서 수입을 얻는 경우에는 여기에 해당된다고 볼 여지도 있으나, 단기의 파트타임을 여러 차례 근무처를 옮기면서 하여 온 사람과 같은 경우에는 정기적이고 확실한 수입을 얻을 가능성이 있다고 하기 어렵다.

일용 근로자의 경우에는 일정한 작업현장에서 정기적인 고용계약을 맺고 있어 그것이 향후에도 지속될 가능성이 확실한 경우에는 개인회생절차를 이용할 수 있을 것이다. 그러나 이와 달리 부정기적으로 불특정한 작업 장소에서 매일 일당을 받고 일하고 있는 경우에는 그 월별 작업 일수를 미리 특정하기 어려울 뿐만 아니라, 계절적 요인에 의하여 월 근로일수가 크게 달라질 수 있으므로, 이러한 경우에는 계속적, 반복적으로 확실한 수입을 얻을 수 있는 경우에 해당한다고 보기 어렵다.

(3) 회사의 임원

주식회사나 유한회사의 임원이 정기적으로 임원보수 등을 받고 있다면 이 절차를 이용할 수 있다. 다만, 임원이라 하여도 임원보수 및 임금을 전혀 받고 있지 않거나 또는 임원보수가 있어도 정기적이지 아니한 경우에는 계속적, 반복적으로 수입을 얻을 가능성이 있다고 하기 어렵기 때문에 이 절차의 이용이 곤란할 수 있다.

(4) 연금 수령자

공무원이나 회사원이 직장을 퇴직하고 매월 정기적으로 연금을 받고 있다면 이들도 개인회생절차를 이용할 자격이 있다고 할 것이다. 특히 공무원연금법상의 연금은 압류금지대상이기는 하나, 공무원이 스스로 이를 변제재원으로 제공하여 채무변제에 사용하겠다고 하는 이상 신청자격이 인정된다.

(5) 정년이 임박한 급여소득자

가령 정년이 60세인 직장에서 근무하고 있는 58세의 급여소득자도 회생절차를 신청할 자격이 있는가의 문제인데, 이러한 경우에는 향후 변제계획기간 동안의 계속적, 반복적 수입의 가능성이 없으므로 신청자격이 없다고 보아야 할 것이다.

3. 영업소득자

"영업소득자"라 함은 부동산임대소득·사업소득·농업소득·임업소득 그 밖에 이와 유사한 수입을 장래에 계속적으로 또는 반복하여 얻을 가능성이 있는 개인을 말한다. 구체적으로 문제가 될 수 있는 사례를 살펴보면 다음과 같다.

(1) 자영업

의사, 변호사, 회계사 등 전문직 종사로 일정 급여를 얻고 있는 경우에는 위에서 말한 급여소득자에 해당할 것이나, 이들이 스스로 사업자등록을 마치고 영업자의 지위에서 수입을 얻고 있는 경우에도 영업소득자에 해당하여 개인회생절차를 이용할 수 있다.

뿐만 아니라 개인이 찻집이나 세탁소를 경영하고 있는 소규모 자영업자인 경우에도 그 영업에 의하여 매월 일정정도의 이익이 생기는 경우에는 개인회생절차를 이용할 수 있다. 그러나 실제로 이익이 생기지 않는다거나 적자가 생기는 달이 대부분인 경우에는 장래 계속적, 반복적으로 수입을 얻을 가능성은 없다고 볼 수 있을 것이다.

그러나 자영업을 하면서 수입에 어느 정도 적자가 나는 기간이 있다 하여도 2, 3개월 단위로 볼 때 안정적인 수입을 얻고 있다고 평가할 수 있는 경우에는 개인회생절차의 이용이 가능하다.

(2) 농업, 어업종사자

농업종사자는 1년 중 수입을 얻는 시기가 일정시기에 한정되고 그 이외의 시기에는 정기적인 수입을 얻을 가능성이 없는 경우가 많다. 그러나 1년간이라는 단위를 생각하면 계속적, 반복적으로 수입을 얻을 가능성이 있고, 실제로도 연단위로 수입을 계획적으로 생활비에 충당하고 생활을 하고 있을 뿐이기 때문에, 연단위의 수입에서 생활비를 뺀 가용소득을 가지고 일정한 기간마다 변제를 하기로 하는 내용의 변제계획을 세우는 것이 가능하다고 할 것이다. 다만, 농업종사자가 보유하고 있는 농지에 담보권이 설정되어 있고, 담보채무의 연체로 당해 농지가 경매될 처지에 이르는 등의 경우에는, 특별한 사정이 없는 한 수입의 기반이 되는 농지가 상실되어 장차 계속적, 반복적 수입을 얻을 가능성이 있다고 보기 어려움이 많을 것이다.

어업종사자도 매일 고기잡이를 나가 어획량을 올리는 사람에 대하여는 아무
런 문제가 없다. 그러나 원양어선을 타고 나가 장기간 귀국하지 않다가 귀국
한 후에 일괄하여 보수를 받는 것과 같은 사람에 대하여는 문제가 있다. 그
경우에는 결국 변제계획을 수립하는 것이 가능한가 아닌가가 중요한 문제로
될 것이다. 따라서 1년에 한번 돌아와서 보수를 수령하는 사람에 대하여는
농업종사자와 동일하게 개인회생절차의 이용이 가능하다고 할 것이나, 수년
간 귀국하지 아니하는 어업종사자의 경우에도 보유하고 있는 선박 등에 담
보권이 설정되어 있고, 담보채무의 연체로 당해 선박이 경매될 처지에 이르
는 등의 경우에는, 특별한 사정이 없는 한 수입의 기반이 되는 선박이 상실
되어 장차 계속적, 반복적 수입을 얻을 가능성이 있다고 보기 어려운 경우가
많을 것이다.

(3) 부동산임대업

부동산을 보유하면서 임대료 수입으로 생활하고 있는 경우에도 그 임대료
수입이 계속적, 반복적으로 들어올 가능성이 있다면 개인회생절차의 이용
이 가능하다. 단, 그와 같은 임대부동산을 보유하고 있는 경우에는 청산가
치 보장의 원칙상 당해 임대부동산을 처분하지 않는 한 청산가치를 초과하
여 변제계획을 수립하는 것이 곤란할 수 있고, 이렇게 되면 당해 임대부동
산을 처분할 수밖에 없는 관계로, 결국 당해 임대부동산을 보유하여 계속적
임대료 수입을 얻는 것을 전제로 하는 변제계획안의 수립은 불가능하게 될
것이다. 나아가, 보유 임대부동산 등에 담보권이 설정되어 있고, 담보채무의
연체로 당해 임대부동산이 경매될 처지에 이르는 등의 경우에는, 특별한 사
정이 없는 한 수입의 기반이 되는 임대부동산이 상실되어 장차 계속적, 반
복적 수입을 얻을 가능성이 있다고 보기 어려운 경우가 많을 것이다.

(4) 불법적인 영업소득 및 무허가 영업소득

개인회생절차를 신청할 채무자에 대하여 원칙적으로 그 소득의 원천이 어
디 있는지 여부를 가지고 신청 자격 유무를 논하지는 아니한다. 그러나 당
해 소득이 명백히 불법적인 영업소득이라면 그 소득의 원천인 영업은 국가
의 형벌권 또는 행정적 제재에 복종하여 중지 및 금지되어야 할 대상이라

할 것이고, 따라서 이러한 불법적인 영업은 장래에도 계속적으로 또는 반복적으로 영위될 가능성이 있다고 인정하기 어려울 것이다.

예컨대. 무허가 주류 판매점이나 무허가총포상 등을 그 전형적인 예로 들 수 있다. 즉, 국가의 형벌권을 벗어나 최장 8년의 변제기간 동안 영업을 계속하리라고 상정하기 어려운 불법적인 영업소득은 개인회생절차에서 전제로 하고 있는 영업소득이라고 하기 어려울 것이다.

따라서 영업소득자의 경우 자신의 영업소득이 계속적, 반복적이라는 것을 인정받기 위하여서는 그 소명자료의 하나로 사업자등록증을 제출하는 것이 원칙적으로 요구된다. 그러나 영업소득자 중에서 농업종사자 등 통상적으로 사업자등록이 되어 있지 않은 직종의 경우에는 사업자등록증 제출을 필수적이라고 볼 수는 없을 것이다.

4. 이중소득자

개인회생절차를 신청한 채무자가 급여소득을 얻고 있으면서 소규모의 자영업을 영위하고 있고, 그 자영업이 계속적, 반복적으로 정기적인 수입을 내고 있는 경우이거나, 혹은 채무자가 수개의 자영업을 영위하고 있고, 그 수개의 자영업이 모두 계속적, 반복적인 수입을 내고 있는 경우에는, 채무자는 이 수입 전부를 소득으로 계산하여 개인회생절차를 신청할 수 있을 뿐만 아니라, 나아가 반드시 이를 모두 소득으로 산입하여야 한다.

5. 가용소득

"가용소득"이라 함은 다음 ①의 금액에서 ② 내지 ④의 금액을 공제한 나머지 금액을 말한다.

① 채무자가 수령하는 근로소득·연금소득·부동산임대소득·사업소득·농업소득·임업소득, 그 밖에 합리적으로 예상되는 모든 종류의 소득의 합계 금액

② 소득세·주민세 개인분·개인지방소득세·건강보험료, 그 밖에 이에 준하는 것으로서 대통령령이 정하는 금액(산업재해보상보험료, 국민연금보험료, 고용보험료)

③ 채무자 및 그 피부양자의 인간다운 생활을 유지하기 위하여 필요한 생계

비로서, 「국민기초생활 보장법」 제6조의 규정에 따라 공표된 최저생계비, 채무자 및 그 피부양자의 연령, 피부양자의 수, 거주지역, 물가상황, 그 밖에 필요한 사항을 종합적으로 고려하여 법원이 정하는 금액

④ 채무자가 영업에 종사하는 경우에 그 영업의 경영, 보존 및 계속을 위하여 필요한 비용

개인회생재단(제580조)

1. 개인회생재단에 속하는 재산

개인회생절차개시결정 당시 채무자가 가진 모든 재산과 개인회생절차진행 중에 채무자가 취득한 재산 및 소득은 개인회생재단에 속한다. 다만, 압류할 수 없는 재산은 개인회생재단에 속하지 않고(민사집행법 제246조 제1항 제4호의 규정에 의한 압류금지채권인 급여의1/2에 해당하는 채권은 제외), 채무자의 신청에 의하여 법원이 면제재산으로 결정한 주거용 건물에 관한 임차보증금반환청구권 중 일정액 및 6개월간의 생계비에 사용할 특정한 재산은 제외한다.

2. 개인회생재단과 파산재단의 차이

파산재단이 원칙적으로 파산당시 채무자가 보유한 재산에 한정되는 것과는 달리, 개인회생재단은 개시결정 당시 채무자가 가진 모든 재산은 물론 개인회생절차진행 중에 채무자가 취득한 재산 및 소득도 포함한다.

따라서 개시결정 이후 개인회생절차에 따른 변제기간 동안 채무자가 얻게 될 것으로 확실히 예정되어 있는 장래수입이나 재산도 개인회생재단에 속하게 되고, 이러한 장래 수입과 재산을 포함하여 변제의 기초로 삼게 된다. 장래 소득과 재산을 기초로 변제계획이 작성되더라도, 그 변제액의 현재가치는 채무자에 대한 파산선고에 의한 파산적 청산절차를 통하여 채권자가 배분받게 될 청산가치를 초과하여야만 인가를 받을 수 있다. 이처럼 개인회생제도의 취지는, 채권자는 개인회생절차를 통하여 파산절차에서의 배당을 넘는 채권의 만족을 도모하고, 채무자는 파산으로 인한 여러 제약에서 벗어나 경제활동을 지속할 수 있도록 하자는 데 있다.

여기에서 더 나아가 개인회생절차에서 면제재산 제도는, 임차보증금 중 일정액을 제외시켜 채무자의 주거안정을 도모하는 등을 통하여, 인간다운 최저한도의 생계를 보장하고자 하는 입법적 결단이 반영된 것이라 할 것이다.

3. 개인회생재단의 조사

개인회생재단에 속하는 수입과 재산의 구체적 내역과 평가는 회생위원등의 조사를 통하여 파악된다. 한편 개인회생재단에 속하지 않는 재산에는 재단제외재산과 당사자의 신청에 따라 법원의 결정에 따라 정해지는 면제재산이 있고, 이러한 재산은 변제계획에서 변제재원으로 삼지 않아도 무방하기 때문에 그 범위를 명확히 확정하여야 한다.

면제재산은 물론 재단제외 재산중에 민사집행법 제246조 제1항 소정의 압류금지채권 및 민사집행법 제195조 제4호 내지 제6호 소정의 압류금지물건은 모두 개인회생재단에 속하지 않거나 면제되는 재산이기는 하나, 파산재단에 속하는 재산이기 때문에 채무자회생및파산에관한법률상 청산가치를 산정함에 있어 이를 포함하여야 하는지의 문제가 있다. 이념적으로는 청산가치에서 제외시키는 것이 온당할 것이나. 파산법상의 청산가치를 전제로 하고 있고, 재단제외재산과 면제재산을 파산재단에 속하는 것으로 규정하고 있는 한, 청산가치 산정시 이를 포함하는 것으로 할 수 밖에 없을 것이다.

4. 문제되는 점

도산절차가 개시되면, 채무자가 도산절차개시 당시 가지고 있는 모든 재산을 채무자와 별개의 법인격을 갖는 재단에 귀속시키고자 하는 취지에서, 파산재단 및 개인회생재단등의 개념이 나와 있다. 그러나 이러한 개념을 설정하면서도, 동시에 개인회생채권자목록에 기재되지 않은 채권자는 개인회생절차 개시 후에도 여전히 "개인회생재단"에 속하는 재산에 대하여 보전처분, 강제집행 등을 속행하거나 개시할 수 있도록 규정하고 있어서, 재단의 개념을 설정한 의미를 퇴색시키고 있으며, 다른 한편으로 재산에 대한 채무자의 관리처분권에 원칙적으로 통제를 하지 않고 있어서 재단 개념이 큰 유용성을 가지고 있지는 않다. 입법론적으로는 아예 재단 개념을 두지 않든지, 재단 개념을 두는 경우에는 좀 더 유용성 있게 규율하든지 선택하는 것이 낫다고 보인다.

개인회생채권(제581조)

1. 정의

개인회생채권은 채무자에 대하여 개인회생절차개시결정 전의 원인으로 생긴 재산상의 청구권을 말한다. 다만, 개인회생절차개시 후에 생긴 채권이라 하더라도 본 법이 예외적으로 이를 개인회생채권이라고 하고 있는 것이 있다.

2. 개인회생채권의 요건

개인회생채권이 되기 위해서는 원칙적으로 다음과 같은 요건이 충족되어야 한다.

(1) 개인회생절차개시결정 전의 원인으로 생긴 것이어야 한다.

개인회생절차개시 후의 원인으로 생긴 청구권은 예외적인 경우를 제외하고는 개인회생채권에 해당하지 않는다. 그렇다고 하여 개인회생절차 개시결정 전에 현실적으로 발생한 채권만이 개인회생채권이 되는 것은 아니고, 원칙적으로 의사표시 등 채권의 성립에 필요한 발생원인의 주된 부분, 즉 청구권 발생의 기본적 요건사실이 개인회생절차 개시결정 전에 갖추어져 있으면 된다. 이와 같은 채권의 성립에 필요한 발생원인의 주된 부분, 즉 청구권 발생의 기본적 요건사실이 개인회생절차 개시결정 전에 갖추어져 있으면 된다. 이와 같은 채권인 한 기한부채권, 불확정 기한부 채권, 해제조건부 채권, 정지조건부 채권은 물론 장래의 구상권과 같은 청구권이라도 관계없다.

(2) 채무자에 대한 인적 청구권이어야 한다.

채무자가 물상보증인인 경우와 같이 특정재산을 가지고 물적 책임을 지는 담보물권 자체는 개인회생채권이 되지 않는다. 또한 소유권에 기한 물권적 청구권, 특허권 기타의 무체재산권에 기한 물권적 청구권 유사의 청구권 등은 개인회생채권에 해당하지 아니하고 환취권의 대상이 된다. 다만, 이들 물권 기타의 절대권의 침해를 이유로 하는 손해배상청구권, 부당이득반환청구권은 개인회생채권에 해당한다.

1) 별제권부 채권과 같이 담보물권과 채권적 청구권을 동시에 갖고 있는 경우

위와 같은 경우에는 별제권의 행사에 의하여 변제받을 수 없는 잔여 채권액(부족액)에 한하여서만 개인회생절차에서 권리를 행사할 수 있다. 따라서 변제계획안 작성 당시 아직 별제권의 목적물의 평가액을 초과하는 피담보채권액(예정부족액)을 일응의 개인회생채권액으로 보고 이를 기초로 변제계획안을 작성하게 된다. 회생위원은 변제계획이 인가된 후 별제권자가 별제권의 행사에 의하여 변제받을 수 없는 잔여채권액이 확정될 때까지 채무자가 임치한 금원 중 별제권 예정부족액에 상응하는 변제금액의 지급을 유보해 두어야 한다.

(3) 채무자에 대한 재산적 청구권이어야 한다.

개인회생채권은 채무자의 일반재산으로부터 만족을 얻을 수 있는 청구권으로 금전채권 또는 금전으로 평가할 수 있는 채권이어야 한다. 따라서 재산적 가치가 없는 특정물의 인도청구권, 이혼청구권이나 파양청구권 등과 같은 수수한 친족법상의 청구권, 사용자의 근로제공청구권 등은 이에 해당되지 아니한다. 다만, 그러한 권리에 의하여 개인회생절차 개시결정 전에 채무자에게 재산적 급부를 요구할 수 있는 권리로 구체화된 것은 개인회생채권이 된다.

개인회생채권의 전형적인 예로는, 개인회생절차 개시결정 전에 채무자가 생활비를 마련하기 위하여 금융기관 등으로부터 금원을 차용한 경우 금융기관 등이 채무자에 대하여 갖는 대여금채권, 개인회생절차 개시결정 전에 채무자가 신용카드회사로부터 신용카드를 발급받아 물건을 구입하거나 식대 등에 사용한 경우에 채무자의 선택권을 인정하는 조항을 두고 있지 않다. 따라서 쌍무계약에 관하여 개인회생절차개시 당시에 채무자와 상대방이 아직 그 이행을 완료하지 않은 경우에 있어서, 계약의 해제 또는 해지 여부는 민법의 일반이론에 의하여 해결할 수 밖에 없을 것이다.

개인회생채권의 변제(제582조)

개인회생채권자목록에 기재된 개인회생채권에 관하여는 변제계획에 의하지 아니하고는 변제하거나 변제받는 등 이를 소멸하게 하는 행위 (면제를 제외한다)를 하지 못한다.

개인회생재단채권(제583조)

1. 의의

개인회생재단채권이란 개인회생절차의 수행에 필요한 비용을 지출하기 위하여 인정된 채무자에 대한 청구권으로서 인정되는 채권을 말한다. 개인회생재단채권은 개인회생절차를 위한 공익적 성격에서 지출된 비용으로서 주로 개인회생절차개시 후의 원인에 기하여 생긴 청구권이다. 그러나 경우에 따라서는 개인회생절차개시 전의 원인으로 생긴 청구권이라 하더라도 형평의 관념이나 사회정책적인 이유 등으로 법이 개인회생재단채권으로 규정한 것이 있다.

2. 개인회생재단채권의 범위

(1) 회생위원의 보수 및 비용의 청구권

법원에 의하여 선임된 회생위원에게 지급할 보수와 회생위원이 지출한 비용에 대한 청구권을 말한다.

(2) 원천징수할 국세 등

개인회생절차개시 당시 아직 납부기한이 도래하지 아니한, 원천징수하는 조세, 부가가치세, 개별소비세, 주세 및 교통·에너지·환경세. 특별징수의무자가 징수하여 납부하여야 하는 지방세, 본세의 부과, 징수의 예에 따라 부과, 징수하는 교육세 및 농어촌특별세를 개인회생재단채권으로 한다. 이러한 세금들은 실질적인 납세의무자가 따로 존재하는 것이고, 원천징수의무자 또는 특별징수의무자가 납부할 세금은 본래 이들이 이른바 징수기관으로서 실질적인 납세의무자로부터 징수하고 국가나 지방자치단체를 위하여 보관하는 금전으로 보아야 하기 때문에 이를 개인회생채권으로 하지 않고 개인회생재단채권으로 분류하고 있다.

(3) 채무자의 근로자의 임금·퇴직금 및 재해보상금 등

채무자가 고용한 근로자의 임금·퇴직금 및 재해보상금, 개인회생절차개시 결정 전의 원인으로 생긴 채무자의 근로자의 임치금과 신원보증금의 반환 청구권은 개인회생재단 채권이다.

(4) 개인회생절차개시결정 전의 원인으로 생긴 채무자의 근로자의 임치금 및 신원보증금의 반환청구권

(5) 채무자가 개인회생절차개시신청 후 개시결정 전에 법원의 허가를 받아 행한 자금의 차입, 자재의 구입 그 밖에 채무자의 사업을 계속하는데 불가결한 행위로 인하여 생긴 청구권

채무자가 개인회생절차개시신청 후 그 개시결정 전에 법원의 허가를 받아 행한 자금의 차입, 자재의 구입 그 밖에 채무자의 사업을 계속하는 데 불가 결한 행위를 함으로 인하여 생긴 청구권은 개인회생재단채권이다. 개인회생 절차개시신청 후 법원은 이해관계인의 신청에 의하거나 직권으로 보존처분 을 할 수 있고, 특히 영업소득자의 경우에는 보전처분시에 법원의 허가를 받 아 행하여야 할 행위를 결정할 필요가 있다. 따라서 보전처분이 있기 전까지 는 법원의 허가가 특별히 필요하지는 않을 것이나, 보전처분 후 영업소득자 가 법원의 허가를 받아 행하는 대부분의 법률 행위(거래처와의 새로운 계약 체결, 원재료의 구입, 자산의 매각 등)로 인하여 생기는 채권은, 비록 그것이 개인회생절차 개시결정 전의 원인으로 발생하였다고 하더라도 개인회생재 단채권이 된다.

(6) 기타

그 밖에 채무자를 위하여 지출하여야 하는 부득이한 비용청구권으로서 개 인회생절차개시결정 이후에 발생한 것은 개인회생재단채권이다. 채무자의 이익을 위하여 개인회생채권보다 먼저 수시 변제하는 것이 부득이한 비용의 청구권을 가리킨다. 채무자가 인간적인 생활을 영위하기 위하여 불가결한 중요한 취미, 타인과의 교제를 위한 비용(예를 들면, 채무자가 개인적인 취미로 읽는 일정금액 이내의 서적의 구입비용, 친족의 결혼식에 참석하는 데 필요한 교통비) 등이 이에 해당한다고 할 수 있다.

한편 개시신청서류의 작성 및 제출비용(변호사, 법무사의 보수나 비용 등)이 개인회생채권인지 개인회생재단채권인지에 관하여 본 법은 아무런 규정을 두고 있지 않은데 이는 입법의 불비로 보인다.

3. 개인회생재단채권의 성질

개인회생채권이 원칙적으로 변제계획에 의하지 아니하고는 변제할 수 없는데 반하여(면제를 제외한다), 개인회생재단채권은 개인회생절차에 의하지 아니하고 채무자가 수시로 변제할 수 있다. 따라서 채무자는 개인회생재단채권에 대하여 본래의 변제기에 따라 그때그때 변제하여야 하며, 채무자가 변제를 해태하는 경우에는 강제집행을 당할 수 있고, 이로 인하여 변제계획의 수행이 불가능하게 되어 개인회생절차가 폐지될 수도 있다.

4. 개인회생재단채권은 개인회생채권보다 먼저 변제한다.

우선 변제된다는 의미는 별제권에 의하여 담보된 재산을 제외한 채무자의 일반 재산으로부터 개인회생채권보다 우선하여 변제를 받는다는 의미이다. 이러한 점에서 개인회생재단채권은 별제권과 비슷하나, 개인회생재단채권이 채무자의 일반 재산으로부터 우선변제를 받는 데 반하여, 별제권은 담보된 특정한 재산으로부터 우선변제를 받는다는 점에서 차이가 있다.

변제계획에는 개인회생재단채권의 전액의 변제에 관한 사항을 정하여야 한다. 즉 개인회생재단채권의 변제에 관한 사항은 필요적 기재사항의 하나이다. 따라서 회생위원의 보수 및 비용의 청구권, 근로자의 임금, 퇴직금, 개시신청 후의 차입금 등과 같이 변제계획안 작성 당시 금액을 알 수 있는 개인회생재단채권은 변제기간 동안 그 전액을 변제하는 내용이 변제계획안에 정해져야 한다. 그 실제 취급의 문제는 아래에서 서술한다.

5. 개인회생재단채권의 실무상 처리

(1) 개인회생재단채권의 발생가능성

회생위원의 보수 및 비용의 청구권에 관하여 보면, 시행초기 단계에서는 법원사무관이 회생위원으로 선임될 예정이므로, 회생위원 보수가 따로 없을 것이어서, 이는 별로 문제될 여지가 없다. 원천징수할 국세. 채무자의 근로자의 임금, 퇴직금, 재해보상금 및 개시신청 후의 차입금 등 채무자가 사업을 계속하는 데에서 불가피하게 생기는 청구권에 관하여 보면, 이들은 채무자가 영업소득자인 경우에 주로 있을 수 있는 것이다.

(2) 영업소득자의 경우

영업소득자의 경우에도 개인회생재단채권은 그 영업이 정상적으로 수행된다면 대개 통상적인 영업수입의 범위 내에서 발생하는 채권이므로 이는 그 수입으로써 수시로 변제할 수 있다고 보아야 할 것이며, 영업총수입 중 이러한 채권을 공제한 금액이 영업순수입으로 산정되고 그 영업순수입 중에서 최저생계비를 공제한 금액이 비로소 가용소득으로서 회생채권의 변제에 투입되는 것이다.

(3) 개인회생재단채권과 변제계획안

위에서 말한 개인회생재단채권들을 개인회생절차에 의하지 아니하고 채무자가 수시로 변제하여 하는 것으로 정하였을 뿐만 아니라 개인회생채권보다 먼저 변제하여야 하는 것으로 정하였다. 그러나 전혀 예상하지 못하였던, 그리고 통상적인 영업수입으로써 변제가 불가능한 다액의 개인회생재단채권이 발생한다면, 채무자로서는 이 재단채권을 실제로 변제할 방법은 없다.

그러나 다른 한편으로, 재단채권자는 채무자가 변제를 해태하는 경우에는 회생절차상의 변제계획과 무관하게 강제집행을 실시할 수 있으므로, 이로 인하여 변제계획의 수행이 불가능하게 되어 개인회생절차가 폐지될 수도 있다.

따라서 특히 영업소득자에 대한 변제계획안 작성시에는, 추후에 예상하지 못하였던 재단채권이 돌발하는 일이 없도록 발생가능한 모든 채권을 다 밝혀내는 노력이 필요할 것이다.

부인권(제584조)

1. 개념

부인권이란, 채무자가 자신의 재산에 관하여 개인회생절차 개시 전에 한 회생채권자를 해하는 행위의 효력을 개인회생재단에 대한 관계에 있어서 부인하고 그 행위로 일탈한 재산을 개인회생재단에 회복시키기 위하여 행사하는 권리를 뜻한다. 일단 일탈한 재산을 원상에 회복하여 개인회생재단의 충실을 기하기 위한 제도이다.

회생절차에서는 관리인이, 파산절차에서는 파산관재인이 부인권을 행사하지만, 개인회생절차에서의 부인권은 원칙적으로 채무자가 행사하는 점에서 차이가 있다.

2. 부인권의 성립요건

(1) 일반적 성립요건

채무자회생및파산에관한법률 제584조가 준용하는 파산절차에서의 부인할 행위의 내용, 시기, 상대방에 따라 고의부인, 위기부인, 무상부인의 3종의 유형을 인정하고 있는데, 각 유형마다의 특유한 성립요건 외에 공통되는 일반적 성립요건으로서 행위의 유해성과 채무자의 행위에 한정되는 여부가 문제된다.

1) 행위의 유해성

가. 부인의 대상이 되는 행위는 개인회생채권자에게 해를 끼치는 행위이어야 한다. 개인회생채권자에게 해를 끼치는 행위에는 회생채무자의 일반재산을 절대적으로 감소시키는 사해행위 외에 채권자간의 평등을 저해하는 편파행위도 포함된다는 것이 통설이다.

대표적인 사례로는, 부동산의 매각에 있어서 부당한 가격으로 매각한 경우는 물론이고, 적정한 가격으로 매각한 경우라도 소비하기 쉬운 금전으로 환가하는 경우, 변제기가 도래한 채권을 변제하는 본지변제행위가 형식적 위기시기에 이루어진 경우, 제3자로부터 자금을 차입하여 특정채권자에게만 변제를 한 경우가 부인권 대상이 될 수 있으나, 담보권자에 대한 변제, 대물변제는 부인의 대상이 될 수 없으며 대물변제의 경우에도 피담보채권과 목적물의 가액이 균형을 유지하는 한 부인의 대상이 되지 않는다.

한편 담보권자는 개인회생절차에 의하지 아니하고 별제권을 행사할 수 있기 때문에 담보권설정행위 자체가 부인되지 아니하는 한 담보권자에 대한 변제나 대물변제와 같이 담보권의 실행행위가 부인의 대상으로 되지는 않는다.

나. 경제적 위기상태에 빠진 채무자가 이혼을 하면서 배우자에게 금전, 주식, 부동산 등을 재산분할의 명목으로 증여하는 경우가 있다. 일반적으로 재산권을 목적으로 하지 않는 법률 행위, 즉 결혼, 이혼, 입양, 파양, 상속의 승인 또는 포기 등은 그것이 간접적으로 채무자 재산의 감소를 가져오는 행위라고 하더라도 부인대상으로는 되지 않는다. 그러나 이혼에 수반한 재산분할은 신분관계의 설정이나 폐지와 직접 관계없는 재산처분행위이므로 부인대상이 된다.

그러나 실제로 부인권을 행사함에 있어서는 재산분할로 증여된 부동산에 시가를 크게 넘는 담보권이 설정되어 있다거나 일방 배우자가 재산분할을 받았으면서도 경제적으로 곤궁한 상태에 있는 등 재산 증식이나 회수 가능성의 측면에서 그 실익이 없는 경우도 있을 수 있다. 또한 재산분할의 구체적인 내용에 따라 부인의 가부가 달라질 수도 있다. 즉, 재산분할은 실질적인 공동재산의 청산분배 및 일방 배우자의 부양을 목적으로 하는 것이므로, 위자료와는 그 성질을 달리 하지만 법원은 손해배상적 요소도 포함하여 재산분할의 수액 및 방법을 정할 수 있으므로, 부인에 있어서도 손해배상적 요소가 포함되었는지 여부가 영향을 미치게 된다.

공동재산의 청산을 목적으로 하는 재산분할은 원래 그 재산이 개인회생재단에 속하지 않는 것이라고 볼 수도 있고, 부양을 목적으로 하는 재산분할은 일반적으로 상당성이 인정되고 있으므로, 모두 민법 제839조의 2에 정한 법률상 의무의 이행으로 보아 상당한 한도를 넘지 않는 한 부인은 곤란할 것이다. 그러나 청산 또는 부양에 필요한 상당한 범위의 금액을 넘는 부분의 재산분할은 그 초과액을 부인할 수 있을 것이다.

반면에 손해배상 목적의 재산분할은, 개인회생절차 개시 전에 이혼이 성립한 경우의 위자료청구권이 개인회생절차에서는 일반개인회생채권으로 다루어지는 데 불과한 데 비추어, 원칙적으로 부인대상으로 될 것이다.

2) 채무자의 행위

가. 파산절차에서는 "파산자가....한 행위"라고 규정하고 있어 부인권의 대상이 되는 행위는 회생채무자의 행위 또는 이와 동일시되는 행위일 것을 요한다고 할 것이다.

나. 부인의 대상이 되는 행위로는 부동산, 동산의 매각, 증여, 채권양도, 채무면제 등과 같은 협의의 법률행위에 한하지 않고 변제, 채무승인, 법정추인, 채권양도의 통지, 승낙, 등기, 등록, 동산의 인도 등과 같은 법률효과를 발생시키는 일체의 행위를 포함한다. 또 사법상의 행위에 한하지 않고 소송법상의 행위인 재판상의 자백, 청구의 포기 및 인낙, 재판상의 화해, 소와 상소의 취하, 상소권의 포기, 공정증서의 작성, 염가의 경매 등도 부인의 대상이 되고, 공법상의 행위도 부인의 대상이 된다.

채무자의 부작위도 부인의 대상이 된다는 것이 통설, 판례이다. 따라서 시효중단이 해태, 지급명령신청에 대한 이의신청의 부제기. 지급거절증서의 불작성, 변론기일에의 불출석, 공격방어방법의 부제출 등의 경우에 부인이 될 수 있다.

(2) 개별적 성립요건

1) 고의부인

채무자가 개인회생채권자를 해한다는 사실을 알면서 한 행위에 대하여 부인하는 것을 고의부인이라 한다. 개인회생채무자의 사해의사를 요건으로 하는 부인으로서 민법상의 사해행위취소권과 실질을 같이 한다. 고의부인의 성립요건은

객관적 요건으로서 개인회생채권자를 해하는 행위가 있어야 하고(사해행위)

주관적 요건으로서 개인회생채무자가 행위 당시 그 행위에 의하여 개인회생채권자를 해한다는 사실을 알고 있어야 한다(사해의사)

사해행위와 사행의사에 대한 입증책은 부인권을 행사하는 자가 부담한다.

2) 위기부인

　개인회생채무자가 지급정지 등 위기의 시기에 한 담보제공, 채무소멸에 관한 행위, 기타 채권자의 이익을 해하는 행위를 개인회생채무자의 사해의사의 존부와 관계없이 부인하는 것을 위기부인이라 한다. 위기부인은 개인회생채무자가 자신의 의무에 기하여 담보의 제공, 채무소멸에 관한 개인회생채권자를 해하는 행위를 함으로써 개인회생채권자를 해하는 행위를 한 경우, 개인회생채무자가 자시의 친족이나 동거자를 상대방으로 위와 같은 종류의 행위를 한 경우, 개인회생채무자가 의무가 없음에도 불구하고 담보의 제공, 채무소멸에 관한 행위를 함으로써 개인회생채권자를 해하는 행위를 한 경우로 세분된다.

　비본지행위에 대한 위기부인은 담보의 제공 또는 채무의 소멸에 관한 행위를 부인의 대상으로 하며 개인회생채무자의 의무에 속하지 아니하는 행위(비본지행위)를 부인의 대상으로 한다. 시기적 요건을 완화하여 부인대상을 지급정지 등이 있기 이전 60일 내에 이루어진 행위까지 확대하고, 선의의 입증책임도 수익자에게 부담시키고 있다.

3) 무상부인

　무상부인이란 개인회생채무자가 한 무상행위 또는 이와 동일시하여야 할 유상행위를 부인하는 것을 말한다. 무상행위 또는 이와 동일시할 정도의 유상행위에 대해서는 개인회생채권자를 해할 위험성이 현저한 반면 상대방의 이익을 고려할 필요성은 적으므로 수익자의 악의도 요건으로 하지 않고, 시기적 요건도 보다 완화하고 있다.

　무상행위인지 여부는 개인회생채무자를 기준으로 하여 판단해야 하고 수익자의 입장에서 무상성이 있는지를 판단해서는 아니 된다. 따라서 개인회생채무자의 인적보증 또는 물상보증 행위는 그것이 채권자의 주채무자에 대한 출연의 직접적인 원인이 되는 경우에도 개인회생채무자가 그 대가로서 경제적인 이익을 받지 아니하는 한 무상행위에 해당한다.

(3) 특별요건

(가) 어음채무의 지급에 관한 부인의 제한

채무의 변제의 경우에는 일정한 요건 아래 부인유형에 해당하더라도 부인할 수 없도록 하고 있다.

(나) 대항요건, 효력요건의 부인

대항요건 등의 구비행위를 권리변동의 원인행위와 분리하여 그 원인행위를 부인할 수 없는 경우에도 독자적으로 대항요건 등의 구비행위를 부인할 수 있도록 규정하고 있다. 대항요건 등의 구비행위에 대한 부인을 인정하는 취지는 원인행위가 있었음에도 상당기간 대항요건 등의 구비행위를 하지 않고 있다가 지급정지 등이 있은 후에 그 구비행위를 한다는 것은 일반채권자들에게 예상치 않았던 손해를 주기 때문에 이를 부인할 수 있게 한 것이다.

그러나 지급정지 등이 있기 전에 이루어진 가등기에 기한 본등기는 부인의 대상이 되지 않는다.

(다) 집행행위의 부인

집행행위의 부인이란 부인하고자 하는 행위에 관하여 상대방이 이미 집행권원을 가지고 있거나 그 행위가 집행행위로서 이루어진 것이더라도 부인하는 것을 말한다. 따라서 통설은 이를 새로운 부인의 유형을 규정한 것이 아니라 집행행위도 부인에 관한 일반조항의 부인대상이 된다는 것을 주의적으로 규정한 것에 불과하다고 해석한다.

(라) 전득자에 대한 부인

부인권의 실효성을 확보하기 위해서는 전득자에 대해서도 부인의 효과가 미치도록 할 필요가 있고, 반면 이를 관철할 경우 거래의 안전을 해칠 우려가 있다. 전득자에 대한 부인의 공통적인 성립요건으로서 전득자의 전자에 대한 부인의 원인이 있어야 한다. 나아가 특별성립요건으로서 고의부인이나 위기부인의 경우에는 전득자가 당시 그 전자에 대하여 부인의 원인이 있음을 알고 있어야 하고 다만, 전득자가 개인회생채무자의 친족 또는 동거자일 때는 전득자가 자신의 선의임을 입증해야 하며, 무상부인의 경우에는 그 전자에 대하여 부인의 원인이 있으면 족하다.

3. 부인권의 행사

(1) 파산절차와 달리 부인권의 행사주체는 개인회생채무자로 되어 있다. 다만, 법원은 채권자 또는 회생위원의 신청에 의하거나 직권으로 채무자에게 부인권의 행사를 명할 수 있고, 회생위원은 부인권의 행사에 참가할 수 있다.

이 경우 회생위원의 참가형태는 보조참가라 할 것이다. 개인회생채권자가 부인권을 대위하여 행사할 수 있는지 여부에 대하여는 견해의 대립이 있으나 부정적으로 해석함이 상당하다.

(2) 부인권은 소 또는 항변에 의하여 재판상 행사한다. 부인권은 수익자 또는 전득자 중 어느 일방 또는 쌍방을 상대로 하여 행사할 수 있고, 쌍방을 상대로 소를 제기하는 경우 필요적 공동소송이 아니라 통상의 공동소송이 된다.

부인소송의 법적성질에 대하여 판결 주문에서 부인을 선언하는 형설소송설과 부인의 선언이 아닌 금전의 지급이나 물건의 반환 등 부인에 기초하여 생기는 상대방의 의무를 판결 주문에 기재하면 족하다는 이행, 확인소송설이 대립하고 있다.

파산절차상 파산관재인은 부인의 소를 제기하거나 취하, 소송상 화해, 청구의 포기 등을 하기 위해서는 감사위원의 동의나 법원의 허가를 얻어야 하는바, 개인회생절차상의 부인권 관련 소제기와 화해에 있어서도 법원의 허가를 필요로 하는지가 문제된다. 부인권의 행사 및 그에 따른 화해 등으로 인하여 변제재원인 개인회생재단에 변동이 생기는 점 등을 고려하면, 파산절차를 준용하여 법원의 허가를 얻어야 할 것으로 생각되나, 이에 대해서는 반론도 있다.

4. 부인권 행사의 효과

(1) 원상회복

부인권의 행사는 개인회생채무자의 재산을 원상으로 회복시킨다. 즉 부인권행사의 효과는 물권적으로 발생하고, 부인권 행사에 의하여 일탈되었던 재산은 상대방의 행위를 기다리지 않고 당연히 개인회생채무자에 복귀한다(물권적 효과설). 다만, 그 효과는 회생채무자와 부인의 상대방 사이에서만 생기고 제3자에 대해서는 효력이 미치지 않는다(상대적 무효설).

원상회복과 관련하여 금전교부행위가 부인된 경우에는 상대방은 개인회생채무자로부터 교부받은 액수와 동액의 금전 및 교부받은 날 이후의 지연이자(법정이자율에 의함)를 반환하면 된다.

부인의 등기에 관하여는, 학설상 부인등기는 특별히 인정된 등기가 아니라 말소등기와 같은 통상적인 등기의 총칭에 불과하다는 견해와 부인권행사에 의하여 생기는 특수한 법률관계를 공지하기 위하여 파산절차 등이 인정한 특별한 등기라는 견해가 대립한다. 전설에 의하면 판결의 주문은 통상적인 소송과 다를 바 없으나 후설의 입장을 취하는 경우 판결의 주문은 부인등기절차를 명하는 형태가 된다(등기원인의 부인의 경우에는 ".. ○○ 등기 원인의 부인등기절차를 이행하라", 등기자체의 부인의 경우에는 ".. ○○ 등기의 부인등기절차를 이행하라"가 된다).

(2) 무상부인과 선의자의 보호

무상부인의 경우에는 상대방의 선의, 악의를 묻지 않으므로 상대방에게 가혹한 결과를 초래할 수 있다. 개인회생절차에서 준용하는 파산절차에서는 선의의 상대방을 보호하기 위하여 반환의 범위를 경감하여 이익이 현존하는 한도 내에서 상환하도록 하고 있다. 전득자에 대해서도 전득 당시 선의가 있었다면 역시 이익이 현존하는 범위 내에서 상환하도록 규정하고 있다.

(3) 상대방의 지위

부인권의 목적은 개인회생재단을 부인의 대상이 되는 행위 이전의 상태로 원상회복을 시키는데 있지 개인회생채무자로 하여금 부당하게 이익을 얻게 하려는 것이 아니다. 따라서 개인회생채무자의 행위가 부인된 경우 개인회생채무자의 급부에 대하여 한 상대방의 반대이행은 개인회생재단으로부터 반환되어야 한다.

만약 그 상대방이 한 반대급부가 개인회생채무자의 재산 중에 현존하고 있다면 상대방은 그 반환을 청구할 수 있고, 반대급부 자체는 현존하지 않으나 그 반대급부로 인하여 생긴 이익이 현존하고 있다면 상대방은 이익이 현존하는 한도 내에서 개인회생재단채권자로서 상환을 청구할 수 있다.

채무의 이행행위가 부인된 경우 상대방이 그 받은 이익을 반환하거나 그 가액을 상환한 때 상대방의 채권이 부활한다. 상대방의 선이행의무를 명시하고 있는데, 이는 상대방의 의무를 선이행시켜 먼저 파산재단을 현실적으로 원상회복시킨 후에야 상대방의 채권을 부활시키겠다는 것이다. 따라서 상대방은 부활한 채권을 다동채권으로 하고 반환채무와 상계할 수도 없다.

5. 부인권의 소멸

(1) 제척기간 도과로 인한 소멸

부인권은 개인회생절차 개시결정이 있은 날부터 1년간 이를 행사하지 아니하면 행사할 수 없다. 또한 부인의 대상이 되는 행위가 있던 날부터 5년을 경과한 경우에도 마찬가지이다. 조속한 법률관계의 확정을 통하여 거래안전을 확보하기 위한 규정이다

(2) 지급정지와 부인의 제한

지급정지의 사실을 안 것을 이유로 하여 부인하는 경우에는 개인회생절차개시가 있는 날로부터 1년 전에 행하여진 행위는 부인할 수 없다. 부인권의 행사에 시간적 제약을 가함으로써 거래관계자의 신뢰를 보호하기 위한 것이다.

【서식】부인권행사명령

서울회생법원
결   정

사　　　건　　　20○○개회○○　개인회생
채　무　자　　　○ ○ ○(　　　　　-　　　　　　)
　　　　　　　　서울 ○○구 ○○동 ○○

주   문

채무자는 별지 기재 부동산에 대하여 20○○. ○. ○. 채무자와 ○○○ 사이에
체결된 매매계약에 대하여 부인권을 행사하여야 한다.

이   유

(전략), 따라서 주문 기재 매매계약은 채무자회생및파산에관한법률 제584조 제
1항, 동법 제391조 제○호 소정의 부인할 수 있는 행위에 해당한다 할 것이므
로, 채무자회생및파산에관한법률 제584조 제3항에 의하여 주문과 같이 결정한
다.

20○○. ○. ○.

재판장 판사　○　　○　　○

환취권(제585조)

1. 개념

(1) 환취권이란 개인회생재단에 속하지 않는 제3자의 특정재산을 채무자가 개인회생재단으로 편입하여 관리하고 있을 때 그 재산의 실제소유자인 제3자가 그 반환 또는 인도를 구하는 권리를 뜻한다.

환취권은 파산절차가 개인회생절차에 의해서 만들어진 권리가 아니며, 파산선고나 개인회생절차개시결정 이전부터 본래 가지고 있던 권리에 의한 주장을 그 이후에도 계속 행사할 수 있도록 한 것이다.

(2) 환취권은 제3자 이의의 소와 유사한 형태이나, 그 권리가 제3자에게 귀속되는지 여부가 문제되는 것으로서 제3자의 재산에 대하여 한 법률의 효력을 다투는 제3자이의의 소의 성질과는 구별되어야 한다.

환취권은 채무자가 실제로 점유관리하고 있는 현유재단에 대한 권리인 반면, 별제권은 법정재단에 속하는 특정재산에 대하여 우선적인 변제를 받을 권리이며, 아울러 별제권자는 대부분 개인회생채권자의 지위를 겸하지만 환취권자는 그 권리에 관해 개인회생채권자가 되지 않는다는 점에서 구별된다.

2. 환취권의 대상 및 그 기초가 되는 권리

(1) 환취권은 개인회생재단으로부터 개별적으로 분별해 낼 수 있는 특정재산을 대상으로 한 것이기 때문에, 일정한 가치나 금액을 대상으로 할 수는 없다.

(2) 환취권의 대표적인 것은 소유권이지만, 소유권 이외의 용익물권이나 점유권도 환취권의 기초가 될 수 있다. 임대인 또는 전대인이나 임치자는 소유자가 아니라도 계약상의 반환청구권에 기하여 환취권자가 될 수 있으나, 매매계약상의 매수인은 환취권자가 될 수 없고, 단순히 개인회생채권자에 불과하다.

3. 환취권의 행사

환취권은 개인회생재단에 대하여 관리처분권을 갖는 채무자에 대하여 재판상 또는 재판외의 방법에 의하여 행사한다. 소송 또는 항변에 의하여도 주장할 수 있다.

별제권(제586조)

1. 파산절차 별제권 규정의 준용

파산재단에 속하는 재산상에 존재하는 유치권·질권·저당권·「동산·채권 등의 담보에 관한 법률」에 따른 담보권 또는 전세권을 가진 자는 그 목적인 재산에 관하여 별제권을 가진다. 파산법상 별제권자는 파산절차에 의하지 아니하고 별제권을 행사하여 자신의 채권의 만족을 받을 수 있고, 그러한 별제권의 행사에 의하여 변제를 받을 수 없는 채권액에 관하여서만 파산채권자로서 그 권리를 행사할 수 있다.

이러한 파산절차의 별제권 규정들은 개인회생절차에 준용된다. 따라서 개인회생절차를 신청한 채무자의 개인회생재단에 속하는 재산상에 유치권, 질권, 저당권·「동산·채권 등의 담보에 관한 법률」에 따른 담보권 또는 전세권을 설정받아 가지고 있는 채권자는, 회생절차의 변제계획에 의하지 않고 그 권리를 행사하여 자신의 채권액에 만족을 받을 수 있고, 그러한 권리행사에 의하여 변제를 받을 수 없는 채권액에 관해서만 회생채권자로서 그 권리를 행사할 수 있다.

2. 담보권 실행의 중지, 금지

이와 같이 담보권은 별제권으로서 절차상의 제약을 받지 않고 자유로이 행사하는 것이 가능하지만, 담보권 실행에 관하여 일체의 제약이 없다고 하면, 회생절차의 진행을 방해받거나 회생채권자 일반의 이익에 반하는 경우가 생길 수 있다. 따라서 개인회생절차는 일정한 경우에 담보권 실행을 중지, 금지시키는 규정을 두고 있다.

(1) 법원의 중지명령에 기한 중지, 금지

법원은 개인회생절차개시의 신청이 있는 경우 필요하다고 인정하는 때에는 이해관계인의 신청에 의하거나 직권으로, 개인회생절차의 개시신청에 대한 결정시까지, 채무자의 업무 및 재산에 대한 담보권의 실행 등을 위한 경매의 중지 또는 금지를 명할 수 있다. 그러나 개인회생절차개시의 신청이 기각되면 위와 같이 하여 중지된 절차는 속행된다.

(2) 개시결정에 따른 중지, 금지

위 중지명령은 개별적, 예외적으로 발하는 것이지만, 개인회생절차의 개시결정이 있으면 자동적으로 일정기간 담보권 실행이 중지, 금지된다. 즉, 개인회생절차개시의 결정이 있는 때에는 변제계획의 인가결정일 또는 개인회생절차 폐지결정의 확정일 중 먼저 도래하는 날까지 개인회생재단에 속하는 재산에 대한 담보권의 설정 또는 담보권의 실행 등을 위한 경매는 중지 또는 금지된다. 법원은 상당한 이유가 있는 때에는 이해관계인의 신청에 의하거나 직권으로 위와 같이 하여 중지된 절차 또는 처분의 속행 또는 취소를 명할 수 있다. 다만, 처분의 취소의 경우에는 담보를 제공하게 할 수 있다. 그리고 이와 같이 담보권 실행을 할 수 없는 기간 중에는 시효는 중지된다.

그러나 위 중지, 금지는 "변제계획의 인가결정일 또는 개인회생절차 폐지결정의 확정일 중 먼저 도래하는 날까지"만 적용된다. 즉 개인회생절차에서 담보권은 별제권으로 인정되기 때문에 담보권은 개인회생절차에 의하지 아니하고 행사할 수 있다. 입법자는 담보권을 별제권으로 인정해 주어 담보권자의 권리를 해하지 않으면서도, 담보권을 실행함으로써 개인회생절차 진행이 방해되는 일이 생기지 않도록 하기 위하여 위와 같은 타협을 시도한 것이라고 보인다. 별제권이 인정되는 이상 변제계획 인가 후에도 언제라도 담보권의 실행으로 영업에 필요한 재산이 상실될 수 있어서, 채무자의 계속적, 반복적 수입의 근거를 상실시킬 우려가 있는 것이다. 오히려 별제권이 조기에 실행되어서, 계속적, 반복적 수입을 얻을 수 있는지를 변제계획안 인가결정 시점에서 판단할 수 있도록 하는 것이 실무상 변제계획 수행가능성을 높이는 것이서 더 바람직할 수도 있다.

3. 회생채무자에 대하여 임대차보증금 반환채권을 가진 채권자의 경우

저당권자는 위와 같이 개인회생절차상의 변제계획에 의하지 않고 자신의 저당권을 행사할 수 있는데 비하여, 우리 법제상 종종 저당권자와 유사하게 취급되는 주택 및 상가건물의 임차인은 개인회생절차상 그 임대차보증금에 관하여 어떤 권리를 가지는가?

(1) 우선변제권

먼저 주택 및 상가건물의 임차인이 일정한 요건을 갖춘 경우에는 회생채무자에 대하여 일반채권보다 우선하여 자신의 임대차보증금채권을 변제받을 수 있음은 법문상 명백하다.

주택임대차보호법의 규정에 의한 대항요건, 즉 주택의 인도와 주민등록을 갖추고 임대차계약증서상의 확정일자를 받은 임차인은 개인회생재단에 속하는 주택(대지 포함)의 환가대금에서 후순위 권리자 그 밖의 채권자보다 우선하여 보증금을 변제받을 권리가 있다. 그리고 주택임대차보호법 제8조(소액보증금 중 일정액의 보호)의 규정에 의한 임차인은 같은 조의 규정에 의한 보증금을 개인회생재단에 속하는 주택(대지를 포함한다)의 환가대금에서 다른 담보물권자보다 우선하여 변제받을 권리가 있다. 이 경우 임차인은 개인회생절차개시의 신청일까지 주택임대차보호법 제3조(대항력등) 제1항의 규정에 의한 대항요건을 갖추어야 한다.

그리고 주택임대차보호법에 관한 위 규정들은, 상가건물임대차보호법에 의하여 대항요건을 갖추고 확정일자를 받은 임차인과 같은 법의 소액보증금 보호규정에 정해진 임차인에게도 준용한다.

이러한 임대차보증금 반환채권은 다른 일반의 개인회생채권보다는 우선적 권리를 가지기는 하지만, 이 채권은 임대차목적물의 환가액의 한도 내에서만 우선권을 가지는 것이어서, 우선적 개인회생채권으로 취급되기보다는 별제권부 채권과 유사한 성격을 가지는 것이므로, 별제권에 준하여 취급되어야 한다.

(2) 경매신청권이 있는지 여부

임대차보증금 반환채권에 관하여 임차인이 그 주택 및 상가건물에 대하여 담보권실행을 위한 경매를 신청할 권한이 있다고 해석되지는 않는다.

4. 별제권 행사로 만족받지 못할 채권액을 정하는 방법

실무상 문제되는 점은, 변제계획 작성 및 인가시까지 별제권이 행사되지 않고 있는 경우에는 별제권자는 자신이 담보로 설정받은 부동산의 시가상승을 기다리면서 별제권을 실행하지 않고 있는 경우가 종종 있다. 추후에 그 담보부동산의 환가액이 얼마나 될지를 변제계획상 회생채권으로서 변제대상이 되어야 할 채권액(흔히 '예정부족액'이라고 부른다)을 확정할 수 없다는 점이다. 파산의 경우에는, 채무자의 파산선고시에 근저당권의 피담보채무의 범위가 확정되고, 또한 담보채권자가 예정부족액의 변제를 받으려면 중간배당시에는 부족채권의 소명을, 최후배당시에는 부족채권의 증명을 하여야 하므로, 별제권의 행사가 간접적으로 강제된다. 그러나 회생절차에서는 이러한 배당절차에서의 간접적 강제가 없으므로, 채무자가 회생채권자목록에서 담보물가액을 얼마로 적어야 하는지, 그리고 변제계획에서 담보부 채권의 예정부족액을 얼마로 적어야 하고 그 변제방법을 어떻게 정해야 하는지가 어려운 문제로 된다.

상계권(제587조)

채무자회생및파산에관한법률 제416조 내지 제422조의 규정은 개인회생절차에 관하여 준용한다. 이 경우 "파산신청"은 "개인회생절차개시신청"으로, "파산재단"은 "개인회생재단"으로, "파산선고"는 "개인회생절차개시결정"으로 본다.

제 2 장
개인회생절차의 개시

개인회생절차개시의 신청권자(제588조)

채무자만이 신청권자

개인회생은 개인채무자 스스로 신청할 수 있고, 또한 개인채무자만이 신청할 수 있다. 이 절차는, 개인채무자가 장래의 수입을 가지고서 변제를 계속하는 절차이므로, 자발적인 의사에 기하지 않으면 변제를 계속하는 것이 곤란하다. 따라서 법률이 개인회생절차는 개인채무자만이 신청할 수 있는 것으로 하고, 채권자 측이 신청할 수는 없도록 만들어 진 것이다.

채권자가 이미 채무자에 대하여 파산을 신청하여 절차가 진행 중인데 채무자가 스스로 개인회생절차를 신청하여 개시결정이 내려지는 경우에는, 종전의 파산절차는 중단되고 개인회생절차가 진행된다.

또한 개인회생절차는 개인만이 이용 가능한 제도이기 때문에, 조합이나 1인 주주의 주식회사, 재단법인 등은 이 절차를 이용할 자격이 없다.

관련 질의응답　　Q & A

소비자파산제도의 내용과 절차

문) 저는 35세의 주부로서 그 동안 신용카드의 과다사용, 과도한 은행대출 등으로 많은 채무를 지고 있으나, 최근 남편의 실직과 저의 무자력 등으로 위 채무를 부담할 능력이 없습니다. 소비자파산제도란 어떤 것이고 또 그 절차는 어떻게 진행되며 만일 '소비자파산선고'를 받은 경우 기존채무와의 관계 등 법적 효력은 어떻게 되는지?

답) 소비자파산절차란 제도가 따로 정해져 있는 것은 아닙니다. 파산 중 그 신청자가 일반 개인소비자인 경우를 소비자파산이라 부를 따름입니다. 봉급생활자, 주부, 학생 등 개인소비자가 소비활동의 일환으로 신용카드 등을 이용하여 상품을 구입하거나 금전을 차용한 결과 발생한 채무가 자신의 변제능력으로 감당할 수 없게 되어 자신의 모든 재산을 충당하여도 모든 채무를 변제할 수 없는 지급불능상태에 빠진 경우에, 법원에서 채무자의 모든 재산을 강제적으로 금전으로 환가(換價)하여 채권자 전원에게 공평하게 배당하는 절차를 소비자파산이라 할 수 있는데, 소비자파산신청은 채무자 주소지를 관할하는 지방법원에 접수시키면 되고, 파산신청을 할 때에는 진술서, 채권자 일람표, 재산목록, 현재의 생활상황, 가계수지표 등 기타 필요서류를 첨부·제출하여야 합니다.

소비자파산절차는 일반적 파산절차와는 달리 채권자가 파산신청을 하는 경우가 드물고 대부분 채무자신청에 의하여 개시됩니다. 또 채무자의 재산이 거의 없어 이를 금전적으로 환가(換價)하여도 파산절차의 비용을 충당할 수 없으므로, 법원은 파산관재인을 선임함이 없이 파산선고와 동시에 파산절차를 종료시키는 동시폐지결정을 하고, 채무자의 재산을 관리하거나 금전으로 환가(換價)하여 배당하는 절차는 행하여지지 않습니다.

개인채무자가 파산선고를 받더라도 선거권과 피선거권을 상실하는 것은 아니지만 법률상 여러 가지 자격제한을 받게 됩니다. 예컨대 파산자는 후견인, 유언집행자, 공무원, 변호사, 변리사, 공인회계사, 공증인 등이 될 수 없습니다.

상법상으로는 합명회사나 합자회사 사원의 퇴사원인이 되고, 주식회사와 위임관계에 있는 이사도 그 위임관계가 파산선고로 종료되기 때문에 퇴직하여야 합니다.

또한, 파산자는 파산에 관하여 필요한 설명을 할 의무를 부담하고, 법원의 허가 없이는 거주지를 떠날 수 없을 뿐 아니라, 파산관재인이 있는 경우 우편물, 전보 등이 파산자가 아닌 파산관재인에게 배달되어 파산관재인이 그 내용을 조사할 수 있게 됩니다.

파산자는 이러한 법률상의 제한 외에도 파산선고가 확정되면 파산자의 신원증명을 관장하는 본적지 시, 구, 읍, 면장에게 통지되어 파산선고사실이 신원증명서에 신원증명사항의 하나로 기재되어 금융기관거래와 취직 등 일상생활의 면에서 여러 가지 사회적 평가상의 불이익을 받게 됩니다.

파산선고를 받은 경우에도 파산절차에 의하여 채권자가 배당을 받지 못한 잔존채무에 대하여는 파산자가 변제할 책임을 면하는 것은 아닙니다. 다만, 파산자가 면책신청을 하여 법원으로부터 면책을 허가받아 그 결정이 확정되면 파산자가 파산선고 전에 부담하고 있던 채무에 대하여 조세 등 일부 예외를 제외하고는 변제할 책임을 면하게 되고, 법정복권이 되어 신분상의 공·사권의 제한으로부터 회복됩니다(채무자회생및파산에관한법률 제556조).

또한, 보증인 등이 파산채권자에 대하여 변제하여도 보증인 등의 파산자에 대한 구상권에도 면책의 효력이 미칩니다.

그러나 모든 파산자가 법원으로부터 면책을 허가받을 수 있는 것은 아니며, 파산자가 재산을 은닉하거나 재산가치를 감소시킨 경우나 낭비 또는 도박 기타 사해행위에 의하여 현저하게 재산을 감소하거나 과도한 채무를 부담한 경우 등 일정한 사유가 있는 경우에는 원칙적으로 면책허가를 받을 수 없습니다. 또한, 면책은 파산채권자가 파산자의 보증인 기타 파산자와 더불어 채무를 부담하는 자에 대하여 가지는 권리 및 파산채권자를 위하여 제공한 담보에는 영향을 미치지 않습니다(채무자회생및파산에관한법률 제560조).

결론적으로 개인채무자는 파산제도가 과도한 채무를 청산하기 위한 최후의 수단이라는 점을 충분히 염두에 두고 소비자파산을 신청하기 전에 채권자들과의 사이에 민사조정 제도 등 다른 법률적 수단을 통한 사전협의를 강구하는 방안을 먼저 검토하여 보는 것이 좋을 것입니다.

또한 금융기관(제2금융권포함)에 대한 다액의 채무가 문제인 개인 채무자들 중 재기의 의사와 일정한 소득이 있는 사람의 경우에는 파산신청을 하기 전에 우선 금융기관들간에 긴밀한 협조를 통하여 여러 가지 지원을 해 줌으로써 개인신용불량자의 파산을 방지하고 그 경제적 회생기회를 마련하기 위해 설치되어 있는 개인신용회복지원제도를 이용해보심도 권장해 보고 싶습니다.

신용회복위원회에 신용회복지원을 신청하기 위해서는 다음의 세가지 요건을 모두 갖추어야 합니다.

1. 신용정보집중기관(전국은행연합회)에 연체 등의 신용거래 정보가 등록된 자
2. 최저생계비 이상의 수입이 있는 자
3. 2개 이상의 협약가입금융기관에 채무가 있고 총채무액이 5억원 이하인 자

위 최저생계비 이상의 수입이란 본인과 부양가족의 최저생계비를 공제한 후 나머지 소득으로 채무를 8년 이내에 나누어 갚을 수 있을 정도의 소득을 말하며, 최저생계비 이상의 수입이 없더라도 채무상환이 사실상 가능한 자(배우자, 직계존비속 등 제3자가 소득의 일부를 채무상환을 위하여 지원하는 경우)는 신용회복지원 신청이 가능합니다.

현재 국민기초생활보장법 제2조 제7호에서 규정한 2022년도 최저생계비는 ①7인 가족의 경우 2,334,178원, ②6인 가족의 경우 2,072,101원, ③5인 가족의 경우 1,807,355원, ④4인 가족의 경우 1,536,324원, ⑤3인 가족의 경우 1,258,410원, ⑥2인 가족의 경우 978,026원, ⑦1인 가족인 경우 583,444원입니다.

소비자파산제도의 내용과 절차

개인소비자가 신용카드 등을 이용하여 상품을 구입하거나 금전을 차용한 결과 발생한 채무가 자신의 변제능력으로 감당할 수 없는 지급불능상태에 빠진 경우에, 법원에서 채무자의 모든 재산을 금전으로 환가하여 채권자 전원에게 평등하게 배당하는 절차가 소비자파산제도입니다.

소비자파산을 신청하려면 채무자 주소지를 관할하는 지방법원에 신청서를 제출하여야 하고, 신청서에는 진술서, 채권자일람표, 재산목록, 현재의 생활상황, 가계수지표 등을 첨부하여야 합니다.

파산선고가 확정되면 파산자는 여러 가지 법률상 자격제한 이외에 파산선고사실이 신원증명서에 기재되므로 금융기관거래와 취직 등 사회생활에서 여러 가지 불이익을 받게 됩니다.

그러나, 파산자는 파산절차의 해지에 이르기까지는 언제든지 파산법원에 면책 신청을 할 수 있으며, 파산선고와 동시에 파산폐지의 결정이 있은 때에는 그 결정확정후라도 1월 이내에는 면책신청을 할 수 있습니다.(채무자회생및파산에관한법률 제556조 제1항) 법원으로부터 면책허가 결정을 받아 확정되면 조세 등 일부 예외를 제외하고는 파산채권자에 대한 책임이 면제되고, 복권결정을 받을 수 있습니다.(채무자회생및파산에관한법률 제566조)

수입이 없는 경우 개인회생신청

문) 일정한 수입이 없고 수입이 불안정한 경우에도 개인회생을 신청할 수 있는지?

답) 개인회생제도는 일정한 변제기간 동안 채무를 변제해나갈 수 있는 능력이 전제되어여 하므로 자영업자든 봉급생활자든 자신과 부양가족의 생계비를 초과하는 정기적이고 계속적인 수입이 있어야 한다.
소득이 없거나 불확실한 사람은 변제계획안을 이행할 수가 없으므로 채무의 지급불능 상태에 따라 무조건적인 탕감혜택을 받을 수 있는 개인파산제도는 고려하는 것이 좋다.

개인파산과 개인회생의 차이

문) 개인파산을 신청하는 것과 개인회생의 차이는?

답) 개인파산은 채무의 성격과 범위에 제한이 없는 반면 개인회생은 총 채무액수가 15억원 이하이면서 그 중 무담보채권이 5억원을 넘으면 안 된다. 또 개인파산의 경우 파산선고 뒤 모든 빚을 탕감받지만 면책선고가 내려질 때까지는 파산자로 등록돼 직장에서 면직되거나 변호사, 의사 등의 경우에는 자격이 정지되는 불이익이 따른다. 그러므로 이러한 불이익을 피하면서 정상적인 경제생활을 유지하려면 개인파산 대신 개인회생을 이용하는 것이 좋다.

사채빚이 있는 경우 개인회생신청

문) 사채빚이 있는 경우 개인회생제도를 신청할 수 있는지?

답) 사채빚으로 얻어 쓴 돈이 있는 경우 개인회생제도는 금융기관 부채만을 대상으로 하는 개인워크아웃제도와는 달리 사채도 대상이 되기 때문에 고려해볼 수 있다.

가족 중 일부 소득이 있는 경우의 개인회생신청

문) 가족중 일부가 소득이 있는 경우 개인회생제도를 신청할 수 있는지?

답) 소득이 있는 가족이 있을 경우 그 가족은 함께 빚을 갚을 의무는 없다. 원칙적으로 신청인 한 사람의 최저생계비를 뺀 나머지 소득만으로 갚아나가면 된다.

계획보다 지출이 커지는 경우

문) 생계비와 세금을 뺀 나머지로 빚을 갚아나가다가 갑자기 집안에 우환이 생겨 지출이 커지는 일이 생기면

답) 월 변제액은 채무자가 처한 상황에 따라 조정될 수 있다. 갑자기 환자가 생겨 치료비가 계속 나가야 하는 등의 상황이라면 그 부분도 감안된다.

변제완료 후 면책불허가결정

문) 변제계획에 따라 변제를 완료한 뒤 면책불허가결정이 날 수도 있는지?

답) 변제계획이 완수되었거나 또는 법 83조 제2항의 요건이 충족된 경우에도 면책결정 여부의 결정 당시까지 채무자가 악의로 개인회생채권자 목록에 기재하지 아니한 개인회생채권이 발견된 경우 채무자가 채무자회생및파산에관한법률에 정해진 채무자의 여러 가지 의무를 이행하지 아니한 경우 중 어느 한 가지에 해당하는 경우에는 법원이 면책을 불허하는 결정을 할 수 있다.

채무면책취소

문) 개인회생제도를 통한 채무면책도 취소될 수 있는지?

답) 숨겨놓은 재산이 발견되는 등 부정한 방법이 동원된 것이 밝혀지면 이해관계인의 신청에 의하거나 직권으로 면책을 취소할 수 있다. 법원은 면책취소 여부를 심리하기 위하여 이해관계인을 심문해야 한다.
면책취소 신청은 면책결정 확정일로부터 1년 이내에 제기해야 한다.

개인파산 후 경제활동 복귀 가능성

문) 파산을 하면 경제적으로 완전히 생명이 끝나는 것은 아닌가? 파산을 하고도 정상적으로 경제활동에 복귀하는 것이 정말 가능한지?

답) 파산이란 채무자가 개인의 채무를 더 이상 개인적으로 해결할 수 없는 지경에 이르렀을 때 법원에 사정을 호소하여 도움을 받는 제도로서 오히려 경제적으로 죽음에 몰린 채무자를 회생시키기 위해 마련된 것이다. 흔히 파산자 선고를 받으면 마치 삶이 끝났다고 생각하는데 전혀 그렇지 않다. 파산자 선고에 따르는 몇 가지 신분상의 제약이

있지만 실제 파산자들 중 이러한 제약으로 인해 피해를 본 사람은 거의 없으며 또 면책결정과 함께 곧바로 복권이 되기 때문에 아무런 상관이 없다.

오히려 파산만은 피하겠다는 생각으로 버티며 이리저리 빚을 갚아보려고 노력하다가 더욱 빚만 늘고 비면책 사유에 해당하는 일을 하게 되어 나중에 면책받고 싶어도 못 받는 수가 있다. 그러기 전에 차라리 일찍 파산을 고려해보는 것이 더 큰 파산을 피해가는 방법이다.

파산이 아니라 오히려 채무의 덫이야말로 생을 벼랑 끝으로 내모는 죽음의 사자와 같다. 그러므로 파산을 통해 오히려 더 큰 파산을 막고 새 출발의 계기를 마련하는 것이 더욱 선명한 선택이다.

파산선고 후의 제한사항

문) 파산선고를 받으면 구체적으로 어떤 제한을 받는지?

답) 파산선고를 받아도 기본적으로 선거권과 피선거권을 상실하는 것은 아니지만 몇가지 법률상 제한을 받게 된다. 이에 대해 법조문에 명시된 것은, 우선 파산자는 후견인, 유언집행인, 공무원, 변호사, 변리사, 공인회계사, 공증인 등이 될 수 없다. 또한 상법상으로 합명회사합자회사 사원의 퇴사 원인이 되고, 주식회사와 위임관계에 있는 이사도 그 위임관계가 파산선고로 종료되기 때문에 퇴직이 불가피하다. 또 파산자는 파산에 관하여 필요한 설명을 할 의무를 부담하고 법원의 허가 없이는 거주지를 떠날 수 없을 뿐 아니라 우편물·전보 등이 파산자가 아닌 파산관재인에게 배달되어 파산관재인이 그 내용을 조사할 수 있게 된다. 파산자는 이러한 법률상의 제한외에도 파산선고가 확정되면 파산자의 신원증명 업무를 관장하는 본적지 시·구·읍·면장에게 통지되어 파산선고 사실이 신원증명서에 신원증명사항의 하나로 기재된다.

파산에서 면책까지의 경과시간

문) 파산에서 면책까지는 보통 어느 정도의 시간이 소요되는지?

답) 보통 파산신청서를 내면 한 달 뒤쯤 심리 날짜가 정해지고 3주 정도 지나면 파산선고 여부가 결정된다. 이후 한달이내에 면책신청을 할 수 있는데 면책신청 뒤 심리까지는 또 한달 가량이 걸리고 심리 뒤 면책결정문을 받기까지 다시 한 달 가량이 걸린다. 여기에 여러 가지 법원 사정에 의해 절차가 지연될 것을 감안하면 파산신청으로부터 면책결정까지 보통 6~7개월 정도 걸린다고 생각하면 된다.

파산 선고 후 불이익

문) 파산선고를 받고 면책을 받지 못하면 불이익이 있다는데

답) 파산선고를 받고 파산자가 되면 그에 따른 몇 가지 신분상의 불이익이 있는데, 이는 면책을 받음으로써 복권이 된다. 그런데 면책을 받지 못했다면 당연히 파산자로 남기 때문에 불이익 조항도 그대로 남는다.

그런 이유로 채무자들 중에는 파산신청을 꺼리는 경우도 있다. 파산선고가 되고 면책을 받지 못할 경우 불이익을 감수해야 하기 때문에 입는 불이익이지 파산선고가 났기 때문은 아니다. 설사 면책을 허가 받지 못했다 할지라도 채무자에게 파산선고 이전보다 더 나빠졌다고 할 만한 상황은 거의 없다. 파산선고란 법원이 공식적으로 채무자에게 채무를 지급할 능력이 없음을 선언해주는 것이므로 이 선고가 나면 대부분의 채권자들은 더 이상 빚 독촉을 하지 않을 확률이 높다.

흔히, 파산은 면책을 받으려는 것이 궁극적인 목적이고 면책을 받지 못하면 파산의 불이익만 남으니 신중하게 고려하라는 말을 하곤 한다.

물론 틀린말은 아니다. 그런데 이런 이야기를 하는 쪽은 주로 채권자를 대변하는 법률 종사자들이다. 파산으로 채무자가 변제책임을 면하면 채권자가 가장 큰 타격을 입기 때문에 이를 막기 위해서 그런 말을 하는 것이다. 사실 채권자들을 옹호하는 단체들이 파산에 관한 악선전에 나서고 있는 것이 사실이다. 이러한 악선전에 대해 파산을 옹호하는 논리는 다음과 같다.

첫째로 변호사, 변리사, 공인회계사, 공증인 등이 될 수 없고 상법상으로 합명회사, 합자회사 사원의 퇴사원인이 되고, 주식회사와 위임관계에 있는 이사도 그 위임관계가 파산선고로 종료되기 때문에 퇴직하여야 한다는 것은 사실이다. 그러나 특정 직업에 종사하지 못하는 것은 형식적으로 파산선고를 받으나 안 받으나 마찬가지이다. 채무가 있기 때문에 사무실 운영을 할 수 없을 뿐만 아니라 매일 채권자로부터 추심전화가 오기 때문에 직장에 붙어있지 못하는 것이지 파산선고 그 자체 때문은 아니다.

둘째로, 파산자는 파산에 관하여 필요한 설명을 할 의무를 부담하고 법원의 허가 없이는 거주지를 떠날 수 없을 뿐만 아니라 우편물과 전보등이 파산관재인에게 검열된다는 등의 내용이다. 조문상 그렇게 여겨질만한 조항이 있는 것은 사실이지만 그러나 이것은 존재하지 않는 실무이다. 설명을 할 의무는 법원에 진술서를 내는 것으로 갈음하고 법원은 필요하면 불러다가 물어본다. 이것은 재판이기 때문에 당연한 것이다. 법원의 허가 없이 거주지를 떠날 수 없다는 것은 실무상 절대 지켜지지도 않고 강요하지도 않는 조항이다. 채무자를 일일이 쫓아다닐 수도 없는데 무슨 수로 거주지를 제한할 수 있겠는가? 우편물, 전보가 검열된다는 것은 파산관재인이 조사하는 경우를 두고 하는 말인데 개인파산에 있어 파산관재인이 선임되는 경우는 거의 없다. 또 한 가지, 파산 선고가 확정되면 신원증명업무를 관장하는 본적지 시·구·읍·면장에게 통지되어 파산선고 사실이 신원증명서에 기록으로 남게되어 금융기관 거래와 취직 등 일상생활에 불이익을 안게 된다고 하는데, 이러한 주장도 그리 의미가 없다. 신원증명사항은 면책결정이 확정되면 바로 말소되고 호적부에는 절대 기재되지 않는다. 또한 전산망이 발달된 요

즈음에는 신원증명이란 전과사실이 있는지의 여부에만 의미가 있다.

한편, 파산자가 되면 신용거래를 못한다는 얘기가 있는데 이 역시 파산 때문이 아니라 채무가 있기 때문이다. 오히려 파산으로 채무를 해결하고 다시 신용을 회복하는 것이 바람직하다.

또한 면책을 받지 못하면 평생 파산자라는 굴레를 쓰고 살아야 한다고 얘기하는데, 이 역시 거짓말에 불과하다. 이에 대해서는 파산선고 후 10년이 경과하면 자동적으로 복권이 된다는 점을 지적하는 것만으로 답변이 될 것이다.

개인회생절차개시신청서(제589조)

1. 신청서의 제출

개인회생절차를 이용하기 위해서는 우선 회생절차 개시신청서를 제출하여야 한다. 신청서는 채무자의 주소지를 관할하는 회생법원 본원에 제출한다. 주소지란 생활의 근거가 되는 곳을 말하는 것이므로 반드시 주민등록상의 주소지에 한정되는 것은 아니지만, 주민등록상의 주소지는 그러한 생활근거지로 대개 추정된다.

주소지 관할법원이 아니더라도, 두 사람의 채무가 밀접하게 관련되어 있는 경우에는 두 사람에 대한 개인회생사건을 한 법원에서 처리하는 것이 바람직할 것이다. 따라서 주채무자와 보증인 사이, 연대채무자들 사이, 그리고 부부 사이에서는, 어느 한 쪽이 먼저 개인회생사건을 신청한 경우에 다른 쪽은 먼저 신청된 개인회생사건을 담당하고 있는 법원의 관할 내에 자기의 주소지가 없더라도, 그곳에 개인회생사건을 신청할 수 있도록 정해져 있다.

개인회생절차개시의 신청을 하는 경우에는 신청서부본 1부 및 알고 있는 개인회생채권자수에 2를 더한 만큼의 개인회생채권자목록 부본을 함께 제출하여야 한다.

2. 신청서의 기재사항 첨부

신청서에는 채무자의 성명, 주민등록번호 및 주소, 신청의 취지 및 원인, 채무자의 재산 및 채무, 채무자에게 연락할 수 있는 전화번호(집·직장·휴대전화)를 기재하여야 한다.

또한 첨부서류로서 다음의 서류들을 준비하여 제출하여야 한다.

1. 개인회생채권자목록(채권자의 성명 및 주소와 채권의 원인 및 금액이 기

재된 것을 말한다). 별제권자가 있는 때에는 별제권의 목적과 그 행사에 의하여 변제 받을 수 없는 채권액을 기재한다. 개인회생채권에 관하여 개인회생절차개시 신청당시에 소송이 계속되는 때에는 추가로 법원·당사자·사건명 및 사건번호를 기재한다. 개인회생채권에 관하여 개인회생절차개시 신청 당시에 전부명령이 있는 때에는 추가로 전부명령을 내린 법원·당사자·사건명 및 사건번호, 전부명령의 대상이 되는 채권의 범위, 제3채무자에 대한 송달일, 전부명령의 확정여부를 기재해야 한다.

2. 재산목록
3. 채무자의 수입 및 지출에 관한 목록
4. 급여소득자 또는 영업소득자임을 증명하는 자료
5. 진술서
6. 신청일 전 10년 이내에 회생사건·화의사건·파산사건 또는 개인회생사건을 신청한 사실이 있는 때에는 그 관련서류
7. 그 밖에 대법원규칙이 정하는 서류

① 채무자의 주소·주민등록번호(없는 사람의 경우 여권번호 또는 등록번호) 및 그 밖의 채무자의 인적사항에 관한 자료

② 채무자회생및파산에관한법률 제579조 제4호 가목의 규정에 따른 소득금액에 관한 자료

③ 채무자회생및파산에관한법률 제579조 제4호 나목의 규정에 따른 소득세·주민세·건강보험료, 그 밖에 이에 준하는 것으로서 대통령령이 정하는 금액에 관한 자료

④ 채무자회생및파산에관한법률 제579조 제4호 다목의 규정에 따라 법원이 생계비를 정하기 위하여 필요한 사항에 관한 자료

⑤ 채무자회생및파산에관한법률 제579조 제4호 라목의 규정에 따른 영업의 경영, 보존 및 계속을 위하여 필요한 비용에 관한 자료

⑥ 채무자회생및파산에관한법률 제589조 제2항 제2호의 재산목록에 기재된 재산가액에 관한 자료

⑦ 유치권·질권·저당권·양도담보권·가등기담보권·전세권 또는 우선특권으로 담보된 개인회생채권이 있는 때에는 저당권 등의 담보채권액 및 피담보재산의 가액의 평가에 필요한 자료

⑧ 채무자의 재산에 속하는 권리로써 등기 또는 등록이 된 것에 관한 등기 부사항증명서 또는 등록원부등본

⑨ 채무자가 법원이외의 기관을 통하여 사적인 채무조정을 시도한 사실이 있는 경우에 이를 확인할 수 있는 자료

※ 법원사무관등은 개인회생채권목록을 개인회생채권에 관한 이의기간의 말일까지 법원내 일정한 장소에 비치하여야 한다.

법률상 개시신청서의 첨부서류에 변제계획안이 포함되어 있지는 않으나, 변제계획안을 개시신청서 제출시에 함께 제출받는다.

※ 개인회생절차개시의 신청서에는 민사소송등인지법 제9조 제1항의 규정에 의하여 3만원의 인지를 붙인다.

3. 신청서에 대한 법원의 심리

신청서를 접수한 법원은, 그 신청이 기각사유에 해당하는지를 검토한다. 기각사유는 다음과 같다.

1. 채무자가 신청권자의 자격을 갖추지 아니한 때
2. 채무자가 채무자회생및파산에관한법률 제589조제2항 각호의 어느 하나에 해당하는 서류를 제출하지 아니하거나, 허위로 작성하여 제출하거나 또는 법원이 정한 제출기한을 준수하지 아니한 때
3. 채무자가 절차의 비용을 납부하지 아니한 때
4. 채무자가 변제계획안의 제출기한을 준수하지 아니한 때
5. 채무자가 신청일 전 5년 이내에 면책(파산절차에 의한 면책을 포함한다)을 받은 사실이 있는 때
6. 개인회생절차에 의함이 채권자 일반의 이익에 적합하지 아니한 때
7. 그 밖에 신청이 성실하지 아니하거나 상당한 이유 없이 절차를 지연시키는 때

4. 개인회생위원의 선임

개인회생절차에 있어서, 법원은 개인회생위원을 선임할 수 있다. "할 수 있다"라고 되어 있지만, 실제로는 모든 사건에서 선임될 전망이다.

개인회생위원의 임무는, 채무자의 재산 및 소득을 조사하고, 채무자의 변제

계획안 작성을 지도하며 그것이 적정한지를 심사하고, 개인회생채권자집회를 진행하며, 채권자집회결과를 법원에 보고하고 변제계획안 인가여부에 대한 의견을 법원에 제출하며, 변제계획 인가 후에는 변제계획에 따라 채무자가 납입한 변제액을 채권자들에게 분배하는 일이다. 그 외에도 개인회생위원은, 부인권 행사명령의 신청 및 그 절차 참가, 그 밖에 법령 또는 법원이 정하는 업무를 행한다.

5. 개인회생채권자목록의 수정

채무자는 그 책임을 질 수 없는 사유로 인하여 개인회생채권자 목록에 누락되거나 잘못 기재한 사항을 발견한 때에는 개인회생절차 개시결정후라도 법원의 허가를 받아 개인회생채권자 목록에 기재된 사항을 수정할 수 있다. 단, 변제계획인가결정이 있는 때에는 수정할 수 없다.

채무자가 법원에 개인회생채권자목록의 수정허가를 신청하는 경우 지체 없이 법원에 수정사항을 반영한 변제계획안을 제출하여야 한다. 채무자가 수정사항을 반영한 변제계획안을 제출하지 아니하는 경우 법원은 개인회생채권자목록의 수정을 허가하지 아니할 수 있다.

법원은 규정에 따라 개인회생채권자목록에 기재된 사항이 수정된 때에는 그 수정된 사항에 관한 이의기간을 정하여 공고하고, 채무자 및 알고 있는 개인회생채권자에게 이의기간이 기재된 서면과 수정된 개인회생채권자목록을 송달하여야 한다. 다만, 수정으로 인하여 불리한 영향을 받는 개인회생채권자가 없는 경우 또는 불리한 영향을 받는 개인회생채권자의 의사에 반하지 않는다고 볼만한 상당한 이유가 있는 경우에는 그러하지 않는다.

6. 개인회생채권에 관한 자료제출

채무자는 개인회생채권자목록의 작성 및 수정에 참고하기 위하여 필요한 경우에는 개인회생채권자에게 개인회생채권의 존부 및 액수, 담보채권액 및 피담보재산의 가액평가, 담보부족전망액에 관한 자료의 송부를 청구할 수 있다. 개인회생채권자는 자료송부청구가 있는 경우에는 신속하게 이에 응하여야 한다.

개인회생채권자목록의 수정(제589조의2)

제정이유(신설)

기재오류에 대하여 책임없는 채무자가 법원의 허가를 받아 개인회생채권자목록을 수정할 수 있게 함

1. 신설된 내용

① 채무자는 개인회생절차개시 결정이 있을 때까지 개인회생채권자목록에 기재된 사항을 수정할 수 있다.

② 제1항에도 불구하고 채무자는 그가 책임을 질 수 없는 사유로 개인회생채권자목록에 누락(漏落)하거나 잘못 기재한 사항을 발견한 경우에는 개인회생절차개시결정 후라도 법원의 허가를 받아 개인회생채권자목록에 기재된 사항을 수정할 수 있다. 다만, 변제계획인가결정이 있은 경우에는 그러하지 아니하다.

③ 채무자가 제2항 본문에 따라 법원에 개인회생채권자목록의 수정허가를 신청하는 경우 지체 없이 법원에 수정사항을 반영한 변제계획안을 제출하여야 한다. 채무자가 수정사항을 반영한 변제계획안을 제출하지 아니하는 경우 법원은 개인회생채권자목록의 수정을 허가하지 아니할 수 있다.

④ 법원은 제2항 본문에 따라 개인회생채권자목록에 기재된 사항이 수정된 경우에는 그 수정된 사항에 관한 이의기간을 정하여 공고하고, 채무자 및 법원이 알고 있는 개인회생채권자에게 이의기간이 기재된 서면과 수정된 개인회생채권자목록을 송달하여야 한다. 다만, 수정으로 불리한 영향을 받는 개인회생채권자가 없는 경우 또는 불리한 영향을 받는 개인회생채권자의 의사에 반하지 아니한다고 볼 만한 정당한 이유가 있는 경우에는 공고나 송달을 하지 아니할 수 있다.

비용의 예납(제590조)

1. 인지액

개인회생절차개시의 신청을 하는 때에는 절차의 비용으로 대법원규칙이 정하는 금액을 미리 납부하여야 한다.

우선, 개인회생절차 개시의 신청서에는 3만원의 인지를 붙여야 한다.

2. 절차비용

(1) 총설

채무자회생및파산에관한법률 제590조의 규정에 따라 신청인이 미리 납부하여야 하는 절차비용은

① 송달료

② 공고비용

③ 개인회생위원의 보수

④ 그밖에 절차진행을 위하여 필요한 비용이고

위 각 비용은 개인회생채권자의 수, 재산 및 부채상황, 개인회생위원의 선임 여부 및 필요한 보수액, 그밖에 여러 사정을 고려하여 정한다.

법원은 예납된 비용이 부족하게 된 때에는 신청인에게 추가예납을 하도록 할 수 있다.

(2) 송달료

납부하여야 하는 송달료는 52,000원(송달료 10회분 + 채권자수 × 8회분)이고. 송달료 1회분은 5,200원이다(송달료규칙의 시행에 따른 업무처리요령, 별표 1참조). 참고로, 법률상 채권자에 대한 송달이 필요한 경우는

개인회생재단면제신청에 대한 결정시

개인회생절차개시결정시

개인회생절차개시결정취소결정확정시

채권자집회 개최시

(3) 공고비용

공고비용은 공고방법에 따라 다르다. 개인회생절차에서의 공고는 관보에의 게재나 전자통신매체를 이용한 공고, 법원이 지정하는 일간신문에 게재로써 행한다(채무자회생및파산에관한규칙 제6조 제1항), 전자통신매체를 이용한 공고는 실무상 대법원 홈페이지(www.scourt.go.kr)에 게재하는 방법으로 이루어져서 별도의 비용은 소요되지 않는데, 위에서 본 바와 같이 전자통신매체를 이용한 공고로써 행하므로, 실무상 공고비용은 대개 소요되지 않는다.

법률상 공고를 하는 경우는

① 개인회생절차개시결정시
② 변제계획인가결정시
③ 인가후의 변제계획변경시
④ 개인회생절차폐지결정시
⑤ 개인회생절차개시결정의 소결정확정시
⑥ 송달에 갈음하는 공고시
⑦ 면책결정시
⑧ 면책취소결정시이다.

(4) 개인회생위원 보수

미국, 일본처럼 공무원 아닌 외부인이 개인회생위원으로 선임되는 경우에는 보수를 지급하여야 할 것이므로 법령이 정하는 금액을 예납하여야 하겠지만, 우리나라에서는 개인회생절차의 조기정착을 위하여 시행초기에는 법원공무원을 개인회생위원으로 선임하기로 하였으므로, 개인회생위원은 별도의 보수를 받지 않을 것이고, 따라서 이런 경우에는 개인회생위원 보수를 예납할 필요가 없다.

3. 추가 납부

예납비용이 부족하게 된 경우에는 법원은 신청인에게 추가예납을 하도록 할 수 있다. 비용을 추가예납해야 하는 경우는 부동산에 대한 감정평가가 필요할 경우 등이다(실무상으로는 신청채무자가 부동산을 가지고 있는 경우라도 대개는 개인회생위원에 의한 간이평가로 갈음하기로 하였다).

4. 비용을 납부하지 아니한 경우의 효과

채무자가 절차의 비용을 납부하지 아니하는 경우 법원은 개인회생절차개시의 신청을 기각할 수 있다.

또한, 법원은 변제계획인가전에 납부되어야 할 비용, 수수료 그 밖의 금액이 납부되어야 변제계획 인가결정을 할 수 있고, 따라서 변제계획인가전에 채무자가 납부하여야 할 비용을 납부하지 아니한 경우, 법원은 채무자가 제출한 변제계획안을 인가할 수 없는 때에 해당하므로 직권으로 개인회생절차폐지 결정을 하여야 한다.

계산의 보고 등(제591조)

법원 또는 회생위원은 언제든지 채무자에게 금전의 수입과 지출 그밖에 채무자의 재산상의 업무에 관하여 보고를 요구할 수 있고, 필요하다고 인정하는 경우에는 재산상황의 조사, 시정의 요구 기타 적절한 조치를 취할 수 있다. 정당한 사유 없이 이러한 보고 등을 거부하거나 허위보고를 한 자는 1년 이하의 징역 또는 1천만원 이하의 벌금의 형으로 처벌될 수 있다.

　　※ 도산절차에서는 변론을 연 때, 법 및 규칙에서 조서의 작성을 요구하는 때, 재판장이 조서의 작성을 명한 때 외에는 조서를 작성하지 않는다(구. 개인채무자회생규칙 제5조).

개인회생신청서류

【서식】 개인회생절차개시신청서 〔전산양식 D5100〕

개인회생절차 개시신청서

신청인	성 명		주민등록번호	
	주민등록상 주소			우편번호 :
	현 주 소			우편번호 :
	송 달 장 소		(송달영수인:)	우편번호 :
	전화번호(집직장)		전화번호(휴대전화)	

대리인	성 명		
	사무실 주소		우편번호:
	전화번호 (사무실)		
	이-메일 주소	FAX번호	

주채무자가(또는 보증채무자가, 연대채무자가, 배우자가) 이미 귀 법원에 파산신청 또는 개인회생절차 개시신청을 하였으므로 그 사실을 아래와 같이 기재합니다

성 명		사건번호	

신 청 취 지

「신청인에 대하여 개인회생절차를 개시한다.」 라는 결정을 구합니다.

신 청 이 유

1. 신청인은, 첨부한 개인회생채권자목록 기재와 같은 채무를 부담하고 있으나, 수입 및 재산이 별지 수입 및 지출에 관한 목록과 재산목록에 기재된 바와 같으므로, 파산의 원인사실이 발생하였습니다(파산의 원인사실이 생길 염려가 있습니다).

□ 신청인은 정기적이고 확실한 수입을 얻을 것으로 예상되고, 또한 채무자 회생 및 파산에관한 법률 제595조에 해당하는 개시신청 기각사유는 없습니다(급여소득자의 경우).

□ 신청인은 부동산임대소득·사업소득·농업소득·임업소득 그 밖에 이와 유사한 수입을 장래에 계속적으로 또는 반복하여 얻을 것으로 예상되고, 또한 채무자 회생 및 파산에 관한 법률 제595조에 해당하는 개시신청 기각사유는 없습니다(영업소득자의 경우).

2. 신청인은, 각 회생채권자에 대한 채무 전액의 변제가 곤란하므로, 그 일부를 분할하여 지급할 계획입니다. 즉 현시점에서 계획하고 있는 변제예정액은_____개월간 월 _____원씩이고, 이 변제의 준비 및 절차비용지급의 준비를 위하여, 개시결정이 내려지는 경우 ____.__.__.을 제1회로 하여, 이후 매월 _____에 개시결정시 통지되는 개인회생위원의 은행계좌에 동액의 금전을 입금하겠습니다.

3. 이 사건 개인회생절차에서 적립금을 반환받을 신청인의 예금계좌는 은행 _____ _____이며, 신청인의 계좌가 변경되거나 어떤 사유로든 사용할 수 없게 된 경우에는 신청인은 사건담당 회생위원에게 즉시 변경된 예금계좌를 신청인의 통장사본을 첨부하여 신고하겠습니다.

첨 부 서 류

1. 개인회생채권자목록 1통
2. 재산목록 1통
3. 수입 및 지출에 관한 목록 1통
4. 진술서 1통
5. 수입인지 1통(30,000원)
6. 송달료납부서 1통(송달료 **52,000원** + (채권자수 × **5,200원** × 8))
7. 신청인 본인의 예금계좌 사본 1통(대리인의 예금계좌 사본 아님)
8. 위임장 1통(대리인에 의하여 신청하는 경우)

휴대전화를 통한 정보수신 신청서

위 사건에 관한 개인회생절차 개시결정, 폐지결정, 면책결정, 월 변제액 3개월분 연체의 정보를 예납의무자가 납부한 송달료 잔액 범위 내에서 휴대전화를 통하여 알려주실 것을 신청합니다.

■ **휴대전화 번호** :

　　　　신청인　채무자　　　　　　　　　　　(날인 또는 서명)

※ 개인회생절차 개시결정, 폐지결정, 면책결정이 있거나, 변제계획 인가결정 후 월 변제액 3개월분 이상 연체시 위 휴대전화로 문자메시지가 발송됩니다.
※ 문자메시지 서비스 이용금액은 메시지 1건당 17원씩 납부된 송달료에서 지급됩니다(송달료가 부족하면 문자메시지가 발송되지 않습니다). 추후 서비스 대상 정보, 이용금액 등이 변동될 수 있습니다.

---

200 .　　.　　.

신청인 ＿＿＿＿＿＿＿＿＿＿ (인)

○○회생(지방)법원 귀중

개인회생절차 개시신청서 작성요령

(1) 채무한도

개인회생절차를 신청하려면 총채무액이 무담보채무의 경우에는 **10억원**, 담보부 채무의 경우에는 **15억원** 이하인 개인채무자여야 합니다.

(2) 관할법원

채무자의 주소지를 관할하는 지방법원 본원(강릉지원)에 신청하여야 합니다. 서울의 경우는 서울회생법원에 신청하여야 합니다. 다만 주채무자와 보증인, 채무자 및 그와 함께 동일한 채무를 부담하는 자, 부부의 경우 그 중 하나에 파산 사건 또는 개인회생사건이 계속되어 있으면 같은 법원에 신청할 수 있고 신청서의 해당란에 성명과 사건번호를 기재하여야 합니다.

(3) 신청인

신청인의 성명 등 인적사항을 모두 기재합니다. 특히 현주소는 법원으로부터 우편물을 송달받을 수 있는 확실한 주소를 기재하여야 하고 연락이 가능한 휴대폰 등 전화번호를 반드시 기재하여야 합니다.

(4) 신청이유

① 급여소득자 또는 영업소득자인지 여부를 신청이유 1항의 해당란에 ☑ 표시를 합니다.

② 변제계획안에 예정되어 있는 변제기간과 월변제예정액을 각 기재하고 신청일로부터 2개월 후의 일정한 날(급여소득자의 경우 급여일, 영업소득자의 경우 매출채권 회수일 등)을 정하여 그 날을 제1회의 납입개시일과 매월 변제일로 기재합니다. 여기서 기재하는 금액은 변제계획인가시의 월변제예정액과 달라질 수 있습니다.

③ 개인회생절차 개시 후 변제계획이 불인가될 경우 그 동안 적립된 금액을 반환받을 예금계좌를 기재합니다.

④ 개인회생절차 개시신청 후 회생위원과의 면담을 통하여 개인회생채권자목록의 잘못된 부분과 누락된 부분을 수정하는 등으로 최종적인 개인회생채권자목록을 작성한 후 회생위원이 지정한 날까지 이 법원에 제출하여야 합니다.

【서식】 재산목록 〔전산양식 D5101〕

재 산 목 록

명 칭	금액 또는 시가 (단위:원)	압류등 유무	비 고				
현금							
예금			금융기관명	*(1)* 은행		*(2)* 은행	
			계좌번호				
			잔고				
보험			보험회사명	*(1)* 생명			
			증권번호				
			해약반환금				
자동차 (오토바이 포함)							
임차보증금 (반환받을 금액을 금액란에 적는다)			임차물건				
			보증금 및 월세				
			차이 나는 사유				
부동산 (환가예상액 에서 피담보 채권을 뺀 금액을 금액 란에 적는다)			소재지,면적				
			부동산의 종류	토지( ), 건물( ), 집합건물( )			
			권리의 종류				
			환가예상액				
			담보권 설정된 경우 그 종류 및 담보액				
사업용 설비, 재고품, 비품 등			품목,개수				
			구입시기				
			평가액				
대여금 채권			상대방 채무자 1:			□ 소명자료 별첨	
			상대방 채무자 2:			□ 소명자료 별첨	
매출금 채권			상대방 채무자 1:			□ 소명자료 별첨	
			상대방 채무자 2:			□ 소명자료 별첨	
예상 퇴직금			근무처: (압류할 수 없는 퇴직금 원 제외)				
기타 ( )							
합계							
면제재산 결정신청 금액			면제재산 결정신청 내용:				
청산가치							

재산목록 작성시 유의사항

1. **현금**
   ○ 10만원 이상인 경우에 기재하여 주십시오.
2. **예금**
   ○ 소액이라도 반드시 기재하고, 정기예금·적금·주택부금 등 예금의 종류를 불문하고 모두 기재하십시오. 그리고 개인회생절차 신청시의 잔고가 기재된 통장 사본을 첨부하십시오.
3. **보험**
   ○ 가입하고 있는 보험은 모두 기재하고, 보험증권사본 및 개인회생절차 신청시의 해약반환금예상액(없는 경우에는 없다는 사실)을 기재한 보험회사의 증명서를 첨부하여 주십시오.
4. **자동차(오토바이 포함)**
   ○ 자동차등록원부와 시가 증명자료를 첨부하여 주십시오.
5. **임차보증금**
   ○ 반환받을 수 있는 금액을 적어 주시고, 계약상의 보증금과 반환받을 수 있는 금액이 차이 나는 경우에는 '차이 나는 사유'난에 그 사유를 적어 주십시오.
   ○ 임대차계약서 사본 등 임차보증금 중 반환예상액을 알 수 있는 자료를 첨부하여 주십시오.
6. **부동산**
   ○ 등기부등본 등과 재산세과세증명서 등 시가 증명자료를 첨부하여 주십시오.
   ○ 저당권 등 등기된 담보권에 대하여는 은행 등 담보권자가 작성한 피담보채권의 잔액증명서 등의 증명자료를 첨부하여 주십시오.
7. **사업용 설비, 재고품, 비품 등**
   ○ 영업소득자의 경우에 그 영업에 필요한 설비 등을 기재하여 주십시오.
8. **대여금 채권**
   ○ 계약서의 사본 등 대여금의 현재액을 알 수 있는 자료를 첨부하고, 변제받는 것이 어려운 경우에는 그 사유를 기재한 진술서를 첨부하여 주십시오.
9. **매출금 채권**
   ○ 영업소득자의 경우 영업장부의 사본 등 매출금의 현재액을 알 수 있는 자료를 첨부하고, 변제받는 것이 곤란한 경우에는 그 사유를 기재한 진술서를 첨부하여 주십시오.
10. **예상 퇴직금**
    ○ 현재 퇴직할 경우 지급받을 수 있는 퇴직금 예상액(다만 압류할 수 없는 부분은 기재하지 아니하고, 비고란에 표시합니다.)을 기재하고 사용자 작성의 퇴직금 계산서 등 증명서를 첨부하여 주십시오.
11. **면제재산 결정신청금액**
    ○ 면제재산 결정을 신청한 재산의 금액과 그 내역을 기재하여 주시고 재산 합계액에서 면제재산 결정신청금액을 공제한 잔액을 청산가치로 기재하여 주십시오.
12. **압류 및 가압류 유무**
    ○ 재산 항목에 대하여 압류·가압류 등 강제집행이 있는 경우에는 그 유무를 해당란에 표시하고, 그러한 압류·가압류의 결정법원, 사건번호, 상대방 채권자, 압류된 금액 등 상세한 내용은 [신청서 첨부서류 4] 진술서의 해당란에 기재하고 관련자료를 첨부하여 주십시오.
13. 기재할 사항이 많은 항목은, 그 항목에 "별지 기재와 같음"이라고 적은 후, 별지를 첨부하여 주십시오.

【서식】 채무자의 수입 및 지출에 관한 목록 〔전산양식 D5103〕

수입 및 지출에 관한 목록

I. 현재의 수입목록

(단위 : 원)

수입상황	자영(상호)		고용(직장명)	
	업종		직위	
	종사경력	년 개월	근무기간	년 월부터 현재까지
명목	기간구분	금액	연간환산금액	압류, 가압류 등 유무
연 수입			월 평균 수입 (	)

II. 변제계획 수행시의 예상지출목록 (해당란에 ☑ 표시)

□ 채무자가 예상하는 생계비가 보건복지부 공표 기준 중위소득의 100분의 60 이하인 경우

보건복지부 공표 ( )인 가구 기준 중위소득 (   )원의 약 (   )%인 (   ) 원을 지출할 것으로 예상됩니다.

□ 채무자가 예상하는 생계비가 보건복지부 공표 기준 중위소득의 100분의 60을 초과하는 경우

보건복지부 공표 ( )인 가구 기준 중위소득 (   )원의 약 (   )%인 (   ) 원을 지출할 것으로 예상됩니다(뒷면 표에 내역과 사유를 상세히 기재하십시오).

III. 가족관계

관계	성 명	연령	동거여부 및 기간	직 업	월 수입	재산총액	부양유무
배우자							
자							
자							

☞ 채무자가 예상하는 생계비가 보건복지부 공표 기준 중위소득의 100분의 60을 초과하는 경우

1. 생계비의 지출 내역

비　목	지출예상 생계비	추가지출 사유
생계비 ☞생계비에는　식료품비, 광열수도비, 가구집기비, 피복신발비, 교양오락비,　교통통신비, 기타　비용의　합산액을 기재합니다.		
주거비		
의료비		
교육비		
계		추가비율 :　　　%

2. 생계비 추가지출사유에 관한 보충기재사항

수입 및 지출에 관한 목록 작성시 유의사항

1. 현재의 수입목록

○ 급여소득자와 영업소득자를 구분하여 수입상황에 기재합니다. 급여소득자의 경우 급여는, 신청일 현재 매월 받는 금액과 정기상여금·연말성과급 등 매월 받지 않는 금액을 구별하여, "소득세, 주민세, 건강보험료, 국민연금보험료, 고용보험료, 산업재해보상보험료 중 해당하는 금액(채무자 회생 및 파산에 관한 법률 제579조 제4호 나목 금액)"을 공제한 순수입액을 해당란에 기재하고, 다시 연단위로 환산한 금액과 이를 평균한 월 평균수입(소수점 이하는 올림)을 각 기재합니다. 그리고 근로소득세 원천징수영수증 사본, 급여증명서, 급여확인서, 급여입금통장사본 등 소명자료를 제출하여 주십시오.

○ 연금 등의 일정수입이 있는 경우에는 그 내역을 기재하고 연간수령금액을 환산하여 해당란에 기재합니다. 그리고 이를 소명할 수급증명서 등의 자료를 첨부하여 주십시오.

○ 영업소득자의 경우, 수입 명목을 부동산임대소득·사업소득·농업소득·임대소득 또는 기타소득으로 구분하여 최근 1년간의 소득을 평균한 연간 소득금액에서 소득세등 위 법률 제579조 제4호 나목 소정 금액과 같은 호 라목 소정의 영업의 경영, 보존 및 계속을 위하여 필요한 비용을 공제한 순소득액을 산출하여 이를 월 평균수입으로 환산(소수점 이하는 올림)하여 기재합니다. 소명자료로는 종합소득세 확정신고서, 사업자 소득금액 증명원, 기타 소득을 확인할 수 있는 자료를 첨부하여 주십시오.

○ 최근 1년 동안 직장이나 직업의 변동이 있었던 경우는 변동 이후의 기간 동안의 소득을 평균한 소득금액을 기준으로 산정하고, 변동 후의 기간에 대한 소명자료를 제출하십시오.

○ 수입에 대하여, 압류나 가압류 등 강제집행이 있는 경우에는 그 유무를 해당란에 표시하고, 그러한 압류·가압류의 결정법원, 사건번호, 상대방 채권자, 압류된 금액 등 상세한 내용은 [신청서 첨부서류 4] 진술서의 해당란에 기재하고 관련서류를 첨부하여 주십시오.

2. 변제계획 수행시의 예상 지출목록

○ 채무자가 신고하는 지출예상 생계비가 보건복지부 공표 기준 중위소득의 100분의 60 이하인 경우에는 그 금액대로 인정받을 수 있으므로 해당란에 V표를 하고 그 내역만을 기재합니다.

○ 채무자가 신고하는 지출예상 생계비가 보건복지부 공표 기준 중위소득의 100분의 60을 초과하는 경우에는 해당란에 V표를 하고 뒷면 표에 각 항목별로 나누어 추가로 지출되는 금액과 그 사유를 구체적으로 기재합니다. 이 경우 생계비가 추가 소요되는 근거에 관하여 구체적인 소명자료를 제출하여야 합니다.

3. 가족관계

○ 채무자와 생계를 같이 하는 가족을 기재하고 동거 여부와 채무자의 수입에 의하여 부양되는지 유무를 표시하십시오. 가족 중 수입이 있는 자에 대하여는 급여명세서사본, 종합소득세확정신고서 등을 첨부하여 주십시오.

○ 동거여부 및 동거기간의 소명을 위해 주민등록등본 및 가족관계증명서를 제출하십시오.

4. 기타 : 기재할 사항이 많은 항목은, 그 항목에 "별지 기재와 같음"이라고 적은 후, 별지를 첨부하여 주십시오.

【서식】 진술서 〔전산양식 D5105〕

진 술 서

I. 경력

1. 최종학력

　　　　　　　년　　월　　일　　　　　　　　　　학교 (졸업, 중퇴)

2. 과거 경력 (최근 경력부터 기재하여 주십시오)

기간	년　　월　　일부터		현재까지 (자영, 근무)	
업종		직장명		직위	
기간	년　　월　　일부터		년　　월　　일까지 (자영, 근무)	
업종		직장명		직위	
기간	년　　월　　일부터		년　　월　　일까지 (자영, 근무)	
업종		직장명		직위	
기간	년　　월　　일부터		년　　월　　일까지 (자영, 근무)	
업종		직장명		직위	

3. 과거 결혼, 이혼 경력

　　　　　　년　　월　　일　　　　　　와 (결혼, 이혼)

　　　　　　년　　월　　일　　　　　　와 (결혼, 이혼)

　　　　　　년　　월　　일　　　　　　와 (결혼, 이혼)

II. 현재 주거상황

거주를 시작한 시점　(　　　년　　월　　일)

거주관계(해당란에 표시)	상세한 내역
㉠ 신청인 소유의 주택	
㉡ 사택 또는 기숙사 ㉢ 임차(전·월세) 주택	임대보증금 (　　　　　　　원) 임대료 (월　　원), 연체액 (　　　　　　원) 임차인 성명 (　　　　　)
㉣ 친족 소유 주택에 무상 거주 ㉤ 친족외 소유 주택에 무상 거주	소유자 성명 (　　　　　　) 신청인과의 관계 (　　　　　)
㉥ 기타(　　　　　　　)	

☆ ㉠ 또는 ㉣항을 선택한 분은 주택의 등기부등본을 첨부하여 주십시오.

☆ ㉡ 또는 ㉢항을 선택한 분은 임대차계약서(전월세 계약서) 또는 사용허가서 사본을 첨부하여 주시기 바랍니다.

☆ ㉣ 또는 ㉤항을 선택한 분은 소유자 작성의 거주 증명서를 첨부하여 주십시오.

III. 부 채 상 황

1. 채권자로부터 소송·지급명령·전부명령·압류·가압류 등을 받은 경험(있음, 없음)

내 역	채권자	관할법원	사건번호

 ☆ 위 내역란에는 소송, 지급명령, 압류 등으로 그 내용을 기재합니다.

 ☆ 위 기재사항에 해당하는 소장·지급명령·전부명령·압류 및 가압류결정의 각 사본을 첨부하여 주십시오.

2. 개인회생절차에 이르게 된 사정(여러 항목 중복 선택 가능)

   ( ) 생활비 부족   ( ) 병원비 과다지출

   ( ) 교육비 과다지출 ( ) 음식, 음주, 여행, 도박 또는 취미활동

   ( ) 점포 운영의 실패   ( ) 타인 채무의 보증

   ( ) 주식투자 실패   ( ) 사기 피해

   ( ) 기타(   )

3. 채무자가 많은 채무를 부담하게 된 사정 및 개인회생절차 개시의 신청에 이르게 된 사정에 관하여 구체적으로 기재하여 주십시오(추가기재시에는 별지를 이용하시면 됩니다).

IV. 과거 면책절차 등의 이용 상황

절차	법원 또는 기관	신청시기	현재까지 진행상황
□ 파산·면책절차 □ 화의·회생·개인회생절차			
□ 신용회복위원회 워크아웃 □ 배드뱅크			( )회 ( )원 변제

☆ 과거에 면책절차 등을 이용하였다면 해당란에 ☑ 표시 후 기재합니다.

☆ 신청일 전 10년 내에 회생사건·화의사건·파산사건 또는 개인회생사건을 신청한 사실이 있는 때에는 그 관련서류 1통을 제출하여야 합니다.

【서식】 개인회생채권자목록 〔전산양식 D5107〕

개인회생채권자목록 간이양식

산정기준일:　　　.　　.　　.

200 개회	채무자:	채권현재액합계:　　　　　　　　　　　원

채권번호	채권자	채권의 원인	□담보 □무담보	주소 및 연락처	
		채권현재액(원금)		채권현재액(원금) 산정근거	
		채권현재액(이자)		채권현재액(이자) 산정근거	
			□담보 □무담보	(주소) (전화)　　　　　　　　(팩스)	
			□담보 □무담보	(주소) (전화)　　　　　　　　(팩스)	
			□담보 □무담보	(주소) (전화)　　　　　　　　(팩스)	
			□담보 □무담보	(주소) (전화)　　　　　　　　(팩스)	

※ 채권자가 많아 이 용지에 다 적을 수 없는 경우는 다음 장에 계속 적어야 합니다.

			□담보 □무담보	(주소) (전화) (팩스)
			□담보 □무담보	(주소) (전화) (팩스)
			□담보 □무담보	(주소) (전화) (팩스)
			□담보 □무담보	(주소) (전화) (팩스)
			□담보 □무담보	(주소) (전화) (팩스)
			□담보 □무담보	(주소) (전화) (팩스)

【서식】 재산조회신청서

재 산 조 회 신 청 서(개인회생)

채 권 자	이름 :　　　　　　　　　　　주민등록번호 : 주소 : 전화번호 :　　　　　　팩스번호:　　　　　　이메일 주소 : 대리인 :
채 무 자	이름 :　　　　　　(한자 :　　　　　　)　주민등록번호 : 주소 :　　　　　　　　　　　　　　　　　(사업자등록번호)
조회대상기관 조회대상재산	별지와 같음
개인회생사건	지방(회생)법원 20　개회　　　　　호
집행권원	
불이행 채권액	
신청취지	위 기관의 장에게 채무자 명의의 위 재산에 대하여 조회를 실시한다.
신청사유	채권자는 아래와 같은 사유가 있으므로 채무자회생 및 파산에 관한 법률 제29조 제1항의 규정에 의하여 채무자에 대한 재산조회를 신청합니다.
비용환급용 예금계좌	
첨부서류	
(인지 첨부란)	20　.　.　. 신청인　　　　　　　　(날인 또는 서명) 지방(회생)법원 귀중

주 ① 신청서에는 1,000원의 수입인지를 붙여야 합니다.
　② 신청인은 별지 조회비용의 합계액을 법원보관금 중 재산조회비용으로 예납하여야 합니다.
　③ 신청인은 송달필요기관수에 2를 더한 횟수의 송달료를 예납하여야 합니다.
　※「송달필요기관」이란 별지 조회기관 중 음영으로 표시된 기관을 의미합니다.
　④ "불이행 채권액"란에는 채무자가 재산조회신청 당시까지 갚지 아니한 금액을 기재합니다.
참조 : 민집규 35, 25, 재산조회규직 7, 8

순번	재산종류	기관분류	조회대상 재산 / 조회대상기관의 구분	개수	기관별/재산별 조회비용	예납액
1	토지.건물의 소유권	법원행정처	☐ 현재조회		20,000원	
			☐ 현재조회와 소급조회 ※소급조회는 재산명시명령이 송달되기 전 2년 안에 채무자가 보유한 재산을 조회합니다.		40,000원	
	과거주소 1. 　　　　2. 　　　　3. ※ 부동산조회는 채무자의 주소가 반드시 필요하고, 현재주소 이외에 채무자의 과거주소를 기재하면 보다 정확한 조회를 할 수 있습니다.						
2	건물의 소유권	국토교통부	☐국토교통부 ※ 미등기 건물 등을 포함하여 건축물대장상의 소유권을 조회합니다.		없 음	
3	특허권,실용신안권, 디자인권, 상표권	특허청	☐특허청		20,000원	
4	자동차·건설기계의 소유권	한국교통안전공단	☐한국교통안전공단 ※ 한국교통안전공단에 조회신청을 하면 전국 모든 시·도의 자동차·건설기계소유권에 대하여 조회됩니다. ※ 특별시, 광역시, 도 및 특별자치시·도와 (구)교통안전공단에 대하여 하던 자동차·건설기계의 소유권 조회를 한국교통안전공단으로 일원화합니다.		5,000원	
5	금융자산 중 계좌별로 시가 합계액이 50만원 이상인 것	「은행법」에 따른 은행, 「한국산업은행법」에 따른 한국산업은행 및 「중소기업은행법」에 따른 중소기업은행	☐경남은행　　☐광주은행　　☐국민은행 ☐기업은행　　☐농협은행　　☐뉴욕멜론은행 ☐대구은행　　☐메트로은행　　☐뱅크오브아메리카 ☐부산은행　　☐수협은행 ☐스탠다드차타드은행(구, SC제일은행)　☐신한은행 ☐야마구찌은행　☐엠유에프지은행(MUFG) ☐우리은행　　☐전북은행 ☐제이피모간 체이스은행　　　☐제주은행 ☐크레디 아그리콜 코퍼레이트 앤 인베스트먼트뱅크 　(구, 칼리온은행) ☐케이뱅크　　☐파키스탄국립은행 ☐하나은행(한국외환은행합병) ☐한국산업은행　☐한국씨티은행　☐한국카카오은행		기관별 5,000원	
			☐대화은행 ☐도이치은행　　　　☐디비에스은행 ☐멜라트은행　　　　☐미쓰이스미토모은행 ☐미즈호코퍼레이트은행 ☐비엔피파리바은행　☐소시에테제네랄은행 ☐스테이트스트리트은행　☐유바프은행 ☐중국건설은행　　　☐중국공상은행 ☐중국은행 ☐크레디트스위스은행(구,크레디트스위스퍼스트보스톤은행) ☐호주뉴질랜드은행　☐홍콩상하이은행(HSBC) ☐ING은행　　　　☐OCBC은행		기관별 5,000원	

순번	재산종류	기관분류	조회대상 재산 / 조회대상기관의 구분	개수	기관별/재산별 조회비용	예납액
6	금융자산 중 계좌별로 시가 합계액이 50만원 이상인 것	「자본시장과 금융투자업에 관한 법률」에 따른 투자매매업자, 투자중개업자, 집합투자업자, 신탁업자, 증권금융회사, 종합금융회사, 및 명의개서대행회사	□상상인증권(구, 골든브릿지투자증권)　□교보증권 □대신증권　　□디비금융투자 주식회사 □리딩투자증권 □메리츠종합금융증권(구, 메리츠종금,메리츠증권,아이엠투자증권) □미래에셋증권　　□부국증권 □삼성증권　　□신영증권 □신한금융투자(구. 굿모닝신한증권) □씨티그룹글로벌마켓증권 □엔에이치투자증권(우리투자증권, 엔에이치농협증권 합병) □우리종합금융(구. 금호종합금융) □유안타증권(구, 동양종합금융증권) □유진투자증권 □유화증권　□이베스트투자증권(구,이트레이드증권) □코리아에셋투자증권(구, 코리아RB증권중개) □크레디트스위스증권(구, Credit Suisse First Boston) □키움증권　　□토스증권 □한국포스증권(구,펀드온라인코리아) □하나금융투자(구, 하나대투증권) □하이투자증권(구,CJ투자신탁증권) □한국예탁결제원(구, 증권예탁원) □한국투자증권(구,동원증권) □한양증권　□한화투자증권(구,푸르덴셜투자증권,한화증권) □흥국증권(구,흥국증권중개) □현대차증권(구, HMC투자증권)　□IBK투자증권 □KB증권　　□SK증권		기관별 5,000원	
			□다이와증권캐피탈마켓코리아 □도이치증권　　□맥쿼리증권 □비엔피파리바증권(구,BNP파리바페레그린증권중개) □크레디 아그리콜 아시아증권(구, 알비에스 아시아증권) □한국증권금융(주) □홍콩상하이증권(HSBC) □CLSA □Goldman Sachs　　□J.P Morgan □KIDB채권중개　　□Merrill Lynch □Morgan Stanley Dean Witter □Nomura □주식회사하나자산신탁		기관별 5,000원	
7	금융자산 중 계좌별로 시가 합계액이 50만원 이상인 것	「상호저축은행법」에 따른 상호저축은행 및 상호저축은행중앙회	□상호저축은행중앙회 □ □ □ ※ 중앙회에 조회신청을 하면 전국 모든 상호저축은행에 대하여 조회됩니다. ※ 개별상호저축은행에 대한 조회를 원하는 경우에는 그 명칭을 별도로 기재하여야 합니다.		20,000원 기관별 5,000원	
8	금융자산 중 계좌별로 시가 합계액이 50만원 이상인 것	「농업협동조합법」에 따른 지역조합 및 품목조합	□지역조합(지역농협, 지역축협)과 품목조합 □ □ □ ※ 개별 단위지역조합에 대한 조회를 원하는 경우에는 그 명칭을 별도로 기재하여야 합니다.		20,000원 기관별 5,000원	
9	금융자산 중 계좌별로 시가 합계액이 50만원 이상인 것	「수산업협동조합법」에 따른 조합	□전국단위지역조합 □ □ □ ※ 개별 단위지역조합에 대한 조회를 원하는 경우에는 그 명칭을 별도로 기재하여야 합니다.		20,000원 기관별 5,000원	

순번	재산종류	기관분류	조회대상 재산 / 조회대상기관의 구분	개수	기관별/재산별 조회비용	예납액
10	금융자산 중 계좌별로 시가합계액이 50만원 이상인 것	「신용협동조합법」에 따른 신용협동조합 및 신용협동조합중앙회	□신용협동조합중앙회 □ □ □ ※ 중앙회에 조회신청을 하면 전국 모든 신용협동조합에 대하여 조회됩니다. ※ 개별 신용협동조합에 대한 조회를 원하는 경우에는 그 명칭을 별도로 기재하여야 합니다.	20,000원 기관별 5,000원	
11	금융자산 중 계좌별로 시가합계액이 50만원 이상인 것	「산림조합법」에 따른 지역조합, 전문조합 및 중앙회	□산림조합중앙회 □ □ □ ※ 중앙회에 조회신청을 하면 전국 모든 산림조합에 대하여 조회됩니다. ※ 개별 산림조합에 대한 조회를 원하는 경우에는 그 명칭을 별도로 기재하여야 합니다.	20,000원 기관별 5,000원	
12	금융자산 중 계좌별로 시가합계액이 50만원 이상인 것	「새마을금고법」에 따른 금고 및 중앙회	□새마을금고중앙회 □ □ □ ※ 중앙회에 조회신청을 하면 전국 모든 새마을금고에 대하여 조회됩니다. ※ 개별 새마을금고에 대한 조회를 원하는 경우에는 그 명칭을 별도로 기재하여야 합니다.	20,000원 기관별 5,000원	
13	해약환급금이 50만원 이상인 것	「보험업법」에 의한 보험회사	□교보생명보험주식회사 □그린손해(구,그린화재해상)보험(주)(MG손해보험으로 계약이전) □농협생명보험　　　　□농협손해보험 □디비생명보험주식회사 (구. 동부생명보험주식회사) □디비손해보험주식회사 (구. 동부화재해상보험주식회사) □동양생명보험주식회사 □디지비(구, 우리아비바)생명보험주식회사 □라이나생명보험주식회사　　□롯데손해보험(주) □메리츠화재해상보험(주)　　□메트라이프생명보험주식회사 □미래에셋생명보험주식회사　□삼성생명보험주식회사 □삼성화재해상보험(주)　　□서울보증보험(주) □신한라이프생명보험 주식회사(구 신한생명, 구 오렌지라이프생명) □악사손해보험(주)(구,교보악사손해보험(주)) □에이비엘생명보험 주식회사 (구. 알리안츠생명보험 주식회사) □에이스아메리칸화재해상보험(주)(구,ACE AMERICAN) □주식회사케이비손해보험(구, LIG손해보험) □처브라이프생명보험주식회사(구, 뉴욕생명보험주식회사) □퍼스트어메리칸 권원보험(주) □푸르덴셜생명보험주식회사　□하나생명보험주식회사 □한화(구. 대한)생명보험주식회사　□ 한화손해보험(주) □푸본현대생명보험 주식회사(구 현대라이프생명보험주식회사) □현대해상화재보험(주)　　□흥국생명보험주식회사 □흥국(구, 흥국쌍용)화재해상보험주식회사 □AIA생명보험주식회사　　□AIG손해보험 □KDB생명보험주식회사 (구 금호생명보험주식회사) □MG손해보험주식회사　　□KB생명보험	기관별 5,000원	
			□하나손해보험 주식회사(구, 더케이손해보험 주식회사)) □동경해상일동화재보험 □미쓰이스미토모해상화재보험 □비엔피파리바카디프생명보험(구, 카디프생명보험) □비엔피파리바카디프(구,에르고다음다이렉트)손해보	기관별 5,000원	
14	금융자산 중 계좌별로 시가합계액이 50만원 이상인 것	과학기술정보통신부	□과학기술정보통신부	5,000원	
			송달필요기관수	합계	

※ 「송달필요기관수」란에는 음영으로 기재된 란에 표시된 조회대상기관 수의 합계를 기재함
※ 크레디트스위스은행, KIDB채권중개 : 법인에 대해서만 조회 가능

【서식】 개인회생재단에 속하지 않는 재산목록 제출서

개인회생재단에 속하지 않는 재산목록 제출서

사   건   20   개회   개인회생
신청인(채무자) _____

신청인은 다음과 같이 개인회생재단에 속하지 않는 재산목록(채무자 회생 및 파산에
관한 법률 제580조 제3항, 제1항 제1호, 제383조 제1항 소정)을 제출합니다.

순번	재산의 대상과 명칭 (구체적으로 기재)	소재지	추정가액	압류금지의 근거조문	소명자료

20 .   .   .

신청인(채무자) _____ (인)

첨부서류:

○○회생(지방)법원 귀중

【서식】 면제재산결정신청서 〔전산양식 D5109〕

면제재산 결정신청서

사　　　건　　20　개회　　　　개인회생

신청인(채무자)　＿＿＿＿＿＿＿＿＿＿

　신청인은 채무자 회생 및 파산에 관한 법률 제580조 제3항, 제1항 제1호, 제383조 제2항에 따라 채무자 소유의 별지 목록 기재 재산을 면제재산으로 정한다는 결정을 구합니다.

　(※아래 해당되는 부분에 ∨표를 하고, 면제재산결정 신청을 하는 재산목록 및 소명자료를 첨부하시기 바랍니다.)

　□ 1. 주거용건물 임차보증금반환청구권에 대한 면제재산결정 신청
　　　　(법 제580조 제3항, 제1항 제1호, 제383조 제2항 제1호)
　　※ 첨부서류
　　　가. 별지 면제재산목록 (채권자수 + 3부)
　　　나. 소명자료 : □ 임대차계약서　　　　1부
　　　　　　　　　　 □ 주민등록등본　　　　　1통
　　　　　　　　　　 □ 기타 [　　　　　]　　통

　□ 2. 6개월간의 생계비에 사용할 특정재산에 대한 면제재산결정 신청
　　　　(법 제580조 제3항, 제1항 제1호, 제383조 제2항 제2호)
　　※ 첨부서류
　　　가. 별지 면제재산목록 (채권자수 + 3부)
　　　나. 소명자료 : □ [　　　　　　　　　]　　1통
　　　　　　　　 □ 기타 [　　　　　]　　　통

20　.　　.　　　.

신청인(채무자)　＿＿＿＿＿＿＿＿＿＿＿＿＿＿＿(인)

○○회생(지방)법원 귀중

목 록

면제재산금액	금 원		
주택임대차계약 의 내용	①임대차계약일자 ( )		
	②임대차기간 (부터 까지)		
	③임차목적물의 소재지( )		
	④임차보증금 (원)		
	⑤임료의 액수 및 연체기간(월 원, 부터 까지 연체)		
	⑥임대인의 성명 ( )		
	⑦주민등록일자 ( )		
	⑧확정일자 (. . . 확정일자받음, 확정일자 무)		

【서식】 개인회생 채권조사확정재판 신청서(채권자 → 채무자)

채권조사확정재판 신청서

채 권 자 　○○○ (　　　－　　　)
(신청인)　　○○시 ○○구 ○○동 ○○

채 무 자 　○○○ (　　　－　　　)
(상대방)　　○○시 ○○구 ○○동 ○○

신 청 취 지

채권자(신청인)의 채무자(상대방)에 대한 개인회생채권은, 금 30,000,000원 및 이에 대한 2005. 6 . 21.부터 2005. 10. 21.까지 연 24%의 비율에 의한 금원의 일반 개인회생채권과 위 금 30,000,000원에 대한 2005. 10. 22.부터 완제일까지 연 24%의 비율에 의한 금원의 후순위 개인회생채권임을 확정한다.

신 청 원 인

1. 채권자(신청인, 이하 채권자라 한다)는 귀 법원 2005개회○○호 개인회생사건의 개인회생채권자입니다.
2. 채무자(상대방, 이하 채무자라 한다)는 귀 법원에 2005. 9. 25. 2004개회○○호로 개인회생절차의 개시를 신청하면서 그 개인회생채권자목록에 채권자가 보유한 채권의 원인을 '2005. 3. 21.자 금 2700만원 신용대출', 채권의 내용을 '원금 2700만원 및 이에 대한 2005. 6 . 21.부터 완제일까지 연 24%의 비율에 의한 채권(단 개인회생절차 개시결정일 이후의 이자, 지연손해금은 후순위 개인회생채권임)'이라고 기재하였고, 귀 법원은 2005. 10. 22. 채무자에 대하여 개인회생절차 개시결정을 하였습니다.
3. 그러나 채권자는 2005. 3. 21. 채무자에게 금 30,000,000원을 이율은 연 24%, 변제기는 2007. 6. 21.로 정하여 대여하였는데, 채무자는 2005. 6. 20.까지의 이자만 지급한 채 그 다음날부터는 전혀 이자를 지급하지 아니하고 있습니다. 즉, 채권자가 2005. 3. 21. 채무자에게 대출한 돈은 27,000,000원이 아니라 30,000,000원이므로, 채무자가 제출한 채권자목록의 기재는 잘못된 것입니다.
4. 따라서 채권자의 채무자에 대한 개인회생채권은, 금 30,000,000원 및 이에 대한 2005. 6. 21.부터 2005. 10. 21.까지 연 24%의 비율에 의한 금원의 일반 개인회생채권과 위 금 30,000,000원에 대한 2005. 10. 22.부터 완제일까지 연 24%의

비율에 의한 금원의 후순위 개인회생채권이라고 할 것이므로, 채무자회생및파산에관한법률 제115조 제1항, 제2항에 의하여 귀 법원에 채권조사확정재판을 신청합니다.

2005. ○. ○.

채권자 ○ ○ ○ (인)

소 명 방 법

1. 소갑제1호증   대출거래계약서
2. 소갑제2호증   대출금원장

첨 부 서 류

1. 위 소명방법   각 1통
2. 송달료 납부서   1통
3. 신청서 부본   1통

○○회생(지방)법원 귀중

【서식】 개인회생 채권조사확정재판신청서(제3채권자 → 채권자, 채무자)

채권조사확정재판 신청서

제3 채권자   ○○○(-   )
(신 청 인)   ○○시 ○○구 ○○동 ○○
채 권 자   ○○○(-   )
(상대방)   ○○시 ○○구 ○○동 ○○
채 무 자   ○○○ (-   )
(상 대 방)   ○○시 ○○구 ○○동 ○○

신 청 취 지

채권자(상대방)의 채무자(상대방)에 대한 개인회생채권은 금 1,000만 원 및 이에 대한 2004. 3. 4.부터 2005. 10. 21.까지 연 10%의 비율에 의한 금원의 일반 개인회생채권과 위 금 1,000만 원에 대한 2005. 10. 22.부터 완제일까지 연 10%의 비율에 의한 금원의 후순위 개인회생채권임을 확정한다.

신 청 원 인

1. 제3채권자(신청인, 이하 제3채권자라 한다)는 귀 법원 2005개회○○호 개인회생 사건의 개인회생채권자 중 1인입니다.

2. 채무자(상대방, 이하 채무자라 한다)는 귀 법원에 2005. 9. 25. 2004개회○○호로 개인회생절차의 개시를 신청하면서 개인회생채권자목록에 채권자(상대방, 이하 채권자라 한다)의 채권에 관하여 채권의 원인은 '2002. 3. 3.자 차용금 3,000만 원', 채권의 내용은 '2,000만 원 및 이에 대한 2004. 3. 4.부터 완제일까지 연 10%의 비율에 의한 금원(단 개인회생절차 개시결정일 이후의 이자, 지연손해금은 후순위 개인회생채권임)'이라고 기재하고, 채권현재액의 산정근거란에 '2003. 3. 3. 원금 중 1,000만 원을 변제하였다' 라고 기재하였습니다. 한편, 귀 법원은 2005. 10. 22. 채무자에 대하여 개인회생절차 개시결정을 하였습니다.

3. 그러나, 채무자는 2003. 2.경 제3채권자로부터 금 2천만 원을 차용하여 2003. 3. 3.경 채권자의 채권 원금 3,000만 원 중 2,000만 원을 변제하고, 이자는 2004. 3. 3.까지분을 완제하였습니다. 따라서 채권자가 채무자에 대하여 가지는 개인회생채권은, 1,000만 원 및 이에 대한 2004. 3. 4.부터 2005. 10. 21.까지 연 10%의 비율에 의한 금원의 일반 개인회생채권과 위 금 1,000만 원에 대한 2005. 10. 22.

부터 완제일까지 연 10%의 비율에 의한 금원의 후순위 개인회생채권 밖에 없습니다.

4. 따라서, 제3채권자는 채무자회생및파산에관한법률 제115조 제1항, 제2항에 의하여 귀 법원에 개인회생채권조사확정재판을 신청합니다.

2005. ○. ○.

제3채권자 ○ ○ ○ (인)

소 명 방 법

1. 소갑제1호증	차용증
2. 소갑제2호증	통장사본

첨 부 서 류

1. 위 소명방법	각 1통
2. 송달료 납부서	1통
3. 신청서 부본	1통

○○회생(지방)법원 귀중

【서식】 변제계획안(가용소득으로만 변제에 제공하는 경우)〔전산양식 D5110〕

변제계획안 제출서

사 건   200 개회   개인회생

채 무 자   ○ ○ ○

대 리 인   변호사 ○ ○ ○

채무자는 별지와 같이 변제계획안을 작성하여 제출하니 인가하여 주시기 바랍니다.

200 . . .

채무자 ○ ○ ○

대리인 변호사 ○ ○ ○ (인)

○○회생(지방)법원 귀중

200 개회   채무자 _____

변 제 계 획 (안)

2005. 9. 25. 작성

1. 변제기간
[2005]년 [11]월 [28]일부터 [2013]년 [10]월 [28]일까지 [96]개월간

2. 변제에 제공되는 소득 또는 재산
가. 소득
(1) 수입
☑ 변제기간 동안 [○○기획   ]에서 받는 월 평균 수입 [1,733,334]원
□ 변제기간 동안 [   ]를 운영하여 얻는 월 평균 수입 [   ] 원

(2) 채무자 및 피부양자의 생활에 필요한 생계비
(가) 채무자 및 피부양자 : 총 [3   ]명
(나) 국민기초생활보장법에 의한 기준 중위소득의 100분의 60   : 월 [838,797] 원
(다) 개인채무자회생규칙에 따라 조정된 생계비 : 월 [1,250,000]원
(3) 채무자의 가용소득
기간 : [2005]년 [11]월 [28]일부터 [2013]년 [10]월 [28]일까지

① 월 평균 수입	② 월 평균 생계비	③ 월 평균 가용소득 (①-②)	④ 월 회생위원 보수	⑤ 월 실제 가용소득 (③-④)	⑥ 변제 횟수 (월 단위로 환산)	⑦ 총 실제 가용소득 (⑤ x ⑥)

나. 재산 : [해당 있음 □ / 해당 없음 ☑]

3. 개인회생재단채권에 대한 변제 [해당 있음 □ / 해당 없음 ☑]
가. 회생위원의 보수 및 비용 [해당 있음 □ / 해당 없음 ☑]
□ 변제계획 인가 후 첫 변제기일에 [   ]원을 지급
□ 일반 개인회생채권의 매 변제기일에 [   ]원씩을 지급
나. 기타 개인회생재단채권 [해당 있음 □ / 해당 없음 ☑]
(1) 채권의 내용

채권자	채권현재액	채권발생원인	변제기

(2) 변제방법
변제계획 인가일 직후 그 동안 적립된 가용소득으로부터 원리금 전액을 우선하여 변제한다. 남은 채권이 있을 경우에는 일반 개인회생채권의 매 변제기일에 우선하여 변제한다.

4. 일반의 우선권 있는 개인회생채권에 대한 변제 [해당 있음 □ / 해당 없음 ☑]
(1) 채권의 내용

채권자	채권현재액	채권발생원인(우선권의 근거)	변제기

(2) 변제방법
변제계획 인가일 직후 최초 도래하는 변제기일에 원리금 전액을 우선하여 변제한다. 남은 채권이 있을 경우에는 일반 개인회생채권의 매 변제기일에 우선하여 변제한다.

5. 별제권부 채권 및 이에 준하는 채권의 처리 [해당 있음 □ / 해당 없음 ☑]
가. 채권의 내용

채권번호	채권자	①채권현재액(원금) ②채권현재액(이자)	③ 별제권행사 등으로 변제가 예상되는 채권액	④ 별제권행사 등으로도 변제받을 수 없을 채권액
		별제권 등의 내용 및 목적물		

☞ 개인회생채권자목록 부속서류 1의 내용을 그대로 옮겨 적습니다.
나. 변제방법
(1) 위 각 채권에 대하여 별제권 행사 등으로 변제가 예상되는 채권액(③)은 별제권 행사 등에 의한 방법으로 변제하고 이 변제계획상의 가용소득이나 재산처분에 의한 변제대상에서 제외한다.
(2) 위 (1)항 기재 각 채권 중 별제권행사 등으로도 변제받을 수 없을 채권액(④)은 미확정채권으로 보아 유보하였다가 아래 7항 기재와 같은 방법으로 변제한다.
(3) 별제권 행사 등으로도 변제받을 수 없을 채권액이 위 가의 ④항 기재 금액을 초과하는 것으로 확정된 경우에는, 채권자가 그 초과부분을 변제계획안의 변경 절차를 통하여 변제받을 수 있다.
6. 일반 개인회생채권에 대한 변제
가. 가용소득에 의한 변제
(1) 월 변제예정(유보)액 및 총 변제예정(유보)액의 산정
각 일반 개인회생채권의 [원금]의 액수를 기준으로 월 평균가용소득을 안분하여 산출한 금액을 각 일반 개인회생채권자에게 변제한다. 이를 기초로 산정한 월 변제예정(유보)액은 [483,336]원이고 총 변제예정(유보)액은 [46,400,256]원이다.
구체적 산정 내역은 별지 개인회생채권 변제예정액 표 참조.
(2) 변제방법
위 (1)항의 변제예정(유보)액은 다음과 같이 분할하여 변제한다.

(가) 기간 및 횟수

[   ]년 [   ]월 [   ]일부터 [   ]년 [   ]월 [   ]일까지 [   ]개월간 합계 [   ]회

(나) 변제월 및 변제일

① [   ]년 [   ]월 [   ]일부터 변제계획인가일 직전 [   ]일까지 기간

□ 변제계획인가일 직후 최초 도래하는 월의 [   ]일에 위 기간 동안의 변제분을 개인회생절차개시후 변제계획 인가 전에 적립된 가용소득으로 일시에 조기 변제

□ 기타 : [   ]

② 변제계획인가일 직후 최초 도래하는 월의 [   ]일부터 [   ]년 [   ]월 [   ]일까지 기간

□ 매월마다 [   ]일에 변제

□ 매 [   ]개월마다 [   ]일에 각 변제

□ 기타 : [   ]

(3) 변제방법

위 (1)항의 변제예정(유보)액은 다음과 같이 분할하여 변제한다.

(가) 기간 및 횟수

[*2005*]년 [*11*]월 [*28*]일부터 [*2013*]년 [*10*]월 [*28*]일까지 [*96*]개월간 합계 [*96*]회

(나) 변제월 및 변제일

① [*2005*]년 [*11*]월 [*28*]일부터 변제계획인가일 직전 [*28*]일까지 기간

☑ 변제계획인가일 직후 최초 도래하는 월의 [*28*]일에 위 기간 동안의 변제분을 개인회생절차개시후 변제계획 인가 전에 적립된 가용소득으로 일시에 조기 변제

□ 기타 : [   ]

② 변제계획인가일 직후 최초 도래하는 월의 [*28*]일부터 [*2012*]년 [10]월 [*28*]일까지 기간

☑ 매월마다 [*28*]일에 변제

□ 매 [   ]개월마다 [   ]일에 각 변제

□ 기타 : [   ]

나. 재산의 처분에 의한 변제 [해당 있음 □ / 해당 없음 ☑]

7. 미확정 개인회생채권에 대한 조치 [해당 있음 ☑ / 해당 없음 □]

가. 변제금액의 유보

(1) 미확정 개인회생채권에 대하여는 변제를 유보하고, 별지 개인회생채권 변제예정액표에 기재한 금액을 당해 채권이 확정될 때까지 유보하여 둔다.

(2) 채무자는 위와 같이 유보한 금액도, 즉시 지급되는 다른 채권에 대한 변제금과 마찬가지로 아래 8항 기재 계좌에 입금한다.

나. 미확정 개인회생채권에 대한 변제

(1) 미확정 개인회생채권이 전부 그대로 확정된 경우

미확정 개인회생채권의 전액에 관하여 채권의 존재가 확정된 경우에는, 그 확정 직후 유보비율을 변제비율로 적용하여 변제를 개시하고 매월의 변제기에 그 해당금액을 변제하되, 이미 분할 변제기가 도래한 부분 즉 그 동안의 유보액에 대하여는 곧바로 일시 변제한다.

(2) 미확정 개인회생채권이 전부 또는 일부 부존재 하는 것으로 확정된 경우

미확정 개인회생채권이 전부 또는 일부 부존재하는 것으로 확정된 경우에는, 그 확정 직후, 존재하는 것으로 확정된 [**원금**]의 인용 비율에 위 가항에 의하여 지급을 유보한 금액을 곱하여 산출된 금액을 당해 개인회생채권자에게 일시에 변제한다. 유보금액 중, 미확정 개인회생채권의 일부가 존재하지 않는 것으로 됨에 따라 그 개인회생채권자에게 변제할 필요가 없게 된 나머지 유보금액은, 그 채권액 확정 직후 전체 일반 개인회생채권자들에게 각 [**원금**]의 액수를 기준으로 안분하여 변제한다.

향후의 매월 입금액을 분배하는 기준이 될 변제비율은 위 확정 원금들 사이의 비율에 따라 새로 계산하여 정하는데, 미확정 개인회생채권의 일부가 존재하지 않는 것으로 확정됨에 따라 향후 당해 개인회생채권자를 위한 유보가 불필요하게 된 변제기 미도래분에 대한 변제 유보예정액은, 향후 변제기 도래시 전체 일반 개인회생채권자들에게 그 각 [**원금**]의 액수를 기준으로 안분되도록 한다.

(3) 변제기간 종료시까지 미확정 개인회생채권이 미확정상태로 남는 경우에는 최종변제기에 유보한 금액 전부를 일반개인회생채권자들에게 각 [**원금**]의 액수를 기준으로 안분하여 변제한다.

(4) 임대차보증금반환액수가 확정되지 않은 임대차보증금 반환채권은 미확정채권으로 보아 위 가, 나항에 따라 변제하되 그 액수가 확정되고 임차인이 임차목적물을 명도함과 동시에 변제한다.

8. 변제금원의 회생위원에 대한 임치 및 지급

채무자는 위 [6, 7]항에 의하여 개인회생채권자들에게 변제하여야 할 금액을 개시결정시 통지되는 개인회생위원의 예금계좌 { [   ]은행 계좌번호 [   ] }에 순차 임치하고, 회생위원은 이를 즉시 개인회생채권자들이 신고한 예금 계좌에 송금하는 방법으로 지급한다. 계좌번호를 신고하지 않은 개인회생채권자에 대하여는 변제액을 적립하였다가 이를 연 1회 개인회생사건이 계속되어 있는 지방법원에 공탁하여 지급할 수 있다.

　　☞ 개인회생위원의 예금계좌는 신청 당시에는 알 수 없으므로 공란으로 두었다가 추후 보완합니다.

9. 면책의 범위 및 효력발생시기

채무자가 개인회생채권에 대하여 이 변제계획에 따라 변제를 완료하고 면책신청을 하여 면책결정이 확정되었을 경우에는, 이 변제계획에 따라 변제한 것을 제외하고 개인회생채권자에 대한 채무에 관하여 그 책임이 면제된다. 단, 채무자회생및파산에관한법률 제625조 제2항 단서 각호 소정의 채무에 관하여는 그러하지 아니하다.

10. 기타사항 [해당 있음 □ / 해당 없음 ☑]

개인회생채권 변제예정액 표

1. 기초사항

(단위 : 원)

③ 월 평균 가용소득	
(A) 월 실제 가용소득 (③ - ④)	

④ 월 회생위원 보수	
(B)변제횟수	회

(C) 총 실제 가용소득	

2. 채권자별 변제예정액의 산정내역

(단위 : 원)

채권번호	채권자	(D) 개인회생채권액		(E) 월 변제예정(유보)액		(F) 총 변제예정(유보)액	
		확정채권액 (원금)	미확정채권액 (원금)	확정채권액 (원금)	미확정채권액 (원금)	확정채권액 (원금)	미확정채권액 (원금)
1	A은행(주)	14,988,200	0	111,472	0	10,701,312	0
2	B 상호 저축은행	20,000,000	0	148,746	0	14,279,616	0
3	(주) C 크레디트	27,000,000	3,000,000	200,806	22,312	19,277,376	2,141,952
합 계		61,988,200	3,000,000	461,024	22,312	44,258,304	2,141,952
총 계		(G) 64,988,200		(H) 483,336		(I) 46,400,256	

3. 변제율 : 원금의 [   ]% 상당액

4. 청산가치와의 비교

(단위 : 원)

(J) 청산 가치	18,250,000	(K)가용소득에 의한 총변제예정(유보)액	46,400,256
		(L) 현재가치	

개인회생채권 변제예정액 표 작성 요령

1. 기초사항

변제계획안의 "2. 변제에 제공되는 소득 또는 재산" 항목으로부터 (A)월평균 가용소득, (B)변제횟수 및 (C)총 가용소득을 옮겨 적습니다.

2. 채권자별 변제예정액의 산정내역

"채권번호"와 "채권자"를 채권자목록으로부터 옮겨서 기재합니다. "(D)개인회생채권액" 란은 확정채권액과 미확정채권액의 두 가지로 나누어 기재하고 총합계액을 (G)란에 기재합니다. 여기의 채권액에는 대개는 원금만 기재하면 되겠지만, 변제액이 커서 원금 외에 개시결정일 전날까지의 이자·지연손해금도 변제될 수 있는 경우에는, 개시결정일 전날까지의 이자·손해금의 합계액도 기재합니다.

그 다음 [(A)월평균 가용소득 ■ 개인회생채권액 중 확정채권 비율{"(D)해당 개인회생채권 중 확정채권액" ÷ "(G)개인회생채권액 총계"}]를 계산하여 각 개인회생채권액 중 확정채권에 대한 월 변제예정액을 구합니다. 미확정채권에 대해서도, 마찬가지 방법으로 월 변제유보액을 구합니다. 그 결과값에서 원 미만은 '올림'으로 처리하여, 이를 "(E)월 변제예정(유보)액" 란에 기재하고 이를 합산하여 (H)란에 기재합니다. 위에서 각 채권별 변제액을 구할 때에 원 미만은 '올림' 처리를 하였으므로, 이 월 변제예정(유보)액은 이미 기재한 "월평균 가용소득"보다 약간 더 많은 금액이 될 것입니다.

(E)월 변제예정(유보)액에 (B)변제횟수를 곱한 (F)총 변제예정(유보)액을 산정하여 기재하고 이를 합산하여 (I)란에 기재합니다.

3. 청산가치와의 비교

먼저 채무자가 현재 가지고 있는 재산의 가치, 즉 [신청서 첨부서류 2] 재산목록의 합계액을 (J)청산가치란에 기재하고, 다음으로 가용소득에 의한 (I)총변제예정(유보)액을 (K)에 옮겨 적습니다. 그 결과 (K)가 (J)보다 훨씬 큰 경우에는 (L)현재가치를 산정하여 기재할 필요가 없습니다만, (K)가 (J)보다 적거나 큰 차이가 나지 않는 경우에는 반드시 (L)현재가치를 산정하여 기재하여야 하며, 이 경우 (K)에 대한 (L)현재가치는, 8년(96개월)의 변제계획안의 경우, (H)월변제예정(유보)액에 79.9684를 곱하는 방법으로 산정(원 미만은 버림)하여 기재합니다.

[원래 (L)현재가치는 인가일을 기준으로 산정하는 것이나, 신청시에는 인가일을 알 수 없으므로, 일응 3개월간의 적립액이 있은 후(적립일로부터 2개월 후가 되는 날)에 인가가 될 것을 가정하고, 이를 기준으로 라이프니쯔 방식에 의한 현가할인율을 적용하여 (L)현재가치를 산정하면 됩니다. 따라서 위 수치 79.9684는 { 3(이미 적립된 것으로 보는 3개월) + 76.9684(93개월에 해당하는 라이프니쯔 복리연금현가율) }를 의미하는 것입니다.]

【서식】 변제계획안(가용소득과 재산처분으로 변제에 제공하는 경우) 〔전산양식 D5434〕

> 가용소득과 재산처분으로
> 변제하는 경우

변제계획안 제출서

사   건   200   개회   개인회생

채 무 자   _____

대 리 인   _____

채무자는 별지와 같이 변제계획안을 작성하여 제출하니 인가하여 주시기 바랍니다.

200 . . .

채무자

대리인 변호사   (인)

_____회생(지방)법원 귀중

200 개회 채무자 _____

변 제 계 획 (안)

200 . . . 작성

1. 변제기간

　[　]년 [　]월 [　]일부터 [　]년 [　]월 [　]일까지 [　]개월간

2. 변제에 제공되는 소득 또는 재산

　가. 소득

　(1) 수입

　　□변제기간 동안 [　　　　　]에서 받는 월 평균 수입 [　　]원

　　□변제기간 동안 [　　　　]를 운영하여 얻는 월 평균 수입 [　　]원

　(2) 채무자 및 피부양자의 생활에 필요한 생계비

　　(가) 채무자 및 피부양자 : 총 [　]명

　　(나) 국민기초생활보장법에 의한 기준 중위소득의 100분의 60 : 월 [　　] 원

　　(다) 개인채무자회생규칙에 따라 조정된 생계비 : 월 [　　]원

　(3) 채무자의 가용소득

　　기간 : [　]년 [　]월 [　] 일부터 [　]년 [　]월 [　]일까지

① 월 평균 수입	② 월 평균 생계비	③ 월 평균 가용소득 (①-②)	④ 월 회생위원 보수	⑤ 월 실제 가용소득 (③-④)	⑥ 변제 횟수 (월 단위로 환산)	⑦ 총 실제 가용소득 (⑤ x ⑥)

　나. 재산 : [해당 있음 □ / 해당 없음 □]

순번	변제에 제공할 처분대상 재산	변제기한	변제투입예정액
1			
2			

3. 개인회생재단채권에 대한 변제 [해당 있음 □ / 해당 없음□]

　가. 회생위원의 보수 및 비용 [해당 있음 □ / 해당 없음□]

　　□ 변제계획 인가 후 첫 변제기일에 [　　]원을 지급

　　□ 일반 개인회생채권의 매 변제기일에 [　　]원씩을 지급

나. 기타 개인회생재단채권 [해당 있음 □ / 해당 없음 □]
　(1) 채권의 내용

채권자	채권현재액	채권발생원인	변제기

　(2) 변제방법
　변제계획 인가일 직후 그 동안 적립된 가용소득으로부터 원리금 전액을 우선하여 변제한다. 남은 채권이 있을 경우에는 일반 개인회생채권의 매 변제기일에 우선하여 변제한다.

4. 일반의 우선권 있는 개인회생채권에 대한 변제 [해당 있음 □ / 해당 없음□]
　(1) 채권의 내용

채권자	채권현재액	채권발생원인(우선권의 근거)	변제기

　(2) 변제방법
　변제계획 인가일 직후 최초 도래하는 변제기일에 원리금 전액을 우선하여 변제한다. 남은 채권이 있을 경우에는 일반 개인회생채권의 매 변제기일에 우선하여 변제한다.

5. 별제권부 채권 및 이에 준하는 채권의 처리 [해당 있음 □ / 해당 없음 □]
　가. 채권의 내용

채권번호	채권자	①채권현재액(원금) ②채권현재액(이자)	③ 별제권행사 등으로 변제가 예상되는 채권액	④ 별제권행사 등으로도 변제받을 수 없을 채권액 (①+②-③)
		⑤ 별제권 등의 내용 및 목적물		
		원 원	원	원

나. 변제방법

(1) 위 각 채권에 대하여 별제권 행사 등으로 변제가 예상되는 채권액(③)은 별제권 행사 등에 의한 방법으로 변제하고 이 변제계획상의 가용소득이나 재산처분에 의한 변제대상에서 제외한다.

(2) 위 (1)항 기재 각 채권 중 별제권행사 등으로도 변제받을 수 없을 채권액(④)은 미확정 채권으로 보아 유보하였다가 아래 7항 기재와 같은 방법으로 변제한다.

(3) 별제권 행사 등으로도 변제받을 수 없을 채권액이 위 가. ④항 기재 금액을 초과하는 것으로 확정된 경우에는, 채권자가 그 초과부분을 변제계획안의 변경 절차를 통하여 변제받을 수 있다.

6. 일반 개인회생채권에 대한 변제

가. 가용소득에 의한 변제

(1) 월 변제예정(유보)액 및 총 변제예정(유보)액의 산정

각 일반 개인회생채권의 [   ]의 액수를 기준으로 월 평균가용소득을 안분하여 산출한 금액을 각 일반 개인회생채권자에게 변제한다. 이를 기초로 산정한 월 변제예정(유보)액은 [   ]원이고 총 변제예정(유보)액은 [   ]원이다.

구체적 산정 내역은 별지 개인회생채권 변제예정액 표 참조.

(2) 변제율

(가) 원금의 [   ] % 상당액

☞ 별지 개인회생채권 변제예정액 표 중 [가용소득에 의한 총변제예정(유보)액을 개인회생채권 합계액으로 나눈 비율] x 100 을 기재하되 소수점 이하는 반올림합니다.

(나) 개인회생절차개시결정일 전날까지의 이자·손해배상금의 합계액의 [   ] % 상당액

(다) 개인회생절차개시결정일 이후의 이자·손해배상금의 합계액의 [   ] % 상당액

☞ 이 채권은 후순위 개인회생채권임

(3) 변제방법

위 (1)항의 변제예정(유보)액은 다음과 같이 분할하여 변제한다.

(가) 기간 및 횟수

[   ]년 [   ]월 [   ]일부터 [   ]년 [   ]월 [   ]일까지 [   ]개월간 합계 [   ]회

(나) 변제월 및 변제일

① [   ]년 [   ]월 [   ]일부터 변제계획인가일 직전 [   ]일까지 기간

□ 변제계획인가일 직후 최초 도래하는 월의 [   ]일에 위 기간 동안의 변제분을 개인회생절차개시후 변제계획 인가 전에 적립된 가용소득으로 일시에 조기 변제

□ 기타 : [   ]

② 변제계획인가일 직후 최초 도래하는 월의 [   ]일부터 [   ]년 [   ]월 [   ]일까지 기간

□ 매월마다 [   ]일에 변제 (단,_____)

☐ 매 [   ]개월마다 [   ]일에 각 변제
☐ 기타 : [   ]

나. 재산의 처분에 의한 변제 [해당 있음 ☐ / 해당 없음 ☐]
  (1) 변제투입예정액 및 총 변제예정(유보)액의 산정
    각 일반 개인회생채권의 [   ]의 액수를 기준으로 변제투입예정액을 안분하여 산출한
    금액을 각 일반 개인회생채권자에게 변제한다. 이를 기초로 산정한 총변제예정(유보)
    액은 [   ]원이다.
    구체적 산정 내역은 별지 개인회생채권 변제예정액 표 참조.
  (2) 변제율
   (가) 원금의 [   ] % 상당액
      ☞ 별지 개인회생채권 변제예정액 표 중 [재산처분에 의한 총변제예정(유보)액을 개
      인회생채권 합계액으로 나눈 비율] x 100 을 기재하되 소수점 이하는 반올림합니다.
   (나) 개인회생절차개시결정일 전날까지의 이자·손해배상금의 합계액의 [   ] % 상당액
   (다) 개인회생절차개시결정일 이후의 이자·손해배상금의 합계액의 [   ] % 상당액
      ☞ 이 채권은 후순위 개인회생채권임
  (3) 변제방법
   (가) 재산의 처분에 의한 변제기한은 [   ]로 하고, 처분대금수령일로부터 1주일
      이내에 변제한다.
   (나) 위 변제기한까지 재산이 처분되지 않거나 처분대상 재산을 처분하여 수령한 금원이
      변제투입예정액에 미달하는 경우, 채무자는 그밖의 다른 재산을 처분하는 등의 방
      법으로 금원을 조달하여 변제투입예정액 전액을 변제기한내에 변제하여야 한다.
  (4) 강제집행 등의 효력
    위 처분대상 재산에 대하여 개인회생채권에 기한 강제집행, 가압류 또는 가처분이 있
    는 경우에는 채무자회생및파산에관한법률 제615조 제3항에 불구하고 처분대상 재산
    의 처분에 대한 법원의 허가가 있은 때 그 효력을 잃는다.

7. 미확정 개인회생채권에 대한 조치 [해당 있음 ☐ / 해당 없음 ☐]
  가. 변제금액의 유보
  (1) 미확정 개인회생채권에 대하여는 변제를 유보하고, 별지 개인회생채권 변제예정액표에
    기재한 금액을 당해 채권이 확정될 때까지 유보하여 둔다.
  (2) 채무자는 위와 같이 유보한 금액도, 즉시 지급되는 다른 채권에 대한 변제금과 마찬가
    지로 아래 8항 기재 계좌에 입금한다.
  나. 미확정 개인회생채권에 대한 변제
  (1) 미확정 개인회생채권이 전부 그대로 확정된 경우
    미확정 개인회생채권의 전액에 관하여 채권의 존재가 확정된 경우에는, 그 확정 직후
    유보비율을 변제비율로 적용하여 변제를 개시하고 매월의 변제기에 그 해당금액을 변

제하되, 이미 분할 변제기가 도래한 부분 즉 그 동안의 유보액에 대하여는 곧바로 일시 변제한다.

(2) 미확정 개인회생채권이 전부 또는 일부 부존재 하는 것으로 확정된 경우

미확정 개인회생채권이 전부 또는 일부 부존재하는 것으로 확정된 경우에는, 그 확정 직후, 존재하는 것으로 확정된 [   ]의 인용 비율에 위 가항에 의하여 지급을 유보한 금액을 곱하여 산출된 금액을 당해 개인회생채권자에게 일시에 변제한다. 유보금액 중, 미확정 개인회생채권의 일부가 존재하지 않는 것으로 됨에 따라 그 개인회생채권자에게 변제할 필요가 없게 된 나머지 유보금액은, 그 채권액 확정 직후 일반 개인회생채권자들에게 각 [   ]의 액수를 기준으로 안분하여 변제한다.

향후의 매월 입금액을 분배하는 기준이 될 변제비율은 위 확정 원금들 사이의 비율에 따라 새로 계산하여 정하는데, 미확정 개인회생채권의 일부가 존재하지 않는 것으로 확정됨에 따라 향후 당해 개인회생채권자를 위한 유보가 불필요하게 된 변제기 미도래분에 대한 변제 유보예정액은, 향후 변제기 도래시 일반 개인회생채권자들에게 그 각 [   ]의 액수를 기준으로 안분되도록 한다.

(3) 변제기간 종료시까지 미확정 개인회생채권이 미확정상태로 남는 경우에는 최종변제기에 유보한 금액 전부를 일반개인회생채권자들에게 각 [   ]의 액수를 기준으로 안분하여 변제한다.

(4) 임대차보증금반환액수가 확정되지 않은 임대차보증금 반환채권은 미확정채권으로 보아 위 가, 나항에 따라 변제하되 그 액수가 확정되고 임차인이 임차목적물을 명도함과 동시에 변제한다.

8. 변제금원의 회생위원에 대한 임치 및 지급

채무자는 위 [   ] 항에 의하여 개인회생채권자들에게 변제하여야 할 금액을 개시결정시 통지되는 개인회생위원의 예금계좌 { [   ]은행 계좌번호 [   ] }에 순차 임치하고, 회생위원은 이를 즉시 개인회생채권자들이 신고한 예금 계좌에 송금하는 방법으로 지급한다. 계좌번호를 신고하지 않은 개인회생채권자에 대하여는 변제액을 적립하였다가 이를 연 1회 개인회생사건이 계속되어 있는 지방법원에 공탁하여 지급할 수 있다.

☞ 개인회생위원의 예금계좌는 신청 당시에는 알 수 없으므로 공란으로 두었다가 추후 보완합니다.

9. 면책의 범위 및 효력발생시기

채무자가 개인회생채권에 대하여 이 변제계획에 따라 변제를 완료하고 면책신청을 하여 면책결정이 확정되었을 경우에는, 이 변제계획에 따라 변제한 것을 제외하고 개인회생채권자에 대한 채무에 관하여 그 책임이 면제된다. 단, 채무자회생및파산에관한법률 제625조 제2항 단서 각호 소정의 채무에 관하여는 그러하지 아니하다.

10. 기타사항 [해당 있음 □ / 해당 없음 □]

개인회생채권 변제예정액 표

1. 기초사항

(단위 : 원)

가. 가용소득

③ 월 평균 가용소득		④ 월 회생위원 보수	

(A) 월 실제 가용소득 (③ - ④)		(B)변제횟수	회	(C) 총 실제 가용소득	

나. 처분대상 재산

순번	변제에 제공할 처분대상 재산	변제기한	변제투입예정액

2. 채권자별 변제예정액의 산정내역

가. 가용소득에 의한 변제내역

별표(1)과 같음

나. 재산처분을 통한 변제의 예상

별표(2)와 같음

3. 청산가치와의 비교

(단위 : 원)

(J) 청산 가치		(K)가용소득에 의한 총변제예정(유보)액		(M)재산처분에 의한 총변제예정(유보)액	
		(L) 현재가치		(N) 현재가치	

별표(1) 가용소득에 의한 변제내역

채권 번호	채권자	(D) 개인회생채권액		(E) 월 변제예정(유보)액		(F) 총 변제예정(유보)액	
		확정채권액 (원금)	미확정채권액 (원금)	확정채권액 (원금)	미확정채권액 (원금)	확정채권액 (원금)	미확정채권액 (원금)
1							
2							
3							
4							
5							
합 계							
총 계		(G)		(H)		(I)	

별표(2) 재산처분을 통한 변제의 예상

채권번호	채권자	(D) 개인회생채권액		(O)변제투입예정액	(P) 총 변제예정(유보)액	
		확정채권액 (원금)	미확정채권액 (원금)		확정채권액 (원금)	미확정채권액 (원금)
1						
2						
3						
4						
5						
합 계						
총 계		(G)			(Q)	

【서식】 변제계획안 간이양식 [전산양식 D5112]

가용소득만으로 변제하는 경우

변제계획안 간이양식

사　　건　　200　　개회　　　개인회생

채　무　자　_____

대　리　인　_____

채무자는 별지와 같이 변제계획안을 작성하여 제출하니 인가하여 주시기 바랍니다.

200　　.　　.　　.

채무자　　○　　○　　○ (서명 또는 날인)

○○회생(지방)법원 귀중

200   개회   호   채무자 _____

변 제 계 획 (안)

<u>200   .   .   . 작성</u>

1. 변제기간
[   ]년 [   ]월 [   ]일부터 [   ]년 [   ]월 [   ]일까지 [   ]개월간

2. 변제에 제공되는 소득
(1) 변제기간 동안 월 평균 수입: [   ]원
(2) 채무자 및 피부양자의 생활에 필요한 생계비: 월 [   ]원
(3) 채무자의 월 평균 가용소득: [   ]원
(4) 총 가용소득: [   ]원 (월 평균 가용소득 x 변제 횟수)

3. 일반 개인회생채권에 대한 변제
(1) 월 변제예정액 및 총 변제예정액의 산정
　　월 평균가용소득을 각 일반 개인회생채권의 원금의 액수를 기준으로 안분하여 산출한 금액을 각 일반 개인회생채권자에게 변제한다. 이를 기초로 산정한 월 변제예정액은 [   ]원이고 총 변제예정액은 [   ]원이다.
　　☞구체적 산정 내역은 별지 개인회생채권 변제예정액 표 참조.
(2) 변제율
(가) 원금의 [   ] % 상당액
　　☞ 별지 개인회생채권 변제예정액 표 중 [총변제예정액을 개인회생채권 합계액으로 나눈 비율] x 100 을 기재하되 소수점 이하는 반올림합니다.
(나) 개인회생절차개시결정일 전날까지의 이자·손해배상금의 합계액의 [   ] % 상당액
(3) 변제방법
　　위 (1)항의 변제예정액은 다음과 같이 분할하여 변제한다.
(가) 기간 및 횟수
　　[   ]년 [   ]월 [   ]일부터 [   ]년 [   ]월 [   ]일까지 [   ]개월간
　　합계 [   ]회
(나) 변제월 및 변제일
　　① [   ]년 [   ]월 [   ]일부터 변제계획인가일 직전 [   ]일까지 기간
　　　　변제계획인가일 직후 최초 도래하는 월의 [   ]일에 위 기간 동안의 변제분을 개인회생절차개시후 변제계획 인가 전에 적립된 가용소득으로 일시에 조기 변제
　　② 변제계획인가일 직후 최초 도래하는 월의 [   ]일부터 [   ]년 [   ]월 [   ]일까지 기간
　　　　매월마다 [   ]일에 변제

4. 변제금원의 회생위원에 대한 임치 및 지급

채무자는 위 3항에 의하여 개인회생채권자들에게 변제하여야 할 금액을 개시결정시 통지되는 개인회생위원의 예금계좌 { [   ]은행 계좌번호 [   ] }에 순차 임치하고, 회생위원은 이를 즉시 개인회생채권자들이 신고한 예금 계좌에 송금하는 방법으로 지급한다. 계좌번호를 신고하지 않은 개인회생채권자에 대하여는 변제액을 적립하였다가 이를 연 1회 개인회생사건이 계속되어 있는 지방법원에 공탁하여 지급할 수 있다.

☞ 개인회생위원의 예금계좌는 신청 당시에는 알 수 없으므로 공란으로 두었다가 추후 보완합니다.

5. 면책의 범위 및 효력발생시기

채무자가 개인회생채권에 대하여 이 변제계획에 따라 변제를 완료하고 면책신청을 하여 면책결정이 확정되었을 경우에는, 이 변제계획에 따라 변제한 것을 제외하고 개인회생채권자에 대한 채무에 관하여 그 책임이 면제된다. 단, 채무자회생및파산에관한법률 제625조 제2항 단서 각호 소정의 채무에 관하여는 그러하지 아니하다.

200   개회   호   채무자

개인회생채권 변제예정액 표

1. 기초사항

(단위 : 원)

월 평균 가용소득		월 회생위원 보수	
(A) 월 실제 가용소득		(B)변제횟수		(C) 총 실제 가용소득	

2. 채권자별 변제예정액의 산정내역

(단위 : 원)

채권 번호	채권자	개인회생채권액(원금)	월 변제예정액	총 변제예정액
합 계				

3. 변제율 : 원금의 [   ]% 상당액 ☞ [총변제예정액을 개인회생채권 합계액으로 나눈 비율] × 100 을

기재하되 소수점 이하는 반올림합니다.

【서식】 개인회생채권자목록 간이양식

〔신청서 첨부서류 1〕 [전산양식 D5107] 앞면

개인회생채권자목록 간이양식

산정기준일: .   .   .

200 개회	채무자:	채권현재액 합계:	원

채권번호	채권자	채권의 원인	□담보 □무담보	주소 및 연락처
		채권현재액(원금)		채권현재액(원금) 산정근거
		채권현재액(이자)		채권현재액(이자) 산정근거
			□담보 □무담보	(주소) (전화) (팩스)
			□담보 □무담보	(주소) (전화) (팩스)
			□담보 □무담보	(주소) (전화) (팩스)
			□담보 □무담보	(주소) (전화) (팩스)

※ 채권자가 많아 이 용지에 다 적을 수 없는 경우는 다음 장에 계속 적어야 합니다.

			□담보 □무담보	(주소) (전화)　　　　(팩스)
			□담보 □무담보	(주소) (전화)　　　　(팩스)
			□담보 □무담보	(주소) (전화)　　　　(팩스)
			□담보 □무담보	(주소) (전화)　　　　(팩스)
			□담보 □무담보	(주소) (전화)　　　　(팩스)
			□담보 □무담보	(주소) (전화)　　　　(팩스)

【서식】 재산목록 간이양식 〔전산양식 D5102〕

〔신청서 첨부서류 2〕

재산목록 간이양식

명 칭	금액 또는 시가(단위:원)	압류등 유무	비 고			
현금						
예금			금융기관명			
			계좌번호			
			잔고			
보험			보험회사명			
			증권번호			
			해약반환금			
자동차 (오토바이 포함)						
임차보증금 (반환받을 금액을 금액란에 적는다)			임차물건			
			보증금 및 월세			
			차이 나는 사유			
부동산 (환가예상액에서 피담보채권을 뺀 금액을 금액란에 적는다)			소재지,면적			
			부동산의 종류	토지( ), 건물( ), 집합건물( )		
			권리의 종류			
			환가예상액			
			담보권 설정된 경우 그 종류 및 담보액			
사업용 설비, 재고품, 비품 등			품목,개수			
			구입시기			
			평가액			
대여금 채권			상대방 채무자 1:		☐ 소명자료 별첨	
			상대방 채무자 2:		☐ 소명자료 별첨	
매출금 채권			상대방 채무자 1:		☐ 소명자료 별첨	
			상대방 채무자 2:		☐ 소명자료 별첨	
예상 퇴직금			근무처:			
기타 ( )						
합계						

【서식】 수입 및 지출에 관한 목록 간이양식

[신청서 첨부서류 3]   〔전산양식 D5104〕

수입 및 지출에 관한 목록 간이양식

I. 현재의 수입목록

(단위 : 원)

명목	기간구분	금액	연간환산금액	압류, 가압류 등 유무
연 수입			월 평균 수입 ( )	

II. 현재의 지출목록

(단위 : 원)

비 목	지출 금액	지출 사유
생계비 ☞생계비에는 식료품비, 광열수도비, 가구집기비, 피복신발비, 교양오락비, 교통통신비, 기타 비용의 합산액을 기재합니다.		
주거비		
의료비		
교육비		
계		☞ 최근 3개월간의 월 평균지출액을 기재합니다

2-1

III. 변제계획 수행시의 예상지출목록

1. 채무자가 예상하는 생계비가 보건복지부 공표 최저생계비의 150% 이하인 경우에는 별도의 설명 없이 아래의 괄호에 기재만 하시면 됩니다.

보건복지부 공표 (　　)인 가족 최저생계비 (　　　　)원의 약 (　　)%인 (　　)원을 지출할 것으로 예상됩니다.

2. 채무자가 예상하는 생계비가 보건복지부 공표 최저생계비의 150%를 초과하는 경우에는 아래의 괄호와 표에 내역을 기재한 후 보충할 사항은 [신청서 첨부서류 4] 진술서 II. 3항에 기재하시면 됩니다.

보건복지부 공표 (　　)인 가족 최저생계비 (　　　　)원의 약 (　　)%인 (　　)원을 지출할 것으로 예상됩니다

비　목	지출예상 생계비	추가지출 사유
생계비 ☞생계비에는 식료품비, 광열수도비, 가구집기비, 피복신발비, 교양오락비, 교통통신비, 기타 비용의 합산액을 기재합니다.		
주거비		
의료비		
교육비		
계		

IV. 가족관계

관계	성　명	연령	동거여부 및 기간	직　업	월 수입	재산총액	부양유무
배우자							
자							
자							

【서식】 소득증명서(급여소득자용) [전산양식 D5115]

소 득 증 명 서

성 명		주민등록번호	
주 소			
직 장 명		직장전화번호	
직장주소			
근무기간			

상기인은   년   월   일부터 매월평균   만원의 소득

이 있음을 증명합니다.

200   년   월   일

직 장 명 :

대표자명 :   (서명 또는 날인)

○○회생(지방)법원 귀중

【서식】 소득증명서(영업소득자용) [전산양식 D5116]

소득진술서

성 명		주민등록 번 호	
주 소		전화번호	
상 호 명		업 종	
주요판매 품 목		영업개시일	
영 업 장 소 재 지			

　　본인은　　　년　　월　　일부터 매월평균 (　　　　)원의

사업소득이 있음을 진술합니다.

　　　　　　　　　　200　년　　월　　일

　　　　　　　　　　　　신청인 :　　　　　　　(서명 또는 날인)

첨부서류 : 1. 보증인 2명의 확인서
　　　　　 2. 사업자 등록증 사본 1통(사업자 등록이 되어있는 사업자의 경우)

○○회생(지방)법원 귀중

【서식】 보증인의 확인서(영업소득자용) [전산양식 D5117]

확 인 서

성 명		주민등록 번 호	
주 소		전화번호	
신청인과의 관 계			
신청인을 알게된 기간			

상기 본인은 신청인 (   )의 월 평균소득이 (   )원임이
틀림 없음을 확인합니다.

200 .   .   .

보증인   (서명 또는 날인)

○○회생(지방)법원 귀중

【서식】 자료송부청구서 [전산양식 D5118]

자 료 송 부 청 구 서

채권자   ○○○   귀하

청구인 (채무자)   ○○○

주민등록번호

주소

채무자는 개인채무자회생규칙 제17조에 기하여 채권자에게 채무자에 대하여 가진 개인회생채권의 존부 및 액수, 피담보채권액 및 피담보목적물의 가액, 담보부족전망액 등에 관한 자료의 송부를 청구합니다.

채권자는 별지 자료송부서에 의거하여 200 . . .까지 송부하여 주시기 바랍니다.

200 . . .

채무자 ○○○   (서명 또는 날인)

주 소		전화	
		팩스	

붙임.

【서식】 자료송부서 [전산양식 D5119]

자 료 송 부 서

채무자	○ ○ ○	주소	

1. 채권내역(기준일 :   년   월   일)

  (단위 : 원)

	채권의 원인			원금 현잔액 (①)	이자 현잔액 (②)	합계(①+②)
1	대출일자	대출과목	대출금액			
	채권의 내용 / ①, ② 산정근거 (이자율)					
2	채권의 원인			원금 현잔액 (①)	이자 현잔액 (②)	합계(①+②)
	대출일자	대출과목	대출금액			
	채권의 내용 / ①, ② 산정근거 (이자율)					

2. 담보부 대출

채권 번호	피담보내용 및 목적물	피담보채권액	피담보 목적물 가액	담보부족예상액

주)1. 위 1의 채권내역 중 담보부 대출을 기재함.

채권자명 :   (서명 또는 날인)

전화번호 :

채무자 ○ ○ ○ 귀하

【서식】 채권자 계좌번호 신고서

채권자 계좌번호 신고서

사 건 : 200 개회 개인회생

채무자 :

채권번호		채권자명	
주 소			
전화번호	(집)	(직장)	(휴대폰)

※ 채권번호란에 채권자목록상의 채권번호를 꼭 기재하시기 바랍니다.

위 채권자는 개인채무자회생규칙 제18조에 따라 위 개인회생사건에서 변제액을 송금받기 위한 채권자 계좌번호를 다음과 같이 신고합니다.

다 음

예금주	금융기관명	계좌번호

200 .   .   .

채권자 ○ ○ ○ (인)

○○지방법원 제 ○회생위원 귀중

☞ 채권자는 변제계획에 따른 변제금을 송금받기 위해서는 개인회생채권자집회기일까지 위 신고서를 회생위원에게 직접, 우편, 전자소송홈페이지를 통한 제출 또는 이메일에 첨부하는 방법으로 제출하여야 합니다.

☞ 채권자는 자신이 예금주(법인인 채권자는 법인등기부의 명칭과 예금주가 일치해야 함)인 계좌번호를 신고하여야 하고, 자신이 예금주가 아닌 경우에는 인감증명서를 첨부하거나 본인이 직접 제출하는 등으로 계좌번호 신고서가 자신의 의사에 따라 작성된 것임을 소명하여야 합니다.

보전처분(제592조)

1. 의의

법원은 개인회생절차개시의 신청일부터 1월 이내에 개인회생절차의 개시 여부를 결정하도록 되어 있으나, 개시 여부를 심리하고 있는 단계에서 채무자가 모든 채권자들을 위한 채권의 담보이자 회생의 기초인 재산을 은닉 또는 처분하거나 이해관계인에 의한 권리행사가 쇄도하는 등 혼란과 이해관계인 간의 불공평이 발생하여 영업의 계속이 곤란하게 되고 회생의 목적을 달성할 수 없는 사태가 발생할 수가 있다. 이러한 사태를 방지하기 위하여 "법원은 개인회생절차개시결정 전에 이해관계인의 신청에 의하거나 직권으로 채무자의 재산에 관하여 가압류·가처분 그 밖의 필요한 보전처분을 할 수 있다."고 규정하고 있다. 신청서에는 민사소송등인지법 제9조 제3항에 의거 5천원의 인지를 붙여야 한다.

2. 신청권자

보전처분의 신청권자가 "이해관계인"이라고 표현하고 있는데, 다른 한편 법문의 곳곳에서 채무자를 제외하는 것을 전제로 "이해관계인"이라는 용어를 사용하고 있어서 보전처분의 신청권자에 채무자가 포함되는지에 관하여 의문이 있을 수 있다.

그러나 보전처분에 있어서의 신청은 법원의 직권발동을 촉구하는 성격이 강하다는 점, 보전처분을 신청할 필요성이 가장 강한 사람이 채무자라는 점 등을 고려하면 위 이해관계인에는 채무자가 포함된다고 해석하여야 할 것이다.

3. 보전처분의 시기

보전처분은 개인회생절차개시결정 전에 한하여 발할 수 있다. 개인회생절차가 개시되면 보전처분의 효력은 소멸하고 채무자는 개인회생재단을 관리하고 처분할 권한을 가지게 되기 때문이다(단, 인가된 변제계획에서 다르게 정하는 경우에는 그러하지 아니하다).

4. 내용

(1) 보전처분의 대상

보전처분은 개인회생절차가 개시된다면 개인회생재단에 속하게 될 일체의 재산을 그 대상으로 하고 채무자 이외의 제3자의 재산은 그 대상이 될 수 없다. 현재 제3자 명의의 재산인 이상 향후 부인권 행사를 통하여 채무자 명의로 회복될 수 있는 재산이라고 하여도, 장래 부인권 행사의 결과를 전제로 한 보전처분신청을 할 수는 없다.

(2) 보전처분의 내용

보전처분의 내용은 '가압류, 가처분 그밖에 필요한 보전처분'이다. 그 예로는 유체동산, 부동산, 채권 등에 대한 가압류, 가처분, 상업장부의 열람, 보관의 가처분이나 처분금지, 차재금지, 변제금지 등 채무자에게 일반적 부작위를 명하는 가처분 등을 들 수 있으나 법원이 보전의 필요성에 따라 그 내용을 정할 수 있다.

5. 보전처분의 효력

채무자가 보전처분에 반하는 행위를 한 경우 상대방이 악의인 경우에는 개인회생절차와의 관계에 있어서 그 행위는 무효라고 할 것이다. 처분금지의 보전처분이 등기, 등록에 의하여 공시된 이후에는 개인회생절차에 있어서 양수인이 그 재산의 취득으로 대항할 수 없다.

보전처분의 내용에 반하는 행위라도 법원의 허가를 받았을 때에는 이를 할 수 있다. 이러한 행위에 대한 허가신청이 있는 경우 그 허가여부는 법원의 재량에 속하는 것인데, 채무자가 하고자 하는 행위의 내용이 재산의 산일 방지, 회생의 도모, 모든 이해관계인간의 공평이라는 보전처분제도의 목적에 배치되는지 여부, 그 행위가 불가피한 정도, 회생에 미치는 영향, 새로이 이해관계를 맺게 되는 자의 손해발생 여부 등의 제반 사정을 고려하여 그 허가 여부를 신중하게 결정하여야 한다.

채무자가 보전처분에 위반한 경우에는 신청이 성실하지 아니한 때 에 해당하는 것으로 보아 개인회생절차개시신청의 기각사유가 될 수 있다.

채무자는 개인회생절차의 개시결정이 있기 전에는 자유롭게 신청을 취하할 수 있으나, 보전처분을 받은 후에는 법원의 허가를 받아야 신청을 취하할 수 있다.

보전처분의 효력이 언제까지 존속하는지에 관해서는 견해가 갈린다. 개인회생절차가 개시되더라도 인가된 변제계획에서 다르게 정하지 않는 한 채무자는 개인회생재단을 관리하고 처분할 권한을 가지게 되므로, 재산의 산일 방지, 회생의 도모, 모든 이해관계인간의 공평이라는 보전처분제도의 목적을 충분히 달성하기 위하여는 변제계획의 인가 여부에 관한 결정시까지 보전처분의 효력이 존속하는 것으로 해석하는 견해도 있다. 그러나, 본조 제1항에서 보전처분을 할 수 있는 시기를 개인회생절차개시결정 전으로 제한하고 있고, 개인회생절차개시결정에 의하여 형성되는 개인회생재단의 관리, 처분권은 채무자에게 귀속하는 것을 원칙으로 하고 있으며, 보전처분에 관한 규정은 개인회생절차개시신청을 기각하는 결정에 대하여 즉시항고가 있는 경우에 관하여 준용한다고 규정하고 있으므로, 보전처분은 개인회생절차개시신청에 관한 결정이 있을 때까지만 그 효력이 존속하는 것으로 봄이 상당하다.

6. 보전처분의 취소, 변경

보전처분 이후에 사정변경에 의하여 보전처분을 그대로 존속시키는 것이 부적당하다고 인정하는 때에는 법원은 언제라도 그 결정을 변경하거나 취소할 수 있다.

7. 즉시항고

보전처분과 이에 대한 변경, 취소의 결정에 대하여는 즉시항고를 할 수 있다. 즉시항고에는 집행정지의 효력이 없다. 보전처분과 이에 대한 변경, 취소의 결정 및 이에 대한 즉시항고의 재판은 직권으로 당사자에게 송달하여야 한다. 개인회생절차개시의 신청이 기각되면 보전처분은 당연히 그 효력을 상실하므로, 이를 저지하기 위하여는 신청을 기각하는 결정에 대하여 즉시항고를 하고 항고심에서 다시 보전처분을 얻어야 한다.

8. 등기, 등록 및 공시절차

법원사무관등은 채무자의 재산에 속하는 권리로서 등기 또는 등록된 것에 대하여 개인회생절차에 의한 보전처분 및 그 취소 도는 변경이 있는 때에는 직권으로 지체없이 촉탁서에 결정서의 등본 또는 초본을 첨부하여 그 처분의 등기를 촉탁하여야 한다.

【서식】 보전처분결정(급여소득자)

서울중앙지방법원
결 정

사 건   20○○개보○○ 개인재산보전처분
채무자(신청인)   ○ ○ ○(-   )
서울 ○○구 ○○동 ○○

주 문

1. 채무자는 20○○. ○. ○. 10:00 이전의 원인으로 생긴 일체의 금전채무에 관하여 그 변제 또는 담보제공을 하여서는 아니된다.
2. 채무자는 부동산, 자동차 등 등기 또는 등록의 대상이 되는 그 소유의 일체의 재산 및 금 1,000,000원 이상의 기타 재산에 관한 소유권의 양도, 담보권·임차권의 설정 기타 일체의 처분행위를 하여서는 아니된다.
3. 채무자는 명목 여하를 막론하고 차재(신용카드를 이용한 일체의 현금융통, 어음할인을 포함한다)를 하여서는 아니된다.
4. 위 각 항의 경우에 있어서 미리 이 법원의 허가를 받았을 때에는 그 제한을 받지 아니한다.

이 유

이 사건 신청은 이유 있으므로, 채무자회생및파산에관한법률 제592조 제1항에 의하여 주문과 같이 결정한다.

20○○. ○. ○.

재판장 판사 ○ ○ ○

【서식】 보전처분결정(영업소득자)

서울중앙지방법원
결   정

사   건   20○○개보○○   개인재산보전처분
채무자(신청인)   ○ ○ ○(-   )
                 서울 ○○구 ○○동 ○○

주   문

1. 채무자는 20○○. ○. ○. 10:00 이전의 원인으로 생긴 일체의 금전채무에 관하여 그 변제 또는 담보제공을 하여서는 아니된다.
2. 채무자는 부동산, 자동차, 중기, 공업소유권 등 등기 또는 등록의 대상이 되는 그 소유의 일체의 재산 및 금 1,000,000원 이상의 기타 재산에 관한 소유권의 양도, 담보권·임차권의 설정 기타 일체의 처분행위를 하여서는 아니된다. 그러나 계속적이고 정상적인 영업활동에 해당하는 제품, 원재료 등의 처분행위는 예외로 한다.
3. 채무자는 명목 여하를 막론하고 차재(신용카드를 이용한 일체의 현금융통, 어음할인을 포함한다)를 하여서는 아니된다.
4. 위 각 항의 경우에 있어서 미리 이 법원의 허가를 받았을 때에는 그 제한을 받지 아니한다.

이   유

이 사건 신청은 이유 있으므로, 채무자회생및파산에관한법률 제592조 제1항에 의하여 주문과 같이 결정한다.

20○○. ○. ○.

재판장 판사 ○ ○ ○

【서식】 회생절차개시신청 취하에 따른 보전처분 취소결정

서울중앙지방법원
결　　정

사　　　　건　　20○○개보○○　개인재산보전처분

채무자(신청인)　　○ ○ ○(　　　　　　-　　　　　　　)

　　　　　　　　　서울 ○○구 ○○동 ○○

주　　문

위 법원이 채무자에 대하여 20○○. ○. ○.자 개인재산보전처분결정을 취소한다.

이　　유

신청인이 위 법원의 허가를 얻어 이 사건 개인회생절차개시신청을 취소하였으므로, 채무자회생및파산에관한법률 제592조 제2항에 의하여 주문과 같이 결정한다.

20○○. ○. ○.

재판장 판사　○　○　○

【서식】 보전처분의 기입등기 · 등록촉탁서

서울중앙지방법원
등기(등록)촉탁서

수　　　신　　　수신처 참조
사　　　건　　　20○○개보○○　개인재산보전처분
채무자(신청인)　　　○ ○ ○(　　　　　-　　　　　)
　　　　　　　　　서울 ○○구 ○○동 ○○

　위 사건에 관하여 다음과 같이 개인재산보전처분결정의 기입등기(등록)를 촉탁합니다.

부동산(권리)의 표시　　　별지 기재와 같음
등기(등록)원인과 그　　　20○○. ○. ○. 개인재산보전처분결정
연월일
등기의 목적　　　별지기재 부동산(권리)에 대한 개인재산보전처분결정
　　　　　　　　기입등기(등록)
등록세 및 수수료　　　채무자회생및파산에관한법률 제24조, 제27조, 제25조
　　　　　　　　제2항, 등기촉탁수수료 등기부등 · 초본등 수수료 규
　　　　　　　　칙 제5조의2 제2항 제○호에 의하여 면제

첨　　　부　　　1. 개인재산보전처분결정등본 1통.
　　　　　　　　2. 촉탁서 부본 1통

　　　　　　　　20○○. ○. ○.

　　　　　　　　　　법원주사(보)　○　○　○

수신처 : 서울중앙지방법원등기관, 강남등기소장, ……

중지명령(제593조)

1. 의의

개인회생절차개시의 신청이 있은 경우에 필요하다고 인정하는 때에는 법원은 이해관계인의 신청에 의하여 또는 직권으로 개인회생절차개시의 신청에 대한 결정시까지 채무자에 대한 파산절차 또는 회생절차, 개인회생채권에 기하여 채무자의 업무 및 재산에 대하여 한 강제집행, 가압류 또는 가처분, 채무자의 업무 및 재산에 대한 담보권의 설정 또는 담보권의 실행 등을 위한 경매, 소송행위를 제외하고 개인회생채권을 변제받거나 변제를 요구하는 일체의 행위의 중지 또는 금지를 명할 수 있다.

중지명령은 보전처분과 함께 개인회생절차개시결정 전에 강제적인 권리실현행위 등을 금지함으로써 재산의 산일을 방지함을 목적으로 하는 제도인데, 전자가 주로 채권자 담보권자 등 제3자에 대하여 강제적인 권리실현행위를 금지함으로써 채무자의 재산의 보전을 도모하려는 것임에 비하여, 후자는 주로 채무자 자신에 대하여 일정한 행위를 제한함으로써 재산의 산일을 방지한다는 점에 차이가 있다.

중지·금지명령신청서 또는 중지·금지명령의 취소·변경신청서에는 민사소송등인지법 제9조 제3항에 의거 5천원의 인지를 붙여야 한다.

2. 신청권자

중지명령의 신청권자가 "이해관계인"이라고만 표시하고 있어서, 그 신청권자에 채무자가 포함되는지에 관하여 의문이 있을 수 있다.

그러나 보전처분에 있어서 설명한 바와 같이, 중지명령에 있어서도 "이해관계인"에는 채무자가 포함된다고 해석하여야 할 것이다.

3. 요건

"필요하다고 인정하는 때"란 그 절차의 개시를 허용하거나 절차의 진행을 그대로 방지하면 개인회생절차개시결정까지 사이에 채무자의 재산이 처분되거나 또는 채권자간의 형평을 해하게 되어 채무자의 회생에 장애로 될 가능성이 높은 경우를 말한다.

4. 중지 또는 금지할 수 있는 절차 또는 행위

(1) 파산절차 또는 화의절차

파산절차는 개인회생절차와 대조적인 목적을 가지고 있고, 화의절차는 개인회생절차와 양립할 수 없는 관계에 있으므로 중지 또는 금지할 수 있도록 한 것이다.

(2) 강제집행, 가압류, 가처분, 담보권의 설정 또는 담보권의 실행 등을 위한 경매절차

개인회생절차가 개시된다면 개인회생채권으로 될 채권에 기하여 채무자의 업무 및 재산에 대하여 행하여진 강제집행, 가압류, 가처분과 채무자의 업무 및 재산에 대한 담보권의 설정 또는 담보권실행 등을 위한 경매절차를 중지 또는 금지할 수 있다. 환취권에 기한 것이거나 개인회생재단채권으로 될 채권에 기한 절차는 중지 또는 금지할 수 없다. 중지명령의 대상은 강제집행 등이 개인회생절차개시신청 전에 행하여졌는지 그 후에 행하여졌는지를 불문한다.

개인회생절차가 있어도 담보권자의 권리행사는 제약을 받지 않는 것이 원칙이나, 담보권의 실행에 의하여 생활의 기반이 되는 자산이나 영업을 계속하는데 필수적인 자산이 환가된다면 개인회생절차의 진행에 지장이 초래되고 채무자의 회생이 곤란하게 될 수도 있으므로, 법원은 담보권실행 등을 위한 경매절차도 중지 또는 금지할 수 있다.

개인회생절차의 특성상 주로 중지명령의 대상이 되는 절차는 채무자의 장래소득에 대한 채권가압류 또는 채권압류, 추심, 전부명령이 될 것이다. 중지명령이 있기 전에 채무자의 장래 소득에 대하여 이미 유효한 전부명령이 발하여져 확정된 경우에는 그 전부채권자가 채무자의 장래 소득을 이전받음으로 인하여 개인회생절차의 진행에 곤란을 초래할 수 있다. 이 점에 관하여는 입법적인 검토가 필요하다.

(3) 변제 또는 변제요구행위

개인회생절차가 개시된다면 개인회생채권으로 될 채권을 변제받거나 변제를 요구하는 일체의 행위를 중지 또는 금지할 수 있다. 다만, 소송행위는 중지 또는 금지할 수 없다.

다중채무를 부담하고 있는 개인채무자는 채권자로부터의 심한 변제요구를 받는 것을 제일 두려워하고 있고, 변제계획에 따라 채권자에게 지속적으로 변제하기 위한 전제로서 일부의 채권자로부터의 변제요구를 차단할 필요도 있으므로, 채권자에 대하여 변제를 요구하는 일체의 행위도 중지 또는 금지시킬 수 있도록 하고 있다.

(4) 중지명령의 대상

중지명령은 이미 행하여지고 있는 개별적인 절차나 행위를 그 대상으로 할 수도 있고, 채무자의 특정 재산에 대하여 이미 행하여지고 있거나 장래에 행하여질 가능성이 있는 일정한 절차나 행위를 그 대상으로 할 수도 있다.

5. 중지명령의 효력

(1) 효력 일반

중지명령에 의하여 명령의 대상인 절차 또는 행위의 "중지" 또는 "금지"를 명할 수 있다. "중지"를 명한 경우에는 명령의 대상인 절차는 현재의 상태에서 동결되어 그 이상 진행할 수 없게 된다. "중지"는 구체적인 절차를 계속하여 진행하려는 것을 중단시키는 효력밖에 없으므로 새로이 동종 절차의 개시를 신청하는 것은 상관없다. 그 절차를 중지하려면 새로운 중지명령을 얻어야 한다. 이에 반하여 "금지"를 명한 경우에는 명령의 대상인 절차가 현재의 상태에서 동결될 뿐만 아니라 새로이 명령의 대상인 절차를 신청하거나 행위를 하는 것이 금지된다.

중지명령에 반하여 진행된 절차는 무효라고 할 것이다(집행 또는 집행행위의 외형을 제거하기 위하여는 집행에 관한 이의신청, 즉시항고 등을 제기하여야 한다). "중지"를 명한 경우에는 당해 절차를 더 이상 진행시키지 않는다는 효력이 있을 뿐이므로, 이미 진행된 절차의 효력을 소급하여 무효로 만드는 것은 아니다. 따라서 기왕에 집행된 압류 등의 효력은 그대로 유지된다. 채무자의 급여가 압류된 경우에는 단순히 중지명령을 얻는 것뿐만 아니라 개시결정 후 압류명령의 취소명령을 얻는 것도 중요하다.

개인회생채권자가 중지명령에 반하여 채무자에게 변제를 요구하는 행위를 한 경우에 채권자를 제재할 수 있는 특별한 규정이 없다. 다만, 일반적인 불법행위의 법리에 따라 중지명령을 위반한 채권자는 채무자에게 손해배상책임을 부담하게 될 것이다.

채무자는 개인회생절차의 개시결정이 있기 전에는 자유롭게 신청을 취하할 수 있으나, 중지명령을 받은 후에는 법원의 허가를 받아야 신청을 취하할 수 있다. 중지명령의 결정은 민사집행법 제49조 제2호가 정하는 '강제집행의 일시정지를 명한 취지를 적은 재판의 정본'에 해당하므로 이를 집행법원에 제출하고 집행의 정지를 구하면 된다.

(2) 존속기간

중지명령이 효력을 가지는 것은 개인회생절차개시의 신청에 관한 결정이 있을 때까지이다. 개인회생절차개시결정이 있으면 강제집행 등의 절차는 당연히 중지 또는 금지된다. 개인회생절차개시의 신청이 기각되면 중지명령은 당연히 중지 또는 금지된다. 개인회생절차개시의 신청이 기각되면 중지명령은 당연히 실효되고 중지된 절차는 다시 진행을 하게 된다. 이를 저지하기 위하여는 신청을 기각하는 결정에 대하여 즉시항고를 하고 항고심에서 다시 중지명령을 얻어야 한다.

(3) 시효의 부진행

중지명령이 있어도 당해 절차에 관하여 그때까지 행하여진 행위를 소급하여 무효로 하는 것은 아니므로 파산, 강제집행, 경매 등에 의하여 이미 발생한 시효중단의 효력은 중지명령 후에도 계속된다. 강제집행 등에 의한 시효중단의 효력이 발생하기 전에 금지를 내용으로 하는 중지명령이 발하여진 경우 시효중단의 효력이 있다고 볼 것인지가 문제이나, 금지된 기간 중에는 시효가 진행하지 않는 것으로 봄이 상당하다.

6. 중지명령의 취소, 변경

법원은 상당한 이유가 있는 때에는 이해관계인의 신청에 의하거나 직권으로 중지 또는 금지명령을 취소하거나 변경할 수 있다. 이 경우 법원은 담보를 제공하게 할 수 있다. 중지 또는 금지명령에 대하여는 불복이 인정되지 않는다.

【서식】 중지명령 신청서

중지명령 신청서

사 건 20 개회   개인회생
신 청 인 이름 :   (주민등록번호   -   )
(채 무 자) 주 소 :
상 대 방 이름 :
        주 소 :

신 청 취 지

신청인에 대한 이 법원 20   개회 ○○ 개인회생사건에 관하여 개인회생절차의 개시신청에 대한 결정이 있을 때까지 신청인에 대한 ○○법원 2006 타채 ○○호 사건의 압류·추심명령절차를 중지한다는 결정을 구합니다.

신 청 원 인

1. 신청인은 귀원 20   개회 ○○ 개인회생 사건의 신청 채무자입니다.
2. 위 사건의 개시결정 전에 신청인의 급여에 대한 압류·추심명령 절차를 진행하게 되면 채권자간의 형평을 해하게 되며, 개인회생절차에 따른 변제계획의 수행에 큰 어려움이 생길 것입니다.
3. 따라서 신청인은 채무자 회생 및 파산에 관한 법률 제593조 제1항에 의하여 이 신청을 하게 되었습니다.

소 명 방 법

1. 결정문 1통

20 . . .

신청인(채무자)   (서명 또는 날인)
          (연락처 :   )
              ○○회생(지방)법원 귀중

【서식】 중지명령

서울회생법원
결　　정

사　　　　　건　　　20○○개회○○　개인회생

채무자(신청인)　　○ ○ ○(　　　　-　　　　　)

　　　　　　　　　서울 ○○구 ○○동 ○○

주　　문

채무자에 대한 이 법원 20○○개회○○ 개인회생사건에 관하여 개인회생절차의
개시신청에 대한 결정이 있을 때까지 채무자에 대한 이 법원 20○○하단○○
파산선고사건의 파산절차를 중지한다.

이　　유

채무자회생및파산에관한법률 제593조 제1항을 적용하여 주문과 같이 결정한다.

20○○. ○. ○.

판사 ○　　○　　○

【서식】 금지명령 신청서

금지명령 신청서

사　　　　건　　20　　개회　　　　　개인회생
신 청 인　　이름 :　　　　　　(주민등록번호　　　　　－　　　　　　)
(채 무 자)　　주 소 :

신 청 취 지

　신청인에 대한 이 법원 20　개회 ○○ 개인회생사건에 관하여 개인회생절차의 개시신청에 대한 결정이 있을 때까지 다음의 각 절차 또는 행위를 금지한다.

1. 개인회생채권에 기하여 신청인 소유의 유체동산과 신청인이 사용자로부터 매월 지급받을 급료, 제수당, 상여금 기타 명목의 급여 및 퇴직금에 대하여 하는 강제집행 · 가압류 또는 가처분.
2. 개인회생채권을 변제받거나 변제를 요구하는 일체의 행위. 다만, 소송행위를 제외한다.

라는 결정을 구합니다.

신 청 원 인

1. 신청인은 귀원 20　개회 ○○ 개인회생 사건의 신청 채무자입니다.
2. 신청인은 위 개인회생 사건에서 신청인이 매월 (급여를 받는 회사명)에서 지급받는 급여에서 생계비를 제외한 나머지 가용소득으로 채무를 변제하는 계획안을 제출하였습니다.
3. 현재 신청인 소유의 유체동산과 신청인이 사용자로부터 매월 지급받을 급여 및 퇴직금에 대하여는 아직 가압류 또는 압류의 집행이 없는 바, 채권자들이 신청인 소유의 유체동산이나 신청인의 급여 등에 대하여 강제집행 · 가압류 또는 가처분을 하게 되면 신청인의 개인회생절차에 따른 변제계획의 수행에 큰 어려움이 생길 것입니다.
4. 또한, 채권자들이 신청인으로부터 개인회생채권을 변제받거나 변제를 요구하는 행위를 할 경우 채권자간의 형평을 해하게 되며, 신청인의 정상적인 생활에도 지장을 초래하게 될 것입니다.
5. 따라서 신청인은 신청인 소유의 유체동산과 급여 및 퇴직금에 대한 강제집행 · 가압류 또는 가처분과 개인회생채권의 변제요구행위를 금지시켜야 할 필요가 있으므로, 채무자 회생 및 파산에 관한 법률 제593조 제1항에 의하여 이 신청에 이르게 되었습니다.

20 ． ． ．

신청인(채무자)　　　　　　　　　　　　　(서명 또는 날인)
　　　　　　　　　(연락처 :　　　　　　　　　)
　　　　　　　　　　　　　　　○○회생(지방)법원 귀중

【서식】 금지명령

서울회생법원
결   정

사   건   20○○개회○○ 개인회생

채무자(신청인)   ○ ○ ○(-   )

                     서울 ○○구 ○○동 ○○

주   문

채무자에 대한 이 법원 20○○개회○○ 개인회생사건에 관하여 개인회생절차의
개시신청에 대한 결정이 있을 때까지 채무자에 대하여 그 결정 전의 원인으로
생긴 재산상의 청구권에 기하여 채무자의 급여에 대하여 하는 강제집행·가압류
또는 가처분 행위를 금지한다.

이   유

채무자회생및파산에관한법률 제593조 제1항을 적용하여 주문과 같이 결정한다.

20○○. ○. ○.

판사 ○   ○   ○

【서식】 가압류의 취소결정

서울회생법원
결   정

사   건   20○○개회○○ 개인회생
채무자(신청인)   ○ ○ ○(-   )
                  서울 ○○구 ○○동 ○○
상   대   방   주식회사 ○○은행
                  서울 ○○구 ○○동 ○○
                  대표이사 ○ ○ ○
제 3 채 무 자   별지 목록 기재와 같다.

주   문

채무자와 상대방 사이의 서울중앙지방법원 20○○카단○○호 채권가압류 신청 사건에 관하여 위 법원이 20○○. ○. ○. 한 가압류결정을 취소한다.

이   유

(전략) 따라서, 채무자회생및파산에관한법률 제600조 제3항을 적용하여 주문과 같이 결정한다.

20○○. ○. ○.

판사 ○ ○ ○

개인회생절차개시신청의 취하(제594조)

1. 개시결정 취하의 시한

개인회생절차 개시신청을 한 채무자는 개인회생절차의 개시결정이 있기 전에는 신청을 임의로 취하할 수 있다. 일단 개시결정이 내려지고 나면 개시신청의 취하는 있을 수 없는 것이고, 그 절차에서 변제계획이 인가되지 않고 절차가 폐지되더라도 그 채무자는 5년 내에는 개인회생절차를 신청할 수 없다. 개시결정이 내려지지 않고 개시신청 기각결정이 내려지더라도 마찬가지로 5년 내에는 다시 개인회생절차를 신청할 수 없다. 만약 신청에 있어서 치유가 곤란한 흠결이 있음을 발견한 채무자는 법원에서 개시여부의 결정이 내려지기 전에, 즉각 신청을 취하하여야 할 것이다.

이러한 취하가 있는 경우, 채권자 등 이해관계인에 대한 송달을 요하지 않은 채로 절차는 바로 종결되어 확정되므로, 법원사무관등은 취하서를 담당 법관에게 확인받은 후 사건을 즉시 종국처리하여야 할 것이다.

2. 개시결정 전의 취하의 제한

개시결정 전이라도 채무자가 보전처분, 중지명령을 받은 후에는 법원의 허가를 받아야만 신청을 취하할 수 있다.

【서식】 개인회생절차개시신청의 취하허가결정

서울회생법원
결 정

사   건   20○○개회○○ 개인회생
채무자(신청인)   ○ ○ ○(-   )
                서울 ○○구 ○○동 ○○

주   문

이 사건 개인회생절차개시신청의 취하를 허가한다.

이   유

채무자로부터 20○○. ○. ○. 이 사건 개인회생절차개시신청 취하서가 제출되었는 바, 채무자가 이 사건 개인회생절차개시신청 및 그 취하에 이르게 된 경위, 이해관계인에게 미치는 영향 등 제반사정을 종합하여 보면, 이를 허가하는 것이 상당하다고 인정되므로, 채무자회생및파산에관한법률 제594조 단서에 의하여 주문과 같이 결정한다.

20○○. ○. ○.

판사 ○ ○ ○

개인회생절차개시신청의 기각사유(제595조)

제정이유

개인회생절차개시신청 금지사유 축소

1. 개인회생절차의 개시신청의 금지사유가 너무 엄격하여 이용하기 어려운 문제점이 있어 이를 개선하려는 것임

2. 개시신청 금지사유 중 "채무자가 신청일 전 5년 이내에 개인회생절차의 개시신청이 기각되거나 개인회생절차의 폐지결정을 받은 사실이 있는 때"를 삭제함.

3. 또한, 현재는 채무자가 신청일 전 10년 이내에 면책을 받은 사실이 있으면 개인회생절차개시신청을 할 수 없으나, 개인회생절차에 의하여 5년간 변제계획을 이행하여 면책을 받은 사람은 다시 개인회생절차에 의한 면책을 받으려면 10년을 기다리게 하는 것은 너무 장기간이어서 지나치게 엄격하므로, 위 10년을 5년으로 단축함.
   본 조에서 정한 개시기각 사유가 있으면 개인회생절차의 개시신청을 기각할 수 있다.

   법원은 다음 각호의 어느 하나에 해당하는 때에는 개인회생절차개시의 신청을 기각할 수 있다.
   ① 채무자가 신청권자의 자격을 갖추지 아니한 때
   ② 채무자가 채무자회생및파산에관한법률 제589조제2항 각호의 어느 하나에 해당하는 서류를 제출하지 아니하거나, 허위로 작성하여 제출하거나 또는 법원이 정한 제출기한을 준수하지 아니한 때
   ③ 채무자가 절차의 비용을 납부하지 아니한 때
   ④ 채무자가 변제계획안의 제출기한을 준수하지 아니한 때
   ⑤ 채무자가 신청일 전 5년 이내에 면책(파산절차에 의한 면책을 포함한다)을 받은 사실이 있는 때
   ⑥ 개인회생절차에 의함이 채권자 일반의 이익에 적합하지 아니한 때
   ⑦ 그 밖에 신청이 성실하지 아니하거나 상당한 이유 없이 절차를 지연시키는 때

【서식】 개인회생절차개시결정 공고문

개인회생절차개시공고

사   건   20○○개회○○ 개인회생
파 산 자   ○ ○ ○(19○○. ○. ○.생)
             서울 ○○구 ○○동 ○○

위 사건에 관하여 이 법원은 개인회생절차개시결정을 하였으므로 채무자회생및
파산에관한법률 제597조에 의하여 다음과 같이 공고합니다.

다   음

1. 개인회생절차개시결정의 주문
   채무자에 대하여 개인회생절차를 개시한다.
2. 개인회생절차개시 결정일시 : 20○○. ○. ○. ○:○
3. 이의기간 : 20○○. ○. ○.까지
4. 개인회생채권자집회의 기일 및 장소
   ① 개인회생채권자집회의 기일 : 20○○. ○. ○.(요일) ○:○
   ② 개인회생채권자집회의 장소 : 서울회생법원 제○호 법정
5. 개인회생채권자목록의 내용에 관하여 이의가 있는 개인회생채권자는 위 이의
   기간내에 자신 또는 다른 개인회생채권자의 채권내용에 관하여 서면으로 개
   인회생채권조사확정재판을 신청할 수 있다. 다만 개인회생절차개시 당시 이
   미 이의대상인 권리에 대하여 소송이 계속되거나 그 권리에 대해 집행권원
   또는 종국판결이 있는 때에는 그러하지 아니하며, 이 경우에는 그 사실을 법
   원에 신고하여야 한다.

20○○. ○. ○.

서울회생법원

판사 ○   ○   ○

개인회생절차의 개시결정(제596조)

법원의 개시결정

기각사유가 없다고 판단되면 법원은 원칙적으로 신청일부터 1월 이내에 개인회생절차의 개시를 결정한다. 결정을 하는 때에는 결정서에 결정의 연, 월, 일, 시를 기재하여야 하고, 이 결정의 효력은 그 결정시부터 발생한다.

법원은 개인회생절차개시결정과 동시에 개인회생채권에 대한 이의기간(이 기간은 개인회생절차개시결정일로부터 2주 이상 2월 이하), 개인회생채권자집회의 기일(이 기간은 법률상으로는 위 이의기간 말일로부터 2주 이상 1월 이하 사이에 정하기로 되어 있으나, 뒤에서 보는 바와 같이 업무 절차의 번잡을 피하기 위하여 6주 후 무렵의 날로 정하여야 하는 경우도 종종 있을 것으로 보인다)을 정하여야 한다. 이의기간은 채권자들의 구성에 따라서 다르게 정하는데, 대개 송달이 쉽게 이루어지는 금융기관 채권자들로 이루어진 경우에는 비교적 단기간으로 정하고, 송달이 번거로운 개인 채권자들이 포함된 경우에는 그보다 길게 정한다.

개시의 공고와 송달(제597조)

채무자회생및파산에관한법률 제597조 제1항에 의하면, 개인회생절차의 개시결정을 한 경우에는
1. 개인회생절차개시결정의 주문
2. 이의기간
3. 개인회생채권자가 이의기간 안에 자신 또는 다른 개인회생채권자의 채권내용에 관하여 개인회생채권조사확정재판을 신청할 수 있다는 뜻
4. 개인회생채권자집회의 기일을 공고하여야 한다.

공고방법을 관보게재 또는 대법원 규칙이 정하는 방법으로 하도록 규정하고 있고, 대법원 규칙은 개인회생절차가 통상의 도산 사건에 비하여 비교적 간이한 절차라는 점을 감안하고 민사소송 및 민사집행절차에 있어서 전자통신매체의 방법 등 간이한 공고방법을 규정하고 있는 점 등을 감안하여 전자통신매체를 이용한 방법으로써 하는 것으로 정하고 있다. 이러한 공고를

하는 경우에, 필요하다고 인정하는 때에는 적당한 방법으로 공고사항의 요
지를 공시할 수 있다. 이에 따라 예규는, 개인회생절차에서의 공고는 전자통
신매체를 이용한 방법에 의한 공고를 원칙으로 하는 것으로 정하고 있고,
공고사항을 인터넷 대법원 홈페이지(www.scourt.go.kr) 법원공고란에 게시
하는 방법으로 하기로 하고 있다.

법원사무관등은 공고한 날짜와 방법을 기록에 표시하여야 한다. 실무상으
로는 법원사무관등이 공고된 인터넷 페이지와 공고일자가 나타나도록 공고
문을 출력하여 기록에 편철하고, 양식 3의 "기일등 진행상황표"에 공고한
날짜와 방법을 기록한다.

(2) 송달

채무자회생및파산에관한법률 제597조 제2항에 의하면
1. 채무자
2. 알고 있는 개인회생채권자
3. 개인회생절차가 개시된 채무자의 재산을 소지하고 있거나 그에게 채무를
   부담하는 자에게 본 조 제1항에서 공고하도록 하고 있는 사항을 기재한
   서면과 개인회생채권자목록 및 변제계획안을 송달하여야 한다. 그러나 송
   달물 중에서 개인회생채권자목록 및 변제계획안은 채무자가 제출한 것이
   므로, 이를 채무자에게 그대로 다시 송달할 필요는 없다. 이의기간 및 개
   인회생채권자집회의 기일 또는 변제계획안이 변경된 경우에도 송달을 하
   여야 한다.

본 조 제2항에 의하면, 제1회 채권자집회기일을 통지할 대상자는 위에서
본 바와 같이 채무자, 알고 있는 개인회생채권자, 개인회생절차가 개시된
채무자의 재산을 소지하고 있거나 채무자에게 채무를 부담하는 자라고만
규정되어 있으나, 채무자, 개인회생채권자 외에 회생위원에게도 채권자집
회기일을 통지하여야 하므로, 제1회 채권자집회기일 통지의 대상자에 회생
위원도 포함된다고 본다.

개인회생절차에서는 개인회생채권자가 채권신고를 하는 절차가 별도로 마
련되어 있지 않고, 채무자가 작성하여 제출하는 개인회생채권자목록에 의

존하여 채권자 및 그 내역을 파악할 수 밖에 없다. 따라서 부정확한 채권자목록의 작성을 사전에 예방하기 위해서라도 개인회생채권자들에게 정확한 송달을 실시할 필요가 있다. 다른 한편으로, 개인회생절차는 다른 도산 절차와 달리 신속한 진행을 목적으로 간이하게 이루어진 절차이므로 송달의 완료를 고집하여 절차의 신속성을 저해하여서도 아니된다.

이러한 신속성의 필요 때문에 송달을 하여야 하는 경우에 송달할 장소를 알기 어렵거나 그 밖에 대법원규칙으로 정한 사유가 있는 때에는 공고로써 송달에 갈음할 수 있는 대체송달을 규정하고 있고, 대법원규칙은 이미 송달을 시도하였으나 송달불능된 경우로서 재송달을 하고자 한다면 개인회생절차의 진행이 지연될 우려가 있는 때에는 공고로써 송달에 갈음할 수 있는 것으로 규정하고 있다.

실무는, 채권자들에 대한 최초의 송달인 개시결정의 송달은 발송송달에 의하지 아니하고 통상송달에 의하기로 하고 있다. 채권자목록에 기재된 채권의 이의 없이 확정되는 경우에 생기는 강력한 효력을 고려하여 그렇게 정한 것이다. 또한 송달불능이 될 경우의 처리를 위하여, 채권자의 종류 및 숫자에 따라 이의기간을 다르게 정하고 있다.

즉, 송달불능이 될 가능성이 적은 금융기관만으로 채권자가 구성되어 있는 경우에는 이의기간을 4주로, 채권자 중 개인채권자가 1인 이상 3인 이하인 경우에는 이의기간을 6주로, 채권자 중 개인채권자가 4인 이상인 경우에는 이의기간을 8주로 각 정하여 개시결정을 내린다. 그리고 그 이의기간의 종료일은 "기일등 진행상황표"에 기재한다.

위 기간도 주소보정 및 재송달 등에 충분한 시간은 아니므로, 송달불능 통지서가 회보하는 경우에, 법원사무관등은 개시신청서에 기재된 전화번호 등을 통하여 즉시 채무자에게 주소보정을 명하고, 그런 전화통화를 하였다는 사실을 보고서 형식으로 기록에 편철하여 두어야 할 것이다. 이의기간 말일에 임박할 때까지 채무자가 일부 채권자에 대하여 주소보정을 하지 못하는 경우에는, 법원은 채무자로 하여금 채권자목록에서 그 채권자를 뺄것을 권유할지, 아니면 새로 이의기간 및 채권자집회기일을 정하여 송달, 공고 등을 실시할지를 정하여 진행하여야 할 것이다.

【서식】 개인회생절차개시결정 통지서

서울회생법원
통 지 서

수　　　신　　수신처 참조
사　　　건　　20○○개회○○　개인회생
채　무　자　　○ ○ ○(　　　　-　　　　)
　　　　　　　서울 ○○구 ○○동 ○○

　위 사건에 관하여 이 법원은 20○○. ○. ○. ○:○ 개인회생절차개시결정을 하였으므로, 채무자회생및파산에관한법률 제597조 제2항, 제1항의 규정에 의하여 다음 사항을 통지합니다.

다　음

1. 개인회생절차개시결정의 주문
　　채무자에 대하여 개인회생절차를 개시한다.
2. 이의기간 : 20○○. ○. ○.까지
3. 개인회생채권자집회의 기일 및 장소
　　① 개인회생채권자집회의 기일 : 20○○. ○. ○.(　요일) ○:○
　　② 개인회생채권자집회의 장소 : 서울회생법원 제○호 법정
4. 유의사항
　　① 개인회생채권자목록의 내용에 관하여 이의가 있는 개인회생채권자는 위 이의기간 내에 자신 또는 다른 개인회생채권자의 채권내용에 관하여 서면으로 개인회생채권조사확정재판을 신청할 수 있음. 다만 개인회생절차개시 당시 이미 이의대상인 권리에 대하여 소송이 계속하거나 그 권리에 대해 집행권원 또는 종국판결이 있는 때에는 그러하지 아니하며, 이 경우에는 그 사실을 법원에 신고하여야 함.

② 모든 개인회생채권자는 변제계획에 따른 변제예정액을 입금받을 금융기관 계좌번호를 채권자집회기일 종료시까지 제○회생위원에게 신고하여야 함 (계좌번호 신고서 양식은 대법원 홈페이지(www.scourt.go.kr)에서 다운로드 받을 수 있음).

③ 채무자는 제출한 변제계획안에서 정한 가용소득을 제○회생위원의 지시에 따라 〔   〕은행 〔   〕계좌에 변제계획안에서 정한 바 대로 임치하여야 함.

5. 첨부서류
  ① 개인회생채권자목록
  ② 변제계획안

20○○. ○. ○.

판 사 ○   ○   ○

수신처 : 채무자, 회생위원, 개인회생채권자, 채무자의 재산을 소지하고 있거나 그에게 채무를 부담하는 자.

【서식】 개인회생사건 진행표

20○○개회○○호 채무자 ○ ○ ○

제   회생위원 선임 등 상황표

	회생위원	내용	결정일	판사	내용	결정일	판사
1	○ ○ ○	선임	20○○. ○. ○.	(인)	해임	20○○. ○. ○	(인)
2							
3							
4							
5							

기일등 진행상황표

내 역	기 일	비 고
보 전 처 분 일	. . .	
개시 결정 일시	. . . :	. . . 대법원 홈페이지에 공고
이의기간종료일	. . .	변경기일(. . .) (. . .)
채권자집회기일	. . . :	변경기일(. . .) (. . .)
변제계획인가일	. . .	. . . 대법원 홈페이지에 공고
변제계획변경일	. . .	. . . 대법원 홈페이지에 공고
변제계획종료일	. . .	
절 차 폐 지 일	. . .	. . . 대법원 홈페이지에 공고
면책의견청취기한	. . .	
면 책 결 정 일	. . .	. . . 대법원 홈페이지에 공고
면 책 확 정 일	. . .	
면책취소결정일	. . .	. . . 대법원 홈페이지에 공고

개인회생절차개시재판에 대한 즉시항고(제598조)

1. 불복의 형식과 불복할 수 있는 사람의 범위

개인회생절차개시신청에 관한 재판에 대하여는 즉시항고를 할 수 있다. 항고를 할 수 있는 자는 그 재판에 이해관계를 가진 자로, 개인회생절차 개시결정의 경우에는 채권자목록에 기재된 개인회생채권자와 별제권자(담보권실행을 위한 경매가 중지, 금지되므로)가 될 것이나, 개시신청기각결정의 경우에는 신청인만이 이해관계를 가진다 할 것이므로 신청인만이 즉시항고를 할 수 있다.

2. 즉시항고의 기간

즉시항고는 재판의 공고가 있는 때에는 그 공고가 있은 날부터 14일 이내에 하여야 하고, 공고는 관보게재일 또는 전자통신매체를 이용한 공고가 있은 날의 다음날에 그 효력이 발생하는바, 개인회생절차 개시결정을 할 경우에는 공고를 하여야 하므로, 개시결정에 대한 즉시항고기간은 공고가 있은 날의 다음날부터 기산하여 14일이다.

개시신청기각결정의 경우에는 공고되지 아니하므로 민사소송법이 준용되어 즉시항고기간은 신청인이 결정문을 송달받은 날의 다음날부터 1주간이다.

3. 즉시항고의 효력 등

개인회생절차 개시결정에 대한 즉시항고는 집행정지의 효력이 없다.

개시신청시각결정에 대한 즉시항고가 있는 경우에는 항고법원은 신청인의 신청에 의하거나 직권으로 보전처분, 중지명령을 발할 수 있다. 이는 즉시항고에 대한 재판이있을 때까지 상당한 시간이 소요되므로, 그 사이에 개인회생재단에 속하는 재산이 산일되면 장래 기각결정이 번복되어 개인회생절차가 개시되어도 그 목적을 달할 수 없게 될 가능성이 있기 때문에 둔 규정이다.

4. 원재판의 경정

원심법원이 즉시항고에 정당한 이유가 있다고 인정하는 때에는 그 재판을 경정하여야 한다. 즉시항고를 이유 없다고 인정하면 사건을 항고법원에 송부한다.

5. 항고법원의 판단 및 그 후속조치

항고법원은 즉시항고의 절차가 법률에 위반되거나 즉시항고가 이유 없다고 인정하는 때에는 결정으로 즉시항고를 각하 또는 기각하여야 하고, 즉시항고가 이유 있다고 인정하는 때에는 원래의 결정을 취소하고 사건을 원심법원에 환송하여야 한다. 다만, 개시신청 기각결정을 취소할 경우, 항고법원이 개시결정을 한 후 후속절차를 진행하는 것은 적절하지 아니하므로, 사건을 원심법원에 환송하여 할 것이나, 개시결정을 취소할 경우에는 사건을 환송할 필요 없이 항고법원이 직접 개시신청 기각결정을 하여야 할 것이다.

법원은 개인회생절차개시결정을 취소하는 결정이 확정된 때에는 즉시 그 주문을 공고하고, 채무자, 알고 있는 개인회생채권자, 개인회생절차가 개시된 채무자의 재산을 소지하고 있거나 그에게 채무를 부담하는 자에게 그 결정의 취지를 송달하여야 한다.

개시결정을 취소하는 결정이 내려지는 경우는 원심법원이 재도의 고안을 하여 스스로 취소결정을 하는 경우와 항고법원이 취소결정을 하는 경우인바, 위 공고 등 후속조치는 취소결정이 확정된 심급단계의 법원이 지체없이 하여야 할 것이다.

항고법원의 결정에 대하여는 재판에 영향을 미친 헌법, 법률, 명령 또는 규칙의 위반이 있음을 이유로 하는 경우에 한하여 대법원에 재항고를 할 수 있다.

【서식】 즉시 항고장

(즉시) 항 고 장

※인지
기각,각하 : 60,000원
면책,폐지 : 2,000원
※송달료 : 45,000원

항고인 (이 름)
　　　 (주 소)
　　　 (연락처)

○○회생(지방)법원 ○○사건에 관하여 동 법원이 20 　.　　.　　. (면책, 기각, 각하, 폐지)결정을 하였으나 이에 불복하므로 항고를 제기합니다.

원결정의 표시

항 고 취 지

항 고 이 유

1.
2.

20 　.　　.　　.

　　항고인　　　　　　(날인 또는 서명)

　　　　　　　　　　　　○○회생(지방)법원 귀중

◇ 유의사항 ◇

항고인은 연락처란에 언제든지 연락 가능한 전화번호나 휴대전화번호(팩스번호, 이메일 주소 등도 포함)를 기재하기 바랍니다.

개인회생절차개시결정의 취소(제599조)

채무자가 신청한 개인회생절차 개시신청이 인용되었고 이에 대하여 이해관계인이 즉시항고를 하여 심리한 결과 즉시항고가 받아들여지는 경우에는, 법원이 원심 결정을 취소하고 개인회생절차 개시신청을 기각하게 된다. 이 경우 항고법원의 법원사무관등은 즉시항고인과 채무자에게 그 결정을 송달하여야 하고, 그 결과 이미 내려졌던 개인회생절차의 개시결정의 취소결정이 확정되는 경우에는 법원사무관등은 그 즉시 그 주문을 공고하고, 개시결정의 주문 등을 송달받을 자, 즉 채무자, 알고있는 개인회생채권자, 개인회생절차가 개시된 채무자의 재산을 소지하고 있거나 그에게 채무를 부담하는 자에게 그 결정의 취지를 송달하여야 한다. 이처럼 공고와 송달을 모두 하여야 하는 경우에는 그 송달은 서류를 우편으로 발송하는 방법으로 할 수 있는데, 굳이 공고와 송달을 병존적으로 규정한 취지에 비추어 보면 이러한 경우에는 대체공고 규정은 적용되지 않는다고 보아야 할 것이다. 그리고 이 경우의 공고는 모든 이해관계인에 대하여 송달의 효력이 있다.

【서식】 개인회생절차개시결정 취소결정 확정공고

개인회생절차개시결정 취소결정 확정공고

사　　　건　　　20○○라○○ 개인회생
파　산　자　　　○ ○ ○(19○○. ○. ○.생)
　　　　　　　　서울 ○○구 ○○동 ○○

　위 사건에 대한 서울회생법원 20○○. ○. ○.자 개인회생절차개시결정을 취소하는 결정이 20○○. ○. ○. 확정되었으므로 채무자회생및파산에관한법률 제609조에 의하여 공고합니다.

20○○. ○. ○.

서울회생법원 개인회생 501부

재판장 판사　○　○　○

판사　○　○　○

판사　○　○　○

【서식】 개인회생절차개시결정 취소결정 확정통지서

서울회생법원
개인회생501단독부
통 지 서

수   신   수신처 참조

사   건   20○○라○○ 개인회생

채 무 자   ○ ○ ○(-   )

　　　　　　 서울 ○○구 ○○동 ○○

　위 사건에 관한 서울회생법원은 20○○. ○. ○.자 개인회생절차개시결정을 취소하는 결정이 20○○. ○. ○. 확정되었으므로 채무자회생및파산에관한법률 제598조에 의하여 이를 통지합니다.

20○○. ○. ○.

재판장 판 사 ○ ○ ○

수신처 : 채무자, 회생위원, 개인회생채권자, 채무자의 재산을 소지하고 있
　　　　　거나 그에게 채무를 부담하는 자.

다른 절차의 중지 등(제600조)

1. 다른 도산절차의 중지, 금지

개인회생절차개시결정이 있는 때에는 채무자에 대하여 이미 속행 중인 파산절차 또는 화의절차는 중지되고, 새로이 파산절차를 개시하는 것도 금지된다. 이후 변제계획 인가결정이 있는 때에는 중지된 파산절차는 그 효력을 잃는다.

2. 강제집행, 가압류, 가처분의 중지, 금지

개인회생절차개시결정이 있는 때에는 채권자목록에 기재된 개인회생채권에 기하여 개인회생재단에 속하는 재산에 대하여 이미 계속 중인 강제집행, 가압류 또는 가처분은 중지되고, 새로이 강제집행, 가압류 또는 가처분을 하는 것은 금지된다. 법원은 상당한 이유가 있는 때에는 이해관계인의 신청에 의하거나 직권으로 중지된 절차 또는 처분의 속행 또는 취소를 명할 수 있다. 다만, 처분의 취소의 경우에는 담보를 제공하게 할 수 있다. 중지된 절차·처분의 속행·취소신청서에는 민사소송등인지법 제9조 제3항에 의거 5천원의 인지를 붙여야 한다.

(1) 중지, 금지의 대상

중지, 금지되는 절차는 개인회생채권, 즉 채무자에 대하여 개인회생절차개시결정 전의 원인으로 생긴 재산상의 청구권에 기한 것에 한한다. 따라서 개인회생채권이 아닌 개인회생재단채권, 환취권에 기한 강제집행, 가압류 또는 가처분은 허용된다.

또한, 개인회생채권 중에서도 '채권자 목록에 기재된 개인회생채권'에 기한 절차만이 중지, 금지되는 것이므로, 채무자가 채권자목록에 누락한 채권자는 개시결정 후에도 자유롭게 강제집행 등을 행할 수 있다.

그리고 '개인회생재단에 속하는 재산'에 대하여 행하는 강제집행 등만 중지, 금지 되는 것이므로, 연대채무자, 보증인, 물상보증인 등 제3자의 재산에 대하여 행하는 것은 중지, 금지되지 않는다.

문제는, 법률상 중지, 금지의 대상이 '강제집행, 가압류 또는 가처분'으로 규정되어 있어, 체납처분이 포함되어 있지 않은데, 개인회생절차개시 당시 이미 납부기한이 도래하여 있는 조세 등 개인회생재단채권에 해당하지 않는 조세(일반 우선권 있는 개인회생채권에 해당)에 기한 체납처분도 중지 또는 금지되지 않는지 여부이다. 개시결정시 중지, 중지, 금지되는 행위 및 중지명령의 대상이 되는 행위에 체납처분은 전혀 규정되어 있지 않으므로, 법해석상 기존 체납처분의 속행 및 새로운 체납처분의 실시는 자유롭게 허용된다고 볼 수 밖에 없다.

제 3 장
회생위원

선임 및 해임(제601조)

1. 의의

회생위원은 법원의 감독 아래 채무자의 재산 및 수입의 상황, 개인회생채권
의 존부 및 채권액 등을 신속, 정확하게 조사하고 채무자가 적정한 변제계획
안을 작성하도록 필요한 권고를 하며 변제계획의 수행을 감독하는 등 개인
회생절차가 적정하고 원활하게 진행될 수 있도록 법원을 보좌하는 업무를
수행한다.

2. 선임, 보수, 해임 등

(1) 선임시기

회생위원의 선임시기에 관하여는 법문상 명문의 아무런 제한이 없다. 따라
서 개인회생절차개시의 신청이 있을 때부터 개인회생절차가 종료할 때까
지 선임할 수 있다. 따라서 개인회생절차의 개시 전에는 물론이고 개시 후
에도 회생위원을 선임할 수 있다.

(2) 실무에서의 처리

개인회생절차의 원활한 진행을 위하여는 개인회생절차개시의 신청이 있으
면 지체없이 회생위원을 선임하는 것이 바람직하므로, 실무에서는 신청 직
후에 곧바로 회생위원을 선임하는 방식으로 운영할 예정이다.

(3) 임의적 선임

법원은 필요하다고 인정하는 때에 이해관계인의 신청에 의하거나 직권으
로 회생위원을 선임할 수 있다. 회생위원의 선임은 원칙적으로 법원의 재
량에 속하는 사항이므로 법원이 반드시 회생위원을 선임하여야 하는 것은

아니지만, 절차의 원활한 진행을 기하기 위하여는 특별한 사정이 없는 한 회생위원을 선임하는 것이 좋을 것이다.

3. 피선임자격

(1) 법원은 이해관계인의 신청에 의하거나 직권으로 다음 각호에 해당하는 자를 회생위원으로 선임할 수 있다.

1. 관리위원회의 관리위원
2. 법원사무관등
3. 변호사·공인회계사 또는 법무사의 자격이 있는 자
4. 법원주사보·검찰주사보 이상의 직에 근무한 경력이 있는 자
5. 「은행법」에 의한 은행에서 근무한 경력이 있는 사람으로서 회생위원의 직무수행에 적합한 자
6. 채무자를 상대로 신용관리교육·상담 및 신용회복을 위한 채무조정업무 등을 수행하는 기관 또는 단체에 근무 중이거나 근무한 경력이 있는 사람으로서 회생위원의 직무수행에 적합한 자
7. 제1호 내지 제6호에 규정된 자에 준하는 자로서 회생위원의 직무수행에 적합한 자

(2) 공무원 아닌 외부인을 회생위원으로 임명하는 경우에는, 채무자로부터 지급받은 금원에서 회생위원의 보수를 지급하도록 할 수 밖에 없다. 이렇게 되면 채무자들에게 부담이 될 수 있다는 점, 그리고 개인회생제도의 초기정착과정에서 회생위원의 업무 숙지를 위한 교육의 편의 등을 고려하여 법원에서는 당분간 법원사무관 직급을 가진 법원공무원을 위주로 하여 임명하는 것으로 정하였다.

4. 선임절차

(1) 의견제시 요구

위에서 본 바와 같이 회생위원은 법원사무관 급의 법원공무원을 위주로 하여 선임될 것인데, 회생절차에 의한 관리위원회가 설치된 경우에는 법원은 관리위원회에 회생위원의 선임에 대한 의견의 제시를 요구할 수 있다.

(2) 회생위원의 지명

회생위원은 1인 내지 다수인이 법원별로 미리 지정되어 있어야 하고, 사건 접수시 또는 그 직후에 예정된 순서에 따라 바로 회생위원이 지명되게 하도록 하여야 한다. 여러 회생단독재판부가 구성되어 있는 경우에는 회생위원이 재판부별로 소속되는 것이 법관과 회생위원 간의 업무연락의 편의 등의 측면에서 더 나을 것이다.

(3) 실무에서의 처리

또한 회생위원에 대한 관리의 편의를 위하여, 예규는 하나의 지방법원 내에서 회생위원 업무를 담당할 인원이 여러 명 있는 경우에는 그 지방법원의 법원장이 그 사람들에게 번호를 부여하여야 하고, 법원은 회생위원의 선임시에 위 번호를 부여하여야 한다고 정하고 있다.

또한 회생위원의 선임시에 별도의 선임결정을 하는 것은 번거로움으로, 기록표지 바로 뒷장에 편철되는 "회생위원 선임 등 상황표내에 회생위원 및 선임일자를 기재하고 판사가 날인함으로써 표시를 하는 것으로 처리하기로 하였다.

5. 보수

(1) 보수의 결정

회생위원을 선임할 때에는 회생위원이 받을 보수를 결정하여야 한다. 회생위원이 업무수행 중에 채무자가 은닉한 재산을 찾아내어 개인회생재단의 증식에 기여하는 등 그 공로가 인정되는 경우에는 법원은 직권으로 회생위원에게 특별보상금을 지급할 수 있다. 회생위원의 보수 및 특별보상금은 채무자의 재산 및 부채의 규모, 조사업무의 내용과 난이도, 변제기간 등을 감안하여 결정하되 그 직무와 책임에 상응한 것이어야 한다. 회생위원의 보수 또는 특별보상금에 관한 법원의 결정에 대하여는 즉시항고를 할 수 있다.

(2) 공무원이 아닌 외부인의 회생위원 선임

공무원 아닌 외부인이 회생위원으로 선임되는 경우에는 법률이 정한 보수

를 지급하여야 할 것이나, 위에서 본 바와 같이 우리나라에서 개인회생제
도의 초기정착과정에서는 법원공무원을 위주로 회생위원을 임명하기로 하
였으므로, 이와 같은 경우에는 위와 같은 보수는 문제로 되지 않을 것으로
보인다. 예규에서도, 회생위원이 법원사무관등인 경우에는 보수를 지급하
지 아니하는 것을 원칙으로 하며, 보수를 정하는 경우에는 과다하지 않은
금액으로 정하도록 유의하여야 한다고 정하고 있다.

(3) 비용의 예납

회생위원은 업무수행을 위하여 지출할 필요가 있는 비용을 미리 받을 수
있다. 비용의 지출이 예상되는 경우에는 채무자로부터 이를 미리 예납 받
은 후에 회생위원에게 보수와는 별도로 지급하여야 할 것이다.

(4) 회생위원의 보수 및 비용의 청구권의 성질

회생위원의 보수 및 비용의 청구권은 개인회생재단채권이므로, 개인회생
절차에 의하지 아니하고 개인회생채권보다 먼저 수시로 변제받을 수 있다.

6. 사임과 해임 등

(1) 사임

회생위원은 법원의 허가를 받아야 사임할 수 있으며, 회생위원이 사임을
원하는 경우 법원은 미리 후임 회생위원을 물색하여 둠으로써 업무수행에
공백이 없도록 하여야 한다.

(2) 해임

법원은 상당한 이유가 있는 경우에는 이해관계인의 신청에 의하거나 직권
으로 회생위원을 해임할 수 있다. 법원은 회생위원의 업무수행적정성에 관
한 감독 및 평가 업무를 행하고 있는 관리위원회에 회생위원의 해임에 대
한 의견의 제시를 요구할 수 있다. "상당한 이유"라고 함은 수뢰, 배임, 횡
령 등 범죄행위, 허위보고, 질병이 될 수 있을 것이다.

(3) 계산의 보고

회생위원은 그 임무가 종료된 때에 법원에 대한 계산의 보고를 하여야 하는데, 임무종료시 변제계획의 수행을 감독하고 있는 사건이 수백건 이상일 가능성이 많으므로, 개개 사건별 계산보고를 하기보다는 전체 사건을 종합한 계산보고로써 족하다고 보아야 할 것이다.

회생위원이 사임하거나 해임된 경우에는 새로운 회생위원을 선임하여야 한다.

7. 회생위원의 대리

회생위원은 필요한 때에는 그 직무를 행하기 위하여 자기의 책임으로 1인 이상의 회생위원 대리를 선임할 수 있으며, 그 선임에 있어서는 법원의 허가를 요한다. 회생위원 대리는 회생위원에 갈음하여 재판상 또는 재판외의 모든 행위를 할 수 있다.

회생위원의 업무(제602조)

1. 회생위원의 업무

회생위원은 법원의 감독을 받아

(1) 채무자의 재산 및 소득에 대한 조사

(2) 부인권 행사명령의 신청 및 그 절차 참가

(3) 개인회생채권자집회의 진행

(4) 그 밖에 법령 또는 법원이 정하는 업무를 수행한다.

그리고 위 (4)에 따른 업무로는 개인회생절차의 개시여부의 재판에 관한 의견의 제시, 채무자가 적정한 변제계획안을 작성할 수 있도록 채무자에 대하여 행하는 필요한 권고, 저당권 등으로 담보된 개인회생채권이 있는 경우 그 담보목적물의 평가, 변제계획에 따른 변제가 지체되고 그 지체액이 변제액의 3개월분에 달한 경우 법원에 대한보고, 변제계획에 따른 변제가 완료된 경우 법원에 대한 보고, 회생위원의 임무가 종료된 때에 법원에 대한 계산의 보고 등이 있다. 회생위원은 채권자집회를 진행한 경우에는 그 채권자 집회일로부터 2주내에 채권자집회에서 이의가 있었는지 여부와 이의의 내용, 이의가 있은 경우 채무자회생및파산에관한법률 제614조의 규정에 따른 변제계획 인가조건을 충족하였는지 여부에 관한 의견, 제602조 제1항의 규정에 정해진 업무 수행의 결과를 기재한 보고서를 법원에 제출하여야 한다.

2. 채무자의 재산 및 소득에 대한 조사

회생위원은 채무자의 재산 및 수입의 상황을 신속하고도 정확하게 조사하여 개인회생절차개시 신청의 기각사유의 유무나 부인권 행사의 대상인 행위의 유무, 변제계획안의 적정성 및 수행가능성 여부 등을 판단하기 위한 자료를 수집하고 이를 기초로 하여 필요한 업무를 수행하게 된다.

(1) 채무자에게 재산상의 업무에 관한 보고 요구

회생위원은 채무자의 재산 및 수입의 상황을 조사하기 위하여 언제든지 채무자에게 금전의 수입과 지출 그밖에 채무자의 재산상의 업무에 관하여 보고를 요구할 수 있고, 필요하다고 판단할 경우에는 재산상황의 조사, 시정의 요구 기타 적절한 조치를 취할 수 있다. 회생위원은 채무자의 장부나 서류 그 밖의 물건을 검사할 수 있고, 필요한 경우 채무자의 자택을 방문할 수도 있다. 회생위원은 채무자의 재산을 조사하기 위하여 필요한 경우에는 법원에 채무자의 재산 및 신용에 관한 전산망을 관리하는 공공기관, 금융기관, 단체 등에 채무자 명의의 재산에 관하여 조회한 것을 신청할 수 있다. 채무자는 회생위원의 요청이 있는 경우에는 재산 및 소득, 변제계획 그 밖의 필요한 사항에 관하여 설명을 하여야 한다. 채무자가 정당한 사유 없이 회생위원의 보고, 조사, 시정요구를 거부하거나 허위보고를 하면 1년이하의 징역 또는 1천만원 이하의 벌금에 처한다. 회생위원은 채무자에게 보고, 조사, 시정요구를 하는 때 그에 위반할 때에는 처벌될 수 있음을 고지하여야 한다.

(2) 부동산의 평가

재산 및 소득의 조사에 관하여 가장 중요한 사항 중의 하나가 채무자 소유 부동산의 가격평가이다. 부동산의 평가가 필요한 이유는

1) 청산가치 보장원칙이 지켜지는지를 파악하기 위하여(그러나 대개의 회생 사건에서는 청산가치가 크지 않을 것이므로, 이 원칙의 준수 여부가 문제 되는 사건은 드물 것으로 예상된다) 현재 부동산의 처분가치를 알아야 하기 때문이고

2) 그 부동산에 담보가 설정되어 있는 경우 그 피담보채권 중 부동산의 환가 액에서 변제받지 못할 금액, 이른바 예정부족액이 얼마인지를 파악해야 변제계획안을 세울 수 있기 때문이다.

(3) 실무에서의 처리

부동산의 평가를 엄격하게 하려면 감정평가사 등에 의뢰하여 공식적인 평가절차를 거쳐야겠지만, 청산가치 보장원칙의 준수 여부가 애매하여 그러한 공식적 평가를 의뢰하여야 한다고 법원이 판단하는 경우를 제외하면, 대개의 경우는 일차적으로는 회생채무자가 개시신청시에 제출하는 시가소명자료에 의하여, 이차적으로 회생위원의 간이평가에 의하여 충분한 것으로 본다는 것이 실무의 방침이다.

1) 간이평가

회생위원이 행하는 간이평가란, 예컨대 아파트 같은 경우에는 2개 이상 인터넷사이트의 시가를 평균한 금액이라든지, 부동산 소재지 인근 중개사 사무소 2곳으로부터 받은 시가확인서상의 시가를 평균한 금액으로써 평가에 갈음하는 것을 가리킨다. 실무에서는 담보물 예정부족액을 산정하기 위한 평가에 있어서는 위 금액에 다시 70%를 곱하는 방법을 사용하기도 한다.

3. 부인권 행사명령의 신청 및 그 절차 참가

부인권이란 채무자가 본인의 재산에 관하여 개인회생절차개시 전에 한 개인 회생채권자를 해하는 행위의 효력을 개인회생절차에 대한 관계에 있어서 부인하고 그 행위로 인하여 일탈한 재산에 대해 개인회생재단에 회복하기 위한 목적으로 채무자가 행사하는 권리이다. 부인권은 채무자가 행사한다. 그러나 부인권의 대상인 행위를 행한 채무자가 스스로 적정한 부인권을 행사할 것이라고 기대하기는 어렵다.

(1) 채무자가 부인권을 적정하게 행사하지 아니할 경우

　　회생위원은 채무자가 부인권을 적정하게 행사하지 아니할 경우 법원에 채무자에게 부인권의 행사를 명할 것을 신청할 수 있고, 부인권의 행사에 참가하는 방법도 있을 수 있다. 조속한 법률관계의 확정을 통하여 거래안전을 확보하기 위한 제도이므로, 개인회생절차개시결정이 있은 날부터 1년이 경과하거나 부인의 대상이 되는 행위를 한 날로부터 5년이 경과하면 부인권을 행사 할 수 없도록 하고 있다. 회생위원은 채무자의 재산 및 수입의 상황을 파악하면서 부인권 행사의 대상이 되는 행위가 있는지 여부에 관하여 철저히 검토하여 부인권 행사가 불가능하게 되기 전에 부인권의 행사 여부를 결정하도록 주의하여야 할 것이다.

제 4 장

개인회생채권의 확정

개인회생채권의 확정(제603조)

1. 개요

개인회생채권이 확정되는 경로는 4가지이다.

첫째 개인회생채권자목록에 기재된 채권에 대하여 채권자의 이의가 없어서 목록 기재대로 확정되는 경우,

둘째 이의가 제기되고 채권조사확정재판을 통하여(그에 대한 불복이 없어서) 확정재판의 결과대로 확정되는 경우,

셋째 채권조사확정재판에 대한 불복이 있어서 그 이의의 소에서 확정되는 경우,

넷째 개시결정 당시 이미 별소가 제기되어 있어서 그 별개의 소송결과대로 확정되는 경우 이렇게 4가지이다.

2. 채권신고제도 등의 비교

	회사정리절차	파산절차	개인채무자회생절차
채권신고제도	○	○	×
시부인절차(조사절차)	○	○	×(목록기재)
실권제도	○	△(배당에서 제척)	×
확정판결과 동일한 효력	○	○	○
채권확정소송	○	○	○
권리변경효력의 발생시기	인가(확정)시	없음	면책결정확정시

3. 개인회생채권자목록의 제출, 수정과 이의

(1) 이의기간 등

1) 공고와 송달

채무자가 개인회생절차개시신청을 하게 되면 개인회생채권자목록을 첨부하여야 하고, 법원은 그 신청일로부터 1월 이내에 개인회생절차의 개시여부를 결정하되, 법원이 개시결정을 한 때에는 지체 없이 이의기간을 정하여 공고하고, 알고 있는 개인회생채권자에게 개인회생채권자 목록 및 변제계획안을 송달하여야 한다.

2) 문제되는 경우

개인회생채권자목록에 기재된 채권자의 주소 등은 채무자가 작성, 제출하는 것이기 때문에 송달방법 및 채권자에 대한 송달이 되지 않는 경우의 처리방법이 문제된다.

3) 공고

공고로써 송달에 갈음하는 결정을 할 수 있는지에 대하여는 부정적으로 해석함이 타당할 것이다. 적어도 실무에서는 이의기간 도과에 따른 확정력이라는 부담을 고려할 때 곧바로 발송송달을 실시하는 것보다는 통상의 우편송달에 의한 방법으로 송달을 실시하고 그 송달통지서 회보결과 송달불능된 채권자에 대해 발송송달을 실시하는 방법도 검토될 수 있을 것이다. 그러나 대다수의 채권자에게 송달이 불능되는 경우에 있는 때거나 거액채권자에 대한 송달이 불능일 경우에는 채권자집회를 추후 지정으로 연기 또는 변경하는 것이 더 바람직할 것이다.

4) 개시결정으로 인하여 강제집행과 채권자의 변제요구가 중지 또는 금지된다. 하지만, 이는 개인회생채권자목록에 기재된 개인회생채권에 의한 것에만 한정되는 것이다.

(2) 채권자목록의 수정 및 변경

1) 개인회생채권자의 기재와 변경

채무자가 위와 같은 강제집행 등의 중지, 금지 효과를 얻기 위해서 가장 중요한 것은 무엇보다 개인회생채권자 목록에 개인회생채권자를 빠짐없이 정확히 기재해야 한다. 다만 채무자는 개시결정 전까지 개인회생채권자목록에 기재된 사항을 변경 또는 정정할 수 있고, 책임질 수 없는 사유로 인하여 채권자목록에 누락되었거나 잘못 기재한 사항을 발견한 때에는 개시결정 후라도 변제계획인가결정이 있기 전까지는 법원의 허가를 받아 목록에 기재된 사항을 정할 수 있다.

2) 수정목록의 제출

그러나 채권자목록에 누락된 채권자는 법률상 강제집행 중지, 금지 등의 제한도 받지 않고, 실권효도 인정하지 않고 있으므로 목록누락 채권자의 목록추가 신청절차나 조사확정재판신청은 허용할 필요가 없다고 해석함이 상당하다고 본다. 그렇지만 채무자가 이러한 사정을 알고 스스로 추가된 수정목록을 제출하는 것은 무방하다.

3) 개시결정 전, 후에 따른 구분

개시결정 전에 수정이 이루어진 경우	수정된 대로 공고, 송달을 하면 된다
개시결정 후에 수정이 이루어진 경우	수정사항에 대하여 이의기간을 공고하고 그 수정된 목록을 송달하여야 한다

4) 이의기간이 도과된 경우

목록의 수정은 이의기간이 도과되기 전에는 특별한 제한이 없으나, 이의기간이 도과되어 이미 확정의 효과가 생긴 개인회생채권의 경우에는, 절차적 불가쟁효에 저촉되어 이를 다시 수정할 수는 없는 것이고, 단지 처음부터 누락된 채권자이거나 새로운 원인관계에 기한 채권인 경우에만 그 수정과 추가가 가능하다고 해석된다. 다만 채무자에게 스스로 책임질 수 없는 사유가 인정되는 경우에는 추완의 일환으로서 목록의 수정도 허용된다 할 것이다.

5) 명의변경

규정에 의하여 확정된 개인회생채권을 취득한 자는 채권자 명의변경을 신청할 수 있다.

4. 이의기간 도과 등에 따른 확정

(1) 기간내에 확정재판을 신청하지 아니하거나 신청이 각하된 경우

채무자가 제출한 개인회생채권자목록에 기재된 채권자가 이의기간 내에 개인회생채권조사확정재판을 신청하지 아니하거나, 개인회생채권조사확정재판 신청이 각하된 경우에 개인회생채권은 그 목록에 기재된 대로 확정된다.

(2) 기재의 효력

채권이 확정된 때 법원사무관 등은 '채권자의 성명 및 주소채권의 내용 및 원인'을 개인회생채권자표에 기재하여 작성하여야 하고 그 기재는 개인회생채권자 전원에 대하여 확정판결과 동일한 효력이 있다.

(3) '확정판결과 동일한 효력'의 의미

개인회생채권자 전원과의 관계에서 절차 내 불가쟁의 효력을 갖는다는 의미로 해석된다. 즉 위 확정된 내용과 같이 채권자표에 기재되고 변제계획에 반영되어 변제를 받을 적격을 갖게 된다는 의미인 것이다.

(4) 개인회생절차 종료 이후에 개인회생채권자표에 대하여 집행력을 부여할 것인지의 여부

이론의 여지가 있으나 절차종료 이후의 집행력에 대하여 별도의 규정을 두어 그 집행력을 인정하고 있는 점에 비추어 볼 때, 위와 같은 별도의 규정을 두고 있지 아니한 개인회생절차에서는 소극적으로 해석함이 타당하다.

【서식】 개인회생채권자목록

개인회생채권자목록

채권현재액 산정기준일:　.　.　.　　　　　목록작성일:　.　.　.

채권현재액 총합계		담보부 회생 채권액의 합계		무담보 회생 채권액의 합계	
원금의 합계					
이자의 합계					

※ 개시후이자 등: 아래 각 채권의 개시결정일 이후의 이자·지연손해금 등은 채무자 회생 및 파산에 관한 법률 제581조 제2항, 제446조 제1항 제1, 2호의 후순위채권입니다.

채권번호	채권자	채권의 원인		주소 및 연락처	
		채권의 내용			부속서류 유무
		채권현재액(원금)	채권현재액(원금) 산정근거		
		채권현재액(이자)	채권현재액(이자) 산정근거		
			(주소) (전화)	(팩스)	
					□ 부속서류 (1, 2, 3, 4)
			(주소) (전화)	(팩스)	
					□ 부속서류 (1, 2, 3, 4)
			(주소) (전화)	(팩스)	
					□ 부속서류 (1, 2, 3, 4)
			(주소) (전화)	(팩스)	
					□ 부속서류 (1, 2, 3, 4)

<개인회생채권자목록 작성요령>

1. **채권현재액 산정기준일**: 채권현재액을 산정함에 있어서 기준이 되는 일자로 신청일 또는 신청예정일을 기재합니다.

2. **채권의 기재순서**: 채권의 기재는 우선권이 있는 채권, 담보부 개인회생채권(유치권·질권·저당권·양도담보권·가등기담보권·전세권 또는 우선특권으로 담보된 개인회생채권), 무담보 일반개인회생채권, 후순위 채권의 순서로 기재하고 발생일자에 따라 오래된 것부터 먼저 기재하되 여러 채권을 가진 동일한 채권자는 연속하여 기재합니다.

3. **채권현재액 총합계 등**: 채권자목록에 기재된 채권현재액의 원금 또는 이자를 합산하여 '채권현재액 총합계'란의 합계, 원금, 이자로 나누어 먼저 기재합니다. 다음으로 부속서류 1의 '⑤담보부 회생채권액'의 합계란의 금액을 '담보부 회생채권액의 합계'란에 기재합니다. 마지막으로 '채권현재액 총합계'의 '원금'에서 '담보부 회생채권액의 합계'를 공제한 금액을 '무담보 회생채권액의 합계'란에 기재합니다.

4. **채권자**: 법인 등의 경우 법인등기부에 기재된 정식명칭을 기재합니다. 개인영업자의 경우 개인의 이름을 기재하되 실제 영업상 사용되는 명칭을 괄호에 넣어 병기합니다.
   (예 : 홍길동(○○상사))

5. **채권의 원인**: 채권의 발생당시를 기준으로 차용금, 매매대금 등의 채권의 발생원인, 시기 또는 기간 등을 간략히 기재하되 대여금 등의 경우 최초의 원금을 같이 기재합니다.
   (예, 2003. 1. 1.자 대여금 10,000,000원)

6. **채권의 내용**: 잔존채권의 내용, 즉 산정기준일의 원금잔액과 기존에 발생하였거나 앞으로 발생할 이자(지연손해금) 등을 이자율 등에 따른 기간으로 구분하여 기재합니다.

7. **채권현재액**: 채권현재액 산정기준일 현재의 원금과 이자(지연손해금 포함)를 구분하여 기재합니다. 단, 우선권 있는 개인회생채권의 개시결정전일까지의 이자(지연손해금 포함)는 원금에 산입하여 기재합니다.

8. **채권현재액 산정근거**: 채권현재액이 어떻게 산정되었는지 상세하게 기재합니다. 산정근거를 기재할 때에는 잔여 원금과 이자 등으로 크게 구분하고, 이자 등의 계산에 있어서 산정 대상 원금, 이자율이 변경되는 경우에는 원금, 이자율이 달라지는 기간별로 나누어 계산한 근거를 기재합니다.
   다만 변제계획안이 원금만을 변제하는 것으로 작성된 경우에는 채권현재액의 이자 산정은 월 미만은 버리는 등으로 간이하게 산정하여도 무방하고, 금융기관에서 발급한 원금과 이자등이 구분된 부채확인서 등을 첨부하여 채권현재액의 산정근거에 '부채확인서 등 참조(산정기준일   ○. ○. ○.)'라고만 기재하여도 됩니다. 금융기관 등 채권자로부터 부채확인서를 발급받기 어려운 경우에는 채권자에 대하여 원금, 이자, 이자율 등에 관한 자료송부를 청구한 다음 그 청구서를 첨부하여 제출하면 됩니다.(추후 채권자로부터 자료가 송부되어온 다음에 그 내용을 검토하여 개인회생채권자목록의 기재를 수정하여 다시 제출하여야 합니다)(채무자 회생 및 파산에 관한 규칙 제82조, 개인회생사건 처리지침 제4조)

9. **보증인**: 채무자의 채무에 대하여 연대보증인 등이 있는 경우에는, 연대보증인 등을 채권자목록에 기재하고, 채권의 원인은 보증의 구체적인 내역을, 채권현재액란에는 '장래의 구상권'으로, 채권의 내용란에는 '보증채무를 대위변제할 경우 구상금액'이라고 기재하되, 채권번호는 보증한 채권의 채권번호에 가지번호를 붙여 표시하고 보증한 채권 바로 다음에 기재합니다. (예, 연대보증한 채무의 채권번호가 3일 경우 보증채권은 3-1로 표시)

10. **부속서류 유무**: 별제권부채권 및 이에 준하는 채권의 내역은 부속서류 1에, 다툼이 있거나 예상되는 채권의 내역은 부속서류 2에, 전부명령의 내역은 부속서류 3에, 기타의 경우 부속서류 4에 각 체크하고 상세한 내용은 해당 부속서류에 각 기재합니다.

11. **소명자료 제출**: 채권자목록상의 채권자 및 채권금액에 관한 각 소명자료를 1통씩 제출하십시오.

부속서류 1. 별제권부채권 및 이에 준하는 채권의 내역

(단위 : 원)

채권번호	채권자	①채권현재액(원금) ②채권현재액(이자)	③별제권행사등으로 변제가 예상되는 채권액	④별제권행사등으로 도 변제받을 수 없을 채권액	⑤담보부 회생채권액
		⑥별제권 등의 내용 및 목적물			
합 계					

[기재요령]

1. **별제권부 채권 및 이에 준하는 채권**: 개인회생채권에 기하여 채무자의 재산에 유치권, 질권, 저당권 또는 전세권 등이 설정되어 있는 경우 별제권부 채권으로 기재합니다. 주택임대차보호법이나 상가건물임대차보호법에 따른 대항요건(주택의 경우 전입신고 + 주택인도, 상가건물의 경우 사업자등록 신청 + 건물인도)과 확정일자를 갖추어 우선변제권이 있는 임차권자, 대항요건을 갖추어 최우선변제권이 있는 소액임차인의 임대차보증금 반환채권 등 이에 준하는 채권도 기재합니다. 그러나 대항력은 있으나 확정일자를 갖추지 않아 우선변제권이 없는 임차인, 대항요건을 갖추지 못한 임차인 등은 채권자목록에만 기재합니다.

2. **채권번호, 채권자, 채권현재액**: 개인회생채권자목록 양식의 채권번호와 채권자명, 채권현재액을 그대로 기재합니다.

3. **별제권행사 등으로 변제가 예상되는 채권액(③)**: 별제권의 경우 [별제권이 담보하는 채권최고액]과 [별제권 목적물의 환가예상액의 70%에서 선순위 담보권의 채권최고액을 공제한 금액] 중 적은 금액을 기재합니다. 위 임차권의 경우는 [임차보증금 현재액(소액임차인의 경우는 최우선변제권이 있는 일정액)]과 [임차목적물의 환가예상액의 70%에서 선순위 담보권의 채권최고액을 공제(소액임차인의 경우에는 선순위 담보권의 채권최고액을 공제하지 않음)한 금액] 중 적은 금액을 기재합니다. 위 금액은 별제권 행사 등으로 목적물의 환가대금에서 변제받을 수 있기 때문에 변제계획의 변제대상에서는 제외합니다.

4. **별제권행사 등으로도 변제받을 수 없을 채권액(④)**: 담보부족예상액을 의미하며, [별제권이 담보하는 채권최고액]과 [채권현재액] 중 큰 금액에서 별제권행사 등으로 변제가 예상되는 채권액(③)을 공제한 금액(채권현재액 한도)을 기재합니다. 별제권행사로 모든 채권액의 변제가 가능할 것으로 예상되는 경우라도 예상밖의 경우를 대비하여 그 별제권자를 채권자목록에 기재하여야 하고 '별제권 행사로도 변제받을 수 없을 채권액'이 음수인 경우는 0원으로 기재합니다. 임차권의 경우에는 임차보증금 현재액에서 별제권행사 등으로 변제가 예상되는 채권액(③)을 제외한 금액을 기재합니다. 위 금액은 별제권 행사 등으로 변제받을 수 없을 것으로 예상되기 때문에 일반 개인회생채권으로 취급합니다. 따라서 변제계획에 있어서도 일반개인회생채권과 같은 방식으로 산정되는 변제액을 미확정채권으로 보아 유보하여 놓았다가 확정이 되면 그 동안 유보한 금액을 일시에 지급하고 부족한 부분은 일반개인회생채권과 같이 안분하여 변제합니다.

5. **담보부 회생채권액(⑤)**: [채권현재액의 합계(①+②)]와 [별제권 행사 등으로 변제가 예상되는 채권액(③)] 중 적은 금액을 기재하고 그 합계란의 금액을 개인회생채권자목록의 '담보부 회생채권액의 합계'란에 기재합니다.

6. **별제권 등의 내용 및 목적물(⑥)**: 담보권의 순위, 담보권이 설정된 시기, 채권최고액, 목적물의 내역(부동산인 경우 지번, 지목, 면적 등), 환가예상액(신청일 당시의 시가) 등을 기재합니다. 임차권의 경우 다른 선순위 담보권과의 관계에서 임차권의 순위, 임차기간, 임차목적물의 내역(부동산인 경우 지번, 지목, 면적 등), 환가예상액(신청일 당시의 시가) 등을 기재합니다.

7. **소명자료의 제출**: 별제권부 채권의 경우 담보목적물의 등기부등본, 환가예정액의 산정자료, 대출약정서, 현재액의 근거 자료 등을 각 1통씩 제출하십시오. 임차권의 경우 임차목적물의 등기부등본, 환가예정액의 산정자료, 임차인의 주민등록등본, 임대차계약서, 확정일자의 소명자료 등을 각 1통씩 제출하십시오. 대항력은 있으나 확정일자를 갖추지 않아 우선변제권이 없는 임차인의 경우도 위와 같은 소명자료를 제출하십시오.

부속서류 2. 다툼이 있거나 예상되는 채권의 내역

(단위 : 원)

채권번호	채권자		①채권자목록상 채권현재액	②채권자 주장 채권현재액	③다툼이 없는 부분	④차이나는 부분 (② - ①)	⑤다툼의 원인
			⑥소송제기여부 및 진행경과				
3	(주) 8 크레 디트	원금	27,000,000	30,000,000	27,000,000	3,000,000	2003. 9. 21.자 300만원 변제여부
		이자	5,400,000	6,000,000	5,400,000	600,000	
		2005. 2. 5. 채권자의 소제기 (○○지방법원 2005가단00호 대여금) - 2005. 6. 30. 원고(채권자)승소 판결 - 현재 ○○지방법원 2005나000호로 항소심 계속 중					
		원금					
		이자					
		원금					
		이자					
		원금					
		이자					

[기재요령]

1. **채권번호, 채권자**: 개인회생채권자목록 양식의 채권번호와 채권자명을 그대로 기재합니다.

2. **채권현재액**: 원금과 이자를 구분하여, 채무자가 인정하는 개인회생채권자목록 기재 채권현재액(①)과 채권자가 주장하는 채권현재액(②)을 각 기재하고, 그 차액을 '④차이나는 부분'란에, 다툼이 없는 부분을 '③다툼이 없는 부분'란에 각 기재합니다.

3. **다툼의 원인(⑤)**: 채권액에 관한 다툼이 생긴 원인을 간략히 기재합니다.

4. **소송제기여부 및 진행경과(⑥)**: 소송이 제기된 경우 그 소송이 제기된 법원, 사건번호, 당사자, 현재까지의 진행경과 등을, 판결 등이 있은 경우 사건번호, 판결선고일, 판결결과, 상소여부, 상소심 진행경과, 판결의 확정 여부 등을 각 기재합니다.

부속서류 3. 전부명령의 내역

(단위 : 원)

채권 번호	채권자	채권의 내용	전부명령의 내역

[기재요령]

1. **채권번호, 채권자:** 개인회생채권자목록 양식의 채권번호와 채권자명을 그대로 기재합니다.
2. **채권의 내용:** 개인회생채권자목록의 내용을 그대로 기재합니다.
3. **전부명령의 내역:** ①전부명령을 내린 법원, ②당사자, ③사건명 및 사건번호, ④전부명령의 대상이 되는 채권의 범위, ⑤제3채무자에 대한 송달일, ⑥전부명령의 확정여부를 기재하여야 합니다.

부속서류 4. 기 타

☞ 채무자가 보증인인 경우 주채무의 내용(주채무자, 금액, 관계 등), 채무자 이외의 제3자가 물상보증을 제공한 경우 등 위의 부속서류에 기재하기 어려운 유형의 채권이 있는 경우 아래에 기재합니다.

【서식】채권자목록 수정허가 신청서

채권자목록 수정허가 신청

허	부

사　건　　20　　개회　　　개인회생
　채 무 자　＿＿＿＿＿＿＿＿＿
　대 리 인　＿＿＿＿＿＿＿＿＿

　채무자는 다음과 같은 사유로 20　　.　.　. 제출한 개인회생채권자목록을 별지와 같이 수정하고자 하니 허가하여 주시기 바랍니다.

다　음

1. 채무자가 개인회생채권자 목록을 귀원에 제출한 후, 채무자가 책임질 수 없는 사유(소명자료 별첨)로 인하여 그 목록에 누락하거나 잘못 기재된 사항이 발견되어 채무자 회생 및 파산에 관한 규칙 제81조 제1항에 따라 이를 별지와 같이 수정하고자 합니다.

2. 수정사항의 요지
□누락된 채권의 추가 □누락된 장래의 구상권(채무자의 보증인)의 추가
□기존채권금액의 증가 □기존채권금액의 감소
□기존채권의 소멸로 인한 삭제 □채권자 이름 등 오기 수정
□개시결정 전 채권양도나 대위변제 □개시결정 후 채권양도나 대위변제
□기타 (　　　　　　　　　　　　　　　　　　　　　　　)

20　　.　.　.
채무자
대리인 변호사　　　　(인)

○○회생(지방)법원 귀중

【서식】 채권조사확정재판에 대한 이의의 소장1-1(채권자→채무자 : 기각취지 불복)

소   장

원 고   ○ ○ ○(-   )
(채권자)   서울 ○○구 ○○동 ○○

피 고   ○ ○ ○(-   )
(채무자)   서울 ○○구 ○○동 ○○

채권조사확정재판에 대한 이의의 소

청 구 취 지

1. 서울중앙지방법원 20○○. ○. ○.자 20○○개확○○호 채권조사확정재판을 다음과 같이 변경한다.
    원고(채권자)의 피고(채무자)에 대한 개인회생채권은, 금 30,000,000원 및 이에 대한 20○○. ○. ○.부터 20○○. ○. ○.까지 연 24%의 비율에 의한 금원의 일반 개인회생채권과 위 금 30,000,000원에 대한 20○○. ○. ○.부터 완제일까지 연 24%의 비율에 의한 금원의 후순위 개인회생채권임을 확정한다.
2. 소송비용은 피고의 부담으로 한다.

청 구 원 인

1. 피고(채무자, 이하 피고라 한다)는 20○○. ○. ○. 원고(채권자, 이하 원고라 한다)로부터 금 30,000,000원을 이율은 연 24%, 변제기는 20○○. ○. ○.로 정하여 차용하였는데, 당시 위 변제기까지의 선이자 및 수수료 3백만원을 공제한 후 변제기일에 3천만원을 상환하기로 약정하였습니다.

2. 피고는 20○○. ○. ○. 이 법원 20○○개회○○호로 개인회생절차의 개시를 신청하였는데, 그 개인회생채권자목록에 원고에 대한 채권의 원인을 '20○○. ○. ○.자 금 2,700만원 신용대출', 채권의 내용을 '원금 2,700만원 및 이에 대한 20○○. ○. ○.부터 완제일까지 연 24%의 비율에 의한 채권(단 개인회생절차 개시결정일 이후의 이자, 지연손해금은 후순위 개인회생채권임)'이라고 기재하였고, 이에 원고는 20○○. ○. ○.피고에 대한 채권원금이 2,700만원이 아닌 3,000만원이라는 이유로 서울중앙지방법원 20○○개확○○호로 채권조사확정재판을 신청하였습니다.

3. 한편 서울중앙지방법원은, 위 채권조사확정재판에서 20○○. ○. ○. 원고는 피고에 대하여 위 개인회생채권자목록에 기재된 것과 같은 내용의 채권을 갖는다는 취지의 결정을 하였고, 원고는 위 결정 정본을 20○○. ○. ○.에 송달받았습니다.

4. 그러나 원고는 위 채권조사확정재판에 불복이므로, 귀 법원에 청구취지 기재 판결을 구하기 위하여 채무자회생및파산에관한법률 제605조 제1항에 의하여 채권조사확정재판에 대한 이의의 소를 제기합니다.

20○○. ○. ○.

원고(채권자)   ○   ○   ○   (인)

입증방법

1.
2.

첨부서류

1.
2.

서울회생법원 귀중

개인회생채권조사확정재판(제604조)

1. 재판의 당사자

(1) 개인회생채권조사확정재판

개인회생채권조사확정재판은 개인회생채권자목록의 내용에 관하여 이의가 있는 채권자가 이의를 제기하고 이에 대하여 법원이 재판을 하는 절차이다.

회생절차나 파산절차	채권자의 신고를 받은 후 시·부인이나 이의절차를 진행
개인채무자 회생절차	간이, 신속성을 도모하기 위하여 채무자가 제출한 개인회생채권자목록에 대하여 당해 채권자 또는 다른 채권자가 그 존부 및 내용에 대해 조사확정재판을 구하는 것으로 처리되도록 규정하고 있다

(2) 신청자별 상대방

개인회생채권자가 자신의 개인회생채권의 내용에 관하여 개인회생채권조사확정재판을 신청하는 경우	채무자를 상대방으로 한다
다른 개인회생채권자의 채권내용에 관하여 개인회생채권조사확정재판을 신청하는 경우	채무자와 다른 개인회생채권자를 상대방으로 한다

(3) 실무에서의 처리

현재 파산절차나 회생정리법은 원칙적으로 이의를 받은 자가 이의를 제기한자 전원을 상대방으로 하여 채권확정의 소를 제기하도록 하는 방법을 취하고 있다. 이러한 점을 고려했을 때 입법론으로서는, 개인회생채권의 조사확정재판에서도 제3채권자가 이의를 제기하는 경우에는 채무자를 상대방에서 제외하고 당해 채권자만을 상대방으로 하여 조사확정 재판을 구하도록 규정하는 것이 더 타당할 것으로 생각된다.

2. 신청방식 및 절차

(1) 신청기한

개인회생채권자목록의 내용에 관하여 이의가 있는 채권자는 이의기간 안에 서면으로 개인회생채권조사확정재판을 신청할 수 있다. 이의기간은, 개인회생절차개시결정일로부터 2주 이상 2월 이하의 어느 날로서 법원이 개시결정시에 지정한 기간을 말한다.

(2) 송달료와 인지대

신청서의 제출과 함께, 신청인은 송달료 및 인지대를 납부하여 그 납입증명서를 제출하여야 한다. 송달료는 52,000원+(당자수 × 8회 × 5,200원)에 해당하는 금원을, 인지대는 30,000원의 정부수입인지를 각 납부하여야 한다. 위비용을 미리 납부하지 아니하는 때에는, 법원은 신청을 각하하여야 한다.

(3) 사건부호와 첨철

개인회생채권조사확정재판의 사건부호는 "개확"이고, 그 기록은 별도로 편철한 후, 개인회생사건 기록에 첨철한다.

(4) 통지

개인회생채권자확정재판의 신청이 있는 경우에는, 법원은 이를 회생위원에게 통지하여야 하며(회생위원에게 직접 전달하고 회생위원의 수령확인서를 받는 것이 통상적인 실무가 될 것이다), 또한 이해관계인을 심문한 후 그 재판을 하여야 하므로 그 이해관계인들에게 심문기일을 통지하여야 한다.

(5) 이의를 철회한 경우

한편 명문의 규정이 있는 것은 아니지만 조사확정재판을 신청하여 이의를 진술한 채권자가 이의를 철회한 경우이거나 조사확정재판신청을 취하한 때에는 채권자목록의 기재대로 확정된다고 해석하여야 할 것이다.

(6) 이의의 소 제기기간

조사확정재판에 대한 불복방법은 확정재판의 결정서를 송달받은 날로부터

1월 이내에 이의의 소를 제기하는 것이다. 이 기한을 도과한 경우에는 확정판결과 동일한 효력이 있다.

3. 회생절차 진행과의 관계

이처럼 이의기간 말일부터 개인회생채권자 입회기일 사이에는 원칙적으로 2주 이상 1월 이하의 기간 밖에 없고(실무상으로는 6주 정도의 기간을 두고 있다), 이의신청자에 대하여는 필요적으로 심문을 거쳐 조사확정재판에 대한 결정을 하여야 하므로, 그 재판의 결과를 기다려 채권자집회를 개최하기에는 절차의 신속에 반하는 문제가 발생하게 된다. 따라서 채권조사확정재판의 결과를 기다리지 않고 회생절차는 원래 예정대로 진행하는 것으로 한다. 다만 그 이의액수가 채무자의 신청자격을 좌우할 정도에 이른다거나 변제계획 자체가 새로이 검토되어야 할 정도에 이를 경우에는 채권자집회가 연기되거나 변경되어야 하는 경우도 있을 것이다.

4. 문제되는 경우

(1) 채무자회생및파산에관한법률 제604조 제1항 단서의 해석

이의 있는 채권자는 서면으로 개인회생채권조사확정재판을 신청할 수 있으나, 본 조 제1항 단서는 "이미 이의대상인 권리에 대하여 소송이 계속하거나 그 권리에 대해 집행권원 또는 종국판결이 있는 때에는 그러하지 아니하다"고 규정하고 있는바, 위 단서규정은해석당 다소 견해의 대립이 있다. 이의대상인 권리에 대하여 이미 소송이 계속하거나 그 권리에 대해 집행권원 또는 종국판결이 있는 때에는, 위 조항에 따라 일단 채권조사확정재판을 신청하는 경우는 있을 수 없는데 단독재판부가 그러한 사실의 존재를 알 수 있는 방법도 달리 없으므로, 위와 같은 경우 채권자는 법원에 대한 이의서를 제출하는 등의 방법으로 소송계속 또는 집행권원의 존재를 알려야 한다.

(2) 이미 소송이 계속되어 있는 경우

1) 확정력 부여 여부

채권자목록에 기재된 개인회생채권자가 이미 별도의 소송을 진행하고 있는 경우에는 개인회생채권조사확정재판을 신청할 수 없으므로, 이 경우에는 채권자목록 중 그 부분에 대해서는 확정력을 부여하지 않아야 할 것으로 해석하여야 할 것이다.

2) 소송중단 및 청구취지의 변경 여부

이미 소송을 제기하고 있는 채권자로서는 소송중단이 되는지 및 청구취지를 확정소송의 형태로 변경하여야 하는지가 문제될 수 있는데, 법은 파산관재인이 관리인과 같이 채무자 아닌 관리처분권자를 규정하지 않고, 채무자에게 곧바로 관리처분권을 인정하고 있기 때문에 소송중단이 있을 수는 없고, 소송수계나 청구취지 변경도 필요하지 않다고 해석하는 것이 상당하다.

3) 문제되는 경우

그러나 이 경우 주문은 단순히 "..... 지급하라"라는 형태로 선고될 것이기 때문에, 그 판결에 의하더라도 우선권 있는 개인회생채권의 범위나 후순위 개인회생채권부분을 특정하기 어렵고, 또한 판결에서 인정된 채권이 재단채권인지 개인회생채권인지를 가려낼 수 없어 이를 확정소송의 결과로 보고 이를 채권자표에 기재하는데 있어서 쉽지 않은 문제를 남기게 된다. 사안에 따라서는 우선권유무, 재단채권 유무를 가리는 별도의 분쟁이 계속될 가능성을 배제할 수 없다.

4) 종국판결 등의 집행권원이 이미 있는 경우

가) 집행권원 또는 종국판결이 있는 경우

집행권원 또는 종국판결이 있는 경우에는 개인회생채권조사확정재판을 신청할 수 없으므로, 이 경우에도 채권자목록 기재대로 바로 확정력이 부여된다고 보기는 곤란하다.

나) 변제계획의 작성

이미 종국판결이나 집행권원이 부여되어 있는 채권을 임의로 축소 또는 부인하는 내용으로 목록에 기재한 경우, 변제계획을 어떻게 작성해야 하는지 의문이 생길 수 있다.

그러나 단순히 채무자의 주장만을 통해 이러한 채권을 계속 부동적 상태로 두는 것은 절차상 합당하지 않다. 예컨대 이의기간 내에 오히려 채무자가 청구이의나 채무부존재확인소송을 제기하여 다투지 않는 한 당초의 판결, 집행권원 대로 채권액을 인정하여 변제계획을 작성해야 할 것이다.

【서식】 채권조사확정재판 신청서 1(채권자→채무자)

채권조사확정재판 신청서

채 권 자   ○ ○ ○(-   )
(신청인)   서울 ○○구 ○○동 ○○

채 무 자   ○ ○ ○(-   )
(상대방)   서울 ○○구 ○○동 ○○

신 청 취 지

채권자(신청인)의 채무자(상대방)에 대한 개인회생채권은, 금 30,000,000원 및 이에 대한 20○○. ○. ○.부터 20○○. ○. ○.까지 연 24%의 비율에 의한 금원의 일반 개인회생채권과 위 금 30,000,000원에 대한 20○○. ○. ○.부터 완제일까지 연 24%의 비율에 의한 금원의 후순위 개인회생채권임을 확정한다.

신 청 원 인

1. 채권자(신청인, 이하 채권자라 한다)는 귀 법원 20○○개회○○호 개인회생 사건의 개인회생채권자입니다.

2. 채무자(상대방, 이하 채무자라 한다)는 귀 법원에 20○○. ○. ○. 20○○ 개회○○호로 개인회생절차의 개시를 신청하면서 그 개인회생채권자목록에 채권자가 보유한 채권의 원인을 '20○○. ○. ○.자 금 2,700만원 신용대출', 채권의 내용을 '원금 2,700만원 및 이에 대한 20○○. ○. ○.부터 완제일까지 연 24%의 비율에 대한 채권(단 개인회생절차 개시결정일 이후의 이자, 지연손해금은 후순위 개인회생채권임)'이라고 기재하였고, 귀 법원은 20○○. ○. ○. 채무자에 대하여 개인회생절차 개시결정을 하였습니다.

3. 그러나 채권자는 20○○. ○. ○. 채무자에게 금 30,000,000원을 이율은 연 24%, 변제기는 20○○. ○. ○.로 정하여 대여하였는데, 채무자는 20○○. ○. ○.까지의 이자만 지급한 채 그 다음날부터는 전혀 이자를 지급하지 아니하고 있습니다. 즉, 채권자가 20○○. ○. ○. 채무자에게 대출한 돈은

27,000,000원이 아니라 30,000,000원이므로, 채무자가 제출한 채권자목록의 기재는 잘못된 것입니다.

4. 따라서 채권자의 채무자에 대한 개인회생채권은, 금 30,000,000원 및 이에 대한 20○○. ○. ○.부터 20○○. ○. ○.까지 연 24%의 비율에 의한 금원의 일반 개인회생채권과 위 금 30,000,000원에 대한 20○○. ○. ○.부터 완제일까지 연24%의 비율에 의한 금원의 후순위 개인회생채권이라고 할 것이므로, 채무자회생및파산에관한법률 제604조 제1항, 제2항에 의하여 귀 법원에 채권조사확정재판을 신청합니다.

20○○. ○. ○.

채권자 ○ ○ ○ (인)

소 명 방 법

1. 소갑제1호증   대출거래계약서
2. 소갑제2호증   대출금원장

첨 부 서 류

1. 위 소명방법   각 1통
2. 송달료 납부서   1통
3. 신청서 부본   1통

서울회생법원 귀중

【서식】 채권조사확정재판 신청서 2(제3채권자→채권자, 채무자)

채권조사확정재판 신청서

제3 채권자   ○ ○ ○(-   )
(신 청 인)   서울 ○○구 ○○동 ○○
채 권 자   ○ ○ ○(-   )
(상 대 방)   서울 ○○구 ○○동 ○○
채 무 자   ○ ○ ○(-   )
(상 대 방)   서울 ○○구 ○○동 ○○

신 청 취 지

채권자(상대방)의 채무자(상대방)에 대한 개인회생채권은, 금 1,000만원 및 이에 대한 20○○. ○. ○.부터 20○○. ○. ○.까지 연 10%의 비율에 의한 금원의 일반 개인회생채권과 위 금 1,000만원에 대한 20○○. ○. ○.부터 완제일까지 연 10%의 비율에 의한 금원의 후순위 개인회생채권임을 확정한다.

신 청 원 인

1. 제3채권자(신청인, 이하 제3채권자라 한다)는 귀 법원 20○○개회○○호 개인회생사건의 개인회생채권자 중 1인입니다.

2. 채무자(상대방, 이하 채무자라 한다)는 귀 법원에 20○○. ○. ○. 20○○개회○○호로 개인회생절차의 개시를 신청하면서 그 개인회생채권자목록에 채권자(상대방, 이하 채권자라 한다)의 채권에 관하여 채권의 원인은 '20○○. ○. ○.자 금 3,000만원', 채권의 내용은 2,000만원 및 이에 대한 20○○. ○. ○.부터 완제일까지 연 10%의 비율에 의한 금원(단 개인회생절차 개시결정일 이후의 이자, 지연손해금은 후순위 개인회생채권임)'이라고 기재하고, 채권현재액의 산정근거란에 '20○○. ○. ○. 원금 중 1,000만원을 변제하였다'라고 기재하였습니다.

한편, 귀 법원은 20○○. ○. ○. 채무자에 대하여 개인회생절차 개시결정을 하였습니다.

3. 그러나, 채무자는 20○○. ○.경 제3채권자로부터 금 2천만원을 차용하여 20○○. ○. 경 채권자의 채권 원금 3,000만원 중 2,000만원을 변제하고, 이자는 20○○. ○. ○.까지분을 완제하였습니다. 따라서 채권자가 채무자에 대하여 가지는 개인회생채권은, 1,000만원 및 이에 대한 20○○. ○. ○.부터 20○○. ○. ○.까지 연 10%의 비율에 의한 금원의 일반 개인회생채권과 위 금 1,000만원에 대한 20○○. ○. ○.부터 완제일까지 연 10%의 비율에 의한 금원의 후순위 개인회생채권 밖에 없습니다.

4. 따라서, 제3채권자는 채무자회생및파산에관한법률 제604조 제1항, 제2항에 의하여 귀 법원에 개인회생채권조사확정재판을 신청합니다.

20○○. ○. ○.

제3채권자 ○ ○ ○ (인)

소 명 방 법

1. 소갑제1호증   차용증
2. 소갑제2호증   통장사본

첨 부 서 류

1. 위 소명방법   각 1통
2. 송달료 납부서   1통
3. 신청서 부본   1통

서울회생법원 귀중

【서식】 채권조사확정재판 기록표지(제3채권자→채권자, 채무자)

년 질 호

<table>
<tr><td colspan="3" align="center">○○회생(지방)법원

채권조사확정 사건기록</td></tr>
<tr><td rowspan="2">사건번호</td><td>20○○ 개회 ○○

20○○ 개회 ○○(병합)</td><td>재
판
부</td><td>제○회생단독</td></tr>
</table>

사건번호	20○○ 개회 ○○ 20○○ 개회 ○○(병합)	재 판 부	제○회생단독
사건명	채권조사확정		
채권자 (신청인, 상대방)	○ ○ ○ 대리인 변호사 ○ ○ ○		
채무자 (상대방)	○ ○ ○ 대리인 변호사 ○ ○ ○		
제3채권자 (신청인)	1. ○ ○ ○ (대리인 변호사 ○ ○ ○) 2. ○ ○ ○ (대리인 변호사 ○ ○ ○)		
관련사건	20○○개회○○ 개인회생		

완결 공람	담 임	과 장	국 장	재판장	원 장
			공람 생략	전 결	

【서식】 채권조사확정재판 심문조서1(채권자→채무자)

○○회생(지방)법원
심 문 조 서

20○○개확○○ 채권조사확정   기일 : 20○○. ○. ○. ○:○
판 사 ○ ○ ○   장소 : ○○회생(지방)법원종합청사 별관
                                          303-1호 심문실
                                   공개여부 : 공개

법원주사(보) ○ ○ ○
사건과 당사자를 호명
채권자(신청인)   ○ ○ ○   출   석
채무자(상대방)   ○ ○ ○   출   석

───

판 사
  20○○개확○○ 채권조사확정 사건 심문을 시작.
채권자
  신청서 진술하고, 소갑제1,2호증 제출,
채무자
  3,000만원을 차용한 것이 아니라 2,700만원만 차용하였다고 진술.
판 사
  채무자에게 대출거래계약서에 서명 날인한 사실이 있는지 여부에 관하여 답변을
명함.
채무자
  대출거래계약서에 서명 날인한 것은 맞으나 당시 금액이 기재되지 아니하였던 것
으로 기억하고 실제 받은 돈은 2,700만원이라고 답변.
채권자
  당시 20○○. ○. ○.부터 20○○. ○. ○.까지의 선이자 및 수수료로 300만원
을 공제하고 2,700만원만을 지급하였다고 진술.
판 사
  이것으로써 심문기일을 모두 마치겠습니다.

심문종료

                                          법원주사 (보) ○ ○ ○
                                          판   사 ○ ○ ○

【서식】 채권조사확정재판 결정 2-1(제3채권자→채권자,채무자:기각취지)

서울회생법원
결   정

사   건   20○○개회○○   채권조사확정
제3 채권자   ○ ○ ○(-   )
(신 청 인)   서울 ○○구 ○○동 ○○
채 권 자   ○ ○ ○(-   )
(상 대 방)   서울 ○○구 ○○동 ○○
채 무 자   ○ ○ ○(-   )
(상 대 방)   서울 ○○구 ○○동 ○○

주   문

채권자(상대방)의 채무자(상대방)에 대한 개인회생채권은, 금 2,000만원 및 이에 대한 20○○. ○. ○.부터 20○○. ○. ○.까지 연 10%의 비율에 의한 금원의 일반 개인회생채권과 위 금 2,000만원에 대한 20○○. ○. ○.부터 완제일까지 연 10%의 비율에 의한 금원의 후순위 개인회생채권임을 확정한다.

신 청 취 지

채권자(상대방, 이하 채권자라 한다)의 채무자(상대방, 이하 채무자라 한다)에 대한 개인회생채권은, 금 1,000만원 및 이에 대한 20○○. ○. ○.부터 20○○. ○. ○.까지 연 10%의 비율에 의한 금원의 일반 개인회생채권과 위 금 1,000만원에 대한 20○○. ○. ○.부터 완제일까지 연 10%의 비율에 의한 금원의 후순위 개인회생채권임을 확정한다.

이   유

1. 소갑 제1, 2호증의 각 기재 및 이 법원의 제3채권자(신청인, 이하 제3채권자라 한다), 채무자, 채권자에 대한 심문결과를 종합하면 다음과 같은 사실이 소명된다.

　　가. 채무자는 20○○. ○. ○. 이 법원 20○○개회○○호로 개인회생절차의
　　　　개시를 신청하였고, 아울러 개인회생채권자목록에 채권자의 채권의 원인
　　　　을 '20○○. ○. ○.자 차용금 3,000만원', 채권의 내용을 '2,000만원
　　　　및 이에 대한 20○○. ○. ○.부터 완제일까지 연 10%의 비율에 의한
　　　　채권(단 개인회생절차 개시결정일 이후의 이자, 지연손해금은 후순위 개
　　　　인회생채권임)'이라고 기재하였다.
　　나. 이 법원은 20○○. ○. ○. 채무자에 대하여 개인회생절차 개시결정을
　　　　하면서 위 채권자목록에 대한 이의기간을 20○○. ○. ○.까지로 정하여
　　　　공고하였고, 제3채권자는 20○○. ○. ○. 채무자의 채권자에 대한 채권
　　　　원금이 1,000만원에 불과하다는 이유로 이 사건 채권조사확정재판을 신
　　　　청하였다.
　　다. 채권자는 20○○. ○. ○. 채무자에게 3,000만원을 이자는 연 10%, 변
　　　　제기는 20○○. ○. ○.로 정하여 대여하였는데, 20○○. ○. ○. 원금
　　　　중 1,000만원을 변제받고, 20○○. ○. ○.까지의 이자를 모두 변제받
　　　　았다.
2. 제3채권자는 이 사건 신청원인으로, 채권자는 20○○. ○. ○. 원금 중
　　2,000만원을 변제받고, 20○○. ○. ○.까지의 이자를 모두 변제받았으므
　　로, 채권자의 채무자에 대한 개인회생채권은 금 1,000만원 및 이에 대한
　　20○○. ○. ○.부터 20○○. ○. ○.까지 연10%의 비율에 의한 금원의 일
　　반 개인회생채권과 위 금 1,000만원에 대한 20○○. ○. ○.부터 완제일까
　　지 연 10%의 비율에 의한 금원의 후순위 개인회생채권이라고 주장한 이를
　　인정할 아무런 자료가 없다.
　　그렇다면, 채권자의 채무자에 대한 개인회생채권은 개인회생채권자목록에
　기재된 바와 같으므로 주문과 같이 결정한다.

　　　　　　　　　　　　20○○. ○. ○.

　　　　　　　　　　판　사　○　○　○

개인회생채권조사확정재판에 대한 이의의 소(제605조)

1. 원고적격

(1) 이의 제기기한과 변론의 병합

채권자가 개인회생채권조사확정재판에 대하여 불복을 하는 때에는 그 결정서를 송달받은 날로부터 1개월 이내에 이의의 소를 제기할 수 있고, 그러한 소의 변론은 결정서를 송달받은 날로부터 1월을 경과한 후가 아니면 개시할 수 없으며, 동일한 채권에 관하여 여러 개의 소가 계속되어 있는 때에는 법원은 변론을 병합하여야 한다.

(2) 채권자의 원고적격 인정여부

채무자회생및파산에관한법률 제605조 제1항은 "개인회생채권조사확정재판에 대하여 불복 하는 자" 라고 하여 특별히 원고적격을 규정하고 있지는 않다. 조사확정재판의 당사자였던 채권자나 채무자 등이 원고 적격을 가지는 것은 분명하나, 그 외에 그 확정재판의 당사자가 아니었던 다른 채권자에 대하여도 원고적격을 인정할 것인지에 대해서 견해의 대립이 있다.

(3) 결론

개인회생채권조사확정재판은 그 당사자에게만 송달하게 되어 있는 점, 다른 채권자에 대해서도 원고적격을 인정하는 경우에 당사자 관계가 지나치게 복잡해질 수 있고 이들에게는 보조참가로서 참가할 기회가 있다는 점 등을 참작하여 보면, 소극적으로 해석하여야 할 것으로 보인다.

2. 피고적격 및 변론병합의 구조 문제

(1) 피고

채권조사확정재판의 당사자였던 자로서 그 채권조사확정재판에 대하여 불복이 있는 자는 모두 원고적격이 있다고 해석되는데, 과연 이들이 원고로서 소를 제기할 경우에 누구를 피고로 삼아 소를 제기해야 하는지가 문제된다. 이와 아울러, 위에 언급한 것과 마찬가지로 동일한 채권에 관하여 여러 개의 소가 계속되어 있는 때에는 법원은 변론을 병합하여야 한다고 본

조 제2항이 규정하고 있으므로, 피고적격의 문제는 변론병합의 가능성 및 병합 후의 당사자구조 문제와 함께 결부하여 생각하여야만 한다. 본 조 제2항이 필수적 변론병합만을 정하고, 그에 필연적으로 결부되는 당사자적격에 관한 규정을 두지 않은 것은 입법상의 흠결이라고 할 것이다.

(2) 결론

위와 같은 문제는 근본적으로, 하나의 채권관계를 둘러싸고 대립하는 당사자는 채권자와 채무자 양쪽일 뿐이고 제3채권자들은(회생절차상 이해관계를 가지기는 하지만) 그 채권관계의 직접 당사자가 아닌데도 불구하고, 이들 각자가 원고와 피고가 될 수 있다고 봄으로써 비로소 발생하는 문제이다. 즉 하나의 채권관계에 관한 소송형태는 양 당사자 대립구조를 취하도록 구성하여야 문제를 근본적으로 해결할 수 있는 것인데, 채권자, 채무자 제3채권자들이라는 3당사자 중 2당사는 묶어서 1그룹으로 파악하여야 하는 것이다. 권리관계의 양 대립당사자인 채권자와 채무자를 1그룹으로 묶을 수는 없고 제3채권자들은 채권자와 대립적인 지위에 있는 당사자이므로(채무자와 제3채권자들 사이에 주장하는 채권액수가 다르다 하더라도, 이들과 근본적으로 대립하는 자는 채권자임), 이의의 소의 당사자를 정함에 있어서는, 서로 이해관계의 방향이 일치하는 채무자 및 제3채권자를 한 축으로 하고, 당해 채권자를 반대편 축으로 하는 소송구조를 취하는 것이 옳을 것이다.

【서식】 채권조사확정재판에 대한 이의의 소장1(채권자→채무자 : 인용취지 불복)

소　장

원　고　　　　○ ○ ○(　　　　-　　　　)
(채무자)　　　서울 ○○구 ○○동 ○○

피　고　　　　○ ○ ○(　　　　-　　　　)
(채권자)　　　서울 ○○구 ○○동 ○○

　채권조사확정재판에 대한 이의의 소

청 구 취 지

1. 서울회생법원 20○○. ○. ○.자 20○○개회○○호 채권조사확정재판을 다음과 같이 변경한다.
　　피고(채권자)의 원고(채무자)에 대한 개인회생채권은, 금 27,000,000원 및 이에 대한 20○○. ○. ○.부터 20○○. ○. ○.까지 연 24%의 비율에 의한 금원의 일반 개인회생채권과 위 금 27,000,000원에 대한 20○○. ○. ○.부터 완제일까지 연 24%의 비율에 의한 금원의 후순위 개인회생채권임을 확정한다.
2. 소송비용은 피고의 부담으로 한다.

청 구 원 인

1. 원고(채무자, 이하 원고라 한다)는 20○○. ○. ○. 피고(채권자, 이하 피고라 한다)로부터 금 27,000,000원을 이율은 연 24%, 변제기는 20○○. ○. ○.로 정하여 차용하였고, 그후 원고는 피고에게 위 변제기까지의 이자를 전부 지급하였습니다.
2. 원고는 20○○. ○. ○. 이 법원 20○○개회○○호로 개인회생절차의 개시를 신청하였고, 아울러 그 개인회생채권자목록에 피고에 대한 채권의 원인을 '20○○. ○ ○.자 금 2,700만원 신용대출, 채권의 내용을 '원금 2,700만원

및 이에 대한 20○○. ○. ○.부터 완제일까지 연 24%의 비율에 의한 채권
(단 개인회생절차 개시결정일 이후의 이자, 지연손해금은 후순위 개인회생채
권임)'이라고 기재하였는데, 피고는 20○○. ○. ○. 원고에 대한 채권원금
이 2,700만원이 아닌 3,000만원이라는 이유로 서울회생법원 20○○개회○
○호로 채권조사확정재판을 신청하였습니다.

3. 한편 서울회생법원은, 위 채권조사확정재판에서 피고의 주장을 받아들여 20
○○. ○. ○. 피고의 원고에 대하여 개인회생채권이 개인회생채권자목록에
기재된 원금 27,000,000만원 및 이에 대한 20○○. ○. ○.부터의 이자 및
지연손해금(그 중 개시결정일 이후 부분의 이자 및 지연손해금은 후순위 개
인회생채권임)이 아닌 원금 30,000,000원 및 이에 대한 20○○. ○. ○.부
터 개인회생절차 개시결정일 전날인 20○○. ○. ○.까지 연 24%의 비율에
의한 금원의 일반 개인회생채권과 위 금 30,000,000원에 대한 20○○. ○.
○.부터 완제일까지 연 24%의 비율에 의한 금원의 후순위 개인회생채권이
라는 결정을 하였고, 원고는 위 결정 정본을 20○○. ○. ○.에 송달받았습
니다.

4. 그러나 원고는 위 채권조사확정재판에 불복이므로, 귀 법원에 청구취지 기재
판결을 구하기 위하여 채무자회생및파산에관한법률 제605조 제1항에 의하여
채권조사확정재판에 대한 이의의 소를 제기합니다.

20○○. ○. ○.

원고(채무자)　　○　○　○　(인)

입증방법

1.
2.

첨부서류

1.
2.

서울회생법원 귀중

【서식】 채권조사확정재판에 대한 이의의 소장2(채권자→제3채권자, 채무자 : 인용취지 불복)

소　장

원　고　　　　　○ ○ ○(　　　　　　-　　　　　)
(채권자)　　　　서울 ○○구 ○○동 ○○

피　고　　　　　○ ○ ○(　　　　　　-　　　　　)
(채무자)　　　　서울 ○○구 ○○동 ○○

피　고　　　　　○ ○ ○(　　　　　　-　　　　　)
(제3채권자)　　서울 ○○구 ○○동 ○○

　채권조사확정재판에 대한 이의의 소

청 구 취 지

1. 서울회생법원 20○○. ○. ○.자 20○○개회○○호 채권조사확정재판을 다음과 같이 변경한다.
　원고(채권자)의 피고(채무자)에 대한 개인회생채권은, 금 2,000만원 및 이에 대한 20○○. ○. ○.부터 20○○. ○. ○.까지 연 10%의 비율에 의한 금원의 일반 개인회생채권과 위 금 2,000만원에 대한 20○○. ○. ○.부터 완제일까지 연 10%의 비율에 의한 금원의 후순위 개인회생채권임을 확정한다.
2. 소송비용은 피고들의 부담으로 한다.

청 구 원 인

1. (피고)채무자는 20○○. ○. ○. 이 법원 20○○개회○○호로 개인회생절차의 개시를 신청하였고, 아울러 개인회생채권자목록에 원고(채권자, 이하 원고라 한다)의 채권의 원인을 '20○○. ○. ○.자 차용금 3,000만원', 채권의 내용을 '2,000만원 및 이에 대한 20○○. ○. ○.부터 완제일까지 연 10%의 비율에 의한 채권(단 개인회생절차 개시결정일 이후의 이자, 지연손해금은 후순위 개인회생채권임)'이라고 기재하였고, 위 기재는 정확합니다.

2. 서울회생법원은 20○○. ○. ○. 피고(채무자)에 대하여 개인회생절차 개시결정을 하면서 위 채권자목록에 대한 이의기간을 20○○. ○. ○.까지로 정하여 공고하였고, 피고(제3채권자)는 20○○. ○. ○. 원고의 피고(채무자)에 대한 채권원금이 1,000만원에 불과하다는 이유로 채권조사확정재판을 신청하였습니다.

3. 한편 서울중앙지방법원은 20○○. ○. ○. 피고(제3채권자)의 주장을 받아들여 원고의 피고(채무자)에 대한 개인회생채권은 금 1,000만원 및 이에 대한 20○○. ○. ○.부터 20○○. ○. ○.까지의 연10%의 비율에 의한 금원의 일반 개인회생채권과 위 금 1,000만원에 대한 20○○. ○. ○.부터 완제일까지 연 10%의 비율에 의한 금원의 후순위 개인회생채권이라는 결정을 하였고, 원고는 위 결정 정본을 20○○. ○. ○.에 송달받았습니다.

4. 그러나 원고는 위 채권조사확정재판에 불복이므로, 귀 법원에 채무자회생및파산에관한법률 제605조 제1항에 의하여 채권조사확정재판에 대한 이의의 소를 제기합니다.

20○○. ○. ○.

원고(채무자)　○　○　○　(인)

입증방법

1.
2.

첨부서류

1.
2.

서울회생법원 귀중

【서식】 채권조사확정재판에 대한 이의의 소장2-1(제3채권자→채권자 : 기각취지 불복)

소   장

원   고   ○ ○ ○(-   )
(제3채권자)   서울 ○○구 ○○동 ○○

피   고   ○ ○ ○(-   )
(채권자)   서울 ○○구 ○○동 ○○

채권조사확정재판에 대한 이의의 소

청 구 취 지

1. 서울회생법원 20○○. ○. ○.자 20○○개회○○호 채권조사확정재판을 다음과 같이 변경한다.
   피고(채권자)의 채무자 ○○○에 대한 개인회생채권은, 금 1,000만원 및 이에 대한 20○○. ○. ○.부터 20○○. ○. ○.까지 연 10%의 비율에 의한 금원의 일반 개인회생채권과 위 금 1,000만원에 대한 20○○. ○. ○.부터 완제일까지 연 10%의 비율에 의한 금원의 후순위 개인회생채권임을 확정한다.
2. 소송비용은 피고의 부담으로 한다.

청 구 원 인

1. 채무자는 20○○. ○. ○. 이 법원 20○○개회○○호로 개인회생절차의 개시를 신청하였고, 아울러 개인회생채권자목록에 피고(채권자, 이하 피고라 한다)의 채권의 원인을 '20○○. ○. ○.자 차용금 3,000만원', 채권의 내용을 '2,000만원 및 이에 대한 20○○. ○. ○.부터 완제일까지 연 10%의 비율에 의한 채권(단 개인회생절차 개시결정일 이후의 이자, 지연손해금은 후순위 개인회생채권임)'이라고 기재하였습니다.
2. 그러나, ○○○은 20○○. ○. ○. 원고(제3채권자, 이하 원고라 한다)로부터 금 2천만원을 차용하여 20○○. ○. ○.경 피고의 채권 원금 3,000만원 중

2,000만원을 변제하고 이자는 20○○. ○. ○.까지분을 완제하였습니다. 따라서 피고의 ○○○에 대한 개인회생채권은 1,000만원 및 이에 대한 20○○. ○. ○.부터 20○○. ○. ○.까지 연 10%의 비율에 의한 금원의 일반 개인회생채권과 위 금 1,000만원에 대한 20○○. ○. ○.부터 완제일까지 연 10%의 비율에 의한 금원의 후순위 개인회생채권밖에 없습니다.

3. 서울회생법원은 20○○. ○. ○. ○○○에 대하여 개인회생절차 개시결정을 하면서 위 채권자목록에 대한 이의기간을 20○○. ○. ○.까지로 정하여 공고하였고, 원고는 20○○. ○. ○. ○○○의 피고에 대한 채권원금이 1,000만원에 불과하다는 이유로 채권조사확정재판을 신청하였습니다.

그런데, 서울회생법원은 20○○. ○. ○. 피고의 ○○○에 대한 개인회생채권은 금 2,000만원 및 이에 대한 20○○. ○. ○.부터 20○○. ○. ○.까지의 연10%의 비율에 의한 금원의 일반 개인회생채권과 위 금 2,000만원에 대한 20○○. ○. ○.부터 완제일까지 연 10%의 비율에 의한 금원의 후순위 개인회생채권이라는 결정을 하였고, 원고는 위 결정을 20○○. ○. ○.에 송달받았습니다.

4. 그러나 원고는 위 채권조사확정재판에 불복이므로, 귀 법원에 채무자회생및파산에관한법률 제605조 제1항에 의하여 채권조사확정재판에 대한 이의의 소를 제기합니다.

20○○. ○. ○.

원고(채무자)　○　○　○　(인)

입증방법

1.
2.

첨부서류

1.
2.

서울회생법원 귀중

개인회생채권의 확정에 관한 소송결과 등의 기재(제606조)

법원사무관 등은 채무자, 회생위원 또는 개인회생채권자의 신청에 의하여 개인
회생채권조사확정재판의 결과, 개인회생채권조사확정재판에 대한 이의의 소의
결과, 그 이의의 개인회생채권의 확정에 관한 소송의 결과'를 기재한 개인회생
채권자표를 작성하여야 한다.

개인회생채권의 확정에 관한 소송의 판결 등의 효력(제607조)

개인회생채권의 확정에 관한 소송에 대한 판결은 개인회생채권자 전원에 대하
여 그 효력이 있고, 개인회생채권조사확정재판에 대한 이의의 소가 정해진 기
간 안에 제기되지 아니하거나 각하된 때에는 그 재판은 개인회생채권자 전원
에 대하여 확정판결과 동일한 효력이 있다.

【서식】 채권조사확정재판에 대한 이의의 소 판결 주문기재례 1(채무자와 채권자 사이)

주 문 기 재 례

(원고 : 채무자, 피고 : 채권자 / 조사확정재판에서 채권자 주장 인정 : 이의의 소에서 이를 취소)

1. 서울회생법원 20○○. ○. ○.자 20○○개회○○호 채권조사확정재판을 다음과 같이 변경한다.
   피고(채권자)의 원고(채무자에 대한 개인회생채권은, 금 27,000,000원 및 이에 대한 20○○. ○. ○.부터 20○○. ○. ○.까지 연 24%의 비율에 의한 금원의 일반 개인회생채권과 위 금 27,000,000원에 대한 20○○. ○. ○.부터 완제일까지 연 24%의 비율에 의한 금원의 후순위 개인회생채권임을 확정한다.
2. 소송비용은 피고(채권자)의 부담으로 한다.

(원고 : 채권자, 피고 : 채무자 / 조사확정재판에서 채무자 주장 인정 : 이의의 소에서 이를 일부 변경)

1. 서울회생법원 20○○. ○. ○.자 20○○개회○○호 채권조사확정재판을 다음과 같이 변경한다.
   원고(채권자)의 피고(채무자)에 대한 개인회생채권은, 금 28,000,000원 및 이에 대한 20○○. ○. ○.부터 20○○. ○. ○.까지 연 24%의 비율에 의한 금원의 일반 개인회생채권과 위 금 28,000,000원에 대한 20○○. ○. ○.부터 완제일까지 연 24%의 비율에 의한 금원의 후순위 개인회생채권임을 확정한다.
2. 소송비용은 이를 3등분하여 그 1은 원고(채권자)의, 나머지는 피고(채무자)의 각 부담으로 한다.

(원고 : 채권자, 피고 : 채무자 / 조사확정재판에서 채무자 주장 인정 : 이의의 소에서 이를 유지)

1. 서울회생법원 20○○. ○. ○.자 20○○개회○○호 채권조사확정재판을 인가한다.
2. 소송비용은 원고(채권자)의 부담으로 한다.

【서식】채권조사확정재판에 대한 이의의 소 판결 주문기재례 2(채권자와 제3채권자, 채무자 사이)

주 문 기 재 례

(원고 : 채권자, 피고 : 제3채권자, 채무자 / 조사확정재판에서 제3채권자 주장 인정 : 이의의 소에서 이를 유지)

1. 서울회생법원 20○○. ○. ○.자 20○○개회○○호 채권조사확정재판을 인가한다.

2. 소송비용은 원고(채권자)의 부담으로 한다.

(원고 : 채권자, 피고 : 제3채권자, 채무자 / 조사확정재판에서 제3채권자 주장 인정 : 이의의 소에서 이를 유지)

1. 서울회생법원 20○○. ○. ○.자 20○○개회○○호 채권조사확정재판을 다음과 같이 변경한다.

   원고(채권자)의 피고(채무자)에 대한 개인회생채권은, 금 2,000만원 및 이에 대한 20○○. ○. ○.부터 20○○. ○. ○.까지 연 10%의 비율에 의한 금원의 일반 개인회생채권과 위 금 2,000만원에 대한 20○○. ○. ○.부터 완제일까지 연 10%의 비율에 의한 금원의 후순위 개인회생채권임을 확정한다.

2. 소송비용은 피고들(채무자, 제3채권자)의 부담으로 한다.

(원고 : 제3채권자, 피고 : 채권자 / 조사확정재판에서 채권자 주장 인정 : 이의의 소에서 이를 유지)

1. 서울회생법원 20○○. ○. ○.자 20○○개회○○호 채권조사확정재판을 인가한다.

2. 소송비용은 원고(제3채권자)의 부담으로 한다.

(원고 : 제3채권자, 피고 : 채권자 / 조사확정재판에서 채권자 주장 인정 : 이의의 소에서 이를 취소)

1. 서울회생법원 20○○. ○. ○.자 20○○개회○○호 채권조사확정재판을 인가한다.7

   피고(채권자)의 피고 ○○○에 대한 개인회생채권은, 금 1,000만원 및 이에 대한 20○○. ○. ○.부터 20○○. ○. ○.까지 연 10%의 비율에 의한 금원의 일반 개인회생채권과 위 금 1,000만원에 대한 20○○. ○. ○.부터 완제일까지 연 10%의 비율에 의한 금원의 후순위 개인회생채권임을 확정한다.

2. 소송비용은 피고(채권자)의 부담으로 한다.

소송비용의 상환(제608조)

1. 소송비용의 상환

(1) 소송비용의 상환의 청구

채무자의 재산이 개인회생채권의 확정에 관한 소송으로 이익을 받은 때에는 소를 제기한 개인회생채권자는 받은 이익의 한도 안에서 개인회생재단채권자로서 소송비용의 상환을 청구할 수 있다.

(2) 이의의 소에서 채무자가 패소한 경우

이의의 소에서 채무자가 패소한 경우에 있어서는 그 소송비용을 재단채권으로 볼 수 있는지에 관하여는 법문상 명백한 규정이 있는 것은 아니지만 재단채권으로 봄이 상당할 것이나, 다른 견해도 있다.

개인회생채권확정소송의 목적의 가액(제609조)

1. 목적의 가액의 결정

개인회생채권의 확정에 관한 소송의 목적의 가액은 개인회생계속법원이 변제계획으로 얻을 이익의 예정액을 표준으로 하여 정하게 된다. 변제계획에서 채권자가 변제받게 될 채권액의 현재가치를 기준으로 소가를 정하여야 할 것인데, 구체적으로는 미확정 개인회생채권이 확정될 경우 변제받는 조건에 따라 산출된 변제금액의 현가를 표준으로 정하여야 할 것이다.

2. 소가결정이 이의의 소의 사물관할결정 및 사건배당에 영향을 미치는지 여부

소가결정이 이의의 소의 사물관할결정 및 사건배당에 영향을 미치는 것은 아니다. 사물관할결정 및 사건배당에 있어서는 원래의 채권액이 기준이 되는 것이고, 절차상으로도 회생법원의 소가결정은 그러한 사물관할 결정 및 사건배당 후에 처리될 수밖에 없다.

【서식】채권조사확정재판에 대한 이의의 소 소가결정

서울회생법원
결   정

사   건   20○○개회○○ 개인회생
소가결정신청인   ○ ○ ○
                  서울 ○○구 ○○동 ○○
채   무   자   ○ ○ ○(-   )
                  서울 ○○구 ○○동 ○○

주   문

소가결정 신청인의 채무자에 대한 이 법원 ○○가단○○호 채권조사확정재판에
대한 이의의 소의 목적물의 가액을 금 ○○○원으로 정한다.

이   유

채무자회생및파산에관한법률 제609조에 의하여 주문과 같이 결정한다.

20○○. ○. ○.

판사 ○ ○ ○

제 5 장
변제계획

명의의 변경(제609조의2)

제정이유(신설)

개인회생채권자목록에 기재된 채권을 취득한 자가 채권자 명의변경을 신청할 수 있게 함.

1. 신설된 내용.

① 개인회생채권자목록에 기재된 채권을 취득한 자는 채권자 명의변경을 신청할 수 있다.

② 제1항에 따른 명의변경을 하려는 자는 다음 각 호의 사항을 적은 신청서와 개인회생채권의 취득을 증명하는 서류 또는 그 등본이나 초본을 법원에 제출하여야 한다.

1. 채권자 명의를 변경하려는 자 및 대리인의 성명 또는 명칭과 주소
2. 통지 또는 송달을 받을 장소(대한민국 내의 장소로 한정한다), 전화번호, 그 밖의 연락처
3. 취득한 권리와 그 취득의 일시 및 원인

변제계획안의 제출 및 수정(제610조)

1. 변제계획안

(1) 변제계획안의 의의

변제계획안이란, 개인회생절차를 신청한 채무자가, 자신의 가용소득을 투입하여 얼마동안 어떤 방법으로, 채권자들에게 채무금액을 변제하여 나가

겠다는 내용 등으로 계획을 세운 것을 말하는 것이고, 이에 대하여 법원은 인가 여부의 결정을 내리게 된다.

개인회생채권자는 채무자회생및파산에관한법률 제613조의 규정에 따른 개인회생채권자집회의 기일 종료시까지 변제계획에 따른 변제액을 송금받기 위한 금융기관의 계좌번호를 회생위원에게 신고하여야 한다. 신고를 하지 않은 개인회생채권자에 대해 지급할 변제액은 변제계획에서 정하는 바에 따라 공탁할 수 있다.

(2) 변제계획안의 제출기한

채무자는 개인회생절차개시의 14일 이내에 변제계획안을 제출하여야 한다. 채무자가 위와 같이 신청일부터 14일 내에 변제계획안을 작성, 제출하기 위해서는 개인회생절차 신청 전에 자신의 부채 및 재산상태, 수입의 정도에 관하여 이미 완벽한 정도로 준비를 하여야 할 것이다. 실무상으로는 개시신청서 제출시에 변제계획안을 함께 제출하도록 하고 있다.

(3) 법원의 제출시한 연장

법원은 상당한 이유가 있다고 판단되는 경우에는 변제계획안의 작성 제출 시한을 연장할 수 있다.

변제계획안은 채권자 등 이해관계인에게 송달하여야 하므로, 채무자는 이를 제출할 때에 채권자 수에 2를 더한 숫자만큼의 부본을 함께 제출하여야 한다.

2. 변제계획안의 수정가능 여부

(1) 변제계획안의 수정

채무자는 위와 같이 일단 변제계획안을 제출한 이후 변제계획안이 인가되기 전에는 변제계획안에 대해서 수정을 할 수 있다. 변제계획안이 제출된 이후에도 변제계획 인가 전에 회생채권자가 추가로 발견되어 새로운 채권자목록이 제출된 경우에는 변제계획안을 다시 작성하여야 한다거나, 또한 변제계획안 작성시 채무자가 산정한 가용소득이나 생계비 등에 관하여 법원으로부터 적법하다는 인정을 받지 못하거나 기타 사유로 변제계획안이 인가요건에 맞지 않아 이를 수정 또는 변경하여야 하는 등의 사정이 있을

수 있기 때문이다. 변제계획안 또는 변제계획의 변경안을 제출하는 경우에
는 알고있는 개인회생채권자수에 1을 더한 만큼의 부분을 함께 제출하여
야 한다.

(2) 수정명령

법원이 이해관계인의 신청에 의하거나 직권으로 채무자에 대하여 변제계
획안을 수정할 것을 명하는 경우도 있을 수 있다. 위와 같은 법원의 수정명
령이 있는 때에는 채무자는 법원이 정하는 기한 안에 변제계획안을 수정하
도록 하여야 한다. 변제계획안의 수정이 있는 경우에는 법원은 채무자, 알
고 있는 개인회생채권자, 개인회생절차가 개시된 채무자의 재산을 소지하
고 있거나 그에게 채무를 부담하는 자에게 수정된 변제계획안을 송달하여
야 한다.

(3) 기재

채무자가 제출한 변제계획안 중 가용소득 부분이 수정되는 경우가 흔한
일은 아니겠지만, 소득금액이나 최저생계비가 조사과정에서 다르게 인정되
는 등의 경우에는, 변제에 투입되는 월 가용소득이 최초 변제계획안의 가
용소득과 달라지는 경우도 있을 수 있다. 최종 변제계획안상의 월 가용소
득이 최초 계획안보다 늘어나는 경우에는 회생위원이 채무자에게 연락하
여 그 차액을 회생위원이 "채권자집회결과 등 보고서"를 법원에 제출하기
전에 추가납입하도록 한 후, 채권자집회결과 등 보고서에 그러한 내용을
기재하여야 할 것이다.

【서식】변제계획안1(가용소득으로 변제에 제공하는 경우)

| 가용소득만으로 변제하는 경우 |

변제계획안 제출서

사 건   20 개회   개인회생

채 무 자   _____

대 리 인   변호사_____

   채무자는 별지와 같이 변제계획안을 작성하여 제출하니 인가하여 주시기 바랍니다.

20○○. ○. ○.

채무자 ○ ○ ○

대리인 변호사 ○ ○ ○(인)

○○회생(지방)법원 귀중

---

20   개회   호 채무자 : _____

변제계획(안)

20 . . . 작성

1. 변제기간
[   ]년 [   ]월 [   ]일부터 [   ]년 [   ]월 [   ]일까지 [   ]개월간

2. 변제에 제공되는 소득 또는 재산
가. 소득
(1) 수입
  ☑ 변제기간 동안 [   ]에서 받는 월 평균 수입[   ]원
  ☐ 변제기간 동안 [   ]를 운영하여 얻는 월 평균 수입 [   ]원
(2) 채무자 및 피부양자의 생활에 필요한 생계비
  (가) 채무자 및 피부양자 : 총 [   ]명
  (나) 국민기초생활보장법에 의한 기준 중위소득의 100분의 60 : 월 [   ]원
  (다) 개인채무자회생규칙에 따라 조정된 생계비 : 월 [   ]원
(3) 채무자의 가용소득
  기간 : [   ]년 [   ]월 [   ]일부터 [   ]년 [   ]월 [   ]일까지

① 월 평균 수입	② 월 평균 생계비	③ 월 평균 가용소득 (① - ②)	④ 월 회생위원 보수	⑤ 월 실제 가용소득 (③ - ④)	⑥ 변제 횟수 (월 단위로 환산)	⑦ 총 실제 가용소득 (⑤ x ⑥)

나. 재산 : [해당 있음 ☐ / 해당 없음 ☑]

3. 개인회생재단채권에 대한 변제 [해당 있음 ☐ / 해당 없음 ☑]
가. 회생위원의 보수 및 비용 [해당 있음 ☐ / 해당 없음 ☑]
  ☐ 변제계획 인가 후 첫 변제기일에 [   ]원을 지급
  ☐ 일반 개인회생채권의 매 변제기일에 [   ]원씩을 지급
나. 기타 개인회생재단채권 [해당 있음 ☐ / 해당 없음 ☑]
(1) 채권의 내용

채권자	채권현재액	채권발생원인	변제기

(2) 변제방법

변제계획 인가일 직후 그 동안 적립된 가용소득으로부터 원리금 전액을 우선하여 변제한다. 남은 채권이 있을 경우에는 일반 개인회생채권의 매 변제기일에 우선하여 변제한다.

4. 일반의 우선권 있는 개인회생채권에 대한 변제 [해당 있음 □ / 해당 없음 ☑]

(1) 채권의 내용

채권자	채권현재액	채권발생원인	변제기

(2) 변제방법

변제계획 인가일 직후 최초 도래하는 변제기일에 원리금 전액을 우선하여 변제한다. 남은 채권이 있을 경우에는 일반 개인회생채권의 매 변제기일에 우선하여 변제한다.

5. 별제권부 채권 및 이에 준하는 채권의 처리 [해당 있음 □ / 해당 없음 ☑]

가. 채권의 내용

채권번호	채권자	①채권현재액(원금) ②채권현재액(이자)	③ 별제권행사 등으로 변제가 예상되는 채권액	④ 별제권행사 등으로도 변제받을 수 없을 채권액 (①+②-③)
		⑤ 별제권 등의 내용 및 목적물		

☞개인회생채권자목록 부속서류 3의 내용을 그대로 옮겨 적습니다.

나. 변제방법

(1) 위 각 채권에 대하여 별제권 행사 등으로 변제가 예상되는 채권액(③)은 별제권 행사 등에 의한 방법으로 변제하고 이 변제계획상의 가용소득이나 재산처분에 의한 변제대상에서 제외한다.

(2) 위 (1)항 기재 각 채권 중 별제권행사 등으로도 변제받을 수 없을 채권액(④)

은 미확정채권으로 보아 유보하였다가 아래 7항 기재와 같은 방법으로 변제한다.

(3) 별제권 행사 등으로도 변제받을 수 없을 채권액이 위 가의 ④항 기재 금액을 초과하는 것으로 확정된 경우에는, 채권자가 그 초과부분을 변제계획안의 변경 절차를 통하여 변제받을 수 있다.

6. 일반 개인회생채권에 대한 변제

가. 가용소득에 의한 변제

(1) 월 변제예정(유보)액 및 총 변제예정(유보)액의 산정

각 일반 개인회생채권의 [   ]의 액수를 기준으로 월 평균가용소득을 안분하여 산출한 금액을 각 일반 개인회생채권자에게 변제한다. 이를 기초로 산정한 월 변제예정(유보)액은 [   ]원이고 총 변제예정(유보)액은 [   ]원이다.

구체적 산정 내역은 별지 개인회생채권 변제예정액 표 참조.

(2) 변제방법

위 (1)항의 변제예정(유보)액은 다음과 같이 분할하여 변제한다.

(가) 기간 및 횟수

[   ]년 [   ]월 [   ]일부터 [   ]년 [   ]월 [   ]일까지 [   ]개월간

합계 [   ]회

(나) 변제월 및 변제일

① [   ]년 [   ]월 [   ]일부터 변제계획인가일 직전 [   ]일까지 기간

☑ 변제계획인가일 직후 최초 도래하는 월의 [   ]일에 위 기간 동안의 변제분을 개인회생절차개시후 변제계획 인가 전에 적립된 가용소득으로 일시에 조기 변제

☐ 기타 : [   ]

② 변제계획인가일 직후 최초 도래하는 월의 [   ]일부터 [   ]년 [   ]월 [   ]일까지 기간

☑ 매월마다 [   ]일에 변제

☐ 매 [   ]개월마다 [   ]일에 각 변제

☐ 기타 : [   ]

나. 재산의 처분에 의한 변제 [해당 있음 ☐ / 해당 없음 ☑]

7. 미확정 개인회생채권에 대한 조치 [해당 있음 ☑ / 해당 없음 ☐]

　가. 변제금액의 유보

　　(1) 미확정 개인회생채권에 대하여는 변제를 유보하고, 별지 개인회생채권 변제 예정액표에 기재한 금액을 당해 채권이 확정될 때까지 유보하여 둔다.

　　(2) 채무자는 위와 같이 유보한 금액도, 즉시 지급되는 다른 채권에 대한 변제금 과 마찬가지로 아래 8항 기재 계좌에 입금한다.

　나. 미확정 개인회생채권에 대한 변제

　　(1) 미확정 개인회생채권이 전부 그대로 확정된 경우

　　　미확정 개인회생채권의 전액에 관하여 채권의 존재가 확정된 경우에는, 그 확정 직후 유보비율을 변제비율로 적용하여 변제를 개시하고 매월의 변제기 에 그 해당금액을 변제하되, 이미 분할 변제기가 도래한 부분 즉 그 동안의 유보액에 대하여는 곧바로 일시 변제한다.

　　(2) 미확정 개인회생채권이 전부 또는 일부 부존재 하는 것으로 확정된 경우

　　　미확정 개인회생채권이 전부 또는 일부 부존재하는 것으로 확정된 경우에 는, 그 확정 직후, 존재하는 것으로 확정된 [　　]의 인용 비율에 위 가항에 의하여 지급을 유보한 금액을 곱하여 산출된 금액을 당해 개인회생채권자에 게 일시에 변제한다. 유보금액 중, 미확정 개인회생채권의 일부가 존재하지 않는 것으로 됨에 따라 그 개인회생채권자에게 변제할 필요가 없게 된 나머 지 유보금액은, 그 채권액 확정 직후 일반 개인회생채권자들에게 각 [　　] 의 액수를 기준으로 안분하여 변제한다.

　　　향후의 매월 입금액을 분배하는 기준이 될 변제비율은 위 확정 원금들 사이 의 비율에 따라 새로 계산하여 정하는데, 미확정 개인회생채권의 일부가 존 재하지 않는 것으로 확정됨에 따라 향후 당해 개인회생채권자를 위한 유보 가 불필요하게 된 변제기 미도래분에 대한 변제 유보예정액은, 향후 변제기 도래시 일반 개인회생채권자들에게 그 각 [　　]의 액수를 기준으로 안분되 도록 한다.

　　(3) 변제기간 종료시까지 미확정 개인회생채권이 미확정상태로 남는 경우에는 최종변제기에 유보한 금액 전부를 일반개인회생채권자들에게 각 [　　]의 액수를 기준으로 안분하여 변제한다.

　　(4) 임대차보증금반환액수가 확정되지 않은 임대차보증금 반환채권은 미확정채 권으로 보아 위 가, 나항에 따라 변제하되 그 액수가 확정되고 임차인이 임 차목적물을 명도함과 동시에 변제한다.

8. 변제금원의 회생위원에 대한 임치 및 지급

　채무자는 위 [　　]항에 의하여 개인회생채권자들에게 변제하여야 할 금액을 개시

결정시 통지되는 개인회생위원의 예금계좌 {[   ]은행 계좌번호 [   ]}에 순차 임치하고, 회생위원은 이를 즉시 개인회생채권자들이 신고한 예금 계좌에 송금하는 방법으로 지급한다. 계좌번호를 신고하지 않은 개인회생채권자에 대하여는 변제액을 적립하였다가 이를 연 1회 개인회생사건이 계속되어 있는 지방법원에 공탁하여 지급할 수 있다.

　　☞ 개인회생위원의 예금계좌는 신청 당시에는 알 수 없으므로 공란으로 두었다가 추후 보완합니다.

9. 면책의 범위 및 효력발생시기

채무자가 개인회생채권에 대하여 이 변제계획에 따라 변제를 완료하고 면책신청을 하여 면책결정이 확정되었을 경우에는, 이 변제계획에 따라 변제한 것을 제외하고 개인회생채권자에 대한 채무에 관하여 그 책임이 면제된다. 단, 채무자회생및파산에관한법률 제625조 제2항 단서 각호 소정의 채무에 관하여는 그러하지 아니하다.

10. 기타사항 [해당 있음 □ / 해당 없음 ☑]

개인회생채권 변제예정액 표

1. 기초사항

(단위 : 원)

③ 월 평균 가용소득		④ 월 회생위원 보수	
(A) 월 실제 가용소득 (③ - ④)		(B)변제횟수	회	(C) 총 실제 가용소득	

2. 채권자별 변제예정액의 산정내역

(단위 : 원)

채권 번호	채권자	(D) 개인회생채권액		(E) 월 변제예정(유보)액		(F) 총 변제예정(유보)액	
		확정채권액 (원금)	미확정채권액 (원금)	확정채권액 (원금)	미확정채권액 (원금)	확정채권액 (원금)	미확정채권액 (원금)
합 계							
총 계		(G)		(H)		(I)	

3. 변제율 : 원금의 [   ]% 상당액

4. 청산가치와의 비교

(단위 : 원)

(J) 청산 가치		(K)가용소득에 의한 총변제예정(유보)액	
		(L) 현재가치	

개인회생채권 변제예정액 표 작성요령

1. 기초사항

변제계획안 본문의 "2. 변제에 제공되는 소득 또는 재산" 항목으로부터 (A)월평균 가용소득, (B)변제횟수 및 (C)총 가용소득을 옮겨 적습니다.

2. 채권자별 변제예정액의 산정내역

"채권번호"와 "채권자"를 채권자목록으로부터 옮겨서 기재합니다. "(D)개인회생채권액" 란은 확정채권액과 미확정채권액의 두 가지로 나누어 기재하고 총합계액을 (G)란에 기재합니다. 여기의 채권액에는 대개는 원금만 기재하면 되겠지만, 변제액이 커서 원금 외에 개시결정일 전날까지의 이자·지연손해금도 변제될 수 있는 경우에는, 개시결정일 전날까지의 이자·손해금의 합계액도 기재합니다.

그 다음 [(A)월평균 가용소득 × 개인회생채권액 총계 중 채권자별 확정채권액의 비율{"(D)해당 채권자별 확정채권액" ÷ "(G)개인회생채권액 총계"}]를 계산하여 각 개인회생채권액 중 확정채권에 대한 월변제예정액을 구합니다. 미확정채권에 대해서도 마찬가지 방법으로 각 채권자별 개인회생채권액 중 미확정채권에 대한 월변제유보액을 구합니다. 그 결과값에서 소수점 이하는 '올림'으로 처리하여, 이를 "(E)월변제예정(유보)액" 란에 기재하고 이를 합산하여 (H)란에 기재합니다. 위에서 각 채권별 변제액을 구할 때에 올림처리를 하였으므로, 이 월 변제예정(유보)액은 이미 기재한 "월평균 가용소득"보다 약간 더 많은 금액이 될 것입니다.

(E)월변제예정(유보)액에 (B)변제횟수를 곱한 (F)총변제예정(유보)액을 산정하여 기재하고 이를 합산하여 (I)란에 기재합니다.

3. 청산가치와의 비교

먼저 채무자가 현재 가지고 있는 재산의 가치, 즉[신청서 첨부서류 2] 재산목록의 합계액을 (J)청산가치란에 기재하고, 다음으로 가용소득에 의한 (I)총변제예정(유보)액을 (K)에 옮겨 적습니다. 그 결과 (K)가 (J)보다 훨씬 큰 경우에는 (L)현재가치를 산정하여 기재할 필요가 없습니다만, (K)가 (J)보다 적거나 큰 차이가 나지 않는 경우에는 반드시 (L)현재가치를 산정하여 기재하여야 하며, 이 경우 (K)에 대한 (L)현재가치는, 8년(96개월)의 변제계획안의 경우, (H)월변제예정(유보)액에 79.9684를 곱하는 방법으로 산정하여 기재합니다.

[원래 (L)현재가치는 인가일을 기준으로 산정하는 것이나, 신청시에는 인가일을 알 수 없으므로, 일응 3개월간의 적립액이 있은 후(적립일로부터 2개월 후가 되는 날)에 인가가 될 것을 가정하고, 이를 기준으로 라이프니쯔 방식에 의한 현가할인율을 적용하여 (L)현재가치를 산정하면 됩니다. 따라서 위 수치 79.9684는 { 3(이미 적립된 것으로 보는 3개월) + 76.9684(93개월에 해당하는 라이프니쯔 복리연금현가율) }를 의미하는 것입니다.]

【서식】 변제계획안2(가용소득과 재산처분으로 변제에 제공하는 경우)

> ┌─────────────────────────┐
> │   가용소득과 재산처분으로   │
> │   변제하는 경우   │
> └─────────────────────────┘
>
> # 변제계획안 제출서
>
> 사　건　　20　개회　　　개인회생
> 채 무 자　＿＿＿＿＿＿＿＿＿＿
> 대 리 인　　변호사＿＿＿＿＿＿
>
> 　채무자는 별지와 같이 변제계획안을 작성하여 제출하니 인가하여 주시기 바랍니다.
>
> 　　　　　　　　20○○. ○. ○.
>
> 　　　　　　채무자　　○　○　○
> 　　　대리인 변호사　　○　○　○(인)
>
> 　　　　　　　　　　　○○회생(지방)법원 귀중

200   개회   채무자 _____

변제계획(안)

<u>200 . . .</u> 작성

1. 변제기간
[   ]년 [   ]월 [   ]일부터 [   ]년 [   ]월 [   ]일까지 [   ]개월간

2. 변제에 제공되는 소득 또는 재산
가. 소득
(1) 수입
☑ 변제기간 동안 [   ]에서 받는 월 평균 수입 [   ]원

☐ 변제기간 동안 [   ]를 운영하여 얻는 월 평균 수입 [   ]원

(2) 채무자 및 피부양자의 생활에 필요한 생계비
(가) 채무자 및 피부양자 : 총 [   ]명

(나) 국민기초생활보장법에 의한 기준 중위소득의 100분의 60 : 월 [   ]원

(다) 개인채무자회생규칙에 따라 조정된 생계비 : 월 [   ]원

(3) 채무자의 가용소득
기간 : [   ]년 [   ]월 [   ] 일부터 [   ]년 [   ]월 [   ]일까지

① 월 평균 수입	② 월 평균 생계비	③ 월 평균 가용소득 (① - ②)	④ 월 회생위원 보수	⑤ 월 실제 가용소득 (③ - ④)	⑥ 변제 횟수 (월 단위로 환산)	⑦ 총 실제 가용소득 (⑤ x ⑥)

나. 재산 : [해당 있음 ☑ / 해당 없음 ☐]

순번	변제에 제공할 처분대상 재산	변제기한	변제투입예정액	회생위원보수	실제 변제투입예정액
1					
2					

3. 개인회생재단채권에 대한 변제 [해당 있음 ☐ / 해당 없음 ☑]
가. 회생위원의 보수 및 비용 [해당 있음 ☐ / 해당 없음 ☑]
☐ 인가결정 이전 업무에 대한 보수로 변제계획 인가 후 [150,000]원을 지급

☐ 인가결정 이후 업무에 대한 보수로 변제계획 인가 후 [채무자가 인가된 변제계획에 따라 임치한 금원의 1%]를 지급

나. 기타 개인회생재단채권 [해당 있음 □ / 해당 없음 ☑]

(1) 채권의 내용

채권자	채권현재액	채권발생원인	변제기

(2) 변제방법

변제계획 인가일 직후 그 동안 적립된 가용소득으로부터 원리금 전액을 우선하여 변제한다. 남은 채권이 있을 경우에는 일반 개인회생채권의 매 변제기일에 우선하여 변제한다.

4. 일반의 우선권 있는 개인회생채권에 대한 변제 [해당 있음 □ / 해당 없음 ☑]

(1) 채권의 내용

채권자	채권현재액	채권발생원인(우선권의 근거)	변제기

(2) 변제방법

변제계획 인가일 직후 최초 도래하는 변제기일에 원리금 전액을 우선하여 변제한다. 남은 채권이 있을 경우에는 일반 개인회생채권의 매 변제기일에 우선하여 변제한다.

5. 별제권부 채권 및 이에 준하는 채권의 처리 [해당 있음 ☑ / 해당 없음 □]

가. 채권의 내용

채권번호	채권자	①채권현재액(원금) ②채권현재액(이자) ⑤ 별제권 등의 내용 및 목적물	③ 별제권행사 등으로 변제가 예상되는 채권액	④ 별제권행사 등으로도 변제받을 수 없을 채권액 (①+②-③)
		원 원	원	원

나. 변제방법

(1) 위 각 채권에 대하여 별제권 행사 등으로 변제가 예상되는 채권액(③)은 별제권 행사 등에 의한 방법으로 변제하고 이 변제계획상의 가용소득이나 재산처분에 의한 변제대상에서 제외한다.

(2) 위 (1)항 기재 각 채권 중 별제권행사 등으로도 변제받을 수 없을 채권액(④)은 미확정채권으로 보아 유보하였다가 아래 7항 기재와 같은 방법으로 변제한다.

(3) 별제권 행사 등으로도 변제받을 수 없을 채권액이 위 가. ④항 기재 금액을 초과하는 것으로 확정된 경우에는, 채권자가 그 초과부분을 변제계획안의 변경 절차를 통하여 변제받을 수 있다.

6. 일반 개인회생채권에 대한 변제

가. 가용소득에 의한 변제

(1) 월 변제예정(유보)액 및 총 변제예정(유보)액의 산정

각 일반 개인회생채권의 [   ]의 액수를 기준으로 월 평균가용소득을 안분하여 산출한 금액을 각 일반 개인회생채권자에게 변제한다. 이를 기초로 산정한 월 변제예정(유보)액은 [   ]원이고 총 변제예정(유보)액은 [   ]원이다.

구체적 산정 내역은 별지 개인회생채권 변제예정액 표 참조.

(2) 변제율

(가) 원금의 [   ] % 상당액

☞ 별지 개인회생채권 변제예정액 표 중 [가용소득에 의한 총변제예정(유보)액을 개인회생채권 합계액으로 나눈 비율] x 100 을 기재하되 소수점 이하는 반올림합니다.

(나) 개인회생절차개시결정일 전날까지의 이자·손해배상금의 합계액의 [   ] % 상당액

(다) 개인회생절차개시결정일 이후의 이자·손해배상금의 합계액의 [   ] % 상당액

☞ 이 채권은 후순위 개인회생채권임

(3) 변제방법

위 (1)항의 변제예정(유보)액은 다음과 같이 분할하여 변제한다.

(가) 기간 및 횟수

[   ]년 [   ]월 [   ]일부터 [   ]년 [   ]월 [   ]일까지 [   ]개월간 합계 [   ]회

(나) 변제월 및 변제일

　① [　　]년 [　　]월 [　　]일부터 변제계획인가일 직전 [　　]일까지 기간

　　☑ 변제계획인가일 직후 최초 도래하는 월의 [　]일에 위 기간 동안의 변
　　　제분을 개인회생절차개시후 변제계획 인가 전에 적립된 가용소득으로 일
　　　시에 조기 변제

　　☐ 기타 : [　　　　　　　　　　　　　　　　　　　　　　　]

　② 변제계획인가일 직후 최초 도래하는 월의 [　　　]일부터 [　　]년 [　　]
　　월 [　　]일까지 기간

　　☑ 매월마다 [　　　]일에 변제 (단, ＿＿＿＿＿＿＿＿＿＿＿＿)

　　☐ 매 [　　　]개월마다 [　　　　]일에 각 변제

　　☐ 기타 : [　　　　　　　　　　　　　　　　　　　　　　　]

나. 재산의 처분에 의한 변제 [해당 있음 ☑ / 해당 없음 ☐]

(1) 변제투입예정액 및 총 변제예정(유보)액의 산정

　　각 일반 개인회생채권의 [　　]의 액수를 기준으로 변제투입예정액을 안분
　하여 산출한 금액을 각 일반 개인회생채권자에게 변제한다. 이를 기초로 산
　정한 총변제예정(유보)액은 [　　　]원이다.

　　구체적 산정 내역은 별지 개인회생채권 변제예정액 표 참조.

(2) 변제율

　(가) 원금의 [　　　　] % 상당액

　　☞ 별지 개인회생채권 변제예정액 표 중 [재산처분에 의한 총변제예정(유보)액을 개
　　　인회생채권 합계액으로 나눈 비율] x 100 을 기재하되 소수점 이하는 반올림합
　　　니다.

　(나) 개인회생절차개시결정일 전날까지의 이자·손해배상금의 합계액의 [　　] %
　　　상당액

　(다) 개인회생절차개시결정일 이후의 이자·손해배상금의 합계액의 [　　　] %
　　　상당액

　　☞ 이 채권은 후순위 개인회생채권임

(3) 변제방법

　(가) 재산의 처분에 의한 변제기한은 [　　　　　　　] 로 하고, 처분대금수령일로
　　　부터 1주일 이내에 변제한다.

　(나) 위 변제기한까지 재산이 처분되지 않거나 처분대상 재산을 처분하여 수령
　　　한 금원이 변제투입예정액에 미달하는 경우, 채무자는 그밖의 다른 재산을
　　　처분하는 등의 방법으로 금원을 조달하여 변제투입예정액 전액을 변제기

한내에 변제하여야 한다.
(4) 강제집행 등의 효력

위 처분대상 재산에 대하여 개인회생채권에 기한 강제집행, 가압류 또는 가처분이 있는 경우에는 채무자회생및파산에관한법률 제615조 제3항에 불구하고 처분대상 재산의 처분에 대한 법원의 허가가 있은 때 그 효력을 잃는다.

7. 미확정 개인회생채권에 대한 조치 [해당 있음 □ / 해당 없음 ☑]
가. 변제금액의 유보

(1) 미확정 개인회생채권에 대하여는 변제를 유보하고, 별지 개인회생채권 변제예정액표에 기재한 금액을 당해 채권이 확정될 때까지 유보하여 둔다.

(2) 채무자는 위와 같이 유보한 금액도, 즉시 지급되는 다른 채권에 대한 변제금과 마찬가지로 아래 8항 기재 계좌에 입금한다.

나. 미확정 개인회생채권에 대한 변제

(1) 미확정 개인회생채권이 전부 그대로 확정된 경우

미확정 개인회생채권의 전액에 관하여 채권의 존재가 확정된 경우에는, 그 확정 직후 유보비율을 변제비율로 적용하여 변제를 개시하고 매월의 변제기에 그 해당금액을 변제하되, 이미 분할 변제기가 도래한 부분 즉 그 동안의 유보액에 대하여는 곧바로 일시 변제한다.

(2) 미확정 개인회생채권이 전부 또는 일부 부존재 하는 것으로 확정된 경우

미확정 개인회생채권이 전부 또는 일부 부존재하는 것으로 확정된 경우에는, 그 확정 직후, 존재하는 것으로 확정된 [   ]의 인용 비율에 위 가항에 의하여 지급을 유보한 금액을 곱하여 산출된 금액을 당해 개인회생채권자에게 일시에 변제한다. 유보금액 중, 미확정 개인회생채권의 일부가 존재하지 않는 것으로 됨에 따라 그 개인회생채권자에게 변제할 필요가 없게 된 나머지 유보금액은, 그 채권액 확정 직후 일반 개인회생채권자들에게 각 [   ]의 액수를 기준으로 안분하여 변제한다.

향후의 매월 입금액을 분배하는 기준이 될 변제비율은 위 확정 원금들 사이의 비율에 따라 새로 계산하여 정하는데, 미확정 개인회생채권의 일부가 존재하지 않는 것으로 확정됨에 따라 향후 당해 개인회생채권자를 위한 유보가 불필요하게 된 변제기 미도래분에 대한 변제 유보예정액은, 향후 변제기 도래시 일반 개인회생채권자들에게 그 각 [   ]의 액수를 기준으로 안분되도록 한다.

(3) 변제기간 종료시까지 미확정 개인회생채권이 미확정상태로 남는 경우에는 최종변제기에 유보한 금액 전부를 일반개인회생채권자들에게 각 [   ]의 액수를 기준으로 안분하여 변제한다.

(4) 임대차보증금반환액수가 확정되지 않은 임대차보증금 반환채권은 미확정채권
   으로 보아 위 가, 나항에 따라 변제하되 그 액수가 확정되고 임차인이 임차
   목적물을 명도함과 동시에 변제한다.

8. 변제금원의 회생위원에 대한 임치 및 지급

채무자는 위 [   ]항에 의하여 개인회생채권자들에게 변제하여야 할 금액을 개시
결정시 통지되는 개인회생위원의 예금계좌 { [   ]은행 계좌번호 [   ] }에
순차 임치하고, 회생위원은 이를 즉시 개인회생채권자들이 신고한 예금 계좌에 송
금하는 방법으로 지급한다. 계좌번호를 신고하지 않은 개인회생채권자에 대하여는
변제액을 적립하였다가 이를 연 1회 개인회생사건이 계속되어 있는 지방법원에
공탁하여 지급할 수 있다.

   ☞ 개인회생위원의 예금계좌는 신청 당시에는 알 수 없으므로 공란으로 두었다가 추후
   보완합니다.

9. 면책의 범위 및 효력발생시기

채무자가 개인회생채권에 대하여 이 변제계획에 따라 변제를 완료하고 면책신청을
하여 면책결정이 확정되었을 경우에는, 이 변제계획에 따라 변제한 것을 제외하고
개인회생채권자에 대한 채무에 관하여 그 책임이 면제된다. 단, 채무자회생및파산
에관한법률 제625조 제2항 단서 각호 소정의 채무에 관하여는 그러하지 아니하
다.

10. 기타사항 [해당 있음 □ / 해당 없음 ☑]

개인회생채권 변제예정액 표

1. 기초사항

(단위 : 원)

가. 가용소득

③ 월 평균 가용소득		④ 월 회생위원 보수	

(A) 월 실제 가용소득 (③ - ④)		(B)변제횟수	회	(C) 총 실제 가용소득	

나. 처분대상 재산

순번	변제에 제공할 처분대상 재산	변제기한	변제투입예정액	회생위원보수	실제 변제투입예정액
1					
2					

2. 채권자별 변제예정액의 산정내역

가. 가용소득에 의한 변제내역
별표(1)과 같음

나. 재산처분을 통한 변제의 예상
별표(2)와 같음

3. 청산가치와의 비교

(단위 : 원)

(J) 청산 가치		(K)가용소득에 의한 총변제예정(유보)액		(M)재산처분에 의한 총변제예정(유보)액	
		(L) 현재가치		(N) 현재가치	

별표(1) 가용소득에 의한 변제내역

(단위 : 원)

채권 번호	채권자	(D) 개인회생채권액		(E) 월 변제예정(유보)액		(F) 총 변제예정(유보)액	
		확정채권액 (원금)	미확정채권액 (원금)	확정채권액 (원금)	미확정채권액 (원금)	확정채권액 (원금)	미확정채권액 (원금)
1							
2							
3							
4							
5							
합 계							
총 계		(G)		(H)		(I)	

별표(2) 재산처분을 통한 변제의 예상

(단위 : 원)

채권번호	채권자	(D) 개인회생채권액		(O)변제투입예정액	(P) 총 변제예정(유보)액	
		확정채권액 (원금)	미확정채권액 (원금)		확정채권액 (원금)	미확정채권액 (원금)
1						
2						
3						
4						
5						
합 계						0
총 계		(G)			(Q)	

개인회생채권 변제예정액 표 작성요령

1. 기초사항

변제계획안의 "2. 변제에 제공되는 소득 또는 재산" 항목으로부터 (A)월평균 가용소득, (B)변제횟수 및 (C)총가용소득, 처분대상재산, 변제기한을 옮겨 적습니다.

2. 채권자별 변제예정액의 산정내역

가. 가용소득에 의한 변제내역

"채권번호"와 "채권자"를 개시신청서에 첨부한 개인회생채권자목록으로부터 옮겨서 기재합니다. "(D)개인회생채권액" 란은 확정채권액과 미확정채권액의 두 가지로 나누어 기재하고 총합계액을 (G)란에 기재합니다. 여기의 채권액에는 대개는 원금만 기재하면 되겠지만, 변제액이 커서 원금 외에 개시결정일 전날까지의 이자·지연손해금도 변제될 수 있는 경우에는, 개시결정일 전날까지의 이자·손해금의 합계액도 기재합니다.

그 다음 [(A)월평균 가용소득 × 개인회생채권액 총계 중 채권자별 확정채권액의 비율{"(D)해당 채권자별 확정채권액" ÷ "(G)개인회생채권액 총계"}]를 계산하여 각 채권자별 개인회생채권액 중 확정채권에 대한 월변제예정액을 구합니다. 미확정채권에 대해서도 마찬가지 방법으로 각 채권자별 개인회생채권액 중 미확정채권에 대한 월변제유보액을 구합니다. 그 결과값에서 원 미만은 '올림'으로 처리하여, 이를 "(E)월변제예정(유보)액"란에 기재하고 이를 합산하여 (H)란에 기재합니다. 위에서 각 채권별 변제액을 구할 때에 원 미만은 '올림' 처리를 하였으므로, 이 월변제예정(유보)액은 이미 기재한 "월평균 가용소득"보다 약간 더 많은 금액이 될 것입니다.

(E)월변제예정(유보)액에 (B)변제횟수를 곱한 (F)총변제예정(유보)액을 산정하여 기재하고 이를 합산하여 (I)란에 기재합니다.

나. 재산처분을 통한 변제의 예상

원래 재산처분을 통한 (O)변제투입예정액은 다음 3항의 청산가치와의 비교를 통하여 비로소 정해지는 것입니다. 따라서 먼저 다음 3항에 따라 (O)변제투입예정액을 산정한 후, 이를 기준으로 (O)에 대하여 개인회생채권 비율{"(D)당해 개인회생채권액" ÷ "(G)개인회생채권액 총계"}에 따른 안분액을 계산합니다. 그 결과값에서 원 미만은 '올림'으로 처리하여 이를 (P)총변제예정(유보)액란에 기재하고 이를 합산하여 (Q)란에 적습니다. 위에서 각 채권별 변제액을 구할 때에 원 미만은 '올림' 처리를 하였으므로, 이 총변제예정(유보)액은 이미 기재한 변제투입예정액보다 약간 더 많은 금액이 될 것입니다.

3. 청산가치와의 비교

먼저 채무자가 현재 가지고 있는 재산의 가치, 즉 개시신청서에 첨부한 재산목록의 합계액을 (J)청산가치란에 기재하고, 다음으로 가용소득에 의한 (I)총변제예정(유보)액을 (K)에 옮겨 적습니다.

그 다음 (K)에 대한 (L)현재가치는, 8년(96개월)의 변제계획안의 경우, (H)월변제예정(유보)액에 79.9684를 곱하는 방법으로 산정(원 미만은 버립니다)하여 기재합니다.

[원래 (L)현재가치는 인가일을 기준으로 라이프니쯔 방식에 의한 현가할인율을 적용하여 산정하는 것이나, 신청시에는 인가일을 알 수 없으므로, 일응 3개월간의 적립액이 있은 후(적립일로부터 2개월 후가 되는 날)에 인가가 될 것을 가정하고, 이를 기준으로 현가할인율을 적용하여 산정하면 됩니다. 위 설명에서의 수치 79.9684는 { 3(이미 적립된 것으로 보는 3개월) + 76.9684(93개월에 해당하는 라이프니쯔 복리연금현가율) }을 의미합니다.]

마지막으로, (J)청산가치에서 (L)현재가치를 공제한 잔액에, 개괄적으로 ①재산처분에 의한 변제기한이 인가일로부터 1년 이내인 경우에는 1.3을, ②그 변제기한이 2년 이내인 경우에는 1.5를, 각 곱하여 산출한 금액(원 미만은 '올림'으로 처리합니다)을 (O)변제투입예정액으로 보아 (O)란에 기재하고, 이어서 위 2.의 나항에서 설명한 바대로 (O)를 기준으로 (P),(Q)를 산정한 다음, (M)에는 (Q)를 그대로 옮겨 적으면 됩니다. 이 경우 (N)은 기재하지 않아도 무방합니다.

[물론 정확한 (N)의 액수를 산정하기 위해서는, 먼저 청산가치의 보장을 위해서 항상 {(L)+(N)}이 (J)보다 많아야 하는 것이므로, (J)에서 (L)을 뺀 잔액을, 인가일로부터 재산처분에 의한 변제기한까지의 기간에 따라 라이프니쯔 방식에 의한 현가할인율(변제기한이 1년이내인 경우에는 0.9523, 그 기한이 2년이내인 경우에는 0.9070)로 나누어 산출한 금액을 (O)변제투입예정액으로 하고 이를 기준으로 다시 현가할인율을 적용하여 (N)을 계산하여야 할 것입니다. 그러나 이와 같은 계산방법은 복잡할 뿐만 아니라 그렇게 계산하여 산출한 금액만을 정확하게 변제투입예정액으로 정하게 되면, 절차의 신속을 위하여 간이하게 이뤄진 재산의 가액평가방법에 대해 정식의 감정절차가 필요하게 되는 등으로 추가비용과 절차지연이 초래될 가능성이 있는 점 등을 고려하여, 위에서 예시한 방법에서는 개괄적이기는 하지만 그 금액을 다소 증액하는 대신 간이하게 변제투입예정액을 산출할 수 있도록 설명한 것입니다.]

【서식】 변제계획 수정안 제출서

변제계획 수정안 제출서

사 건   20 개회   개인회생
채 무 자 _____
대 리 인 변호사_____

　채무자는 다음과 같은 사유로 20○○. ○. ○. 제출한 변제계획안을 별지와
같이 수정하여 변제계획 수정안을 제출하니 인가하여 주시기 바랍니다.

다　　음

채무자가 변제계획안을 제출한 후에, 착오로 잘못 기재된 사항이 발견되어(채권
자목록이 수정되어 / 법원의 변제계획안 수정명령이 내려져) 기제출한 변제계획
안을 별지와 같이 수정하여 제출합니다.

20○○. ○. ○.

채무자   ○   ○   ○
대리인 변호사   ○   ○   ○(인)

○○회생(지방)법원 귀중

【서식】 채권자목록 수정허가 신청서

채권자목록 수정허가 신청

허	부

사 건 20 개회 개인회생

    채 무 자 _____

    대 리 인 _____

    채무자는 다음과 같은 사유로 20 . . . 제출한 개인회생채권자목록을 별지와 같이 수정하고자 하니 허가하여 주시기 바랍니다.

다 음

1. 채무자가 개인회생채권자 목록을 귀원에 제출한 후, 채무자가 책임질 수 없는 사유(소명자료 별첨)로 인하여 그 목록에 누락하거나 잘못 기재된 사항이 발견되어 채무자 회생 및 파산에 관한 규칙 제81조 제1항에 따라 이를 별지와 같이 수정하고자 합니다.

2. 수정사항의 요지

□누락된 채권의 추가 □누락된 장래의 구상권(채무자의 보증인)의 추가

□기존채권금액의 증가 □기존채권금액의 감소

□기존채권의 소멸로 인한 삭제 □ 채권자 이름 등 오기 수정

□개시결정 전 채권양도나 대위변제 □개시결정 후 채권양도나 대위변제

□기타 (   )

20 . . .

채무자

대리인 변호사   (인)

○○회생(지방)법원 귀중

【서식】 채권자목록 변경안 제출서

변제계획 변경안 제출서

사 건   20   개회   개인회생
채 무 자   _____
대 리 인   변호사_____

　　채무자는 다음과 같은 변제계획의 변경사유가 발생하여 별지와 같이 변제계획 변경안을 제출하니 인가하여 주시기 바랍니다.

다　음

　　채무자는 2010. . . 변제계획을 인가받을 당시 월 평균 수입이　　원이고 그 중 생계비 등을 공제한 월평균 가용소득　　원을 변제에 제공할 것으로 변제계획의 인가를 받은 후　　년여동안 성실히 변제계획대로 수행하여 왔습니다.
　　그러나 최근 채무자는 계속되는 경기의 침체로 인한 회사 재무사정의 악화로 급여가 삭감되어 월 평균수입이　　원이 되었고 생계비 등을 공제할 경우 월 평균 가용소득이　　　원으로 감소되었습니다. 따라서 감소된 가용소득을 기초로 하여 새로 작성한 별지 변제계획 변경안을 인가받고자 합니다.

20 .   .   .
채무자
대리인 변호사　　　　　　　(인)

첨 부 서 류

1. 최근 6개월간 급여명세서 사본 1통
2. 수입 및 지출에 관한 목록 1통
3. 진술서 1통
4. 변제계획 변경안 1통

○○회생(지방)법원 귀중

변제계획의 내용(제611조)

제정이유

최장 변제기간 단축

1. 종전 개인회생제도에서 변제계획상의 기간은 최장 8년으로 규정되어 있어, 채무자에게 지나치게 가혹하므로 이를 개선하려는 것임.

2. 최장 변제기간을 합리적으로 단축하여 5년으로 함.

1. 필요적 기재사항

변제계획안에는 다음과 같은 사항이 반드시 정해져 있어야 한다. 필요적 기재사항은 단지 3가지 뿐이다. 그러나 이들 필요적 기재사항은 반드시 인가요건을 충족하여 작성되어야 하기 때문에 이들 인가요건과 결부되어 사전 검토가 이루어져야 할 것이다.

(1) 채무변제에 제공되는 재산 및 소득에 관한 사항
(2) 개인회생재단채권 및 일반의 우선권 있는 개인회생채권의 전액의 변제에 관한 사항
(3) 개인회생채권자목록에 기재된 개인회생채권의 전부 또는 일부의 변제에 관한 사항

2. 임의적 기재사항

변제계획안에는 위에서 정한 필요적 기재사항 이외에도 다음과 같은 사항을 정할 수 있다.

(1) 개인회생채권의 조의 분류
(2) 변제계획에서 예상한 액을 넘는 재산의 용도
(3) 변제계획인가 후의 개인회생재단에 속하는 재산의 관리 및 처분권의 제한에 관한 사항

(4) 그 밖에 채무자의 채무조정을 위하여 필요한 사항

3. 변제개시일

변제계획은 변제계획 인가일로부터 1월 이내에 변제를 개시하며 정기적으로 변제를 하는 내용을 포함하여야 한다. 그러나 법원의 허가를 받은 경우에는 예외적으로 변제계획 인가일로부터 1개월 후에 변제를 하는 내용으로 변제계획을 작성 할 수 있다 할 것이다. 위와 같은 예외적인 경우에 해당하는 사유로는, 영업소득자 중 예컨대, 농업종사자 등의 수확기가 변제계획인가일로부터 1개월 후인 관계로 1개월이 지난 후에야 처음으로 계속적이거나 반복적인 수입을 채무자가 얻을 수 있는 경우를 들 수 있을 것이다.

(1) "인가일로부터 1월 이내"의 의미

"인가일로부터 1월 이내"의 의미는 채무자가 변제를 개시하는 시점의 가장 늦은 한도를 정한 것으로 해석할 수 있다.

(2) 실무에서의 처리

실무는, 원칙적으로 채무자로 하여금 이와 같이 변제계획안을 제출할 때(즉 개시신청시에)매월의 일정한 날을 변제일로 하겠다는 점을 적어 내도록 하고, 그 제출일로부터 60일 후 90일 내의 어느 날을 제1회로 하여 매월의 기일에, 개시결정에서 지정되는 회생위원의 은행계좌로 그 변제계획상의 매월 변제액을 입금하도록 하고 있다. 이렇게 초기부터 변제를 개시하게 하는 이유는, 인가여부 결정시까지 누적되는 3~4개월간의 변제실적을 법원이 변제계획 인가여부에 대한 자료로 삼는 경우가 있을 수 있고, 또한 채무자들로 하여금 향후 인가될 변제계획에 따른 내핍생활에 미리 적응하도록 할 수 있기 때문이다.

변제일이 공휴일에 해당하는 경우에는 일반원칙에 따라 공휴일 다음날이 변제일로 된다.

4. 변제기간

(1) 변제기간

변제계획에서 정하는 변제기간은 변제개시일로부터 기산하여 3년을 초과하여서는 아니된다. 다만, 법 제614조제1항제4호의 요건을 충족하기 위하여 필요한 경우 등 특별한 사정이 있는 때에는 변제개시일부터 5년을 초과하지 아니하는 범위에서 변제기간을 정할 수 있다. 변제기간 기산시점이 이와 같이 변제개시일부터라는 점은, 가용소득이 개인회생재단에 귀속되는 시점이 개인회생절차 개시결정일부터 시작되는 것과 대비된다.

변제기간 기산시점	변제개시일부터
가용소득의 개인회생재단 귀속시점	개시결정일부터

변제계획 인가일 후부터 변제를 개시하게 한다면 위와 같은 차이는 크게 부각될 것이지만, 실무는 변제계획안 제출일로부터 60일 이상 90일 이내에 변제를 개시하도록 하고 있으므로, 막상 실무에서는 가용소득이 재단귀속시점과 변제기간 기산시점과의 차이는 크게 문제되지 않는다. 이와 같이 채무자가 변제계획안의 인가 전부터 매월 변제액을 회생위원에게 임치한 경우에는 그 임치한 기간을 총 변제기간에 산입해야 한다.

(2) 최단기간

개인회생절차는 특이하게도 위와 같이 최장기한만을 규정해 놓을 뿐, 최단기간을 규정해 놓고 있지 아니하는 입법을 취하고 있다. 위와 같이 최단기한에 관한 규정을 하고 있지 아니한 것은, 채권자의 이의 제기시 가용소득 전부를 투입하도록 변제계획안의 요건을 엄격하게 규정하고 있는 법 제614조 제2항의 해석과 관련하여 문제의 소지가 없지 않다. 왜냐하면, 위와 같은 가용소득 전부 투입 조항은 최단기의 하한이 있을 때 비로서 그 진정한 의미가 있을 수 있기 때문이다.

특별한 이익을 주는 행위의 무효(제612조)

채무자가 자신 또는 제3자의 명의로 변제계획에 의하지 아니하고 일부 개인회생채권자에게 특별한 이익을 주는 행위는 무효로 한다.

개인회생채권자집회(제613조)

1. 개인회생채권자집회의 의의와 특징

(1) 의의

개인회생채권자집회는 채무자가 제출한 변제계획안에 대하여 개인회생 채권자들이 직접 채무자로부터 설명을 듣고 결의에 부치지 아니한 채 변 제계획안에 대한 이의진술의 기회만을 부여한 다음 집회를 종료함으로써 변제계획안의 인가 여부를 간이, 신속하게 결정하기 위하여 마련된 제도 이다.

(2) 특징

개인회생 절차는 채권자집회에서 개인회생채권자들의 결의를 요건으로 하 지 않는 것이 특징이다. 즉 파산절차나, 회생절차와는 달리 개인회생절차상 의 개인회생채권자집회는 개인회생채권자들에 의한 결의를 거치기 위한 절차가 아니라 단지 채무자가 제출한 변제계획안에 대하여 인가요건을 충 족하였다는 점에 대한 이의 유무를 확인하는 절차에 불과하다.

개인회생절차상 개인회생채권자집회	채무자가 제출한 변제계획안에 대하여 인가요 건을 충족하였다는 점에 대한 이의 유무를 확 인하는 절차에 불과
파산절차, 회생절차상 개인회생채권자 집회	파산채권자와 회생채권자들에 의한 결의를 거 치기 위한 절차

(3) 이의진술 여부에 따른 구분

법원은 개인회생채권자 또는 회생위원의 이의진술이 없는 경우에는 변제 계획안이 인가요건을 구비하고 있는지에 대해서 심리하여 인가요건을 구 비하였다고 판단되는 경우에는 변제계획 인가결정을 하도록 하여야 한다. 그러나 개인회생채권자 또는 회생위원의 이의진술이 있는 경우에는 법원 은 인가요건이 구비하였다고 판단되는 때에 한하여 변제계획 인가결정을 할 수 있다.

2. 개인회생채권자집회 기일의 지정, 공고와 송달

(1) 최초의 개인회생채권자집회의 기일

개인회생절차 개시결정과 동시에 법원이 정한다. 법원은 개인회생채권절
차 개시결정일로부터 2주 이상 2월 이하의 기간내에서 개인회생채권에 대
한 이의시간을 정하여야 하고, 이의기간 말일로부터 2주이상 1월 이하의
기간 내에서 개인회생채권자집회의 기일을 정하여야 하며, 이를 공고하여
야 한다.

(2) 기간규정의 성격

위 기간규정은 훈시규정이라고 보고 있다. 그러나 채권자 이의기간 중에 1
명의 채권자로부터라도 이의가 있는 경우 보통 그 분쟁금액에 대한 변제액
을 유보해 두는 쪽으로 변제계획안이 수정되어야 할 것이므로 변제계획안
의 수정은 종종 있는 일이 될 것이고, 따라서 변제계획안 수정 및 송달업무
의 처리기간을 고려하여 볼 때 위 기간은 지나치게 급박한 기간이다. 이에
따라 시간적 여유를 확보하기 위한 목적으로 실무에서는 이의가 없을 것으
로 예상되는 경우에는 1월 이내의 날을 채권자집회기일로 정하고, 그렇지
않은 경우에는 이의기간 말일로부터 6주 후 적당한 날을 채권자집회기일
로 정하는 것으로 하고 있다.

(3) 통지 대상자

제1회 개인회생채권자집회기일을 통지할 대상자는 채무자, 알고 있는 개인
회생채권자, 개인회생절차가 개시된 채무자의 재산을 소지 하고 있거나 채
무자에게 채무를 부담하는 자이지만, 채무자, 개인회생채권자 외에 회생위
원에게도 개인회생채권자집회를 통지하여야 하므로, 제1회 개인회생채권
자집회기일 통지의 대상자에도 회생위원이 포함된다고 본다. 또한 통상적
으로는 제1회 개인회생채권자집회기일을 회생위원이 진행할 것인데, 이와
같이 회생위원이 진행한 경우에는 그 다음의 개인회생채권자집회기일을
회생위원이 당연히 알고 있으므로 제2회 기일부터는 회생위원에게 통지할
필요가 없다고 할 것이다.

3. 기일의 진행

(1) 집회의 지휘

개인회생채권자집회는 법원이 지휘한다. 다만, 회생위원이 선임되어 있는 때에는 법원은 회생위원으로 하여금 이를 진행하게 할 수 있다. 개인회생절차는 간이, 신속한 절차 진행을 요체로 하므로 회생위원이 선임되어 있을 경우에는 회생위원으로 하여금 개인회생채권자집회를 진행하게 하는 것이 바람직하다.

(2) 채무자에 의한 설명과 의견진술

채무자는 개인회생채권자집회에 출석하여 개인회생채권자의 요구가 있는 경우 변제계획에 관하여 필요한 설명을 하여야 한다. 개인회생채권자는 개인회생채권자집회에 출석하여 채무자가 제출한 변제계획안에 관하여 채무자로부터 직접 설명을 들으며 변제계획에 대하여 이의를 진술하는 방법으로 의견을 진술 할 수 있다. 다만 개인회생채권자는 개인회생채권자집회의 종료시까지 이의진술서를 법원에 제출하는 방식으로 갈음할 수 있다. 개인회생채권자가 이의진술을 말로 한 때에는 법원사무관등이 그 내용을 조서에 기재하여야 한다. 다만, 회생위원이 채권자집회를 진행한 경우에는 보고서로 갈음할 수 있다. 한편 회생위원이 개인회생채권자집회를 진행하는 경우에는 회생위원은 개인회생채권자집회를 마친 후 집회에서 드러난 새로운 자료 등을 종합하여 집회결과 보고 및 변제계획안의 인가 여부에 대한 의견서를 제출하여야 한다. 이의진술은 변제계획이 채무자회생및파산에관한법률 제614조에서 정하고 있는 요건을 충족하지 못하고 있음을 그 내용으로 하여야 하고, 그 이유를 구체적으로 나타내야 한다.

(3) 법원의 결정

법원은 개인회생채권자 또는 회생위원의 이의진술 여부에 대해 확인한 후 이를 토대로 변제계획안이 채무자회생및파산에관한법률 제614조의 인가요건을 구비하고 있는지 여부를 심리하여 그 인가결정을 선고하도록 한다. 다만, 개인회생절차가 따로 선고기일을 지정하여 선고한다고 규정하고 있지 아니한 이상 반드시 선고기일을 지정하여 법정에서 따로 선고할 필요는 없다.

(4) 추가 심리가 필요한 경우

법원이 개인회생채권자집회를 진행하는 경우에는 미리 변제계획안의 인가요건에 관하여 충분한 검토를 마쳤을 것이므로 법정에서 곧바로 인가결정 또는 불인가결정을 선고하고 집회를 종료하는 것도 문제는 없다. 다만, 인가요건에 대한 추가적인 심리가 필요하다고 판단되는 등 즉시 선고하기 곤란한 사정이 있는 경우에는 가까운 시일 내에 법원에서 인가요건을 검토한 후 결정을 하겠다고 고지한 후 집회를 종료한다.

(5) 회생위원의 역할

한편 회생위원이 개인회생채권자집회를 진행하는 경우에 있어서는 인가요건에 대한 심리와 인부결정 등은 법원의 권한에 속하는 것이므로 회생위원은 변제계획안 인가 여부에 대하여는 가까운 시일 내에 법원에서 인가요건을 검토한 후 결정할 것이라는 취지를 설명하고 집회를 종료한다.

4. 기일의 변경, 연기, 속행 등

(1) 채무자가 불출석한 경우의 처리

채무자가 정당한 사유 없이 개인회생채권자집회에 출석하지 아니한 경우 법원은 개인회생절차폐지의 결정을 할 수 있다. 그러나 제1회 불출석만으로 집회를 종료하고 개인회생절차를 폐지하는 것은 채무자에게 지나치게 가혹한 결과가 되므로 채무자에게 한 번 더 출석할 기회를 주는 것이 바람직하다. 채무자가 정당한 사유 없이 2회이상 불출석하는 경우에는 개인회생절차폐지결정을 하도록 한다. 한편 기일을 연기하는 경우에는 개인회생채권자집회를 연 후 연기하고 법정에서 다음 집회기일을 선고한 후 다음 집회기일을 공고하며 채무자, 불출석한 개인회생채권자들에게 통지한다. 기일을 연기 또는 속행하는 경우 개인채무자회생절차상의 해석상으로는 법원은 연기 또는 속행된 개인회생채권자집회기일을 공고하고 불출석한 개인회생채권자 등 이해관계인에게 개별적으로 송달하여야 한다. 그러나 위와 같이 공고와 송달을 반복하는 것은 소송경제상 바람직하지 않다.

(2) 개인회생채권자가 불출석한 경우

개인회생채권자가 불출석하더라도 개인회생채권자집회를 진행하고 종료하는데 아무런 지장이 없다. 변제계획안이 인가된다고 하더라도 권리변경의 효력이 생기는 것도 아니며, 개인회생채권자집회에서 개인회생채권자들의 결의가 필요한 것도 아니므로 실제로는 개인회생채권자 집회기일에 출석하지 않는 경우가 대부분일 것이다.

5. 미확정채권이 있는 경우의 처리

채권조사확정재판이나 이에 대한 이의의 소가 확정될 때까지 기다리는 것은 개인회생제도의 취지에 반하므로 원칙적으로 당해 채권의 확정을 기다릴 필요 없이 예정대로 개인회생채권자집회를 진행하는 것이 바람직하다 할 것이다. 다만, 법원은 채권조사확정재판이 조기에 이루어질 것으로 예상되고 또한 그 결과를 변제계획안에 반영하는 것이 바람직하다고 판단되는 경우에는 개인회생채권자집회의 기일을 변경, 연기, 또는 속행할 수 있다. 개인회생채권자집회기일을 변경하는 경우에는 법원은 변경된 기일을 공고하고 채무자. 알고 있는 개인회생채권자 회생위원 등 이해관계인에게 이를 송달하여야 한다.

【서식】 개인회생절차개시결정

서울회생법원
결   정

사   건   20○○개회○○ 개인회생

채 무 자   ○ ○ ○(-   )

　　　　　　　 서울 ○○구 ○○동 ○○

주   문

1. 채무자에 대하여 개인회생절차를 개시한다.

2. 개인회생채권에 관한 이의기간을 20○○. ○. ○.까지로 한다.

3. 개인회생채권자집회의 기일 및 장소를 20○○. ○. ○. ○:○ 서울중앙지방
   법원 제○호 법정으로 한다. 다만, 위 채권자집회의 진행은 제○회생위원이
   담당한다.

이   유

이 사건 신청은 이유 있으므로 채무자회생및파산에관한법률 제596조에 의하여
주문과 같이 결정한다.

　　　　　　　　20○○. ○. ○.

　　　　　　판사 ○ ○ ○

【서식】 개인회생절차개시결정 공고문

개인회생절차개시공고

사　　　건　　　20○○개회○○　개인회생
파　산　자　　　○　○　○(19○○. ○. ○.생)
　　　　　　　　서울 ○○구 ○○동 ○○

위 사건에 관하여 이 법원은 개인회생절차개시결정을 하였으므로 채무자회생및
파산에관한법률 제597조에 의하여 다음과 같이 공고합니다.

다　　음

1. 개인회생절차개시결정의 주문
   채무자에 대하여 개인회생절차를 개시한다.
2. 개인회생절차개시 결정일시 : 20○○. ○. ○. ○:○
3. 이의기간 : 20○○. ○. ○.까지
4. 개인회생채권자집회의 기일 및 장소
   ① 개인회생채권자집회의 기일 : 20○○. ○. ○.(　　요일) ○:○
   ② 개인회생채권자집회의 장소 : 서울회생법원 제○호 법정
5. 개인회생채권자목록의 내용에 관하여 이의가 있는 개인회생채권자는 위 이의
   기간내에 자신 또는 다른 개인회생채권자의 채권내용에 관하여 서면으로 개
   인회생채권조사확정재판을 신청할 수 있다. 다만 개인회생절차개시 당시 이
   미 이의대상인 권리에 대하여 소송이 계속되거나 그 권리에 대해 집행권원
   또는 종국판결이 있는 때에는 그러하지 아니하며, 이 경우에는 그 사실을 법
   원에 신고하여야 한다.

20○○. ○. ○.

서울회생법원

판사　○　○　○

【서식】 개인회생절차개시결정 통지서

서울회생법원
통 지 서

수　　　신　　수신처 참조
사　　　건　　20○○개회○○　개인회생
채　무　자　　○ ○ ○(　　　　　-　　　　　　)
　　　　　　　　서울 ○○구 ○○동 ○○

　위 사건에 관하여 이 법원은 20○○. ○. ○. ○:○ 개인회생절차개시결정을 하였으므로, 채무자회생및파산에관한법률 제597조 제2항, 제1항의 규정에 의하여 다음 사항을 통지합니다.

다　　음

1. 개인회생절차개시결정의 주문
　　채무자에 대하여 개인회생절차를 개시한다.
2. 이의기간 : 20○○. ○. ○.까지
3. 개인회생채권자집회의 기일 및 장소
　　① 개인회생채권자집회의 기일 : 20○○. ○. ○.(　요일) ○:○
　　② 개인회생채권자집회의 장소 : 서울회생법원 제○호 법정
4. 유의사항
　　① 개인회생채권자목록의 내용에 관하여 이의가 있는 개인회생채권자는 위 이의기간 내에 자신 또는 다른 개인회생채권자의 채권내용에 관하여 서면으로 개인회생채권조사확정재판을 신청할 수 있음. 다만 개인회생절차개시 당시 이미 이의대상인 권리에 대하여 소송이 계속하거나 그 권리에 대해 집행권원 또는 종국판결이 있는 때에는 그러하지 아니하며, 이 경우에는 그 사실을 법원에 신고하여야 함.

    ② 모든 개인회생채권자는 변제계획에 따른 변제예정액을 입금받을 금융기관 계좌번호를 채권자집회기일 종료시까지 제○회생위원에게 신고하여야 함 (계좌번호 신고서 양식은 대법원 홈페이지(www.scourt.go.kr)에서 다운로드 받을 수 있음).

    ③ 채무자는 제출한 변제계획안에서 정한 가용소득을 제○회생위원의 지시에 따라 〔   〕은행 〔   〕계좌에 변제계획안에서 정한 바대로 임치하여야 함.

5. 첨부서류

    ① 개인회생채권자목록

    ② 변제계획안

20○○. ○. ○.

판 사 ○ ○ ○

수신처 : 채무자, 회생위원, 개인회생채권자, 채무자의 재산을 소지하고 있거나 그에게 채무를 부담하는 자.

【서식】개인회생채권자집회조서

서 울 회 생 법 원
개인회생채권자집회조서

조   서

20○○개회○○   개인회생   기일 : 20○○. ○. ○.   :

재판장 판사   ○ ○ ○   장소 : 서울회생법원종합청사

　　　　　　　　　　　　　　　　　　　별관 제2호 법정

　　　　　　　　　　　　　　　　공개여부 : 공 개

법원주사(보)   ○ ○ ○

사건과 당사자를 호명

채무자 ○○○   출석

대리인 변호사 ○○○   불출석

제○회생위원 ○○○   출석

개인회생채권자의 출석사항은 별첨 "출석현황표"의 기재와 같음.

판 사

1. 20○○개회○○ 채무자 ○○○에 대한 개인회생채권자집회를 개최합니다.

2. 우선, 오늘 진행하는 절차에 대하여 간단히 설명드리겠습니다.

　　먼저 채무자가 20○○. ○. ○. 이 법원에 제출한 변제계획안(또는 20○○. ○. ○. 이 법원에 제출한 변제계획안 수정안)에 대하여 채무자로부터 설명을 듣습니다. 개인회생채권자 여러분께서는 변제계획안에 의문이 있을 경우에는 자유롭게 의견을 진술하실 수 있고 이에 대하여 채무자의 답변을 듣게 됩니다.

　　다음으로, 개인회생채권자 여러분 및 회생위원에게 채무자가 제출한 변제계획안에 대하여 이의 여부를 묻는 절차를 진행합니다. 개인회생채권자 또는 회생위원의 이의진술이 없는 경우에는 채무자회생및파산에관한법률 제614조 제1항 각 호의 요건이 충족되는 한 이 법원은 변제계획인가결정을 내리게 됩니다. 개인회생채권자 또는 회생위원이 이의를 진술하는 때에

는 동법 제614조 제1항의 요건 외에 같은 법 제614조 제2항 각 호의 요건까지 구비하고 있는 때에 한하여 이 법원은 변제계획인가결정을 내리게 됩니다.

3. 채무자에게, 변제계획안에 대하여 설명을 하지 아니하거나 허위의 설명을 한 때에는 채무자회생및파산에관한법률 제619조 제2항에 의하여 개인회생절차 폐지의 사유가 된다고 고지한 후, 채무자에게 변제계획안에 관하여 설명할 것을 명함.

채무자

별첨 "변제계획안'의 기재와 같이 변제계획에 관하여 설명.

판 사

개인회생채권자들에게 채무자가 제출한 변제계획안에 관하여 의문이 있으면 의견을 진술할 것을 요구.

개인회생채권자 주식회사 ○○은행의 대리인 ○ ○ ○

……

판 사

채무자에게 답변할 것을 명.

채무자

……

나머지 개인회생채권자들

별다른 의견을 진술하지 아니하다.

판 사

회생위원 및 개인회생채권자에게 변제계획안에 관하여 이의가 있으면 진술할 것을 요구.

회생위원

……

개인회생채권자 주식회사 ○○은행의 대리인 ○ ○ ○

……

(개인회생채권자 ○○○의 이의진술서 진술 간주)

나머지 개인회생채권자들

　　별다른 이의나 의견을 진술하지 아니하다.

[(인부결정을 같이 선고하는 경우)

　별지 인가결정문에 의하여 이 사건 변제계획의 인가결정을 선고.]

판 사

　이것으로써 20○○개회○○ 채무자 ○○○에 대한 개인회생채권자집회기일을 모두 마치겠습니다.

집회종료

　　　　　　　　　　　　　　法院　事務官　　○　○　○

　　　　　　　　　　　　　　裁判長　判事　　○　○　○

변제계획의 인부(제614조)

제정이유

최저변제액 제도 신설

(1) 개인회생절차를 이용하는 채무자의 경우 총채무 중 일정 비율은 반드시 변제하도록 하여 채무자의 도덕적 해이를 방지하도록 하려는 것임.

(2) 채권자가 이의를 진술하는 경우에는 3천만원을 초과하지 아니하는 범위 안에서 채권 총금액의 100분의 3 내지 100분의 5 에 해당하는 금액 이상을 변제하는 내용으로 변제계획을 작성하도록 함.

1. 인부결정의 시기

채권자집회가 개최되어 채무자는 변제계획에 관하여 필요한 설명을 하고 이에 대하여 채권자가 이의를 진술한 후에 법원은 제출된 변제계획의 인가여부를 결정하여야 한다.

2. 기일의 지정 여부

현재 파산선고를 기일 외에서 고지의 방법으로 하는 점, 민사소송법에 의하더라도 판결선고와 같이 기일이 필수적인 경우에는 같은 법 제207조에서처럼 선고기일의 이전에 관한 규정을 별도로 두고 있는 점, '선고'라는 용어 자체에 기일의 개념을 포함하고 있지는 않은 것으로 해석된다는 점 등을 봤을 때, 개인회생절차상의 변제계획안 인부 결정도 기일외 에서 선고하는 공고의 방법으로도 이를 알릴 수 있다고 해석한다.

(1) 법원은 개인회생채권자 또는 회생위원이 이의를 진술하지 아니하고 다음 각호의 요건이 모두 충족된 때에는 변제계획인가결정을 하여야 한다. 다만, 채무자회생및파산에관한법률 제610조 제3항에 의한 변제계획안 수정명령에 불응한 경우에는 그러하지 아니하다.
    ① 변제계획이 법률의 규정에 적합할 것

② 변제계획이 공정하고 형평에 맞으며 수행가능할 것

③ 변제계획인가 전에 납부되어야 할 비용·수수료 그 밖의 금액이 납부되었을 것

④ 변제계획의 인가결정일을 기준일로 하여 평가한 개인회생채권에 대한 총변제액이 채무자가 파산하는 때에 배당받을 총액보다 적지 아니할 것. 다만, 채권자가 동의한 경우에는 그러하지 아니하다.

(2) 법원은 개인회생채권자 또는 회생위원이 이의를 진술하는 때에는 위 각호의 요건 외에 다음 각호의 요건을 구비하고 있는 때에 한하여 변제계획인가결정을 할 수 있다.

① 변제계획의 인가결정일을 기준일로 하여 평가한 이의를 진술하는 개인회생채권자에 대한 총변제액이 채무자가 파산하는 때에 배당받을 총액보다 적지 아니할 것

② 채무자가 최초의 변제일부터 변제계획에서 정한 변제기간 동안 수령할 수 있는 가용소득의 전부가 변제계획에 따른 변제에 제공될 것

③ 변제계획의 인가결정일을 기준일로 하여 평가한 개인회생채권에 대한 총변제액이 3천만원을 초과하지 아니하는 범위 안에서 다음 각목의 금액보다 적지 아니할 것

　　가. 변제계획의 인가결정일을 기준일로 하여 평가한 개인회생채권의 총금액이 5천만원 미만인 경우에는 위 총금액에 100분의 5를 곱한 금액

　　나. 변제계획의 인가결정일을 기준일로 하여 평가한 개인회생채권의 총금액이 5천만원 이상인 경우에는 위 총금액에 100분의 3을 곱한 금액에 1백만원을 더한 금액

(3) 법원은 변제계획인부결정을 선고하고 그 주문, 이유의 요지와 변제계획의 요지를 공고하여야 한다. 이 경우 송달은 하지 아니할 수 있다.

【서식】 변제계획 인가결정

서울회생법원
결 정

사   건   20○○개회○○ 개인회생
채 무 자   ○ ○ ○(-   )
             서울 ○○구 ○○동 ○○

주 문

별지 변제계획은 인가한다.
(별지목록 기재 부동산에 대하여 개인회생채권에 기하여 한 강제집행, 가압류 또는 가처분은 채무자회생및파산에관한법률 제615조 제3항에 불구하고 변제계획에서 정한 바에 따라 그 효력을 잃는다.)

이 유

채무자회생및파산에관한법률 제614조(제615조 3항 단서)에 의하여 주문과 같이 결정한다.

20○○. ○. ○.

판사 ○ ○ ○

변제계획인가의 효력(제615조)

1. 변제계획인가의 효력

(1) 인가결정의 확정

변제계획에 대한 인부결정은 즉시항고기간 도과, 즉시항고에 대한 항고심의 각하, 기각 결정의 확정 또는 재항고기간의 도과나 재항고 기각결정에 의하여 확정된다. 인부결정에 대한 즉시항고기간은 인부결정의 공고 다음 날로부터 기산하여 2주간이다. 변제계획안 인가결정이 확정되면 그 후로는 누구도 인가결정의 흠결을 주장할 수 없게 되므로, 인가결정시에 발생한 효력이 확정적으로 유지된다. 변제계획이 인가요건을 갖추지 아니하는 것으로 인정되면 개인회생절차는 변제계획에 대한 불인가결정 및 개인회생절차폐지결정을 거쳐 종료된다.

(2) 변제계획의 효력발생시기

변제계획은 인가결정이 있는 때로부터 효력이 생긴다. 인가결정을 선고하여야 하나, 반드시 기일을 미리 정하여 법정에서 선고할 필요는 없다. 따라서 선고를 공고한 때가 효력발생시점이라고 볼 것이다. 개인회생재판부의 직원은 판사의 인가결정이 있으면 즉일 바로 공고처리를 하여야 한다.

(3) 일반적인 소송절차와 변제계획의 효력발생시점의 차이

일반적인 소송절차에서는 결정이 확정되어야 효력이 발생하지만, 변제계획은 기본적으로 개인채무자의 갱생을 위한 계획이기 때문에 인부결정의 확정을 기다리다가 그 시기를 놓치면 그 목적을 달성할 수 없는 경우가 발생할 수 있을 뿐 아니라, 인가결정 당시 법원에서 그 인가요건을 심사하기 때문에 뒤에 그 인가결정이 취소되는 사례가 매우 적기 때문이다.

(4) 가처분

변제계획을 그대로 수행하면 항고인에게 회복할 수 없는 손해가 발생할 우려가 있는 경우에는 소정의 요건에 따라 수행을 정지시키거나 그 밖에 필요한 처분(가처분)을 할 수 있는 방안이 있다.

(5) 항고심에 있어서 효력발생시점

만약 법원이 변제계획을 불인가하거나 개인회생절차를 폐지하였는데, 항고심이 원심을 취소하고 변제계획을 인가하였다면 그 인가결정시에 변제계획의 효력이 발생한다. 다만 법 제615조 제1항에서 말하는 "인가의 결정이 있는때"라 함은 변제계획의 효력을 받을 자 전원에 대하여 인가결정을 고지한 때를 가리키므로, 항고심에 있어서는 그 인가결정을 공고한 때에 변제계획의 효력이 발생한다.

전부명령에 대한 특칙(제616조)

제정이유

1. 개인회생절차의 개시 전에 채무자의 급료, 봉급 등에 대하여 전부명령이 확정된 경우에는 채무자로서는 노동을 하여도 그대가의 상당부분이 채권자에게 돌아가 버리기 때문에 직장에서 퇴직하고 다른 직장을 구하려는 경향이 있고, 그렇게 되면 채권자로서도 전부채권을 변제받지 못하게 되는 문제점이 있으므로, 이를 개선하려는 것임.

2. 변제계획인가결정이 있으면 그 이후에 제공된 노무로 인한 부분에 대한 전부명령의 효력이 상실되게 하고, 전부채권자는 개인회생채권자로서 변제받도록 함으로써, 채무자는 계속 같은 직장에서 근무할 수 있고, 채권자로서도 채권을 변제받을 수 있도록 함.

1. 변제계획인가결정의 확정에 따른 급여채권의 효력상실

변제계획인가결정이 확정된 경우에는 채무자의 급료·연금·봉급·상여금, 그 밖에 이와 비슷한 성질을 가진 급여채권에 관하여 개인회생절차개시 전에 확정된 전부명령은 변제계획인가결정 후에 제공한 노무로 인한 부분에 대하여는 그 효력이 상실된다.

2. 변제받지 못한 전부채권자

변제계획인가결정으로 인하여 전부채권자가 변제받지 못하게 되는 채권액은 개인회생채권으로 한다.

【서식】 채권압류 및 전부명령신청서

채권압류 및 전부명령신청서

채 권 자   ○○○(주민등록번호)
　　　　　　○○시 ○○구 ○○길 ○○(우편번호)
　　　　　　전화·휴대폰번호:
　　　　　　팩스번호, 전자우편(e-mail)주소:
채 무 자   ◇◇◇(주민등록번호)
　　　　　　○○시 ○○구 ○○길 ○○(우편번호)
　　　　　　전화·휴대폰번호:
　　　　　　팩스번호, 전자우편(e-mail)주소:
제3채무자 대한민국
　　　　　　위 법률상 대표자 법무부장관 ■■■
　　　　　　(소관 : ○○지방법원 세입세출외 현금출납공무원)

청구채권의 표시 : 금 ○○○○○원
 1. 금 ○○○○○원
    ○○지방법원 20○○머○○○ 전세보증금반환청구사건의 집행력 있는 조정
    결정정본에 기초한 전세보증금반환채권 원금
 2. 금 ○○○○원
    위 제1항에 대하여 20○○. ○. ○.부터 20○○. ○. ○.까지 연 ○○%의 비
    율에 의한 이자 및 지연손해금
 3. 금 ○○○원(집행비용)
    내역 : 금 ○○○원(신청서 첨부인지대)
    　　　 금 ○○○원(송달료)
    　　　 금 ○○○원(집행문부여신청인지대)
 4. 합계 금 ○○○○○원(1+2+3)

압류 및 전부 할 채권의 표시
 별지목록 기재와 같습니다.

신 청 취 지

1. 채무자의 제3채무자에 대한 별지목록 기재의 채권을 압류한다.

2. 제3채무자는 채무자에게 위 채권에 관한 지급을 하여서는 아니 된다.
3. 채무자는 위 채권의 처분과 영수를 하여서는 아니 된다.
4. 위 압류된 채권은 지급에 갈음하여 채권자에게 전부한다.
라는 결정을 구합니다.

신 청 이 유

1. 채권자는 채무자에 대하여 ○○지방법원 20○○머○○○ 전세보증금반환청
   구사건의 집행력 있는 조정결정에 기초한 전세보증금반환채권을 가지고 있
   으나, 아직까지 원금 및 이자 모두 변제 받지 못하고 있습니다.

2. 그런데 채무자 소유의 부동산에 대하여 신청외 ■■협동조합중앙회의 경매
   신청에 의해 귀원 20○○타경○○○호로 임의경매절차가 진행되어 소갑 제1
   호증(배당표)와 같이 가압류권자인 신청외 ◆◆◆에게 금 ○○○원이 배당되었
   고(신청외 ◆◆◆에 대한 배당이의가 없어 그대로 배당이 확정되었음) 그
   금액 상당이 귀원에 공탁되어 있는바, 신청외 ◆◆◆는 위 경매부동산의 임
   차인으로서 그 전세보증금을 피보전채권으로 하여 위 경매부동산에 가압류
   를 한 것이었고 이에 기해 20○○. ○. ○. 귀원 20○○타경○○○호로 강
   제경매신청을 하였다가 채무자로부터 전세보증금 및 이자까지 전액 수령하
   여 강제경매신청을 취하하고{소갑 제2호증(부동산등기사항증명서) 참조} 이
   미 이사를 갔음에도 불구하고 가압류해제신청을 누락하는 바람에 부동산등
   기부상 가압류권자로 남아 있었던 것입니다. 따라서 채무자에 의해 신청외
   ◆◆◆의 가압류결정취소신청이 되어 위 가압류집행이 취소된 때에는(채무
   자가 현재 위 권리의 행사를 게을리 하고 있어 채권자는 채권자대위권에 의
   해 위 가압류취소신청을 할 예정임) 위 공탁된 배당액은 채무자에게 지급되
   도록 되어 있으므로 채무자는 제3채무자에 대하여 장래 신청외 ◆◆◆에 대
   한 가압류가 취소될 것을 조건으로 한 별지목록 기재 채권을 가지고 있다고
   할 것입니다.
   한편, 대법원 1976. 2. 24. 선고 75다1596 판결에 의하면 장래 경매가 취하될
   것을 조건으로 한 경매보증금의 반환청구권에 대한 전부명령은 유효하다
   고 한바 있으므로 조건부채권인 별지목록 기재 채권에 대한 압류 및 전부
   명령도 가능하다 할 것입니다.

3. 따라서 채권자는 위 청구채권의 변제에 충당하기 위하여 귀원 20○○머○○
   ○ 전세보증금반환청구사건의 집행력 있는 조정결정정본에 기초하여 별지목
   록 기재 채권에 대한 압류 및 전부명령을 신청합니다.

소 명 방 법

1. 소갑 제1호증   배당표
1. 소갑 제2호증   부동산등기사항증명서

첨 부 서 류

1. 위 소명방법   각 1통
1. 집행력 있는 조정결정정본   1통
1. 송달증명원   1통
1. 송달료납부서   1통

20○○.   ○.   ○.
위 채권자 ○○○ (서명 또는 날인)

○ ○ 지 방 법 원   귀중

[별 지]
압류 및 전부 할 채권의 표시
금 ○○○원

　채무자가 제3채무자에 대하여 가지는 ○○지방법원 20○○타경○○○ 부동산 임의경매 배당절차사건에 관하여 가압류권자 ◆◆◆의 가압류집행이 취소되는 경우 채무자에게 귀속될 위 가압류권자 ◆◆◆에 대한 배당액 금 ○○○원 상당의 지급청구권임. 끝.

※ 제출법원
　　1. 채무자의 보통재판적(민사소송법 2~5조) 소재지의 지방법원(민사집행법 224조 본문)
　　2. 그 지방법원이 없는 때에는 제3채무자의 보통재판적 소재지의 지방법원(민사집행법 제224조 본문)
　　3. 물건의 인도를 목적으로 하는 채권과 물상담보권있는 채권은 그 물건 소재지의 지방법원(민사집행법 제224조 단서)

관 련 법 규	민사집행법 제223조, 제229조제1항
제 출 부 수	신청서 1부(피압류채권목록은 압류명령원본 및 정본에 첨부할 부수만큼 제출)
불 복 절 차 및 기 간	·즉시항고(민사집행법 제227조제4항, 제229조제6항) ·재판을 고지 받은 날부터 1주의 불변기간 이내(민사집행법 제15조제2항)
비　　용	·인지액 : 4,000원 (압류 2,000원 + 전부 2,000원) ·송달료 : 당사자수(채권자, 채무자, 제3채무자)×○○○원(우편료)×2회분
기　　타	·전부명령은 압류명령신청과 동시에 할 수도 있고, 사후에 신청할 수도 있음.

※ 참고판례

① 집행문 부여에 대한 이의의 소는 집행문이 부여된 후 강제집행이 종료될 때까지 제기할 수 있는 것으로서 강제집행이 종료된 이후에는 이를 제기할 이익이 없는 것인바, (1)집행력 있는 집행권원에 터 잡아 집행채권의 일부에 관하여 채권의 압류 및 전부명령이 발하여진 경우에 전부명령에 포함된 집행채권과 관련하여서는 그 전부명령의 확정으로 집행절차가 종료하게 되므로 그 부분에 관한 한 집행문 부여에 대한 이의의 소를 제기할 이익이 없다 할 것이나, 전부명령에 포함되지 아니하여 만족을 얻지 못한 잔여 집행채권 부분에 관하여는 아직 압류사건이 존속하게 되므로 강제집행절차는 종료되었다고 볼 수 없고, (2)한편 추심명령의 경우에는 그 명령이 발령되었다고 하더라도 그 이후 배당절차가 남아 있는 한 아직 강제집행이 종료되었다고 할 수 없음(대법원 2003. 2. 14. 선고 2002다64810 판결).

② 채권압류 및 전부명령의 경정결정은 채권압류 및 추심명령을 그 내용과 효력을 달리하는 채권압류 및 전부명령으로 바꾸는 것이므로 경정결정의 한계를 넘어 재판의 내용을 실질적으로 변경하는 위법한 결정이라고 할 것이나, 그와 같은 위법한 경정결정이라 하더라도 하나의 재판이므로 즉시항고에 의하여 취소되지 아니하고 확정된 이상 당연무효라고 할 수는 없다(대법원 2001. 7. 10. 선고 2000다72589 판결).

③ 채권에 대한 압류 및 전부명령이 유효하기 위하여 채권압류 및 전부명령이 제3채무자에게 송달될 당시 반드시 피압류 및 전부채권이 현실적으로 존재하고 있어야 하는 것은 아니고, 장래의 채권이라도 채권발생의 기초가 확정되어 있어 특정이 가능할 뿐 아니라 권면액이 있고, 가까운 장래에 채권이 발생할 것이 상당한 정도로 기대되는 경우에는 채권압류 및 전부명령의 대상이 될 수 있음(대법원 2002. 11. 8. 선고 2002다7527 판결).

④ 피담보채권이 소멸하면 저당권은 그 부종성에 의하여 당연히 소멸하게 되므로, 그 말소등기가 경료되기 전에 그 저당권부채권을 가압류하고 압류 및 전부명령을 받아 저당권 이전의 부기등기를 경료한 자라 할지라도, 그 가압류 이전에 그 저당권의 피담보채권이 소멸된 이상, 그 근저당권을 취득할 수 없고, 실체관계에 부합하지 않는 그 근저당권 설정등기를 말소할 의무를 부담함(대법원 2002. 9. 24. 선고 2002다27910 판결).

⑤ 당사자 사이에 양도금지의 특약이 있는 채권이라도 압류 및 전부명령에 따라 이전될 수 있고, 양도금지의 특약이 있는 사실에 관하여 압류채권자가 선의인가 악의인가는 전부명령의 효력에 영향이 없음(대법원 2002. 8. 27. 선고 2001다71699 판결).

⑥ 전부명령이 확정되면 피압류채권은 제3채무자에게 송달된 때에 소급하여 집행채권의 범위 안에서 당연히 전부채권자에게 이전하고 동시에 집행채권 소멸의 효력이 발생하는 것으로, 이 점은 피압류채권이 그 존부 및 범위를 불확실하게 하는 요소를 내포하고 있는 장래의 채권인 경우에도 마찬가지라고 할 것이나, 장래의 채권에 대한 전부명령이 확정된 후에 그 피압류채권의 전부 또는 일부가 존재하지 아니한 것으로 밝혀졌다면 민사소송법 제564조 단서(민사집행법 제231조 단서)에 의하여 그 부분에 대한 전부명령의 실체적 효력은 소급하여 실효됨(대법원 2002. 7. 12. 선고 99다68652 판결).

⑦ 동일한 채권에 대하여 두 개 이상의 채권압류 및 전부명령이 발령되어 제3채무자에게 동시에 송달된 경우 당해 전부명령이 채권압류가 경합된 상태에서 발령된 것으로서 무효인지의 여부는 그 각 채권압류명령의 압류액을 합한 금액이 피압류채권액을 초과하는지를 기준으로 판단하여야 하므로 전자가 후자를 초과하는 경우에는 당해 전부명령은 모두 채권의 압류가 경합된 상태에서 발령된 것으로서 무효로 될 것이지만, 그렇지 않은 경우에는 채권의 압류가 경합된 경우에 해당하지 아니하여 당해 전부명령은 모두 유효하게 된다고 할 것이며, 그 때 동일한 채권에 관하여 확정일자 있는 채권양도통지가 그 각 채권압류 및 전부명령 정본과 함께 제3채무자에게 동시에 송달되어 채권양수인과 전부채권자들 상호간에 우열이 없게 되는 경우에도 마찬가지라고 할 것임. 동일한 채권에 관하여 확정일자 있는 채권양도통지와 두 개 이상의 채권압류 및 전부명령 정본이 동시에 송달된 경우 채권의 양도는 채권에 대한 압류명령과는 그 성질이 다르므로 당해 전부명령이 채권의 압류가 경합된 상태에서 발령된 것으로서 무효인지의 여부를 판단함에 있어 압류액에 채권양도의 대상이 된 금액을 합산하여 피압류채권액과 비교하거나 피압류채권액에서 채권양도의 대상이 된 금액 부분을 공제하고 나머지 부분만을 압류액의 합계와 비교할 것은 아님(대법원 2002. 7. 26. 선고 2001다68839 판결).

변제의 수행(제617조)

변제계획의 수행

변제계획이 인가되면, 채무자는 인가된 변제계획을 수행하여야 한다.

1. 회생위원이 선임되어 있는 경우

채무자는 인가된 변제계획의 내용에 따라 개인회생채권자에게 변제하여할 금원을 회생위원에게 임치하여야 하며, 회생위원은 그 임치된 금원을 변제계획의 내용대로 각 개인회생채권자에게 지급하도록 하여야 한다.

이에 따라 회생위원이 선임되어 있는 때에는 채무자는 직접 개인회생채권자에게 변제할 것이 아니라 회생위원에게 변제할 채무금액을 임치하여야 한다.

2. 채무자가 회생위원에게 금원을 임치하는 방법

채무자가 회생위원에게 금원을 임치하는 방법은 채무자가 회생위원이 관리하는 예금계좌에 송금을 하는 것으로 되어 있다. 회생위원이 개인회생채권자에게 금원을 지급하는 방법은, 금원이 임치된 위 예금계좌로부터 신고를 미리 받아 둔 각 개인회생채권자들의 금융기관 계좌로 송금하는 방법으로 하는 것을 원칙으로 하고 있다.

3. 공탁을 할 수 있는 경우

만약 위와 같은 계좌번호의 신고를 미리 하지 아니한 개인회생채권자에 대하여 지급할 변제액은 변제계획에 정하는 바에 따라 공탁을 할 수도 있다. 실무상으로는, 위와 같은 공탁을 매달마다 하는 것이 번거로울 수 있으므로, 회생위원 계좌에 적립한 후 회생위원으로 하여금 1년에 1회 정도 공탁하는 것으로 변제계획안을 작성하도록 지도하기로 하였다. 회생위원이 이러한 공탁을 위하여 임치된 금원을 현금으로 출금하려는 때에는 미리 법원의 허가를 받아야 한다.

채권자가 번호오류 등의 사유로 신고한 계좌번호로 회생위원이 송금하였으나 송금할 수 없는 경우에도, 공탁할 수 있다.

4. 회생위원이 선임되어 있지 않거나, 변제계획 또는 변제계획 인가결정에서 다르게 정한 경우

위 1과 같은 방법은 모든 경우에 적용되는 것이 아니고 회생위원이 선임되어 있는 경우에만 적용되는 것이다. 만일 회생위원이 선임되어 있지 않은 경우이거나 또는 회생위원이 선임되어 있다 하더라도 변제계획이나 변제계획인가결정에서 다르게 정한 경우에는 위의 방법이 적용되지 않는다.

(1) 회생위원이 선임되지 않은 경우

대부분의 경우에는 변제계획의 수행과 감독을 위해 회생위원이 선임되고 있다. 그러나 법은 모든 개인채무자회생사건에서 회생위원을 반드시 선임하는 것으로 정하고 있지는 않으므로, 경우에 따라서 회생위원이 선임되어 있지 않은 경우가 있을 수도 있다.

(2) 변제의 방법

회생위원이 선임되지 않은 경우에 있어서는 채무자는 인가된 변제계획의 내용에 따라 개인회생채권자에게 변제하여야 할 금원을 스스로 직접 개인회생채권자에게 지급하여야 한다. 그 구체적 방법으로는 직접 개인회생채권자를 찾아가 지급할 수도 있겠고, 개인회생채권자가 알려준 금융계좌로 송금하는 방법도 있을 것이다. 현금이나 은행발행의 자기앞수표로는 지급할 수 있겠지만, 어음이나 당좌, 가계수표로는 채권자가 동의하지 않는 한 지급할 수 없다고 본다.

(3) 유의할 점

채무자가 매번 금원 지급시마다 반드시 그 지급사실을 증명할 영수증을 개인회생채권자로부터 교부받아두거나, 금융기관을 통하여 송금하였다면 개인회생채권자의 계좌로 금원이 송금되었다는 점을 입증할 영수증과 같은 자료 등을 확보해두어야 한다는 점이다. 나중에라도 그 지급 여부에 관한 다툼이 생기는 경우가 있을 수 있음으로 이에 대비하여야 하기 때문이다. 만일 지급 여부에 관하여 다툼이 생기게 되어 개인회생채권자가 변제받을 금원을 받지 못하였다고 주장하게 된다면, 그 지급사실은 채무자가 입증하여야 할 것이고 입증자료가 없다면 지급한 사실을 인정받지 못하게 되어 개인회생에 있어서 심대한 타격을 받을 수가 있게 된다.

(4) 회생위원이 선임되었더라도 변제계획이나 변제계획인가결정에서 다르게 정한 경우

회생위원이 선임되어 있는 경우에는 특별한 사정이 없는 한 위 1의 방법대로 변제계획을 수행하면 될 것이나, 그와 같은 경우에도 만일 변제계획이나 변제계획인가결정에서 다른 방법을 정하였다면, 그 정해진 다른 방법에 따라 변제계획을 수행하여야 한다.

(5) 실무에서의 처리

실무는 회생위원이 선임된 경우 변제계획이나 변제계획인가결정에서 다른 방법을 정하는 것은 가급적 피하도록 지도하고 있다. 다른 방법을 정할 경우 변제계획 수행에 대한 확인, 감독이 어려워지게 되는 문제를 초래하는 등 회생의 진행에 있어서 부정적인 영향을 미치는 것으로 예상되기 때문이다. 따라서 이와 같은 경우는 거의 드물 것으로 예상된다.

【서식】채권자 계좌번호신고서

채권자 계좌번호 신고서

사　　　건　　　20○○개회○○　개인회생
채　무　자　　　○　○　○

채 권 자	
주　　소	우편번호 :
전화번호	(집)　　　(직장)　　　(휴대폰)

※ 채권번호란에 채권자목록상의 채권번호를 꼭 기재하시기 바랍니다.

　채권자는 채무자 회생 및 파산에 관한 규칙 제84조 제1항에 따라 위 개인회생 사건에서 변제액을 송금받기 위한 금융기관 계좌번호를 다음과 같이 신고합니다.

다　　음

예 금 주	금융기관명	계좌번호

　　　　20○○. ○. ○.

　　　　　　　　　채권자　○　○　○　(인)

　　　　　　　　　　　○○지방법원 제 ○회생위원 귀중

☞ 채권자는 변제계획에 따른 변제금을 송금받기 위해서는 개인회생채권자집회 기일까지 위 신고서를 회생위원에게 직접, 우편, 전자소송홈페이지를 통한 제출 또는 이메일에 첨부하는 방법으로 제출하여야 합니다.
☞ 채권자는 자신이 예금주(법인인 채권자는 법인등기부의 명칭과 예금주가 일치해야 함)인 계좌번호를 신고하여야 하고, 자신이 예금주가 아닌 경우에는 인감증명서를 첨부하거나 본인이 직접 제출하는 등으로 계좌번호 신고서가 자신의 의사에 따라 작성된 것임을 소명하여야 합니다.

채무자를 위한 공탁(제617조의 2)

제정이유

회생위원은 개인회생절차폐지의 결정 또는 면책의 결정이 확정된 후에도 이자를 포함하여 임치된 금원이 존재하는 경우에는 이를 채무자에게 반환하도록 하되, 채무자가 수령을 거부하거나 채무자의 소재불명 등으로 반환할 수 없는 경우에는 채무자를 위하여 공탁할 수 있도록 함.

변제계획 인부결정에 대한 즉시항고(제618조)

1. 즉시항고권자

즉시항고를 할 수 있는 자는 변제계획 인부결정의 재판에 대하여 법률상의 이해관계를 가지고 있는 자야 한다. 즉 변제계획의 효력을 받는 지위에 있는 자로서 변제계획의 효력발생 여부에 따라 자기의 이익이 침해되는 자를 의미한다. 구체적으로 살펴보면 다음과 같다.

(1) 개인회생채권자

개인회생채권자목록에 기재된 개인회생채권자에 한하여 항고할 수 있다. 개인회생채권자목록에 기재된 채권자인 이상 현실적으로 집회에 참석하거나 이의를 제기하였는지 여부는 문제되지 않는다.

개인회생채권자목록에 기재된 개인회생채권자인 이상 그 권리가 미확정된 경우일지라도 즉시항고를 할 수 있다. 그러나 채권조사확정절차나 그에 관한 이의의 소에서 그 권리가 부존재함이 확정되는 등의 사유로 개인회생절차에 참가할 자격을 확정적으로 상실한 자는 즉시항고가 허용되지 않는다.

(2) 개인회생재단채권자

개인회생재단채권자에 대하여는 변제계획에 의하여 감면 기타 그 권리에 영향을 미치는 규정을 할 수도 없는 것이고 면책결정에 의하여 이를 면책시킬 수 있는 방법도 없으므로 착오로 그러한 규정을 마련하였다 하여도 무효라고 해석할 것이다. 따라서 이해관계가 없으므로 항고권자라고 할 수 없다.

(3) 별제권자

별제권자도 변제계획 인가결정에 따라 개인회생절차에서 제약을 받는 불이익이 있는 것은 아니므로 별제권자의 지위에서 변제계획 인가결정에 대하여 항고를 제기할 이익은 없다고 해석할 것이다. 다만, 별제권 부족액에 대하여는 개인회생채권자의 지위에서 항고를 제기할 권한이 있음은 물론이다.

(4) 채무자

채무자가 변제계획의 불인가결정에 대하여 항고할 권한이 있음에는 이론이 없다고 할 것이다. 그러나 변제계획의 인가결정에 대하여는 항고할 권한이 있느냐에 대하여는 자신이 인가해 달라고 작성, 제출한 변제계획안이 그대로 인가된 이상은 항고권을 부정하여야 할 것이다.

2. 즉시항고의 절차

(1) 항고제기의 방식

변제계획 인부결정에 대한 즉시항고 절차는 법원에 항고장을 제출함으로써 한다. 항고장의 기재 내용은 일반 민사소송법과 다르지 않으며, 2,000원의 인지를 붙여야 한다.

(2) 항고기간

변제계획 인가결정에 대한 항고기간은, 공고가 있은 경우이므로 공고가 있는 날부터 2주간이고, 불인가결정에 대한 항고기간은 통상의 경우와 같이 불인가결정이 고지된 날로부터 1주간이다. 기산일은 공고가 효력을 발생한 날이고 이 기간은 불변기간이므로 소송행위의 추후보완이 허용된다.

변제계획 인가결정에 대한 항고기간	공고가 있는 날부터 2주간
불인가결정에 대한 항고기간	불인가결정이 고지된 날로부터 1주간

(3) 항고장의 심사 및 보증금 공탁명령

1) 항고장의 심사

즉시항고가 제기된 때에는 원심법원은 항고장을 심사하여 소정의 인지가 붙여져 있는지와 즉시항고 기간 안에 제기되었는지 등을 검토하여야 하며, 만약 항고인이 인지보정명령을 이행하지 않거나 항고가 항고기간을 넘겼음이 명백한 때는 재판장은 명령으로 항고장을 각하해야 한다. 일반 민사소송절차와 마찬가지로 법원은 항고가 이유 있다고 인정되는 경우 재도의 고안으로서 원결정을 경정할 수 있으며, 항고가 이유 없다고 판단되는 경우에는 항고기록을 송부하여야 한다.

2) 불인가결정과 보증금 공탁명령

불인가결정에 대한 항고보증금 공탁제도는 항고권 남용으로 인하여 채권자 신청 등에 의한 파산절차로의 이행이 지나치게 지체되는 것을 방지하기 위한 데에서 그 취지가 있다, 법원은 변제계획 불인가결정에 대한 항고가 있을 때 기간을 정하여 항고인에게 보증으로 대법원규칙이 정하는 범위 안에서 금전 또는 법원이 인정하는 유가증권을 공탁하도록 할 수 있다. 따라서 원심법원 또는 항고법원은 항고장이 접수되면 즉시 항고장을 심사함과 아울러 공탁을 명할지 여부를 1주일 이내에 결정해야 한다.

3) 실무에서의 처리

실무에서는 항고보증금공탁명령시 보증보험증권에 의한 공탁은 허용하지 않는 것으로 정하고 있다. 이를 허용할 경우 추후 보증보험회사의 구상금 채권이 발생하게 되는 문제가 있기 때문이다.

4) 공탁할 금액

항고인에게 보증으로 공탁하게 할 금액은 확정된 개인회생채권 총액의 20분의 1 범위에서 정하되

가. 채무자의 재산, 소득, 채무의 규모 및 상태

나. 항고인의 지위 및 항고에 이르게 된 경위

다. 절차의 진행경과, 장래의 사정변경의 가능성 및 그 밖의 여러 사정을 구체적으로 고려하여야 한다.

5) 일부변제된 경우

법원이 공탁명령을 할 당시 이미 확정된 채권 중 일부가 변제된 경우에 있어서는 잔존하는 채권액을 기준으로 정해야 할 것이다. 다만, 보증금을 과다하게 상정하면 항고권의 행사를 원칙적으로 봉쇄하는 부정적인 결과를 초래할 수 있으므로 주의하여야 한다.

6) 보증을 제공하지 아니하는 경우

항고인이 법원이 정하는 기간 내에 보증을 제공하지 아니하는 경우에는 원심법원 또는 항고법원은 결정으로 항고를 각하하여야 한다. 본 항의 법문상 "항고를 각하"하는 것으로 되어 있으나 여기서의 "항고"는 "항고장"을 의미한다고 해석함이 타당하다고 해석되므로, 항고인이 정해진 기간 내에 보증을 제공하지 아니하는 경우에는 법원이 결정으로 "항고장"을 각하하여야 한다.

7) 원심법원이 기간을 정하여 항고인에게 보증으로 공탁할 것을 명한 경우

항고기록의 송부는 보증 미제공으로 항고장이 각하되지 아니하는 한 그 보증이 제공된 날부터 1주일 안에 하여야 한다.

8) 파산절차가 속행되는 경우

항고인이 보증으로 제공한 위 금전 또는 유가증권은, 불인가결정에 대한 즉시항고가 기각되고 채무자에 대하여 파산선고가 있거나 파산절차가 속행되는 경우에는, 이를 파산재단에 귀속시킨다.

3. 즉시항고와 변제계획의 수행

(1) 즉시항고와 집행정지의 효력

변제계획 인가결정에 대한 즉시항고는 변제계획의 수행에 영향을 미치지 아니한다고 명시하고 있다. 일반 민사소송법상의 즉시항고와는 달리 집행정지의 효력을 인정하지 않음으로써 인가결정의 확정을 기다리지 않고 바로 변제계획의 효력을 발생하도록 한다.

(2) 수행정지 등의 가처분

1) 취지

인가결정에 대한 즉시항고는 위와 같이 집행정지의 효력이 없는 것이 원칙이므로 경우에 따라서는 항고심에서 항고가 인용되더라도 항고인에게 회복할 수 없는 손해를 입힐 수 있다. 그렇다면 결국 인가결정에 대한 불복신청을 허용하는 것이 무의미하게 되므로 엄격한 요건 아래 수행정지 등의 가처분제도를 두고 있다.

2) 관할법원

항고법원 또는 개인회생법원이 이 가처분을 발할 수 있다. 개인회생법원이 이 가처분을 발할 수 있는 것은 항고기록을 항고법원에 송부하기전 또는 항고법원으로부터 기록이 송부된 경우에 있어서만 가능하다.

3) 가처분의 요건

항고가 이유 있다고 인정되고, 변제계획의 수행으로 생길 회복할 수 없는 손해를 예방하기 위하여 긴급한 필요가 있음이 소명되어야 함과 동시에 신청이 있어야 한다.

4) 가처분의 내용, 효력

법원이 할 수 있는 가처분은 변제계획의 전부 또는 일부에 대한 수행을 정지하거나 그밖에 필요한 처분이다.

이 가처분의 효력은 항고인에게 담보를 제공하게 하거나 담보를 제공하게 하지 아니하고 명할 수 있다. 담보를 제공하게 하는 경우 그 담보는 변제계획의 수행을 정지함으로써 생긴 손해를 담보하기 위한 것이므로 원칙적으로는 본래 손해를 입은 이해관계인이 이에 대한 권리를 취득해야 하나, 계획수행의 책임자인 채무자가 각 이해관계인을 대표하여 행사하도록 하여야 할 것이다.

4. 항고심의 결정

(1) 심리의 대상

항고심은 항고인이 주장하는 항고사유에 대하여 판단을 하여야 하는데, 개인회생절차를 진행하는 제1심에 대한 속심이므로 그 심리의 대상에 있어서 제한을 받게 되지는 아니한다.

(2) 항고기각 결정을 하는 경우

항고심이 항고를 각하하거나 제1심의 판단을 수긍하여 항고기각 결정을 하는 경우에는 별다른 문제가 있는 것은 아니다.

5. 재항고 가부의 문제

(1) 재항고 제기 가능여부

변제계획인부결정에 대한 항고심의 판단에 대하여 다시 불복하여 재항고를 제기할 수 있는가의 여부에 대해서는 견해의 대립이 있다. 대법원은 87마 277, 98마3631 결정 등에서 위 조항의 해석상 회생계획인부결정에 대해서는 재항고가 허용되지 않는다고 해석하고 있다. 회생절차상의 결정을 신속히 확정하기 위하여 그러한 해석을 하는 것으로 보인다.

▣ 관련판례

판례(대법원 1987.12.29. 자 87마277 결정)

회사정리법 제237조 제4항에 의하면 정리계획 인부결정에 대한 항고심결정에 대하여는 재항고가 허용되지 아니하고 동법 제8조에 의하여 준용되는 민사소송법 제420조에 의한 특별항고만 허용되므로, 회사정리법 제233조 제1항이 정리계획인가의 요건을 규정하고 있는 것은 회사정리절차에 있어서는 우선순위가 다른 채권자들끼리의 결의에 의하여 권리변경이 이루어지므로 정리계획안의 내용이 각 이해관계인 사이에 공정·형평하게 이루어질 수 있도록 함과 동시에 정리제도의 목적인 기업의 정리·재건을 달성할 수 있도록 하는데 그 취지가 있다고 한 사례.

판례(대법원 1999. 6. 30. 자 98마3631 결정)

회사정리법 제280조 제1항은 "제237조 제1항과 제2항의 규정은 정리절차폐지의 결정에 대한 항고와 제8조에서 준용하는 민사소송법 제420조의 규정에 의한 항고에 준용한다."고 규정하고 있는바, 위 규정에 비추어 보면 정리절차폐지의 결정에 대한 항고심 결정에 대하여는 재항고가 허용되지 아니하고 같은 법 제8조에 의하여 준용되는 민사소송법 제420조에 의한 특별항고만이 허용되고, 회사정리법 제272조

제1항 제1호에 의하면 법원이 정한 기간 또는 연장한 기간 내에 정리계획안의 제출이 없거나 그 기간 내에 제출된 모든 계획안이 관계인집회의 심리 또는 결의에 부칠 만한 것이 못되는 때에는 법원은 직권으로 정리절차폐지의 결정을 하여야 한다고 규정되어 있는바, 위에서 말하는 관계인집회의 심리 또는 결의에 부칠 만한 것이 못되는 때라 함은 계획안의 내용이 법률의 규정에 합치되지 아니하거나 공정·형평성을 결여하거나 수행이 불가능한 경우 또는 관계인집회에서 계획안 가결을 받을 가능성이 없는 경우를 의미한다고 한 사례.

판례(대법원 2019. 7. 25., 자, 2018마6313, 결정)

개인회생절차에서 변제계획 변경 인가결정에 대하여 즉시항고가 있어 항고심이나 재항고심에 계속 중이더라도 면책결정이 확정되면, 항고인이나 재항고인으로서는 변제계획 변경 인가결정에 대하여 더 이상 즉시항고나 재항고로 불복할 이익이 없으므로 즉시항고나 재항고는 부적법하다. 그 이유는 다음과 같다.

① 변제계획 인가결정에 대한 즉시항고는 변제계획의 수행에 영향을 미치지 아니하여 항고법원 또는 회생계속법원이 변제계획의 전부나 일부의 수행을 정지하는 등의 처분을 하지 아니하는 한 집행정지의 효력이 없다[채무자 회생 및 파산에 관한 법률(이하 '채무자회생법'이라 한다) 제618조 제2항, 제247조 제3항]. 이는 변제계획 변경 인가결정에서도 같다. 따라서 변제계획 변경 인가결정에 대하여 즉시항고가 이루어져 항고심이나 재항고심에 계속 중이더라도 채무자가 변경된 변제계획에 따른 변제를 완료하면, 법원은 면책결정을 하여야 하고 면책결정이 확정되면 개인회생절차는 종료하게 된다(채무자회생법 제624조 제1항, 채무자 회생 및 파산에 관한 규칙 제96조).

② 채무자회생법 제625조 제2항 본문은 "면책을 받은 채무자는 변제계획에 따라 변제한 것을 제외하고 개인회생채권자에 대한 채무에 관하여 그 책임이 면제된다."라고 규정하고 있다. 여기서 말하는 면책이란 채무 자체는 존속하지만 채무자에 대하여 이행을 강제할 수 없다는 의미이므로 면책된 개인회생채권은 통상의 채권이 가지는 소 제기 권능을 상실하게 된다.

③ 채무자회생법 제2편의 회생절차에서는 회생계획 인가결정이 있은 때에 회생채권자 등의 권리변경 효력이 발생하여 채무의 전부 또는 일부의 면제, 기한의 연장, 권리의 소멸이 이루어진다(채무자회생법 제252조 제1항 참조). 그런데 이와 달리 채무자회생법 제4편의 개인회생절차에서는 변제계획 인가결정으로 개인회생채권자의 권리가 변경되지 않고, 다만 면책결정으로 책임이 면제될 뿐이다(채무자회생법 제615조 제1항 참조). 따라서 개인회생절차에서 변제계획 변경 인가결정에 대

한 즉시항고나 재항고 절차가 계속 중이더라도 면책결정이 확정됨에 따라 개인회생
절차가 종료되었다면, 추후 변제계획 변경 인가결정에 대한 즉시항고나 재항고가
받아들여져서 채무자에 대한 변제계획 변경 인가결정이 취소되더라도 더 이상 항고
인의 권리가 회복될 가능성이 없다. 또한 면책결정의 확정으로 항고인의 개인회생
채권은 채무자에 대한 관계에서 자연채무의 상태로 남게 되었으므로, 변제계획을
다시 정하더라도 항고인이 채무자에 대하여 채무의 이행을 강제할 수 없으며, 특별
히 자연채무의 범위를 다시 정하여야 할 실익이 있다고 볼 수도 없다.

【서식】 항고보증금 공탁명령("불인가결정" 또는 "개인회생절차폐지결정"에 대한 항고시)

서울회생법원
결 정

사 건   20○○개회○○ 개인회생

채 무 자   ○ ○ ○(-   )

          서울 ○○구 ○○동 ○○

항 고 인   ○ ○ ○

          서울 ○○구 ○○동 ○○

주 문

항고인은 보증으로 이 결정을 송달받은 날로부터 10일 이내에 금 ○○원을 공탁하여야 한다.

이 유

채무자회생및파산에관한법률 제623조 제2항, 제618조 제3항에 의하여 주문과 같이 결정한다.

                20○○. ○. ○.

                판사 ○ ○ ○

【서식】 항고장 각하결정("불인가결정" 또는 "개인회생절차폐지결정"에 대한 항고시)

서울회생법원
결 정

사   건   20○○개회○○ 개인회생
채 무 자   ○ ○ ○(-   )
             서울 ○○구 ○○동 ○○
항 고 인   ○ ○ ○
             서울 ○○구 ○○동 ○○

주 문

이 사건 항고장을 각하한다.

이 유

이 사건에 대하여 항고인에게 상당한 기간을 정하여 보증금을 공탁할 것을 명하였으나, 이를 이행하지 아니하므로 채무자회생및파산에관한법률 제623조 제2항, 제618조 제4항에 의하여 주문과 같이 결정한다.

20○○. ○. ○.

판사 ○ ○ ○

【서식】 변제계획 수행정지 결정(변제계획 인가결정에 대한 항고시)

서울회생법원
결   정

사   건   20○○개회○○ 개인회생

채 무 자   ○ ○ ○(-   )

　　　　　　　서울 ○○구 ○○동 ○○

신청인(항고인)   ○ ○ ○

　　　　　　　서울 ○○구 ○○동 ○○

주   문

신청인의 항고에 대한 결정이 있을 때까지 이 사건 변제계획(변제계획 중 ……의 조항)의 수행을 정지한다.

이   유

변제계획의 수행으로 생길 회복할 수 없는 손해를 예방하기 위하여 긴급한 필요가 있음이 소명되므로, 항고인의 신청에 의하여 (담보로 금 ○○원을 공탁하게 하는 것을 조건으로) 채무자회생및파산에관한법률 제618조 제2항을 적용하여 주문과 같이 결정한다.

20○○. ○. ○.

판사 ○ ○ ○

인가 후의 변제계획변경(제619조)

1. 인가후의 변제계획 변경을 인정할 필요성

변제계획이 인가된 후에도 변제계획을 변경할 수 있다. 변제계획에서 정하는 변제기간은 최장 8년 까지로 되어 있기 때문에, 인가된 변제계획을 수행하여 가는 도중에 채무자의 소득이 줄어들거나, 또는 오히려 늘어나는 경우가 충분히 발생할 수 있다. 법은 인가후의 변제계획 변경이 가능한 것으로 정하고 있으면서, 변제계획변경이 어떤 사유가 있는 경우에만 가능하다고 한정하고 있지는 않다.

(1) 채무자의 소득이 줄어드는 경우

(2) 채무자의 소득이 늘어나는 경우

변제계획의 변경안을 제출하는 때에는 사건의 표시, 채무자·제출인과 그 대리인의 표시, 변제계획의 변경안을 제출하는 취지 및 그 사유를 기재한 서면을 함께 법원에 제출하여야 한다.

제 6 장
폐지 및 면책

변제계획인가 전 개인회생절차의 폐지(제620조)

1. 개인회생절차개시결정으로 인하여 개인회생절차폐지결정의 확정일까지 중지 또는 금지되었던 개인회생재단에 속한 재산에 대한 담보권설정 또는 담보권 실행을 위한 경매는 그 중지 또는 금지에서 풀려 속행되거나 가능하게 된다.

2. 개인회생절차개시결정으로 인하여 중지 또는 금지되었던 채무자에 대한 파산절차 또는 화의절차, 채권자목록에 기재된 개인회생채권에 기한 개인회생재단에 속하는 재산에 대하여 한 강제집행, 가압류 또는 가처분, 채권자목록에 기재된 개인회생채권을 변제받거나 변제를 요구하는 일체의 행위(소송행위 제외) 등도 그 중지 또는 금지에서 풀려 속행되거나 가능하게 된다.

3. 법은 인가전 개인회생절차폐지의 경우에는 채무자회생및파산에관한법률 제621조 제2항과 같은 규정을 두고 있지 않으나, 개인회생채권자목록 제출에 따른 시효중단의 효력은 인가전 개인회생절차폐지시에도 인정된다고 본다.

변제계획인가 후 개인회생절차의 폐지(제621조)

인가후 개인회생절차폐지의 효력
1. 신청

개인회생절차 폐지를 신청할 때에는 사건의 표시, 채무자·신청인과 그 대리

인의 표시, 개인회생절차의 폐지를 신청한 취지 및 그 사유를 기재한 서면을
법원에 제출하여야 한다.

2. 변제계획이 인가된 후 변제계획에 따라 이미 변제를 행한 경우

개인회생절차가 폐지되더라도 그 변제한 만큼의 채무를 소멸시킨 효과가 부
인되는 것은 아니다. 이미 행한 변제가 유효하다는 것은 그것이 비채변제가
되어 반환을 구할 수 있는 것으로 되지 않는다는 의미이다.

3. 이미 행한 변제부분

변제계획인가에 의해 개인회생채권자의 채권의 내용에 변경이 생기는 것은
아니므로, 개인회생절차가 폐지되면 이미 행한 변제 부분은 당초의 채권의
원금, 이자, 지연손해금 등에 어떻게 충당되는지에 관한 매우 복잡한 계산문
제가 발생하게 된다. 법은 이와 같은 충당문제에 대비한 규정을 두고 있지
않으므로, 민법의 규정에 따른 법정충당의 방법으로 처리할 수밖에 없다.

4. 다른 절차의 실효의 번복여부

채무자회생및파산에관한법률 제621조 제2항은 변제계획인가후 개인회생절
차의 폐지는 개인채무자회생법의 규정에 의하여 생긴 효력에는 영향을 미치
지 않는다고 정하고 있다. 따라서, 예컨대 개인회생채권자목록의 제출 또는
개인회생절차참가에 대하여 부여되는 시효중단의 효력은 그대로 유지되고,
변제계획인가결정에 의한 파산절차, 화의절차, 강제집행절차, 가압류, 가처분
등의 실효도 번복되지 않는다.

개인회생채권자목록의 제출 또는 개인회생절차참가에 의하여 중단된 시효
는, 폐지시부터 새로이 진행된다.

개인회생절차폐지결정의 공고(제622조)

법원은 개인회생절차폐지의 결정을 한 때에는 그 주문과 이유의 요지를 공고하여야 한다. 이 경우 송달은 하지 아니할 수 있다.

개인회생절차폐지결정에 대한 즉시항고(제623조)

개인회생절차폐지에 대한 불복

개인회생절차 폐지의 결정에 대하여는 즉시항고를 할 수 있다. 즉시항고가 제기된 경우 법원은 기간을 정하여 항고인에게 보증으로 대법원규칙이 정하는 범위 안에서 금전 또는 법원이 인정하는 유가증권을 공탁하게 할 수 있고, 항고인이 그 기간 안에 보증을 제공하지 아니하는 때에는 법원은 결정으로 항고를 각하하게 되며, 항고가 기각되고 채무자에 대하여 파산선고가 있거나 파산절차가 속행(다만, 파산절차는 변제계획인가로 실효하므로 이는 변제계획인가전에 폐지되는 경우에만 해당)되는 때에는 보증으로 제공된 금전 또는 유가증권은 파산재단에 속하게 된다.

면책결정(제624조)

1. 개인회생채권의 면책

채무자가 변제계획에 따른 변제를 완료하면 면책을 받게 된다. 그런데, 변제계획에 따른 변제를 완료하지 못하게 된 경우에도 일정한 요건이 갖추어진 때에는 면책을 받을 수 있는 경우가 있다.

2. 면책의 요건과 절차

(1) 채무자가 변제계획에 따른 변제를 완료한 때

1) 법원은 채무자가 변제계획에 따른 변제를 완료한 때에는 당사자의 신청에 의하거나 직권으로 면책의 결정을 하여야 한다. 신청할 당사자는 당연히 채무자를 가리키는 것이고, 개인회생채권자나 회생위원을 가리키는 것은 아니다. 직권으로도 면책의 결정을 할 수 있는데, 법원이 회생위원의 보고

등을 통하여 변제계획에 따른 변제가 완료되었음을 알게 되었는데도 채무자가 면책신청을 하지 않고 있는 경우가 이에 해당한다.

2) 면책의 신청을 하는 당사자는
- 사건의 표시
- 신청인, 채무자와 그 대리인의 표시
- 면책을 신청한 취지
- 채무자가 변제계획에 따른 변제를 완료한 내용

을 법원에 제출하여야 한다. 인지는 따로 첨부하지 아니한다.

3) 면책의 결정

면책의 결정은, 면책신청서에 첨부된 자료에 기하여 또는 직권판단의 경우라면 회생위원의 보고 등 기록상의 다른 자료에 기하여 변제계획이 완수된 사실이 인정된다면, 심문 없이 할 수 있다. 그러나, 변제계획의 완수여부가 의심스럽다거나 다투어지고 있는 경우에는, 법원은 판단을 위해 채무자에게 필요한 자료를 제출하게 하거나, 이해관계인의 의견을 청취하거나, 경우에 따라 필요하다면 채무자를 심문하게 할 수 있다. 법은 채무자가 변제계획에 따른 변제를 완료하지 못한 경우의 면책의 경우에는 이해관계인에 대한 의견청취절차를 정하여 두고 있고, 변제계획에 따른 변제를 완료한 경우의 면책에 대해서는 그러한 절차를 구체적으로 정하여 두고 있지는 않고 있으나, 변제계획을 완수한 사실이 인정되어야만 본 조 1항에 따른 면책결정을 할 수 있는 것이므로, 변제계획을 완수하였는지 여부가 불투명한 경우에는 그 인정을 위한 판단자료의 수집을 위하여 자료의 제출요구나 이해관계인에 대한 의견청취, 채무자에 대한 심문 등을 거칠 수 있음은 당연하다. 면책결정이 확정되면 개인회생절차는 종료된다.

(2) 채무자가 변제계획에 따른 변제를 완료하지 못한 경우

법원은 채무자가 변제계획에 따른 변제를 완료하지 못한 경우에도 일정한 경우에는 이해관계인의 의견을 들은 후 면책의 결정을 할 수 있다.

1) 변제계획을 완수하지 못했을 경우

면책의 결정을 할 수 있는 것은 다음의 요건이 모두 충족된 경우에 한한다.

채무자가 책임질 수 없는 사유로 인하여 변제를 완료하지 못하였을 것

개인회생채권자가 면책결정일까지 변제받은 금액이 채무자가 파산절차를 신청한 경우 파산절차에서 배당받을 금액보다 적지 아니할 것.

변제계획의 변경이 불가능할 것.

채무자가 책임질 수 없는 사유란, 예컨대 실직이나 급여의 감소 등으로 소득자체가 감소하는 경우, 본인이나 가족들의 질병, 부상 등으로 인한 의료비지출, 출산이나 부모의 실직 등에 의한 피부양자의 증가 기타의 사유로 가용소득이 감소하는 경우 등을 들 수 있다. 이러한 경우, 변제계획을 어느 정도 변경하여 수행케 하는 것이 가능하다면 모르되, 변제계획의 변경도 불가능한 정도의 상황이라면, 수행이 불가능한 변제계획의 수행을 계속 강요한다는 것은 무의미 할 뿐만 아니라 채무자에 대하여 가혹한 처사가 되기 때문에 이같이 정한 것이다.

2) 다만, 이 경우의 면책은 본 조 제1항의 면책결정이 필수적인 것과는 달리 임의적인 것이기 때문에, 채무자는 1)에서 열거한 요건들이 모두 충족되었다 하더라도 반드시 면책결정을 받을 수 있는 것은 아니다. 법원은 1)의 요건들이 모두 충족되었다 하더라도 그 밖에 변제계획이 이행된 정도를 비롯한 제반 사정을 종합적으로 판단하여, 면책을 하는 것이 합당하다고 판단될 경우에 비로서 면책결정을 하게 된다.

3) 채무자회생및파산에관한법률 제624조 제2항의 규정에 따라 면책의 신청을 하는 자는

사건의 표시

신청인, 채무자와 그 대리인의 표시

면책을 신청한 취지

채무자회생및파산에관한법률 제624조 제2항 각호의 규정에서 정한 요건을 갖춘 내용을 각 기재한 서면을 법원에 제출하여야 한다.

4) 이 경우 면책결정을 하기 위해서는 법원은 결정에 앞서 이해관계인의 의견을 청취하여야 한다. 법원은 이를 위하여 이해관계인들(특별한 사정이 없는 한 개인회생채권자들이 될 것임)에 대하여 일정한 양식의 의견청취서를 발송하고 그 답신을 취하는 방식으로 의견청취를 실시한다.

(3) 면책불허가 사유

변제계획이 완수되었거나 또는 본 조 제2항 각호의 요건이 충족된 경우에
도, 다음 중 어느 한가지에 해당하는 경우에는 법원은 면책을 불허하는 결
정을 할 수 있다.

1) 면책결정 여부의 결정 당시까지 채무자가 악의로 개인회생채권자 목록에
   기재하지 아니한 개인회생채권이 있음이 발견된 경우
2) 채무자가 채무자회생및파산에관한법률에 정해진 채무자의 여러 가지 의
   무를 이행하지 아니한 경우

(4) 면책결정의 공고 및 송달

면책결정은 공고하여야 한다. 법은 변제계획인가결정과 개인회생절차폐지
결정에 대하여는 공고를 하여야 하고 송달은 하지 않을 수 있다고 정하고
있으나, 면책결정에 대하여는 그와 같은 규정을 두고 있지 않다. 이에 규칙
에서 면책결정을 공고하도록 정하였다.

면책결정에 대해서는 송달을 하지 않을 수 있도록 정한 규정이 없으므로,
공고와 달리 송달을 하여야 한다. 면책불허가 결정은 공고하지 않고 송달
한다.

(5) 면책여부의 결정에 대한 불복방법

면책결정이나 면책불허가 결정에 대하여는 즉시항고를 할 수 있다. 면책결
정에 대하여는 이에 반대하는 이해관계인이, 면책불허가결정에 대하여는
채무자가 즉시항고를 할 것이다.

면책결정의 경우 즉시항고기간은 송달일과 관계없이 공고 다음날부터 14
일 이내가 됨을 유의하여야 한다.

【서식】 면책결정 1(변제완료시)

서울회생법원
결   정

사   건   20○○개회○○ 개인회생

채 무 자   ○ ○ ○(-   )

　　　　　　　서울 ○○구 ○○동 ○○

주   문

채무자를 면책한다.

이   유

채무자가 변제계획에 따른 변제를 완료하였으므로 채무자회생및파산에관한법률 제624조 제1항을 적용하여 채무자의 신청에 의하여(직권으로) 주문과 같이 결정한다.

20○○. ○. ○.

판사 ○ ○ ○

【서식】 면책결정 2(변제미완료시)

서울회생법원
결 정

사   건   20○○개회○○   개인회생
채   무   자   ○ ○ ○(-   )
                서울 ○○구 ○○동 ○○

주 문

채무자를 면책한다.

이 유

채무자가 변제계획에 따른 변제를 완료하지 못하였으나, ...(사정)...이므로, 채무자회생및파산에관한법률 제624조 제2항을 적용하여 이해관계인의 의견을 듣고 채무자의 신청에 의하여(직권으로) 주문과 같이 결정한다.

20○○. ○. ○.

판사 ○ ○ ○

【서식】 구의견서(변제미완료시 면책결정을 하기 전)

서울회생법원
제501회생부
결   정

수   신   개인회생채권자목록 참조

사   건   20○○개회○○ 개인회생

채 무 자   ○○○(-   )

　　　　　　서울 ○○구 ○○동 ○○

1. 이 법원은 위 채무자에 대한 면책 여부의 결정에 앞서 채무자회생및파산에관
   한법률 제624조 제2항이 정한 바에 따라 귀하의 의견을 듣고 심리자료로 삼
   고자 합니다.

2. 별지〈채권자 의견〉사항에 관하여 알고 있는 사항을 기재하여 20○○. ○.
   ○.까지 서면으로 제출하여 주시고, 부득이한 경우 팩시밀리전송(팩시밀리번
   호 : ○○○-○○○○)의 방법으로 제출하여 주십시오.

20○○. ○. ○.

판사 ○ ○ ○

참고 : 우편물을 보내실 곳(우편물을 보내실 때에는 사건번호를 명시하여
       주시기 바랍니다)
       서울 서초구 서초중앙로 157 서울회생법원 개인회생사건 담당자 앞
       (우편번호 06594)

채 권 자 의 견

1. 사건 : 20○○개회○○
2. 채무자 : ○　○　○
3. 귀하의 채권
   ○ 채권의 내용　　□ 대여금　□ 물품대금　□ 기타 :
   ○ 채권이 발생한 연월일 : (　　　　　　　　)
   ○ 변제계획 인가 당시 채권액수 : (　　　　　　)
4. 채무자로부터 변제계획에 따라,
   ○ 변제받은 금액 : ○○○원
   ○ 변제받지 못한 잔액 : ○○○원
5. 채권의 변제를 받지 못하였다면 그 이유는,
   □ 채무자가 책임질 수 없는 사유로 인한 것이다.
   　　(구체적 사유기재 :　　　　　　　　　　　　　　)
   □ 채무자가 책임져야 할 사유로 인한 것이다.
   　　(구체적 사유기재 :　　　　　　　　　　　　　　)
   □ 모르겠다.
6. 채무자로부터 현재까지 변제받은 금액이 채무자가 당초에 개인회생절차를 신
   청하지 않고 파산하였다면 파산절차에서 배당받았을 금액보다,
   □ 적다.　□ 적지 않다.　□ 모르겠다.
7. 변제계획을 변경하여서라도 채무자로 하여금 나머지 채무를 변제하도록 함이,
   □ 가능하다.
   　　(희망하는 변경 변제계획의 내용 :　　　　　　　　)
   □ 불가능하다.
   □ 모르겠다.
8. 기타 의견이 있으면 아래 채권자기입란에 기재하여 주십시오.

20○○. ○. ○.

채권자 ○　○　○(인)

주소 및 전화번호 :

채권자기입란:

【서식】면책 불허가 결정(채권자목록에서 누락한 채권이 있을 경우)

서울회생법원
결 정

사 건   20○○개회○○ 개인회생

채 무 자   ○ ○ ○(-   )

　　　　　　서울 ○○구 ○○동 ○○

주 문

이 사건 면책을 허가하지 아니한다.

이 유

채무자가 악의로 개인회생채권자 목록에 기재하지 아니한 개인회생채권이 있으므로 채무자회생및파산에관한법률 제624조 제3항 제1호에 의하여 주문과 같이 결정한다.

20○○. ○. ○.

판사 ○　○　○

【서식】면책결정 공고

면책결정 공고

사　　　건　20○○개회○○ 개인회생

채　무　자　○ ○ ○(　　　　　-　　　　　)

　　　　　　서울 ○○구 ○○동 ○○

주　　　문　채무자를 면책한다

20○○. ○. ○.

서울회생법원

판사 ○　○　○

면책결정의 효력(제625조)

1. 면책의 의미

면책이란, 채무에 관하여 '책임이 면제된다'는 것을 의미한다.

2. 채무의 소멸과 책임의 면제의 차이

채무가 소멸된다는 것은 그 채무가 없어진다는 것인데 반하여, 책임이 면제된다는 것은 채무가 없어지는 것은 아니고 다만, 그 채무를 갚으라고 추궁할 수는 없게 되는 것을 말한다. 채무의 이행을 구하는 소송을 제기하는 것이나, 채무의 이행을 확보하기 위하여 재산에 가압류를 하는 것, 채무를 강제로 실현하기 위하여 재산에 대하여 강제집행을 실시하는 것 등이 불가능하게 되지만, 채무자 자체가 없어지는 것은 아니다.

3. 면책결정의 효력발생 시점

면책의 결정이 확정된 후에 그 효력이 생긴다. 아무런 항고가 제기되지 않고 즉시항고기간이 도과한 경우이거나, 항고가 제기되었다면 항고가 기각되는 때에 면책의 결정이 확정된다.

4. 보증이나 담보에 미치는 효력

면책은 개인회생채권자가 채무자의 보증인 그 밖에 채무자와 더불어 채무를 부담하는 자에 대하여 가지는 권리와 개인회생채권자를 위하여 제공한 담보에는 영향을 미치지 아니한다.

5. 개인회생절차의 종료

면책결정이 확정되면, 개인회생절차는 종료한다. 개인회생절차에서는 회생절차에서의 종결결정과 같은 것이 없어, 절차가 언제 종료하는지 불명확(직권 면책취소에 시한이 없는 이상 언제까지 사건을 종국 처리하고 기록보존하지 않은 채 계속중인 사건으로 관리할 것인지 알수 없음)하기 때문에 규칙에 명문의 규정을 두었다.

6. 면책에서 제외되는 채권

(1) 면책의 효력 범위

면책의 효력은 개인회생채권자에 대한 채무에 관하여 원칙적으로 효력이 미친다. 개인회생채권자 목록에 기재되고 이에 대한 개인회생채권조사확정재판 없이 이의기간을 경과하여 확정된 개인회생채권, 개인회생채권조사확정재판을 통하여 확정되었거나 개인회생채권조사확정재판에 대한 이의의 소를 거쳐 확정된 채권 중 변제되지 않고 남은 부분이 모두 면책된다.

(2) 면책제외 채권

면책을 받은 채무자는 변제계획에 따라 변제한 것을 제외하고 개인회생채권자에 대한 채무에 관하여 그 책임이 면제된다. 다만, 다음 각호의 청구권에 관하여는 책임이 면제되지 아니한다.

① 개인회생채권자목록에 기재되지 아니한 청구권

② 채무자회생및파산에관한법률 제583조제1항제2호의 규정에 의한 조세 등의 청구권

③ 벌금·과료·형사소송비용·추징금 및 과태료

④ 채무자가 고의로 가한 불법행위로 인한 손해배상

⑤ 채무자가 중대한 과실로 타인의 생명 또는 신체를 침해한 불법행위로 인하여 발생한 손해배상

⑥ 채무자의 근로자의 임금·퇴직금 및 재해보상금

⑦ 채무자의 근로자의 임치금 및 신원보증금

⑧ 채무자가 양육자 또는 부양의무자로서 부담하여야 할 비용(제625조 제2항에서 규정하고 있다.)

면책의 취소(제626조)

1. 면책의 취소

채무자가 면책을 받았다고 하더라도, 법원은 채무자가 기망 그 밖의 부정한 방법으로 면책을 받은 것일 때는 이해관계인의 신청에 의하거나 직권으로 면책을 취소 할 수 있다.

2. 면책취소의 사유

채무자가 기망 그 밖의 부정한 방법으로 면책을 받은 사실이 면책취소 사유가 된다.

3. 면책취소의 절차

(1) 신청권자

면책에 반대되는 입장을 가진 이해관계인이 면책의 취소를 신청하는 것이 보통일 것이나, 법원이 직권으로 면책을 취소할 수도 있다.

(2) 이해관계인의 심문

1) 이해관계인의 심문

법원은 면책취소 여부를 심리하기 위하여 이해관계인을 심문하여야 한다. 이해관계인의 심문은 필요한 경우 법원의 판단에 따라서 할 수 있는 것이 아니라, 반드시 하여야 하는 것으로 규정되어 있다.

2) 문제되는 경우

이해관계인이 면책의 취소를 신청한 때에는 그 이해관계인을 심문하면 될 것이나, 법원이 직권으로 면책을 취소하려 할 때에는 어느 누구를 심문하여야 하는 것인지 해석상 분명치 않다. 모든 이해관계인을 심문할 수도 없다고 보이고, 법원이 무작위로 추출하여 한 두명만 심문하면 된다고 볼 수 있을지도 의문이다.

3) 결론

결국 필요적 심문을 정한 이 조항은 이해관계인이 면책의 취소를 신청한 경우에만 적용되고 법원이 직권으로 면책을 취소하려 할 때에는 적용되지 않는 것으로 해석하는 것이 옳다고 본다.

(3) 채무자의 심문

법원은 이해관계인의 신청에 의하거나 또는 직권으로 면책취소 여부를 판단함에 있어, 채무자를 심문하여야 한다. 면책취소시의 채무자의 심문은 법에 정하여져 있지는 않으나, 면책취소사유가 "채무자가 기망 그 밖의 부정한 방법으로 면책을 받았을 것"인 이상 그러한 사실을 인정하기 위하여 채무자의 심문이 필요하다고 보일 경우에는 법원이 채무자를 심문할 수 있음은 당연하므로 이와 같이 정하였다.

(4) 신청기한

면책취소의 신청은 면책결정의 확정일로부터 1년 이내에 제기하여야 한다. 만일 이해관계인이 면책결정의 확정일로부터 1년이 경과한 후에 면책취소의 신청을 하였다면, 법원은 신청기간의 경과를 이유로 면책취소신청을 기각할 수 있다.

면책취소 신청서에는 따로 인지를 첨부하지 아니한다. 그러나 한편 법원은 이해관계인의 신청에 의하지 아니하고 직권으로 면책을 취소할 수도 있고, 직권에 의한 면책취소에는 따로 시한이 정하여져 있지 않기 때문에, 만일 위와 같이 이해관계인의 면책취소 신청이 면책결정확정일로부터 1년이 경과한 후에 제기되었으나 면책취소사유가 인정된다고 판단되는 경우라면, 법원은 직권으로 면책을 취소할 수도 있다. 이런 경우에는 시한을 경과하여 제기된 이해관계인의 면책취소신청은 법원의 직권발동을 촉구하는 의미의 신청으로 받아들여야 할 것이다.

(5) 법원의 결정

채무자회생및파산에관한법률 제626조 제1항은 "면책을 취소하여야 한다"가 아니라 "면책을 취소할 수 있다"고 규정하고 있으므로, 법원은 면책취소사유가 인정되는 경우에도 반드시 면책을 취소하여야 하는 것은 아니다. 따라서 위와 같은 면책취소 사유가 있는 경우라 하더라도, 법원은 여러 가지 제반사정을 종합적으로 고려하여 면책결정을 그대로 유지하는 것이 합당하다고 판단될 경우에는 면책취소신청을 기각할 수 있다.

(6) 공고

면책취소의 결정은 공고하여야 한다. 면책결정에 대해서와 마찬가지로 법에는 규정이 없으나, 규칙에 정하여져 있다. 또한, 송달을 하지 않을 수 있도록 정한 규정이 없으므로, 공고와 아울러 송달을 하여야 한다.

【서식】 면책취소 결정

서울회생법원
결   정

사　　　　건　　　20○○개회○○　개인회생
채　무　자　　　○ ○ ○(　　　　-　　　　)
　　　　　　　　　서울 ○○구 ○○동 ○○
이 해 관 계 인　　○ ○ ○
(신　청　인)　　　서울 ○○구 ○○동 ○○

주   문

채무자에 대한 면책을 취소한다.

이   유

이해관계인(신청인)의 진술 및 이 사건 기록에 의하면, 채무자는 20○○. ○. ○. 이 법원으로부터 면책을 받았으나, 채무자가 ...(행위)...한 사실이 인정되는바, 그렇다면 채무자는 기망 그 밖의 부정한 방법으로 면책을 받았다 할 것이므로, 채무자회생및파산에관한법률 제626조 제1항을 적용하여 이해관계인의 신청에 의하여(직권으로) 주문과 같이 결정한다.

20○○. ○. ○.

판사 ○　　○　　○

【서식】 면책 취소 관련 이해관계인 심문기일 지정

서울회생법원
결   정

사   건   20○○개회○○ 개인회생

채   무   자   ○ ○ ○(-   )

서울 ○○구 ○○동 ○○

이 해 관 계 인   ○ ○ ○

서울 ○○구 ○○동 ○○

채무자에 대한 면책의 취소 여부와 관련하여 다음과 같이 채무자와 이해관계인에 대한 심문을 시행한다.

다   음

1. 심문일시 : 20○○. ○. ○. ○:○
2. 심문장소 : 서울회생법원청사 3별관 201호 심문실

20○○. ○. ○.

판사 ○ ○ ○

【서식】 면책 취소 관련 이해관계인 심문조서

서울회생(지방)법원
조   서

1차

사 건 20○○개회○○ 개인회생	일시 : 20○○. ○. ○. 15:00
판 사 ○ ○ ○	장소 : 별관 제2호 법정
	공개여부 : 비공개

법원주사(보) ○ ○ ○

사건과 당사자를 호명

채 무 자	○ ○ ○	출 석
이해관계인	○ ○ ○	출 석

판 사

　채무자와 이해관계인에 대한 심문기일을 시작하겠다고 선언

이해관계인

　20○○. ○. ○.자 면책취소신청서 진술

채무자

　................라고 진술.

이해관계인

　................라고 진술.

심문종결

법원주사 (보) ○ ○ ○

판　　　　사 ○ ○ ○

【서식】 면책취소신청 기각결정

서울회생법원
결   정

사   건   20○○개회○○ 개인회생
채 무 자   ○ ○ ○(-   )
                        서울 ○○구 ○○동 ○○
이 해 관 계 인   ○ ○ ○
(신 청 인)   서울 ○○구 ○○동 ○○

주   문

이해관계인(신청인)의 채무자에 대한 면책취소 신청을 기각한다.

이   유

채무자회생및파산에관한법률에 의하여 채무자가 받은 면책의 취소를 구하는 신청은 면책결정의 확정일로부터 1년 이내에 제기하여야 하는 바(제626조 제2항), 기록에 의하면 채무자에 대한 면책결정은 20○○. ○. ○. 확정되었으나 이해관계인은 그로부터 1년이 지난 뒤인 20○○. ○. ○. 이 사건 면책취소 신청서를 제출한 사실이 인정되므로, 채무자회생및파산에관한법률 제626조 제2항에 의하여 이 사건 면책취소신청을 기각하기로 하여 주문과 같이 결정한다.

20○○. ○. ○.

판사 ○ ○ ○

【서식】면책취소결정 공고

면책취소결정 공고

사   건   20○○개회○○ 개인회생

채   무   자   ○ ○ ○(-   )

                 서울 ○○구 ○○동 ○○

주   문   채무자에 대한 면책을 취소한다.

                        20○○. ○. ○.

     서울회생법원

                        판사   ○   ○   ○

면책결정 등에 관한 즉시항고(제627조)

면책취소의 결정에 대한 불복방법

면책 여부의 결정과 면책취소의 결정에 대하여는 즉시항고를 할 수 있다.

제 7 장

개인회생관련 규칙·처리지침·예규

개인회생사건 처리지침 (재민 2004-4)

(개정 2018. 6. 7. 재판예규 제1693호)

제1조 (목적)
이 예규는 개인회생사건의 사무처리에 필요한 사항을 정함을 목적으로 한다.

제2조 (신청서 양식)
① 개인회생사건을 관할하는 회생법원은 다음 각호의 양식을 작성, 비치하여야 한다.

1. 개인회생절차개시신청서 : [ ]
2. 재산목록 : [ ]
3. 채무자의 수입 및 지출에 관한 목록 : [ ]
4. 진술서 : [ ]
5. 개인회생채권자목록 : [ ]
6. 재산조회신청서 : [ ]
7. 개인회생재단에 속하지 않는 재산목록 제출서 : [ ]
8. 면제재산결정신청서 : [ ]
9. 개인회생채권조사확정재판 신청서 : [, 또는]
10. 변제계획안 : [, 또는]
11. 변제계획안 간이양식 : [ ]
12. 개시신청용 간이양식 모음 :
    간이양식에 의한 개인회생절차 신청서류 작성요령,
    개인회생절차개시신청서 [과 동일],
    재산목록 간이양식 [ ],
    개인회생채권자목록 간이양식 [ ],
    수입 및 지출에 관한 목록 간이양식 [ ],
    진술서 [과 동일]
    변제계획안 간이양식[과 동일]
13. 소득증명서 [ ]
14. 소득진술서 및 확인서 [,]
15. 자료송부청구서 및 자료송부서 [,]

16. 채권자 계좌번호 신고서 [ ]

17. 채권자 명의변경 신청서(채권양도·양수) [ ], 채권자 명의변경 신청서(전부·일부 대위변제) [ ], 채권자 명의변경 신청서(채권자 상호변경) [ ]

② 접수담당 법원서기관·법원사무관·법원주사 또는 법원주사보(다음부터 "법원사무관등"이라 한다)는 개인회생절차의 신청인, 개인회생채권자로 하여금 제1항 기재의 양식을 사용하도록 창구지도를 하여야 한다.

제3조 (접수 후 서류 심사 및 안내)

① 개인회생절차의 개시신청서를 접수한 다음 접수담당 법원사무관등은 신청서의 기재사항에 오류나 누락이 있는 경우 보정을 권고할 수 있고, 정확히 기재하도록 안내를 하여야 한다.

② 개인회생절차의 개시신청서를 접수한 다음 접수담당 법원사무관등은 「채무자 회생 및 파산에 관한 법률」(다음부터 "법"이라 한다) 제589조제2항 및 「채무자 회생 및 파산에 관한 규칙」(다음부터 "규칙"이라 한다) 제79조 에 규정된 개인회생절차개시신청서에 첨부하여야 하는 서류가 첨부되어 있는지 여부를 확인하고, 제대로 첨부하도록 안내를 하여야 한다.

③ 채무자는 제2조 제1항 기재의 간이양식을 사용하여 개인회생절차의 개시신청을 할 수 있다. 간이양식을 사용한 개시신청서를 접수한 다음 접수담당 법원사무관등은 그 채무자에게 제출할 필요가 있는 정식양식이 있는 경우에는 그 양식을 교부하고 작성요령을 안내하여야 한다.

④ 삭제(2012.02.24.제1382호)

제4조 (제출 서류)

① 규칙 제79조제1항 의 규정에 따라 개인회생절차개시신청서에 첨부할 서류 중 관공서에서 작성하는 서류는 특별한 사정이 없는 한 신청일로부터 2개월 내에 발급받은 것이어야 한다.

② 개인회생절차를 신청하고자 하는 채무자가 개인회생채권자 발행의 부채확인서 등 채무 내역을 소명할 자료를 입수하려고 노력하였으나 입수하여 제출하기 곤란한 경우에는 규칙 제82조 의 규정에 따라 개인회생채권자에 대하여 개인회생채권의 발생일, 원금, 원금 잔액, 이자 잔액, 이자율 등에 관한 자료의 송부를 청구한 다음 그 청구서 사본을 첨부하는 방법으로 소명자료에 갈음할 수 있다.

③ 개인회생채권자가 제2항의 청구에 따른 자료를 송부하여 온 경우에 채무자는 지체 없이 그 사본을 법원에 제출하여야 하며, 송부해온 자료를 검토한 후 필요한 경우에는 개인회생채권자목록의 기재를 수정하여 다시 제출하여야 한다.

제4조의2 (보전처분 또는 중지·금지명령)

①법원은 법 제592조 의 규정에 의한 보전처분 또는 법 제593조 의 규정에 의한 중지·금지명령의 신청이 있는 경우에는 특별한 사정이 없는 한 지체없이 그에 관한 결정을 하여야 한다.

②삭제(2006.12.26.제1103호)

제5조 (변제계획안의 제출)

① 채무자는 개인회생절차개시신청을 한 날로부터 14일 이내에 법 제610조 에 규정된 변제계획안을 제출하여야 한다. 다만, 채무자는 절차의 신속한 진행을 위하여 개인회생절차개시신청과 동시에 변제계획안을 제출할 수 있다.

② 삭제(2012.02.24.제1382호)

③ 회생위원은 변제계획안의 기재사항에 오류나 누락이 있는 경우 채무자에게 보정을 권고할 수 있다.

제6조 (공고의 방법)

① 개인회생절차에서의 공고는 전자통신매체를 이용한 방법에 의한 공고를 원칙으로 한다.

② 규칙 제6조제1항제2호 의 규정에 따른 전자통신매체를 이용한 공고는 공고사항을 법원 홈페이지 법원공고란에 게시하는 방법으로 한다.

③ 삭제(2017.05.12. 제1653호)

제7조 (채무자의 소득의 산정)

① 법 제579조제4호제가목 의 소득의 합계금액은 다음과 같이 산정하되 특별한 사정이 있는 경우에는 증감할 수 있다.

1. 최근 1년간 직장의 변동이 없는 경우에는 1년간의 실제 소득액을 평균한 월평균 소득을 기초로 하여 산정하고, 직장이 변동이 있는 경우에는 직장 변동 이후의 실제 소득액을 평균한 월평균 소득을 기초로 하여 산정한다.

2. 영업소득자가 그 소득에 관한 소명자료가 없는 경우에는 임금구조기본통계조사보고서 등의 통계소득을 기초로 하여 산정할 수 있다.

② 법 제579조제4호제다목 의 " 국민기초생활보장법 제6조 의 규정에 따라 공표된 최저생계비, 채무자 및 그 피부양자의 연령, 피부양자의 수, 거주지역, 물가상황, 그 밖에 필요한 사항을 종합적으로 고려하여 법원이 정하는 금액"은 국민기초생활보장법 제6조 의 규정에 따라 공표된 개인회생절차개시신청 당시의 기준 중위소득에 100분의 60을 곱한 금액으로 산정하는 것을 원칙으로 하되, 특별한 사정이 있는 경우에는 적절히 증감할 수 있다.

③ 채무자는 법 제610조제1항 에 규정된 변제계획안을 제출하면서 변제계획안의 인가이전이라도 변제계획안의 제출일로부터 60일 후 90일 내의 일정한 날을 제1회로 하여 매월 일정한 날에 그 변제계획안상의 매월 변제액을 회생위원에게 임치할 뜻을 기재함으로써, 그 변제계획안이 수행가능함을 소명할 수 있다.

제7조의2 (신청자격)

① 법 제579조 제2호 의 급여소득자에는 아르바이트, 파트타임 종사자, 비정규직, 일용직 등 그 고용형태와 소득신고의 유무에 불구하고 정기적이고 확실한 수입을 얻을 가능성이 있는 모든 개인을 포함한다.

② 법 제579조 제3호 의 영업소득자에는 소득신고의 유무에 불구하고 수입을 장래에 계속적으로 또는 반복하여 얻을 가능성이 있는 모든 개인을 포함한다.

제8조 (변제기간)

① 채무자는 법 제611조 의 규정에 따른 변제계획에서 정하는 변제기간을 변제개시 일로부터 3년을 초과하지 아니하는 범위 내에서 정할 수 있다.

다만, 법 제614조제1항제4호 의 요건을 충족하기 위하여 필요한 경우 등 특별한 사 정이 있는 때에는 변제개시일부터 5년을 초과하지 않는 범위에서 변제기간을 정할 수 있다.

② 채무자가 제1항의 변제기간을 정함에 있어서는 다음과 같이 하는 것이 바람직하 다.

1. 채무자는 변제계획안에서 정하는 변제기간 동안 그 가용소득의 전부를 투입하여 우선 원금을 변제하고 잔여금으로 이자를 변제한다.

2. 채무자가 5년 이내의 변제기간 동안 제1호의 방법에 따른 변제로써 제1항 단서의 규정을 충족할 수 있는 때에는 그때까지를 변제기간으로 한다.

3.삭제 (2018. 06.07 제1693호)

4.삭제 (2018. 06.07 제1693호)

5.삭제 (2018. 06.07 제1693호)

③ 채무자가 제2항제1호 및 제2호의 규정에 정한 기간보다 단기간을 변제기간으로 작성하여 제출한 경우에는 법원은 위 각 호의 기간으로 변제기간을 수정할 것을 명할 수 있다. 다만, 법원은 법 제614조 의 변제계획 인가요건, 채무자의 수입 등 제반 사정을 종합적으로 고려하여, 변제기간을 달리하여 수정을 명할 수 있다.

④ 채무자가 제7조 제3항의 규정에 의하여 변제계획안의 인가 전에 매월 변제액을 회생위원에게 임치한 경우에는 그 임치한 기간을 위 각 항의 변제기간에 산입한 다.

⑤ 농업소득자, 임업소득자 등 소득이 매월 발생하지 않는 채무자는 채무를 매월 변 제하지 아니하고 수개월 간격으로 변제하는 것으로 변제계획안의 내용을 정할 수 있으며, 법원은 법 제611조제4항 의 규정에 따라 이를 허가할 수 있다.

제8조의2 (채권자집회의 진행)

① 법원은 특별한 사정이 없는 한 개인회생채권자집회를 직접 진행하여야 한다.

② 법원이 직접 개인회생채권자집회를 진행하는 경우에는 회생위원은 개인회생채권자 집회의 기일 전에 규칙 제88조제1항제1호 및 제7호의 사항을 기재한 보고서를 법 원에 제출하여야 한다.

제9조 (회생위원의 선임과 사임)

① 법원은 특별한 사정이 없는 한 법 제601조제1항 각 호에 해당하는 사람 중 1인을 회생위원으로 선임한다.

② 개인회생사건을 관할하는 회생법원의 법원장은 회생위원 업무를 담당할 인원이 여

러 명 있는 경우에는 그 사람들에게 번호를 부여하여야 한다.

③ 법원은 회생위원의 선임시에 제2항 기재의 번호를 부여하여야 한다. 삭제 (2006.12.26.제1103호)

④ 회생위원은 법원의 허가를 받아야 사임할 수 있으며, 회생위원이 사임을 원하는 경우 법원은 미리 후임 회생위원을 물색하여 둠으로써 업무수행에 공백이 없도록 조치하여야 한다.

⑤ 회생위원으로 선임된 때 또는 사임하거나 퇴임한 때에는 지체없이 자신의 직위와 성명을 관리은행에 통지하여야 한다.

제9조의2 (법원사무관등이 아닌 회생위원의 위촉 등)

① 법원행정처장은 법 제601조제1항제1호 , 제3호 내지 제7호에 해당하는 사람을 개인 회생사건을 관할하는 회생법원의 회생위원 업무를 담당(이하 "비전임회생위원"이라 한다)하거나, 전임하여 담당(이하 "전임회생위원"이라 한다)하도록 위촉할 수 있다.

② 법원행정처장은 다음 각 호의 경우에는 제1항에 의한 회생위원(이하 "법원사무관 등이 아닌 회생위원"이라 한다)을 해촉할 수 있다.

1. 품위를 잃은 행위를 한 경우
2. 법원에 대한 보고의무를 다하지 아니하는 등 회생위원 업무 처리가 불성실한 경우
3. 그 밖에 회생위원으로서 계속 활동하기 어렵다고 인정할 상당한 이유가 있는 경우

③ 법원사무관등이 아닌 회생위원의 위촉기간은 2년으로 하되, 재위촉할 수 있다.

④ 법원사무관등이 아닌 회생위원이 위촉기간 중 해촉되어 새로이 법원사무관등이 아 닌 회생위원을 위촉하는 경우 새로 위촉된 법원사무관등이 아닌 회생위원의 위촉 기간은 해촉된 법원사무관등이 아닌 회생위원의 잔여 위촉기간으로 한다. 다만, 특 별한 사정이 있는 경우에는 위촉기간을 이와 다르게 정할 수 있다.

⑤ 전임회생위원은 법원행정처장의 허가 없이 영리를 목적으로 하는 다른 직무를 겸 할 수 없다.

⑥ 법원행정처장은 전임회생위원의 효율적인 개인회생사건 처리를 위하여 필요하다고 판단하는 때에는 개인회생사건을 관할하는 회생법원의 법원장으로 하여금 전임회생 위원에게 그 업무의 수행에 필요한 사무실 등 물적 시설을 제공하게 할 수 있다.

⑦ 개인회생사건을 관할하는 회생법원은 매년 1회 이상 정기적으로 법원사무관등이 아닌 회생위원이 수행한 업무의 적정성을 평가하여야 한다. 이 경우 법원은 관리 위원회의 의견을 들어야 한다.

⑧ 법원은 전항의 평가결과를 법원행정처 회생·파산위원회(이하 "위원회"라 한다)에 통보하여야 한다.

⑨ 법원사무관등이 아닌 회생위원의 업무에 관한 구체적인 사항은 개인회생사건을 관 할하는 회생법원의 내규로 정한다.

⑩ 개인회생사건을 관할하는 회생법원의 법원장은 법원사무관등이 아닌 회생위원에게 제2항 각호의 사유가 있다고 판단될 경우 법원행정처장에게 해촉을 건의할 수 있다.

제9조의3 (법원사무관등이 아닌 회생위원의 선발 등)

① 법원행정처장은 법원사무관등이 아닌 회생위원 위촉후보자의 선발 및 법원사무관등이 아닌 회생위원의 위촉, 해촉 등(이하 "선발 등"이라 한다)의 심사를 위원회에 요청할 수 있다.

② 위원회는 상임위원을 포함하여 3인 이상을 심사위원으로 지정하되, 개인회생사건을 관할하는 회생법원의 부장판사, 변호사, 대학교수, 학식과 경험이 있는 자를 심사위원으로 참여하게 할 수 있다.

③ 삭제(2016.12.16.제1629호)

④ 삭제(2016.12.16.제1629호)

⑤ 삭제(2016.12.16.제1629호)

⑥ 심사위원에게는 예산의 범위에서 수당을 지급할 수 있다.

제9조의4 삭제(2016.12.16. 제1629호)

제9조의5 삭제(2016.12.16. 제1629호)

제9조의6 (법원사무관등이 아닌 회생위원을 선임할 사건)

① 법원사무관등이 아닌 회생위원이 위촉되어 있는 회생법원에서는 법 제579조 의 규정에 의한 영업소득자인 채무자의 개인회생절차개시신청사건에 대해서는 법원사무관등이 아닌 회생위원을 선임한다. 다만, 접수 사건수의 추이, 위촉된 회생위원의 수 등 여러 사정을 고려하여 법원사무관등이 아닌 회생위원을 선임하는 것이 적당하지 않다고 판단되는 경우에는 그러하지 아니하다.

② 법 제579조 의 규정에 의한 급여소득자인 채무자의 개인회생절차개시신청사건의 경우에도 부인권 대상 행위의 존부, 접수 사건수의 추이 등 여러 사정을 참작하여 법원사무관등이 아닌 회생위원을 선임할 수 있다.

제10조 (회생위원의 보수)

① 회생위원이 법원사무관등인 경우에는 보수를 지급하지 아니하는 것을 원칙으로 한다.

② 삭제(2012.02.24.제1382호)

③ 법원사무관등이 아닌 회생위원의 보수는 [별표 1]의 보수기준액으로 정하되, 변제액, 사안의 난이, 회생위원이 수행한 직무의 내용 등을 참작하여 적절히 증감할 수 있다. 다만 특별한 사정이 없는 한 [별표 1]의 보수상한액을 넘을 수 없다.

④ 제9조의6에 따라 법원사무관등이 아닌 회생위원을 선임하는 개인회생사건의 채무자는 규칙 제87조 에 따라 [별표 1] 중 인가결정 이전 업무에 대한 보수기준액 상당 금액을 예납하여야 한다.

제11조 (변제액의 임치와 지급)

① 개인회생사건의 회생위원으로 선임되면 지체 없이 대법원장이 지정하는 각 법원별 관리은행(다음부터 "관리은행"이라 한다)에 별단예금 계좌를 개설하여야 한다. 이 계좌에는 법원코드, 회생위원번호, 사건번호를 표시하여야 한다.

② 대법원장이 지정하는 각 법원별 관리은행은 [별표 2]와 같다.

③ 제7조제3항과 법 제617조제1항 의 규정에 따른 임치는 제1항의 별단예금 계좌의 입금계좌번호에 송금하는 방법으로 한다.

④ 법 제617조제2항 의 규정에 따른 지급은 규칙 제84조 에 따라 신고된 계좌로 송금받는 방법으로 하는 것을 원칙으로 한다.

⑤ 규칙 제84조제1항 에 따라 신고된 계좌번호에 대하여 번호오류 등의 사유로 송금할 수 없는 경우에는 규칙 제84조제2항 과 같은 방법으로 공탁할 수 있다.

제11조의2 (계좌번호의 신고방법)

① 개인회생채권자가 규칙 제84조 의 규정에 따른 변제액을 송금받기 위한 금융기관 계좌번호의 신고를 회생위원에게 하는 경우에는 전자소송 홈페이지를 통한 제출, 이메일, 팩스 또는 우편의 방법으로 할 수 있다.

② 개인회생채권자가 이메일의 방법으로 제1항의 신고를 하는 경우에는 채권자계좌번호신고서[ ]를 작성하여 이메일에 첨부하는 방법에 의하여 하여야 한다.

③ 회생위원은 개인회생 인가결정 이전에 전자소송 홈페이지 또는 이메일의 방법에 의한 신고가 된 경우에는 전자소송 홈페이지를 통해 제출된 신고서 또는 이메일에 첨부된 채권자계좌번호신고서를 출력하여 기록에 편철하여야 한다.

④ 개인회생채권자는 원칙적으로 자신이 예금주인 금융기관 계좌번호를 신고하여야 하고, 자신이 예금주가 아닌 경우에는 인감증명서를 첨부하는 등으로 계좌번호 신고서가 자신의 의사에 따라 작성된 것임을 소명하여야 한다.

제11조의3 (회생위원의 변제계획 불수행 보고 등)

① 회생위원은 변제계획에 따른 변제가 지체되고 그 지체액이 3개월분 변제액에 달한 경우에 변제계획 불수행 보고서 를 작성하여 법원에 보고하여야 한다.

② 회생위원은 채무자가 인가된 변제계획을 수행하지 아니하는 때에는 전화, 전자우편, 팩시밀리 등 적절한 방법으로 그 사유를 파악하고 변제수행을 독려하여야 한다. 다만 채무자가 인가된 변제계획을 이행할 수 없음이 명백한 때에는 그러하지 아니하다.

제11조의4 (제3채무자에 대한 통지)

가압류 또는 압류에 따라 제3채무자가 채무자에게 지급하지 아니하고 보관 중인 적립금을 변제에 투입할 뜻과 그 적립금을 관리하고 처분할 권한이 회생위원에게 있다는 뜻을 채무자가 변제계획안에 기재한 경우, 회생위원은 변제계획인가결정 후 바로 통지서 를 이용하여 제3채무자에게 변제계획의 취지를 통지한다.

제11조의5 (개인회생공탁 등)

① 회생위원은 변제액을 송금받기 위한 금융기관 계좌번호를 신고하지 아니한 채권자(신고한 계좌번호에 오류가 있는 채권자도 포함한다. 다음부터 "미신고 채권자 "라고 한다)에 대하여는 규칙 제84조제2항(2006. 3. 31. 이전에 개인채무자회생법에 따라 개인회생절차개시신청을 한 사건은 개인채무자회생규칙 제18조제2항) 및 변제계획에 따라 연 1회(변제계획인가일부터 1년이 지날 때마다 1회) 변제액을 공탁할 수 있다.

② 회생위원은 채무자가 개인회생절차개시신청서에 기재한 금융기관 계좌번호와 전화번호에 오류가 있고, 채무자의 소재불명 등의 사유로 채무자와 연락이 되지 않는 경우에는 법 제617조의2 에 따라 임치된 금원을 공탁할 수 있다. 이 경우 사전에 채무자용 공탁예정통지서 를 발송할 수 있다.

③ 회생위원은 미신고 채권자에 대하여는 전화, 전자우편, 팩시밀리 등 적절한 방법으로 계좌번호를 신고하도록 촉구하여야 하고, 제1항의 공탁을 하기 전에 공탁예정통지서 를 발송하여 통지서를 송달받은 날부터 1주일 안에 계좌번호를 신고하지 아니하면 변제액을 공탁한다는 점을 알려주어야 한다. 다만, 해당 채권자에 대하여 법 제10조에 따라 송달에 갈음하는 공고를 한 경우에는 그러하지 아니하다.

④ 제1항 또는 제2항의 공탁은 「공탁사무 문서양식에 관한 예규」제1-1호 양식에 의하여 「공탁규칙」이 정한 절차에 따른다. 이 경우 회생위원은 계좌입금에 의한 공탁금 납입을 신청하여야 한다.

⑤ 공탁관의 공탁 수리 후 회생위원은 「가상계좌에 의한 공탁금 납입절차에 관한 업무지침」에 따라 공탁금을 납입한다. 이 경우 회생위원은 법원과 공탁금 보관은행 사이에 연계된 전산시스템을 이용하여 공탁예정액을 지정된 계좌에 입금하는 방식으로 공탁금을 납입한다.

⑥ 공탁관이 공탁서를 교부하면 회생위원은 공탁서 사본을 해당 사건기록에 편철하고, 공탁서 원본은 연도별, 사건번호순으로 별도 보관한다.

⑦ 제1항 또는 제2항의 공탁금을 출급받으려는 채권자 또는 채무자가 있을 경우 회생위원은 「공탁규칙」제43조에서 정한 절차에 따라 공탁관에게 지급위탁서를 보내고 지급받을 채권자 또는 채무자에게 그 자격에 관한 증명서를 주어야 한다.

제11조의6 (미확정 개인회생채권에 관한 통지절차)

회생위원은 미확정 개인회생채권에 관하여 다음 각 호의 어느 하나에 해당하는 사유가 있는 경우 해당 채권자에게 각 전산양식을 이용하여 통지서를 발송하거나 전화, 전자우편, 팩시밀리 등 적절한 방법으로 채권확정 신고를 하도록 촉구하여야 한다.

1. 변제계획 인가일부터 1년 6월이 지날 때까지 그 확정 여부가 판명되지 아니한 때

2. 변제계획에 따른 변제를 완료하거나 개인회생절차 폐지결정이 있는 때까지 그 확정 여부가 판명되지 아니한 때

제12조 (임치금의 반환 등)

① 채무자가 제7조제3항의 규정에 따라 변제계획안의 인가이전에 금원을 임치하였으나 변제계획안이 인가되지 못하고 개인회생절차가 종료된 경우에는 회생위원은 임치된 금원을 채무자에게 반환하여야 한다. 이 때에는 채무자가 미리 신고한 금융기관의 예금계좌에 송금하는 방법으로 반환하는 것을 원칙으로 한다.

② 회생위원이 임치금의 공탁, 반환 등을 위하여 제7조제3항, 법 제617조 및 법 제617조의2 의 규정에 따라 임치된 금원을 출금하려는 때에는 미리 법원의 허가를 받아야 한다.

③ 제1항 및 제11조4항의 규정에 의하여 임치금을 반환 또는 지급하여야 하는 경우에 당해 임치금의 현금출급사유가 발생한 때에는, 회생위원은 관리은행에 사건번호, 출급금액, 출급청구자 및 그 대리인의 성명·주소·주민등록번호(법인인 경우에는 사업자등록번호), 출급의 구분, 출급허가일 등 현금출급지시사항을 전송하고 출급청구자에게 개인회생환급(변제)금 출급지시서 [ ]를 교부하여 이를 관리은행에 제출하게 하여야 한다.

④ 관리은행이 출급청구자의 청구에 의하여 임치금을 반환 또는 지급한 때에는 즉시 그 지급내역을 회생위원에게 전송하여야 한다.

⑤ 제1항 내지 제4항의 규정은 제7조제3항 또는 법 제617조제1항 에 따라 임치된 금원에 과오납이 있을 경우 그 반환에 관하여 준용한다.

제13조 (회생위원이 선임되지 않은 경우의 변제액의 지급)

① 회생위원이 선임되지 않은 경우에는 채무자는 인가된 변제계획의 내용에 따라 개인회생채권자에게 변제하여야 할 금원을 개인회생채권자에게 지급한다.

② 채무자는 변제액의 지급시마다 그 지급사실을 증명할 수 있는 서면(영수증 또는 입금확인서 등)을 받아 법원에 제출하여야 하고, 법원사무관등은 이를 기록에 철하여 두어야 한다.

제14조 삭제(2006.03.29. 제1065호)

제15조 (면책취소신청과 채무자의 심문)

법 제626조제1항 의 규정에 따라 면책취소 여부를 결정하는 경우에 법원은 채무자를 심문하여야 한다.

제16조 (법률상의 제재의 고지)

회생위원은 법 제591조 의 규정에 따라 채무자에게 보고, 조사, 시정의 요구, 기타 적절한 조치를 하는 경우에는 그에 위반할 때에는 법 제649조제5호 의 규정에 따라 처벌될 수 있음을 고지하여야 한다.

제17조 (열람·등사 등 청구의 절차 및 비용)

개인회생사건의 열람·복사에 관하여는 법 제28조 에 규정된 사항 이외에는 「재판기록 열람·복사 규칙」과 「재판기록 열람·복사 예규」(재일 2003-3) 및 비밀보호를 위한 열람 등의 제한 예규(재일 2004-2)를 준용한다.

제18조 (한국신용정보원의 장에 대한 통보)

① 법원은 다음 각호의 경우에는 한국신용정보원의 장에게 통보하여야 한다.

1. 법 제614조 에 규정된 변제계획안 인가결정을 한 경우
   통보할 사항 : 사건번호, 채무자의 성명, 주민등록번호, 인가결정일

2. 법 제624조제1 , 2항 에 규정된 면책결정이 확정된 경우
   통보할 사항 : 사건번호, 채무자의 성명, 주민등록번호, 면책결정일, 면책결정의 확정일, 면책결정의 종류(제624조제1항 면책인지, 제624조제2항 면책인지를 명시함)

3. 법 제621조 에 규정된 개인회생절차 폐지결정이 확정된 경우
 통보할 사항 : 사건번호, 채무자의 성명, 주민등록번호, 폐지결정일, 폐지결정의 확정 일
② 제1항의 통보는 전자통신매체를 이용하여 할 수 있다.

제19조 (항고 보증 공탁물 출급 또는 회수 절차)
변제계획불인가 또는 개인회생절차폐지의 결정에 대한 항고를 할 때에 항고인이 보증
으로 공탁한 현금 또는 유가증권의 출급 또는 회수의 절차는 다음과 같다.

1. 파산재단에 속하게 된 경우의 출급 절차
   항고가 기각되고 채무자에 대하여 파산선고가 있거나 파산절차가 속행됨으로써,
   보증으로 공탁한 현금 또는 유가증권이 파산재단에 속하게 된 경우에는, 파산관재
   인이 위 사항을 증명하는 서면 [파산사건 담당 재판부의 법원사무관등이 발급한
   것에 한 한다.]을 첨부하여 공탁물 출급청구를 할 수 있다.

2. 공탁자의 회수 절차
   항고가 인용된 경우 또는 항고가 기각되고 채무자에 대하여 파산선고가 없으며 파
   산 절차가 속행되지 않는 경우에는, 공탁자가 공탁서와 항고 인용의 재판이 확정
   되었음을 증명하는 서면 또는 채무자에 대하여 파산선고가 없으며 파산절차가 속
   행되지 않음을 증명하는 서면[개인회생사건 담당 재판부의 법원사무관등이 발급한
   것에 한한다.]을 첨부하여 공탁물 회수청구를 할 수 있다. 부칙(2018.06.07 제
   1693호)

부   칙(2018.06.07 제1693호)
제1조(시행일) 이 예규는 2018년 6월 13일부터 시행한다.
제2조(적용례) 이 예규는 이 예규 시행 후 최초로 신청하는 개인회생사건부터 적용한다.

[별표 1]

법원사무관 등이 아닌 회생위원 보수기준표

항목	보수기준액	보수상한액
인가결정 이전 업무에 대한 보수	15만원	30만원
인가결정 이후 업무에 대한 보수	인가된 변제계획안에 따라 채무자가 실제 임치한 금액의 1%	인가된 변제계획안에 따라 채무자가 실제 임치한 금액의 5%

[별표 2]

법원	관리은행	법원코드
서울회생법원	신한은행 법조타운법원(출)	221
의정부지방법원	신한은행 의정부법원지점	214
인천지방법원	신한은행 인천법원지점	240
수원지방법원	신한은행 수원법원지점	250
춘천지방법원	신한은행 강원영업부금융센터	260
춘천지방법원 강릉지원	신한은행 강릉중앙금융센터	261
대전지방법원	신한은행 대전법원지점	280
청주지방법원	신한은행 청주법원지점	270
대구지방법원	신한은행 대구법원지점	310
부산지방법원	신한은행 부산법조타운법원(출)	410
울산지방법원	신한은행 울산법원지점	411

법원	관리은행	법원코드
창원지방법원	신한은행 창원중앙지점	420
광주지방법원	신한은행 광주법원지점	510
전주지방법원	신한은행 전주지점	520
제주지방법원	신한은행 제주중앙금융센터	530

[서식 전산양식 D5129] 채권자 명의변경 신청서(채권양도·양수)

채권자 명의변경 신청서(채권양도·양수)

사건번호 : ○○○○개회○○○○○

채 무 자 : ○○○

신청인(채권양수인) : ○○○

채권번호	법원기재사항	번
변제수행회수	법원기재사항	
변경회차	법원기재사항	회부터
전산입력	법원기재사항	
회생위원	법원기재사항	

1. 취득 권리, 권리취득의 일시 및 원인

(취득)채권번호	채권자목록상의 채권번호 기재
채권양도인	
채권양수인(신청인)	
채권양수도 계약체결일	2○○○년 ○○월 ○○일

2. 신청인(채권양수인) 연락처, 계좌번호 신고

채권자명		(취득)채권번호	채권자목록상의 채권번호 기재
송달장소(주소)			
전화번호		FAX 번호	
계좌번호			
예금주		금융기관명	

첨부서류 : 1. 채권양수도계약서(채권양도증서) 1부.

        2. 채권양도통지서 1부.

        3. 법인등기부등본(주민등록등본) 1부.

년   월   일

신청인(채권양수인) ○○○○

○○○○지방법원 ○○재판부 귀중

[서식 전산양식 D5130] 채권자 명의변경 신청서(전부·일부 대위변제)

채권자 명의변경 신청서(전부·일부 대위변제)

사건번호 : ○○○○개회○○○○○
채 무 자 : ○○○
신청인(대위변제자) : ○○○

채권번호	법원기재사항	번
변제수행회수	법원기재사항	
변경회차	법원기재사항	회부터
전산입력	법원기재사항	
회생위원	법원기재사항	

1. 취득 권리, 권리취득의 일시 및 원인

(대위변제) 채권번호	채권자목록상의 채권번호 기재
(원) 채권자	
신청인(대위변제자)	
보증 비율	원금대비 ○○%
대위변제일	2○○○년 ○○월 ○○일

2. 신청인(대위변제자) 연락처, 계좌번호 신고

채권자명		(대위변제) 채권번호	채권자목록상의 채권번호 기재
송달장소(주소)			
전화번호		FAX 번호	
계좌번호			
예금주		금융기관명	

첨부서류 : 1. 대위변제증서 사본 1부.
　　　　　 2. 법인등기부등본(주민등록등본) 1부.

년　　　월　　　일

신청인(대위변제자) ○○○
○○○○지방법원 ○○재판부 귀중

[전산양식 D5131] 채권자 명의변경 신청서(채권자 상호변경)

채권자 명의변경 신청서(채권자 상호변경)

사건번호 : ○○○○개회○○○○○
채 무 자 : ○○○
신청인(상호변경 후 채권자) : ○○○

채권번호	법원기재사항	번
변제수행회수	법원기재사항	
변경회차	법원기재사항	회부터
전산입력	법원기재사항	
회생위원	법원기재사항	

1. 채권자 상호변경 일시 및 원인

채권번호	채권자목록상의 채권번호 기재	(변경전) 채권자 상호	
		(변경후) 채권자 상호	
변경일시 및 변경사유		2○○○년 ○○월 ○○일 (합병, 분할, 상호변경)	

2. 신청인(상호변경 후 채권자) 연락처, 계좌번호 신고

채권자명		채권번호	채권자목록상의 채권번호 기재
송달장소 (주소)			
전화번호		FAX 번호	
계좌번호			
예금주		**금융기관명**	

첨부서류 : 1. 법인등기부 등본 1부.
　　　　　 2. (합병, 분할, 상호변경) 소명자료 1부.

　　　　　　　　　　년　　　　월　　　　일

신청인(상호변경 후 채권자) ○○○

○○○○지방법원 ○○재판부 귀중

회생사건의 처리에 관한 예규(재민 2006-5)

(제정 2017. 5. 12. 재판예규 제1655호)

제1조 (목적)

이 예규는 회생사건의 사무처리에 필요한 사항을 정함을 목적으로 한다.

제2조 (금융위원회에 대한 통지)

법원사무관등은 주식회사인 채무자에 대하여 회생절차개시의 신청이 있은 때에는 신청서 접수 후 지체 없이 별지 양식에 따라 금융위원회에 신청접수사실을 팩시밀리로 통지하고, 통지서 원본의 상단 우측 여백에 전송 시각을 기재하고 날인한 후 사건기록에 편철한다.

제3조 (관세청에 대한 통지)

법원은 「채무자 회생 및 파산에 관한 법률」(이하 "법"이라 한다) 제40조제1항 에 따라 회생절차개시 신청사실을 통지할 때에는 동시에 관세청에도 그 신청사실을 통지하여야 한다.

제4조 (채권자 등의 신청시 자료수집)

채권자나 주주·지분권자(이하 "채권자 등"이라 한다)가 회생절차개시의 신청을 한 사건에서 채무자가 채권자 등이 채무자의 업무 상황, 자산 및 부채의 상황에 관한 자료를 수집하는데 협조하지 아니하는 경우 법원은 채무자에 대하여 다음 각호의 서류를 제출할 것을 명할 수 있다.

1. 채무자의 업무현황 및 조직에 관한 자료
 가. 정관, 상업등기부등본, 사업경력서, 주주 또는 지분권자 명부, 채무자의 조직일람표
 나. 노동조합의 명칭, 주요임원의 성명 및 종업원의 가입현황, 단체협약서, 취업규칙 기타 사규·사칙
 다. 향후 사업계획서, 자금조달계획서 및 수지예상표
2. 채무자의 자산 및 부채의 상황에 관한 자료
 가. 재무상태표 및 손익계산서(가장 최근의 결산보고에 기한 것. 다만 신청시까지 상당한 기간이 경과한 때에는 최근에 가결산한 것을 제출한다. 또 분식계산이 있으면 수정한 것을 제출한다)
 나. 과거 3년간의 비교재무상태표 및 비교손익계산서(분식계산이 있으면 수정한 것을 제출한다)
 다. 주요 자산목록
 라. 현재 강제집행, 경매, 가압류, 가처분, 체납처분을 받고 있는 물건목록과 채권자 성명
 마. 등기·등록된 재산의 등기·등록부 등본
 바. 최근 1년분 이상의 월별 자금운용실적표
 사. 주요 거래처 명부(상호나 회사명, 주소나 소재지, 전화번호, 팩시밀리 번호를 기재한다)

아. 채권자 명부(회생담보권자와 회생채권자로 분류하여 이름, 주소, 채권금액을 기재하되, 회생담보권자에 대하여는 담보의 목적물과 피담보채권의 내용을, 회생채권자에 대하여는 채권의 내용을 기재한다. 다만 금융기관 채권자의 경우에는 그 전화번호, 팩시밀리 번호 등을 기재하되 기재순서는 가능한 한 다액채권자부터 기재한다)

자. 채무자 명부(이름, 주소, 채무의 종류, 금액을 기재한다)

제5조 (관리인 등의 선임 등)

① 법원은 다음 각 호에 해당하는 자 중에서 전문성을 가지고 공정하게 업무를 수행할 자를 관리인(채무자의 대표자가 아닌 자를 관리인으로 선임하는 경우에 한함), 보전관리인 또는 감사(이하 관리인, 보전관리인 또는 감사를 포함하여 "관리인 등"이라 한다)로 선임하여야 한다. 이 경우 법원행정처 회생·파산위원회(이하 "위원회"라 한다)의 의견을 들어야 한다.

1. 채무자의 업종에 전문적인 경험이나 소양이 있는 자
2. 전문경영 또는 그와 유사한 직무수행의 경력이나 소양이 있는 자
3. 회계업무 및 감사업무에 상당한 경험이나 자격이 있는 자(감사의 경우에 한함)
4. 그 밖의 회생절차에 관한 법률적 식견이나 경험이 풍부한 자

② 법원은 제1항의 선임과정에서 참고한 자료를 위원회에 제공하여야 하며, 위원회는 그 자료를 바탕으로 후보자의 적격여부에 대한 의견을 지체 없이 해당 법원에 제시하여야 한다.

③ 법원은 제1항의 선임을 위하여 필요한 때에는 채무자, 관리위원회, 채권자협의회, 자금력 있는 제3의 인수희망기업 그 밖에 적절한 기관에 추천을 의뢰할 수 있다.

④ 삭제(2014.01.21.제1457호)

⑤ 법원은 제1항에 따라 관리인 등을 선임한 때에는 매년 1회 이상 정기적으로 관리인 등이 수행한 업무의 적정성을 평가하여야 한다. 이 경우 법원은 관리위원회의 의견을 들어야 한다.

⑥ 법원은 제5항의 평가결과를 위원회에 통보하여야 한다.

제6조 (조사위원의 선임 등)

① 법원은 조사위원에게 조사를 명할 사항이 고도의 경제적·경영적 지식과 판단능력이 요구되는 경우에는 공인회계사, 회계법인 또는 신용평가기관을 조사위원으로 선임하여야 한다. 다만 법적인 검토가 필요한 경우에는 변호사를 조사위원으로 공동 선임할 수 있다.

② 법원은 제1항의 조사위원을 선임함에 있어서는 한국공인회계사회, 대한변호사협회 등으로부터 조사위원 선정대상자를 추천받아 일정한 평가를 거쳐 미리 적임자 명단을 작성하여야 하며, 이 경우 위원회의 의견을 들어야 한다.

③ 최근 3년간 채무자를 외부감사하였거나 경영컨설팅 등을 한 적이 있는 등 채무자와 업무상 관련성이 있었던 자는 원칙적으로 조사위원으로 선임하지 아니한다.

④ 법원은 제1항에 따라 조사위원을 선임한 때에는 매년 1회 이상 정기적으로 조사 위원이 수행한 업무의 적정성을 평가하여야 한다. 이 경우 법원은 관리위원회의 의견을 들어야 한다.

⑤ 법원은 제2항의 명단 작성 과정에서 참고한 자료와 제4항의 평가결과를 위원회에 통보하여야 한다.

⑥ 위원회는 제5항의 자료와 평가결과를 바탕으로 후보자명단에 대한 의견을 해당 법 원에 제시하여야 한다.

제7조 (조사위원의 조사내용)

법원은 조사위원에게 법 제90조 내지 제92조 에 규정된 사항의 전부 또는 일부 외에 다음 각호의 사항에 관하여도 조사하게 할 수 있다.

1. 채무자의 사업을 계속할 때의 가치가 채무자의 사업을 청산할 때의 가치보다 큰지 의 여부 및 회생절차를 진행함이 적정한지의 여부

2. 채무자의 부채액에 산입되지 아니한 채무자의 제3자에 대한 보증채무의 금액, 내 용 및 보증책임의 발생가능성

3. 채무자의 이사나 이에 준하는 자 또는 지배인의 중대한 책임이 있는 행위로 인하 여 회생절차개시의 원인이 발생하였는지 여부 및 위와 같은 이사 등의 중대한 책 임이 있는 행위에 지배주주 및 그 친족 기타 대통령령이 정하는 범위의 특수관계 에 있는 주주가 상당한 영향력을 행사하였는지 여부

4. 법 제100조 내지 제104조 의 규정에 의하여 부인할 수 있는 행위의 존부 및 범위

5. 회생계획안에 의한 변제방법이 채무자의 사업을 청산할 때 각 채권자에게 변제하 는 것보다 불리하지 아니하게 변제하는 내용인지 여부

6. 회생계획안의 수행이 가능한지 여부

제8조 (조사위원의 보수 및 비용)

① 조사위원의 기본보수는 별표의 기준에 의하여 산정하되, 조사의 내용·기간·난이도 및 성실성 등을 고려하여 상당한 범위내에서 가감할 수 있다. 다만, 조사위원이 법 원사무관등인 경우에는 보수를 지급하지 아니하는 것을 원칙으로 한다.

② 조사를 위하여 외부기관의 감정이 필요하거나 그 밖에 이에 준하는 경우에는 그에 소요된 비용을 별도로 지급할 수 있다.

③ 조사위원이 법원사무관등인 경우 「채무자 회생 및 파산에 관한 법률」 제88조 , 제79조제1항 에 따른 검사에 필요한 조사위원 여비는 절차의 비용으로 보고 그 실비액을 지급한다.

④ 제3항의 실비액은 「법원공무원 여비규칙」 제1장부터 제3장까지에서 규정한 기 준에 따른다.

제9조 (청산가치와 계속기업가치의 산정)

① 법 제222조제1항 , 제286조제2항 등에서 규정하고 있는 채무자가 사업을 청산할 때의 가치는 채무자가 청산을 통하여 해체·소멸되는 경우에 기업을 구성하는 개별

재산을 분리하여 처분할 때의 가액을 합산한 금액으로서 청산재무상태표상의 개별 자산의 가액을 기준으로 하여 산정한다. 다만 유형고정자산은 법원의 부동산경매 절차의 평균 매각가율을 적용하여 할인한 가액을 기준으로 산정한다.

② 법 제222조제1항 , 제286조제2항 등에서 규정하고 있는 채무자의 사업을 계속할 때의 가치는 채무자의 재산을 해체·청산함이 없이 이를 기초로 하여 기업 활동을 계속할 경우의 가치로서 기업의 미래 수익흐름을 현재가치로 할인하는 현금흐름할 인법에 의하여 산정한다.

제10조 (허가서 등 보조기록)

① 회생사건에서 다음 각호의 문서는 접수한 때부터 주기록과 분리하여 '허가서 등 보조기록'이라는 표지를 붙여 연도별로 편철하여 보관하되 주기록에 첨철한다. 다만, 채무자가 개인인 경우에는 그러하지 아니하다.

1. 법원이 관리위원에게 위임한 통상적인 업무에 관한 허가사무 또는 채무자의 일상 적인 영업활동 내지 경영활동에 속하는 사항에 관하여 관리인 등이 제출하는 허가 신청서 및 동 신청취하서

2. 관리인 등이 제출하는 월간보고서, 분기보고서, 결산보고서 및 이에 준하는 통상의 보고적 문서

3. 진정서 및 이에 준하는 문서

② 재판장은 제1항 각호의 문서 중에서 주기록 완결시까지 계속 보존할 필요성이 있 다고 판단되는 경우에는 이를 주기록에 편철할 것을 명할 수 있다.

③ 제1항의 '허가서 등 보조기록'은 그 문서 접수일 다음해부터 5년간 보존한 후에 폐기절차를 행한다.

제11조 (항고 보증 공탁물 출급 또는 회수 절차)

회생계획불인가 또는 회생절차폐지의 결정에 대한 항고를 할 때에 항고인이 보증으로 공탁한 현금 또는 유가증권의 출급 또는 회수의 절차는 다음과 같다.

1. 파산재단에 속하게 된 경우의 출급 절차

항고가 기각되고 채무자에 대하여 파산선고가 있거나 파산절차가 속행됨으로써, 보 증으로 공탁한 현금 또는 유가증권이 파산재단에 속하게 된 경우에는, 파산관재인 이 위 사항을 증명하는 서면[파산사건 담당 재판부의 법원사무관등이 발급한 것에 한한다.]을 첨부하여 공탁물 출급청구를 할 수 있다.

2. 공탁자의 회수 절차

항고가 인용된 경우 또는 항고가 기각되고 채무자에 대하여 파산선고가 없으며 파 산 절차가 속행되지 않는 경우에는, 공탁자가 공탁서와 항고 인용의 재판이 확정되 었음을 증명하는 서면 또는 채무자에 대하여 파산선고가 없으며 파산절차가 속행 되지 않음을 증명하는 서면[회생사건 담당 재판부의 법원사무관등이 발급한 것에 한한다.]을 첨부하여 공탁물 회수청구를 할 수 있다. 다만 법원사무관등은 위 증명 서를 발급할 때 미리 회생사건 담당 재판부 재판장의 허가를 받아야 한다.

제12조 (공고의 방법)

① 회생사건에서의 공고는 전자통신매체를 이용한 방법에 의한 공고를 원칙으로 한다.

② 「채무자 회생 및 파산에 관한 규칙」 제6조제1항제2호의 규정에 따른 전자통신매체를 이용한 공고는 공고사항을 법원 홈페이지 법원공고란에 게시하는 방법으로 한다.

③ 삭제(2017.05.12. 제1655호)

부   칙(2017.05.12 제1655호)

제1조(시행일) 이 예규는 즉시 시행한다.

제2조(경과조치) 이 예규는 이 예규 시행 당시에 법원에 계속 중인 사건에도 적용한다. 다만, 종전의 규정에 따라 생긴 효력에는 영향을 미치지 아니한다.

[별지 양식] 금융위원회에 대한 통지서

○○지방법원
제1파산부

■■■

우)137-737 서울 서초구 서초동 1701-1   TEL: 530-1908 FAX 530-1519

2006. . . 10:30

모사전송에 의해 통지함

법원사무관 ○ ○ ○ (인)

<FACSIMILE COVER>

	수 신 처	금융위원회
수 신	수 신 자	금융위원회 위원장
	FAX번호	02-3786-8486
발 신	발 신 자	○ ○ ○
	발 신 일	2014. . .
매 수 (표지 포함)		2매
비 고	받아보지 못한 면이 있으면 연락바라며, 수신자에게 즉시 전달바랍니다.	

회생사건 접수 통지

○○지방법원

접수 년월일	2021. . .
사 건 번 호 및 사 건 명	2021회합○○ 회생
신 청 인 겸 채무자	○○○○ 주식회사 서울 중구 ○○구 ○○동 ○○○ 대표이사 ○○○ 대리인 변호사 ○○○
신 청 요 지	채무자에 대하여 회생절차의 개시를 신청함.
채무자의 개 요	업 종 : 국내외 무역업, 주택건설업등 발행주식수: ○만주 자 본 액 : ○억 자 산 액 : ○억 부 채 액 : ○억 매 출 액 : ○억(2021년 6월 기준) 상장법인여부 : 비상장 주거래은행 : ○○은행
담당재판부 또는 담당법관	제 1 파 산 부
비 고	

[별표]

조사위원 보수 기준표

조사 당시의 자산 총액	기준 보수
50억 원 미만	1,500만 원
50억 원 이상 80억 원 미만	1,800만 원
80억 원 이상 120억 원 미만	2,700만 원
120억 원 이상 200억 원 미만	3,200만 원
200억 원 이상 300억 원 미만	3,900만 원
300억 원 이상 500억 원 미만	4,500만 원
500억 원 이상 1,000억 원 미만	5,000만 원
1,000억 원 이상 3,000억 원 미만	5,700만 원
3,000억 원 이상 5,000억 원 미만	7,700만 원
5,000억 원 이상 7,000억 원 미만	9,200만 원
7,000억 원 이상 1조 원 미만	10,000만 원
1조 원 이상 2조 원 미만	11,000만 원
2조 원 이상	12,000만 원(1조 원당 1,200만원씩 추가)

채무자 회생 및 파산에 관한 규칙

[시행 2019. 1. 1.] [대법원규칙 제2820호, 2018. 12. 31., 일부개정]

제1편 총칙

제1장 통칙

제1조(목적) 이 규칙은 「채무자 회생 및 파산에 관한 법률」(이하 "법"이라 한다)에 의하여 위임된 사항과 그 시행에 관하여 필요한 사항을 규정함을 목적으로 한다.

제2조(전자적 기록매체 등의 제출) 법원은 필요하다고 인정하는 때에는 회생절차, 파산절차, 개인회생절차 또는 국제도산절차(이하 이 모두를 "도산절차"라고 한다)에 관하여 서면을 제출한 자 또는 제출하려고 하는 자에게 그 문서의 전자파일을 전자우편이나 그 밖의 적당한 방법으로 법원에 보내도록 요청할 수 있다.

제3조(번역문의 첨부) 외국어로 작성된 문서에는 번역문을 붙여야 한다.

제4조(인지액) 다음 각 호의 신청의 신청서에는 2천원의 인지를 붙여야 한다.

1. 법 제43조제1항의 보전처분 신청
2. 법 제44조의 중지·금지명령 신청 또는 중지된 절차의 취소 신청
3. 법 제45조(법 제593조제5항에 의하여 준용하는 경우를 포함한다)의 포괄적 금지명령 신청 또는 중지된 절차의 취소 신청
4. 법 제47조(법 제593조제5항에 의하여 준용하는 경우를 포함한다)의 포괄적 금지명령의 적용 배제 신청
5. 법 제58조제5항의 중지된 절차·처분의 속행·취소 신청
6. 법 제114조제1항, 제3항의 보전처분 신청
7. 법 제323조제1항의 보전처분 신청
8. 법 제351조제1항, 제3항의 보전처분 신청
9. 법 제592조제1항의 보전처분 신청
10. 법 제593조의 중지·금지명령 신청 또는 중지·금지명령의 취소·변경 신청
11. 법 제600조제3항의 중지된 절차·처분의 속행·취소 신청
12. 법 제635조제1항의 외국도산절차의 승인전 명령 신청
13. 법 제636조의 외국도산절차의 지원 신청, 외국도산절차의 지원결정의 변경·취소 신청 또는 중지된 절차의 취소 신청

제5조(조서) 도산절차에서는 조서를 작성하지 아니한다. 다만, 다음 각 호의 경우에는 그러하지 아니하다.

1. 변론을 연 때
2. 법 및 이 규칙에서 조서의 작성을 요구하고 있는 때
3. 재판장이 조서의 작성을 명한 때

제6조(공고) ①법 제9조제1항에 규정된 "대법원규칙이 정하는 방법"은 다음 각 호의 어느 하나에 해당하는 방법을 말한다.

1. 법원이 지정하는 일간신문에 게재
2. 전자통신매체를 이용한 공고

②법 제9조제1항의 규정에 따른 공고를 하는 경우에 필요하다고 인정하는 때에는 적당한 방법으로 공고사항의 요지를 공시할 수 있다.

③법원서기관·법원사무관·법원주사 또는 법원주사보(이하 "법원사무관등"이라 한다)는 공고한 날짜와 방법을 기록에 표시하여야 한다.

제7조(송달에 갈음하는 공고) 법 제10조제1항에 규정된 "대법원규칙이 정하는 사유"는 다음 각 호의 어느 하나에 해당하는 사유를 말한다.

1. 도산절차의 진행이 현저하게 지연될 우려가 있는 때
2. 회생절차의 개시 당시(변경회생계획안이 제출된 경우에는 그 제출 당시를 말한다) 주식회사인 채무자의 부채총액이 자산총액을 초과하는 때로서 송달을 받을 자가 주주인 경우

제8조(관리인 등에 의한 법원 업무의 보조) 법원은 도산절차의 신속한 진행을 위하여 관리인, 파산관재인, 회생위원, 국제도산관리인으로부터 필요한 업무의 보조를 받을 수 있다.

제9조(법인에 관한 등기의 촉탁) ①법 제23조제1항제4호에서 규정하는 사항 이외에도 회생계획의 수행이나 법의 규정에 의하여 회생절차의 종료 전에 법인인 채무자나 신회사에 관하여 등기할 사항이 생긴 때에는 법원사무관등은 직권으로 지체없이 촉탁서에 결정서의 등본 또는 초본 등 관련서류를 첨부하여 채무자의 각 사무소 및 영업소(외국에 주된 사무소 또는 영업소가 있는 때에는 대한민국에 있는 사무소 또는 영업소를 말한다)의 소재지의 등기소에 그 등기를 촉탁하여야 한다.

②법 제23조제2항의 규정은 법 제74조제3항에 의하여 관리인을 선임하지 아니하는 처분을 한 경우에 준용한다. 등기된 처분이 변경 또는 취소된 때에도 또한 같다.

③제2항의 경우 법원사무관등은 관리인을 선임하지 아니한다는 처분과 함께 법인인 채무자의 대표자를 관리인으로 본다는 취지의 등기를 함께 촉탁하여야 한다.

제10조(등기된 권리에 관한 등기 등의 촉탁) ①다음 각 호의 경우 법원사무관등은 직권으로 지체없이 촉탁서에 결정서의 등본 또는 초본을 첨부하여 보전처분의 등기를 촉탁하여야 한다. 그 보전처분이 취소 또는 변경되거나 효력을 상실한 때에도 또한 같다.

1. 채무자의 재산에 속하는 권리로서 등기된 것에 관하여 법 제323조제1항의 규정에 의한 보전처분이 있는 때
2. 등기된 권리에 관하여 법 제351조제1항 또는 제3항의 규정에 의한 보전처분이 있는 때

②제1항의 규정은 채무자 또는 법 제351조제1항이 규정하는 이사등의 재산에 속하는 권리로서 등록된 것에 관하여 준용한다.

제11조(심문기일의 지정 등) ①법원은 도산절차의 원활하고 효율적인 진행을 위하여 이해관계인의 신청에 의하거나 직권으로 심문기일을 지정할 수 있다.

②제1항의 경우 심문기일에 출석하여야 할 관리인(법 제74조제4항에 따라 관리인으로 보는 자를 포함한다), 파산관재인, 회생위원, 국제도산관리인이나 채권자협의회의 대표자 또는 구성원 그 밖의 이해관계인에게 심문기일을 통지하여야 한다.

제12조(준용규정) 이 규칙에서 규정한 것 외에 도산절차에 관하여 필요한 사항은 「민사소송규칙」·「민사집행규칙」 및 「재산조회규칙」의 규정을 준용한다.

제2장 관리위원회

제13조(설치법원 및 법원간의 공조) ①법 제15조의 규정에 의하여 관리위원회를 설치하는 회생법원은 별표 1과 같다.

② 회생법원은 다른 회생법원의 관리위원회에 법 제17조제1항 및 이 규칙 제22조, 제27조의 사무수행을 촉탁할 수 있다.

제14조(구성) ①관리위원회는 위원장 1인 및 부위원장 1인을 포함한 3인 이상 15인 이내의 관리위원으로 구성하고, 관리위원은 상임으로 할 수 있다.

②상임 관리위원은 전임 전문계약직공무원으로 보한다.

③회생법원장이 관리위원을 위촉하거나 해촉한 때에는 그 내용을 관보에 게재하여야 한다.

제15조(위원장) ①위원장은 당해 관리위원회 소속 관리위원 중에서 회생법원장이 지명하고 그 임기는 1년으로 한다.

②위원장은 관리위원회의 의장이 되고, 대외적으로 관리위원회를 대표하며 관리위원회의 사무를 총괄한다.

③부위원장은 상임 관리위원 중에서 위원장이 지명한다.

④위원장은 필요한 경우 부위원장으로 하여금 그 직무를 수행하게 할 수 있다.

제16조(주무위원) 위원장은 관리위원회의 원활한 운영을 위하여 필요하다고 인정하는 때에는 특정 관리위원을 주무위원으로 지정하여 미리 안건을 검토하여 관리위원회에 보고하게 할 수 있다.

제17조(신분보장) 관리위원은 다음 각 호의 어느 하나에 해당할 때를 제외하고는 그의 의사에 반하여 해촉되지 아니한다.

　1. 법 제16조제4항제1호 내지 제5호에 해당하게 된 때

　2. 중대한 심신상의 장애로 직무를 수행할 수 없게 된 때

　3. 법령 또는 직무상 의무에 위반하여 관리위원으로서 직무를 수행하는 것이 부적절하게 된 때

제18조(보수) ①관리위원에 대하여는 예산의 범위 안에서 보수를 지급하되 그 지급액은 별표 2와 같다.

　②관리위원이 법 제601조제1항제1호의 규정에 의하여 회생위원으로 선임된 경우의 보수는 제1항의 보수와 별도로 법 제30조의 규정에 따라 지급받는다.

제19조(복무) 「국가공무원법」 제56조(성실의무), 제59조(친절공정의 의무) 내지 제63조(품위유지의 의무)의 규정은 비상임 관리위원의 복무에 관하여 준용한다.

제20조(기피등) ①이해관계인은 관리위원에게 심의, 의결의 공정을 기대하기 어려운 사정이 있는 경우에는 그 사유를 서면으로 소명하여 법원에 기피신청을 할 수 있다.

　②제1항의 신청이 있는 경우 법원은 결정으로 재판하여야 한다.

　③관리위원이 제1항의 사유에 해당하는 경우에는 스스로 그 사건의 심의, 의결에서 회피할 수 있다.

제21조(간사 및 직원) ①관리위원회의 사무를 처리하기 위하여 간사 및 직원을 둔다.

　②회생법원장은 소속직원 중에서 관리위원회의 업무를 담당할 간사 및 직원을 지정하여 관리위원회에 통보하여야 한다.

제22조(관리위원회의 업무 및 권한) 법 제17조제1항제7호의 규정에 의하여 관리위원회가 수행하여야 할 업무는 다음 각 호와 같다.

　1. 관리인 및 파산관재인의 부인권 행사, 회생채권·회생담보권 및 파산채권에 관한 이의 제출 및 회생계획안의 작성에 관한 지도 또는 권고

　2. 그 밖에 도산절차에 관한 필요한 의견의 제시

제23조(회의) ①관리위원회는 위원장이 필요에 따라 수시로 소집할 수 있다.

　②법원이 관리위원회의 의견을 요구한 경우에는 위원장은 즉시 관리위원회를 소집하여야 한다.

　③관리위원회의 회의는 이를 공개하지 않는다. 다만, 관리위원회는 그 의결로 상당하다고 인정하는 자의 방청을 허가할 수 있다.

제24조(의결) 의결권은 서면에 의하여 행사할 수 있다.

제25조(업무의 위임) ①법 제17조제2항의 규정에 의하여 관리위원회가 업무의 일부를 특정 관리위원에게 위임한 경우에는 이를 즉시 서면으로 법원에 보고하여야 한다.

②법 제17조제3항의 규정에 의하여 관리위원회가 법원으로부터 관리위원의 교체를 요구받은 경우에는 즉시 해당관리위원을 교체한 후 이를 법원에 서면으로 보고하여야 한다.

제26조(의견조회 등) ①관리위원회는 필요한 경우 공공기관, 관련전문가 또는 이해관계인에 대하여 의견을 조회할 수 있다.

②관리위원회는 그 직능을 수행하기 위하여 필요한 경우에는 공공기관 또는 관계당사자에게 자료의 제출을 요청하거나 그 밖의 필요한 협력을 요청할 수 있다.

제27조(관리위원의 현장조사 등) ①법원은 필요하다고 인정하는 경우 관리위원으로 하여금 채무자의 서류를 열람하거나 공장 등의 현장에 출입하여 조사, 검사, 확인하게 할 수 있다.

②제1항의 현장조사 등에 요하는 관리위원의 여비와 숙박료는 절차의 비용으로 보고 그 실비액을 지급한다.

③ 제2항의 실비액은 「법원공무원 여비규칙」제1장 내지 제3장에 규정한 기준에 의한다.

제28조(처리기간) ①관리위원회는 법원으로부터 의견을 요청받은 경우 신속하게 그 의견을 제출하여야 한다.

②법원이 의견 제출기간을 정한 경우에는 이를 넘겨서는 아니된다. 다만, 부득이한 사정이 있는 경우에는 관리위원회는 법원의 허가를 받아 위 기간을 연장할 수 있다.

제29조(허가사무의 위임) ①법 제61조제1항 각 호의 행위에 관한 허가사무 중 법 제18조의 규정에 의하여 법원이 관리위원에게 위임할 수 있는 허가사무는 다음과 같다.

1. 재산의 처분행위(다만, 등기 또는 등록의 대상이 되는 재산의 처분행위를 제외한다)
2. 재산의 양수(다만, 제3자의 영업을 양수하는 경우를 제외한다)
3. 자금의 차입 등 차재
4. 법 제119조의 규정에 의한 계약의 해제 또는 해지
5. 소의 제기, 소송대리인의 선임 그 밖의 소송행위(다만, 소의 취하, 상소권의 포기, 화해 또는 중재계약, 청구의 포기·인낙, 소송탈퇴의 경우를 제외한다)
6. 임원을 제외한 모든 직원의 인사 및 보수결정
7. 계약의 체결 그 밖의 의무부담행위
8. 어음·수표계좌의 설정 및 어음·수표용지의 수령행위
9. 운영자금의 지출
10. 그 밖에 법원이 지정하는 허가사무

②파산절차에 관한 허가사무 중 법 제18조의 규정에 의하여 법원이 관리위원에게 위

임할 수 있는 허가사무는 다음과 같다.

1. 동산의 임의매각
2. 채권 및 유가증권의 양도
3. 법 제335조제1항의 규정에 의한 이행의 청구
4. 그 밖에 법원이 지정하는 허가사무

제30조(위임의 절차) ①법 제18조의 규정에 의한 법원의 관리위원에 대한 허가사무의 위임은 결정으로 하여야 한다.

②제1항의 위임은 가액 또는 종류별로 구분하여 위임하되 위임의 범위가 명백하도록 하여야 한다.

③제1항의 결정은 관리위원 및 관리인 또는 파산관재인에게 송달하여야 한다.

④법원은 제1항의 결정을 변경하거나 취소할 수 있다.

제31조(위임사무의 처리 결과보고) 관리위원은 법원으로부터 위임받아 수행한 허가사무의 처리 결과를 매월 법원에 보고하여야 한다.

제32조(이의신청) ①법 제19조의 규정에 의한 이의신청은 다음 각 호의 사항을 기재한 서면으로 하여야 한다.

1. 이의신청인의 성명 및 주소
2. 이의신청의 대상이 되는 결정 또는 처분을 한 관리위원의 성명
3. 이의신청의 대상이 되는 결정 또는 처분의 내용
4. 이의신청의 취지 및 이유

②제1항의 이의신청서에는 신청인이 이의신청의 대상이 되는 결정 또는 처분과 이해관계가 있음을 소명하는 자료를 첨부하여야 한다.

제33조(관리위원회의 운영규정) 이 규칙에서 정한 것 외에 관리위원회의 운영에 관하여 필요한 사항은 관리위원회의 의결을 거쳐 위원장이 정한다.

제3장 채권자협의회

제34조(구성) ①관리위원회(관리위원회가 설치되지 아니한 경우에는 법원을 말한다. 이하 이 장에서 같다)는 회생절차개시신청 또는 파산신청이 있은 사실을 법원으로부터 통지 받은 후 1주일 이내에 채권자협의회를 구성한 다음 이를 채권자협의회의 구성원들에게 팩시밀리, 전자우편, 그 밖의 적당한 방법으로 통지하고 법원에 보고하여야 한다.

②관리위원회가 채권자협의회를 구성하는 때에는 채권액의 총액 및 채무자의 주요재산에 대한 담보권 보유상황을 참작하여 채권자 일반의 이익을 적절히 대표할 수 있도록

하여야 한다. 다만, 주요 채권자가 채무자와 특별한 이해관계를 가지고 있거나 채권자
협의회 구성원으로서의 책무를 다할 의사를 가지고 있지 아니한 때에는 이를 제외할
수 있다.

③관리위원회는 회생절차개시신청 또는 파산신청 이전부터 채권자들의 협의체가 구성
되어 있는 경우는 이를 참작하여 채권자협의회를 구성할 수 있다.

④관리위원회는 필요한 경우 채권자협의회의 구성원을 변경할 수 있다. 관리위원회가
채권자협의회 구성원을 변경한 경우에는 이를 법원에 보고하여야 한다.

⑤채권자협의회의 구성원은 채권의 양도 또는 소멸 등의 사유로 채권자협의회 구성원
이 될 수 있는 자격을 상실한 때에는 즉시 그 사유 및 발생일자를 대표채권자 및 관리
위원회에 통보하여야 한다.

⑥법원은 채권자협의회의 구성이 채권자 일반의 이익을 적절히 대표하도록 변경될 필
요가 있다고 인정하는 때에는 관리위원회에 채권자협의회 구성원의 교체, 제외, 추가
등을 명할 수 있다.

제35조(대표채권자) ①채권자협의회는 제34조제1항의 규정에 의한 통지를 받은 날부터
5영업일 이내에 대표채권자를 지정하여 법원 및 관리위원회에 팩시밀리, 전자우편, 그
밖의 적당한 방법으로 신고하여야 한다.

②위 기간 내에 대표채권자의 신고가 없는 경우는 관리위원회가 대표채권자를 지정한
다.

③대표채권자는 채권자협의회의 의장이 되고, 대외적으로 채권자협의회를 대표하여 채
권자협의회의 의견을 제시하며, 채권자협의회의 소집 및 연락 업무를 담당하고 그 밖
의 사무를 총괄한다.

④법원 또는 관리위원회의 채권자협의회에 대한 의견조회는 대표채권자에 대하여 한다.

⑤제34조제4항·제6항의 규정에 의하여 대표채권자가 채권자협의회의 구성원에서 제
외되거나 그 밖의 사유로 대표채권자의 변경이 필요하게 된 경우 관리위원회는 지체없
이 이를 채권자협의회의 구성원들에게 팩시밀리, 전자우편, 그 밖의 적당한 방법으로
통지하고 법원에 보고하여야 한다. 이 경우 새로운 대표채권자의 지정에 관하여는 제1
항 및 제2항의 규정을 준용한다.

제36조(회의 및 의결) ①대표채권자는 회생절차 또는 파산절차와 관련하여 필요한 경우
회의를 소집할 수 있고, 법원 또는 관리위원회로부터 의견을 요청받거나 구성원의 4분
의 1이상의 요구가 있을 때에는 5영업일 이내에 회의를 소집하여야 한다.

②의결권은 서면 또는 대리인에 의하여 행사할 수 있다.

③채권자협의회의 구성원이 아닌 채권자도 관리위원회의 허가를 얻어 채권자협의회의
회의에 참석하여 발언할 수 있다. 다만, 의결권은 가지지 않는다.

제37조(의견의 송부) ①채권자협의회는 법원 또는 관리위원회로부터 의견을 요청받은 경우 의결결과 및 출석 구성원들의 채권액과 의견을 모두 기재하여 송부하여야 한다.

②채권자협의회의 구성원들이 의견을 기재함에 있어서는 그와 같은 의견에 이르게 된 이유를 함께 기재하여야 한다.

③제1항의 의결결과 등은 팩시밀리 또는 전자우편으로 송부할 수 있다.

④제28조는 채권자협의회의 의견제출시기에 관하여 준용한다.

제38조(채권자협의회에 통지) 법원 또는 관리위원회가 법 제21조제1항에 따라 채권자협의회가 제시한 의견에 관한 결정을 한 경우에는 이를 채권자협의회에 통지하여야 한다.

제39조(법원의 자료제공) 법원은 법 제22조제1항의 규정에 따라 지체없이 채권자협의회에 다음 각 호의 자료사본을 제공하여야 한다.

1. 회생절차개시신청서, 파산신청서 및 그에 첨부된 대차대조표, 손익계산서, 채권자 및 담보권자 일람표, 제3자에 대한 지급보증 또는 물상보증 제공명세서
2. 채무자의 업무 및 재산에 관한 보전처분 결정 및 그 변경·취소 결정
3. 보전관리명령 결정
4. 조사위원 선임결정
5. 회생절차개시신청 또는 파산신청의 기각결정
6. 회생절차개시 결정 또는 파산선고 결정(관리인의 선임 또는 불선임 결정 또는 파산관재인 선임결정을 포함한다)
7. 영업 등의 양도허가 결정
8. 회생계획을 서면결의에 부치는 결정
9. 회생계획안 제출기간연장 결정
10. 회생계획변경 불허가 결정
11. 회생계획·변경회생계획 인가결정
12. 회생계획·변경회생계획 불인가결정
13. 회생계획·변경회생계획 수정명령
14. 회생계획·변경회생계획 배제결정
15. 회생계획수행에 관한 법원의 명령
16. 회생절차 종결 결정
17. 회생절차폐지 결정 또는 파산폐지 결정
18. 관리인이 작성한 재산목록, 대차대조표, 조사보고서
19. 조사위원의 조사보고서
20. 회생계획안·변경회생계획안 및 그 수정안
21. 외부 회계감사보고서

22. 그 밖에 회생절차 또는 파산절차에 관한 주요 자료로서 법원이 정하는 것

제40조(채권자협의회의 자료제공청구) ①채권자협의회는 법 제22조제3항의 규정에 의하여 필요한 자료의 제공을 청구하는 때에는 자료중 필요한 부분을 특정하여 관리인 또는 파산관재인에게 열람·복사를 청구하여야 한다.

②제1항의 청구가 있는 경우 관리인 또는 파산관재인은 지체없이 채권자협의회에 해당자료의 열람·복사를 허용하여야 한다. 다만, 정당한 사유가 있는 경우에는 법원의 허가를 얻어 열람·복사를 전부 또는 일부 거부할 수 있다.

③제2항 단서에 따라 자료제공을 거부하고자 하는 경우 관리인 또는 파산관재인은 제1항의 청구가 있은 후 즉시 법원에 거부사유를 적은 서면으로 자료제공거부 허가신청을 하여야 한다.

④제2항 본문은 관리인 또는 파산관재인이 제3항의 허가신청에 대한 법원의 허가를 얻지 못한 경우에 준용한다.

제40조의2(신규자금대여자의 자료제공청구) 법 제22조의2제2항에 따른 신규자금대여자의 자료제공청구에 관하여는 제40조를 준용한다.

제41조(채권자협의회의 자료제공의무) 법 제22조제5항의 규정에 의하여 채권자협의회에 속하지 않은 채권자의 자료제공 요청이 있는 경우 채권자협의회는 그 채권자의 비용으로 자료의 사본을 제공하여야 한다.

제42조(변호사 등 전문가의 선임) ①채권자협의회는 채권자 일반의 이익을 위하여 필요한 때에는 법원의 허가를 받아 변호사, 법무법인, 회계사, 회계법인 그 밖의 전문가(이하 "변호사등"이라 한다)를 선임하여 조력을 받을 수 있다.

②채권자협의회가 변호사등을 선임하는 때에는 계약조건, 계약의 상대방이 될 후보자의 경력·전문성·성실성·채무자 및 특정 채권자와의 이해관계의 유무, 변호사등의 선임이 채무자의 재정 상태에 미치는 영향 등 제반 사정을 참작하여 특별한 사정이 없는 한 가장 적합한 1인을 선정한 다음 법원의 허가를 받아 그 1인과 용역계약을 체결하여야 한다.

③채권자협의회가 변호사등과의 용역계약에 대하여 허가신청을 하는 때에는 다음 각호의 사항이 기재된 서면을 첨부하여야 한다.

1. 복수 후보자가 제시한 계약조건, 경력 및 전문성에 관한 내용
2. 채권자협의회가 1인을 용역계약의 상대방으로 선정한 이유
3. 용역계약의 상대방으로 선정된 1인이 회생절차개시신청 또는 파산신청을 전후하여 채무자나 특정 채권자와 이해관계가 있는지 여부 및 그 내용(용역계약의 상대방으로 선정된 1인도 위 사항에 관하여 작성한 진술서를 첨부하여야 한다)

④채권자협의회는 변호사등으로부터 용역을 제공받기 전 또는 제공받은 후, 법원에 채

무자로 하여금 용역계약에서 정해진 비용 및 보수의 전부 또는 일부를 채권자협의회 또는 변호사등에게 지급하도록 명하는 취지의 신청을 할 수 있다.

⑤제4항의 신청은 서면으로 하여야 하며 다음 각 호의 사항을 기재하고 그에 관한 소명자료를 첨부하여야 한다.

1. 변호사등이 제공한 용역의 구체적인 내용
2. 변호사등이 용역 제공에 소요한 시간
3. 변호사등이 용역 제공에 지출한 비용
4. 변호사등이 제공한 용역이 채권자 일반의 이익 증진에 기여한 내용 및 정도

⑥제4항의 신청이 있는 경우 법원은 해당용역의 제공이 채권자 일반의 이익 증진에 기여하거나 기여할 내용 및 정도 등을 참작하여 합리적인 범위 내에서 채무자가 부담할 비용 및 보수를 결정한다.

제43조(그 밖에 채권자협의회의 활동에 필요한 비용 등의 부담) ①채권자협의회는 제42조에서 규정하는 비용 이외에 채권자 일반의 이익을 위하여 필요한 활동에 비용을 지출한 때에는 법원에 채무자로 하여금 그 비용을 채권자협의회에 지급하도록 명하는 취지의 신청을 할 수 있다.

②제1항의 신청은 서면으로 하여야 하며 다음 각 호의 사항을 기재하고 그에 관한 소명자료를 첨부하여야 한다.

1. 비용의 액수
2. 비용 지출의 필요성 및 그 사용처
3. 비용 지출이 채권자 일반의 이익 증진에 기여한 내용 및 정도

③제42조제6항의 규정은 제1항의 신청이 있는 경우 법원의 비용부담 결정에 관하여 준용한다.

제44조(채권자협의회의 운영규정) 이 규칙에서 정한 것 외에 채권자협의회의 운영에 관하여 필요한 사항은 채권자협의회의 의결을 거쳐 대표채권자가 정한다.

제4장 재산조회

제45조(재산조회의 신청방식) ①법 제29조제1항의 규정에 따라 관리인·파산관재인·회생위원·국제도산관리인이 채무자의 재산조회를 신청하는 때에는 다음 각 호의 사항을 적은 서면으로 하여야 한다.

1. 채무자의 표시
2. 신청취지와 신청사유
3. 제46조제2항의 규정에 따라 과거의 재산보유내역에 대한 조회를 요구하는 때에는 그 취지와 조회기간

②법 제29조제2항의 이해관계인이 채무자의 재산조회를 신청하는 때에는 다음 각 호의 사항을 적은 서면으로 하여야 한다.
1. 채무자, 신청인과 그 대리인의 표시
2. 신청취지와 신청사유
3. 조회할 공공기관·금융기관 또는 단체
4. 조회할 재산의 종류
5. 제46조제2항의 규정에 따라 과거의 재산보유내역에 대한 조회를 요구하는 때에는 그 취지와 조회기간

③제1항 및 제2항의 신청을 하는 이해관계인(다만, 회생위원을 제외한다)이 미리 내야 하는 비용은 별표 3의 "조회비용"란과 같다.

④법원이 법 제29조제1항의 규정에 따라 회생위원의 신청에 의하거나 직권으로 재산조회를 하는 경우에는 채무자 또는 관리인·파산관재인·국제도산관리인에게 별표 3의 "조회비용"란 기재의 금액을 미리 내도록 명하여야 한다.

제46조(조회할 기관과 조회대상 재산 등) ①재산조회는 별표 3의 "기관·단체"란의 기관 또는 단체의 장에게 그 기관 또는 단체가 전산망으로 관리하는 채무자 명의의 재산(다만, 별표 3의 "조회할 재산"란의 각 해당란에 적은 재산에 한정한다)에 관하여 실시한다.

②제1항의 경우 이해관계인의 신청이 있는 때 또는 필요하다고 인정하는 때에는 별표 3의 순번 1에 적은 기관의 장에게 도산절차의 신청이 있기 전 2년 안에 채무자가 보유한 재산내역을 조회할 수 있다.

③법원은 별표 3의 순번 5부터 12까지, 15 기재 "기관·단체"란의 금융기관이 회원사, 가맹사 등으로 되어 있는 중앙회·연합회·협회 등(이하 "협회등"이라 한다)이 채무자의 재산 및 신용에 관한 전산망을 관리하고 있는 경우에는 그 협회등의 장에게 채무자 명의의 재산에 관하여 조회할 수 있다.

제47조(조회의 절차 등) ①법 제29조의 규정에 따른 재산조회는 다음 각 호의 사항을 적은 서면으로 하여야 한다.
1. 채무자의 성명·주소·주민등록번호(주민등록번호가 없는 사람의 경우에는 여권번호 또는 등록번호, 법인 또는 법인 아닌 사단이나 재단의 경우에는 사업자등록번호·납세번호 또는 고유번호를 말한다), 그 밖의 채무자의 인적사항
2. 조회할 재산의 종류
3. 조회에 대한 회답기한
4. 제46조제2항의 규정에 따라 채무자의 과거의 재산보유내역에 대한 조회를 요구하는 때에는 그 취지와 조회기간
5. 법원이 채무자의 인적 사항을 적은 문서에 의하여 해당 기관·단체의 장에게 채무자

의 재산 및 신용에 관하여 그 기관·단체가 보유하고 있는 자료를 한꺼번에 모아 제
출하도록 요구하는 때에는 그 취지

6. 금융기관에 대하여 재산조회를 하는 경우에 관련 법령에 따른 재산 및 신용에 관한
   정보등의 제공사실 통보의 유예를 요청하는 때에는 그 취지와 통보를 유예할 기간

②같은 협회등에 소속된 다수의 금융기관에 대한 재산조회는 협회 등을 통하여 할 수
있다.

③재산조회를 받은 기관·단체의 장은 다음 각 호의 사항을 적은 조회회보서를 정하여
진 날까지 법원에 제출하여야 한다. 이 경우 제1항제5호의 규정에 따라 자료의 제출을
요구받은 때에는 그 자료도 함께 제출하여야 한다.

1. 사건의 표시

2. 채무자의 표시

3. 조회를 받은 다음날 오전 영시 현재 채무자의 재산보유내역. 다만, 제1항제4호의 규
   정에 따른 조회를 받은 때에는 정하여진 조회기간 동안의 재산보유내역

④제2항에 규정된 방법으로 재산조회를 받은 금융기관의 장은 소속협회등의 장에게
제3항 각 호의 사항에 관한 정보와 자료를 제공하여야 하고, 그 협회등의 장은 제공받
은 정보와 자료를 정리하여 한꺼번에 제출하여야 한다.

⑤재산조회를 받은 기관·단체의 장은 제3항에 규정된 조회회보서나 자료의 제출을
위하여 필요한 때에는 소속 기관·단체, 회원사, 가맹사, 그 밖에 이에 준하는 기관·
단체에게 자료 또는 정보의 제공·제출을 요청할 수 있다.

⑥법원은 제출된 조회회보서나 자료에 흠이 있거나 불명확한 점이 있는 때에는 다시
조회하거나 자료를 다시 제출하도록 요구할 수 있다.

⑦제1항 내지 제6항에 규정된 절차는 「재산조회규칙」이 정하는 바에 따라 전자통신
매체를 이용하는 방법으로 할 수 있다.

제48조(재산조회결과의 열람·복사 등) 법 제28조와 「민사집행규칙」 제29조의 규정은
재산조회결과의 열람·복사절차에 관하여 준용한다. 다만, 제47조제7항의 규정에 따라
전자통신매체를 이용하는 방법으로 재산조회를 한 경우의 열람·출력절차에 관하여는
「재산조회규칙」이 정하는 바에 따른다.

제2편 회생절차

제49조(영업양도 절차 등의 진행) 관리인은 영업 또는 사업의 양도 등에 관하여 매각주
간사, 채무자의 재산 및 영업상태를 실사할 법인 또는 우선협상대상자 등을 선정하는
때에는 미리 채권자협의회의 의견을 묻는 등 공정하게 절차를 진행하여야 한다.

제50조(인수희망자의 정보 등의 제공청구) ①법 제57조 각 호의 어느 하나에 해당하는

행위를 하려는 자(이하 "인수희망자"라고 한다)는 다음 각 호의 사항을 적은 서면과 해당자료를 첨부하여 관리인에게 영업 및 사업에 관한 필요한 정보 및 자료의 제공을 청구할 수 있다.

1. 인수희망자의 사업자등록증, 법인등기사항증명서
2. 인수희망자의 최근 3년간의 비교 대차대조표, 최근 3년간의 요약 비교손익계산서, 최근 3년간의 자금수지표 및 현금흐름표
3. 인수희망자의 임직원 현황, 주요 업종, 생산품, 납입자본금, 발행 주식 수, 주식 소유 관계
4. 인수희망자의 인수 동기, 목적 및 향후 구체적인 인수 계획의 내용 및 인수예정 시기
5. 인수에 필요한 자금의 구체적인 조달계획 및 이에 관한 증빙자료
6. 제공을 요청하는 정보 및 자료를 특정할 수 있는 사항 및 이를 필요로 하는 구체적인 사유
7. 정보 및 자료에 관한 비밀을 준수하고 이를 채무자, 채권자, 주주 등의 이익에 반하는 목적을 위하여 이용하지 아니하겠다는 진술서

②제1항의 청구가 있는 경우 관리인은 지체없이 서면으로 법원에 정보 및 자료제공 여부에 관한 허가신청을 하여야 한다.

③제2항의 허가신청 중 정보 및 자료제공의 전부 또는 일부 거부에 관한 허가신청서에는 정보 및 자료를 인수희망자에게 제공하는 것이 채무자의 영업이나 사업의 유지·계속에 지장을 초래하거나 또는 채무자의 재산에 손해를 줄 우려가 있다는 사정 그 밖에 제1항의 청구를 거부할 정당한 사유를 기재하여야 한다.

④법원이 제2항의 허가신청에 대하여 정보 및 자료의 제공을 허가하거나 제공의 거부를 허가하지 아니하는 결정을 한 경우 관리인은 지체없이 인수희망자에게 해당 정보 및 자료의 열람 또는 복사를 허용하여야 한다.

⑤채무자의 정보 및 자료를 제공하는데 필요한 비용은 인수희망자의 부담으로 한다.

제51조(관리인을 선임하지 아니할 수 있는 채무자) 법 제74조제3항에서 "그 밖에 대법원규칙이 정하는 자"라 함은 다음 각 호의 어느 하나에 해당하는 자를 말한다.

1. 비영리 법인 또는 합명회사·합자회사
2. 회생절차개시신청 당시 「증권거래법」 제2조제13항에서 규정된 상장법인과 같은 조 제15항에서 규정된 코스닥 상장법인에 해당하는 채무자
3. 회생절차개시 당시 재정적 부실의 정도가 중대하지 아니하고 일시적인 현금 유동성의 악화로 회생절차를 신청한 채무자
4. 회생절차개시 당시 일정한 수준의 기술력, 영업력 및 시장점유율을 보유하고 있어 회생절차에서의 구조조정을 통하여 조기 회생이 가능하다고 인정되는 채무자

5. 회생절차개시결정 당시 주요 회생담보권자 및 회생채권자와 사이에 회생계획안의 주요 내용에 관하여 합의가 이루어진 채무자

6. 회생절차개시 당시 자금력 있는 제3자 또는 구 주주의 출자를 통하여 회생을 계획하고 있다고 인정되는 채무자

7. 그 밖에 관리인을 선임하지 아니하는 것이 채무자의 회생에 필요하거나 도움이 된다고 법원이 인정하는 채무자

제52조(목록 작성의 방식) 관리인이 법 제147조제1항, 제2항, 제4항에서 규정하는 목록을 작성, 변경 또는 정정할 때에는 다음 각 호의 사항도 함께 기재하여야 한다.

1. 법 제118조제2호 내지 제4호의 규정에 의한 회생채권일 때에는 그 취지 및 액수

2. 집행력 있는 집행권원 또는 종국판결이 있는 회생채권 또는 회생담보권인 때에는 그 뜻

3. 회생채권 또는 회생담보권에 관하여 회생절차개시 당시 소송이 계속하는 때에는 법원·당사자·사건명 및 사건번호

4. 법 제140조제1항, 제2항에서 규정하는 벌금, 조세 등의 청구권에 관하여 회생절차개시 당시 행정심판 또는 소송이 계속 중인 때에는 그 행정심판 또는 소송이 계속하는 행정기관 또는 법원, 당사자, 사건명 및 사건번호

제53조(목록에 기재된 사항의 변경 또는 정정) ①관리인이 법 제147조제4항에 의하여 목록에 기재된 사항을 변경 또는 정정하는 때에는 그 대상이 되는 회생채권·회생담보권·주식·지분권과 변경 또는 정정의 이유 및 그 내용 등을 기재하여 서면으로 법원에 허가신청을 하여야 한다.

②법원은 제1항의 신청에 대하여 허가결정을 한 때에는 변경 또는 정정된 목록을 그 대상이 되는 회생채권·회생담보권·주식·지분권을 보유하고 있는 권리자에게 지체없이 통지하여야 한다.

제54조(주주명부의 폐쇄) 법원은 법 제150조제2항에 의하여 주주명부를 폐쇄하는 경우 주주명부의 폐쇄가 시작되는 날로부터 2주 전에 그 취지를 공고하여야 한다.

제55조(회생채권 등의 신고의 방식) ①회생채권자·회생담보권자·주주·지분권자가 법 제148조 내지 제150조, 제152조, 제153조에 의한 신고를 할 때에는 다음 각 호의 사항을 함께 신고하여야 한다.

1. 통지 또는 송달을 받을 장소(대한민국 내의 장소로 한정한다) 및 전화번호·팩시밀리번호·전자우편주소

2. 법 제118조제2호 내지 제4호의 규정에 의한 회생채권일 때는 그 취지 및 액수

3. 집행력 있는 집행권원 또는 종국판결이 있는 회생채권·회생담보권인 때에는 그 뜻

②제1항의 신고서에는 다음 각 호의 서류를 첨부하여야 한다.

1. 회생채권자·회생담보권자·주주·지분권자가 대리인에 의하여 권리의 신고를 하는 때에는 대리권을 증명하는 서면
2. 회생채권 또는 회생담보권이 집행력 있는 집행권원 또는 종국판결이 있는 것일 때에는 그 사본
3. 회생채권자 또는 회생담보권자의 주민등록등본 또는 법인등기사항증명서

제56조(회생채권 등의 신고서 부본의 제출 등) ①회생채권자·회생담보권자·주주·지분권자가 그 권리에 관한 신고를 하는 때에는 신고서 및 그 첨부서류의 부본을 1부 제출하여야 한다.

②제1항의 규정에 의하여 신고서 및 그 첨부서류의 부본이 제출되었을 때에는 법원사무관등은 해당부본을 관리인에게 교부하여야 한다.

③제1항 및 제2항의 규정은 법 제152조, 제153조, 제156조의 신고에 관하여 준용한다.

제57조(신고의 추후 보완 등의 방식) ①법 제152조제1항에 의하여 신고의 추후 보완을 하는 때에는 회생채권 또는 회생담보권의 신고서에 채권신고기간 내에 신고를 할 수 없었던 사유 및 그 사유가 끝난 때를 기재하여야 한다.

②법 제152조제4항의 변경의 신고를 하는 때에는 회생채권 또는 회생담보권의 신고서에 변경의 내용 및 원인과 함께 제1항에 규정된 사항을 기재하여야 한다.

③법 제153조제1항의 신고를 하는 때에는 회생채권 또는 회생담보권의 신고서에 신고를 하는 회생채권 또는 회생담보권이 발생한 때를 기재하여야 한다.

제58조(신고명의의 변경의 방식) 제55조 및 제56조제1항·제2항은 법 제154조제1항의 규정에 따른 신고명의의 변경에 관하여 준용한다.

제59조(벌금, 조세 등의 신고의 방식) 법 제140조제1항 및 제2항에서 규정하는 벌금, 조세 등에 관한 청구권을 갖고 있는 자는 법 제156조에서 정한 사항 이외에 다음 각 호에서 정한 사항을 함께 신고하여야 한다.

1. 청구권자 및 대리인의 성명 또는 명칭과 주소
2. 통지 또는 송달을 받을 장소 및 전화번호·팩시밀리번호·전자우편주소
3. 회생절차개시 당시 청구권에 관하여 행정심판 또는 소송이 계속중인 때에는 그 행정심판 또는 소송이 계속하는 행정기관 또는 법원, 당사자, 사건명 및 사건번호

제60조(회생채권자표 등의 작성시기 및 기재사항) ①법 제158조에서 정한 회생채권자표·회생담보권자표와 주주·지분권자표는 신고기간이 종료된 후 지체없이 작성하여야 한다.

②회생채권자표 또는 회생담보권자표에는 다음 각 호의 사항을 함께 기재하여야 한다.

1. 법 제118조제2호 내지 제4호의 규정에 의한 회생채권일 때에는 그 뜻 및 액수

2. 집행력 있는 집행권원 또는 종국판결이 있는 회생채권 또는 회생담보권인 때에는 그 뜻

제61조(이의의 방식) ①법 제161조제1항의 서면에는 이의의 내용 및 그 사유를 구체적으로 기재하여야 한다.

②법 제164조에 의하여 특별조사기일에 출석하여 이의를 하는 자는 이의의 내용 및 그 사유를 구체적으로 진술하여야 한다.

제62조(이의 철회의 통지) 법 제161조제1항, 제164조에 의하여 이의를 제기한 자가 그 이의를 철회한 때에는 법원은 이의철회의 대상이 된 회생채권 또는 회생담보권을 갖고 있는 자에게 그 취지를 통지하여야 한다.

제63조(관리인이 하는 이의의 방식) ①관리인은 목록에 기재되거나 신고된 회생채권 또는 회생담보권의 내용 및 의결권에 관하여 다음 각 호의 사항을 기재한 시부인표를 작성하여 법 제50조제1항제4호의 조사기간의 말일까지 법원에 제출하여야 한다.

1. 채권자의 성명, 주소(채권 신고번호 또는 목록 기재번호를 함께 기재하여야 한다)
2. 채권 내용 및 신고액 또는 목록 기재액
3. 이의 있는 채권 금액 및 이의 없는 채권 금액
4. 이의 있는 의결권 액수 및 이의 없는 의결권 액수
5. 이의를 제기하는 이유

②법 제152조, 제153조에서 규정하는 추후 보완신고 등이 있는 경우 관리인은 제1항의 시부인표에 위 추후 보완신고 등에 관하여 제1항 각 호의 사항을 추가로 기재하여야 한다.

제64조(특별조사기일의 조사비용의 부담) ①법원은 법 제162조에서 규정하는 특별조사기일에서 조사의 대상이 되는 회생채권 또는 회생담보권을 갖고 있는 자에게 기간을 정하여 그 조사비용의 예납을 명할 수 있다.

②법원은 회생채권자 또는 회생담보권자가 전항의 예납을 명받고도 정해진 기간 내에 조사비용을 납부하지 아니한 경우에는 그 권리에 관한 신고를 각하할 수 있다.

제65조(조사확정재판의 신청 등) ①법 제170조제1항에서 규정하는 채권조사확정재판의 신청서에는 다음 각 호의 사항을 기재하여야 한다.

1. 당사자 및 대리인의 성명 또는 명칭과 주소
2. 신청의 취지와 이유

②신청서에는 신청의 이유가 되는 사실을 구체적으로 기재하고 증거서류의 사본을 첨부하여야 한다.

③제1항의 신청서에는 당사자의 수에 1을 더한 부본을 첨부하여야 한다.

④법원은 제1항의 신청서 부본을 상대방 당사자에게 송달하여야 한다.

제66조(조사확정재판의 방식) ①채권조사확정재판의 결정은 이유의 요지만을 적을 수 있다. ②법원은 채권조사확정재판을 구하는 신청에 대하여 화해를 권유하거나 조정에 회부하는 결정을 할 수 있다. 법원이 조정에 회부하는 결정을 한 경우 그 이후의 절차에 관하여는 「민사조정법」 및 「민사조정규칙」을 준용한다.

제67조(회생채권 등의 확정에 관한 소송결과의 기재 신청) 법 제175조의 신청을 하는 자는 재판서 등본과 재판의 확정에 관한 증명서를 제출하여야 한다.

제68조(의결권의 행사) ①법 제187조에 따른 의결권에 대한 이의가 제기되지 아니한 회생채권자 또는 회생담보권자는 목록에 기재되거나 신고한 액수에 따라 의결권을 행사할 수 있다.
②법원은 법 제240조제2항에서 규정하는 서면을 송달하기 전에 다음 각 호의 권리에 관하여 의결권을 행사하게 할 것인지 여부 및 의결권을 행사하게 할 액 또는 수를 결정하여야 한다.
1. 목록에 기재되거나 신고된 회생채권 또는 회생담보권으로서 확정되지 아니한 권리
2. 목록에 기재되거나 신고된 주식 및 출자지분
③제2항의 경우 법 제187조 각 호의 자는 법원에 서면으로 의견을 진술할 수 있다.
④제2항의 결정은 그 의결권에 관계된 회생채권자, 회생담보권자 또는 주주·지분권자에게 송달하여야 한다.

제69조(서면 결의의 경우 의결권 불통일 행사의 취지의 신고) 서면에 의한 결의를 하는 경우 법 제189조제2항에서 정하는 의결권 불통일 행사의 취지의 신고는 법 제240조제2항의 회신기간 내에 직접 의결권을 불통일 행사하여 이를 회신하는 방법에 의한다.

제70조(회생을 위하여 채무를 부담하는 자 등의 동의) 법 제233조제3항에서 규정하는 동의는 서면의 방식에 의하여야 한다.

제71조(항고와 보증으로 공탁하게 할 금액) ①회생계획불인가 또는 회생절차폐지의 결정에 대하여 항고장이 제출된 경우 원심법원은 1주일 이내에 항고인에게 보증으로 공탁하게 할 것인지 여부를 결정하여야 한다.
②제1항의 경우 항고인에게 보증으로 공탁하게 할 금액은 회생채권자와 회생담보권자의 확정된 의결권액(그 액이 확정되지 않은 경우에는 목록에 기재되거나 신고된 의결권액)의 총액의 20분의 1에 해당하는 금액 범위 내에서 정한다.
③제2항의 금액을 정함에 있어 다음 각 호의 사항을 고려하여야 한다.
1. 채무자의 자산·부채의 규모 및 재산상태
2. 항고인의 지위 및 항고에 이르게 된 경위
3. 향후 사정변경의 가능성

4. 그 동안의 절차 진행경과 및 그 밖의 여러 사정

④원심법원이 기간을 정하여 항고인에게 보증으로 공탁할 것을 명한 경우에 항고인이 정해진 기간 내에 보증을 제공하지 아니한 때에는 원심법원은 결정으로 항고장을 각하하여야 한다.

⑤원심법원이 기간을 정하여 항고인에게 보증으로 공탁할 것을 명한 경우의 항고기록의 송부는 제4항의 규정에 의하여 항고장이 각하되지 아니하는 한 그 보증이 제공된 날로부터 1주일 이내에 하여야 한다.

⑥제1항 내지 제5항의 규정은 제1항의 항고에 관한 재판의 불복에 관하여 준용한다.

제71조의2(간이회생절차개시의 신청서에 첨부할 서류) 법 제293조의4제4항제4호에 규정된 "그 밖에 대법원규칙으로 정하는 서류"란 다음 각 호의 서류를 말한다.

1. 채무자가 개인인 경우에는 주민등록등본, 개인회생절차 또는 파산절차에 따른 면책을 받은 사실이 있으면 그에 관한 서류, 그 밖의 소명자료

2. 채무자가 개인이 아닌 경우에는 법인등기사항증명서, 정관, 회생절차개시의 신청에 관한 이사회 회의록, 그 밖의 소명자료

3. 과거 3년간의 비교재무상태표와 비교손익계산서 또는 이에 준하는 서류

4. 소송이 계속 중이거나 존부에 관하여 다툼이 있는 회생채권·회생담보권의 존재에 관한 소명자료

제71조의3(간이조사위원 등의 간이한 업무수행 방법) ① 법 제293조의7제2항에 따른 간이조사위원의 간이한 업무수행 방법은 다음 각 호와 같다.

1. 법 제90조에 따른 재산가액의 평가는 일반적으로 공정·타당하다고 인정되는 회계관행이 허용하는 범위 내에서 다음의 각 목의 방법 중 채무자의 업종 및 영업특성에 비추어 효율적이라고 판단되는 하나 또는 그 이상의 방법을 선택하여 할 수 있다.

　가. 회계장부의 검토

　나. 문서의 열람

　다. 자산의 실사

　라. 채무자 임직원에 대한 면담

　마. 외부자료의 검색

　바. 과거 영업실적을 통한 추세의 분석

　사. 동종업계의 영업에 관한 통계자료의 분석

2. 법 제91조의 재산목록 및 대차대조표는 제1호에 따른 재산가액의 평가결과를 반영하여 작성한다. 이 경우 재산의 규모와 재산 내역별 중요도를 고려하여 대차대조표의 계정과목을 통합할 수 있다.

3. 법 제92조제1항 각 호의 사항 중 채무자의 회생계획 또는 회생절차에 중대한 영향을 미치지 아니하는 사항은 그 요지만을 보고할 수 있다.

4. 법 제87조제3항에 따라 회생절차를 진행함이 적정한지 여부에 관한 의견을 제출하는 경우, 채무자의 영업 전망, 거래처의 유지 가능성, 공익채권의 규모, 운영자금의 조달 가능성 등에 관한 조사만을 토대로 의견을 제시할 수 있다.

② 제1항은 법 제293조의7제3항에 따른 관리인의 간이한 업무수행 방법에 관하여 준용한다.

제3편 파산절차

제72조(파산신청서에 첨부할 서류) ①법 제302조제2항제4호에 규정된 "그 밖에 대법원규칙에서 정하는 서류"는 다음 각 호의 서류를 말한다.

1. 채무자가 개인인 경우에는 호적등본, 주민등록등본, 진술서, 그 밖의 소명자료

2. 채무자가 개인이 아닌 경우에는 법인등기사항증명서, 정관, 파산신청에 관한 이사회 회의록, 그 밖의 소명자료

②제1항제1호의 진술서에는 다음 각 호의 사항을 기재하여야 한다.

1. 채무자에 관하여 법원에 회생절차 또는 개인회생절차가 계속되어 있는 경우 당해 사건이 계속되어 있는 법원 및 사건의 표시

2. 채무자가 개인인 경우에는 법 제564조에 의한 면책허가결정 또는 법 제624조에 의한 면책결정을 받은 적이 있는지 여부 및 있는 경우 그 결정의 확정일자

제73조(채권신고방법) ①파산채권자가 법 제447조의 규정에 따라 채권을 신고할 때에는 다음 각 호의 사항을 함께 신고하여야 한다.

1. 채권자 및 대리인의 성명 또는 명칭과 주소

2. 통지 또는 송달을 받을 장소(대한민국 내의 장소로 한정한다) 및 전화번호·팩시밀리번호·전자우편주소

3. 집행력 있는 집행권원 또는 종국판결이 있는 파산채권인 때에는 그 뜻

②제1항의 신고서에는 다음 각 호의 서류를 첨부하여야 한다.

1. 채권자가 대리인에 의하여 채권을 신고할 때에는 대리권을 증명하는 서면

2. 파산채권이 집행력 있는 집행권원 또는 종국판결이 있는 것일 때에는 그 사본

3. 채권자의 주민등록등본 또는 법인등기사항증명서

③제59조는 법 제471조제1항의 규정에 따른 신고에 관하여 준용한다.

제74조(채권신고서 부본의 제출 등) ①채권을 신고할 때에는 채권신고서 및 첨부서류의 부본을 2부 제출하여야 한다.

②제1항의 규정에 따라 채권신고서 및 첨부서류의 부본이 제출되었을 때에는 법원사무관 등은 이 중 1부를 파산관재인에게 교부하여야 한다.

제75조(신고사항의 변경) ①파산채권자는 신고한 사항에 관하여 다른 파산채권자의 이익을 해하지 않는 내용의 변경이 생긴 때에는 증거서류 또는 그 사본을 첨부하여 지체없

이 그 변경의 내용 및 원인을 법원에 신고하여야 한다.

②법원사무관등은 제1항의 규정에 따른 신고가 있는 때에는 그 신고 내용을 파산채권 자표에 기재하여야 한다.

제76조(명의의 변경) ①신고된 파산채권을 취득한 자는 채권조사의 기일 후에도 신고명 의를 변경할 수 있다.

②제1항의 규정에 따른 명의변경을 하고자 하는 자는 증거서류 또는 그 사본을 첨부 하여 다음 각 호의 사항을 법원에 신고하여야 한다.

1. 신고명의를 변경하고자 하는 자 및 대리인의 성명 또는 명칭과 주소

2. 통지 또는 송달을 받을 장소(대한민국 내의 장소로 한정한다) 및 전화번호·팩시밀 리번호·전자우편주소

3. 취득한 권리와 그 취득의 일시 및 원인

③제73조제2항(제2호는 제외한다) 및 제75조제2항의 규정은 제2항의 신고에 관하여 준용한다.

제77조(준용규정) 제65조 내지 제67조는 파산채권 조사확정재판에 관하여 준용한다.

제78조(면책신청에 대한 이의신청서 부본의 제출 등) ①법 제562조의 규정에 따라 면책 신청에 대하여 이의신청서를 제출하는 때에는 그 부본 1부를 함께 제출하여야 한다.

②법원은 제1항의 신청서 부본을 채무자에게 송달하여야 한다.

제4편 개인회생절차

제79조(개인회생절차개시신청서에 첨부할 서류) ①법 제589조제2항제7호의 규정에 따라 개인회생절차개시신청서에 첨부하여야 하는 서류는 다음 각 호와 같다.

1. 채무자의 주소·주민등록번호(주민등록번호가 없는 사람의 경우에는 여권번호 또는 등록번호를 말한다), 그 밖에 채무자의 인적사항에 관한 자료

2. 법 제579조제4호 가목의 규정에 따른 소득금액에 관한 자료

3. 법 제579조제4호 나목의 규정에 따른 소득세·주민세·건강보험료, 그 밖에 이에 준하는 것으로서 대통령령이 정하는 금액에 관한 자료

4. 법 제579조제4호 다목의 규정에 따라 법원이 생계비를 정하기 위하여 필요한 사항 에 관한 자료

5. 법 제579조제4호 라목의 규정에 따른 영업의 경영, 보존 및 계속을 위하여 필요한 비용에 관한 자료

6. 법 제589조제2항제2호의 재산목록에 기재된 재산가액에 관한 자료

7. 유치권·질권·저당권·양도담보권·가등기담보권·전세권 또는 우선특권(이하 "저 당권등"이라 한다)으로 담보된 개인회생채권이 있는 때에는 저당권등의 담보채권액

   및 피담보재산의 가액의 평가에 필요한 자료

8. 채무자의 재산에 속하는 권리로서 등기 또는 등록이 된 것에 관한 등기사항증명서 또는 등록원부등본

9. 채무자가 법원 이외의 기관을 통하여 사적인 채무조정을 시도한 사실이 있는 경우에 이를 확인할 수 있는 자료

②법 제589조제1항의 규정에 따른 개인회생절차개시신청서에는 채무자에게 연락할 수 있는 전화번호(집, 직장 및 휴대전화)를 기재하여야 한다.

제80조(개인회생채권자목록의 기재사항) ①개인회생채권자목록에는 다음 각 호의 사항을 기재하여야 한다.

1. 채권자의 성명 및 주소

2. 채권의 원인 및 금액

②별제권자가 있는 때에는 제1항에 규정한 사항외에 별제권의 목적과 그 행사에 의하여 변제받을 수 없는 채권액을 기재하여야 한다.

③개인회생채권에 관하여 개인회생절차개시 신청 당시에 소송이 계속하는 때에는 제1항에 규정한 사항 외에 법원·당사자·사건명 및 사건번호를 기재하여야 한다.

④개인회생채권에 관하여 개인회생절차개시 신청 당시에 전부명령이 있는 때에는 제1항에 규정한 사항 외에 전부명령을 내린 법원·당사자·사건명 및 사건번호, 전부명령의 대상이 되는 채권의 범위, 제3채무자에 대한 송달일, 전부명령의 확정 여부를 기재하여야 한다.

제81조(개인회생채권자목록의 수정) ①채무자는 그 책임을 질 수 없는 사유로 인하여 개인회생채권자목록에 누락하거나 잘못 기재한 사항을 발견한 때에는 개인회생절차개시 결정후라도 법원의 허가를 받아 개인회생채권자목록에 기재된 사항을 수정할 수 있다. 다만, 변제계획인가결정이 있은 때에는 그러하지 아니하다.

②법원은 제1항의 규정에 따라 개인회생채권자목록에 기재된 사항이 수정된 때에는 그 수정된 사항에 관한 이의기간을 정하여 공고하고, 채무자 및 알고 있는 개인회생채권자에게 이의기간이 기재된 서면과 수정된 개인회생채권자목록을 송달하여야 한다. 다만, 수정으로 인하여 불리한 영향을 받는 개인회생채권자가 없는 경우 또는 불리한 영향을 받는 개인회생채권자의 의사에 반하지 아니한다고 볼만한 상당한 이유가 있는 경우에는 그러하지 아니하다.

제82조(개인회생채권에 관한 자료 제출) ①채무자는 개인회생채권자목록의 작성 및 수정에 참고하기 위하여 필요한 경우에는 개인회생채권자에게 개인회생채권의 존부 및 액수, 담보채권액 및 피담보재산의 가액 평가, 담보부족전망액에 관한 자료의 송부를 청구할 수 있다.

②개인회생채권자는 제1항의 규정에 의한 자료송부청구가 있는 경우에는 신속하게 이에 응하여야 한다.

제83조(명의의 변경) ①법 제603조의 규정에 의하여 확정된 개인회생채권을 취득한 자는 채권자 명의변경을 신청할 수 있다.

②제76조제2항 및 제3항의 규정은 제1항의 명의변경에 관하여 준용한다.

제84조(계좌번호의 신고) ①개인회생채권자는 법 제613조의 규정에 따른 개인회생채권자집회의 기일 종료시까지 변제계획에 따른 변제액을 송금받기 위한 금융기관(은행법에 의한 금융기관을 말한다) 계좌 번호를 회생위원에게 신고하여야 한다.

②위 신고를 하지 아니한 개인회생채권자에 대하여 지급할 변제액은 변제계획에서 정하는 바에 따라 공탁할 수 있다.

제85조(부본의 제출) ①개인회생절차개시의 신청을 하는 경우에는 신청서 부본 1부 및 알고 있는 개인회생채권자 수에 2를 더한 만큼의 개인회생채권자목록 부본을 함께 제출하여야 한다.

②변제계획안 또는 변제계획의 변경안을 제출하는 경우에는 알고 있는 개인회생채권자 수에 1을 더한 만큼의 부본을 함께 제출하여야 한다.

제86조(개인회생채권자목록의 비치) 법원사무관등은 개인회생채권자목록을 개인회생채권에 관한 이의기간의 말일까지 법원 내 일정한 장소에 비치하여야 한다.

제87조(비용의 예납) ①법 제590조의 규정에 따라 신청인이 미리 납부하여야 하는 절차의 비용은 다음 각 호와 같다.

1. 송달료
2. 공고비용
3. 회생위원의 보수
4. 그 밖에 절차 진행을 위하여 필요한 비용

②제1항 각 호의 비용은 개인회생채권자의 수, 재산 및 부채 상황, 회생위원의 선임여부 및 필요한 보수액, 그 밖의 여러 사정을 고려하여 정한다.

③법원은 제1항에 따라 예납된 비용이 부족하게 된 때에는 신청인에게 추가 예납을 하도록 할 수 있다.

제88조(회생위원의 업무) ①회생위원은 법 제602조제1항제4호의 규정에 따라 다음 각 호의 업무를 행한다.

1. 법 제602조제1항의 규정에 정해진 업무수행의 결과보고
2. 삭제 <2011. 3. 28.>
3. 저당권등으로 담보된 개인회생채권이 있는 경우 그 담보목적물의 평가

4. 변제계획에 따른 변제가 지체되고 그 지체액이 3개월분 변제액에 달한 경우 법원에 대한 보고

5. 변제계획에 따른 변제가 완료된 경우 법원에 대한 보고

6. 회생위원의 임무가 종료된 때에 법원에 대한 업무수행 및 계산의 보고

7. 변제계획안에 대한 이의가 있었는지 여부와 이의의 내용에 관한 보고

② 채무자는 법 제591조에 따른 보고, 시정 등의 요구 또는 법 제602조제2항의 요청을 받은 경우에는 법원에 대하여 심문을 신청할 수 있다.

제88조의2(재정보증) 법원행정처장은 제88조에 따른 사무를 처리하는 법 제601조제1항 제2호 회생위원의 재정보증에 관한 사항을 정하여 운용할 수 있다.

제89조(준용규정) 제65조 내지 제67조는 개인회생채권 조사확정재판에 관하여 준용한다.

제90조(변제계획에 관한 이의방식) ①법 제613조제5항의 규정에 따른 이의 진술은 개인회생채권자가 개인회생채권자집회기일의 종료시까지 이의진술서를 법원에 제출하는 방식으로 갈음할 수 있다.

②개인회생채권자가 제1항의 이의 진술을 개인회생채권자집회기일에서 말로 한 때에는 법원사무관등이 그 내용을 조서에 기재하여야 한다.

③제1항 및 제2항의 이의 진술은 변제계획이 법 제614조에서 정하고 있는 요건을 충족하지 못하고 있음을 그 내용으로 하여야 하고, 그 이유를 구체적으로 나타내야 한다.

제91조(인가후의 변제계획 변경신청) 법 제619조제1항의 규정에 따라 변제계획의 변경안을 제출하는 때에는 다음 각 호의 사항을 기재한 서면을 함께 법원에 제출하여야 한다.

1. 사건의 표시

2. 채무자, 제출인과 그 대리인의 표시

3. 변제계획의 변경안을 제출하는 취지 및 그 사유

제92조(개인회생절차폐지의 신청) 법 제621조제1항의 규정에 따라 개인회생절차폐지의 신청을 하는 때에는 다음 각 호의 사항을 기재한 서면을 법원에 제출하여야 한다.

1. 사건의 표시

2. 채무자, 신청인과 그 대리인의 표시

3. 개인회생절차의 폐지를 신청한 취지 및 그 사유

제93조(항고와 보증으로 공탁하게 할 금액) 제71조의 규정은 변제계획불인가 또는 개인회생절차폐지의 결정에 대하여 항고장이 제출된 경우에 준용한다.

제94조(면책의 신청) ①법 제624조제1항의 규정에 따라 면책의 신청을 하는 때에는 다음 각 호의 사항을 기재한 서면을 법원에 제출하여야 한다.

1. 사건의 표시

2. 채무자, 신청인과 그 대리인의 표시

3. 면책을 신청한 취지

4. 채무자가 변제계획에 따른 변제를 완료한 내용

②법 제624조제2항의 규정에 따라 면책의 신청을 하는 때에는 다음 각 호의 사항을 기재한 서면을 법원에 제출하여야 한다.

1. 사건의 표시

2. 채무자, 신청인과 그 대리인의 표시

3. 면책을 신청한 취지

4. 법 제624조제2항 각 호의 규정에서 정한 요건을 갖춘 내용

제95조(면책취소결정의 공고) 법 제626조의 규정에 따른 면책취소의 결정은 공고하여야 한다.

제96조(개인회생절차의 종료) 법 제624조의 면책결정이 확정되면 개인회생절차는 종료한다.

제5편 국제도산

제97조(외국도산절차 승인신청서의 기재사항 등) ①법 제631조의 규정에 따른 외국도산절차 승인신청서에는 다음 사항을 기재하여야 한다.

1. 외국도산절차의 대표자 및 대리인의 성명 또는 명칭과 주소

2. 외국도산절차의 대표자에 대한 대한민국 내의 송달장소

3. 채무자의 성명 또는 명칭과 주소

4. 신청취지 및 신청이유

5. 외국도산절차가 신청된 국가에 소재하는 채무자의 영업소·사무소·주소

6. 외국도산절차가 신청된 국가의 명칭, 당해 외국도산절차를 담당하고 있는 법원 그 밖에 그 절차를 관장할 권한있는 기관의 명칭과 사건의 표시

7. 외국도산절차의 신청일 및 그 효력발생일

8. 그 밖에 당해 외국도산절차를 특정할 만한 구체적 사항

②법 제631조제1항제1호, 제4호, 제5호의 규정에 따른 진술서에는 다음 각 호의 사항을 기재하여야 한다.

1. 당해 외국도산절차 사건의 개요, 진행상황(절차개시의 판단유무를 포함한다) 및 향후의 전망

2. 당해 외국도산절차에 있어서 채권의 우선순위를 정하는 외국법의 규정

3. 채무자의 업무의 수행 및 재산에 대하여 외국도산절차의 대표자가 갖는 관리·처분권의 행사범위, 존속기한, 권한행사에 필요한 법원의 허가 그 밖의 조건

4. 채무자가 법인인 경우 그 설립의 준거법

5. 대한민국에 있는 채무자의 주된 영업소 또는 사무소의 명칭과 소재지

6. 채무자의 대한민국에서의 사용인 그 밖의 종업원의 과반수로 조직된 노동조합이 있는 경우에는 그 명칭 및 대표자의 성명, 주소, 전화번호·팩시밀리번호·전자우편주소. 만약 그와 같은 노동조합이 없는 경우에는 채무자의 대한민국에서의 사용인 그 밖의 종업원의 과반수를 대표하는 사람의 성명, 주소, 전화번호·팩시밀리번호·전자우편주소

7. 채무자가 법인인 경우, 그 법인의 설립이나 목적인 사업에 관하여 대한민국 행정청의 허가가 있는 때에는 그 행정청의 명칭과 소재지

8. 외국도산절차의 대표자가 채무자에 대하여 국내도산절차가 계속중인 사실을 알고 있는 경우에는 그 법원·당사자·사건명·사건번호 및 진행상황

9. 외국도산절차의 대표자가 다른 외국도산절차의 승인신청사건이 계속중인 사실을 알고 있는 경우에는 그 법원·당사자·사건명·사건번호 및 진행상황

③제1항과 제2항의 각 호의 어느 하나에 해당하는 사항을 기재하여 외국도산절차 승인신청서와 진술서를 제출하는 경우에는 그 기재사항을 증명하는 서면을 첨부하여야 한다.

제98조(필요한 사항의 조사 등) 법원은 상당하다고 인정할 경우 법원사무관등 또는 법원조직법 제54조의3의 규정에 따른 조사관에게 다음 사항을 조사하여 보고하게 할 수 있다.

1. 법 제631조제1항에 규정된 외국도산절차 승인신청 요건의 적부

2. 법 제632조제2항 각 호에 규정된 외국도산절차 승인신청 기각사유의 유무

3. 법 제636조제1항 각 호에 규정된 외국도산절차에 대한 지원처분의 필요 여부 및 필요한 처분의 내용 또는 같은 조 제3항에 규정된 지원신청 기각사유의 유무

제99조(변경사항에 관한 서면의 제출 등) ①외국도산절차의 승인신청이 있은 후 외국도산절차의 대표자가 변경되거나 당해 외국도산절차가 개시 또는 종료된 때에는 외국도산절차의 대표자는 지체없이 변경된 사항을 기재한 서면을 법원에 제출하여야 한다.

②외국도산절차의 대표자는 외국도산절차의 승인신청이 있은 후 동일한 채무자에 대하여 국내도산절차 또는 다른 외국도산절차의 승인·지원절차가 계속된 사실을 알게 된 때에는 지체없이 이와 같은 사실을 기재한 서면을 법원에 제출하여야 한다.

③제1항 및 제2항의 서면을 제출하는 때에는 그 기재사항을 증명하는 서면을 첨부하여야 한다.

제100조(외국도산절차 승인결정) 외국도산절차 승인결정서에는 결정의 연·월·일·시를 기재하여야 한다.

제101조(외국도산절차에 대한 지원신청 등) ①법 제636조제1항제1호 내지 제3호의 규정에 따른 금지명령 등 지원신청서에는 다음 각 호의 사항을 기재하여야 한다.

1. 채무자, 신청인 그 밖의 당사자의 성명 또는 명칭과 주소

2. 신청인의 대한민국 내의 송달장소

3. 신청취지 및 신청이유

4. 외국도산절차가 개시되었거나 개시될 국가의 법률이 적용되는 경우 법 제636조제1항제1호 내지 제3호에 적은 절차에 해당하는 당해 국가의 절차가 중지되거나 금지되는지 여부 및 그 범위

②채무자의 재산에 속하는 권리로서 등기 또는 등록이 된 것에 관하여 제1항의 지원신청을 할 경우에는 권리에 대한 등기사항증명서 또는 등록원부를 첨부하여야 한다.

③법원은 법 제636조제1항제1호 내지 제3호의 규정에 따른 지원결정을 할 때에 필요하다고 인정하는 경우 신청인 또는 외국도산절차의 대표자에게 채권자의 성명, 주소, 채권의 액 및 발생원인을 기재한 채권자일람표 또는 그 밖의 소명자료의 제출을 명할 수 있다.

④제1항 내지 제3항의 규정은 법 제635조의 규정에 의한 승인전 명령절차에 관하여 준용한다.

제102조(국제도산관리인의 선임 등) ①법 제636조제1항제4호의 규정에 따른 국제도산관리인의 선임신청서에는 다음 각 호의 사항을 기재하고, 대한민국에 있는 채무자의 재산목록 그 밖의 등기사항증명서 등을 첨부하여 제출하여야 한다.

1. 제101조제1항 각 호에 적은 사항

2. 채무자의 자산, 부채 그 밖의 재산상태

3. 채무자가 사업을 영위하고 있는 때에는 그 사업의 목적과 업무의 상황, 대한민국에 있는 영업소 또는 사무소의 명칭과 소재지 및 대한민국에서의 사용인 그 밖의 종업원의 현황

4. 외국도산절차의 대표자 이외의 사람을 국제도산관리인으로 선임하기를 원하는 경우에는 그 취지 및 사유

②법원은 국제도산관리인으로 외국도산절차의 대표자 또는 그 밖에 국제도산관리인으로서의 직무를 수행함에 적절한 사람(법인을 포함한다)을 선임하여야 한다.

③법인이 국제도산관리인으로 선임된 경우 그 법인은 대표자 또는 임직원 중에서 국제도산관리인의 직무를 실제 수행할 사람을 지명하여 그 취지를 법원에 신고하여야 한다.

④법원은 국제도산관리인에게 그 선임을 증명하는 서면을 교부하여야 한다.

⑤국제도산관리인은 그 직무를 행하는 경우 이해관계인의 청구가 있는 때에는 제4항의 규정에 의한 서면을 제시하여야 한다.

제103조(국제도산관리인 등의 임무와 감독 등) ①국제도산관리인과 외국도산절차의 대표자는 외국도산절차에 대한 지원절차의 원활한 진행 및 채무자의 대한민국 내에서의 업무의 수행과 재산의 관리 및 처분의 공정성을 도모하기 위하여 상호 긴밀히 협조하여야 한다.

②국제도산관리인은 외국도산절차의 대표자에 대하여 채무자의 대한민국 내에서의 업무의 수행과 재산의 관리 및 처분에 대해 필요한 협력 및 정보의 제공을 요구할 수 있다.

③국제도산관리인은 법원이 정하는 바에 따라 법원에 대하여 업무와 계산에 관한 보고를 하여야 한다.

제104조(국내도산절차와 외국도산절차의 승인·지원절차의 조정) ①외국도산절차의 승인·지원절차가 계속중인 법원의 법원사무관등과 동일한 채무자에 대하여 국내도산절차가 계속중인 법원의 법원사무관등은 당해 외국도산절차의 승인절차 또는 국내도산절차가 계속중이라는 취지를 알게 된 경우 이를 각 해당 법원에 통지하여야 한다.

②외국도산절차의 승인·지원절차가 계속 중인 법원이 국내도산절차의 중지를 명하고자 하는 경우에는 미리 국내도산절차가 계속 중인 법원의 의견을 들어야 한다.

③국내도산절차가 계속 중인 법원의 법원사무관등은 다음 각 호의 어느 하나에 해당하게 된 경우 그 취지를 외국도산절차의 승인·지원절차가 계속 중인 법원에 통지하여야 한다.

1. 국내도산절차의 개시, 폐지 또는 종결 결정이 있은 때
2. 회생계획 또는 변제계획의 인가결정이 있은 때
3. 그 밖의 사유에 의하여 국내도산절차가 종료한 때

④외국도산절차의 승인·지원절차가 계속중인 법원의 법원사무관등은 다음 각 호의 어느 하나에 해당하게 된 경우 그 취지를 국내도산절차가 계속 중인 법원에 통지하여야 한다.

1. 법 제632조의 규정에 의한 외국도산절차의 승인결정이 있거나 그 변경 또는 취소결정이 있은 때
2. 법 제636조의 규정에 의한 외국도산절차에 대한 지원결정 또는 법 제635조의 규정에 의한 승인전 명령이 있거나 그 변경 또는 취소결정이 있은 때
3. 그 밖의 사유에 의하여 외국도산절차의 승인·지원절차가 종료한 때

제105조(복수의 외국도산절차의 조정) 제104조의 규정은 채무자를 공통으로 하는 여러 개의 외국도산절차의 승인신청이 있거나 그 승인결정이 내려진 때 또는 이미 승인결정이 내려진 동일한 채무자에 대하여 다시 다른 외국도산절차의 승인신청이나 외국도산절차에 대한 지원신청이 있는 경우에 준용한다.

제106조(주무관청 등에의 통지) ①법 제632조의 규정에 따라 법인인 채무자에 대하여 외국도산절차의 승인결정이 있는 경우 그 법인의 설립이나 목적인 사업에 관하여 대한

민국 행정청의 허가가 있는 때에는 법원은 외국도산절차의 승인결정이 있음을 주무관
청에 통지하여야 한다.

②제1항은 법 제637조의 규정에 따라 국제도산관리인이 선임된 경우에 준용한다.

제107조(채권자가 외국에서 변제를 받은 경우의 처리) ①채권자가 국내도산절차의 개시
결정(파산선고를 포함한다)이 있은 후 외국도산절차 또는 채무자의 국외재산으로부터
변제받은 때에도 그 변제를 받기 전의 채권 전부로써 국내도산절차에 참가할 수 있다.
다만, 외국도산절차 또는 채무자의 국외재산으로부터 변제받은 채권액에 관하여는 의
결권을 행사하지 못한다.

②제1항의 채권자는 법 제642조에 따라 국내도산절차에서 그와 같은 조 및 순위에 속
하는 다른 채권자가 동일한 비율의 변제를 받을때까지 국내도산절차에서 배당 또는 변
제를 받지 못한다.

부칙 <제2820호, 2018. 12. 31.>

제1조(시행일) 이 규칙은 2019년 1월 1일부터 시행한다.

제2조(적용례) 이 규칙은 이 규칙 시행 후 최초로 접수되는 사건부터 적용한다.

[별표 1] <개정 2017. 2. 2.>

관리위원회를 설치하는 법원

관리위원회 설치법원	서울회생법원, 의정부지방법원, 인천지방법원, 수원지방법원, 춘천지방법원, 대전지방법원, 청주지방법원, 대구지방법원, 부산지방법원, 울산지방법원, 창원지방법원, 광주지방법원, 전주지방법원, 제주지방법원

* 법 부칙에 따라 회생법원이 설치되지 아니한 지역에는 지방법원에 관리위원회를 둠

[별표 2]

관리위원의 보수

구분	보수
상임 관리위원	전임 전문계약직공무원(나급)에 해당하는 금액
비상임 관리위원	회의에 참석하는 경우에 한하여 지방법원장이 정하는 회의출석수당을 지급한다.

[별표 3] <개정 2018. 12. 31.>

재산조회를 할 기관·단체 등

순번	기관·단체	조회할 재산	조회비용
1	법원행정처	토지·건물의 소유권	20,000원
2	국토교통부	건물의 소유권	없음

3	특허청	특허권·실용신안권·디자인권·상표권	20,000원
4	(삭제)	(삭제)	(삭제)
5	「은행법」에 따른 은행, 「한국산업은행법」에 따른 한국산업은행 및 「중소기업은행법」에 따른 중소기업은행	「금융실명거래 및 비밀보장에 관한 법률」 제2조제2호에 따른 금융자산(다음부터 "금융자산"이라 한다) 중 계좌별로 시가 합계액이 50만원 이상인 것	기관별 5,000원 *
6	「자본시장과 금융투자업에 관한 법률」에 따른 투자매매업자, 투자중개업자, 집합투자업자, 신탁업자, 증권금융회사, 종합금융회사 및 명의개서대행회사	금융자산 중 계좌별로 시가 합계액이 50만원 이상인 것	기관별 5,000원 *
7	「상호저축은행법」에 따른 상호저축은행 및 상호저축은행중앙회	금융자산 중 계좌별로 시가 합계액이 50만원 이상인 것	기관별 5,000원 *
8	「농업협동조합법」에 따른 지역조합 및 품목조합	금융자산 중 계좌별로 시가 합계액이 50만원 이상인 것	기관별 5,000원 *
9	「수산업협동조합법」에 따른 조합 및 중앙회	금융자산 중 계좌별로 시가 합계액이 50만원 이상인 것	기관별 5,000원 *
10	「신용협동조합법」에 따른 신용협동조합 및 신용협동조합중앙회	금융자산 중 계좌별로 시가 합계액이 50만원 이상인 것	기관별 5,000원 *
11	「산림조합법」에 따른 지역조합, 전문조합 및 중앙회	금융자산 중 계좌별로 시가 합계액이 50만원 이상인 것	기관별 5,000원 *
12	「새마을금고법」에 따른 금고 및 중앙회	금융자산 중 계좌별로 시가 합계액이 50만원 이상인 것	기관별 5,000원 *
13	(삭제)	(삭제)	(삭제)
14	(삭제)	(삭제)	(삭제)
15	「보험업법」에 따른 보험회사	해약환급금이 50만원 이상인 보험계약	기관별 5,000원 *
16	과학기술정보통신부	금융자산 중 계좌별로 시가 합계액이 50만원 이상인 것	5,000원*
17	한국교통안전공단	자동차·건설기계의 소유권	5,000원

* 순번 5부터 12까지, 15 및 16 기재 "조회비용"란의 금액에는 「금융실명거래 및 비밀보장에 관한 법률」 제4조의2제4항, 같은 법 시행령 제10조의2에 따른 '명의인에의 통보에 소용되는 비용'이 포함되어 있음

제 8 장

개인회생신청 작성실례

개인회생신청사례 일러두기

◎ 각 사례는 신청서, 변제계획안, 첨부서류 등으로 구성되어 있음.

◎ 각 신청서와 변제계획안은 대법원예규의 양식을 사용하였음.

◎ 이 사례집의 사례는 여러 가지 유형의 소개를 목적으로 만들어진 가상의 사실관계에 기초하여 작성된 것임.

◎ 이 사례의 해설부분은 서울중앙지방법원 발간 "개인채무자회생실무"책자의 내용에 입각하여 쓰여졌음.

회생사례 I. 자영업자

직 업	기계설비 자영업자
변제기간	5년
채무종류	카드대금, 대출금 등
변제재원	영업소득
부수신청	금지명령
재산유무	없음
가족관계	기혼
기 타	거주

※ 금지명령 동시신청

개인회생절차 개시 신청서 및 변제계획안

신청인 : ○ ○ ○

○○회생(지방)법원 귀중

개인회생절차 개시신청서

수입인지
30,000원

신청인	성　　명	○○○	주민등록번호	000000-0000000
	주민증록상 주　　소	○○도 ○○시 ○○동 ○○○-○○○(○○/○)		우편번호 : ○○○-○○○
	현 주 소	○○도 ○○시 ○○동 ○○○-○○○(○○/○)		우편번호 : ○○○-○○○
	전화번호 (집·직장)	○○-○○○-○○○○	전화번호 (휴대전화)	010-○○○-○○○○

대리인	성　　명	변호사 ○○○		
	사무실 주　소	○○시 ○○구 ○○동 ○○○-○○○ ○○빌딩 ○○○호　우편번호 : ○○○-○○○		
	전화번호 (사무실)	○○-○○○○-○○○○		
	이-메일주소	5025@hotmail.com	FAX번호	○○-○○○-○○○○

주채무자가(또는 보증채무자가, 연대채무자가, 배우자가,) 이미 귀 법원에 개인회생절차 개시신청을 하였으므로 그 사실을 아래와 같이 기재합니다.			
성　　명		사건번호	

신 청 취 지

신청인에 대하여 개인회생절차를 개시한다라는 결정을 구합니다.

신 청 이 유

1. 신청인은, 첨부한 개인회생채권자목록 기재와 같은 채무를 부담하고 있으나, 수입 및 재산이 별지 수입 및 지출에 관한 목록과 재산목록에 기

재된 바와 같으므로, 파산의 원인사실이 발생하였습니다(파산의 원인사실이 생길 염려가 있습니다.)

□ 신청인은 정기적이고 확실한 수입을 얻을 것으로 예상되고, 또한 채무자회생및파산에관한법률 제595조에 해당하는 개시신청 기각사유는 없습니다.(급여소득자의 경우).

☑ 신청인은 부동산임대소득 · 사업소득 · 농업소득 · 임업소득 그 밖에 이와 유사한 수입을 장래에 계속적으로 또는 반복하여 얻을 것으로 예상되고, 또한 채무자회생및파산에관한법률 제595조에 해당하는 개시신청 기각사유는 없습니다.(영업소득자의 경우).

2. 신청인은, 각 회생채권자에 대한 채무 전액의 변제가 곤란하므로, 그 일부를 분할하여 지급할 계획입니다. 즉 현시점에서 계획하고 있는 변제예정액은 _60_개월간 월 _100,003_ 원씩이고, 이 변제의 준비 및 절차비용 지급의 준비를 위하여, 개시결정이 내려지는 경우 _2006. 12. 10_을 제1회로 하여, 이후 매월 _10_일에 개시결정시 통지되는 개인회생위원의 은행구좌에 동액의 금전을 입금하겠습니다.

3. 이 사건 개인회생절차에서 변제계획이 불인가될 경우 불인가 결정시까지 적립금을 반환받을 신청인의 예금계좌는 _농협_ ○○○-○○-○○○○○○ 이며, 신청인의 계좌가 변경되거나 어떤 사유로든 사용할 수 없게된 경우에는 신청인은 사건담당 회생위원에게 즉시 변경된 예금계좌를 신청인의 통장사본을 첨부하여 신고하겠습니다.

4. 개인회생채권자목록 부본(개인회생채권자목록상의 채권자수+2통)은 개시결정 전 회생위원의 지시에 따라 지정하는 일자까지 반드시 제출하겠습니다.

첨 부 서 류

1. 개인회생채권자목록   1통
2. 재산목록   1통
3. 수입 및 지출에 관한 목록   1통
4. 진술서   1통
5. 신청서 부본   1통
   (위 1내지 4의 첨부서류 및 소명방법을 모두 포함한것)
6. 예납금영수증   1통
7. 송달료납부서   1통
8. 신청인 본인의 예금계좌 사본   1통
   (대리인의 예금계좌사본 아님)
9. 위임장   1통
   (대리인에 의하여 신청하는 경우)

휴대전화를 통한 정보수신 신청서

위 사건에 관한 개인회생절차 개시결정, 폐지결정, 면책결정, 월 변제액 3개월분 연체의 정보를 예납의무자가 납부한 송달료 잔액 범위 내에서 휴대전화를 통하여 알려주실 것을 신청합니다.

■ 휴대전화 번호 :

　　　　신청인　채무자　　　　　　　　　　　　（날인 또는 서명）

※ 개인회생절차 개시결정, 폐지결정, 면책결정이 있거나, 변제계획 인가결정 후 월 변제액 3개월분 이상 연체시 위 휴대전화로 문자메시지가 발송됩니다.
※ 문자메시지 서비스 이용금액은 메시지 1건당 17원씩 납부된 송달료에서 지급됩니다(송달료가 부족하면 문자메시지가 발송되지 않습니다). 추후 서비스 대상 정보, 이용금액 등이 변동될 수 있습니다.

2○○○. 10. 15.

신청인　○○○　　(인)

○○회생(지방)법원 귀중

[신청서 첨부서류 1]

개인회생채권자목록

채권현재액 산정기준일: 2022. 04. 20.   목록작성일: 2022. 06. 15.

채권현재액 총합계	38,806942원	담보부 회생 채권액의 합계		무담보 회생 채권액의 합계	
원금의 합계			0원		38,806,942원
이자의 합계					

※ 개시후이자 등: 아래 각 채권의 개시결정일 이후의 이자·지연손해금 등은 채무자 회생 및
파산에 관한 법률 제581조 제2항, 제446조 제1항 제1, 2호의 후순위채권입니다.

채권번호	채권자	채권의 원인		주소 및 연락처	
		채권의 내용			부속서류 유무
		채권현재액(원금)	채권현재액(원금) 산정근거		
		채권현재액(이자)	채권현재액(이자) 산정근거		
1	LG카드	1999.10.15. 발급받은 신용카드 사용대금 7,148,573원		(주소) 서울시 중구 남대문로 5가 6-1 YGN타워 (전화) ○○-○○○-○○○○ (팩스) ○○-○○○-○○○○	
		원금잔액 7,000,000원에 대하여 완제일까지 연비율(29.90%)에 의한 금원			□ 부속서류 (1, 2, 3, 4)
		7,000,000원	부채확인서 참조 (산정기준일 2006.08.27)		
		148,573원	부채확인서 참조 (산정기준일 2006.08.27)		
2	신한카드(주)	2000.09.02. 발급받은 신용카드 사용대금 743,820원		(주소) 서울시 중구 태평로2가 120번지 (전화)○○-○○○-○○○○ (팩스) ○○-○○○-○○○○	
		원금잔액 743,820원에 대하여 완제일까지 연비율에 의한 금원			□ 부속서류 (1, 2, 3, 4)
		743,820원	부채증명서 참조 (산정기준일 2006.08.26)		
		0원	부채증명서 참조 (산정기준일 2006.08.26)		
3	농업협동조합중앙회	2002.02.14. 발급받은 신용카드 사용대금 3,917,102원		(주소) 서울시 중구 충정로 1가 75 (전화) ○○-○○○-○○○○ (팩스)○○-○○○-○○○○	
		원금잔액 3,893,710원에 대하여 완제일까지 연비율에 의한 금원			□ 부속서류 (1, 2, 3, 4)
		3,893,710원	부채증명원 참조 (산정기준일 2006. 08.28.)		
		83,392원	부채증명원 참조 (산정기준일 2006. 08.28.)		
4	LG카드	2003. 12. 05. 신용대출금 10,500,000원		(주소) 서울시 중구 남대문로 5가 6-1 YGN타워 (전화) ○○-○○○-○○○○ (팩스)○○-○○○-○○○○	
		원금잔액 1,357,741원에 대하여 완제일까지 연비율(29.90%)에 의한 금원			□ 부속서류 (1, 2, 3, 4)
		1,357,741원	부채확인서 참조 (산정기준일 2006. 08.27.)		
		-880원	부채확인서 참조 (산정기준일 2006. 08.27.)		

채권번호	채권자	채권의 원인		주소 및 연락처	
		채권의 내용		부속서류 유무	
		채권현재액(원금)		채권현재액(원금) 산정근거	
		채권현재액(이자)		채권현재액(이자) 산정근거	
5	신한은행	2005. 08. 27. 리볼빙전환채무 30,000,000원		(주소) 서울시 중구 태평로2가 120번지 (전화) ○○-○○○-○○○○ (팩스)○○-○○○-○○○○	
		원금잔액 25,580,586원에 대하여 완제일까지 연비율에 의한 금원		□ 부속서류 (1, 2, 3, 4)	
		25,580,586원	부채증명서 참조(산정기준일 2006. 10. 14.)		
		0원	부채증명서 참조(산정기준일 2006. 10. 14.)		

부속서류 1. 별제권부채권 및 이에 준하는 채권의 내역

(단위 : 원)

채권 번호	채권자	①채권현재액(원금) ②채권현재액(이자) ⑥별제권등의 내용 및 목적물	③별제권행사등으로 변제가 예상되는 채권액	④별제권행사등으로도 변제받을수 없을 채권액 (①+②+③)	⑤담보부 회생 채권액
	합계				

부속서류2. 다툼이 있거나 예상되는 채권의 내역

(단위 : 원)

채권번호	채권자	①채권자목록상 채권현재액		②채권자 주장 채권현재액	③다툼이 없는 부분	④차이나는 부분 (② - ①)	⑤다툼의 원인
		⑥소송제기여부 및 진행경과, 집행권원 또는 종국판결의 존무					
		원금					
		이자					
		원금					
		이자					
		원금					
		이자					
		원금					
		이자					

[기재요령]
1. **채권번호, 채권자:** 개인회생채권자목록 양식의 채권번호와 채권자명을 그대로 기재합니다.
2. **채권현재액:** 원금과 이자를 구분하여, 채무자가 인정하는 개인회생채권자목록 기재 채권현재액(①)과 채권자가 주장하는 채권현재액(②)을 각 기재하고, 그 차액을 '④차이나는 부분'란에, 다툼이 없는 부분을 '③다툼이 없는 부분'란에 각 기재합니다.
3. **다툼의 원인(⑤):** 채권액에 관한 다툼이 생긴 원인을 간략히 기재합니다.
4. **소송제기여부 및 진행경과, 집행권원 또는 종국판결의 존부(⑥):** 소송이 제기된 경우 그 소송이 제기된 법원, 사건번호, 당사자, 현재까지의 진행경과 등을, 판결 등이 있은 경우 사건번호, 판결선고일, 판결결과, 상소여부, 상소심 진행경과, 판결의 확정 여부 등을 각 기재합니다.

부속서류 3. 전부명령의 내역

(단위 : 원)

채권 번호	채권자	채권의 내용	전부명령의 내역

[기재요령]

1. **채권번호, 채권자**: 개인회생채권자목록 양식의 채권번호와 채권자명을 그대로 기재합니다.
2. **채권의 내용**: 개인회생채권자목록의 내용을 그대로 기재합니다.
3. **전부명령의 내역**: ①전부명령을 내린 법원, ②당사자, ③사건명 및 사건번호, ④전부명령의 대상이 되는 채권의 범위, ⑤제3채무자에 대한 송달일, ⑥전부명령의 확정여부를 기재하여야 합니다.

부속서류 4. 기 타

☞ 채무자가 보증인인 경우 주채무의 내용(주채무자, 금액, 관계 등), 채무자 이외의 제3자가 물상보증을 제공한 경우 등 위의 부속서류에 기재하기 어려운 유형의 채권이 있는 경우 아래에 기재합니다.

채권 번호	채권자	보증일자	채권금액	보증내용	주채무자	
					채무자명	관계

[신청서 첨부서류 2]

재 산 목 록

명 칭	금액 또는 시가(단위:원)	압류등 유무	비 고			
현금	0	무				
예금	252,094	무	금융기관명	농협		
			계좌번호	000-00-000000		
			잔액	252,094원		
보험	854,339	무	보험회사명	삼성생명보험	교보생명보험	(3)
			증권번호	0000000	0000000	
			해약반환금	589,865	264,474	
자동차 (오토바이 포함)	0	무				
임차보증금 (반환받을 금액을 금액란에 적는다)	0	무	임차물건			
			보증금 및 월세			
			차이 나는 사유			
부동산 (환가예상액에서 피담보채권을 뺀 금액을 금액란에 적는다)	0	무	소재지,면적			
			부동산의 종류	토지( ), 건물( ), 집합건물( )		
			권리의 종류			
			환가예상액			
			담보권 설정된 경우 그 종류 및 담보액			
사업용 설비, 재고품, 비품 등	450,000	무	품목,개수	작업용도구		
			구입시기	2003년경		
			평가액	450,000		
대여금 채권	0	무	상대방 채무자 1:		☐ 소명자료 별첨	
			상대방 채무자 2:		☐ 소명자료 별첨	
매출금 채권	0	무	상대방 채무자 1:		☐ 소명자료 별첨	
			상대방 채무자 2:		☐ 소명자료 별첨	
예상퇴직금	0	무	근무처 : ○○ E.N.G (압류할 수 없는 퇴직금 0원 제외)			
기타 ( )	0					
합 계	1,556,433					
면제재산결정신청금액	0		면제재산 결정신청내용 :			
청산가치	1,556,433					

[신청서 첨부서류 3]

수입 및 지출에 관한 목록

I. 현재의 수입목록

2021년 10월~2021년 09월 까지의 급여 12개월 평균치 　　　　　(단위 : 원)

수입상황	자영(상호)	○○ E.N.G	고용(직장명)	
	업종	건설업	직위	
	종사경력	9년 9개월	근무기간	년　월부터 현재까지
명목	기간구분	금액	연간환산금액	압류, 가압류 등 유무
소득	월간	2,000,000원	24,000,000원	무
	연 수입 :		24,000,000	월 평균 수입 : 2,000,000원

II. 변제계획 수행시의 예상지출목록(해당란에 ☑ 표시)

☑ 채무자가 예상하는 생계비가 보건복지부 공표 기준 중위소득의 100분의 60 이하인 경우 보건복지부 공표 (5)인 가구 기준 중위소득(1,302,918)원의 약 (146)%인 (1,900,000)원을 지출할 것으로 예상됩니다.

☐ 채무자가 예상하는 생계비가 보건복지부 공표 기준 중위소득의 100분의 60을 초과하는 경우 보건복지부 공표 (　)인 가구 기준 중위소득 (　　　　)원의 약 (　　)인 (　　　　　)원을 지출할 것으로 예상됩니다(뒷면 표에 내역과 사유를 상세히 기재하십시오).

IV. 가족관계

관계	성 명	연령	동거여부 및 기간	직 업	월 수입	재산총액	부양유무
처	○○○	39	1989.02.16 ~ 현재	무	무	1,000만원	유
자	○○○	17	1989.02.26 ~ 현재	학생	무	무	유
자	○○○	14	1992.08.03 ~ 현재	학생	무	무	유
자	○○○	8	1998.07.10 ~ 현재	학생	무	무	유

☞ 채무자가 예상하는 생계비가 보건복지부 공표기준 중위소득의 100분의 60을 초과하는 경우

1. 생계비의 지출내역

비 목	지출 예상 생계비	추가지출 사유
생계비 ☞생계비에는 식료품비, 광열수도비, 가구집기비, 피복신발비, 교양오락비, 교통통신비, 기타 비용의 합산액을 기재합니다.		
주거비		
의료비		
교육비		
계		추가비율 : %

2. 생계비 추가지출사유에 관한 보충기재사항

[신청서 첨부서류 4]

진 술 서

I. 경력

1. 최종학력

    1983년 2 월   일   ○○공업고등학교 (졸업, 중퇴)

2. 과거 경력 (최근 경력부터 기재하여 주십시오)

기간	1995 년 12 월 일부터 현재까지 (자영, 근무)				
업종	서비스업	직장명	○○ E.N.G	직위	대표
기간	1991 년 06 월 일부터 1995 년 11 월 일까지 (자영, 근무)				
업종	서비스업	직장명	○○설비	직위	사원
기간	년 월 일부터 년 월 일까지 (자영, 근무)				
업종		직장명		직위	
기간	년 월 일부터 년 월 일까지 (자영, 근무)				
업종		직장명		직위	

3. 과거 결혼, 이혼, 입양, 파양 경력

      1989년 02월 06일 ○○○과 (결혼, 이혼, 입양, 파양)

           년   월   일   과 (결혼, 이혼, 입양, 파양)

           년   월   일   과 (결혼, 이혼, 입양, 파양)

II. 현재 주거상황

1. 현재 주거상황

    거주를 시작한 시점(2003 년 05 월 12일)

거주관계(해당란에 표시)	상세한 내역
㉠ 신청인 소유의 주택	
㉡ 사택 또는 기숙사 ㉢ 임차(전·월세) 주택	임대보증금 (10,000,000원) 임대료 (월 400,000원), 연체액 (0원) 임차인 성명 (○○○(처))
㉣ 친족 소유 주택에 무상 거주 ㉤ 친족외 소유 주택에 무상 거주	소유자 성명 ( ) 신청인과의 관계 ( )
㉥ 기타( )	

☆ ㉠ 또는 ㉣항을 선택한 분은 주택의 등기부등본을 첨부하여 주십시오.

☆ ㉡ 또는 ㉢항을 선택한 분은 임대차계약서(전월세 계약서) 또는 사용허가서 사본을 첨부하여 주시기 바랍니다.

☆ ㉣ 또는 ㉤항을 선택한 분은 소유자 작성의 거주 증명서를 첨부하여 주십시오.

Ⅲ. 부채 상황

1. 채권자로부터 소송·지급명령·전부명령·압류·가압류 등을 받은 경험(있음, 없음)

내 역	채권자	관할법원	사건번호

☆ 위 내역란에는 소송, 지급명령, 압류 등으로 그 내용을 기재합니다.

　☆ 위 기재사항에 해당하는 소장·지급명령·전부명령·압류 및 가압류결정의 각 사본을 첨부하여 주십시오.

2. 개인회생절차에 이르게 된 사정(여러 항목 중복 선택 가능)

(✔) 생활비 부족　　　( ) 병원비 과다지출

(✔) 교육비 과다지출　( ) 음식, 음주, 여행, 도박 또는 취미활동

(✔) 점포 운영의 실패　( ) 타인 채무의 보증

( ) 주식투자 실패　　( ) 사기 피해

( ) 기타 (　　　　　)

3. 채무자가 많은 채무를 부담하게 된 사정 및 개인회생절차 개시의 신청에 이르게 된 사정에 관하여 구체적으로 기재하여 주십시오(추가기재시에는 별지를 이용하시면 됩니다).

> 본인은 1966년 5월 11일에 ○○에서 태어나, 두 살 때 강원도 ○○로 이사를 와서 1983년 ○○공업고등학교를 졸업하고, 부모님을 도와 고랭지 채소 농사를 지으며 살아왔습니다.
>
> 농사를 짓던 중 거듭되는 장마와 수해로 농사를 망치고, 1989년 지금의 아

내와 결혼을 하고, ○○으로 이사를 하여 건설업체 임용직으로 건축 기계 설비일을 하면서 자식도 셋을 낳아 열심히 살았습니다.

그 후 기계 설비 기술을 배워 1995년 12월에 ○○ E.N.G 라는 설비업체를 사업자 등록을 내고, 지금까지 운영하여 오고 있습니다.

설비 공사업은 입찰공사는 거의 없고, 건축에 포함되어 건설업체의 하도급을 받아 공사를 하는데, 대다수의 건설업체가 공사대금을 잘 주지만, 일부 업체들이 공사대금을 고의로 안주거나 몇 개월에 걸쳐서 주는 경우가 많고, 고의 부도나 힘들어서 부도를 내고 잠적하는 경우도 있어서 공사대금을 못 받는 일이 비일비재했기에 어려움이 많았습니다.

한 번은 2004년에 고의부도를 내고 잠적한 건설업체로부터 공사 대금을 받기 위해 ○○지원에 공사대금 청구 소송을 내고, 재판까지 하여 대금 일부를 받기도 했지만, 일년이 넘는 재판 끝에 대금을 받다보니 일도 못하고, 상당한 어려움도 많았습니다.

그렇다고 공사를 하면서 공사대금을 제가 못 받아도 자재 업체나 협력업체의 인건비를 안 줄 수는 없는 일이기에 은행과 카드사로부터 대출을 받아서 결재를 해주어야만 했습니다.

그 후 대출금을 상환하기 위해 열심히 일을 해서 은행과 카드사의 대출금을 70%정도 상환하였으나, 계속되는 건설경기 침체로 인하여 나머지 대출금을 기일 내에 상환하지 못하게 되어 채권사로부터 빚 독촉을 받으며, 현재에 이르게 되었습니다.

이렇듯 열심히 일을 하여 빚을 변제하여도 빚은 이자에 이자가 붙어 늘어나기만 할 뿐 좀처럼 줄지 않아 변제가 어려워지자 채권사들의 독촉과 시달림으로 회사에서조차 정상적으로 일을 할 수 없는 지경에 처하였습니다.

이런 어려움속에서 우연히 개인회생을 알게 되었고, 염치를 불구하고 개인회생에 이르렀습니다.

존경하는 판사님, 제게 갱생의 기회를 주신다면 저의 가족들을 위해서라도 정말 열심히 일하여 제 능력이 되는 한에서 최선을 다해 빚을 변제해 나갈 것을 약속드리오니 부디 선처하여 주시길 부탁드립니다.

IV. 과거 면책절차 등의 이용 상황

절차	법원 또는 기관	신청시기	현재까지 진행상황
□ 파산·면책절차 □ 화의·회생·개인회생절차			
□ 신용회복위원회 워크아웃 □ 배드뱅크			( )회 ( )원 변제

☆ 과거에 면책절차 등을 이용하였다면 해당란에 ☑ 표시 후 기재합니다.

☆ 신청일 전 10년 내에 회생사건·화의사건·파산사건 또는 개인회생사건을 신청한 사실이 있는 때에는 그 관련서류 1통을 제출하여야 합니다.

가용소득만으로 변제에 제공하는 경우

[전산양식 D5110]

변제계획안 제출서

사   건   2006개회 _____개인회생
채 무 자   ○ ○ ○
대 리 인   변호사 ○○○

채무자는 별지와 같이 변제계획안을 작성하여 제출하니 인가하여 주시기 바랍니다.

2021. 10. 15.

채무자 ○○○ (인)
대리인 변호사 ○○○ (인)

○○회생(지방)법원 귀중

2021개회 ○○○호   채무자 ○○○

변 제 계 획 (안)

<u>2021. 10. 15. 작성</u>

1. 변제기간

[2006] 년 [12] 월 [10] 일부터 [2011] 년 [11] 월 [10] 일까지 [60] 개월간

2. 변제에 제공되는 소득 또는 재산

가. 소득

(1) 수입

☐ 변제기간 동안 [   ] 에서 받는 월 평균 수입 [   ] 원

☑ 변제기간 동안 [○○ E.N.G] 를 운영하여 얻는 월 평균 수입

[2,000,000 원]

(2) 채무자 및 피부양자의 생활에 필요한 생계비

(가) 채무자 및 피부양자 : 총 [5] 명

(나) 국민기초생활보장법에 의한 기준 중위소득의 100분의 60 : 월 [1,302,918] 원

(다) 채무자회생및파산에관한법률에 따라 조정된 생계비 : 월 [1,900,000] 원

(3) 채무자의 가용소득

기간 : [2020] 년 [12] 월 [10] 일부터 [2021] 년 [11] 월 [10] 일까지

① 월 평균 수입	② 월 평균 생계비	③ 월 평균 가용소득 (①-②)	④ 월 회생위원 보수	⑤ 월 실제 가용소득 (③-④)	⑥ 변제 횟수 (월 단위로 환산)	⑦ 총 실제 가용소득 (⑤x⑥)
2,000,000	1,900,000	100,000		100,000	60	6,000,000

나. 재산 : [해당 있음 ☐ / 해당없음 ☑]

3. 개인회생재단채권에 대한 변제 [해당 있음 ☐ / 해당없음 ☑]

가. 회생위원의 보수 및 비용 [해당 있음 ☐ / 해당없음 ☑]

☐ 변제계획 인가 후 첫 변제기일에 [   ] 원을 지급

☐ 일반 개인회생채권의 매 변제기일에 [   ] 원씩을 지급

나. 기타 개인회생재단채권 [해당 있음 ☐ / 해당없음 ☑]

(1) 채권의 내용

채권자	채권현재액	채권발생원인	변제기

(2) 변제방법

변제계획 인가일 직후 그 동안 적립된 가용소득으로부터 원리금 전액을 우선하여
변제한다. 남은 채권이 있을 경우에는 일반 개인 회생채권의 매 변제기일에 우선
하여 변제한다.

4. 일반의 우선권이 있는 개인회생 채권에 대한 변제해당 있음 □ / 해당없음☑]
(1) 채권의 내용

채권자	채권현재액	채권발생원인(우선권의 근거)	변제기

(2) 변제방법

변제계획 인가일 직후 최초 도래하는 변제기일에 원리금 전액을 우선하여
변제한다. 남은 채권이 있을 경우에는 일반 개인회생채권의 매 변제기일에
우선하여 변제한다.

5. 별제권부 채권 및 이에 준하는 채권의 처리 [해당 있음 □ / 해당없음 ☑]
가. 채권의 내용

채권 번호	채권자	① 채권현재액(원금) ② 채권현재액(이자)	③ 별제권행사 등으로 변제가 예상되는 채권액	④ 별제권행사 등으로도 변제 받을 수 없을 채권액
		⑤ 별제권 등의 내용 및 목적물		

나. 변제방법

(1) 위 각 채권에 대하여 별제권 행사 등으로 변제가 예상되는 채권액(③)은 별제권
행사등에 의한 방법으로 변제하고 이 변제계획상의 가용소득이나 재산처분에
의한 변제대상에서 제외한다.

(2) 위 (1)항 기재 각 채권 중 별제권 행사 등으로도 변제받을 수 없을 채권액(④)은 미확정 채권으로 보아 유보하였다가 아래 7항 기재와 같은 방법으로 변제한다.

(3) 별제권 행사 등으로도 변제받을 수 없을 채권액이 위 가의 ④항기재 금액을 초과하는 것으로 확정된 경우에는, 채권자가 그 초과 부분을 변제계획안의 변경 절차를 통하여 변제받을수 있다.

6. 일반 개인회생채권에 대한 변제

가. 가용소득에 의한 변제

(1) 월 변제예정(유보)액 및 총 변제예정(유보)액의 산정

각 일반 개인회생채권의 〔원금〕의 액수를 기준으로 월 평균가용소득을 안분하여 산출한 금액을 각 일반 개인회생채권자에게 변제한다. 이를 기초로 산정한 월 변제예정(유보)액은 〔 100,003 〕 원이고 총 변제예정(유보)액은 〔 6,000,180 〕 원이다.

구체적 산정 내역은 별지 개인회생채권 변제예정액 표 참조.

(2) 변제방법

위 (1)항의 변제예정(유보)액은 다음과 같이 분할하여 변제한다.

　(가) 기간 및 횟수

　　　〔2021〕 년 〔12〕 월 〔10〕 일부터 〔2022〕 년 〔11〕 월 〔10〕 일까지 〔60〕 개월간 합계 〔60〕 회

　(나) 변제월 및 변제일

　　① 〔2021〕 년 〔12〕 월 〔10〕 일부터 변제계획인가일 직전 〔10〕 일까지 기간

　　　☑ 변제계획인가일 직후 최초 도래하는 월의 〔10〕 일에 위 기간 동안의 변제분을 개인회생절차개시후 변제계획 인가 전에 적립된 가용소득으로 일시에 조기 변제

　　　☐ 기타 : 〔　　　　　　　　　　　　　　　　　　　　 〕

　　② 변제계획인가일 직후 최초 도래하는 월의 〔10〕 일부터 〔2021〕 년 〔11〕 월 〔10〕 일까지 기간

　　　☑ 매월마다 〔10〕 일에 변제

　　　☐ 매 〔　〕 개월마다 〔　〕 일에 각 변제

　　　☐ 기타 : 〔　　　　　　　　　　　　　　 〕

　나. 재산의 처분에 의한 변제 〔해당 있음 ☐ / 해당없음 ☑〕

7. 미확정 개인회생채권에 대한 조치 〔해당 있음 ☐ / 해당없음 ☑〕

　가. 변제금액의 유보

(1) 미확정 개인회생채권에 대하여는 변제를 유보하고, 별지 개인회생채권 변제예 정액표에 기재한 금액을 당해 채권이 확정될 때까지 유보하여 둔다.

(2) 채무자는 위와 같이 유보한 금액도, 즉시 지급되는 다른 채권에 대한 변제금과 마찬가지로 아래 8항 기재 계좌에 입금한다.

나. 미확정 개인회생채권에 대한 변제

(1) 미확정 개인회생채권이 전부 그대로 확정된 경우

미확정 개인회생채권의 전액에 관하여 채권의 존재가 확정된 경우에는, 그 확정 직후 유보비율을 변제비율로 적용하여 변제를 개시하고 매월의 변제기에 그 해당금액을 변제하되, 이미 분할 변제기가 도래한 부분 즉 그 동안의 유보 액에 대하여는 곧바로 일시 변제한다.

(2) 미확정 개인회생채권이 전부 또는 일부 부존재 하는 것으로 확정된 경우

미확정 개인회생채권이 전부 또는 일부 부존재 하는 것으로 확정된 경우에는, 그 확정 직후, 존재하는 것으로 확정된 〔   〕의 인용 비율에 위 가항에 의 하여 지급을 유보한 금액을 곱하여 산출된 금액을 당해 개인회생채권자에게 일시에 변제한다. 유보금액 중, 미확정 개인회생채권의 일부가 존재하지 않는 것으로 됨에 따라 그 개인회생채권자에게 변제할 필요가 없게 된 나머지 유보 금액은, 그 채권액 확정 직후 일반 개인회생채권자들에게 각 〔   〕의 액수 를 기준으로 안분하여 변제한다.

향후의 매월 입금액을 분배하는 기준이 될 변제비율은 위 확정원금들 사이의 비율에 따라 새로 계산하여 정하는데, 미확정 개인회생채권의 일부가 존재하지 않는 것으로 확정됨에 따라 향후 당해개인회생채권자를 위한 유보가 불필요하 게 된 변제기 미도래분에 대한 변제 유보예정액은, 향후 변제기 도래시 일반 개인회생채권자들에게 그 각 〔   〕의 액수를 기준으로 안분하여 변제한다.

(3) 변제기간 종료시까지 미확정 개인회생채권이 미확정상태로 남는 경우에는

최종변제기에 유보한 금액 전부를 일반개인회생채권자들에게 각 〔   〕의 액수를 기준으로 안분하여 변제한다.

(4) 임대차보증금반환액수가 확정되지 않은 임대차보증금 반환채권은

미확정채권으로 보아 위 가, 나항에 따라 변제하되 그 액수가 확정되고 임차인이 임차목적물을 명도함과 동시에 변제한다.

8. 변제금원의 회생위원에 대한 임치 및 지급

채무자는 위 〔6〕항에 의하여 개인회생채권자들에게 변제하여야 할 금액을 개시결정 시 통지되는 개인회생위원의 예금계좌 {〔   〕은행 계좌번호 〔   〕} 에 순차 임치하고, 회생위원은 이를 즉시 개인회생채권자들이 신고한 예금계좌에 송 금하는 방법으로 지급한다. 계좌번호를 신고하지 않은 개인회생채권자에 대하여는 변

제액을 적립하였다가 이를 연 1회 개인회생사건이 계속되어 있는 지방법원에 공탁하여 지급할 수 있다.

☞ 개인회생위원의 예금계좌는 신청 당시에는 알 수 없으므로 공란으로 두었다가 추후 보완합니다.

9. 면책의 범위 및 효력발생시기

채무자가 개인회생채권에 대하여 이 변제계획에 따라 변제를 완료하고 면책신청을 하여 면책결정이 확정되었을 경우에는, 이 변제계획에 따라 변제한 것을 제외하고 개인회생채권자에 대한 채무에 관하여 그 책임이 면제된다. 단 채무자회생 및 파산에 관한 법률 제 625조 제2항 단서 각 호 소정의 채무에 관하여는 그러하지 아니하다.

10. 기타사항 〔해당 있음 □ / 해당없음 ☑〕

2021 개회   호   채무자 ○○○

개인회생채권 변제예정액 표

1. 기초사항

③ 월 평균 가용소득		④ 월 회생위원 보수	

(A)월평균 가용소득(원) (③-④)	100,000	변제횟수(회) (B)	60	총가용소득(원) (C)	6,000.000

2. 채권자별 변제예정액의 산정 내역

채권 번호	채권자	개인회생채권액(원) (D)		매월변제예정(유보)액(원) (E)		총 변제예정(유보)액(원) (F)	
		확정채권액 (원금)	미확정채권액 (원금)	확정채권액 (원금)	미확정채권액 (원금)	확정채권액 (원금)	미확정채권액 (원금)
1	LG카드(주)	7,000,000	0	18,147	0	1,088,820	0
2	신한카드(주)	743,820	0	1,929	0	115,740	0
3	농업협동 조합중앙회	3,893,710	0	10,094	0	605,640	0
4	LG카드(주)	1,357,741	0	3,520	0	211,200	0
5	(주)신한은행	25,580,586	0	66,313	0	3,978,780	0
	합 계(원)	38,575,857	0	100,003	0	6,000,180	0
	총 계(원)	38,575,857		100,003		6,000,180	

3. 변제율 : 원금의 16% 상당액

4. 정산가치와의 비교

(단위 : 원)

청산 가치(원) (J)	1,556,433	가용소득에 의한 총 변제예정(유보액)(K)	6,000,180
		현재 가치(L)	5,364,343

LG카드

NO:엘카 - 210608270000 - 0931

100-500 서울 중구 남대문로5가 6-1 YTN빌딩
전화 : 1544-7000 Fax : 02-6050-1236, 1237

[할부금융 채무존재]

부 채 확 인 서 (신용카드)

성   명   ○ ○ ○
최초입회일   1999년10월15일   주소 ○○시 ○○동 ○○○-○○○

1. 채권내역 (기준일:2021년 08월27일)

단위(원)

번호	채권의 원인			채권현황			
	대출일자 (발급일자)	대출과목	대출금액 (이용금액)	원금	법비용	이자/수수료	합계
1	1999.10.15	신용카드대금	7,148,573	7,000,000	0	148,573	7,148,573
	채권의내용	신용카드 사용대금 채무					
	산정근거	금 7,148,573원 중 7,000,000원에 대하여 완제일까지 연 29.9% 비율의 금원					
	보증인1			보증인2			
	대출일자 (발급일자)	대출과목	대출금액 (이용금액)	원금	법비용	이자/수수료	합계
2							
	채권의내용						
	산정근거						
	보증인1			보증인2			
	대출일자 (발급일자)	대출과목	대출금액 (이용금액)	원금	법비용	이자/수수료	합계
3							
	채권의내용						
	산정근거						
	보증인1			보증인2			

※ 상기금액은 작성일자 기준금액으로 전산시스템에 미 반영된 금액이 있을시는 변경될 수 있습니다.

번호	피담보내용 및 목적물	피담보채권액	피담보 목적물 가액	담보부족예상액

▶ 용 도 : 파산신청용(용도외 사용불가)
▶ 확인자 : 광화문중앙고객센타 ○○○ ☎

상기 내용이 이상이 없음을 확인함.
2021년 08월 27일

확 인	※ 확인자의 날인이 없는
	확인서는 무효입니다.
	(서명은 무효)

엘 지 카 드(주)
대표이사 박해춘

원금	7,000,000
이자	148,573
합계	7,148,573

부 채 증 명 서
(개인채무자회생 신청용)

○○○ 귀하

2021년 08월 26일 현재 신한카드에 대한 귀하의 부채(미수이자포함)를 아래와 같이 증명합니다.

금 743,820 원정

■ 부채잔액정보
(단위:원)

일련번호	여신구분	신규(발급)일	대출(사용)잔액	가지급금	미수이자	합 계
1	신용카드(개인)	2000-09-02	743,820	0	0	743,820
	채권의 내용 : 원금 및 완제일까지 연체이율 28% 비율의 금원					

제 출 처 : 범위
■ 담보부(근저당, 예/적금) 내역
(단위:천원)

일련번호	담보내용 (부동산주소, 설정내용, 예/적금과목 등)	대출금액 (이자포함)	담보물가액 (평가액, 예금잔액)	담보부족예상액

2021년 08월 26일

신한카드주식회사 대표이사 홍 성 균 ㉑

발급처 : 서울 동작구 신대방동 395-65 한국컴퓨터빌딩 5층　　　전화 : 02-6262-1228 팩스 : 02-6262-1229
삼성동

원금	743,820
이자	0
합계	743,820

〔서식〕 소득진술서(영업소득자용)

소 득 진 술 서

성 명	○○○	주민등록번호	000000-0000000
주 소	○○시 ○○구 ○○동 ○○○-○○○(○○/○)	전화번호	○○○-○○○○
상 호 명	○○E.N.G	업 종	건설(건축설비)
주요판매 품 목		영업개시일	1995.12.01
영업장 소재지	○○시 ○○구 ○○동 ○○○-○○○번지		

　본인은 2006년 2월　일부터 매월 평균 (이백만원)원의 사업소득이 있음을 진술합니다.

2021년 08월 21일

신청인 : ○　○　○(서명 또는 날인)

첨부서류 : 1. 보증인 2명의 확인서
　　　　　2. 사업자 등록증 사본 1통(사업자 등록이 되어있는 사업자의 경우)

○○회생(지방)법원 귀중

〔서식〕 확인서(영업소득자용)

확 인 서

성 명	○○○	주민등록번호	000000-0000000
주 소	○○시 ○○구 ○○동 ○○○-○○○(○○/○)	전화번호	○○○-○○○○
신청인과의 관 계	거래처		
신청인을 알게된 기간	1992 ~ 2021		

상기 본인은 신청인 (○○○)의 월 평균소득이 (이백만원)원임이 틀림 없음을 확인합니다.

2021년 08월 20일

보증인 : ○ ○ ○ (서명 또는 날인)

○○회생(지방)법원 귀중

위 임 장

성   명 :

주   소 :

주민등록번호 :

본인은 위 사람을 대리인으로 정하여 다음 사항의 권한을 위임합니다.

다   음

위임사항 : 사건번호 (20   개회   )

신 청 인 (   )

(   )

※ 첨부 : 인감증명서 1부

20 년 월 일

위 임 인 :   (인)

주   소 :

주민등록번호 :

○○회생(지방)법원 개인회생○단독 귀중

회생사례 Ⅱ. 근로소득자

직 업	급여소득자(간호사)
변제기간	5년
채무종류	카드대금, 대출금 등
변제재원	급여소득
부수신청	금지명령
재산유무	없음
가족관계	기혼
기 타	무상거주, 남편의 과다한 사업비 지출보증

※ 금지명령 동시신청

개인회생절차 개시 신청서 및 변제계획안

신청인 : ○ ○ ○

○○회생(지방)법원 귀중

개인회생절차 개시신청서

수입인지
30,000원

신청인	성 명	○○○	주민등록번호	000000-0000000
	주민증록상 주 소	○○시 ○○동 ○○○-○○○(○○/○)		우편번호 : ○○○-○○○
	현 주 소	○○시 ○○동 ○○○-○○○(○○/○)		우편번호 : ○○○-○○○
	전화번호 (집·직장)	○○-○○○-○○○○	전화번호 (휴대전화)	010-○○○-○○○○

대리인	성 명	변호사 ○○○		
	사무실 주 소	○○시 ○○구 ○○동 ○○○-○○○ ○○빌딩 ○○○호 우편번호 : ○○○-○○○		
	전화번호 (사무실)	○○-○○○○-○○○○		
	이-메일주소	5025@hotmail.com	FAX번호	○○-○○○-○○○○

주채무자가(또는 보증채무자가, 연대채무자가, 배우자가,) 이미 귀 법원에 개인회생절차 개시신청을 하였으므로 그 사실을 아래와 같이 기재합니다.

성 명		사건번호	

신 청 취 지

「신청인에 대하여 개인회생절차를 개시한다.」라는 결정을 구합니다.

신 청 이 유

1. 신청인은, 첨부한 개인회생채권자목록 기재와 같은 채무를 부담하고 있으나, 수입 및 재산이 별지 수입 및 지출에 관한 목록과 재산목록에 기

재된 바와 같으므로, 파산의 원인사실이 발생하였습니다(파산의 원인사
실이 생길 염려가 있습니다.)

☑ 신청인은 정기적이고 확실한 수입을 얻을 것으로 예상되고, 또한 채무
자회생및파산에관한법률 제595조에 해당하는 개시신청 기각사유는 없
습니다.(급여소득자의 경우).

☐ 신청인은 부동산임대소득 · 사업소득 · 농업소득 · 임업소득 그 밖에 이
와 유사한 수입을 장래에 계속적으로 또는 반복하여 얻을 것으로 예상
되고, 또한 채무자회생및파산에관한법률 제595조에 해당하는 개시신청
기각사유는 없습니다.(영업소득자의 경우).

2. 신청인은, 각 회생채권자에 대한 채무 전액의 변제가 곤란하므로, 그 일
부를 분할하여 지급할 계획입니다. 즉 현시점에서 계획하고 있는 변제
예정액은 _60_개월간 월 _100,004_ 원씩이고, 이 변제의 준비 및 절차비용
지급의 준비를 위하여, 개시결정이 내려지는 경우 _2006.11.25_을 제1회
로 하여, 이후 매월 _25_일에 개시결정시 통지되는 개인회생위원의 은행
구좌에 동액의 금전을 입금하겠습니다.

3. 이 사건 개인회생절차에서 변제계획이 불인가될 경우 불인가 결정시까
지 적립금을 반환받을 신청인의 예금계좌는 _농협_ _○○○-○○-○○○○_
_○○_ 이며, 신청인의 계좌가 변경되거나 어떤 사유로든 사용할 수 없게
된 경우에는 신청인은 사건담당 회생위원에게 즉시 변경된 예금계좌를
신청인의 통장사본을 첨부하여 신고하겠습니다.

4. 개인회생채권자목록 부본(개인회생채권자목록상의 채권자수+2통)은 개
시결정 전 회생위원의 지시에 따라 지정하는 일자까지 반드시 제출하겠
습니다.

첨 부 서 류

1. 개인회생채권자목록   1통
2. 재산목록   1통
3. 수입 및 지출에 관한 목록   1통
4. 진술서   1통
5. 신청서 부본   1통
  (위 1내지 4의 첨부서류 및 소명방법을 모두 포함한것)
6. 예납금영수증   1통
7. 송달료납부서   1통
8. 신청인 본인의 예금계좌 사본   1통
  (대리인의 예금계좌사본 아님)
9. 위임장   1통
  (대리인에 의하여 신청하는 경우)

휴대전화를 통한 정보수신 신청서

 위 사건에 관한 개인회생절차 개시결정, 폐지결정, 면책결정, 월 변제액 3개월분 연체의 정보를 예납의무자가 납부한 송달료 잔액 범위 내에서 휴대전화를 통하여 알려 주실 것을 신청합니다.

■ 휴대전화 번호 :

     신청인 채무자   (날인 또는 서명)

※ 개인회생절차 개시결정, 폐지결정, 면책결정이 있거나, 변제계획 인가결정 후 월 변제액 3개월분 이상 연체시 위 휴대전화로 문자메시지가 발송됩니다.
※ 문자메시지 서비스 이용금액은 메시지 1건당 17원씩 납부된 송달료에서 지급됩니다(송달료가 부족하면 문자메시지가 발송되지 않습니다). 추후 서비스 대상 정보, 이용금액 등이 변동될 수 있습니다.

2006. 10. 15.

                신청인 ○○○   (인)

                    ○○회생(지방)법원 귀중

[신청서 첨부서류 1]

개인회생채권자목록

채권현재액 산정기준일: 2021. 03. 20. 목록작성일: 2021. 09. 11.

채권현재액 총합계	91,007,930원	담보부 회생 채권액의 합계	0원	무담보 회생 채권액의 합계	91,007,930원
원금의 합계					
이자의 합계					

※ 개시후 이자 등: 아래 각 채권의 개시결정일 이후의 이자·지연손해금 등은 채무자 회생 및 파산에 관한 법률 제581조 제2항, 제446조 제1항 제1, 2호의 후순위채권입니다.

채권 번호	채권 자	채권의 원인		주소 및 연락처	
		채권의 내용			부속서류 유무
		채권현재액(원금)		채권현재액(원금) 산정근거	
		채권현재액(이자)		채권현재액(이자) 산정근거	
1	농협자산관리(주)	1999.06.14. 대출거래약정금 8,000,000원		(주소) 서울시 강동구 성내동 451 농협빌딩 3층 (전화) ○○-○○○○-○○○○ (팩스) ○○-○○○○-○○○○	
		원금잔액 4,550,352원에 대하여 완제일까지 연비율에 의한 금원			□ 부속서류 (1, 2, 3, 4)
		4,550,352원	부채증명원 참조 (산정기준일 2006.08.04)		
		4,109,887원	부채증명원 참조 (산정기준일 2006.08.04)		
2	브라보캐피탈(주)	1999.11.02. 대출거래약정금 21,325,253원		(주소) 서울시 강남구 삼성동 8-2 남경빌딩 9층 (전화) ○○-○○○-○○○○ (팩스) ○○-○○○-○○○○	
		원금잔액 3,499,500원에 대하여 완제일까지 연비율에 의한 금원			□ 부속서류 (1, 2, 3, 4)
		3,499,500원	채무안내서 참조 (산정기준일 2006.08.07)		
		17,825,753원	채무안내서 참조 (산정기준일 2006.08.07)		
3	(주)부산은행	2000.04.24. 대출거래약정금 15,393,362원		(주소) 부산시 부산동구 범일동 830-385 (전화) ○○-○○○-○○○○ (팩스) ○○-○○○-○○○○	
		원금잔액 7,568,739원에 대하여 완제일까지 연비율에 의한 금원			□ 부속서류 (1, 2, 3, 4)
		7,568,739원	특수채권원장 참조 (산정기준일 2006. 08.03.)		
		7,824,623원	특수채권원장 참조 (산정기준일 2006. 08.03.)		
4	브라보캐피탈(주)	2001.02.26. 대출거래약정금 17,782,685원		(주소) 서울시 강남구 삼성동 8-2 남경빌딩 9층 (전화) ○○-○○○-○○○○ (팩스) ○○-○○○-○○○○	
		원금잔액 2,976,465원에 대하여 완제일까지 연비율에 의한 금원			□ 부속서류 (1, 2, 3, 4)
		2,976,465원	채무안내서 참조 (산정기준일 2006. 08.07.)		
		14,806,220원	채무안내서 참조 (산정기준일 2006. 08.07.)		

채권 번호	채 권 자	채권의 원인		주소 및 연락처	
		채권의 내용		부속서류 유무	
		채권현재액(원금)	채권현재액(원금) 산정근거		
		채권현재액(이자)	채권현재액(이자) 산정근거		
5	(주) 부산 은행	2001.12.28. 대출거래약정금 290,044원	(주소) 부산시 부산동구 범일동 830-38 (전화) ○○-○○○-○○○○ (팩스) ○○-○○○-○○○○		
		원금잔액 154,730원에 대하여 완제일까지 연비율에 의한 금원		□ 부속서류 (1, 2, 3, 4)	
		154,730원	특수채권원장 참조 (산정기준일 2006.08.03)		
		135,314원	특수채권원장 참조 (산정기준일 2006.08.03)		
6	(주) 부산 은행	2002.03.29. 대출거래약정금 9,298,955원	(주소) 부산시 부산동구 범일동 830-38 (전화)○○-○○○-○○○○ (팩스) ○○-○○○-○○○○		
		원금잔액 9,298,955원에 대하여 완제일까지 연비율에 의한 금원		□ 부속서류 (1, 2, 3, 4)	
		9,298,955원	특수채권원장 참조 (산정기준일 2006.08.03)		
		0원	특수채권원장 참조 (산정기준일 2006.08.03)		
6-1	○○○	2002.03.29. 채무자의 6번채무를 연대보증(채무자의 시모)	(주소) 부산시 남구 대연4동 ○○아파트 102-201 (전화) ○○-○○○-○○○○ (팩스)○○-○○○-○○○○		
		보증채무를 대위변제할 경우 대위변제금 및 이에 대한 대위변제일 이후의 민사법정이율에 의한 이자		□ 부속서류 (1, 2, 3, 4)	
		미발생			
7	희망모 아유동 화전문 (유)	2005.05.13. 매입채권 18,060,792원	(주소) 부산시 부산동구 범일동 830-385 (전화) ○○-○○○-○○○○ (팩스)○○-○○○-○○○○		
		원금잔액 9,120,853원에 대하여 완제일까지 연비율에 의한 금원		□ 부속서류 (1, 2, 3, 4)	
		9,120,853원	부채증명원 참조 (산정기준일 2006. 08.01.)		
		8,939,939원	부채증명원 참조 (산정기준일 2006. 08.01.)		
8	(주) 부산 은행	2006.02.27. 소송비용 196,600원	(주소) 부산시 부산동구 범일동 830-38 (전화) ○○-○○○-○○○○ (팩스)○○-○○○-○○○○		
		원금잔액 196,600원에 대하여 완제일까지 연비율에 의한 금원		□ 부속서류 (1, 2, 3, 4)	
		196,600원	특수채권원장 참조 (산정기준일 2006. 08.03.)		
		0원	특수채권원장 참조 (산정기준일 2006. 08.03.)		

부속서류 1. 별제권부채권 및 이에 준하는 채권의 내역

(단위 : 원)

채권 번호	채권자	①채권현재액(원금) ②채권현재액(이자)	③별제권행사등으로 변제가 예상되는 채권액	④별제권행사등으로도 변제받을수 없을 채권액 (①+②+③)	⑤담보부 회생 채권액
		⑥별제권등의 내용 및 목적물			
합계					

부속서류2. 다툼이 있거나 예상되는 채권의 내역

(단위 : 원)

채권번호	채권자	①채권자목록상 채권현재액		②채권자 주장 채권현재액	③다툼이 없는 부분	④차이나는 부분 (② - ①)	⑤다툼의 원인
		⑥소송제기여부 및 진행경과, 집행권원 또는 종국판결의 존무					
		원금					
		이자					
		원금					
		이자					
		원금					
		이자					
		원금					
		이자					

[기재요령]
1. **채권번호, 채권자**: 개인회생채권자목록 양식의 채권번호와 채권자명을 그대로 기재합니다.
2. **채권현재액**: 원금과 이자를 구분하여, 채무자가 인정하는 개인회생채권자목록 기재 채권현재액(①)과 채권자가 주장하는 채권현재액(②)을 각 기재하고, 그 차액을 '④차이나는 부분'란에, 다툼이 없는 부분을 '③다툼이 없는 부분'란에 각 기재합니다.
3. **다툼의 원인(⑤)**: 채권액에 관한 다툼이 생긴 원인을 간략히 기재합니다.
4. **소송제기여부 및 진행경과(⑥)**: 소송이 제기된 경우 그 소송이 제기된 법원, 사건번호, 당사자, 현재까지의 진행경과 등을, 판결 등이 있는 경우 사건번호, 판결선고일, 판결결과, 상소여부, 상소심 진행경과, 판결의 확정 여부 등을 각 기재합니다.

부속서류 3. 다툼이 없으나 집행권원 또는 종국판결이 있는 채권의 내역

(단위 : 원)

채권번호	채권자	채권의 내용	전부명령의 내역

[기재요령]

1. **채권번호, 채권자**: 개인회생채권자목록 양식의 채권번호와 채권자명을 그대로 기재합니다.
2. **채권의 내용**: 개인회생채권자목록의 내용을 그대로 기재합니다.
3. **전부명령의 내역**: ①전부명령을 내린 법원, ②당사자, ③사건명 및 사건번호, ④전부명령의 대상이 되는 채권의 범위, ⑤제3채무자에 대한 송달일, ⑥전부명령의 확정여부를 기재하여야 합니다.

부속서류 4. 기 타

☞ 채무자가 보증인인 경우 주채무의 내용(주채무자, 금액, 관계 등), 채무자 이외의 제3자가 물상보증을 제공한 경우 등 위의 부속서류에 기재하기 어려운 유형의 채권이 있는 경우 아래에 기재합니다.

채권번호	채권자	보증일자	채권금액	보증내용	주채무자	
					채무자명	관계

[신청서 첨부서류 2]

재 산 목 록

명 칭	금액 또는 시가(단위:원)	압류등 유무	비 고			
현금	0	무				
예금	1,000	무	금융기관명	농협		
			계좌번호	000-00-000000		
			잔액	1,000원		
보험	0	무	보험회사명	(1)	(2)	(3)
			증권번호			
			해약반환금			
자동차 (오토바이 포함)	0	무				
임차보증금 (반환받을 금액을 금액란에 적는다)	0	무	임차물건			
			보증금 및 월세			
			차이 나는 사유			
부동산 (환가예상액에서 피 담보채권을 뺀 금액 을 금액란에 적는 다)	0	무	소재지,면적			
			부동산의 종류	토지( ), 건물( ), 집합건물( )		
			권리의 종류			
			환가예상액			
			담보권 설정된 경우 그 종류 및 담보액			
사업용 설비, 재고품, 비품 등	0	무	품목,개수			
			구입시기			
			평가액			
대여금 채권	0	무	상대방 채무자 1:	□ 소명자료 별첨		
			상대방 채무자 2:	□ 소명자료 별첨		
매출금 채권	0	무	상대방 채무자 1:	□ 소명자료 별첨		
			상대방 채무자 2:	□ 소명자료 별첨		
예상퇴직금	0	무	근무처 : ○○ 병원 (압류할 수 없는 퇴직금 0원 제외)			
기타 ( )	0					
합 계	1,000					
면제재산결정신청금액	0		면제재산 결정신청내용 :			
청산가치	1,000					

〔전산양식 A5422〕

수입 및 지출에 관한 목록

I. 현재의 수입목록

2021년 07월~2022년 06월 까지의 급여 12개월 평균치   (단위 : 원)

수입상황	자영(상호)		고용(직장명)	○○병원
	업종		직위	수간호사
	종사경력	년 개월	근무기간	2003 년 03 월부터 현재까지
명목	기간구분	금액	연간환산금액	압류, 가압류 등 유무
소득	월간	1,403,676원	16,844,112원	무
	연 수입 :		16,844,112원	월 평균 수입 : 1,403,676원

II. 변제계획 수행시의 예상지출목록(해당란에 ☑ 표시)

☑ 채무자가 예상하는 생계비가 보건복지부 공표 기준 중위소득의 100분의 60 이하인
  경우 보건복지부 공표 (3)인 가구 기준 중위소득(907,929)원의 약 (144)%인
  (1,303,676)원을 지출할 것으로 예상됩니다.

☐ 채무자가 예상하는 생계비가 보건복지부 공표 기준 중위소득의 100분의 60을 초과하는 경
  우 보건복지부 공표 (   )인 가구 기준 중위소득 (   )원의 약 (   )인
  (   )원을 지출할 것으로 예상됩니다(뒷면 표에 내역과 사유를 상세히 기재
  하십시오).

IV. 가족관계

관계	성 명	연령	동거여부 및 기간	직 업	월 수입	재산총액	부양유무
자	○○○	11	1995.11.09 ~ 현재	학생	무	무	유
자	○○○	7	1999.01.16 ~ 현재	학생	무	무	유

☞ 채무자가 예상하는 생계비가 보건복지부 공표 기준 중위소득의 100분의 60을 초과하는 경우

1. 생계비의 지출내역

비 목	지출 예상 생계비	추가지출 사유
생계비 ☞생계비에는 식료품비, 광열수도비, 가구집기비, 피복신발비, 교양오락비, 교통통신비, 기타 비용의 합산액을 기재합니다.		
주거비		
의료비		
교육비		
계		추가비율 : %

2. 생계비 추가지출사유에 관한 보충기재사항

[신청서 첨부서류 4]

진 술 서

I. 경력

1. 최종학력

*1991*년 *2* 월 *15* 일　　　　　○○간호대학교 (졸업, 중퇴)

2. 과거 경력 (최근 경력부터 기재하여 주십시오)

기간	*2003* 년 *03* 월 *25* 일부터　　　　현재까지 (자영, 근무)				
업종	서비스업	직장명	○○병원	직위	수간호사
기간	*2002* 년 *01* 월 *10* 일부터　*2003* 년 *02* 월 *25* 일까지 (자영, 근무)				
업종	서비스업	직장명	○○의원	직위	간호사
기간	*1997* 년 *02* 월 *15* 일부터　*2000* 년 *05* 월 *20* 일까지 (자영, 근무)				
업종		직장명		직위	
기간	년　　월　　일부터　　　　년　　월　　일까지 (자영, 근무)				
업종		직장명		직위	

3. 과거 결혼, 이혼, 입양, 파양 경력

　　　*1995*년 *04*월 *03*일 ○○○과 (결혼, 이혼, 입양, 파양)

　　　　　년　　월　　일　　　　과 (결혼, 이혼, 입양, 파양)

II. 생활 상황

　　거주를 시작한 시점　 (2003 년　 03 월　 10일)

거주관계(해당란에 표시)	상세한 내역
㉠ 신청인 소유의 주택	
㉡ 사택 또는 기숙사 ㉢ 임차(전·월세) 주택	임대보증금 (　　　　　　　　) 임대료 (　　　　　), 연체액 (　　　　　) 임차인 성명 (　　　　　)
㉣ 친족 소유 주택에 무상 거주 ㉤ 친족외 소유 주택에 무상 거주	소유자 성명 (　　○○○　　) 신청인과의 관계 (　　부　　)
㉥ 기타(　　　　　　　)	

☆ ㉠ 또는 ㉣항을 선택한 분은 주택의 등기부등본을 첨부하여 주십시오.

☆ ㉡ 또는 ㉢항을 선택한 분은 임대차계약서(전월세 계약서) 또는 사용허가서 사본을 첨부하여 주시기 바랍니다.

☆ ㉣ 또는 ㉤항을 선택한 분은 소유자 작성의 거주 증명서를 첨부하여 주십시오.

Ⅲ. 부채 상황

1. 채권자로부터 소송·지급명령·전부명령·압류·가압류 등을 받은 경험(있음, 없음)

내 역	채권자	관할법원	사건번호

☆ 위 내역란에는 소송, 지급명령, 압류 등으로 그 내용을 기재합니다.

☆ 위 기재사항에 해당하는 소장·지급명령·전부명령·압류 및 가압류결정의 각 사본을 첨부하여 주십시오.

)

2. 개인회생절차에 이르게 된 사정(여러 항목 중복 선택 가능)

(✔) 생활비 부족　　　　( ) 병원비 과다지출

(✔) 교육비 과다지출　　( ) 음식, 음주, 여행, 도박 또는 취미활동

( ) 점포 운영의 실패　　( ) 타인 채무의 보증

( ) 주식투자 실패　　　( ) 사기 피해

(✔) 기타 (　　　　남편의 사업실패　　　　　　　)

3. 채무자가 많은 채무를 부담하게 된 사정 및 개인회생절차 개시의 신청에 이르게 된 사정에 관하여 구체적으로 기재하여 주십시오(추가기재시에는 별지를 이용하시면 됩니다).

본인은 1969년 9월 10일 ○○에서 태어나, ○○간호대학교 간호학과를 졸업 후 직장생활을 하던 중 남편과 1995년에 결혼하여 부산으로 내려가서 생활을 하게 되었습니다.

결혼 후 남편은 자판기 사업을 하였고, 저도 남편을 도와 간호사로 근무하며 열심히 살았는데, 당시 남편은 실적이 좋아 윗사람에게 인정을 받게 되었고, 그

후 이를 바탕으로 개인 사업을 시작하게 되면서 퇴사를 하였습니다.

그 후 남편은 영업을 위하여 최선을 다해 노력을 하였지만, 예전처럼 사업이 잘 되지 않아서 어려움을 겪다가 난관을 극복하고자 저에게 대출을 받기를 권유하였고, 저는 대출을 받아 남편에게 주었으며, 남편의 사업이 잘되기만을 빌었습니다.

그러나, 나중에 일이 여기저기서 터지기 시작했기에 남편은 연락을 두절한 채 잠적을 하였고, 그로인해 그 짐을 저 혼자 다 짊어지게 되었으며, 매일 빚을 변제하라는 독촉 전화를 받아야만 했습니다.

내가 잘못을 해서 받는 질타이면 당연하겠지만, 그 돈으로 우리 가족을 위해 사용한건 하나도 없었기에 더욱 더 억울하기도 하고, 남편이지만 나의 앞길을 막는 그 사람을 용서 할 수가 없었습니다.

하지만, 사랑하는 두 딸아이가 있기에 이대로 주저 앉아 있을 수가 없어 다른 길을 찾기 시작했고, ○○으로 이사도 오게 되었으며, ○○에 오고 나서도 제대로 일을 할 수가 없어 너무나 많이 힘이 들었습니다.

혹시 누가 잡으러 오지 않나 하는 피해의식에서 벗어나지 못했기에 너무나 괴로워서 죽고싶을 때도 많았습니다.

하지만, 아이들을 바라보며 하루하루를 힘을 내며 다시 살면서 적은 수입으로 조금씩이라도 빚을 변제하며 몇 년을 보내었지만, 빚은 줄어들지 않고 오히려 이자에 이자가 붙어 늘어나 있는 상태였습니다.

이렇듯 저의 적은 수입으로 생활을 하며, 빚을 변제한다는 것이 너무나 힘이 들어 다른 길이 없나 찾다가 우연히 개인회생제도가 있다는 것을 알게 되었고, 이 제도가 저희 가족을 살려줄 것이라 믿고 이렇게 신청하기에 이르렀습니다.

과거 남편을 그대로 믿고 한 것이 이렇게 큰 화근이 되어 저에게 사회에서 모든 권리를 인정받지도 못하고 산 삶이 너무나 후회스럽지만, 다시 일어서서 사회의 일원으로 살려고 하오니 부디 선처하여 주시기를 부탁드립니다.

마지막으로 저에게 회생의 길이 주어진다면 두 딸아이의 떳떳한 엄마로서 아이들과 사회에 봉사하며, 사회의 떳떳한 일원이 될 것을 약속드리오니 부디 선처하여 주시기를 부탁드립니다.

IV. 과거 면책절차 등의 이용 상황

절차	법원 또는 기관	신청시기	현재까지 진행상황
□ 파산·면책절차 □ 화의·회생·개인회생절차			
□ 신용회복위원회 워크아웃 □ 배드뱅크			( )회 ( )원 변제

☆ 과거에 면책절차 등을 이용하였다면 해당란에 ☑ 표시 후 기재합니다.
☆ 신청일 전 10년 내에 회생사건·화의사건·파산사건 또는 개인회생사건을 신청한 사실이 있는 때에는 그 관련서류 1통을 제출하여야 합니다.

[전산양식 D5110]

가용소득만으로 변제에 제공하는 경우

변제계획안 제출서

사　　건　2021개회 ＿＿＿＿＿호　개인회생
채 무 자　○　○　○
대 리 인　변호사 ○○○

채무자는 별지와 같이 변제계획안을 작성하여 제출하니 인가하여 주시기 바랍니다.

2021.　09.　11.

채무자　○○○
대리인 변호사　○○○ (인)

○○회생(지방)법원 귀중

2021개회 00000 호 채무자 ○○○

변 제 계 획 (안)

<u>2021. 09. 11. 작성</u>

1. 변제기간

[2021] 년 [11] 월 [25] 일부터 [2026] 년 [10] 월 [25] 일까지 [60] 개월간

2. 변제에 제공되는 소득 또는 재산

가. 소득

(1) 수입

☑ 변제기간 동안 [○○병원] 에서 받는 월 평균 급여 [1,403,676   ] 원

☐ 변제기간 동안 [   ] 를 운영하여 얻는 월 평균 수입 [   ] 원

(2) 채무자 및 피부양자의 생활에 필요한 생계비

(가) 채무자 및 피부양자 : 총 [3] 명

(나) 국민기초생활보장법에 의한 기준 중위소득의 100분의 60 : 월 [907,929] 원

(다) 채무자회생및파산에관한법률에 따라 조정된 생계비 : 월 [1,303,676] 원

(3) 채무자의 가용소득

기간 : [2021] 년 [11] 월 [25] 일부터 [2026] 년 [10] 월 [25] 일까지

① 월 평균 수입	② 월 평균 생계비	③ 월 평균 가용소득 (①-②)	④ 월 회생위원 보수	⑤ 월 실제 가용소득 (③-④)	⑥ 변제 횟수 (월 단위로 환산)	⑦ 총 실제 가용소득 (⑤ x ⑥)
1,403,676	1,303,676	100,000			60	6,000,000

나. 재산 : [해당 있음 ☐ / 해당없음 ☑]

3. 개인회생재단채권에 대한 변제 [해당 있음 ☐ / 해당없음 ☑]

가. 회생위원의 보수 및 비용 [해당 있음 ☐ / 해당없음 ☑]

☐ 변제계획 인가 후 첫 변제기일에 [150,000] 원을 지급

☐ 인가결정 이후 업무에 대한 보수로 변제계획 인가 후 [채무자가 인가된 변제계획에 따라 임치한 금원의 1%]를 지급

나. 기타 개인회생재단채권 〔해당 있음 □ / 해당없음 ☑〕
 (1) 채권의 내용

채권자	채권현재액	채권발생원인	변제기

(2) 변제방법
 변제계획 인가일 직후 원리금 전액을 일반 개인회생채권보다 우선하여 변제한다.

4. 일반의 우선권이 있는 개인회생 채권에 대한 변제 〔해당 있음 □/ 해당없☑〕
(1) 채권의 내용

채권자	채권현재액	채권발생원인(우선권의 근거)	변제기

(2) 변제방법
 변제계획 인가일 직후 최초 도래하는 변제기일에 원리금 전액을 우선하여 변제한다. 남은 채권이 있을 경우에는 일반 개인회생채권의 매 변제기일에 우선하여 변제한다.

5. 별제권부 채권 및 이에 준하는 채권의 처리 〔해당 있음 □ / 해당없음 ☑〕
가. 채권의 내용

채권번호	채권자	① 채권현재액(원금) ② 채권현재액(이자) ⑤ 별제권 등의 내용 및 목적물	③ 별제권행사 등으로 변제가 예상되는 채권액	④ 별제권행사 등으로도 변제 받을 수 없을 채권액
합계				

나. 변제방법
(1) 위 각 채권에 대하여 별제권 행사 등으로 변제가 예상되는 채권액(③)은 별제권 행사등에 의한 방법으로 변제하고 이 변제계획상의 가용소득이나 재산처분에 의한 변제대상에서 제외한다.

(2) 위 (1)항 기재 각 채권 중 별제권 행사 등으로도 변제받을 수 없을 채권액(④)은 미확정 채권으로 보아 유보하였다가 아래 7항 기재와 같은 방법으로 변제한다.

(3) 별제권 행사 등으로도 변제받을 수 없을 채권액이 위 가의 ④항기재 금액을 초과하는 것으로 확정된 경우에는, 채권자가 그 초과 부분을 변제계획안의 변경 절차를 통하여 변제받을 수 있다.

6. 일반 개인회생채권에 대한 변제

가. 가용소득에 의한 변제

(1) 월 변제예정(유보)액 및 총 변제예정(유보)액의 산정

각 일반 개인회생채권의 〔원금〕의 액수를 기준으로 월 평균가용소득을 안분하여 산출한 금액을 각 일반 개인회생채권자에게 변제한다. 이를 기초로 산정한 월 변제예정(유보)액은 〔 100,004 〕 원이고 총 변제예정(유보)액은 〔 6,000,240 〕 원이다.

구체적 산정 내역은 별지 개인회생채권 변제예정액 표 참조.

(2) 변제방법

위 (1)항의 변제예정(유보)액은 다음과 같이 분할하여 변제한다.

(가) 기간 및 횟수

〔2021〕 년 〔11〕 월 〔25〕 일부터 〔2026〕 년 〔10〕 월 〔25〕 일까지 〔60〕 개월간 합계 〔60〕 회

(나) 변제월 및 변제일

① 〔2021〕 년 〔11〕 월 〔25〕 일부터 변제계획인가일 직전 〔25〕 일까지 기간

☑ 변제계획인가일 직후 최초 도래하는 월의 〔25〕 일에 위 기간 동안의 변제분을 개인회생절차개시후 변제계획 인가 전에 적립된 가용소득으로 일시에 조기 변제

□ 기타 : 〔   〕

② 변제계획인가일 직후 최초 도래하는 월의 〔25〕 일부터 〔2026〕 년 〔10〕 월 〔25〕 일까지 기간

☑ 매월마다 〔25〕 일에 변제

□ 매 〔 〕 개월마다 〔 〕 일에 각 변제

□ 기타 : 〔   〕

나. 재산의 처분에 의한 변제 〔해당 있음 □ / 해당없음 ☑〕

7. 미확정 개인회생채권에 대한 조치 [해당 있음 □ / 해당없음 ☑]

가. 변제금액의 유보

(1) 미확정 개인회생채권에 대하여는 변제를 유보하고, 별지 개인회생채권 변제예정액표에 기재한 금액을 당해 채권이 확정될 때까지 유보하여 둔다.

(2) 채무자는 위와 같이 유보한 금액도, 즉시 지급되는 다른 채권에 대한 변제금과 마찬가지로 아래 8항 기재 계좌에 입금한다.

나. 미확정 개인회생채권에 대한 변제

(1) 미확정 개인회생채권이 전부 그대로 확정된 경우

미확정 개인회생채권의 전액에 관하여 채권의 존재가 확정된 경우에는, 그 확정 직후 유보비율을 변제비율로 적용하여 변제를 개시하고 매월의 변제기에 그 해당금액을 변제하되, 이미 분할 변제기가 도래한 부분 즉 그 동안의 유보액에 대하여는 곧바로 일시 변제한다.

(2) 미확정 개인회생채권이 전부 또는 일부 부존재 하는 것으로 확정된 경우

미확정 개인회생채권이 전부 또는 일부 부존재 하는 것으로 확정된 경우에는, 그 확정 직후, 존재하는 것으로 확정된 [   ]의 인용 비율에 위 가항에 의하여 지급을 유보한 금액을 곱하여 산출된 금액을 당해 개인회생채권자에게 일시에 변제한다. 유보금액 중, 미확정 개인회생채권의 일부가 존재하지 않는 것으로 됨에 따라 그 개인회생채권자에게 변제할 필요가 없게 된 나머지 유보금액은, 그 채권액 확정 직후 일반 개인회생채권자들에게 각 [   ]의 액수를 기준으로 안분하여 변제한다.

향후의 매월 입금액을 분배하는 기준이 될 변제비율은 위 확정원금들사이에 비율에 따라 새로 계산하여 정하는데, 미확정 개인회생채권의 일부가 존재하지 않는 것으로 확정됨에 따라 향후 당해개인회생채권자를 위한 유보가 불필요하게 된 변제기 미도래분에 대한 변제 유보예정액은, 향후 변제기 도래시 일반 개인회생채권자들에게 그 각 [   ]의 액수를 기준으로 안분하여 변제한다.

(3) 변제기간 종료시까지 미확정 개인회생채권이 미확정상태로 남는 경우에는 최종변제기에 유보한 금액 전부를 일반개인회생채권자들에게 각 [   ]의 액수를 기준으로 안분하여 변제한다.

(4) 임대차보증금반환액수가 확정되지 않은 임대차보증금 반환채권은 미확정채권으로 보아 위 가, 나항에 따라 변제하되 그 액수가 확정되고 임차인이 임차목적물을 명도함과 동시에 변제한다.

8. 변제금원의 회생위원에 대한 임치 및 지급

채무자는 위 [6]항에 의하여 개인회생채권자들에게 변제하여야 할 금액을 개시결정

시 통지되는 개인회생위원의 예금계좌 {[   ] 은행 계좌번호 [   ]}
에 순차 임치하고, 회생위원은 이를 즉시 개인회생채권자들이 신고한 예금계좌에 송
금하는 방법으로 지급한다. 계좌번호를 신고하지 않은 개인회생채권자에 대하여는 변
제액을 적립하였다가 이를 연 1회 개인회생사건이 계속되어 있는 지방법원에 공탁하
여 지급할 수 있다.

☞ 개인회생위원의 예금계좌는 신청 당시에는 알 수 없으므로 공란으로 두었다가
  추후 보완합니다.

9. 면책의 범위 및 효력발생시기

채무자가 개인회생채권에 대하여 이 변제계획에 따라 변제를 완료하고 면책신청을
하여 면책결정이 확정되었을 경우에는, 이 변제계획에 따라 변제한 것을 제외하고
개인회생채권자에 대한 채무에 관하여 그 책임이 면제된다. 단 채무자회생 및 파산에
관한 법률 제 625조 제2항 단서 각 호 소정의 채무에 관하여는 그러하지 아니하다.

10. 기타사항 [해당 있음 ☑ / 해당없음 □]

가. 채권번호 6-1번의 채권자 ○○○의 장래구상권의 처리

위 채권은 채무자 회생 및 파산에 관한 법률 제581조 제2항, 제430조 제1항·제
2항의 규정에 의하여 처리한다.

2021 개회   호   채무자 ○○○

개인회생채권 변제예정액 표

(가용소득만으로 변제에 제공하는 경우)

1. 기초사항

③ 월 평균 가용소득		④ 월 회생위원 보수	

월평균 가용소득(원) (A)	100,000	변제횟수(회) (B)	60	총가용소득(원) (C)	6,000.000

2. 채권자별 변제예정액의 산정 내역

채권번호	채권자	개인회생채권액(원) (D)		매월변제예정(유보)액(원) (E)		총 변제예정(유보)액(원) (F)	
		확정채권액 (원금)	미확정채권액 (원금)	확정채권액 (원금)	미확정채권액 (원금)	확정채권액 (원금)	미확정채권액 (원금)
1	농협자산관리 (주)	4,550,352	0	12,178	0	730,680	0
2	브라보캐피탈 (주)	3,499,500	0	9,366	0	561,960	0
3	(주)부산은행	7,568,739	0	20,256	0	1,215,360	0
4	브라보캐피탈 (주)	2,976,465	0	7,966	0	477,960	0
5	(주)부산은행	154,730	0	415	0	24,900	0
6	(주)부산은행	9,298,955	0	24,886	0	1,493,160	0
7	희망모아유동 화전문(유)	9,120,853	0	24,410	0	1,464,600	0
8	(주)부산은행	196,600	0	527	0	31,620	0
합 계(원)		37,366,194	0	100,004	0	6,000,240	0
총 계(원)		37,366,194		100,004		6,000,240	

3. 변제율 : 원금의 16% 상당액

4. 정산가치와의 비교

(단위 : 원)

청산 가치(원) (J)	1,000	가용소득에 의한 총 변제예정(유보액)(K)	6,000,240
		현재 가치(L)	5,364,329

○ 총 변제예정(유보)액의 현재가치 산정근거

1	적립기간(월)	3	300,012
2	변제투입기간(월)	57	5,064,317
	합계	60	5,364,329

부채증명원

발행번호	제 2021-000000		증명일자	2021-08-04

채무자명	실명번호	주 소
○○○	000000-0000000	○○시 ○○동 ○○○-○○○(○○/○)

(단위:원)

대출내용	계 좌 번 호 (카 드 번 호)	대 출 과 목	최초대출일	만기일
		일반대출	1999-06-14	2001-06-14
	0000-000-0000000	대출잔액(원금)	미수이자 등	최초대출액
		4,550,352	4,109,887	8,000,000

※ 미수이자등에는 원금이외의 비용, 미수이자, 수수료, 연회비등이 포함

용 도	개인파산신청	제 출 처	법 원

2021년 08월 04일 현재 귀하의 대출(보증)채무가 위와 같음을 증명합니다.

2021년 08월 04일

농협자산관리(주) 부산지사장
부산 사상구 모라1동 862-1 사상농협 모라지점 4층
☎051)000-0000

○○○　귀하

원금	4,550,352
이자	4,109,887
합계	8,660,239

농협자산관리(주)

채 무 안 내 서

<u>○ ○ ○ 고객님 귀하</u>

기준일 현재 고객님의 채무가 다음과 같음을 알려드립니다.

[고객님의 채무 내용]   기준일:2021년 8월 7일 현재

1) 계약자	○ ○ ○	2) 주민등록번호	000000-000000
3) 총채무금액			
원금	₩ 3,499,500	이자	₩ 17,825,753
4) 최초대출회사	A & O	5) 최초대출일	1999-11-02
6) 보증인		7) 주민번호	

3) 총채무금액: ₩ 21,325,253(이천일백삼십이만오천이백오십삼원)

[연락하실 곳]

1) 담 당 자	○ ○ ○	2) 전화번호	02-0000-0000

[입금계좌문의]

연락처:02-0000-0000, 02-0000-0000, 예금주:브라보캐피탈주식회사

2021년 8월 7일

브라보캐피탈주식회사   대표이사 ○○○ ⓘ
서울시 강남구 삼성동 8-2번지 남경빌딩 9층
Tel:02)0000-0000   Fax:02)0000-0000

원금	3,499,500
이자	17,825,753
합계	21,325,253

브라보캐피탈

특 수 채 권 원 장

특수채권번호 : 00000000
고 객 번 호 : 000000-0000000
차 주 명 : ○ ○ ○

(2021.08.03)

[차주현황]

고객명	고객번호	공탁금	연락처	회수위임기관	주 소
○○○	00000000	0		부산신용정보	○○시 ○○동 ○○○-○○○(○○/○)

[편입내용]

해제일	성명	채무관계	고객번호	연락처	시효완성일	시효포기일	시효포기사유	채무관련인 해지사유	채무명의 번호
	○○○	채무자	000000-0000000	051-000-0000	2016-04-20				2006가소000
	○○○	보증인	000000-0000000	051-000-0000	2016-04-20				2006가소000

[보증채무정보]

고객명	고객번호	채무관계	특수채권여부

[피보증인의 채무계좌]

피보증인명	계좌번호	대출금액	대출잔액

1-2

원금	9,298,955
이자	0
합계	9,298,955

(주)부산은행

재직증명서

인적 사항	성명	○○○	주민등록번호	000000-0000000
	주소	○○시 ○○구 ○○동 ○○○-○○○(○○/○)		

재직 사항	소속	간호과
	직위또는직급	수간호사
	기간	2006년 03월 24일부터 2022년 07월 현재까지

용도	법원 제출용

상기인은 위와 같이 재직하고 있음을 증명합니다.

2022년 7월 10일

○○병원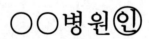

재직증명서

무상거주사실 확인서

○○회생(지방)법원 귀중

1.무상거주자(신청인) 인적사항

성 명	주민등록번호	무상거주지 주소	연락처
○○○	000000-0000000	○○시 ○○동 ○○○-○○○(○○/○)	010-000-0000

2. 거주기간 및 소유자 또는 임차인

거주기간	2006년 03월 10일 ~ 현재
건물소유자 또는 임차인	성 명 : ○ ○ ○ 주민등록번호 : 000000-0000000 신청인과의 관계 : 부 전 화 번 호 : 010-000-0000

상기와 같이 무상거주하고 있음을 확인합니다.

2022년 07월 10일

건물소유자 또는 임차인 : ○ ○ ○ (인)

무상거주사실 확인서

위 임 장

성   명 : ○○○
주   소 : ○○시 ○○구 ○○동 ○○○-○○○
주민 등록 번호 : 000000-0000000

본인은 위 사람을 대리인으로 정하여 다음 사항의 권한을 위임합니다.

다   음

위임사항 : 사건번호 (20 개회   )

          신 청 인 (   )

          (   )

※ 첨부 : 인감증명서 1부

2021년 09월 11일

위 임 인 :   (인)

주   소 :

주민등록번호 :

○○회생(지방)법원 개인회생○단독 귀중

제2편 파산절차

제 1 장 파산절차의 개시 등 · 393

제 2 장 파산절차의 기관 · 518

제 3 장 파산재단의 구성 및 확정 · 563

제 4 장 파산채권 및 재단채권 · 620

제 5 장 파산재단의 관리·환가 및 배당 · 688

제 6 장 파산폐지 · 765

제 7 장 간이파산 · 780

제 8 장 면책 및 복권 · 783

제 9 장 유한책임신탁재산의 파산에 관한 특칙 · 854

제 10 장 파산관련 예규·사무처리지침 · 860

제 11 장 파산신청 작성실례 · 910

제2편 파산절차

제 1 장
파산절차의 개시 등

제1절 파산신청

파산신청권자(제294조)

1. 신청권자

채권자, 채무자(준채무자)에게 파산신청권을 인정하고 있고, 금융감독위원회가 일정한 범위의 금융기관에 대하여 파산신청을 할 수 있는 경우가 있다.

(1) 채권자

우선권 있는 채권, 후순위 채권, 기한미도래의 채권, 장래의 채권, 정지조건 성취전의 채권 모두 포함한다. 별제권자도 별제권을 미리 포기할 필요 없이 파산신청을 할 수 있다. 단, 재단채권에 해당하게 될 채권자의 채권자는 포함하지 않는다. 종래 우선권 있는 파산채권으로 취급된 임금채권이 재단채권으로 승격된 것과 관련하여 재단채권이 임금채권을 가진 근로자가 파산신청을 할 수 있는지에 대해서는 견해의 대립이 있으나, 실무에서는 파산절차를 통하여 평등변제가 실현될 수 있다는 점과 임금채권자를 보호하기 위하여 마련된 임금채권보장법의 취지를 충분히 살리려면 임금채권자가 파산신청을 함을 허용할 필요가 있다는점 등을 감안하여 이를 인정하는 방향으로 해석하고 있다.

(2) 채권의 존재 여부

파산선고시에는 신청인의 채권이 존재하여야 하지만, 파산선고 이후에는 소멸하여도 무방하다. 채권자가 파산신청을 하는 경우에는 파산원인을 소명하여야 한다.

(3) 채무자

채무자도 스스로 파산신청을 할 수 있으며, 채무자 파산신청을 하는 경우에는 파산원인의 소명이 필요하지 않다. 그러나 사실상 실무에서는 신청서와 그 첨부서류에서 파산원인을 소명하는 것이 대부분이다.

(4) 금융감독위원회

금융산업의구조개선에관한법률 제2조 제1호 소정의 금융기관 및 신용협동조합 상호신용금고에 대하여는 금융감독위원회가 파산신청을 할 수 있다.

법인의 파산신청권자(제295조)

채무자에 준하는 자

채무자가 법인인 경우 그 이사, 무한책임사원, 주식회사의 이사, 청산인 및 이에 준하는 법인의 관리인도 파산신청을 할 수 있다.

일부 이사 등의 파산신청(제296조)

법인의 경우 이사의 전원이 하는 신청이 아닌 경우에는 파산원인의 소명이 필요하다. 이사회 회의록을 보고, 이사 전원이 파산신청에 찬성하였는지 여부를 확인한다.

그 밖의 법인에의 준용(제297조)

채무자에 준하는 자

채무자가 법인인 경우 그 이사, 무한책임사원, 주식회사의 이사, 청산인 및 이에 준하는 법인의 관리인도 파산신청을 할 수 있다는 규정에 대해서 법인 외의 법인과 법인 아닌 사단 또는 재단으로서 대표자 또는 관리자가 있는 그 밖의 법인에도 적용이 된다.

법인해산 후의 파산신청(제298조)

1. 사법인의 경우

사법인은 일반적으로 파산능력이 있다고 할 수 있다. 공익법인이든 영리법인이든, 민법, 상법상의 법인이든 특별법상의 법인이든 모두 파산능력이 인정된다. 이미 해산하여 청산중에 있는 사법인도 파산능력이 있다. 노동조합도 파산능력이 있다.

2. 권리능력 없는 사단 또는 재단

권리능력 없는 사단 또는 재단으로서 대표자가 있는 것은 파산능력을 인정하나, 민법상의 조합은 단체적 성격이 약하므로 파산능력을 부정한다.

권리능력 없는 사단 또는 재단으로서 대표자가 있는 것	파산능력 인정
민법상의 조합	단체적 성격이 약하므로 파산능력 부정

상속재산의 파산신청권자(제299조)

1. 파산신청 또는 파산선고가 있은 후에 상속이 개시된 경우

상속재산에 대하여 파산절차가 속행된다.

2. 신청권자

상속재산에 대하여 상속채권자, 유증을 받은 자, 상속인, 상속재산관리인 및 유언집행자는 파산신청을 할 수 있다.

3. 상속재산으로 채무를 완제할 수 없는 경우

지체 없이 파산신청을 하여야 한다.

4. 소명

상속인·상속재산관리인 또는 유언집행자가 파산신청을 하는 때에는 파산의 원인인 사실을 소명하여야 한다.

상속재산에 대한 파산신청기간(제300조)

상속재산에 대하여는 민법상 재산의 분리를 청구할 수 있는 기간(상속 개시된 날로부터 3월내)에 한하여 파산신청을 할 수 있다. 이 경우 그 사이에 한정승인 또는 재산분리가 있은 때에는 상속채권자 및 유증을 받은 자에 대한 변제가 아직 종료하지 아니한 동안에도 파산신청을 할 수 있다.

외국에서 파산선고가 있은 경우(제301조)

파산신청 전에 채무자에 대하여 외국에서 파산선고가 있은 때에는 파산의 원인인 사실이 존재하는 것으로 추정한다.

신청서(제302조)

1. 신청서

신청서를 검토하여 필요한 서류의 첨부 여부, 파산원인 사실에 관한 소명여부를 확인한 후 미비된 것이 있으면 보정을 명한다.

2. 신청서의 기재사항

신청서에는 소장 등에 준하여, 당사자의 주소, 성명, 명칭, 상호, 법정대리인의 주소, 성명, 신청대리인의 주소, 성명, 사건의 표시, 신청의 취지, 신청의 이유, 부속서류의 표시, 작성연월일, 법원의 표시를 기재하고, 신청인 또는 그 대리인이 서명(기명)날인하면 된다. 신청의 이유에는 파산선고의 요건인 신청채권의 존재(채권자 신청의 경우), 파산원인인 지급불능(법인, 자연인) 및 채무초과(법인, 상속재산)인 사실을 기재한다. 실무상으로는 법원이 예납금액을 결정할 때의 소명자료 또는 파산선고 후 신속, 적정하게 절차를 진행시키기 위한 참고자료로서 파산에 이르게 된 사정, 채무자의 경력, 업무내용, 신청시의 상황, 자산과 부채의 상황에 관하여도 기재하고 관련서류를 첨부하게 된다.

※ 신청서의 기재사항을 구체적으로 보면 다음과 같다.

Ⅰ. 채무자회사(법인)의 개요

1. 회사의 사업목적(등기부상의 목적뿐만 아니라 실제의 영업에 대한 구체적 내용을 기재)
2. 회사의 연혁
3. 자회사, 관계회사 현황
4. 회사의 자본 및 주주의 구성(지배주주 및 특수관계인 표시)
5. 회사의 임원구성 / 종업원(종업원수, 노동조합의 상황, 상부단체와의 관계 등을 기재)
6. 공장, 영업소 등의 시설(소재지, 규모, 작업내용 등을 기재)
7. 사업감독관청(특히 학교, 병원, 공원묘지, 복지시설 등 운영하는 재단법인의 경우)

Ⅱ. 업무의 상황

1. 주요영업종목
2. 거래처(구매처, 판매처, 거래은행)

Ⅲ. 자산·부채의 상황(결산서류의 계정과목의 명세에 기하여 작성)

1. 자산
   - 소유부동산(평가액, 담보설정액, 잉여예상액) / 임차부동산(보증금, 연체차임금등)
   - 현금(보관자) / 예금(종류 및 예대상계 예상)
   - 매출채권(명세, 회수가능성) / 재고품·기계공구·집기비품(명세, 평가액)
   - 전화, 자동차, 유가증권, 출자금(명세, 평가액)
   - 기타(대여금, 계약금, 보험계약, 무체재산권 등)
2. 부채
   - 부채총액과 채권자총수
   - 은행차입금 / 개인사채 기타차입금 / 일반상거래채무
   - 담보권자, 피담보채권액, 담보목적물

　　- 미지급 임금·퇴직금, 체납중인 조세, 공공보험료(산재보상보험료, 의
　　료보험료)등

IV. 파산원인의 존재 및 회사가 파산에 이르게 된 사정
　1. 지급정지상황(어음부도, 은행거래정지처분, 폐점, 도망 등)
　2. 채무초과의 사실
　3. 재정적 파탄에 이르게 된 사정 및 그 경과

V. 신청시의 상황
　1. 사업계속의 유무
　2. 종업원의 처우(해고 유무, 퇴직금지급 유무, 노동조합의 동향)
　3. 부채정리 상황(임의정리 상황, 사적 채권자집회 유무)
　4. 자산처분 상황(자산의 보전 상황, 채권자에 의한 상환강요, 부인대상행
　　위 유무 등)
　5. 현금, 고가품, 장부, 등기서류, 대표이사 인감 등의 소재 및 보관상황
　6. 파산관재인이 선임될 경우 파산관재인의 보조자로 일할 수 있는 구 임
　　직원의 범위

<채권자신청의 경우>
VI. 채권의 존재

※ 신청시에 첨부하여야 할 서류는 다음과 같다.
　1. 회사등기부등본
　2. 이사회 회의록(파산신청에 관한 것)
　3. 정관
　4. 회사안내책자
　5. 주주명부
　6. 회사의 조직 일람표
　7. 취업규칙, 퇴직금규정, 단체협약
　8. 사원명부 및 회사의 노동조합의 실정

9. 과거 3년 내지 5년간의 결산보고서
10. 비교대차대조표(3년분 이상)
11. 비교손익계산서(3년분 이상)
12. 최근의 대차대조표·손익계산서
13. 최근의 청산대차대조표·청산재산목록
14. 부동산 및 동산목록
15. 등기부등본, 등록원부
16. 외상매출금 일람표
17. 사채원부
18. 채권자명부(성명, 주소, 전화, 팩시밀리번호, 담당자, 채권액, 채권의 종류, 담보의 유무, 채무명의 유무, 소송의 계속 여부)
19. 담보물건 및 피담보채권 이람표(담보물건은 처분예정가액을 기재)
20. 계속중인 가압류, 가처분, 경매, 소송 등의 자료
21. 자회사 및 관계회사의 상업등기부등본 및 결산서류

<채권자신청의 경우>
22. 채권의 존재 소명자료(어음수표, 계약서, 공정증서, 외상매출금장부등)
23. 채무자의 지급정지사실 소명자료(부도처리된 어음수표, 은행거래정지처분 증명서 등)

【서식】 파산신청서(채무자)

파 산 신 청 서

신 청 인(채 무 자) ○ ○ ○ (주민등록번호   )

주   소   ○○시 ○○구 ○○동 ○○ (우편번호   )

거   소   ○○시 ○○구 ○○동 ○○ (우편번호   )

송달장소   ○○시 ○○구 ○○동 ○○ 송달영수인 ○ ○ ○ (우편번호   )

연 락 처 휴대전화(   ) 집전화(   ) e-mail(   )

> 인지
> 1000원

신 청 취 지

1. 신청인에 대하여 파산을 선고한다.
2. 이 사건 파산절차를 폐지한다.

신 청 이 유

1. 신청인에게는 별첨한 진술서 기재와 같이 지급하여야 할 채무가 존재합니다.
2. 그런데 위 진술서 기재와 같은 신청인의 현재 자산, 수입의 상황 하에서는 채무를 지급할 수 없는 상태에 있습니다.(또한 파산재단을 구성할 만한 재산이 거의 없어 파산절차비용에 충당하기에 부족합니다.)
3. <u>이 사건 파산신청에 면책신청의 효과가 법률상 부여되는 것을 원하지 않습니다. 면책신청은 추후 별도로 하겠습니다.</u>

첨 부 서 류

1. 가족관계증명서(상세증명서), 혼인관계증명서(상세증명서) 각 1부
2. 주민등록초본[주소변동내역(과거 주소 전체) 및 개명, 주민등록번호 변동사항 포함] 및 주민등록등본 각 1부
   ※ 가족관계증명서, 혼인관계증명서, 주민등록등본은 신청인 외 제3자의 주민등록번호 뒷자리가 표기되지 아니한 것을 제출(신청인 본인의 주민등록번호는 전체 표기)
3. 진술서(채권자목록, 재산목록, 현재의 생활 상황, 수입 및 지출에 관한 목록 포함) 1부
4. 자료제출목록 1부

휴대전화를 통한 정보수신 신청서

위 사건에 관한 파산선고결정 정보를 예납의무자가 납부한 송달료 잔액 범위 내에서 휴대전화를 통하여 알려주실 것을 신청합니다.

■ 휴대전화 번호 :

          신청인　채무자　　　　　　　　　　　　　(날인 또는 서명)

※ 파산선고결정이 있으면 신속하게 위 휴대전화로 문자메시지가 발송됩니다.

※ 문자메시지 서비스 이용금액은 메시지 1건당 17원씩 납부된 송달료에서 지급됩니다(송달료가 부족하면 문자메시지가 발송되지 않습니다). 추후 서비스 대상 정보, 이용금액 등이 변동될 수 있습니다.

법원외 타기관을 통한 개인파산 신청에 대한 지원 여부(해당사항 있을시 기재)

1. 지원기관 (1.　　　　　　　　2.　　　　　　) (예)신용회복위원회, 서울시복지재단, 법률구조공단 등

2. 지원내역과 지원금액(1.
                2.　　　　　　　　　　　　　　　　)

(예)신청서 작성 지원, 변호사 수임료 지원, 송달료 지원, 파산관재인 보수 지원 등
서울시복지재단 - 파산관재인 보수 지원(30만원)

파산사건번호	
배당순위번호	
재　판　부	제　　　단독

20○○. ○. ○.

      신 청 인 ○ ○ ○ ⑩

○○회생(지방)법원　　　귀중

※ 주의 : 본 신청서를 이용한 경우에는 파산선고 확정일부터 1개월 내에 면책신청을 별도로 제기하여야 면책절차가 진행됨을 유의하여야 합니다.

진 술 서

○○회생(지방)법원   귀중

신 청 인   (인)

신청인은 다음과 같은 내용을 **사실대로** 진술합니다.
또 본인의 현재의 채무, 자산, 생활의 상황 및 수입·지출 등은, 별지 「채권자목록」, 「재산목록」, 「현재의 생활상황」, 「수입 및 지출에 관한 목록」의 각 기재와 같습니다.
위 각 서류에 사실과 다른 내용이 있을 경우 면책불허가될 수 있음을 잘 알고 있습니다.

   1. 본인의 과거 경력은 다음과 같습니다.

     ⑴ 최종 학력

         년   월   일   학교 (졸업, 중퇴)

   ⑵ 과거 경력(최근의 것부터 기재하여 주십시오)

         년   월   일부터   년   월   일까지(자영, 근무)

    업종＿＿＿＿＿＿＿ 직장명＿＿＿＿＿＿＿ 직위＿＿＿＿＿＿＿

         년   월   일부터   년   월   일까지(자영, 근무)

    업종＿＿＿＿＿＿＿ 직장명＿＿＿＿＿＿＿ 직위＿＿＿＿＿＿＿

   2. 동시에 개인파산을 신청한 가족이 있는지 여부

   (1) 배우자(성명 :   )와 동시에 개인파산을 신청하는 것이 (맞음, 아님)

   (2) 배우자 외의 다른 가족과 동시에 개인파산을 신청하는 것이 (맞음, 아님)
      (배우자 외의 다른 가족과 동시에 개인파산을 신청하는 경우 성명 및 신청인과의 관계를 기재하여 주십시오)

    ＿＿＿＿＿＿＿＿＿＿＿＿＿＿＿＿＿＿＿＿＿＿＿＿＿＿＿＿＿＿＿＿

   3. 본인의 현재까지의 생활상황 등은 다음과 같습니다.

    (1) 사기죄, 사기파산죄, 과태파산죄, 도박죄로 고소되거나 형사재판을 받은 경험
      (있음, 없음)

    ＿＿＿＿＿＿＿＿＿＿＿＿＿＿＿＿＿＿＿＿＿＿＿＿＿＿＿＿＿＿＿＿

(2)㉮ 과거에 파산신청을 하였다가 취하하거나 기각당한 경험 (있음, 없음)

　　년　　월　　일 (　　)회생(지방)법원에 파산신청을 하였는데 (취하함, 기각당함)

　㉯ 과거에 파산선고를 받은 경험 (있음, 없음)

　　년　　월　　일 (　　　　)회생(지방)법원에서 파산선고를 받음

　㉰ 그 파산선고에 이어서 면책을 받은 경험 (있음, 없음)

　년　월　일 (　)회생(지방)법원에서 면책결정을 받았고, 년　월　일 위

　결정이 확정됨

(3)㉮ 개인회생절차를 이용한 경험 (있음, 없음)(개인회생절차 중이면 기각될 수 있음)

　　년　월　일(　　)회생(지방)법원에서 인가결정을 받음(사건번호:　　　　　　)
　　년　월　일(　　)회생(지방)법원에서 폐지결정을 받음
　　(폐지사유:　　　　　　　　　　　　　　　　　　　　　　　　)

　㉯ 그 개인회생절차에서 면책을 받은 경험 (있음, 없음)

　년　월　일 (　)회생(지방)법원에서 면책결정을 받았고, 년　월　일 위

　결정이 확정됨

(4) 과거 1년간 물건을 할부나 월부로 구입하고 대금을 전부 지급하지 않은 상태에서 처분(매각, 입질 등)을 한 경험 (있음, 없음) (물건의 품명, 구입시기, 가격, 처분 시기 및 방법을 전부 기재하여 주십시오)

_____

_____

(5) 이번 항목은 개인 영업을 경영한 경험이 있는 분만 기재하여 주십시오.

　▷영업 중 상업장부의 기재

　　□정확히 기장하였다.　□부정확하게 기장하였다.　□기장하지 아니하였다.

　▷영업 중에 도산을 면하기 위하여 상품을 부당하게 염가로 매각한 사실(있음, 없음)
　　(언제 무엇을 매입원가의 몇 %로 할인판매를 하였는지를 기재하여 주십시오)

_____

　☆ 개인 영업을 경영한 경험이 있는 분은 아래 8종류의 사실증명(현재로부터 과거 3년까지의 기간에 관한 것)에 대하여 발급신청을 하고, 그에 따라 세무공무원이 교부하여 주는 서류를 제출하여 주시기 바랍니다. 8종류의 사실증명 : ① 사업자등록증명, ② 휴업사실증명, ③ 폐업사실증명, ④ 납세 및 체납사실증명, ⑤ 소득금액증명, ⑥ 부가가치세과세표준증명, ⑦ 부가가치세면세사업자수입금액증명, ⑧ 표준재무제표증명(개인, 법인)

4. 채권자와의 상황은 다음과 같습니다.

(1) 채권자와 채무지급방법에 관하여 교섭한 경험 (있음, 없음)

▷ 그 결과 합의가 성립된 채권자수 (   )명

▷ 합의에 기하여 지급한 기간(년   월   일부터   년   월   일까지)

▷ 매월 지급한 총액   1개월 평균 (   )원 정도

▷ 지급 내역 (누구에게 얼마를 지급하였는지를 기재하여 주십시오)

_____

(2) 소송 · 지급명령 · 압류 · 가압류 등을 받은 경험 (있음, 없음)

▷ (   )지방법원 (   )지원   사건번호 (호)   상대방(   )

▷ (   )지방법원 (   )지원   사건번호 (호)   상대방(   )

5. 파산신청에 이르게 된 사정(채무 중대의 경위 및 지급이 불가능하게 된 사정)

(□안에 √ 표시)

(1) 많은 채무(연대보증에 의한 채무나 신용카드 이용에 의한 채무를 포함한다)를 지게 된 이유는 다음과 같습니다(두 가지 이상 선택 가능).

□ 생활비 부족 (부양가족수 :   ), (부족한 생활비 : 주거비, 의료비, 교육비, 기타   )

□ 주택구입자금 차용 (주택 구입 시기 :   ), (주택 처분 시기 :   )
　구입한 주택의 명세 :   )

□ 낭비 등(음식 · 음주, 투자 · 투기, 상품 구입, 도박 등)

□ 사업의 경영 파탄(다단계 사업 포함) (사업 시기 :   년 월   일부터 년 월 까지)
　(사업 종류 :   )

□ 타인(친족, 지인, 회사 등)의 채무 보증

□ 사기 피해를 당함 (기망을 한 사람 및 채무자와의 관계 :   ,   ) (피해액수   원)

□ 그 밖의 사유 :

(2) 지급이 불가능하게 된 계기는 다음과 같습니다(두 가지 이상 선택 가능)

□ 변제해야 할 원리금이 불어나 수입을 초과하게 됨

□ 실직함

□ 경영 사정 악화로 사업 폐업함

□ 급여 또는 사업 소득이 감소됨

□ 병에 걸려 입원함

□ 그 밖의 사유 :

(3) 지급이 불가능하게 된 시점 :   년   월   일
(4) 구체적 사정

시기(연월일)	채권자, 차용(보증) 액수, 차용한 돈의 사용처, 지급이 불가능하게 된 사정 등

(언제, 어떠한 사정 하에 누구로부터 얼마를 차용하여 어디에 사용하였는지, 언제 어떠한 사정 하에 무엇을 구입하였는지, 어떠한 사정 하에 지급이 불가능하게 되었는 지를 오래된 것부터 시간 순서에 따라 기재하여 주십시오. 별지를 사용하여도 됩니 다.)

6. 지급이 불가능하게 된 시점 <u>이후에</u> 차용하거나 채무가 발생한 사실 (있음, 없음)

시기(연월일)	차용(채무 발생) 원인, 금액, 조건 등

(있다면 차용 또는 채무발생의 시기, 원인, 금액, 조건 등을 기재하여 주십시오. 별지를 사용하여 도 됩니다.)

7. 채무의 지급이 불가능하게 된 시점 이후에 일부 채권자에게만 변제한 경험 (있음, 없음) (변제한 채권자의 성명, 변제시기, 금액을 전부 기재하여 주십시오)

_____

_____

채권자 목록

1. 채권내역

순번	채권자명	차용 또는 구입일자	발생원인	최초 채권액	사용처	보증인	잔존 채권액	
							잔존 원금	잔존 이자· 지연손해금
※채권의 '발생원인'란에는 아래 해당번호를 기재함 ①금원차용(은행대출,사채 포함), ②물품구입(신용카드에 의한 구입 포함), ③보증(피보증인 기재), ④기타						합계	잔존 원금	잔존 이자· 지연손해금

채권자목록 기재요령

※ 양식 ※

순번	채권자명	차용 또는 구입일자	발생 원인	최초 채권액	사용처	보증인	잔존 채권액	
							잔존 원금	잔존 이자·지연손해금
1	○○카드 (주)	01.1.7-05.1.31	②	6,000,000	생활비	김이순	5,234,567	789,456
1-1	김이순	02.5.8	③	6,000,000			미정	미정
2	○○은행 (주)	02.5.8	①	10,000,000	창업자금		10,000,000	2,456,789
9	허○○	03.6.9	①	5,000,000	병원치료비		5,000,000	1,150,000

	합계	잔존 원금	잔존 이자·지연손해금
※채권의 '발생원인'란에는 아래 해당번호를 기재함 ①금원차용(은행대출,사채 포함), ②물품구입(신용카드에 의한 구입 포함), ③보증(피보증인 기재), ④기타	24,630,812	20,234,567	4,396,245

※ 기재요령 ※

채권자목록에 기재하여야 할 사항을 한 가지라도 기재하지 아니하거나 허위 또는 부정확하게 기재하는 경우에는 파산면책절차가 진행되지 아니하거나 면책절차에서 불리하게 작용할 수 있으니 주의하시기 바랍니다.

1. 채권자목록은 채무별로 순번을 달리하여 기재하십시오. 다만, 같은 채권자에 대한 여러 개의 채무는 연이어 기재하되, 발생원인이 오래된 것부터 날짜 순서에 따라 기재하십시오.

2. 『채권자명』란에는 법인과 개인을 구분하여 채권자의 성명이나 법인명칭을 정확히 기재하십시오.

   채권자의 성명은 가족관계증명서 또는 주민등록등본이나 법인등기부등본상 주소와 일치하여야 하며, 법인의 경우에는 대표자까지 기재하여야 합니다(※잘못된 기재례 : 순이 엄마, 영주댁, ○○상사).

3. 채무자를 위하여 보증을 해 준 사람이 있으면 그 보증인도 『보증인』란에 정확하게 기재하여야 합니다. 보증으로 인한 구상채무는 보증인이 보증한 채무의 바로 다음에 기재하되, 『순번』란에는 보증한 채권의 순번에 가지번호(예:3-1)를 붙여 표시하고, 『잔존채권액·잔존원금 / 잔존 이자·지연손해금』란에는 '미정'이라고 기재하십시오.

4. 『차용 또는 구입일자』란에는 <u>원래 차용 또는 구입일자</u>를 기재하고 채권양도시 양도일자를 그 옆에 (   )를 표시하여 추가하며, 『발생원인』란에는 표 하단에 기재된 발생원인의 해당번호를, 『최초 채권액』란에는 채무발생 당시의 금액을, 『사용처』란에는 구체적 사용용도 또는 구입물품을 각 기재하십시오.

5. 『잔존 채권액·잔존원금 / 잔존 이자·지연손해금』란에는 <u>파산신청(면책신청) 당시까지</u> 채무자(채무자)가 갚지 못하고 있는 채무의 원금과 이자·지연손해금을 각 채권자별로 구분하여 기재하고, 하단의 『합계』란에는 채무의 총액을 기재하며, 『잔존원금』, 『잔존 이자·지연손해금』란에는 각각의 합계액을 반드시 기재하십시오.

2. 채권자 주소

※ 기재요령 ※

1. 채권자의 주소는 신청일 당시의 주소로 번지까지 정확하게 기재하고, **채무자를 위하여 보증을 해 준 사람이 있으면 그 보증인의 주소까지 정확히 기재하여야 합니다.**

2. 채권자가 금융기관이나 기타 법인인 경우에는 본점 소재지 또는 거래지점의 소재지를 정확하게 기재하여야 합니다.

순번	채권자명	주소	전화번호	팩스	비고 (우편번호)

※ '신청서'를 제출한 경우, 법원 홈페이지 '나의 사건검색'에서 본 채권자목록의 반영 여부를 확인할 수 있습니다.

재 산 목 록

※ 먼저, 다음 재산목록 요약표에 해당재산이 있는지 √하고, 「□ 있음」에 √한 경우에는 아래 해당 항목에서 자세히 기재바랍니다. 이 양식을 파일형태로 이용할 경우 아래 표 중 에 「□ 있음」에 √한 부분만 출력하여 제출하여도 됩니다. 따라서 모두 「□ 없음」에 √한 경우에는 아래 표 다음 부분을 생략할 수 있습니다 (실제로는 재산 처분이 있 었음에도 불구하고, '지급불가능 시점의 1년 이전부터 ~ 현재까지 재산 처분 여부'의 '없음'에 √해 놓고는 부동산등기사항전부증명서 등 소명자료를 뒷부분에 편철해놓는 경 우가 있는데, 이와 같이 재산목록 요약표와 소명자료 또는 진술서의 기재내용이 서로 불일치한 경우에는 허위진술 내지 불성실한 신청으로 간주되어 불이익한 처분을 받을 수 있습니다).

재산목록 요약표

1. 현금	□있음 □없음	6. 매출금	□있음 □없음	11. 지급불가능 시점의 1년 이전부터 현재까지 재산 처분 여부	□있음 □없음
2. 예금	□있음 □없음	7. 퇴직금	□있음 □없음		
3. 보험	□있음 □없음	8. 부동산	□있음 □없음	12. 최근 2년간 받은 임차보증금	□있음 □없음
4. 임차보증금	□있음 □없음	9. 자동차·오토바이	□있음 □없음	13. 이혼재산분할	□있음 □없음
5. 대여금	□있음 □없음	10. 기타 재산(주식, 특허권, 귀금속 등)	□있음 □없음	14. 상속재산	□있음 □없음

1. **현금** : 금액 (원)

2. **예금**

   금융기관명(   ) 계좌번호(   ) 잔고 (원)

   금융기관명(   ) 계좌번호(   ) 잔고 (원)

   ☆ 은행 이외의 금융기관에 대한 것도 포함합니다.

   ☆ 예금잔고가 소액이라도 반드시 기재하고 파산신청시의 잔고(정기예금분을 포함)와 최종 금융거래일로부터 과거 1년간의 입출금이 기재된 통장 사본 또는 예금거래내역서를 첨부하여 주십시오(공과금, 통신료, 카드사용, 급여이 체 등이 기재된 통장 사본 또는 예금거래내역서를 제출, 가족명의의 계좌로 거래하였다면 그 계좌에 관한 통장 사본 또는 예금거래내역서를 제출).

3. 보험(생명보험 등)

보험회사명(   )   증권번호(   )   해약환급금 (원)

보험회사명(   )   증권번호(   )   해약환급금 (원)

보험회사명(   )   증권번호(   )   해약환급금 (원)

☆ 파산신청 당시에 가입하고 있는 보험은 해약환급금 없는 경우에도 반드시 전부 기재
하여 주십시오.

☆ 생명보험협회에서 발급받은 채무자에 대한 생존자 보험가입내역조회를 첨부
하여 주시고, 그러한 보험가입내역조회에 기재된 생명보험(손해보험, 자동차
보험, 운전자보험, 여행자·단체보험, 주말휴일상해보험은 제외)의 해지·실효·
유지 여부 및 예상해약환급금 내역을 기재한 각 보험회사 작성의 증명서도
첨부하여 주십시오.

4. 임차보증금

임차물건(   ), 임차보증금 (원), 반환예상금 (원)

☆ 반환예상금란에는 채무자가 파산신청일을 기준으로 임대인에게 임차물건을
명도할 경우 임대인으로부터 반환 받을 수 있는 임차보증금의 예상액을 기
재하여 주십시오.

☆ 임대차계약서의 사본 등 임차보증금 중 반환예상액을 알 수 있는 자료를 첨부하
여 주십시오.

☆ 상가 임대차의 경우에는 권리금이 있으면 반드시 권리금 액수를 기재해 주시
기 바랍니다.

5. 대여금 · 구상금 · 손해배상금 · 계금 등

채무자명(   )   채권금액 (원)   회수가능금액 (원)

채무자명(   )   채권금액 (원)   회수가능금액 (원)

☆ 회수가 어렵다고 하더라도 반드시 기재하시고, 대여금뿐만 아니라 구상금, 손
해배상금, 계금 등 어떠한 명목으로라도 제3자로부터 받아야 할 돈이 있으면
기재하시기 바랍니다.

6. 매출금(개인사업을 경영한 사실이 있는 분은 현재까지 회수하지 못한 매출금 채권)

채무자명(   )   채권금액 (원)   회수가능금액 (원)

채무자명(   )   채권금액 (원)   회수가능금액 (원)

7. 퇴직금

근무처명(   )   퇴직금예상액 (원)

☆ 파산신청시에 퇴직하는 경우에 지급 받을 수 있는 퇴직금예상액(퇴직금이 없
는 경우에는 그 취지)을 기재하여 주십시오. 만일 퇴직금채권을 담보로 하여
돈을 차용하였기 때문에 취업규칙상의 퇴직금보다 적은 액수를 지급 받게
되는 경우에는 그러한 취지를 기재하여 주시기 바랍니다.

8. 부동산(토지와 건물)

종류(토지 · 건물)   소재지 (   )

시 가 (원) 등기된 담보권의 피담보채권 잔액(원)

종류(토지 ·건물)   소재지 (   )

시 가 (원) 등기된 담보권의 피담보채권 잔액(원)

☆ 부동산을 소유하고 있는 경우 부동산등기사항전부증명서를 첨부하여 주십시오.

☆ 저당권 등 등기된 담보권에 대하여는 은행 등 담보권자가 작성한 피담보채권의
잔액증명서 등의 증명자료를 첨부하여 주십시오(가압류나 압류는 등기된 담보권
이 아니므로 그 가액을 표시할 때는 가압류나 압류임을 명시하여 주시기 바랍니
다).

☆ 경매진행 중일 경우에는 경매절차의 진행상태를 알 수 있는 자료를 제출하여 주
십시오.

9. 자동차(오토바이를 포함)

차종 및 연식(   )   등록번호(   )   시가 (원)
등록된 담보권의 피담보채권 잔액(원)

☆ 자동차등록원부와 시가 증명자료를 첨부하여 주십시오.

10. 기타 재산적 가치가 있는 중요 재산권(주식, 회원권, 특허권, 귀금속, 미술품 등)

품목명(   )   시가 (원)

품목명(   )   시가 (원)

11. 진술서 4.(3) 기재 지급 불가능 시점의 1년 이전부터 현재까지 사이에 처분한 1,
000만원 이상의 재산(다만, 여러 재산을 처분한 경우 그 합계액이 1,000만 원 이상
이면 모두 기재하여야 하고, 부동산은 1,000만 원 미만이라도 기재하여야   합니다.)

☆ 처분의 시기, 대가 및 대가의 사용처를 상세히 기재하여 주시기 바랍니다. 그리고 여기서 말하는 재산의 처분에는 보험의 해약, 정기예금 등의 해약, 퇴직에 따른 퇴직금수령 등도 포함합니다. 주거이전에 따른 임차보증금의 수령에 관하여는 다음의 12항에 기재하여 주시기 바랍니다.

☆ 특히 부동산이나 하나의 재산의 가액이 1,000만 원 이상의 재산을 처분한 경우에는 처분시기와 대가를 증명할 수 있는 부동산등기사항전부증명서, 계약서사본, 영수증사본 등을 첨부하시기 바랍니다(경매로 처분된 경우에는 배당표 및 사건별수불내역서를 제출하여 주십시오).

12. 최근 2년 이내에 주거이전에 따른 임차보증금을 수령한 사실

_____

_____

☆ 임차물건, 임대차계약상 임차보증금의 액수와 실제로 수령한 임차보증금의 액수, 수령한 임차보증금의 사용처를 기재하여 주시기 바랍니다.

13. 최근 2년 이내에 이혼에 따라 재산분여(할)한 사실

_____

_____

☆ 분여한 재산과 그 시기를 기재하여 주십시오.

☆ 최근 2년 이내에 이혼을 한 경우에는 그러한 이혼에 관한 재판서(조정·화해가 성립된 경우에는 그에 대한 조서) 또는 협의이혼의사확인서의 등본을 제출하여 주시기 바랍니다.

14. 친족의 사망에 따라 상속한 사실

　　　　　년　　월　　일 친족_____의 사망에 의한 상속

상속상황

　㉠ 상속재산이 전혀 없었음

　㉡ 신청인의 상속포기 또는 상속재산 분할에 의하여 다른 상속인이 모두 취득하였음

　㉢ 신청인이 전부 또는 일부를 상속하였음

　　주된 상속재산과 그 처분의 경과

_____

☆ ㉡ 또는 ㉢항을 선택한 분은 주된 상속재산을 기재하여 주시기 바랍니다.

☆ ㉡항을 선택한 분은 다른 상속인이 주된 상속재산을 취득하게 된 경위를 기재하여 주십시오.

현재의 생활상황

1. 현재의 직업【 자영, 고용, 무직 】

    업종 또는 직업(   )   직장 또는 회사명 (   )

    지 위 (   )   취 직 시 기   (년   월)

2. 수입의 상황(이 사건 신청일이 속한 달의 직전 달인   년   월 기준으로 신청인의
    월수입 합계   원)

    자영수입(원) → 종합소득세 확정신고서(최근 2년분)를 첨부하여
                                    주십시오.

    월 급여 (원) → 급여증명서(최근 2년분)와 근로소득세 원천징수
                                    영수증의 사본을 첨부하여 주십시오.

    연   금 (원) → 수급증명서를 첨부하여 주십시오.

    생활보호(원) → 수급증명서를 첨부하여 주십시오.

    기   타 (원) → 구체적으로 기재하고 수입원을 나타내는 자료를 첨부하여
                                    주십시오

3. 동거하는 가족의 상황(월수입 부분은 이 사건 신청일이 속한 달의 직전 달인
    년   월 기준)

성명	신청인과의 관계	연령	직업	월수입
		세		원
		세		원
		세		원
		세		원
		세		원
		세		원

4. 주거의 상황

거주를 시작한 시점 (년   월   일)

거주관계 : 아래 ㉠ - ㉑ 중 선택 (   )

  ㉠ 임대 주택(신청인 이외의 자가 임차한 경우 포함)

  ㉡ 사택 또는 기숙사

  ㉢ 신청인 소유의 주택

  ㉣ 친족 소유의 주택에 무상으로 거주

  ㉤ 친족 이외의 자 소유의 주택에 무상으로 거주

  ㉥ 기타 (   )

㉠, ㉡항을 선택한 분에 대하여,

  월 차임 (원) 임대보증금 (원)

  연체액   (원)

  신청인 이외의 자가 임차인인 경우 임차인 성명 (   ) 신청인과의 관계 (   )

㉣, ㉤항을 선택한 분에 대하여,

  소유자 성명 (   )   신청인과의 관계 (   )

    신청인 이외의 자가 소유자이거나 임차인인데 함께 거주하지 않는 경우 그 경위를 기재하십시오.(   )

☆ ㉠ 또는 ㉡항을 선택한 분은 임대차계약서 또는 사용허가서 사본을 첨부하여 주시기 바랍니다.

☆ ㉢항을 선택한 분은 부동산등기사항전부증명서를 첨부하여 주십시오.

☆ ㉣ 또는 ㉤항을 선택한 분은 소유자 작성의 거주 증명서를 첨부하여 주십시오.

5. 조세 등 공과금의 납부 상황(체납 조세가 있는 경우 세목 및 미납액을 기재하십시오)

소득세   미납분 (없음 / 있음 - 미납액   원)

주민세   미납분 (없음 / 있음 - 미납액   원)

재산세   미납분 (없음 /   있음 − 미납액   원)

의료보험료 미납분 (없음 /   있음 − 미납액   원)

국민연금   미납분 (없음 /   있음 − 미납액   원)

자동차세   미납분 (없음 /   있음 − 미납액   원)

기타 세금 미납분 (없음 /   있음 − 미납액   원)

수입 및 지출에 관한 목록

1. 가계수지표(20 년   월분)(신청일이 속한 달의 직전 달 기준)

수입			지출	
항 목		금 액	항 목	금 액
급여 또는 자영 수입	신청인	원	주거비(임대료,관리비 등)	원
	배우자	원	식비(외식비 포함)	원
	기타( )	원	교육비	원
연금	신청인	원	전기· 가스· 수도료	원
	배우자	원	교통비(차량유지비 포함)	원
	기타( )	원	통신료	원
생활보호		원	의료비	원
기타		원	보험료	원
			기타	원
수입합계		원	지출합계	원

2. 채무자의 가용소득(개인회생절차를 신청할 경우 소득에서 생계비를 뺀 나머지 소득)

	구분	금액(단위 : 원)					
1	채무자의 월 평균 소득1)						
2	생계비(기준 중위소득의 100분의 602))	1인 가구	2인 가구	3인 가구	4인 가구	5인 가구	6인 가구
	부양가족의 이름, 연령, 채무자와의 관계						
3	채무자의 가용소득 (1 - 2)						

---

1) 최근 1년 동안의 모든 소득을 평균하여 기재하십시오

2) 본인을 포함한 부양가족(스스로 기준 중위소득의 40% 이상의 소득을 올리는 사람은 부양가족이 아닙니다)의 수에 해당하는 곳에 ○ 표 하십시오. 한편, 각 가구별 생계비로 기재될 금액은 국민기초생활보장법 제6조의 규정에 따라 공표된 해당 연도의 기준 중위소득에 100분의 60을 곱한 금액으로서 매년 변경됩니다. 위 규정에 따라 올바르게 계산된 금액을 가구별 생계비로 기재하여 주시기 바랍니다.

자료제출목록

채무자＿＿＿＿＿＿＿＿(인)

채무자는 아래와 같은 자료들을 제출합니다.

※ 아래표의 해당 □ 란에 ∨ 표시하고 뒷면에 제출하는 서류를 순서대로 첨부하여 제출합니다.

※ 가족관계증명서, 혼인관계증명서, 주민등록등본은 신청인 외 제3자의 주민등록번호 뒷자리가 표기되지 아니한 것을 제출합니다(다만, 신청인 본인의 주민등록번호는 전체를 표기하여야 합니다).

순번	제출하여야 하는 자료	제출 여부	제출 못하거나 일부만 제출한 이유	발급 기관
1	채무자의 가족관계증명서 (상세증명서)	□ 제출하였음		구청 등
2	채무자의 혼인관계증명서 (상세증명서)	□ 제출하였음		
3	채무자의 주민등록초본 [주소변동내역(과거 주소 전체) 및 개명, 주민등록번호 변동사항 포함]	□ 제출하였음		
4	채무자의 주민등록등본	□ 제출하였음		
5	채무자에 대한 지방세 세목별 과세증명서 (현재로부터 과거 5년까지의 기간에 관한 것. 모든 세목이 포함되도록 표시하여 발급하고, 전국 단위로 발급)	□ 제출하였음		
6	채무자 소유 자동차에 관한 자동차등록원부(갑, 을구 모두 포	□ 제출하였음	□ 해당사항 없음(차량소유 없음)	

	함) 및 시가 증명자료			
7	채무자 소유 부동산에 관한 부동산등기사항전부증명서	☐ 제출하였음	☐ 해당사항 없음(부동산소유 없음)	구청·등기소 등
8	채무자의 생존자 보험가입내역 조회	☐ 제출하였음		생명보험협회 3)
	보험가입내역조회에 기재된 생명보험의 해지·실효·유지 및 예상해약환급금 내역 **(손해/자동차/운전자/여행자·단체/주말휴일상해 제외)**	☐ 제출하였음		각 보험회사
9	채무자가 개인 영업을 하였던 경우, 채무자의 사실증명 (현재부터 과거 3년까지의 기간에 관한 것) **※ 아래 8종류의 사실증명에 대하여 발급신청을 하고, 그에 따라 세무공무원이 교부해주는 서류를 제출** **①사업자등록증명** **②휴업사실증명** **③폐업사실증명** **④납세 및 체납사실증명** **⑤소득금액증명** **⑥부가가치세과세표준증명** **⑦부가가치세면세사업자수**	☐ 제출하였음		세무서4)

	입금액증명 ⑧표준재무제표증명(개인, 법인)		
10	과거 1년부터 현재까지의 채무자의 은행통장거래내역 (공과금, 통신료, 카드사용, 급여이체 등이 기재된 통장 사본 또는 예금거래내역서를 제출, 가족명의의 계좌로 거래하였다면 그 계좌에 관한 통장 사본 또는 예금거래내역서를 제출)	□ 전부 제출하였음 □ 일부만 제출하였음	□해당사항 없음(은행거래 없음) □협조거부 ( ) □기타 ( )	은행, 농협, 수협, 축협, 신협, 증권사, 우체국, 마을금고 등
11	지급 불가능 시점의 1년 이전부터 신청 시까지 사이에 부동산이나 하나의 재산의 가액이 1,000만 원 이상의 재산을 처분한 경우, 처분시기와 대가를 증명할 수 있는 부동산등기사항전부증명서, 계약서사본, 영수증사본 (경매로 처분된 경우에는 배당표 및 사건별수불내역서)	□ 전부 제출하였음 □ 일부만 제출하였음	□해당사항 없음 (지급 불가능 시점의 1년 이전부터 신청 시까지 사이에 부동산이나 하나의 재산의 가액이 1,000만 원 이상의 재산을 처분한 일이 없음) □협조거부 ( ) □기타 ( )	채무자보유자료 (경매법원)
12	임대차계약서의 사본 등 임차보증금 중 반환예상액을 알 수 있는 자료	□ 제출하였음	□해당사항 없음 (임차한 물건이 없음) □협조거부 ( ) □기타 ( )	채무자보유자료

13	최근 2년 이내에 이혼을 한 경우, 이혼에 관한 재판서(조정·화해가 성립된 경우에는 그에 대한 조서) 또는 협의이혼의사 확인서의 등본	□ 제출하였음	□해당사항 없음 (최근 2년 이내 이혼 사실 없음)	법원
14	수입에 관한 자료 [자영수입이 있는 경우에는 종합소득세 확정신고서(최근 2년분)/급여수입이 있는 경우에는 급여증명서(최근 2년분)와 근로소득세 원천징수 영수증의 사본/연금을 받는 경우에는 수급증명서/생활보호대상자인 경우에는 수급증명서/기타의 경우에는 수입원을 나타내는 자료]	□ 제출하였음		채무자 보유 자료, 세무서, 국민연금공단, 구청 등

---

3) 생명보험협회의 인터넷 홈페이지 주소는 https://www.klia.or.kr이고, 전화번호는 02-2262-6600입니다.
4) 각종 증명서 조회 및 발급 등이 가능한 국세청 홈텍스의 홈페이지 주소는 https://www.hometax.go.kr이고, 국세상담센터의 상담전화번호는 국번 없이 126번입니다.

소비자파산이란

봉급생활자, 주부, 학생 등 비영업자가 소비활동의 일환으로 물품을 구입하거나 돈을 차용한 결과 자신의 모든 채무를 변제할 수 없는 상태에 빠진 경우에 그 채무의 정리를 위하여 스스로 파산신청을 하는 경우 이를 관행상 소비자파산이라고 한다.

소비자파산의 목적

소비자파산제도의 주된 목적은, 모든 채권자가 평등하게 채권을 변제받도록 보장함과 동시에, 채무자에게 면책절차를 통하여 남아 있는 채무에 대한 변제 책임을 면제받아 경제적으로 재기·갱생할 수 있는 기회를 부여하는 것을 말한다. 소비자파산제도는 성실하지만 불운하게도 과도한 채무를 지게 되어 절망에 빠지고 생활의 의욕을 상실한 채무자에게는 좋은 구제책이 될 수 있다.

소비자파산을 신청하는 이유는 주로 파산선고를 거쳐 면책결정까지 받음으로써 채무로부터 해방되기 위한 것이므로, 소비자파산을 신청하기 전에 채무자 자신에게 면책불허가 사유가 있는지 여부를 잘 검토하여야 한다.

파산 및 면책 동시신청의 방법

파산 및 면책은 자신의 모든 채무를 변제할 수 없는 재정상태에 빠진 사람이 신청할 수 있으며, 신용불량자가 아니라도 신청할 수 있다.

채무자는 파산 및 면책 신청서류를 작성하여 자신의 주소지를 관할하는 지방법원 본원(단, 주소지가 서울특별시에 있는 경우에는 서울중앙지방법원이 관할법원)의 접수계(파산과가 설치되어 있는 법원의 경우에는 파산과 접수계)에 접수시키면 된다. 파산 및 면책신청서가 없는 경우에는 파산신청서와 면책신청서를 각각 작성하여 함께 제출하여도 된다.

소비자파산의 특징

소비자파산 사건이 일반적인 파산사건과 다른점을 들면 다음과 같다.

가. 채무자가파산원인이 된 과중한 채무를 부담하게 된 원인이 신용카드 등

을 이용하여 자신이 변제할 수 있는 능력을 넘어서 무리하게 상품을 구입하거나 소비자금융을 이용한 데 있다. 이 점에서 파산원인이 된 채무가 영업활동으로 인하여 발생한 영업자파산과 구분된다.

나. 채무자 본인이 스스로 파산신청을 하는 자기파산신청의 형태를 취하고 있다.

다. 채무자에게 배당의 재원이 될 만한 재산이 거의 남아 있지 아니하여 이를 금전으로 환가하여도 파산절차의 비용에도 충당할 수 없기 때문에 파산관재인의 선임, 채권자 등에 대한 통지, 파산채권의 조사·확정, 파산재단의 관리·환가, 배당 등의 절차를 진행하지 않고, 파산선고와 동시에 파산절차를 종결하는 동시폐지결정을 한다. 따라서 실무상 어떠한 경우에 동시파산폐지를 할 것인가 하는 동시폐지사건의 기준이 문제된다.

라. 파산재단을 구성할 재단이 거의 없기 때문에 채무자가 파산재단을 구성할 재산을 파산선고 전에 산일, 은닉, 감소시키는 것을 방지하기 위한 보전처분을 행하지 않는다.

마. 지급불능에 빠진 개인 채무자가 스스로 파산신청을 하는 가장 주된 목적은 파산선고를 받고 면책절차를 거쳐 면책결정을 받아 채무로부터 해방되는 데에 있기 때문에 파산선고 자체는 면책결정을 받기 위한 하나의 전제 과정에 불과하다. 이 때문에 소비자파산 절차에서도 면책절차를 염두에 두는 운용을 하게 된다.

파산선고의 불이익

공사법 (公私法) 상의 제한	사법상 후견인, 친족회원, 유언집행자, 수탁자가 될 수 없다. 다만, 권리능력, 행위능력 및 소송능력은 제한받지 않는다. 공법상 공무원, 변호사, 공인회계사, 변리사, 공증인, 부동산중개업자, 사립학교교원, 의사, 한의사, 간호사, 약사, 건축사 등이 될 수 없다. 다만, 대통령, 국회의원, 지방자치단체장의 선거권 및 피선거권은 계속 보유한다. 상법상 합명회사, 합자회사 사원의 퇴사 원인이 된다. 주식회사, 유한회사와 위임관계에 있는 이사의 경우 그 위임관계가 파산선고로 종료되어 당연 퇴임하게 된다. 파산관재인이나 채권자집회의 요청이 있으면 파산에 관하여 필요한 설명을 할 의무가 있다. 이유 없이 설명을 아니 하거나, 허위의 설명을 하는 때에는 형사처벌의 대상이 되고, 면책불허가 사유에 해당된다.
경제활동 의 제한	파산선고결정이 확정되면 파산자의 신원증명업무를 관장하는 본적지 시·구·읍·면장에게 파산선고사실이 통지되고 신원증명서에 신원증명사항의 하나로 기재되어(호적에 등재되는 것은 아님) 각종 금융거래와 취직 등에 있어서 불이익을 받을 수 있다.
불이익의 제거	그러나, 전부면책결정이 확정되면 위와 같은 불이익은 모두 소멸하고, 파산자의 신원증명업무를 관장하는 본적지 시·구·읍·면장에게 면책결정 확정사실이 통지되어 파산선고를 받은 사실이 신원증명사항에서 삭제된다. 뒤에서 설명하는 복권이 된 경우도 마찬가지이다

【서식】파산 및 면책신청서

파산 및 면책 신청서

> 인지
> 2000원

신 청 인(채 무 자)　　　　　　(주민등록번호 :　　　　　－　　　　　)
　주　소 :　　　　　　　　　　　　　　　　(우편번호 :　　　　)
　거　소 :　　　　　　　　　　　　　　　　(우편번호 :　　　　)
　송달장소 :　　　　　　송달영수인 :　　　　(우편번호 :　　　　)
　등록기준지 :
　연락처 : 휴대전화(　　　　),집전화(　　　　　　),e-mail(　　　　)

신 청 취 지

1. 신청인에 대하여 파산을 선고한다.
2. 채무자를 면책한다. 라는 결정을 구합니다.

신 청 이 유

1. 신청인에게는 별첨한 진술서 기재와 같이 지급하여야 할 채무가 존재합니다.
2. 그런데 위 진술서 기재와 같은 신청인의 현재 자산, 수입의 상황 하에서는 채무를 지급할 수 없는 상태에 있습니다.
3. 따라서 신청인에 대하여 파산을 선고하며, 채무자를 면책한다. 라는 결정을 구합니다.

첨 부 서 류

1. 가족관계증명서(상세증명서), 혼인관계증명서(상세증명서) 각 1부
2. 주민등록초본[주소변동내역(과거 주소 전체) 및 개명, 주민등록번호 변동사항 포함] 및 주민등록등본 각 1부
　※ 가족관계증명서, 혼인관계증명서, 주민등록등본은 신청인 외 제3자의 주민등록번호 뒷자리가 표기되지 아니한 것을 제출(신청인 본인의 주민등록번호는 전체 표기)
3. 진술서(채권자목록, 재산목록, 현재의 생활 상황, 수입 및 지출에 관한 목록 포함) 1부
4. 자료제출목록 1부

휴대전화를 통한 정보수신 신청서
위 사건에 관한 파산선고결정, 면책결정 등 정보를 예납의무자가 납부한 송달료 잔액 범위 내에서 휴대전화를 통하여 알려주실 것을 신청합니다.

▣ 휴대전화 번호 :

　　　　　　신청인　채무자　　　　　　　　　　　(날인 또는 서명)

※ 파산선고 및 이의기간지정 결정(또는 면책심문기일 결정), 면책결정이 있으면 신속하게 위 휴대
　전화로 문자메시지가 발송됩니다. 문자메시지 서비스 이용금액은 메시지 1건당 17원씩 납부된 송
　달료에서 지급됩니다(송달료가 부족하면 문자메시지가 발송되지 않습니다). 추후 서비스 대상 정
　보, 이용금액 등이 변동될 수 있습니다.

법원외 타기관을 통한 개인파산 신청에 대한 지원 여부(해당사항 있을시 기재)
1.지원기관 (1.　　　　　　　　2.　　　　　　) (예)신용회복위원회, 서울시복지재단, 법
률구조공단 등
2.지원내역과 지원금액(1.
　　　　　　　　2.　　　　　　　　　　　　　　　　　　　　　　　　)
　(예)신청서 작성 지원, 변호사 수임료 지원, 송달료 지원, 파산관재인 보수 지원
　　등
　　　서울시복지재단 – 파산관재인 보수 지원(30만원)

---

　　　　　　　　200 ．　　．　　　．

　　　　　　　　　　신 청 인　　　　　　　(인)

파산사건번호	
면책사건번호	
배당순위번호	
재　판　부	제　　　　단독

○○회생(지방)법원　　귀중

【서식】 진술서

진 술 서

○○회생(지방)법원   귀중

신   청   인

(인)

신청인은 다음과 같은 내용을 <u>사실대로</u> 진술합니다.
또 본인의 현재의 채무, 자산, 생활의 상황 및 수입·지출 등은, 별지 「채권자목록」, 「재산목록」, 「현재의 생활상황」, 「수입 및 지출에 관한 목록」의 각 기재와 같습니다.
<u>위 각 서류에 사실과 다른 내용이 있을 경우 면책불허가될 수 있음을 잘 알고 있습니다.</u>

1. 본인의 과거 경력은 다음과 같습니다.

  (1) **최종 학력**

         년   월   일   학교 (졸업, 중퇴)

  (2) **과거 경력**(최근의 것부터 기재하여 주십시오)

         년   월   일부터   년   월   일까지(자영, 근무)

   업종＿＿＿＿＿＿＿   직장명＿＿＿＿＿＿   직위＿＿＿＿＿＿＿

         년   월   일부터   년   월   일까지(자영, 근무)

   업종＿＿＿＿＿＿＿   직장명＿＿＿＿＿＿   직위＿＿＿＿＿＿＿

2. 동시에 개인파산을 신청한 가족이 있는지 여부

  (1) 배우자(성명 :   )와 동시에 개인파산을 신청하는 것이 (맞음, 아님)

  (2) 배우자 외의 다른 가족과 동시에 개인파산을 신청하는 것이 (맞음, 아님) (배우자 외의 다른 가족과 동시에 개인파산을 신청하는 경우 성명 및 신청인과의 관계를 기재하여 주십시오)

   ＿＿＿＿＿＿＿＿＿＿＿＿＿＿＿＿＿＿＿＿＿＿＿＿＿＿＿＿＿

3. 본인의 현재까지의 생활상황 등은 다음과 같습니다.

  (1) 사기죄, 사기파산죄, 과태파산죄, 도박죄로 고소되거나 형사재판을 받은 경험 (있음, 없음)

---

(2)㉮ 과거에 파산신청을 하였다가 취하하거나 기각당한 경험(있음, 없음)

　　년　월　일 (　　)회생(지방)법원에 파산신청을 하였는데 (취하함, 기각당함)

㉯ 과거에 파산선고를 받은 경험 (있음, 없음)

　　년　월　일 (　　　　)회생(지방)법원에서 파산선고를 받음

㉰ 그 파산선고에 이어서 면책을 받은 경험 (있음, 없음)

　년　월　일 (　　)회생(지방)법원에서 면책결정을 받았고, 년　월　일 위 결정이 확정됨

(3)㉮ 개인회생절차를 이용한 경험 (있음, 없음)(개인회생절차 중이면 기각될 수 있음)

　　년　월　일(　　)회생(지방)법원에서 인가결정을 받음(사건번호:　　　　　　　)

　　년　월　일(　　)회생(지방)법원에서 폐지결정을 받음

　(폐지사유:　　　　　　　　　　　　　　　　　　　　　　　　)

㉯ 그 개인회생절차에서 면책을 받은 경험 (있음, 없음)

　년　월　일 (　　)회생(지방)법원에서 면책결정을 받았고, 년　월　일 위 결정이 확정됨

(4) 과거 1년간 물건을 할부나 월부로 구입하고 대금을 전부 지급하지 않은 상태에서 처분(매각, 입질 등)을 한 경험 (있음, 없음) (물건의 품명, 구입시기, 가격, 처분 시기 및 방법을 전부 기재하여 주십시오)

---

(5) 이번 항목은 개인 영업을 경영한 경험이 있는 분만 기재하여 주십시오.

▷ 영업 중 상업장부의 기재

　□ 정확히 기장하였다. □ 부정확하게 기장하였다. □ 기장하지 아니하였다.

▷ 영업 중에 도산을 면하기 위하여 상품을 부당하게 염가로 매각한 사실 (있음, 없음)
　(언제 무엇을 매입원가의 몇 %로 할인판매를 하였는지를 기재하여 주십시오)

☆ 개인 영업을 경영한 경험이 있는 분은 아래 8종류의 사실증명(현재로부터 과거 3년까지의 기간에 관한 것)에 대하여 발급신청을 하고, 그에 따라 세무공무원이 교부하여 주는 서류를 제출하여 주시기 바랍니

　　다. 8종류의 사실증명 : ① 사업자등록증명, ② 휴업사실증명, ③ 폐업
　사실증명, ④ 납세 및 체납사실증명, ⑤ 소득금액증명, ⑥ 부가가치세
　과세표준증명, ⑦ 부가가치세면세사업자수입금액증명, ⑧ 표준재무제
　표증명(개인, 법인)

4. 채권자와의 상황은 다음과 같습니다.

　　(1) 채권자와 채무지급방법에 관하여 교섭한 경험 (있음, 없음)

　　▷ 그 결과 합의가 성립된 채권자수 (　　　)명

　　▷ 합의에 기하여 지급한 기간 (　년　월　일부터　　년　월　일까지)

　　▷ 매월 지급한 총액　　1개월 평균 (　　　)원 정도

　　▷ 지급 내역 (누구에게 얼마를 지급하였는지를 기재하여 주십시오)

　　_____

　　(2) 소송·지급명령·압류·가압류 등을 받은 경험 (있음, 없음)

　　▷ (　　　)지방법원 (　　　)지원　　사건번호 (　　　호)　상대방(　　　)

　　▷ (　　　)지방법원 (　　　)지원　　사건번호 (　　　호)　상대방(　　　)

5. 파산신청에 이르게 된 사정(채무 증대의 경위 및 지급이 불가능하게 된 사정)

　　(□안에 √ 표시)

　　(1) 많은 채무(연대보증에 의한 채무나 신용카드 이용에 의한 채무를 포함한
　　다)를 지게 된 이유는 다음과 같습니다(두 가지 이상 선택 가능).

　□ 생활비 부족 (부양가족수 :　　), (부족한 생활비 : 주거비, 의료비, 교육비, 기타)

　□ 주택구입자금 차용 (주택 구입 시기 :　　　), (주택 처분 시기 :　　　　　)
　　구입한 주택의 명세 :　　　　　　　　　　　　　　　　　　　　　)

　□ 낭비 등(음식·음주, 투자·투기, 상품 구입, 도박 등)

　□ 사업의 경영 파탄 (다단계 사업 포함)(사업 시기 :　년 월 일부터 년 월 일까지)
　　(사업 종류 :　　　　　　　　　　　　　　　　　　　　　　　　)

　□ 타인(친족, 지인, 회사 등)의 채무 보증

　□ 사기 피해를 당함 (기망을 한 사람 및 채무자와의 관계 :　　,) (피해액수 : 원)

　□ 그 밖의 사유 :

　　(2) 지급이 불가능하게 된 계기는 다음과 같습니다(두 가지 이상 선택 가능)

　□ 변제해야 할 원리금이 불어나 수입을 초과하게 됨

　□ 실직함

      □ 경영 사정 악화로 사업 폐업함

      □ 급여 또는 사업 소득이 감소됨

      □ 병에 걸려 입원함

      □ 그 밖의 사유 :

  (3) **지급이 불가능하게 된 시점 :**   년   월   일

  (4) **구체적 사정**

시기(연월일)	채권자, 차용(보증) 액수, 차용한 돈의 사용처, 지급이 불가능하게 된 사정 등

(언제, 어떠한 사정 하에 누구로부터 얼마를 차용하여 어디에 사용하였는지, 언제 어떠한 사정 하에 무엇을 구입하였는지, 어떠한 사정 하에 지급이 불가능하게 되었는지를 오래된 것부터 시간 순서에 따라 기재하여 주십시오. 별지를 사용하여도 됩니다.)

6. 지급이 불가능하게 된 시점 <u>이후에</u> 차용하거나 채무가 발생한 사실 (있음, 없음)

시기(연월일)	차용(채무 발생) 원인, 금액, 조건 등

(있다면 차용 또는 채무발생의 시기, 원인, 금액, 조건 등을 기재하여 주십시오. 별지를 사용하여도 됩니다.)

7. 채무의 지급이 불가능하게 된 시점 이후에 일부 채권자에게만 변제한 경험 (있음, 없음) (변제한 채권자의 성명, 변제시기, 금액을 전부 기재하여 주십시오)

_____

_____

【서식】 채권자 목록

채권자 목록

순번	채권자명	차용 또는 구입일자	발생 원인	최초 채권액	사용처	보증인	잔존 채권액	
							잔존 원금	잔존 이자·지연손해금
1	00카드 (주)	01.1.7- 05.1.31	②	6,000,000	생활비	김이순	5,234,567	789,456
1-1	김이순	02.5.8	③	6,000,000			미정	미정
2	00은행 (주)	02.5.8	①	10,000,000	창업자금		10,000,000	2,456,789
9	허00	03.6.9	①	5,000,000	병원치료비		5,000,000	1,150,000

※채권의 '발생원인'란에는 아래 해당번호를 기재함 ①금원차용(은행대출,사채 포함), ②물품구입(신용카드에 의한 구입 포함), ③보증(피보증인 기재), ④기타	합계	잔존 원금	잔존 이자·지연손해금
	24,630,812	20,234,567	4,396,245

※ 기재요령 ※

채권자목록에 기재하여야 할 사항을 한 가지라도 기재하지 아니하거나 허위 또는 부정확하게 기재하는 경우에는 파산·면책절차가 진행되지 아니하거나 면책절차에서 불리하게 작용할 수 있으니 주의하시기 바랍니다.

1. 채권자목록은 채무별로 순번을 달리하여 기재하십시오. 다만, 같은 채권자에 대한 여러 개의 채무는 연이어 기재하되, 발생원인이 오래된 것부터 날짜 순서에 따라 기재하십시오.

2. 『채권자명』란에는 법인과 개인을 구분하여 채권자의 성명이나 법인명칭을 정확히 기재하십시오.

   채권자의 성명은 가족관계증명서 또는 주민등록등본이나 법인등기부등본상 주소와 일치하여야 하며, 법인의 경우에는 대표자까지 기재하여야 합니다(※잘못된 기재례 : 순이 엄마, 영주댁, ㅇㅇ상사).

3. 채무자를 위하여 보증을 해 준 사람이 있으면 그 보증인도 『보증인』란에 정확하게 기재하여야 합니다. 보증으로 인한 구상채무는 보증인이 보증한 채무의 바로 다음에 기재하되, 『순번』란에는 보증한 채권의 순번에 가지번호(예:**3-1**)를 붙여 표시하고, 『잔존채권액·잔존원금 / 잔존 이자·지연손해금』란에는 '미정'이라고 기재하십시오.

4. 『차용 또는 구입일자』란에는 <u>원래 차용 또는 구입일자</u>를 기재하고 채권양도시 양도일자를 그 옆에 ( )를 표시하여 추가하며, 『발생원인』란에는 표 하단에 기재된 발생원인의 해당번호를, 『최초 채권액』란에는 채무발생 당시의 금액을, 『사용처』란에는 구체적 사용용도 또는 구입물품을 각 기재하십시오.

5. 『잔존 채권액·잔존원금 / 잔존 이자·지연손해금』란에는 <u>파산신청(면책신청) 당시까지</u> 채무자(채무자)가 갚지 못하고 있는 채무의 원금과 이자·지연손해금을 각 채권자별로 구분하여 기재하고, 하단의 『합계』란에는 채무의 총액을 기재하며, 『잔존원금』, 『잔존 이자·지연손해금』란에는 각각의 합계액을 반드시 기재하십시오.

2. 채권자 주소

※ 기재요령 ※

1. 채권자의 주소는 신청일 당시의 주소로 번지까지 정확하게 기재하고, **채무자를 위하여 보증을 해 준 사람이 있으면 그 보증인의 주소까지 정확히 기재하여야 합니다.**
2. 채권자가 금융기관이나 기타 법인인 경우에는 본점 소재지 또는 거래지점의 소재지를 정확하게 기재하여야 합니다.

순번	채권자명	주소	전화번호	팩스	비고 (우편번호)

※ '신청서'를 제출한 경우, 법원 홈페이지 '나의 사건검색'에서 본 채권자목록의 반영 여부를 확인할 수 있습니다.

【서식】 재산목록

재 산 목 록

※ 먼저, 다음 재산목록 요약표에 해당재산이 있는지 √하고, 「□ 있음」에 √한 경우에는 아래 해당 항목에서 자세히 기재바랍니다. <u>이 양식을 파일형태로 이용할 경우 아래 표 중 에「□ 있음」에 √한 부분만 출력하여 제출하여도 됩니다. 따라서 모두 「□ 없음」에 √한 경우에는 아래 표 다음 부분을 생략할 수 있습니다</u> (실제로는 재산 처분이 있었음에도 불구하고, '지급불가능 시점의 1년 이전부터 ~ 현재까지 재산 처분 여부'의 '없음'에 √해 놓고 부동산등기사항전부증명서 등 소명자료를 뒷부분에 편철해 놓는 경우가 있는데, 이와 같이 재산목록 요약표와 소명자료 또는 진술서의 기재내용이 서로 불일치한 경우에는 허위진술 내지 불성실한 신청으로 간주되어 불이익한 처분을 받을 수 있습니다).

1. 현금	□있음 □없음	6. 매출금	□있음 □없음	11. 지급불가능 시점의 1년 이전부터 현재까지 재산 처분 여부	□있음 □없음
2. 예금	□있음 □없음	7. 퇴직금	□있음 □없음		
3. 보험	□있음 □없음	8. 부동산	□있음 □없음	12. 최근 2년간 받은 임차보증금	□있음 □없음
4. 임차보증금	□있음 □없음	9. 자동차·오토바이	□있음 □없음	13. 이혼재산분할	□있음 □없음
5. 대여금	□있음 □없음	10. 기타 재산(주식, 특허권, 귀금속 등)	□있음 □없음	14. 상속재산	□있음 □없음

1. 현금 : 금액 (원)

2. 예금

　금융기관명(　　　　　　　　) 계좌번호(　　　　　　　　　　) 잔고 (　　　　　원)

　금융기관명(　　　　　　　　) 계좌번호(　　　　　　　　　　) 잔고 (　　　　　원)

　금융기관명(　　　　　　　　) 계좌번호(　　　　　　　　　　) 잔고 (　　　　　원)

　☆ 은행 이외의 금융기관에 대한 것도 포함합니다.

　☆ 예금잔고가 소액이라도 반드시 기재하고 파산신청시의 잔고(정기예금분을 포함)와 최종 금융거래일로부터 과거 1년간의 입출금이 기재된 통장 사본 또는 예금거래내역서를 첨부하여 주십시

오(공과금, 통신료, 카드사용, 급여이체 등이 기재된 통장 사본 또는 예금거래내역서를 제출, 가족명의의 계좌로 거래하였다면 그 계좌에 관한 통장 사본 또는 예금거래내역서를 제출).

3. 보험(생명보험, 화재보험, 자동차보험 등)

보험회사명(   )   증권번호(   )   해약반환금 (원)

보험회사명(   )   증권번호(   )   해약반환금 (원)

보험회사명(   )   증권번호(   )   해약반환금 (원)

☆ 파산신청 당시에 가입하고 있는 보험은 해약반환금이 없는 경우에도 반드시 전부 기재하여 주십시오.

☆ 생명보험협회에서 발급받은 채무자에 대한 생존자 보험가입내역조회를 첨부하여 주시고, 그러한 보험가입내역조회에 기재된 생명보험(손해보험, 자동차보험, 운전자보험, 여행자·단체보험, 주말휴일상해보험은 제외)의 해지·실효·유지 여부 및 예상해약환급금 내역을 기재한 각 보험회사 작성의 증명서도 첨부하여 주십시오.

4. 임차보증금

임차물건(   ), 지급한 금액 (원), 반환금 (원)

☆ 반환예상금란에는 채무자가 파산신청일을 기준으로 임대인에게 임차물건을 명도할 경우 임대인으로부터 반환 받을 수 있는 임차보증금의 예상액을 기재하여 주십시오.

☆ 임대차계약서의 사본 등 임차보증금 중 반환예상액을 알 수 있는 자료를 첨부하여 주십시오.

☆ 상가 임대차의 경우에는 권리금이 있으면 반드시 권리금 액수를 기재해 주시기 바랍니다.

5. 대여금·구상금·손해배상금·계금 등

채무자명(   )   채권금액 (   )   회수가능금액 (원)

채무자명(   )   채권금액 (   )   회수가능금액 (원)

☆ 회수가 어렵다고 하더라도 반드시 기재하시고, 대여금뿐만 아니라 구상금, 손해배상금, 계금

등 어떠한 명목으로라도 제3자로부터 받아야 할 돈이 있으면 기재하시기 바랍니다.

6. 매출금(개인사업을 경영한 사실이 있는 분은 현재까지 회수하지 못한 매출금 채권)

채무자명(   )   채권금액 (원)   회수가능금액 (

원)

채무자명(   )   채권금액 (원)   회수가능금액 (

원)

7. 퇴직금

근무처명(   )   퇴직금예상액 (원)

☆ 파산신청시에 퇴직하는 경우에 지급 받을 수 있는 퇴직금예상액(퇴직금이 없는 경우에는 그
  취지)을 기재하여 주십시오. 만일 퇴직금채권을 담보로 하여 돈을 차용하였기 때문에 취업규칙
  상의 퇴직금보다 적은 액수를 지급 받게 되는 경우에는 그러한 취지를 기재하여 주시기 바랍
  니다.

8. 부동산(토지와 건물)

종류(토지 · 건물)   소재지 (   )

시 가 (원)   등기된 담보권의 피담보채권 잔액(원)

종류(토지 ·건물)   소재지 (   )

시 가 (원)   등기된 담보권의 피담보채권 잔액(원)

☆ 부동산을 소유하고 있는 경우 부동산등기사항전부증명서를 첨부하여 주십시오.

☆ 저당권 등 등기된 담보권에 대하여는 은행 등 담보권자가 작성한 피담보채권의 잔액증명서
  등의 증명자료를 첨부하여 주십시오(가압류나 압류는 등기된 담보권이 아니므로 그 가액
  을 표시할 때는 가압류나 압류임을 명시하여 주시기 바랍니다).

☆ 경매진행 중일 경우에는 경매절차의 진행상태를 알 수 있는 자료를 제출하여 주십시오.

9. 자동차(오토바이를 포함한다)

차종 및 연식(   )   등록번호(   )   시가 (

원)

등록된 담보권의 피담보채권 잔액(원)

☆ 자동차등록원부와 시가 증명자료를 첨부하여 주십시오.

10. 기타 재산적 가치가 있는 중요 재산권(주식, 회원권, 특허권, 귀금속, 미술품 등)

　품목명(　　　　　　　　　　)　　　　　　　시가 (　　　　　　　　원)

　품목명(　　　　　　　　　　)　　　　　　　시가 (　　　　　　　　원)

11. 진술서 4.(3) 기재 지급 불가능 시점의 1년 이전부터 현재까지 사이에 처분한 <u>1,000만원 이상의 재산</u>(다만, 여러 재산을 처분한 경우 그 합계액이 1,000만 원 이상이면 모두 기재하여야 하고, 부동산은 1,000만 원 미만이라도 기재하여야 합니다.)

_____

_____ _____

☆ 처분의 시기, 대가 및 대가의 사용처를 상세히 기재하여 주시기 바랍니다. 그리고 여기서 말하는 재산의 처분에는 보험의 해약, 정기예금 등의 해약, 퇴직에 따른 퇴직금수령 등도 포함합니다. 주거이전에 따른 임차보증금의 수령에 관하여는 다음의 12항에 기재하여 주시기 바랍니다.

☆ 특히 부동산이나 하나의 재산의 가액이 1,000만 원 이상의 재산을 처분한 경우에는 처분시기와 대가를 증명할 수 있는 부동산등기사항전부증명서, 계약서사본, 영수증사본 등을 첨부하시기 바랍니다(경매로 처분된 경우에는 배당표 및 사건별수불내역서를 제출하여 주십시오).

12. 최근 2년 이내에 주거이전에 따른 임차보증금을 수령한 사실

_____

_____ _____

☆ 임차물건, 임대차계약상 임차보증금의 액수와 실제로 수령한 임차보증금의 액수, 수령한 임차보증금의 사용처를 기재하여 주시기 바랍니다.

13. 최근 2년 이내에 이혼에 따라 재산분여(할)한 사실

_____

_____ _____

☆ 분여한 재산과 그 시기를 기재하여 주십시오.

☆ 최근 2년 이내에 이혼을 한 경우에는 그러한 이혼에 관한 재판서(조정·화해가 성립된 경우에는 그에 대한 조서) 또는 협의이혼의사확인서의 등본을 제출하여 주시기 바랍니다.

14. 친족의 사망에 따라 상속한 사실

　　　　　년　　월　　일　친족_____의 사망에 의한 상속

상속상황

　　　㉠ 상속재산이 전혀 없었음

　　　㉡ 신청인의 상속포기 또는 상속재산 분할에 의하여 다른 상속인이 모두 취득
　　　하였음

　　　㉢ 신청인이 전부 또는 일부를 상속하였음

주된 상속재산과 그 처분의 경과

―――　――――――――――――――――――――――――――

___ _____

☆ ㉡ 또는 ㉢항을 선택한 분은 주된 상속재산을 기재하여 주시기 바랍니다.

☆ ㉡항을 선택한 분은 다른 상속인이 주된 상속재산을 취득하게 된 경위를
기재하여 주십시오.

【서식】 현재의 생활상

현재의 생활상황

1. 현재의 직업【자영, 고용, 무직】

업종 또는 직업(   )   직장 또는 회사명 (   )

지 위 (   )   취 직 시 기   (년   월)

2. 수입의 상황(신청인의 월수입 합계   원)

자영수입(원) → 종합소득세 확정신고서(최근 2년분)를 첨부하여 주십시오.

월 급 여(원) → 급여증명서(최근 2년분)와 근로소득세 원천징수영수증의 사본을
첨부하여 주십시오.

연   금(원) → 수급증명서를 첨부하여 주십시오.

생활보호(원) → 수급증명서를 첨부하여 주십시오.

기   타(원) → 구체적으로 기재하고 수입원을 나타내는 자료를 첨부하여 주십시
오.

3. 가족 · 동거인의 상황

성명	신청인과의 관계	연령	동거여부	직업	월수입
		세	동거· 별거		원
		세	동거· 별거		원
		세	동거 · 별거		원
		세	동거 · 별거		원
		세	동거· 별거		원
		세	동거· 별거		원

4. **주거의 상황**

거주를 시작한 시점 (년 월 일)

거주관계 : 아래 ㉠ - ㉥ 중 선택 ( )

㉠ 임대 주택(신청인 이외의 자가 임차한 경우 포함)

㉡ 사택 또는 기숙사

㉢ 신청인 소유의 주택

㉣ 친족 소유의 주택에 무상으로 거주

㉤ 친족 이외의 자 소유의 주택에 무상으로 거주

㉥ 기타 ( )

㉠, ㉡항을 선택한 분에 대하여,

관리비를 포함한 임대료 (원) 임대보증금 (원)

연체액 (원)

신청인 이외의 자가 임차인인 경우라면 임차인 성명 ( )

㉣, ㉤항을 선택한 분에 대하여,

소유자 성명 ( ) 신청인과의 관계 ( )

☆ ㉠ 또는 ㉡항을 선택한 분은 임대차계약서 또는 사용허가서 사본을 첨부하여 주시기 바랍니다.

☆ ㉢ 또는 ㉣항을 선택한 분은 등기부등본을 첨부하여 주십시오.

☆ ㉣ 또는 ㉤항을 선택한 분은 소유자 작성의 거주 증명서를 첨부하여 주십시오.

5. **조세 등 공과금의 납부 상황(체납 조세가 있는 경우 세목 및 미납액을 기재하십시오)**

소득세 미납분 (없음 , 있음 — 미납액 원)

주민세 미납분 (없음 , 있음 — 미납액 원)

재산세 미납분 (없음 , 있음 — 미납액 원)

의료보험료 미납분 (없음 , 있음 — 미납액 원)

국민연금 미납분 (없음 , 있음 — 미납액 원)

자동차세 미납분 (없음 , 있음 — 미납액 원)

기타 세금 미납분 (없음 , 있음 — 미납액 원)

【서식】 수입 및 지출에 관한 목록

수입 및 지출에 관한 목록

1. 가계수지표(20 년   월분)(신청일이 속한 달의 직전 달 기준)

수입			지출	
항 목		금 액	항 목	금 액
급여 또는 자영 수입	신청인	원	주거비(임대료,관리비 등)	원
	배우자	원	식비(외식비 포함)	원
	기타( )	원	교육비	원
연금	신청인	원	전기· 가스· 수도료	원
	배우자	원	교통비(차량유지비 포함)	원
	기타( )	원	통신료	원
생활보호		원	의료비	원
기타		원	보험료	원
			기타	원
수입합계		원	지출합계	원

2. 채무자의 가용소득(개인회생절차를 신청할 경우 소득에서 생계비를 뺀 나머지 소득)

	구분	금액(단위 : 원)					
1	채무자의 월 평균 소득5)						
2	생계비(기준 중위소득의 100분의 606))	1인 가구	2인 가구	3인 가구	4인 가구	5인 가구	6인 가구
	부양가족의 이름, 연령, 채무자와의 관계						
3	채무자의 가용소득 (1 - 2)						

5) 최근 1년 동안의 모든 소득을 평균하여 기재하십시오
6) 본인을 포함한 부양가족(스스로 기준 중위소득의 40% 이상의 소득을 올리는 사람은 부양가족이 아닙니다)의 수에 해당하는 곳에 ○ 표 하십시오. 한편, 각 가구별 생계비로 기재될 금액은 국민기초생활보장법 제6조의 규정에 따라 공표된 해당 연도의 기준 중위소득에 100분의 60을 곱한 금액으로서 매년 변경됩니다. 위 규정에 따라 올바르게 계산된 금액을 가구별 생계비로 기재하여 주시기 바랍니다.

자료제출목록

채무자_____(인)

채무자는 아래와 같은 자료들을 제출합니다.

※ 아래표의 해당 □ 란에 ∨ 표시하고 뒷면에 제출하는 서류를 순서대로 첨부하여 제출합니다.

※ 가족관계증명서, 혼인관계증명서, 주민등록등본은 신청인 외 제3자의 주민등록번호 뒷자리가 표기되지 아니한 것을 제출합니다(다만, 신청인 본인의 주민등록번호는 전체를 표기하여야 합니다).

순번	제출하여야 하는 자료	제출 여부	제출 못하거나 일부만 제출한 이유	발급 기관
1	채무자의 가족관계증명서 (상세증명서)	□ 제출하였음		구청 등
2	채무자의 혼인관계증명서 (상세증명서)	□ 제출하였음		
3	채무자의 주민등록초본 [주소변동내역(과거 주소 전체) 및 개명, 주민등록번호 변동사항 포함]	□ 제출하였음		
4	채무자의 주민등록등본	□ 제출하였음		
5	채무자에 대한 지방세 세목별 과세증명서 (현재로부터 과거 5년까지의 기간에 관한 것. 모든 세목이 포함되도록 표시하여 발급하고, 전국 단위로 발급)	□ 제출하였음		
6	채무자 소유 자동차에 관한 자동차등록원부(갑, 을구 모두 포함) 및 시가 증명자료	□ 제출하였음	□ 해당사항 없음(차량소유 없음)	

7	채무자 소유 부동산에 관한 부동산등기사항전부증명서	□ 제출하였음	□ 해당사항 없음(부동산소유 없음)	구청 · 등기 소 등
8	채무자의 생존자 보험가입내역 조회	□ 제출하였음		생명 보험 협회 7)
	보험가입내역조회에 기재된 생명보험의 해지·실효·유지 및 예상해약환급금 내역 **(손해/자동차/운전자/여행자·단체/주말휴일상해 제외)**	□ 제출하였음		각 보험 회사
9	채무자가 개인 영업을 하였던 경우, 채무자의 사실증명 (현재부터 과거 3년까지의 기간에 관한 것) **※ 아래 8종류의 사실증명에 대하여 발급신청을 하고, 그에 따라 세무공무원이 교부해주는 서류를 제출** ①사업자등록증명 ②휴업사실증명 ③폐업사실증명 ④납세 및 체납사실증명 ⑤소득금액증명 ⑥부가가치세과세표준증명 ⑦부가가치세면세사업자수	□ 제출하였음		세무 서8)

	입금액증명 ⑧표준재무제표증명(개인, 법인)			
10	과거 1년부터 현재까지의 채무자의 은행통장거래내역 (공과금, 통신료, 카드사용, 급여이체 등이 기재된 통장 사본 또는 예금거래내역서를 제출, 가족명의의 계좌로 거래하였다면 그 계좌에 관한 통장 사본 또는 예금거래내역서를 제출)	☐ 전부 제출하였음 ☐ 일부만 제출하였음	☐해당사항 없음(은행거래 없음) ☐협조거부 (　　　　　) ☐기타 (　　　　　)	은행, 농협, 수협, 축협, 신협, 증권사, 우체국, 마을금고 등
11	지급 불가능 시점의 1년 이전부터 신청 시까지 사이에 부동산이나 하나의 재산의 가액이 1,000만 원 이상의 재산을 처분한 경우, 처분시기와 대가를 증명할 수 있는 부동산등기사항전부증명서, 계약서사본, 영수증사본 (경매로 처분된 경우에는 배당표 및 사건별수불내역서)	☐ 전부 제출하였음 ☐ 일부만 제출하였음	☐해당사항 없음 (지급 불가능 시점의 1년 이전부터 신청 시까지 사이에 부동산이나 하나의 재산의 가액이 1,000만 원 이상의 재산을 처분한 일이 없음) ☐협조거부 (　　　　　) ☐기타 (　　　　　)	채무자 보유 자료 (경매 법원)
12	임대차계약서의 사본 등 임차보증금 중 반환예상액을 알 수 있는 자료	☐ 제출하였음	☐해당사항 없음 (임차한 물건이 없음) ☐협조거부 (　　　　　) ☐기타 (　　　　　)	채무자 보유 자료

13	최근 2년 이내에 이혼을 한 경우, 이혼에 관한 재판서(조정·화해가 성립된 경우에는 그에 대한 조서) 또는 협의이혼의사 확인서의 등본	☐ 제출하였음	☐해당사항 없음 (최근 2년 이내 이혼 사실 없음)	법원
14	수입에 관한 자료 [자영수입이 있는 경우에는 종합소득세 확정신고서(최근 2년분)/급여수입이 있는 경우에는 급여증명서(최근 2년분)와 근로소득세 원천징수 영수증의 사본/연금을 받는 경우에는 수급증명서/생활보호대상자인 경우에는 수급증명서/기타의 경우에는 수입원을 나타내는 자료]	☐ 제출하였음		채무자 보유자료, 세무서, 국민연금공단, 구청 등

---

7) 생명보험협회의 인터넷 홈페이지 주소는 https://www.klia.or.kr이고, 전화번호는 02-2262-6600입니다.

8) 각종 증명서 조회 및 발급 등이 가능한 국세청 홈텍스의 홈페이지 주소는 https://www.hometax.go.kr 이고, 국세상담센터의 상담전화번호는 국번 없이 126번입니다.

【서식】 채무자심문기일 통지 겸 보정명령

서울회생법원
제201파산부

우)06594 서초구 서초중앙로 157 / 전화 (02)530-1114 / 인터넷전화 행정9*221-2279

사　　건　　　　20○○하○○ 파산선고

수　　신　　　　신청인 ○○주식회사

　　　　　　　　대리인 변호사 ○○○(전화　　　　　　 / 팩스　　　　　　)

제　　목　　　　보정명령 및 채무자심문기일 지정·소환

1. 신청인은 다음 사항을 20○○. ○. ○. 까지 보정하고 소명자료를 제출하시기 바랍니다.

　가. 채권자명부 보완

　　　- 별제권자, 일반파산채권자, 우선파산채권자, 재단채권자(임금, 퇴직금, 조세, 공공보험료) 별로 채권의 금액, 내용, 채권자 주소, 전화, 팩시밀리 번호 기재

　나. 등기 또는 등록의 대상이 되는 재산 목록 제출

　　　- 등기소(등록관청)별로 각 3부씩 작성하여 제출 요망

　다. 자산의 상황

　　　- 청산재산목록(신청일 현재의 처분가액 표시)

　　　- 담보물건 및 피담보채권 일람표

2. 위 사건 관련 채무자 심문기일을 다음과 같이 지정하였습니다.

　가. 일시 : 20○○. ○. ○. 10:30

　나. 장소 : 서울회생법원 준비절차실(별관 ○○○호실)

　(채무자의 대표자는 위 일시에 출석하시기 바랍니다. 필요한 경우에는 심문기일에 재무담당임직원의 도움을 받거나 관련 자료 등을 참고하여 심문에 응할 수 있습니다.)

20○○. ○. ○.

재판장 판사 ○　　○　　○

파산절차비용의 예납(제303조)

1. 파산절차비용의 예납

채권자 신청의 경우에는 신청인에게 예납금 납부의무가 있고, 예납명령을 받고도 이에 응하지 않으면 법원은 파산신청을 각하할 수 있다. 반면 자기파산신청(준자기파산신청 포함)의 경우에는 예납금 납부의무가 없고, 국고에서 가지급하도록 되어 있다.

2. 실무에서의 처리

실무에서는 채무자 신청의 경우뿐만 아니라 법원이 직권으로 파산선고를 하는 경우에도 마찬가지로 채무자에게 예납명령을 하고 있다. 다만, 채무자가 현재 현금이 없고 파산선고 후 바로 쉽게 환가할 재산이 있는 경우에는 일부만 예납하고 추납을 허용하거나 예납금을 기준보다 낮게 책정하여 예납하도록 하는 방법을 취하고 있다.

채권자 신청의 경우	신청인에게 예납금 납부의무가 있다
자기파산신청(준자기파산 신청포함)신청의 경우	예납금 납부의무가 없고, 국고에서 가지급하도록 되어 있다
실무에의 경우	채무자 신청의 경우 뿐 아니라 법원이 직권으로 파산선고를 하는 경우에도 채무자에게 예납명령을 하고 있고, 다만 채무자가 현재 현금이 없고 파산선고 후 바로 쉽게 환가할 재산이 있는 경우에는 일부만 예납하고 추납을 허용하거나 예납금을 기준보다 낮게 책정하여 예납하도록 하고 있다

3. 채무자가 임의로 예납하지 않는 경우

국고가지급절차의 복잡성과 예산정책이 뒷받침 되지 않는 경우가 많으므로 가능한 한 예납을 유도하고 분납도 허용하는 쪽으로 하여, 최소한 공고, 송달비용 정도만이라도 예납이 되면 파산을 선고하도록 해야 할 것이다. 이 때

파산관재인 내정자에게는 위와 같은 사정으로 말미암아 보수의 선급이 곤란한 사정과 파산관재인 직무의 수행이 변호사 공익활동으로 인정될 수 있다는 점을 미리 설명하여 두는 것이 좋다.

4. 절차비용의 부족으로 동시폐지를 하여야 할 사안

절차비용이 부족하여 동시폐지를 하여야 할 사안에서는 채권자가 채무자에 갈음하여 예납금을 납부하는 방법도 있으므로, 채권자에게 예납금을 납부할 의사가 있는지 확인하여야 한다.

5. 예납금의 결정 기준

개인파산사건에서 동시폐지를 하지 아니하는 경우의 예납금은 파산재단의 규모, 부인권 대상 행위의 존부와 수, 파산절차의 예상 소요기간, 재단수집의 난이도, 채권자의 수 등을 고려하여 정할 수 있다. 다만, 특별한 사정이 없는 한 500만 원을 넘을 수 없다.

6. 예납명령

(1) 시기

예납금의 액수를 미리 정할 수 있는 경우에는 채무자 심문 전에 예납명령을 발할 수도 있으나, 채무액이 미리 나타나 있지 않거나 채무자의 납부능력을 조사해봐야 하는 경우에는 채무자 심문 이후에 예납금을 정하여 예납명령을 발하는 것이 좋다.

(2) 금융감독위원회가 공익적 지위에서 파산신청을 하는 경우

금융감독위원회가 채권자가 될 수는 없으므로 이 경우에는 예납명령을 신청인인 금융감독위원회가 아니라 피신청인인 채무자에게 한다. 한편, 채권자 신청의 경우에는 일단 송달비용 정도를 예납받은 후 심리를 진행하면서 파산선고의 사유가 인정된다고 판단되는 시점에서 채권자에게 예납명령을 하고 있다.

7. 예납금의 사용과 반환

재단이 소집된 상태	예납금은 주로 공고, 송달비용, 파산관재인 보수 등의 절차비용으로 사용된다
재단이 소집되지 않은 상태	법원의 재단채권 승인을 거쳐 재단의 관리, 환가비용으로 사용되기도 한다

(1) 채권자가 납부한 예납금 중 지출된 부분의 반환청구권

청구권은 재단채권이 되고, 파산재단이 수집되어 절차비용을 충당하기에 충분하다고 판단되는 즉시 잔액을 반환하도록 하여야 한다.

(2) 이미 지출된 부분이 있는 경우

파산관재인으로 하여금 직접 지급하게 하는 방법과 법원에 보관금으로 예납하게 하여 이 보관금 중에서 지급하도록 하는 방법이 있다.

(3) 채무자가 납부한 예납금

예납금은 채무자(파산자)에게 반환되지 않고, 절차비용 상당분을 제외하고는 파산재단에 편입시키고 있다. 편입의 시기는 금리의 면에서 채권자에게 유리하므로 파산선고 직후(즉 공고비용 지출 후)가 적당할 것이나, 실무에서는 중간배당시 또는 최후배당시라도 무방한 것으로 운용하고 있다.

(4) 채무자가 법인인 경우

채무자가 법인인 경우, 채무자가 납부한 예납금을 파산재단에 편입하지 않은 채 파산이 폐지 또는 종결된 경우 예납금을 어떻게 처리할 것인가에 대해서 견해의 대립이 있으나, 파산이 폐지 또는 종결되더라도 청산의 목적 범위 내에서는 여전히 법인격이 존속한다고 보고 있으므로, 청산인 선임절차를 거쳐 청산인이 예납금 반환을 신청할 수 있다고 보아야 할 것이다.

【서식】 비용예납명령(자기파산신청)

서울회생법원
제201파산부
결 정

사 건   20○○하○○   파산선고

신청 인겸   ○○ 주식회사

채 무 자   서울 ○○구 ○○동 ○○○

         대표이사 ○ ○ ○

         대리인 변호사 ○ ○ ○

주 문

신청인은 이 결정을 송달받은 날로부터 7일 이내에 5,000만원을 예납하여야 한다.

이 유

파산재단의 관리환가비용, 파산관재인 보수, 채권자에의 통지비용, 공고비용 등을 고려하여 주문과 같이 결정한다.

20○○. ○. ○.

재판장 판사 ○ ○ ○

판사 ○ ○ ○

판사 ○ ○ ○

【서식】비용예납명령(채권자신청)

서울회생법원
제202파산부
결   정

사   건   20○○하○○   파산선고
신 청 인   ○○ 주식회사
              서울 ○○구 ○○동 ○○○
              대표이사 ○ ○ ○
채 무 자   서울 ○○구 ○○동 ○○○
              대표이사 ○ ○ ○
              대리인 변호사 ○ ○ ○

주   문

신청인은 이 결정을 송달받은 날로부터 7일 이내에 1,600만원을 예납하여야 한다.

이   유

채무자회생및파산에관한법률 제303조를 적용하여 주문과 같이 결정한다.

20○○. ○. ○.

재판장 판사 ○ ○ ○
    판사 ○ ○ ○
    판사 ○ ○ ○

파산절차비용의 가지급(제304조)

채권자 신청의 경우에는 신청인에게 예납금 납부의무가 있고, 예납명령을 받고도 이에 응하지 않으면 법원은 파산신청을 각하할 수 있다. 반면 자기파산신청(준자기파산신청 포함)의 경우에는 예납금 납부의무가 없고, 국고에서 가지급하도록 되어 있다.

제2절 파산선고 등

보통파산원인(제305조)

지급불능

변제능력이 부족한 관계로 변제기가 도래한 채무를 일반적, 계속적으로 변제할 수 없는 객관적 상태에 있는 것을 지급불능이라 한다. 비록 재산이 없는 경우이더라도 신용을 통한 금원차입에 의한 변제가 가능하면 지급불능으로 판단하기는 어렵고, 부동산 등의 재산이 있더라도 이를 손쉽게 환가할 수 없는 때에는 지급불능으로 볼 수 있다.

채무자가 지급을 정지한 경우에는 지급을 할 수 없는 것으로 추정한다.

▣ 관련판례

판례(대법원 2011. 10. 28., 자, 2011마961, 결정)

채무자 회생 및 파산에 관한 법률(이하 '법'이라 한다) 제305조 제1항은 "채무자가 지급을 할 수 없는 때에는 법원은 신청에 의하여 결정으로 파산을 선고한다."고 규정하고 있는바, 여기서 '채무자가 지급을 할 수 없는 때', 즉, 지급불능이라 함은 채무자가 변제능력이 부족하여 즉시 변제하여야 할 채무를 일반적·계속적으로 변제할 수 없는 객관적 상태를 말하고, 채무자가 개인인 경우 그가 현재 보유하고 있는 자산보다 부채가 많음에도 불구하고 지급불능 상태가 아니라고 판단하기 위하여는, 채무자의 연령·직업 및 경력·자격 또는 기술·노동능력 등을 고려하여 채무자가 향후 구체적으로 얻을 수 있는 장래 소득을 산정하고, 이러한 장래 소득에서 채무자가 필수적으로 지출하여야 하는 생계비 등을 공제하여 가용소득을 산출한 다음, 채무자가 보유 자산 및 가용소득으로 즉시 변제하여야 할 채무의 대부분을 계속적으로 변제할 수 있는 객관적 상태에 있다고 평가할 수 있어야 한다. 따라서 개인 채무자의 변제능력에 관한 위와 같은 구체적·객관적인 평가 과정을 거치지 아니하고는 그가 단지 부채초과 상태에 있다는 이유만으로 함부로 지급불능 상태에 있지 않다고 단정하여서는 안 된다(대법원 2009. 11. 6.자 2009마1464, 1465 결정 등 참조).

법인의 파산원인(제306조)

1. 채무초과

채무초과는 합명회사, 합자회사 즉 인적회사를 제외한 법인과 상속재산에 있어서 특유한 파산원인이다. 채무초과란 부채의 총액이 자산의 총액을 초과하는 것을 말한다.

본 규정에서의 부채 및 자산의 개념이 반드시 회계상의 개념과 일치하는 것은 아니다. 이에 따라 대차대조표상 부채가 자산을 초과한다고 해서 바로 채무초과라고 할 수 있는 것은 아님을 유의해야 한다.

2. 자산의 평가 기준

자산의 평가 기준에 관하여는 견해의 대립이 있으나, 파산신청의 대상인 기업이 계속적인 기업활동을 예정하고 있는지 여부에 따라 판단하는 것이 타당하다고 본다. 만약 해당 기업이 계속적인 기업활동을 예정하고 있는 경우라면 계속기업가치가 자산을 평가하는 기준이 될 것이고, 짧은 기간 안에 기업활동의 종료를 예정하고 있는 경우라면 자산의 평가는 청산가치를 기준으로 해야 할 것이다. 그러므로 기업활동이 계속되고 있음에도 불구하고 채권자가 파산신청을 하는 경우에 채무초과 여부는 계속기업가치를 기준으로 판단하는 것이 타당하다.

◨ 관련판례

판례(대법원 1999. 6. 25. 선고 99다5767 판결)

채무초과상태에 있는 주식회사에 대하여 회사정리법에 따라 회사재산보전처분결정이 내려졌다 하더라도 그 후 정리절차개시신청기각, 정리절차폐지 또는 정리계획불인가의 결정이 확정되면 그 회사에 대하여 파산선고를 할 수 있으므로, 회사재산보전처분결정 사실을 들어 그 회사가 파산의 우려가 있는 상태에서 회복되었다고 할 수는 없으며, 그 회사는 채무초과의 상태가 계속되는 한 회사정리법에 의한 회사재산보전처분결정에도 불구하고 여전히 파산의 우려가 있는 상태에 있는 것이라고 아니할 수 없다.

상속재산의 파산원인(제307조)

상속인이 상속재산으로서 상속채권자 및 유증을 받은 자에 대한 채무를 완제할 수 없는 경우에는 법원은 신청에 의하여 결정으로 파산을 선고한다.

파산신청 또는 선고 후의 상속(제308조)

파산신청 또는 파산선고가 있은 후에 상속이 개시된 경우에는 상속재산에 대하여 파산절차가 속행된다.

기각사유(제309조)

법원은 신청인이 절차의 비용을 미리 납부하지 아니한 때, 법원에 회생절차 또는 개인회생절차가 계속되어 있고 그 절차에 의함이 채권자 일반의 이익에 부합하는 때, 채무자에게 파산원인이 존재하지 아니한 때, 신청인이 소재불명인 때, 그 밖에 신청이 성실하지 아니한 때에 해당하는 경우에는 파산신청을 기각할 수 있다. 뿐만 아니라 법원은 채무자에게 비록 파산원인이 존재하는 경우일지라도 파산신청이 파산절차의 남용에 해당한다고 인정되는 때에는 심문을 거쳐 파산신청을 기각할 수 있다.

파산선고(제310조)

결정문에는 파산선고의 연월일뿐 아니라 시각도 기재하여야 한다. 이처럼 정확한 시간을 요구하는 것은 파산선고의 효력발생시기가 그 결정의 확정을 기다리지 않고 선고시부터 효력을 발생하므로, 그 시점을 명확하게 할 필요가 있기 때문이다.

파산의 효력발생시기(제311조)

파선선고는 그 결정의 확정을 기다리지 않고 선고시부터 효력을 발생한다.

파산선고와 동시에 정하여야 하는 사항(제312조)

파산선고와 동시에 정하여야 하는 사항

1. 파산관재인 선임

파산선고와 파산관재인을 동시에 선임하는 때에는 파산결정문에 그 취지를 기재한다. 파산선고 직후에 파산결정 정본을 파산관재인에게 송달하고, 파산관재인 자격증명서(선임증)의 원본을 교부한다.

2. 공고와 송달

파산관재인을 선임하는 경우에는 파산관재인의 성명과 주소를 공고하고, 채권자에게 이를 기재한 서면을 송달한다. 실무상 관재업무의 편의를 위하여 결정문 등에는 파산관재인의 주소를 기재하기보다는 파산관재인의 사무실 소재지를 기재하는 경우가 더 많다.

3. 채권신고기간 결정, 제1회 채권자집회 기일, 채권조사기일 결정
(1) 채권신고의 기간 - 파산선고일로부터 2주 이상 3월이하
(2) 제1회 채권집회의 기일 - 파산선고일로부터 4월 이내
(3) 채권조사의 기일 - 채권신고기간의 말일로부터 1주일 이상 1월 이하의

기간 내

제1회 채권자집회와 채권조사기일은 병합할 수 있도록 정해져 있다. 실무
는 위 기간에 관한 규정을 강행규정이 아닌 훈시규정으로 해석한다.

4. 실무에서의 처리

실무에서는 통상 채권신고기간은 파산선고일로부터 4주 전후로, 제1회 채권
자집회와 채권조사기일은 채권신고기간 말일로부터 4주 전후로 정하고 있다.
채권자 수가 매우 많거나 하는 등 다른 사정이 있는 경우에는 이보다 더 늘
려잡을 수 있다. 제1회 채권자집회와 채권조사기일은 특별한 사정이 없는 한
병합한다.

5. 소파산 결정

파산재단에 속하는 재산액이 2억원 미만으로 인정되는 경우에는 파산선고와
동시에 소파산의 결정을 한다. 소파산에 관하여는 제1회 채권자집회의 기일
과 채권조사기일은 부득이한 사유가 있는 경우를 제외하고는 반드시 병합하
여야 하는 등 몇 가지 특칙이 정해져 있다. 실무상으로는 비영업자 파산사건
중 파산관재인을 선임하여야 하는 경우 외에는 소파산 결정을 하는 예가 거
의 없다.

【서식】 파산관재인 선임증(자격증명서)

20○○하○○ 파산선고

선 임 증

성 명   홍길동(주민등록번호)

주 소   서울 ○○구 ○○동 ○○

위 사람은 주식회사 ○○의 파산관재인으로 선임되었음을 증명함.

20○○. ○. ○

서울회생법원 제201파산부

【서식】파산선고 및 소파산결정

서울회생법원
제201파산부
결   정

사   건   　　20○○하○○　　　　파산선고
채 무 자   　　○○○
　　　　　　　　서울 ○○구 ○○동 ○○○

주   문

1. 채무자 ○○○를 파산자로 한다.
2. 변호사 ○○○(주민등록번호, 주소)을 파산관재인으로 선임한다.
3. 채권신고기간을 20○○. ○. ○까지로 한다.
4. 제1회 채권자집회 및 채권조사의 기일 및 장소를 20○○. ○. ○. 15:00 서울중앙지방법원 제466호 민사법정으로 한다.
5. 이 사건 파산을 소파산으로 한다.

이   유

이 사건기록에 첨부된 각 소명자료 및 이 법원의 채무자 심문결과에 의하면, 채무자는 채권자 ○○은행 등 15개 채권자에 대하여 금 1,623,500,000원 상당의 채무를 부담하여 지급불능상태에 있는 사실, 파산재단에 속하는 재산으로는 ○○ 등이 있는데 그 시가 합계가 금 ○○원인 사실이 소명되므로, 채무자회생및파산에관한법률 제305조, 제306조, 제549조 제1항을 적용하여 채무자에 대하여 파산을 선고함과 동시에 소파산의 결정을 하기로 하고, 파산관재인은 채무자회생및파산에관한법률 제355조에 의하여 변호사 ○○○을 선임하기로 하며, 채무자회생및파산에관한법률 제312조를 적용하여 주문과 같이 결정한다.

20○○. ○. ○.

재판장 판사 ○　○　○
판사 ○　○　○
판사 ○　○　○

【서식】 소파산으로 변경하는 결정

서울회생법원
제201파산부
결   정

사   건   20○○하○○   파산선고
파 산 자   ○○산업 주식회사
            서울 ○○구 ○○동 ○○○
            대표이사 ○ ○ ○
파산관재인   ○ ○ ○

주   문

이 사건 파산을 소파산으로 한다.

이   유

이 사건에 관하여 이 법원은 20○○. ○. ○. 10:00 파산선고를 하고 파산절차를 진행하였으나, 파산관재인의 조사보고에 의하면 파산재단에 속하는 재산의 액이 2억원 미만인 사실이 인정되므로 채무자회생및파산에관한법률 제550조를 적용하여 주문과 같이 결정한다.

20○○. ○. ○.

재판장 판사 ○ ○ ○
      판사 ○ ○ ○
      판사 ○ ○ ○

【서식】 소파산취소결정

서울회생법원
제201파산부
결　정

사　　건　　　20○○하○○　　　　　파산선고
파 산 자　　　○○산업 주식회사
　　　　　　　서울 ○○구 ○○동 ○○○
파산관재인　　변 호 사 ○ ○ ○

주　문

이 사건에 관하여 20○○. ○. ○. 선고한 파산결정 중, 소파산의 결정을 취소한
다.

이　유

이 사건에 관하여 이 법원은 20○○. ○. ○. 10:00 파산선고와 동시에 소파산
의 결정을 하고 파산절차를 진행하였으나, 파산관재인의 조사보고에 의하면 파
산재단에 속하는 재산의 액이 2억원 이상인 사실이 인정되므로 채무자회생및파
산에관한법률 제551조를 적용하여 주문과 같이 결정한다.

20○○. ○. ○.

재판장 판사 ○ ○ ○
판사 ○ ○ ○
판사 ○ ○ ○

파산선고의 공고 및 송달(제313조)

1. 공고

법원은 파산선고를 한 때에는 파산결정의 주문, 파산관재인의 성명 및 주소 또는 사무소, 채무자회생및파산에관한법률 제312조의 규정에 의한 기간 및 기일, 파산선고를 받은 채무자의 채무자와 파산재단에 속하는 재산의 소유자는 파산선고를 받은 채무자에게 변제를 하거나 그 재산을 교부하여서는 아니 된다는 뜻의 명령, 파산선고를 받은 채무자의 채무자와 파산재단에 속하는 재산의 소유자에 대하여 채무를 부담하고 있다는 것, 재산을 소지하고 있다는 것, 소지자가 별제권을 가지고 있는 때에는 그 채권을 가지고 있다는 것을 일정한 기간 안에 파산관재인에게 신고하여야 한다는 뜻의 명령을 공고한다. 영업자 파산사건이든 비영업자 파산사건이든 나누지 않고 관보와 법원이 지정하는 일간신문에 공고하여야 한다.

2. 송달

(1) 송달받는 자

선고시점에 판명된 채권자, 채무자 및 파산재단에 속하는 재산의 소유자에게 공고사항과 동일한 사항을 송달한다.

(2) 실무에서의 처리

실무상으로는 파산관재인이 선임되는 즉시 채권자들의 성명, 주소 등을 정확히 파악하도록 한 후에 파산관재인 또는 그 보조자들의 도움을 얻어 발송하도록 하고 있다. 송달방법으로는 등기우편에 의한 발송송달을 이용하고 있다. 이 때 채권자들에 대한 통지서외에 채권신고서 용지, 채권신고에 관한 주의사항 및 채권자집회기일 소환장을 동봉한다.

【서식】 파산선고 공고

주식회사 ○○ 파산선고 공고

사   건   20○○회○○   회사정리
채 무 자   ○○ 주식회사
            서울 ○○구 ○○동 ○○○
            대표이사 ○○○

위 사건에 관하여 당원은 20○○. ○. ○. 10:00 파산선고를 하였으므로, 채무자회생및파산에관한법률 제318조 제1항에 의하여 다음과 같이 공고합니다.

다   음

1. 파산결정의 주문
   채무자 주식회사 ○○을 파산자로 한다.
2. 파산관재인의 성명 및 주소
   변호사 홍길동(주민등록번호, 주소)
3. 채권신고기간 및 채권자집회·채권조사기일, 채권자집회 결의사항
   ① 채권신고기간 및 장소 : 20○○. ○. ○. 까지 서울중앙지방법원 파산과 (나동 154호)
   ② 채권자집회·채권조사 기일 및 장소 : 20○○. ○. ○. 11:00, 서울중앙지방법원 제466호 민사법정
   ③ 채권자집회 결의사항 : 감사위원의 설치여부, 부조료의 지급여부, 영업의 계속여부, 고가품 보관장소의 지정
4. 유의사항
   파산자의 채무자 및 파산재단에 속하는 재산의 소유자는 파산자에게 채무를 변제하거나 그 재산을 교부하여서는 아니되며, 채무를 부담하는 사실, 그 재산을 소지하는 사실(소지자가 별제권을 가지고 있는 경우에는 그 채권을 가지고 있다는 사실)을 20○○. ○. ○.까지 파산관재인에게 신고하여야 한다.

20○○. ○. ○.

서울회생법원 제201파산부
재판장 판사 ○ ○ ○
      판사 ○ ○ ○
      판사 ○ ○ ○

【서식】 파산채권신고서

※ 채무자는 파산자이고, 채권자는 신고서를 작성하는 당사자입니다.

파 산 채 권 신 고 서

신고 연월일 20   년   월   일

채무자 _____에 대한 20   하단_____호 파산사건에 관하여 다음
과 같이 채권을 신고합니다(증거서류 첨부).

채권자 성명(상호, 대표자)_____(인)

　　　　주소 _____ □□□□□

　　　　연락처 _____ 팩스 _____

대리인 성명(상호, 대표자)_____(인)

　　　　주소 _____ □□□□□

　　　　성명(상호, 대표자)_____(인)

　　　　연락처 _____ 팩스 _____

배당시 송금받을 ____ 은행 ____ 지점 계좌번호 ____ 예금주 ____

은행계좌로 송금시 배당일에 송금수수료를 공제한 잔액을 입금하여 드립니다.

직접 수령하시고자 하는 분은 추후 관재인의 배당통지 안내에 따르시기 바랍니다.

　　별첨 1. 신고 내역서 　　　　　　　　　　　　 1부.
　　　　 2. 증빙서류 　　　　　　　　　　　　　 1부.
　　　　 3. 채권자의 주민등록초본 또는 법인등기부등본 1부.
　　　　 4. 위임장(인감증명서 포함) 　　　　　 1부. 끝.

서울회생법원 제201파산부 귀중

접수번호	

신 고 내 역 서

채	원 금	₩
권	이 자 손 해 금	₩
액	합 계	₩
채권의 종류		
채권의 내용 및 원인		
우선권이 있는 경우 그 권리		
별제권의 목적 및 별제권 행사로 변제받을 수 없는 부족채권액	(목적의 표시) (부족채권액) ₩	
채무자와 소송계속 중인 경우 (법원/사건명/사건번호)		
집행권원(판결 등)있는 경우 그 내용		

(주의) ① 채권신고서(채권목록 포함) 각 1부 ② 증거서류 사본 각 1부 ③ 파산채권이 집행력 있는 집행권원 또는 종국판결이 있는 것인 때에는 그 사본 1부 ④ 채권자의 주민등록등본 또는 법인등기부등본 1부   ⑤ 대리인 신고의 경우 위임장(인감증명서 첨부) 1부를 이 법원에 제출하여야 합니다.

(별지)

채 권 목 록

(대여금, 매매대금, 기타 채권용)

순번	채권액(원)	채권의 종류	채권의 내용 및 원인

(어음금·수표금 채권용)

순번	채권액(원)	채권의 종류	발행일	액면(원)	만기	발행지	지급지	지급 장소	발행인	배서인	소지인

위 임 장

성   명 :

주   소 :

주민등록번호 :

 본인은 위 사람을 대리인으로 정하여 다음 사항의 권한을 위임합니다.

다   음

위임사항 : 사건번호 (법원 201 하단   )

           파 산 자 (   )

           위 파산자의 파산선고와 관련하여 채권신고서 접수 등 일체의 행위,

           채권자집회 · 채권조사기일 참석 및 의결권 행사 일체의 행위

※ 첨부 : 인감증명서 1부

                    20 년 월 일

          위 임 인 :   (인)

          주   소 :

          주민등록번호 :

                              _____ 법원 제 파산단독 귀중

파산채권신고에 관한 주의사항

채권신고용지 및 채권목록용지를 보내드리니, 다음 주의사항을 잘 읽어보시고 정확하게 기재 부탁드립니다.

※ 채권신고는 '대한민국 법원 전자소송 홈페이지 → 서류제출 → 회생채권신고서'에서 전자적으로 제출 가능합니다(제출이 어려운 경우 '대한민국 법원 홈페이지 → 대국민서비스 → 양식모음 → 개인파산/면책'란의 신고서 양식을 이용하여 우편 또는 방문하여 제출할 수 있습니다).

※ 우송하는 경우에는 봉투표면에 "파산자 ○○○ 채권신고서 재중"이라고 적어주십시오.

※ 이미 신고기간이 지난 후에 채권신고에 관한 결정문을 받으신 경우에는 가급적 빨리 채권신고서 등을 법원에 접수하신 후 파산관재인에게 연락하여 주십시오(다만 최후배당 공고가 이루어진 경우에는 채권신고가 반영되지 않을 수 있고, 경우에 따라서는 일정한 비용의 예납이 필요할 수 있습니다).

채권신고시 제출서류

① 채권신고서, 채권목록 각 1부
② 채권에 대한 증거서류(예 : 계약서, 세금계산서, 입출금내역 등) 사본 각 1부
③ 파산채권이 집행력 있는 집행권원 또는 종국판결이 있는 것일 때에는 그 사본 각 1부
④ 채권자의 주민등록초본 또는 법인등기부등본 1부
⑤ [대리인 신고시] 위임장(인감증명서 첨부) 1부

채권신고시 유의사항

1. 채권신고를 하지 아니한 파산채권자는 채권자집회에 출석할 수 없고 배당청구권을 상실합니다.
2. 허위채권을 신고하면 형사처벌의 대상이 될 수 있습니다.
3. 어음수표금 신고시에는 반드시 증거서류로 어음·수표의 앞, 뒷면 모두 사본하여 제출하여야 합니다.
   (채권신고시에는 원본을 지참하여 반드시 확인 받으시기 바랍니다)

채권신고서 · 채권목록 작성요령

1. 신고할 채권이 2개 이상인 경우(예: 약속어음 여러 장에 의한 신고 등)에도 반드시 1개의 채권신고서로 신고하여야 하고 여러 채권의 합계금액을 채권신고서 <채권액>란에 기재합니다.
2. 이자약정이 있는 경우 또는 어음의 지급제시를 하여 만기 후 법정이자를 청구하는 경우 등에는 파산선고전일(前日)까지 발생한 이자를 "이자채권"으로서 <채권목록>에 기재합니다.
3. 임금, 퇴직금, 재해보상금 기타 근로관계로 인한 채권과 같이 법률에 의하여 일반적으로 우선 변제권이 인정되어 있는 채권의 경우에는 <우선권이 있는 경우 그 권리>란에 그 내용, 금액을 기재합니다.
4. 별제권자(저당권, 질권, 양도담보 등의 담보권자)는 채권신고를 할 필요가 없습니다(파산선고 후에도 개별적으로 담보권 실행이 가능함). 그러나 예컨대 피담보채권(대여금채권)은 2억 원인데 담보가치는 1억 5000만 원인 경우 <별제권…>란에 담보목적물을 특정하여 기재하고, 부족채권액으로 5000만 원을 기재합니다.

< 기재례 >

채권액	원 금	₩ 100,000,000
	이 자 손해금	₩ 500,000 (이자 약정이 있는 경우 파산선고 전일까지 약정이자)
	합 계	₩ 100,500,000
채권의 종류		대여금, 매매대금, 공사대금, 임금, 퇴직금
채권의 내용 및 원인		2014. 8. 15.자 1억 원 금전대여 계약
우선권이 있는 경우 그 권리		작성요령 3번 참고
별제권의 목적 및 별제권 행사로 변제받을 수 없는 부족채권액		작성요령 4번 참고 (목적의 표시) 서울시 강남구 삼성동 321-1 필지에 대한 저당권 (부족채권액) ₩ 50,000,000
채무자와 소송계속 중인 경우 (법원/사건명/사건번호)		있을 시 기재 (예: 서울중앙지방법원 2015가단100 대여금)
집행권원(판결 등)있는 경우 그 내용		있을 시 기재 (예: 서울중앙지방법원 2015가단1000 공사대금)

<기타 채권용 채권목록>

순번	채권액(원)	채권의 종류	채권의 내용 및 원인
1	10,000,000	대여금채권	2006. 5. 30.에 금 10,000,000원, 변제기 7.30. 이자 월2%로 한 금전소비대차계약에 기한 원금
2	2,300,000	이자채권	위 제1항에 대한 5. 30.부터 파산선고전일까지 0개월 0일간의 이자
3	30,000,000	매매대금채권	2006. 6. 20.부터 9. 10.까지 상품00(단가 100만 원, 수량 50개)의 납입대금 5000만 원 중 잔대금(금 2000만 원은 이미 수령함)

※ 채권목록은 채권이 2개 이상일 경우 기재함

<어음수표금 채권용 채권목록>

순번	채권액(원)	채권의 종류	발행일	액 면(원)	만기일	발행지	지급지	지급 장소	발행인	배서인	소지인
1	10,000,000	약속 어음	2006.3.3.	10,000,000	2006.6.3.	서울	서울	신한은행	채무자	甲 乙	신고인

법인파산의 통지(제314조)

법인의 설립 또는 목적사업에 관청의 인, 허가를 필요로 하는 경우일 때에는 당해 법인(학교법인, 의료법인 등의 공익법인)의 주무관청이나 당해 사업(매장묘지사업 등)의 인·허가권자에게 통지한다. 이는 파산취소 또는 파산폐지의 결정이 확정되거나 파산종결의 결정이 있는 경우에 관하여 준용한다.

검사에 대한 통지(제315조)

파산범죄(사기파산죄 등)에 관한 수사의 단서를 주기 위한 목적으로 파산법원에 대응하는 지방검찰청의 검사장에게 파산자의 인적사항과 파산선고 사실을 통지할 수 있다.

파산신청에 관한 재판에 대한 즉시항고(제316조)

1. 파산선고의 경우와 동시폐지의 결정의 경우

파산선고에 대하여는 즉시항고를 할 수 있다. 동시폐지의 경우에는 동시폐지 결정에 대해서만 즉시항고할 수 있도록 하고 있다.

2. 즉시항고 신청권자

채권신청의 경우	파산자, 신청인 외의 다른 채권자
자기파산(준자기파산)의 경우	채권자, 신청인 이외의 이사, 청산인 등 임원

3. 항고기간

파산선고 공고의 효력이 발생한 날(일간신문에 게재한 날의 다음날 오전 0시)부터 2주간이다.

4. 집행정지의 효력 유무

위 즉시항고에는 집행정지의 효력이 없다고 해석된다. 그 이유는 파산선고의 효력은 선고 즉시 발생하고, 법원은 파산선고와 동시에 파산관재인을 선임하며, 파산관재인은 취임 직후 파산재단에 속하는 재산의 점유관리에 착수하여야 하기 때문이다. 같은 취지에서 항고법원도 집행정지명령을 발령할 수 없다고 해석된다.

5. 유의사항

즉시항고가 있는 경우에는 파산선고가 취소될 가능성도 있으므로 긴급을 요하는 업무 이외의 업무 처리에는 신중을 기하여야 한다.

【서식】 즉시항고장

(즉시) 항 고 장

항고인 (이 름)
　　　 (주 소)
　　　 (연락처)

○○회생(지방)법원 ○○사건에 관하여 동 법원이 20 ． ． ． (면책, 기각, 각하, 폐지)결정을 하였으나 이에 불복하므로 항고를 제기합니다.

원결정의 표시

항 고 취 지

항 고 이 유

1.
2.

20 ． ． ．

　　　항고인 　　　　　 (날인 또는 서명)

○○회생(지방)법원 귀중

◇ 유의사항 ◇

항고인은 연락처란에 언제든지 연락 가능한 전화번호나 휴대전화번호(팩스번호, 이메일 주소 등도 포함)를 기재하기 바랍니다.

관련 질의응답   Q & A

파산선고의 기각

문) 파산선고가 기각되는 경우는?

답) 파산의 원인인 지급불능 상태가 아니라고 판단될 때이다. 즉, 상속으로 인한 재산 등 다른 재산이 있거나 채무액이 소득액에 비해 아주 적다면 갚을 길이 있다고 보고 파산선고를 하지 않는다. 채권자가 채무자를 압박할 의도로 파산신청을 한 경우에도 채무자가 실제 변제능력이 있으면 기각한다.

파산선고와 동시에 하는 파산폐지(제317조)

1. 파산선고시에 파산재단으로써 파산절차의 비용을 충당하기에는 충분하지 않다고 인정되는 경우

이런 경우에는 파산선고와 동시에 파산폐지의 결정을 한다. 이것을 실무상 동시폐지라고 하고, 선고 후에 폐지되는 이시폐지와 구별된다. 동시폐지의 결정에 의하여 파산절차는 장래를 향하여 해지된다.

파산선고와 동시에 파산폐지의 결정	동시폐지
파산선고 후에 파산폐지의 결정	이시폐지

2. 유의할 점

소비자파산과 달리, 개인사업자 또는 법인이 파산한 때에는 부채액도 다액인 경우가 대부분이고, 추심하여야 할 매출금채권 등이 존재하거나 부인대상의 행위가 발견되는 경우도 있을 수 있는 경우가 많으므로, 이들의 조사를 위하여 파산관재인을 선임하여야 할 필요가 있는 경우가 많다. 그러므로 개인사업자 또는 법인이 파산한 경우에는 소비자파산보다는 더 엄격하게 요건을 적용하여 부도 후 상당한 기간을 경과하여 재단이 형성될 가망이 전혀 없음이 분명한 경우에만 동시폐지를 해야한다.

3. 동시폐지 결정을 하기에 앞서 필요할 경우

이런 경우에는 채권자에게 채무자의 상태를 알리고, 환가할 만한 재산이 있는지, 예납금을 납부할 의사가 있는지 등에 관하여 의견조회를 거치고 있다.

4. 통지

동시폐지 결정을 하게 되는 경우에는 파산선고 후 파산절차가 진행되는 것을 전제로 한 파산선고와 동시에 하여야 할 처분 및 그 공고, 송달은 하지 않는다. 법원은 파산선고 및 파산폐지의 결정의 주문과 이유의 요령을 공고하고, 주요 채권자에게 그 내용이 기재된 서면을 송달하며 검사와 등기소에 통지한다.

【서식】파산선고와 동시폐지의 결정

서울회생법원
제201파산부
결   정

사 건	20○○하○○	파산선고
신청 인겸	○○ 주식회사	
채 무 자	서울 ○○구 ○○동 ○○○	
	대표이사 ○ ○ ○	

주   문

1. 채무자를 파산자로 한다.
2. 이 사건 파산을 폐지한다.

이   유

이 사건 기록에 첨부된 소명자료 및 이 법원의 채무자회사 대표자 심문결과에 의하면, (1) 채무자회사는 1978. 2. 설립된 이래 수배전반 및 공장자동화설비를 조립, 생산하여 그 생산량의 80% 이상을 주식회사 ○○등에 납품하여 오던 회사로서, 1997년 ○○그룹의 부도로 미수채권이 증가하고 영업이 부진하게 됨에 따라 적자가 누적되어 오다가 결국 1999. 4. 12. 부도처리된 후 서울중앙지방법원에 화의개시신청을 하였으나 주거래은행인 ○○은행의 부동의로 1999. 5. 30. 화의개시신청이 기각된 사실, (2) 채무자 회사는 신청일 현재 종업원이 모두 사직하고 그 영업이 폐쇄되어 있는 사실, (3) 채무자회사의 자산으로는 20○○. ○. ○. 현재 서울중앙지방법원 ○○지원 20○○타경○○○○ 부동산임의경매사건으로 임의경매절차가 진행중인 본사 소재지의 공장용지 및 그 지상 공장건물(장부가 918,026,080원, 최저입찰가격 769,937,000원)이 있으나 모두 ○○은행에 대한 금 1,732,554,035원의 차용금채무에 담보로 제공되어 있어 잉여가 기대되지 않고, 그 밖의 자산으로는 절차비용을 충당하기에도 부족한 사실, 한편 채무자회사는 위 ○○은행에 대한 차용금채무를 비롯하여 합계 금 3,188,675,669원의 채무를 부담하고 있으나 현재 이를 지급할 능력이 없는 사실이 소명된다.

그렇다면 채무자회사의 이 사건 신청은 이유 있으므로 채무자회생및파산에관한법률 제305조 제1항에 의하여 채무자회사에 대하여 파산을 선고하고, 같은법 제317조 제1항에 의하여 동시에 파산폐지의 결정을 하기로 하여 주문과 같이 결정한다.

20○○. ○. ○.

재판장 판사 ○ ○ ○

판사 ○ ○ ○

판사 ○ ○ ○

【서식】 공고(동시폐지의 경우)

주식회사 ○○ 파산선고 공고

사　　건　　20○○회○○　　　　　파산선고
채　무　자　　○○산업 주식회사
　　　　　　　서울 ○○구 ○○동 ○○○
　　　　　　　대표이사 ○○○

1. 결정연월일시 : 20○○. ○. ○. 10:00

2. 주　　　　문 : 채무자 ○○산업 주식회사를 파산자로 한다.
　　　　　　　　이 사건 파산을 폐지한다.

3. 이유의　요지 : 채무자가 지급불능상태에 있고, 파산재단으로써 파산절차비
　　　　　　　　용을 충당하기에 부족하다.

　　　　　　　　　　　　　20○○. ○. ○.

　　　　　　　　　　　　　　　　　서울회생법원 제201파산부

　　　　　　　　　　　　　　　　　　재판장 판사　○　○　○
　　　　　　　　　　　　　　　　　　　　　판사　○　○　○
　　　　　　　　　　　　　　　　　　　　　판사　○　○　○

【서식】채권자에 대한 통지(동시폐지의 경우)

서울회생법원
제201파산부
통 지 서

수   신   수신처 참조
사   건   20○○하○○   파산선고
파 산 자   ○○산업 주식회사
            서울 ○○구 ○○동 ○○○
            대표이사 ○ ○ ○

 위 파산자는 ○○은행 등에 대하여 합계 31억원 상당의 채무를 부담하고 있
는 반면에 현재 모든 자산이 처분되어 파산재단으로써 파산절차의 비용을 충당
하기에도 부족하므로 20○○. ○. ○. 10:00 파산이 선고되고 동시에 파산폐지
결정이 내려져 파산절차가 종료하였음을 통지합니다.

                    20○○. ○. ○.

                              재판장 판사 ○   ○   ○

수신처 : ○○은행, ○○은행, ○○전기(주), 홍길동, ○○전자, ○○자동
        차, (주). 끝.

동시파산폐지의 예외(제318조)

절차비용이 부족하여 동시폐지를 하여야 할 경우에는 채권자가 채무자에 갈음하여 예납금을 납부할 수도 있으므로, 채권자에게 예납금을 납부할 의 사가 있는지 확인하여야 한다.

파산선고를 받은 채무자의 구인(제319조)

구인은 실무상 파산관재인에 대한 설명에 파산선고를 받은 채무자 등이 응 하지 않는 경우이거나, 법원의 심문을 위한 소환에 응하지 않는 때에 행하 여진다. 구인장은 법원이 발부하며, 형사소송법상 구인의 규정이 준용된다.

파산선고를 받은 채무자의 법정대리인 등의 구인(제320조)

파산선고를 받은 채무자의 법정대리인, 이사, 지배인과 상속재산에 대한 파 산의 경우 상속인과 그 법정대리인 및 지배인은 채무자회생및파산에관한법 률 제319조를 준용한다.

채무자 등의 설명의무(제321조)

파산자 또는 그 대리인, 이사 및 이에 준하는 자는 파산관재인, 감사위원, 채 권자집회의 요청에 의하여 파산에 이르게 된 사정, 파산재단, 환취권, 별제권, 파산채권, 부인권 등 파산에 관하여 필요한 설명을 해야 한다. 설명의무를 부 담하는 자가 위의 설명의무를 위반하는 경우 처벌되고, 면책불허가 사유로도 된다. 파산선고 전에 위와 같은 자격을 가지고 있던 자에게도 적용된다.

파산선고 전의 구인(제322조)

파산의 신청이 있는 때에는 법원은 파산선고 전이라도 채무자와 채무자의 법정대리인, 이사, 지배인과 상속재산에 대한 파산의 경우 상속인과 그 법정대리인 및 지배인의 구인을 명할 수 있다.

구인, 감수 인적 보안처분으로서 신체의 자유를 구속하는 보전처분이므로 그 발령은 지극히 신중하게 하여야 한다. 실무상 그 예가 드물다.

파산선고 전의 보전처분(제323조)

1. 보전처분의 필요성

채무자는 파산신청 있은 후에도 파산선고결정이 있기 전까지는 그 신상에 아무런 구속을 받지 않고(개인의 경우), 자기 재산에 대한 관리처분권도 잃지 않으므로, 파산신청 후 심리 중에도(개인의 경우), 자기 재산에 대한 관리처분권을 잃게 되지 않으므로, 재산은닉, 일부 채권에 대한 편파변제, 재산의 양도, 담보의 제공 등을 하여 재산을 산일시키는 경우가 자주 있다. 또 일부 채권자들이 채무자에게 변제, 담보의 제공을 요구하거나 강제집행, 가압류, 가처분 등에 의해 개별적으로 채권을 추심하려고 하게 되어 타 채권자들의 이익이 침해되는 경우도 발생하게 된다.

2. 보전처분의 시기

본 법은 법원이 파산선고 전이라도 채무자 또는 이에 준하는 자의 신체에 관하여(인적 보전처분), 이해관계인의 신청 또는 직권으로 파산재단으로 될 재산에 관하여(물적 보전처분) 적당한 보전처분을 할 수 있게 하였다.

3. 실무에서의 처리

실무상으로는 보전처분을 발령하지 않고, 파산신청에서 파산선고에 이르는 기간이 짧으므로 파산신청 후 가능한 한 신속히 파산선고를 하는 것으로 처리하고 있다. 보전처분신청서에는 민사소송등인지법 제9조 제3항에 의거 2천원의 인지를 붙여야 한다.

4. 동시폐지가 예상되는 사건의 경우

동시폐지가 예상되는 사건에서는 보전할 재단이 없으므로 보전처분을 할 수가 없다.

5. 절차

(1) 관할

파산법원의 전속관할이다

(2) 신청권자

1) 인적보전처분의 경우

인적보전처분은 이해관계인에게 신청권이 없고, 이해관계인이 신청을 하더라도 법원의 직권발동을 촉구하는 의미밖에 없다.

2) 물적보전처분의 경우

가. 물적보전처분을 신청할 수 있는 자는 신청인, 채무자, 이해관계인이다. 이해관계인에는 파산채권자, 재단채권자, 별제권자, 이사 등 채무자법인의 임원, 종업원 등도 포함된다. 신청인인 채권자가 보전처분을 신청하는 경우에는, 채권자가 채무자를 압박하여 채권을 회수한 후 신청을 취하하는 경우가 있을 수 있으므로, 보전처분 발령 여부의 판단에 신중을 기하여야 할 것이다.

나. 법원이 직권으로도 보전처분을 할 수 있다. 그리고 파산신청이 있는 경우에 보전처분을 할 수 있다고 규정하고 있으나, 실무상으로는 관련 파산의 경우에도 직권으로 보전처분을 하고 있다. 즉 채무자회생이 폐지되는 경우에 채권자들이 선행절차의 폐지 이후부터는 앞다투어 추심에 나서고 채무자는 재산을 은닉하려는 경우가 있기 때문이다.

다. 또 파산관재인 보수, 공고비 등 파산절차의 진행에 소요되는 비용이 예납되어 있지 아니하여 절차비용 문제를 해결하느라고 폐지결정 또는 취소결정이 확정된 후 상당한 기간이 지난 다음에야 파산선고를 하는 경우가 있다. 보전처분의 적기를 놓치면 추후에 부인소송을 제기하여야 되므로, 이러한 경우에는 절차의 신속성을 추구하는 의미에서 직권으로 보전처분을 하는 것이 좋다.

인적보전처분	이해관계인에게 신청권이 없고, 이해관계인이 신청을 하더라도 법원의 직권발동을 촉구하는 의미밖에 없다
물적보전처분	신청인, 채무자, 이해관계인

(3) 담보

보전처분은 개별채권자의 이익을 위한 것이 아니라 총채권자의 이익을 위한 것이고, 실무상 보전처분이 발령되는 경우에는 대부분 파산선고가 되고 있기 때문에 담보는 원칙적으로 제공되지 않게 하고 있다. 그렇지만 발령하는 보전처분의 내용에 따라 채무자에게 큰 손해가 발생할 가능성이 있는 경우도 있을 수 있으므로 담보를 제공하게 할 수도 있을 것이다.

(4) 심리 및 재판

가. 소명

자기파산의 경우에는 소명을 할 필요가 없지만 자기파산을 제외하고는 파산원인에 관한 소명이 필요하다. 특히 채권자 신청 사건에서는 채무자의 재산상태가 불분명하고 채권자 자신의 채권회수만을 목적으로 보전처분을 신청하는 경우가 많을 것이므로 파산원인의 판단을 신중하게 하여야 한다.

원칙적으로는 보전의 필요성에 관하여도 소명이 필요하지만, 일반적으로 파산원인이 인정되는 경우에는 보전의 필요성도 인정된다고 하여야 할 것이다. 피보전권리의 존재도 요구되지 않는다.

나. 법원의 보전처분의 결정

법원의 보전처분의 결정은 보전처분신청의 내용에 구속되지 아니하므로 심리를 거쳐 필요하다고 인정되는 내용의 보전처분을 발령하면 되는 것이고, 신청한 보전처분과 다른 내용의 보전처분을 부가하여 발령하는 것도 가능하다.

(5) 불복신청

보전처분에 대하여는 즉시항고를 할 수 있으며, 이 즉시항고에는 집행정지

의 효력이 없다. 그러나 실무상 즉시항고가 있고 그것이 이유 있다고 판단
되면 법원이 보전처분을 변경, 취소하는 것으로 처리하는 것이 간편하다.

(6) 집행

집행은 민사집행법상 보전처분의 집행례에 의한다. 부동산의 처분금지가
처분과 같이 법원이 할 수 있는 것 외에는, 신청인이 집행관에게 집행을 위
임하고 그 결과를 법원에 보고하게 된다. 총채권자를 위한 보전처분이므로
민사집행법상의 집행기간의 제한은 받지 않는다.

6. 내용

(1) 인적 보전처분

인적 보전처분으로는 구인, 감수가 있다. 신체의 자유를 구속하는 보전처
분이므로 그 발령 신중을 기하여야 한다. 실무상 그 예가 드물다.

(2) 물적 보전처분

실무례에서 보이는 물적 보전처분의 예로는, 변제금지, 차재금지, 자동차
또는 부동산 처분금지 가처분, 동산 가압류, 채권압류 등이 있다.

책임제한절차의 정지명령(제324조)

법원은 파산신청이 있는 경우 필요하다고 인정하는 때에는 이해관계인의
신청 또는 직권으로 파산신청에 대한 결정이 있을 때까지 「상법」 제5편
(해상) 및 「선박소유자 등의 책임제한절차에 관한 법률」에 의한 책임제
한절차의 정지를 명할 수 있다. 그러나 책임제한절차개시의 결정이 있는 때
에는 그러하지 아니하다.

파산취소의 공고 및 송달(제325조)

법원은 파산취소결정이 확정된 때에는 그 주문을 공고하고, 알고 있는 채권
자, 채무자 및 재산소지자에 대하여 파산취소결정의 주문을 기재한 서면을

송달하며, 검사에 대한 통지, 감수명령의 집행취소를 하여야 하고. 파산취소결정의 등기, 등록의 촉탁, 주무관청에의 통지, 우편물 배달촉탁의 취소 등을 하여야 한다.

책임제한절차폐지의 결정이 확정될 때까지의 파산절차의 정지 (제326조)

파산선고를 받은 채무자를 위하여 개시한 책임제한절차의 폐지결정이 있는 때에는 그 결정이 확정될 때까지 파산절차를 정지한다.

책임제한절차폐지의 경우의 조치(제327조)

파산선고를 받은 채무자를 위하여 개시된 책임제한절차의 폐지결정이 확정된 때에는 법원은 제한채권자를 위하여 다음 사항을 정하여야 한다.

1. 채권신고의 기간

   책임제한절차폐지의 결정이 확정된 날부터 1주 이상 2월 이하로 하여야 한다.

2. 채권조사의 기일

   채권신고의 기간 사이에 1주 이상 1월 이하의 기간을 두어야 한다.

3. 법원은 채권신고의 기간과 채권조사의 기일을 공고하여야 한다.

4. 법원은 알고 있는 채권자에 대하여는 다음 사항을 기재한 서면을 송달하여야 한다.
   (1) 채권신고의 기간 및 기일
   (2) 파산선고의 공고 및 송달에 관한 사항

5. 송달

파산관재인, 파산선고를 받은 채무자, 신고한 파산채권자에게는 채권신고의 기간과 채권조사의 기일을 기재한 서면을 송달하여야 한다. 단, 채권조사의 기일과 제1회 채권자집회 기일이 같은 경우 신고한 파산채권자에는 송달하지 않아도 된다.

제3절 법률행위에 관한 파산의 효력

해산한 법인(제328조)

해산한 법인은 파산의 결정이 있기 전까지 파산의 목적의 범위 안에서는 법인이 아직 존속하는 것으로 본다.

채무자의 파산선고 후의 법률행위(제329조)

파산선고가 내려진 경우에 파산자는 파산재단을 구성하는 재산에 관한 관리처분권을 잃고, 이 관리처분권은 파산관재인에게 전속하게 된다. 따라서 파산선고 후 파산자가 재단 소속 재산에 관하여 한 법률행위는 권한 없는 행위가 되어 파산채권자에 대항할 수 없다.(상대적 무효)

그리고 채무자가 파산선고일에 한 법률행위는 파산선고 후에 한 것으로 추정한다.

▣ 관련판례

판례(대법원 2005. 5. 12. 선고 2004다68366 판결)

파산자가 파산선고 전에 상대방과 통정한 허위의 의사표시를 통하여 가장채권을 보유하고 있다가 파산이 선고된 경우, 파산관재인은 민법 제108조 제2항의 제3자에 해당하므로 상대방이 파산관재인에게 통정허위표시임을 들어 그 가장

채권의 무효임을 대항할 수 없다 할 것이지만, 위 민법 제108조 제2항과 같은 특별한 제한이 있는 경우를 제외하고는 채무의 소멸 등 파산 전에 파산자와 상대방 사이에 형성된 모든 법률관계에 관하여 파산관재인에게 대항할 수 없는 것은 아니라 할 것이며, 그 경우 파산자와 상대방 사이에 일정한 법률효과가 발생하였는지 여부에 대하여는 파산관재인의 입장에서 형식적으로 판단할 것이 아니라 파산자와 상대방 사이의 실질적 법률관계를 기초로 판단하여야 한다.

파산선고 후의 권리취득(제330조)

채무자에 대한 파산선고가 있으면 파산재단에 속하는 재산에 관하여 채무자의 법률행위에 의하지 아니하고 권리를 취득한 경우에도 그 취득은 파산채권자에게 대항할 수 없다.

파산선고 후의 등기·등록 등(제331조)

부동산 또는 선박에 관하여 파산선고 전에 생긴 채무의 이행으로서 파산선고 후에 한 등기 또는 가등기는 파산채권자에게 대항할 수 없다. 다만, 등기권리자가 파산선고의 사실을 알지 못하고 한 등기에 관하여는 그러지 않는다. 이는 권리의 설정·이전 또는 변경에 관한 등록 또는 가등록에 관하여 준용한다.

파산선고 후 채무자에 대한 변제(제332조)

파산선고 후에 선의로서 채무자에게 한 변제는 파산채권자에게 대항할 수 있다. 파산선고 후에 악의로 채무자에게 한 변제는 파산재단이 받은 이익의 한도 안에서만 파산채권자에게 대항할 수 있다.

파산선고 후 선의로 채무자에게 한 변제	파산채권자에게 대항할 수 있다
파산선고 후 악의로 채무자에게 한 변제	파산채권자에게 대항할 수 없다

파산선고 후의 어음의 인수 또는 지급(제333조)

1. 환어음의 발행인 또는 배서인이 파산선고를 받은 경우 지급인 또는 예비 지급인이 선의로 인수 또는 지급을 한 때에는 이로 인하여 생긴 채권에 관하여 파산채권자로서 그 권리를 행사 할 수 있다.

2. 발행인 또는 배서인이 파산선고를 받은 경우 지급인 또는 예비지급인이 선의로 수표와 금전 그 밖의 물건에 대해 인수 또는 지급을 한 때에는 파산채권자로서 그 권리를 행사 할 수 있다.

관련 질의응답　　Q & A

약속어음발행인의 파산 등 경우와 만기 전 소구권 행사 가능여부

문) 저는 甲으로부터 물품대금으로 액면금 500만원인 약속어음을 교부받았으며, 그 지급 기일은 1개월 후로 정하였습니다. 현재 甲이 발행한 다른 어음이 모두 부도처리된 상태이고 위 약속어음도 그 지급기일에 부도처리될 것이 거의 확실한 것 같습니다. 따라서 저로서는 지금 바로 지급제시 한 후 위 금액을 청구하여야만 어음금의 일부라도 받을 수 있을 것 같은데, 지금 지급제시를 하여도 되는지?

답) 어음은 제시증권이므로 어음금의 지급을 청구하기 위해서는 채권자는 어음을 제시하여야 하고 그 제시는 제시기간 내에 하여야 합니다. 즉, 만기의 기재가 있는 어음의 경우에는 만기일과 이에 이은 2거래일 이내에 제시하여야 하고 일람출급어음의 경우에는 원칙적으로 발행일로부터 1년 이내에 제시하여야 합니다(어음법 제38조).
그런데 위와 같이 획일적으로 해석한다면 귀하와 같은 경우에는 발행인의 파산이 확실함에도 단지 만기일이 도래하지 아니하였다는 이유만으로 가만히 앉아서 손해를 볼 수밖에 없다고 할 것입니다.
그러나 다행스럽게도 이에 관하여 판례를 보면 "어음법은 약속어음의 경우에 환어음의 경우와 같은 만기 전 소구에 관한 규정을 두고 있지 않으나, 약속어음에 있어서도 발행인의 파산이나 지급정지 기타 그 자력을 불확실케 하는 사유로 말미암아 만기에 지급거절이 될 것이 예상되는 경우에는 만기 전의 소구가 가능하다고 보아야 할 것인 바, 이 사건 약속어음과 동일인 발행명의의 다른 약속어음이 모두 부도가 된 상황이라면 특별한 사정이 없는 한 이 사건 약속어음도 만기에 지급거절이 될 것이 예상된다고 하겠으므로, 그 소지인은 만기 전이라고 할지라도 일단 지급제시를 한 후 배서인에게 소구권을 행사할 수 있다."라고 하였습니다(대법원 1984. 7. 10. 선고 84다카 424, 425 판결).

따라서 귀하도 만기 전에 지급제시를 한 후 부도처리되면 배서인 등에게 어음금의 지급을 청구할 수 있을 것으로 보입니다.

선의 또는 악의의 추정(제334조)

파산선고의 공고 전에는 파산선고의 사실에 대해 선의로 추정하고, 파산선고의 공고 후에는 파산선고의 사실에 대해 악의로 추정한다.

파산선고의 공고 전	파산선고의 사실에 대해 선의로 추정
파산선고의 공고 후	파산선고의 사실에 대해 악의로 추정

쌍방미이행 쌍무계약에 관한 선택(제335조)

1. 개요

양 당사자의 채무가 파산선고 당시 쌍무계약에 관하여 모두 미이행 상태인 경우에는 파산관재인이 이행 및 해제를 선택할 수 있다.

파산관재인이 이행을 선택하는 경우	상대방의 반대채권은 재단채권이 된다
파산관재인이 해제를 선택하는 경우	상대방의 손해배상청구권은 파산채권으로 된다

2. 확답의 최고

파산관재인에 대하여 상대방은 이행 또는 해제의 선택의 확답을 최고할 수 있다. 파산관재인이 확답을 발하지 않는 경우에는 해제된 것으로 간주된다. 또한 상대방은 파산을 이유로 하는 해제는 허용되지 않으며(민법의 경우 상대방이 해제권을 가지는 경우에도 파산관재인이 이행을 선택하면 상대방은 해제할 수 없다고 해석된다), 양당사자의 어느 일방에 파산신청 등이 되어 있는 때에는 계약을 해제할 수 있다는 특약을 맺은 경우라 하더라도 이 특약은 파산절차와의 관계에서는 실질적으로는 효력이 없는 것으로 해석된다.

3. 미이행 쌍무계약의 의미

미이행의 정도는 문제되지 않는다. 전혀 이행하지 않은 경우와, 일부만 이행된 경우도 포함하고, 일부만 이행된 경우일지라도 그 비율은 문제되지 않는다. 종된 급부만의 불이행이라도 적용된다. 불완전 이행도 여기서 말하는 미이행에 포함되며, 미이행의 원인은 묻지 않으므로 기한 미도래 또는 이행지체에 의한 경우는 물론, 동시이행의 항변권이 행사된 경우도 포함하고, 나아가 이행불능인 경우도 포함된다.

4. 소유권유보부매매

소유권유보부매매는 매도인의 이행행위가 원칙적으로 목적물을 매수인에게 인도한 시점에서 완료되므로 그 시점 이후에는 본 조의 적용이 없다. 다만 매도인의 소유권유보부 매매중에서 부동산, 중기, 자동차 등 등기 또는 등록을 요하는 물건은 위 등기, 등록이 없으면 권리이전의 효과가 발생하지 않기 때문에, 대금의 완제와 상환으로 등기, 등록이 없으면 권리이전의 효과가 발생하지 않기 때문에, 대금의 완제와 상환으로 등기, 등록의 이전이 되기까지는 매도인의 채무는 남아 있는 것이 되어 본 조가 적용된다.

5. 파산관재인의 선택권
(1) 선택권의 행사

파산관재인은 미이행 쌍무계약의 이행 선택권을 파산재단에 유리하게끔 되도록 행사하여야 한다. 파산관재인이 이행을 선택한 경우에는 상대방에 대한 이행의 청구는 법원의 허가(또는 감사원의 동의)사항이다. 파산관재인이 이행을 선택하기로 한 경우 법원(또는 감사위원)에 이행의 선택이 파산재단에 유익하다는 점을 소명하여야 한다.

계속적 공급계약을 해제하는 경우에는 그 효과가 원칙적으로 계약의 전체에 미치는 것이 아니라 아직 당사자 쌍방이 이행하지 않은 부분에만 미친다. 또한 계약의 성질상, 양 당사자의 급부가 가분이고 그 일부의 급부라도 여전히 의미가 있다고 인정되는 경우에는 당사자의 일방이라도 이행한 부분에 관하여는 해제할 수가 없지만, 쌍방이 미이행하고 남은 부분에 관하여는 이를 해제할 수 있다.

(2) 해제를 선택한 경우

해제로 인한 상대방의 손해배상청구권은 파산채권이 된다. 원칙적으로는 이러한 손해배상청구권은 후순위 파산채권으로 되어야 할 것이지만, 공평을 기하기 위해서 일반파산채권으로 승격시킨 것이다. 파산선고 전에 상대방이 채무의 일부를 이행하고 있고, 급부를 받은 물건이 파산재단 중에 현존하는 경우일 때에는 상대방은 환취권으로서 인정되어 환취권을 행사하여 그 반환을 청구할 수 있을 것이고, 현존하지 않는 경우에는 그 가액의 배상을 재단채권자로서 청구할 수 있다. 이 경우 파산관재인은 법원(또는 감사위원)으로부터 환취권 또는 재단채권의 승인 허가를 받아야 한다.

(3) 이행을 선택한 경우

파산관재인이 이행을 선택한 경우 상대방의 청구권은 재단채권이 된다. 상대방의 청구권은 원칙적으로는 파산채권이지만, 상대방의 채권이 본시 동시이행의 항변권을 가지는 입장을 반영하여, 재단채권으로 격상시킨 것이다.

(4) 계속적 공급계약의 피공급자가 파산한 경우

이와 같은 경우에는 파산재단의 권리와 환가에 필요하여 이행을 선택하여야 하는 경우가 많이 있다. 파산관재인이 이행을 선택한 경우에는 파산선고 전의 미지급 대금채권에 대해서는 재단채권이 아니고 파산채권이라는 것이 다수설이다. 그러나 실무상으로는 이를 재단채권으로 승인하여 지출하고 있다.

6. 매매계약

(1) 매도인이 파산한 경우

1) 매도인의 인도의무, 매수인의 대금지급의무가 모두 미이행인 경우

이러한 경우에는 쌍방미이행 쌍무계약이 되므로 파산관재인은 채무의 이행 또는 계약의 해제를 선택할 수 있다. 파산관재인은 법원의 허가 또는 감사위원의 동의를 얻어 이행을 선택할 수 있다. 또한 상대방은 파산관재인에 대하여 이행 여부에 대해서 최고를 할 수 있고, 확답이 없는 경우에는 계약은 해제된 것으로 간주된다.

2) 파산관재인이 이행을 선택한 경우

파산관재인이 이행을 선택한 경우	상대방의 청구권은 재단채권이 된다
파산관재인이 해제를 선택한 경우	상대방의 손해배상청구권은 파산채권이 된다
파산선고 전에 상대방이 채무의 일부를 이행하고 그 급부물이 파산재단 중에 현존한 경우	1. 급부물이 파산재단 중에 현존하는 경우 급부물의 반환을 청구할 수 있다. 2. 급부물이 현존하지 않는 경우 가액의 배상을 재단채권자로서 청구할 수 있다.

3) 매도인의 인도의무가 미이행이고 매수인의 대금지급의무가 이행 완료된 경우

이러한 경우에는 매수인의 목적물 인도청구권은 파산채권이 되고 금전화될 수밖에 없게 된다. 파산선고 전에 일부 매매대금의 지급의무를 지체한 매수인의 매매대금 반환청구권 또는 목적물 인도청구권(이행되는 경우)은 재단채권으로 행사할 수 있으나, 매매대금 전액을 지급한 매수인은 파산채권자로서 배당을 받는 데 만족해야 하므로, 예컨대 동일한 아파트의 분양자 사이에서도 매도인의 파산선고에 의하여 법률상 지위가 크게 달라지게 되는 결과가 된다.

매도인의 파산선고 전에 일부의 매매대금이라도 지급의무를 지체한 매수인	매수인의 매매대금 반환청구권 또는 목적물 인도청구권은 재단채권으로 행사할 수 있다
매도인의 파산선고 전에 매매대금 전액을 지급한 매수인	매수인은 파산채권자가 되고 배당을 받는데 만족해야 한다

4) 매도인의 인도의무가 이행 완료되고 매수인의 대금지급의무가 미이행인 경우

매도인이 가지는 매매대금채권은 파산재단에 귀속되므로, 파산관재인은 매수인에 대하여 매매대금의 지급을 청구할 수 있다.

(2) 매수인이 파산한 경우

매도인의 인도의무와 매수인의 대금지급의무가 모두 미이행 상태인 경우 쌍방 미이행 쌍무계약이므로 본조가 적용된다.

1) 매도인의 인도의무가 미이행이고 매수인의 대금지급의무가 이행 완료된 경우

매수인이 가지는 목적물 인도청구권은 파산재단에 귀속되므로, 파산관재인은 매도인에 대하여 그 이행을 청구할 수 있다.

2) 매도인의 인도의무가 이행 완료되고 매수인의 대금지급의무가 미이행인 경우

매매대금채권은 파산채권으로 되고, 매도인은 파산절차에 의하여 이를 행사하여야 한다. 매도인이 매수인의 대금 미지급을 이유로 파산관재인에 대하여 매매계약을 해제할 수 있는가에 대해서 견해의 대립이 있지만 파산선고 후에는 파산절차에 의해서만 매도인은 대금채권을 행사할 수 있으므로 매수인의 대금 미지급은 위법성이 없어서 이행지체에 있다고 볼 수 없으므로 해제할 수 없다고 해석된다. 한편 채무불이행에 기하여 파산선고 전에 해제권이 발생하여 해제권을 행사한 경우에는 파산선고 후에도 해제의 효력을 주장할 수 있다고 본다.

▣ 관련판례

판례(대법원 2021. 5. 6., 선고, 2017다273441, 전원합의체 판결)

甲 주식회사가 乙 지방자치단체와 구 사회기반시설에 대한 민간투자법 제4조 제1호에서 정한 이른바 BTO(Build-Transfer-Operate) 방식의 '지하주차장 건설 및 운영사업' 실시협약을 체결한 후 관리운영권을 부여받아 지하주차장 등을 운영하던 중 파산하였는데, 甲 회사의 파산관재인이 채무자 회생 및 파산에 관한 법률 제335조 제1항에 따른 해지권을 행사할 수 있는지 문제 된 사안에서, 쌍무계약의 특질을 가진 공법적 법률관계에도 채무자 회생 및 파산에 관한 법률 제335조 제1항이 적용 또는 유추적용될 수 있으나, 파산 당시 甲 회사와 乙 지방자치단체 사이의 법률관계는 위 규정에서 정한 쌍방미이행 쌍무계약에 해당한다고 보기 어려우므로, 甲 회사의 파산관재인의 해지권이 인정되지 않는다.

판례(대법원 2004. 9. 13. 선고 2003다26020 판결)

조합원들이 조합계약 당시 민법 제717조의 규정과 달리 차후 조합원 중에 파산하는 자가 발생하더라도 조합에서 탈퇴하지 않기로 약정한다면 이는 장래의 불특정 다수의 파산채권자의 이해에 관련된 것을 임의로 위 법 규정과 달리 정하는 것이어서 원칙적으로는 허용되지 않는다 할 것이지만, 파산한 조합원이 제3자와의 공동사업을 계속하기 위하여 그 조합에 잔류하는 것이 파산한 조합원의 채권자들에게 불리하지 아니하여 파산한 조합원의 채권자들의 동의를 얻어 파산관재인이 조합에 잔류할 것을 선택한 경우까지 조합원이 파산하여도 조합으로부터 탈퇴하지 않는다고 하는 조합원들 사이의 탈퇴금지의 약정이 무효라고 할 것은 아니다.

판례(대법원 2002. 8. 27. 선고 2001다13624 판결)

도급인이나 위임의 당사자 일방이 파산선고를 받은 경우에는 당사자 쌍방이 이행을 완료하지 아니한 쌍무계약의 해제 또는 이행에 관한 파산법 제50조 제1항이 적용될 여지가 없고, 도급인이 파산선고를 받은 경우에는 민법 제674조 제1항에 의하여 수급인 또는 파산관재인이 계약을 해제할 수 있고, 위임의 당사자 일방이 파산선고를 받은 경우에는 민법 제690조에 의하여 위임계약이 당연히 종료된다고 할 것이며, 위와 같은 도급계약의 해제 및 위임계약의 종료는 그 각 조문의 해석상 장래에 향하여 도급 및 위임의 효력을 소멸시키는 것을 의미한다.

판례(대법원 2001. 10. 9. 선고 2001다24174,24181 판결)

1. 파산법 제50조 제1항은 쌍무계약에 관하여 파산자 및 그 상대방이 모두 파산선고 당시에 아직 그 이행을 완료하지 아니한 때에는 파산관재인은 그 선택에 따라 계약을 해제하거나 파산자의 채무를 이행하고 상대방의 채무이행을 청구할 수 있다고 규정하고 있는데, 이 규정은 쌍무계약에서 쌍방의 채무가 법률

적·경제적으로 상호 관련성을 가지고, 원칙적으로 서로 담보의 기능을 하고 있는데 비추어 쌍방 미이행의 쌍무계약의 당사자의 일방이 파산한 경우에 파산법 제51조와 함께 파산관재인에게 그 계약을 해제하거나 또는 상대방의 채무의 이행을 청구하는 선택권을 인정함으로써 파산재단의 이익을 지키고 동시에 파산관재인이 한 선택에 대응한 상대방을 보호하기 위한 취지에서 만들어진 쌍무계약의 통칙인바, 수급인이 파산선고를 받은 경우에 도급계약에 관하여 파산법 제50조의 적용을 제외하는 취지의 규정이 없는 이상, 당해 도급계약의 목적인 일의 성질상 파산관재인이 파산자의 채무의 이행을 선택할 여지가 없는 때가 아닌 한 파산법 제50조의 적용을 제외하여야 할 실질적인 이유가 없다. 따라서 파산법 제50조는 수급인이 파산선고를 받은 경우에도 당해 도급계약의 목적인 일이 파산자 이외의 사람이 완성할 수 없는 성질의 것이기 때문에 파산관재인이 파산자의 채무이행을 선택할 여지가 없는 때가 아닌 한 도급계약에도 적용된다고 할 것이다.

2. 건축공사의 도급계약에 있어서는 이미 그 공사가 완성되었다면 특별한 사정이 있는 경우를 제외하고는 이제 더 이상 공사도급계약을 해제할 수는 없다고 할 것인바, 수급인이 파산선고를 받기 전에 이미 건물을 완공하여 인도함으로써 건축공사 도급계약을 해제할 수 없게 되었다면 도급인에 대한 도급계약상의 채무를 전부 이행한 것으로 보아야 하고, 그 도급계약은 파산선고 당시에 쌍방 미이행의 쌍무계약이라고 할 수 없으므로 파산법 제50조를 적용할 수 없다고 할 것이다.

관련 질의응답　　　Q & A

수급인이 파산선고를 받은 경우 하자보수채권이 '재단채권'인지

문) 甲은 乙회사에게 건물건축공사를 도급하였는데, 乙회사에서는 건물신축공사를 완성하여 사용검사를 받도록 해주었으나, 그 후 파산하였습니다. 그런데 위 건물에 하자가 발생하였으므로 甲이 그 하자보수비상당의 손해배상을 파산절차에 의하지 아니 하고 乙회사의 파산관재인에게 직접 청구할 수 있는지?

답) 채무자회생및파산에관한법률 제335조에 의하면 "①쌍무계약에 관하여 파산자 및 그 상대방이 모두 파산선고 당시에 아직 그 이행을 완료하지 아니한 때에는 파산관재인은 그 선택에 따라 계약을 해제하거나 파산자의 채무를 이행하고 상대방의 채무이행을 청구할 수 있다. ②전항의 경우에 상대방은 파산관재인에 대하여 상당한 기간을 정하여 그 기간 내에 계약의 해제를 하겠는가 또는 채무이행의 청구를 하겠는가를 확답할 것을 최고할 수 있다. 파산관재인이 그 기간 내에 확답을 하지 아니한 때에는 계약을 해제한 것으로 본다."라고 규정하고 있으며, 채무자회생및파산에관한법률 제337조에 의하면 "①전조의 규정에 의하여 계약의 해제가 있은 때에는 상대방은 손해배상에 관하여 파산채권자로서 그 권리를 행사할 수 있다. ②파산자가 받은 반대급부가 파산재단 중에 현존하는 때에는 상대방은 그 반환을 청구하고 현존하지 아니하는 때에는 그 가액에 관하여 재단채권자로서 그 권리를 행사할 수 있다."라고 규정하고 있습니다.

그리고 채무자회생및파산에관한법률 제473조 제7호에서는 제335조 제1항의 규정에 의하여 파산관재인이 채무를 이행하는 경우에 상대방이 가지는 청구권은 이를 '재단채권'으로 한다고 규정하고 있으며, 채무자회생및파산에관한법률 제475조에 의하면 "'재단채권'은 파산절차에 의하지 아니하고 수시로 이를 변제한다."라고 규정하고 있고, 채무자회생및파산에관한법률 제476조에 의하면 "재단채권은 파산채권보다 먼저 이를 변제한다."라고 규정하고 있습니다.

그러므로 위 사안에서 甲의 하자보수비상당의 손해배상채권이 '재단채권'에 해당될 수 있을 것인지 문제됩니다.

위 사안과 관련된 판례를 보면, "파산법 제50조 제1항(현. 채무자회생및파산에관한법률 제335조 제1항)은 쌍무계약에 관하여 파산자 및 그 상대방이 모두 파산선고 당시에 아직 그 이행을 완료하지 아니한 때에는 파산관재인은 그 선택에 따라 계약을 해제하거나 파산자의 채무를 이행하고 상대방의 채무이행을 청구할 수 있다고 규정하고 있는데, 이 규정은 쌍무계약에서 쌍방의 채무가 법률적·경제적으로 상호 관련성을 가지고, 원칙적으로 서로 담보의 기능을 하고 있는데 비추어 쌍방 미이행의 쌍무계약의 당사자의 일방이 파산한 경우에 파산법 제51조(현. 채무자회생및파산에관한법률 제337조)와 함께 파산관재인에게 그 계약을 해제하거나 또는 상대방의 채무의 이행을 청구하는 선택권을 인정함으로써 파산재단의 이익을 지키고 동시에 파산관재인이 한 선택에 대응한 상대방을 보호하기 위한 취지에서 만들어진 쌍무계약의 통칙인바, 수급인이 파산선고를 받은 경우에 도급계약에 관하여 파산법 제50조(현. 채무자회생및파산에관한법률 제335조)의 적용을 제외하는 취지의 규정이 없는 이상, 당해 도급계약의 목적인 일의 성질상 파산관재인이 파산자의 채무의 이행을 선택할 여지가 없는 때가 아닌 한 파산법 제50조(현. 채무자회생및파산에관한법률 제335조)의 적용을 제외하여야 할 실질적인 이유가 없다. 따라서 파산법 제50조(현. 채무자회생및파산에관한법률 제335조)에 의하면 수급인이 파산선고를 받은 경우에도 당해 도급계약의 목적인 일이 파산자 이외의 사람이 완성할 수 없는 성질의 것이기 때문에 파산관재인이 파산자의 채무이행을 선택할 여지가 없는 때가 아닌 한 도급계약에도 적용된다고 할 것이다. 그러나 한편, 건축공사의 도급계약에 있어서는 이미 그 공사가 완성되었다면 특별한 사정이 있는 경우를 제외하고는 이제 더 이상 공사도급계약을 해제할 수는 없다고 할 것인바, 수급인이 파산선고를 받기 전에 이미 건물을 완공하여 인도함으로써 건축공사 도급계약을 해제할 수 없게 되었다면 도급인에 대한 도급계약상의 채무를 전부 이행한 것으로 보아야 하고, 그 도급계약은 파산선고 당시에 쌍방 미이행의 쌍무계약이라고 할 수 없으므로 파산법 제50조(현. 채무자회생및파산에관한법률 제335조)를 적용할 수 없다고 할 것이다."라고 하였습니다(대법원 2001. 10. 9. 선고 2001다24174, 24181 판결, 2002. 8. 27. 선고 2001다13624 판결).

따라서 위 사안에 있어서도 甲의 하자보수비상당의 손해배상채권은 재단채권으로서 파산절차에 의하지 아니하고 직접 파산관재인을 상대로 그 변제를 구할 수는 없고, 파산채권에 해당하여 파산절차에 따라 그 절차 내에서 변제를 받을 수 있음에 그칠 것으로 보입니다.

지급결제제도 등에 대한 특칙(제336조)

채무자회생및파산에관한법률 제120조(지급결제제도 등에 대한 특칙)의 규정에서 지급결제제도 또는 청산결제제도의 참가자 또는 적격금융거래의 당사자 일방에 대하여 파산선고가 있는 경우에도 이를 적용한다.

파산관재인의 해제 또는 해지와 상대방의 권리(제337조)

파산관재인이 계약의 해제 또는 해지를 선택한 경우, 해제 또는 해지에 의하여 발생하는 손해배상청구권은 파산채권이 되고, 파산자는 이미 급부를 받은 물건 등을 반환할 의무를 부담하게 된다. 이것이 불가능한 경우에는 그 가액을 재단채권으로서 지급하여야 한다.

▣ 관련판례

판례(대법원 2001. 12. 24. 선고 2001다30469 판결)

신디케이티드 론(syndicated loan) 거래의 참여은행이 파산선고를 받은 경우, 채무자가 그 은행에 대하여 가지고 있는 대출약정 해제로 인한 약정수수료(commitment fee) 반환청구권은 파산법상 재단채권에 해당하고, 이 경우 채무자는 직접 이행청구를 할 수 있으므로 위 채권의 존재확인을 구할 소의 이익은 없다고 한 사례.

판례(대법원 2017. 6. 29., 선고, 2016다221887, 판결)

도급인이 파산선고를 받은 경우에는 민법 제674조 제1항에 의하여 수급인 또는 파산관재인이 계약을 해제할 수 있고, 이 경우 수급인은 일의 완성된 부분에 대한 보수와 보수에 포함되지 아니한 비용에 대하여 파산재단의 배당에 가입할 수 있다. 위와 같은 도급계약의 해제는 해석상 장래에 향하여 도급의 효력을 소멸시키는 것을 의미하고 원상회복은 허용되지 아니하므로, 당사자 쌍방이 이행을 완료하지 아니한 쌍무계약의 해제 또는 이행에 관한 채무자 회생 및 파산에 관한 법률(이하 '채무자회생법'이라고 한다) 제337조가 적용될 여지가 없다. 한편 회생절차는 재정적 어려움으로 파탄에 직면해 있는 채무자에 대하여 채권자 등 이해관계인의 법률관계를 조정하여 채무자 또는 사업의 효율적인 회생을 도모하는 것을 목적으로 하는 반면, 파산절차는 회생이 어려운 채무자의 재산을 공정하게 환가·배당하는 것을 목적으로 한다는 점에서 차이가 있기는 하다. 그러나 이러한 목적을 달성하기 위하여 절차개시 전부터 채무자의 법률관계를 합리적으로 조정·처리하여야 한다는 점에서는 공통되고, 미이행계약의 해제와 이행에 관한 규정인 채무자회생법 제121조와 제337조의 규율 내용도 동일하므로, 파산절차에 관한 특칙인 민법 제674조 제1항은 공사도급계약의 도급인에 대하여 회생절차가 개시된 경우에도 유추 적용할 수 있다.

따라서 도급인의 관리인이 도급계약을 미이행쌍무계약으로 해제한 경우 그때까지 일의 완성된 부분은 도급인에게 귀속되고, 수급인은 채무자회생법 제121조 제2항에 따른 급부의 반환 또는 그 가액의 상환을 구할 수 없고 일의 완성된 부분에 대한 보수청구만 할 수 있다. 이때 수급인이 갖는 보수청구권은 특별한 사정이 없는 한 기성비율 등에 따른 도급계약상의 보수에 관한 것으로서 주요한 발생원인이 회생절차개시 전에 이미 갖추어져 있다고 봄이 타당하므로, 이는 채무자회생법 제118조 제1호의 회생채권에 해당한다.

거래소의 시세있는 상품의 정기매매(제338조)

거래소의 시세있는 상품의 매매에 관하여 일정한 일시 또는 일정한 기간 안에 이행을 하지 아니하면 계약의 목적을 달성하지 못하는 경우에 이행시점의 시기가 파산선고 후에 도래하는 때에는 계약의 해제가 있은 것으로 본다. 이 경우 손해배상액은 이행지에서 동종의 거래가 동일한 시기에 이행되는 때의 시세와 매매대가와의 차액에 의하여 정한다.

「민법」상의 해지 또는 해제권이 있는 경우(제339조)

채무자회생및파산에관한법률 제335조(쌍방미이행 쌍무계약에 관한 선택)의 규정은 민법 제637조(임차인의 파산과 해지통고), 제663조(사용자파산과 해지통고), 제674조(도급인의 파산과 해제권)의 규정에 의하여 상대방 또는 파산관재인이 갖는 해지권 또는 해제권의 행사에 관하여 적용된다.

▣ **관련판례**

판례(대법원 2002. 8. 27. 선고 2001다13624 판결)

도급인이나 위임의 당사자 일방이 파산선고를 받은 경우에는 당사자 쌍방이 이행을 완료하지 아니한 쌍무계약의 해제 또는 이행에 관한파산법 제50조 제1항이 적용될 여지가 없고, 도급인이 파산선고를 받은 경우에는민법 제674조 제1항에 의하여 수급인 또는 파산관재인이 계약을 해제할 수 있고, 위임의 당사자 일방이 파산선고를 받은 경우에는민법 제690조에 의하여 위임계약이 당연히 종료된다고 할 것이며, 위와 같은 도급계약의 해제 및 위임계약의 종료는 그 각 조문의 해석상 장래에 향하여 도급 및 위임의 효력을 소멸시키는 것을 의미한다.

임대차계약(제340조)

1. 임대차계약

임대차계약은 전형적인 쌍무계약으로서 본조가 적용되고, 파산관재인으로 하여금 계약의 해지 또는 이행을 선택하게 하여 계약관계를 처리하는 것이 원칙이다. 그러나 임차인이 파산한 경우에는 민법 및 주택임대차보호법의 규정에 따라 위 원칙이 적용되지 않는 경우가 있다.

(1) 임대인이 파산한 경우

임대인이 파산한 경우 그 후 임대차계약의 처리에 관하여는 우선 파산관재인이 임대차계약을 해제할 수 있는가 여부와 관련하여 임차보증금이 있는 경우의 처리방법이 문제된다,

가. 실무에서는 본 조에 따라 계약관계를 처리하며, 대항력 있는 임대차의 경우에는 본 조의 적용을 부정하고 있다.

나. 파산관재인이 해지하지 못하는 임대차라고 하더라도 파산절차의 원활할 진행을 위하여 보증금을 반환할 필요가 있다고 인정 되는 경우에는 임대차계약을 해지한 후, 파산관재인은 보증금 상당액을 퇴거비용으로 지급한다는 취지의 화해계약을 체결하고 퇴거비용을 재단채권으로서 지급하면 될 것이다. 또 대항력 있는 임대차의 경우일지라도 파산관재인은 이행지체 기타 정당한 사유에 의한 해지 또는 갱신거절은 가능하다고 할 것이다.

다. 임대차계약이 계속되는 경우

위와 같은 경우 임차인에 파산관재인에 대하여 차임지급의무를 부담한다. 파산관재인이 임대차계약을 해지하는 경우에 있어서 해지의 효력은 민법 제635조의 기간 경과를 기다리지 않고 즉시 발생하게 된다.(민법 제637조의 반대해석) 임차인이 명도와 임대차보증금반환채권의 동시이행을 주장할 수 있는가에 대하여 논란이 있으나, 파산절차라하여 실무는 실체법상의 권리가 당연히 상실된다고 볼 수 없으므로 배당액과 상환으로 명도하는 것으로 해석하고 있다.

(2) 임차보증금이 있는 경우

임차보증금반환채권은 정지조건부 파산채권으로서 임대차계약에 부수하여 파산선고 전부터 성립되어 있는 채권으로서 임대차계약이 종료되고 임차물의 명도가 완료된 후에 미지급 차임 등이 없는 경우에만 현실로 반환을 청구할 수 있다.

그러나 일정한 범위에서 차임과의 상계가 인정되고 있으므로 이 한도에서는 사실상 우선권이 보장되어 있다고 할 수 있다.

(3) 선급 차임이 있는 경우

임대인이 파산선고를 받은 경우에 차임의 전급 또는 차임채권의 처분은 파산선고시의 당기 또는 차기에 관한 것을 제외하고는 이로써 파산채권자에게 대항 할 수 없다. 즉 차임을 매월말 지급하는 것으로 정한 경우 임차인이 1년분의 차임을 선급한 경우이더라도, 임차인은 파산관재인이 파산선고를 받은 달과 그 다음 달 이후의 차임을 청구한 경우에는 이를 이중지급이라는 이유로 거절할 수 없다. 이로 인하여 손해를 입은 임차인 또는 채권양수인은 그 손해배상채권을 파산채권으로 하여 파산절차에 참가할 수 있다.

2. 임차인이 파산한 경우

(1) 민법의 적용

임차인의 파산에 관한 민법 제637조가 본 조의 특칙이므로, 계약기간이 정하여져 있는 경우라 할지라도 파산관재인뿐만 아니라 임대인도 파산을 이유로 민법 635조의 규정에 의하여 계약을 해지할 수 있다. 이 경우 상대방에 대하여 해지로 인한 손해의 배상을 청구하 지 못한다. 다만 주택임대차보호법 제4조의 임대차기간에 관한 강행규정이 적용되는 경우에는 해지가 제한된다. 민법 제635조 제2항 소정의 기간이 경과하면 임대차는 종료한다.

(2) 주택 임차인이 파산선고 또는 그 신청을 받은 경우

위와 같은 경우에는 임대인은 바로 계약을 해지할 수 있다는 취지의 특약을 한 경우 일지라도 임대인의 해지를 제한하는 주택임대차보호법의 취지에 반하여 무효라고 해석된다.

(3) 임차인이 파산선고를 받았으나 관재업무의 편의상 파산관재인이 계속하여 임차하는 경우에

파산선고 전의 차임	파산채권
파산선고 후의 차임	재단채권

(4) 해지의 경우

해지의 경우에도 마찬가지로 파산선고 전의 미지급 차임은 파산채권이고, 파산선고일부터 계약이 해지에 의하여 종료하는 날까지의 차임 및 그 이후의 명도시까지의 차임 상당 손해배상금은 재단채권이 된다.

(5) 유의할 점

파산관재인은 특별한 사정이 없는 한 조기에 임대차를 해지하는 것이 좋다고 할 수 있다. 그리고 임대인 및 파산관재인은 상대방에 대하여 이행 또는 해지의 선택을 상당 기간 내에 확답하여야 한다는 취지의 최고를 할 수 있고, 그 기간 내에 상대방의 확답이 없으면 해지된 것으로 간주된다.

도급계약(제341조)

1. 도급계약

(1) 원칙

도급계약도 일종의 쌍무계약으로서 본 조가 적용되는 것이 원칙이다.

(2) 예외

민법에 도급인 파산에 관하여 특칙이 있고, 그 밖에 도급의 특수성에서 비롯되는 예외적인 취급이 문제되는 경우가 있다. 그 예로서 다음과 같은 경우가 있다.

1) 도급인이 파산한 경우

도급인의 파산에 관하여는 민법 제674조가 본 조의 특칙으로서, 수급인 및 파산관재인 양 쪽 모두 파산을 이유로 계약을 해제할 수 있다. 계약이 해제된 경우에는 해제시까지 기성부분에 대한 수급인의 보수 및 비용청구

권은 파산채권이 되고, 해제시까지의 완성된 결과는 도급인 즉 파산재단에 귀속한다.

가. 계약이 해제된 경우

해제시까지 기성부분에 대한 수급인의 보수 및 비용청구권	파산채권이 된다
해제시까지의 완성된 결과	파산재단에 귀속한다

나. 수급인 및 파산관재인이 계약의 이행을 선택하여 수급인이 일을 완성한 경우

그 일의 결과는 파산재단에 귀속하고, 수급인의 보수청구권은 파산선고 전의 공사분도 포함되며 모두 재단채권이 된다. 수급인은 상사유치권에 기초하여 별제권을 행사하여 미지급 공사대금채권을 회수할 수 있는 방법도 있지만, 그 실효성은 거의 없다.

다. 한편 하수급인의 지위 보장과 건설공사의 충실한 시행을 기한다는 취지하에, 수급인 파산의 경우에의 특별규정

도급인은 하도급대금을 하수급인에게 직접 지급함으로써, 하수급인에게 지급한 한도에서 수급인에 대한 채무는 소멸한 것으로 간주하는 특별규정이 있다.

(건설산업기본법 제35조 제1항, 하도급공정화에관한법률 제14조, 동 시행령 제4조)

2. 수급인이 파산한 경우

수급인이 파산한 경우에는 제335조가 적용된다. 이에 따라 파산관재인에게 계약의 해제 또는 이행의 선택권이 있다. 파산자의 개인적 노무의 제공을 목적으로 하는 계약의 경우라도 파산관재인은 이행의 선택을 함으로써, 또는 파산재단의 이익을 위한 개입권의 행사를 통해파산자에게 일의 완성을 구하거나 또는 제 3자로 하여금 이를 완성하게 할 수 있다. 파산자의 노무제공의 완성에 따른 보수청구권은 파산재단에 귀속하고, 일을 한 파산자 또는 제3자의 노임은 재단채권이 된다.

계약의 해제로 손해를 입은 손해배상 청구권	파산채권이 된다
도급이 공사에 제공한 재료나 교부한 선금	도급인은 반환을 구하거나 그 가액에 관하여 재단채권으로서 청구할 수 있다

3. 계약을 맺을 경우

도급계약은 일을 완성시킨 다음에야 비로서 보수를 청구할 수 있는 계약이다. 그렇지만 통상 도급계약을 맺을 경우 계약서에는 계약해제시의 기성고 정산에 관한 조항을 추가하고, 기성고에 대응하는 보수는 파산재단을 구성하고 있으므로 이 보수와 재단채권을 정산하게 된다. 도급인이 기성고 이상으로 공사대금이 지급되었다고 주장하는 경우에는 기성고의 확정이 문제되는 경우가 많다. 이에 따라 비용과 시간의 절약을 위하여 도급계약의 합의해제 및 그에 따른 채권액의 확정을 내용으로 하는 화해를 검토해 볼 수 있다.

4. 파산관재인이 이행을 선택한 경우 도급인의 해제

파산관재인이 채무자회생및파산에관한법률 제335조에 의하여 이행을 선택한 경우 일지라도 도급인은 민법 제637조에 의한 해제권을 상실하는 것이 아니므로 공사가 완성되기 전일 경우에는 손해를 배상하고 계약을 해제할 수 있다.

위임계약(제342조)

1. 위임자가 파산한 경우

파산재단의 관리, 처분과 관련이 있는 사무처리에 관한 특약	무효
파산재단의 관리, 처분과 관련이 없는 사무처리에 관한 특약	유효

2. 수임자가 파산의 사실을 알지 못하는 경우

위임자의 파산에 의한 위임계약의 종료는 수임자에 대하여 파산의 사실을 통지하거나 수임자가 그 사실을 안 때가 아니면 이로써 수임자에게 대항하지 못한다(민법 제692조). 수임자가 위임자의 파산에 관한 통지를 받지 못하고, 파산선고의 사실도 알지 못한 채 위임사무를 처리한 때 발생한 비용상환 청구권이나 보수청구권 등의 채권은 파산선고 후에 생긴 청구권이지만 파산 채권이다. 또 위임자의 파산에 따른 계약 종료시에 긴박한 사정이 있는 경우 에는 수임자는 위임자 또는 그 파산관재인이 위임사무를 처리할 수 있는 시 점이 될 때까지 필요한 긴급처분을 하여야 한다.

3. 수임자가 파산한 경우

수임자가 파산한 경우에도 위임관계는 종료한다(민법 제690조 전문). 위임계 약에 기하여 수임자에게 수여되어 있던 대리권도 소멸한다(민법 제127조 제2 호). 그렇지만 수임자의 파산에 관하여는 수임자의 재산상태가 위임관계의 중요한 요소로 되어 있는 경우를 제외하고 위임계약이 당연히 종료한다고 해석하여서는 안된다는 견해도 있다. 또 수임자가 파산선고를 받아도 이것을 위임계약의 종료원인으로 하지 않는다는 취지의 특약을 맺은 경우에는 파산 자라도 수임자가 될 수 있으므로 유효하다고 해석된다.

4. 위임자가 알지 못하거나 통지하지 않은 경우

수임자의 파산에 기한 위임의 종료도, 위임자에게 파산 사실을 통지하거나 위임자가 이를 알지 못하면 이를 위임자에게 대항할 수 없다. 또 수임자가 파산한 경우 수임자에게 긴급처분 의무가 있는 것은 위임자가 파산한 경우 와 같다(제691조 전문).

주식회사의 이사로 있던 자가 파산한 경우 회사와의 위임관계는 당연히 종 료하고(상법 제382조 제2항, 민법 제690조 전문), 복권될 때까지 이사에 취임 할 수 없다.

▣ 관련판례

판례(대법원 2002. 8. 27. 선고 2001다13624 판결)

도급인이나 위임의 당사자 일방이 파산선고를 받은 경우에는 당사자 쌍방이 이행을 완료하지 아니한 쌍무계약의 해제 또는 이행에 관한 파산법 제50조 제1

항이 적용될 여지가 없고, 도급인이 파산선고를 받은 경우에는 민법 제674조 제1항에 의하여 수급인 또는 파산관재인이 계약을 해제할 수 있고, 위임의 당사자일방이 파산선고를 받은 경우에는민법 제690조에 의하여 위임계약이 당연히 종료된다고 할 것이며, 위와 같은 도급계약의 해제 및 위임계약의 종료는 그 각 조문의 해석상 장래에 향하여 도급 및 위임의 효력을 소멸시키는 것을 의미한다.

상호계산(제343조)

상호계산은 당사자의 일방이 파산선고를 받은 때에는 종료한다. 상호계산을 하고 있던 양당사중 어느 일방이 파산선고를 받은 경우 각 당사자는 계산을 폐쇄하고 잔액의 지급을 청구할 수 있다.

쌍무계약에 따른 파산자가 청구권을 갖고 있는 경우에는 그는 파산재단에 속하고, 상대방이 가지는 때에는 파산채권이 된다.

파산자가 청구권을 갖고 있는 경우	청구권은 파산재단에 속하게 된다
상대방이 청구권을 갖고 있는 경우	파산채권이 된다

공유자의 파산(제344조)

공유자 중에 파산선고를 받은 자가 있는 때에는 분할하지 아니한다는 약정이 있는 때에도 파산절차에 의하지 아니하고 그 분할을 할 수 있다.

파산선고를 받은 자가 아닌 다른 공유자는 상당한 대가를 지급하고 그 파산선고를 받은 자의 지분을 취득할 수 있다.

배우자 등의 재산관리(제345조)

「민법」 제829조(부부재산의 약정과 그 변경)제3항 및 제5항의 규정은 배우자의 재산을 관리하는 자가 파산선고를 받은 경우에, 같은 법 제924조(친권상실의 선고)의 규정은 친권을 행사하는 자가 파산선고를 받은 경우에 관하여 각각 준용한다.

파산과 한정승인 및 재산분리(제346조)

상속인이나 상속재산에 대한 파산선고는 한정승인 또는 재산분리에 영향을 미치지 아니한다. 다만, 파산취소 또는 파산폐지의 결정이 확정되거나 파산 종결의 결정이 있을 때까지 그 절차를 중지한다.

관련 질의응답   Q & A

상속재산과 상속인 재산의 분리

피상속인의 사망으로 상속이 개시되었으나 상속될 재산과 상속받을 자의 고유재산관계가 불분명한 경우에는 상속재산과 상속인 고유재산의 분리를 법원에 청구할 수 있습니다. 상속채권자나 유증(遺贈)받은 자 또는 상속인의 채권자는 상속이 개시된 날로부터 3월 이내에, 상속인이 상속의 승인이나 포기를 하지 아니한 동안에는 3개월의 기간이 경과한 후에라도 상속재산의 분리를 청구할 수 있으며, 상속인이나 상속재산에 대한 파산선고시에도 재산분리의 청구를 할 수 있습니다(민법 제1045조, 채무자회생및파산에관한법률 제346조).

법원의 재산분리명령이 있는 경우 분리청구권자는 5일내에 상속채권자와 유증받은 사람에게 2개월 이상의 기간을 정하여 채권 또는 유증 받은 사실을 신고할 것을 공고하여야 합니다. 이 기간동안 상속인은 상속채권자와 유증 받은 자에 대하여 변제를 거절할 수 있으나, 기간이 만료된 후에는 상속재산에서 우선권이 있는 채권자에게 먼저 변제하고 상속채권자와 유증받은 자에게 각 채권액 또는 수증액의 비율로 변제하여야 합니다. 만일, 상속채권자와 유증받은 자가 상속재산으로는 전액의 변제를 받을 수 없는 경우에는 상속인의 고유재산으로부터 상속인의 채권자가 우선변제를 받은 후 남은 재산에 대하여 그 변제를 받을 수 있습니다(민법 제1046조, 제1051조, 제1052조).

파산재단에 속하는 재산에 관한 소송수계(제347조)

1. 파산재단에 속하는 재산에 관한 소송수계

파산선고로 말미암아 파산관제인 파산재단에 속하는 재산 그 자체에 관한 소송을 수계한다.

(1) 신청권자

수계신청은 파산관재인은 물론 상대방도 할 수 있다.

(2) 실무에서의 처리

실무에서는 파산선고 직후 파산관재인으로 하여금 소송이 진행중인 법원에 수계신청을 하도록 지도하고 있다. 파산선고 전부터 소송대리인이 선임되어 있던 때에는 그 기초가 되는 위임계약은 파산선고로 말미암아 실효하게 되고 대리권도 소멸하므로, 다시 위임계약을 체결하여야 한다.

(3) 파산관재인의 역할

파산관재인은 수계 후 계속 소송을 진행하는 것이 파산재단에 실질적으로 이익이 되는지 검토하여 불필요하고 무익한 소송, 패소가능성이 높은 소송은 취하 또는 화해 등으로 신속히 종결하여야 한다.

파산관재인이 소송을 수계한 경우에는 대항요건의 흠결, 부인권의 행사 등 파산관재인 고유의 공격방어방법을 제출할 수 있다. 파산관재인이 수계한 소송에 대하여 소송비용의 부담을 명받은 경우, 상대방의 소송비용 수계 전의 부분도 상환청구권에 포함하여 재단채권이 된다.

(4) 수계의 방법

파산채권에 관한 소송은 파산관재인이 당연히 수계하는 것이 아니라, 상대방의 채권신고와 그에 대한 채권조사의 결과에 따라 처리한다. 상대방의 채권이 신고되고 채권조사기일에 파산관재인 또는 파산채권자의 이의가 진술되지 아니하면 파산채권은 확정되게 되므로, 중단되어 있던 소송은 확정판결에 저촉되는 것으로 간주되어 각하되어야 한다. 실무상으로는 취하를 유도하는 방법도 있다

(5) 채권조사기일에 이의가 진술된 경우

위와 같은 경우에는 중단하고 있던 소송은 채권확정소송으로 청구취지 등이 변경되어 속행된다. 통상은 파산채권자가 이의자를 상대방으로 하여 수계하지만 채무명의 있는 채권의 경우에는 반대로 이의자가 파산채권자를

상대방으로 하여 수계하여야 한다.

채무명의 없는 채권의 경우	파산채권자가 이의자를 상대방으로 하여 소송을 수계한다
채무명의 있는 채권의 경우	이의자가 파산채권자를 상대방으로 하여 수계한다

(6) 파산채권에 관한 제1심의 종국판결 선고 후에 파산선고가 있은 경우

위와 같은 경우에도 신고된 파산채권에 대한 이의자가 수계신청을 하여야 한다.

2. 채권자대위소송, 채권자취소소송이 중단된 경우

위와 같은 경우파산관재인이 원고측을 수계한다. 채권자취소소송에 관하여 상대방의 수계신청이 있는 경우 파산관재인은 종전의 소송상태를 판단하여 수계를 거절할 수 있다고 해석된다. 그 이유로는 첫째, 원고 패소의 판결은 파산자를 구속하지 않는데도 파산관재인이 불리한 소송상태를 승계하도록 하는 것은 부당하고, 둘째, 파산관재인은 파산재단 전체를 고려하여 위소송이 파산재단의 증식에 유익한 경우에만 수계하여야 하고, 일개 채권자가 제기한 소송에 관하여 파산관재인에게 불리한 소송상태를 승계하도록 하는 것은 부당하기 때문이다. 채권자대위소송에 관하여도 마찬가지의 이유로 상대방의 수계신청을 거절할 수 있다고 해석된다.

3. 중단된 소송이 수계되지 않고 있는 사이에 파산취소, 파산폐지, 종결 등에 의하여 파산절차가 해지된 경우

위와 같은 경우에 파산자는 당연히 소송절차를 수계하고 소송이 다시 진행된다. 이 경우 수계신청은 필요하지 않고, 당해 법원은 파산해지의 증명이 있으면 다시 기일을 지정하여 소송을 진행하면 되고, 특히 그 재판을 할 필요는 없다. 수계 후에 이들 해지사유가 발생하면 소송은 다시 중단되고 파산자가 소송절차를 수계하게 되며, 상대방도 수계신청을 할 수 있다.

◼ **관련판례**

판례(대법원 2020. 6. 25., 선고, 2019다246399, 판결)

　파산선고를 받은 자가 채권자를 상대로 채무의 존재를 다투는 소송은 파산재단에 속하는 재산에 관한 소송에 해당하므로 파산채무자에 대한 파산선고가 있는 때에는 채무자 회생 및 파산에 관한 법률 제347조에 따라 파산관재인 또는 상대방이 수계할 때까지 이에 관한 소송절차는 당연히 중단된다. 한편 이와 같은 소송절차의 중단사유를 간과하고 변론이 종결되어 판결이 선고된 경우 그 판결은 소송에 관여할 수 있는 적법한 수계인의 권한을 배제한 결과가 되어 절차상 위법하나 이를 당연무효라고 할 수는 없고, 대리인에 의하여 적법하게 대리되지 않았던 경우와 마찬가지로 대리권 흠결을 이유로 한 상소 또는 재심에 의하여 그 취소를 구할 수 있으며, 상소심에서 수계절차를 밟은 경우에는 위와 같은 절차상의 하자는 치유되고 그 수계와 상소는 적법한 것으로 된다.

강제집행 및 보전처분에 대한 효력(제348조)

1. 강제집행, 보전처분

　파산선고가 내려지면 파산채권자의 개별적인 권리행사가 금지된다. 파산선고 전에 파산재단 소속의 재산에 대하여 파산채권에 기하여 한 강제집행, 보전처분은 파산재단에 대하여는 그 효력을 잃는다.

　따라서 파산관재인은 기존의 강제집행처분에 구속 받지 아니하고 파산재단 소속 재산을 파산법원의 허가를 얻어 자유로이 관리 처분할 수 있다.

2. 실무에서의 처리

(1) 집행취소의 신청

　실무상으로는 집행처분의 외관을 없애기 위한 목적으로 집행기관에 대하여 파산선고 결정 등본을 취소원인 서면으로 소명하여 사정변경을 이유로 하는 강제집행, 보전처분의 집행취소신청을 하여야 한다. 부동산에 대한 가압류 또는 처분금지 가처분 등기는 집행법원의 등기말소촉탁에 의하여 말소할 수 있다.

(2) 파산관재인이 절차의 속행을 결정한 경우

파산관재인이 종전의 강제집행절차를 속행하는 편이 신속하고 고가로 매각하여 파산재단에 도움이 되겠다고 판단한 경우에는 그 강제집행절차를 스스로 속행할 수 있다.

이럴 경우 집행기관에 대하여 파산관재인은 채무자가 파산선고를 받았고 파산관재인이 선임된 사실을 알리고 소명자료를 첨부하여 강제집행절차를 속행하겠다는 취지의 신청을 하여야 한다.

집행이 속행된 경우에는 집행채권자가 이미 지출한 집행비용은 재단채권이 되고, 집행목적물에 대한 제3자이의의 소는 파산관재인이 피고로 된다. 제3자이의의 소의 계속 시기는 파산선고 직후를 묻지 않는다. 이미 계속되어 있는 경우에는 피고의 지위를 파산관재인이 수계하여야 한다.

(3) 기타

파산채권에 기하지 않은 강제집행, 보전처분 예컨대 소유권에 기한 인도청구 및 명도청구의 집행 또는 그 보전을 위한 가처분, 기타 이사의 직무집행 정지 가처분, 파산채권 외의 임시지위를 정하는 가처분 등은 파산선고로 실효되지 않고, 파산재단에 속하는 재산을 대상으로 하는 경우 파산관재인을 상대방으로 하여 속행된다.

(4) 파산선고 전에 이미 집행이 완료된 경우

종류	종료 사유
동산, 부동산	배당액을 지급하거나 매각대금 또는 수익금을 교부
채권의 집행	1. 추심명령의 경우 　 추심신고가 있는 때 2. 전부명령의 경우 　 제3채무자에게 전부명령이 송달된 때

(5) 강제집행의 실효의 범위

파산선고에 기한 강제집행의 실효는 파산절차와의 관계에서 상대적으로 생기는 것이다. 압류의 단계에서 파산선고가 되었으나 파산관재인이 환가하지 않은 채 파산이 해지되면, 집행채권자는 그대로 집행절차를 속행할 수 있다. 실효한 가압류의 경우일지라도 목적물이 파산자의 소유에 남아 있으면 부활하게 된다. 파산선고와 동시에 파산절차가 폐지되는 때에는 파산재단 자체가 처음부터 성립하지 않으므로, 본 조가 적용되지 않는다. 따라서 파산선고 전에 파산자 소유재산에 관하여 진행중이던 강제집행, 가압류, 가처분은 실효되지 않고 그대로 진행된다.

3. 담보권실행경매

파산재단 소속 재산에 관한 저당권 등의 담보권 실행경매는 파산선고가 있었어도 실효되지 않고 파산관재인에게로 채무자의 지위가 승계되어 소송절차가 계속 진행된다. 파산관재인은 파산선고 및 파산관재인 선임사실을 소명할 수 있는 자료를 첨부하여 담당 재판부에 신고하여야 한다.

▣ 관련판례

판례(대법원 2018. 7. 24., 선고, 2016다227014, 판결)

채무자가 파산선고 당시에 가진 모든 재산은 파산재단에 속하고[채무자 회생 및 파산에 관한 법률(이하 '채무자회생법'이라고 한다) 제382조 제1항], 채무자에 대하여 파산선고 전의 원인으로 생긴 재산상의 청구권인 파산채권에 기하여 파산재단에 속하는 재산에 대하여 행하여진 강제집행·가압류 또는 가처분은 파산재단에 대하여는 그 효력을 잃는다(채무자회생법 제423조, 제348조 제1항).

한편 부동산에 대한 경매절차에서 배당법원은 배당을 실시할 때에 가압류채권자의 채권에 대하여는 그에 대한 배당액을 공탁하여야 하고, 그 후 그 채권에 관하여 채권자 승소의 본안판결이 확정됨에 따라 공탁의 사유가 소멸한 때에는 가압류채권자에게 공탁금을 지급하여야 한다(민사집행법 제160조 제1항 제2호, 제161조 제1항). 따라서 특별한 사정이 없는 한 본안의 확정판결에서 지급을 명한 가압류채권자의 채권은 위와 같이 공탁된 배당액으로 충당되는 범위에서 본안판결의 확정 시에 소멸한다. 이러한 법리는 위와 같은 본안판결 확정 이후에 채무자에 대하여 파산이 선고되었다 하더라도 마찬가지로 적용되므로, 본안판결

확정 시에 이미 발생한 채권 소멸의 효력은 채무자회생법 제348조 제1항에도 불구하고 그대로 유지된다고 보아야 한다.

이러한 경우에 가압류채권자가 공탁된 배당금을 채무자의 파산선고 후에 수령하더라도 이는 본안판결 확정 시에 이미 가압류채권의 소멸에 충당된 공탁금에 관하여 단지 수령만이 본안판결 확정 이후의 별도의 시점에 이루어지는 것에 지나지 않는다. 따라서 가압류채권자가 위와 같이 수령한 공탁금은 파산관재인과의 관계에서 민법상의 부당이득에 해당하지 않는다고 보아야 한다.

판례(대법원 2000. 12. 22. 선고 2000다39780 판결)

파산법 제61조 제1항은 '파산채권에 관하여 파산재단에 속하는 재산에 대하여 한 강제집행, 가압류, 가처분은 파산재단에 대하여는 그 효력을 잃는다'고 규정하고 있는바, 그 규정의 취지는 관련 당사자 간의 모든 관계에 있어서 강제집행, 집행보전행위가 절대적으로 무효가 된다는 것이 아니라 파산재단에 대한 관계에 있어서만 상대적으로 무효가 된다는 의미로 해석된다.

체납처분에 대한 효력(제349조)

체납처분

파산재단 소속 재산에 대한 국세징수법 또는 지방세징수법에 의하여 징수할 수 있는 청구권(국세징수의 예에 의하여 징수할 수 있는 청구권으로서 그 징수우선순위가 일반 파산채권보다 우선하는 것을 포함한다)에 기한 체납처분을 한 때에는 파산선고는 그 처분의 속행을 방해하지 아니한다. 조세채권은 재단채권으로서 수시변제를 받을 수 있고, 공익적 성격이 강하다는 점이 고려되어 파산선고 전에 착수한 것에 한하여 체납처분의 속행을 인정한 것이다.

파산선고 후에는 파산재단에 속하는 재산에 대하여 국세징수법 또는 지방세징수법에 의하여 징수할 수 있는 청구권(국세징수의 예에 의하여 징수할 수 있는 청구권을 포함한다)에 기한 체납처분을 할 수 없다고 해석된다.

▣ 관련판례

판례(대법원 2003. 6. 24. 선고 2002다70129 판결)

파산자 소유의 부동산에 대한 별제권(담보물권 등)의 실행으로 인하여 개시된 경매절차에서 과세관청이 한 교부청구는 그 별제권자가 파산으로 인하여 파산 전보다 더 유리하게 되는 이득을 얻는 것을 방지함과 아울러 적정한 배당재원의 확보라는 공익(共益)을 위하여 별제권보다 우선하는 채권 해당액을 공제하도록 하는 제한된 효력만이 인정된다고 할 것이므로 그 교부청구에 따른 배당금은 채권자인 과세관청에게 직접 교부할 것이 아니라 파산관재인이 파산법 소정의 절차에 따라 각 재단채권자에게 안분변제할 수 있도록 파산관재인에게 교부하여야 한다.

판례(대법원 2003. 3. 28. 선고 2001두9486 판결)

파산법 제62조는 파산선고 전의 체납처분은 파산선고 후에도 속행할 수 있다는 것을 특별히 정한 취지에서 나온 것이므로 파산선고 후에 새로운 체납처분을 하는 것은 허용되지 아니한다는 것으로 해석함이 상당하고, 또한 파산법 등 관계 법령에서 국세채권에 터 잡아 파산재산에 속하는 재산에 대하여 체납처분을 할 수 있다는 것을 정한 명문의 규정이 없는 점 등을 종합하여 보면, 국세채권에 터 잡아 파산선고 후에 새로운 체납처분을 하는 것은 허용되지 아니한다.

행정사건에 대한 효력(제350조)

행정사건 절차

파산재단 소속 재산에 관하여 파산선고 당시 행정청에 사건이 계속되어 있는 경우에는 그 절차가 파산관재인에 의한 수계 또는 파산절차의 해지가 있을 때까지 중단된다. 파산재단에 속하는 재산이란 반드시 실질적으로 파산재단에 속할 것을 요하는 것은 아니며 그 재산이 형식상 파산재단에 속한 것이라고 인정되면 족하다. 행정청에 계속하는 사건의 예로는 행정청의 처분에 대한 불복신청사건, 특허심판사건, 노동위원회에 계속중인 부당노동행위 심사에 관한 사건, 토지수용위원회의 재결에 대한 불복사건 등을 들 수 있다.
중단될 절차는 파산관재인 또는 상대방이 수계할 수 있으며, 그 절차비용은
재단채권이 된다.

제4절 법인의 이사등의 책임

법인의 이사등의 재산에 대한 보전처분(제351조)

1. 법인의 이사등의 재산에 대한 보전처분

(1) 법원이 필요하다고 인정하는 경우

법원은 법인인 채무자에 대하여 파산선고가 있는 경우 필요하다고 인정하
는 때에는 파산관재인의 신청에 의하거나 직권으로 채무자의 발기인·이사
(「상법」 제401조의2제1항의 규정에 의하여 이사로 보는 자를 포함한다),
감사·검사인 또는 청산인(이하 이 조 내지 제353조에서 "이사 등"이라 한
다)에 대한 출자이행청구권 또는 이사등의 책임에 기한 손해배상청구권을
보전하기 위하여 이사 등의 재산에 대한 보전처분을 할 수 있다.

(2) 파산관재인이 청구권이 있음을 알게 된 경우

파산관재인이 위의 청구권이 있음을 알게 된 경우에는 법원에 재산에 대한
보전처분을 신청하여야 한다. 그리고 법원은 긴급한 필요가 있다고 인정하는
때에는 파산선고 전이라도 채무자의 신청에 의하거나 직권으로 이사 등의 재
산에 대한 보전처분을 할 수 있다.

(3) 의견청취

법원은 관리위원회의 의견을 들어 이사등의 책임에 기한 손해배상청구권
을 보전하기 위한 이사등의 재산에 대한 보전처분을 변경하거나 취소할 수
있다.

(4) 즉시항고

이사 등의 재산에 대한 보전처분과 법원의 보전처분에 대한 변경과 취소 결정에 대하여는 즉시항고를 할 수 있다.

(5) 집행정지의 효력 유무

다만 즉시항고에는 집행정지의 효력은 없다.

(6) 송달

즉시항고에 따른 재판이 이루어지는 경우에는 그 결정서를 당사자에게 송달하여야 한다.

▣ **관련판례**

판례(대법원 1996. 11. 12. 선고 96도1797 판결)

피고인이 파산법 소정의 준파산자로서 법원의 허가 없이 주거를 떠날 수 없다는 파산법 제137조에 위배한 행위에 대하여, 그 금지규정의 위반행위에 대한 처벌법규인같은 법 제369조 제2항이 행위주체를 파산자라고만 한정하고 있을 뿐 그 조항을 준파산자에게도 준용한다는 규정이 없으므로, 죄형법정주의의 원칙상 피고인을 처벌할 수 없다고 한 원심판결을 수긍한 사례.

손해배상청구권 등의 조사확정재판(제352조)

1. 손해배상청구권 등의 조사확정재판

(1) 법원이 필요하다고 인정하는 경우

법원은 법인인 채무자에 대하여 파산선고가 있는 경우 필요하다고 인정하는 때에는 파산관재인의 신청에 의하거나 직권으로 이사등에 대한 출자이행청구권이나 이사등의 책임에 기한 손해배상청구권의 존부와 그 내용을 조사확정하는 재판을 할 수 있다.

(2) 파산관재인이 청구권이 있음을 알게 된 경우

파산관재인은 이사등에 대한 출자이행청구권이나 이사등의 책임에 기한 손해배상청구권이 있음을 알게 된 때에는 법원에 손배상청구권의 존부와 그 내용을 조사확정하는 재판을 신청하여야 한다.

(3) 소명

파산관재인은 위의 신청을 하는 때에는 그 원인되는 사실을 소명하여야 한다.

(4) 결정

법원은 직권으로 조사확정절차를 개시하는 때에는 그 취지의 결정을 하여야 한다.

조사확정의 재판과 조사확정의 신청을 기각하는 재판은 이유를 붙인 결정으로 하여야 한다.

(5) 시효의 중단

손해배상청구권의 존부와 그 내용을 조사확정하는 재판의 신청이 있거나 조사확정절차 개시결정이 있은 때에는 시효의 중단에 관하여는 재판상의 청구가 있은 것으로 본다.

(6) 이해관계인에 대한 심문

조사확정의 결정을 하는 때에는 미리 이해관계인을 심문하여야 한다.

(7) 조사확정절차의 종료

조사확정절차(조사확정결정이 있은 후의 것을 제외한다)는 파산절차가 종료한 때에는 종료한다.

(8) 송달

조사확정결정이 있은 때에는 그 결정서를 당사자에게 송달하여야 한다.

이의의 소(제353조)

1. 이의의 소

(1) 이의제기 기간

손해배상청구권의 존부와 그 내용의 조사확정 재판에 불복이 있는 자는 결정을 송달받은 날부터 1월 이내에 이의의 소를 제기할 수 있다.

이의의 소를 제기할 수 있는 기간은 불변기간으로 한다.

(2) 피고가 되는 자

이의를 제기하는 자가 이사등인 때에는 파산관재인을, 파산관재인인 때에는 이사등을 각각 피고로 하여야 한다.

이의 제기권자	피고가 되는 자
이사등인 때	파산관재인
파산관재인	이사

(3) 관할

이의의 소는 파산계속법원(파산사건이 계속되어 있는 회생법원을 말한다. 이하 같다)의 관할에 전속하고, 변론은 결정을 송달받은 날부터 1월의 기간을 경과한 후가 아니면 개시할 수 없다.

(4) 병합

여러 개의 소가 동시에 계속되어 있는 때에는 법원은 변론을 병합하여야 한다.

(5) 결정

이의의 소에 대한 판결에서는 같은 항의 결정을 인가·변경 또는 취소한다. 다만, 소를 부적법한 것으로 각하하는 때에는 그러하지 아니하다.

(6) 효력

조사확정의 결정을 인가하거나 변경하는 판결은, 강제집행에 관하여는 이행을 명한 판결과 동일한 효력이 있다.

【서식】 채권조사확정재판에 대한 이의의 소

소　　장

원　고　　　　○ ○ ○(　　　　-　　　　　)
(채권자)　　　　서울 ○○구 ○○동 ○○

피　고　　　　○ ○ ○(　　　　-　　　　　)
(채무자)　　　　서울 ○○구 ○○동 ○○

　채권조사확정재판에 대한 이의의 소

청 구 취 지

1. 서울회생법원 20○○. ○. ○.자 20○○개회○○호 채권조사확정재판을 다
음과 같이 변경한다.
　　원고(채권자)의 피고(채무자)에 대한 개인회생채권은, 금 30,000,000원
및 이에 대한 20○○. ○. ○.부터 20○○. ○. ○.까지 연 24%의 비율에
의한 금원의 일반 개인회생채권과 위 금 30,000,000원에 대한 20○○. ○.
○.부터 완제일까지 연 24%의 비율에 의한 금원의 후순위 개인회생채권임
을 확정한다.
2. 소송비용은 피고의 부담으로 한다.

청 구 원 인

1. 피고(채무자, 이하 피고라 한다)는 20○○. ○. ○. 원고(채권자, 이하 원고
라 한다)로부터 금 30,000,000원을 이율은 연 24%, 변제기는 20○○.
○. ○.로 정하여 차용하였는데, 당시 위 변제기까지의 선이자 및 수수료 3
백만원을 공제한 후 변제기일에 3천만원을 상환하기로 약정하였습니다.

2. 피고는 20○○. ○. ○. 이 법원 20○○개회○○호로 개인회생절차의 개시를 신청하였는데, 그 개인회생채권자목록에 원고에 대한 채권의 원인을 '20○○. ○. ○.자 금 2,700만원 신용대출', 채권의 내용을 '원금 2,700만원 및 이에 대한 20○○. ○. ○.부터 완제일까지 연 24%의 비율에 의한 채권(단 개인회생절차 개시결정일 이후의 이자, 지연손해금은 후순위 개인회생채권임)'이라고 기재하였고, 이에 원고는 20○○. ○. ○.피고에 대한 채권원금이 2,700만원이 아닌 3,000만원이라는 이유로 서울회생법원 20○○개회 ○○호로 채권조사확정재판을 신청하였습니다.

3. 한편 서울회생법원은, 위 채권조사확정재판에서 20○○. ○. ○. 원고는 피고에 대하여 위 개인회생채권자목록에 기재된 것과 같은 내용의 채권을 갖는다는 취지의 결정을 하였고, 원고는 위 결정 정본을 20○○. ○. ○.에 송달받았습니다.

4. 그러나 원고는 위 채권조사확정재판에 불복이므로, 귀 법원에 청구취지 기재 판결을 구하기 위하여 채무자회생및파산에관한법률 제353조 제1항에 의하여 채권조사확정재판에 대한 이의의 소를 제기합니다.

20○○. ○. ○.

원고(채권자) ○ ○ ○ (인)

입증방법

1.
2.

첨부서류

1.
2.

서울회생법원 귀중

조사확정재판의 효력

조사확정의 재판과 동시에 정해진 이의기간 안에 이의의 소를 제기하지 않거나 취하된 때 또는 각하된 때에는 조사확정재판은 확정판결과 동일한 효력이 있다.

제 2 장
파산절차의 기관

제1절 파산관재인

파산관재인의 선임(제355조)

채무자심문 등을 통하여 파산관재인 선임이 필요하다고 판단된 경우에는 비용 예납 여부를 확인한 후 즉시 파산관재인 선정에 착수한다. 법원이 이처럼 파산관재인을 선임하는 경우 관리위원회의 의견을 들어 선임한다. 법인도 파산관재인이 될 수 있는데, 이 경우 그 법인은 이사 중에서 파산관재인의 직무를 행할 자를 지명하고 이를 법원에 신고해야 한다.

파산관재인의 수(제356조)

1. 파산관재인의 수

(1) 원칙

파산관재인은 1인으로 하는 것을 원칙으로 한다.

(2) 예외

법원이 필요하다고 인정하는 때에는 수인을 선임할 수 있다.

(3) 사례

1) 예금보험공사 또는 그 임직원을 파산관재인으로 선임하도록 규정하고 있는 공적자금관리특별법 제20조 제1항과 채무자회생및파산에관한법률 제356조 단서에 따라 예금보험공사 소속직원과 변호사가 공동으로 파산관재인으로 선임된 경우

2) 복수의 파산관재인을 선임하는 것이 필요한 경우로는 이해관계인이 다수이고 전국적으로 분포되어 있어 그 권리관계가 복잡하고, 파산재단 소속 재산도 전국 여러 곳에 분산되어 있어 그 형태의 대형 파산사건

3) 영업을 계속하는 대형 건설회사에서 그 사례를 볼 수 있다.

(4) 업무의 수행

파산관재인을 복수로 선임한 경우에는 파산관재인들은 원칙적으로 공동으로 그 직무를 수행하여야 한다. 그런데 만약 파산관재인 사이에 의견대립이 있을 경우에 파산관재업무의 신속한 처리가 저해될 우려가 있다. 따라서 복수의 파산관재인을 선임하는 대신 파산관재인 대리인 제도를 활용함이 업무의 효율성의 측면에서 더 바람직할 것이다.

2. 한 사람의 파산관재인이 수행하기에 충분한 정도가 된 경우

복수의 파산관재인이 선임된 경우라고 하더라도 파산관재업무의 진행에 따라 한 사람의 파산관재인이 수행하기에 충분한 정도가 되었다면 복수의 파산관재인을 유지할 것이 아니라 파산관재인끼리 상의하여 그 중 한 사람이 사임하는 것이 바람직하다. 이 때 법원은 사임한 파산관재인의 업무를 적절히 평가하여 파산관재인의 보수를 지급하여야 한다.

자격증명서(제357조)

1. 자격증명서

(1) 파산관재인의 선임

파산관재인은 따로 선임 결정서를 작성하지는 않는다. 다만 파산관재인은 파산선고와 동시에 선임되고, 파산선고 결정서 가운데 기재하면 된다. 다만 파산관재인의 성명 및 주소는 공고 및 송달의 내용이 되고, 그 변경이 있는 경우에도 공고 및 송달의 내용이 된다.

(2) 파산선고인의 취임과 선임증

파산선고일에 파산관재인은 법원에 출석하여 선임증을 법원으로부터 교부

받음과 동시에 그 직에 취임한다. 파산관재인이 직무를 행함에 있어서 이해관계인으로부터 청구가 있는 경우에는 위 선임증을 제시하여야 한다. 이에 따라 법원은 파산선고 전에 선임증을 미리 작성하여 소속 법원장의 직인을 받아두도록 한다.

법원의 감독(제358조)

1. 법원의 감독권

(1) 일반적 감독권

법원은 파산관재인에 대한 일반적 감독권을 갖고있다.

일반적 감독권을 통해 정기보고와 기타 관재업무의 수행 상황의 보고를 명할 수 있고, 파산관재인은 이 명령에 응하여 보고할 의무가 있다.

(2) 실무에서의 처리

실무에서는 보통 3개월마다 정기보고를 하도록 하고 있다.

당사자적격(제359조)

파산과재인은 파산선고 후 즉시 파산재단의 점유관리에 착수하고, 재단에 관한 소송에 관하여는 당사자로서 소송행위를 한다.

■ **관련판례**

판례(대법원 2002. 7. 12. 선고 2001다2617 판결)

상법 제399조, 제414조에 따라 회사가 이사 또는 감사에 대하여 그들이 선량한 관리자의 주의의무를 다하지 못하였음을 이유로 손해배상책임을 구하는 소는 회사의 재산관계에 관한 소로서 회사에 대한 파산선고가 있으면 파산관재인이 당사자 적격을 가진다고 할 것이고(파산법 제152조), 파산절차에 있어서 회사의 재산을 관리·처분하는 권리는 파산관재인에게 속하며(파산법 제7조), 파산관재인은 법원의 감독하에 선량한 관리자의 주의로써 그 직무를 수행할 책무를 부담하고 그러한 주의를 해태한 경우에는 이해관계인에 대하여 책임을 부담하게 되기 때문에(파산법 제154조) 이사 또는 감사에 대한 책임을 추궁하는 소에 있어서도 이를 제기할 것인지의 여부는 파산관재인의 판단에 위임되어 있다고 해석하여야 할 것이고, 따라서 회사가 이사 또는 감사에 대한 책임추궁을 게을리 할 것을 예상하여 마련된 주주의 대표소송의 제도는 파산절차가 진행 중인 경우에는 그 적용이 없고, 주주가 파산관재인에 대하여 이사 또는 감사에 대한 책임을 추궁할 것을 청구하였는데 파산관재인이 이를 거부하였다고 하더라도 주주가 상법 제403조, 제415조에 근거하여 대표소송으로서 이사 또는 감사의 책임을 추궁하는 소를 제기할 수 없다고 보아야 할 것이며, 이러한 이치는 주주가 회사에 대하여 책임추궁의 소의 제기를 청구하였지만 회사가 소를 제기하지 않고 있는 사이에 회사에 대하여 파산선고가 있은 경우에도 마찬가지이다.

판례(대법원 2018. 6. 15., 선고, 2017다289828, 판결)

원고와 피고의 대립당사자 구조를 요구하는 민사소송법의 기본원칙상 사망한 사람을 피고로 하여 소를 제기하는 것은 실질적 소송관계가 이루어질 수 없어 부적법하다. 소 제기 당시에는 피고가 생존하였으나 소장 부본이 송달되기 전에 사망한 경우에도 마찬가지이다. 사망한 사람을 원고로 표시하여 소를 제기하는 것 역시 특별한 경우를 제외하고는 적법하지 않다.

파산선고 전에 채권자가 채무자를 상대로 이행청구의 소를 제기하거나 채무자가 채권자를 상대로 채무 부존재 확인의 소를 제기하였더라도, 만약 그 소장 부본이 송달되기 전에 채권자나 채무자에 대하여 파산선고가 이루어졌다면 이러한 법리는 마찬가지로 적용된다. 파산재단에 관한 소송에서 채무자는 당사자적격이 없으므로, 채무자가 원고가 되어 제기한 소는 부적법한 것으로서 각하되어야 하고(채무자 회생 및 파산에 관한 법률 제359조), 이 경우 파산선고 당시 법원에 소송이 계속되어 있음을 전제로 한 파산관재인의 소송수계신청 역시 적법하지 않으므로 허용되지 않는다.

여럿의 파산관재인의 직무집행(제360조)

1. 파산관재인이 복수인 경우

파산관재인은 1인이 되는 것이 원칙이나 파산관재인을 복수로 선임할 수 있다. 이 경우 법원의 허가를 받아야 한다. 파산관재인이 여럿인 경우 제3자의 의사표시는 여럿의 파산관재인 중의 1인에 대하여 하면 된다.

2. 파산관재인이 복수인 경우의 직무수행

파산관재인을 복수로 선임한 경우 파산관재인들은 공동으로 그 직무를 수행하여야 하므로, 만약 파산관재인 사이에 의견대립이 있을 경우 파산관재업무의 신속한 처리를 저해할 우려가 있다. 따라서 복수의 파산관재인을 선임하는 대신 파산관재인 대리인 제도를 활용함이 바람직하다.

3. 복수의 파산관재인이 선임된 경우, 그 중에 한명의 파산관재인이 단독으로 한 행위의 효력

복수의 파산관재인이 선임된 경우, 그 중에 한명의 파산관재인이 단독으로 한 행위의 효력에 관하여는 특별한 정함이 없으나 대내적으로는 무효이지만, 대외적으로는 선의의 제3자에 대하여는 그 무효를 주장할 수 없다고 해석하여야 할 것이다.

파산관재인의 의무 등(제361조)

1. 선관주의의무

파산관재인은 선량한 관리자의 주의의무가 있다. 즉 적정하고 신속한 직무수행에 관하여 파산관재인으로서 일반적, 평균적으로 요구되는 주의의무를 다하여야 한다.

선관주의의무에 반한 사례로서는 다음과 같은 경우가 있다.

(1) 재단에 속한 추심 가능한 매출금채권의 회수에 관하여 지급명령 신청 등 적절한 수단을 취하지 않은 채 시효완성으로 회수불능되어 전혀 배당을 할 수 없게 된 경우,

(2) 임차인 파산의 경우 파산관재인의 해지에 의하여 재산적 가치 있는 부동산 임차권을 포기하는 결과를 초래한 경우.

(3) 부인권의 유무에 관한 조사 및 그 행사를 게을리한 경우.

(4) 역으로 승소 또는 회수가능성이 없는 부인권을 행사한 경우.

(5) 파산법원의 허가 또는 감사위원의 동의를 요하는 경우에 그 허가 또는 동의를 받지 않고 행위한 경우.

(6) 파산자가 강력하게 이의를 진술하여 그 존재에 의심이 가는 채권에 관하여 충분히 조사하지 않고 그 채권을 시인한 경우.

(7) 하자 있는 배당표를 작성하여 파산채권자에게 손해를 가한 경우.

(8) 일부채권자를 위법하게 배당에서 제척한 경우.

(9) 재단 소속 채권과 파산채권을 상계하여 다른 채권자의 이익을 해한 경우.

(10) 재단채권인 조세채권에 관하여 교부청구가 있었는데도 이를 무시하고 파산채권자에게 배당한 후 파산절차를 종결한 경우.

(11) 의심이 있는 재단채권을 부인하지 않고 변제한 경우 채권자집회에서 부당한 보고를 하여 잘못된 결의를 초래한 경우.

(12) 채권자집회의 결의에 관하여 그 집행금지의 신청을 하여야 하는데도 이를 게을리한 경우.

(13) 파산자의 자유재산을 처분한 경우.

(14) 환취권, 별제권의 목적물을 손상한 경우.

2. 중립의무 및 충실의무

(1) 중립의무

파산관재인은 모든 이해관계인에 대하여 공정 중립을 유지하여야 하며 다수의 이해관계인의 이해를 조절하면서 재판상 절차로서의 파산절차를 중심적으로 수행하는 공적 상설기관이므로 그 지위, 직책상 그 직무의 집행에 있어서 본 법에 그 직접적인 근거는 없지만, 그 지위의 성격에서 나오는 당연한 의무라고 하겠다.

(2) 충실의무

파산관재인은 파산법원의 위탁을 받아 그 업무를 수행하므로, 민법 및 상법상 자기거래의 금지 등 충실의무에 관한 규정이 유추적용 되는 것으로 해석한다.

가. 충실의무의 예

파산관재인이 재단 소속 재산의 환가처분에 있어서 직, 간접으로 그 상대방으로 되는 것은 가령 그것이 파산자와 파산채권자 다수가 바라는 상황이라고 하더라도, 특별한 사정이 없는 한 허용되지 않는다고 볼 것이다. 또한 특별한 사유가 없는데도 파산관재인과 개인적인 친분관계에 있는 사람을 보조인으로 고용하고 있는 경우이던지, 특별히 이율이 높은 것도 아님에도 파산관재인의 친지가 지점장으로 있는 은행 지점에 파산재단을 보관하는 행위 등은 피하여야 한다.

3. 보고의무

(1) 채권자집회에 대한 보고

파산관재인은 제1회 채권자집회에서 파산선고에 이르게 된 사정 및 파산자와 파산재단에 관한 경과와 현상에 관하여 보고하여야 한다. 실무에서는 파산관재인 보고서를 작성하게 하여, 여기에 재산목록 및 대차대조표를 첨부하여 제출하게 한다.

(2) 보고의 목적

보고의 목적은, 파산채권자를 위하여 파산재단에 속한 재산의 다과, 파산관재업무의 집행방침, 재단수집의 난이도와 전망, 파산재단 환가의 비용과, 소요기간, 배당률의 예측 등의 자료를 제공하는데 있다. 따라서 법원에서는 제1회 보고서에 이들 사항에 관하여 기재하도록 하고 있다.

(3) 파산관재인의 임무가 종료한 경우

채권자집회에 계산의 보고를 하여야 하고, 채권자집회가 정하는 바에 따라 파산재단의 상황에 관하여 보고하여야 한다.

(4) 법원에 대한 보고

법원은 파산관재인에 대한 일반적 감독권을 가지므로 그 감독의 전제로서 정기보고 기타의 형식으로 관재업무 수행 상황의 보고를 명할 수 있다. 파산관재인은 이 명령에 응하여 보고할 의무가 있다.

(5) 감사위원에 대한 보고

감사위원이 설치된 때에는 채권자집회의 결의에 따라 감사위원에게도 파산재단의 상황에 관하여 보고를 하여야 하며, 감사위원의 요구에 따라서도 파산재단에 관한 보고를 하여야 한다.

4. 의무 위반의 효과

(1) 해임사유

파산관재인이 위 의무를 게을리 한 경우에는 해임사유가 된다.

(2) 손해배상청구권

의무위반으로 인하여 이해관계인에게 손해를 가한 경우에는 손해배상책임을 진다. 파산관재인의 의무 위반으로 발생한 손해배상청구권은 재단채권으로서, 파산재단도 손해배상책임을 지게 된다. 파산관재인 개인의 손해배상책임과 파산재단의 손해배상책임은 부진정 연대채무의 관계에 있다.

(3) 국가배상법 적용여부

파산관재인의 불법행위로 인한 손해배상책임은 민법의 규정에 따르지만, 파산관재인의 직무집행에 관하여 한 불법행위도 파산재단에 관하여 한 행위로서 이로 인한 손해배상청구권은 재단채권이 될 것이다. 그러나 파산관재인이 공무원은 아니기 때문에, 그 고의, 과실을 이유로 하는 손해배상에 관하여 국가배상법의 적용은 없다.

▣ 관련판례

판례(대법원 2003. 6. 24. 선고 2002다48214 판결)

파산자가 파산선고시에 가진 모든 재산은 파산재단을 구성하고, 그 파산재단을 관리 및 처분할 권리는 파산관재인에게 속하므로, 파산관재인은 파산자의 포괄승계인과 같은 지위를 가지게 되지만, 파산이 선고되면 파산채권자는 파산절차에 의하지 아니하고는 파산채권을 행사할 수 없고, 파산관재인이 파산채권자 전체의 공동의 이익을 위하여 선량한 관리자의 주의로써 그 직무를 행하므로, 파산관재인은 파산선고에 따라 파산자와 독립하여 그 재산에 관하여 이해관계를 가지게 된 제3자로서의 지위도 가지게 되며, 따라서 파산자가 상대방과 통정한 허위의 의사표시를 통하여 가장채권을 보유하고 있다가 파산이 선고된 경우 그 가장채권도 일단 파산재단에 속하게 되고, 파산선고에 따라 파산자와는 독립한 지위에서 파산채권자 전체의 공동의 이익을 위하여 직무를 행하게 된 파산관재인은 그 허위표시에 따라 외형상 형성된 법률관계를 토대로 실질적으로 새로운 법률상 이해관계를 가지게 된 민법 제108조 제2항의 제3자에 해당한다.

판례(대법원 2002. 7. 12. 선고 2001다2617 판결)

상법 제399조, 제414조에 따라 회사가 이사 또는 감사에 대하여 그들이 선량한 관리자의 주의의무를 다하지 못하였음을 이유로 손해배상책임을 구하는 소는 회사의 재산관계에 관한 소로서 회사에 대한 파산선고가 있으면 파산관재인이 당사자 적격을 가진다고 할 것이고(파산법 제152조), 파산절차에 있어서 회사의 재산을 관리·처분하는 권리는 파산관재인에게 속하며(파산법 제7조), 파산관재인은 법원의 감독하에 선량한 관리자의 주의로써 그 직무를 수행할 책무를 부담하고 그러한 주의를 해태한 경우에는 이해관계인에 대하여 책임을 부담하게 되기 때문에(파산법 제154조) 이사 또는 감사에 대한 책임을 추궁하는 소에 있어서도 이를 제기할 것인지의 여부는 파산관재인의 판단에 위임되어 있다고 해석하여야 할 것이고, 따라서 회사가 이사 또는 감사에 대한 책임추궁을 게을리 할 것을 예상하여 마련된 주주의 대표소송의 제도는 파산절차가 진행 중인 경우에는 그 적용이 없고, 주주가 파산관재인에 대하여 이사 또는 감사에 대한 책임을 추궁할 것을 청구하였는데 파산관재인이 이를 거부하였다고 하더라도 주주가 상법 제403조, 제415조에 근거하여 대표소송으로서 이사 또는 감사의 책임을 추궁하는 소를 제기할 수 없다고 보아야 할 것이며, 이러한 이치는 주주가 회사에 대하여 책임추궁의 소의 제기를 청구하였지만 회사가 소를 제기하지 않고 있는 사이에 회사에 대하여 파산선고가 있은 경우에도 마찬가지이다.

파산관재인대리(제362조)

1. 파산관재인대리의 취지

파산관재인의 직무는 광범위하고 복잡하고 단기에 끝나는 경우가 거의 없고 장기간에 걸치는 경우가 많으므로 그 직무집행 중 예기치 못한 질병 기타 사유로 업무 수행에 지장이 생기는 예가 생길 수 있다. 이에 따라 파산관재인이 미리 법원의 인가를 얻어 대리인을 선임한 것은 파산관재인을 의미한다.

2. 파산관재인대리의 긍정적인 점

파산관재인대리를 선임한 경우에 실질적으로는 파산관재인을 추가 선임한 것과 동일하고, 그러면서도 파산관재인이 복수인 경우에 겪게 되는 절차의 복잡함에서 나올 수 있는 번거로움이 없으므로 편리한 점이 있다.

3. 파산관재인대리의 부정적인 점

대리인이 당해 사건에 관하여 실체법상 및 소송법상의 포괄적 대리권을 갖고 있으므로, 파산관재인이 관재 업무를 상시대리인에게 완전히 맡기고 사실상 대리인에 의하여 파산관재 업무가 수행될 우려도 있다. 따라서 불가피한 경우를 제외하고는 대리인을 선임하는 것을 피하여야 할 것이다.

4. 법원의 결정

법원은 대리인 선임 인가신청에 있어서 파산관재인이 직접 업무를 수행하기 곤란한 개인적인 사정 외에, 당해 사건의 규모, 내용 등에 비추어 보아 파산관재 업무가 복잡하고 광범위한 경우인지, 파산관재인이 대리인에게 관재업무를 전담시킬 우려가 없는지를 구체적으로 검토하여 인가 여부를 결정한다.

5. 대리인이 되는 자

대리인으로는 변호사를 선임하는 것이 원칙이지만 그 외에도 원격지 소송
수행의 대리를 위하여 파산자의 보조인을 상시대리인으로의 선임을 허가한
예가 있다. 대리인으로 하여금 소송대리를 하게끔 할 경우에는 파산법의 상
시대리인 선임결정 등본과 파산관재인의 위임장을 당해 법원에 제출하여야
한다.

【서식】 파산관재인의 대리인 선임 인가결정

서울회생법원
제201파산부
결   정

사   건   20○○하○○   파산선고
파 산 자   ○○증권 주식회사
          서울 ○○구 ○○동 ○○○
파산관재인   ○ ○ ○

주   문

파산관재인이 ○○○(주민등록번호, 주소)을 대리인으로 선임함을 인가한다.

이   유

채무자회생및파산에관한법률 제362조 제2항을 적용하여 주문과 같이 결정한다.

20○○. ○. ○.

재판장 판사 ○ ○ ○
판사 ○ ○ ○
판사 ○ ○ ○

파산관재인의 사임(제363조)

1. 파산관재인의 사임

파산관재인은 정당한 사유가 있으면 그 임무를 사임할 수 있다. 단 법원의 허가를 받아야 한다. 실무상 "정당한 사유"에는 건강상 이유, 유학, 파산사건과 이해관계가 생긴 경우, 부정행위 등뿐만 아니라 일부 채권자의 횡포, 관재업무에 대한 방해 등으로 관재업무 수행의 의욕을 상실한 경우 등도 포함되는 것으로 본다.

2. 법원의 결정

법원은 파산관재인이 사임허가신청서를 제출하면 정당한 사유 여부에 대해서 확인을 한 후 사임허가결정을 한다.

3. 실무에서의 처리

실무상으로는 미리 사임허가의 허락을 함으로써 파산관재인 변경을 위해 후임 파산관재인을 선정하는 시간동안 업무의 공백이 없도록 조치한다. 부득이하게 업무의 공백이 생기는 경우일 지라도 전임 파산관재인에게는 긴급처분 의무가 있다. 실무상으로는 사임허가결정과 동시에 후임 파산관재인의 선임결정을 한다

4. 결정문의 작성과 후임파산관재인 선임

사임허가결정문과 후임 파산관재인의 선임결정문은 별도로 작성하는 것이 정본 작성에 편리하다. 후임 파산관재인의 선정 기준, 선임의 절차는 파산선고시와 같다.

【서식】 파산관재인 사임허가결정

서울회생법원
제201파산부
결 정

사 건   20○○하○○   파산선고
파 산 자   주식회사 ○○
            서울 ○○구 ○○동 ○○○

주 문

파산관재인 ○○○의 사임신청을 허가하고, ○○○을 파산관재인으로 선임한다.

이 유

파산관재인 ○○○이 20○○. ○. ○.자로 사임신청을 하고 있는 바, 그 사임신청은 정당한 사유가 있으므로 채무자회생및파산에관한법률 제363조를 적용하여 이를 허가하고, 후임 파산관재인으로 ○○○을 동법 제355조를 적용하여 선임한다.

20○○. ○. ○.

재판장 판사 ○ ○ ○
판사 ○ ○ ○
판사 ○ ○ ○

【서식】 신임 파산관재인 선임결정

서울회생법원
제201파산부
결   정

사　　　건　　　20○○하○○　　파산선고
파 산 자　　　주식회사 ○○
　　　　　　　서울 ○○구 ○○동 ○○○

주　　문

(변호사) ○○○를 파산자의 파산관재인으로 선임한다.

이　　유

파산자의 파산관재인 변호사 △△△의 파산관재인 사임신청을 허가하였으므로,
후임 파산관재인으로 변호사 ○○○를 선임하기로 하여 채무자회생및파산에관한법
률 제355조를 적용하여 주문과 같이 결정한다.

20○○. ○. ○.

재판장 판사　○　○　○
판사　○　○　○
판사　○　○　○

파산관재인의 해임(제364조)

1. 파산관재인의 해임

법원은 채권자집회의 결의, 감사위원의 신청 또는 직권으로 파산관재인을 해임할 수 있다.

2. 결정의 유형별 즉시항고권자

해임결정	파산관재인
해임신청 기각결정	파산채권자, 감사위원

3. 해임사유

해임사유에 관하여는 특별한 규정이 없다. 그러나 법원의 신뢰를 배반하는 것으로 파악되는 파산관재인의 직무상 의무 위반 행위가 있으면 해임할 수 있을 것이다. 그러나 실제로 해임사유가 있는지 판단하는 것은 쉬운 일이 아니고, 파산관재업무에 중대한 차질을 가져오게 될 수 있으므로, 파산관재인의 선임시에 부적격자를 배제하고, 선임된 파산관재인의 감독을 철저히 하여 해임 문제가 생기지 않도록 하는 것이 바람직할 것이다. 해임사유가 인정되는 경우에는 파산관재인의 사임을 권고할 수도 있을 것이다.

4. 해임이 이루어진 경우

해임된 경우에도 긴급처분의무가 있는 것은 사임의 경우와 같다. 해임결정을 하기 전에 미리 후임 파산관재인을 선정하여, 해임과 동시에 후임 파산관재인의 선임결정을 하여야 하는 것도 사임의 경우와 마찬가지로 보아야 할 것이다.

【서식】 파산관재인 해임결정

서울회생법원
제201파산부
결 정

사 건   20○○하○○   파산선고
파 산 자   주식회사 ○○
         서울 ○○구 ○○동 ○○○

주 문

파산관재인 ○○○을 해임한다.

이 유

감사위원의 신청에 의하여(또는 20○○. ○. ○. 채권자집회의 결의에 의하여 또는 직권으로) 채무자회생및파산에관한법률 제364조를 적용하여 주문과 같이 결정한다.

20○○. ○. ○.

재판장 판사 ○ ○ ○
      판사 ○ ○ ○
      판사 ○ ○ ○

계산의 보고의무(제365조)

1. 소집신청

파산관재인의 소집신청이 있으면 법원이 기일을 정하고, 회의의 목적인 사항을 공고한다.

집회기일은 실무상으로는 공고일로부터 3주 내지 4주 후로 정하고 있다. 기일의 통지에 관하여 명문의 규정은 없으나, 파산관재인으로 하여금 적당한 방법으로 이해관계인에게 통지하도록 하고 있다.

2. 계산보고서 제출

(1) 제출기한

파산관재인은 이해관계인의 열람을 위하여, 채권자집회기일로부터 3일전까지 법원에 계산보고서를 제출하여야 한다. 실무에서는 집회기일 7일 내지 5일 전에 미리 계산보고서의 초안을 법원에 제출하도록 하고 있다.

(2) 계산보고서의 내용

계산보고서의 내용에 관하여 특별한 규정은 없다. 그렇지만 계산보고서는 파산자, 파산채권자가 이에 대하여 이의를 진술하는 방법 등으로 파산관재인의 책임을 묻게 되는 실질적 근거가 되는 서류이기 때문에 관재사무 전반을 알 수 있도록 상세하게 기재하여야 한다. 실무상으로는 보통 수지계산서와 최종업무보고서를 함께 제출하도록 하고 있다. 수지계산서에는 수입과 지출의 내역과 금액을 항목별로 기재하게 하고 최종업무보고서에는 파산선고시부터 최후배당시까지의 파산관재 업무 전반에 관한 상세한 내역을 기재하도록 하고 있다. 이 계산보고서에는 관련된 소명자료를 첨부하여야 한다.

3. 계산보고집회의 진행

(1) 보고와 이의진술

파산관재인은 채권자들에게 수지계산서와 최종업무보고서를 배포하고, 그 내용을 계산보고집회에서 설명하여야 한다. 법원은 이 보고에 대하여

채권자들에게 이의할 기회를 준다. 계산에 대한 채권자의 승인 또는 이의
는 기일에 구두로 진술하여야 한다. 기일에 출석을 하지 않거나 이의를 진
술하지 않은 경우에는 파산관재인의 계산보고를 승인한 것으로 간주한다.
이의를 진술한 채권자가 있는 경우 이에 관하여 석명하거나 증거서류 등
을 제출하게 하고, 속행기일을 열어 계산내용의 보정을 하도록 할 수도 있
다.

(2) 이의진술 채권자가 있는 경우

이의를 진술한 채권자가 있을지라도 법원이 파산종결 결정을 하는 데에
있어서는 실질적으로 지장이 없고, 다만 이의한 채권자와 파산채권자 사이
의 손해배상청구 등의 문제만 남게 된다.

4. 재산의 처분

이 기일에서는 파산관재인이 가치 없다고 판단하여 미처 환가하지 아니한
재산의 처분에 관하여 결의를 하여야 한다. 채권자집회가 이와 같은 계산을
가치 있다고 판단하고 환가할 것을 결의한 때에는 파산관재인은 이 결의에
따라야 한다. 결의를 실행에 옮긴 경우에 파산관재인에게 그 환가의 결과를
보고하도록 하기 위해 기일을 속행하여야 한다. 실무상으로는 권리를 포기함
으로서 법원의 허가를 얻는 방법으로 처리하고 있고, 따로 계산보고집회에서
이 결의를 하고 있지는 않다.

【서식】 채권자집회기일통지서

서울회생법원
통 지 서

사 건   20○○하○○   파산선고

파 산 자   ○○상호신용금고 주식회사

                서울 ○○구 ○○동 ○○○

파산관재인   ○ ○ ○

  위 사건에 관하여 파산관재인의 신청에 의하여 다음과 같이 채권자집회를 소집하기로 결정하였으니 참석하여 주시기 바랍니다.

다 음

1. 일   시 : 20○○. ○. ○. 15:00

2. 장   소 : 서울회생법원 4별관 6호 법정

3. 회의의 목적 : 파산관재인의 임무종료에 의한 계산보고의 승인

법원 사무관 ○ ○ ○

【서식】 수지계산보고서

```
사      건      20○○하○○      파산선고
파 산 자      ○○ 주식회사
```

계 산 보 고 서

위 파산사건에 관하여 파산관재인은 임무종료에 따른 수지계산보고서를 제출합니다.

```
                                    20  .  .  .부터
                                    20  .  .  .까지
```

수입의 부
　　　총 수입액　　　　　　　　금　　　　　원
　　　(내역)
　　　건물매각대금　　　　　　금　　　　　원
　　　동산매각대금　　　　　　금　　　　　원
　　　매출채권회수금　　　　　금　　　　　원
　　　임치금에 대한 이자수익　금　　　　　원
　　　기타
지출의 부
　　　총 지출액　　　　　　　　금　　　　　원
　　　(내역)
　　　1. 절차비용
　　　 (1) 재단보전·관리 비용
　　　　　본인집행비용　　　　금　　　　　원
　　　　　화재보험료　　　　　금　　　　　원
　　　　　소계　　　　　　　　금　　　　　원
　　　 (2) 소송비용
　　　　　인지대　　　　　　　금　　　　　원
　　　　　송달료　　　　　　　금　　　　　원
　　　　　증인심문비용　　　　금　　　　　원
　　　　　소계　　　　　　　　금　　　　　원
　　　 (3) 재단 수집·환가 비용
　　　　　감정료　　　　　　　금　　　　　원
　　　　　매각중개업자수수료　금　　　　　원
　　　　　채권추심을 위한 교통비　금　　　원
　　　　　소계　　　　　　　　금　　　　　원
```
```

    (4) 배당비용
       인쇄비   금   원
       관보공고료   금   원
       배당통지비용   금   원
       소계   금   원
    (5) 잡비
       보조인 보수   금   원
       지대·인쇄비   금   원
       교통·통신비   금   원
       소계

2. 기타 재단채권
    (1) 조세(서초세무서)   금   원
    (2) 법원에 대한 예납금   금   원
    (3) 신청인에 대한 예납금환급금 금   원
       소계   금   원
3. 관재인·감사위원 보수
    (1) 관재인 보수   금   원
    (2) 감사위원 보수   금   원
       소계   금   원
4. 배당금
    (1) 중간배당   금   원
    (2) 최후배당   금   원
       소계   금   원

잔금   원

위와 같이 보고합니다.

                  2000. ○. ○.

                         파산자   ○○주식회사
                         파산관재인   ○   ○   ○

서울회생법원 제201파산부 귀중
붙임 : 증거서류

【서식】계산보고를 위한 채권자집회 조서

서 울 회 생 법 원
제○회 채권자집회 조서

20○○하○○ 파산선고	기일 : 20○○. ○. ○. 19:00
재판장 판사 ○ ○ ○	장소 : 서울회생법원
판사 ○ ○ ○	별관 6호 법정
판사 ○ ○ ○	공개여부 : 비 공 개
법원사무관 ○ ○ ○	

사건과 당사자를 호명

파산관재인 변호사 홍 길 동   출석

파산자 주식회사 ○○ 대표이사 ○ ○ ○   출석

파산채권자의 출석상황은 〔별첨 1 채권자 출석상황 및 의결권표〕기재와 같음.

재판장

1. 지금부터 20○○하○○ 파산자 주식회사 ○○에 대한 제○회 채권자집회를 개최하겠다고 선언.
2. 파산관재인은 채무자회생및파산에관한법률 제365조에 의하여 파산관재인의 임무종료에 따른 계산보고를 할 것을 명.

파산관재인

〔별첨 2 파산관재인 보고서〕에 의하여 임무종료에 따른 계산보고를 진술

재판장

파산자, 파산채권자(또는 그 대리인)들 중 파산관재인의 계산보고에 대하여 이의가 있는지 여부를 묻다.

파산채권자 등

이의를 진술하지 아니하다.

재판장

1. 파산자, 파산채권자 등의 이의가 없으므로 채무자회생및파산에관한법률 제365조 제2항에 의하여 파산관재인의 임무종료에 따른 계산을 승인한 것으로 본다고 선언.

2. 다음으로 채무자회생및파산에관한법률 제529조에 의하여 파산관재인이 가
   치없다고 인정하여 환가하지 않은 재산의 처분에 관한 심리·결의를 하겠
   다고 설명. 먼저 파산관재인에게 제안할 것을 요구.

파산관재인

　〔별첨3 제안서〕 기재 내용과 같이 제안

재판장

　출석한 파산채권자 등에게 파산관재인의 제안에 대한 의견진술 요구

파산채권자 등

　의견을 진술하지 아니하다.

재판장

1. 위 안건에 대한 심리를 마치고 결의에 들어가겠다고 고지.
2. 결의에는 의결권을 행사할 수 있는 출석파산채권자의 과반수로서 그 채권
   액이 출석채권자의 총채권액의 반액을 초과하는 자의 동의가 있어야 한다
   고 설명.

〈휴정 및 집계〉

재판장

1. 집계결과 : 의결권을 행사할 수 있는 출석파산채권자는　　　명,　　　원
   인데, 동의한 출석채권자수는　　　명,　　　원
2. 따라서 위 안건에 대하여는 파산관재인 제안대로 처리하기로 결의되었음을
   선언
3. 파산관재인의 임무종료에 따른 계산보고를 위한 채권자집회를 종료한다고
   선언
4. 별지 결정서에 의하여 이 사건 파산에 관하여 파산종결 결정을 하였음을
   고지

법원　사무관　　○　○　○

재판장　판사　　○　○　○

임무종료시의 긴급처분(제366조)

1. 사임허가의 결정

파산관재인이 사임허가신청서를 제출하면 법원은 정당한 사유가 있는지 확인한 후 사임허가결정을 한다

2. 긴급처분의 의무

실무상으로는 미리 사임허가의 허락을 한 후에, 후임 파산관재인을 선정하여 파산관재인 변경으로 인한 업무의 공백이 없도록 조치하는 것이 바람직 할 것이다. 부득이하게 업무의 공백이 생기는 경우에도 전임 파산관재인은 긴급처분 의무가 있다.

제2절 채권자집회

소집(제367조)

1. 채권자집회의 의의

채권자집회는, 파산채권자의 집회로서 파산채권자의 의견을 파산절차에 반영시키기 위하여, 법원의 지휘 하에 개최되어 파산법원이 소집하고 법정 사항을 결의하거나 파산관재인 및 파산자 또는 이에 준하는 자로부터 보고 및 설명을 들을 수 있는 권한을 가진다.

2. 소집

명문의 규정으로 소집이 규정되어 있는 집회로는 제1회 채권자집회, 감사위원의 동의에 갈음하는 결의를 위한 집회, 파산관재인의 임무종료에 의한 계산보고집회, 강제화의의 결의를 위한 집회, 재단부족에 의한 폐지의 의견을 듣기 위한 집회가 있다.

소집이 명문으로 규정되어 있는 집회 외의 것은 파산관재인, 감사위원 또는

파산법원이 평가한 총 채권액의 5분의 1에 해당하는 파산채권자의 신청 또는 파산법원의 직권으로 소집된다.

3. 권한

채권자집회는 파산관재인의 해임, 감사위원회 설치, 선임, 해임, 감사위원의 동의에 갈음하는 결정, 부조료의 지급, 영업의 폐지 또는 존속, 고가품의 보관방법의 결정, 환가되지 못한 재산의 처분, 제공에 관하여 결의할 수 있다. 그리고 채권자집회는 파산자, 그 대리인 등으로부터 필요한 설명을 듣고, 파산관재인으로부터 파산에 이르게 된 사정, 파산자 및 파산재단에 관한 경과와 현상 등에 관하여 보고를 받고, 파산관재인이 임무를 종료하는 경우에는 파산관재인 또는 상속인으로부터 계산보고를 받을 권한이 있다.

채권자집회에서 관리인, 파산관재인의 보고, 이해관계인의 의견진술등과 같이 그 자체로서 법률상의 효과가 발생하지 않은 경우에 이를 형식적으로 조서화할 필요는 없다.

기일 및 회의목적의 공고(제368조)

1. 소집권자

오로지 파산법원만이 채권자 집회에 대한 소집권을 갖는다.

2. 결정의 유형별 즉시항고권자

결정의 종류	즉시항고권자
소집결정	이해관계인
소집신청 기각결정	신청인

3. 기일

제1회 채권자집회는 파산선고일로부터 2월 이내에 소집하여야 한다.

강제화의의 경우 일반조사기일 종료 전 또는 최후배당허가 후에는 결의할 수 없으며, 기일 결정의 공고일로부터 30일 내로 기일을 정하여야 한다. 그 외에는 따로 특별한 규정을 두고 있지 않다.

4. 공고

채권자집회의 기일 및 목적인 사항은 공고하여야 한다

5. 결의의 대상

결의는 공고한 사항에 관해서만 이루어 져야 하며 공고하지 않은 사항에 관한 결의는 위법한 것으로 무효이다.

6. 실무에서의 처리

제1회 채권자집회의 목적인 사항은 법정되어 있지만 실무상으로는 이해관계자들의 편의를 위하여 회의 목적사항을 일시 및 장소와 함께 공고하고 있는 경우가 대부분이다.

7. 송달과 공고

(1) 기일의 연기 또는 속행을 선고한 경우

기일의 연기 또는 속행을 선고한 경우에는 따로 송달 또는 공고를 요하지 않는다.

(2) 제1회 채권자집회

제1회 채권자집회에 있어서는 파산관재인, 파산자, 파산채권자에 대하여 소정의 사항을 기재한 서면을 송달하여야 한다. 기타 집회에 관하여는 명문의 규정은 없지만 발송송달의 방법을 사용하는 등 적당한 방법으로 통지해야 할 것이다. 강제화의의 경우 신고한 파산채권자, 화의제공자, 보증인, 담보제공자, 파산관재인, 감사위원을 소환하고, 이들에 대하여는 강제화의의 조건과 감사위원(감사위원이 설치되지 않은 경우에는 파산관재인)의 강제화의에 대한 의견서를 송달한다.

8. 소집장소의 공개여부

공개원칙이 적용되는 구두변론절차가 아니므로 반드시 공개할 필요는 없다 (비송사건절차법 제13조 참조)

【서식】 조사위원의 보수결정 - 관리위원

서울회생법원
제201파산부
결   정

사 건	20○○회○○ 회사정리
정 리 회사	주식회사 ○○
	서울 ○○구 ○○동 ○○○
관 리 인	○ ○ ○
조 사 위원	서울회생법원 관리위원회 소속 관리위원 ○ ○ ○
감 정 인	○○ 회계법인

주   문

조사위원의 보수를 500만원으로, 감정인의 보수를 1,000만원(부가가치세 별도)으로 각 정한다.

이   유

채무자회생및파산에관한법률 제30조에 의하여 주문과 같이 결정한다.

20○○. ○. ○.

재판장 판사 ○ ○ ○

판사 ○ ○ ○

판사 ○ ○ ○

법원의 지휘(제369조)

1. 지휘의 내용

(1) 법원의 지휘

채권자집회는 법원이 지휘한다. 개회 및 폐회의 선고, 발언의 허부 및 제한, 토론에 붙일 것인가의 결정, 결의 결과의 집계 및 가결 여부의 선언, 연기, 속행기일의 선고 등 회의의 진행 뿐 아니라 장내 질서의 유지, 법정경찰권 등을 행사할 수 있다. 의사의 내용에 관하여 간섭하는 것은 허용 되지 않지만 적절한 조언을 하는 것은 필요하다.

(2) 실무에서의 처리

채권자 중에는 채권자집회에서 파산관재인 또는 법원에 대하여 시위를 하거나 파산자 및 그 관계인에게 불만을 표출하는 자가 있다. 그러므로 특히 건설회사, 유통회사의 채권자집회의 경우에는 사전에 채권자들의 성향을 파악하여 질서유지의 방법을 미리 준비하여 물리적 마찰이나 집회의 진행이 방해 받는 일이 없도록 해야 할 것이다. 경우에 따라서는 법정 경위의 배치가 필요할 수도 있다. 집회 시작 전에 채권자집회의 목적을 설명하고, 법원의 지휘에 잘 따라 줄 것을 당부하는 것도 좋은 방법이다. 채권자가 집회 종료 직후 파산관재인을 물리적으로 억압하여 위세를 부리는 경우도 있을 수 있으므로 집회가 종료한 후에도 바로 퇴정할 것이 아니라 파산관재인을 보호하여야 할 경우도 있다.

2. 채권자가 불출석한 경우의 처리

채권자가 1인만 출석한 경우라 할지라도 개회하고 결의할 수 있다. 그러나 의결권 있는 채권자가 1인도 없을 경우에는 결의는 할 수 없고, 일단 기일을 열고 연기하여 연기된 기일을 선고한다. 그러나 단순히 보고를 받거나 의견을 표명하는 집회는 채권자가 아무도 출석하지 않는 경우라 할지라도 유효하게 성립한다고 해석된다.

결의의 성립요건(제370조)

1. 결의의 성립요건

(1) 의결권자

채권신고를 한 파산채권자 중, 채권조사에 있어서 파산관재인 또는 파산채권자가 그 의결권에 관하여 이의하지 않은 자에 한하여 의결권이 인정된다.

(2) 의결권의 부여

의결권은 확정된 채권액에 따라 부여된다. 파산채권자는 후순위채권에 대하여는 의결권이 없다. 미확정채권, 정지조건부 채권, 장래의 청구권, 별제권의 행사에 의하여 변제받을 수 없는 채권액에 관하여 파산관재인 또는 파산채권자가 의결권에 관하여 이의를 제기할 수는 없고, 법원은 의결권을 행사하게 할 것인가의 여부 및 어떤 금액에 관하여 이를 행사하게 할 것인가를 정한다. 이 결정에 대하여는 불복신청은 허용되지 않으나, 법원이 이해관계인의 신청에 의하여 변경할 수는 있다. 실무에서는 채권조사기일에서 부인된 채권액은 전액 의결권을 부여하지 않는 것을 관행으로 하고 있다.

(3) 문제되는 경우

예금보험공사가 금융산업의구조개선에관한 법률 제21조에 의하여 법원에 제출한 예금자표 기재 예금자의 대리인으로서 같은 법 제23조 본문에 의하여 채권자집회에 참석한 경우, 그 의결권은 하나인가 아니면 예금자표 기재 채권자의 수만큼 인가에 대해서는 견해의 대립이 있으며 이에 관하여는 여러 법원의 실무가 통일되어 있지 않다. 위 법 제23조의 취지는, 다수 예금채권자들이 개별적으로 채권신고를 하고 파산절차에 참가하는 것이 번거롭고 비경제적이므로 예금보험공사에 일종의 법정대리권을 인정한 것으로 보는 것이 합당할 것이다. 따라서 각 예금채권자와 예금보험공사 사이에는 채권자집회의 의결에 있어서도 각 의결권 행사의 위임이 의제되어 있다고 보아야 할 것이므로, 의결권은 채권자표 기재 수만큼 인정하는 것이 논리적이라고 하겠다.

2. 의결권의 행사

파산채권자 본인 또는 그 대리인이 의결권을 행사할 수 있다. 대리인은 변호
사일 필요는 없으나, 그 대리권을 증명하는 서면을 법원에 제출하여야 한다.

3. 의결권 행사의 제한

(1) 특별이해관계인의 배제

채권자집회의 결의에 관하여 특별한 이해관계를 가진 자는 의결권을 행사
할 수 없다. 이와 같은 규정을 둔 취지는 특별한 이해관계를 가진 채권자에
게는 공정한 의결권의 행사를 기대할 수 없기 때문이다.

(2) 특별이해관계인

특별한 이해관계를 가진 자란, 당해 결의사항에 관한 결의에 참가하는 것
이 공정을 해칠 우려가 있는 자를 말하는데, 예컨대 강제화의의 결의에 관
하여 파산채권자이면서 파산회사의 주주인 자, 파산관재인의 법률행위에
관한 결의에 있어서 그 상대방인 파산채권자, 소 제기에 관한 결의에 있어
서 그 상대방인 파산채권자가 이에 해당한다.

감사위원 선임 결의에 있어서 그 후보자가 된 파산채권자 및 그 소속 직원
이 특별한 이해관계를 가지는가에 관하여는 견해의 대립이 있으나, 실무에
서는 결의의 공정을 해할 우려가 있다는 점과 주식회사의 감사 선임결의에
있어서의 의결권제한의 취지 등을 참작하여 특별한 이해관계가 있는 것으
로 운용하고 있다.

특별한 이해관계를 가진 자는 대리인에 의해서도 의결권을 행사할 수 없
고, 타인의 대리인으로서도 의결권을 행사할 수 없다.

4. 결의의 성립

(1) 정족수

결의가 성립하기 위해서는 의결권을 가진 출석채권자의 과반수와 그 채권
액이 출석파산채권자의 총 채권액의 반액을 넘는 자의 동의가 필요하다.

실무상으로는 의결권의 분할행사는 허용하지 않고 있다.

채권액으로는 반액이 넘었는데 채권자 수로는 과반수에 미달하는 경우에 법원은 결의가 있는 것으로 보는 결정을 할 수 있다.

(2) 취지

결의의제 제도의 취지는 그 결의의 내용이 정당한데도 소수의 다액채권자가 다수의 소액채권자의 반대로 과반수를 얻지 못하여 부결되는 경우를 구제하기 위한 것이다.

5. 결의의 효력

유효한 결의는 그 결의에 동의하지 않은 채권자, 출석하지 않은 파산채권자, 파산관재인도 구속한다. 결의의 절차에 위법이 있는 경우, 예컨대 소집절차, 결의의 방법, 결의사항이 법률에 위반한 때, 특별이해관계인이 결의에 참가한 때, 결의가 부정한 방법에 의하여 성립한 때에는 결의집행금지의 결정을 하거나 채권자집회를 다시 열어 이전의 결의를 변경하도록 하여야 한다.

6. 결의의 집행금지

유효한 결의라 할지라도 결의의 내용이 파산채권자 일반의 이익에 반하는 것으로 판단될 경우에는 법원이 그 결의의 집행을 금지할 수 있다. 파산채권자 일반의 이익에 반하는지 여부는 구체적으로 판단해야 한다. 그 예로 부당한 다액의 부조료 지급결의, 재단에 불이익한 영업의 계속 결의, 일부 채권자에게 부당한 이익을 주는 환가처분 등을 들 수 있다.

▣ 관련판례

판례(대법원 2003. 6. 25. 자 2003마28 결정)

화의법 제53조는 파산채권자집회에 관한 일반 규정인 파산법 제162조, 제165조를 준용하면서 특별이해관계인의 의결권행사를 제한한 파산법 제163조 제2항을 준용하고 있지 아니하나, 화의법상 화의와 성질이 동일한 강제화의는 파산법 제163조 제2항 소정의 특별이해관계인을 결의에 참가시키면 화의절차의 공정성을 해할 우려가 있기 때문에 이를 파산법 제278조의 의결권을 행사할 수 있는 채권자에서 배제하고 있는데, 이러한 절차적 필요성은 화의법상의 화의에서도 동일한 점, 화의법 제53조는 화의가결의 요건에 관한 파산법 제278조를 준용하고 있기 때문에 그 의결의 전제가 되는 특별이해관계인의 의결권행사금지에 관한 파산법 제163조 제2항도 당연히 준용된다고 해석할 수 있는 점 등에 비추어 특별이해관계인의 의결권행사 금지에 관한 파산법 제163조 제2항은 화의법상의 화의에도 준용된다.

【서식】 결의의제결정

서울회생법원
제201파산부
결   정

사   건   20○○하○○   파산선고
파 산 자   주식회사 ○○렌탈
                서울 ○○구 ○○동 ○○○
파산관재인   변호사 ○ ○ ○

주   문

20○○. ○. ○. 15:00 파산자의 제1회 채권자집회에서 결의한 별지 목록 기재안건은 가결된 것으로 본다

이   유

20○○. ○. ○. 15:00 파산자의 제1회 채권자집회에서 결의한 별지 목록 기재안건은, 채무자회생및파산에관한법률 제370조 제1항 소정의 출석파산채권자의 과반수의 동의는 얻지 못하였으나, 채권액에 있어서는 출석파산채권자의 채권의 반액을 초과하고 있으므로, 같은 법 제371조 제1항에 의하여 주문과 같이 결정한다.

20○○. ○. ○.

재판장 판사 ○ ○ ○
판사 ○ ○ ○
판사 ○ ○ ○

【서식】결의집행금지결정

서울회생법원
제201파산부
결 정

사 건   20○○하○○   파산선고
파 산 자   주식회사 ○○
               서울 ○○구 ○○동 ○○○
파산관재인   ○ ○ ○

주 문

20○○. ○. ○. 15:00 파산자의 제1회 채권자집회에서 가결된 별지 기재 결의의 집행을 금지한다.

이 유

주문 기재 채권자 집회에서 별지 기재와 같이 감사위원을 설치·선임하는 결의가 가결되었다. 그러나 위 결의에서 선임된 감사위원 중 ○○○은 파산자의 단일 주주이자 다액 채권자인 ○○의 직원으로서 감사위원이 되기에 부적절한 점, 파산자의 재산과 부채의 상황, 채권자의 수, 파산재단에 속하는 재산의 규모, 권리관계의 복잡성의 정도, 파산재단의 평가 및 환가의 난이도 등 이 파산사건에 관한 모든 사정을 참작하면 위 결의는 파산채권자 일반의 이익에 반하므로, 채무자회생및파산에관한법률 제375조 제1항에 의하여 직권으로 그 집행을 금지하기로 하여 주문과 같이 결정한다.

20○○. ○. ○.

재판장 판사 ○ ○ ○
판사 ○ ○ ○
판사 ○ ○ ○

〈별지〉

결 의 사 항

1. 감사위원을 설치한다.
2. 감사위원은 3인으로 한다.
3. 감사위원으로는 ○○○(○○○), ○○○(○○○), ○○○(○○○)을 선임한다. 끝.

의결권의 불통일 행사(제371조)

파산채권자들의 의결권 행사가 반드시 통일적으로 행사할 필요는 없으나, 불통일행사를 하려는 경우에는 채권자집회 7일 전까지는 서면으로 신고하도록 되어있다. 그러나 의결권의 분할행사가 권리남용에 해당된다고 보이는 경우에는 이를 허용할 수는 없는 것이다.

의결권의 대리행사(제372조)

의결권의 행사

의결권은 파산채권자 본인 또는 그 대리인이 행사할 수 있다. 대리인은 변호사일 필요는 없으나, 그 대리권을 증명하는 서면을 법원에 제출하여야 한다. 대리인이 위임받은 의결권을 통일하지 않고 행사하는 경우에는 채무자회생 및파산에관한법률 제371조 제2항을 준용한다.

의결권을 행사할 수 있는 채권액(제373조)

1. 의결권의 행사

파산채권자는 확정채권액에 따라 의결권을 행사할 수 있다. 미확정채권, 정지조건부채권, 장래의 청구권 또는 별제권의 행사에 의하여 변제를 받을 수 없는 채권액에 관하여 파산관재인 또는 파산채권자의 이의가 있는 때에는 법원은 의결권을 행사하게 할 것인가의 여부와 의결권을 행사할 금액을 결정한다.

2. 결정에 대한 변경

법원은 이해관계인의 신청에 의하여 언제든지 의결권 행사의 여부와 의결권을 행사할 금액의 결정에 대한 변경을 할 수 있다.

3. 송달여부

위 결정은 그 선고가 있는 때에는 송달을 하지 아니할 수 있다.

4. 의결권 행사의 제한

파산채권자는 후순위채권에 관하여는 의결권을 행사할 수 없다.

5. 기타

확정채권액은 채권자 집회에서 의결권행사의 기준액이 되지만, 파산관재인 및 출석채권자의 이의가 없는 경우에는 미확정채권으로도 의결권 행사를 할 수 있도록 법원이 허용할 수 있다. 후순위채권에 대하여는 채권자집회에서 의결권이 부여되는 것이 아니고, 일반채권이 완제된 후에야 배당할 수 있다.

감사위원의 동의에 갈음하는 효력(제374조)

1. 권한

감사위원에게 파산관재인을 지휘하거나 지시할 권한은 없고, 파산관재인을 감시 및 보조할 수 있을 뿐이다. 그 범위도 법에 정한 사항에 한정된다.

(1) 감시권

각 감사위원은 파산관재인에게 보고를 요구할 수 있고, 파산재단의 상황을 조사할 수 있다. 또 합의에 의하여 파산관재인의 계산보고에 관하여 의견서를 제출하고, 파산관재인의 해임신청을 할 수 있다.

(2) 동의권

파산관재인이 하는 행위에 대한 동의권을 가진다. 이 감사위원의 동의는 채권자집회의 결의로 대신할 수도 있다.

(3) 고유권한

파산자 및 이에 준하는 자에 대한 파산에 관한 설명의 요구, 채권자 집회의 소집신청, 채권자집회에 있어서 결의의 집행금지의 신청, 강제화의에 관한 의견진술과 의견서의 제출 등의 권한이 있다.

(4) 권한을 벗어난 행위의 예

1) 탈법행위의 예

감사위원이 재단 조사의 명분으로 파산자 회사의 구 경영진에 대한 손해배상책임 추궁의 자료를 파산관재인 또는 보조인에게 요구하는 예가 있다. 그러나 이것은 탈법행위로서 감사위원의 권한을 벗어난 행위라고 보아야 한다. 재단조사는 파산관재인의 감시를 위한 권한으로서 재단의 조사를 위한 장부 및 서류의 열람, 현금, 유가증권 등 고가품의 현황 조사 등은 그에 필요한 범위 내에 제한된다고 보아야 하기 때문이다.

2) 정당한 이유 없이 감사위원이 파산관재인의 업무에 대하여 동의하지 않는 경우

보조인이 감사위원의 감시업무에 비협조적이라는 이유로 보조인과의 고용계약 체결에 동의하지 않는 예가 있는데, 이러한 행위도 감사위원의 권한을 남용하는 것으로 생각된다. 그리고 감사위원이 파산관재인에게 특정인을 상대로 하는 소제기를 지시하는 경우, 특정 변호사를 소송대리인으로 선임할 것을 지시하는 경우, 심지어 최대 파산채권자의 직원으로서 감사위원으로 선임된 후 직접 업무를 수행하지 않고 당해 파산채권자로 하여금 감사위원 명의로 업무를 수행하게 한 사실이 드러나 사임하게 한 사례도 있다. 모두 감사위원의 정당한 권한을 벗어난 행위로서 감사위원의 해임사유가 될 수 있다.

2. 의무

감사위원은 선량한 관리자의 주의로써 직무를 행하여야 하고, 이를 게을리하여 이해관계인에게 손해를 가한 때에는 연대하여 손해배상책임을 진다.

결의집행의 금지(제375조)

1. 결의의 집행이 금지유효한 결의일지라도 결의의 내용이 파산채권자 일반의 이익에 반하는 경우에는 법원이 그 결의의 집행을 직권으로 금지할 수 있다. 이때에는 즉시 항고할 수 있다.

의결권이 없었던 파산채권자가 결의집행의 금지 신청을 하는 때에는 파산채

권자임을 소명하여야 한다. 금지결정의 선고가 있는 때에는 송달을 하지 않을 수 있다.

2. 판단의 기준

파산채권자 일반의 이익에 반하는지 여부는 구체적이고 객관적으로 판단하여야 할 것이나, 부당한 다액의 부조료 지급결의, 재단에 불이익한 영업의 계속 결의, 일부 채권자에게 부당한 이익을 주는 환가처분 등을 그 예로 들 수 있다.

3. 실무에서의 처리

실무에서는 감사위원 설치 및 선임 결의에 관하여 파산재단의 규모, 채권자수, 권리관계의 복잡성 등 여러 사정에 비추어 감사위원을 설치하는 것이 파산재단을 위하여 무익하고 절차만 지연시킬 우려가 있다고 판단하여 그 집행을 금지한 사례가 있다.

제3절 감사위원

감사위원설치의 의결(제376조)

1. 감사위원 제도의 의의와 운영방침

감사위원이란 파산절차에서 파산채권자 전체의 권리를 보호하기 위한 목적으로, 채권자집회에서 선임되어 파산관재인의 직무집행을 감시하고 보조하는 것을 임무로 한 합의제 기관이다.

2. 감사위원의 설치

감사위원의 설치 여부는 제1회 채권자집회의 의결사항이고, 이 결의는 변경할 수 있다. 다만 법원은 감사위원을 설치하는 취지의 채권자집회의 결의가 오히려 파산채권자 일반의 이익에 반한다고 인정되어 그 결의의 집행을 금지한 사례가 있다. 실무에서는 파산재단의 규모, 채권자의 수, 권리관계의 복잡성 등에 비추어 감사위원의 설치가 불필요하고 비용의 낭비만 가져오는 것이 명백한 경우에 감사위원 설치 및 선임 결의의 집행을 금지한 예가 있다.

감사위원의 자격 등(제377조)

1. 감사위원의 선임

제1회 채권자집회에서 감사위원 설치의 제안이 가결되는 경우, 감사위원의 수, 감사위원으로 될 자에 관하여 결의하여야 한다.

2. 감사위원의 수

통상 감사위원의 수는 3인으로 한다.

3. 감사위원의 자격

감사위원의 자격에 관하여는 명문의 규정은 없으나 실무상으로는 채권자가 감사위원으로 선임되는 경우가 많다. 파산자 및 준파산자, 파산관재인의 보증인 등은 채권자라고 하더라도 감사위원으로 되기에는 적당하지 않다. 법인이 감사위원으로 될 수 있는가에 관하여는 견해의 다툼이 있으나, 아직 법인이 감사위원으로 선임된 예는 없고, 채권자인 법원의 직원이 감사위원으로 선임된 예가 있다.

4. 법원의 인가

감사위원 선임결의가 있은 후에 피선임자가 수락하면(통상 미리 취임승낙서를 받아 둔다)법원은 피선임자가 채권자 전체의 대표자로서 공정하게 직무를 수행할 수 없다고 판단하지 않는 이상 이를 인가하고 있다. 파산관재인이 감사위원의 구성원을 제안하는 경우에는 미리 그 이력서를 제출받고, 특별히 문제가 있다고 생각되는 사람은 감사위원으로 제안하지 않도록 미리 지도하여 인가단계에 이르기 전에 부적격자를 배제할 수 있도록 하여야 한다.

5. 실무에서의 처리

실무상으로는 채권자가 채권자집회에서 감사위원 선임안을 제안하는 경우 그와 같은 절차를 미리 밟는 다는 것이 사실상 어렵기 때문에, 일단 가결된 후 채권자집회를 종료하고 적격자인지 여부를 검토한 다음 인가 여부의 결정을 하고 있다. 인가의 방법에 있어서 실무에서는 인가결정문을 미리 작성하여 채권자집회에서 이를 선고하는 방식으로 업무를 처리하고 있다.

【서식】 감사위원 선임인가결정

서울회생법원
제201파산부
결   정

사 건   20○○하○○   파산선고
파 산 자   ○○종합금융 주식회사
             서울 ○○구 ○○동 ○○○
파산관재인   ○ ○ ○

주   문

20○○. ○. ○. 파산자의 제1회 채권자집회에서 감사위원으로 ○○○(○○○○○○-○○○○○○○), ○○○(○○○○○○-○○○○○○○), ○○○(○○○○○○-○○○○○○○) 3인을 선임한 결의는 이를 인가한다.

이   유

20○○. ○. ○. 파산자의 제1회 채권자집회에서 감사위원으로 ○○○(○○○○○○-○○○○○○○), ○○○(○○○○○○-○○○○○○○), ○○○(○○○○○○-○○○○○○○) 3인을 선임한 결의는 적정하다고 인정되므로, 채무자회생및파산에관한법률 제377조 제2항에 의하여 이를 인가하기로 하여 주문과 같이 결정한다.

20○○. ○. ○.

재판장 판사 ○ ○ ○
판사 ○ ○ ○
판사 ○ ○ ○

직무집행의 방법(제378조)

1. 직무집행의 방법

감사위원의 직무집행은 그 과반수의 결의로 하며 파산관재인이 감사위원을 소집하여 협의를 거쳐 표결하는 방법이 원칙이다. 그러나 일상적인 동의 업무는 전원이 모여 협의 표결할 필요는 없고, 회람 등의 보다 간이한 방법으로도 처리할 수 있다.

2. 특별이해관계인의 배제

결의에 있어서 특별한 이해관계가 있는 자는 표결에 참가할 수 없다.

3. 감사위원의 정족수 부족이 발생한 경우

감사위원은 3인 이상으로 구성되는 합의체 기관이므로 사망, 사임, 해임 등으로 3인에 미달하게 되면 행위능력을 결하게 되어 직무의 집행이 불가능하다. 이럴 경우에는 후임 감사위원을 선임하기 위한 채권자집회를 소집하여야 한다. 파산관재인은 그 때까지 감사위원이 설치되지 않은 경우에 준하여 법원의 허가를 얻어 관재업무를 처리한다.

4. 비용 및 보수

실무상으로 감사위원에 대하여 따로 비용을 지급하지는 않는다. 감사위원 선임결의 전에 보수포기서를 받고, 보수를 지급하지 않는 것을 원칙으로 한다. 소액채권자의 보호를 위하여 파산자 또는 그 채권자와 이해관계가 없는 변호사를 감사위원으로 선임할 경우에는 본인이 보수를 포기하지 않는 한 보수를 지급한다. 보수는 월급 또는 정기급으로 할 수도 있고 일시급으로 하는 경우도 있는데, 실무에서는 월급으로 100만원 이내의 금액을 지급하도록 한 예가 있다.

감사위원의 직무집행 등(제379조)

감사위원이 설치된 경우에는 채권자집회의 결의에 따라 감사위원에게도 파산재단의 상황에 관하여 보고하여야 하며, 감사위원의 요구에 따라 파산재단에 관한 보고를 하여야 한다. 감사위원은 파산관재인의 직무집행을 감사하며, 각 감사위원은 언제든지 파산관재인에게 파산재단에 관한 보고를 요구하거나 파산재단의 상황을 조사할 수 있다. 감사위원은 파산채권자에게 현저하게 손해를 미칠 사실을 발견한 때에는 지체없이 법원 또는 채권자집회에 보고해야 한다.

감사위원의 해임(제380조)

감사위원의 임무는 파산절차의 종료, 감사위원의 사망, 사임, 해임에 의하여 종료한다.

1. 사임

감사위원은 파산관재인과는 달리 언제라도 사임할 수 있다. 파산법원에 사임서를 제출함으로써 바로 사임의 효력이 발생하고, 법원의 인가가 따로 필요한 것은 아니다.

2. 해임

채권자집회의 결의로 감사위원은 해임된다. 법원은 감사위원 해임결의가 있는 사실을 당해 감사위원에게 통지한 후, 감사위원이 통지를 받으면 해임의 효력이 발생하게 된다. 감사위원 해임결의를 위한 채권자집회에 감사위원이 출석한 때에는 해임결의가 있는 사실을 따로 고지할 필요는 없으므로 해임결의가 있은 즉시 해임의 효력이 발생한다.

3. 중요한 사유가 있는 경우

법원은 중요한 사유가 있는 때에는 이해관계인의 신청에 의하여 감사위원을 해임할 수 있으며, 이 경우에는 감사위원을 심문하여야 한다. 이해관계인에는 파산채권자 뿐 아니라 파산관재인도 포함된다. 중요한 사유란 감사위원이 공정한 직무집행을 기대할 수 없는 사유를 말하고, 감사위원의 파산선고, 행위능력의 상실, 감사위원의 의무 해태, 부정행위 등을 그 예로 들 수 있다.

4. 결정의 종류에 따른 즉시항고 신청권자

해임결정	당해 감사위원
해임신청 기각결정	신청한 이해관계인 및 기타 이해관계인

5. 후임 감사위원의 선임

감사위원의 사망, 사임, 해임에 의하여 감사위원의 정원에 결원이 발생하게 된 경우에는 법원은 채권자집회를 직권으로 열어 후임 감사위원을 선임하여야 한다.

준용규정(제381조)

1. 유급 감사위원을 선임한 경우

위의 경우에는 감사위원의 보수를 정해야 한다.

2. 감사위원의 직무 수행

감사위원은 선량한 관리자의 주의로써 직무를 행하여야 하고, 직무를 충실히 이행하지 못하여 이해관계인에게 손해가 발생한 경우에는 그 손해에 대하여 연대손해배상책임을 진다.

제 3 장
파산재단의 구성 및 확정

제1절 파산재단의 구성

파산재단(제382조)

1. 파산재단의 성립

파산선고가 있었던 경우 파산선고시에 파산자가 가진 모든 재산이 파산재단을 구성한다. 그리고 파산선고 파산절차는 파산재단에 속하는 재산을 대상으로 이루어진다.

2. 파산재단에 속하는 재산의 의의

파산재단에 속하는 재산이란 파산선고시에 파산자에 속한 적극재산을 의미하는 것으로서 압류가 가능한 것을 의미하며 이 재산은 대한민국 내에 소재하고 있어야 한다.

3. 자유재산

압류금지재산, 파산자가 파산선고 후에 취득한 재산은 파산재단에 속하지 않는 재산이며 자유재산이라고 한다. 자연인의 경우와 달리 법인의 경우에 자유재산의 개념을 인정할 수 있는가에 관하여는 다툼이 있다.

4. 신탁재산

신탁재산은 신탁자의 고유재산이 된 것을 제외하고는 수탁자의 파산재단을 구성하지 않는 것이 원칙이다. 이에 따라 자산관리자가 위탁관리하는 유동화자산과 채권관리자가 위탁받아 관리하는 주택저당채권은 자산관리자 또는 채권관리자의 파산재단을 구성하지 않는다.(자산유동화에관한법률 제12조 제1항, 주택저당채권유동화회사법 제10조 제5항)

▣ 관련판례

판례(대법원 2005. 5. 12. 선고 2004다68366 판결)

파산자가 파산선고 전에 상대방과 통정한 허위의 의사표시를 통하여 가장채권을 보유하고 있다가 파산이 선고된 경우, 파산관재인은 민법 제108조 제2항의 제3자에 해당하므로 상대방이 파산관재인에게 통정허위표시임을 들어 그 가장채권의 무효임을 대항할 수 없다 할 것이지만, 위 민법 제108조 제2항과 같은 특별한 제한이 있는 경우를 제외하고는 채무의 소멸 등 파산 전에 파산자와 상대방 사이에 형성된 모든 법률관계에 관하여 파산관재인에게 대항할 수 없는 것은 아니라 할 것이며, 그 경우 파산자와 상대방 사이에 일정한 법률효과가 발생하였는지 여부에 대하여는 파산관재인의 입장에서 형식적으로 판단할 것이 아니라 파산자와 상대방 사이의 실질적 법률관계를 기초로 판단하여야 한다.

판례(대법원 2017. 11. 29., 선고, 2015다216444 판결)

채무자 회생 및 파산에 관한 법률에 의하면 파산선고에 의하여 채무자가 파산선고 당시에 가진 국내외의 모든 재산은 파산재단을 구성하고(제382조 제1항), 파산재단을 관리 및 처분할 권리는 파산관재인에게 전속한다(제384조). 파산관재인은 파산재단에 속하는 재산을 환가하여 파산채권자들에 대한 배당을 실시할 뿐만 아니라 재단채권 역시 파산재단에 속하는 재산에서 수시로 변제하게 된다. 따라서 재단채권이나 파산채권에 해당하는 조세채권의 납세의무자는 파산관재인이다.

반면, 파산재단에 속하지 않는 재산에 대한 관리처분권은 채무자가 그대로 보유하고 있고, 이는 파산선고 후에 발생한 채권 중 재단채권에 해당하지 않는 채권의 변제재원이 된다. 따라서 파산선고 후에 발생한 조세채권 중 재단채권에 해당하지 않는 조세채권, 즉 '파산채권도 아니고 재단채권도 아닌 조세채권'에 대한 납세의무자는 파산관재인이 아니라 파산채무자이다.

파산재단에 속하지 아니하는 재산(제383조)

제정이유

파산자의 기본적 생존권의 보장

1. 종전 파산절차는 면제재산의 범위가 너무 적어 파산자에게 인간으로서의 기초적인 생활도 보장하여 주지 못하여 지나치게 가혹하다는 지적이 제기되어 왔으므로 이를 개선하려는 것임

2. 압류금지재산 외에도 대통령령으로 정하는 주거비(주택임대차보호법상 보호되는 소액보증금), 생계비(6개월간 - 최고 720만원)를 면제재산에 포함시킴

3. 파산자의 기초생활을 위한 임차보증금과 생계비를 보장함으로써 파산자의 인간다운 생활을 할 기본권을 보호하고 파산절차에 대한 거부감을 완화하는데 기여할 것으로 기대됨

파산법은 속지주의를 원칙적으로 삼고 있으므로 국내에 있는 재산이 대상이 될 뿐 외국에 있는 재산은 파산재단에 속하지 않는다. 그러나 민사소송법에 의하여 재판상 청구할 수 있는 채권은 우리나라 내에 있는 것으로 본다. 압류금지재산 또한 파산재단에 속하지 않지만, 민사소송법에 열거한 물건과 채권은 재단에 속한다.

1. 파산재단의 범위

압류할 수 없는 재산은 파산재단에 속하지 않는다.

법원은 개인인 채무자의 신청에 의하여 채무자 또는 그 피부양자의 주거용으로 사용되고 있는 건물에 관한 임차보증금반환청구권으로서 「주택임대차보호법」 제8조(보증금중 일정액의 보호)의 규정에 의하여 우선변제를 받을 수 있는 금액의 범위 안에서 대통령령이 정하는 금액을 초과하지 아니하는 부분, 채무자 및 그 피부양자의 생활에 필요한 6개월간의 생계비에 사용할 특정한 재산으로서 대통령령이 정하는 금액을 초과하지 아니하는 부분의 어

느 하나에 해당하는 재산을 파산재단에서 면제할 수 있다. 신청은 파산신청일 이후 파산선고 후 14일 이내에 면제재산목록 및 소명에 필요한 자료를 첨부한 서면으로 하여야 한다. 법원은 파산선고 전에 면제신청이 있는 경우에는 신청일부터 14일 이내에 면제 여부 및 그 범위를 결정하여야 한다. 이 결정이 있는 때에는 법원은 채무자 및 알고 있는 채권자에게 그 결정서를 송달하여야 하고, 결정에 대하여는 즉시항고를 할 수 있다. 즉시항고는 집행정지의 효력이 없다. 면제되는 재산에 대하여는 채무자회생및파산에관한법률 제556조 제1항의 규정에 따라 면책신청을 할 수 있는 기한까지는 파산채권에 기한 강제집행, 가압류 또는 가처분을 할 수 없다.

법원은 파산선고 전에 면제신청이 있는 경우에 채무자의 신청 또는 직권으로 파산선고가 있을 때까지 면제재산에 대하여 파산채권에 기한 강제집행, 가압류 또는 가처분의 중지 또는 금지를 명할 수 있다. 면제결정이 확정된 때에는 중지한 절차는 그 효력을 잃는다.

▣ 관련판례

판례(대법원 2015. 6. 24., 선고, 2014다29704 판결)

특별수선충당금 적립 및 인계 의무를 부담하는 임대사업자의 파산선고로 임대사업자의 파산관재인이 파산선고 후에 파산재단에 속하게 된 임대주택을 관리하다가 임대주택의 임차인 등에게 파산재단의 환가방법으로 임대주택을 분양전환하게 된 것이라면, 특별한 사정이 없는 한 임대사업자의 파산관재인은 분양전환 후 주택법에 따라 최초로 구성되는 입주자대표회의에 파산선고 전후로 특별수선충당금이 실제로 적립되었는지 여부와 상관없이 파산재단의 관리·환가에 관한 업무의 일환으로 임대주택법령에서 정한 기준에 따라 산정된 특별수선충당금을 인계할 의무를 부담한다.

그렇다면 입주자대표회의의 특별수선충당금 지급 청구권은 파산관재인이 한 파산재단인 임대아파트의 관리·환가에 관한 업무의 수행으로 인하여 생긴 것으로서 채무자 회생 및 파산에 관한 법률 제473조 제4호에서 정한 '파산재단에 관하여 파산관재인이 한 행위로 인하여 생긴 청구권'에 해당하여 재단채권이다.

관리 및 처분권(제384조)

1. 관리처분권의 이전

파산선고에 의하여 파산자는 파산재단을 구성하는 재산에 관한 관리처분권을 잃게 되고, 이 관리처분권은 파산관재인에게 전속하다. 이에 따라 파산선고 후 파산자가 파산재단 소속 재산에 관하여 한 법률행위에 대하여는 파산채권에 대항할 수 없다.

2. 파산관리인의 역할

파산관재인은 파산선고 후 즉시 파산재단의 점유관리에 착수해야 하며, 재단에 관한 소송에 관하여는 당사자로서 소송행위를 한다.

3. 파산자의 잔존 권리

재단 소속 재산의 소유권에 있어서는 여전히 파산자에게 그 소유권이 있고, 파산자의 자유재산에 대한 관리처분권은 그대로 보유할 수 있으며, 파산절차에 관한 재판에 대하여는 즉시항고 할 수도 있고, 재단에 관한 소송 이외의 소송(예컨대 파산자 주주총회결의 무효의 소)에 관하여는 당사자로서의 지위를 잃지 않는다는 사실에 유의해야 한다.

▣ 관련판례

판례(대법원 2005. 5. 12. 선고 2004다68366 판결)

파산자가 파산선고 전에 상대방과 통정한 허위의 의사표시를 통하여 가장채권을 보유하고 있다가 파산이 선고된 경우, 파산관재인은 민법 제108조 제2항의 제3자에 해당하므로 상대방이 파산관재인에게 통정허위표시임을 들어 그 가장채권의 무효임을 대항할 수 없다 할 것이지만, 위 민법 제108조 제2항과 같은 특별한 제한이 있는 경우를 제외하고는 채무의 소멸 등 파산 전에 파산자와 상대방 사이에 형성된 모든 법률관계에 관하여 파산관재인에게 대항할 수 없는 것은 아니라 할 것이며, 그 경우 파산자와 상대방 사이에 일정한 법률효과가 발생하였는지 여부에 대하여는 파산관재인의 입장에서 형식적으로 판단할 것이 아니라 파산자와 상대방 사이의 실질적 법률관계를 기초로 판단하여야 한다.

판례(대법원 2004. 1. 15. 선고 2003다56625 판결)

신용협동조합의 대출에 관한 대표자의 대표권이 이사회의 결의를 거치도록 제한되는 경우 그 요건을 갖추지 못한 채 무권대표행위에 의하여 조합원에 대한 대출이 이루어졌다고 하더라도 나중에 그 요건이 갖추어진 뒤 신용협동조합이 대출계약을 추인하면 그 계약은 유효하게 되는 것인데, 신용협동조합이 파산한 경우 파산재단의 존속·귀속·내용에 관하여 변경을 야기하는 일체의 행위를 할 수 있는 관리·처분권은 파산관재인에게 전속하고, 반면 파산한 신용협동조합의 기관은 파산재단의 관리·처분권 자체를 상실하게 되므로, 위와 같은 무권대표행위의 추인권도 역시 특별한 사정이 없는 한 파산관재인만이 행사할 수 있다고 보아야 한다.

판례(대법원 2003. 6. 24. 선고 2002다70129 판결)

파산자 소유의 부동산에 대한 별제권(담보물권 등)의 실행으로 인하여 개시된 경매절차에서 과세관청이 한 교부청구는 그 별제권자가 파산으로 인하여 파산 전보다 더 유리하게 되는 이득을 얻는 것을 방지함과 아울러 적정한 배당재원의 확보라는 공익(共益)을 위하여 별제권보다 우선하는 채권 해당액을 공제하도록 하는 제한된 효력만이 인정된다고 할 것이므로 그 교부청구에 따른 배당금은 채권자인 과세관청에게 직접 교부할 것이 아니라 파산관재인이 파산법 소정의 절차에 따라 각 재단채권자에게 안분변제할 수 있도록 파산관재인에게 교부하여야 한다.

판례(대법원 2003. 6. 24. 선고 2002다48214 판결)

파산자가 파산선고시에 가진 모든 재산은 파산재단을 구성하고, 그 파산재단을 관리 및 처분할 권리는 파산관재인에게 속하므로, 파산관재인은 파산자의 포괄승계인과 같은 지위를 가지게 되지만, 파산이 선고되면 파산채권자는 파산절차에 의하지 아니하고는 파산채권을 행사할 수 없고, 파산관재인이 파산채권자 전체의 공동의 이익을 위하여 선량한 관리자의 주의로써 그 직무를 행하므로, 파산관재인은 파산선고에 따라 파산자와 독립하여 그 재산에 관하여 이해관계를 가지게 된 제3자로서의 지위도 가지게 되며, 따라서 파산자가 상대방과 통정한 허위의 의사표시를 통하여 가장채권을 보유하고 있다가 파산이 선고된 경우 그 가장채권도 일단 파산재단에 속하게 되고, 파산선고에 따라 파산자와는 독립한 지위에서 파산채권자 전체의 공동의 이익을 위하여 직무를 행하게 된 파산관재인은 그 허위표시에 따라 외형상 형성된 법률관계를 토대로 실질적으로 새로운 법률상 이해관계를 가지게 된 민법 제108조 제2항의 제3자에 해당한다.

판례(대법원 2002. 7. 12. 선고 2001다2617 판결)

상법 제399조, 제414조에 따라 회사가 이사 또는 감사에 대하여 그들이 선량한 관리자의 주의의무를 다하지 못하였음을 이유로 손해배상책임을 구하는 소는 회사의 재산관계에 관한 소로서 회사에 대한 파산선고가 있으면 파산관재인이 당사자 적격을 가진다고 할 것이고(파산법 제152조), 파산절차에 있어서 회사의 재산을 관리·처분하는 권리는 파산관재인에게 속하며(파산법 제7조), 파산관재인은 법원의 감독하에 선량한 관리자의 주의로써 그 직무를 수행할 책무를 부담하고 그러한 주의를 해태한 경우에는 이해관계인에 대하여 책임을 부담하게 되기 때문에(파산법 제154조) 이사 또는 감사에 대한 책임을 추궁하는 소에 있어서도 이를 제기할 것인지의 여부는 파산관재인의 판단에 위임되어 있다고 해석하여야 할 것이고, 따라서 회사가 이사 또는 감사에 대한 책임추궁을 게을리 할 것을 예상하여 마련된 주주의 대표소송의 제도는 파산절차가 진행 중인 경우에는 그 적용이 없고, 주주가 파산관재인에 대하여 이사 또는 감사에 대한 책임을 추궁할 것을 청구하였는데 파산관재인이 이를 거부하였다고 하더라도 주주가 상법 제403조, 제415조에 근거하여 대표소송으로서 이사 또는 감사의 책임을 추궁하는 소를 제기할 수 없다고 보아야 할 것이며, 이러한 이치는 주주가 회사에 대하여 책임추궁의 소의 제기를 청구하였지만 회사가 소를 제기하지 않고 있는 사이에 회사에 대하여 파산선고가 있은 경우에도 마찬가지이다.

판례(대법원 2019. 3. 6., 자, 2017마5292, 결정)

채무자 회생 및 파산에 관한 법률은 소송의 당사자 아닌 채무자가 파산선고를 받은 때에 파산채권자가 제기한 채권자취소소송은 중단되고 파산관재인이나 상대방이 이를 수계할 수 있다고 정하고 있다(제406조, 제347조). 이러한 규정은 파산채권자가 제기한 채권자대위소송에도 유추적용된다. 그 이유는 파산선고로 파산재단에 관한 관리·처분권은 파산관재인에게 속하고, 파산채권자가 제기한 채권자취소소송과 채권자대위소송의 목적이 모두 채무자의 책임재산 보전에 있기 때문이다.

파산선고 후의 단순승인(제385조)

1. 단순승인

파산선고 전에 채무자가 상속인이 되는 상속개시가 있었던 경우 채무자가 파산선고 후에 단순승인을 한 경우 파산재단에 대하여는 단순승인의 효력이 나타나지 않고 한정승인의 효력을 갖게 된다.

2. 취지

상속재산에서 소극재산이 적극재산을 초과하는 경우 파산재단에 불의의 피해를 줄 수 있기 때문에 이와 같이 규정하였다.

파산선고 후의 상속포기(제386조)

1. 채무자의 상속포기

파산선고 전에 채무자가 상속인이 되는 상속개시가 있었던 경우 채무자가 파산선고 후에 상속포기를 하는 경우 파산재단에 대하여는 한정승인의 효력을 가진다.

2. 파산관재인의 상속포기

파산관재인은 상속포기의 효력을 주장할 수 있다. 단 상속포기가 있은 것을 안 날부터 3개월 이내에 그 뜻을 법원에 신고하여야 한다.

파산과 포괄적 유증(제387조)

채무자회생및파산에관한법률 제385조(파산선고 후의 단순승인), 제386조 (파산선고 후의 상속포기)의 규정은 포괄적 유증에 관하여 준용한다. 포괄적 유증의 승인 또는 포기의 효과가 상속재산의 승인 또는 포기의 경우와 동일하다.

파산과 특정유증(제388조)

파산선고 전에 채무자를 위하여 특정유증이 있었던 경우 채무자가 파산선고 당시 승인 또는 포기를 하지 아니한 때에는 파산관재인이 채무자에 갈음하여 그 승인 또는 포기를 할 수 있다. 이 경우 「민법」 제1077조(유증의무자의 최고권)의 규정을 준용한다.

상속재산의 파산(제389조)

1. 상속재산에 대하여 파산선고가 있는 경우

상속재산에 속하는 모든 재산을 파산재단으로 한다. 상속재산에 대하여 파산선고가 있는 경우에는 혼동의 예외로서 상속인과 피상속인이 서로 가지는 권리는 소멸하지 않는다.

2. 상속재산에 대하여 파산선고가 없는 경우

상속인은 한정승인한 것으로 본다. 다만 상속인이 민법상 단순승인 한 것으로 보는 경우에는 한정승인이 아닌 단순승인을 한 것으로 본다.

상속인의 재산처분(제390조)

1. 상속인이 상속재산을 처분한 경우

(1) 반대급부를 취득하지 않은 경우

상속인이 상속재산의 전부 또는 일부의 재산에 대해 처분한 후에 상속재산에 대하여 파산선고가 있는 때에는 상속인이 상속재산의 처분으로 얻게 되는 반대급부에 대하여 가지는 권리는 파산재단에 속하게 된다.

(2) 반대급부를 취득한 경우

상속인이 반대급부를 이미 취득한 경우에는 이를 전부 반환하여야 한다. 그러나 상속인이 파산의 원인인 사실 또는 파산신청이 있은 것을 알지 못한 때에는 그 이익이 현존하는 한도 안에서 반환하면 된다.

상속인이 악의로 반대급부를 취득한 경우	반대급부 전부를 반환하여야 한다
상속인이 선의로 반대급부를 취득한 경우	이익이 현존하는 한도 안에서 반환하면 된다

제2절 부인권

부인할 수 있는 행위(제391조)

1. 의의

부인권이란 파산관재인이 행하는 파산법상의 권리로서 파산선고 전에 파산자가 파산채권자를 해하는 행위를 한 경우 그 행위의 효력을 부인하고 일탈된 재산을 파산재단에 회복하기 위하여 행하는 권리이다.

2. 취지

개인의 경우이든 기업의 경우이든 도산상태에 빠지게 되면 파산을 둘러싼 다수의 이해관계인들이 서로 자신의 이익을 최대한 확보하기 위하여 앞 다투어 채권회수에 나선다. 일부 채권자들이 채무자와 결탁하여 다른 채권자들을 배제하고 먼저 변제를 받거나 담보를 제공받으려 하거나 채무자 역시 자신의 재산을 스스로 은닉하거나 부당하게 염가로 처분하려는 시도를 통해 파산채권자에 해를 끼치는 행위를 하게 된다. 부인권은 그와 같은 경우 채무자의 행위를 부인하여 일탈된 재산을 파산재단에 회복시키는 역할을 함으로 써 파산채권자에 대한 공평한 배당을 가능하게 하기 위해 규정한 제도이다.

3. 제도의 운영상 주의할 점

부인권의 지나친 강화는 자칫 거래의 안전을 위협하고 경제적으로 위기에 빠진 채무자로 하여금 재기를 위한 사업자금 등을 조달하는 장애사유로 작 용하는 등 채무자로 하여금 경제적인 갱생의 길을 오히려 차단할 수도 있는 것도 사실이다. 따라서 실무상 부인권의 행사여부를 결정함에 있어서 이러한 점을 고려하여 조화 있게 제도를 운영할 필요가 있다.

4. 다른 절차상의 부인권 등과 비교

본 법상의 부인권과 민법 제406조의 채권자취소권은 채무자를 해하는 행위 의 효력을 부인하고 일탈된 공동담보의 회복을 도모하여 채권자들을 보호한 다는 점에서 제도적 취지를 같이하고 있다. 그러나 채권자취소권은 집단적인 채무처리절차의 개시를 전제로 하는 것이 아니라 개별적으로 채권자에게 인 정되는 권리로서, 취소대상의 행위나 행사의 방법 등이 매우 제한적이다. 반 면 집단적 채무처리절차인 파산법상의 부인권은 채권자간의 공평한 처우를 위하여 행사권한이 파산관재인에게 전속하고 대상행위, 요건, 행사의 방법 등이 완화된 강력한 권리이다.

민법 제406조의 채권자취소권	개별적으로 채권자에게 인정되는 권리로서, 취소대상의 행위나 행사의 방법 등이 매우 제한적이다.
본 법상의 부인권	대상행위, 요건, 행사의 방법 등이 완화된 강력한 권리이다.

5. 법적 성질과 귀속주체

부인권의 법적 성질에 관하여 통설은 "부인권의 행사는 파산재단을 원상으 로 회복시킨다"고 규정하여 부인의 효과인 원상회복의 부인권을 행사의 행 사 효과로 하고 있다. 통설은 부인권의 법적 성질에 대해서는 이를 사권으로 파악하여 파산관재인이 부인의 대상이 되는 행위의 효력을 부인하는 의사표시를 하여야 한다는 형성권설을 취하고 있다.

6. 부인권을 행사할 수 있는 자

부인권의 행사는 소 내지 항변에 의하여 파산관재인이 행사하도록 규정되어 있다. 이는 부인권의 행사자가 파산관재인임을 규정한 것이고 부인권의 귀속주체까지 규정한 것은 아니라고 볼것이다.

7. 부인유형과 상호관계

부인의 유형은 여러 가지로 나눌 수 있으나 일반적으로 파산자가 파산채권자를 해할 것을 알면서 한 행위를 부인하는 고의부인, 파산자가 지급의 정지 등 경제적 파탄이 표면화된 시기에 한 행위를 부인하는 위기 부인으로, 위기부인은 다시
1) 파산자의 의무에 속한 행위를 부인하는 본지행위부인
2) 파산자의 친족등을 상대로 한 본지행위부인
3) 파산자의 의무에 속하지 않는 행위를 부인하는 비본지행위 부인으로 나누어 진다.
파산자가 한 무상행위 내지 이와 동일시 해야하는 유상행위를 부인하는 무상부인으로 나눌 수 있다. 그밖에 특수한 부인인 대항요건, 효력요건부인, 집행행위부인이 있다.

8. 각 부인간의 관계

본 법은 고의부인, 위기부인, 무상부인을 별도의 요건을 정하여 규정하고 있지만 상호 배타적인 관계에 있는 것은 아니고 상호 관련을 맺고 있으므로 1개의 행위가 각 부인유형에 해당하는 경우 어느 것이라도 주장하여 부인할 수 있고, 법원 또한 당사자가 주장하는 부인유형에 구속되지 않는다.

9. 실무의 현황

실무상 영업자 파산의 경우 대표자를 심문하면서 부인대상이 될 만한 행위가 있는지 유의해야 할 것이고, 파산선고가 내려질 때 파산관재인에게 여러

가지 주의사항과 함께 부인권을 행사할만한 거래관계나 변제내역이 있는지 검토하도록 안내하고 있다. 파산관재인으로서는 채권자들을 통하여 정보를 수집함이 바람직하고, 채권조사를 함에 있어서 부인권의 행사여부를 고려하여 채권의 이의 여부를 결정해야 한다. 파산관재인이 부인소송의 제기에 대한 허가신청을 할 경우 승소의 가능성과 승소할 경우 파산재단에 편입될 가능성이 얼마나 있는지를 판단하여 허가여부를 결정하는 것이 바람직하다. 패소가능성이 높거나 승소하더라도 실질적으로 파산재단의 재산 증식에 도움이 되지 않는 등 오히려 비용만 지출될 가능성이 크다면 부인소송을 제기하지 않는 것이 타당하다.

10. 일반적 성립요건

부인권은 부인할 행위의 내용, 시기, 상대방에 따라 고의부인, 위기부인, 무상부인의 3종의 유형을 인정하고 있는데, 각 유형마다의 특유한 성립요건 외에 공통되는 일반적 성립요건이 있다.

(1) 행위의 유해성

부인의 대상이 되는 행위는 기본적으로 파산채권자에게 해를 끼치는 행위이어야 한다. 파산채권자에게 해를 끼치는 행위에는 파산자의 일반재산을 절대적으로 감소시키는 사행행위와 채권자간의 평등을 저해하는 편파행위도 포함된다. 사행행위이든 편파행위이든 당해 행위로 말미암아 채권자들의 배당률이 낮아질 때 행위의 유해성이 인정된다고 설명할 수 있겠다. 이하에서는 행위의 유해성이 문제되는 몇 가지 행위유형에 대하여 살펴본다.

1) 부동산의 매각행위 : 부동산의 매각에 있어서 부당한 가격으로 매각한 경우는 물론이고, 적정한 가격으로 소비하기 쉬운 금전으로 환가하는 것은 재산의 일반담보력을 저하시키게 될 것이므로 원칙적으로 일반채권자를 해하는 행위라고 본다. 그러나 부동산에 비하여 담보력이 적은 동산의 매각행위는 부당한 염가매각으로 평가받지 않는 이상 부인의 대상이 되지 않는다.

2) 변제행위 : 변제행위와 관련하여 문제되는 것은 본지변제와 고의부인, 차입금에 의한 변제와 부인, 담보권자에 대한 변제, 대물변제, 제3자에 의한 변제와 부인이 문제된다.

가. 본지변제와 고의부인

변제기가 도래한 채권을 변제하는 본지변제행위가 형식적 위기시기에 이루어진 경우에는 불평등 변제가 되는 경우로서 위기부인의 대상이 될 수 있다는 점에 대해서는 이론의 여지가 없으나 나아가 고의부인의 대상이 되는지에 대해서는 견해의 대립이 있으나 통설은 고의부인의 대상에 포함시키고 있다. 그에 대한 근거로는 본조 제1호에서 말하는 '행위'에 본지변제가 제외되어 있다고 인정할 수 없고, 그와 같이 해석하더라도 당해 변제를 수령한 특정채권자의 이익을 부당하게 해하는 것이 아니라는 것을 이유로 한다.

나. 차입금에 의한 변제

파산자가 제3자로부터 자금을 차입하여 특정채권자에게만 변제를 한 때에는 다른 채권자와의 평등을 해하게 되어 그것은 원칙적으로 부인의 대상이 된다고 보는 것이 일반적이다. 문제는 이와 같은 자금의 차입이 전적으로 특정채무의 변제를 위하여 차입을 하고 변제가 행하여진 경우이다. 국내에서는 이에 대한 판례가 나와 있지 않으나 최근의 일본 판례는 일정한 사정을 언급하면서 변제가 예정된 특정채무를 변제하여도 채권자의 공동담보를 감소시키지 않아 채권자를 해하는 행위가 아니라고 판시하고 있다.

다. 담보권자에 대한 변제, 대물변제와 부인

파산절차에서는 별제권자인 담보권에 대한 변제는 부인의 대상이 될 수 없는 것은 당연하며 대물변제의 경우에도 피담보채권과 목적물의 가액이 균형을 잃지 않은 이상 부인의 대상이 되지 않는다. 따라서 목적물의 가약이 피담보채권을 초과하는 경우에는 그 초과부분에 대한 대물변제행위는 부인권을 행사하여 차액에 대한 상환을 구할 수 있다.

라. 제3자에 의한 변제

제3자에 의한 변제가 부인의 대상이 될 수 있는가에 대한 문제는 파산자 이외의 자의 행위를 부인할 수 있는 가에 관한 논의가 그대로 적용된다고 할 수 있을 것이다. 통설인 파산자의 행위뿐만 아니라 이와 동일시 할 수 있는 제3자의 행위도 부인할 수 있다는 입장이라면 제3자의 변제가 이에 해당할 때 부인할 수 있다.

3) 담보권의 실행행위 및 담보권의 실행행위와 부인

　가. 담보권의 설정행위

　　담보권의 설정과 관련하여 논의되는 것은 기존 채무에 대한 담보권의 설정이 아니라 신규차입을 위하여 담보권을 설정하는 행위가 부인의 대상이 될 수 있다.

　나. 담보권의 실행행위

　　파산절차에서는 회생절차와는 달리 담보권자는 파산절차에 의하는 것이 아니라 별제권을 행사하여 소유권을 회복할 수 있다. 따라서 그 담보권설정행위 자체가 부인되지 않는 이상 담보권자에 대한 변제나 대물변제와 같이 담보권의 실행행위가 부인의 대상으로 되는 것은 아니다.

4) 어음, 수표의 발행, 인수, 배서행위 : 파산자가 기존채무의 변제에 갈음하여 또는 변제를 위하여 어음 등을 발행, 인수 또는 배서하는 경우 부인의 대상이 될 수 있는지에 대해서는 견해의 대립이 있다. 통설은 어음채권에는 강력한 권리추정의 효력이 인정되어 채권자확정소송에서 입증책임을 전환시키는 등 어음채권이 양도된 경우에는 채무자인 파산자가 가지는 인적항변이 절단될 수 있으므로 부인의 여지를 인정하는 것으로 해석하고 있다.

5) 재산분할 : 실무상 경제적 위기상태에 빠진 채무자가 이혼을 하면서 배우자에게 금전, 주식, 부동산 등을 재산분할의 명목으로 증여하는 경우가 있을 수 있다. 일반적으로 재산권을 목적으로 하지 않는 법률행위(결혼, 이혼, 입양, 파양, 상속의 승인 또는 포기) 등은 그것이 간접적으로 채무자 재산의 감소를 가져오는 행위라고 하더라도 부인의 대상으로는 될 수 없다. 다만 이혼에 수반한 재산분할 등은 신분관계의 설정이나 폐지와 직접 관계없는 재산처분행위이므로 부인대상이 된다.

　그러나 실제로는 부인권을 행사함에 있어서 재산분할로 증여된 부동산에 시가를 크게 넘는 담보권이 설정되어 있는 경우가 있을 수 있고, 일방 배우자가 재산분할을 받았으면서도 경제적으로 곤궁한 상태에서 벗어나지 못하는 등 재산 증식이나 회수 가능성의 측면에서 그 실익이 없는 경우도 있을 수 있다.

6) 또한 재산분할의 구체적인 내용에 따라 부인의 가부가 달라지는 경우
1) 손해배상

재산분할은 실질적인 공동재산의 청산, 분배 및 일방 배우자의 부양을 목적으로 하는 것이므로, 위자료와는 그 성질을 달리 하지만 법원은 손해배상적 요소로서도 인정하여 재산분할의 수액 및 방법을 정할 수 있으므로, 부인권의 행사에 있어서도 손해배상적 요소가 포함되었는지 여부가 영향을 미치게 된다.

2) 실무에서의 예

공동재산의 청산을 목적으로 하는 재산분할은 원래 그 재산이 파산재단에 속하지 않는 것이라고 볼 수도 있고, 부양을 목적으로 하는 재산분할은 일반적으로 상당성이 인정되고 있으므로, 모두 민법 제839조의2에 정한 법률상 의무의 이행으로 보아 상당한 한도를 넘지 않는 한 부인권의 행사는 실질적으로 어렵다고 할 것이다. 그러나 청산 또는 부양에 필요한 범위보다 상당의 금액을 넘는 부분의 재산분할은 그 초과액을 부인할 수 있을 것이다.

3) 손해배상 목적의 재산분할

손해배상 목적의 재산분할은, 파산선고 전에 이혼이 성립한 경우의 위자료청구권이 파산절차에 와서는 일반파산채권으로 다루어지는 데 불과한 데 비추어 봤을 때 원칙적으로 부인대상으로 될 것이다.

11. 부인권을 행사할 수 있는 대상이 되는 행위

(1) 대상

부동산, 동산의 매각, 증여, 채권양도, 채무면제 등과 같은 협의의 법률행위에 한하지 않고 변제, 채무승인, 법정추인, 채권영도의 통지, 승낙, 등기, 등록, 동산의 인도 등과 같은 법률효과를 발생시키는 일체의 행위를 모두 포함한다. 또한 사법상의 행위에 한하지 않고 소송법상의 행위인 재판상의 자백, 청구의 포기 및 인낙, 재판상의 화해, 소, 상소의 취하, 상소권의 포기, 공정증서의 작성 , 염가의 경매 등도 부인의 대상이 되고, 공법상의 행위도 부인의 대상이 된다.

채무자인 파산자의 부작위도 부인의 대상이 된다는 것이 통설, 판례이다.

따라서 시효중단의 해태, 지급명령신청에 대한 이의신청의 부제기, 지급거절증서의 불작성, 변론기일에의 불출석, 공격방어방법의 부제출 등의 경우에 부인권을 행사할 수 있다. 다만 부인의 효과는 상대적인 효과를 갖고 있으므로 소멸시효의 효과가 부인된 경우에 파산관재인은 상대방인 채무자에 대하여 채무의 이행을 청구할 수 있는 반면, 파산자와 채무자 사이에는 여전히 채권이 시효완성으로 소멸된 것으로 취급된다.

(2) 법률적으로 유효한 것에 한하는지 여부

부인의 대상이 되는 행위는 반드시 법률적으로 유효한 것일 필요가 있는 것은 아니다. 허위표시, 착오, 사회질서위반의 법률행위 등과 같이 무효 또는 취소의 사유가 있더라도 무방하다. 파산자의 급부가 불법원인급여에 해당하는 경우에 해당하여 채무자인 파산자가 반환을 청구할 수 없다고 하더라도 파산관재인은 이를 부인하면서 그 반환을 청구할 수 있다. 파산관재인은 행위의 무효, 취소와 부인의 주장을 동시에 할 수도 있고 부인의 주장만을 할 수도 있다.

12. 개별적 성립요건

(1) 고의부인

1) 요건

파산자가 파산채권자를 해한다는 사실을 알면서 한 행위에 대하여 부인하는 것을 고의부인이라 한다. 파산자의 사해의사를 요건으로 하는 부인으로서 민법상의 사해행위취소권과 실질을 같이 한다.

고의부인의 성립요건은 다음과 같다.

가. 객관적 요건 : 파산채권자를 해하는 행위가 있어야 한다(사해행위)

나. 주관적 요건 : 파산자가 행위 당시 그 행위에 의하여 파산채권자를 해한다는 사실을 알고 있어야 한다(사해의사).

다. 입증책임 : 사해행위와 사해의사에 대한 입증책임은 파산관재인이 부담한다.

라. 사해행위의 범위 : 사해행위란 파산채권자에게 손해를 주는 행위로서 파산자의 재산을 감소시키는 행위는 물론 파산채권자들 사이에 불공

평을 생기게 하는 행위도 포함한다. 파산자의 행위가 위와 같은 요건을 충족하더라도 행위의 상대방인 수익자가 파산채권자를 해한다는 사실을 알지 못하였을 때, 즉 수익자가 선의인 때에는 부인할 수 없다.

마. 선의의 입증책임 : 선의의 입증책임은 수익자가 부담한다. 선의인 이상 그에 대하여 과실이 있는지 여부는 묻지 않는다.

바. 사례

① 유동성부족으로 예금인출사태를 겪고 있는 회사(금융기관)가 채권자(다른 금융기관)에게 제3자 발생의 약속어음을 담보로 제공한 경우.

② 부도유예 대상기업으로 지정된 후 수개월간 채권의 행사가 유예됨에도 담보조로 채권양도를 한 경우, 부도 5일 전에 단기대여금채권을 이율이 높은 환매대금채권으로 전환한 경우, 지급정지 후 전세금 반환채무를 담보하기 위하여 근저당권을 설정한 경우.

(2) 본지행위에 의한 위기부인

파산자가 지급정지 등 위기의 시기에 한 담보제공, 채무소멸에 관한 행위, 기타 채권자의 이익을 해하는 행위를 파산자의 사해의사의 존부와 관계없이 부인하는 것을 위기부인이라 한다.

1) 위기부인의 구분

위기부인은 채무자회생및파산에관한법률 제391조 제2호 내지 4호에서 규정하고 있다. 각 호별 행위를 나누면 다음과 같다.

가. 제2호는 파산자가 자신의 의무에 기하여 담보의 제공, 채무소멸에 관한 행위 등을 함으로서 파산채권자를 해하는 행위를 한 경우

나. 제3호는 파산자가 자기의 친족이나 동거자를 상대방으로 위와 같은 종류의 행위를 한 경우

다. 제4호는 파산자가 의무가 없음에도 불구하고 담보의 제공, 채무소멸에 관한 행위를 함으로써 파산채권자를 해하는 행위를 한 경우

2) 각 호별 구분

가. 의무에 속하는 행위에 따른 구분 : 제2, 3호는 파산자의 의무에 속하는 본지행위를 대상으로 한다는 점에서 파산자의 의무에 속하지 아니하는 비본지행위를 부인하는 제4호와 구별된다.

나. 입증책임에 따른 구분 : 제2호는 수익자의 악의에 대한 입증책임이 파산관재인에게 있다는 점에서 수익자에게 선의의 입증책임이 있는 제3호와 차이를 두고 있다.

3) 위기부인과 타 부인과의 차이

위기부인은 어느 것이나 채무자의 사해의사를 요건으로 하지 않는다는 점에서 고의부인 또는 사해행위취소권과 다르다.

4) 본지행위에 대한 제2호 부인의 성립요건과 입증책임

가. 객관적 요건 : 담보의 제공, 채무의 소멸에 관한 행위 기타 파산채권자를 해하는 행위여야 한다.

나. 주관적 요건 : 수익자가 행위 당시 지급정지 등의 사실을 알고 있어야 한다.

다. 시기적 요건 : 파산자가 지급정지 또는 파산신청이 있은 후에 한 행위여야 한다.

라. 입증책임 : 위와 같은 세 가지 요건에 대한 입증책임은 모두 파산관재인이 부담한다.

5) 용어의 정의

가. 본 호에서 "기타 파산채권자를 해하는 행위"란 : 담보의 제공, 채무의 소멸이라는 편파행위(불평등행위)를 제외한 총 채권자를 해하는 사해행위, 즉 일반재산 감소행위를 의미한다는 것이 일반적이다.

나. 지급정지란 : 지급불능을 추정하게 하는 사실로서 변제자력의 결핍으로 인하여 변제기가 도래한 채무를 일반적, 계속적으로 변제하는 것이 불가능함을 명시적, 묵시적으로 외부에 표시하는 것을 말하고, 자력의 결핍이란 채무자에게 채무를 변제할 수 있는 자산이 없고 변제의 유예를 받거나 변제하기에 족한 융통을 받을 신용도 없는 것을 말한다.

6) 실무에서의 처리

주관적 요건과 관련하여 수익자가 금융기관일 경우에는 채무자가 부도를 낸 사실을 알고 있는 것이 통상이므로 그 요건을 입증하는 것이 비교적 용이할 것이다. 본 호의 부인이 인정된 사례로는 본 호와 규정 내용이 유사한 회생절차에의 부인을 인정한 판례가 다수 확인되고 있다(96다50445, 99가합44248, 2000가합3824, 2000나41426)

친족 등을 상대로 한 본지행위의 부인은 수익자가 자신이 선의라는 사실을 입증하여 부인의 대상에서 제외될 수 있다.

(3) 비본지행위에 대한 위기부인

1) 제2호의 부인과의 차이점

비본지행위에 대한 위기부인은 담보의 제공 또는 채무의 소멸에 관한 행위를 부인의 대상으로 한다는 점에서 제2호의 부인과 같은 점이 있으나 파산자의 의무에 속하지 아니하는 행위(비본지행위)를 부인의 대상으로 한다는 차이가 있다.

2) 조건의 완화

법은 제2호의 부인보다 시기적 요건을 완화하여 부인대상을 지급정지 등이 있기 이전 60일 내에 이루어진 행위까지 확대하고, 선의의 입증책임도 수익자에게 부담시키고 있다.

3) 성립요건

가. 객관적 요건 : 담보의 제공 또는 채무의 소멸에 관한 행위로서 그 행위자체나 방법 또는 시기가 파산자의 의무에 속하지 아니하는 행위라야 한다.

나. 시기적 요건 : 파산자가 지급정지 등이 있은 후 또는 그 전 60일 내에 한 행위라야 한다.

다. 입증책임 : 성립요건에 대한 입증책임은 파산관재인이 부담한다.

4) 실무에서의 예

가. 행위 자체가 파산자의 의무에 속하지 아니하는 예로는 파산자가 기존의 채무에 대하여 담보를 제공하기로 하는 약속이 없음에도 담보제공을 하는 경우

나. 방법이 의무에 속하지 아니하는 예로는 본래 약정이 없음에도 대물변제를 하는 경우

다. 시기가 의무에 속하지 아니하는 예로는 변제기 전에 채무를 변제하는 경우

5) 문제되는 경우

여신거래약정서 등에 '채무자의 신용변동, 담보가치의 감소, 기타 채권보

전상 필요하다고 인정될 상당한 사유가 발생한 경우에는 채무자는 채권자의 청구에 의하여 채권자가 승인하는 담보나 추가담보의 제공 또는 보증인을 세우거나 이를 추가한다'등과 같은 약관 규정이다. 대법원은 회생절차상의 부인권과 관련하여 위 약관은 단순히 일반적, 추상적인 담보제공의무만을 약정한 것에 불과하고 구체적인 담보제공의무를 부담시키는 것이 아니어서 파산자의 의무에 속하는 행위라고 볼 수 없다고 판시하였다(2000다26067).

6) 수익자 보호

수익자는 그 행위 당시 지급정지 등의 사실 또는 파산채권자를 해하게 되는 사실을 알지 못하였음을 입증하여 선의자로서 보호받을 수 있다.

본 호의 부인을 인정한 사례로는 규정 내용이 유사한 회생절차상의 부인과 관련하여 다수의 판결이 선고되고 있다(2001다16852).

(4) 무상부인

무상부인이란 파산자가 한 무상행위 또는 이와 동일시하여야 할 유상행위를 부인하는 것을 말한다. 무상행위 또는 이와 동일시할 정도의 유상행위에 대해서는 파산채권자를 해할 위험성이 현저한 반면 상대방의 이익을 고려할 필요성은 적으므로 수익자의 악의도 요건으로 하지 않고, 시기적 요건도 보다 완화하고 있다.

1) 성립요건

가. 객관적 요건 : 파산자의 행위가 무상행위 또는 이와 동일시하여야 할 유상행위라야 한다.

나. 시기적 요건 : 파산자가 지급정지 등이 있은 후 또는 그 전6개월 내에 한 행위라야 한다.

다. 입증책임 : 성립요건에 대한 입증책임은 파산관재인이 부담한다.

2) 용어의 정의

가. 무상행위란 : 파산자가 대가를 받지 않고 재산을 감소시키거나 채무를 증가시키는 일체의 행위를 말한다.

나. 무상행위의 예 : 무상행위로는 증여, 유증, 채무면제, 권리포기, 시효이익의 포기, 사용대차 등의 법률행위와 청구의 포기와 인낙, 소송상의

화해와 같은 소송행위도 포함한다.

다. 무상행위와 동일시해야할 유상행위란 : 상대방의 출연이 너무나 작아 대가로서의 의미가 없는 경우를 말한다.

3) 무상행위의 판단기준

무상행위인지 여부는 파산자를 기준으로 하여 판단해야 하지 수익자의 입장에서 무상성이 있는지를 판단해서는 안된다. 따라서 파산자의 인적보증 또는 물상보증 행위는 그것이 채권자의 주채자무에 대한 출연의 직접적인 원인이 되는 경우에도 파산자가 그 대가로서 경제적인 이익을 받지 아니하는 한 무상행위에 해당하고, 주채무자가 계열파산자 내지 가족파산자라고 하여 달리 볼 것은 아니다.

4) 무상부인의 예

가. 무상부인의 긍정 예 : 계열회사에 대한 지급보증, 대가없는 약속어음 배서행위, 부도 후 부동산을 증여한 경우 등이 있다.

나. 무상부인의 부정 예 : 무상부인을 부정한 사례로는 파산자가 최초 어음할인 당시 연대보증을 하고 이후 대환에 의하여 주채무가 계속 연장됨에 따라 최초의 대출거래시기가 파산자의 지급정지일로부터 6개월 전에 해당하고 최종 연장행위는 6개월 내에 해당되는 경우가 있다.

■ **관련판례**

판례(대법원 2004. 3. 26. 선고 2003다65049 판결)

1. 파산법 제64조 제2호에 규정된 위기부인의 대상이 되는 '파산채권자를 해하는 행위'에는 파산자의 일반재산을 절대적으로 감소시키는 사해행위 외에 채권자 간의 평등을 저해하는 편파행위도 포함된다고 할 것이고, 변제기가 도래한 채권을 변제하는 이른바 본지(本旨)변제 행위가 형식적인 위기시기에 이루어진 경우에는 불평등 변제로서 위기부인의 대상이 될 수 있다.

2. 파산법상 부인의 대상이 되는 행위가 파산채권자에게 유해하다고 하더라도 행위 당시의 개별적·구체적 사정에 따라서는 당해 행위가 사회적으로 필요하고 상당하였다거나 불가피하였다고 인정되어 일반 파산채권자가 파산재

단의 감소나 불공평을 감수하여야 한다고 볼 수 있는 경우가 있을 수 있고, 그와 같은 예외적인 경우에는 채권자 평등, 채무자의 보호와 파산 이해관계의 조정이라는 파산법의 지도이념이나 정의관념에 비추어 파산법 제64조 소정의 부인권 행사의 대상이 될 수 없다고 보아야 할 것이며, 여기에서 그 행위의 상당성 여부는 행위 당시의 파산자의 재산 및 영업 상태, 행위의 목적·의도와 동기 등 파산자의 주관적 상태를 고려함은 물론, 변제행위에 있어서는 변제자금의 원천, 파산자와 채권자와의 관계, 채권자가 파산자와 통모하거나 동인에게 변제를 강요하는 등의 영향력을 행사하였는지 여부 등을 기준으로 하여 신의칙과 공평의 이념에 비추어 구체적으로 판단하여야 한다고 할 것이고, 그와 같은 부당성의 요건을 흠결하였다는 사정에 대한 주장·입증책임은 상대방인 수익자에게 있다.

판례(대법원 2002. 9. 24. 선고 2001다39473 판결)

일체로 이루어진 행위에 대한 파산법상 부인권 행사의 요건으로서의 유해성은 그 행위 전체가 파산채권자에게 미치는 영향을 두고 판단되어야 할 것이며, 그 전체를 통틀어 판단할 때 파산채권자에게 불이익을 주는 것이 아니라면 개별약정만을 따로 분리하여 그것만을 가지고 유해성이 있다고 판단하여서는 안 된다.

판례(대법원 2002. 8. 23. 선고 2001다78898 판결)

1. 파산법 제64조 제2호소정의 위기부인의 대상이 되는 '파산채권자를 해하는 행위'에는 파산자의 일반재산을 절대적으로 감소시키는 사해행위 외에 채권자간의 평등을 저해하는 편파행위도 포함된다고 할 것이고, 변제기가 도래한 채권을 변제하는 이른바 본지(本旨)변제 행위가 형식적인 위기시기에 이루어진 경우에는 불평등 변제로서 위기부인의 대상이 될 수 있다.

2. 화의법 제31조는 화의개시신청이 있어도 채무자의 재산관리처분권은 상실되지 않지만 만일 그 재산관리를 채무자의 자유에 맡겨두면 채무자가 재산

의 현상을 변경하거나 재산을 감소시켜 화의의 성립이나 화의조건의 이행이 곤란 또는 불가능하게 될 위험이 있음을 감안하여 화의개시신청 후 그 결정시까지 일정한 범위의 행위를 제한하려는 것일 뿐이고, 파산법 제64조 제2호소정의 이른바 위기부인과 화의법 제33조소정의 부인은 그 성립요건과 효력이 다르므로, 화의법 제31조에 의하여 제한되지 아니하는 행위 또는 같은 조에 의한 제한은 받으나 같은법 제33조 단서에 의하여 화의법상 부인권을 행사할 수 없는 행위에 해당한다고 하여 당연히 파산법상 부인권 행사의 대상에서 제외된다고 할 수는 없고, 따라서 파산법 제64조 제2호소정의 '지급정지' 이후에 화의개시신청을 한 상태에서 파산법 제64조 제2호 소정의 이른바 본지(本旨)변제 행위를 한 경우에, 설령 그 변제행위가 화의법 제31조에 의하여 유효한 행위 또는 화의법 제33조단서에 의하여 부인권을 행사할 수 없는 행위에 해당한다고 하더라도 파산법상 부인권 행사의 성립요건을 갖춘 것이라면 이는 파산법 제64조 제2호소정의 부인권 행사의 대상이 된다.

3. 화의법 제17조소정의 화의우선의 원칙은 채권자가 한 파산신청과 채무자가 한 화의개시신청이 동시에 법원에 계속중인 때에 화의절차를 우선시켜 화의절차가 종결될 때까지 파산절차를 당연히 중지시키고 화의절차만을 진행한다는 것에 불과하므로, 위의 규정이 있다고 하여 파산법상 부인의 대상이 되지만 화의법상 부인의 대상이 되지 않는 경우에 화의법의 규정이 우선하는 것으로 해석할 것은 아니다.

4. 파산법상 부인의 대상이 되는 행위가 파산채권자에게 유해하다고 하더라도 행위 당시의 개별적·구체적 사정에 따라서는 당해 행위가 사회적으로 필요하고 상당하였다거나 불가피하였다고 인정되어 일반 파산채권자가 파산재단의 감소나 불공평을 감수하여야 한다고 볼 수 있는 경우가 있을 수 있고, 그와 같은 예외적인 경우에는 채권자평등, 채무자의 보호와 파산이해관계의 조정이라는 파산법의 지도이념이나 정의관념에 비추어 파산법 제64조 소정의 부인권 행사의 대상이 될 수 없다고 보아야 한다.

5. 행위의 상당성 여부는 행위 당시의 파산자의 재산 및 영업 상태, 행위의 목적·의도와 동기 등 파산자의 주관적 상태를 고려함은 물론, 변제행위에 있어서는 변제자금의 원천, 파산자와 채권자와의 관계, 채권자가 파산자와 통모하거나 동인에게 변제를 강요하는 등의 영향력을 행사하였는지 여부 등을 기준으로 하여 신의칙과 공평의 이념에 비추어 구체적으로 판단하여야 한다고 할 것이고, 그와 같은 부당성의 요건을 흠결하였다는 사정에 대한 주장·입증책임은 상대방인 수익자에게 있다.

판례(대법원 2002. 2. 8. 선고 2001다55116 판결)

1. 구 파산법(2000. 1. 12. 법률 제6111호로 개정되기 전의 것) 제64조 제4호는 부인할 수 있는 행위의 하나로서 "파산자가 지급정지나 파산신청이 있은 후 또는 그 전 30일 내에 한 담보의 제공 또는 채무소멸에 관한 행위로서 파산자의 의무에 속하지 아니하거나 그 방법 또는 시기가 파산자의 의무에 속하지 아니하는 것. 단, 채권자가 그 행위 당시에 지급정지나 파산신청이 있은 것 또는 파산채권자를 해하게 되는 사실을 알지 못한 때에는 예외로 한다."고 규정하고 있는바, 여기에서 '파산자의 의무에 속한다'라고 함은 일반적·추상적 의무로는 부족하고 구체적 의무를 부담하여 채권자가 그 구체적 의무의 이행을 청구할 권리를 가지는 경우를 의미한다고 해석함이 상당하다.

2. 파산 전 회사가 자금을 융통하면서 '채권보전상 필요하다고 인정되는 때에는 청구에 의하여 곧 채권자가 승인하는 담보나 추가담보를 제공하겠으며, 보증인을 추가로 세우겠음. 일정한 예치금을 담보로 제공하겠음'이라고 약정하였더라도 이에 기한 담보제공은 구 파산법(2000. 1. 12. 법률 제6111호로 개정되기 전의 것) 제64조 제4호 소정의 '파산자의 의무에 속하는 행위'라고 볼 수 없다고 한 사례.

3. 담보제공이 파산자의 의무에 속하는 것으로 볼 수 없어 부인되는 이상, 파산채권자의 파산자에 대한 채무가 그 담보제공을 위한 절차의 일환으로 이

루어진 것이라 하더라도 그 채무의 부담은 구 파산법(2000. 1. 12. 법률 제 6111호로 개정되기 전의 것) 제95조 제2호 단서 소정의 '파산채권자가 지급정지나 파산신청이 있었음을 알기 전에 생긴 원인에 기한 때'에 해당된다고 볼 수 없다고 한 사례.

판례(대법원 2002. 1. 25. 선고 2001다67812 판결)

단위신용협동조합이 회비를 납부하지 아니할 때는 신용협동조합중앙회 정관 제16조에 의하여 과태금을 징수할 수 있다고 하더라도, 그러한 사정만으로는 위 회비를 파산법 제38조 제2호 소정의 재단채권 또는 재단채권과 유사한 것이라 할 수 없다.

판례(대법원 2018. 10. 25., 선고, 2017다287648, 287655 판결)

[1] 채무자 회생 및 파산에 관한 법률 제391조 제1호에서 정한 부인의 대상으로 되는 행위인 '채무자가 파산채권자를 해하는 것을 알고 한 행위'에는 총채권자의 공동담보가 되는 채무자의 일반재산을 파산재단으로부터 일탈시킴으로써 파산재단을 감소시키는 행위뿐만 아니라, 특정한 채권자에 대한 변제나 담보의 제공과 같이 그 행위가 채무자의 재산관계에 영향을 미쳐 특정한 채권자를 배당에서 유리하게 하고 이로 인하여 파산채권자들 사이의 평등한 배당을 저해하는 이른바 편파행위도 포함된다.

[2] 채무자가 지급불능 상태에서 특정 채권자에 대한 변제 등 채무소멸에 관한 행위를 하였다고 하더라도, 이것이 새로운 물품공급이나 역무제공 등과 동시에 교환적으로 행하여졌고, 채무자가 받은 급부의 가액과 당해 행위에 의하여 소멸한 채무액 사이에 합리적인 균형을 인정할 수 있다면 특별한 사정이 없는 한 이러한 채무소멸행위는 파산채권자를 해하는 행위로 볼 수 없어 채무자 회생 및 파산에 관한 법률 제391조 제1호에 따라 부인할 수 있는 행위에 해당하지 않는다.

특수관계인을 상대방으로 한 행위에 대한 특칙(제392조)

특수관계인을 상대방으로 한 경우의 특칙

채무자회생및파산에관한법률 제391조 제2호 단서(이로 인하여 이익을 받은 자가 그 행위 당시 지급정지 또는 파산신청이 있은 것을 알고 있은 때에 한한다)의 규정을 적용하여 이익을 받는 자가 채무자와 대통령령이 정하는 범위의 특수관계에 있는 자인 때에는 그 특수관계인이 행위 당시 지급정지 또는 파산신청이 있을 것을 알고 있었던 것으로 추정한다.

동법 제391조 제3호의 규정을 적용하는 경우 특수관계인을 상대방으로 하는 행위에 대하여는 동법 제391조 제3호의 본문에 규정된 60일을 1년으로 하고, 그 행위 당시 지급정지 또는 파산신청이 있은 것과 파산채권자를 해하는 사실을 알고 있었던 것으로 추정한다.

동법 제391조 제4호의 경우에도 6월을 1년으로 하여 특수관계인에 대해서는 달리 적용된다.

특수관계인의 범위 - 배우자, 8촌 이내의 혈족, 4촌 이내의 인척, 본인의 금전 기타 재산에 의하여 생계를 유지하는 자 및 생계를 함께 하는 자, 본인이 100분의 30 이상을 출자한 법인 기타 단체와 그 임원 등

어음지급의 예외(제393조)

1. 어음채무의 지급에 관한 부인의 제한

채무자회생및파산에관한법률 제393조 제1항은 "제391조의 규정은 파산자로부터 어음의 지급을 받은 자가 그 지급을 받지 아니하였으면 채무자의 1인 또는 수인에 대한 어음상의 권리를 상실하게 되었을 경우에는 이를 적용하지 아니한다"고 규정하여, 어음금 채무의 변제의 경우에는 일정한 요건 아래에서는 제391조에서 규정한 부인유형에 해당하더라도 부인권을 행사하여 이를 부인할 수 없도록 하고 있다.

2. 취지

어음 소지인이 채무자가 어음금을 제공함에도 이를 수령하지 않을 경우 소구권을 상실하게 되고, 따라서 변제를 받을 수밖에 없음에도 나중에 파산절

차에서 그 변제가 부인된다면 그 때는 이미 거절증서작성기간이 도과되어 역시 소구권을 상실하게 되는 불합리한 결과를 초래하게 되고 어음거래의 안전을 해하게 되어 전득자의 권리가 지나치게 불안하게 되기 때문에 부인의 대상에서 제외한 것이다.

3. 본 제도 적용의 제한

경우에 따라서는 이를 어음금의 변제를 받는 방법으로 악용하여 우선변제를 받을 수 있으므로 이를 제한하기 위하여 동조 제2항은 "전항의 경우에도 최종의 상환의무자 또는 어음의 발행을 위탁한 자가 발행 당시 지급의 정지 또는 파산신청이 있음을 알았거나 과실로 인하여 알지 못한 때에는 파산관재인은 그로 하여금 파산자가 지급한 금액을 상환할 수 있다"고 규정하고 있다. 예를 들어 채권자가 자기를 수취인으로 한 약속어음을 파산자에게 발행하도록 한 다음 제3자에게 배서 양도하여 대가를 받고, 제3자는 파산자에 어음을 제시하여 어음금을 지급받은 경우나 채권자가 파산자에게 위탁하여 파산자를 발행인, 제3자를 수취인으로 한 약속어음을 발행하게 하고 제3자로부터 배서 양도받아 파산자로부터 어음금을 지급받은 경우이다.

권리변동의 성립요건 또는 대항요건의 부인(제394조)

1. 대항요건, 효력요건의 부인

채무자회생및파산에관한법률 제394조는 대항요건 등의 구비행위를 권리변동의 원인행위와 분리하여 그 원인행위를 부인할 수 없는 경우라도 독자적으로 대항요건 등의 구비행위를 부인할 수 있도록 규정하고 있다.

2. 취지

대항요건 등의 구비행위에 대한 부인을 인정하는 취지는 원인행위가 있었음에도 상당기간 대항요건 등의 구비행위를 하지 않고 있다가 지급정지 등이 있은 후에 그 구비행위를 한다는 것은 일반채권자들에게 예상치 않았던 손해를 주기 때문에 이를 부인할 수 있게 한 것이다.

3. 법 제391조와의 관계

제394조의 부인규정과 제391조의 관계에 대하여 견해가 대립하고 있으나 통설과 판례는 대항요건 등의 구비행위도 통상적인 법 제391조에 따라 부인할 수 있는 것이나 그 행위는 권리변동의 효력을 완성시키는데 지나지 않고 원인행위에 부인사유가 존재하지 않는 이상 가능하면 대항요건 등을 구비시키는 것이 바람직하므로 법 제391조의 적용을 제한한 것이 본조라는 것이다. 다만 본조에서 부인대상이 되는 대항요건 등의 구비행위는 위기시기 이후에 이루어진 것이므로 법 제391조의 각 부인 중 위기부인만이 본 조에 의하여 적용이 제한된다고 본다. 따라서 대항요건 등의 구비행위에 고의부인의 사유가 있는 경우에는 법 제391조 제1호에 의하여 부인할 수 있다고 한다.

법 제394조	원인행위에 부인사유가 존재하지 않는 이상 가능하면 대항요건 등을 구비시키는 것이 바람직하므로 법 제391조의 적용을 제한한 것
법 제391조	권리변동의 효력을 완성시키는 효과

4. 입증책임

본 조에 의한 부인의 성립요건은 다음과 같고, 입증책임은 파산관재인에게 있다.

5. 성립요건

(1) 객관적 요건

권리의 설정, 이전 또는 변경의 효력발생요건 또는 대항요건을 구비하는 행위가 있어야 한다. 즉 부동산의 등기, 동산의 인도, 채권의 양도와 입질에 관한 통지와 승낙, 지시채권의 배서, 교부, 선박의 등기. 자동차의 등록 등을 구비하는 행위를 가리킨다.

(2) 주관적 요건

주관적 요건으로서는 수익자가 지급정지 등이 있음을 알고 있어야 한다.

(3) 시기적 요건

권리의 설정, 이전, 변경이 있는 날로부터 15일을 경과한 후에 대항요건 등의 구비행위가 이루어져야 한다. 유의해야할 점은 15일의 기산점이 원인행위가 이루어진 날이 아니라 원인행위의 효력이 발생한 날을 의미한다는 것이다.

6. 지급정지 등이 있기 전에 이루어진 가등기에 기한 본등기

위와 같은 경우의 본등기는 부인의 대상이 되지 않는다. 이미 가등기가 경료된 때에는 당해재산이 채무자의 일반재산으로부터 일탈될 가능성을 대외적으로 공시하고 있는 것이기 때문에 가등기에 기초하여 본등기가 이루어지더라도 일반 채권자들이 예상하지 못한 손해를 준다고 할 수 없기 때문이다.

집행행위의 부인(제395조)

1. 의의

집행행위의 부인은 부인하고자 하는 행위에 관하여 상대방이 이미 채무명의를 가지고 있는 경우이거나 그 행위가 집행행위로서 이루어진 경우일지라도 부인하는 것을 말한다.

2. 본조의 부인의 성격

통설은 본 조가 새로운 부인의 유형을 규정한 것이 아니라 집행행위도 부인에 관한 일반조항인 법 제391조 각 호의 부인대상이 된다는 것을 주의적으로 규정한 것에 불과하다고 해석한다.

3. 부인의 대상이 되는 행위

(1) 본 조 전단의 "부인하고자 하는 행위에 관하여 집행력 있는 채무명의가 있는 때"와 관련하여 부인의 대상이 되는 행위는 다음과 같이 나눈다.

1) 채무명의의 내용을 이루는 의무를 발생시키는 파산자의 원인행위

2) 채무명의의 내용을 이루는 의무를 이행하는 행위

3) 채무명의 자체를 성립시킨 파산자의 소송행위

(2) 본 조 후단의 "부인하고자 하는 행위가 집행행위에 기한 것인 때"와 관련하여 부인의 대상은 집행행위에 의하여 실현되는 실체법상의 효과가 아니라 집행행위 자체라는 것이 통설이다.

▣ **관련판례**

판례(대법원 2018. 7. 24., 선고, 2018다204008, 판결)

채무자회생법 제395조 후단은 부인하고자 하는 행위가 집행행위에 의한 것인 때에도 부인권을 행사할 수 있다고 규정하고 있다. 그러나 채무자회생법 제391조 각호에서 부인권의 행사 대상인 행위의 주체를 채무자로 규정한 것과 달리 제395조에서는 아무런 제한을 두지 않고 있다. 부인하고자 하는 행위가 '집행행위에 의한 것인 때'는 집행법원 등 집행기관에 의한 집행절차상의 결정에 의한 경우를 당연히 예정하고 있는데, 그러한 경우에는 채무자의 행위가 개입할 여지가 없기 때문이다. 그러므로 집행행위를 채무자회생법 제391조 각호에 의하여 부인함에는 반드시 그것을 채무자의 행위와 같이 볼 만한 특별한 사정이 있을 것을 요하지 아니한다고 볼 것이다. 다만 집행행위에 대하여 부인권을 행사할 경우에도 행위 주체의 점을 제외하고는 채무자회생법 제391조 각호 중 어느 하나에 해당하는 요건을 갖추어야 한다(대법원 2011. 11. 24. 선고 2009다76362 판결 참조).

따라서 집행행위를 채무자회생법 제391조 제1호에 의하여 부인할 때에는, 채무자의 주관적 요건을 필요로 하는 고의부인의 성질상 채무자가 파산채권자들을 해함을 알면서도 채권자의 집행행위를 적극적으로 유도하는 등 그 집행행위가 '채무자가 파산채권자들을 해함을 알면서도 변제한 것'과 사실상 동일하다고 볼 수 있는 특별한 사정이 요구된다.

부인권의 행사방법(제396조)

1. 부인권을 행사할 수 있는 자

부인권을 행사할 수 있는 자는 파산관재인으로 한정되어 있다. 따라서 파산채권자가 부인권을 대위하여 행사할 수는 없고, 파산채권자는 법원에 대하여 파산관재인에게 부인권의 행사를 명하도록 신청할 수 있는 권리가 있을 뿐이다.

2. 행사방법

부인권은 소 또는 항변에 의하여 재판상 행사한다. 어느 수단을 선택할지는 파산관재인이 판단한다. 부인권의 상대방은 수익자 또는 전득자 중 어느 일방 또는 쌍방을 상대로 하여 행사할 수 있다. 쌍방을 상대로 소를 제기하는 경우 필요적 공동소송이 아니라 통상의 공동소송이 된다.

3. 부인소송의 법적성질

부인소송의 법적성질에 대하여 근래의 학설과 판례는 이행, 확인소송설을 취하고 있다. 우리나라의 경우 대법원 판례는 없으나 하급심 판결 중에는 그와 같이 취한 판례가 다수 보인다.

4. 배척을 구할 수 있는 경우

파산관재인은 상대방이 제기한 소송에 대하여 항변으로 부인의 의사표시를 제출하여 그 청구의 기각을 구하거나, 상대방의 항변에 대하여 재항변으로 부인의 의사표시를 제출하여 그 배척을 구할 수 있다.

5. 유의해야할 점

부인권의 행사와 관련하여 채권조사절차와의 관계에 대해서 유의해야한다. 채권조사기일에 파산관재인이 아무런 이의도 제기하지 아니하고 다른 채권자들 역시 이의를 제기하지 아니함으로써 파산채권이 그대로 확정된 경우에는 그 후 부인권을 행사할 수 없다는 해석이 다수설 이므로, 파산관재인으로서는 채권조사를 함에 있어 부인대상의 유무를 주의해야 한다.

부인권행사의 효과(제397조)

1. 원상회복

부인권의 행사의 효과는 파산자의 재산을 원상으로 회복시킨다. 즉 부인권행사는 물권적으로 발생하게 되고 파산관재인의 부인권 행사에 의하여 일탈되었던

재산은 상대방의 행위를 기다리지 않고 바로 파산자에 복귀한다. 다만 그 효과
는 상대적으로 발생하므로 파산관재인과 부인의 상대방 사이에서만 생기고 제3
자에 대해서는 효력을 미치지 않는다.

(1) 금전교부행위가 부인된 경우

원상회복을 함에 있어서 금전교부행위가 부인된 경우일 때에는 상대방은
파산자로부터 교부받은 액수와 동액의 금전 및 교부받은 날 이후의 지연이
자를 반환하면 된다.

(2) 등기 및 대항요건이 필요한 경우

원상회복되는 권리의 변동에 등기 등의 공시방법이 필요하거나 채권양도
통지 등의 대항요건이 필요한 경우에 그 권리취득의 원인행위 또는 대항요
건의 구비행위 자체가 부인되면 파산관재인은 부인의 등기 등을 하거나 통
지 등에 의한 대항요건을 구비하여야 한다.

2. 가액배상

파산관재인이 부인권을 행사할 당시 이미 그 대상이 되는 재산이 물리적으
로 멸실, 훼손되거나 상대방이 제3자에게 처분하여 현존하지 않는 경우면 가
액배상을 청구할 수 있다. 채무자회생및파산에관한법률상으로는 가액배상을
직접적으로 명문상 규정하고 있는 것은 아니지만 인정하고 있는 것이 통설
이다.

3. 무상부인과 선의자의 보호

무상부인의 경우에는 상대방의 선의, 악의를 묻지 않으므로 상대방에게 예상
하지도 못했던 사항에 관해서 가혹한 결과를 초래할 수 있다. 파산법은 선의
의 상대방을 보호하기 위하여 반환의 범위를 경감하여 이익이 현존하는 한
도 내에서 상환하도록 하고 있다. 전득자에 대해서도 전득 당시 선의이었다
면 역시 이익이 현존하는 범위 내에서 상환하도록 규정하고 있다.

상대방 또는 전득자가 선의	이익이 현존하는 범위 내에서 상환
상대방 또는 전득자가 악의	전액 상환

상대방의 지위(제398조)

1. 반대이행의 반환청구

부인권의 취지는 파산재단을 부인의 대상이 되는 행위 이전의 상태로 원상회복을 시켜 파산채권자들의 권익을 보호하는데 있는 것이지 파산자로 하여금 부당하게 이익을 얻게 하려는 것이 아니다. 따라서 파산자의 행위가 부인된 경우 파산자의 급부에 대하여 한 상대방의 반대이행은 파산재단으로부터 반환되어야 한다.

2. 행사방법

반환방법에 대해서는 상대방이 한 반대급부가 파산재단에 현존하고 있는지 여부에 따라 달라진다.

(1) 상대방이 한 반대급부가 파산자의 재산 중에 현존하고 있는 경우

상대방은 그 반환을 청구할 수 있고, 상대방은 파산관재인에 대하여 동시이행의 항변권을 행사할 수 있다.

(2) 상대방이 한 반대급부 자체는 현존하지 않으나 그 반대급부로 인하여 생긴 이익이 현존하고 있는 경우

상대방은 이익이 현존하는 한도 내에서 재단채권자로서 상환을 청구할 수 있다.

(3) 반대급부 자체는 물론 그 반대급부로 인하여 생긴 이익조차 현존하지 않는 경우

상대방은 그 가액의 상환에 관하여 파산채권자로서 권리를 행사할 수 있다.

(4) 반대급부의 가액이 현존하지 않는 경우

상대방은 그 가액의 상환에 관하여 파산채권자로서 권리를 행사할 수 있

다. 또한 현존하는 이익이 반대급부의 가액보다 적다면 그 차액에 대해서 상대방은 파산채권자로서 권리를 행사할 수 있다.

상대방의 채권의 회복(제399조)

1. 상대방 채권의 부활

채무의 이행행위가 부인된 경우 상대방이 그 받은 이익을 반환하거나 그 가액을 상환한 때에는 상대방의 채권이 부활한다. 상대방의 선이행의무를 명시하고 있는데, 이는 상대방의 의무를 선이행시켜 먼저 파산재단을 현실적으로 원상회복시킨 후에야 비로서 상대방의 채권을 부활시키겠다는 것이다. 따라서 상대방은 부활한 채권을 자동채권으로 하고 반환채무와 상계하는 것도 허용되지 않는다.

2. 효과

파산자가 한 변제 등 채무소멸행위가 부인되는 경우 상대방이 파산자로부터 받은 급부를 반환하거나 그 가액을 상환하면 상대방의 채권은 법률상 당연히 부활되거나 부활된 상대방의 채권은 변제 등에 의하여 소멸한 때부터 부인에 의하여 부활할 때까지의 사이에 소멸시효가 진행하지 않고 제척기간의 계산시에도 그 중간기간은 공제된다. 한편 일부의 급부가 반환된 경우에는 상대방의 채권도 그 비율에 따라 부활한다.

3. 문제되는 점

파산자의 변제행위가 부인되어 상대방의 채권이 부활하는 경우에는 종전의 물적담보와 인적담보도 부활하는지 여부가 문제되는데 국내에는 이와 관련된 판례가 아직 없으나 통설과 일본의 판례는 이를 긍정한다.

상속재산의 파산의 경우의 부인권(제400조)

채무자회생및파산에관한법률 제391조·제392조·제393조·제398조 및 제399조의 규정은 상속재산에 대하여 파산선고가 있은 경우 피상속인·상속인·상속재산관리인 및 유언집행자가 상속재산에 관하여 한 행위에 관하여 준용한다.

유증을 받은 자에 대한 변제 등의 부인(제401조)

상속재산에 대하여 파산선고가 있은 경우 유증을 받은 자에 대한 변제 그 밖의 채무의 소멸에 관한 행위가 그 채권에 우선하는 채권을 가진 파산채권자를 해하는 때에는 이를 부인할 수 있다.

부인의 상대방에 대한 변제(제402조)

상속재산에 대하여 파산선고가 있은 경우 피상속인·상속인·상속재산관리인 및 유언집행자가 상속재산에 관하여 한 행위가 부인된 때에는 상속채권자에게 변제한 후 부인된 행위의 상대방에게 그 권리의 가액에 따라 잔여재산을 분배하여야 한다.

전득자에 대한 부인권(제403조)

1. 전득자에 대한 부인

부인권의 실효성을 확보하기 위해서는 전득자에 대해서도 부인의 효과가 미치도록 해야할 필요성이 있으나 이를 관철할 경우 거래의 안전을 해칠 우려가 있다. 본 조는 일정한 요건 아래 부인의 효력을 전득자에게 주장할 수 있도록 규정하여 전득자를 보호하도록 하고 있다.

2. 의미

전득자에 대하여 부인권을 행사한다는 의미는 부인의 대상이 되는 행위가 파산자와 수익자 사이의 행위이고 다만 그 효과를 전득자에게 주장한다고 보는 것이 통설과 일본의 판례이다.

3. 공통적인 성립요건

(1) 일반적 성립요건

전득자의 전자에 대한 부인의 원인이 있어야 한다.

수익자에 대해서는 채무자회생및파산에관한법률 제391조의 각호 내지 제393조, 제394조, 제395조의 요건을 갖추어야 하고, 중간전득자가 있을 때에는 중간전득자에 대하여 제403조의 요건을 갖추어야 한다.

(2) 특별성립요건

고의 부인이나 위기부인의 경우에는 전득자가 전득 당시 그 전자에 대하여 부인의 원인이 있음을 알고 있어야 한다.

(3) 입증책임

전득자가 파산자의 친족 또는 동거자일 때에는 전득자가 자신의 선의임을 입증해야 하며, 무상부인의 경우에는 그 전자에 대하여 부인의 원인이 있으면 족하다.

지급정지를 안 것을 이유로 하는 부인의 제한(제404조)

지급정지의 사실을 안 것을 이유로 하여 부인하는 경우에는 파산선고가 있는 날로부터 1년 전에 행하여진 행위는 부인할 수 없다.

▣ 관련판례

판례(대법원 2019. 1. 31., 선고, 2015다240041 판결)

채무자 회생 및 파산에 관한 법률(이하 '채무자회생법'이라 한다) 제404조는 "파산선고가 있은 날부터 1년 전에 한 행위는 지급정지의 사실을 안 것을 이유로 하여 부인할 수 없다."라고 규정하고 있다. 이는 지급정지로부터 1년 이상 경

과한 후 파산선고가 되었다면 지급정지와 파산선고 사이에 인과관계가 있다고
보기 어렵고, 수익자의 지위를 장기간 불안정한 상태에 방치하는 것은 부당하다
는 취지에서 둔 규정이며, 회생절차 등으로 인하여 법률상 파산선고를 할 수 없
는 기간을 위기부인의 행사기간에 산입하는 것은 형평의 원칙에 반한다는 점
등을 고려하면, 지급정지 후에 회생절차 등의 선행 도산절차를 거쳐 파산선고가
된 경우에는 특별한 사정이 없는 한 채무자회생법 제404조의 위기부인의 행사
기간에 회생절차 등으로 인하여 소요된 기간은 산입되지 아니한다. 채무자회생
법 제422조 제4호 단서, 제2호 단서 (다)목은 파산선고를 받은 채무자의 채무자
가 지급정지 또는 파산신청이 있었음을 알고 파산채권을 취득하는 경우에 파산
채권의 취득이 "파산선고가 있은 날부터 1년 전에 생긴 원인에 의한 때"에는 예
외적으로 상계를 허용하고 있는데, 위와 같은 법리는 여기에도 마찬가지로 적용
된다고 할 것이므로, 회생절차가 진행된 후에 파산선고가 된 경우 회생절차에
소요된 기간은 위 규정에서의 기간 계산에 산입되지 아니한다.

부인권행사의 기간(제405조)

부인권은 파산선고가 있은 날부터 2년간 이를 행사하지 아니하면 소멸시효
가 완성한다. 또한 부인의 대상이 되는 행위가 있던 날부터 10년을 경과한
경우에도 역시 소멸시효가 완성된다. 조속한 법률관계의 확정을 통하여 거
래안전을 확보하기 위한 규정이다.

채권자취소소송 등의 중단(제406조)

채권자취소소송(민법 제406조이나 신탁법 제8조)은 파산자인 채무자를 피
고로 하는 것은 아니지만, 그 소송의 결과는 파산재단에 직접적인 영향이
있고, 이를 부인소송으로 변경하여 파산관재인이 통일적으로 수행할 필요
가 있으므로 중단된다.

신탁행위의 부인에 관한 특칙(제406조의 2)

제정이유

(1) 채무자가 「신탁법」에 따라 위탁자로서 한 신탁행위를 부인할 때에는 수탁자, 수익자 또는 그 전득자(轉得者)를 상대방으로 하도록 함.

(2) 관리인은 수익자(수익권의 전득자가 있는 경우에는 그 전득자) 전부에 대하여 부인의 원인이 있을 때에만 수탁자에게 신탁재산의 원상회복을 청구할 수 있도록 하고, 이 경우 부인의 원인이 있음을 알지 못한 수탁자에게는 현존하는 신탁재산의 범위에서 원상회복을 청구할 수 있도록 하며, 수익권 취득 당시 부인의 원인이 있음을 알고 있는 수익자나 전득자에게 그가 취득한 수익권을 채무자의 재산으로 반환할 것을 청구할 수 있도록 함.

(3) 채무자에 대하여 파산이 선고된 경우 해당 채무자가 「신탁법」에 따라 한 신탁행위의 부인에 관하여는 회생절차에서의 신탁행위의 부인에 관한 규정을 준용하도록 함.

제3절 환취권

채무자에게 속하지 아니한 재산의 환취(제407조)

1. 파산재단의 구성

파산재단은 파산선고를 기준으로 파산선고 시점에서 파산자에게 귀속하여야 할 재산만으로서 구성되어야 한다.

2. 환취권의 의의

파산선고와 동시에 선임된 파산관재인은 재산의 일탈을 방지하기 위하여 선임과 동시에 파산재단의 점유, 관리를 개시할 필요가 있는데, 파산자가 점유하고 있는 동산이나 파산자의 명의로 되어 있는 부동산은 전부가 파산관재인의 점유, 관리하에 들어가게 되며, 그 중에는 파산자(법정재단)에게 속하지 아니하는 재산이 혼입될 수 있다. 이 경우에 당해 재산에 관하여 권리를 주장하는 제3자가 파산재단으로부터 이를 환취하는 것이 허용되는데 이를 환취권이라 한다.

3. 환취권의 성격

환취권은 파산법에 의하여 창설된 새로운 권리가 아니며 목적물에 대하여 제3자가 가지는 실체법상의 권리의 당연한 효과에 지나지 아니한 것으로서 어떠한 권리에 대하여 환취권이 인정되는가는 민법, 상법 그 밖의 실체법의 일반원칙에 의하여 결정된다. 그 예로는 소유권, 무체재산권, 점유권, 용익물권을 들 수 있다.

▣ **관련판례**

판례(대법원 2004. 4. 28. 선고 2003다61542 판결)

파산법 제79조가 "파산선고는 파산자에 속하지 아니하는 재산을 파산재단으로부터 환취하는 권리에 영향을 미치지 아니한다."라고 규정하여 파산자의 소유에 속하지 아니하는 재산을 파산절차에 의하지 아니하고 파산관재인으로부터 환취할 권리를 보장하는 반면, 같은 법 제80조는 "파산선고 전에 파산자에게 재산을 양도한 자는 담보의 목적으로 한 것을 이유로 그 재산을 환취할 수 없다."라고 규정하여 양도담보 설정자의 양도담보물에 대한 환취권을 제한하고 있는바, 위 규정은 양도담보권의 피담보채권이 아직 소멸하지 않은 경우에 양도담보권자의 파산을 이유로 환취권을 행사하는 것을 허용하지 않는 것이라 해석할 것이고, 양도담보권의 피담보채권이 소멸한 경우에는 파산자는 더 이상 양도담보권의 목적이 된 재산권을 보유할 권원이 없으므로 양도담보 설정자는 원칙적인 규정인 같은 법 제79조에 의하여 양도담보의 목적이 된 재산권을 환취할 수 있다.

판례(대법원 2008. 5. 29., 선고, 2005다6297 판결)

위탁매매인이 위탁자로부터 받은 물건 또는 유가증권이나 위탁매매로 인하여 취득한 물건, 유가증권 또는 채권은 위탁자와 위탁매매인 또는 위탁매매인의 채권자 간의 관계에서는 이를 위탁자의 소유 또는 채권으로 보므로(상법 제103조), 위탁매매인이 위탁자로부터 물건 또는 유가증권을 받은 후 파산한 경우에는 위탁자는 구 파산법(2005. 3. 31. 법률 제7428호 채무자 회생 및 파산에 관한 법률 부칙 제2조로 폐지) 제79조에 의하여 위 물건 또는 유가증권을 환취할 권리가 있고, 위탁매매의 반대급부로 위탁매매인이 취득한 물건, 유가증권 또는 채권에 대하여는 구 파산법 제83조 제1항에 의하여 대상적 환취권(대체적 환취권)으로 그 이전을 구할 수 있다.

판례(대법원 2002. 9. 27. 선고 2000다27411 판결)

부동산의 매매계약에 있어 당사자 사이의 환매특약에 따라 소유권이전등기와 함께 민법 제592조에 따른 환매등기가 마쳐진 경우 매도인이 환매기간 내에 적법하게 환매권을 행사하면 환매등기 후에 마쳐진 제3자의 근저당권 등 제한물권은 소멸하는 것이므로, 환매권 행사 후 근저당권자가 파산선고를 받았다고 하더라도 매도인이 파산자에 대하여 갖는 근저당권설정등기 등의 말소등기청구권은 파산법 제14조에 규정된 파산채권에 해당하지 아니하며, 매도인은 파산법 제79조소정의 환취권 규정에 따라 파산절차에 의하지 아니하고 직접 파산관재인에게 말소등기절차의 이행을 청구할 수 있다.

수탁자에 대한 파산절차에서의 환취권에 관한 특칙(제407조의2)

신탁법에 따라 신탁이 설정된 후 수탁자가 파산선고를 받은 경우 신탁재산을 환취하는 권리는 신수탁자 또는 신탁재산관리인이 행사한다. 신탁이 종료된 경우에는 신탁법 제101조에 따라 신탁재산이 귀속된 자가 이 권리를 행사한다.

운송 중인 매도물의 환취(제408조)

매수인이 파산선고를 받은 상황에서 매도인이 매매의 목적물인 물건을 발송한 경우 매수인이 대금지급의무를 완료하지 못한 경우 매도인은 그 물건을 환취할 수 있다. 다만, 파산관재인이 대금지급을 완료하여 그 물건의 인도를 청구한때에는 매도인이 그 물건을 환취할 수 없다.

위탁매매인의 환취권(제409조)

채무자회생및파산에관한법률 제408조(운송 중인 매도물의 환취)규정은 위탁매매인이 그 물품을 위탁자에게 발송한 경우에 준용한다.

대체적 환취권(제410조)

파산자 또는 파산관재인이 환취권의 목적물을 처분한 경우에는 환취권자의 대상적 환취권을 승인한다. 채무자가 파산선고 전에 환취권의 목적인 재산을 양도한 때에는 환취권자는 반대급부의 이행청구권의 이전을 청구할 수 있다. 파산관재인이 환취권의 목적인 재산을 양도한 때에도 또한 같다. 이 경우 파산관재인이 반대급부의 이행을 받은 때에는 환취권자는 파산관재인이 반대급부로 받은 재산의 반환을 청구할 수 있다.

제4절 별제권

별제권자(제411조)

1. 별제권의 의의

저당권 등 담보권자는 파산절차로부터 별제되어 파산절차에 따르지 아니하고 담보권을 행사하여 우선적으로 변제를 받을 수 있는바, 이를 별제권이라 한다.

2. 별제권자의 권리행사

별제권자의 피담보채권이 파산자에 대한 채권인 경우에 별제권자는 우선 별제권을 행사하여야 하고 그에 의하여 채권 전액의 만족을 얻을 수 없는 경우에 한해서 부족액에 관하여 파산채권자로서 권리를 행사할 수 있다. 물론 채권자로서는 별제권의 행사를 포기하고 파산채권자로서만 권리를 행사할 수도 있다.

3. 별제권자의 신고대상

별제권자가 파산채권자로서 신고하는 경우에 소정의 파산신고기간 내에 통상의 신고를 하여야 하며, 별제권의 목적 및 그 예상부족액도 신고하여야 한다.

▣ 관련판례

판례(대법원 2002. 4. 23. 선고 2000두8752 판결)

1. 화의법 제44조는 파산의 경우에 별제권을 행사할 수 있는 권리를 가지는 자를 별제권자로 보고, 파산법 제84조는 유치권, 질권, 저당권 또는 전세권을 가진 자는 그 목적인 재산에 관하여 별제권을 가진다고 규정하고 있는바, 양도담보권자는 위 각 규정에서 별제권을 가지는 자로 되어 있지는 않지만 특정 재산에 대한 담보권을 가진다는 점에서 별제권을 가지는 것으로 열거된 유치권자 등과 다름이 없으므로 그들과 마찬가지로 화의법상 별제권을 행사할 수 있는 권리를 가지는 자로 봄이 상당하다.

2. 화의법상 별제권을 행사할 수 있는 자는 명시적으로 그 권리를 포기하는 등 특별한 사정이 없는 한 화의절차에서 자신의 채권을 화의채권으로 신고한 여부에 관계없이 별제권을 행사할 수 있고, 그 별제권의 행사에 있어 인가된 화의조건에 의하여 제약을 받지도 아니하므로, 양도담보권자가 담보권을 실행하여 정산절차를 마친 때에는 인가된 화의조건에 관계없이 담보물건의 소유권이 넘어가고, 그 때 부가가치세법상 재화의 공급이 이루어진 것으로 된다.

판례(대법원 2015. 9. 10., 선고, 2014다34126 판결)

가처분채권자가 가처분으로 인하여 가처분채무자가 받게 될 손해를 담보하기 위하여 법원의 담보제공명령으로 일정한 금전을 공탁한 경우에, 피공탁자로서 담보권리자인 가처분채무자는 담보공탁금에 대하여 질권자와 동일한 권리가 있다(민사집행법 제19조 제3항, 민사소송법 제123조).

한편 가처분채권자가 파산선고를 받게 되면 가처분채권자가 제공한 담보공탁금에 대한 공탁금회수청구권에 관한 권리는 파산재단에 속하므로, 가처분채무자가 공탁금회수청구권에 관하여 질권자로서 권리를 행사한다면 이는 별제권을 행사하는 것으로서 파산절차에 의하지 아니하고 담보권을 실행할 수 있다.

그런데 담보공탁금의 피담보채권인 가처분채무자의 손해배상청구권이 파산채무자인 가처분채권자에 대한 파산선고 전의 원인으로 생긴 재산상의 청구권인 경우에는 채무자 회생 및 파산에 관한 법률(이하 '채무자회생법'이라 한다) 제423조에서 정한 파산채권에 해당하므로, 채무자회생법 제424조에 따라 파산절차에 의하지 아니하고는 이를 행사할 수 없다. 그리고 파산채권에 해당하는 채권을 피담보채권으로 하는 별제권이라 하더라도, 별제권은 파산재단에 속하는 특정재산에 관하여 우선적이고 개별적으로 변제받을 수 있는 권리일 뿐 파산재단 전체로부터 수시로 변제받을 수 있는 권리가 아니다. 따라서 가처분채무자가 가처분채권자의 파산관재인을 상대로 파산채권에 해당하는 위 손해배상청구권에 관하여 이행소송을 제기하는 것은 파산재단에 속하는 특정재산에 대한 담보권의 실행이라고 볼 수 없으므로 이를 별제권의 행사라고 할 수 없고, 결국 이는 파산절차 외에서 파산채권을 행사하는 것이어서 허용되지 아니한다.

한편 이러한 경우에 가처분채무자로서는 가처분채권자의 파산관재인을 상대로 담보공탁금의 피담보채권인 손해배상청구권의 존부에 관한 확인의 소를 제기하여 확인판결을 받는 등의 방법에 의하여 피담보채권이 발생하였음을 증명하는 서면을 확보한 후, 민법 제354조에 의하여 민사집행법 제273조에서 정한 담보권 존재 증명 서류로서 위 서면을 제출하여 채권에 대한 질권 실행 방법으로 공탁금회수청구권을 압류하고 추심명령이나 확정된 전부명령을 받아 담보공탁금 출급청구를 함으로써 담보권을 실행할 수 있고, 또한 피담보채권이 발생하였음을 증명하는 서면을 확보하여 담보공탁금에 대하여 직접 출급청구를 하는 방식으로 담보권을 실행할 수도 있다.

관련 질의응답　　　Q & A

임대아파트의 임차인에게 파산법상 별제권이 인정되는지

문) 甲은 아파트 임대회사인 乙회사로부터 임대아파트를 임차하여 입주하고 주민등록전입 신고를 마치고 확정일자도 받아둔 후 거주하던 중 乙회사가 파산선고를 받았습니다. 甲의 임차보증금은 소액보증금에 해당되는데, 이 경우 甲의 주택임차권도 전세권에 준하여 별제권이 인정될 수는 없는지요?

답) 채무자회생및파산에관한법률상 별제권에 관하여 채무자회생및파산에관한법률 제411조 에서는 "파산재단에 속하는 재산상에 존재하는 유치권, 질권, 저당권 또는 전세권을 가진 자는 그 목적인 재산에 관하여 별제권을 가진다."라고 규정하고 있습니다.

채무자회생및파산에관한법률 제411조에서 규정하는 별제권과 동법 제441조에서 규정 하고 있는 일반우선권이 있는 파산채권과 비교해보면 일반우선권 있는 파산채권은 파 산재단채권과 마찬가지로 파산재단소속의 특정재산에 착안하는 것이 아니라 파산재산 전체 위에 행사하는 권리이기 때문에 별제권으로 취급되지 않고, 단순히 파산채권 중 에서 우선순위를 인정받고 있는데 불과하므로 파산절차에 참가하여 파산절차 내에서 변제를 받아야 하지만, 별제권은 파산재단에 속하는 특정재산에 대해서 우선적, 개별 적으로 변제를 받을 권리를 말합니다.

그런데 주택임차권자를 파산법상 별제권자로 인정할 수 있을 것인지에 관하여 하급심 판례를 보면, "통상의 개별적 집행절차인 경매절차와 집단적 집행절차인 파산절차는 파산절차가 경매절차에 대한 특별절차라는 점 외에는 채권회수를 위한 집행절차라는 공통점을 가지며, 파산법 제192조(현. 채무자회생및파산에관한법률 제496조)에서도 부동산의 환가는 민사소송법(현재는 민사집행법)에 의하여 한다고 규정하고 있는 점을 감안한다면 주택임대차보호법 제3조의2 제2항의 '민사소송법(현재는 민사집행법)에 의 한 경매'에는 파산절차도 포함된다고 봄이 상당하다. 한편, 주택임대차보호법은 대항 요건(주택인도와 주민등록전입신고)과 임대차계약증서상의 확정일자를 갖춘 주택임차 인과 소액임차인에게 부동산 담보권에 유사한 권리를 인정하고 있으므로(대법원 1992. 10. 13. 선고 92다30597 판결), 파산선고 전에 이와 같은 요건을 갖춘 주택임 차인은 파산법(현. 채무자회생및파산에관한법률)상 별제권자로 인정함이 타당하다. 그 러나 경매절차 등에서 우선변제권을 가지지 않는 대항요건만을 갖춘 주택임차인에게 는 파산법(현. 채무자회생및파산에관한법률)상 별제권을 인정할 수 없다."라고 하였으 며(서울지법 2001. 7. 12. 선고 2001가합11562 별제권확인 판결), 이 사건에 관한 비약적 상고심사건에서 대법원은 "주택임차인이 그 임대인과의 사이에 임차권등기를 하기로 약정하였다거나 또는 주택을 임차하고 주택임대차보호법 제3조 제1항에서 정 한 대항력을 취득했다는 것만으로는 그 보증금반환청구권을 파산법 제84조(현. 채무 자회생및파산에관한법률 제411조)에서 규정하는 별제권으로 인정할 수 없다는 이유로 원고의 청구를 배척한 원심의 판단은 옳다."라고 하였습니다(대법원 2001. 11. 9. 선고 2001다55963 판결).

따라서 위 사안에서 甲은 대항요건과 확정일자를 갖추었으므로 별제권을 행사해볼 수 있다고 할 것이며, 파산절차에 의하지 아니하고 주택임차보증금반환청구의 소를 제기하여 승소 후 임차아파트의 경매신청을 해볼 수도 있을 듯합니다.

참고로 별제권자가 파산절차에 의하지 않고 별제권을 행사하는 경우, 채무자회생및파산에관한법률 소정의 신고·조사절차를 거쳐야 하는지에 관하여 판례를 보면, "파산재단에 속하는 재산상에 존재하는 유치권, 질권, 저당권 또는 전세권을 가진 자는 그 목적인 재산에 관하여 당연히 별제권을 가지고, 별제권은 파산절차에 의하지 아니하고 이를 행사할 수 있으며, 파산법 제201조 제2항(현. 채무자회생및파산에관한법률 제447조 제2항)은 별제권자가 별제권의 행사에 의하여 채권전액을 변제 받을 수 없는 경우에 파산절차에 참가하여 파산채권자로서 배당 받기 위하여 채권신고를 하는 경우에 관한 규정이므로, 별제권도 파산채권과 같이 반드시 신고·조사절차를 거쳐 확정되어야만 행사할 수 있는 것은 아니다."라고 하였습니다(대법원 1996. 12. 10. 선고 96다19840 판결).

별제권의 행사(제412조)

1. 별제권자의 행사

(1) 저당권자로부터 별제권의 행사가 있는 경우

파산관재인은 권리의 존부, 청구채권 및 그 채권액, 소멸시효의 완성 여부를 검토한다.

(2) 파산자 소유 부동산에 저당권이 설정되어 있지만 그 담보권의 부존재 또는 소멸을 주장할 수 있는 사유가 있는 경우

파산관재인은 위 부동산에 관하여 담보권실행경매가 진행중이면 경매개시결정에 대한 이의를 제기 하고 저당권등기말소소송 제기 등의 절차를 취하여야 한다. 이럴 경우에는 따로 법원의 허가를 얻어야 한다.

2. 파산선고가 있는 경우의 근저당권

근저당권은 채무자 또는 근저당설정자의 파산선고가 있으면 피담보채무의 범위가 확정된다고 해석되므로, 파산선고 후에 새로이 생긴 주채무가 청구채권의 범위에 포함되어 있는지를 검토하는 것이 필요하다.

3. 다른 저당권자가 신청한 경매에서 배당에 참가하는 방법으로 별제권을 행사하는 경우

파산관재인은 그 법원에 제출된 채권신고서나 채권계산서를 검토하여 필요하면 배당이의를 하여야 할 필요가 있다.

4. 채권조사 단계에서 별제권의 존재가 의심스러운 경우

파산관재인이 별제권을 부인하여야 하지만, 채권조사 단계에서 별제권부 채권으로 시인하였다고 해도 이것은 본 호의 별제권의 승인으로서의 효력을 가지는 것으로 볼 수 있는 것은 아니므로, 그 후에도 파산관재인은 별제권을 부인할 수 있다.

5. 조사 전 유의사항

설정계약 및 설정등기절차가 부인의 대상으로 되는 담보권, 사실관계 및 법률관계의 내용을 조사하기 전에는 그 범위에 포함시킬지 정하여지지 아니한 상사유치권(상법 제58조)및 선박우선특권(상법 제861조)등의 승인에 있어서도 법률상 문제점뿐만 아니라 관재업무의 편의와 실익 등 사실상의 문제점도 검토한 후 승인 여부를 결정하여야 한다.

6. 실무에서의 처리

통상 별제권의 승인만을 단독으로 하는 경우는 드물고, 파산관재인이 별제권의 목적을 환수하면서 당해 부동산을 임의매각하는 경우, 그 전제로서 별제권을 승인하는 예가 주로 행해지고 있다.

▣ **관련판례**

판례(대법원 2003. 6. 24. 선고 2002다70129 판결)

파산자 소유의 부동산에 대한 별제권(담보물권 등)의 실행으로 인하여 개시된 경매절차에서 과세관청이 한 교부청구는 그 별제권자가 파산으로 인하여 파산 전보다 더 유리하게 되는 이득을 얻는 것을 방지함과 아울러 적정한 배당재원의 확보라는 공익(共益)을 위하여 별제권보다 우선하는 채권 해당액을 공제하도록 하는 제한된 효력만이 인정된다고 할 것이므로 그 교부청구에 따른 배당금은 채권자인 과세관청에게 직접 교부할 것이 아니라 파산관재인이 파산법 소정의 절차에 따라 각 재단채권자에게 안분변제할 수 있도록 파산관재인에게 교부하여야 한다.

판례(대법원 1996. 12. 10. 선고 96다19840 판결)

파산재단에 속하는 재산상에 존재하는 유치권, 질권, 저당권 또는 전세권을 가진 자는 그 목적인 재산에 관하여 당연히 별제권을 가지고, 별제권은 파산절차에 의하지 아니하고 이를 행사할 수 있으며,파산법 제201조 제2항은 별제권자가 별제권의 행사에 의하여 채권 전액을 변제받을 수 없는 경우에 파산절차에 참가하여 파산채권자로서 배당받기 위하여 채권신고를 하는 경우에 관한 규정이므로, 별제권도 파산채권과 같이 반드시 신고·조사절차를 거쳐 확정되어야만 행사할 수 있는 것은 아니다.

별제권자의 파산채권행사(제413조)

1. 별제권자의 파산채권 행사

별제권자는 그 별제권의 행사에 의하여 변제를 받을 수 없는 채권액에 관하여만 파산채권자로서 그 권리를 행사할 수 있다.

2. 타 권리에의 영향 여부

별제권을 포기한 채권액에 관하여 파산채권자로서 그 권리를 행사하는 것에 영향을 미치지 아니한다.

준별제권자(제414조)

1. 준별제권자

파산재단에 속하지 아니하는 채무자의 재산상에 질권·저당권 또는 동산·채권 등의 담보에 관한 법률에 따른 담보권을 가진 자(준별제권자)는 그 권리의 행사에 의하여 변제를 받을 수 없는 채권액에 한하여 파산채권자로서 그 권리를 행사할 수 있다.

2. 준용규정

준별제권자가 파산재단에 행사할 수 있는 권리에 대해서는 별제권에 관한 규정을 준용한다.

주택임차인등(제415조)

1. 우선하여 보증금을 변제받을 권리

「주택임대차보호법」 제3조(대항력 등)제1항의 규정에 의한 대항요건을 갖추고 임대차계약증서상의 확정일자를 받은 임차인은 파산재단에 속하는 주택(대지를 포함한다)의 환가대금에서 후순위권리자 그 밖의 채권자보다 우선하여 보증금을 변제받을 권리가 있다.

2. 대항요건의 구비

「주택임대차보호법」 제8조(보증금중 일정액의 보호)의 규정에 의한 임차인은 같은 조의 규정에 의한 보증금을 파산재단에 속하는 주택(대지를 포함한다)의 환가대금에서 다른 담보물권자보다 우선하여 변제받을 권리가 있다. 이 경우 임차인은 파산신청일까지 「주택임대차보호법」 제3조(대항력 등)제1항의 규정에 의한 대항요건을 갖추어야 한다.

3. 준용

제1항 및 제2항의 규정은 「상가건물 임대차보호법」 제3조(대항력 등)의 규정에 의한 대항요건을 갖추고 임대차계약증서상의 확정일자를 받은 임차인

과 같은 법 제14조(보증금중 일정액의 보호)의 규정에 의한 임차인에 관하여 준용한다.

임금채권자 등(제415조의2)

1. 우선하여 보증금을 변제받을 권리

「근로기준법」 제38조제2항 각 호에 따른 채권과 「근로자퇴직급여 보장법」 제12조제2항에 따른 최종 3년간의 퇴직급여등 채권의 채권자는 해당 채권을 파산재단에 속하는 재산에 대한 별제권 행사 또는 제349조제1항의 체납처분에 따른 환가대금에서 다른 담보물권자보다 우선하여 변제받을 권리가 있다. 다만, 「임금채권보장법」 제8조에 따라 해당 채권을 대위하는 경우에는 그러하지 아니하다.

제5절 상계권

상계권(제416조)

1. 상계권 행사의 방법

파산채권자는 파산선고시에 파산자에 대하여 채무를 부담하고 있는 때에는 파산절차에 의하지 않고 상계를 할 수 있다. 상계에 의하여 채권자는 자기가 가진 자동채권을 수동채권의 한도에서 확실하고도 실질적으로 회수할 수 있으므로, 이와 같은 상계의 담보적 기능이 가장 잘 발휘되는 것이 바로 채무자가 파산한 경우다.

2. 시기적 제한

상계권의 행사는 시기적 제한이 따로 없어서 파산절차가 진행 중인 동안에도 가능하고, 파산관재인에 대하여 재판상 또는 재판 외에서의 의사표시로도 할 수 있다. 이 경우 민법 기타 실체법상의 상계요건이 파산절차와의 관계에서 완화되기도 하지만 파산채권자 사이의 공평의 관점에서 강화되기도 한다.

3. 확정여부

파산채권자의 자동채권은 파산채권 신고와 그 조사의 절차를 거쳐 반드시 확정된 것이어야 할 필요는 없는 것이라고 해석한다. 따라서 파산채권자는 파산관재인이 제기한 급부소송에서 채권신고와 그의 확정을 거치지 않은 반대채권으로 상계할 수 있다. 또 파산선고가 있기 전에 먼저 상계적상이 있었던 경우에는, 선고 전에 상계의 의사표시가 되어 있는 경우도 있을 수 있는데, 이와 같은 상계도 상계금지에 저촉되지 않는 이상 유효하다고 볼 것이다. 다만 채무자회생및파산에관한법률 제422조에 위반된 상계는 후일 파산선고가 된 경우 당초로 소급하여 무효로 된다.

4. 자동채권

파산선고시에 기한미도래의 기한부채권, 해제조건부채권, 비금전채권, 금액불확정의 금전채권, 외국통화로 된 금전채권, 금액 또는 존속기간이 불확정한 정기금채권 등도 모두 자동채권이 될 수 있다. 이들 채권은 파산선고로 인하여 금전화, 현재화되고, 파산은 청산절차이므로 이들 채권의 채권자가 상계에 대하여 가지는 기대는 한층 크다고 할 수 있다.

5. 자동채권의 평가액

상계에 공할 자동채권의 평가액은 파산선고시를 기준으로 한 금액이지만, 그 후순위파산채권 부분은 제외된다고 할 수 있다. 또 기한부 이자부채권에 있어서도 파산선고 후의 이자는 상계에 공할 수 없다. 파산선고 후의 이자는 후순위파산채권이므로, 상계에 의하여 그 부분까지 실질적으로 우선변제받는 것을 인정하게 되면 위와 같은 법의 취지에 반하기 때문이다.

6. 자동채권이 해제조건부채권인 경우

자동채권이 해제조건부채권인 경우에도 채권 자체는 이미 발생하고 있는 것으로서, 이것으로 상계할 수 있다. 그러나 파산절차 중 해제조건이 성취하면 그 채권은 소멸하게 되고 상계액을 파산재단에 반환하도록 하여야 한다. 이 때 파산채권자가 무자력인 경우에 있다면 파산재단은 손해를 입게 된다. 이를 피하

기 위하여 파산채권자가 상계하는 경우 파산채권자는 상계액에 관하여 담보를
제공하거나 임치하도록 하여야 한다. 해제조건이 최후배당 제척기간 내에 성
취하지 않으면 이 담보 또는 임치금은 채권자에게 반환한다.

7. 자동채권이 정지조건부채권 또는 장래의 청구권인 경우

자동채권이 정지조건부채권 또는 장래의 청구권인 경우, 이것을 바로 상계에
공할 수 는 없지만, 파산절차 중에 조건이 성취하는 경우에는 상계를 할 수
있는 경우에 있게 되므로, 이에 대비하여 파산채권자가 자기의 채무를 변제
하는 경우에는 그 액을 한도로 하여 변제액의 임치를 청구할 수 있게 하였
다. 만약 최후배당의 제척기간 내에 조건이 성취하지 않은 경우에는 그 임치
금은 다른 채권자의 배당에 공하게 된다. 임차인이 보증금반환청구권을 자동
채권으로 하여 상계하는 경우 파산선고시의 당기, 차기 뿐 아니라 그 후의
차임에 관하여도 상계할 수 있다. 또 파산선고 전에 발생한 파산자의 차임상
당 손해금채권 내지 부당이득반환채권과도 상계할 수 있다고 해석된다.

8. 문제되는 경우

임차물의 명도 이전에 보증금반환청구권을 자동채권으로 하는 상계는 허용
되지 않는다고 해석한다.

그 근거는, 다음과 같다.

(1) 채무자회생및파산에관한법률 제421조 제1항 전문은 임차인의 이익과 다
른 파산채권자의 이익을 조화시키기 위해 파산선고시의 당기 및 차기의
차임채무에 한하여 이를 수동채권으로 하는 상계를 파산채권자에게 인정
한 것이고, 같은 항 후문은 그 문리상 전문의 규정을 이어받아, 보증금이
있는 때에는 당기 및 차기만이 아니라 그 후의 차임채무를 수동채권으로
하는 상계를 파산채권자에게 인정하여 수동채권의 범위를 확대한 것일
뿐, 자동채권에 관한 특칙을 정한 것은 아니다.

(2) 조건 미성취의 보증금반환청구권을 자동채권으로 상계를 허용하는 것은
그 상계 대상액을 확정하는 문제가 적지 않고, 그 후의 보증금의 담보적
기능을 파괴하게 될 수도 있다.

(3) 상계가 허용되지 않는다고 해석한다고 하더라도, 파산절차에 의한 환가처분 등에 의해 임대차계약 계속 중에 임대차의 목적물이 양도되는 경우, 보증금 관계를 포함한 임대차관계가 양수인에게 승계되면 임차인은 이 양수인에 대하여 보증금의 반환을 청구할 수 있으며, 임대차관계가 승계되지 않는 경우에도 파산관재인에 대하여 보증금액을 한도로 하여 지급한 차임의 임치를 청구하고, 최후배당의 제척기간 만료까지 명도한 후, 상계의 의사표시를 하여 임치금을 재단으로부터 교부받을 수 있으므로, 상계를 인정한 것과 동등한 이익을 얻을 수 있다.

9. 수동채권

수동채권이 되기 위해서는 금전채권이거나 자동채권과 같은 목적의 채권이어야 한다. 그러나 수동채권이 기한부채권, 조건부채권 또는 장래의 청구권인 경우에는 파산채권자는 스스로 기한의 이익 또는 조건성부의 기회를 포기하여 이를 현재화시켜 상계에 공할 수 있다. 이 경우 법420조는 적용되지 않으므로 파산채권자는 액면 금액으로 상계하여야 한다.

기한부 및 해제조건부 등 채권채무의 상계(제417조)

파산채권자의 채권이 파산선고시에 기한부 또는 해제조건부이거나 채무자회생및파산에관한법률 제426조(비금전채권 등의 파산채권액)에 규정된 것인 때에도 상계할 수 있다. 채무가 기한부나 조건부인 때 또는 장래의 청구권에 관한 것인 때에도 또한 같다.

▣ 관련판례

판례(대법원 2008. 8. 21., 선고, 2007다37752 판결)

파산자의 보증인이 파산선고 후 보증채무를 전부 이행함으로써 구상권을 취득한 경우, 그 구상권은 파산선고 당시 이미 장래의 구상권으로서 파산채권으로 존재하고 있었다고 보아야 하는 점, 파산절차에서는 장래의 청구권을 자동채권

으로 한 상계가 허용되는 점, 정지조건부채권 또는 장래의 청구권을 가진 자가
그 채무를 변제하는 경우에는 후일 상계를 하기 위하여 그 채권액의 한도에서
변제액의 임치를 청구할 수 있는 점 등에 비추어, 그 구상권을 자동채권으로 하
여 파산채무자에 대한 채무와 상계할 수 있다고 봄이 상당하다. 그런데 파산선
고 후 파산채권자가 다른 채무자로부터 일부 변제를 받거나 다른 채무자에 대
한 회사정리절차 내지 파산절차에 참가하여 변제 또는 배당을 받았다 하더라도
그에 의하여 채권자가 채권 전액에 대하여 만족을 얻은 것이 아닌 한 파산채권
액에 감소를 가져오는 것은 아니어서, 채권자는 여전히 파산선고시의 채권 전액
으로써 계속하여 파산절차에 참가할 수 있고, 채권의 일부에 대한 대위변제를
한 구상권자가 자신이 변제한 가액에 비례하여 채권자와 함께 파산채권자로서
권리를 행사할 수 있는 것은 아니다. 따라서 파산자의 보증인이 파산선고 후 채
권자에게 그 보증채무의 일부를 변제하여 그 출재액을 한도로 파산자에 대하여
구상권을 취득하였다 하더라도 채권자가 파산선고시의 채권 전액을 파산채권으
로 신고한 이상 보증인으로서는 파산자에 대하여 그 구상권을 파산채권으로 행
사할 수 없어 이를 자동채권으로 하여 파산자에 대한 채무와 상계할 수도 없다.

정지조건부채권 및 장래의 청구권과의 상계(제418조)

정지조건부채권 또는 장래의 청구권을 가진 자가 그 채무를 변제하는 때에
는 후일 상계를 하기 위하여 그 채권액의 한도 안에서 변제액의 임치를 청
구할 수 있다.

해제조건부채권의 상계(제419조)

해제조건부채권을 가진 자가 상계를 하는 때에는 그 상계액에 관하여 담보
를 제공하거나 임치를 하여야 한다.

자동채권의 상계액(제420조)

1. 자동채권의 상계액

파산채권자의 채권이 이자없는 채권 또는 정기금채권인 때에는 채무자회생및파산에관한법률 제446조 제1항 제5호 내지 제7호에 해당하는 부분을 공제한 액의 한도 안에서 상계할 수 있다.

2. 준용

채무자회생및파산에관한법률 제426조 및 제427조의 규정은 파산채권자의 채권에 관하여 준용한다.

차임·보증금 및 지료의 상계(제421조)

파산채권자가 임차인인 때에는 파산선고시의 당기(當期) 및 차기(次期)의 차임과 지료에 관하여 상계를 할 수 있다. 보증금이 있는 경우 그 후의 차임에 관하여도 또한 같다.

상계의 금지(제422조)

본 조에서 상계가 금지되는 경우에 대해서 정하고 있다.
1. 파산채권자가 파산선고 후에 파산재단에 대하여 채무를 부담한 때
2. 파산채권자가 지급정지 또는 파산신청이 있었음을 알고 채무자에 대하여 채무를 부담한 때. 다만, 다음 각목의 어느 하나에 해당하는 때를 제외한다.
   가. 그 부담이 법정의 원인에 의한 때
   나. 파산채권자가 지급정지나 파산신청이 있었음을 알기 전에 생긴 원인에 의한 때
   다. 파산선고가 있은 날부터 1년 전에 생긴 원인에 의한 때
3. 파산선고를 받은 채무자의 채무자가 파산선고 후에 타인의 파산채권을 취득한 때
4. 파산선고를 받은 채무자의 채무자가 지급정지 또는 파산신청이 있었음

을 알고 파산채권을 취득한 때. 다만, 2의 가, 나, 다 중 어느 하나에 해당
하는 때를 제외한다.

▣ 관련판례

판례(대법원 2003. 12. 26. 선고 2003다35918 판결)

파산법 제95조 제1호는 '파산채권자가 파산선고 후에 파산재단에 대하여 채무
를 부담한 때'를 상계금지사유로 규정하고 있는바, 위 규정은 파산채권자가 파
산선고 후에 부담한 채무를 파산채권과 상계하도록 허용한다면, 그 파산채권자
에게 그 금액에 대하여 다른 파산채권자들에 우선하여 변제받는 것을 용인하는
것이 되어 결과적으로 파산채권자 사이의 공평을 해치게 되므로 이를 방지하기
위한 것에 그 목적이 있다 할 것이므로, 위 규정 소정의 '파산선고 후에 파산재
단에 대하여 채무를 부담한 때'라 함은 그 채무 자체가 파산선고 후에 발생한
경우만을 의미하는 것이 아니라, 파산선고 전에 발생한 제3자의 파산재단에 대
한 채무를 파산선고 후에 파산채권자가 인수하는 경우도 포함되고, 그 인수는
포괄승계로 인한 것이라도 관계없다.

판례(대법원 2002. 11. 26. 선고 2001다833 판결)

파산법 제95조 제1호는 '파산선고 후에 파산재단에 대하여 채무를 부담한 때'
를 상계제한사유의 하나로 규정하고 있으나, 파산법 제90조에서는 파산채권자는
조건부 채권을 수동채권으로 하여서도 상계할 수 있다고 규정하고 있으므로 이
에 해당되는 경우 그 조건이 파산선고 후에 성취되었다고 하더라도 그 상계는
적법한 것으로 볼 것이다.

판례(대법원 2002. 2. 8. 선고 2001다55116 판결)

담보제공이 파산자의 의무에 속하는 것으로 볼 수 없어 부인되는 이상, 파산채
권자의 파산자에 대한 채무가 그 담보제공을 위한 절차의 일환으로 이루어진 것
이라 하더라도 그 채무의 부담은 구 파산법(2000. 1. 12. 법률 제6111호로 개정되

기 전의 것) 제95조 제2호 단서 소정의 '파산채권자가 지급정지나 파산신청이 있었음을 알기 전에 생긴 원인에 기한 때'에 해당된다고 볼 수 없다고 한 사례.

판례(대법원 2019. 1. 31., 선고, 2015다240041 판결)

채무자 회생 및 파산에 관한 법률(이하 '채무자회생법'이라 한다) 제404조는 "파산선고가 있은 날부터 1년 전에 한 행위는 지급정지의 사실을 안 것을 이유로 하여 부인할 수 없다."라고 규정하고 있다. 이는 지급정지로부터 1년 이상 경과한 후 파산선고가 되었다면 지급정지와 파산선고 사이에 인과관계가 있다고 보기 어렵고, 수익자의 지위를 장기간 불안정한 상태에 방치하는 것은 부당하다는 취지에서 둔 규정이며, 회생절차 등으로 인하여 법률상 파산선고를 할 수 없는 기간을 위기부인의 행사기간에 산입하는 것은 형평의 원칙에 반한다는 점 등을 고려하면, 지급정지 후에 회생절차 등의 선행 도산절차를 거쳐 파산선고가 된 경우에는 특별한 사정이 없는 한 채무자회생법 제404조의 위기부인의 행사기간에 회생절차 등으로 인하여 소요된 기간은 산입되지 아니한다. 채무자회생법 제422조 제4호 단서, 제2호 단서 (다)목은 파산선고를 받은 채무자의 채무자가 지급정지 또는 파산신청이 있었음을 알고 파산채권을 취득하는 경우에 파산채권의 취득이 "파산선고가 있은 날부터 1년 전에 생긴 원인에 의한 때"에는 예외적으로 상계를 허용하고 있는데, 위와 같은 법리는 여기에도 마찬가지로 적용된다고 할 것이므로, 회생절차가 진행된 후에 파산선고가 된 경우 회생절차에 소요된 기간은 위 규정에서의 기간 계산에 산입되지 아니한다.

제 4 장
파산채권 및 재단채권

제1절 파산채권

파산채권

1. 의의

파산채권은 파산자에 대하여 파산선고전의 원인으로 생긴 재산상의 청구권을 의미한다.

2. 파산채권의 행사

파산절차에 의하지 아니하고는 파산채권을 행사할 수 없다. 한편 파산선고 후에 파산채권자가 다른 채무자로부터 일부 변제를 받거나 다른 채무자에 대한 회생절차 내지 파산절차에 참가하여 또는 배당을 받았다 하더라도 그에 의하여 채권자가 채권 전액에 대하여 만족을 얻은 경우가 아닌 이상 파산채권액의 감소를 불러오는 것은 아니므로, 채권자는 여전히 파산선고시의 채권 전액으로써 계속하여 파산절차에 참가할 수 있다.

3. 파산채권의 우열

파산채권은 파산재단으로부터 공평하게 만족을 받을 수 있는 권리이고 파산채권 간에는 기본적으로 그 채권액에 따라 안분하여 변제를 받는 것이 원칙이다. 그러나 채무자회생및파산에관한법률의 실체법상의 성격 등을 고려하여 일반 파산채권 외에 일반우선권이 있는 우선적 파산채권과 파산채권에 대한 파산선고 후의 이자와 같이 일반 파산채권이 완전히 변제를 받은 후에 변제가 허용되는 후순위 파산채권을 구분하여 그 변제순위에 차등을 두고 있다.

▣ **관련판례**

판례(대법원 2018. 7. 24., 선고, 2016다227014 판결)

채무자가 파산선고 당시에 가진 모든 재산은 파산재단에 속하고[채무자 회생 및 파산에 관한 법률(이하 '채무자회생법'이라고 한다) 제382조 제1항], 채무자에 대하여 파산선고 전의 원인으로 생긴 재산상의 청구권인 파산채권에 기하여 파산재단에 속하는 재산에 대하여 행하여진 강제집행·가압류 또는 가처분은 파산재단에 대하여는 그 효력을 잃는다(채무자회생법 제423조, 제348조 제1항).

한편 부동산에 대한 경매절차에서 배당법원은 배당을 실시할 때에 가압류채권자의 채권에 대하여는 그에 대한 배당액을 공탁하여야 하고, 그 후 그 채권에 관하여 채권자 승소의 본안판결이 확정됨에 따라 공탁의 사유가 소멸한 때에는 가압류채권자에게 공탁금을 지급하여야 한다(민사집행법 제160조 제1항 제2호, 제161조 제1항). 따라서 특별한 사정이 없는 한 본안의 확정판결에서 지급을 명한 가압류채권자의 채권은 위와 같이 공탁된 배당액으로 충당되는 범위에서 본안판결의 확정 시에 소멸한다. 이러한 법리는 위와 같은 본안판결 확정 이후에 채무자에 대하여 파산이 선고되었다 하더라도 마찬가지로 적용되므로, 본안판결 확정 시에 이미 발생한 채권 소멸의 효력은 채무자회생법 제348조 제1항에도 불구하고 그대로 유지된다고 보아야 한다.

판례(대법원 2002. 9. 27. 선고 2000다27411 판결)

부동산의 매매계약에 있어 당사자 사이의 환매특약에 따라 소유권이전등기와 함께 민법 제592조에 따른 환매등기가 마쳐진 경우 매도인이 환매기간 내에 적법하게 환매권을 행사하면 환매등기 후에 마쳐진 제3자의 근저당권 등 제한물권은 소멸하는 것이므로, 환매권 행사 후 근저당권자가 파산선고를 받았다고 하더라도 매도인이 파산자에 대하여 갖는 근저당권설정등기 등의 말소등기청구권은 파산법 제14조에 규정된 파산채권에 해당하지 아니하며, 매도인은 파산법 제79조 소정의 환취권 규정에 따라 파산절차에 의하지 아니하고 직접 파산관재인에게 말소등기절차의 이행을 청구할 수 있다.

판례(대법원 2000. 11. 24. 선고 2000다1327 판결)

파산채권자는 채권표에 기재한 사항에 관하여서만 채권확정의 소를 제기하거나 파산 당시에 이미 계속되어 있는 소송을 수계할 수 있으므로, 채권조사기일까지 신고하지 않은 채권을 새로이 주장할 수는 없으며, 채권표에 기재된 것보다 다액의 채권액이나 새롭게 우선권을 주장할 수는 없고, 따라서 채권표에 기재되지 않은 권리, 액, 우선권의 유무 등의 확정을 구하는 파산채권확정의 소 또는 채권표에 기재되지 않은 권리에 관하여 소송이 계속되어 있는 경우의 그 수계신청 등은 모두 부적법하며, 파산채권확정을 구하는 소에서 파산채권신고 여부는 소송요건으로서 직권조사 사항이다.

파산채권의 행사(제424조)

1. 파산채권자의 권리행사

파산선고에 의하여 파산채권자는 개별적인 권리행사가 금지되고, 파산절차에 참가하여서만 그 만족을 얻을 수 있도록 하고 있다.

2. 파산채권 행사의 절차

파산채권자는 그 채권을 일정 기간 내에 파산법원에 신고한 후, 채권조사기일에서의 조사를 거쳐 확정된 액 및 순위에 따라 배당을 받아야 하고, 파산자의 자유재산에 대하여는 강제집행 할 수 없다.

▣ **관련판례**

판례(대법원 2018. 4. 24., 선고, 2017다287587 판결)

당사자가 파산선고를 받은 때에 파산재단에 관한 소송절차는 중단되고(민사소송법 제239조), 채무자에 대하여 파산선고 전의 원인으로 생긴 재산상의 청구권인 파산채권은 파산절차에 의하지 아니하고는 행사할 수 없다[채무자 회생 및 파산에 관한 법률(이하 '채무자회생법'이라고 한다) 제423조, 제424조]. 따라서 파산채권에 관한 소송이 계속하는 도중에 채무자에 대한 파산선고가 있게 되면 소송절차는 중단되고, 파산채권자는 파산사건의 관할법원에 채무자회생법이 정한 바에 따라 채권신고를 하여야 한다. 채권조사절차에서 파산채권에 대한 이의가 없어 채권이 신고한 내용대로 확정되면 계속 중이던 소송은 부적법하게 되고, 채권조사절차에서 파산채권에 대한 이의가 있어 파산채권자가 권리의 확정을 구하고자 하는 때에는 이의자 전원을 소송의 상대방으로 하여 계속 중이던 소송을 수계하고 청구취지 등을 채권확정소송으로 변경하여야 한다.

관련 질의응답   Q & A

파산채권자가 채권보전을 위하여 파산관재인의 권리를 대위 할 수 있는지

문) 甲은 파산절차가 진행중인 乙회사에 대한 파산채권자입니다. 그런데 乙회사는 乙회사의 근저당채무자인 丙의 부동산경매절차의 배당에서 제외되었음에도 乙회사의 파산관재인 丁은 배당이의 등의 조치를 취하지 않아 배당이 확정되었습니다. 그러므로 파산채권자인 甲은 乙회사의 파산관재인 丁을 대위 하여 위 경매절차에서 배당을 받아간 丙의 채권자를 상대로 부당이득반환청구의 소송을 제기하려고 합니다. 이 경우 파산채권자인 甲이 파산자인 乙회사에 대한 그의 채권을 보전하기 위하여 파산관재인 丁에게 속하는 권리를 대위 하여 위와 같은 소송을 제기할 수 있는지요?

답) 민법 제404조 제1항에 의하면 채권자대위권(債權者代位權)에 관하여 "채권자는 자기의 채권을 보전하기 위하여 채무자의 권리를 행사할 수 있다. 그러나 일신에 전속한 권리는 그러하지 아니하다."라고 규정하고 있습니다.
그리고 채무자회생및파산에관한법률 제384조에 의하면 "파산재단을 관리 및 처분할 권리는 파산관재인에게 속한다."라고 규정하고 있으며, 동법 제424조에 의하면 "파산채권은 파산절차에 의하지 아니하고는 이를 행사할 수 없다."라고 규정하고 있습니다.
그러므로 위 사안에서 파산채권자인 甲이 파산채권을 보전하기 위하여 파산관재인 丁을 대위 하여 파산자인 乙회사의 채무자 丙의 부동산경매절차에서 배당을 받아간 丙의 다른 채권자를 상대로 부당이득반환청구소송을 할 수 있는지 문제됩니다.
이에 관하여 판례를 보면, "파산법 제7조(현. 채무자회생및파산에관한법률 제384조)에 의하면 '파산재단을 관리 및 처분할 권리는 파산관재인에게 속한다.'라고 규정하고 있어 파산자에게는 그 재단의 관리처분권이 인정되지 않고, 그 관리처분권을 파산관재인에게 속하게 하였으며, 파산법 제15조(현. 채무자회생및파산에관한법률 제424조)에 의하면 '파산채권은 파산절차에 의하지 아니하고는 이를 행사할 수 없다.'라고 규정하고 있는바, 이는 파산자의 자유로운 재산정리를 금지하고 파산재단의 관리처분권을 파산관재인의 공정·타당한 정리에 일임하려는 취지임과 동시에 파산재단에 대한 재산의 정리에 관하여는 파산관재인에게만 이를 부여하여 파산절차에 의해서만 행하여지도록 하기 위해 파산채권자가 파산절차에 의하지 않고 이에 개입하는 것도 금지하려는 취지의 규정이라 할 것이므로, 그 취지에 부응하기 위해서는 파산채권자가 파산자에 대한 채권을 보전하기 위하여 파산재단에 관하여 파산관재인에 속하는 권리를 대위하여 행사하는 것은 법률상 허용되지 않는다고 해석해야 한다."라고 하였습니다(대법원 2000. 12. 22. 선고 2000다39780 판결).

따라서 위 사안의 경우 甲은 乙회사의 파산관재인 丁을 대위하여 乙회사의 채무자丙의 부동산경매절차에서 부당하게 배당을 받아간 丙의 다른 채권자를 상대로 부당이득반환청구를 할 수 없을 것으로 보입니다. 즉, 그와 같은 부당이득반환청구는 파산관재인 丁만이 할 수 있다고 할 것입니다.

기한부채권의 변제기도래(제425조)

기한부채권은 파산선고시에 변제기에 이른 것으로 본다.

비금전채권 등의 파산채권액(제426조)

1. 채권의 목적이 금전이 아니거나 그 액이 불확정한 때나 외국의 통화로 정하여진 때

위와 같은 경우에는 파산선고시의 평가액을 파산채권액으로 한다.

2. 정기금채권의 금액 또는 존속기간이 확정되지 아니한 때

위와 같은 경우에도 파산선고시의 평가액을 파산채권액으로 한다.

조건부채권 등의 파산채권액(제427조)

1. 파산절차에서는 의결권액은 시, 부인의 대상이 아니므로 비금전채권은 평가액에 대하여 파산채권으로 시인하게 된다.
2. 장래의 청구권에 대해서도 마찬가지이다.

전부의 채무를 이행할 의무를 지는 자가 파산한 경우의 파산채권액(제428조)

여럿의 채무자가 파산한 경우

위와 같은 경우에는 주채무자의 변제자력의 유무를 묻지 않고 파산선고 당시의 채권액의 전액으로써 바로 파산재단에 대하여 권리행사를 할 수 있으며, 주채무 또는 보증채무의 변제기 도래 여부는 묻지 않는다.

▣ 관련판례

판례(대법원 2003. 2. 26. 선고 2001다62114 판결)

파산법 제19조는 '수인의 채무자가 각각 전부의 채무를 이행하여야 할 경우에 그 채무자의 전원 또는 수인이나 1인이 파산선고를 받은 때에는 채권자는 파산선고시에 가진 채권의 전액에 관하여 각 파산재단에 대하여 파산채권자로서 그 권리를 행사할 수 있다.'고 규정하고, 제20조는 '보증인이 파산선고를 받은 때에는 채권자는 파산선고시에 가진 채권의 전액에 관하여 파산채권자로서 그 권리를 행사할 수 있다.'고 규정하고 있으므로, 파산선고 후에 파산채권자가 다른 채무자로부터 일부 변제를 받거나 다른 채무자에 대한 회사정리절차 내지 파산절차에 참가하여 변제 또는 배당을 받았다 하더라도 그에 의하여 채권자가 채권 전액에 대하여 만족을 얻은 것이 아닌 한 파산채권액에 감소를 가져오는 것은 아니므로, 채권자는 여전히 파산선고시의 채권 전액으로써 계속하여 파산절차에 참가할 수 있다.

판례(대법원 2021. 4. 15., 선고, 2019다280573 판결)

채무자 회생 및 파산에 관한 법률(이하 '채무자회생법'이라고 한다) 제428조는 "여럿의 채무자가 각각 전부의 채무를 이행하여야 하는 경우 그 채무자의 전원 또는 일부가 파산선고를 받은 때에는 채권자는 파산선고 시에 가진 채권의 전액에 관하여 각 파산재단에 대하여 파산채권자로서 권리를 행사할 수 있다."라고 규정하고 있으므로, 파산선고 후에 파산채권자가 다른 채무자로부터 일부 변제를 받거나 다른 채무자에 대한 파산절차 등에 참가하여 배당 등을 받았다 하더라도 그에 의하여 채권자가 채권 전액에 대하여 만족을 얻은 것이 아닌 한 파산채권액에 감소를 가져오는 것은 아니어서, 채권자는 여전히 파산선고 시의 채권 전액으로써 계속하여 파산절차에 참가할 수 있고, 채권의 일부에 대한 대위변제를 한 구상권자가 자신이 변제한 가액에 비례하여 채권자와 함께 파산채권자로서 권리를 행사할 수 있는 것은 아니다. 한편 부진정연대채무 제도의 취지는 부진정연대채무자들의 자력, 변제 순서, 이들 사이의 구상관계와 무관하게 채권자에 대한 채무 전액의 지급을 확실히 보장하려는 데에 있다.

따라서 파산채무자와 함께 부진정연대채무를 부담하는 채무자가 파산채무자에 대한 파산선고 후에 책임범위 내의 채무를 전부 이행하였더라도 그에 의하여 채권자가 채권 전액에 대하여 만족을 얻지 못한 경우, 채권자는 여전히 파산선고 시에 가진 채권 전액에 관하여 파산채권자로서 권리를 행사할 수 있고(채무자회생법 제428조), 이에 관하여 파산채무자에 대한 파산선고 후에 보증채무를 전부 이행한 일부보증인의 경우에 채권자가 채권 전액에 대하여 만족을 얻지 못하였더라도 예외적으로 변제의 비율에 따라 채권자와 함께 파산채권자로서 권리를 행사할 수 있도록 규정한 채무자회생법 제431조를 유추적용할 수는 없다.

보증인이 파산한 경우의 파산채권액(제429조)

1. 보증채권의 인부

(1) 보증인이 파산한 경우

가. 권리행사

보증인이 파산한 경우에 채권자는 주채무자의 변제자력의 유무를 묻지 않고 파산선고 당시의 채권액의 전액으로써 바로 파산재단에 대하여 권리행사를 할 수 있도록 하고 있다.

나. 변제기 도래여부

주채무 또는 보증채무의 변제기 도래 여부는 묻지 않는다. 따라서 보증인이 파산자인 경우 채권자가 파산선고 당시 채권액을 신고하면 파산관재인은 이를 전액 시인하여야 한다.

(2) 실무에서의 처리

실무상 파산관재인 "조건부 시인" 또는 "우발채무로 시인"하려고 하는 경우도 있으나, 보증인의 파산으로 보증채무는 이미 현재화되었고 최고, 검색의 항변권도 인정되지 않으므로 단순하게 "시인"또는 "부인"하도록 지도하고 있다. 다만 채권자가 주채무자로부터 수령한 금액과 파산자인 보증인으로부터 수령한 배당금의 합계가 채권액을 넘게 되는 경우에는, 채권초과액을 지급하게 된 자가 누구냐에 따라 주채무자 또는 파산재단과의 관계에서 부당이득이 되고, 주채무자 또는 파산관재인은 부당이득반환청구를 할 수 있다.

(3) 주채무자와 보증채무자가 둘다 모두 파산선고를 받은 경우

채권자는 채권전액으로 각 파산재단으로부터 배당받을 수 있으며, 이 때 양 재단으로부터 받은 배당액의 합계가 채권액을 넘게 되는 경우에는 최후에 배당한 재단과의 관계에서 부당이득이 된다.

(4) 채권자가 주채무자 또는 다른 보증인으로부터 파산선고 전에 채무의 일부를 변제받은 때

1) 채권액의 기준시

채권액의 기준시는 파산선고시다. 따라서 이의가 있는 변제부분에 대해서는 이의를 하여야 한다. 그러나 파산선고 후 채권조사기일까지 다른 보증인으로부터 일부변제를 받았더라도 채권자의 권리행사에 아무런 영향을 미치지 않으므로 전액 시인하여야 한다.

2) 기타의 경우

채권자와 보증인의 연명으로 일부변제 부분에 관하여 보증인을 채권자로 하는 신고명의 변경신고가 있거나, 채권자가 일부 변제 금액만큼 신고를 취하하고 보증인이 구상금을 신고한 경우에는 변경된 내용에 따라 시인하여야 한다.

▣ 관련판례

판례(대법원 2002. 12. 24. 선고 2002다24379 판결)

파산법 제19조는 "수인의 채무자가 각각 전부의 채무를 이행하여야 할 경우에 그 채무자의 전원 또는 수인이나 1인이 파산선고를 받은 때에는 채권자는 파산선고시에 가진 채권의 전액에 관하여 각 파산재단에 대하여 파산채권자로서 그 권리를 행사할 수 있다."고 규정하고, 제20조는 "보증인이 파산선고를 받은 때에는 채권자는 파산선고시에 가진 채권의 전액에 관하여 파산채권자로서 그 권리를 행사할 수 있다."고 규정하고 있으므로, 파산선고 후에 파산채권자가 다른 채무자로부터 일부 변제를 받거나 다른 채무자에 대한 회사정리절차 내지 파산절차에 참가하여 변제 또는 배당을 받았다 하더라도 그에 의하여 채권자가 채권 전액에 대하여 만족을 얻은 것이 아닌 한 파산채권액에 감소를 가져오는 것은 아니므로, 채권자는 여전히 파산선고시의 채권 전액으로써 계속하여 파산절차에 참가할 수 있다.

판례(대법원 2008. 8. 21., 선고, 2007다37752 판결)

파산자의 보증인이 파산선고 후 보증채무를 전부 이행함으로써 구상권을 취득한 경우, 그 구상권은 파산선고 당시 이미 장래의 구상권으로서 파산채권으로 존재하고 있었다고 보아야 하는 점, 파산절차에서는 장래의 청구권을 자동채권으로 한 상계가 허용되는 점, 정지조건부채권 또는 장래의 청구권을 가진 자가 그 채무를 변제하는 경우에는 후일 상계를 하기 위하여 그 채권액의 한도에서 변제액의 임치를 청구할 수 있는 점 등에 비추어, 그 구상권을 자동채권으로 하여 파산채무자에 대한 채무와 상계할 수 있다고 봄이 상당하다. 그런데 파산선고 후 파산채권자가 다른 채무자로부터 일부 변제를 받거나 다른 채무자에 대한 회사정리절차 내지 파산절차에 참가하여 변제 또는 배당을 받았다 하더라도 그에 의하여 채권자가 채권 전액에 대하여 만족을 얻은 것이 아닌 한 파산채권액에 감소를 가져오는 것은 아니어서, 채권자는 여전히 파산선고시의 채권 전액으로써 계속하여 파산절차에 참가할 수 있고, 채권의 일부에 대한 대위변제를 한 구상권자가 자신이 변제한 가액에 비례하여 채권자와 함께 파산채권자로서 권리를 행사할 수 있는 것은 아니다. 따라서 파산자의 보증인이 파산선고 후 채권자에게 그 보증채무의 일부를 변제하여 그 출재액을 한도로 파산자에 대하여 구상권을 취득하였다 하더라도 채권자가 파산선고시의 채권 전액을 파산채권으로 신고한 이상 보증인으로서는 파산자에 대하여 그 구상권을 파산채권으로 행사할 수 없어 이를 자동채권으로 하여 파산자에 대한 채무와 상계할 수도 없다.

장래의 구상권자(제430조)

1. 보증인의 사전구상권

(1) 이의진술

파산자의 보증인(민법 제442조) 등 다른 전부이행의무자의 사전구상권의 신고도 가능하지만, 채권자로부터 이미 채권신고가 있는 경우에는 보증인은 권리행사를 할 수 없으므로, 이의를 진술하여야 한다. 그리고 보증인이 채권확정소송을 제기하는 경우에는 채권자가 파산절차상 권리행사를 하고 있다는 취지로 항변한다.

(2) 신고가 될 가능성이 있는 경우

채권자로부터의 신고가 없더라도 장래 그 신고가 될 가능성이 있는 경우에는, 채권자의 권리행사 가능성이 있음을 이유로 이의를 진술한다.

(3) 채권신고기간 경과 후의 경우

채권신고기간 경과 후에도 채권자는 신고를 할 수 있으므로 이중으로 채권을 확정시키지 않도록 하기 위하여 보증인의 사전구상권 신고에 대하여는 언제나 이의를 해 두는 것이 좋다.

2. 보증인의 사후구상권

(1) 파산선고 후 채권조사기일까지 사이에 보증인이 일부변제를 하고 보증인이 구상권을 신고하여 온 경우

위와 같은 경우 그 인부에 관하여는 본 조 제2항의 해석과 관련하여 다툼의 여지가 있다.

1) 이 규정을 문리해석하여 일부변제를 한 전부의무자도 그 변제액의 비율에 따라 채권자의 권리를 취득한다고 볼 수 있다는 견해

2) 위와 같이 해석하면 채권자는 파산선고 후의 일부 만족을 이유로 대위의 비율에 의하여 감축된 액을 기준으로 하는 배당을 감수하여야 하게 되어, 파산선고 당시의 채권액을 기준으로 하는 권리행사를 인정하는 원칙에 어긋나게 되므로, 이 규정은 복수의 구상권자가 일부씩 변제하고 그 변제액을 합산하면 파산채권의 전액을 변제하는 것으로 되는 경우에 비로서 각자가 변제한 비율에 따라서 파산채권을 행사하는 것을 정한 것이라고 보는 견해가 있다. 실무에서는 보통 이의 견해를 따르고 있다.

따라서 파산선고 후 채권조사기일까지 사이에 보증인이 일부변제를 하고 구상권을 신고하더라도 이를 시인하여서는 안된다.

(2) 보증인이 전부변제를 한 경우

위와 같은 경우에는 채권자의 채권신고를 취하하게 하고 보증인의 구상권 신고를 시인하든지, 보증인을 신채권자로 변경하는 명의변경절차를 밟도록 하여야 한다. 또 수인의 보증인이 있고 변제를 행한 보증인의 변제액이 그 보증인의 부담부분을 넘는 때에도 그 부분에 상응하는 구상을 위한 대위권이 발생하게 되므로 위와 같이 처리한다.

(3) 준용

이상은 물상보증인이 장래 가지게 될 사후구상권(민법 제341조, 제370조)에도 준용된다. 다만 물상보증에 대하여 민법428조를 준용하는 규정이 없으므로, 파산선고 후에 담보권 실행에 의해 채권자가 그 채권의 일부의 만족을 얻은 경우에는 그 한도에서 채권자가 파산절차에 있어서 행사할 수 있는 채권액은 감액되고, 물상보증인은 그 부분의 채권자의 권리를 취득하여 파산절차에 참가할 수 있다.

(4) 문제되는 경우

보증인이 파산선고 후의 이자까지 포함하여 채권자에게 대위변제를 하고, 구상금 채권을 파산채권으로 신고하여 온 경우, 파산선고 후의 이자 부분

에 관하여 이의를 진술할 수 있는가에 관하여는 다툼의 여지가 있다.

3. 기타

파산선고 후에 전부이행의무자가 상계에 의하여 만족을 준 경우 상계적상이 파산선고 전에 있었던 때에는, 채권채무의 소멸이 상계적상시로 소급하게 되어 선고시 현존액이 감소하게 되므로, 채권자는 신고액을 변경시켜야 한다.

▣ 관련판례

판례(대법원 2021. 4. 15., 선고, 2019다280573 판결)

채무자 회생 및 파산에 관한 법률(이하 '채무자회생법'이라고 한다) 제428조는 "여럿의 채무자가 각각 전부의 채무를 이행하여야 하는 경우 그 채무자의 전원 또는 일부가 파산선고를 받은 때에는 채권자는 파산선고 시에 가진 채권의 전액에 관하여 각 파산재단에 대하여 파산채권자로서 권리를 행사할 수 있다."라고 규정하고 있으므로, 파산선고 후에 파산채권자가 다른 채무자로부터 일부 변제를 받거나 다른 채무자에 대한 파산절차 등에 참가하여 배당 등을 받았다 하더라도 그에 의하여 채권자가 채권 전액에 대하여 만족을 얻은 것이 아닌 한 파산채권액에 감소를 가져오는 것은 아니어서, 채권자는 여전히 파산선고 시의 채권 전액으로써 계속하여 파산절차에 참가할 수 있고, 채권의 일부에 대한 대위변제를 한 구상권자가 자신이 변제한 가액에 비례하여 채권자와 함께 파산채권자로서 권리를 행사할 수 있는 것은 아니다. 한편 부진정연대채무 제도의 취지는 부진정연대채무자들의 자력, 변제 순서, 이들 사이의 구상관계와 무관하게 채권자에 대한 채무 전액의 지급을 확실히 보장하려는 데에 있다.

따라서 파산채무자와 함께 부진정연대채무를 부담하는 채무자가 파산채무자에 대한 파산선고 후에 책임범위 내의 채무를 전부 이행하였더라도 그에 의하여 채권자가 채권 전액에 대하여 만족을 얻지 못한 경우, 채권자는 여전히 파산선고 시에 가진 채권 전액에 관하여 파산채권자로서 권리를 행사할 수 있고(채무자회생법 제428조), 이에 관하여 파산채무자에 대한 파산선고 후에 보증채무를 전부 이행한 일부보증인의 경우에 채권자가 채권 전액에 대하여 만족을 얻지 못하였

더라도 예외적으로 변제의 비율에 따라 채권자와 함께 파산채권자로서 권리를
행사할 수 있도록 규정한 채무자회생법 제431조를 유추적용할 수는 없다.

여럿이 일부보증을 한 때의 파산채권액(제431조)

채무자회생및파산에관한법률 제428조, 제429조 및 제430조제1항·제2항의
규정은 여럿의 보증인이 각각 채무의 일부를 보증하는 때에 그 보증하는
부분에 관하여 준용한다.

무한책임사원의 파산(제432조)

법인의 채무에 관하여 무한책임을 지는 사원이 파산선고를 받은 때에는 법
인의 채권자는 파산선고시에 가진 채권의 전액에 관하여 그 파산재단에 대
하여 파산채권자로서 그 권리를 행사할 수 있다.

유한책임사원의 파산(제433조)

법인의 채무에 관하여 유한책임을 지는 사원 또는 그 법인이 파산선고를 받
은 때에는 법인의 채권자는 유한책임을 지는 사원에 대하여 그 권리를 행사
할 수 없다. 다만, 법인은 출자청구권을 파산채권으로서 행사할 수 있다.

상속인의 파산(제434조)

상속인이 파산선고를 받은 경우에는 재산의 분리가 있는 때에도 상속채권
자 및 유증을 받은 자는 그 채권의 전액에 관하여 파산재단에 대하여 파산
채권자로서 그 권리를 행사할 수 있다.

상속재산 및 상속인의 파산(제435조)

상속재산 및 상속인에 대하여 파산선고가 있는 때에는 상속채권자 및 유증

을 받은 자는 그 채권의 전액에 관하여 각 파산재단에 대하여 파산채권
자로서 그 권리를 행사할 수 있다.

상속인의 한정승인(제436조)

채무자회생및파산에관한법률 제434조 및 제435조의 경우 파산선고를 받은
상속인이 한정승인을 한 때에는 상속채권자와 유증을 받은 자는 그 상속인
의 고유재산에 대하여 파산채권자로서 그 권리를 행사할 수 없다. 제385조
또는 제386조제1항의 규정에 의하여 한정승인의 효력이 있는 때에도 또한
같다.

상속인의 피상속인에 대한 채권 등(제437조)

상속재산에 대하여 파산선고가 있는 때에는 상속인은 그 피상속인에 대한
채권 및 피상속인의 채무소멸을 위하여 한 출연에 관하여 상속채권자와 동
일한 권리를 가진다.

상속인의 채권자(제438조)

상속재산에 대하여 파산선고가 있는 때에는 상속인의 채권자는 그 파산재
단에 대하여 파산채권자로서 그 권리를 행사할 수 없다.

파산절차참가의 비용(제439조)

파산절차참가의 비용은 파산채권으로 한다.

동일순위자에 대한 평등변제(제440조)

동일순위로 변제하여야 하는 채권은 각각 그 채권액의 비율에 따라 변제한다.

우선권 있는 파산채권(제441조)

1. 일반우선권 있는 파산채권

일반우선권 있는 파산채권은 다른 채권에 우선하여 배당받을 수 있는 권리가 있으므로, 채권신고서에도 우선권을 기재하여야 하고, 채권조사에 있어서도 그 우선권의 존부와 범위가 조사대상이 된다.

2. 문제되는 사례

우선채권 여부가 논란이 되고 있는 사례는 예금보험공사의 자회산인 한아름상호신용금고가 청산절차 진행중인 상호신용금고의 고객들로부터 예금채권을 매입하는 형태로 예금보험공사의 보험금을 지급한 다음 이를 파산채권으로 신고한 경우 상호신용금고법 제37조의2에 의한 우선변제권을 주장할 수 있는지 여부이다.

3. 우선권의 기재가 없는 경우

채권신고서에 우선권의 기재가 없는 경우에는 우선권 없는 일반채권으로서 시인하면 된다.

4. 우선권 없는 채권으로서 시인되어 확정된 후

우선권 없는 채권으로서 시인되어 확정된 후 우선권을 주장하는 것은 허용되지 않는다.

파산관재인 또는 파산채권자가 우선권 부분에 대하여만 이의를 진술하는 것도 가능하고, 이때 채권확정소송의 소송물은 우선권의 유무와 범위가 될 것이다.

우선권의 기간계산(제442조)

일정한 기간 안의 채권액에 관하여 우선권이 있는 경우 그 기간은 파산선고시부터 소급하여 계산한다.

상속채권자의 우위(제443조)

상속재산에 대하여 파산선고가 있는 때에는 상속채권자의 채권은 유증을 받은 자의 채권에 우선권을 인정하여 상속채권자의 채권에 대해 수증자보다 우선채권을 인정하고 있다.

상속인이 파산한 경우의 채권자간의 순위(제444조)

상속재산에 대한 파산신청기간안의 신청에 의하여 상속인에 대한 파산선고가 있는 때에는 상속인의 채권자의 채권은 그 고유재산에 대하여 상속채권자 및 유증을 받은 자의 채권에 우선하고, 상속채권자 및 유증을 받은 자의 채권은 상속재산에 대하여 상속인의 채권자의 채권에 우선한다.

상속재산 및 상속인의 파산재단의 순위(제445조)

상속재산 및 상속인에 대하여 파산선고가 있는 때에는 상속인의 채권자의 채권은 상속인의 파산재단에 대하여는 상속채권자 및 유증을 받은 자의 채권에 우선한다.

후순위파산채권(제446조)

1. 후순위파산채권

(1) 후순위 부분을 구분하여 신고하지 않은 때

이와 같은 경우에 이는 불완전한 신고이므로 후순위 부분에 관하여 이의를 진술하는 것이 원칙이지만, 실무에서는 파산관재인이 신고채권 중 후순위 부분을 따로 계산하여 이를 후순위채권으로 시인하는 것도 허용하고 있다.

(2) 후순위 부분을 구분하여 신고한 경우

이와 같은 경우에 있어서는 그 구분에 따라 후순위채권으로 시인하도록 한다. 후순위채권에 대하여는 채권자집회에서 의결권이 부여되지 않고, 일반채권이 완제된 후에야 배당할 수 있다.

2. 문제되는 경우

후순위 채권 중 실무상 가장 자주 문제되는 것은 파산선고 후의 이자에 관한 부분이다.

(1) 파산선고일 기준에 따른 채권의 종류

파산선고일 전일까지의 이자	일반파산채권
파산선고일 이후의 이자	후순위파산채권

(2) 채권자가 후순위 부분을 구분하지 않고 신고한 경우

파산관재인은 파산선고 후의 이자 부분을 계산하여 그 금액에 관하여 이의를 진술하도록 하거나 후순위채권으로 시인하여야 한다. 파산선고 후에 이행기가 도래하는 경우 파산선고 후 이행기까지의 중간이자 부분도 후순위채권으로서 이 때에도 위와 같이 처리하여야 한다.

(3) 전액부인 하여야 하는 경우

1) 채권신고서에 이율이 특정되지 않았거나 종기가 불분명한 경우("어음만기일 후의 법정이자", "위 원금에 대한 지급기일 다음날인 2006. 7. 17.부터 완제일까지의 연 6푼의 비율에 의한 이자")

2) 복수의 어음채권을 신고하면서 각 채권마다 채권액을 산정하여 신고하지 않은 경우("각 약속어음채권에 대한 각 지급기일부터 연 6푼의 비율에 의한 이자")

(4) 재산상 청구권이 아닌 비대체적 작위의무가 파산선고 후에 불이행으로 된 경우

그로 인한 손해배상액 및 위약금은 후순위채권이 된다.

3. 용어의 정의

후순위채권으로 되는 파산절차 참가의 비용이란 파산채권신고서 작성비용, 그 제출비용, 채권자집회 또는 조사기일에 출석하기 위한 비용 등을 의미한다.

4. 벌금, 과료 등의 경우

벌금, 과료, 형사소송비용, 추징금 및 과태료는 일응 정당한 것으로 인정되므로 채권신고가 되더라도 채권조사기일에서 조사하는 것은 아니다. 파산관재인이 이의를 한 경우에도 파산자가 할 수 있는 소송 등의 불복 방법으로 다투어야 하고, 기관의 경과 등으로 다툴 수 없는 것은 채권표에 기재함으로써 신고 내용대로 확정된다.

5. 당사자 사이의 약정으로 정한 후순위채권

파산선고 전에 당사자 사이의 약정으로 정한 후순위채권(예컨대 후순위사채)은 실체법상의 순위가 파산선고 후에도 유지된다고 보아 본조에서 정한 후순위채권은 아니지만 후순위채권에 준하여 취급하고 있다.

6. 이자채권

(1) 원칙과 예외

원금채권이 후순위라면 이자채권 역시 후순위임이 원칙이나, 특약에 의한 후순위사채의 경우에는 약정내용을 살펴보아야 한다.

(2) 문제되는 경우

중앙종금에 대한 파산사건에서 파산절차 개시 등 후순위특약 소정의 사유가 생기기 전에 이미 변제기가 도래하여 지체중에 있던 이자는 후순위파산채권이 아닌 일반파산채권으로 시인한 사례가 있다. 나아가 후순위채권에 대하여 보증한 보증인의 구상권도 후순위채권으로 보아야 할 것인지에 관하여는 견해의 대립이 있을 수 있다. (서울지방법원 99가합99101 판결은 부정설을 취하고 있다.)

▣ **관련판례**

판례(대법원 2002. 6. 11. 선고 2001다25504 판결)

　　채권자와 수탁보증인 중 누가 채권신고를 하는가에 따라 파산채권의 인정 여부 및 그 파산채권의 종류가 달라진다면 이는 다른 파산채권자의 이익을 해하고 그들의 지위를 불안정하게 만들 우려가 있어 불합리하다고 할 것이므로, 수탁보증인의 구상금채권은 채권자가 채권신고를 하여 파산절차에서 인정받을 수 있는 파산채권의 범위를 초과하여 인정받을 수는 없다고 함이 상당하고, 그 결과 수탁보증인이 파산선고 후의 이자채권에 대한 구상금채권을 사전구상권(이미 이행기가 도래한 것) 또는 장래의 구상권(앞으로 이행기가 도래할 것)으로 채권신고를 한 경우에도 그 이자채권은 파산채권이기는 하나 파산법 제37조 제1호에서 정하는 후순위 파산채권에 해당한다.

제2절 파산채권의 신고 및 조사

채권신고방법(제447조)

1. 파산채권의 신고의 효과

　　파산채권의 신고는 파산법원에 대하여 파산절차에 참가를 신청하는 형식으로서 이루어진다. 파산채권자는 이 신고에 의하여 절차상의 파산채권자가 되는 것이며, 파산절차에 참가하여 파산재단으로부터 배당받을 수 있는 기회가 부여된다. 또한 파산채권 신고에 의하여 실체법상으로도 소멸시효가 중단되는 효과가 생긴다.(민법 제171조, 제168조 제1호)

2. 신고인

　　파산채권의 신고는 대리인도 할 수 있으나, 대리인이 반드시 변호사일 필요가 있는 것은 아니다. 파산채권을 신고할 수 있는 자는 파산채권에 관하여 추심권을 취득한 채권자 또는 채권자대위권자도 포함된다. 파산채권이 가압류되어 있는 때에는 가압류채권자가 아니라 파산채권자가 신고권자이다.

3. 신고

(1) 신고의 방식

채권신고는 서면에 의한 신고 외에 구두에 의한 신고도 허용하고 있지만, 실무상으로는 정형화된 채권신고서에 의하고 있다.

이때에는 채권자 및 대리인의 성명 또는 명칭과 주소, 통지 또는 송달을 받을 장소(대한민국내의 장소) 및 전화번호·팩시밀리번호·전자우편주소, 집행력 있는 집행권원 또는 종국판결이 있는 파산채권인 때에는 그 뜻을 함께 신고하여야 한다. 신고서에는 채권자가 대리인에 의하여 채권을 신고한 때에는 대리권을 증명하는 서면, 파산채권이 집행력있는 집행권원 또는 종국판결이 있는 것일 때에는 그 사본, 채권자의 주민등록등본 또는 법인등기부등본을 첨부해야 한다.

채권을 신고한 때는 채권신고서 및 첨부서류의 부본을 2부 제출하여야 하고, 법원사무관등은 이 중 1부를 파산관재인에게 교부하여야 한다.

파산채권자는 신고된 사항에 관하여 다른 파산채권자의 이익을 해하지 않는 내용의 변경이 생긴 때에는 증거서류 또는 그 사본을 첨부하여 지체없이 그 변경의 내용 및 원인을 법원에 신고하여야 한다. 법원사무관등은 그 신고내용을 파산채권자표에 기재해야 한다.

(2) 채권신고서

채권자에게는 채권신고서의 양식을 파산선고 통지와 함께 송부하여, 채권신고서에 증거서류를 첨부하여 법원에 제출하도록 한다. 신고는 법원에 해야 하기 때문에 파산관재인에게 한 신고는 부적법하지만, 다시 신고를 하도록 하기 보다는 파산관재인이 법원에 회부하여 법원에 접수된 때 신고가 된 것으로 하면 될 것이다.

(3) 신고인이 법인 또는 그 밖에 대표자의 정함이 있는 단체인 경우

이와 같은 경우에는 대표자의 자격을 증명할 수 있는 서면과 함께 신고하여야 하며, 대리인에 의하는 경우에는 위임장을 신고서와 함께 제출하여야 한다. 별제권자는 별제권의 목적인 부동산의 등기부등본과 집행력 있는 채무명의 또는 종국판결이 있는 경우에는 그 사본을 제출하여야 한다. 신고서에 인지는 붙이지 않는다.

법원사무관은 신고서를 접수한 후 채권신고인에게 접수증을 교부한다.

4. 채권신고기간

(1) 채권신고기간의 결정

파산선고의 결정과 함께 채권신고기간을 정하는데, 그 기간은 파산선고일로부터 2주 이상 4개월 이하로 하여 법원이 정한다. 금융산업의구조개선에관한법률의 적용을 받는 금융기관의 경우에는 파산선고 전에 미리 파산참가기관(예금보험공사 또는 금융감독원)에 의견조회를 하여 그 결과를 참작하여 신고기간을 정한다.(동법 제18조)

(2) 실무에서의 처리

채권신고기간은 실무상으로는 대부분의 경우 파산선고일로부터 4주 전후로 정하고 있는데, 파산채권자 수가 많을 것이 예상되는 경우에는 2개월 내지 3개월 정도로 여유 있게 정하는 것이 바람직하다.

5. 접수된 채권신고서의 처리

채권신고서가 접수되면 법원사무관 등은 신고서에 접수인을 압날하고, 채권표를 작성해야한다. 채권표는 채권신고서와 일체로 만들어져 있다(앞면은 채권표, 뒷면은 채권신고서). 채권신고서와 채권표를 일체로 한 것은 대조를 용이하게 하고 채권신고서가 분실된 경우 발생할 수 있는 채권표의 기재 내용에 대한 분쟁을 예방하기 위해서이다(채권자가 자기가 신고한 내용대로 채권표에 기재되어 있지 않다고 주장하는 경우 그 착오기재의 원인이 채권자 측에 있는지 법원 측에 있는지 확인하기 쉽게 되는 기능이 있다).

법원사무관 등은 채권표의 등본을 파산관재인에게 교부한다.

6. 채권신고서의 검토

(1) 접수후의 절차

법원은 채권신고서가 접수되면 즉시 채권표를 작성하고 채권신고서와 채권표의 등본을 파산관재인에게 교부한다. 실무상으로는 파산자의 직원들이 법원에 파견되어 접수업무를 보조하고 있다. 파산관재인은 교부받은 채권신고서를 즉시 검토하여 미비한 점이 발견되면 보정을 요구하고, 채권자가 응하지 않는 경우에는 법원과 상의하여 법원에 채권신고의 각하를 요청하거나 채권조사기일에 부인하도록 하여야 한다.

(2) 채권신고서에의 기재

채권신고서에는 일반적으로 채권액 및 원인, 일반의 우선권이 있는 경우에는 그 권리, 후순위채권으로 되는 것이 있을 때에는 그 구분을 기재하여야 하고, 별제권자의 경우에는 그 밖에 별제권의 목적, 별제권의 행사로 변제받을 수 없는 채권액을 기재하여야 하며, 파산선고 당시에 소송이 계속되어 있는 파산채권인 때에는 그 법원, 사건명, 및 번호를 함께 기재하여야 한다.

7. 기재에 흠결이 있는 경우

(1) 채권의 원인

채권의 원인이란 채권의 발생원인인 사실을 의미 하는 것으로서, 다른 채권과 구분하여 채권의 동일성을 인식할 수 있을 정도로 그 발생원인사실을 표시하면 된다. 채권의 발생원인의 기재가 없는 채권신고는 부적법하여 각하되어야 하는 것이 원칙이지만, 채권조사기일 전에 보정이 가능한 채권신고에 대하여는 파산관재인이 추완 또는 사실상의 정정을 촉구한다. 또한 첨부된 증거서류에 의하여 원인이 분명하게 나타나고 있는 경우에는 각하하는 것보다는 적합한 채권신고로 인정하는 것이 타당하다.

(2) 우선권이나 후순위 채권의 구분 표시가 없거나, 별제권의 목적이나 예정 부족액의 표시가 없는 경우, 채권액의 오기 또는 위산 등이 발견되는 경우

파산관재인으로서는 가능한 한 전화 또는 팩시밀리 등의 방법으로 보정을 요구하고, 보정에 응하지 않으면 신고요건 흠결을 이유로 조사기일에서 부인할 수 있다. 다만 단순한 오기 또는 위산이 신고서와 첨부자료를 대조하여 분명하게 파악될 수 있는 경우에는, 그 정확한 액수의 범위에서 인부를 하면 될 것이다.

(3) 첨부서류의 흠결이 있는 경우

첨부서류의 경우 법인등기부등본, 신고대리인의 위임장 등이 첨부되어 있지 않거나, 증거서류가 첨부되어 있지 않거나 첨부되어 있어도 내용이 부실한 경우가 많이 있다. 본조 제1항은 증거서류 또는 그 등본이나 초본을 제출하도록 하고 있는데, 실무상으로는 사본을 제출하여도 무방한 것으로 보고 있다. 다만 어음, 수표 등의 채권은 그 원본을 파산관재인에게 제출하여 원본확인을 받고 그 사본을 증거서류로 첨부하여야 한다. 증거서류를 첨부하지 않았다고 해서 채권신고 자체가 무효로 되는 것은 아니지만, 채권조사에 반드시 필요하므로, 파산관재인은 신고인에게 보정을 촉구하고, 이에 응하지 않으면 채권조사기일에서 증거불충분으로 이의를 진술한다.

8. 별제권자의 신고

별제권자는 파산절차 이외에서 별제권을 행사하여 채권의 완전한 만족을 얻을 수 있으면 신고할 필요가 없으며, 신고하더라도 파산관재인이 신고채권 전액을 부인하게 된다. 그러나 별제권의 목적물의 평가액이 피담보채권의 원리금 합계에 미치지 못하는 경우, 또는 별제권의 존재나 범위, 피담보채권액이 파산관재인 또는 다른 파산채권자들에 의하여 다투어질 우려가 있는 경우에는 채권신고를 하여야 한다. 신고채권자가 별제권의 행사로 변제받지 못할 예정부족액을 입증하기 위하여 부동산감정평가서를 첨부해야 하는 것은 아니다.

9. 명의의 변경

신고된 파산채권을 취득한 자는 채권조사의 기일후에도 신고명의를 변경할 수 있다. 명의변경을 하고자 하는 자는 증거서류 또는 그 사본을 첨부하여 신고명의를 변경하고자 하는 자 및 대리인의 성명 또는 명칭과 주소, 통지 또는 송달을 받을 장소(대한민국내의 장소) 및 전화번호·팩시밀리번호·전자우편주소, 취득한 권리와 그 취득의 일시 및 원인을 법원에 신고하여야 한다.

▣ **관련판례**

판례(대법원 2003. 6. 25. 자 2003마28 결정)

화의채권의 신고는 파산절차의 경우와는 달라서 화의채권을 조사확정하기 위한 것이 아니고 단순히 화의조건의 찬부에 관한 의결권을 행사하기 위하여 채권자집회에 출석하는 자격을 취득하고 그 의결권액을 명백히 하려는 데 그 목적이 있다고 할 것이고, 화의관재인, 정리위원, 화의채권자 등이 신고된 화의채권에 대하여 이의를 제기하지 않은 경우에는 화의채권자는 신고채권 전액에 대하여 의결권을 행사할 수 있다.

판례(대법원 2018. 4. 24., 선고, 2017다287587 판결)

당사자가 파산선고를 받은 때에 파산재단에 관한 소송절차는 중단되고(민사소송법 제239조), 채무자에 대하여 파산선고 전의 원인으로 생긴 재산상의 청구권인 파산채권은 파산절차에 의하지 아니하고는 행사할 수 없다[채무자 회생 및 파산에 관한 법률(이하 '채무자회생법'이라고 한다) 제423조, 제424조]. 따라서 파산채권에 관한 소송이 계속하는 도중에 채무자에 대한 파산선고가 있게 되면 소송절차는 중단되고, 파산채권자는 파산사건의 관할법원에 채무자회생법이 정한 바에 따라 채권신고를 하여야 한다. 채권조사절차에서 파산채권에 대한 이의가 없어 채권이 신고한 내용대로 확정되면 계속 중이던 소송은 부적법하게 되고, 채권조사절차에서 파산채권에 대한 이의가 있어 파산채권자가 권리의 확정을 구하고자 하는 때에는 이의자 전원을 소송의 상대방으로 하여 계속 중이던 소송을 수계하고 청구취지 등을 채권확정소송으로 변경하여야 한다.

관련 질의응답   Q & A

별제권 행사시 채무자회생및파산에관한법률 소정의 신고·조사절차 여부

문) 甲은 乙회사 소유 부동산에 대하여 근저당권을 설정 받은 채권자입니다. 그런데 乙회사에 대한 파산절차가 진행 중인바, 이 경우 甲도 채권신고를 하여야 하는지?

답) 채무자회생및파산에관한법률 제411조에 의하면 "파산재단에 속하는 재산상에 존재하는 유치권, 질권, 저당권 또는 전세권을 가진 자는 그 목적인 재산에 관하여 별제권을 가진다."라고 규정하고 있으며, 채무자회생및파산에관한법률 제412조에 의하면 "별제권은 파산절차에 의하지 아니하고 이를 행사한다."라고 규정하고 있습니다.

그런데 채무자회생및파산에관한법률 제447조에 의하면 "① 파산채권자는 법원이 정하는 기간(이하 이 장에서 "신고기간"이라 한다)안에 다음 각호의 사항을 법원에 신고하고 증거서류 또는 그 등본이나 초본을 제출하여야 한다.

1. 그 채권액 및 원인

2. 일반의 우선권이 있는 때에는 그 권리

3. 제446조제1항 각호의 어느 하나에 해당하는 청구권을 포함하는 때에는 그 구분

② 별제권자는 제1항 각호의 사항 외에 별제권의 목적과 그 행사에 의하여 변제를 받을 수 없는 채권액을 신고하여야 한다.

③ 파산채권에 관하여 파산선고 당시 소송이 계속되어 있는 때에는 제1항 각호의 사항 외에 파산채권자는 그 법원·당사자·사건명 및 사건번호를 신고하여야 한다."라고 규정하고 있습니다.

그러므로 별제권자도 채무자회생및파산에관한법률 제447조 제2항에 의한 신고를 반드시 하여야 하는 것인지 문제될 수 있습니다.

그러나 별제권자가 파산절차에 의하지 않고 별제권을 행사하는 경우, 채무자회생및파산에관한법률 소정의 신고·조사절차를 거쳐야 하는지에 관하여 판례를 보면, "파산재단에 속하는 재산상에 존재하는 유치권, 질권, 저당권 또는 전세권을 가진 자는 그 목적인 재산에 관하여 당연히 별제권을 가지고, 별제권은 파산절차에 의하지 아니하고 이를 행사할 수 있으며, 파산법 제201조 제2항(채무자회생및파산에관한법률 제447조 제2항)은 별제권자가 별제권의 행사에 의하여 채권전액을 변제 받을 수 없는 경우에 파산절차에 참가하여 파산채권자로서 배당 받기 위하여 채권신고를 하는 경우에 관한 규정이므로, 별제권도 파산채권과 같이 반드시 신고·조사절차를 거쳐 확정되어야만 행

사할 수 있는 것은 아니다."라고 하였습니다(대법원 1996. 12. 10. 선고 96다19840 판결). 따라서 위 사안에서 甲은 별제권자이므로 파산채권과 같이 신고·조사절차를 거쳐야만 별제권을 행사할 수 있는 것은 아닙니다. 다만, 별제권의 행사에 의하여 채권 전액을 변제 받을 수 없는 경우에 파산절차에 참가하여 파산채권자로서 배당 받기 위해서는 채권신고를 하여야 할 것입니다.

파산채권자표의 작성(제448조)

1. 법원사무관등은 다음 각호의 사항을 기재한 파산채권자표를 작성하여야 한다.

   (1) 채권자의 성명 및 주소

   (2) 채권액 및 원인

   (3) 일반의 우선권이 있는 때에는 그 권리

   (4) 채무자회생및파산에관한법률 제446조제1항 각호의 어느 하나에 해당하는 청구권을 포함하는 때에는 그 구분

   (5) 별제권자가 채무자회생및파산에관한법률 제447조제2항의 규정에 의하여 신고한 채권액

2. 법원사무관등은 파산채권자표의 등본을 파산관재인에게 교부하여야 한다.

파산채권자표 및 채권신고서류의 비치(제449조)

법원은 파산채권자표 및 채권의 신고에 관한 서류를 이해관계인이 열람할 수 있도록 법원에 비치하여야 한다. 법원사무관등은 채권자의 신청이 있는 경우 그 채권자의 채권에 관한 파산채권자표의 초본을 교부하여야 한다.

채권조사의 대상(제450조)

1. 기일의 결정

채권조사의 일반기일은 파산선고와 동시에 정하며, 채권신고기간의 말일로부터 1주일 이상 1개월 이내의 기간 내에서 법원이 정한다. 채권조사기일의 결정에 관하여도 금융산업의구조개선에관한법률의 적용을 받는 금융기관의 경우 파산참가기관의 의견을 듣도록 규정되어 있다(금융산업의구조개선에관한법률 제18조).

(1) 참조사항

채권조사기일은 파산자의 부채, 예상되는 파산채권자의 수 등을 구체적으로 고려하여 정하여야 한다.

1) 채무관계 정리여부에 따른 구분

청산절차를 통해 많은 채무관계가 정리된 채무자의 경우는 짧게 하는 것이, 그렇지 않은 경우에는 길게 하는 것이 바람직하다.

2) 속행기일의 지정

채무자에 따라서는 1개월 이내의 기간 내에 다 조사를 마치지 못하여 부득이 일부 채권의 인부를 유보하여 속행기일을 지정하여야 하는 경우도 있을 수 있다. 그러므로 채권조사에 상당한 기간이 소요될 것으로 예상되는 경우에는 위 법 규정에도 불구하고 채권조사기일을 채권신고기간의 말일로부터 1월을 초과하여 지정할 수도 있다. 속행기일은 미리 정하여 선고함으로써 따로 공고 및 송달을 하지 않아도 되도록 한다.

2. 인부여부의 결정

(1) 파산관재인의 검토

파산관재인은 파산채권자의 채권신고서와 그 첨부서류, 회사에 보관하고 있는 관련 장부, 파산자 및 신고채권자의 진술 등에 대해서 구체적으로 대조 검토하여 인부 여부를 결정하여야 한다.

(2) 입증책임

채권의 발생원인사실의 입증책임에 대해서는 어디까지나 신고채권자가 지는 것이므로, 채권 시인 여부의 결정은 엄격하게 하여야 한다.

3. 이의책임

파산채권자에게도 다른 파산채권자의 신고채권에 대하여 이의할 수 있는 권한이 부여되어 있지만 파산채권자는 위와 같은 검토를 할 만한 처지에 있지 않은 경우가 많으므로 사실상 파산관재인에게 모든 이의책임이 있다고 할 수 있다. 그러므로 파산관재인은 관련된 자료를 정확히 검토하여 채권조사에 신중하게 임하여야 하고, 늦어도 조사기일 5일 전까지는 조사결과(시, 부인)의 적정 여부에 관하여 법원과 상의하도록 하여야 한다. 특히 일단 신고채권을 시인하고 나면 그 효력을 다투기 위하여는 채권표 기재 무효확인의 소 등 복잡한 절차를 거쳐야 하므로, 채권의 존부와 그 액에 관하여 조금이라도 의심스러운 경우에는 일단 이의를 진술하는 것이 바람직하다.

4. 채권조사의 대상

채권조사의 대상으로 되는 것은, 기준시인 파산선고시(선고시 현존액주의)에 있어서 신고채권의 존재와 그 채권액, 파산채권으로서의 적격의 유무, 우선권의 유무, 후순위 파산채권의 구분, 별제권자가 신고한 피담보채권액의 존부 및 예정부족액의 당부이다. 파산관재인, 신고채권자 및 파산자는 일반 또는 특별의 채권조사기일에 신고채권에 대하여 이의를 할 수 있고, 파산관재인 및 파산채권자의 이의는 채권의 확정을 저지한다. 이의가 없는 채권은 신고 내용대로 확정되고, 채권표에 기재되면 확정판결과 동일한 효력(불가쟁력)이 부여된다.

5. 인부의 기준

일반적으로는 이의 후의 채권확정소송에서의 승소가능성이 인부의 기준이된다. 파산자가 채권의 존재를 인정한다고 하더라도 달리 신고채권의 존재를 인정할 자료가 없는 경우에는, 이의를 제기하는 것이 바람직하다. 파산채권의 존재는 파산법원의 직권조사사항이므로 파산자의 자백에 의한 처분권주의는 허용되지 않는다. 그 이유는 채권자가 파산자와 통모할 가능성이 있기 때문이다.

6. 문제되는 경우

채권자가 제출한 각 채권목록의 합계 기재액과 채권신고서 표지 기재액에 차이가 있는 경우에는 특별조사기일의 필요가 없도록 하기 위하여 가급적 보다 다액의 금액을 기초로 인부하는 것이 바람직하다.

7. 조사기일의 절차

(1) 파산자의 출석

파산자는 조사기일에 출석하여 의견을 진술할 의무가 있지만, 출석하지 않더라도 조사기일의 진행에 지장이 있는 것은 아니다. 실무상 파산자가 조사기일에 출석하여 파산관재인의 조사결과에 대하여 의견을 진술하는 예는 거의 없다.

(2) 파산관재인

조사기일에 파산관재인은 채권조사결과표를 출석채권자에게 배포하고, 조사결과를 구두로 진술한다. 이의를 진술하는 경우에 그 이유를 반드시 붙여야 하는 것은 아니지만, 실무상 채권표의 비고란에 간략한 이유를 기재한다. 그러나 이유를 붙였다고 하더라도 후일 채권확정소송에서 이에 대해 구속력이 인정되는 것은 아니다.

(3) 파산채권자의 의견진술

법원은 파산관재인의 조사결과 진술이 끝나면 각 파산채권자에게 파산관재인의 조사결과에 대한 의견진술의 기회를 부여하고 있다. 파산채권의 확정과는 무관한 절차이지만, 간혹 조사과정의 착오가 이 과정에서 드러나는 경우가 있을 수도 있고, 법원으로서는 파산관재인의 답변을 통하여 파산관재인이 얼마나 성실히 채권조사에 임하였는지 알 수 있는 기회로서도 유용하다.

(4) 파산자의 의견진술

파산채권자의 의견진술을 마치면, 파산자에게도 이의 진술의 기회를 부여한다. 자주 있는 경우는 아니지만 채무자가 파산채권자의 채권에 이의를 진술하는 경우도 있다. 이의진술의 취지를 보아 의문점을 제기하는 것인지 아니면 정식으로 이의를 진술하는 것인지 나누어 판단하여, 전자라면 파산관재인에게 설명을 하도록 하여 의문점을 해소시키면 되고, 후자인 경우에만 이의를 진술한 것으로 인정하여 조서에 이의자의 성명과 이의의 내용을 기재하고, 채권표에도 이를 기재하도록 한다.

【서식】 파산채권자표

파 산 채 권 자 표

사건	20○○파○○ 파산	파산회사 : ○○ 주식회사	
신고번호	○○번	신고일자	20○○. ○. ○
채권자의 성명	○○○(상호 : ○○상사) 또는 주식회사 ○○은행(대표이사 : ○○○)		
채권자의 주소	서울 ○○구 ○○동 ○○○		
파산채권의 내용 및 원인	① ・원인 : 1998. 1. 20. 자 일반자금대출(변제기 : 2000. 1. 20.) 　・내용 : 원금 ○○○원 　　　　 2000. 12. 1. 개시결정일까지의 이자 ○○○원 ② ・원인 : 1998. 1. 20.~2000. 11. 30.까지 사이의 물품대금 　・내용 : 금 ○○○원 ③ ・원인 : 2000. 3. 1. 임대차계약 　・내용 : 임대보증금 반환채권 금 ○○○원		
우선권 있는 채권 또는 후순위 채권			
의결권의 액	금 ○○○원		
조사결과	시인액 : 금　　　　　원 　(우발채무시인액 : 금　　　　　　원) 부인액 : 금　　　　　원 　(부인사유 :　　　　　　　　　　　) 이의자 : 관리인　　　　이의액 금　　　　　원 　　　　　　 20○○. ○. ○. 　　　　　 법원주사　　　○　○　○ 　　　　　 재판장 판사　○　○　○		
소송진행 여부		채무명의가 있는지 여부	
비고 (변동사항)			

【서식】채권조사결과표

○ 파산채권 시·부인 집계표

구분	건수	신고금액	시인액	부인액
우선채권	210	1,873,744,974	1,870,336,484	3,408,490
일반채권	176	64,711,350,948	45,905,936,270	18,805,414,678
합계	386	66,585,095,922	47,776,272,754	18,808,823,168

○ 총괄인부표

접수번호	채권자명	채권의 종류	신고채권액	시인액			부인액	비고
				우선채권	일반채권	후순위채권		
1	홍길동	임금	500,000	50,000				
2	(주)길동실업	매매대금	1,500,000		1,450,000	50,000		파산선고후의 이자는 후순위채권으로 시인
3	(주)○○	어음	10,000,000				10,000,000	채권없음
4	(주) ○○은행	대여금	5,000,000				50,000,000	별제권예정 부족액소명 없음
5	한○○	어음	10,000,000				10,000,000	어음요건 불비
6	(주)종로상호신용금고	대여금	5,000,000				5,000,000	증거불충분
7	이○○	어음	10,000,000				10,000,000	상계예정
	합계							

○ 개별인부표

접수번호	채권자명	채권의 종류	채권신고내역	신고채권액	시인액	부인액	비고
230	○○종합금융	대여금	원금 연체이자	3,000,000,000 877,808,219	3,000,000,000 416,958,904	460,849,315	약정이율 초과분 부인
	합 계			3,877,808,219	3,416,958,904	460,849,315	

관계인의 출석(제451조)

1. 의견진술

채무자, 신고한 파산채권자 또는 그 대리인은 채권조사기일에 출석하여 의견을 진술 할 수 있다. 파산채권의 신고는 대리인도 할 수 있으나, 대리인이 반드시 변호사일 필요는 없다. 파산채권에 관하여 추심권을 취득한 채권자 또는 채권자대위권자도 신고할 수 있다.

2. 파산채권이 가압류되어 있는 경우

파산채권이 가압류되어 있는 경우에는 가압류채권자가 파산채권의 신고를 하는 것이 아니라 파산채권자가 신고권자이다.

파산관재인의 출석(제452조)

채권의 조사는 파산관재인이 출석하지 아니하면 할 수 없다.

신고기간 후에 신고한 채권의 조사(제453조)

1. 채권신고기간 경과 후의 채권신고의 처리

(1) 채권신고기간 후이지만 일반의 채권조사기일을 마치지 않은 경우

파산관재인 및 출석채권자의 동의를 얻어 동 조사기일에 조사를 할 수 있다.

(2) 동의를 얻지 못한 경우 또는 일반의 채권조사기일 후에 채권신고가 된 경우

신고기간에는 채권신고의 실권효가 없으므로, 조사기일에 조사를 하는 것이 아니라 특별조사기일을 개최하여 채권조사를 한다. 신고가 최후배당의 제척기간 만료 후에 이루어진 경우에는 채권조사의 여지는 없고 배당으로부터 제척된다.

2. 최후배당 직전에 된 채권신고의 처리

(1) 신고취하

당해 신고채권에 관하여 다른 파산채권자가 이의를 할 가능성이 없는 채권이라고 인정되며, 파산절차가 최후배당의 단계에 있고 종결의 지연을 회피할 수 있는 경우, 파산절차가 최후배당의 단계에 있으며 종결의 지연을 회피할 수 있는 경우에는, 화해에 의하여 신고를 취하하도록 하는 처리가 허용될 수 있다.

(2) 변제율과 비용공제

화해에 의한 변제율은 배당절차 전에 실질적인 변제를 받게 되는 점을 고려하여 일반 채권에 대한 예정배당율보다 저감하여 정하고, 특별조사기일의 비용도 공제하여야 할 것이다.

파산채권자의 이익을 해하는 변경(제454조)

채무자회생및파산에관한법률 제453조의 규정(신고기간 후에 신고한 채권의 조사)은 파산채권자가 신고한 사항에 관하여 신고기간 후에 다른 파산채권자의 이익을 해할 변경을 가한 경우에 관하여 준용한다.

일반기일 후의 채권신고(제455조)

1. 채권신고기간이 경과한 경우

파산법상 신고의 종기를 제한하는 명문의 규정이 없으므로, 최후배당의 제척기간까지의 채권신고는 유효하다. 그러나 최후배당 제척기간 만료 직전에 채권신고를 하더라도, 제척기간 만료까지 특별조사기일이 개최되고 그 채권이 확정되어야 하므로, 사실상 이러한 채권은 배당에 참가할 수 없게 되는 결과가 된다. 따라서 늦어도 최후배당 제척기간 만료 전에, 신고채권이 이의 없이 확정되는 경우거나 이의가 있는 경우 채권의 확정을 위한 절차를 취할 정도의 시간적 여유가 있는 날까지는 신고를 하도록 하여야 한다.

2. 이의여부에 따른 분류

(1) 채권신고기간이 경과한 후 일반조사기일 전까지 신고된 채권은 파산관재인 및 파산채권자의 이의가 없는 경우

일반조사기일에 조사를 할 수 있다.

(2) 이의가 있거나 일반조사기일 이후에 신고된 채권

특별기일을 열어 조사하여야 한다.

(3) 실무에서의 처리

실무상으로 이의자가 있는 경우는 드물지만, 이의자가 있는 경우 다시 채권조사기일을 열어야 하므로 절차가 지연된다는 점에 대해서 설득을 하여 이의를 철회하도록 한다.

일반조사기일 전까지 신고된 채권	일반조사기일에 조사를 할 수 있다
이의가 있거나 일반조사기일 이후에 신고된 채권	특별기일을 열어 조사하여야 한다

3. 특별조사기일을 여는 경우의 비용

특별조사기일을 여는 경우의 비용은 기간 후에 신고한 파산채권자의 부담으로 되어 있고 이 예납금을 내지 않으면 채권신고를 각하하게 되므로, 만약 신고채권액이 소액인 경우에는 그 예상배당액보다 예납금이 많게 되는 경우에 파산관재인이 그 사유를 설명하고 신고를 취하하도록 유도하는 것도 절차를 간명하게 하는 방법이다.

4. 인부를 유보한 다른 채권이 있는 경우

일반조사기일을 속행하여, 그 속행기일에 신고기간 경과 후 신고된 채권도 함께 인부할 수 있다. 이 때 속행기일을 정함에 있어서는 속행기일까지 다시 채권신고가 있을 것을 예상하여 1, 2개월 정도의 기간을 두고 있다. 속행기일은 제1회 일반조사기일에서 선고하고, 공고 및 송달을 따로 하지 않는다.

특별기일의 공고 및 송달(제456조)

채권조사의 특별기일을 정하는 결정은 이를 공고하여야 하며 파산관재인, 채무자 및 신고한 파산채권자에게 송달하여야 한다.

채권조사기일의 변경 등(제457조)

채무자회생및파산에관한법률 제456조(특별조사기일의 공고 및 송달)의 규정은 채권조사기일의 변경과 채권조사의 연기 및 속행에 관하여 준용한다. 다만, 선고가 있는 때에는 공고 및 송달을 하지 아니하여도 된다.

채권의 확정(제458조)

1. 채권의 확정

채권조사기일에서의 이의 유무는 채권표에 기재되는데, 관재인 또는 파산채권자로부터 이의가 없으면 신고한 내용대로 파산채권(채권액, 우선권, 채무자회생및파산에관한법률 제446조 제1항 각호의 어느 하나에 해당하는 청구권의 구분)으로서 확정되고, 이는 확정판결과 동일한 효력을 가진다.

2. 확정의 효력

확정한 파산채권을 가지는 채권자는 그 확정액에 따라서 채권자집회에서 의결권을 행사할 수 있고, 배당을 받을 수 있는 자격을 취득하게 된다.

3. 채권표의 기재가 채권조사기일의 결과와 다른 경우

경정결정을 구하는 신청을 할 수 있다. 채권표의 기재내용자체를 다투기 위해서는 확정판결에 대한 불복신청과 마찬가지의 방법(재심, 청구이의의 소)에 의하여만 가능하다.

◼ **관련판례**

판례(대법원 2000. 11. 24. 선고 2000다1327 판결)

파산채권자는 채권표에 기재한 사항에 관하여서만 채권확정의 소를 제기하거나 파산 당시에 이미 계속되어 있는 소송을 수계할 수 있으므로, 채권조사기일까지 신고하지 않은 채권을 새로이 주장할 수는 없으며, 채권표에 기재된 것보다 다액의 채권액이나 새롭게 우선권을 주장할 수는 없고, 따라서 채권표에 기재되지 않은 권리, 액, 우선권의 유무 등의 확정을 구하는 파산채권확정의 소또는 채권표에 기재되지 않은 권리에 관하여 소송이 계속되어 있는 경우의 그수계신청 등은 모두 부적법하며, 파산채권확정을 구하는 소에서 파산채권신고여부는 소송요건으로서 직권조사 사항이다.

판례(대법원 2018. 4. 24., 선고, 2017다287587 판결)

당사자가 파산선고를 받은 때에 파산재단에 관한 소송절차는 중단되고(민사소송법 제239조), 채무자에 대하여 파산선고 전의 원인으로 생긴 재산상의 청구권인 파산채권은 파산절차에 의하지 아니하고는 행사할 수 없다[채무자 회생 및 파산에 관한 법률(이하 '채무자회생법'이라고 한다) 제423조, 제424조]. 따라서 파산채권에 관한 소송이 계속하는 도중에 채무자에 대한 파산선고가 있게 되면 소송절차는 중단되고, 파산채권자는 파산사건의 관할법원에 채무자회생법이 정한 바에 따라 채권신고를 하여야 한다. 채권조사절차에서 파산채권에 대한 이의가 없어 채권이 신고한 내용대로 확정되면 계속 중이던 소송은 부적법하게 되고, 채권조사절차에서 파산채권에 대한 이의가 있어 파산채권자가 권리의 확정을 구하고자 하는 때에는 이의자 전원을 소송의 상대방으로 하여 계속 중이던 소송을 수계하고 청구취지 등을 채권확정소송으로 변경하여야 한다.

조사결과의 파산채권자표 기재(제459조)

1. 조사결과의 기재

법원은 채권표에 채권조사의 결과 및 파산자가 진술한 이의를 기재한다. 실

무상으로는 이 절차를 법원사무관이 하고 있고, 재판장이 채권표철 표지에
확인인을 날인하는 것으로 그 절차수행의 적정을 기하고 있다.

2. 어음, 수표 등의 유가증권 또는 차용증서 등의 채권증서

어음, 수표 등의 유가증권 또는 차용증서 등의 채권증서가 있으면 그 증서에
확정된 뜻을 기재하고 법원인을 압날하여야 한다. 그러나 실무상으로는 채권
자가 증서의 원본을 제출하는 경우는 매우 드물고 실제로 그의 효용도 크지
않은 것으로 판단되기 때문에 법원인을 압날하는 경우는 거의 없다.

▣ **관련판례**

판례(대법원 2006. 11. 23., 선고, 2004다3925 판결)

파산채권자는 채권표에 기재한 사항에 관하여만 채권확정의 소를 제기하거나
파산 당시에 이미 계속되어 있는 소송을 수계한 후 채권확정의 소로 변경할 수
있으므로, 채권조사기일까지 신고하지 않은 채권을 새로이 주장하거나 채권표에
기재된 것보다 다액의 채권액을 주장할 수 없다. 따라서 파산채권을 신고하지
않아 채권표에 기재되지 않은 권리에 대한 채권확정의 소는 부적법하므로, 파산
채권확정을 구하는 소에서 파산채권신고 여부는 소송요건으로서 직권조사사항
이다.

【서식】 채권표 표지

채 권 표

사 건   20○○하○○
파 산 자
 이 채권표는 각 채권자별 채권표와 일체를 이루는 것입니다.

서울회생법원 제201파산부

법원사무관   작성

채권조사에 관한 사항				
조사기일	사무관날인	재판장확인	조사대상의채권표번호	채권조사의 결과
20 . . .				각 채권자별 채권표 및 채권인부표(별첨) 기재와 같음
20 . . .				
20 . . .				
20 . . .				

채권확정소송의 결과				
채권표번호	신고채권액	확정액	사무관날인	재판상확인

확정채권에 관한 파산채권자표 기재의 파산채권자에 대한 효력(제460조)

채권표에 기재되면 확정판결과 동일한 효력(불가쟁력)이 부여된다. 확정채권에 관하여 파산채권자표에 기재한 때에는 그 기재는 파산채권자 전원에 대하여 확정판결과 동일한 효력이 있다.

파산채권의 이의에 관한 통지(제461조)

1. 조사기일을 종료하는 경우

법원은 파산채권자에게 이의통지서를 송달한다

2. 이의 사유의 기재

이의통지서에는 파산관재인 또는 파산채권자의 이의 사유를 기재한다.

3. 실무에서의 처리

출석하지 않은 파산채권자에게 이의가 진술된 경우에만 이의통지를 하도록 정하고 있지만, 실무에서는 출석 여부를 가리지 않고 전부 통지하고 있다. 실무에서는 이의통지서를 등기우편에 의한 발송송달의 방법으로 송달하고 있다. 파산참가기관이 금융산업의구조개선에관한법률 제21조에 의하여 신고한 예금채권에 대하여 이의를 진술한 경우에는 파산참가기관에 이의통지서를 송달한다.

【서식】이의통지서

<table>
<tr><td colspan="5">

서울회생법원
제201파산부
이의통지서

사 건   20○○하○○   파산선고
파 산 자   ○○○ 주식회사
           서울 ○○구 ○○동 ○○
파산관재인   변호사 ○ ○ ○
파산채권신고인 ○○○
           서울 ○○구 ○○동 1가 111

  위 사건에 관하여 20○○. ○. ○. 15:00 개최된 채권조사기일에서 귀하가 신고한 권리에 관하여 다음과 같은 이의가 있었으므로 채무자회생및파산에관한법률 제461조에 의하여 이를 통지합니다.
  이의자를 상대로 당원에 소를 제기하여 채권의 확정을 받지 아니하면 이의가 있었던 부분에 관하여는 채무자회생및파산에관한법률상의 배당절차에 참가할 수 없게 됨을 유의하시기 바랍니다.

다   음

1. 이의자 : 파산관재인 변호사 ○ ○ ○ (또는 파산채권자 ○○○)
2. 이의 있는 채권

</td></tr>
</table>

신고번호	채권의 내용	신고채권액	이의액	이의사유
	합 계			

20○○. ○. ○.

재판장 판사 ○ ○ ○

파산채권 조사확정의 재판(제462조)

1. 관할

파산채권확정의 소는 파산법원의 전속관할이다. 여기에서의 파산법원은 현재 파산사건이 계속되어 있는 지방법원(광의의 파산법원)을 가리키고, 파산사건을 담당하는 재판부일 필요가 있는 것은 아니다.

(1) 무명의채권의 경우

이의가 진술된 무명의채권에 관하여 파산선고 전부터 파산채권자와 파산자 사이에 계속되어 있다가 파산선고에 의하여 중단된 소송이 수계된 경우에는 파산선고 당시 계속되어 있던 법원의 관할에 속한다.

(2) 유명의채권

유명의채권에 대하여 이의가 진술된 경우의 채권확정소송은 파산자가 취할 수 있는 소송절차(예컨대 청구이의의 소, 재심의 소)의 관할법원에서 하여야 한다.

무명의채권에 관하여 파산선고 전부터 파산채권자와 파산자 사이에 계속되어 있다가 파산선고에 의하여 중단된 소송이 수계된 경우	파산선고 당시 계속되어 있던 법원의 관할에 속한다
유명의채권에 대하여 이의가 진술된 경우의 채권확정소송	파산자가 취할 수 있는 소송절차(예컨대 청구이의의 소, 재심의 소)의 관할법원에서 하여야 한다

2. 파산채권확정의 소의 사물관할

파산채권확정의 소의 사물관할에 관하여는 법문상 명문의 규정은 없다. 실무는 파산채권확정의 소를 영업자 파산사건의 경우 민사합의부에, 소비자 파산사건의 경우 민사단독에 각 배당하고 있다.

영업자 파산사건의 경우	민사합의부
소비자 파산사건의 경우	민사단독

3. 출소기간

출소기간의 제한은 없지만, 무명의채권은 배당공고일로부터 2주 내의 제척기간 내에 채권확정소송을 제기한 것을 증명하지 아니하면 배당에서 제척되므로, 늦어도 최후배당의 제척기간 내에 제기하여야 한다.

4. 청구원인의 제한

파산채권확정소송에는 파산채권의 신고가 소송요건이고, 파산채권자는 채권표에 기재된 사항에 관하여만 청구원인으로 할 수 있으므로, 예컨대 채권표에 기재된 것과 다른 발생원인이나 그보다 다액의 채권액 등을 주장할 수 없다. 따라서 채권표에 기재되지 않은 권리, 액, 우선권의 유무 등의 확정을 구하는 파산채권확정소송 또는 채권표에 기재되지 않은 권리에 관하여 소송이 계속되어 있는 경우의 그 수계신청 등은 모두 부적법하다.

5. 채권확정판결의 주문

(1) 채권확정판결의 주문례는 다음과 같다

원고의 파산자 ○○주식회사에 대한 일반파산채권(또는 우선권 있는 파산채권, 후순위 파산채권)은 금 ○○○원임을 확정한다.
한편 "원고의 파산자 ○○주식회사에 대한 파산채권은 금 ○○○원 및 이에 대한 20○○. ○. ○.부터 완제일까지 연 ○%의 비율에 의한 금원임을 확정한다"는 주문은 피하여야 한다.

(2) 이유

결정을 위와 같이 해야하는 이유는 다음과 같다.
무파산선고일부터의 이자 또는 지연손해금은 후순위채권인데, 이 주문대로 판결이 확정되면 후순위 파산채권부분까지도 일반파산채권으로 확정된 것으로 해석될 수 있고, 그렇게 되면 환가절차가 장기화되어 배당이 늦어질수록 채권확정소송을 거친 파산채권자에 대한 배당액이 커지는 반면 채권확정소송을 거친 파산채권자에 대한 배당액이 그만큼 작아지는 부당한 결과가 되기 때문이다. 따라서 파산선고 전일까지의 이자 및 지연손해금 부분을 일반파산채권으로, 파산선고일로부터의 이자 및 지연손해금을 후순위파산채권으로 구분하여 표시하여야 한다.

원고의 파산자 ○○주식회사에 대한 일반파산채권은 금 ○○○원, 후순위 파산채권은 금 ○○○원에 대한 20○○. ○. ○.부터 완제일까지 연 ○%의 비율에 의한 금원임을 확정한다.

원고의 파산자 ○○주식회사에 대한 파산채권은 별지 목록 기재와 같음을 확정한다(별지목록에는 일반파산채권 부분과 후순위파산채권 부분을 구분하여 표시)

6. 채권확정판결의 효력

채권의 확정에 관한 소송의 판결은 당사자로 된 자에게 영향을 미칠 뿐만 아니라 파산채권자전원 및 파산관재인에게도 미친다. 이러한 판결효력의 확장은 파산절차를 원활하게 하기 위한 것이므로 파산채권의 신고를 하지 않은 파산채권자도 이에 구속된다.

7. 소송비용

(1) 파산관재인이 이의를 진술하였으나 채권확정소송에서 패소한 경우

위와 같은 경우에는 재단채권으로서 파산재단에서 지출된다.

이의자가 파산채권자인 경우에는 파산채권자 자신이 부담하게 된다.

(2) 파산채권자가 이의를 진술하고 수행한 채권확정소송에서 이의자가 승소한 경우

위와 같은 경우 그 소송비용은 파산재단이 이익을 받은 한도에서 재단채권으로 승인하여 이의자에게 지급하도록 한다.

(3) 종국적인 귀속여부

"파산재단이 이익을 받은 한도"라고 하지만 결국은 다른 채권자에 대한 배당액이 증가되는 결과가 되는 것이므로 파산재단에 승소로 인한 이익이 종국적으로 귀속되는 것은 아니다. 예를 들어 확정소송에서 우선권이 배척되어 일반파산채권으로 배당되게 된 경우, 우선변제를 받을 수 있었던 배당액과 일반파산채권으로서 배당받게 될 배당액의 차액, 파산채권 그 자체가 배척된 경우에 있어서는 그 예상배당액이 파산재단이 이익을 받을 한도가 된다고 할 수 있을 것이다.

8. 파산채권확정소송 확정 후의 절차

파산채권확정소송이 확정되면 파산관재인 또는 파산채권자의 신청(판결문과 확정증명이 첨부되어야 한다)을 기다려 그 신청이 이유 있다고 판단되면 그 결과를 채권표에 기재한다. 신청이 이유 없는 경우에는 이를 기각할 수 있고, 신청인은 즉시항고 할 수 있다.

채권조사확정재판에 대한 이의의 소(제463조)

파산관재인, 신고채권자 및 파산자는 일반 또는 특별의 채권조사기일에 신고채권에 대하여 이의를 할 수 있고, 파산관재인 및 파산채권자의 이의는 채권의 확정을 저지한다. 채권조사확정재판에 불복하는 자는 그 결정서의 송달을 받은 날부터 1개월 이내에 이의의 소를 제기할 수 있다. 이의의 소는 파산계속법원의 관할에 전속하며, 소를 제기하는 자가 이의채권을 보유하는 파산채권자인 때에는 이의자 전원을 피고로 하고 이의자인 때에는 그 파산채권자를 피고로 하여야 한다. 동일한 채권에 관하여 여러 개의 소가 계속되어 있는 때에는 법원은 변론을 병합하여야 하며, 소에 대한 판결은 소를 부적법한 것으로 각하하는 경우를 제외하고는 인가하거나 변경한다.

이의채권에 관한 소송의 수계(제464조)

1. 소송의 수계

이의가 철회되지 않은 채권에 관하여는 채권확정소송에 의하여 확정여부가 결정되게 된다.

(1) 채권별 소송수계

(2) 집행력 있는 채무명의 또는 종국판결 있는 채권(유명의채권)

이의를 진술한 파산관재인 또는 채권자

(3) 무명의 채권

신고채권자가 소송을 제기하거나 소송을 수계하여야 한다.

- 채권별 소송 수계

채무명의 또는 종국판결 있는 채권 (유명의 채권)	이의를 진술한 파산관재인 또는 채권자
채무명의 또는 종국판결 없는 채권 (무명의채권)	신고채권자

▣ **관련판례**

판례(대법원 2020. 12. 10., 선고, 2016다254467, 254474 판결)

파산절차에서 신고된 파산채권에 관하여 파산관재인 등으로부터 이의가 있는 경우 파산채권자는 그 내용의 확정을 위해 이의자 전원을 상대방으로 하여 법원에 채권조사확정재판을 신청함이 원칙이지만[채무자 회생 및 파산에 관한 법률(이하 '채무자회생법'이라고 한다) 제462조 제1항], 파산선고 당시에 그 파산채권에 대하여 이미 소송이 계속 중인 경우라면 채무자회생법 제464조에 의하여 이의채권에 관하여 이의자 전원을 그 소송의 상대방으로 하여 소송을 수계해야 한다. 이처럼 파산채권에 대해 이미 소송이 계속 중인 경우에 조사확정재판을 신청하는 대신에 계속 중인 소송을 수계하도록 한 것은, 신소 제기에 따른 비용과 시간의 낭비를 방지하고 소송절차의 번잡을 피하기 위한 공익적인 목적을 위한 것이므로, 채무자회생법 제464조에 의한 소송수계를 할 수 있는 경우에 채무자회생법 제462조 제1항에 의한 파산채권확정의 소를 제기하는 것은 권리보호의 이익이 없어 부적법하다. 이는 채무자회생법 제6조 제1항에 의하여 파산선고를 받지 아니한 채무자에 대하여 회생계획인가가 있은 후 회생절차폐지의 결정이 확정된 경우 법원이 그 채무자에게 파산의 원인이 되는 사실이 있다고 인정하여 직권으로 파산을 선고함에 따라 파산절차가 진행된 때에도 마찬가지이므로, 채무자회생법 제464조에서 말하는 '이의채권에 관한 소송'에는 종전 회생절차에서 제기되어 진행 중인 회생채권 조사확정재판에 대한 이의의 소도 포함된다고 해석함이 타당하다. 따라서 채무자회생법 제6조 제1항에 의한 파산선고 당시에 종전 회생절차에서 제기되었던 조사확정재판에 대한 이의의 소가 계속 중이라면, 채권자는 채무자회생법 제464조에 따라 이의자 전원을 그 소송의 상대방으로 하여 소송을 수계해야 하고, 이때의 수계신청은 상대방도 할 수 있다.

청구원인의 제한(제465조)

파산채권확정소송에서는 파산채권의 신고가 소송요건이고, 파산채권자는 채권표에 기재된 사항에 관하여만 청구권인으로 할 수 있으므로, 예컨대 채권표에 기재된 것과 다른발생원인이 그보다 다액의 채권액 등을 주장할 수 없다. 파산채권자는 채무자회생및파산에관한법률 제459조 제1항의 규정에 의하여 파산채권표에 기재한 사항에 한하여 채권조사확정재판의 신청을 하거나 제463조 제1항의 소를 제기하거나 제464조의 규정에 의하여 소송을 수계할 수 있다.

▣ 관련판례

판례(대법원 2006. 11. 23., 선고, 2004다3925 판결)

파산채권자는 채권표에 기재한 사항에 관하여만 채권확정의 소를 제기하거나 파산 당시에 이미 계속되어 있는 소송을 수계한 후 채권확정의 소로 변경할 수 있으므로, 채권조사기일까지 신고하지 않은 채권을 새로이 주장하거나 채권표에 기재된 것보다 다액의 채권액을 주장할 수 없다. 따라서 파산채권을 신고하지 않아 채권표에 기재되지 않은 권리에 대한 채권확정의 소는 부적법하므로, 파산채권확정을 구하는 소에서 파산채권신고 여부는 소송요건으로서 직권조사사항이다.

집행권원이 있는 채권에 대한 이의주장방법(제466조)

집행력 있는 채무명의 또는 종국판결이 있는 채권(이른바 유명의 채권)은, 이에 대하여 파산관재인 또는 다른 파산채권자가 이의를 진술하고, 파산자가 할 수 있는 판결이 확정되어 있는 소송절차에 의하여 이의를 주장하여도, 그 이의가 이유 있다고 하는 판결이 확정되지 않는 한 배당에 참가할 수 없다.

■ **관련판례**

판례(대법원 2018. 4. 24., 선고, 2017다287587 판결)

파산선고 당시 파산채권에 관한 소송이 계속 중인 경우 파산채권자는 파산사건의 관할법원에 채권신고를 하여야 하고, 채권조사절차에서 이의가 없어 파산채권이 신고한 내용대로 확정되면 계속 중이던 소송은 부적법하게 된다. 만일 채권조사절차에서 이의가 제기되면 파산채권자가 이의자 전원을 소송 상대방으로 하여 소송절차를 수계하여야 하나[채무자 회생 및 파산에 관한 법률(이하 '채무자회생법'이라고 한다) 제464조], 집행권원이 있는 이의채권의 경우에는 이의자가 파산채권자를 상대방으로 하여 소송절차를 수계하여야 한다(채무자회생법 제466조). 이처럼 파산선고 당시 계속 중이던 파산채권에 관한 소송은 파산관재인이 당연히 수계하는 것이 아니라 파산채권자의 채권신고와 그에 대한 채권조사의 결과에 따라 처리되므로, 당사자는 파산채권이 이의채권이 되지 아니한 상태에서 미리 소송수계신청을 할 수 없고, 이와 같은 소송수계신청은 부적법하다.

파산채권의 확정에 관한 소송결과의 기재(제467조)

파산채권확정소송이 확정되면 파산관재인 또는 파산채권자의 신청(판결문과 확정증명이 첨부되어야 한다)을 기다려 그 신청이 이유 있다고 판단되면 그 결과를 파산채권표에 기재하여야 한다. 신청이 이유 없다고 판단되는 경우에는 이를 기각할 수 있고, 신청인은 즉시항고할 수 있다.

파산채권의 확정에 관한 소송의 판결 등의 효력(제468조)

채권의 확정에 관한 소송의 판결은 신고된 자 뿐 아니라 파산채권자 전원 및 파산 관재인에게도 그 효력이 미친다. 이러한 판결효력의 확장은 파산절차를 원활하게 하기 위한 것이므로 파산채권의 신고를 하지 않은 파산채권자도 이에 구속된다.

소송비용의 상환(제469조)

1. 소송비용

(1) 파산관재인이 이의를 진술하였으나 채권확정소송에서 패소한 경우

소송비용은 재단채권으로서 파산재단에서 지출되고, 이의자가 파산채권자인 때에는 파산채권자 자신이 부담하게 된다.

(2) 파산채권자가 이의를 진술하고 수행한 채권확정소송에서 이의자가 승소한 경우

소송비용은 파산재단이 이익을 받을 한도에서 재단채권으로 승인하여 이의자에게 지급한다.

2. 종국적 귀속여부

"파산재단이 이익을 받을 한도"라고 하지만 결국은 다른 채권자에 대한 배당액이 증가하게 되는 결과가 되는 것이므로 파산재단에 승소로 인한 이익이 종국적으로 귀속되는 것은 아님을 유의해야 한다. 예컨대 확정소송에서 우선

권이 배척되어 일반파산채권으로 배당되게 된 경우에는, 우선변제를 받을 수
있었던 배당액과 일반파산채권으로서 배당받게 될 배당액의 차액, 파산채권
그 자체가 배척된 경우에는 그 예상배당액은 파산재단이 이익을 받은 한도
가 된다.

– 배척되는 채권에 따른 파산재단이 이익을 받은 한도가 되는 범위

확정소송에서 우선권이 배척되어 일반 파산채권으로 배당되게 된 경우	우선변제를 받을 수 있었던 배당액과 일반파산채권으로서 배당받게 될 배당 액의 차액
파산채권 그 자체가 배척된 경우	예상배당액

파산채권확정소송의 목적의 가액(제470조)

1. 결정의 기준

법원은 파산채권확정소송의 소가를 배당예상액을 기준으로 하여 결정하게
된다. 이미 계속되어 있는 소송이 수계된 경우에도 마찬가지로 당해 심급이
종결된 후 상소장의 첩부인지액 산출을 위하여 소가결정을 할 수 있다.

2. 관할법원

소가는 수소법원이 정하도록 되어 있는데, 실무에서는 수소법원의 의미를 최
대한 넓게 해석하여 파산사건을 담당하는 재판부에서 소가결정을 하고 있다.

3. 배당예상액의 결정

배당예상액은 제1회 채권자집회에서의 파산관재인 보고서에 기재된 예상배
당율을 참조하여 결정하고, 예상배당율이 기재되어 있지 않는 경우에는 위
보고서에 기재된 환가가능한 재산의 총액을 시인된 채권액으로 나누어 계산
한 비율을 참조하여 결정하게 된다.

4. 문제되는 경우

파산관재인이 파산채권확정과 관련하여 부인의 소를 제기하는 경우에도 본

조를 적용할 수 있는지 여부에 대하여는 견해의 대립이 있다. 그러나 보통 실무에서는 파산재단의 부담을 가볍게 하여 부인의 소 제기를 어렵지 않게 한다는 취지에서 부인대상 금액의 1/10정도를 소가로 결정한 사례가 있다.

5. 기타의 경우

그 밖에 채권조사에서 시인되었으나 그 채권표 기재의 효력을 뒤집기 위해 제기한 채권표 기재 무효확인의 소, 청구이의의 소 등에 있어서도 그 결과가 채권의 확정에 영향을 미치는 것이므로 본조가 적용된다고 보고 소가결정을 하고 있다.

6. 실무에서의 처리

실무상으로는 청구금액에 예상배당율을 곱한 다음 그 절반을 소가로 결정한다.

▣ 관련판례

판례(대법원 2002. 10. 23. 자 2002그73 결정)

1. 파산법 제103조 제1항은, "파산절차에 관한 재판에 대하여는 본편에 따로 정한 경우를 제외하고 그 재판에 이해관계를 가진 자는 즉시항고를 할 수 있다."라고 규정하고 있고, 파산법 제225조 소정의 파산채권확정소송의 소송가액에 관한 수소법원의 재판에 대해서는 불복을 금지하는 규정이 없으므로, 그 재판에 대하여 불복이 있는 이해관계인은 즉시항고를 제기할 수 있고 특별항고를 제기할 수 없는 것이다.

2. 파산법 제225조소정의 파산채권확정소송의 소송가액에 관한 수소법원의 재판에 대하여 이해관계인이 불복하여 항고를 하면서 특별항고로 취급하여 달라는 요청에 따라 수소법원이 이를 특별항고로 보고 대법원에 기록을 송부하였으나, 그와 같은 항고는 즉시항고를 제기한 것으로 취급되어야 한다는 이유로 적법한 관할법원으로 이송한 사례.

【서식】 이의통지서

서울회생법원
제201파산부
결 정

사 건	20○○하○○　　　　회사정리
소가결정	주식회사 ○○은행
신 청 인	서울 ○○구 ○○동 ○○
	대표이사 ○ ○ ○
상 대 방	파산자 ○○증권 주식회사의 파산관재인 ○ ○ ○

주 문

소가결정 신청인의 파산자 ○○○○ 증권 주식회사의 파산관재인에 대한 이 법원 20○○가합○○호 파산채권 확정소송의 목적물 가액을 금 13,000,000원으로 정한다.

이 유

채무자회생및파산에관한법률 제470조를 적용하여 주문과 같이 결정한다.

20○○. ○. ○.

재판장 판사 ○ ○ ○
판사 ○ ○ ○
판사 ○ ○ ○

벌금 등의 신고(제471조)

1. 벌금 등의 경우

벌금, 과료, 형사소송비용, 추징금 및 과태료는 일응 정당한 것으로 판단되므로 채권신고가 되더라도 채권조사기일에서 조사하는 것은 아니다.

2. 파산관재인이 이의를 한 경우

파산관재인이 이의를 한 경우에도 파산자가 할 수 있는 소송 등의 불복방법으로 다투어야 할 것이고, 기간의 경과 등으로 다툴 수 없는 것은 채권표에 기재함으로써 신고 내용대로 확정되는 결과가 된다.

행정심판 또는 행정소송의 대상인 경우(제472조)

1. 법원의 통지

벌금 등을 신고한 청구권의 원인이 행정심판 또는 행정소송의 대상이 되는 처분인 때에는 법원은 지체 없이 그 청구권의 금액 및 원인을 파산관재인에게 통지하여야 한다.

2. 준용규정

채무자회생및파산에관한법률 제466조(집행권원이 있는 채권에 대한 이의주장방법) 내지 제468조(파산채권의 확정에 관한 소송의 판결 등의 효력)의 규정은 파산관재인이 이의를 주장하는 경우에 관하여 준용한다.

제3절 재단채권

재단채권의 범위(제473조)

1. 재단채권과 파산채권의 차이

재단채권은 파산채권과는 달리 파산절차에 의하지 않고 파산관재인이 수시 변제하여야 한다.

2. 파산관재인의 역할

파산관재인은 법원에 재단채권 승인 및 임치금반환 허가서를 제출하여 그 허가를 받아야 하며, 이 허가서 등본을 임치금 보관장소에 제시하고 금원을 인출하여 재단채권을 변제해야 한다. 허가서에는 재단채권으로 승인하여야 하는 사유, 그 금액, 인출할 보관장소 등을 기재한다.

3. 파산선고 후의 채권의 경우

본 법이 재단채권으로 정한 것은 주로 파산재단의 관리, 처분, 배당 등의 절차로 인한 비용이기 때문에 원칙적으로 파산선고 전후를 불문하고 공익적 목적 때문에 재단채권으로 하는 것도 있다.

4. 재단채권의 범위

재단채권은 일반적으로 채무자회생및파산에관한법률 제473조에서 열거하고 있는 일반재단채권과 그 밖의 규정에 따른 특별재단채권으로 구분하는데, 이 구분에 따라 그 변제의 순서가 달라지는 것은 아니고, 변제의 순서는 법 제477조에서 따로 정하고 있다.

(1) 일반재단채권

1) 파산채권자의 공동의 이익을 위한 재판상의 비용

파산신청비용, 파산선고의 공고비용, 채권자집회 소집비용, 배당에 관한 비용, 파산종결에 관한 재판비용 등을 가리킨다. 채권자신청의 경우에는 채권자가 예납한 예납금도 여기에 포함된다. 파산신청을 위하여 위임한 변호사의 보수도 채무자회생및파산에관한법률 제473조 제1호의 재판상의 비용에 해당할 것인가의 여부에 대해서는 문제되는데, 소송비용에 산입되는 범위 내의 보수는 이를 긍정하는 것이 보다 타당할 것이다. 그러나 파산신청이 각하된 경우의 비용, 채권조사의 특별기일 소집비용, 각 채권자의 파산채권 신고비용은 공동의 이익을 위한 것이라고 할 수 없는 경우에 있으므로 이에 합당하지 않는다. 또한 채권자가 파산선고 전에 파산자의 채권을 압류한 때에는 압류채권자가 채권압류에 지출한 비용도 일반파산채권에 불과하다고 해석된다.

2) 국세징수법 또는 지방세징수법에 의하여 징수할 수 있는 청구권(국세징
수의 예에 의하여 징수할 수 있는 청구권으로서 그 징수우선순위가 일반
파산채권보다 우선하는 것을 포함하며, 채무자회생및파산에관한법률 제
446조의 규정에 의한 후순위파산채권을 제외한다). 다만, 파산선고 후의
원인으로 인한 청구권은 파산재단에 관하여 생긴 것에 한한다.

국세, 지방세 등 지방자치단체의 징수금, 관세와 가산금, 산업재해보상보
험료, 의료보험료 등이 이에 해당한다.

파산재단에 관한 파산선고 후의 원인으로 인한 조세 및 공과금은 파산재
단의 관리비용에 해당하는 것으로 파산채권자를 위한 공익적인 지출로서
공동으로 부담하는 것이 타당하기 때문에 재단채권으로 한 것이다. 여기
에 해당하는 것으로서는 종합토지세, 재산세, 자동차세, 등록세, 면허세,
인지세, 균등할주민세 등이 있다.

3) 파산재단의 관리, 환가, 배당에 관한 비용

파산관재인 또는 감사위원의 보수, 매각수수료, 공고 통지 비용, 재산목록
과 대차대조표 작성비용, 임차인이 파산한 경우 파산선고 후의 차임 등이
다. 파산절차의 수행에 있어서 불가결한 공익적 비용 중 제1호에 포섭되
지 않는 것은 전부 여기에 해당한다.

4) 파산재단에 관하여 파산관재인이 한 행위로 인하여 생긴 청구권

파산관재인이 행한 소비대차, 임대차, 위임, 도급, 화해 등에 의하여 상대
방이 취득한 채권뿐만 아니라 파산관재인의 불법행위로 인하여 상대방이
취득한 손해배상청구권 등이 이에 해당한다. 또한 파산관재인의 불법행위
는 부작위에 의한 것도 포함된다. 예컨대 파산선고 후 재단소속 건물이 타
인의 토지를 불법점유하고 있는 경우 상대방의 파산선고 후의 손해배상청
구권은 본 호에 해당한다. 파산관재인이 허가를 얻지 않고 은행으로부터
예금을 인출한 경우에 은행에 과실이 있다면 은행은 파산재단에 대하여 2
중 지급을 면할 수 없다. 한편 은행은 파산재단에 대하여 위 인출금에서
과실상계비용을 공제한 금액의 손해배상청구권을 취득하게 되고, 이 손해
배상청구권은 본 호의 재단채권에 해당하게 된다.

5) 사무관리 또는 부당이득에 의하여 파산재단에 대하여 생긴 청구권

파산선고 후에 발생한 것에 한한다. 환취권의 대상인 주식의 명의가 파산

회사로 남아 있어서 파산관재인이 그 배당금을 받은 때, 파산재단에 속하지 않는 환취권의 대상물을 파산관재인이 매각하고 그 매각대금을 파산재단에 편입한 때, 환취권자는 본 호의 재단채권자로서 권리행사를 할 수 있다. 저당 부동산이 경매되었을 때 다른 채권자에게 배당되어야 할 금액이 파산관재인에게 교부되어 위 배당금이 파산재단에 편입된 경우 그 채권자도 본 호의 재단채권이다.

6) 위임의 종료 또는 대리권의 소멸 후에 급박한 필요에 의하여 한 행위로 인하여 파산재단에 대하여 생긴 청구권,

　민법 제691조는 수임인 등의 위임 종료 후의 긴급처리의무를 정하고 있는데, 위 의무에 기하여 한 행위로 인하여 발생한 비용상환청구권 또는 보수청구권은 재단채권으로서 보호된다. 그러나 급박한 필요에 의한 행위가 아닌 경우에는 파산채권이 될 뿐이다.

7) 채무자회생및파산에관한법률 제335조 제1항의 규정에 의하여 파산관재인이 채무를 이행하는 경우에 상대방이 가지는 청구권

　쌍방 미이행의 쌍무계약에 관하여 파산관재인이 채무의 이행을 선택하면 상대방의 채무 이행으로 파산재단이 이익을 얻게 될 것이므로 이에 대응하여 상대방의 반대급부청구권을 재단채권으로 한 것이다.

　임차인 파산의 경우 임대차계약을 존속시키는 경우에는 파산선고 후의 차임은 본 호에 해당하여 재단채권이 된다는 사실에 이론이 없지만, 선고 전에 미지급차임이 있었던 경우의 미지급차임은 재단채권인가 파산채권인가에 관하여는 견해가 나뉘고 있다.

8) 임대인이 파산한 경우

　위와 같은 경우에도 채무자회생및파산에관한법률 제335조 제1항이 적용되는가에 관하여는 견해가 나뉘어 있지만 보통 실무는 전술한 바와 같이 대항력 있는 임대차의 경우를 제외하고는 임대인의 파산관재인이 임대차계약을 해지할 수 있는 것으로 처리하고 있다. 이 때 파산관재인이 계약을 해지한 경우는 물론, 그 이행을 선택한 경우에도, 임차인이 가지는 보증금반환채권은 파산채권이다. 다만 임차인은 위 보증금반환채권을 취득한 후 파산선고시의 당기 및 차기의 차임 뿐만 아니라 그 이후의 차임에 대해서도 상계할 수 있다.

9) 수급인의 경우

수급인이 그 의무의 이행을 완료하지 않고 있는 사이에 도급인이 파산선고를 받은 후 수급인도 파산관재인도 계약을 해제하지 않고, 수급인이 일을 완성하여 목적물을 파산관재인에게 인도한 경우에 수급인의 대금청구권은 재단채권이 된다.

10) 파산선고로 인하여 쌍무계약이 해지된 경우에 그 종료할 때까지 생긴 청구권

임대차나 고용 등의 계속 계약에 있어서는, 임차인 또는 사용자의 파산을 이유로 하는 해지통보가 인정되고 있다(민법 제637조, 제663조). 그리고 해지 통보가 있은 후 법에 정한 일정한 기간이 경과한 후(민법 제635조, 근로기준법 제32조) 이들 계약이 종료한다. 본 호는 이들 계약에 관하여, 파산선고 후 계약 종료시까지 생긴 청구권을 재단채권으로 한 것이다. 본조 제8호는 이점에 대해서 명문상으로는 분명하게 표현하고 있지는 않지만, 다음과 같이 해석하는데 이론이 없다.

가. 이유 : 이것을 재단채권으로 하는 이유는 해지 통보가 있은 때부터 계약이 종료할 때까지의 사이에 파산재단은 상대방으로부터 급부를 받는데 대하여, 상대방의 반대급부청구권을 파산채권으로 하는 것은 불공평하기 때문이다.

나. 실무에서의 처리 : 예컨대 임대차계약의 경우에 있어서 임차인이 파산한 경우에는, 그 파산관재인은 임대차계약 해지의 통지를 할 수 있는데(민법 제637조), 그 해지의 효력이 발생한 날까지 발생한 차임채권이 본 호의 재단채권이 되는 것이다. 실무상으로는 파산선고일로부터 임대차계약이 종료할 때까지의 차임 뿐 만 아니라 임차물을 인도할 때까지의 차임상당 손해금도 본 호의 재단채권에 포함된다고 파악하는 것이 타당할 것이다. 임차인이 상당 손해금도 본 호의 재단채권에 포함된다고 보는 것이 타당할 것이다. 임차인이 파산선고 전에 부담하고 있던 연체차임은 재단채권이 되는 것이 아니라 임대인의 파산채권이다. 임대차가 해지되지 않은 채 존속 되는 경우의 차임채권은 법 제335조 제7호의 유추에 의하여 재단채권으로 된다고 해석한다.

다. 민법의 적용 : 민법의 해석으로는 사용자의 파산관재인이 고용계약

을 해지한 경우 그 효력은 즉시 발생한다고 할 수 있으나(민법 제663조), 근로기준법이 적용되는 경우 30일분 이상의 예고수당을 지급하거나 30일 전에 예고하여야 한다(근로기준법 제32조 제1항). 이 예고수당 또는 예고기간 중의 임금채권도 본 호에 해당하여 재단채권이된다. 파산관재인이 파산선고일로부터 상당한 기간이 경과한 후 해고의 예고를 한 경우에도 재단채권으로 되는 임금의 범위는 파산선고일로부터 고용계약 종료일까지이다. 해지 없이 계속 고용되는 경우의임금은 채무자회생및파산에관한법률 제335조 제10호에 의하여 재단채권이 된다.

11) 파산자 및 그 부양을 받는 자의 부양료

파산자의 자유재산만으로는 파산자와 그 가족의 생활이 현저히 곤란한 경우에는 공적 부조를 통하여 이들을 구제하는 것보다는 파산재단에서 생활비를 지급하는 것이 타당하다는 취지에서 부양료를 재단채권으로 정한 것이다. 법인파산의 경우 파산회사 자신의 인격적 활동을 위한 비용도 채무자회생및파산에관한법률 제335조 제9호의 재단채권에 해당한다고 해석된다. 부양료의 지급에 있어서는 제1회 채권자집회의 결의가 필요하고, 채권자집회 전에는 법원의 허가가 필요하다.

12) 파산자의 피용자의 급료, 퇴직금 및 재해보상금

13) 파산선고 전의 원인으로 생긴 파산자의 피용자의 임치금과 신원보증금의 반환청구권

과거에는 파산선고 전에 임금은 모두 우선파산채권이 되고, 파산선고 후의 임금에 한하여 소정의 재단채권이 되는 것으로 해석하였다. 한편, 주식회사와 유한회사의 경우 신원보증금반환채권 기타 회사와 사용인간의 고용관계로 인한 채권도 우선파산채권에 지나지 않았다.(상법 제468조, 제583조 제2항). 그러나 개정 파산법에서는 이들 채권은 모두 재단채권으로 승격되었다.

파산선고 후 고용계약이 해지된 경우 퇴직금은 선고 전까지의 근로에 대한 부분은 우선파산채권으로, 선고 후 해고일까지의 근로에 대한 부분은 제8호에 의한 재단채권으로 본다고 하였으나, 개정된 법은 퇴직금을 재단채권으로 하였다.

▣ 관련판례

판례(대법원 2004. 2. 27. 선고 2001다52759 판결)

1. 甲과 乙 사이의 공동리스약정에 의해 제3자와 리스계약을 체결한 乙이 제3자로부터 받은 리스료는 대외적으로 乙의 단독소유에 속하므로 공동리스약정에 기한 甲의 乙에 대한 리스료분배청구권은 파산법 제38조 제5호 소정의 재단채권이 될 수 없다고 한 사례.

2. 파산법 제50조 소정의 쌍무계약이라 함은 쌍방 당사자가 상호 대등한 대가관계에 있는 채무를 부담하는 계약으로서, 쌍방의 채무 사이에는 성립·이행·존속상 법률적·경제적으로 견련성을 갖고 있어서 서로 담보로서 기능하는 것을 가리키는 것이라고 봄이 상당하다.

판례(대법원 2002. 1. 25. 선고 2001다67812 판결)

단위신용협동조합이 회비를 납부하지 아니할 때는 신용협동조합중앙회 정관 제16조에 의하여 과태금을 징수할 수 있다고 하더라도, 그러한 사정만으로는 위 회비를 파산법 제38조 제2호 소정의 재단채권 또는 재단채권과 유사한 것이라 할 수 없다.

판례(대법원 2018. 3. 29., 선고, 2017다242706 판결)

구 보조금 관리에 관한 법률(2016. 1. 28. 법률 제13931호로 개정되기 전의 것, 이하 '구 보조금법'이라 한다) 제33조 제2항, 2016. 1. 28. 법률 제13931호로 개정된 보조금 관리에 관한 법률 제33조의3 제2항, 부칙(2016. 1. 28.) 제7조, 구 지방재정법(2014. 5. 28. 법률 제12687호로 개정되기 전의 것, 이하 '구 지방재정법'이라 한다) 제17조의2 제4항의 문언 내용과 취지 및 개정 연혁에 아래와 같은 사정을 더하여 보면, 구 보조금법 제33조 제2항, 구 지방재정법 제17조의2 제4항은 반환금이 다른 공과금보다 징수우선순위에 있음을 정한 것일 뿐, 거기서 더 나아가 그 밖의 다른 채권보다 징수우선순위에 있음을 정한 것으로 볼 수는 없다. 공과금이란 국세징수법에서 규정하는 체납처분의 예에 따라 징수할 수 있는 채권 중 국세, 관세, 임시수입부가세, 지방세와 이에 관계되는 가산금 및 체납처분비를 제외한 것을 말한다(국세기본법 제2조 제8호).

국세기본법 제35조 제1항 본문, 지방세기본법 제71조 제1항 본문은 국세·지방세와 그 가산금, 체납처분비의 징수우선순위에 관하여 규정하면서 '다른 공과금' 뿐만 아니라 '그 밖의 채권'에도 우선함을 명확히 규정하고 있다.

반면 국세징수법에서 규정하는 체납처분의 예에 따라 징수할 수 있는 채권은 징수절차상 자력집행권이 인정될 뿐이므로, '다른 공과금'은 물론 '그 밖의 다른 채권'에 대한 우선권이 인정되기 위해서는 별도의 명시적인 규정이 있어야 한다.

따라서 구 보조금법 제33조, 구 지방재정법 제17조의2에 따라 징수할 수 있는 반환금채권은 채무자 회생 및 파산에 관한 법률 제473조 제2호의 '국세징수의 예에 의하여 징수할 수 있는 청구권으로서 그 징수우선순위가 일반 파산채권보다 우선하는 것'에 해당하지 않으므로, 이를 재단채권으로 볼 수 없다.

부담있는 유증의 부담의 청구권(제474조)

1. 부담부 유증의 이행을 받은 경우

파산관재인이 부담부 유증의 이행을 받은 경우에는 부담의 이익을 받을 청구권은 유증목적의 가액을 초과하지 아니하는 범위 내에서 재단채권이 된다.

2. 취지

부담부 유증의 수유자는 유증의 효력발생시부터(민법 제1073조 제1항) 그 부담을 이행할 책임이 있는 것이므로(민법 제1088조 제1항), 수유자가 파산한 경우 부담수익자의 채권은 파산채권이 되어야 할 것이지만, 재산을 증여하는 대신 수유자에게 그 부담을 이행시키려는 유언자의 의사를 존중하여 쌍방미이행 쌍무계약에 관하여는 파산관재인이 이행을 선택한 경우와 동일하게 취급하도록 한 것이다.

3. 가액의 청구권

파산관재인이 쌍무계약을 해제한 경우에 파산자가 받은 반대급부가 파산재단 중에 현존하지 아니하는 경우의 가액의 청구권도 재단채권이 된다.

상대방에게 완전한 원상회복을 부여하기 위한 취지의 것이므로, 원물의 멸실로 인해 반환불능이 된 경우에도 적용된다. 가액의 산정 기준시는 급부 당시라고 해석한다.

4. 상대방의 소송비용청구권

파산재단에 속하는 재산에 관하여 파산선고 당시 계속하는 소송을 파산관재인이 수계한 경우에 상대방의 소송비용청구권은 재단채권이다.

수계 전에 발생한 채권을 모두 포함하여 재단채권으로 된다. 파산재단의 증식을 위하여 지출된 것이므로, 파산채권자 공동의 이익을 위하여 생긴 재판상 비용으로서 재단채권으로 한 것이다.

5. 집행비용

파산채권에 관하여 파산재단에 속하는 재산에 대하여 행하여진 강제집행을 파산관재인이 속행시킨 경우의 집행비용도 재단채권이다. 재단의 이익을 위하여 지출된 것이므로 파산재단의 환가에 관한 비용의 일종으로서 재단채권으로 한 것이다. 속행 전에 발생한 집행비용도 재단채권이 된다.

6. 파산자의 행위가 부인된 경우에 반대급부에 의하여 생긴 이익이 현존하는 경우

그 이익의 한도에서 상대방은 재단채권자로서 반환청구를 할 수 있고, 반대급부에 의하여 생긴 이익이 현존하지 않는 때에는 상대방은 그 가액의 상환청구권을 파산채권으로서 행사한다.

반대급부에 의하여 생긴 이익이 현존하는 경우	이익의 한도에서 상대방은 재단채권자로서 반환청구를 할 수 있다
반대급부에 의하여 생긴 이익이 현존하지 않는 경우	그 가액의 상환청구권을 파산채권으로서 행사한다

7. 쌍무계약의 경우

부인제도의 목적은 어디까지나 파산재단의 원상회복에 있고 상대방에게 제재를 가하는 데 있는 것이 아니므로, 부인된 행위가 쌍무계약인 때에는, 파산자가 받은 반대급부 내지 그에 기한 재산상의 이익이 현재 파산재단 이익으로 파산재단 중에 존재하는 경우에 이것을 파산재단에 남겨두는 것은 부인권의 목적을 초과하는 것이 된다.

현물이 존재하는 경우	반환하여야 한다
현물에 의한 이익이 현존하는 경우	이익상환청구권이 재단채권으로 된다
이익이 현존하지 않는 때	상대방이 가지는 그 가액의 상환청구권은 파산채권이 된다

8. 파산재단이 채권확정에 관한 소송으로 인하여 이익을 받은 경우

이의를 주장한 파산채권자는 이익의 한도에서 재단채권자로서 그 소송비용의 상환을 청구할 수 있다. 채권자의 이의로 인하여 무권리자의 배당 참가가 저지되고, 다른 파산채권자의 이익이 보호되는 점에서 공익비용의 성질을 가진다고 판단 할 수 있으므로 재단채권으로 정한 것이다. 변호사 보수는 이 소송비용에 포함되지 않는다.

- 상황별 파산재단이 받은 이익의 한도의 범위

신고채권의 부존재 또는 파산채권으로서의 부적격이 확정된 경우	그에 대한 예상배당액
우선권이 부정된 경우	우선파산채권으로서의 예상배당액과 일반 파산채권으로서의 예상배당액의 차액

9. 파산선고에 이르기 전에 회생절차가 선행하여 실패하고 난후 결국 파산선고가 행하여진 경우, 이러한 선행절차를 진행하기 위하여 생긴 채권 및 절차비용

위와 같은 비용은 재단채권으로 된다. 특히 채무자의 회생계획이 인가된 후

폐지결정이 확정되어 파산절차로 이행하게 된 경우 근로자의 급료, 퇴직금은 재단채권이 되는 반면 회생절차를 거치지 않고 바로 파산선고를 하게 되는 경우에는 파산채권이 되어, 회생절차를 거쳤는지 여부에 따라 동일한 채권이 달리 취급되는 문제점이 있었으나, 개정법은 근로자의 급료, 퇴직금을 재단채권으로 하고 있으므로 이에 따르면 이와 같은 문제점은 생기지 않을 것이다.

재단채권의 변제(제475조)

재단채권은 파산절차에 의하지 아니하고 수시로 변제함이 원칙이다.

◼ **관련판례**

판례(대법원 2003. 6. 24. 선고 2002다70129 판결)

파산자 소유의 부동산에 대한 별제권(담보물권 등)의 실행으로 인하여 개시된 경매절차에서 과세관청이 한 교부청구는 그 별제권자가 파산으로 인하여 파산 전보다 더 유리하게 되는 이득을 얻는 것을 방지함과 아울러 적정한 배당재원의 확보라는 공익(共益)을 위하여 별제권보다 우선하는 채권 해당액을 공제하도록 하는 제한된 효력만이 인정된다고 할 것이므로 그 교부청구에 따른 배당금은 채권자인 과세관청에게 직접 교부할 것이 아니라 파산관재인이 파산법 소정의 절차에 따라 각 재단채권자에게 안분변제할 수 있도록 파산관재인에게 교부하여야 한다.

판례(대법원 2014. 11. 20., 선고, 2013다64908, 전원합의체 판결)

　채무자 회생 및 파산에 관한 법률(이하 '채무자회생법'이라 한다)이 '파산재단에 관하여 파산관재인이 한 행위로 인하여 생긴 청구권'을 재단채권으로 규정하고 있는 취지는 파산관재인이 파산재단의 관리처분권에 기초하여 직무를 행하면서 생긴 상대방의 청구권을 수시로 변제하도록 하여 이해관계인을 보호함으로써 공정하고 원활하게 파산절차를 진행하기 위한 것이므로, '파산재단에 관하여 파산관재인이 한 행위'에는 파산관재인이 직무를 행하는 과정에서 한 법률행위뿐만 아니라 직무와 관련하여 행한 불법행위가 포함되고, 나아가 파산관재인이 직무와 관련하여 부담하는 채무의 불이행도 포함된다.

　그렇다면 파산관재인은 직무상 재단채권인 근로자의 임금·퇴직금 및 재해보상금(이하 '임금 등'이라 한다)을 수시로 변제할 의무가 있다고 할 것이므로, 파산관재인이 파산선고 후에 위와 같은 의무의 이행을 지체하여 생긴 근로자의 손해배상청구권은 채무자회생법 제473조 제4호 소정의 '파산재단에 관하여 파산관재인이 한 행위로 인하여 생긴 청구권'에 해당하여 재단채권이다.

재단채권의 우선변제(제476조)

　재단채권은 파산채권보다 먼저 변제하는 것이 원칙이다.

재단부족의 경우의 변제방법(제477조)

1. 재단의 부족

　파산관재인은 재단이 재단채권의 전액을 변제하기에 충분한지 여부에 관하여 어느 정도 예상을 하고 절차를 진행할 수 있지만, 여러 사정으로 이 예상이 빗나가 재단채권의 전액을 변제할 수 없는 경우가 생기기 마련이다. 이러한 경우에 이미 행하여진 재단채권의 변제는 영향을 받지 않고, 미지급 재단채권에 관하여 그 변제 순서가 문제된다.

파산재단이 재단채권의 총액을 변제하기에 부족한 것이 분명하게 된 때의 변제순위에 관하여는 다음과 같이 정하고 있다.

1) 재단채권에 관하여 존재하는 유치권, 질권, 저당권 및 전세권이 있을 때에는 이 재단채권이 우선한다.

　파산재단이 소유하고 있는 건물을 임대하면서 그 임대차보증금에 관하여 질권을 설정해 주는 경우가 있을 수 있는데, 재단부족이 예상되는 경우에는 재단채권에 관하여 담보권의 설정을 허가하지 않는 것이 바람직하다.

2) 채무자회생및파산에관한법률 제473조 제1호 내지 제7호 및 제10호의 재단채권은 다른 재단채권에 우선한다.

　그러나 법 제473조 제1호 내지 제7호, 제10호의 재단채권 중 제1호와 제3호는 파산절차내의 공익비용의 성질을 가지는 것으로서 제2호, 제4호 내지 제7호, 제10호의 재단채권과는 성질을 달리 하므로 가장 먼저 변제하여야 하는 것으로 해석된다(국세기본법 제35조 제1항 제2호 참조).

가. 최우선 지급되는 비용 : 파산신청비용, 공고, 우편비용, 관재사무 비용, 파산관재인 보수 등이 재단채권 중에서 최우선으로 지급된다. 한편, 회생절차 등 선행절차가 실패하게 되어 파산절차로 이행한 때에는 선행절차에 있어서 발생한 채권 및 절차비용에 있어서도 그 비용의 발생원인을 구체적으로 검토하여 그 중에서 제1호나 제3호에 해당하는 채권을 우선하여 변제하여야 한다는 견해가 있다.

나. 파산절차로 이행한 경우의 실무에서의 처리 : 채무자가 회생절차를 거쳐 파산절차로 이행한 경우 파산재단으로 재단채권을 전부 변제할 수 없게 되는 경우가 대부분이고, 이 때 재단채권의 대부분을 조세와 임금채권이 차지하게 되는 경우가 대부분이다. 실무에서는 이 때의 조세채권은 법 제473조 제2호 소정의 재단채권이고 임금채권은 회생절차를 거쳤는지의 여부와 관계없이 같은 조 제10호 소정의 재단채권인바, 법 제473조 제2항은 제1호 내지 제7호 및 제10호에 열거된 재단채권 사이에 우열을 두고 있지 아니하므로 각 그 채권액의 비율에 따라 안분 변제한다.

3) 동순위의 재단채권 사이

　법령이 규정하는 우선권에 불구하고 아직 변제하지 아니한 채권액의 비율에 따라 변제한다.

따라서 파산관재인은 조세채권의 징수에 관한 이른바 압류(교부청구) 선
착주의(국세기본법 제36조 제1항, 지방세법 제34조 제1항), 당해세 우선
(국세기본법 제35조 제1항 제3호, 동 시행령 제18조 제1항, 지방세법 제31
조 제2항 제3호, 동 시행령 제14조의 4 참조)등의 순위를 무시하고, 그 밖
의 동일 순위에 재단채권과 함께 아직 변제하지 않은 채권액의 비율에 따
라 안분하여 평등하게 변제하면 된다.

2. 유의할 점

파산절차에서는 최종 3개월분의 임금채권이라고 하여 달리 취급하지 아니함
에 유의하여야 한다.

▣ 관련판례

판례(대법원 2003. 6. 24. 선고 2002다70129 판결)

파산자 소유의 부동산에 대한 별제권(담보물권 등)의 실행으로 인하여 개시된
경매절차에서 과세관청이 한 교부청구는 그 별제권자가 파산으로 인하여 파산
전보다 더 유리하게 되는 이득을 얻는 것을 방지함과 아울러 적정한 배당재원
의 확보라는 공익(共益)을 위하여 별제권보다 우선하는 채권 해당액을 공제하도
록 하는 제한된 효력만이 인정된다고 할 것이므로 그 교부청구에 따른 배당금
은 채권자인 과세관청에게 직접 교부할 것이 아니라 파산관재인이 파산법 소정
의 절차에 따라 각 재단채권자에게 안분변제할 수 있도록 파산관재인에게 교부
하여야 한다.

판례(대법원 2001. 2. 23. 선고 2000두2723 판결)

사업주가 파산선고를 받은 이후에 파산관재인이 영업의 일부를 계속하고 이
를 위하여 파산선고를 이유로 해고한 직원 중 일부를 다시 보조자로 선임하여
근로를 제공받는 경우에, 보조자들의 임금채권은 구 파산법(2000. 1. 12. 법률 제

6111호로 개정되기 전의 것) 제38조 각 호에 정해진 재단채권의 하나에 해당되어 파산절차에 의하지 아니하고 수시로 변제받을 뿐 아니라(같은 법 제40조) 파산채권 등에 비하여 우선변제를 받을 여지가 많아서(같은 법 제41조, 제42조) 체불될 가능성이 비교적 낮다고 할 수는 있으나, 임금 체불의 가능성이 전혀 없다고 단정할 수는 없는 것이어서, 임금채권보장법시행규칙 제3조에서 정하는 도산등사실인정의 사유가 발생할 가능성, 즉 계속되는 사업활동이 다시 경영악화로 인하여 정지되고 사업의 재개전망이 없으며 임금 및 퇴직금을 지급할 능력이 없거나 지급이 현저히 곤란한 상태에 있게 될 가능성은 여전히 있다고 보아야 하고, 이러한 사정이 발생하면 근로자의 신청에 따라 구 임금채권보장법시행령(2000. 3. 13. 대통령령 제16755호로 개정되기 전의 것) 제4조 제4호에서 정해진 지방노동관서의 장(노동부장관의 권한이 같은법시행령 제24조 제1항에 의하여 위임됨)의 도산등사실인정을 받을 수 있고, 이는 기존의 파산선고와는 별도의 체당금 지급사유가 되는 것이므로, 파산선고가 있은 후에라도 구 임금채권보장법(2000. 12. 30. 법률 제6334호로 개정되기 전의 것) 제3조, 구 산업재해보상보험법(1999. 12. 31. 법률 제6100호로 개정되기 전의 것) 제5조에 정해진 사업 또는 사업장의 사업주에 해당하는 한, 파산관재인으로서는 여전히 구 임금채권보장법(2000. 12. 30. 법률 제6334호로 개정되기 전의 것) 제8조에 의하여 부담금을 납부할 의무가 있다.

파산채권에 관한 규정의 준용(제478조)

1. 준용규정

채무자회생및파산에관한법률 제425조(기한부채권의 변제기 도래)·제426조(비금전채권 등의 파산채권액) 및 제427조제1항의 규정(조건부채권 등의 파산채권액)은 제473조(재단채권의 범위)제7호 및 제474조(부담있는 유증의 부담의 청구권)의 규정에 의한 재단채권에 관하여 준용한다.

2. 파산채권인 경우

위에서 열거한 기한부채권, 비금전채권, 조건부채권이 재단채권 규정이 적용된 경우 재단채권이 이자 없는 채권 또는 정기금채권인 때에는 만약 그 채권이 파산채권이라면 제446조(후순위채권)제1항제5호 내지 제7호의 규정에 의하여 다른 파산채권보다 후순위로 될 부분에 해당하는 금액을 공제한 액을 그 가액으로 한다.

제 5 장
파산재단의 관리·환가 및 배당

제1절 파산재단의 관리 및 환가

파산재단의 점유 및 관리(제479조)

1. 파산재단의 의의와 범위

파산재단이란 파산자가 파산선고시에 가지는 일체의 재산을 의미한다. 이것을 환가하여 재단채권의 변제 및 파산채권자의 배당을 행한다. 파산재단의 성질에 관하여는 견해가 나뉘지만, 현재의 통설은 이 재단에 법인격을 인정하고, 파산관재인은 자기의 이름으로 관재업무를 행하지만 파산재단의 대표자 또는 대리인이라고 한다. 선고 전에 생긴 원인에 기하여 장래 행사할 청구권도 파산재단에 속한다. 채무자회생및파산에관한법률은 속지주의를 원칙으로 정하고 있으므로 외국에 있는 재산은 원칙적으로는 파산재단에 속하지 않는다.

2. 파산재단의 점유, 관리

파산관재인은 취임 직후 지체없이 파산재단에 속하는 물건 및 권리에 관하여 점유 및 관리에 착수하여야 한다. 점유란 파산재단에 속하는 물건을 현실로 파산관재인의 지배하에 두는 것을 의미하고, 관리란 파산재단에 속하는 재산을 보전하고 그 효용에 따라 이용하여 증식하는 것을 의미한다. 재산의 조사, 매출채권의 회수, 시효의 중단, 파산재단에 관한 소송의 처리, 부인권의 행사, 예금이자 기타 과실의 증대 등도 포함된다.

3. 실무에서의 처리

실무상으로 파산재단에 대한 점유 착수는 파산선고일에 파산관재인이 파산자의 사무실에 가서 파산재단에 속하는 일체의 재산이 파산관재인의 점유에 귀속한다는 취지의 공고문을 부착하는 방법으로 한다. 파산자의 영업소, 공장이 다수 있는 경우에는 미리 상시대리인 또는 파산관재인의 임시대리인을 선임하여 가능한 한 동시에 점유에 착수할 수 있도록 한다.

【서식】 공고문 작성예

알   림

파산자 ○○○ 주식회사

위자는 20○○. ○. ○. 10:00 ○○지방법원 제2파산부로부터 ○○하○ ○○호로 파산선고를 받고, 본인이 파산관재인으로 선임되었습니다. 이 주거, 사무실 및 그 안의 일체의 유체동산은 본인의 점유 관리하에 있으 므로 본인의 허가 없이 출입하거나 이를 반출하는 경우에는 형법에 의하 여 처벌될 것입니다.

파산관재인 변호사 ○ ○ ○

(연락처 : ○○시 ○○구 ○○동 전화 ○○○ - ○○○○)

봉인(제480조)

1. 봉인이 필요한 경우

파산관재인의 점유, 관리가 평온하게 이루어지는 경우일 때에는 봉인의 필요는 없을 것이지만, 파산선고 전후로 파산재단을 둘러싼 혼란이 예상되는 경우에는 그 필요가 있는 경우도 있다.

2. 봉인의 대상

파산관재인은 파산재단의 보전을 위하여 파산관재인 사무소로 이전할 수 있는 것(현금, 어음, 주권, 장부 등)은 이전하여 오고, 현실적으로 점유를 이전할 수 없는 것(집기, 비품, 기계, 원재료의 재고, 금고 등)은 집행관 또는 파산법원의 사무관 등에게 봉인신청을 한다.

동산은 물론이고 부동산에 대하여도 봉인을 할 수 있다.

3. 봉인의 방법

부동산은 공시방법이 등기지만, 등기만으로는 현실의 점유나 관리를 부동산 자체로부터는 알 수가 없기 때문이다. 봉인의 방법은 개개의 물건마다 봉인표를 붙이는 것이 원칙이지만, 금고나 창고 등은 그 내용물을 확인하고 시정한 후, 문과 자물쇠 부분에 봉인표를 붙인다. 부동산은 출입구의 열쇠를 바꾼 후 그 출입구에 파산관재인이 봉인표를 부착하거나(건물의 경우), 봉인표를 부착한 팻말을 세운다(토지의 경우). 봉인표에는 "이 봉인을 파기 또는 무효로 하는 자는 법에 의하여 처벌됩니다. 20○○. ○. ○. ○○지방법원 사무관 ○○○"이라고 기재하고 소속 법원장인을 압날하여야 한다.

4. 봉인후의 조치

(1) 조서의 작성봉인기관은 봉인 후 조서를 작성하여야 한다

언제 어느 재산을 봉인하였는가를 기재하고 파산관재인, 입회인의 서명날인을 받는다. 봉인조서는 기록에 편철한다.

(2) 환가 또는 필요가 없게 된 때

봉인된 물건을 환가하거나 그것이 제3자의 권리에 속하는 것으로 판명되는 등 봉인의 필요가 없게 된 때에는 파산관재인은 집행관 또는 법원사무관에게 봉인제거의 신청을 하고 집행관 또는 법원사무관은 이를 제거하여야 한다. 실무상으로는 파산관재인이나 그 보조인이 사실행위로서 봉인을 제거하고 집행관 또는 법원사무관에게 연락한다. 봉인을 제거한 경우에도 조서를 작성하여 기록에 편철해야 한다.

5. 실무에서의 처리

실무에서는 사실상 봉인이 실시된 경우가 거의 없었다. 위에 기재한 공고문이 사실상 봉인의 기능을 하고 있고, 달리 봉인의 필요성이 있다고 판단된 예가 없었기 때문이다. 또 파산자 사무실에 금고가 있는 경우 그 내용을 확인하여 기재하고 시정한 후 문과 자물쇠 부분에 파산관재인의 인감을 날인한 지편을 부착한 예가 있는데, 이와 같은 방법도 사실상 봉인의 기능을 수행하는 것이라고 할 수 있다.

【서식】 봉인집행 조서

서울회생법원
조　　서

20○○하○○　　파산선고　　　　　　기일 : 20○○. ○. ○. 10:00
법원사무관　　　○ ○ ○　　　　　　장소 : 서울 ○○구 ○○동 ○○

　본직은 파산관재인 변호사 ○○○의 신청에 의하여 서울 ○○구 ○○동 ○○의 사건본인 회사 구 본사 사옥에 임하여 파산자 대표이사 ○○○에 대하여 파산결정 정본을 제시하고, 파산자 소유의 재산을 봉인하는 취지를 고지한 후, 별지목록 기재 물건에 대하여 봉인을 하였다.

입회인(파산자 대표이사) ○　○　○　(인)
입회인 파산관재인 변호사 ○　○　○　(인)
법원 사무관 ○　○　○　(인)

<별지>

목　록

순 번	물건의 표시	수량	비고

재산장부의 폐쇄(제481조)

1. 재산장부의 폐쇄

파산관재인은 취임 즉시 파산자 사무실에 가서 장부를 확보하여야 한다. 장부를 파기하거나 그 점유의 인도를 거절하는 자는 사기파산죄로 고소하는 것이 바람직하다.

2. 장부의 폐쇄의 목적

장부의 폐쇄는 파산관재인의 재산관리를 보조하기 위한 것이다.

3. 장부폐쇄 의무자

본 법상 법원사무관 등의 의무로 되어 있다.

4. 폐쇄대상 장부

폐쇄대상인 장부는 통상 상업장부, 주식회사의 경우 계산서류 등이다. 컴퓨터 등에 의하여 회계가 관리되는 회사의 경우에는 통상의 장부에 준하여 물리적으로 가능한 범위에서 보전하고 폐쇄하거나 봉인한다.

5. 법원사무관의 역할

통상 파산관재인이 파산자로부터 장부를 인도받아 법원사무관에게 제출하면, 법원사무관은 각 장부의 여백에 "이하 여백"이라고 기재하고, 장부의 최후의 기재부분 다음에 "이 장부는 20○○. ○. ○. 12:00 법원사무관 ○○○"이라고 기재하고 날인한다. 아직 정리되지 않은 장부라도 그 상태로 폐쇄한다.

6. 폐쇄후의 조치

폐쇄 후에는 조서를 작성하여, 장부의 현상을 기재한다.

7. 실무에서의 처리

실무에서는 과거에 장부 폐쇄를 행한 예가 전혀 없는 것은 아니지만, 요즈음은 거의 장부 폐쇄를 실시하지 않고 있다. 다만, 파산관재인이 장부를 인도받고 즉시 장부를 확인하고 장부의 말미 여백에 파산관재인의 이름으로 폐쇄의 취지를 기재한 예가 있으나 이를 본조의 장부 폐쇄라고는 할 수 없을 것이다. 파산관재인이 파산자로부터 장부를 인도 받는다고 해도 이를 파산관재인 사무실로 가져오는 경우는 거의 없기 때문에, 위와 같이 파산관재인이 장부의 현상을 확인한 후 보조인에게 그 보관을 맡기는 방법으로 처리하는 것이 보통이다.

【서식】장부폐쇄 조서

서울회생법원
조   서

20○○하○○ 파산선고   기일 : 20○○. ○. ○. 10:00
법원사무관   ○ ○ ○   장소 : 서울 ○○구 ○○동 ○○

　본직은 서울 ○○구 ○○동 ○○의 사건본인 회사 구 본사 사옥에 임하여 신청인 및 파산관재인 대리인 변호사 ○○○ 입회 하에 채무자회생및파산에관한법률 제481조 규정에 의거 사건본인 회사의 재산에 관한 장부를 다음과 같이 폐쇄하였다.

1. 장부의 폐쇄
　　가. 사건본인회사 장부는 서울 ○○구 ○○동 ○○ 본사 사옥에 일부 보관하였던 장부를 서울 ○○구 ○○동 ○○ 구 본사 사옥으로 옮겨 놓은 상태였다.
　　나. 사건본인 회사 장부 체제는 책자로 된 장부에 수기로 기장하는 형식으로 기준일을 정한 각 기별 항목별로 별도의 장부를 사용하고 있었으며 매 장부내에도 세부적인 항목별로 기장하는 형태를 취하고 있었다.

2. 폐쇄조치
　　장부의 폐쇄는 20○○년 ○월분부터 20○○년 폐쇄일까지의 보관중인 별지 기재장부에 대하여 제7기분부터 제13기분까지는 각 장부 말미에, 제14기분부터 폐쇄일까지의 제15기분 각 장부에 대하여는 장부 내의 세부적인 항목의 각 말미에 다음과 같은 내용의 문언을 기재하고 날인하였다.
　　"20○○. ○. ○. 서울중앙지방법원 20○○하○○ 파산선고에 의하여 장부 폐쇄함. 20○○. ○. ○. 서울중앙지방법원 법원사무관 홍길동"
　　이로써 사건본인 회사의 별지 기재 장부에 대하여 폐쇄하고 관재인 대리인에게 위 장부를 인계하였다.

법원 사무관   ○ ○ ○ (인)

〈별지생략〉

재산의 가액의 평가(제482조)

1. 재산가액의 평가

(1) 의의

파산관재인은 법원 서기관, 파산자 등의 입회 하에 재단에 속한 재산의 가액을 평가하여야 한다. 채무자회생및파산에관한법률상 재산가액의 평가는, 그 결과를 환가의 목표가격 설정, 배당 예정율의 추정을 위한 자료로 활용하게 될 뿐 아니라 파산재단의 회계관리를 철저히 한다는데 의의가 있다.

(2) 감정을 맡기는 경우

회계사 등 전문가에게 일괄하여 가액 평가를 맡기는 방법이 편리하지만 이 경우 그 비용이 과하다하게 되지 않도록 주의한다. 부동산, 자동차, 집기, 비품 등에 관하여 전문 감정업자에게 감정을 맡기는 경우에도 같다. 그러나 이들 감정 결과는 어디까지나 재산평가의 자료에 불과할 뿐이고, 재산평가의 주체는 어디까지나 파산관재인이다. 재단이 부족하여 파산관재인이 직접 재산을 평가하여야 할 경우에는 다음과 같이 처리한다.

1) 평가 시기

채무자회생및파산에관한법률은 파산선고 후 지체없이 하도록 정하고 있다. 실무상으로도 파선선고 후 점유, 관리의 착수를 마친 다음 바로 평가하도록 권하고 있다. 적어도 제1회 채권자집회 전에 마쳐서, 위 집회에서 채권자들에게 그 결과를 보고하도록 한다. 그러나 제1회 채권자집회 전에 평가를 마칠 수 없는 경우에는 평가 전의 재추제표를 기준으로 보고할 수밖에 없다.

2) 평가방법

동산은 각 장소마다 소재한 물건의 이름, 수량, 취득일, 취득가액, 내용연수, 현재의 장부가 등을 기재한 표를 만들고, 파산관재인이 하나씩 물건의 현물을 확인하면서 평가한다.

부동산, 기타 감정 등을 요하는 물건은 현지에서 현물을 확인한 후, 감정 결과에 따르거나 공시지가 또는 인근부동산업자의 시가확인서 등을 근거로 평가한다.

현금, 예금 등에 관하여는 장부잔고와 예금통장 및 은행 등의 잔고증명과 현금을 대조한다.

약속어음, 주식 기타 유가증권도 장부와 현물을 대조하고 회수가능성, 상장여부 등을 감안하여 평가한다.

채권은 상대방 채무자의 확인이 있으면 되지만, 그렇게 할 수 없는 단계에서는 장부와 증거를 대조하여 평가한다. 이 경우에도 회수가능성을 고려한다.

3) 입회인의 입회

본 법은 정확하고 공정한 평가를 위하여 법원사무관 등의 입회를 요구하고 있으나, 실제로 이들이 입회하는 경우는 거의 없다. 또 평가의 적정을 기하고 파산자의 이익을 보호하기 위하여 파산자도 참여시키도록 정하고 있지만, 실제로 참여하지 않는 경우도 있다. 파산관재인에 의한 재산평가가 적정, 타당하다고 인정되면 법원사무관 등이 참여하지 않았다고 하더라도 평가의 효력을 부정할 수는 없을 것이다.

2. 평가 기준

(1) 자산의 평가기준

파산의 경우 자산의 평가기준은 각 자산을 처분할 때의 가격이다. 이후에 실제 환가한 결과와 평가액이 큰 차이가 생기게 되면 관재업무의 성실성에 의문을 제기하는 채권자가 있게 되므로, 가능한 한 보수적으로 평가하여야 한다.

(2) 평가기준일

평가기준일은 파산선고일이다.

(3) 처분가액의 구체적인 예는 다음과 같다.

1) 현금, 예금 등은 현실의 보유액

그대로 평가액이 된다.

2) 약속어음, 매출금, 대여금 등 채권

부실채권을 제외한 회수가능액이 평가액이 된다.

3) 상품, 반제품, 원재료 등은

원칙적으로 처분 가능성에 따라 판단해야 할 것인데, 달리 전용할 수 없는 반제품, 가공재료 등은 폐기처분 가액이 될 것이다. 때로는 평가액이 영이 될 수도 있다. 실무상 이러한 자산들의 실제 처분가액이 장부가의 10%에도 못 미치는 경우가 대부분이고, 오히려 처리비용이 필요할 때도 있다.

4) 토지, 건물 등

토지, 건물 등은 처분을 목적으로 하는 예상 최저경매가격을 평가액으로 채용하는 경우가 많다.

5) 공장재단의 경우

공장재단을 구성하는 각 재산의 평가액의 합산액이다.

6) 기계, 기구, 전화사용권, 차량 등은

전문업자 사이의 시장가격을 평가액으로 한다. 그러나 실무상 기계, 기구의 경우에는 이러한 가격을 알 수 없는 경우가 대부분이고 역시 폐기처분되는 경우가 많다.

잡기 비품은 장부가(파산선고일까지의 감가상각이 끝난 것)와 강제집행될 경우의 예상 최저경매가격을 참고로 하지만, 실무상으로는 가치가 없다고 평가하는 경우가 대부분이다.

재산목록 및 대차대조표의 작성(제483조)

1. 재산목록, 대차대조표의 작성

(1) 파산관재인의 의무

파산관재인은 장부의 폐쇄, 재산의 평가를 거쳐 재산평가의 결과를 이른바 청산재산목록, 청산대차대조표의 형식으로 정리하고, 이를 법원에 제출하여 이해관계인이 열람할 수 있도록 하여야 한다. 법원은 이들 계산서류를 기초로 파산관재인이 하는 재산의 환가 또는 포기의 적정 여부를 판단한다.

(2) 실무에서의 처리

파산재단의 규모에 따라서는 제1회 채권자집회시까지는 통상의 대차대조표와 부속명세서(재산목록과 거의 내용이 같다)를 작성하여 보고하고, 그 이후 재산평가 등의 진척에 따라 위 통상의 대차대조표 등을 수정하여 청산대차대조표, 청산재산목록을 작성하는 경우도 많다.

(3) 제출

일반적으로는 파산관재인이 제1회 채권자집회의 기일에 배포할 파산관재인 보고서 중 부속서류로 청산재산목록과 청산대차대조표를 제출하도록 하고 있다. 회계사에게 일괄하여 재산평가를 맡기는 경우에는 대차대조표와 재산목록을 회계사가 작성해 주지만, 파산관재인이 작성의 주체인 점은 재산평가의 경우와 같다.

우편물의 관리(제484조)

1. 우편물의 관리

(1) 의의

법원은 파산선고와 동시에 파산자 소재지의 관할 우체국에 파산자에게 보내지는 우편물을 파산관재인에게 배달할 것을 촉탁한다. 파산관재인은 파산자에게 오는 우편물을 직접 점검하여, 은닉재산이나 부인대상행위 등을 발견해 낼 수 있다.

(2) 우편물에 의하여 발견되는 것

다른 지역에 있는 부동산에 관한 재산세 납부통지, 보험의 해약에 의한 정산통지, 골프장, 콘도 등의 이용안내 등 각종 재산의 관리와 처분에 관한 것이다. 직접 이들 재산에 관한 것은 아니더라도 단순한 서신 가운데서도 파산자가 숨긴 주소나 영업소를 알 수 있고, 이를 단서로 은닉한 재산을 발견할 수도 있다. 과거의 자금수지에 비하여 재산이 감소한 경우에는 특히 주의하여 우편물을 관리하여야 한다.

우편물관리의 해제(제485조)

1. 우편물관리의 해제

법원은 채무자 또는 파산관재인의 신청에 의하여 우편물의 관리의 규정에 의한 촉탁을 취소하거나 변경할 수 있다.

2. 취소해야되는 경우

파산취소나 파산폐지의 결정이 확정되거나 파산종결의 결정이 있는 때에는 법원은 우편물 관리의 규정에 의한 촉탁을 취소하여야 한다.

영업의 계속(제486조)

1. 영업의 계속

(1) 적용시기

영업을 계속할 것인가 폐지할 것인가는 파산채권자에게 중요한 사항이므로 제1회 채권자집회에서 이를 최종적으로 결정하지만, 파산선고시부터 제1회 채권자집회시까지 영업을 계속할 필요가 있는 경우에는 임시로 법원이 이를 허가할 수 있다.

(2) 원칙

영업의 계속은 파산선고를 전제로 하여 파산재단을 유리하게 환가하기 위한 하나의 방법으로서 일정한 범위에서 예외적으로 인정되는 것이다. 따라서 신규영업은 원칙적으로 허용되지 아니하고, 예컨대 단기간에 확실한 이익을 얻을 것이 예상되는 경우에 한하여 인정된다.

2. 영업의 계속을 허가할 수 있는 경우

(1) 파산선고가 내려진 경우

파산선고가 되더라도 면허를 유지할 수 있는 영업 또는 타인의 시설내에서 영업을 할 권리를 유지한채 환가하는 것이 가능한 경우에도 영업권의 환가에 유리하므로 영업을 계속할 수 있다.

(2) 파산자가 렌탈회사인 경우

렌탈 물건을 즉시 회수하는 것이 곤란하고 이를 회수하여도 적정한 가격에 매각하는 것이 어려운 때(예컨대 건물에 부착된 엘리베이터 등)에는 예컨대 단기렌탈의 경우 계약기간의 종료시까지 영업을 계속하여, 렌탈계약이 종료한 후 렌탈계약에 정한 바에 따라 그 렌탈 물건의 이용자에게 매각하는 방법으로 처리하는 것이 효율적인 경우가 있다. 이 때에도 물론 영업은 기존 렌탈계약의 유지에 필요한 범위에서 제한된다.

(3) 파산자가 제조업자 또는 공사 도급인인 경우

이미 착수한 제조 또는 공사가 중단된 채 방치하면 무가치한 물건이지만 그대로 계속 제조 또는 공사를 진행하여 완성한 후 매각하여 그 이상을 얻을 수 있을 때에는 영업을 계속하도록 한다.

1) 문제되는 경우

주로 건설회사가 파산한 경우 진행 중이던 공사의 처리에 관하여 문제된다. 이 때 법원은 다음과 같이 허가를 하고 있다.

가. 공사를 계속 진행하여 마무리하는 것이 파산채권자에게 유리하다고 판단되는 경우 : 위와 같은 경우에 한하여 위 공사의 계속을 허가한다.

나. 파산선고 당시의 공사 진척도가 낮은 경우 : 공사를 진행하지 않고 이미 진행된 부분을 포함하여 매각하는 방법을 모색하는 것이 타당하다.

다. 예상과 달라지는 경우 : 실제로는 공사의 완료가 여러 가지 사정으로 지연되어 법원 허가시의 예상과는 달리 영업이 장기화되는 경우도 있다. 이 경우에는 과감하게 시한을 정하여 그 때까지 완료되지 않는 것은 모두 공사를 중지하고, 중지한 채로 양도하는 방법을 모색하는 것도 생각해 볼 수 있다.

2) 영업양도의 방법으로 재산을 매각하는 경우

영업양도가 될 때까지, 강제화의가 시도되어 그 화의 성립의 가망이 있는 경우에도 영업을 계속하도록 허가한다.

3) 기타

입원 환자가 다수 있는 병원, 학생이 남아있는 학원 등과 같이 영업을 중단하면 사회적 혼란이 생길 수 있는 경우에도 영업의 계속을 허가할 수 있다.

3. 영업의 계속을 허가하는 것이 바람직하지 않은 경우

(1) 종업원이 사업장을 점거하고 있는 경우

파산관재인이 자기의 의사에 따라 종업원을 이용하여 영업을 할 수 없으므로, 영업을 계속할 여지가 없다. 제1회 채권자집회에서 영업을 계속하는 것으로 결의되었다고 해도 그 결의는 집행을 금지하여야 한다.

(2) 보석, 골동품, 회화 등의 고가품의 판매업

일괄매각보다는 소매에 의하는 쪽이 고가매각이 가능하지만, 환가에 장기간이 소요되기 쉬우므로 영업을 계속하는 것은 바람직하지 않다.

(3) 골프장, 콘도 등의 회원제 회사가 파산한 경우

파산관재인은 경영 전문가가 아니고 운전자금의 차입도 어려울 뿐 아니라, 회원의 시설이용권은 파산채권이므로 이른바 회원대우를 해 줄 수 없고 영업을 종료할 시기의 결정이 곤란한 경우가 많으므로 영업을 하지 않는 것이 좋다.

4. 영업 계속 허가시의 주의 점

(1) 재단채무의 증가

가. 비용의 증가

영업을 계속하면 인건비, 사무실과 공장의 운영비, 원자재의 구입비, 판매비 등의 비용이 들고 이들은 모두 재단채권으로 된다. 특히 파산자가 되면 종전과 같은 정도의 신용도를 유지할 수 없어서, 예컨대 건설회사의 경우 하자보증보험증권을 발급받을 수 없어 현금으로 하자보증금을 납부하여야 한다든지, 매출채권의 채무자들이 대금지급을 거부하거나 지체한다든지 하여 매출채권의 회수에 어려움이 생기고, 파산자의 근로자들이 수시로 이직을 하거나 근무기강의 해이로 사고발생의 위험이 높아지는 등, 파산자로서의 영업에 여러 가지 제약요소들이 잠재해 있기 때문에 재단채무의 증대 가능성이 더 커지는 경향도 있다.

나. 종전의 근로자들을 그대로 고용

또한 영업을 계속한다고 하더라도 근로자들에 대해 해고와 보증인으로의 재고용 절차를 거치지 않고 만연히 종전의 근로자들을 그대로 고용하

는 경우 이들이 가지는 퇴직금이나 연차수당 등 재단채권이 크게 늘어날
수 있고, 그렇지 않더라도 후일 해고를 둘러싸고 분쟁이 생길 수 있다.
다. 파산관재인

경영의 전문가가 아닌 파산관재인이 정상적인 회사가 아닌 파산회사를
운영하는 것 자체가 쉬운 일이 아니다. 특히 파산자를 주인 없는 회사로
인식한 일부 근로자들의 횡령, 영업 비밀의 누출 등 부정행위로 인한 파
산재단의 감소, 영업계속으로 인하여 발생하는 민원, (특히 건설회사의
경우 공사 관련 민원이 매우 많다), 보조인과의 근로관계에서 생길 수 있
는 분쟁(파산관재인이 부당노동행위로 노동위원회에 고발되는 사태도 있
다) 등이 파산관재인에게 상당한 부담이 된다.

5. 법원에 의한 설명

법원은 이와 같은 사정을 파산관재인에게 잘 설명하고, 다음의 점을 파악한
후 허가 여부를 결정해야 한다.
(1) 다액의 재단채권 발생에 대한 대비책이 있는지(차입에 의한 경영은 매
우 곤란할 것이므로 현금이 충분히 확보되어 있는지, 인건비 등의 비용
을 충분히 절감할 수 있는지)
(2) 영업을 전담시킬 믿을 만한 사람이 있는지 확인하고
(3) 경리 및 업무 점검 체계를 사전에 확보하고 보관금 계좌 중 업무계속용
의 계좌를 별도로 개설할 것을 지시

6. 영업의 계속을 허가한 후

파산관재인은 수시로 법원에 주요 현안을 보고하고 정기적으로 영업보고서
를 제출하도록 하여야 한다.

7. 방법의 전환이 필요한 경우

일단 영업을 계속하는 것으로 법원의 허가를 얻고 그 후 채권자집회의 결의
를 받았다고 하더라도, 실제로 시행해 본 결과 영업 계속의 원래의 목적을
달성할 수 없다고 판단한 때에는 과감히 중단하고 중단된 채로 매각하는 방
법을 택하는 결단을 내려야 한다는 점도 환기시킬 필요가 있다.

8. 영업의 계속을 허가할 경우

영업의 계속을 허가할 경우에는 계속할 영업의 범위를 특정하거나 영업계속의 기간을 설정하여 허가할 수 있다. 영업계속의 기간을 정하여 허가한 경우 그 기간이 경과한 후에도 계속 영업을 하기 위해서는 다시 채권자집회의 결의 또는 법원의 허가(감사위원이 설치된 경우 감사위원의 동의)가 필요할 것이다.

9. 영업 계속 허가 후의 조치

영업계속이 허가되면 파산관재인은 경영자의 입장에서 종전의 종업원을 사용하거나 새로운 종업원을 고용하여 영업을 행할 수 있다. 영업의 방법에는 제한이 없으므로 재고상품의 매각은 물론, 새로운 상품의 구입도 가능하고 유익한 설비투자도 할 수 있다.

고가품의 보관방법(제487조)

1. 고가품의 보관

실무상으로는 파산관재인의 신청을 기다려 화폐, 유가증권 기타 고가품의 보관방법에 관하여 허가한다. 화폐는 은행에 파산관재인 명의의 계좌를 개설하여 임치하고, 어음, 수표 등은 계좌를 개설하여 은행에 추심위임을 하고, 귀금속류는 대여금고에 보관하는 것이 통상의 처리방법이다. 이하에서는 주로 화폐의 보관방법을 중심으로 설명한다.

2. 허가신청서

파산관재인의 허가신청서에는 은행명(○○은행 ○○지점 등의 형식으로)만 기재되면 족하고, 예금의 종류, 계좌번호까지 기재되어야 하는 것은 아니다. 고가품의 보관장소 허가를 한 후 법원은 보관장소로 지정된 각 금융기관에 법원의 임치금 반환 허가서 등본(또는 감사위원이 설치된 경우에는 감사위원의 동의서 등본)이 없이는 임치금을 지급하지 않도록 의뢰하는 통지서를 보내고 있다.

3. 문제되는 경우

(1) 파산자 명의 예금계좌의 해지 요부

원칙적으로 파산자 또는 파산회사 명의의 예금계좌를 전부 해지한 후 반환받은 돈을 파산관재인 명의로 개설한 예금계좌에 입금하여야 한다. 그러나 정기예금 등 즉시 해지하는 것이 파산재단에 불리한 경우 등 필요한 때에는 파산회사 명의의 예금계좌를 파산관재인 명의로 변경하는 절차를 취할 수도 있다.

(2) 보관장소의 선정

1) 일반적인 경우

파산관재인이 입출금하기 쉬운 금융기관을 새로이 선정하는 경우가 많으나, 때에 따라서는 파산자가 거래하던 금융기관을 보관장소로 선정하기도 한다. 안정성을 우선으로 하되, 그 중 이자율이 높은 예금에 가입하도록 지도한다. 보관장소의 선정에 있어서 정실이 개입되거나 금융기관의 로비 때문에 잡음이 생기는 경우가 있어 주의를 요한다.

2) 파산채권자가 금융기관인 경우

위와 같은 경우 자신을 보관장소로 지정할 것을 요구하는 예가 있으나, 파산채권자 사이의 형평 문제가 있으므로 특별한 사정이 없는 한 피하여야 할 것이다. 파산관재인 중에는 특별한 사정이 없는데도 보관장소를 변경하거나 추가하겠다고 신청하는 경우가 있으므로, 이러한 허가신청이 있을 때에는 그 사유를 소명하도록 요구하여야 한다.

3) 허가를 받은 후

파산관재인은 보관장소의 허가를 받으면 그 지정 은행에 "파산자 ○○○, 파산관재인 ○○○" 명의의 계좌를 개설하거나, 기존의 파산자가 개설하여 보유하고 있던 계좌의 예금주 명의를 위와 같이 변경한다.

4. 보관장소의 수

보관장소의 수에는 제한이 없다. 파산재단의 규모가 큰 경우에는 위험 분산을 위해 보관장소를 다수 선정하기도 한다.

5. 보관방법

(1) 정기예금 등의 형태

재단채권의 변제를 위하여 수시로 인출하여야 할 일정 금액을 제외하고는 이율이 높은 정기예금 등의 형태로 보관한다. 약정 예치기간이 길수록 이율이 높은 것이 보통이나, 지나치게 장기로 약정하여 신속한 중간배당의 실시에 지장을 초래하는 것은 곤란하므로 약정기간은 향후 배당 실시시기를 고려하여 선택하여야 한다.

(2) 수익이 높은 반면 손실발생의 위험이 큰 금융상품

수익증권, 주식투자와 같이 수익이 높은 반면 손실 발생의 위험이 큰 금융상품은 피하는 것이 좋다. 다만 신주인수권의 행사에 따라 신주를 배정받는 경우와 같이 상대적으로 높은 안정성과 수익성을 가지는 투자는 무방하다.

6. 보관장소의 변경

보관장소를 추가하는 것도 가능하다. 역시 원칙적으로 채권자집회의 결의사항이지만, 급박한 경우에는 법원의 허가사항으로 처리할 수 있다. 일단 이동된 보관장소 내에서 예컨대 보통예금을 정기예금으로 바꾸는 것과 같은 계좌간의 이동은 엄격히 말하자면 보관장소의 변경이 아니므로 법원의 허가를 받지 않아도 좋다고 할 수 있지만, 실무상으로는 특별한 사정이 없는 한 사전에 법원의 허가를 받도록 지도하고 있다.

7. 부동산 관리에 있어서의 유의점

(1) 환가시기의 문제

부동산은 그 환가에 시일이 걸리는 것이 보통이므로, 그 동안에는 교환가치를 높게 유지 할 수 있도록 관리하여야 한다.

(2) 부동산의 관리

부동산의 관리는 일반적으로 용역회사에 위임하거나 관리인을 고용하여 행한다. 그러나 파산관재인으로서도 부동산의 시설 유지를 위하여 각종 설비의 점검이 제대로 되고 있나 수시로 확인하고, 관련법규도 숙지하여야 한다.

(3) 각종 특별법

부동산의 시설 유지와 관련된 특별법으로는 에너지이용합리화법(보일러, 냉온수 배관관리), 고압가스안전관리법(도시가스 정기검사), 오수분뇨폐수처리법(정화조), 소방법(소방설비 점검) 등이 있다. 이들 특별법에는 각 소정 의무를 게을리할 경우 벌금 또는 과징금을 부과할 수 있도록 한 벌칙규정이 있으므로 주의하여야 한다.

(4) 부동산의 보유로 인하여 지출되는 비용

부동산의 보유로 인하여 지출되는 조세 및 공과금은 모두 재단채권이다. 재산세 뿐 아니라 환경개선부담금, 교통유발금, 도로점용료, 보험료(화재보험, 책임보험 등) 등도 재단채권으로 승인하여 지출하여야 한다.

그 밖에 보수를 위하여 필요한 자재의 구입, 조경, 청소, 경비, 주차, 방역, 소방훈련 등과 관련하여 비용이 지출되는 경우가 있다.

(5) 건물의 임대

건물의 경우 임대되지 않은 공간을 남겨두는 것보다는 임대를 하는 편이 환가에 유리한 경우가 많으므로, 임대를 적극적으로 고려하여야 한다. 파산관재인이 임대한 경우의 보증금 반환채권은 재단채권이 되므로, 이 점을 임차희망자에게 설득하면 된다. 임차인이 보증금반환채권에 질권을 설정할 것을 요구하는 경우가 있는데, 우선적 재단채권을 만드는 것이 되므로 재단부족이 예상되는 경우에는 피하여야 한다. 이 경우에는 보증금의 액수를 월세를 높이는 것으로 협상을 해 보도록 권고한다. 반면, 빈 공간의 임대로 말미암아 전체 건물의 매각 추진에 지장을 주어서는 안 된다는 점에 유의하여야 한다.

【서식】 고가품보관장소에 대한 통지

서울회생법원
제201파산부
의 뢰 서

수　　신　　　수신처 참조
사　　건　　　20○○하○○　　파산선고
파 산 자　　　○○증권 주식회사
파산관재인　　변 호 사 ○ ○ ○

　위 사건에 관하여 이 법원은 채무자회생및파산에관한법률 제487조에 의하여 파산재단에 속하는 현금등 고가품의 보관장소를 귀지점의 파산관재인 명의 예금 구좌로 지정하였는 바, 파산관재인 명의 예금의 지급절차 등에 관하여 다음과 같은 사항을 의뢰합니다.

다　　음

1. 파산관재인으로부터 그 명의 예금의 지급·해약청구, 타 구좌로의 이체의뢰, 자동계좌이체의뢰 등이 있는 때에는 **이 법원의 임치금반환허가 허가서등본 (또는 채권자집회의 결의가 있음을 증명하는 서면, 단 500만원 이하의 인출 등의 경우는 제외함)**의 제시를 요구하고, 이를 확인한 다음 지급 등에 응하여 주십시오.
2. 위 예금구좌에 관하여는 **현금카드**가 발행되지 않도록 하여 주십시오.
3. 파산관재인이 위 예금을 담보로 융자를 신청하는 경우에는 이 법원의 차재허가 허가서등본 또는 채권자집회의 결의가 있음을 증명하는 서면의 제시를 요구하고 이를 확인한 다음 응하시기 바랍니다. 끝.

20○○. ○. ○.

재 판 장 판 사 ○ ○ ○

수신처 : ○○은행 여의도지점, ○○은행 법조타운지점, ○○은행 종합기술금융출장소,
　　　　 ○○증권 영업부, ○○증권 영업부, ○○증권 영업부, 끝.

【서식】 임치금보관장소에 대한 통지

서울회생법원
제201파산부
의 뢰 서

수   신   수신처 참조
사   건   20○○하○○   파산선고
파 산 자   ○○종합금융 주식회사
파산관재인   변 호 사 ○ ○ ○

위 사건에 관하여 20○○. ○. ○. 파산자의 제1회 채권자집회에서 감사위원
으로 ○○○(○○○,111111-1111111), ○○○(○○○, 111111-1111111),
○○○(○○○, 111111-1111111)이 선임되었으므로, 파산관재인 명의 예금의
지급절차 등에 관하여 다음과 같은 사항을 의뢰합니다.

다   음

1. 파산관재인으로부터 그 명의 예금의 지급·해약청구, 타 구좌로의 이체의뢰,
   자동계좌이체의뢰 등이 있는 때에는 **감사위원의 동의서(또는 채권자집회의
   결의가 있음을 증명하는 서면, 단 500만원 이하는 제외함)**의 제시를 요
   구하고, 이를 확인한 다음 지급 등에 응하여 주십시오.
2. 위 예금구좌에 관하여는 **현금카드**가 발행되지 않도록 하여 주십시오.
3. 파산관재인이 위 예금을 담보로 융자를 신청하는 경우에는 감사위원의 차재
   에 대한 동의서 또는, 채권자집회의 결의가 있음을 증명하는 서면의 제시를
   요구하고 이를 확인한 다음 응하시기 바랍니다. 끝.

20○○. ○. ○.

재 판 장 판 사 ○ ○ ○

수신처 : ○○은행 테헤란로지점, ○○은행 역삼동지점. 끝.

파산경과의 보고(제488조)

1. 파산경과의 보고

파산관재인은 파산선고에 이르게 된 사정 및 파산자와 파산재단에 관한 경과와 현상에 관하여 제1회 채권자집회에서 보고하여야 한다. 실무에서는 파산관재인 보고서를 작성하게 하여, 여기에 재산목록 및 대차대조표를 첨부하여 제출하게 한다.

2. 보고의 목적

파산채권자를 위하여 파산재단에 속한 재산의 다과, 파산관재업무의 집행방침, 재단수집의 난이도와 전망, 파산재단 환가의 비용과 소요기간, 배당률의 예측 등의 자료를 제공하게 하는데 있다. 그러므로 제1회 보고서는 이들 사항에 관하여 기재하도록 하고 있다.

채권자집회의 결의사항(제489조)

채권자집회는 영업의 폐지 또는 계속과 고가품의 보관방법에 관한 사항에 관하여 결의를 할 수 있다.

별제권의 목적물의 제시(제490조)

1. 파산관재인은 별제권자에 대하여 그 권리의 목적인 재산을 제시할 것을 요구할 수 있다.

2. 파산관재인이 별제권자에게 권리의 목적인 재산을 제시할 것을 요구한 경우에 재산을 평가하고자 하는 때에는 별제권자는 이를 거절할 수 없다.

환가시기의 제한(제491조)

채무자회생및파산에관한법률 제312조 제1항 제3호(파산선고와 동시에 정하여야 하는 사항)의 규정에 의한 채권조사기일이 종료되기 전에는 파산관재인은 파산재단에 속한 재산의 환가를 할 수 없다. 다만, 감사위원의 동의 또는 법원의 허가를 받은 때에는 그러하지 아니하다.

법원의 허가를 받아야 하는 행위(제492조)

파산관재인이 다음의 각호에 해당하는 행위를 하고자 하는 경우에는 법원의 허가를 받아야 하며, 감사위원이 설치되어 있는 때에는 감사위원의 동의를 얻어야 한다.

다만, 제7호 내지 제15호에 해당하는 경우 중 그 가액이 1천만원 미만으로서 법원이 정하는 금액 미만인 때에는 그러하지 아니하다.

① 부동산에 관한 물권이나 등기하여야 하는 국내선박 및 외국선박의 임의매각

② 광업권·어업권·특허권·실용신안권·의장권·상표권·서비스표권 및 저작권의 임의매각

③ 영업의 양도

④ 상품의 일괄매각

⑤ 자금의 차입 등 차재

⑥ 채무자회생및파산에관한법률 제386조제2항의 규정에 의한 상속포기의 승인, 제387조의 규정에 의한 포괄적 유증의 포기의 승인과 제388조제1항의 규정에 의한 특정유증의 포기

⑦ 동산의 임의매각

⑧ 채권 및 유가증권의 양도

⑨ 채무자회생및파산에관한법률 제335조제1항의 규정에 의한 이행의 청구

⑩ 소의 제기(가처분 및 가압류의 신청을 제외한다)

⑪ 화해

⑫ 권리의 포기

⑬ 재단채권·환취권 및 별제권의 승인

⑭ 별제권의 목적의 환수

⑮ 파산재단의 부담을 수반하는 계약의 체결

⑯ 그밖에 법원이 지정하는 행위

▣ 관련판례

판례(대법원 2021. 8. 26., 자, 2020마5520, 결정)

상법 제393조 제1항은 '중요한 자산의 처분 및 양도, 대규모 재산의 차입 등 회사의 업무집행은 이사회의 결의로 한다.'고 정함으로써 주식회사의 이사회는 회사의 업무집행에 관한 의사결정권한이 있음을 명시하고 있다. 주식회사가 중요한 자산을 처분하거나 대규모 재산을 차입하는 등의 업무집행을 할 경우에 이사회가 직접 결의하지 않고 대표이사에게 일임할 수 없다. 즉, 이사회가 일반적·구체적으로 대표이사에게 위임하지 않은 업무로서 일상 업무에 속하지 않은 중요한 업무의 집행은 반드시 이사회의 결의가 있어야 한다.

주식회사 이사회의 역할과 주식회사에 대한 회생절차 개시결정의 효과 등에 비추어 주식회사가 회생절차 개시신청을 하는 것은 대표이사의 업무권한인 일상 업무에 속하지 않는 중요한 업무에 해당하여 이사회 결의가 필요하다. 회생절차 개시신청에 관한 이러한 법리는 파산신청의 경우에도 유사하게 적용할 수 있다.

파산신청은 주식회사의 운영과 존립에 중대한 영향을 미친다. 주식회사가 파산신청을 한 경우 파산선고 전이라도 법원은 채무자의 재산에 대하여 필요한 보전처분을 할 수 있다[채무자 회생 및 파산에 관한 법률(이하 '채무자회생법'이라 한다) 제323조]. 주식회사가 파산선고를 받으면 채무자가 가진 모든 재산은 파산재단에 속하고, 파산관재인이 파산재단에 대한 관리·처분권을 갖고 일정한 행위를 하려면 법원의 허가를 받아야 한다(채무자회생법 제382조, 제384조, 제492조). 주식회사는 파산으로 인하여 해산한다(상법 제517조 제1호, 제227조 제5호).

채무자회생법은 파산신청권자에 대하여 다음과 같이 정하고 있다. 채권자 또는 채무자가 파산을 신청할 수 있고(제294조 제1항), 채권자가 파산신청을 하는 때에는 채권의 존재와 파산의 원인인 사실을 소명하여야 하지만(제294조 제2항)

채무자가 파산신청을 하는 때에는 이러한 소명이 필요하지 않다. 주식회사에 대하여는 이사가 파산을 신청할 수 있고(제295조 제1항), 이사의 전원이 하는 파산신청이 아닌 때에는 파산의 원인인 사실을 소명하여야 한다(제296조). 이와 같이 채무자회생법은 채권자와 채무자 외에 주식회사의 이사를 별도의 파산신청권자로 정하고 있고, 일부 이사가 파산신청을 하는 경우 채무자나 이사 전원이 파산신청을 하는 경우와 달리 파산의 원인인 사실을 소명하도록 하고 있다.

위와 같은 주식회사 이사회의 역할, 파산이 주식회사에 미치는 영향, 회생절차 개시신청과의 균형, 파산신청권자에 대한 규정의 문언과 취지 등에 비추어 보면, 주식회사의 대표이사가 회사를 대표하여 파산신청을 할 경우 대표이사의 업무권한인 일상 업무에 속하지 않는 중요한 업무에 해당하여 이사회 결의가 필요하다고 보아야 하고, 이사에게 별도의 파산신청권이 인정된다고 해서 달리 볼 수 없다.

그러나 자본금 총액이 10억 원 미만으로 이사가 1명 또는 2명인 소규모 주식회사에서는 대표이사가 특별한 사정이 없는 한 이사회 결의를 거칠 필요 없이 파산신청을 할 수 있다. 소규모 주식회사는 각 이사(정관에 따라 대표이사를 정한 경우에는 그 대표이사를 말한다)가 회사를 대표하고 상법 제393조 제1항에 따른 이사회의 기능을 담당하기 때문이다(상법 제383조 제6항, 제1항 단서).

채무자의 의견청취(제493조)

법원의 허가를 받아야 하는 행위의 경우 채무자는 파산관재인에게 의견을 진술할 수 있다.

법원의 중지명령(제494조)

파산관재인이 감사위원의 동의를 얻어 채무자회생및파산에관한법률 제492조 각호의 행위를 하는 때에도 법원은 채무자의 신청에 의하여 그 행위의 중지를 명하거나 그 행위에 관한 결의를 하게 하기 위하여 채권자집회를 소집할 수 있다.

선의의 제3자의 보호(제495조)

파산관재인이 채무자회생및파산에관한법률 제491조 또는 제492조의 행위를 하는 경우에는 감사위원의 동의 또는 법원의 허가는 효력발생요건이고, 따라서 파산관재인이 감사위원의 동의 또는 법원의 허가를 받지 않고 한 행위는 무효이지만, 선의의 제3자에게는 대항할 수 없다.

환가방법(제496조)

1. 부동산의 환가방법

(1) 원칙

부동산의 환가는 민사소송법에 의하여 이를 한다고 규정되어 있다.

(2) 예외

일정한 경우 감사위원의 동의 또는 법원의 허가를 얻어 임의매각을 할 수 있다고 정하고 있다.

(3) 실무에서의 처리

실무상으로는 적극적으로 재단의 증식을 위하여 법원의 허가를 얻어 임의매각하는 방법으로 환가하는 경우가 많다. 따라서 파산관재인이 민사소송법 기타 강제집행절차에 의하여 환가하는 경우는, 잉여가 기대되지만 부동산에 불법점거자가 있어 인도명령을 얻을 필요가 있는 사례, 상당기간 임의매각을 위하여 노력하였으나 성공하지 못한 사례 등에 한정된다.

2. 임의매각

(1) 임의매각의 방법

대부분의 파산사건에서 재단 소속 재산 중 가장 큰 비중을 차지하는 것이 부동산이므로, 그 매각시기, 방법, 가격에 관하여는 채권자들의 관심이 많다. 따라서 공정하고 투명하게 매각업무를 처리하는 것이 채권자의 납득을 얻는 데 중요한 요소가 된다.

1) 파산관재인은 채권자, 파산자 등 이해관계인의 의견을 청취하면서, 최저한의 매각조건을 제시하는 등으로 매수희망자를 모집하고, 매수희망자가 나타나면 대금지급의 능력 기타 매각조건의 충족 가능성을 심사하고, 매수희망자가 경합하는 경우에는 입찰에 부쳐, 법원의 허가를 조건으로 하는 매매계약을 체결한다. 입찰을 실시하는 경우 응찰자에게 보증을 지급하게 하는 것도 가능하다.

2) 파산관재인이 매수희망자를 물색할 경우 : 채권자에게도 매수 또는 무상 알선, 소개의 기회를 부여하고, 사안에 따라서 별제권자 등 이해관계인, 부동산업자, 파산자의 친족 등에게 타진하는 방법도 취할 수 있을 것이다.

3) 부동산의 가격이 고액일 경우 : 공정하고 적정한 환가를 도모하기 위하여 전문 중개업자에게 매각주선을 의뢰하는 방법도 생각해 볼 수 있다. 최근에는 이러한 자산 매각을 주선하고 알선하는 전문업체가 늘고 있고 상당한 실적을 올리는 경우가 증가하고 있으므로 관심을 가질 필요가 있다. 이경우 그 수수료가 적정한지 검토하여 위임계약의 허가 여부를 결정한다.

(2) 매각조건의 설정

매매가격의 적정성을 확보하기 위해서는 객관적인 자료가 필요하다. 어느 정도의 자료가 필요한가는 당해 부동산의 예상되는 가치의 정도와 그것이 파산재단 전체에서 차지하는 비중, 채권자 등 이해관계인의 의향 등의 사정에 따라 다르다.

시가감정을 실시하는 것이 가장 좋겠지만 그 비용이 과다하게 드는 것이 보통이므로, 재단에 이익이 되지 않는 경우에는 감정을 실시하지 않고, 감정을 하면 고가매각이 예상되는 경우 또는 감정가로 매매하는 것을 조건을 하는 매매계약의 경우 등에 감정을 허가한다.

(3) 감정을 하지 않을 경우

감정을 실시하지 않을 경우에는 부동산 중개업자의 인근 거래사례 등에 기한 평가액, 별제권자 등 금융기관의 내부 평가액, 파산회사의 원래 영업담당자 등의 평가액, 기타 공시지가, 과세표준 등의 자료를 종합적으로 판단하여 적정한 가격을 설정하도록 지도한다.

(4) 실무에서의 처리

실무상 매수희망자가 경합하지 않아 파산관재인이 매수자를 찾아 나서야 되는 부동산의 경우에는 매매대금이 평균 경락율을 적용한 청산가치 이상이면 장부가에 연연하지 않고 처분하도록 주지시키고 있다.

(5) 별제권부 부동산의 환가

저당권 등 별제권이 설정되어 있는 부동산은 별제권의 목적의 환수의 방법으로
1) 환가하는 방법
2) 파산관재인이 별제권자에게 별제권의 실행을 촉구하여 그 절차에서 생긴 잉여금 또는 청산금을 파산재단에 환입하는 방법
3) 별제권의 목적인 부동산의 경매신청을 하여 그 매각대금에서 절차비용과 별제권자의 피담보채권액을 공제한 잔액을 파산재단에 환입하는 방법
4) 별제권이 붙은 채 임의매각을 하여 그 매각대금을 파산재단에 환입하는 방법 등이 이용되고 있다.

(6) 담보과잉 상태인 경우

담보과잉 상태여서 잉여의 가망이 없는 부동산이라고 하더라도 통상 임의매각을 하는 것이 담보권 실행에 의하는 것보다 고각매각 및 조기매각이 가능하므로, 파산관재인은 별제권자를 설득하여 환수금액을 대폭 감액하도록 한 후 임의매각을 실시하고 그 매각대금의 일부라도 재단에 환입될 수 있도록 노력하여야 한다. 이러한 노력이 성사되어 파산관재인에게 특별보수를 지급한 사례가 있다.

(7) 재단의 증식이 기대되지 않는 경우

잉여의 가망이 없고 별제권자와 협상도 되지 않기 때문에 재단의 증식이 전혀 기대되지 않는 경우에는 재산세, 관리비 등의 부담을 면하고 관재업무를 조기에 종결시키기 위하여 당해 부동산을 파산재단에서 포기할 것을 고려하여야 하는 수도 있다.

(8) 임차인 있는 부동산의 매각

대항력 있는 임차인이 있는 경우 파산관재인은 계약 해지를 할 수 없다. 따라서 대항력 있는 임차인이 있는 부동산을 매각할 때는 다른 방법으로 위 임대차계약을 종료하거나, 명도시의 보증금의 잔액을 새 임대인에게 승계하는 것으로 처리하여야 한다. 임대차계약의 종료는 파산관재인이 임차인과 사이에 임차인이 보증금반환청구권을 포기하고 파산관재인이 보증금 상당액의 퇴거 비용을 지급하는 취지의 화해를 하고, 위 퇴거 비용을 재단채권으로서 지급하는 방법으로 한다.

(9) 등기의 말소

파산관재인은 부동산의 임의매각을 완료한 후, 그 등기부등본을 첨부하여 이미 파산선고 전에 되어 있는 강제집행 또는 보전처분에 의한 가압류 또는 압류 등기의 말소를 집행법원에 신청한다. 별제권의 목적의 환수 방법으로 임의매각을 완료한 경우에는 별제권자의 신청에 따라 담보권설정등기를 말소하게 된다.

부동산에 대한 담보권설정행위를 부인하여 그 부인의 등기가 된 것만으로는 담보권설정등기가 말소되지 않으므로, 임의매각을 하는 경우에는 담보권 설정등기가 남아있는채로 매수하려 하지 않을 것이므로, 이 경우 파산법원이 담보권설정등기를 직권으로 말소할 수 있는가 하는 문제가 있다. 한편 경매절차에 의한 경우에는 법원이 담보권설정등기를 직권으로 말소하게 된다.

3. 강제집행

강제집행에 의한 매각의 방법은 민사소송법 기타 강제집행의 절차에 관한 규정에 따른다. 이 때 파산선고 결정이 채무명의가 되므로 따로 채무명의는 필요하지 않고, 파산관재인은 부동산 소재지의 관할법원에 신청한다. 위 신청을 받은 집행법원은 경매개시결정을 하고, 경매의 실시, 경락의 허부 결정 등의 절차를 거쳐, 매득금은 전부 파산관재인에게 교부하고 배당절차는 행하지 않는다.

4. 기계

중고시장이 형성되어 있는 것도 있지만, 그렇지 않더라도 파산자 뿐 아니라 업계의 사정에 정통한 자의 의견을 들어 유리하게 환가할 수 있는 경우가 많다. 복수의 업자들로부터 견적을 받는 등의 방법으로 적정한 평가액을 알 수 있다. 최근 활용도가 높아지고 있는 인터넷의 경매 사이트를 통하여 원매자를 널리 물색해 보는 것도 경비를 절감하고 환가액을 높일 수 있는 방법이므로 적극 권장할 필요가 있다.

채권자에게 매수의 기회를 주는 것도 적당한 방법이다. 사전에 채권자의 의견을 들음으로써 환가절차의 공정을 담보할 수도 있다. 대형기계의 매각은 반출비용도 고려하여야 하고, 공장 등과 일체로 처분하는 것도 생각해 볼 수 있다. 실무상으로 기계의 경우에는 다른 곳에서는 활용가치가 없는 것이 대부분이므로 그 처분도 곤란하고 장부의 10% 정도도 되지 않는 고철 값으로 처분해야 되는 경우가 많다.

5. 집기, 비품, 가구

이들은 매각이 어려운 경우가 많고, 매각할 수 있다고 하더라도 매우 싼 값에 매각될 수 밖에 없으며, 산일되기 쉽고 감가의 속도도 빠르므로, 조기에 매각하여야 한다. 특히 파산자가 점포 또는 주거 등을 임차하고 있고 집기, 비품, 가구 등이 있는 경우에는 재단채권의 발생을 방지하고 조기에 명도하기 위하여 이들을 신속하게 처분하여야 한다. 가구는 일반적으로 교환가치가 낮고 환가도 곤란하기 때문에, 파산자의 가족 또는 친족 등이 매수하도록 하는 경우가 많다. 사정에 따라서는 오히려 처리비용이 더 필요한 경우도 있으므로 가격의 적정성 여부를 따지며 매각을 지체하지 말고 매수인이 있다면 바로 매도하는 것이 바람직하다.

6. 타인 소유 건물에 부착되어 있는 물건

파산자가 렌탈회사인 경우, 엘리베이터, 주차시설, 냉난방기기, 위생설비 등의 렌탈 물건이 렌탈 물건 이용자 소유로 부착되어 있는 예가 많다. 이들 물건은 분리하는 데 많은 비용이 들 뿐 아니라 분리하여도 다시 매각하기가 쉽지 않으므로, 가능한 한 부착되어 있는 채로 매각하는 것이 좋다. 렌탈 계약의 이행을 선택하고 그 기간이 종료한 후 렌탈계약 내용에 따라 렌탈 물건 이용자에게 매각하는 방법, 렌탈계약을 해지하고 그 시점에서의 평가액으로 렌탈 물건 이용자에게 매각하는 방법 등이 있다.

파산자가 리스한 물건을 렌탈한 경우, 파산관재인이 리스계약 및 렌탈계약을 해지하고 리스회사와 물건 이용자 사이에 직접 리스계약을 체결하도록 유도하는 것이 법률관계를 간명하게 할 수 있는 방법이지만, 실제로 이렇게 처리된 예는 아직 없다.

7. 일괄매각, 개별매각의 선택

상품, 원재료의 종류에 따라 개별매각에 의할 것인가 일괄매각에 의할것인가 판단하여야 한다. 개별매각은 개개의 물품을 필요로 하는 자에게 매각하는 것이므로 고가에 처분할 수 있지만 모두 매각될 때까지 시간이 걸리고 매각불능으로 되는 물건이 많이 남을 가능성이 있고, 일괄매각은 신속하게 할 수 있지만 전체로서 적정한 가격의 평가가 곤란하고, 불량품이나 상품가치가 낮은 것이 들어 있다는 이유로 지나치게 헐값으로 매각하게 될 가능성이 있다. 이러한 단점들을 보완하기 위하여 일괄매각과 개별매각을 적절히 혼합할 수 있다.

8. 매각의 구체적 방법

상품, 원재료의 매각에 있어서는 그 처분에 관심이 있는 제조업자, 납품업자, 도급인, 동업자, 하청업자 등이 있으므로, 이들에 대하여 매수희망을 묻는 것이 좋다. 제조업자나 납품업자는 상품 등이 도산품으로써 값싸게 유통되는 것을 방지하기 위하여, 일부 납품을 받은 도급인은 일정량의 재고를 확보할 필요가 있어 비교적 고가에 매수하는 예가 있다. 그러나 파산채권자 등 이해관계인만을 상대방으로 하여 파산자의 상품, 원재료를 매각하려고 하면 일부채권자가 담합을 주장할 수 있으므로 주의하고, 매수희망자가 다수이면 입찰을 실시하여 고가매각을 유도하도록 지도한다.

때로는 바겐세일이나 전시판매 등의 행사를 열어 할인가에 매각할 수도 있는데, 이 때는 구입가격의 몇 퍼센트까지 할인하여 환가할 것인가에 관하여 법원의 사전 허가를 받도록 지도하여야 한다.

9. 반제품

반제품은 그대로 매각하는 방법과 상품으로 만들어 매각하는 방법이 있다. 일반적으로 반제품인 채로 매각하는 것보다 상품으로 완성하여 매각하는 것이 환가에 유리하다. 이 같은 경우에는 법원의 허가를 얻어 영업을 계속하도록 하거나 파산자의 원래 종업원이나 하청업자 등에 가공을 위탁하여 제품으로서 매각할 수도 있다. 또 반제품 그 자체를 하청업자 등에게 상당한 가격으로 매각하는 방법도 있다.

10. 유의할 점

실무상 상품이나 원재료 역시 정상회사의 상품 등과 같이 시장가격으로 매각하는 것은 기대하기 어렵다. 따라서 이러한 자산의 매각은 그 대금의 적정성만이 아니라 재매각의 성사가능성, 소요기간, 가격의 상승 가능성 등을 고려하되, 신속한 처분을 원칙으로 운영함이 바람직하다. 한편 파산관재인은 매매계약서를 작성함에 있어 담보책임을 부담하지 않음을 분명히 하여 후일 분쟁이 생기기 않도록 하여야 한다. 상품의 반출비용 등 부수적인 비용은 가능하면 매수인측이 부담하도록 하는 것이 좋다.

별제권의 목적물의 환가(제497조)

별제권자의 환가

파산관재인은 「민사집행법」에 의하여 별제권의 목적인 재산을 환가할 수 있다. 이 경우 별제권자는 이를 거절할 수 없다.

이 경우 별제권자가 받을 금액이 아직 확정되지 아니한 때에는 파산관재인은 대금을 따로 임치하여야 한다. 이 때 별제권은 그 대금 위에 존재한다.

별제권자의 처분기간의 지정(제498조)

별제권자가 법률에 정한 방법에 의하지 아니하고 별제권의 목적을 처분하는 권리를 가지는 때에는 법원은 파산관재인의 신청에 의하여 별제권자가 그 처분을 하여야 하는 기간을 정한다.
별제권자가 제1항의 규정에 의한 기간 안에 처분을 하지 아니하는 때에는 제1항의 규정에 의한 권리를 잃는다.

파산관재인의 상황보고(제499조)

파산관재인은 채권자집회가 정하는 바에 따라 파산재단의 상황에 관하여 보고하여야 한다.

임치품의 반환청구(제500조)

1. 임치금의 반환
파산관재인이 임치금의 반환을 받기 위하여는
(1) 감사위원이 설치되어 있는 경우
    감사위원의 동의가 필요하다.

(2) 감사위원이 설치되어 있지 않은 경우 및 제1회 채권자집회 전
    법원의 허가가 필요하다. 임치금의 보관장소 내에서 예금의 종류를 바꾸는 것(예컨대 보통예금을 정기예금으로 바꾸는 것)도 실무상 법원의 사전허가를 얻도록 지도하고 있다.
    - 임치금의 반환을 받기 위하여 동의 및 허가

감사위원이 설치되어 있는 경우	감사위원의 동의가 필요하다
감사위원이 설치되어 있지 않은 경우	제1회 채권자집회 전에는 법원의 허가가 필요하다

법인파산재단의 환가(제501조)

「상법」 제258조(채무완제불능과 출자청구)의 규정은 법인이 파산선고를 받은 경우에 관하여 준용한다.

익명조합원에 대한 출자청구(제502조)

익명조합계약이 영업자의 파산으로 인하여 종료된 때에는 파산관재인은 익명조합원이 부담할 손실액을 한도로 하여 출자를 하게 할 수 있다.

상속인의 파산과 상속재산의 처분(제503조)

1. 상속인이 파산선고를 받은 후에 한정승인을 하거나 재산분리가 있는 때에는 상속재산의 처분은 파산관재인이 하여야 한다. 한정승인 또는 재산분리가 있은 후에 상속인이 파산선고를 받은 때에도 또한 같다.

2. 파산관재인이 상속재산의 처분을 종료한 때에는 잔여재산에 대하여 파산재단의 재산목록 및 대차대조표를 보충하여야 한다.

3. 포괄적 유증을 받은 자가 파산선고를 받은 경우에는상속재산의 처분과 처분에 따른 파산재단의 재산목록 및 대차대조표를 보충하는 것을 준용한다.

준용규정(제504조)

채무자회생및파산에관한법률 제503조(상속인의 파산과 상속재산의 처분)의 규정은 제385조(파산선고 후의 단순승인) 또는 제386조제1항(파산선고 후의 상속포기)의 규정에 의하여 한정승인의 효력이 있는 경우에 관하여 준용한다.

제2절 배당

배당시기(제505조)

1. 의의

배당은 파산관재인이 파산재단에 속하는 재산을 환가하여 얻은 금전을 파산채권자에게 그 채권의 순위, 채권액에 따라 평등한 비율로 분배하여 변제하는 절차이다. 파산관재인은 채권조사에 의하여 배당에 참가할 채권이 확정되고 배당에 적당한 재원이 확보된 단계부터 순차배당을 하게 된다.

2. 배당은 그 실시되는 시기에 따라 중간배당, 최후배당, 추가배당으로 구분된다.

(1) 일반적으로 채권조사기일 종료 후 재단 소속 재산이 모두 환가, 처분되기 이전이지만 상당한 정도 배당할 금전이 축적된 단계에 행하여지는 것이 중간배당이고, 이 단계에서는 파산재단의 환가와 배당이 병행하여 행해진다.

(2) 재단의 환가가 모두 종료하여 파산종결을 전제로 최종적으로 행하여지는 것이 최후배당이다.

(3) 추가배당은 최후배당의 배당액 통지를 발한 후에, 새로이 배당에 충당할 상당한 재산이 발생한 때에 보충적으로 행하는 배당절차이다.

3. 실무에서의 처리

배당은 상당한 시일이 걸리고 복잡한 절차이므로, 미리 배당예정일을 잡고 그 날로부터 역산한 시간표를 만들어 참조하면 편리하다. 실무에서는 별표와 같은 일정표를 만들어 파산관재인에게 교부하고, 법원도 배당절차의 진행에 참조하고 있다.

최근 파산 금융기관에 투입된 공적자금은 물론 일반파산채권이라 할지라도 조기회수의 중요성이 강조되고 있음을 고려하여 제1회 중간배당은 제1회 채권자집회기일로부터 6개월 이내에, 최후배당은 2년 이내에 실시할 수 있도록 파산절차를 진행하여 주도록 파산관재인에게 주지시키는 등 신속한 배당업무의 수행을 촉구하고 있다.

4. 시기

(1) 배당 시기의 결정

채무자회생및파산에관한법률상 파산관재인은 "배당하기에 적당한 금전이 있다고 인정하는 때마다 지체없이 배당을 하여야 한다."고 규정되어 있다. 이는 파산채권자에 대한 신속한 배당을 요구하는 취지이지만, 중간배당은 어디까지나 관재업무 중간에 행하는 것이고, 배당을 실시함에 의하여 오히려 절차가 지연될 우려도 있다. 따라서 중간배당을 실시할 것인가 여부는 최종적인 예상배당률 환가종료까지의 예상소요기간 등의 사정을 참작하여 결정하여야 한다.

(2) 실무에서의 처리

실무에서는 우선파산채권이 있는 경우 또는 일반파산채권에 대한 배당률에 구애받지 말고 배당가능한 재원이 마련된 경우 특별한 사정이 없는 한 중간배당을 하도록 지도하고 있으며, 이러한 중간배당의 실시를 독려하기 위하여 중간배당시마다 파산관재인에게는 중간보수를, 파산보조인들에게는 배당상여금을 지급하고 있다.

5. 중간배당을 적극적으로 실시하는 이유

파산채권자들에게 일부라도 조기에 만족을 주고, 파산관재인으로서도 거액의 배당재원을 관리하는 데 따르는 위험을 줄일 수 있다.

6. 횟수의 제한 여부

중간배당은 반드시 1회에 한하는 것은 아니고, 수시로 실시할 수 있으나 그에 따르는 절차비용을 고려하여 판단하여야 한다.

7. 절차

(1) 사전검토 사항

1) 예납금의 재단편입

예납금의 재단편입이 가능한지 여부를 확인하고 가능한 경우에는 파산관재인에게 예납금 재단편입 신청서를 제출하게 하여 허가한다. 예납금을 배당재원으로 하고자 할 경우 법원 보관금으로 두는 것보다는 인출하여 일반 예금으로 보관하는 것이 재단의 증식에 도움이 되므로 취하는 절차이다. 그러나 예납금의 금액이 크지 않고 법원 보관금으로 두는 것이 업무처리에 편리한 점도 있기 때문에, 실무에서는 파산관재인의 보수, 공고, 송달비용을 예납금에서 지출하는 경우 중간배당에서는 이 절차를 거치지 않고 있다.

2) 재단채권의 처리

재단채권인 파산관재 비용, 조세 등의 지급이 완료되지 않은 경우에는 이를 지급하고, 장래 지급이 예상되는 재단채권(교부청구가 되지 않은 조세라고 하더라도 지급의무는 있다)은 그 예상지출액을 재단에 남겨 두어야 한다. 채권자 신청 사건의 경우 신청채권자가 납부한 예납금 등도 전액 변제하였는지 확인하여야 한다.

3) 관재업무의 종료가망 및 향후의 관재업무에 따른 예상지출액을 검토하여, 이에 필요한 비용 등을 충당하고도 최후배당이 가능한가 확인한다.

4) 채권조사 종료의 확인

아직 조사되지 않은 채권(일반기일 이후에 신고된 채권 도는 조사가 보류된 채권)이 있으면 특별조사기일의 지정을 법원에 신청하여 조사를 마치고, 이의를 한 채권에 관하여 철회할 수 있는 것은 없는지 검토하며, 신고채권 중 일부가 취하되거나 명의변경된 것이 있는지 확인한다.

【서식】 파산관재인 보수결정(중간배당시)

서울회생법원
제201파산부
결 정

사 건 20○○하○○ 파산선고
파 산 자 ○○증권 주식회사
　　　　　 서울 ○○구 ○○동 ○○
파산관재인 ○ ○ ○

주 문

파산관재인의 보수를 금 30,000,000원으로 정한다.

이 유

채무자회생및파산에관한법률 제470조를 적용하여(부가가치세 제외) 주문과 같이 결정한다.

20○○. ○. ○.

재판장 판사 ○ ○ ○

판사 ○ ○ ○

판사 ○ ○ ○

배당에 필요한 허가(제506조)

1. 배당허가

중간배당에 대해서는 법원의 허가를 받아야 하며, 감사위원이 설치되어 있는 경우에는 감사위원의 동의가 있어야 한다.

2. 허가신청서

허가신청서에는 배당가능한 금액, 배당에 참가시킬 파산채권의 액, 우선채권자, 일반채권자의 구별, 예상배당률 등을 기재하고, 수지계산서, 재단 임치금의 잔고증명서, 향후의 관재업무, 재단증식 예상액, 배당액을 임치하여야 하는 채권자와 그 금액 등에 관한 보고서를 첨부한다.

3. 배당률의 결정

법원은 파산관재인의 보수, 보류하여야 할 잉여분, 예상되는 절차비용, 예납금의 환부 요부, 법원 보관금의 잔액 등을 고려하여 배당률을 정한다.

4. 실무에서의 처리

실무상으로는 배당허가신청과 동시에 배당표로도 작성하여 제출하는 경우가 있는데, 미리 배당허가의 내락을 하고 있고, 절차상으로도 간편하므로 이와 같은 처리를 허용하고 있다.

실무에서는 배당허가와 함께 파산관재인의 보수 산정에 필요한 자료의 제출을 명하고 이에 따라 제출된 자료를 검토한 후 파산관재인의 보수를 결정한다.

배당표의 작성(제507조)

1. 배당표의 작성

파산관재인은 배당의 허가를 받은 후 채권표와 대조하여 배당표를 작성, 제출한다. 파산관재인이 작성한 배당표에는 오류가 있을 수 있으므로, 미리 법원과 상의하도록 지도한다. 완전한 배당표가 제출될 때까지는 배당공고를 하지 않는 것이 바람직하다.

2. 배당표에 기재할 내용

배당표에는 각 파산채권을 그 우선권의 유무에 의하여 구분한 다음, 배당에 참가시킬 채권자의 주소, 성명, 채권액 및 배당할 수 있는 금액을 기재한다. 중간배당시에는 임치할 채권과 그 금액도 함께 기재한다.

3. 배당표의 확정

배당표는 이의신청기간이 경과하거나 배당표에 대한 이의신청이 취하된 경우, 이의신청에 관한 재판이 확정된 때 확정되고, 이로써 배당에 참가할 수 있는 채권자의 범위와 배당에 참가시킬 채권의 액이 최종적으로 확정된다.

4. 배당표에 기재하여야 하는 사항에 관하여 문제되는 점

(1) 채권자

배당에 참가시킬 채권을 가진 채권자를 말한다. 법인인 경우 법인의 형태(주식회사, 유한회사 등)를 표시하고 자연인인 경우 그 성명을 기재한다. 금융산업의구조개선에관한법률 제21조에 의하여 파산참가기관이 제출한 예금자표에 기재된 각 채권자도 배당표에 기재하여야 한다. 주소를 알 수 없는 경우에는 주소불명이라고 기재할 수밖에 없다.

(2) 배당에 참가시킬 채권

배당에 참가시킬 채권은, 신고를 한 파산채권으로서 채권조사기일에 채권조사를 받은 채권 가운데 다음의 것을 말한다.

1) 채권조사에 의하여 확정된 채권

채권조사기일에서 이의 없이 확정되었거나 조사기일에 이의가 있었지만 그 후 이의가 철회된 경우, 또는 채권확정소송이 확정된 경우를 말한다. 이의 철회 또는 채권확정소송의 확정 등이 채권표에 정확히 기재되었는지 확인하여야 한다.

2) 정지조건부채권, 해제조건부채권 또는 장래의 청구권인 경우

가. 정지조건부 채권

그 전액에 관하여 배당에 참가할 수 있으므로 배당표에는 기재하여야 하지만, 최후배당의 제척기간 내에 그 권리가 확정되지 아니하면

배당하지 않게 되므로 중간배당시에는 배당액을 임치하게 된다.

나. 배당표 작성 당시에 이미 조건이 성취되었거나 기한이 도래한 경우

무조건의 권리 또는 현재의 청구권으로 취급하여 배당한다.

다. 해제조건부채권으로서 확정된 때

그 전액에 관하여 배당에 참가할 수 있는 채권이 된다. 다만 배당표 작성 당시 이미 조건이 성취한 때에는 그 효력으로서 채권이 존재하지 않게 되므로, 배당에 참가시킬 수 있는 채권에서 제외된다. 배당표 작성시까지 해제조건이 성취되지 않았는데 그 채권자가 배당을 요구하면 파산관재인은 그 채권자에게 배당액에 상당하는 담보를 제공할 것을 요구할 수 있고, 채권자가 이에 응하지 않으면 배당액을 임치한다.

3) 확정된 채권

가. 원칙

채권조사를 거쳐 일단 확정된 채권은 그 후 변제 등에 의하여 소멸하더라도 청구이의의 소에 의하여 소멸의 사유를 인정하는 판결을 얻지 않는 한, 배당에 참가할 수 있는 채권의 자격을 잃지 않는다. 즉 주채무자의 파산선고 후에 채권자가 연대보증인으로부터 일부 변제를 받는 경우에도 파산채권자는 채권 전액의 변제를 받지 않은 한 당초의 신고채권액 전액을 기초로 한 배당을 받을 수 있다.

나. 실무에서의 처리

실무상으로는 이와 같은 경우 일부변제를 받은 부분에 관하여 채권표의 채권자명의 변경 신청을 채권자와 구상권자의 연명으로 제출하게 하고, 그에 따라 일부 변제 부분에 대한 배당금을 구상권에게 배당한다. 다만 채권자가 일부 변제를 받은 부분의 명의변경을 거절할 경우에는 원래의 신고채권액 전부변제를 받았다고 하더라도, 원래의 채권자가 아직 권리를 행사하고 있다고 보아야 할 것이므로 보증인이 구상권을 신고하더라도 이를 부인할 수 밖에 없게 되어, 결국 채권자 명의변경의 방법에 의할 수 밖에 없다.

4) 파산자가 보증인인 경우

채권자가 주채무자로부터 확정 채권액의 일부를 배당표 작성 전에 변제받았다고 하더라도, 채권자에게 주채무자로부터 변제받은 부분만큼 신고

취하를 할 의무가 있다고 할 수는 없고, 확정 채권액을 기준으로 배당할 수 밖에 없다. 이에 관하여는 원래의 보증계약상 보증인에게 최고, 검색의 항변권이 있는 경우, 채권자는 정지조건부채권으로서 파산절차에 참가할 수 있고, 그 참가액은 주채무자로부터 변제받지 못한 잔액에 한하는 것으로 하여야 한다는 견해가 있다.

5) 채권조사를 거쳐 확정된 채권에 관하여 파산채권자가 상계권을 행사하거나 파산채권자가 소지한 환어음의 지급을 받은 경우

가. 원칙

위와 같은 경우에도 마찬가지로 배당의 기초가 되는 채권액은 상계 전 또는 지급 전의 채권액이다. 따라서 파산관재인은 상계 또는 어음금 지급의 사실을 알게 되는 때에는 우선 채권자에게 채권신고의 취하를 요구하여야 하며, 이에 응하지 않으면 청구이의의 소 또는 파산채권부존재확인의 소 등을 제기할 수 밖에 없다. 이들 소송이 진행 중에 배당을 실시하여야 할 때, 당해 채권자에 대하여 배당하여야 하는가에 관하여는 다툼이 있을 수 있으나, 지급하는 것이 원칙이라 할 것이다.

나. 공법상 청구권

유명의 채권과 동일하게 취급한다. 그러나 이의를 위한 심사청구 기타 불복신청이나 행정소송이 확정되지 않은 한 배당액은 임치 또는 공탁되고, 확정될 때까지 수령할 수 없다.

(3) 배당에 참가시킬 채권의 액

배당을 받을 기준이 되는 액이므로 당해 배당 이전에 그 일부에 관하여 배당 또는 변제를 받았더라도 감액하지 않고 전액을 기재한다. 따라서 제2회의 배당 이후에 있어서도 제1회의 배당표에 기재한 금액을 기재하게 된다.

(4) 배당할 수 있는 금액

1) 원칙

임치고 잔고에서 향후 예상되는 관재비용을 차감한 액이 배당할 수 있는 금액으로 된다. 예상되는 관재비용에는 보조인 보수, 보조인 사무실 유지

비용, 조세 및 공과금 등이 포함된다.

최후배당시의 재원이 너무 적게 되지 않도록 주의한다. 또 중간배당시에는 채권확정소송 계속 중이라는 증명 또는 별제권의 예정부족액에 관한 소명이 없어서 배당에서 제척되는 채권이라고 하더라도 나중에 증명 또는 소명이 행하여질 가능성이 있다고 생각되는 경우에는 그 만큼의 배당재원을 재단에 유보하여 두어야 한다.

2) 실무에서의 처리

실무에서는 배당표에 개개 채권자에게 배당할 수 있는 액과 그 합계액을 기재한다. 예상배당률도 함께 기재하는 경우가 있으나, 반드시 필요한 것은 아니다.

(5) 각 채권자의 배당액

배당할 수 있는 금액을 배당에 참가시킬 채권액으로 나누어 산출한 비율(예상배당률, 배당표를 작성하고 공고한 후 배당표의 경정이 없으면 이 예상배당률이 배당률과 일치하게 된다)을 곱하는 방법으로 계산한다. 비율을 소수점 이하 어느 정도 까지로 정하여야 하는가에 관하여는 따로 정한 바가 없으나, 소수점 이하 자릿수를 많게 하는 것이 그 잉여가 생길 가능성이 적게 되어 바람직하다.

1) 예상배당률

예상배당률은 잔여 배당재단에 여유가 있게 정해 두어야 하고 공고 후 예상하지 못한 재단채권이 발생하더라도 배당할 수 있는 금액을 감소시키지 않고 배당할 수 있다. 공고 후에 배당에 참가시킬 채권의 액(총액)이 증가한 경우에는 예상배당률을 유지하는 한 배당할 수 있는 금액도 증가시켜야 한다. 이 때 이미 공고된 내용에 변경사항이 생겼지만 각 채권자의 배당액에는 변동이 없으므로 다시 공고를 하지는 않고 있다.

2) 중간배당의 경우

계산의 편의상 예상배당률을 미리 정하고 여기에 각 채권자의 배당받을 기준이 되는 채권액을 곱하여 각 채권자에게 배당할 수 있는 금액을 결정하고, 그 합계액으로서 배당할 수 있는 금액을 기재하는 방법을 사용하기도 한다. 다만 이 경우에는 공고 이후에 채권확정소송 등의 제기로 배당에 참가시킬 채권에 변동이 생기면 예상배당률을 유지하기 위하여 배당할 수 있는 금액을 변동시키거나 예상배당률을 낮추어야 하는 문제가 있다.

(6) 배당에 참가시킬 채권에 관한 우선권의 유무 등에 의한 구별

우선권 있는 채권, 일반파산채권을 구별하여 기재한다. 후순위 파산채권은 일반파산채권에 대한 전액 배당이 가능한 경우에만 배당에 참가할 수 있으므로, 통상 배당표에 기재되는 경우가 거의 없다.

(7) 종전의 배당에서 제척된 채권의 우선

이의 있는 채권 및 별제권부 채권으로서 중간배당에서 제척된 채권자가 그 후의 배당에서의 제척기간 내에 위 각 소정의 증명 또는 소명을 한 때에는 동순위의 채권자에 우선하여 종전의 배당에서 받을 수 있었던 금액의 배당을 받을 수 있다. 동순위의 채권자 사이에 공평을 유지하기 위하여 둔 규정으로서, 중간배당을 수 회 할 경우의 제2회 이후의 중간배당 및 최후배당의 경우에는 이 점을 주의하여야 한다.

【서식】배당표

배당표(제1회)

사   건   20○○하○○   파산선고
파 산 자   ○○증권 주식회사
                서울 ○○구 ○○동 ○○

  위 사건의 제1회 배당에 관하여 파산관재인은 별지와 같이 배당표를 작성하여 제출합니다.

20○○. ○. ○.
파산관재인 변호사 ○ ○ ○

〈별지〉

우선채권

순번	채권표 번호	배당에 참가시킬 채권자 성명	주소	배당에 참가시킬 채권액(원)	배당할 수 있는 금액(원)	비고
1	3	홍길동		500,000	500,000	
		합 계		2,000,000	2,000,000	

일반채권

순번	채권표 번호	배당에 참가시킬 채권자 성명	주소	배당에 참가시킬 채권액(원)	배당할 수 있는 금액(원)	비고
1	3	○○○		10,082,200	1,512,330	
2	3	○○○		21,966,027	3,294,904	
3	3	○○○		20,000,000	3,000,000	
		합 계		114,568,215	17,185,234	

배당표의 제출(제508조)

파산관재인은 이해관계인의 열람을 위하여 배당표를 법원에 제출하여야 한다.

배당액의 공고(제509조)

1. 배당의 공고

배당에 참가시킬 채권의 총액 및 배당할 수 있는 금액을 공고한다.

(1) 공고를 해야하는 자

공고는 파산관재인이 하여야 하는 것이 원칙이다.

(2) 실무에서의 처리

실무는 관보공고 뿐 아니라 일간신문 공고시에도 파산관재인의 신청을 받아 법원이 촉탁하는 것으로 처리하고 있다.

(3) 배당공고촉탁의뢰

통상 배당허가 신청시에 배당공고촉탁의뢰도 함께 하고 있고, 법원은 절차의 편의상 이러한 절차를 허용하고 있다. 파산관재인은 공고가 되면 당해 관보의 사본을 첨부하여 법원에 즉시 배당공고게재 보고를 하여야 한다.

배당중지의 공고(제510조)

배당절차의 진행 중에 회생절차개시의 신청으로 법원이 채무자회생및파산에관한법률 제44조제1항의 규정에 의하여 배당의 중지를 명한 때에는 그 뜻을 공고하여야 한다.

배당절차의 속행과 공고(제511조)

채무자회생및파산에관한법률 제44조제1항제1호(다른 절차의 중지명령)의 규정에 의하여 배당의 중지를 명한 경우 다음 각호의 어느 하나에 해당하

는 결정이 확정된 때에는 법원은 배당절차를 속행하고 그 뜻을 공고하여야
한다.

1. 회생절차개시신청 또는 간이회생절차개시신청의 기각
2. 회생절차 또는 간이회생절차의 폐지(제293조의5제3항에 따른 간이회생절
   차폐지의 결정 시 회생절차가 속행된 경우는 제외한다)
3. 회생계획불인가

【서식】 배당공고

배 당 공 고

사 건   20○○하○○   파산선고

파 산 자   ○○증권 주식회사

서울 ○○구 ○○동 ○○

위 사건의 제1회 배당에 관하여 다음과 같이 공고합니다. 이 공고 내용은 추후 변경될 수 있습니다.

1. 배당에 참가시킬 채권의 총액 : 금 123,456,789,000원

우선채권 금 100,000,000원

일반채권 금 123,356,789,000원

2. 배당할 수 있는 금액 : 금 123,456,789원

우선채권 금 100,000,000원

일반채권 금 23,456,789원

20○○. ○. ○.

파산관재인 변호사 ○ ○ ○

이의있는 채권자 및 별제권자의 배당제외(제512조)

1. 집행력 있는 채무명의 또는 종국판결이 있는 채권(이른바 유명의채권)

이에 대하여 파산관재인 또는 다른 파산채권자가 이의를 진술하고, 파산자가 할 수 있는 소송절차에 의하여 이의를 주장하여도, 그 이의가 이유 있다고 하는 판결이 확정되지 않는 한 배당에 참가할 수 있다. 단 위 이의에 의한 소의 제기 또는 소송의 수계가 있는 때에는 배당액을 소송이 확정될 때까지 임치 또는 공탁하게 된다.

2. 집행력 있는 채무명의 또는 종국판결이 없는 채권(이른바 무명의채권)

채권자는, 채권조사기일에서 이의가 있은 경우, 배당공고가 있은 날로부터 2주간의 제척기간 내에 위 증명을 하면 전의 배당에서 받을 수 있었던 금액에 관하여 다른 동순위의 채권자에 우선하여 그 배당을 받을 수 있다. 이 경우에도 이의소송이 확정될 때까지 배당액은 임치 또는 공탁된다.

집행력 있는 채무명의 또는 종국판결이 있는 채권(이른바 유명의채권)	1. 파산관재인 또는 다른 파산채권자가 이의를 진술하고, 파산자가 할 수 있는 소송절차에 의하여 이의를 주장하여도, 그 이의가 이유 있다고 하는 판결이 확정되지 않는 한 배당에 참가할 수 있다. 2. 이의에 의한 소의 제기 또는 소송의 수계가 있는 때에는 배당액을 소송이 확정될 때까지 임치 또는 공탁하게 된다.
집행력 있는 채무명의 또는 종국판결이 없는 채권(이른바 무명의채권)	1. 채권조사기일에서 이의가 있은 경우, 배당공고가 있은 날로부터 2주간의 제척기간 내에 위 증명을 하면 전의 배당에서 받을 수 있었던 금액에 관하여 다른 동순위의 채권자에 우선하여 그 배당을 받을 수 있다. 2. 이의소송이 확정될 때까지 배당액은 임치 또는 공탁된다

3. 별제권자의 파산채권

채권자가 파산관재인에게 담보권 포기의 의사표시를 한 채권, 또는 담보목적물의 처분에 착수한 것은 증명하고 동시에 그 처분에 의한 부족액이 소명된 채권만이 배당에 참가할 수 있다. 처분에 착수한 것의 증명을 경매에 의하는 경우에는 경매신청 접수증명서가 제출되면 충분하지만, 경매에 의하면 잉여의 가망이 없어서 별제권자가 임의매각을 원하는 경우에도 단순히 임의매각의 희망이나 의향을 표시한 것만으로는 부족하고, 별제권의 행사의 착수와 동일시할 수 있을 정도의 객관적, 구체적 행동이 필요할 것이다. 임의매각을 위하여 별제권자의 환수와 동시에 임의매각을 하는 절차를 진행중인 경우에도 처분에 착수한 것의 증명이 있다고 보아야 할 것이다.

4. 배당표의 경정

위 각 사실이 배당표 작성 후에 발생한 경우에는 파산관재인은 즉시 배당표를 경정하여야 하고, 이 경우에도 배당액은 임치된다. 즉 채권조사기일에서 시인한 예정부족액을 기준으로 배당금을 지급하지 않도록 주의한다.

배당표의 경정(제513조)

1. 배당표 경정

배당 공고일부터 배당표에 대한 이의기간 만료까지의 기간(제척기간이 배당 공고일부터 2주간, 배당표에 대한 이의기간이 그 후 1주간이므로, 합계 3주간이다.)에 다음과 같은 배당표의 경정 사유가 발생하면 배당표를 경정한 후에, 그렇지 않으면 당초의 배당표에 따라서 파산관재인은 지체없이 배당에 착수하여야 한다.

2. 배당표를 경정하여야 하는 사유

(1) 명확한 오기, 오류를 발견한 경우
(2) 채권표를 경정할 사유가 제척기간 내에 발생한 경우. 예컨대 채권확정소송의 종결, 이의의 철회, 채권신고의 취하 등이다.
(3) 제척기간 내에 채권조사에 있어서 이의를 받은 채권자가 채권확정소송을

제기하거나 소송을 수계한 것을 증명한 경우 또는 별제권자가 담보목적
물의 처분에 착수한 것을 증명하고 또 그 처분에 의하여 변제를 받을 수
없는 채권액을 소명한 경우
(4) 별제권자가 제척기간 내에 그 권리를 포기하거나 그 부족액을 증명한 때
(5) 배당표에 대한 이의가 인정된 때

3. 배당표 경정의 절차

파산관재인이 직권으로 또는 파산채권자의 신청에 의하여 배당표를 경정하
여야 한다.

즉 배당표의 경정은 법원의 허가사항이 아니다. 경정한 배당표는 이해관계인
의 열람에 공하기 위하여 파산관재인이 이를 법원에 제출하여야 한다.

4. 공고 여부

배당표를 경정한 결과 이미 공고한 "배당에 참가시킬 채권의 총액" 또는 "배
당할 수 있는 금액"에 증감이 생긴 경우에 다시 공고하여야 하는가에 관하여
는 본 법에 아무런 규정이 없어 다툼이 있지만 실무는 배당실시가 지연되고
비용이 소요되는 문제점이 있어서 다시 공고를 하지는 않고, 다만 배당공고
시에 공고 내용이 추후 변경될 수 있음을 함께 알리고 있다.

배당표에 대한 이의(제514조)

1. 배당표에 대한 이의

채권자는 배당표에 기재된 사항에 관하여 제척기간 경과 후 1주간 내에 파산
법원에 이의신청을 할 수 있다.

(1) 이의사유

채권자는 예컨대 자신의 채권이 기재되지 않았다든지, 배당할 수 없는 다른
채권의 기재가 있다든지, 시인된 채권액 또는 순위에 오류가 있다는 등의 사
유를 주장할 수 있다.

(2) 이의가 안되는 사유

각 채권자에게 배당할 수 있는 액은 이의의 대상이 되지 않는다. 배당표의 작성, 제출의 단계에서는 배당률이 정식으로 결정된 것이 아니기 때문이다.

2. 이의신청의 방법

이의 신청은 파산법원(파산사건을 담당하는 재판부에서 담당하는 절차의 신속한 처리에 적합할 것이다)에 하도록 규정되어 있다. 이의신청은 서면 또는 구두로 당사자를 심문하거나 직권으로 필요한 조사를 할 수 있다. 이의신청이 있으면 법원은 파산관재인에게 배당절차를 중지하도록 지시한다.
이의가 이유 있는 때에는 배당표의 경정결정을 한다.

3. 공고와 송달

경정결정서는 송달을 요하지 않고, 이해관계인의 열람에 공하기 위하여 법원에 비치하여야 한다. 비치의 공고에 관하여는 규정이 없지만, 사정에 따라서는 경정결정서를 비치하였음을 통지 또는 공고할 필요가 있을 것이다.

4. 즉시항고

경정결정에 대하여는 파산관재인 또는 경정으로 불이익을 받는 파산채권자가 즉시 항고할 수 있다.

5. 항고기간

항고기간은 결정서를 비치한 날(결정경정일)로부터 기산하여 1주간이다.

6. 법원의 기각결정

이의가 이유 없는 때에는 기각결정을 하고
직권으로 이의신청을 한 채권자, 그 상대방 및 파산관재인에게 이를 송달한다. 이 결정에 대하여 이의신청인은 즉시항고 할 수 있고, 항고기간은 결정 송달일의 다음날로부터 1주간이다.(민사소송법 제444조 제1항)

7. 이의에 대한 결정을 한 후, 중간배당의 경우

그 확정을 기다릴 필요 없이 배당절차를 진행하도록 하고, 최후배당의 경우에는 그 결정이 확정된 후 배당절차를 진행하도록 파산관재인에게 지시한다.

【서식】 배당표 경정결정

서울회생법원
제201파산부
결   정

사   건   20○○하○○   파산선고
파 산 자   주식회사 ○○○
            서울 ○○구 ○○동 ○○
파산관재인   홍길동
이의신청인   ○○○
            서울 ○○구 ○○동 ○○

주   문

파산관재인은 이 사건에 관하여 20○○. ○. ○. 작성한 배당표 중 파산채권자 ○○○의 배당에 참가시킬 채권액 금 20,000,000원을 금 250,000,000원으로 경정하여야 한다.

이   유

이 사건 이의신청은 이유 있으므로 채무자회생및파산에관한법률 제514조를 적용하여 주문과 같이 결정한다.

20○○. ○. ○.

재판장 판사 ○ ○ ○
       판사 ○ ○ ○
       판사 ○ ○ ○

【서식】 배당표에 대한 이의신청 기각결정

서울회생법원
제201파산부
결　　　정

사　　　건　　　20○○하○○　　　파산선고
파　산　자　　　주식회사 ○○
　　　　　　　　서울 ○○구 ○○동 ○○
파산관재인　　　홍길동
이의신청인　　　○○○
　　　　　　　　서울 ○○구 ○○동 ○○

주　　문

이 사건 이의신청을 기각한다.

이　　유

이의신청인은 파산자 주식회사 ○○의 파산관재인 홍길동이 파산자의 제1회 중간배당에 관하여 이 법원에 제출한 배당표에 기재된 이의신청인에 대한 배당액의 기재가 잘못되었다는 취지로 위 배당표에 대하여 이의신청을 하였으나, 배당표의 각파산채권자에 대한 배당액의 기재는 이를 배당표에 대한 이의로써 다툴 사항이 아니라고 할 것이므로 채무자회생및파산에관한법률 제514조를 적용하여 주문과 같이 결정한다.

20○○. ○. ○.

재판장 판사　○　○　○
판사　○　○　○
판사　○　○　○

배당률의 결정통지(제515조)

1. 배당률 결정 및 통지

(1) 배당률의 결정

1) 배당률의 재결정

공고 후 배당에 참가시킬 채권이나 배당할 수 있는 금액이 달라질 수 있기 때문에, 파산관재인은 배당표에 의한 이의기간 경과 후 또는 이의가 있을 때에는 그에 대한 재판의 확정 후에 감사위원의 동의 또는 법원의 허가를 얻어 정확한 배당률을 다시 결정하여야 한다.

2) 배당률

배당률은 배당에 참가시킬 채권의 총액(분모)으로 배당할 수 있는 금액(분자)을 나눈 숫자이다. 배당에 참가시킬 채권의 총액은 공고 후에 배당표 경정의 결과 변경된 금액으로 한다. 물론 배당표가 경정되지 않은 경우에는 공고한 금액과 동액이 된다. 배당할 수 있는 금액은 새로이 알려진 재단채권 등을 공제한 금액으로 한다. 이 경우 파산관재인이 미리 충분히 배당재단에 여유를 가지고 예상배당률을 정한 경우에는 배당할 수 있는 금액을 변경할 필요는 없을 것이다.

3) 배당률의 구분

배당률은 우선권 있는 파산채권자와 일반파산채권자를 나누어 정한다. 동순위의 채권자 사이에서는 평등하게 하여야 한다. 우선권 있는 채권이 전액 배당되지 않으면 일반파산채권의 배당률을 정할 수 없고, 마찬가지로 차순위인 일반 파산채권이 전액 배당된 후가 아니면 후순위파산채권의 배당률을 정할 수 없다.

(2) 배당률의 통지

파산관재인은 배당에 참가시킬 각 채권자에 대하여 배당률을 통지하여야 한다. 실무에서는 동시에 배당액도 통지하는 것이 일반적이다.

배당의 통지에는 배당률, 배당금액 외에 배당예정일, 장소, 지급방법 등을 기재한다

(3) 배당금의 교부

배당금을 직접 교부하지 않고 채권자의 은행 계좌에 입금하는 방법으로 배당을 실시하려고 하는 경우에는 배당금의 영수증, 송금의뢰서의 용지를 동봉하여 발송한다.

송금의뢰서 및 영수증에 날인된 인감은 채권 신고시에 사용한 인감과 동일한 것을 사용하도록 주의를 환기시키고 이를 위하여 미리 채권신고서의 사본을 동봉하여 보내는 방법도 좋다.

또한 파산관재인이 배당액을 기재하고 기명날인 하기 위하여 채권증서 등도 제출하도록 통지하여 두는 것이 좋다.

(4) 배당률의 통지의 효과

배당률의 통지에 의하여 배당률은 확정되고, 각 채권자는 파산관재인에 대한 배당금 청구권을 취득한다. 배당률 통지 후에는 재단채권이 있다고 해도 당해 배당에 있어서 배당하여야 할 금액으로 변제할 수 없게 되고, 강제화의의 제공이 있어서도 배당을 중지할 수 없다.

【서식】 배당표에 대한 이의신청 기각결정

사　　건　　　20○○하○○　　파산선고
수　　신　　　채권자 주식회사 ○○은행

제1회 중간배당 실시 및 배당률 통지

위 파산사건에 관하여 제1회 중간배당을 다음과 같이 실시하게 되었음을 알려드립니다.

1. 배당률 : 15%(일반채권자)
2. 귀 채권자에 대한 배당금액 : 금 ＿＿＿＿＿＿＿＿＿＿＿＿원
3. 배당금 수령 일시 : 20○○. ○. ○. 오전 10시부터 오후 4시까지
4. 배당금 수령 장소 : 파산관재인 사무실(서울 ○○구 ○○동 ○○)
5. 주의할 점
　가. 배당금을 은행 계좌로 수령하기를 원하는 분은 동봉한 송금의뢰서와 영수증의 빈 칸을 기재한 후 채권증서(어음, 수표금 채권의 경우에는 그 원본)와 함께 파산관재인 사무실로 보내주시면 배당일에 송금수수료를 공제한 잔액을 입금하여 드립니다.
　나. 배당금을 직접 수령하고자 원하는 분은 채권증서, 인감도장(채권신고서 또는 채권신고 위임장의 인감과 동일한 것), 이 통지서에 동봉한 영수증을 지참하시고 위 일시에 파산관재인 사무실로 오시기 바랍니다(별지 약도 참조).
　다. 우송 또는 지참하신 서류에 미비한 점이 있으면 배당금을 수령할 수 없으니 주의하시기 바랍니다.
　라. 문의하실 사항이 있으면 파산관재인 사무실(전화 500-5000, 팩스 500-5001)로 연락해 주시기 바랍니다.

20○○. ○. ○.

파 산 자　　　○○ 주식회사
파산관재인　변호사 ○ ○ ○

<별지 약도 생략>

【서식】 배당금영수증/송금의뢰서

배 당 금 영 수 증

금   원정(₩   )

위 돈을 파산자 ○○○ 주식회사에 대한 서울회생법원 20○○하○○ 파산선고 사건의 제1회 배당금으로 영수합니다.

영수인 파산채권자   주소
성명   (인)

파 산 자   ○○ 주식회사
파산관재인   변호사 ○ ○ ○

송 금 의 뢰 서

파산자 ○○○ 주식회사에 대한 서울회생법원 20○○하○○ 파산선고 사건의 제1회 배당금을 다음 은행 계좌로 송금하여 주시기 바랍니다.

은행명 :   은행   지점
계좌번호 :
예금주 :

파산채권자   주소
성명   (인)

첨부:인감증명원(영수증 및 송금의뢰서용)

파 산 자   ○○ 주식회사
파산관재인   변호사 ○ ○ ○

해제조건부채권자의 배당(제516조)

1. 배당표 작성 당시 이미 조건이 성취한 때

그 효력으로서 채권이 존재하지 않게 되므로, 배당에 참가시킬 수 있는 채권에서 제외한다.

2. 배당표 작성시까지 해제조건이 성취되지 않았는데 그 채권자가 배당을 요구하는 경우

파산관재인은 그 채권자에게 배당액에 상당하는 담보를 제공할 것을 요구할 수 있고, 채권자가 이에 응하지 않으면 배당액을 임치한다.

배당방법(제517조)

1. 배당금의 수령

배당금채무는 추심채무이므로, 원칙적으로 파산채권자가 파산관재인 사무소에 와서 배당금을 수령하여야 한다.

2. 실무에서의 처리

실무상 배당일 당일의 사무의 번잡, 사무소에 찾아오는 불편 등을 피하기 위하여 채권자의 은행계좌에 송금하여 처리하는 것이 바람직한 경우가 많다. 배당금을 직접 교부할 때는 미리 지정된 보관장소(금융기관) 발행의 수표로 지급하는 것이 편리하다. 선일자수표나 약속어음에 의한 지급은 배당시기의 공평, 배당자원의 혼동 등의 문제가 있으므로 피하는 것이 좋다. 송금할 경우 송금수수료는 배당액에서 공제한다.

3. 채권자가 채권조사 종료 후 어음 등의 지시증권을 분실할 경우

제권판결을 얻지 않은 한 배당금을 지급할 수 없으므로, 파산관재인은 이 배당금을 공탁한다. 그 외의 채권증서를 분실한 경우에는 영수증을 받고 배당금을 지급할 수 있다.

4. 파산채권자가 파산재단에 의무를 부담하고 있는 경우

파산관재인 및 파산채권자는 파산재단 소속 채권과 배당금채권을 상계할 수 있다. 다만 근로자의 임금채권은 배당금청구권으로 되어도 상계가 금지된다고 볼 수 있으므로(근로기준법 제42조), 파산관재인이 상계하는 것은 허용되지 않으나, 근로자가 상계하는 것은 허용된다고 해석한다.

5. 문제되는 경우

임금 또는 퇴직금 등의 채권에 대하여 배당을 한 경우, 파산관재인에게 소득세 원천징수의무가 있는가 문제될 수 있으나, 배당표에 기한 배당은 통상의 임금 또는 퇴직금 지급과는 성질을 달리하는 것으로 보아 징수의무가 없다고 보는 견해가 유력하다.

6. 배당실시보고서 제출

배당이 종료한 때에는 파산관재인은 신속하게 배당실시보고서를 작성, 배당금 영수증 또는 송금의뢰서의 사본을 첨부하여 법원에 제출한다. 공탁한 경우에는 공탁서 원본을 첨부하여 제출한다. 법원은 채권자가 공탁금을 수령하고자 하는 경우 공탁통지서, 대표자의 자격증명서(상업등기부 등본 등), 위임장, 인감증명서 등을 제출하여 청구하면 이를 확인한 후 공탁서 정본을 채권자에게 교부한다.

7. 채권표 및 채권증서에 배당액 기입

파산관재인은 법원에 비치되어 있는 채권표의 원본과 파산관재인이 보관하고 있는 그 등본에 배당액을 기재하고 기명 날인한다. 어음 등의 지시증권, 공정증서 등 채권증서에도 배당액을 기재하고 기명 날인한다. 배당금을 지급하였다는 근거와 채권자의 채무명의로서의 효력범위를 분명히 하기 위한 절차이다. 어음 등의 경우에는 배당금 지급을 기입한 부전지를 붙여 간인하는 방법, 배당률을 기입하는 방법도 있다. 파산관재인이 확정채권을 전액 배당하는 경우에는 채권자로부터 채권증서를 교부받아야 한다. 중간배당을 여러 차례 해야 하는 경우에는, 미리 채권자로부터 채권증서를 제출받아 보관하여 두는 것이 편리하다.

종전의 배당에서 제외된 자의 우선배당(제518조)

이의 있는 채권 및 별제권부 채권으로서 중간배당에서 제척된 채권자가 그 후의 배당에서의 제척기간 내에 위 각 조 소정의 증명 또는 소명을 한 때에 는 동순위의 채권자에 우선하여 종전의 배당에서 받을 수 있었던 금액의 배 당을 받을 수 있다. 동순위의 채권자 사이에 공평을 유지하기 위하여 둔 규정 으로서, 중간배당을 수 회 할 경우의 제2회 이후의 중간배당 및 최후배당의 경우에는 이 점을 주의하여야 한다.

파산관재인이 간과하여 종전의 배당에서 제척된 자. 또는 채권신고기간 경 과 후에 신고한 채권자로서 전의 배당에 참가할 수 없었던 자에게도 본 조 가 유추적용된다고 해석한다.

배당액의 임치(제519조)

1. 배당액을 임치하는 경우

(1) 배당을 받을 채권 중에서 별제권 부족액의 소명이 있는 것
(2) 정지조건부 및 장래의 채권 또는 해제조건부 채권으로 배당의 수령을 위 한 담보의 제공이 없는 것

2. 임치의 장소

임치의 장소는 제1회 채권자집회에서 고가품의 보관방법으로서 정한 장소이 다. 임치의 방법으로서 임치금 명목의 별도의 예금계좌를 개설하여야 하는가 가 문제될 수 있으나, 실무는 따로 임치금 보관의 목적으로 예금계좌를 개설 하도록 권하고 있지는 않다. 임치금의 이자는 파산재단에 속한다.

3. 대위변제 받은 사실을 알게 된 경우

배당통지 후에 채권자가 연대보증인으로부터 대위변제를 받은 사실을 알게 된 경우에는 채권의 명의변경 절차에 준하여, 배당금청구권의 지위승계신고 서를 법원에 제출하게 하고 대위변제자에게 배당한다. 신고서가 제출되지 않 으면 공탁한다.

4. 배당통지서를 전달 할 수 없는 경우

채권자가 배당금을 수령하지 않는다든지 배당통지서가 이사불명 등의 사유로 반송되어 온 경우에는 전화 등으로 확인한 후 수령을 기대할 수 없으면 그 배당금을 공탁한다.

5. 배당의 순서

배당에 관하여도 민법 제476조 이하의 변제충당에 관한 규정이 적용되므로, 배당표에 기재된 배당액의 표시는 변제충당의 지정(민법 제476조 제1항)이라고 할 수 있다. 그러나 통상 배당표에 원금과 이자, 지연손해금의 구별을 하지는 않으므로 이 경우에는 민법 제479조에 의하여 이자, 지연손해금부터 충당된다.

최후배당의 허가(제520조)

1. 최후배당

최후배당은 재단의 환가가 모두 종료한 다음 파산종결을 전제로 최종적으로 행하는 것이므로, 중간배당의 경우와 몇 가지 점에서 차이가 있다.

(1) 시기

1) 원칙

파산관재인이 파산재단의 전부를 환가한 후에 실시한다. 그러나 가치가 없어 환가하지 못한 재산은 법원의 허가를 얻어 포기하면 되므로, 포기할 재산이 있더라도 최후배당은 할 수 있다. 또 채권확정소송이 아직 종결되지 않았더라도 그 배당액은 공탁하면 되므로 최후배당을 마치고 파산종결결정을 하는 데는 지장이 없다. 또 다액채권자가 제3자(예컨대 파산자회사의 대표이사)로부터 제공받은 물상담보를 가지고 있고, 그 권리행사의 결과 구상 또는 대위에 의하여 파산채권 총액에 실질적인 변동이 없을 경우에는, 위 채권자의 담보실행이 종료될 때까지 최후배당을 연기할 필요가 없을 것이다.

2) 실무에서의 처리

실무에서는 파산선고일로부터 2년(복잡한 경우에는 3년) 내에 파산절차를 종결할 것을 촉구하고 있으므로 최후배당 역시 그 안에 실시되어야 할 것이다.

2. 사전 검토사항

(1) 예납금 처리의 확인

예납금의 재단편입이 가능한 경우에는 그 편입절차를 취한다. 실무에서는 최후배당 제척기간 공고비용, 배당공고비용, 채권자집회 소집공고비용, 파산종결 결정 공고비용 등 주로 예납금에서 지출되는 공고비용을 공제한 나머지를 재단에 편입하도록 하고 있다.

(2) 환가를 마치지 않은 재산 유무의 확인

제1회 채권자집회에서 보고한 재산목록 등과 대조하여 환가가 가능한데도 마치지 못한 재산이 있는지 확인하고, 환가불능 재산에 관하여는 법원의 허가를 얻어 이를 포기한다.

(3) 미변제 재단채권의 처리

보조인 월급 등의 관재비용, 조세 등의 지급을 완료하였는지 확인한다. 배당액 통지 전에 교부청구가 있은 재단채권을 무시하고 최후배당의 배당표를 확정시켜 이에 기하여 배당을 실시한 결과 재단채권자가 재단에서 변제를 받지 못하게 된 경우에는 파산관재인은 재단채권자가 입은 손해를 배상하여야 한다.

(4) 채권조사 종료의 확인

중간배당의 경우와 마찬가지로, 채권조사가 완료되지 않은 채권이 있으면 특별조사기일을 열어 조사를 하여야 하고, 이의를 철회할 것이 있는지 확인하여야 한다.

3. 절차

(1) 배당허가

중간배당의 경우와 다른 점은 다음과 같다

가. 최후배당시에는 미확정의 권리상태를 종결시킬 필요가 있으므로, 배당에 참가시킬 채권의 범위가 중간배당시보다 좁아진다.

나. 중간배당시의 "배당에 참가시킬 채권" 중에서, 정지조건부 채권 및 장래의 채권으로서 최후배당의 제척기간 내에 권리행사가 가능하지 아니한 채권 및 별제권부 채권으로 목적물을 처분한 후에 발생한 부족액을 제척기간 내에 증명하지 아니한 채권은 배당을 받을 수 있는 채권에서 제외된다. 이렇게 제외된 채권을 위하여 임치되어 있던 배당액은 다른 파산채권자를 위한 배당재원으로 된다.

다. 별제권부 채권자가 배당을 받기 위하여는 경매절차에서 수령한 배당액을 알 수 있는 서면(배당표, 채권신고서, 채권계산서 등)을 제출하여 부족액을 증명하여야 한다. 다만 경매절차에서 배당표까지 작성되었으나 배당금을 수령하지 않은 단계에 있는 경우에는 경매절차의 진행상황을 고려하여 그 배당기일 후에 최후배당 허가를 하는 것이 좋다.

라. 해제조건부채권은 제척기간 내에 성취하지 않은 경우 무조건의 채권과 동일하게 취급한다.

(2) 배당할 수 있는 금액

배당할 수 있는 금액의 산정에 있어서는 최후배당 후에 파산재단이 남지 않도록 주의하여야한다. 따라서 최후배당 예정일을 미리 정하고, 그 날짜까지의 이자 가산액(임치금 보관장소인 금융기관의 계산서를 첨부하면 된다)을 포함시키고, 재단편입이 가능한 예납금의 잔액, 조세 등의 환급금 등이 없는지도 미리 검토하여야 한다. 한편 최후배당 제척기간 공고, 배당공고, 배당통지, 임무종료에 의한 계산보고집회의 공고, 송달, 파산종결결정 공고에 소요될 비용과 배당허가 신청시부터 파산종결까지의 관재업무비용 등을 미리 예상하여 재단에 남겨 두어야 한다.

최후배당의 배당제외기간(제521조)

최후배당의 제척기간 결정

배당공고 게재 보고서가 제출되면 법원은 최후배당의 제척기간을 결정하고 이를 공고한다.

최후배당의 제척기간은 공고일로부터 14일 이상 30일 이내로 정한다.

최후배당액의 결정 및 통지(제522조)

1. 최후배당액의 결정 및 통지

(1) 배당표에 대한 이의가 없는 경우

이의신청기간 경과 후 지체없이 통지한다.

(2) 배당표에 대한 이의가 있는 경우

그에 대한 결정이 확정된 후 각 채권자에 대하여 배당액의 통지를 하여야 한다.

2. 실무에서의 처리

본 법에서는 중간배당의 경우에는 배당률을, 최후배당의 경우에는 배당액을 통지하도록 정하고 있지만, 실무상으로는 두 경우 모두 배당률과 배당액을 함께 통지하고 있다.

3. 배당액의 결정방법

배당액의 결정은 다음과 같이 한다. 우선 공고된 배당할 수 있는 금액에 새로이 배당에 충당할 수 있는 것으로 발견된 재산 및 최후배당에서 그 후에 알게 된 재단채권에 대한 변제액, 배당통지비용 등 예상되는 비용과 파산관재인 보수를 공제한 금액을 배당에 참가시킬 채권액으로 나눈 비율을 각 채권자의 채권액에 곱하면 된다. 파산관재인 보수를 법원 보관금에서 지출하는 경우에는 배당할 수 있는 금액에서 파산관재인 보수를 공제할 필요가 없게 될 것이다.

4. 배당액 확정의 효과

배당통지에 의하여 배당액이 확정되고, 그 변경은 허용되지 않으며, 채권자가 이 통지를 받은 때로부터 구체적인 배당청구권을 취득하는 점은 중간배당의 경우와 같다. 배당액의 통지를 발송한 후 체납세금의 교부청구 등에 의하여 재단채권자가 있는 사실을 알게 되었다고 해도, 이미 통지한 배당금액에서 재단채권을 변제할 수 없는 점도 마찬가지이다.

정지조건부채권자의 제외(제523조)

정지보건부 채권 및 장래의 채권으로서 최후배당의 제척기간 내에 권리행사가 가능하지 아니한 채권은 배당을 받을 수 있는 채권에서 제외된다.

해제조건부채권자에 대한 지급(제524조)

해제조건부채권은 제척기간 내에 조건이 성취하지 않은 경우 무조건의 채권과 동일하게 취급한다. 해제조건부채권의 조건이 최후의 배당에 관한 배당제외기간 안에 성취되지 못한 때에는 채무자회생및파산에관한법률 제516조의 규정에 의하여 제공한 담보는 그 효력을 상실하고, 제519조제5호의 규정에 의하여 임치한 금액은 이를 그 채권자에게 지급하여야 한다. 제419조의 규정에 의하여 제공한 담보나 임치한 금액의 경우에도 또한 같다.

별제권자의 제외(제525조)

별제권부 채권으로 목적물을 처분한 후에 발생한 부족액을 제척기간 내에 증명하지 아니한 채권은 배당을 받을 수 있는 채권에서 제외된다. 별제권자가 최후의 배당에 관한 배당제외기간 안에 파산관재인에 대하여 그 권리포기의 의사를 표시하지 아니하거나 그 권리의 행사에 의하여 변제를 받을 수 없었던 채권액을 증명하지 아니한 때에는 배당에서 제외된다.

임치금의 배당(제526조)

제외된 채권을 위하여 임치되어 있던 배당액은 다른 파산채권자를 위한 배당재원으로 된다. 채무자회생및파산에관한법률 제523조 또는 제525조의 규정에 의하여 배당에서 제외된 채권자를 위하여 임치한 금액은 이를 다른 채권자에게 배당하여야 한다. 제418조의 규정에 의하여 임치한 금액의 경우에도 또한 같다

새로운 재산이 있게 된 때의 배당표의 경정(제527조)

배당표의 경정

배당액의 통지를 발송하기 전에 새로 배당에 충당할 재산이 있게 된 때에는 지체없이 배당표를 경정하여야 한다. 경정한 배당표는 이해관계인의 열람에 공하기 위하여 파산관재인이 이를 법원에 제출하여야 한다.

배당액의 공탁(제528조)

1. 배당의 실시와 공탁

배당실시의 방법은 중간배당의 경우와 같다. 다만 최후배당의 경우에는 소액채권자의 채권확정소송이 남아 있는데 불과함에도 대다수의 채권자가 최후배당을 받을 수 없게 되어 파산절차가 지연되는 것을 방지하기 위하여, 문제되는 채권자에 배당금을 공탁할 수 있게 되어 있다.

2. 공탁의 절차

공탁의 절차는 공탁법의 규정에 따른다. 공탁서의 정본은 분실 등의 사고를 방지하기 위하여 영치물에 준하여 법원에 보관한다. 피공탁자인 채권자가 배당액을 청구하면 법원은 위 공탁서의 정본을 채권자에게 교부한다.

3. 파산관재인이 공탁하여야 하는 경우

(1) 채권확정소송 또는 불복신청 절차가 아직 종결되지 아니한 채권의 채권자에 대한 배당액으로서 중간배당시에 임치한 것

(2) 최후배당 통지 전에 소송 또는 불복신청 절차가 종결되지 아니한 채권의 채권자에 대한 배당액으로 채무자회생및파산에관한법률 제528조 제1호 이외의 것

(3) 중간배당 및 최후배당에 있어서 채권자가 수령하지 않은 배당액. 채권자가 수령을 거절하거나 추심을 게을리한 경우 외에, 배당 실시 당시 채권자의 소재불명을 이유로 수령을 기대할 수 없는 경우, 채권의 양도에 관하여 다툼이 있거나 상속인이 누구인지 불명하다든지 하여 채권자를 알 수 없는 경우도 포함된다.

4. 경우별 공탁의 효력

채무자회생및파산에관한법률 제528조 제1호, 제2호의 공탁은 집행공탁의 성질을 가지고, 파산관재인은 이 공탁에 의하여 책임을 면한다. 제3호의 공탁은 변제공탁으로서 이에 의하여 당해 파산채권은 소멸한다.

5. 관련문제

(1) 파산재단의 수집액이 재단채권 및 확정된 차산채권액을 상회하여 잉여가 생기는 경우 동의폐지의 절차에 의하는 것도 생각해 볼 수 있으나, 동의폐지는 그 요건이 엄격할 뿐만 아니라, 법인의 경우 법인계속의 절차를 밟아야 하는 등 실질적으로 곤란한 점이 있다. 따라서 이 경우는 최후배당을 실시하여 파산절차를 종료하고, 잔여재산을 파산자(또는 파산자의 대표자)에게 반환하는 것으로 처리한다.

(2) 별제권자가 별제권의 행사에 착수하여 경매절차가 진행중이지만 매수신고가 없어서 계속 유찰되는 경우

최저경매가격과 별제권자의 피담보채권을 비교하여 전혀 잉여가 기대되지 않으면 파산관재인은 법원의 허가를 얻어 당해 부동산을 재단으로부터 포기한 후 최후배당을 실시하면 된다. 이 때 별제권자는 준별제권자로서 파산법상의 지위에는 변함이 없으므로, 경매절차가 종료하지 않은 상태에서는 별제권을 포기하지 않는 한 최후배당에서 제척될 수 밖에 없다.

계산보고의 채권자집회(제529조)

계산보고를 위하여 소집한 채권자집회는 파산관재인이 가치 없다고 인정하여 환가되지 못한 재산의 처분에 관하여 결의를 하여야 한다.

파산종결의 결정 및 공고(제530조)

채권자집회가 종결된 때에는 법원은 파산종결의 결정을 하고 그 주문 및 이유의 요지를 공고하여야 한다.

▣ 관련판례

판례(대법원 1989.11.24. 선고 89다카2483 판결)

법인에 대한 파산절차가 잔여재산없이 종료되면 청산종결의 경우와 마찬가지로 그 인격이 소멸한다고 할 것이나, 아직도 적극재산이 잔존하고 있다면 법인은 그 재산에 관한 청산목적의 범위내에서는 존속한다고 볼 것이다.

추가배당의 공고 및 배당액의 통지(제531조)

1. 추가배당을 하여야 하는 경우

추가배당은 최후배당의 배당액 통지를 발한 후에 새로이 배당에 충당할 상당한 재산이 생긴 때에 보충적으로 행하는 배당절차이다.

2. 추가배당을 하여야 할 경우의 예

(1) 채권확정소송 등이 파산채권자의 패소로 확정되어 그를 위하여 공탁된 배당액을 다른 파산채권자에게 배당할 수 있게 된 때

(2) 최후배당 통지 후 종결결정 전에 파산자의 은닉재산이 새로 발견된 때 파산종결결정 후에 새로 발견된 파산자의 재산이 배당에 충당할 재산이라고 할 수 있는가에 관하여는 다툼이 있으나, 통설은 이를 부정하고 있다.

(3) 일단 배당되었으나 후에 재단으로 반환된 금전이 발생한 때
예컨대 해제조건부채권의 채권자에게 배당액을 변제한 후 해제조건이 성취한 경우, 또는 파산관재인이 파산채권자에 대하여 과대배당을 하거나 착오에 의하여 재단채권자에게 변제하였는데 변제수령자가 부당 수령한 금전을 반환한 경우 등이다.

(4) 임치되어 있던 파산재단의 예금에 대한 이자가 미계상 되었거나 계산 착오가 있었던 때

(5) 최후배당시 누락한 파산재단에 조세 환급금이 있는 때

(6) 재단에의 편입이 가능한 예납금이 누락된 때

그러나 (4) 내지 (6)의 사유로 추가배당을 하게 되는 것은 바람직하지 않으므로 파산관재인으로서는 최후배당시에 미리 잔여 재단이 생기지 않도록 충분히 검토하여야 하고, 법원도 이 점에 관하여 미리 주의를 환기시켜 둘 필요가 있다. 추가배당 절차에 소요되는 비용 정도밖에 충당하지 못할 정도의 재산은 상당한 재산이라고 할 수 없다. 파산채권자의 수, 각 채권액의 다과 등 당해 파산사건의 규모에 따라 배당절차에 소요될 비용도 달라지므로 상당한 재산인지 여부를 일률적으로 논할 수는 없다. 또 추가배당하기에는 근소한 금액의 잉여가 생긴 때에는 파산관재인이 이를 파산종결 후에 파산자에게 인도하여야 한다.

추가배당의 기준(제532조)

1. 추가배당

추가배당은 파산종결 후에도 할 수 있다. 이 한도에서 파산관재인의 권한은 부활하는 것이라고 할 수 있다. 파산관재인은 법원의 허가를 받아 지체없이 배당가능한 금액을 공고한 후 각 채권자에 대하여 배당을 정하여 이를 통지한다. 최후배당의 보충에 불과하므로 새로 제척기간을 정할 필요도 없고, 배당표도 최후배당 당시의 것을 기준으로 그에 기재된 파산채권자에게 배당을 실시하면 된다. 따라서 법원에 배당표를 새로 작성, 제출할 필요도 없으며, 따라서 배당표의 경정이나 배당표에 대한 이의도 인정되지 않는다.

2. 배당통지

파산채권자는 배당통지를 받으면 확정적으로 배당청구권을 취득하게 된다.

【서식】 추가배당허가

서울회생법원
제201파산부
결 정

사   건   20○○하○○   파산선고

파 산 자   주식회사 ○○

          서울 ○○구 ○○동 ○○

파산관재인   ○○○

주   문

이 사건에 관하여 추가배당을 허가한다.

이   유

채무자회생및파산에관한법률 제531조를 적용하여 주문과 같이 결정한다.

20○○. ○. ○.

재판장 판사 ○ ○ ○

판사 ○ ○ ○

판사 ○ ○ ○

계산보고서(제533조)

계산보고서

추가배당을 실시한 후 파산관재인은 지체없이 계산보고서를 작성하여 법원에 제출하고 법원은 이를 인가한다. 따로 계산보고를 위한 채권자집회를 소집하여 그 승인을 받을 필요는 없다. 계산보고서에 대한 법원의 인가에 의하여 추가배당에 관한 파산관재인의 책임은 소멸한다. 위 인가결정에 대하여 이해관계인은 즉시항고할 수 있다.

파산관재인이 알고 있지 아니한 재단채권자(제534조)

배당통지의 효력

배당통지에 의하여 배당액이 확정되고, 그 변경은 허용되지 않으며, 채권자가 이 통지를 받은 때로부터 구체적인 배당청구권을 취득하는 점은 중간배당의 경우와 같다. 배당액의 통지를 발송한 후 체납세금의 교부청구 등에 의하여 재단채권자가 있는 사실을 알게되었다고 해도, 이미 통지한 배당금액에서 재단채권을 변제할 수 없는 점도 마찬가지이다.

확정채권에 관한 파산채권자표 기재의 파산선고를 받은 채무자에 대한 효력(제535조)

확정채권에 관하여 파산자가 채권조사기일에서 그 채권에 대하여 이의를 진술하지 않은 때에는 파산채권자가 파산절차에서 채권의 변제를 받지 못한 잔액에 관하여, 채권표의 기재를 채무명의로 하여 강제집행을 할 수 있다. 이 집행의 절차에 관하여는 민사집행법 제2조(집행실시자) 내지 제18조(집행비용의 예납 등), 제20조(공공기관의 원조) 및 제28조(집행력있는 정본) 내지 제55조(외국에서 할 집행)의 규정을 준용한다.

원상회복의 신청(제536조)

1. 채무자가 그 책임 없는 사유로 인하여 채권조사의 기일에 출석하지 못한 때에는 그 사유가 없어진 날부터 7일 이내에 한하여 이의를 추후 보완하기 위하여 파산계속법원에 원상회복의 신청을 할 수 있다.

2. 법원은 직권으로 채무자의 이의가 있는 채권의 채권자에게 원상회복의 신청서를 송달하여야 한다.

3. 법원이 원상회복을 허가한 때에는 채무자가 채권조사기일에 이의를 진술한 것과 동일한 효력이 생긴다. 이 경우 법원사무관등은 파산채권자표에 이의의 기재를 하여야 한다.

4. 책임없는 사유로 인하여 채권조사의 기일에 출석하지 못한 때에 원상회복신청에 관한 재판에 대하여는 즉시항고를 할 수 있다.

상속재산의 잔여재산(제537조)

상속재산에 대하여 파산선고가 있는 때에는 최후의 배당으로부터 제외된 상속채권자와 유증을 받은 자는 잔여재산에 관하여 그 권리를 행사할 수 있다.

제 6 장
파산폐지

동의에 의한 파산폐지의 신청(제538조)

1. 동의폐지의 의의

동의폐지란, 채권신고기간 내에 신고한 파산채권자 전원의 동의를 얻을 것을 조건으로 하여 파산자의 신청으로 하는 파산폐지를 말한다. 이 제도는 파산 절차에 참가한 채권자 전원이 파산절차의 종료를 희망하는 경우에, 이와 같은 처분권자의 의사를 존중하는 것이 타당하다는 취지에서 둔 것이다. 파산 자가 융자나 채무면제 등을 통하여 지급불능 상태를 해소할 수 있다고 판단 되는 경우 시도해 볼 수 있는 갱생의 한 방법이라고 할 수 있다.

2. 요건

(1) 채권신고기간 내에 신고한 파산채권자 전원의 동의

신고하지 않은 채권자, 재단채권자, 환취권자의 동의는 요하지 않는다. 별 제권자도 예상부족액의 증명이 없는 한 동의를 요하지 않는다. 채권신고기 간 경과 후에 신고한 자의 동의도 요하는가에 관하여는 다툼이 있으나, 이 러한 채권자에 대하여는 이의권이 보장된 것으로 족하고, 법문상 이들 채 권자의 동의를 요한다고는 규정하고 있지 않으므로, 동의를 요하지 않는다 고 해석한다. 유의할 점은 이 동의는 파산자에 대한 것이 아니라 법원에 대 한 것이다.

(2) 부동의한 신고 파산채권자에 대한 담보의 제공

1) 담보의 성격

이 담보는, 파산재단에 속하지 않는 파산자의 자유재산 내지 제3자의 재 산으로도 할 수 있지만, 파산폐지에 동의한 파산채권자의 동의를 얻어 파산재단에 속하는 재산을 담보로 제공할 수 있다. 파산자는 파산선고에 의하여 파산재단 소속 재산의 관리처분권을 상실하므로 원래 파산재단 소속 재산을 담보에 제공할 권한이 없지만, 파산폐지결정이 확정되면 이 권한을 회복하게 될 지위에 있으므로 이를 허용한 것이다. 담보제공에 대한 동의의 의사표시는 파산자에 대하여 하는 소송행위라고 해석된다.

2) 담보제공의 방법

담보제공의 방법에 대하여는 현실의 제공을 요한다는 견해와, 제공할 담보를 구체적으로 특정하여 이를 고지하면 족하다는 견해가 있다.

3) 담보의 존속기간과 담보의 종류

담보는 피담보채권인 파산채권이 소멸할 때까지 존속한다. 제공하는 담보에는 금전, 유가증권, 부동산 등이 있다.

4) 담보의 상당성 평가주체

파산자가 제시한 담보가 상당한가 여부는 법원의 재량으로 정한다. 파산채권자 스스로가 담보가 상당하다고 인정하는 경우에는 결정할 필요가 없다. 담보가 상당한가 여부에 관한 법원의 결정에 대하여는 불복할 수 없다.

5) 피담보채권의 범위 결정

담보액의 상당성 판단과 관련하여, 피담보채권의 범위를 어떻게 정하는가가 문제된다. 당해 부동의 파산채권자가 받을 수 있는 배당예상액이라는 견해와, 부동의 파산채권자의 신고채권액 전액이라는 견해가 있다.

(3) 미확정 채권자에 대한 동의의 요부 또는 담보의 당부의 결정

채권조사기일에 파산관재인 또는 다른 파산채권자가 이의를 진술하여 확정되지 않은 채권에 관하여 동의를 요하는가에 대하여는 법원의 재량으로 결정할 수 있고, 이 결정에 대하여는 불복할 수 없다. 이 동의에는 파산폐지에 대한 동의와, 동의하지 않은 다른 파산채권자에게 담보를 제공하는 것에 대한 동의를 포함한다. 법원이 이들 채권자의 동의를 요한다고 결정하면 파산자는 이들의 동의도 얻어야 한다.

3. 신청

파산자의 신청이 있어야 한다

4. 동의폐지결정 확정의 효과 및 확정 후의 절차

(1) 동의폐지결정의 확정

파산자는 파산재단의 관리처분권을 회복하는 반면, 파산관재인의 임무는 종료하므로 재단채권을 변제하고 채권자집회에서 계산보고를 하여야 한다는 점과 폐지결정에 소급효가 없다는 점은 앞서 파산폐지결정에 확정된 경우의 설명과 같다.

(2) 등기, 등록 등

동의폐지결정이 확정되면 등기, 등록의 촉탁, 배달촉탁 취소, 주무관청에 대한 통지 등의 절차를 행한다.

법인 등의 파산폐지신청(제539조)

1. 파산폐지결정이 확정된 경우와 달리 파산자가 법인인 경우

위와 같은 경우 법인계속의 절차를 거쳐 해산 전의 상태로 복귀한다. 파산자가 법인인 경우에는 이사 전원의 일치에 의하여 신청하여야 하고, 법인계속의 절차를 밟아야 한다.

2. 법인의 종류에 따른 구별

(1) 사단법인의 경우

법인계속의 절차는 정관변경에 관한 규정에 따른다.

(2) 재단법인

주무관청의 인가를 얻는 것이다.

(3) 민법규정의 적용

정관변경의 규정에 의한다는 것은 민법상의 법인은 총사원 3분의 2이상의 동의(민법 제42조), 인적회사는 총사원의 동의(상법 제204조, 제269조), 주식회사는 주주총회의 특별결의(상법 제433조, 제434조), 유한회사는 총사원의 특별결의(상법 제584조, 제585조)에 의하는 것을 말한다.

파산폐지신청과 법인의 존속(제540조)

파산선고를 받은 법인이 파산폐지절차를 하고자 하는 때에는 사단법인은 정관의 변경에 관한 규정에 따라 이사 전원의 일치에 의하여 신청하여야 하고, 재단법인은 주무관청의 허가를 받아 법인계속의 절차를 밟아야 한다.

입증서면의 제출(제541조)

1. 신청서와 함께 제출하여야 하는 서면

신고파산채권자의 폐지동의서, 부동의 파산채권자에 대한 다른 파산채권자의 담보제공동의서, 부동의 파산채권자에게 담보를 제공하였음을 증명할 수 있는 서면, 미확정 파산채권자의 동의를 필요로 하는가 여부에 관한 법원의 결정서, 파산채권자에 제공한 담보가 상당한가 여부에 관한 법원의 결정서, 법인인 경우에는 법인계속의 절차를 밟았다는 것을 증명할 수 있는 서면(예컨대 회사계속의 임시주주총회 의사록)을 함께 제출하여야 한다.

2. 파산폐지동의서의 제출

파산폐지동의서는 파산채권자가 법원에 파산폐지에 동의한다는 의사를 기재한 서면이지만 파산채권자가 직접 법원에 제출하지 않고 파산자를 통하여 제출하여도 좋다.

파산폐지신청의 공고 및 서류비치(제542조)

공고 및 서류의 비치

(1) 공고
파산폐지의 신청에 형식상 미비한 점이 없고 신청이 적법하다고 인정하면 법원은 파산자로부터 파산폐지의 신청이 있었다는 뜻을 공고해야 한다.

(2) 서류의 비치
이해관계인의 열람에 공하기 위하여 그 신청에 관한 서류를 비치하여야 한다.

(3) 취지

아직 신고하지 아니한 파산채권자에게 파산폐지의 신청이 있었음을 알리고 이에 대하여 이의를 진술할 기회를 부여하려는 취지에서 둔 규정이다.

【서식】 파산폐지신청공고

파산폐지신청 공고

사　　　건　　　20○○하○○　　파산선고
파　산　자　　　주식회사 ○○
　　　　　　　　서울 ○○구 ○○동 ○○
파산관재인　　　변 호 사 홍 길 동

파산자로부터 채무자회생및파산에관한법률 제530조에 의한 파산폐지의 신청이 있
었으므로 동법 제542조에 의하여 다음과 같이 공고한다.

다　　음

1. 위 신청에 관한 서류는 이해관계인의 열람에 공하기 위하여 이 법원 파산과에
   비치하였다.
2. 파산채권자는 이 공고가 있은 날로부터 2주 내에 파산폐지의 신청에 대하여 이
   의를 청구할 수 있다.

20○○. ○. ○.

서울회생법원 제201파산부

재판장 판사 ○ ○ ○
판사 ○ ○ ○
판사 ○ ○ ○

채권자의 이의신청(제543조)

1. 채권자의 이의신청

(1) 이의신청 기간

1) 신고한 파산채권자의 경우

채권신고기간 내에 신고한 파산채권자 및 이의신청기간 경과 전에 신고한 파산채권자는 공고의 효력이 발생한 날(공고게재 다음날)로부터 14일 이내에 법원에 파산폐지에 대한 이의신청을 할 수 있다.

2) 신고하지 않은 파산채권자의 경우

이들에게는 이의신청권이 없다고 해석한다.

(2) 이의신청권이 없는자

별제권자, 재단채권자, 환취권자에게도 이의신청권이 없다.

2. 이의신청 기간 14일의 성격

14일의 기간은 연장할 수 없는 법정기간이지만 제척기간은 아니므로, 이의신청기간 경과 후의 이의신청도 법원은 일응 이를 참작하여야 한다.

3. 이의사유

이의사유로는 자기는 파산폐지에 동의하지 않는다든지, 자기의 동의가 사기, 강박 또는 착오 등 하자 있는 의사표시에 의하여 되었다든지, 파산폐지에 관하여 달리 동의를 얻어야 하는 파산채권자가 있는데 그 동의가 없다든지, 또는 그 동의가 하자 있는 의사표시에 의하여 되었다든지 하는 것을 예로 들 수 있다.

4. 법원의 결정

(1) 이의신청이 이유 있다고 인정하는 경우

파산폐지신청을 기각하게 된다.

(2) 이의신청이 이유 없다고 인정하는 경우

파산폐지결정을 하게 되므로, 이의신청에 대하여 따로 재판을 하지는 않는다.

관계인의 의견청취(제544조)

1. 의견청취

이의신청기간 경과 후 법원은 파산자, 파산관재인, 이의신청한 파산채권자의 의견을 들어야 한다. 의견청취의 방식은 의견서를 제출받아도 좋고 기일을 열어 심문을 하여도 좋다.

2. 심문을 하는 경우

기일지정결정을 하고 이 결정정본을 파산자, 파산관재인, 이의신청인에게 송달하거나 공고로 송달에 갈음한다. 의견서를 기일까지 제출하지 않는다든지 기일에 출석하지 않는 때에는 의견을 듣지 않고 결정을 할 수 있다.

3. 의견청취의 내용

의견청취의 내용은 파산폐지의 결정을 함에 필요한 실질적 요건을 구비하였는가 여부이다.

【서식】 동의폐지에 대한 의견서 제출요구

서울회생법원
제201파산부
의견서제출요구서

수　　　신	수신처 참조
사　　　건	20○○하○○　　파산선고
파 산 자	주식회사 ○○
	서울 ○○구 ○○동 ○○
파산관재인	홍길동
감 사 위 원	○○○, ○○○, ○○○

　위 사건에 관하여 파산폐지의 신청에 관한 이의신청기간이 경과하였으므로 채무자회생및파산에관한법률 제544조에 의하여 파산폐지의 결정을 함에 필요한 조건을 구비하였는가 여부에 관하여 이 요구서를 송달받은 날로부터 10일 이내에 의견서를 법원에 제출하여 주시기 바랍니다.

20○○. ○. ○.

재 판 장 판 사 　○ ○ ○

수신처 : 파산자, 파산관재인, 이의신청을 한 파산채권자

비용부족으로 인한 파산폐지(제545조)

1. 파산폐지결정과 의견청취

법원은 파산선고 후에 파산재단으로써 파산절차의 비용을 충당하기에 부족하다고 인정되는 때에는 파산관재인의 신청에 의하거나 직권으로 파산폐지결정을 하여야 한다. 이 경우 법원은 채권자집회의 의견을 들어야 한다.

2. 예납이 충분한 경우

파산폐지결정은 파산절차비용을 충당하기에 충분한 금액이 미리 납부되어 있는 때에는 내리지 아니한다.

3. 즉시항고

파산폐지의 결정을 위한 재판에 대하여는 즉시항고를 할 수 있다.

파산폐지결정의 공고

1. 공고

파산폐지의 신청에 필요한 조건을 갖추었고, 채권자의 이의가 있었으나 그 이의가 이유 없다고 인정하는 때에는 파산폐지의 결정을 하고 그 주문과 이유의 요지를 공고한다

2. 송달

이 결정정본은 파산자 및 파산관재인에게 직권으로 송달한다.

3. 즉시항고

파산폐지결정에 대하여는 파산채권자가 즉시항고 할 수 있다.

【서식】 동의에 의한 파산폐지결정

서울회생법원
제201파산부
결   정

사 건   20○○하○○   파산선고
파 산 자   주식회사 ○○
            서울 ○○구 ○○동 ○○

주   문

이 사건 파산을 폐지한다.

이   유

이 사건에 관하여 파산자로부터 채무자회생및파산에관한법률 제538조 제1항에 의한 파산폐지의 신청이 있었으므로 살펴건대, 위 신청은 상당하다고 인정되므로 주문과 같이 결정한다.

20○○. ○. ○.

재판장 판사 ○ ○ ○
판사 ○ ○ ○
판사 ○ ○ ○

【서식】 동의에 의한 파산폐지 공고

파산폐지 공고

사   건   20○○하○○   파산선고

파 산 자   주식회사 ○○

                서울 ○○구 ○○동 ○○

채무자회생및파산에관한법률 제546조, 제538조에 의하여 다음과 같이 공고합니다.

다   음

1. 주문 : 이 사건 파산을 폐지한다.
2. 이유의 요지 : 채무자회생및파산에관한법률 제538조 제1항의 신청은 상당하다.

20○○. ○. ○.

서울회생법원 제201파산부

재판장 판사   ○   ○   ○

판사   ○   ○   ○

판사   ○   ○   ○

재단채권의 변제 및 공탁(제546조)

1. 동의폐지 신청에 대한 재판

(1) 신청을 부적합 한 것으로서 각하하는 경우

① 법원은 형식상 미비한 점에 관하여 보정명령을 하였으나 보정하지 않은 때

② 기타 파산폐지의 신청에 필요한 조건을 구비하지 않았다고 인정한 때

(2) 기각하는 경우

채권자의 이의가 이유 있다고 인정하는 때

2. 송달

이 결정정본은 법원이 직권으로 신청인(파산자)에게 송달한다.

3. 즉시항고

파산자는 이에 대하여 즉시항고할 수 있다.

【서식】파산폐지신청 각하결정

서울회생법원
제2파산부
결　정

사　　건　　20○○하○○　　파산선고

파 산 자　　주식회사 ○○

　　　　　　서울 ○○구 ○○동 ○○

　　　　　　대표이사 ○ ○ ○

주　문

이 사건 파산폐지 신청을 각하한다.

이　유

이 사건에 관하여 파산자가 파산폐지의 신청을 하였으나, 파산폐지의 필요조건인 채권신고기간 내에 신고한 총 파산채권자 중 ○○○의 동의가 없으므로(또는 부동의 채권자에 대하여 담보를 제공하지 아니하였으므로) 이 사건 신청은 부적법하여 채무자회생및파산에관한법률 제538조에 의하여 주문과 같이 결정한다.

20○○. ○. ○.

　　　　　　　　　　재판장 판사 ○　○　○

　　　　　　　　　　　　　판사 ○　○　○

　　　　　　　　　　　　　판사 ○　○　○

준용규정 (제548조)

채무자회생및파산에관한법률 제535조(확정채권에 관한 파산채권자표 기재의 파산선고를 받은 채무자에 대한 효력)규정은 파산폐지의 결정이 확정된 경우에 관하여 준용한다.

채무자회생및파산에관한법률 제567조(보증인 등에 대한 효과)의 규정은 법인인 채무자가 파산종결 또는 파산폐지의 결정으로 소멸하는 경우에 관하여 준용한다.

제 7 장
간이파산

간이파산의 요건(제549조)

제정이유

1. 간이파산절차를 활용하면 채권자집회를 생략하고 1회기일에 배당이 이루어지는 등 비용과 시간이 크게 절감되는 바, 종전의 법에 의하면 재단채권액이 2억원 미만인 경우에만 간이파산절차를 이용할 수 있어 활용도가 저조한 문제를 개선하려는 것임.

2. 간이파산절차에 의할 수 있는 재단채권액을 2억원 미만에서 5억원 미만으로 상향조정하여 그 적용대상을 대폭적으로 확대함.

3. 사회, 경제구조의 변화, 화폐가치의 변동에 맞게 상한액을 조정하여 현실과의 괴리를 해소하고 국민의 편익을 증대시키는데 기여할 것으로 기대됨

1. 간이파산 결정

파산재단에 속하는 재산액이 5억원 미만이라고 인정되면 파산선고와 동시에 간이파산의 결정을 한다.

2. 병합

간이파산에 관하여는 제1회 채권자집회의 기일과 채권조사기일은 부득이한 사유가 있는 경우를 제외하고는 반드시 병합하여야 하는 등 몇 가지 특칙이 정해져 있다.

3. 실무에서의 처리

실무상 비영업자 파산사건 중 파산관재인을 선임하여야 하는 경우 외에는 간이파산 결정을 하는 예가 거의 없다.

파산절차 중의 간이파산결정(제550조)

1. 파산절차 중의 간이파산 결정

파산절차 중 파산재단에 속하는 재산액이 5억원 미만임이 발견된 때에는 법원은 이해관계인의 신청에 의하거나 직권으로 간이파산의 결정을 할 수 있다.

2. 법원의 결정

간이파산의 결정을 한 때에는 법원은 결정의 주문을 공고하고 파산관재인 및 감사위원과 알고 있는 채권자 및 채무자에게 그 결정의 주문을 기재한 서면을 송달하여야 한다.

간이파산의 취소(제551조)

간이파산절차 중 파산재단에 속하는 재산액이 5억원 이상임이 발견된 때에는 법원은 이해관계인의 신청에 의하거나 직권으로 간이파산취소의 결정을 할 경우 결정의 주문을 공고하고 파산관재인 및 감사위원과 알고 있는 채권자 및 채무자에게 그 결정의 주문을 기재한 서면을 송달하여야 한다.

채권자집회의 기일과 채권조사기일의 병합(제552조)

간이파산에 관하여는 제1회 채권자집회의 기일과 채권조사기일은 부득이한 사유가 있는 경우를 제외하고는 반드시 병합하여야 하는 등 몇 가지 특칙이 정해져 있다.

감사위원의 불설치(제553조)

간이파산의 경우에는 감사위원을 두지 아니한다.

채권자집회의 결의에 갈음하는 결정(제554조)

간이파산절차의 경우 제1회 채권자집회의 결의와 채권조사 및 계산보고를 위한 채권자집회의 결의를 제외하고는 법원의 결정으로 채권자집회의 결의에 갈음한다.

1회 배당(제555조)

간이파산절차의 경우 배당은 1회로 하며, 최후의 배당에 관한 규정에 의한다. 다만, 추가배당을 할 수 있다.

제 8 장
면책 및 복권

제1절 면책

면책신청(제556조)

제정이유

파산과 면책의 동시 신청 허용

1. 종전 법은 채무자가 면책을 받고자 하는 경우에 파산선고 후 별도로 면책신청을 하여야 하므로 시간, 비용이 소모되고 면책신청기간을 도과할 경우 면책이 되지 아니하는 위험부담이 발생하므로 이를 개선하려는 것임

2. 개인인 채무자는 파산신청과 동시에 면책신청을 할 수 있고, 파산신청을 한 경우에는 반대의 의사표시를 하지 않는 한 파산신청과 동시에 면책신청을 한 것으로 봄

3. 파산자가 신속히 면책결정을 받을 수 있도록 하고, 면책신청기간 도과에 따른 위험을 해소시킴으로써 파산자의 편의를 증대하는데 기여할 것으로 기대됨

1. 면책의 의의

본채무자회생및파산에관한법률상의 면책이란, 자연인 파산자에 대하여 파산절차에 의하여 배당되지 아니한 잔여 채무에 대하여 변제책임을 면하는 것을 말한다. 현행 법은 파산절차와는 별개의 제도로서 규정하고 있다.

2. 면책제도의 성격에 대한 학설

(1) 특전설

면책제도의 이념 내지 근거에 대하여 두 가지 입장이 논의되고 있다. 하나는 파산제도의 주된 목적이 채권자의 권리실현에 있는 것을 전제로, 파산채권자의 이익실현에 성실하게 협력한 파산자에 대하여 특전으로서 면책을 부여한다는 입장.

(2) 갱생설

다른 하나는 면책을 파산자에게 갱생 수단을 부여하기 위한 사회정책적 입법으로 보는 입장이다.

(3) 결론

면책제도는 성실한 채무자만을 대상으로 하는 것이 아니라 파산에 이른 모든 채무자를 대상으로 한 제도로서 본 법이 일정한 불허가사유가 있는 경우 이외에는 반드시 면책을 선고하도록 하는 한편 불허가사유가 있는 경우에도 법원이 재량으로 면책을 선고할 수 있도록 규정함으로써 기본적으로 갱생설의 입장이라고 해석된다.

(4) 실무 운영에서의 유의점

실무를 운영하는 입장으로서는 면책으로 인하여 발생할 수도 있는 도덕적 해이를 우려하기보다는 파산자 본인과 가족들의 인간으로서의 생존권을 보장하고 파산자가 경제활동에 참가하여 사회전체적인 경제적 효율을 높일 수 있도록 면책제도를 적극적으로 운영할 필요가 있다.

3. 신청권자

면책신청권자는 파산자이다. 자연인이라면 영업자도 포함된다. 그러나 법인은 파산절차의 종료로 소멸되므로 면책을 신청할 수 없다는 견해가 일반적이다. 파산자가 무능력자인 경우에는 그 법정대리인이 그를 대리하여 신청할 수 있다.

4. 상속재산의 경우

상속재산의 경우는 상속재산으로 총 채권자에게 변제하는 것이 목적이므로 그 성질상 면책을 인정할 필요가 없다.

5. 관할

파산법원의 전속관할이다. 여기서 파산법원이란 파산선고를 한 법원을 의미한다. 파산자가 파산선고 후 거주지를 이전하였다고 하더라도 파산법원의 관할인 점은 달라지지 않는다.

6. 신청수수료, 송달료 및 예납금

신청수수료로 1,000원의 인지(민사소송등인지법 제9조 제4항 제4호), 송달료 {(기본 52,000원) + (채권자수 × 5,200원 × 3회분)}, 공고는 대법원 홈페이지 (http://www.scourt.go.kr) 법원공고란에 게시되므로 구 파산법상 필요하였던 공고 비용 예납금은 납부하지 않아도 된다. 한편 파산관재인이 선임된 사건에서는 파산관재인의 조사보고에 대하여 보수를 지급하여야 하므로 별도로 예납명령을 발하여야 하는데, 파산절차에서 파산관재인의 보수를 정할 때 면책불허가사유의 조사보고에 대한 보수도 고려하여 금액을 정하는 경우에는 따로 면책절차에서 이를 위한 예납금을 납부받을 필요는 없게 될 것이다.

7. 면책신청의 시기와 방법

(1) 면책신청의 시기

면책신청은 파산선고시부터 파산절차의 해지시까지 할 수 있고, 동시폐지결정이 내려진 경우에는 폐지결정이 확정된 후 1개월 이내에 면책신청을 할 수 있다. 실무상 동시폐지사건의 대부분은 파산선고 후 그 확정 전까지 면책신청이 제기된다.

(2) 추완

파산자가 책임없는 사유로 인하여 위 면책신청기간 내에 면책신청을 할 수 없었던 경우에는 그 사유가 그친 후 30일 이내에 면책신청의 추완을 할 수 있다. 여기서 책임 없는 사유의 예로는 파산선고, 동시폐지결정 정본의 송달이 공고보다 지체되어 면책신청기간을 도과한 경우를 들 수 있다.

(3) 파산관재인이 주의할 사항

실무상 파산관재인도 면책신청의 종기가 언제인지에 대하여 정확히 알지 못하는 경우가 있으므로 파산관재인으로 하여금 파산절차 해지 전에 파산자에게 면책신청을 해야 한다는 사실을 안내하여 주도록 고지할 필요가 있다.

8. 실무에서의 처리

실무상 파산선고 전에 면책신청을 하는 예가 가끔 발견된다. 접수계에서 파선선고를 받기 전까지는 면책신청권이 없다는 취지로 창구지도를 하는데도 불구하고 파산선고 전에 면책신청서가 접수되는 경우가 있다. 원래는 면책신청권 없는 자의 면책신청이므로 각하하는 것이 옳다. 그러나 현재실무는 이를 각하하지 않고 접수하였다가 파산선고 후 그 하자가 치유된 것으로 보고 면책절차를 진행하고 있다.

9. 면책신청의 방법

면책신청은 서면 또는 구두로 할 수 있지만, 실무상으로는 정형화된 면책신청서, 진술서와 채권자명부를 제출하도록 하고 있다.

10. 예납금을 미납한 경우

신청인이 예납금을 납입하지 않는 경우 우선 예납명령을 하고, 이에 응하지 않으면 각하한다. 면책절차의 비용은 국고가 지급의 대상이 되지 않는다.

파산사건의 예납금에서 남은 돈을 면책절차에 유용할 수 있는가에 관하여는 이를 부정적으로 해석한다. 파산과 면책은 별개의 사건이기 때문이다.

한편 절차 진행 중에 송달료가 부족하게 된 경우가 종종 발견되는데, 이 때에는 법원사무관이 부족한 송달료의 추가 납부를 통지하고, 이에 응하지 않는 경우에는 절차를 진행하지 않는다.

▣ 관련판례

판례(대법원 2001. 10. 12. 선고 2001두274 판결)

　의료법 제8조 제1항은 의료인이 될 수 없는 결격사유를 규정하면서 그 제4호로 '파산선고를 받고 복권되지 아니한 자'를 들고 있는바, 파산선고를 받은 파산자는 파산법 제137조의 거주지 제한 이외에는 파산법 자체에 의한 신분상 제약은 없으나, 파산법 이외의 사법상 또는 공법상 여러 가지 자격이나 권리의 제약사유가 규정되고 있는 경우가 많으므로, 파산법 제358조 및 제359조에서 일정한 경우 파산선고에 의하여 파산자에게 부과되는 제약 즉 각종의 자격 내지 권리에 대한 제한을 소멸시켜서 파산자로 하여금 본래의 법적 지위를 회복하게 하는 복권제도를 두고 있는 점에 비추어 보면, 위 결격사유 중 '파산선고를 받고 복권되지 아니한 자'는 파산선고 후 파산법에 의하여 복권될 때까지 파산자의 상태에 있는 자를 말하는 것이고, '파산선고가 확정되고 면책결정이 내려지지 아니할 것으로 확정된 자'로 볼 것은 아니다.

판례(대법원 2010. 5. 13., 선고, 2010다3353 판결)

　채무자 회생 및 파산에 관한 법률 제423조에 "채무자에 대하여 파산선고 전의 원인으로 생긴 재산상의 청구권은 파산채권으로 한다", 제566조에 "면책을 받은 채무자는 파산절차에 의한 배당을 제외하고는 파산채권자에 대한 채무의 전부에 관하여 그 책임이 면제된다. 다만, 다음 각 호의 청구권에 대하여는 책임이 면제되지 아니한다"고 규정하고 있으므로, 파산채권은 그것이 면책신청의 채권자목록에 기재되지 않았다고 하더라도 위 법률 제566조 단서의 각 호에 해당하지 않는 한 면책의 효력으로 그 책임이 면제된다.

【서식】 면책신청서

면 책 신 청 서

신청인(채무자)　　　　(주민등록번호 :　　　-　　　　)　　　┌─────┐
　주　소 :　　　　　　　　(우편번호 :　　　　　)　　　│　인지　│
　거　소 :　　　　　　　　(우편번호 :　　　　　)　　　│1000원│
　송달장소 :　　　　　송달영수인 :　　　(우편번호 :　　　)　└─────┘
　등록기준지 :
　연락처 : 휴대전화(　　　), 집전화(　　), e-mail(　　　　　)

신 청 취 지

채무자를 면책한다.

신 청 이 유

신청인은 귀원 20○○하단○○○호 파산선고 사건에서 20○○. ○. ○. 파산선고결정을 받고 면책결정을 받기 위하여 이 사건 신청에 이르렀습니다.

첨 부 서 류

1. 진술서
2. 채권자 목록

휴대전화를 통한 정보수신 신청서

위 사건에 관한 면책결정 정보를 예납의무자가 납부한 송달료 잔액 범위 내에서 휴대전화를 통하여 알려주실 것을 신청합니다.

■ **휴대전화 번호 :**

　　　　신청인　채무자　　　　　　　　　　(날인 또는 서명)

※ 면책결정이 있으면 신속하게 위 휴대전화로 문자메시지가 발송됩니다.
※ 문자메시지 서비스 이용금액은 메시지 1건당 17원씩 납부된 송달료에서 지급됩니다(송달료가 부족하면 문자메시지가 발송되지 않습니다). 추후 서비스 대상 정보, 이용금액 등이 변동될 수 있습니다.

　　　　　　　　　　　　　　　　　　　　　　2000. 0. 0.

　　　　　　　　　신청인 ○ ○ ○(인)

면책사건번호	
배당순위번호	
재 판 부	제 　　　 단독

○○지방법원 귀중

진 술 서

○○지방법원   귀중

신청인(파산자)   ㉑

신청인은 귀원 20○○하면○○호 면책사건에 관하여 다음과 같이 사실대로 진술합니다.

(다음 각 항 중 ㉠, ㉡ 중에서 해당하는 항목에 ○표를 하고 필요한 사항을 간략하게 개략적인 기재를 하여 주십시오)

제1 채무를 전부 변제하는 것이 불확실하다고 생각되기 시작한 시기와 그 이유

(상세하게 쓰시기 바랍니다. 별지를 사용하여도 됩니다.)

제2 파산선고를 받게 된 사정

㉠ 파산사건 심리시에 제출한 서류의 기재 및 법원에서의 진술과 같다.

㉡ 위 서류의 기재 및 진술에 부가 또는 정정할 것이 있다.

제3 파산선고를 받기까지 채무자의 채무변제를 위한 노력 내용

(상세하게 쓰시기 바랍니다. 별지를 사용하여도 됩니다.)

제4 파산종결 후의 경과

(1) 현재의 직업(근무처 및 직종)

(2) 월수입(   )

(3) 파산종결 후 채무변제의 유무

㉠ 있음(누구에게 얼마를 변제하였는지 여부를 구체적으로 기재하시기 바랍니다)

㉡ 없음

제5 현재까지의 생활 상황 등(가족 포함)

(본인은 물론 가족들의 생활 상황을 상세히 기재하여 주십시오. 별지를 사용하여도 됩니다.)

☆ 이 진술서는 채무자 본인(면책신청인)이 직접 기재하고 날인한 후 법원에 제출하여 주시기 바랍니다.

채권자목록

1. 채권내역

순번	채권자명	차용 또는 구입일자	발생원인	최초 채권액	사용처	보증인	잔존 채권액	
							잔존 원금	잔존 이자·지연손해금
1	00카드 (주)	01.1.7~ 05.1.31	②	6,000,000	생활비	김이순	5,234,567	789,456
1-1	김이순	02.5.8	①	6,000,000			미정	미정
2	00은행 (주)	02.5.8	①	10,000,000	창업자금		10,000,000	2,456,789
9	처 00	03.6.9	①	5,000,000	병원치료비		5,000,000	1,150,000

※채권의 '발생원인'란에는 아래 해당번호를 기재함 ①금원차용(은행대출,사채 포함), ②물품구입(신용카드에 의한 구입 포함), ③보증(피보증인 기재), ④기타	합계	잔존 원금	잔존 이자·지연손해금
	24,630,812	20,234,567	4,396,245

※ 기재요령 ※

채권자목록에 기재하여야 할 사항을 한 가지라도 기재하지 아니하거나 허위 또는 부정확하게 기재하는 경우에는 파산·면책절차가 진행되지 아니하거나 면책절차에서 불리하게 작용할 수 있으니 주의하시기 바랍니다.

1. 채권자목록은 채무별로 순번을 달리하여 기재하십시오. 다만, 같은 채권자에 대한 여러 개의 채무는 연이어 기재하되, 발생 원인이 오래된 것부터 날짜 순서에 따라 기재하십시오.

2. 『채권자명』란에는 법인과 개인을 구분하여 채권자의 성명이나 법인명칭을 정확히 기재하십시오.

   채권자의 성명은 가족관계증명서 또는 주민등록등본이나 법인등기부등본상 주소와 일치하여야 하며, 법인의 경우에는 대표자 까지 기재하여야 합니다(<u>※잘못된 양식 : 순이 엄마, 영주댁, ○○상사</u>).

3. 채무자(채무자)를 위하여 보증을 해 준 사람이 있으면 그 보증인도 『보증인』란에 정확하게

기재하여야 합니다. 보증으로 인한 구상채무는 보증인이 보증한 채무의 바로 다음에 기재하되, 『순번』란에는 보증한 채권의 순번에 가지번호를 붙여 표시하고, 『잔존채권액·잔존원금 / 잔존 이자·지연손해금』란에는 '미정'이라고 기재하십시오.

4. 『발생원인』란에는 표 하단에 기재된 발생원인의 해당번호를, 『최초 채권액』란에는 채무발생 당시의 금액을, 『사용처』란에는 구체적 사용용도 또는 구입물품을 각 기재하십시오.

5. 『잔존 채권액·잔존원금 / 잔존 이자·지연손해금』란에는 <u>파산신청(면책신청) 당시까지</u> 채무자(채무자)가 갚지 못하고 있는 채무의 원금과 이자·지연손해금을 각 채권자별로 구분하여 기재하고, 하단의 『합계』란에는 채무의 총액을 기재하며, 『잔존원금』, 『잔존 이자·지연손해금』란에는 각각의 합계액을 기재하십시오.

2. 채권자 주소

※ 기재요령 ※

1. 채권자의 주소는 신청일 당시의 주소로 번지까지 정확하게 기재하고, **채무자를 위하여 보증을 해 준 사람이 있으면 그 보증인의 주소까지 정확히 기재하여야 합니다.**
2. 채권자가 금융기관이나 기타 법인인 경우에는 본점 소재지 또는 거래지점의 소재지를 정확하게 기재하여야 합니다.

순번	채권자명	주소	전화번호	팩스	비고 (우편번호)

※ '신청서'를 제출한 경우, 법원 홈페이지 '나의 사건검색'에서 그 반영 여부를 확인할 수 있습니다.

강제집행의 정지(제557조)

1. 강제집행의 정지

면책신청이 있고, 파산폐지결정의 확정 또는 파산종결결정이 있는 때에는 면책신청에 관한 재판이 확정될 때까지 채무자의 재산에 대하여 파산채권에 기한 강제집행·가압류 또는 가처분을 할 수 없고, 채무자의 재산에 대하여 파산선고 전에 이미 행하여지고 있던 강제집행·가압류 또는 가처분은 중지된다.

2. 면책결정이 확정된 경우

면책결정이 확정된 때에는 채무자회생및파산에관한법률 제557조 제1항의 규정에 의하여 중지한 절차는 그 효력을 잃는다.

채무자의 심문(제558조)

1. 파산자 심문기일의 결정

(1) 심문기일의 결정

비용예납을 확인하고, 신청의 법적 요건(신청권, 당사자능력, 소송능력, 관할권의 존부)과 구비서류(인지의 첨부, 채권자 명부의 제출)를 조사한 후 심문기일을 결정한다.

(2) 실무에서의 처리

실무는 면책신청일로부터 1개월에서 2개월 사이에 심문기일을 정하고 있다.

(3) 파산관재인이 선임되어 있는 경우

파산관재인이 선임되어 있는 사건에서는 심문기일 전에 파산관재인에게 면책불허가사유의 유무에 관한 조사명령을 하고, 보고서를 제출하도록 하고 있으므로 심문기일은 최후배당부터 파산종결까지 사이에 정하는 것이 바람직하다.

2. 파산관재인에 대한 조사보고서 제출명령

(1) 조사보고서의 제출명령

파산관재인이 선임되어 있는 사건에 관하여는 파산관재인에게 심문기일 결정과 동시에 조사보고서의 제출을 명한다.

(2) 조사보고서의 제출기한

조사보고서의 제출기한은 심문기일 전까지로 정한다.

(3) 조사보고서의 기재사항

조사보고서에는 면책불허가사유의 유무. 재량면책의 허부에 관하여 파산채권자 및 파산자에 대한 조사 결과, 파산관재업무 수행중 발견한 사항 등을 토대로 의견을 기재하여야 한다.

3. 비용예납 전에 면책사건이 취하 등으로 종료한 경우

위와 같은 경우에는 파산관재인에게 조사에 대한 보수를 지급할 수 없게 되므로, 조사보고서 제출명령의 시기에 주의한다.

4. 파산자의 소환 및 채권자에게의 심문기일 통지, 공고

(1) 기일소환장의 송달

파산자에게 기일소환장을 송달한다.

(2) 소환을 생략할 수 있는 경우

신청대리인이 선임되어 있고, 신청대리인이 심문기일에 대동하겠다는 취지의 기일지정신청서를 제출한 경우에는 파산자에 대한 소환을 생략할 수도 있다.

(3) 심문기일통지서의 송달

심문기일통지서는 신청서와 함께 제출된 채권자명부에 기재된 모든 채권자에게 송달한다. 채권자명부에 조세채권과 같이 면책의 효력을 받지 않는 채권자들이 기재되어 있는 경우, 이들 채권자에게는 심문기일통지서를 송달할 필요가 없다.

(4) 송달불능되는 경우

송달불능되면 파산자에게 주소보정을 명한다. 심문기일까지 주소보정이 되지 않았거나 보고서 미착 등의 사유로 송달불능된 사실을 알지 못한 경우에는 심문기일에 파산자에게 주소보정을 명하고, 심문기일을 속행한 후, 보정된 주소로 속행기일 통지서를 송달한다. 파산관재인이 선임되어 있는 경우에는 심문기일에 조사결과를 보고하여야 하므로 파산관재인에게도 심문기일통지서를 송달한다.

(5) 검사에 대한 통지

검사에 대한 통지도 하고 있지만, 실무상 검사가 심문기일에 출석한 예는 없다.

(6) 공고

파산자 심문기일은 공고하여야 하는데, 관보 및 일간신문에 공고하고 있다.

5. 파산자가 불출석한 경우의 처리

(1) 파산자가 소환장을 받고도 불출석한 경우

1) 재소환하는 경우

제1회 불출석한 사실만으로도 각하할 수 있으나 각하 후에는 다시 면책을 신청할 수 없는 강력한 제재가 따르므로, 한 번 더 기회를 주는 것이 바람직하다. 일단 심문기일을 연 후 연기하고 다시 소환한다. 이 때 법정에서 연기를 선고하면 공고 및 송달의 필요가 없다. 파산자가 자료를 제출하여 입원 등 불출석의 사유를 소명하면 연기하고 다시 소환한다.

2) 진단서와 진술서로 대신하는 경우

그러나 파산자가 질병으로 출석할 수 없고 회복에 장기간이 요하는 경우와 같이 다시 소환하여도 출석하지 아니할 것으로 예상되는 경우에는 진단서를 제출하도록 하고, 법원의 심문내용을 기재한 진술서 제출명령을 송달한 다음, 그에 대한 진술서로 대신할 수 있도록 할 수 있다.

(2) 송달불능으로 파산자가 불출석한 경우

1) 제1회 심문기일에 파산자가 송달불능으로 불출석한 경우
 심문기일을 연기하고 재송달을 한다.

가. 수취인 부재의 경우

 심문기일 소환장에 대한 송달 보고서의 기재가 수취인 부재로 되어
있는 경우 신청서에 기재된 전화번호로 전화하여 현재 소재지가 확인
가능하면 현 소재지로 송달하고, 소재를 확인할 수 없으면 발송송달을
한다.

나. 폐문부재로 되어 있는 경우

 일단 재송달을 실시하는 것이 원칙이지만, 재송달을 해도 반송될 사정
이 있는 때에는 같은 주소로 발송송달을 한다.

다. 수취인불명, 주소불명, 이사불명으로 기재되어 있는 경우

 우선 송달 시행 당시의 우편봉투에 기재된 주소 또는 성명에 오기가
있는지 확인하고 오기가 있으면 재송달하고, 그렇지 않으면 공시송달
을 한다(이미 보정명령 등이 송달된 후 심문기일 소환장이 이사불명으
로 송달불능된 경우에는 발송송달한다).

라. 실무에서의 처리

 실무상으로는 파산절차에서와 마찬가지로 전화 등을 이용한 방법을
자주 이용하고 있다.

마. 공고와 송달

 이와 같은 방법으로 다시 송달을 실시한 후 심문기일에 불출석하면
기일을 종료하고 면책신청을 각하한 다음, 그 결정정본을 공시송달의
방법으로 송달한다.

(3) 이사불명으로 송달불능된 경우

 파산자에 대하여 일단 면책심문기일을 종결한 후 다시 심리할 필요가 있
어서 보정명령을 하였으나 이사불명으로 송달불능된 경우 기록상 나타나
있는 모든 연락처에 연락을 하여도 소재를 파악할 수 없다면 충분한 기간
을 두고 심문기일을 지정하여 공시송달의 방법으로 송달하고, 결정정본 역
시 공시송달을 하는 것이 바람직하다.

(4) 파산자의 신청대리인만 출석한 경우

파산자심문기일에는 파산자가 반드시 출석하여야 한다. 신청대리인은 출석하지 않아도 된다. 그러나 심문기일에 신청대리인만 출석하고 파산자는 불출석한 경우에는 대리인에게 정당한 사유에 관한 보고서를 제출하게 하고 이를 참작하여 정당한 사유가 있다고 생각되면 다시 기일을 정하여 소환한다.

(5) 파산자가 사망한 경우

파산자가 사망한 경우 그 친족으로부터 사망사실에 기재된 호적등본을 제출받은 후 면책사건을 당연종료된 것으로 처리한다. 면책을 받을 권리는 일신전속적 권리이므로 파산자가 사망하면 당연히 면책절차는 종료되고 절차 승계의 문제는 생기지 않는다. 이 경우 사건부의 종결란 및 기록 표지 이면의 기일지정 란에 "파산자의 사망으로 종료"라고 기재하고 기일지정란에 재판장의 확인을 받아 종결처리한다.

6. 심문의 방식

심문은 원칙적으로 비공개로 하고 있다.(비송사건절차법 제13조 참조). 그러나 파산채권자의 참석은 허가하고 있다. 심문 중 파산자 또는 채권자에게 면책제도의 취지, 면책의 효력 등을 설명하여야 할 경우도 있다.

7. 심문기일의 진행

(1) 파산자에 대한 심문

파산절차에서의 심문결과와 보정명령에 따른 보정서, 파산관재인의 조사보고 등의 자료로부터 충분히 드러난 사정에 관하여는 따로 심문하지 않는다.

(2) 심문의 내용

따라서 심문의 내용은 주로 파산심문이나 파산관재인에 대한 설명이 파산자가 정직하게 진술하였는가 여부, 파산관재인의 조사보고서에 나타난 의

문점에 관한 파산자에 대한 설명, 파산절차에서 파산채권자로부터 수집한 의견청취서에 나타난 파산자의 부당하거나 의문시되는 행위에 대한 관한 설명, 파산선고 후 파산자의 경제적 생활 및 채권자와의 관계 등이다.

(3) 실무에서의 처리

실무에서는 이들 심문의 내용이 심문기일 전에 기록에 충분히 나타나도록 진술서와 보정명령 등을 활용하고 있다.

(4) 채권자에 대한 이의신청 기회 부여

채권자가 출석한 경우 이의신청의 기회를 부여한다.

가. 사전에 이의신청서가 제출되어 있는 경우

　　이의신청서를 진술하게 한다.

나. 파산절차에서의 채권자의견청취서에 면책불허가 사유에 관한 진술이 있는 경우

　　이를 확인하고 조서에 그 내용을 간단히 기재한다.

다. 심문기일에서 면책불허가 사유에 관하여 새로운 주장이 있는 경우

　　그 내용을 정리하여 조서에 기재한다.

(5) 실무에서의 처리

실무상으로는 채권자들이 이의신청의 의의와 그 절차, 방법에 관하여 전혀 알지 못한 채 면책심문기일에 출석한 경우가 많고, 이 때에는 이들에 대하여 간략하게 파산선고를 받았다고 하더라도 면책결정이 확정되지 않는 한 채무를 면제하는 것이 아니라는 점, 이의신청은 면책불허가사유에 해당하는 사실을 구체적인 증거와 함께 제출하는 방법으로 하여야 한다는 점을 설명해 주어야 한다.

(6) 이의신청기간의 결정, 선고

1) 이의신청권자

　검사, 파산관재인 또는 면책의 효력을 받을 파산채권자는 파산자

2) 이의신청기간

심문기일의 규정에 의한 심문기일 또는 그 기일에 법원이 정하는 30일 이상의 기간

3) 실무에서의 처리

실무상 심문기일에 31일을 더한 날을 이의신청기간으로 정하고 법정에서 선고하고 있다. 이의신청권자가 심문기일에 출석하지 아니하더라도 파산자에게 앞으로의 절차를 설명하면서 이의신청기간의 결정 사실 및 그 기간, 이의신청이 있으면 다시 의견청취기일을 정하여 소환하겠다는 취지의 고지를 하게 된다. 심문기일이 속행되면 속행기일에서 이의신청기간을 결정, 선고한다.

(7) 송달

이의신청의 기간을 정하는 경정에 관하여 그 선고가 있은 때에는 송달을 요하지 않는다고 정하고 있으나, 실무상 심문기일 출석 여부를 묻지 않고 이의신청기간 결정정본은 채권자 전원에게 송달하고 있다.

(8) 기일의 변경, 연기, 속행

기일의 변경, 연기, 속행은 기일에 선고하면 따로 공고 또는 속행을 요하지 않는다.

면책심문기일 전에 미리 보정명령을 활용하여 자료를 수집하기 때문에 면책심문기일을 속행하는 경우는 많지 않다. 그러나 파산자가 보정에 응하지 않는 경우에는 속행하게 되므로 속행기일을 선고한다.

일단 면책심문기일을 종결한 후 다시 심문이 필요한 경우에는 심문기일 지정결정을 하고 파산자를 소환한다. 채권자 등에게는 이미 이의신청의 기회를 부여하였으므로 따로 공고 및 소환을 하지 않고 있다.

8. 조서의 작성

심문기일 종료 후에 심문조서를 작성한다.

【서식】 파산폐지신청 각하결정

서울회생법원
제201파산단독
면책심문기일소환장

○ ○ ○ 귀하

사 건   20○○파○○(20○○하○○)   면책

파 산 자   ○○○

위 사건의 파산자 심문기일이 다음과 같이 지정되었으니 출석하시기 바랍니다.

일 시 20○○. ○. ○. 15:00
장 소 서울회생법원 4별관 6호 법정

20○○. ○. ○.

법원 사무관 ○ ○ ○

【서식】 면책심문기일소환장(파산자)

서울회생법원
결 정

사 건　　　20○○파○○(20○○하○○)　　면책
파 산 자　　　○○○(　　　　-　　　　)
　　　　　주소　○○시 ○○구 ○○동 ○○
　　　　　본적　서울 ○○구 ○○동 ○○

주 문

파산자 ○○○에 대한 면책심문기일 및 장소를 20○○. ○. ○. 14:00 서울회
생법원 4별관 6호 법정으로 한다.

이 유

채무자회생및파산에관한법률 제558조를 적용하여 주문과 같이 결정한다.

20○○. ○. ○.

판사 ○ ○ ○

【서식】 면책심문기일통지(채권자)

서울회생법원
제201파산단독
면책심문기일통지

수　　신　　수신처 참조
사　　건　　20○○파○○(20○○하○○) 면책
파　산　자　　○○○(　　　　　－　　　　　　)

　위 사건의 파산자 면책심문기일이 다음과 같이 지정되었음을 통지합니다.

일　　시　　20○○. ○. ○. 15:00
장　　소　　서울회생법원 4별관 6호 법정

　　　　　　　　　　20○○. ○. ○.

　　　　　　　　법원 사무관　　○　○　○

참고사항　　　1. 위 파산자에 대한 이해관계인(검사, 면책의 효력을 받을 파산
　　　　　　　　　채권자 등)은 면책심문기일 또는 그 기일에서 법원이 정하는
　　　　　　　　　기간내에 면책신청에 관하여 법원에 이의를 신청할 수 있습
　　　　　　　　　니다(채무자회생및파산에관한법률 제562조).
　　　　　　　2. 이의신청은 채무자회생및파산에관한법률 제564조에서 정한
　　　　　　　　　면책불허가사유에 해당하는 사유를 주장하여 위 파산자에 대
　　　　　　　　　한 면책을 허가하지 아니할 것을 구하는 신청입니다.
　　　　　　　3. 이의신청서는 2부(원본, 부본)를 제출하여야 합니다.
　　　　　　　4. 문의처 : 우편번호 137-737　서울 서초구 서초동 1701의
　　　　　　　　　　　　　1 서울중앙지방법원 파산과(전화 530-1618)

수신처 : 이○○, ○○은행, ○○카드, 서울중앙지방검찰청검사장. 끝.

【서식】 이의신청기간 결정

서울회생법원
결 정

사　　건　　　20○○파○○(20○○하○○)　　　면책
파 산 자　　　○○○(　　　　-　　　　)
　　　　　　　주소　서울 ○○구 ○○동 ○○
　　　　　　　본적　인천 ○○구 ○○동 ○○

주 문

　위 면책사건에 관하여 면책신청에 대한 이의신청기간을 20○○. ○. ○.까지로 한다.

이 유

채무자회생및파산에관한법률 제562조를 적용하여 주문과 같이 결정한다.

20○○. ○. ○.

판사 ○ ○ ○

【서식】 봉인집행 조서

서울회생법원
조   서

1차

사 건 20○○파○○(20○○하○○)면책   일시 : 20○○. ○. ○. 14:00

판 사 ○ ○ ○   장소 : 4별관 6호 법정

                                          공개여부 : 비공개

법원사무관 ○ ○ ○

사건과 당사자를 호명

파산자 ○ ○ ○   출   석

판 사

　　파산자 ○○○에 대한 심문을 시작하겠다고 선언.

　　파산자에게 채무자회생및파산에관한법률 제564조 각 호 소정의 면책불허가 사유
가 있는지를 심문

파산자

　　20○○. ○. ○.자 면책신청서 및 진술서 각 진술.

　　파산선고를 받게 된 사정은 파산사건 심리시에 제출한 서류의 기재 및 법원에서
의 진술과 같다.

판 사

　　이 사건 면책신청에 대한 이의신청기간을 20○○. ○. ○.까지로 정한다는 결정
및 이로써 파산자 ○○○에 대한 면책심문기일을 마친다고 고지.

심문종결

                    법원 사무관 ○ ○ ○
                    판   사 ○ ○ ○

면책신청의 기각사유(제559조)

1. 면책신청의 기각

채무자가 신청권자의 자격을 갖추지 아니한 때, 파산절차의 신청이 기각된 때, 절차의 비용을 예납하지 아니한 때, 그 밖에 신청이 성실하지 아니한 때에는 면책신청을 기각할 수 있다.

2. 즉시항고

면책신청이 기각된 채무자는 동일한 파산에 관하여 다시 면책신청을 할 수는 없다. 면책신청의 기각결정에 대해서는 즉시항고를 할 수 있다.

파산관재인의 조사보고(제560조)

1. 파산관재인의 조사보고

파산관재인이 선임되어 있는 사건에 관하여는 파산관재인에게 심문기일 결정과 동시에 본 조의 조사보고의 제출을 명한다.

2. 조사보고서의 제출기한

심문기일 전까지로 정한다.

3. 조사보고서의 기재내용

조사보고서에는 면책불허가사유의 유무, 재량면책의 허부에 관하여 파산채권자 및 파산자에 대한 조사 결과, 파산관재업무 수행중 발견한 사항 등을 토대로 의견을 기재하여야 한다.

4. 유의할점

비용예납 전에 면책사건이 취하등으로 종료한 경우에는 파산관재인에게 조사에 대한 보수를 지급할 수 없게되므로, 조사보고서 제출명령의 시기에 주의한다.

면책신청에 관한 서류 등의 비치(제561조)

법원은 이해관계인이 열람할 수 있도록 다음의 서류를 법원에 비치하여야 한다.
1. 면책신청에 관한 서류
2. 채무자회생및파산에관한법률 제560조의 규정에 의한 파산관재인의 보고 서류

면책신청에 대한 이의(제562조)

1. 이의신청권자

검사, 파산관재인, 면책의 효력을 받을 파산채권자이다. 파산채권자는 채권신고의 유무에 상관없이 이의신청을 할 수 있지만, 파산채권자인지 여부가 기록상 분명하지 않을 때에는 파산채권자임을 소명하여야 한다. 파산 면책절차에서의 채권자 일람표(명부)에 기재되지 않은 채권자의 경우에도 같다.

2. 이의신청권이 없는 자

재단채권자, 별제권자, 환취권자, 면책의 효력을 받지 않는 파산채권자 등은 면책 신청에 관하여 아무런 이해관계가 없기 때문에 이의신청권이 없다.

3. 면책불허가사유의 존부

면책불허가사유의 존부는 직권사항이므로, 이의신청권은 법원의 직권발동을 촉구하고 그에 관한 자료를 제공하는 권리에 불과하다.

4. 이의신청에 대한 재판

법원은 이의신청에 대하여 따로 재판을 할 필요는 없고 면책신청 자체에 대한 재판을 하면 된다. 이의신청이 부적법하더라도 이를 각하하는 재판을 할 필요가 없다.

5. 이의신청의 방식

이의신청은 서면으로 정본과 부본 2통을 제출하도록 지도하고 있다. 심문기일에 채권자가 출석하여 이의신청사유를 진술한 경우 이를 조서에 기재한다. 그러나 그러한 채권자라도 이의신청서를 제출하도록 권유하고 있다. 반드시 이의신청서라는 제목이 아니더라도 이의신청의 취지가 기재되어 있으면 족하다. 이의신청기간 시작 전 또는 경과 후에 제출된 이의신청도 모두 유효한 이의신청으로 인정하고, 파산절차에서의 채권자 의견청취서에서 면책불허가 사유를 주장한 경우에도 이의신청에 준하여 처리한다.

6. 이의신청의 내용

이의신청서에는 채무자회생및파산에관한법률 제564조 각 호 소정의 면책불허가사유에 해당하는 구체적인 사실을 주장하여 면책불허가의 결정을 구하든지, 또는 면책신청기간 경과후의 면책신청이라든지, 파산자가 심문기일에 불출석한 것이 정당한 사유가 없다든지 등의 점들을 주장하여 면책신청 각하의 결정을 구하는 내용이 기재되어야 한다.

이의신청에 관한 의견청취(제563조)

1. 의견청취기일

이의신청이 있으면 이의신청을 한 채권자와 파산자를 소환하여 의견을 청취한다. 이 제도의 취지는 채권자의 절차참여권을 보장하는 데에 있으며 이를 의견청취기일이라고 한다.

2. 의견청취기일을 열지 않는 경우

서면만으로도 채권자와 파산자의 의견이 충분히 개진되어 있으면 기일을 열지 않고 면책허부의 결정을 할 수 있다.

3. 부본의 송달과 반론서의 제출

의견청취기일 전에 이의신청서의 부본을 파산자에게 송달하고, 이의신청에 대하여 반론이 있는 경우에는 반론서를 제출하도록 한다.

4. 실무에서의 처리

실무는 의견청취기일지정서 정본과 채권자의 이의신청서를 함께 파산자에게 송달하고 있으므로 의견청취기일 전에 반론서가 제출되는 경우는 드물고, 따라서 의견청취기일에 파산자에게 반론할 내용이 있는지 확인한 후 필요하면 반론서를 제출받기 위해 의견청취기일을 속행하는 방식으로 처리한다.

사안에 따라서는 이의신청서에 나타난 사실의 확인을 위하여 파산자 또는 파산관재인에게 보고서의 제출을 명하기도 한다.

5. 의견청취기일의 지정

이의신청기간 경과 후에 이의신청이 있는 것을 확인할 수 있는 경우에 의견청취기일을 지정한다.

6. 의견청취기일 통지서의 송달

의견청취기일 통지서를 파산자 및 이의신청을 한 채권자(파산자 심문기일에서 이의신청한 자도 포함한다) 전원에게 교부송달의 방법으로 송달한다. 그 이외의 채권자에게는 송달하지 않고 있다.

7. 이의신청에 대한 의견서 등이 제출되어 있는 경우

이의신청인에게 통지서를 발송하기까지 파산자로부터 이의신청에 대한 의견서 등이 제출되어 있으면 그 부본을 동봉하여, 그에 대하여 반론이 있으면 기일까지 서면(정본과 부본 각 1통)으로 제출하도록 한다.

8. 이의신청이 취하된 경우

기일결정 후 이의신청이 취하된 경우는 기일을 취소하고 바로 면책허부의 결정을 하면 된다.

9. 의견청취기일의 실시

이의신청인이 불출석한 경우는 기일 종료 후 면책여부의 결정을 한다. 파산자가 정당한 사유 없이 불출석한 경우는 기일 종료 후 면책신청 각하결정을 한다.

10. 지정된 서면의 제출여부

기일에서 법원이 일정한 기간을 정하여 서면(예컨대 파산선고신청 전 1년 내의 수지상황보고)의 제출 등을 명하고 기일을 속행하는 경우, 지정된 기간까지 서면 등이 제출된 경우는 그 부본을 상대방에게 송달하든지 속행기일 당일에 교부하여 의견을 진술하게 한다. 지정된 기간까지 제출되지 않으면 속행기일 종료후 면책허부의 결정을 한다.

11. 의견청취기일 전에 반론서가 제출되어 있는 경우

위와 같은 경우에는 의견청취기일에 의문점에 관하여 직접 파산자에게 설명하도록 요구한다. 서로 주장이 충분히 개진되었다고 생각되면 기일을 종결한다.

12. 추가조사보고와 석명

기일종결 후에도, 이의의 내용에 따라서는 파산관재인에게 추가로 조사보고를 명할 수도 있고, 파산자에게 보정명령을 통하여 석명을 요구할 수도 있다.

13. 의견청취기일의 변경, 연기, 속행

의견청취기일도 파산도 심문기일의 연장이므로, 그 기일의 변경, 연기, 속행에 관하여도 심문기일과 마찬가지로 운용한다.

14. 의견청취기일 종료 후의 심문기일

의견청취기일 종료 후 기록을 검토하여 추가로 조사하여야 할 점이 발견되면, 파산자에게 보정명령을 발하거나 다시 심문기일을 지정하여 소환할 수 있다. 이 때는 이미 채권자에게 절차 참여의 기회는 충분히 보장하였다고 보고 공고, 송달은 하지 않고 있다.

15. 의견청취기일 조서 작성

의견청취기일이 종료하면 파산자 심문기일에 준하여 조서를 작성한다

【서식】 의견청취기일 결정

서울회생법원
결　정

사　　건　　20○○파○○(20○○하○○)　　　면책

파　산　자　　○○○(　　　　-　　　　)

　　　　　　　주소　서울 ○○구 ○○동 ○○

　　　　　　　본적　인천 ○○구 ○○동 ○○

주　　문

파산자에 대한 의견청취기일 및 장소를 20○○. ○. ○. 15:00 서울회생법원 4별관 6호 법정으로 한다.

이　　유

채무자회생및파산에관한법률 제563조를 적용하여 주문과 같이 결정한다.

20○○. ○. ○.

판사　○　○　○

【서식】 의견청취기일통지

<h1 style="text-align:center;">서울회생법원</h1>
<h1 style="text-align:center;">통 지 서</h1>

수   신   수신처 참조
사   건   20○○파○○(20○○하○○)   면책
파 산 자   ○○○(-   )

주   문

위 사건에 관하여 채권자로부터 면책신청에 대한 이의신청이 있기 때문에 이의신청인 및 파산자의 의견을 청취하기 위하여 다음과 같이 의견청취기일을 지정하였으니, 출석하여 의견을 진술하여 주시기 바랍니다.

1. 일 시 20○○. ○. ○. ○:○
2. 장 소 서울회생법원 4별관 6호 법정

20○○. ○. ○.

판사 ○ ○ ○

수신처 : 파산자, ○○은행(이의신청인). 끝

【서식】 의견청취기일 조서

서울회생법원
조   서

1차

사 건	20○○파○○(20○○하○○)면책	일시 : 20○○. ○. ○. 14:00	
판 사	○ ○ ○	장소 : 4별관 6호 법정	
		공개여부 : 비공개	

법원사무관 ○ ○ ○

사건과 당사자를 호명

파산자 ○ ○ ○   출   석

채권자 ○○신용카드(주) 지배인 ○ ○ ○   출   석

판 사

   파산자 ○○○에 대한 의견청취기일을 시작하겠다고 선언

채권자

   20○○. ○. ○.자 이의신청서 진술

파산자

   20○○. ○. ○.자 답변서 진술.

   파산자는 20○○. ○. 신용카드를 이용하여 불법할인을 받은 바 있다.

심문종결

        법 원 사 무 관 ○ ○ ○

        판   사 ○ ○ ○

면책허가(제564조)

제정이유

면책신청금지기간 단축

1. 종전 법은 채무자가 면책 신청전 10년 이내에 면책을 받은 일이 있는 때에는 다시 면책신청을 할 수 없도록 되어 있으나, 위 10년의 기간은 너무 장기간이어서 지나치므로, 이를 개선하려는 것임

2. 면책결정을 받을 수 없는 면책신청금지기간을 단축하여 채무자가 파산 절차 후 면책결정을 받은 경우에는 7년, 개인회생절차에 의한 면책결정을 받은 경우에는 5년으로 함.

1. 면책불허가 사유

면책불허가 사유는 행위유형에 따라 세가지로 나눌수 있다.

(1) 파산자가 의도적으로 채권자를 해하는 행위를 행한 유형

여기에는 채무자회생및파산에관한법률 제564조 제1호 전단에서 규정하는 사기파산죄, 과태파산죄 해당 사유와 사술에 의한 신용거래, 허위의 채권자 명부의 제출 또는 재산상태에 관한 허위의 진술에 규정하는 사유가 속한다.

(2) 파산절차상의 의무이행을 태만히 하고 절차의 진행을 방해하는 행위

위의 행위에 해당하는 것으로 본 조 제1호 후단에서 규정하는 감수위반죄, 설명의무위반죄 해당사유와 의무위반에 규정하는 사유가 있다.

(3) 면책제도의 운영과의 관계에서 정책적 사유인 본 조 제4호(채무자가 파산절차 후 면책결정을 받은 경우에는 7년, 개인회생절차에 의한 면책결정을 받은 경우에는 5년)의 규정이 있다.

2. 유의해야 할 점

면책불허가사유를 해석함에 있어 유념해야 할 것은 면책제도가 기본적으로 파산자의 경제적 갱생을 위한 제도임을 인식하고, '낭비'와 같은 불확정개념을 해석함에 있어 확대해석을 경계해야 할 것이다.

3. 채무자회생및파산에관한법률 제564조 제1호

(1) 법원의 결정

본 조 제1호는 파산자에게 제650조·제651조·제653조·제656조 또는 제658조의 죄에 해당하는 행위가 있다고 인정하는 때에는 면책을 허가하지 않을 수 있다고 규정하고 있다. 이들 범죄에 대한 기소 여부, 유죄판결 여부는 하나의 고려사항에 불과할 뿐이고, 수사 자체가 이루어지지 않거나 불기소되거나 무죄판결이 확정되었다고 하더라도 법원은 독자적으로 파산범죄에 해당하는 사실을 인정하여 면책불허가 결정을 할 수 있다.

(2) 구성요건해당성 충족 여부

본 조 제1호에서 "제650조·제651조·제653조·제656조 또는 제658조의 죄에 해당하는 행위"란 구성요건해당성, 위법성, 유책성을 모두 갖춘 경우를 말하는 것인가 아니면 구성요건해당성만 갖추면 되는가에 관하여 다툼이 있으나, 일반적인 견해는 구성요건해당성만 갖추면 충분하고, 형법상 위법성 조각사유나 책임조각사유가 있는 경우에는 재량면책의 단계에서 고려하면 족하다고 본다.

(3) 유죄판결의 확정

면책허가결정을 한 후 사기파산의 죄로 유죄판결이 확정되면 법원은 파산채권자의 신청 또는 직권에 의하여 면책허가결정을 취소할 수 있다. 사기파산은 파산범죄 중에서도 그 죄질이 나쁘므로 이 경우에 한하여 특히 면책을 취소할 수 있게 한 것이다.

4. 사기파산죄 해당 행위

사기파산죄는 총 채권자의 이익을 보호함으로써 파산절차의 적정한 실현을 도모하기 위한 것이다.

(1) 재산의 은닉, 손괴 또는 불이익한 처분행위

파산자가 파산선고의 전후를 불문하고 자기 또는 타인의 이익을 도모하거나 채권자를 해할 목적으로 파산재단에 속하는 재산을 은닉, 손괴 또는 채권자에게 불이익하게 처분하는 행위를 한 경우이다.

1) 파산재단의 의미

본 호의 파산재단은 이른바 법정재단을 의미한다. '법정재단'은 파산자가 파산선고 당시에 가지는 일체의 재산을 말하지만, 여기에 파산자가 파산선고시에 생긴 원인에 기한 장래의 청구권(퇴직금청구권 등)이 포함되고, 압류금지재산은 제외된다. 그밖에 파산관재인의 부인권행사에 의하여 파산재단에 회복될 재산과, 손괴에 의하여 파산선고 전에 멸실된 경우 당해 행위가 없었다면 장래 법정재단에 속하게 되었을 재산도 포함한다.

2) 은닉의 의미

'은닉'이란 채권자 또는 파산관재인에 대하여, 재산의 발견을 불가능 또는 곤란하게 하는 것을 말한다. 재산을 장소적으로 이동시켜 그 소재를 불명하게 하는 행위뿐만 아니라, 재산의 소유관계를 불명하게 하는 것도 은닉에 해당한다. 본 호의 은닉에는 강제집행면탈죄의 허위양도도 포함된다. 진실한 양도행위는 후술하는 불이익처분에 해당하는 것은 별론으로 하고, 은닉에는 해당하지 않는다.

3) 손괴의 의미

'손괴'란 물리적 훼손 등 재산의 가치를 감소시키는 일체의 행위를 포함한다. 대상으로 되는 재산의 범위에 관하여 동산 내지 부동산으로 제한하는 견해도 있다.

'채권자에게 불이익한 처분'이란 은닉, 손괴와의 균형상 염가매각, 증여와 같이 모든 채권자에게 절대적인 불이익을 미치는 처분행위를 말한다. 특정 채권자에 대한 본지변제는 반대급부와 현저한 균형을 잃은 경우와 같이 특별한 사정이 없는 이상 불이익한 처분에 해당하지 않는다고 한다. 행위의 시기는 파산선고의 전후를 묻지 않는다. 다만 사기파산죄는 총 채권자의 이익을 보호하기 위한 규정이므로 그 해당 행위를 인정하기 위해서는 그 행위시에 총 채권자의 이익을 해할 수 있는 객관적인 상황, 즉 파산원인인 채무초과 또는 지급불능이 발생할 상황에 있어야 한다.

4) 고의, 목적

본 호에 해당하기 위해서는 주관적 요건으로서 해당 행위에 대한 인식이 있어야 한다. 또한 파산개시에 대한 위험을 인식해야 한다. 파산원인을 이루는 구체적 사실의 인식으로 족하고, 그것이 파산원인을 구성하는가에 관한 판단까지 필요한 것은 아니다.

5) '자기 또는 타인의 이익을 도모하거나 채권자를 해할 목적'

위의 목적과 같은 주관적 요소를 구성요건으로서 요구하고 있다. 여기에서 채권자란 특정채권자가 아닌 총 채권자를 해할 목적인 경우를 말한다. 목적이란 결과에 대한 미필적 인식만으로는 부족하고, 확정적인 인식 또는 적극적인 의욕을 필요로 한다. 목적이 실제로 달성되었을 필요는 없다.

6) 인과관계

은닉 등의 행위와 파산선고와의 사이에 인과관계를 요하는 것은 아니고, 사실상의 견련관계가 있으면 족하다는 것이 통설이다. 사실상의 견련관계란, 행위 당시 존재하였던 파산의 위험이 해소됨이 없이 계속되어 파산선고에 이르는 것을 의미한다. 따라서 일단 위기적 상황이 해소되고 정상적인 경제활동으로 돌아 온 후 다시 별도의 원인으로 파산에 이른 경우에는 견련관계가 없다고 보아야 한다.

(2) 파산재단부담의 허위증가 행위

파산자가 파산선고의 전후를 불문하고 자기 또는 타인의 이익을 도모하거나 채권자를 해할 목적으로 파산재단의 부담을 허위로 증가시키는 행위를 하는 경우이다. 위의 경우를 면책불허가사유로 규정한 이유는 파산재단의 부담 증가는 총 채권자에 대한 배당가능성을 부당하게 저하시킬 위험이 있기 때문이다.

가. 파산재단의 부담을 허위로 증가시키는 것의 예

재단채권을 증가시키는 것, 파산재단에 속하는 재산에 저당권이나 질권 등의 담보권을 설정하는 것이 전형적인 예이다. 허위의 채무를 부담하여 파산채권을 증가시키는 것도 여기에 해당되는 가에 대하여 견해의 대립이 있으나 긍정하는 것이 일반적 견해이다.

(3) 상업장부의 부작성, 부실기재, 은닉, 손괴행위

1) 의의 및 취지

파산자가 파산선고의 전후를 불문하고 자기 또는 타인의 이익을 도모하거나 채권자를 해할 목적으로 법률의 규정에 의하여 작성하여야 할 상업장부를 작성하지 아니하거나 이에 재산의 현황을 알 수 있는 정도의 기재를 하지 아니하거나 또는 불실한 기재를 하는 행위 또는 이를 은닉하거나 손괴하는 행위를 하는 경우이다. 위의 행위가 면책불허가 사유로 규정한 이유는 상업장부를 작성하지 않는 등의 행위는 파산재단의 범위를 정확하게 파악하는 것을 곤란하게 하기 때문이다.

2) 실무에서의 처리

실무상 상업장부 작성의무 있는 자가 파산선고를 신청하는 예가 많지 않기 때문에 아직 본 호를 적용하여 면책을 불허가한 예는 없다.

3) 상업장부

'상업장부'란 상인이 그 영업상 재산 및 손익상황을 표시하기 위하여 상법상 작성하도록 의무 지워져 있는 장부를 말한다(상법 제29조 참조). 소상인에게는 이 의무가 없다(상법 제9조). 소상인이란 자본금액이 1천만원에 미달하는 상인으로서 회사가 아닌자를 말한다. 법인의 대표자가 이러한 행위를 하였더라도 일정한 지위에 있는 자의 사기파산죄 및 과태파산죄 소정의 행위에 해당할 뿐 본 호의 면책불허가사유에 해당하지 않는다.

4) 상업장부를 작성하지 아니하거나

'상업장부를 작성하지 아니하거나'란 전혀 작성하지 않은 경우, 일응 상업장부의 외형은 갖추었지만 그 내용적 흠결이 중대하여 사회통념상 상업장부라고 말할 수 없는 경우도 포함하지만, 흠결이 그 정도가 아닌 경우에도 아래에서 보는 '재산의 현황을 알 수 있는 정도의 기재를 하지 아니한 경우'에 해당하므로 구분의 의미는 없다. '재산의 현황을 알 수 있는 정도의 기재를 하지 아니한'이란 어느 정도 관재업무의 수행에 지장을 생기게 하고, 법원이 동시폐지를 하여야 하는지 여부를 판단하기에 곤란하게 할 정도의 하자를 의미한다.

5) 은닉

은닉이란 채권자 또는 파산관재인에 대하여 장부의 발견을 불능 또는 곤란하게 하는것, 손괴란 장부의 본래의 효용을 해하는 것을 말한다.
  6) 행위의 시기문제
    행위의 시기는 파산선고의 전후를 묻지 않는다. 다만 장부가 폐쇄된 경우
    에는 폐쇄된 후의 행위는 문제될 여지가 없을 것이다.

(4) 폐쇄장부의 변경, 은닉, 손괴 행위

  1) 의의 및 취지
    파산법원의 법원사무관 등은 파산선고 후 곧 파산자의 재산에 관한 장부
    를 폐쇄하고 이에 서명 날인한 후 조서를 작성하여 이에 장부의 현상을
    기재하여야 한다. 그런데 파산자가 파산선고의 전후를 불문하고 자기 또
    는 타인의 이익을 도모하거나 채권자를 해할 목적으로 법원사무관 등이
    폐쇄한 장부에 변경을 가하거나 이를 은닉 또는 손괴하는 행위를 하는 경
    우 면책불허가사유에 해당된다.
  2) 실무에서의 처리
    실무상으로는 장부를 폐쇄한 예는 매우 드물기 때문에, 본 호를 적용하여
    면책불허가를 한 예는 없다.
  3) 변경
    '변경'이란 파산재단에 속하는 재산의 현황을 아는 것을 곤란하게 할 정도
    의 것이어야 한다.
    본 호 행위에 개각체는 이와 같이 법원사무관 등이 폐쇄한 장부에 한한
    다. 장부란 상업장부에 한하지 않는다. 파산관재인이 자기의 이름으로 장
    부를 폐쇄하는 예가 있으나, 그와 같이 폐쇄된 장부를 변경, 은닉, 손괴하
    는 행위는 본 호에 해당하지 않는다고 보아야 할 것이다.
    행위의 시기는 법문상 파산선고의 전후를 묻지 않는다고 되어 있지만 행
    위의 객체의 성질상 실제로는 파산선고 후의 행위만이 문제된다.

(5) 과태파산죄 해당 행위

    과태파산죄 역시 총 채권자의 이익을 보호하기 위한 것으로서 사기파산죄
    와 같은 '자기 또는 타인의 이익을 도모하거나 채권자를 해할 목적'을 요건
    으로 하고 있지 않고, 행위태양의 일탈성 또한 사기파산죄보다 경미하다.

1) 낭비, 도박 기타 사해행위

실무상 가장 자주 문제되는 면책불허가사유이다. 파산자가 파산선고의 전후를 불문하고 낭비 또는 도박 기타 사해행위를 하여 현저히 재산을 감소시키거나 과대한 채무를 부담하는 행위를 한 경우이다.

가. 낭비

'낭비'는 채무자의 수입, 재산상태에 비추어 사회통념을 벗어나는 소비적 지출을 말한다. 일반적으로 채무자의 사회적 지위, 직업, 영업상태, 생활수준, 수지상황, 자산상태 등을 종합하여 고려하되 파산자와 같은 생활수준을 영위하는 일반인들을 기준으로 판단한다. 입법론으로는 낭비개념의 모호성을 주장하며 면책불허가사유에서 배제하여야 한다는 견해가 있고, 실무상으로도 낭비만을 이유로 면책을 허가하지 않는 것에 소극적인 견해도 있다.

나. 도박

'도박'이란 우연한 승패에 관하여 재물을 거는 것을 말한다. 반드시 도박죄에 해당하는 행위에 한하지 않으며, 적법한 것으로 인정되고 있는 경마, 경륜 등도 포함한다. '기타 사행행위'란 도박에 준할 정도로 사행성이 높은 행위를 말한다. 투기 목적의 주식거래나 상품거래 등이 이에 포함된다.

2) 판단의 기준

낭비 또는 사해행위에 의하여 '현저하게 재산을 감소시키거나 과대하게 채무를 부담'하는 결과를 초래해야 한다. 어느 정도가 "현저"또는 "과대"에 해당하는가는 채무자의 사회적 지위, 직업, 영업상태, 생활수준, 수지상황, 재산상태 등을 종합하여 사회통념에 따라 판단한다.

3) 인과관계

낭비 또는 사해행위와 현저한 재산의 감소 또는 과대한 채무의 부담사이에는 상당인과관계가 있어야 한다. 낭비 또는 사해행위가 과대한 채무부담의 직접적인 원인이 아니고 간접적인 원인에 지나지 않는 경우에는 본호가 적용되지 아니한다.

(2) 현저한 불이익 조건의 채무부담 또는 신용거래 구입상품의 현저한 불이익 조건 처분

파산자가 파산선고의 전후를 불문하고 파산의 선고를 지연시킬 목적으로 현저하게 불이익한 조건으로 채무를 부담하거나, 신용거래로 상품을 구입하고 현저히 불이익한 조건으로 이를 처분하는 행위를 하는 경우이다.

1) 행위

채무 부담에 있어서 '현저히 불이익한 조건'이란. 채무의 변제기, 이율, 담보 등에 관하여 일반적인 거래 실정에 비추어 불합리하게 채무자에게 불이익한 것을 말한다. 실무상 채무자가 사채업자로부터 고이율의 금원을 차용한 사실이 나타나거나 신용카드 불법할인업자로부터 신용카드를 사용하여 물건을 구입한 것처럼 허위전표를 작성하고 고이율의 선이자를 공제한 나머지를 대출받는 방식의 신용카드 불법할인사실이 나타나는 경우에 본 호에 해당 할 수도 있다.

신용거래로 구입한 상품도 파산재단에 속하는 재산이므로 이를 불이익한 조건으로 처분하는 것은 총 채권자의 이익에 반하는 것이므로 면책불허가 사유로 규정한 것이다. 해석상 상품 구입 당시 현저히 불이익한 조건으로 처분할 것을 예정하여 신용거래로 구입한 경우에 한하여 본 호를 적용한다. 신용거래한 대금후불 방식의 거래를 말한다. 신용카드를 사용하여 물건을 구입한 경우는 물론, 할부계약도 포함된다고 보는 것이 일반적이다. 실무상 신용카드로 냉장고, 세탁기 등 고가의 가전제품 또는 상품권 등을 구입함과 동시에 할인 매각함으로써 현금을 융통하는 경우에 본 호에 해당 할 수도 있다.

2) 고의, 목적

본 호에 해당하기 위해서는 해당 행위에 대한 인식이 필요함은 물론, 파산에 이를 수밖에 없다는 객관적인 상황을 인식해야 한다. 또한 파산선고를 지연시킬 목적이 있어야 한다. 파산선고를 완전히 회피할 목적도 이에 포함된다. 본 호의 목적은 사기파산죄의 목적과는 달리 희망 또는 의욕을 요하지 않고 확정적 인식으로 족하다고 해석한다.

(3) 파산의 원인이 있음을 알면서 한 비본지 행위

파산자가 파산선고의 전후를 불문하고 파산의 원인인 사실이 있음을 알면서 어느 채권자에게 특별한 이익을 줄 목적으로 한 담보의 제공 또는 채무의 소멸에 관한 행위로서, 채무자의 의무에 속하지 아니하거나 그 방법 또는 시기가 채무자의 의무에 속하지 아니하는 행위를 한 경우이다. 채무자가 특정의 채권자에 대하여 편파적인 담보제공이나 채무소멸을 하여 일반 채권자의 이익을 해하는 행위를 규정한 것이다.

1) 행위

'담보의 제공'이란, 저당권, 질권, 가등기담보, 양도담보권 등의 설정을 말한다. '채무의 소멸에 관한 행위'로는 주로 변제, 공탁, 상계, 대물변제, 경개, 해제계약, 상계계약이 문제된다. 실무상 소유하고 있던 부동산 등을 처분한 경우에는 채권자에게 대물변제조로 매도하는 사례가 많으므로 등기부등본을 제출하도록 하여 본 호의 행위에 해당하는지 확인할 필요가 있다.

"채무자의 의무에 속하지 않는 것"으로는, 무효 또는 취소할 수 있는 법률관계로 인한 채무, 자연채무, 시효에 걸린 채무 등에 대하여 변제를 하는 것, 특약이 없는데도 담보를 제공하는 것이 있다. "방법이 의무에 속하지 않는 것"이란 채무의 내용에 좋은 변제가 아닌 변제, 이른바 비본지변제를 가리키고 대물변제가 그 전형적인 예이다. "시기가 의무에 속하지 않는 것"이란 기한 전의 변제를 말한다. 본지변제는 본 호에 해당되지 않는다.

2) 목적

본 호의 행위는 파산의 원인인 사실이 있음을 알면서 어느 채권자에게 특별한 이익을 줄 목적을 가지고 행할 것임을 요한다. 그 채권자에게는 파산채권자 뿐만 아니라 별제권자, 재단채권자도 포함된다. 어느 채권자에게 특별한 이익을 줄 목적은 단순한 확정적 인식으로 부족하고 희망 또는 의욕을 필요로 한다.

(4) 상업장부의 부작성, 불실기재, 은닉, 손괴행위,

본 호들은 사기파산죄에서의 행위내용과 같다. 다만 자기 또는 타인의 이익을 도모하거나 채권자를 해할 목적이 없는 경우이다. 그 각호의 행위를 인정하기 위해서는 파산자가 행위 당시 채권자를 해하는 인식을 가지고 있어야 한다.

(5) 감수위반 또는 주거지이탈 행위

1) 감수위반

파산자가 도망하거나 재산을 은닉 또는 손괴할 우려가 있는 때 법원은 감수명령을 발할 수 있다. 감수명령을 받은 파산자는 법원의 허가를 얻은 경우를 제외하고는 타인과 면접 또는 통신을 할 수 없다. 본 호는 이에 위반하는 파산자의 행위를 처벌함과 동시에 면책불허가사유로 한 것이다. 실무상 감수명령이 발령되는 예는 거의 없으므로 본 호가 적용되어 면책불허가를 한 예도 없다.

2) 주거지 일탈

본 법은 파산자의 설명의무 이행의 확보와 재산은닉 방지를 위하여 파산자에게 법원의 허가 없이 거주지를 이탈하지 못하도록 정하고 있다. 이에 위반하는 행위는 처벌됨과 동시에 면책불허가사유가 된다. 동시폐지의 경우에는 파산선고와 동시에 파산절차가 폐지되므로 본 호의 적용이 없다.

(6) 설명의무위반행위

1) 설명요구권자

파산관재인, 감사위원 또는 채권자집회이다.

2) 파산절차가 동시폐지된 경우

파산절차가 동시폐지된 경우는 본 호의 적용이 없다. 파산관재인에는 그 대리인을 포함한다. 감사위원의 업무집행은 과반수로 결정하므로, 설명요구권자로서의 감사위원은 각 감사위원을 가리키는 것이 아니라 합의체를 말한다고 해석된다. 채권자집회는 물론 합의체를 가리키므로, 설명을 구하기 위하여는 결의를 요한다. 또 이 설명요구권자에 법원은 포함되지 않는다. 법원에 대한 설명거부나 허위의 설명은 본조 제3호, 제5호의 면책불허가사유가 되고, 제559조에 의하여 면책각하사유가 된다.

3) 파산에 관하여 필요한 설명

'파산에 관하여 필요한 설명'은 파산에 이른 사정, 파산재단, 파산채권, 재단채권, 부인권, 환취권, 별제권, 상계권 기타 파산관재 업무에 필요한 일체의 사항에 미친다.

4) 이유 없이

'이유 없이'란 정당한 사유가 없다는 취지이다. 헌법 제12조 제2항의 취지에 비추어 파산자 자신이 형사상 소추 또는 처벌을 받을 우려가 있는 사항에 관하여는 설명을 거절할 수 있다고 해석한다. 비밀유지의무가 있는 경우에도 마찬가지이다. 그러나 민사소송법상의 증언거부권 규정이 일반적으로 적용될 수 있는 것은 아니고, 설명의 필요성과의 균형을 고려하여 판단하여야 할 것이다. 파산자가 기억나지 않는다는 대답으로 일관하면서 비협조적인 태도를 유지하고 있지만 질문의 내용으로 보아 알지 못할 리가 없다고 생각되는 경우에는, 우선 본 호의 적용을 염두에 두어야 한다. 설명의무위반을 범한 파산자가 파산법원에 그 사실을 신고한 때에는 형을 감경 또는 면제할 수 있지만, 면책불허가사유가 존재함에는 변함이 없으며, 다만 재량면책에서 고려할 수 있을 뿐이다.

5. 채무자회생및파산에관한법률 제564조 제2호

파산자가 파산선고 전 1년 내에 파산의 원인인 사실이 있음에도 불구하고 그 사실이 없는 것으로 믿게 하기 위하여 사술을 써서 신용거래로 인하여 재산을 취득한 사실이 있는 때에는 면책을 허가하지 않을 수 있다.

(1) 요건

1) 재산의 취득행위가 파산선고 전 1년 내

파산신청으로부터 파산선고시까지 심리에 상당한 기간이 걸리는 경우도 있어, 파산선고가 일찍 되었다면 본 호에 의하여 면책이 허가되지 않을 채무자가 파산선고의 지연으로 인해 본 호에 해당하지 않게 되는 부당한 결과가 생길 수 있기 때문에, 입법론으로서는 위 기간의 개시 시점을 파산신청시로 앞당겨야 한다는 주장도 있다. 실무에서는 위와 같은 부당한 결과를 방지하기 위해서 본 호 해당사유가 있을 것으로 예상되는 경우 신속히 파산절차를 진행하고 있다.

2) 날짜를 특정하여야

본 호를 적용하기 위해서는 신용거래에 의하여 재산을 취득한 날짜를 특정하여야 한다. 채무자가 제출하는 채권자명부, 채권자 의견조회를 참조하면 이를 확인 할 수 있다.

3) 파산의 원인인 사실이 있어야

파산원인에 관하여는 검토한 바와 같으나, 면책에 있어서는 지급불능만이 문제된다. 지급불능이란, 채무자가 자력이 없어서 즉시 변제하여야 할 채무를 일반적 계속적으로 변제하지 못하는 융자를 하거나 자력 없음을 안 후에 동정심에서 융자를 계속하였다고 해도 지급불능이라고 할 수 있는 경우가 있고, 채무자가 자의 자력을 과소평가 하여 지급을 정지하였더라도 지급불능이 아닌 경우도 있을 수 있다. 또 채무자가 상품의 염가매각이나 고리의 사채사용 등에 의해 무리하게 조달한 자금으로 변제를 계속하면 자력이 있는 것 같은 외관을 보이더라도 객관적으로는 지급불능이라고 판단되는 경우도 있을 수 있다.

4) 사술을 써야

사술이란, 행위자에게 파산원인인 사실이 있음에도 그렇지 않은 것처럼 상대방을 착오에 빠뜨리는 행위를 말한다. 문제는 부작위에 의한 사술도 본 호의 사술에 포함할 것인가 문제된다. 실무상 지급불능에 빠진 채무자가 여러곳의 사채업자로부터 금원의 차용을 계속하는 행위가 흔히 발견되는데, 이 때 채무자가 이미 경제적으로 파산상태에 있음을 고지하지 않은 것을 사술로 볼 것인가에 관하여는 견해가 나뉘고 있다. 지급불능의 상태에 있는 대부분의 파산자는 계속하여 금원을 차용하는 경우가 통례인데 단순히 불고지라는 소극적인 태도만으로 사술에 해당한다고 해석하는 것은 부당하다는 견해가 다수이다.

5) 신용거래로 인하여 재산을 취득하여야

신용거래란, 대금 후불 형태의 거래를 말한다. 상대당이 위 오신의 결과 신용거래에 응하여 채무자에게 신용을 공여할 것을 요한다. 재산에는 동산, 부동산, 채권, 무체재산권 기타 재산을 포함한다.

재물의 점유가 이전되거나 재산상의 이익을 취득할 것을 요한다. 사기죄에 비유하자면 기수에 이른 것을 말한다. 재물 등을 취득하는 자는 파산자와 특별한 관계가 있는 제3자, 예컨대 파산자의 대리인으로서 그의 이익을 위하여 수령하는 자나 파산자나 제3자의 이익을 위하여 재물을 취득시킬 목적으로 하는 경우의 제3자로 좋다.

6) 인과관계

파산자의 사술, 상대방의 오신, 신용거래, 재산의 취득 사이에는 순차인과관계가 있을 것을 요한다. 재산의 취득으로 본 호의 행위가 성립하고, 그후 일부변제를 하였다고 하더라도 본 호의 성립에는 영향이 없다. 변제하였다는 점은 재량면책의 정상으로 고려하면 족하다. 따라서 이미 전액 변제를 하여 파산신청시에는 소멸한 채권도 조사의 대상이 된다.

7) 고의

본 호의 고의는 전술한 각 구성요건 사실에 대한 인식, 인용이다. 스스로지급불능인 사실을 인식할 것을 요하지만, 본 법상의 지급불능에 해당하는가 아닌가의 법률상의 평가 또는 인식은 요하지 않는다.

6. 허위의 채권자명부의 제출 또는 재산상태에 관한 허위의 진술행위

파산자는 면책의 신청과 동시에 채권자명부를 제출할 의무가 있고, 심문기일에 파산자의 재산상태에 대하여 진실하게 진술하여야 한다. 파산자가 이러한의무에 위반하여 허위의 채권자명부를 제출하거나 법원에 대하여 그 재산상태에 관하여 허위의 진술을 한 때에는 면책불허가사유에 해당된다.

(1) 채권자 명부기재사항

채권자명부에는 파산채권자의 성명 및 주소, 파산채권의 액 및 그 원인, 별제권이 있는 때에는 그 목적 및 그 행사에 의하여 변제를 받을 수 없는 채권액을 기재하여야 한다. 따라서 위 각 기재사항에 관하여 허위의 기재를한 경우가 본 호에 해당한다.

(2) 진술

진술이란 파산절차 및 면책절차에서의 채무자의 법원에 대한 진술을 말한다. 심문기일에서의 구두진술 뿐 아니라 진술서의 제출에 의한 진술을 포함한다. 진술의 대상은 적극재산 및 소극재산이며, 현재의 재산상태만이 아니라 당해 재산상태의 조성과정도 포함한다. 판례는 파산자가 자기 소유 명의로 토지대장에 등재된 부동산이 있으면서도 법원에 대하여는 재산이 아무것도 없다고 하는 진술을 함으로써 파산절차비용도 변제할 수 없는 것으로 인정되어 파산폐지결정을 받은 경우 이에 해당한다고 보고있다.

본 호를 해석함에 있어 제566조 제6호가 비면책 채권으로서 '파산자가 악의로 채권자명부에 기재하지 아니한 청구권'을 규정하고 있으므로 그 규정과의 모순 없는 해석을 위하여 면책불허가사유에 해당하기 위해서는 '채권자를 해할 의사로써' 허위의 채권자명부를 작성하거나 재산상태에 대하여 허위의 진술을 한 경우에 한정된다고 보고 있다.

7. 채무자가 파산절차 후 면책결정을 받은 경우에는 7년, 개인회생절차에 의한 면책결정을 받은 경우에는 5년 내의 면책받은 사실이 없어야 한다.

단기간에 여러 차례의 면책을 허용하게 되면 파산자가 면책제도를 악용할 위험이 있고 무책임한 경제활동을 추인하는 것으로 될 수도 있으므로 이를 억제하기 위한 정책적인 고려에서 면책불허가사유로 한 것인데, 실무에서는 그 사례가 많지 않다.

면책신청 전 채무자가 파산절차 후 면책결정을 받은 경우에는 7년, 개인회생절차에 의한 면책결정을 받은 경우에는 5년 내에 본법상의 면책을 얻었을 것이 그 요건이다. 면책을 얻을 때란 면책결정이 확정되어 그 효력이 발생한 때를 말한다.

8. 파산법상의 의무위반

본 호는 파산법상의 의무위반 일반을 대상으로 한다. 본 조 제1호 내지 제3호도 물론 본법상의 의무위반행위지만 본 호가 이에 대한 특별규정이므로 위 각호의 규정이 본 호에 우선하여 적용되고, 본 호는 보충적으로 적용된다. 적용 요건은 파산자가 파산법상의 의무에 위반하는 것이다. 구체적으로는, 파산자가 파산선고 전에 변제금지의 가처분에 위반하여 변제를 한 경우, 파산자가 정당한 사유 없이 채권조사기일에 출석하지 아니하거나 의견의 진술을 거절하고 대리인에 의한 출석 및 의견진술도 하지 않은 경우, 법원에 필요한 직권조사로서 파산자에게 재산상황에 관하여 설명을 요구하고 관계서류의 제출을 명하였으나 이에 따르지 않은 경우 등이 있다. 파산자가 면책절

차에서 파산자심문기일에 정당한 이유 없이 출석하지 아니하거나 출석하여
도 진술을 거부하면 면책신청을 각하할 수 없으나, 만약 각하하지 않고 속행
한다고 하더라도 본 호에 의하여 면책을 불허가할 수 있다.

9. 면책불허가 사유가 있는 경우의 절차상 유의점

(1) 파산신청 단계에서의 창구지도 및 상담

신청서 및 진술서의 기재 자체만으로 면책불허가사유가 있음이 분명한 경
우에는 파산사건의 신청서 접수시에 면책이 허가되지 않을 수 있으므로 신
청의 실익이 없을 것이라고 설명하여 신청을 단념시킬 수도 있을 것이지
만, 실제로는 법원사무관 등의 업무량이 많고 면책불허가 사유 유무의 판
단도 쉽지 않기 때문에 이와 같이 처리하는 것을 기대하기는 어렵다.

변호사, 법무사 기타 파산사건에 관하여 상담하는 기관에서도 과다한 채무
부담으로 인한 고통을 호소하는 사람들에게 무작정 파산신청을 권고할 것
이 아니라 면책불허가사유의 유무를 확인한 후 민사조정, 사적 화의 등의
대안을 모색하도록 유도하는 것이 바람직하다.

(2) 취하 및 다른 해결방법의 권고

실무상 파산사건 진행 중에 면책불허가사유의 존재가 밝혀지고 재량면책
의 여지가 없다고 판단되면 파산선고를 받더라도 채권자의 추심 및 집행은
저지할 수 없다는 점과 면책을 허가받을 수 없을 가능성이 있다는 점을 설
명한 다음 파산신청을 취하하고 민사조정 등 다른 해결 방법을 모색해 볼
것을 권고하고 있다. 기일에서 취하 의사를 밝히는 경우에는 조서에 기재
하고 따로 취하서를 받고 있다. 때로는 구두 또는 서면으로 취하의 의사도
밝히지 않고 다음 기일에 출석하지 않는 경우도 있는데, 이 때에는 전후 사
정에 비추어 소명부족을 이유로 기각할 수 있다.

(3) 파산절차의 운용

실무상 절차의 중복이나 지연을 피하기 위해, 파산절차에서 미리 면책불허
가사유에 관한 심리를 상당한 정도로 해 두고 있다. 그러나 면책불허가에
관한 심리를 위하여 파산절차가 지연되는 것은 바람직하지 않으므로, 제2

회 내지 제3회 정도 기일을 속행하여 면책불허가 사유의 존부가 어느정도 들어나면 그 이상의 자세한 심리는 면책절차로 넘기는 것이 좋다. 특히 파산심문 기일의 속행으로 인하여 본 조 제2호의 면책불허가사유의 적용이 곤란하게 되지 않도록 주의하여야 한다.

(4) 재량면책의 고려

1) 재량면책의 의의

채무자회생및파산에관한법률 제564조에 의하면 법원은 면책불허가사유가 존재하는 경우 면책불허가 결정을 "할 수 있다"고 규정하고 있으므로, 면책불허가사유가 있다고 하더라도 재량에 의하여 면책을 허가할 수 있다고 해석된다. 이를 실무상 재량면책이라고 한다. 재량면책은 그 면책의 범위에 따라 전부면책 또는 일부면책으로 구분될 수 있는데, 실무에서는 일부면책은 물론 전부면책도 허용하고 있다.

2) 재량면책의 기준

재량면책은 면책불허가사유에 해당하는 행위의 경중에 따라 판단하되 행위 내용이 가벼운 경우에는 보다 유연하게 재량면책을 인정해야 할 것이고, 행위의 정도가 무거운 경우에는 보다 특별한 사정을 고려하여 결정해야 할 것이다.

재량면책을 결정함에 있어 참작해야 할 사유로는 면책불허가사유에 해당하는 행위의 경중, 채무의 발생원인과 증가 경위, 변제노력의 정도, 파산자와 가족들의 현재의 생활정도, 경제적 갱생에 대한 의욕과 갱생의 가망성, 채권의 종류와 내용이나 채권자의 신용조사의 태양 등 채권자 측의 사정, 이의신청의 유무 등 제반사정을 고려하여 결정하되, 기본적으로 면책제도가 파산자의 경제적 갱생을 통한 사회복귀를 실현하려는 사회정책적기능을 유념해야 한다.

3) 일부면책

재량면책을 결정함에 있어 파산자가 앞으로도 상당한 정도의 소득을 얻을 수 있으리라 예상되는 경우 일부면책을 고려할 수 있다.

일부면책의 방법으로는 특정 채권을 면책의 대상에서 제외하는 방법, 파산자의 특정 재산을 파산채권자들을 위한 책임재산에서 제외하는 방법,

모든 채권자에게 공통된 비율로 채무의 일정비율을 면책의 대상에서 제외하는 방법이 거론되고 있다. 일부면책에 대하여는 이론적으로 타당한지 여부에 대하여 다툼이 있으나, 실무는 파산자와 채권자 사이의 구체적 타당성이 있는 결론을 도출하기 위하여 필요한 경우 일부면책을 하고 있다. 일부면책의 방법은 기본적으로 모든 채권자에 대하여 채무의 일정 비율로 면책을 하고 있으며, 특별한 사정이 있는 경우 특정채권을 면책의 대상에서 제외하는 결정을 하고 있다. 일부면책을 결정함에 있어 유의해야 할 점은 장래 파산자의 경제적 갱생에 장애가 되지 않도록 잔존채무를 결정해야 한다는 것이다.

▣ 관련판례

판례(대법원 2004. 4. 13. 자 2004마86 결정)

파산법 제346조 제1호는 법원은 파산자가 제367조 등의 죄에 해당하는 행위가 있다고 인정하는 때에 한하여 면책불허가의 결정을 할 수 있다고 규정하고 있고, 같은 법 제367조 제1호는 채무자가 파산선고의 전후를 불문하고 낭비 또는 도박 기타 사행행위를 하여 현저히 재산을 감소시키거나 과대한 채무를 부담하는 행위를 하고 그 선고가 확정된 때에는 5년 이하의 징역 또는 5천만 원 이하의 벌금에 처하도록 규정하고 있는바, 여기에서 면책불허가사유의 하나인 '낭비'라 함은 당해 채무자의 사회적 지위, 직업, 영업상태, 생활수준, 수지상황, 자산상태 등에 비추어 사회통념을 벗어나는 과다한 소비적 지출행위를 말하고, 채무자의 어떠한 지출행위가 '낭비'에 해당한다고 보기 위해서는 그것이 형사처벌의 대상이 될 수 있음을 감안하여 보다 신중한 판단을 요한다.

판례(대법원 2016. 8. 31., 자, 2016마899, 결정)

채무자 회생 및 파산에 관한 법률 제564조 제1항 제1호의 면책불허가사유는 모두 파산범죄에 해당하는 행위를 대상으로 하고 있고, 그 사유의 존부를 판단하는 데 채무자가 반드시 파산범죄로 기소되거나 유죄판결을 받아야 하는 것은 아니지만, 경우에 따라 형사처벌의 대상이 될 수도 있음을 감안하여 위 사유에 해당하는지에 관해서는 더욱 엄격하고 신중하게 판단하여야 하고, 법원으로서는 채무자가 제출한 자료 및 면책신청에 대하여 이의를 신청한 채권자 등이 제출한 자료 외에도 채무자가 주장하는 사유를 소명하는 데 필요하다고 판단되는 자료의 제출을 적극적으로 명하는 등의 방법으로 채무자의 행위가 면책불허가 사유에 해당하는지를 심리·판단하여야 한다.

관련 질의응답　　　Q & A

면책불허가결정 항고

문) 면책불허가결정에 대한 항고는 어떻게 하는지?

답) 면책신청에 관한 재판에 있어서 이해관계인은 그 결과에 대하여 즉시항고할 수 있다. 이에는 채권자가 하는 면책허가결정에 대한 즉시항고가 있고 파산자가 면책불허가결정에 대해 하는 즉시항고가 있다.

파산자가 면책불허가판정에 대해 항고하고 싶으면 면책불허가결정 정본을 송달받은 날로부터 1주일 이내에 법원에 불복신청을 해야 한다. 즉 항고장을 제출해야 한다.

면책허가결정

문) 면책허가결정을 받지 못하는 경우는 어떤 경우인가?

답) 면책신청을 한 모든 파산자가 면책을 허가받는 것은 아니다. 법원은 파산자가 면책신청을 하면 파산자를 심문하여 사정을 들어보고 또 경우에 따라서 채권자로부터 의견을 청취하는 과정을 거쳐 종합적으로 판단하여 면책을 허가할지를 결정한다. 단, 이때 가장 중요한 심문의 기준은 파산자에게 면책불허가사유가 존재하는가이다. 면책불허가사유에 해당하는 것이 없으면 법원은 신청자에 대하여 면책을 허가해주어야 한다. 이 면책불허가사유는 법으로 정해져있는바, 앞서 살펴본 조항에 해당하는 사유가 있으면 면책은 허가되지 않는다.

【서식】면책불허가결정에 대한 항고장각하명령

서울회생법원
명 령

사　　건　20○○파○○(20○○하○○) 면책
항고인　○　○　○
　　　　　서울 ○○구 ○○동 ○○
원심결정　서울회생법원 20○○. ○. ○.자, 20○○파○○ 면책불허가결정

주　문
이 사건 항고장을 각하한다.

이　유
면책을 허가하지 아니하는 결정에 대하여는 즉시항고를 할 수 있는 바(채무자회생및파산에관한법률 제574조, 제13조 제1항), 즉시항고는 재판의 고지가 있은 날로부터 1주일 이내에 하여야 한다(채무자회생및파산에관한법률 제574조, 제33조, 민사소송법 제444조). 그런데 항고인은 20○○. ○. ○.면책불허가 결정 정본을 송달받았으면서도 그로부터 1주일이 지난 뒤인 20○○. ○. ○. 이 사건 항고장을 제출하였음이 기록상 명백하다. 그러므로 채무자회생및파산에관한법률 제574조, 제33조, 민사소송법 제443조 제1항, 제399조 제2항을 적용하여 주문과 같이 명령한다.

20○○. ○. ○.

판사　○　○　○

면책결정의 효력발생시기(제565조)

1. 효력발생시기

면책허가결정은 확정되어야 그 효력이 발생한다.

2. 소급효 인정여부

면책허가 결정은 형성적 효과를 그 내용으로 하고 달리 소급효를 인정하는 규정도 없으므로 소급효가 인정되지 않는다.

면책의 효력(제566조)

1. 파산채권자에 대한 효력

(1) 책임의 면제

파산채권은 파산자에 대한 면책허가결정의 확정에 의하여 그 책임이 소멸하고, 자연채무로 된다는 것이 일반적 견해이다. 즉 통상의 채권이 가지는 소 제기의 권능과 집행력을 상실하고, 단순히 임의의 변제를 청구할 수 있는 권능 및 변제에 의한 급부를 보유할 수 있는 권능만이 남게 된다. 따라서 파산자가 면책허가를 받았더라도 그 후 임의의 변제는 유효한 변제로서 채권자의 부당이득의 문제는 생기지 않는다.

(2) 비면책채권

파산법은 파산채권 중 면책의 효력을 부여하는 것이 여러 가지 이유에서 부적당한 다음과 같은 채권에 대하여는 이른바 비면책채권으로서 면책에서 제외하고 있다.

1) 조세채권

여기에서 말하는 조세채권은 파산채권이 되는 것에 한정되기 때문에 재단채권인 국세징수법 또는 국세징수의 예에 의하여 징수할 수 있는 청구권은 제외된다.

2) 입법취지

　채무자회생및파산에관한법률 제566조의 입법 취지는 국고의 조세수입을 안정적으로 확보하기 위한 것인데, 그러한 이유만으로 조세채권을 면책대상채권에서 제외하는 것에 대하여는 의문을 제기하는 견해가 많다. 그러나 우리나라의 경우에는 현재 모든 조세를 국세징수법 또는 국세징수의 예에 의하여 징수하기 때문에 본 조의 조세채권에 해당하는 조세가 없으므로, 현실적으로 아무런 의미가 없다. 재단채권인 조세채권은 파산채권의 면책을 규정한 본조 본문에 의하여 비면책채권이 된다.

3) 벌금, 과료, 형사소송비용, 과징금 및 과태료

　이들 공법상 청구권은 후순위채권에 해당하지만 형벌 내지 질서벌이고 직접 본인에게 그 고통을 주는 것을 목적으로 하는 성질상 실제로 이행시켜야 하기 때문에 비면책채권으로 한 것이다.

4) 파산자가 악의로 가한 불법행위에 기한 손해배상청구권

　이와 같이 사회적으로 비난을 받을 만한 행위에 기한 채권은 어디까지나 파산자에게 직접 부담시켜야 한다는 판단에 기한 것이다. 고의의 불법행위에 기한 것에 한정되고 과실에 의한 불법행위 또는 민법 제756조 등의 책임은 면책대상이 된다. 그러나 과실에 의한 불법행위로 인한 손해배상청구권, 특히 피해자가 사망한 경우에는 이를 면책대상에서 제외하여야 한다는 견해, 중과실로 인한 경우에는 비면책채권으로 하여야 한다는 견해 등도 있다.

5) 채무자가 중대한 과실로 타인의 생명 또는 신체를 침해한 불법행위로 인하여 발생한 손해배상

6) 고용인의 최후 6개월분의 급료, 임치금 및 신원보증금

　근로자의 보호라는 사회정책적 고려에서 파산선고시부터 역산하여 최종 6개월분의 급료와 사내예금 등 임치금과 신원보증금을 비면책채권으로 한 것이다.

7) 파산자가 알면서 채권자명부에 기재하지 아니한 청구권. 다만, 채권자가 파산선고가 있음을 안 때에는 그러하지 아니하다.

　여기서 채권자명부란 파산자가 면책신청을 하면서 제출하는 것을 의미한

다. 파산자가 알면서도 채권자명부에 특정채권자를 기재하지 아니한 경우에는 그 대상 채권자가 면책절차에 관여하여 면책에 대한 이의를 제기할 수 있는 기회를 박탈당하였기 때문에 비면책채권으로 한 것이다. 따라서 채권자 명부에 기재되지 않은 채권자가 파산선고 사실을 안 경우는 제외된다.

8) 채무자가 양육자 또는 부양의무자로서 부담하여야 하는 비용

9) 비면책채권인지 여부에 다툼이 있는 경우

면책절차에서는 당해 채권이 비면책채권에 해당하는가를 판단, 결정할 수 없고, 당해 채권자의 소구에 대하여 채무자가 면책허가결정의 확정을 항변으로 주장하면 채권자는 본 조 단서 소정의 비면책채권임을 재항변으로 주장하여 다투는 방법으로 비면책채권의 여부가 심리, 확정된다.

2. 파산자에 대한 효력

면책허가결정이 확정되면 파산자는 당연히 복권되고, 공법, 사법상의 신분상의 제한이 소멸된다. 그러나 일부면책결정은 동시에 일부불허가결정 되기도 하므로, 확정되더라도 채무자회생및파산에관한법률 제574조 제1항 제1호에서 정하고 있는 "면책의 결정이 확정된 때"에 해당하지 아니하여 당연 복권되지는 않는다. 이 경우에 파산자는 일부 면책되지 않은 채무를 변제하거나 채권자의 면제 등으로 그 책임을 면하였다는 점을 증명하여 복권절차를 밟아야 한다. 그밖에 자연인이 파산선고를 받으면 금융기관이 관리하는 개인신용정보에 적색거래자로 분류되어 일정한 기간 각종 금융거래상의 불이익을 받게 되는데, 이는 파산에 따른 법률상의 효과가 아니므로 면책결정이 확정된다고 해서 당연히 면할 수 있게 되는 것은 아니다.

3. 관련문제

(1) 면책된 채무의 지급 약속

파산선고 후, 면책허가결정 확정 전에 파산자가 파산채권자와 사이에 경개, 준소비대차등의 계약을 체결하고 파산채권의 지급을 약속한 경우, 면책제도의 취지에 비추어 파산채권을 기초로 하는 신채무에도 면책의 효과가

미친다고 본다. 면책허가결정 확정 후의 합의도 파산자가 새로운 이익을 얻기 위하여 종전의 채무도 함께 처리하기 위한 것이 아니라 채권자의 계속된 강요에 의하여 어쩔 수 없이 이루어진 것과 같이 파산자에게 아무런 이익도 없는 내용이라면 무효이다.

(2) 면책대상 채무에 관한 소송상 화해

파산절차 해지 후 면책허가결정 확정 전에 채권자의 강제집행을 면하기 위하여 파산자가 소송상 화해를 하는 경우에는 파산자에게도 이익이 되고 채권자의 강제집행은 이를 저지할 수 없으므로, 채무의 지급약속을 하는 경우와 동일하게 볼 수는 없다. 적어도 면책허가결정 확정 전까지의 소송상 화해는 유효하다고 본다. 다만 화해의 내용에 따라 비본지변제로서 면책불허가사유에 해당하게 될 수 있다.

(3) 피면책채권을 수동채권으로 하는 상계의 가부

면책의 효력을 받는 채권이 면책허가에 의하여 자연채권화하기 이전에 상계적상이 형성되어 있었던 경우에는 이 자연채무를 상계의 수동채권으로 하는 것은 가능하다.

(4) 파산해지 후 면책결정 전의 강제집행

동시폐지 사건에서 파산채권자가 파산자의 면책절차 진행 중에 파산자가 새롭게 취득한 재산에 대하여 파산채권에 대한 개별집행을 할 수 있는가에 관하여는 견해의 대립이 있지만, 현행법상 면책절차 중의 강제집행을 금지하는 규정이 없으므로 허용하는 것이 타당하다. 또 면책결정은 일종의 형성재판이고 소급효를 인정하는 규정도 없어서 면책허가결정 확정 전의 변제에는 영향을 미치지 않으므로, 면책허가결정 확정 전의 강제집행에 의한 변제는 부당이득이 되지 않는다.

관련 질의응답　　　Q & A

파산의 비면책사유

문) 지급불능 상태를 속이고 계속 빚을 얻어 써도 비면책 사유라고 하는데 그렇다면 카드
돌려막기도 비면책 사유에 해당하는 것은 아닌지?

답) 금융기관들이 이러한 주장을 펼치곤 하는데 채무자가 지급불능 상태임에도 이를 속이
고 계속 금전을 취득했다는 것이 이들 주장의 근거다. 그러나 카드돌려막기는 이미
발생한 원리금을 갚기 위한 목적으로 행하여진 경우가 대부분이기 때문에 사술에 의
한 금전취득 행위가 아니므로 비면책 사유로 보기 어렵다.

보증인 등에 대한 효과(제567조)

1. 파산자의 보증인 등에 대한 효력

(1) 보증인의 보증채무 및 물상보증인의 책임

파산자의 면책은 그 보증인, 기타 파산자와 공동으로 채무를 부담하는 공
동채무자, 중첩적 채무인수인 등의 변제책임과 물상보증인이 제공한 담보
에 아무런 영향을 미치지 않는다. 일반적으로 인적, 물적 담보가 제 기능을
발휘하는 것은 주채무자가 무자력인 경우이므로 면책의 효과가 보증채무
에 미치지 않는 것은 당연하다고 할 것이다. 또 면책결정의 확정으로 파산
채권은 자연채무로 남게 되고, 당해 채권의 책임재산이 파산재단에 한정되
는 데 불과하므로, 보증채무 또는 담보권의 부종성에 반하는 것도 아니다.

(2) 실무에서의 처리

실무상 이와 같은 규정을 알지 못하고 보증인도 함께 면책되는 것을 목적
으로 파산신청을 하는 예가 있으므로, 파산사건의 채무자 심문시에 면책의
효과가 보증채무에는 미치지 않는다는 점을 주지시키고 있다.

(3) 보증인 등의 구상권에 대한 영향

보증인의 면책결정의 확정 후 채권자에게 보증채무를 이행하고 파산자에

대한 구상채권을 취득하더라도 이는 면책 후에 새로이 취득한 채권이 아니라 이미 파산자에 대한 장래의 구상권으로 취득한 파산채권이 현실화된 것일 뿐이므로 당연히 면책의 효력을 받는다. 따라서 보증인은 파산자에 대하여 구상권을 행사할 수 없다. 보증인은 파산절차에서 일정한 요건하에 파산절차에 참가하여 배당받을 수 있는 권리가 보장되어 있다. 보증인 등의 구상권에 면책의 효력이 미치는 점을 고려하여 파산 및 면책절차에서의 채권자 일람표에 채무자를 위하여 보증을 한 보증인을 기재하도록 하고, 이들에게도 절차 참여의 기회를 부여하고 있다.

관련 질의응답　　　Q & A

개인파산으로 면책결정시 면책된 채무에 대한 보증인의 책임

문) 저는 영세사업체를 운영하는 甲이 乙은행으로부터 사업자금을 대출받는데 연대보증을 서주었습니다. 甲은 성실하게 사업을 운영하면서 대출자금을 정상적으로 변제하였으나, 최근 극심한 자금난으로 사업이 파산지경에 이르러 어쩔 수 없이 개인파산신청을 하였습니다. 甲은 법원으로부터 파산선고를 받으면서 면책결정까지 받았고, 저는 甲의 면책결정에 따라 연대보증인의 보증채무가 소멸된 것으로 알고 있었는데, 최근 은행으로부터 위 대출금을 상환하라는 독촉을 받게 되었는바, 이러한 경우 대출금에 대한 보증책임은 어떻게 되는지요?

답) 면책절차(免責節次)는 자연인 중에 자신의 잘못이 아닌 자연재해나 경기변동과 같은 불운으로 인하여 파산한 채무자에게 새로운 출발의 기회를 주기 위한 것으로서 파산자의 채무에 관하여 그 변제책임을 면제시킴으로써 파산자의 경제적 갱생을 도모하는 절차입니다. 그리고 면책결정이 나면 조세, 벌금, 과료 등 파산법 제349조에 기재된 것과 같은 일정한 채무를 제외하고 채무의 전부에 관하여 그 책임이 면제되는 효력이 있게 됩니다.

그런데 이 면책결정의 효력 중 보증인에 대하여도 면책의 효력이 있는지 문의하는 사람이 많습니다. 그것은 민법상 주채무와 연대보증채무의 관계에서 보증채무의 부종성(附從性)에 기하여 주채무가 면책되었으니 보증채무도 면책되어야 하지 않느냐는 관점에서 그렇게 생각하고 있는 것으로 보입니다.

그러나 채무자회생및파산에관한법률 제567조에 의하면 "면책은 파산채권자가 파산자의 보증인 기타 파산자와 더불어 채무를 부담하는 자에 대하여 가지는 권리 및 파산채권자를 위하여 제공한 담보에 영향을 미치지 아니한다."라고 규정하고 있으므로, 귀하의 경우 보증채무는 그대로 남아 있게 되는 것입니다.따라서 귀하는 乙은행이 변제 받지 못한 대출금에 대하여 책임을 부담하게 될 것입니다.

면책결정의 기재(제568조)

1. 채권표에의 기재

법원사무관은 채권표에 면책허가결정이 확정되었다는 취지(예컨대 "2005. 7. 9. 면책허가결정 확정")를 기재한다. 다만 적극적으로 자료를 수집하지 않더라도 주어진 자료의 범위 내에서 비면책채권이라고 판단되는 채권의 채권표에는 이와 같은 기재를 하지 않는다.

2. 확정된 파산채권에 대하여 파산자가 이의를 진술하지 않은 경우

확정된 파산채권에 대하여 파산자가 이의를 진술하지 아니한 경우에는 채권표의 기재가 채무명의가 되므로, 비면책채권의 채권자는 채권표에 집행문을 부여받아 파산자의 재산에 대하여 강제집행을 할 수 있고, 이에 대하여 파산자는 위 채권자의 채권이 면책되었다고 주장하여 청구이의의 소로써 다툴 수 있다.

3. 본적지 시, 구, 읍 면장에 대한 통지

면책허가결정 확정 등본을 첨부하여 파산자의 본적지 시, 구, 읍, 면장에게 면책허가결정이 확정되었음을 통지한다.

【서식】 면책허가결정서

서울회생법원
결   정

사   건   20○○파○○ 면책
채 무 자   ○ ○ ○(-   )
             서울 ○○구 ○○동 ○○

주   문

채무자를 면책한다.

이   유

채무자가 변제계획에 따른 변제를 완료하였으므로 채무자회생및파산에관한법률 제564조 제1항을 적용하여 채무자의 신청에 의하여(직권으로) 주문과 같이 결정한다.

20○○. ○. ○.

판사 ○   ○   ○

4. 파산관재인의 보수 결정

파산관재인이 법원의 조사명령에 따라 면책불허가 사유의 존부에 관한 조사보고서를 제출한 경우에는 파산관재인의 보수를 결정하고 예납금에서 이를 지급한다. 파산절차에서 미리 면책불허가 사유의 조사, 보고에 대한 보수도 고려하여 보수액을 정한 경우에는 따로 보수를 지급하지 않는다.

5. 예납금의 반환

예납금의 잔액이 있으면 파산자에게 반환한다. 동시폐지 사건에는 3회분의 공고비용만 예납금으로 납부 받고 있기 때문에, 파산자에게 반환할 예납금이 남아 있지 않게 된다.

면책의 취소(제569조)

사기파산에 관하여 파산자에 대한 유죄의 판결이 확정된 때에는 법원은 파산채권자의 신청에 의하여 또는 직권으로 면책취소의 결정을 할 수 있고, 파산자가 부정한 방법으로 면책을 얻은 경우에 파산채권자가 면책 후 1년 내의 면책의 취소를 신청할 때에도 면책취소의 결정을 할 수 있다.

면책취소에 관한 의견청취(제570조)

법원은 면책취소의 재판을 하기 전에 파산자 및 신청인의 의견을 들어야 한다.

면책취소결정의 효력발생시기(제571조)

면책취소의 결정은 확정된 후가 아니면 그 효력이 생기지 아니한다.

신채권자의 우선권(제572조)

면책의 취소가 있은 때에는 면책 후 그 취소에 이르기까지 사이에 생긴 원인으로 인하여 채권을 가지게 된 자는 다른 채권자에 우선하여 변제를 받을 권리를 가진다.

면책취소결정의 기재(제573조)

면책취소의 결정이 확정된 때에는 법원은 그 주문을 공고하고, 채권표가 있는 때에는 이에 면책취소의 결정이 확정된 뜻을 기재하여야 한다.

제2절 복권

당연복권(제574조)

파산선고를 받은 채무자는 면책의 결정이 확정된 때, 채무자회생및파산에관한법률 제538조의 규정에 의한 신청에 기한 파산폐지의 결정이 확정된 때, 파산선고를 받은 채무자가 파산선고 후 채무자회생및파산에관한법률 제650조의 규정에 의한 사기파산으로 유죄의 확정판결을 받음이 없이 10년이 경과한 때에는 복권된다. 면책취소의 결정이 확정된 때에는 위 규정에 의한 복권은 장래에 향하여 그 효력을 잃는다.

신청에 의한 복권(제575조)

1. 신청에 의한 복권의 요건

변제, 대물변제, 공탁, 상계, 경개, 면제, 혼동, 소멸시효 등에 의하여 파산채권자에 대한 채무의 전부에 관하여 책임을 면할 것이 필요하다. 파산자 자신의 변제에 한하지 않고, 제3자에 의한 대물변제로도 좋다고 해석되고 있다.

또 여기에서 말하는 파산채권자란 신고를 하지 않아 배당절차에 참가하지 못한 채권자도 포함된다고 해석된다(단, 다툼이 있는 채권은 재판의 결과에 의한다).

2. 신청

복권을 얻으려고 하는 파산자는 파산계속법원에 대하여 복권의 신청을 하고, 파산채권의 전부에 관하여 책임을 면한 것을 증명하는 서면을 제출하여야 한다.

3. 관할

복권사건의 관할은 파산계속법원인데, 여기서 파산계속법원이란 파산선고를 한 법원을 말한다. 따라서 파산선고 후 주소지가 변경되었다고 하더라도 파산계속법원에 복권신청을 하여야 한다.

비용예납은 면책신청의 경우와 동일하게 처리한다.

4. 신청서 접수 후의 처리

복권신청을 접수한 법원은 본 조에서 규정한 형식적 요건의 구비를 심사하고, 흠결이 있으면 그 보정을 명하며, 보정되지 않으면 신청을 각하한다. 때로는 심문기일을 지정하여 신청인 또는 파산채권자를 소환하여 복권제도의 취지와 그 요건에 관하여 설명하고, 실제로 책임을 면하였는지 확인하여야 할 경우도 있다.

5. 결정

(1) 이의신청이 이유있다고 인정되는 경우

심리 결과 채무가 잔존하는 사실이 소명되는 등 이의신청이 이유 있다고 인정되면 복권신청을 기각하는 결정을 한다. 이에 대하여 파산자는 즉시항고를 할 수 있다.

(2) 이의신청이 이유없다고 인정되는 경우

이의신청을 이유 없다고 인정하거나 공고가 있은 날로부터 3개월의 기간 내에 이의신청이 없는 때에는 복권허가의 결정을 한다. 이 결정에 대하여 파산채권자는 즉시항고를 할 수 있다.

(3) 공고와 통지

복권결정이 확정되면 그 주문을 공고한다. 또 파산선고와 마찬가지로 복권 결정이 확정된 후 파산자의 본적지 시·구·읍·면장에게 그 취지를 통지 한다.

▣ 관련판례

판례(대법원 2001. 10. 12. 선고 2001두274 판결)

1. 의료법 제8조 제1항은 의료인이 될 수 없는 결격사유를 규정하면서 그 제4 호로 '파산선고를 받고 복권되지 아니한 자'를 들고 있는바, 파산선고를 받은 파산자는 파산법 제137조의 거주지 제한 이외에는 파산법 자체에 의한 신분상 제약은 없으나, 파산법 이외의 사법상 또는 공법상 여러 가지 자격이나 권리의 제약사유가 규정되고 있는 경우가 많으므로, 파산법 제358조 및 제359조에서 일 정한 경우 파산선고에 의하여 파산자에게 부과되는 제약 즉 각종의 자격 내지 권리에 대한 제한을 소멸시켜서 파산자로 하여금 본래의 법적 지위를 회복하게 하는 복권제도를 두고 있는 점에 비추어 보면, 위 결격사유 중 '파산선고를 받 고 복권되지 아니한 자'는 파산선고 후 파산법에 의하여 복권될 때까지 파산자 의 상태에 있는 자를 말하는 것이고, '파산선고가 확정되고 면책결정이 내려지 지 아니할 것으로 확정된 자'로 볼 것은 아니다.

2. 2000. 1. 12. 법률 제6157호로 개정되기 전의 의료법 제52조 제1항은 제8조 제1항 제4호 소정의 '파산선고를 받고 복권되지 아니한 자'를 임의적 면허취소 사유로 규정하였다가 위 개정으로 그 항에 단서를 신설하여 위 사유를 필요적

면허취소사유로 규정하였는바, '파산선고를 받고 복권되지 아니한 자'를 파산선
고 후 복권될 때까지 파산자의 상태에 있는 자의 의미로 해석한다면, 파산선고
를 받고 복권되지 아니한 의사의 경우 파산자라는 결격사유가 위 법률 개정 전
에 이미 종료된 것이 아니고 위 법률 개정 후에도 여전히 존속하고 있는 것으
로 보아야 할 것이므로, 행정청으로서는 개정 전의 의료법을 적용하여 면허취소
에 대한 재량판단을 할 것이 아니라, 개정된 의료법 제52조 제1항 단서에 따라
그 면허를 반드시 취소하여야 할 것이고, 그 의사가 파산선고 당시 파산을 임의
적 취소사유로 규정한 개정 전 의료법의 존속에 대하여 신뢰를 가졌다 하더라
도, 의료인 결격사유의 규정 취지에 비추어 볼 때, 그러한 그 의사의 신뢰가 개
정된 의료법 규정의 적용에 관한 공익상의 요구와 비교·형량하여 더 보호가치
있는 것이라고 할 수 없다.

【서식】 복권신청 각하명령

서울회생법원
결　　정

사　　건　20○○파○○ 복권
신 청 인　○ ○ ○
　　　　　서울 ○○구 ○○동 ○○

주　　문

이 사건 복권 신청을 각하한다.

이　　유

이 사건에 관하여 신청인이 채무 전부의 면책을 증명할 서면을 제출하지 아니하
였으므로 이 사건 복권 신청은 부적법하여 주문과 같이 결정한다.

20○○. ○. ○.

판사　○　○　○

【서식】복권불허가결정

서울회생법원
결   정

사   건 20○○파○○ 복권
신 청 인 ○ ○ ○
         서울 ○○구 ○○동 ○○

주   문

신청인의 복권을 허가하지 아니한다.

이   유

이 사건 기록에 첨부된 소명자료 및 이의신청인의 의견청취결과에 의하면, 신청인은 채권자 △△△에 대하여 ○○○원의 채무를 부담하고 있고 이를 변제하지 않고 있는 사실이 인정되므로 주문과 같이 결정한다.

20○○. ○. ○.

판사 ○ ○ ○

【서식】 복권허가결정

서울회생법원
결　　정

사　　건　20○○파○○　복권

신청인및　○　○　○(　　　　　　-　　　　　　)

파 산 자　서울 ○○구 ○○동 ○○

　　　　　　본적 ○○시 ○○동 ○○○

주　　문

파산자 ○○○를 복권한다.

이　　유

이 사건 기록에 첨부된 소명자료 및 이의신청인의 의견청취결과에 의하면, 파산자가 각 파산채권자에 대한 채무의 전부에 관하여 면책을 얻은 사실이 인정되고, 이의신청기간 내에 이의신청이 없었으므로(또는 파산채권자 △△△가 이의신청을 하였으나, ...이므로 그 이유가 없으므로) 주문과 같이 결정한다.

20○○. ○. ○.

판사　○　○　○

【서식】 복권결정 공고

복 권 결 정   공 고

사 건 20○○파○○ 복권
파 산 자 ○ ○ ○(-   )
　　　　　주소 서울 ○○구 ○○동 ○○
　　　　　본적 인천 ○○구 ○○동 ○○
주 문 파산자 ○○○을 복권한다.

20○○. ○. ○.

서울회생법원

판사 ○ ○ ○

【서식】복권결정 확정공고

복권결정 확정공고

사   건   20○○파○○ 복권
파 산 자   ○ ○ ○(-   )
          주소 서울 ○○구 ○○동 ○○
          본적 인천 ○○구 ○○동 ○○
주   문   파산자 ○○○을 복권한다.
결정확정일 20○○. ○. ○.

                    서울회생법원

            판사 ○ ○ ○

【서식】 복권결정확정통지(본적지)

서울회생법원
복권결정확정통지

○○구청장 귀하

사   건   20○○파○○   복권
파 산 자   ○ ○ ○(-   )
　　　　　주소   서울 ○○구 ○○동 ○○
　　　　　본적   인천 ○○구 ○○동 ○○

　위 파산자에 대하여 20○○. ○. ○. 복권허가결정이 선고되어 위 결정이 20
○○. ○. ○. 확정되었음을 통지합니다.

첨부 : 결정등본 1통

20○○. ○. ○.

법원사무관   ○   ○   ○

복권신청의 공고 등(제576조)

신청이 적법하다고 인정되면 복권의 신청이 있었다는 뜻을 공고하고, 이해
관계인의 열람에 공하기 위하여 신청의 관계서류를 법원에 비치한다.

【서식】 복권신청 공고

복 권 신 청   공 고

    사　　건　20○○파○○　복권
    신청인겸　○ ○ ○(　　　　-　　　　　)
    파 산 자

  위 사람은 이 법원 20○○하○○ 파산선고 사건에 관하여 20○○.　○.　○. 파산선고를 받았으나, 20○○.　○.　○. 이 법원에 복권신청을 하였으므로 다음과 같이 공고합니다.

다　음

1. 위 신청에 관한 서류는 이해관계인에게 열람하게 하기 위하여 이 법원 파산과에 비치하였다.
2. 파산채권자는 이 공고가 있은 날로부터 3월 이내에 위 신청에 대하여 법원의 이의를 신청할 수 있다.

20○○.　○.　○.

서울회생법원 판사　○　○　○

복권신청에 관한 이의(제577조)

1. 이의신청의 기한

파산채권자는 공고일로부터 3월 이내에 이의신청을 할 수 있다.

2. 신청권자

복권의 실질적 요건은 파산채권자에 대한 채무의 전부에 관하여 책임을 면하였는가 여부에 있으므로, 복권의 신청에 이해관계를 가지는 것은 파산채권자 뿐이고, 기타의 자는 이의신청의 적격이 없다. 이 경우 파산채권자에는 신고를 하지 않은 채권자도 포함한다.

3. 의견청취

이의신청이 있으면 파산자 및 이의신청인의 의견을 들어야 한다.

4. 실무에서의 처리

그 방법은 실무상 서면을 제출시키는 것으로도 충분하지만, 직권으로 필요한 조사를 할 수 있으므로 심문기일을 열어서 이의신청인과 파산자를 심문할 수도 있다.

복권결정의 효력발생시기(제578조)

즉시항고에 의하여 결정이 취소되면 그 때까지 생긴 법률관계의 취급에 문제가 생길 가능성이 있으므로 복권의 효력은 복권결정이 확정되어야 비로소 생기는 것으로 하였다.

제 9 장

유한책임신탁재산의 파산에 관한 특칙

제정이유(신설)

1. 파산신청권자

유한책임신탁재산에 대한 파산신청은 신탁채권자, 수익자, 수탁자, 신탁재산관리인 또는 청산수탁자가 할 수 있도록 하고, 신탁이 종료된 후 잔여재산의 이전이 종료될 때까지는 파산신청을 할 수 있도록 함(제578조의3 신설).

2. 파산원인(제578조의4 신설)

유한책임신탁재산으로 지급을 할 수 없는 경우 법원은 신청에 의하여 결정으로 파산을 선고하도록 하고, 수탁자가 신탁채권자 또는 수익자에 대하여 지급을 정지한 경우에는 유한책임신탁재산으로 지급을 할 수 없는 것으로 추정하도록 하며, 유한책임신탁재산으로 신탁채권자 또는 수익자에 대한 채무를 완제할 수 없는 경우 법원은 신청에 의하여 결정으로 파산을 선고할 수 있도록 함(제578조의4 신설).

3. 파산선고를 받은 신탁의 수탁자 등의 구인(제578조의6 신설)

1) 유한책임신탁재산에 대한 파산선고를 한 경우 법원은 필요하다고 인정할 때에는 수탁자 또는 신탁재산관리인, 수탁자의 법정대리인, 수탁자의 지배인, 법인인 수탁자의 이사를 구인하도록 명할 수 있도록 함.

2) 파산의 신청이 있는 때에는 법원은 파산선고 전이라도 이해관계인의 신청에 의하거나 직권으로 수탁자 또는 신탁재산관리인, 수탁자의 법정대리인, 수탁자의 지배인, 법인인 수탁자의 이사를 구인하도록 명할 수 있도록 함(제578조의6 신설).

4. 보전처분(제578조의8 및 제578조의9 신설)

1) 법원은 파산선고 전이라도 이해관계인의 신청에 의하거나 직권으로 유한책

임신탁재산에 관하여 가압류, 가처분, 그 밖에 필요한 보전처분을 명할 수 있도록 함.

2) 법원은 유한책임신탁재산에 대하여 파산선고가 있는 경우 필요하다고 인정할 때에는 파산관재인의 신청에 의하거나 직권으로 수탁자, 전수탁자(前受託者), 신탁재산관리인, 검사인 또는 청산수탁자의 책임에 기한 손해배상청구권을 보전하기 위하여 수탁자 등의 재산에 대한 보전처분을 할 수 있도록 함(제578조의8 및 제578조의9 신설).

5. 파산관재인(제578조의11 신설)

유한책임신탁재산에 대하여 파산선고가 있는 경우 「신탁법」에 따른 신탁위반 법률행위의 취소, 수탁자에 대한 유지청구 등의 권한은 파산관재인만이 행사할 수 있도록 함(제578조의11 신설).

6. 파산재단(제578조의12 신설)

유한책임신탁재산에 대하여 파산선고가 있는 경우 유한책임신탁재산에 속하는 모든 재산은 파산재단이 되도록 함(제578조의12 신설).

7. 신탁재산 파산 시 파산채권의 순위(제578조의16 신설)

1) 유한책임신탁재산에 대하여 파산선고가 있는 경우 신탁채권은 「신탁법」에 따른 수익채권보다 우선하도록 함.

2) 수탁자 또는 신탁재산관리인과 채권자 및 수익자가 유한책임신탁재산의 파산절차에서 다른 채권보다 후순위로 하기로 정한 채권은 그 정한 바에 따라 다른 채권보다 후순위로 하도록 함(제578조의16 신설).

적용범위(제578조의2)

유한책임신탁재산의 파산에 관하여는 이 장에서 달리 정하는 것을 제외하고는 제3편제1장부터 제7장까지의 규정에 따른다.

파산신청권자(제578조의3)

유한책임신탁재산에 대하여 신탁채권자, 수익자, 수탁자, 신탁재산관리인 또는 「신탁법」 제133조에 따른 청산수탁자는 파산신청을 할 수 있다. 신탁채권자 또는 수익자가 파산신청을 하는 경우에는 신탁채권 또는 수익권의 존재와 파산의 원인인 사실을 소명하여야 한다. 수탁자 또는 신탁재산관리인이 여럿 있는 경우 그 전원이 파산신청을 하는 경우가 아닐 때에는 파산의 원인인 사실을 소명하여야 한다. 신탁이 종료된 후 잔여재산의 이전이 종료될 때까지는 신탁재산의 파산을 신청할 수 있다.

파산원인(제578조의4)

유한책임신탁재산으로 지급을 할 수 없는 경우 법원은 신청에 의하여 결정으로 파산을 선고한다. 수탁자가 신탁채권자 또는 수익자에 대하여 지급을 정지한 경우에는 유한책임신탁재산으로 지급을 할 수 없는 것으로 추정한다. 유한책임신탁재산으로 신탁채권자 또는 수익자에 대한 채무를 전부 변제할 수 없는 경우 법원은 신청에 의하여 결정으로 파산을 선고할 수 있다.

신탁재산 파산의 통지 등(제578조의5)

유한책임신탁재산에 대하여 파산선고를 한 경우 그 목적인 사업이 행정청의 허가를 받은 사업일 때에는 법원은 파산선고 사실을 주무관청에 통지하여야 한다. 유한책임신탁재산에 대한 파산취소 또는 파산폐지의 결정이 확정되거나 파산종결의 결정이 있는 경우 그 목적인 사업이 행정청의 허가를 받은 사업일 때에도 제1항과 같다. 유한책임신탁재산에 대하여 파산선고를 한 경우 등기의 촉탁 등에 관하여는 제23조부터 제27조까지의 규정을 준용한다.

파산선고를 받은 신탁의 수탁자 등의 구인(제578조의6)

1) 유한책임신탁재산에 대한 파산선고를 한 경우 법원은 필요하다고 인정할 때에

는 다음 각 호의 자를 구인하도록 명할 수 있다.

1. 수탁자 또는 신탁재산관리인
2. 수탁자의 법정대리인
3. 수탁자의 지배인
4. 법인인 수탁자의 이사

2) 파산의 신청이 있는 때에는 법원은 파산선고 전이라도 이해관계인의 신청에 의하거나 직권으로 제1항 각 호의 자를 구인하도록 명할 수 있다.

3) 1) 및 2)에 따른 구인에 관하여는 채무회생및파산에관한법률 제319조제2항 및 제3항을 준용한다.

파산선고를 받은 신탁의 수탁자 등의 설명의무(제578조의7)

유한책임신탁재산에 대한 파산선고를 받은 경우 제578조의6제1항 각 호의 자는 파산관재인·감사위원 또는 채권자집회의 요청에 의하여 파산에 관하여 필요한 설명을 하여야 한다. 종전에 채무회생및파산에관한법률 제578조의6제1항 각 호의 자격을 가졌던 자에 대하여도 이를 준용한다.

파산선고 전의 보전처분(제578조의8)

법원은 파산선고 전이라도 이해관계인의 신청에 의하거나 직권으로 유한책임신탁재산에 관하여 가압류, 가처분, 그 밖에 필요한 보전처분을 명할 수 있다. 이에 따른 법원의 재판에 관하여는 채무회생및파산에관한법률 제323조제2항부터 제5항까지의 규정을 준용한다. 유한책임신탁재산에 속하는 권리로서 등기된 것에 대하여 이에 따른 보전처분이 있는 경우 그 보전처분의 등기 촉탁에 관하여는 채무회생및파산에관한법률 제24조제1항을 준용한다.

수탁자등의 재산에 대한 보전처분(제578조의9)

법원은 유한책임신탁재산에 대하여 파산선고가 있는 경우 필요하다고 인정할 때에는 파산관재인의 신청에 의하거나 직권으로 수탁자, 전수탁자(前受託者), 신탁재산관리인, 검사인 또는 「신탁법」 제133조에 따른 청산수탁자(이하 "수탁자등"이라 한다)의 책임에 기한 손해배상청구권을 보전하기 위하여 수탁자등의 재산에 대한 보전처분을 할 수 있다. 이에 따른 보전처분에 관하여는 채무회생및파산에관한 법률 제351조제2항부터 제7항까지의 규정을 준용한다. 또 이에 따른 보전처분이 있 는 경우 그 보전처분의 등기 또는 등록의 촉탁에 관하여는 채무회생및파산에관한 법률 제24조제1항을 준용한다.

수탁자등에 대한 손해배상청구권 등의 조사확정재판(제578조의 10)

법원은 유한책임신탁재산에 대하여 파산선고가 있는 경우 필요하다고 인정할 때 에는 파산관재인의 신청에 의하거나 직권으로 수탁자등의 책임에 기한 손해배상청 구권의 존부와 그 내용을 조사확정하는 재판을 할 수 있다. 이에 따른 조사확정재 판에 관하여는 채무회생및파산에관한법률 제352조제2항부터 제9항까지, 제353조 및 제354조를 준용한다.

파산관재인(제578조의 11)

유한책임신탁재산에 대하여 파산선고가 있는 경우 다음 각 호의 권한은 파산관 재인만이 행사할 수 있다.
1. 「신탁법」 제43조에 따른 원상회복 등의 청구
2. 「신탁법」 제75조제1항에 따른 취소
3. 「신탁법」 제77조에 따른 유지 청구
4. 「신탁법」 제121조에 따른 전보 청구(수익자에 대한 청구만 해당한다)

파산재단(제578조의 12)

유한책임신탁재산에 대하여 파산선고가 있는 경우 이에 속하는 모든 재산은 파 산재단에 속한다.

유한책임신탁에서의 부인(제578조의 13)

유한책임신탁재산에 대하여 파산선고가 있는 경우 채무회생및파산에관한법률 제 391조부터 제393조까지, 제398조 및 제399조를 적용할 때에는 "채무자"는 "수탁자 또는 신탁재산관리인"으로 본다.

유한책임신탁에서의 환취권(제578조의14)

유한책임신탁재산에 대하여 파산선고가 있는 경우 채무회생및파산에관한법률 제407조 및 제410조를 적용할 때에는 제407조 중 "채무자에 속하지 아니하는 재산"은 "신탁재산에 속하지 아니하는 재산"으로 보고, 제410조 중 "채무자"는 "수탁자 또는 신탁재산관리인"으로 본다.

신탁재산 파산 시 파산채권액(제578조의15)

1) 유한책임신탁재산에 대하여 파산선고가 있는 경우 신탁채권자, 수익자 및 수탁자는 다음 각 호의 구분에 따른 금액에 관하여 그 파산재단에 대하여 파산채권자로서 그 권리를 행사할 수 있다.

1. 신탁채권자 및 수익자: 파산선고 시에 가지는 신탁채권 또는 「신탁법」 제62조에 따른 수익채권의 전액

2. 수탁자: 신탁재산에 대한 채권의 전액

2) 유한책임신탁재산에 대하여 파산선고가 있는 경우 「신탁법」 제118조제1항에 따른 채권을 가지는 자는 그 채권의 전액에 관하여 수탁자의 파산재단에 대하여 파산채권자로서 그 권리를 행사할 수 있다.

신탁재산 파산 시 파산채권의 순위(제578조의16)

유한책임신탁재산에 대하여 파산선고가 있는 경우 신탁채권은 「신탁법」 제62조에 따른 수익채권보다 우선한다. 수탁자 또는 신탁재산관리인과 채권자(수익자를 포함한다)가 유한책임신탁재산의 파산절차에서 다른 채권보다 후순위로 하기로 정한 채권은 그 정한 바에 따라 다른 채권보다 후순위로 한다.

파산폐지에 관한 특칙(제578조의17)

유한책임신탁재산의 파산폐지신청은 수탁자 또는 신탁재산관리인이 한다. 이 경우 수탁자 또는 신탁재산관리인이 여럿일 때에는 전원의 합의가 있어야 한다.

제 10 장

파산관련 예규·사무처리지침

개인파산 및 면책신청사건의 처리에 관한 예규(재민 2005-1)

(개정 2019. 12. 24. 재판예규 제1729호, 시행 2020. 1. 20.)

제1조 (목적)
이 예규는 개인파산 및 면책신청사건의 처리에 필요한 사항을 정함을 목적으로 한다.

제1조의2 (개인파산 및 면책신청서의 양식)
개인파산 및 면책신청서와 그 첨부서류 표준양식은 별지 제1호 내지 제10호와 같다.

제2조 (파산·면책 동시신청의 접수 및 처리)
①개인인 신청인이 파산·면책을 동시에 신청하는 경우에 면책신청시 제출하여야 하는 채권자목록은 파산신청시 제출하는 채권자목록으로 갈음할 수 있다.
②파산신청사건의 사건부호는 "하단", 면책신청사건의 사건부호는 "하면"으로 하여 접수순서 별로 사건번호를 부여한다.
③제1항의 면책신청사건은 파산선고 후 진행하고, 파산선고와 면책심문기일 또는 면책신청에 대한 이의기간 지정결정의 공고와 송달은 동시에 할 수 있다.

제2조의2 삭제(2016.12.16.제1628호)

제2조의3 (파산관재인 선임을 희망한 경우 등의 처리)
법원은, 채무자가 파산신청을 하면서 파산관재인 선임을 희망하였거나 채무자에게 면제재산을 초과하는 재산이 있음이 밝혀진 때에는 특별한 사정이 없는 한 바로 파산선고 여부를 결정하여야 한다.

제2조의4 (예납기준)
개인파산사건에서 동시폐지를 하지 아니하는 경우의 예납금은 파산재단의 규모, 부인권 대상 행위의 존부와 수, 파산절차의 예상 소요기간, 재단수집의 난이도, 채권자의 수 등을 고려하여 정할 수 있다. 다만, 특별한 사정이 없는 한 500만 원을 넘을 수 없다.

제2조의5 삭제(2016.12.16.제1628호)

제3조 (처리기간)
①법원은 특별한 사정이 없는 한 파산신청일부터 30일 이내에 파산선고 여부를 결정하여야 한다.

②법원은 특별한 사정이 없는 한 면책신청일(파산신청과 동시에 면책신청을 한 경우에는 파산선고일)부터 60일 이내의 날짜로 면책심문기일 또는 면책신청에 대한 이의기간을 지정하여야 한다.

제4조 (면책신청사건 심리절차)

법원은 법 제562조 제1항의 면책신청에 대한 이의신청기간이 종료되면 다음 각호의 경우를 제외하고 14일 이내에 면책허가 여부를 결정하여야 한다.

1. 면책신청에 대한 이의신청이 있는 때

2. 파산이 취소된 때

3. 채무자가 절차비용을 예납하지 않은 때

4. 채무자에게 법 제564조 제1항 각호의 사유가 있음이 명백한 경우

5. 기타 특별한 사정이 있는 경우

제5조 (한국신용정보원의 장에 대한 통보)

①법원은 다음 각 호의 경우에는 한국신용정보원의 장에게 통보하여야 한다.

1. 면책결정이 확정된 경우

 통보할 사항 : 사건번호, 채무자의 성명, 주민등록번호, 면책결정일, 면책결정 확정일

2. 면책취소결정이 확정된 경우

 통보할 사항 : 사건번호, 채무자의 성명, 주민등록번호, 면책취소결정일, 면책취소결정 확정일

②제1항의 통보는 전자통신매체를 이용하여 할 수 있다.

제6조 (등록기준지 통보)

①법원은 개인인 채무자에 대하여 다음 각호의 사유가 있는 때에는 채무자의 신원증명업무 관장자인 등록기준지 시(구가 설치된 시에 있어서는 구)·읍·면의 장에게 그 사실을 통보하여야 한다. 다만 제2호 내지 제4호의 사실은 제1호의 사실이 통보된 채무자에 한하여 통보한다.

1. 파산선고가 확정된 때. 다만 채무자가 법 제556조제1항에 따른 면책신청을 하거나 동조제3항에 따라 면책신청을 한 것으로 보는 경우에는 그 면책신청이 각하·기각되거나 면책불허가결정이 내려지거나 면책취소의 결정이 확정된 때에 한하여 통보한다.

2. 법 제574조제1항제1·2호의 사유가 발생된 때

3. 복권결정이 확정된 때

4. 면책취소의 결정이 확정된 때

②제1항의 통보는 전자통신매체를 이용하여 할 수 있다.

제7조 (공고의 방법)

①개인파산 및 면책신청 사건에서의 공고는 전자통신매체를 이용한 방법에 의한 공고

를 원칙으로 한다.

② 「채무자 회생 및 파산에 관한 규칙」 제6조제1항제2호의 규정에 따른 전자통신매체를 이용한 공고는 공고사항을 법원 홈페이지 법원공고란에 게시하는 방법으로 한다.

③삭제(2017.05.12 제1654호)

부 칙(2019.12.24 제1729호)

제1조(시행일) 이 예규는 2020년 1월 20일부터 시행한다.

제2조(경과규정) 이 예규 시행 전에 종전의 규정에 따라 생긴 효력에는 영향을 미치지 아니한다.

「채무자 회생 및 파산에 관한 법률」에 따른 법인등기 사무처리지침

(개정 2014. 4. 24. 등기예규 제1528호, 시행 2014. 4. 28.)

제1조 (목적)

이 예규는 「채무자 회생 및 파산에 관한 법률」(이하 "법"이라 한다) 및 「채무자 회생 및 파산에 관한 규칙」(이하 "규칙"이라 한다)에 따른 법인등기절차를 규정함을 목적으로 한다.

제2조 (적용범위)

이 예규는 채무자인 민법법인, 상법상의 회사, 민법 및 상법 이외의 법령에 의하여 설립된 법인, 외국회사 및 외국회사를 제외한 기타의 외국법인(이하 "법인"이라 한다) 및 회생계획에 의하여 신설되는 새로운 법인(이하 "새로운 법인"이라 한다)에 대하여 적용한다.

제3조 (촉탁에 의한 등기)

①회생절차, 파산절차, 국제도산절차와 관련하여, 법 제23조의 규정에 의한 법원사무관등의 촉탁이 있는 때에는 관할등기소의 등기관은 이를 수리하여 그에 따른 등기를 하여야 하고, 당사자가 이러한 등기를 신청한 경우 이를 수리하여서는 아니 된다.

②회생계획의 수행에 따른 등기는 회생절차종결 후에는 채무자인 법인 또는 새로운 법인의 신청에 의하여 등기하여야 하고, 법원사무관등의 촉탁에 의하여 등기할 수 없다. 다만, 회생절차종결 이전에 등기사항이 발생하여 법원사무관등이 회생절차종결 이전에 촉탁할 수 있었던 사항에 관하여 착오로 이를 누락한 경우에는 그러하지 아니하다.

제4조 (촉탁등기사항 이외의 등기사항에 대한 등기신청권자)

①회생절차개시결정이 있는 때에는 채무자의 업무의 수행과 재산의 관리 및 처분을 하는 권한은 관리인에게 전속하고(법 제56조제1항), 관리인이 선임되지 아니한 경우에는 채무자인 법인의 대표자가 관리인으로 간주되므로(법 제74조제4항), 법원사무관등이 촉탁하여야 할 등기사항 이외의 등기사항에 관하여는 관리인 또는 법 제74조제4항에 의하여 관리인으로 간주되는 자의 신청에 의하여 등기하여야 한다.

② 법 제43조제3항에 따른 보전관리명령이 있는 때에는 회생절차개시결정 전까지 채무자의 업무수행과 재산의 관리 및 처분을 하는 권한은 보전관리인에게 전속하므로 (법 제85조), 제1항의 규정은 보전관리인에 준용한다.

③파산재단을 관리 및 처분하는 권한은 파산관재인에게 속하므로(법 제384조), 파산재단과 관련된 등기사항은 파산관재인의 신청에 의하여 등기하여야 한다.

제5조 (등기의 방법)

①보전관리, 회생절차개시, 회생절차개시취소, 회생계획인가·불인가, 회생계획인가취소, 회생절차폐지, 회생절차종결의 등기 및 파산선고, 파산취소, 파산폐지, 파산종결의 등기는 기타사항란에 등기한다.

②보전관리인, 관리인, 관리인대리, 파산관재인, 파산관재인대리, 국제도산관리인 및 국제도산관리인대리는 임원란 또는 사원란에 등기하고, 채무자인 법인의 대표자 등 임원에 관한 등기와 지배인 또는 대리인에 관한 등기는 말소하지 아니 한다.

③법 제74조제4항에 의하여 채무자인 법인의 대표자를 관리인으로 본다는 취지의 등기는 임원란 또는 사원란의 당해 대표자의 란에 등기한다.

제6조 (등기부 열람 및 등기부 등·초본의 발급)

보전관리, 회생절차개시 또는 파산선고의 등기를 한 경우에는 등기부의 첫 장 오른쪽 윗부분의 적당한 곳에 "보전관리", "회생절차" 또는 "파산"이라고 표시하여 등기부를 열람하게 하거나 등기부 등·초본을 발급하여야 한다.

제7조 (관리인 등의 인감증명서 발급절차 및 법인대표자 등의 인감증명서 발급제한)

①회생절차의 보전관리인, 관리인, 관리인대리, 파산절차의 파산관재인, 파산관재인대리, 국제도산절차의 국제도산관리인 또는 국제도산관리인대리는 그 인감을 등기소에 제출하고 인감에 관한 증명서의 교부를 청구할 수 있다.

② 법 제74조제4항에 의하여 채무자인 법인의 대표자가 관리인으로 간주되는 경우, 그 법인의 대표자는 새로운 인감을 등기소에 제출한 후에 인감에 관한 증명서의 교부를 청구할 수 있다. 이 경우, 인감증명서에 " 채무자 회생 및 파산에 관한 법률 제74조제4항에 의하여 관리인으로 간주"라는 표시를 하여 발급하여야 한다.

③관리인대리, 파산관재인대리 또는 국제도산관리인대리가 제1항의 규정에 의하여 인감신고서 또는 개인(개인)신고서를 제출하는 경우에는, 그 인감이 틀림없음을 보증하는 관리인, 파산관재인 또는 국제도산관리인의 서면을 첨부하여야 하고, 그 서면에는 관리인, 파산관재인 또는 국제도산관리인이 등기소에 제출한 인감을 날인하여야 한다.

④보전관리, 회생절차개시 또는 파산선고의 등기를 한 경우, 제2항의 경우를 제외하고는 법인의 대표자, 지배인, 대리인의 인감증명서는 발급할 수 없다.

제8조 (등록세 및 등기신청수수료)

①법원사무관등이 법 제23조, 법 제25조 제2항, 제3항에 의한 등기 등 회생절차·파산절차·국제도산절차와 관련하여 등기를 촉탁하는 경우 등록세 및 등기신청수수료가 면제된다.

②회생계획의 수행에 따른 법 제266조의 규정에 의한 신주발행, 제268조의 규정에 의한 사채발행, 제269조의 규정에 의한 주식의 포괄적 교환, 제270조의 규정에 의한 주식의 포괄적 이전, 제271조의 규정에 의한 합병, 제272조의 규정에 의한 분할

또는 분할합병이나 제273조 및 제274조의 규정에 의한 신회사의 설립이 있는 경우에, 법원사무관등이 그 등기를 촉탁하는 경우에는 등록세 및 등기신청수수료가 면제된다.

③제1항, 제2항의 규정에 의한 등기 외에 규칙 제9조제1항에 따라 회생계획의 수행이나 법의 규정에 의한 등기를 법원사무관등이 촉탁하는 경우에는 등록세 및 등기신청수수료가 면제된다.

제9조 (보전관리 및 보전관리인선임 등기 등)

① 법 제43조제3항의 규정에 의한 보전관리 및 보전관리인선임 등기, 그 변경의 등기는 법원사무관등의 촉탁으로 하여야 한다.

②제1항의 촉탁서에는 등기의 목적, 등기의 원인 및 그 일자, 그 보전관리명령을 한 법원을 기재하여야 하며, 보전관리인에 관한 등기를 촉탁함에 있어서는 보전관리인의 성명, 주민등록번호, 주소(법인인 경우에는 명칭·상호, 법인등록번호, 본점·주사무소 소재지를 말한다. 이하 같다) 등을 기재하여야 한다.

③제1항의 촉탁서에는 그 결정서의 등본(또는 초본) 및 보전관리인의 성명, 주민등록번호, 주소 등을 증명하는 자료를 첨부하여야 한다.

④보전관리명령취소결정, 회생절차개시신청의 기각결정이 확정된 때에는 법원사무관등의 촉탁에 의하여 보전관리 및 보전관리인선임 등기를 말소한다.

⑤보전관리명령이 있는 경우에는 법원의 허가를 받지 아니하면 보전처분신청 또는 회생절차개시신청을 취하할 수 없으므로(법 제48조제2항), 법원사무관등은 보전처분신청 또는 회생절차개시신청의 취하서 등본 및 이에 대한 법원의 허가결정서 등본을 첨부하여 보전처분신청 또는 회생절차개시신청의 취하에 따른 보전관리 및 보전관리인선임 등기의 말소를 촉탁하여야 한다.

제10조 (회생절차개시 및 관리인선임 등기 등)

①회생절차개시(법 제49조), 관리인의 선임(법 제74조), 관리인 대리의 선임허가(법 제76조), 관리인의 사임 및 해임(법 제83조)에 관한 등기는 법원사무관등의 촉탁으로 하여야 한다. 그 결정이 취소 또는 변경된 때에도 같다.

②법원이 법 제74조 제3항에 의하여 관리인을 선임하지 아니하는 경우에는, 법원사무관등의 촉탁에 의하여 채무자인 법인의 대표자를 관리인으로 본다는 취지의 등기를 하여야 한다. 그 결정이 취소 또는 변경된 때에도 같다.

③제1항 또는 제2항의 촉탁서에는 등기의 목적, 등기의 원인 및 그 일자, 그 결정(허가)를 한 법원을 기재하여야 하며, 관리인, 관리인대리 또는 관리인으로 간주되는 자에 관한 등기를 촉탁함에 있어서는 관리인, 관리인대리 또는 관리인으로 간주되는 자의 성명, 주민등록번호, 주소 등을 기재하여야 한다.

④제1항 또는 제2항의 촉탁서에는 그 결정(허가)서의 등본(또는 초본) 및 관리인 또

는 관리인대리의 성명, 주민등록번호, 주소 등을 증명하는 자료를 첨부하여야 한다.

⑤회생절차개시의 등기를 한 경우, 등기관은 직권으로 보전관리 및 보전관리인에 관한 등기를 말소하여야 한다.

⑥회생절차개시결정 취소결정이 확정된 경우, 법원사무관등의 촉탁에 의하여 회생절차개시의 등기 및 관리인, 관리인대리 또는 법 제74조제4항에 의하여 법인의 대표자를 관리인으로 본다는 취지의 등기를 말소하여야 한다.

⑦제2항에 따른 등기를 한 이후 취임을 원인으로 한 대표자의 변경등기가 있는 경우 등기관은 직권으로 법 제74조제4항에 의한 채무자인 법인의 대표자를 관리인으로 본다는 취지의 등기를 하여야 한다.

제11조 (회생계획의 인가·불인가 및 회생계획인가취소의 등기)

①제10조제1항, 제3항, 제4항의 규정은 회생계획인가결정, 회생계획불인가결정의 확정, 회생계획인가취소결정의 확정에 따른 등기에 준용한다.

②파산선고의 등기 및 파산관재인, 파산관재인대리에 관한 등기가 있는 채무자인 법인에 대하여 회생계획인가의 등기를 한 때에는, 등기관은 직권으로 파산선고, 파산관재인, 파산관재인대리에 관한 등기를 말소하여야 한다.

③법원사무관등의 촉탁에 의하여 회생계획불인가결정에 따른 등기를 하는 경우에는, 등기관은 직권으로 회생절차개시등기 및 관리인, 관리인대리 또는 법 제74조제4항에 의하여 법인의 대표자를 관리인으로 본다는 취지의 등기를 말소하여야 하고, 회생계획인가취소결정에 따른 등기를 하는 경우에는 회생계획인가의 등기만을 말소하여야 한다.

④회생계획인가취소의 등기를 한 때에, 제11조제2항에 의하여 말소된 등기(파산선고의 등기, 파산관재인등기, 파산관재인대리등기 등)가 있는 경우, 등기관은 직권으로 그 등기를 회복하여야 한다.

제12조 (회생계획의 수행에 따른 등기)

① 법 제266의 규정에 의한 신주발행, 제268조의 규정에 의한 사채발행, 제269조의 규정에 의한 주식의 포괄적 교환, 제270조의 규정에 의한 주식의 포괄적 이전, 제271조의 규정에 의한 합병, 제272조의 규정에 의한 분할 또는 분할합병이나, 제273조 및 제274조의 규정에 의한 신회사의 설립이 있는 경우의 등기, 기타 회생계획의 수행이나 법의 규정에 의하여 회생절차의 종료 전에 법인인 채무자나 신회사에 관하여 등기할 사항이 생긴 경우 법원사무관등의 촉탁에 의하여 이를 등기하여야 한다.

②제1항의 규정은 회생계획인가전의 영업양도(법 제62조)에 따른 등기에 준용한다.

제13조 (회생절차폐지 및 회생절차종결 등기)

①제10조제1항, 제3항, 제4항의 규정은 회생절차폐지결정의 확정 또는 회생절차종결에 따른 등기에 준용한다.

②회생절차폐지결정 또는 회생절차종결의 등기를 한 경우, 등기관은 직권으로 회생절차개시등기, 회생계획인가등기 및 관리인, 관리인대리, 또는 법 제74조제4항에 의하여 법인의 대표자를 관리인으로 본다는 취지의 등기를 말소하여야 한다.

③회생계획에 따른 해산등기와 회생절차종결등기를 한 때에, 그 법인에 대하여 청산절차가 필요 없거나 청산절차가 종료되었음이 회생계획인가결정서, 회생절차종결결정서 등에 나타나면, 등기관은 해당 법인의 등기부를 직권으로 폐쇄하여야 한다.

제14조 (회생절차폐지 등에 따른 파산선고의 등기)

법 제6조의 규정에 의한 파산선고의 등기와 회생절차개시신청의 기각결정·회생절차폐지결정·회생계획불인가결정에 따른 법 제23조제1항의 등기는 동시에 촉탁되어야 한다.

제15조 (파산선고 등에 따른 등기의 촉탁)

①파산선고, 파산선고취소결정, 파산폐지, 파산종결의 결정에 따른 등기는 법원사무관등의 촉탁으로 하여야 한다.

②파산관재인의 선임(법 제355조), 파산관재인대리의 선임허가(법 제362조), 파산관재인의 사임 및 해임(법 제363조, 제364조)에 관한 등기는 법원사무관등의 촉탁으로 하여야 한다.

③제1항 또는 제2항의 촉탁서에는 등기의 목적, 등기의 원인 및 그 일자, 그 결정(허가)을 한 법원을 기재하여야 하며, 파산관재인 또는 파산관재인대리에 관한 등기를 촉탁함에 있어서는 파산관재인 또는 파산관재인대리의 성명, 주민등록번호, 주소 등을 기재하여야 한다.

④제1항 또는 제2항의 촉탁서에는 그 결정(허가)서의 등본(또는 초본), 파산관재인 또는 파산관재인대리의 성명, 주민등록번호, 주소 등을 증명할 수 있는 자료를 첨부하여야 한다.

제16조 (파산취소, 파산폐지, 파산종결의 등기)

①등기관은 파산선고 취소의 등기를 한 때에는, 직권으로 파산선고의 등기, 파산관재인에 관한 등기, 파산관재인대리에 관한 등기를 말소하여야 한다.

②등기관은 파산폐지 및 파산종결의 등기를 한 경우에는 당해 등기부를 폐쇄하여야 한다. 다만, 법 제538조의 동의에 의한 파산폐지의 등기를 한 경우에는 등기부를 폐쇄하지 아니하고, 직권으로 파산선고의 등기, 파산관재인, 파산관재인대리에 관한 등기를 말소하여야 한다.

제17조 (국제도산관리인, 국제도산관리인대리의 등기)

국제도산관리인 및 국제도산관리인대리의 등기에 관하여는 관리인, 관리인대리 또는 파산관재인, 파산관재인 대리의 등기에 관한 규정을 준용한다.

제18조 (등기의 기재례)
이 예규에 따른 등기의 기재례는 별지와 같다.

부 칙(2014.04.24 제1518호)
이 예규는 2014년 4월 28일부터 시행한다.

[별지 : 기재례]

1. 회생절차에 관한 등기

가. 보전관리, 보전관리인에 관한 등기

임원에 관한 사항
보전관리인 김갑동 630201-1****** 서울 강남구 OO동 1 OO아파트 101-101 2006년 4월 10일 서울중앙지방법원 2006회합90 선임결정 <div align="right">2006년 4월 14일 등기</div>

기타사항
1. 보전관리 2006년 4월 10일 서울중앙지방법원 2006회합90 보전관리명령 <div align="right">2006년 4월 14일 등기</div>

나. 회생절차개시, 관리인, 관리인대리에 관한 등기

임원에 관한 사항

보전관리인 김갑동 630201-1****** 서울 강남구 OO동 1 OO아파트 101-101

2006년 4월 10일 서울중앙지방법원 2006회합90 선임결정

2006년 4월 14일 등기

2006년 5월 1일 서울중앙지방법원 2006회합90 회생절차개시결정

2006년 5월 4일 등기

관리인 김을동 541211-1****** 서울 관악구 OO동 1

2006년 5월 1일 서울중앙지방법원 2006회합90 선임결정

2006년 5월 4일 등기

관리인대리 김병동 620410-1****** 서울 중구 OO동 1

2006년 5월 1일 서울중앙지방법원 2006회합90 선임허가결정

2006년 5월 4일 등기

기타사항

1. ~~보전관리~~

~~2006년 4월 10일 서울중앙지방법원 2006회합90 보전관리명령~~

2006년 4월 14일 등기

1. 회생절차개시

2006년 5월 1일 서울중앙지방법원 2006회합90 회생절차개시결정

2006년 5월 4일 등기

다. 관리인을 선임하지 아니한 경우

임원에 관한 사항

이사 이사일 630304- 1******

2005년 12월 25일 취임   2005년 12월 28일 등기

대표이사 이사일 630304- 1****** 서울 강남구 OO동 10

2005년 12월 25일 취임   2005년 12월 28일 등기

채무자회생및파산에관한법률 제74조제4항에 의하여 관리인으로 간주

2006년 5월 1일 서울중앙지방법원 2006회합90 회생절차개시결정

2006년 5월 4일 등기

라. 회생절차개시결정 취소에 관한 등기

임원에 관한 사항

이사 이사일 630304- 1******
  2005년 12월 25일 취임   2005년 12월 28일 등기

대표이사 이사일 630304- 1****** 서울 강남구 OO동 10
 2005년 12월 25일 취임   2005년 12월 28일 등기
 ~~채무자회생및파산에관한법률 제74조제4항에 의하여 관리인으로 간주~~
    ~~2006년 5월 1일 서울중앙지방법원 2006회합90 회생절차개시결정~~
                                        ~~2006년 5월 4일 등기~~
   2006년 6월 15일 서울고등법원 2006라200 회생절차개시결정의 취소결정 확정
                                        2006년 6월 20일 등기

임원에 관한 사항

~~관리인 김을동 541211-1****** 서울 관악구 OO동 1~~
 ~~2006년 5월 1일 서울중앙지방법원 2006회합90 선임 결정~~   ~~2006년 5월 4일 등기~~
 2006년 6월 15일 서울고등법원 2006라200 회생절차개시결정의 취소결정 확정
                                        2006년 6월 20일 등기

~~관리인대리 김병동 620410-1****** 서울 중구 OO동 1~~
 ~~2006년 5월 1일 서울중앙지방법원 2006회합90 선임**허가**결정~~   ~~2006년 5월 4일 등기~~
 2006년 6월 15일 서울고등법원 2006라200 회생절차개시결정의 취소결정 확정
                                        2006년 6월 20일 등기

기타사항

1. 보전관리
 ~~2006년 4월 10일 서울중앙지방법원 2006회합90 보전관리명령~~
                                        2006년 4월 14일 등기

1. 회생절차개시
 ~~2006년 5월 1일 서울중앙지방법원 2006회합90 회생절차개시결정~~
                                        2006년 5월 4일 등기
 2006년 6월 15일 서울고등법원 2006라200 회생절차개시결정의 취소결정 확정
                                        2006년 6월 20일 등기

마. 회생계획인가·불인가, 회생계획인가취소에 관한 등기

(1) 회생계획인가

기타사항

1. 회생절차개시

    2006년 5월 1일 서울중앙지방법원 2006회합90 회생절차개시결정

    2006년 5월 4일 등기

1. 회생계획인가

    2006년 11월 20일 서울중앙지방법원 2006회합90 회생계획인가결정

    2006년 11월 26일 등기

---

(2) 회생계획불인가, 파산

임원에 관한 사항

~~관리인   김을동   541211-1******   서울 관악구 OO동 1~~

    2006년 5월 1일 서울중앙지방법원 2006회합90 선임결정   2006년 5월 4일 등기

    2006년 11월 20일 서울중앙지방법원 2006회합90 회생계획불인가결정 확정

    2006년 11월 26일 등기

- - - - - - - - - - - - - - - -

파산관재인 이갑동 530201- 1****** 서울 강남구 OO동 10

    2006년 11월 20일 서울중앙지방법원 2006하합100 선임결정

    2006년 11월 26일 등기

기타사항

~~1. 회생절차개시~~

    ~~2006년 5월 1일 서울중앙지방법원 2006회합90 회생절차개시결정~~

    2006년 5월 4일 등기

1. 회생계획불인가, 파산선고

    2006년 11월 20일 서울중앙지방법원 2006회합90 회생계획불인가결정 확정

    2006년 11월 20일 서울중앙지방법원 2006하합100 파산선고

    2006년 11월 26일 등기

---

(3) 회생계획인가취소

기타사항
1. 회생절차개시 　2006년 5월 1일 서울중앙지방법원 2006회합90 회생절차개시결정 　　　　　　　　　　　　　　　　　　　　　　　　2006년 5월 4일 등기
1. 회생계획인가취소 　2007년 3월 10일 서울고등법원 2006라300 회생계획인가취소결정 확정 　　　　　　　　　　　　　　　　　　　　　　　2007년 3월 14일 등기
1. 회생계획인가 　2006년 11월 20일 서울중앙지방법원 2006회합90 회생계획인가결정 　　　　　　　　　　　　　　　　　　　　　　　2006년 11월 26일 등기
1. 회생계획인가취소 　2007년 3월 10일 서울고등법원 2006라300 회생계획인가취소결정 확정 　　　　　　　　　　　　　　　　　　　　　　　2007년 3월 14일 등기

바. 회생계획수행에 관한 등기

(1) 임원에 관한 등기

임원에 관한 사항
이사 이사일 630304-1****** 　　2005년 12월 25일 취임　　　　　　　　　　2005년 12월 28일 등기 　　2006년 11월 20일 서울중앙지방법원 회생계획 유임결정　2006년 11월 26일 등기
이사 이사이 620215-1****** 　　2005년 12월 25일 취임　　　　　　　　　　2005년 12월 28일 등기 　　2006년 11월 20일 서울중앙지방법원 회생계획 해임결정　2006년 11월 26일 등기
감사 박감독 610512-1****** 　　2005년 12월 25일 취임　　　　　　　　　　2005년 12월 28일 등기 　　2006년 11월 20일 서울중앙지방법원 회생계획 유임결정　2006년 11월 26일 등기
대표이사 이사일 630304-1****** 서울 강남구 OO동 10 　　2005년 12월 25일 취임　　　　　　　　　　2005년 12월 28일 등기 　　2006년 11월 20일 서울중앙지방법원 회생계획 유임결정　2006년 11월 26일 등기
이사 이사삼 651125-2****** 　　2006년 11월 20일 서울중앙지방법원 회생계획 선임결정　2006년 11월 26일 등기

(2) 자본감소에 관한 등기

발행할 주식의 총수 ~~40,000~~ 주	. . 변경
	. . 등기
10,000 주	2006. 11. 20 서울중앙지방 법원 회생계획 자본감소
	2006. 11. 26. 등기

발행주식의 총수와 그 종류 및 각각의 수	자본의 총액	변 경 연 월 일 등 기 연 월 일
발행주식의 총수 ~~20,000~~ 주 보통주식 ~~20,000~~ 주	~~금 100,000,000원~~	. . 변경 . . 등기
발행주식의 총수 5,000 주 보통주식 5,000 주	금 25,000,000원	2006. 11. 20 서울중앙지방 법원 회생계획 자본감소 2006. 11. 26. 등기

(3) 신주발행에 관한 등기

발행할 주식의 총수 ~~20,000~~ 주	. . 변경
	. . 등기
40,000 주	2006. 11. 20 서울중앙지방 법원 회생계획 신주발행
	2006. 11. 26. 등기

발행주식의 총수와 그 종류 및 각각의 수	자본의 총액	변 경 연 월 일 등 기 연 월 일
~~발행주식의 총수 20,000~~ ~~보통주식 20,000 주~~	~~100,000,000 원~~	. . 변경 . . 등기
발행주식의 총수 40,000 주 보통주식 40,000 주	금 200,000,000 원	2006. 11. 20 서울중앙지방 법원 회생계획 신주발행 2006. 11. 26. 등기

(4) 전환사채, 신주인수권부사채에 관한 등기

신 주 인 수 권 부 사 채
 1. 본사채는 신주인수권부사채임.
 2. 주식인수권의 행사로 인하여 발행할 주식의 발행가액 총액 : 금 일억이천만원
 3. 각 신주인수권부사채의 금액 : 금 일백만원
 4. 각 신주인수권부사채의 납입금액 : 전액 납입
 5. 신주인수권부사채의 총액 : 금 이억원
 6. 각 신주인수권부사채에 부여된 신주인수권의 내용
    가. 신주인수권 행사주식수
        신주인수권부사채의 금액 금 일백만원에 대하여 신주120주
    나. 신주인수권의 행사로 인하여 발행할 주식 : 1주의 금액 금 오천원의 보통주식
    다. 신주인수권의 행사로 인하여 발행할 주식의 발행가액 : 금 오천원
 7. 신주인수권을 행사할 수 있는 기간 : 2006년 12월 1일부터 2007년 6월 31일까지
                                    2007년 2월 26일 등기

(5) 합병에 관한 등기

존속회사의 등기부

기타사항
1. 흡수합병 2007년 1월 25일 서울 중구 명동 1가 2 서울 주식회사를 서울중앙지방법원 회생계획에 의하여 합병 　　　　　　　　　　　　　　　2007년 1월 25일 등기

소멸회사의 등기부

기타사항
1. 합병 해산 2007년 1월 25일 서울중앙지방법원 회생계획에 의하여 서울 중구 명동 10 옥태 주식회사와 합병하고 해산 　　　　　　　　　　　　　2007년 1월 30일 등기 동일폐쇄

(6) 분할에 관한 등기

피분할회사에 관한 해산등기

기타사항
1. 회사분할 해산 　2007년 1월 25일 서울중앙지방법원 회생계획에 의한 분할에 의하여 서울 중구 명동 10 을 주식회사와 인천광역시 중구 중앙동 1가 345 병 주식회사를 각 설립하고 해산 　　　　　　　　　　　　　　　2007년 1월 30일 등기 동일폐쇄

분할에 의하여 설립되는 회사에 관한 설립등기

회사성립연월일	2007년 1월 25일

등기용지의 개설 사유 및 연월일
서울중앙지방법원 회생계획에 의하여 서울 강남구 압구정동 100 갑 주식회사를 분할하여 설립 　　　　　　　　　　　　　　　　2007년 1월 25일 등기

(7) 해산

기타사항
1. 해산 　　2007년　2월　20일　서울중앙지방법원　2006회합90　회생계획 해산 　　　　　　　　　　　　　　　　　　　　　　　2007년　2월　25일　등기 1. 회생절차종결 　　2007년　2월　20일　서울중앙지방법원 2006회합90 회생절차종결 　　　　　　　　　　　　　　　　　　　　　2007년　2월　25일 등기　동일폐쇄

사. 회생절차종결에 관한 등기

기타사항
~~1. 회생절차개시~~ 　~~2006년 5월 1일 서울중앙지방법원 2006회합90　회생절차개시결정~~ 　　　　　　　　　　　　　　　　　　　　　2006년 5월　4일 등기 1. 회생절차종결 　　2007년　2월　20일　서울중앙지방법원 2006회합90 회생절차종결 　　　　　　　　　　　　　　　　　　　　　2007년 2월 25일 등기 ~~1. 회생계획인가~~ 　~~2006년 11월 20일　서울중앙지방법원 2006회합90 회생계획인가결정~~ 　　　　　　　　　　　　　　　　　　　　2006년 11월 26일 등기 1. 회생절차종결 　　2007년　2월　20일　서울중앙지방법원 2006회합90 회생절차종결 　　　　　　　　　　　　　　　　　　　　2007년 2월 25일 등기

아. 회생절차폐지에 관한 등기

기타사항
~~1. 회생절차개시~~ 　~~2006년 5월 1일 서울중앙지방법원 2006회합90　회생절차개시결정~~ 　　　　　　　　　　　　　　　　　　　　　2006년 5월　4일 등기 1. 회생절차폐지, 파산선고 　　2006년　7월 20일 서울중앙지방법원 2006회합90 회생절차폐지결정 확정 　　2006년　7월 20일 서울중앙지방법원　2006하합200　파산선고 　　　　　　　　　　　　　　　　　　　　2006년　7월　25일　등기

2. 파산에 관한 등기

가. 파산선고, 파산관재인, 파산관재인대리에 관한 등기

임원에 관한 사항
파산관재인 이갑동 530201-1****** 서울 강남구 ○○동 10 　　2006년　　　4월　　　20일　서울중앙지방법원　2006하합　100　선임결정 　　　　　　　　　　　　　　　　　　　　　　　　　2006년　4월　25일　등기
파산관재인대리 이을동 650923-1****** 서울 중구 ○○동 1 　　2006년　　　4월　　　20일　서울중앙지방법원　2006하합　100　선임**허가**결정 　　　　　　　　　　　　　　　　　　　　　　　　　2006년　4월　25일　등기

기타사항
1. 파산선고 　　2006년　4월　20일　서울중앙지방법원 2006하합100 파산선고 　　　　　　　　　　　　　　　　　　　　　2006년　4월　25일　등기

나. 파산취소에 관한 등기

임원에 관한 사항
~~파산관재인　이갑동　530201-1******　서울 강남구 ○○동 10~~ 　　2006년　　　4월　　　20일　서울중앙지방법원　2006하합　100　선임결정 　　　　　　　　　　　　　　　　　　　　　2006년　4월　25일　등기 　　2006년　8월　25일　서울고등법원　2006라123　파산취소결정 확정 　　　　　　　　　　　　　　　　　　　　2006년 8월 30일　등기
~~파산관재인대리　이을동　650923-1******　서울 중구 ○○동 1~~ 　　2006년　　　4월　　　20일　서울중앙지방법원　2006하합　100　선임**허가**결정 　　　　　　　　　　　　　　　　　　　　　2006년　4월　25일　등기 　　2006년　8월　25일　서울고등법원　2006라123　파산취소결정 확정 　　　　　　　　　　　　　　　　　　　　2006년 8월 30일　등기

기타사항
~~1. 파산선고~~ 　　~~2006년　4월　20일　서울중앙지방법원 2006하합100 파산선고~~ 　　　　　　　　　　　　　　　　　　　　　2006년　4월　25일　등기 1. 파산취소 　　2006년　8월　25일　서울고등법원 2006라123 파산취소결정 확정 　　　　　　　　　　　　　　　　　　　　2006년 8월 30일　등기

다. 파산종결에 관한 등기

기타사항
1. 파산선고 　　2006년　4월　20일　서울중앙지방법원 2006하합100 파산선고 　　　　　　　　　　　　　　　　　　　　　　　2006년　4월　25일　등기 1. 파산종결 　　2006년　9월 18일　서울중앙지방법원 2006하합100 파산종결 　　　　　　　　　　　　　　　　　　　2006년　9월　22　등기　동일폐쇄

라. 파산폐지에 관한 등기

(1) 동시파산폐지

기타사항
1. 동시파산폐지 　2006년 4월 20일 서울중앙지방법원 2006하합100 파산선고와 동시에 파산폐지 　결정확정　　　　　　　　　　　　　　2006년　4월　25일　등기　동일폐쇄

(2) 이시파산폐지

기타사항
1. 파산선고 　　2006년　4월　20일　서울중앙지방법원 2006하합100 파산선고 　　　　　　　　　　　　　　　　　　　　　　　2006년　4월　25일　등기 1. 이시파산폐지 　　2006년 6월 12일 서울중앙지방법원 2006하합100 비용부족으로 인한 파산폐지 　　결정 확정　　　　　　　　　　　　　2006년 6월　16일　등기 동일폐쇄

(3) 동의파산폐지

<table>
<tr><td colspan="3" align="center">임원에 관한 사항</td></tr>
<tr><td colspan="3"><s>파산관재인　이갑동　530201-1******　서울 강남구 ○○동 10</s></td></tr>
<tr><td>2006년　4월　20일　서울중앙지방법원　2006하합100　선임결정</td></tr>
<tr><td align="right">2006년 4월 25일 등기</td></tr>
<tr><td>2006년 8월 14일 서울중앙지방법원 2006하합100 동의에 의한 파산폐지결정
확정　　　　　　　　　　　　2006년 8월 18일 등기</td></tr>
<tr><td colspan="3"><s>파산관재인대리　이을동　650923-1******　서울 중구 ○○동 1</s></td></tr>
<tr><td>2006년　4월　20일　서울중앙지방법원　2006하합100　선임**허가**결정</td></tr>
<tr><td align="right">2006년 4월 25일 등기</td></tr>
<tr><td>2006년 8월 14일 서울중앙지방법원 2006하합100 동의에 의한 파산폐지결정
확정</td></tr>
<tr><td align="right">2006년 8월 18일 등기</td></tr>
</table>

<table>
<tr><td colspan="2" align="center">기타사항</td></tr>
<tr><td colspan="2"><s>1. 파산선고</s></td></tr>
<tr><td colspan="2"><s>　2006년　4월　20일　서울중앙지방법원 2006하합100 파산선고</s></td></tr>
<tr><td align="right">2006년 4월 25일 등기</td></tr>
<tr><td>1. 동의파산폐지</td></tr>
<tr><td>　2006년 8월 14일 서울중앙지방법원 2006하합100 동의에 의한 파산폐지결정 확정</td></tr>
<tr><td align="right">2006년 8월 18일 등기</td></tr>
</table>

「채무자 회생 및 파산에 관한 법률」에 따른 부동산 등의 등기 사무처리지침

개정 2014. 4. 24. [등기예규 제1516호, 시행 2014. 4. 28.]

제1편 총 칙
제1장 통 칙

제1조 (목적) 이 예규는 「채무자 회생 및 파산에 관한 법률」(이하 "법"이라 한다) 및 「채무자 회생 및 파산에 관한 규칙」(이하 "규칙"이라 한다)에 따른 부동산 등의 등기절차를 규정함을 목적으로 한다.

제2조 (촉탁에 의한 등기 및 그 방법) ① 회생절차, 파산절차, 개인회생절차, 국제도산절차와 관련하여, 법 제24조 및 규칙 제10조의 규정에 의한 법원 또는 법원사무관 등의 촉탁이 있는 때에는 관할등기소의 등기관은 이를 수리하여 그에 따른 등기를 하여야 하고, 당사자가 이러한 등기를 신청한 경우 이를 수리하여서는 아니 된다.

② 제1항에 따른 등기촉탁의 절차 및 방법에 대하여는 「집행법원의 등기촉탁에 관한 업무처리지침」을 준용하고, 전자촉탁의 대상과 전자촉탁서 양식은 [별표 1]과 같이 한다.

제3조 (촉탁등기사항 이외의 등기사항에 대한 등기신청권자)

① 법 제43조제3항의 규정에 의한 보전관리명령이 있는 때에는 회생절차개시 전까지 채무자의 업무수행, 재산의 관리 및 처분을 하는 권한은 보전관리인에게 전속하므로(법 제85조), 법원사무관 등이 촉탁하여야 할 등기사항 이외의 등기사항에 관하여는 보전관리인의 신청에 의하여 등기하여야 한다.

② 회생절차개시결정이 있는 때에는 채무자의 업무의 수행과 재산의 관리 및 처분을 하는 권한은 관리인에게 전속하고(법 제56조제1항), 관리인이 선임되지 아니한 경우에는 채무자의 대표자가 관리인으로 간주되므로(법 제74조제4항), 법원사무관 등이 촉탁하여야 할 등기사항 이외의 등기사항에 관하여는 관리인 또는 법 제74조제4항에 의하여 관리인으로 간주되는 자의 신청에 의하여 등기하여야 한다.

③ 파산재단을 관리 및 처분하는 권한은 파산관재인에게 속하므로(법 제384조), 법원사무관 등이 촉탁하여야 할 등기사항 이외의 등기사항에 관하여는 파산관재인의 신청에 의하여 등기하여야 한다.

④ 개인회생재단을 관리하고 처분할 권한은 인가된 변제계획에서 다르게 정한 경우를 제외하고는 개인회생채무자에 속하므로(법 제580조), 법원사무관 등이 촉탁하여야

할 등기사항 이외의 등기사항에 관하여는 채무자의 신청에 의하여 등기하여야 한다.

⑤ 국제도산절차에서 국제도산관리인이 선임된 경우, 채무자의 업무의 수행 및 재산에 대한 관리 및 처분을 하는 권한은 국제도산관리인에게 전속하므로(법 제637조), 법원사무관 등이 촉탁하여야 할 등기사항 이외의 등기사항에 관하여는 국제도산관리인의 신청에 의하여 등기하여야 한다.

제4조 (등록면허세 등)

① 법원사무관 등이 회생절차, 파산절차, 개인회생절차, 국제도산절차와 관련하여 법제24조, 제25조제2항, 제3항 및 규칙 제10조제1항에 의한 등기를 촉탁하는 경우 등록면허세 및 등기신청수수료가 면제된다.

② 법 제26조의 규정에 의한 부인의 등기는 당사자의 신청에 의한 것이라도 등록면허세가 면제된다.

③ 제1항, 제2항의 규정에 의한 등기를 제외하고는 촉탁에 의한 등기라고 하더라도 다른 법령에 특별한 규정이 없으면 등록면허세는 면제되지 아니한다.

제5조 (미등기부동산에 대한 보존등기 등) 법원사무관 등이 회생절차, 파산절차, 개인회생절차, 국제도산절차와 관련하여 미등기부동산에 대하여 법 제24조의 등기를 촉탁하는 경우 등기관은 이를 수리하여 직권으로 소유권보존등기를 한 다음 촉탁에 따른 등기를 하여야 한다(「부동산등기법」 제66조 참조).

제6조 (회생법원의 중지명령 등에 따른 처분제한등기 등의 말소)

① 회생법원이 법 제44조제4항, 제45조제5항의 규정에 의하여 회생채권 또는 회생담보권에 기한 강제집행, 가압류, 가처분 또는 담보권실행을 위한 경매절차(이하 "회생채권 또는 회생담보권에 기한 강제집행 등"이라 한다)의 취소를 명하고, 그에 기한 말소등기를 촉탁한 경우에는 등기관은 이를 수리하여 그 등기를 말소하여야 한다.

② 회생법원이 법 제58조제5항의 규정에 의하여 회생채권 또는 회생담보권에 기한 강제집행 등의 취소 또는 체납처분의 취소를 명하고, 그에 기한 말소등기를 촉탁한 경우에는 등기관은 이를 수리하여 그 등기를 말소하여야 한다.

③ 개인회생법원이 법 제593조제5항의 규정에 의하여 개인회생채권에 기한 강제집행, 가압류, 가처분 또는 담보권실행을 위한 경매절차의 취소를 명하고, 그에 기한 말소등기를 촉탁한 경우에는 등기관은 이를 수리하여 그 등기를 말소하여야 한다.

④ 제1항 내지 제3항의 규정에도 불구하고 집행법원이 제1항 내지 제3항의 등기를 말소촉탁한 경우에 등기관은 이를 수리하여 그 등기를 말소하여야 한다.

제7조 (등기의 기록례 등)

① 이 예규에 따른 등기의 기록례는 별지1.과 같다.

② 이 예규에 따른 등기촉탁서의 양식은 별지2.와 같다.

제2장 보전처분

제8조 (보전처분 등의 등기촉탁)

① 법 제43조제1항, 제114조제1항, 제323조, 제351조에 의하여 채무자 또는 채무자의 발기인·이사(상법 제401조의2제1항의 규정에 의하여 이사로 보는 자를 포함한다)·감사·검사인 또는 청산인(이하 "이사 등"이라 한다)의 부동산 등의 권리(부동산, 선박, 입목, 공장재단, 광업재단 등에 대한 소유권과 담보물권, 용익물권, 임차권 등 소유권 이외의 권리 및 가등기상의 권리와 환매권을 포함한다. 이하 같다)에 관한 보전처분의 등기는 법원사무관 등의 촉탁으로 한다.

② 보전처분의 등기 등의 촉탁서에는 등기의 목적을 "보전처분"으로, 등기의 원인을 "○○지방법원의 재산보전처분" 또는 "○○지방법원의 임원재산보전처분"으로, 그 일자는 "보전처분 등의 결정을 한 연월일"로, 보전처분 등의 결정을 한 법원을 각 기재하고, 결정서의 등본 또는 초본을 첨부하여야 한다.

③ 보전처분에 따른 금지사항이 지정되어 촉탁된 경우에는 등기관은 해당 금지사항(예를 들어, 양도, 저당권 또는 임차권의 설정 기타 일체의 처분행위의 금지)을 기록하여야 한다.

제9조 (다른 등기와의 관계)

① 보전처분의 등기는 그 등기 이전에 가압류, 가처분, 강제집행 또는 담보권실행을 위한 경매, 체납처분에 의한 압류등기 등 처분제한 등기 및 가등기(이하 "가압류 등"이라 한다)가 되어 있는 경우에도 할 수 있다.

② 보전처분은 채무자 등에 대하여 일정한 행위의 제한을 가하는 것이고 제3자의 권리행사를 금지하는 것은 아니므로, 보전처분등기가 경료된 채무자의 부동산 등에 대하여 가압류, 가처분 등 보전처분, 강제집행 또는 담보권실행을 위한 경매, 체납처분에 의한 압류 등의 등기촉탁이 있는 경우에도 이를 수리하여야 한다.

제10조 (보전처분 등의 등기의 말소)

① 보전처분이 변경 또는 취소되거나, 보전처분 이후 회생절차개시신청, 파산신청 또는 개인회생절차개시신청의 기각결정, 취하 또는 취하허가 기타 사유로 보전처분이 그 효력을 상실한 경우, 법원사무관 등의 촉탁으로 보전처분 등기 등을 변경 또는 말소한다.

② 보전처분 변경이나 말소등기의 촉탁서에는 결정문의 등본(또는 초본)이나 취하서 등의 소명자료를 첨부하여야 한다.

③ 법원사무관 등이 회생절차개시취소, 회생계획불인가, 회생절차폐지, 회생절차종결, 파산취소, 파산폐지 및 파산종결의 등기를 촉탁하거나 파산관재인의 권리포기에 따른 파산등기의 말소등기를 촉탁하면서 동시에 당해 사건의 보전처분등기의 말소등

기를 촉탁하면 등기관은 이를 수리하여야 한다.

④ 제3항의 경우 법원사무관 등이 당해 사건의 보전처분등기의 말소등기에 대한 촉탁을 동시에 하지 아니하고 그 이후에 한 경우라도 등기관은 이를 수리하여야 한다.

제11조 (부인의 등기신청)

① 등기의 원인인 행위가 부인되거나 등기가 부인된 때에는 관리인, 파산관재인 또는 개인회생절차에서의 부인권자(법 제584조)는 단독으로 부인의 등기를 신청하여야 한다.

② 부인의 등기의 신청서에는 등기원인을 증명하는 서면으로 부인소송과 관련된 청구를 인용하는 판결 또는 부인의 청구를 인용하는 결정을 인가하는 판결의 판결서 등본 및 그 확정증명서 또는 부인의 청구를 인용하는 결정서 등본 및 그 확정증명서를 첨부하여야 한다.

③ 부인의 등기의 신청은 부인권자가 단독으로 행하는 것이므로, 신청인이 관리인, 파산관재인, 개인회생절차에서의 부인권자라는 사실을 소명하는 자료를 함께 제출하여야 한다.

④ 등기원인 행위의 부인등기는, 등기목적을 "○번 등기원인의 채무자 회생 및 파산에 관한 법률에 의한 부인"으로, 등기원인을 "○년 ○월 ○일 판결 (또는 결정)"으로 각 기록하되, 그 일자는 판결 또는 결정의 확정일로 한다.

⑤ 등기의 부인등기는, 등기목적을 "○번 등기의 채무자 회생 및 파산에 관한 법률에 의한 부인"으로, 등기원인을 " ○년 ○월 ○일 판결 (또는 결정)"으로 각 기록하되, 그 일자는 판결 또는 결정의 확정일로 한다.

제12조 (다른 등기와의 관계)

① 삭 제(2011. 10. 11. 제1386호)

② 부인등기가 마쳐진 이후에는 당해 부동산 또는 당해 부동산 위의 권리는 채무자의 재산, 개인회생재단 또는 파산재단에 속하고, 등기부상 명의인이 그 부동산 또는 그 부동산 위의 권리를 관리, 처분할 수 있는 권리를 상실하였다는 사실이 공시되었으므로, 부인된 등기의 명의인을 등기의무자로 하는 등기신청이 있는 경우, 등기관은 이를 각하하여야 한다.

③ 부인등기가 마쳐진 이후에는 당해 부동산 또는 당해 부동산 위의 권리는 채무자의 재산, 개인회생재단 또는 파산재단에 속한다는 사실이 공시되었으므로, 법원사무관 등은 법 제26조제3항, 제23조제1항제1호 내지 제3호, 제5호의 규정에 의하여 회생절차개시, 회생절차개시결정 취소, 회생절차폐지, 또는 회생계획불인가, 회생계획의 인가, 회생절차의 종결결정, 파산선고, 파산취소, 파산폐지, 파산종결의 등기를 촉탁하여야 하고, 등기관은 이를 수리하여야 한다.

제13조 (부인등기 등의 말소) 부인등기가 마쳐진 이후에는 당해 부동산 또는 당해 부동산 위의 권리는 채무자의 재산 또는 파산재단에 속한다는 사실이 공시되었으므로, 관리인 또는 파산관재인이 부인의 등기가 된 재산을 임의매각하거나 민사집행법에 의하여 매각하고 제3자에게 이전등기를 한 때에는, 법원은 법 제26조제4항에 의하여 부인의 등기, 부인된 행위를 원인으로 하는 등기, 부인된 등기 및 위 각 등기의 뒤에 되어 있는 등기로서 회생채권자 또는 파산채권자에게 대항할 수 없는 것의 말소를 촉탁하여야 하고, 등기관은 이를 수리하여야 한다.

제2편 회생절차

제14조 (회생절차개시결정 등의 등기)

① 회생절차개시결정의 등기는 법원사무관 등이 촉탁서에 등기의 목적, 등기의 원인 및 그 일자, 결정을 한 법원을 기재하고, 결정서의 등본 또는 초본을 첨부하여 촉탁하여야 한다.

② 회생절차개시결정의 등기는 그 등기 이전에 가압류, 가처분, 강제집행 또는 담보권 실행을 위한 경매, 체납처분에 의한 압류등기, 가등기, 파산선고의 등기 등이 되어 있는 경우에도 할 수 있다.

③ 회생절차개시결정의 등기가 된 채무자의 부동산 등의 권리에 관하여 파산선고의 등기, 회생절차개시의 등기의 촉탁이 있는 경우 등기관은 이를 각하하여야 한다.

④ 회생절차개시결정의 등기가 된 채무자의 부동산 등의 권리에 관하여 강제집행, 가압류, 가처분 또는 담보권실행을 위한 경매에 관한 등기촉탁이 있는 경우에 등기관은 이를 수리하여야 한다.

⑤ 회생절차개시결정이 있는 때에는 채무자의 업무의 수행과 재산의 관리 및 처분을 하는 권한은 관리인에게 전속하고(법 제56조제1항), 관리인이 선임되지 아니한 경우에는 채무자의 대표자가 관리인으로 간주되므로(법 제74조제4항), 등기신청권자는 관리인 또는 법 제74조제4항에 의하여 관리인으로 간주되는 자이지만(표시방법 :○○○ 관리인○○○), 권리의무의 귀속주체는 채무자 본인이다.

⑥ 관리인이 회생계획에 따라 채무자 명의의 부동산 등을 처분하고 그에 따른 등기를 신청하는 경우에는 회생계획인가결정의 등본 또는 초본을, 회생계획에 의하지 아니하고 처분한 경우에는 법원의 허가서 또는 법원의 허가를 요하지 아니한다는 뜻의 증명서를 그 신청서에 첨부하여야 한다. 이 경우 관리인은 당해 부동산 등의 권리에 관한 보전처분의 등기 이후에 그 보전처분에 저촉되는 등기가 경료된 경우에는 그 등기의 말소등기도 동시에 신청하여야 한다.

⑦ 채무자 명의의 부동산 등을 처분하고 제3자 명의의 소유권이전등기를 경료한 경우

에는, 법원사무관 등은 직권으로 관할등기소 등기관에게 "매각"을 원인으로 하여 보전처분등기, 회생절차개시등기, 회생계획인가의 등기의 각 말소를 촉탁하여야 하고, 등기관은 이를 수리하여야 한다.

⑧ 회생계획의 수행이나 법의 규정에 의하여 회생절차가 종료되기 전에 등기된 부동산 등에 대한 권리의 득실이나 변경이 생겨 채무자·채권자·담보권자·주주·지분권자와 신회사를 권리자로 하는 법원의 등기촉탁이 있는 경우, 등기관은 이를 수리하여야 한다.

⑨ 회생절차개시취소의 등기는 법원사무관 등이 결정서의 등본 또는 초본을 첨부하여 촉탁하여야 한다.

⑩ 제9항의 촉탁과 동시에 회생절차개시등기의 말소등기의 촉탁이 있는 경우 등기관은 회생절차개시취소의 등기를 실행하면서 회생절차개시등기를 말소하여야 한다.

제15조 (회생계획인가의 등기)

① 회생계획인가의 등기는 법원사무관 등이 촉탁서에 등기의 목적, 등기의 원인 및 그 일자, 결정을 한 법원을 기재하고, 결정서의 등본 또는 초본을 첨부하여 촉탁하여야 한다.

② 회생절차개시결정의 등기가 되어 있지 아니한 부동산에 관하여 회생계획인가의 등기 촉탁이 있는 경우, 부인의 등기가 된 경우를 제외하고는 등기관은 이를 각하하여야 한다.

③ 회생계획인가의 등기 전에 같은 부동산에 파산등기가 되어 있는 경우 등기관은 회생계획인가등기를 한 후 파산등기를 직권으로 말소하여야 하고, 그 인가취소의 등기를 하는 경우 직권으로 말소한 파산등기를 회복하여야 한다.

④ 회생계획인가의 결정이 있은 때에는 법 제58조제2항의 규정에 의하여 중지한 파산절차, 강제집행, 가압류, 가처분, 담보권실행 등을 위한 경매절차는 그 효력을 잃게 되므로(법 제256조), 회생계획인가의 결정을 한 법원은 그 등기와 함께 위 각 절차에 따른 등기의 말소를 함께 촉탁할 수 있으며, 가압류 등을 한 집행법원의 말소촉탁에 의하여 말소할 수도 있다. 등기관은 당해 부동산에 회생계획인가의 등기가 되어 있는지 여부와 관계없이 그 촉탁을 수리하여야 한다. 다만, 회생계획이 인가된 경우에도 회생절차개시결정의 등기 이전에 등기된 가등기(담보가등기 제외) 및 용익물권에 관한 등기, 국세징수법 또는 그 예에 의한 체납처분 및 조세채무담보를 위하여 제공된 부동산 등의 처분에 따른 등기는 말소의 대상이 되지 않는다.

⑤ 회생계획인가의 등기가 된 후, 동 계획의 변경인가에 따른 등기의 촉탁은 이를 수리하여서는 안되며, 「부동산등기법」 제29조제2호에 의하여 각하하여야 한다.

제16조 (회생절차에 있어서 부인등기 등의 말소)

① 부인등기가 마쳐진 후 회생계획 인가결정 전에 다음 각 호의 사유로 회생절차가

종료된 경우에는 부인의 효과는 상실되므로, 등기상 이해관계 있는 제3자가 있는 경우를 제외하고는, 부인의 등기는 법원의 촉탁에 의하여 이를 말소할 수 있다.

1. 회생절차개시결정을 취소하는 결정이 확정된 때
2. 회생계획불인가결정이 확정된 때
3. 회생계획인가결정 전에 회생절차폐지결정이 확정된 때

② 부인등기가 마쳐지고 회생계획인가 결정 이후에 회생절차가 종결되거나 회생절차 폐지결정이 확정된 경우에는 부인의 효과는 확정되므로, 법원사무관 등은 회생절차 종결 또는 회생절차폐지의 등기를 촉탁하여야 하고(법 제26조제3항, 제1항, 제23 조제1항제2호, 제3호), 등기관은 이를 수리하여야 한다.

제17조 (회생계획불인가, 회생절차폐지의 등기)

① 법원사무관 등이 회생계획불인가나 회생절차폐지의 등기(이하 "회생계획불인가의 등 기 등"이라 한다)를 촉탁하는 경우 촉탁서에 등기의 목적, 등기의 원인 및 그 일자, 결정을 한 법원을 기재하고, 결정서의 등본 또는 초본을 첨부하여 촉탁하여야 한다.

② 회생계획불인가 또는 회생절차폐지의 결정이 확정된 때, 법원이 직권으로 파산선 고를 하고 회생계획불인가 등의 등기와 파산등기를 동일한 촉탁서에 의하여 촉탁한 경우, 등기관은 동일한 순위번호로 등기를 하되, 회생계획불인가 등의 등기를 한 후 파산등기를 하여야 한다.

③ 제1항의 촉탁과 동시에 회생절차개시등기의 말소등기의 촉탁이 있는 경우 등기관 은 회생계획불인가 등의 등기를 실행하면서 회생절차개시등기를 말소하여야 한다.

제18조 (회생절차종결의 등기)

① 회생법원의 법원사무관 등은 회생절차종결결정 즉시 직권으로 관할등기소 등기관 에게 회생절차종결결정을 원인으로 하여 보전처분등기, 회생절차개시등기, 회생계획 인가등기의 말소 및 회생절차종결등기를 촉탁하여야 하고, 촉탁서에는 등기의 목적, 등기의 원인 및 그 일자, 결정을 한 법원을 기재하고, 결정서의 등본 또는 초본을 첨부하여야 한다. 이 경우 회생절차종결결정시 보전처분등기 후 등기된 권리로 회 생계획인가로 소멸된 등기가 남아 있는 경우 회생법원은 그 등기의 말소를 촉탁하 여야 한다.

② 회생절차개시 및 회생계획인가의 각 등기가 되어 있지 아니한 부동산 등의 권리에 대한 회생절차종결등기의 촉탁은, 부인의 등기가 된 경우를 제외하고는 등기관은 이를 각하하여야 한다.

③ 회생절차종결의 등기와 동시에 회생절차와 관련된 등기에 대한 말소를 촉탁하는 경우에 등기관은 이를 수리하여야 한다. 이 경우 등기의 목적은 "○번 ○○등기말 소"이고, 등기의 원인은 "회생절차종결"이며, 그 원인일자는 "회생절차종결의 결정 이 있는 날"이다.

④ 회생법원의 법원사무관 등은 회생절차종결등기가 경료된 후 채무자 또는 이해관계인(부동산의 신소유자, 용익물권자, 담보물권자 등)의 신청이 있으면 관할등기소 등 기관에게 지체없이 회생절차종결등기의 말소를 촉탁하여야 한다.

⑤ 회생법원의 법원사무관 등은 회생절차종결등기가 마쳐진 날로부터 3월이 경과한 이후에는 채무자 또는 이해관계인의 신청이 없는 경우에도 직권으로 관할등기소 등 기관에게 회생절차종결등기의 말소를 촉탁할 수 있다.

⑥ 회생절차종결의 등기가 된 이후에 회생절차와 관련된 등기, 회생절차종결의 등기에 대한 말소촉탁이 있는 경우 등기관은 이를 수리하여야 한다. 이 경우 등기의 목적은 "○번 ○○등기말소"이고, 등기원인 및 그 원인일자는 기록하지 않는다. 위 촉탁서에는 결정서의 등본은 첨부할 필요가 없다.

⑦ 회생절차종결의 등기가 되고 다른 등기가 모두 말소된 이후에 회생절차종결 등기의 말소촉탁이 있는 경우 등기관은 이를 수리하여야 한다. 이 경우 등기의 목적은 "○번 회생절차종결등기말소"이고, 등기원인 및 그 원인일자는 기록하지 않는다. 위 촉탁서에는 결정서의 등본은 첨부할 필요가 없다.

제18조의2 (회생계획불인가등기 등의 말소)

제18조제4항 내지 제7항의 규정은 회생계획불인가등기 및 회생절차폐지등기에 대하여 준용한다.

제19조 (채무자가 법인인 경우의 특례) 법인인 채무자 명의의 부동산 등의 권리에 대해서 회생절차개시결정, 회생계획인가, 회생절차종결의 등기촉탁이 있는 경우, 등기관은 「부동산등기법」 제29조제2호를 의하여 이를 각하하여야 한다(법 제24조제1항제1호).

제3편 파산절차

제20조 (파산의 등기)

① 파산선고의 등기는 법원사무관 등이 촉탁서에 등기의 목적, 등기의 원인 및 그 일자, 결정을 한 법원을 기재하고, 결정서의 등본 또는 초본을 첨부하여 촉탁하여야 한다.

② 제1항의 경우 등기의 목적은 "파산선고"이고, 등기원인은 "○○지방법원의 파산선고결정"이며, 그 원인일자는 "파산선고의 연월일"이다.

③ 파산선고의 등기는 그 등기 이전에 가압류, 가처분, 강제집행 또는 담보권실행을 위한 경매, 체납처분에 의한 압류등기, 가등기가 되어 있는 경우에도 할 수 있다.

④ 파산선고의 등기는 다른 법령 또는 이 예규에 따라 직권으로 등기관이 말소할 수 있는 경우를 제외하고 법원사무관 등의 촉탁에 의해 말소하여야 한다.

제21조 (파산등기 이후의 등기신청)

① 파산재단을 관리 및 처분하는 권한은 파산관재인에게 속하므로 (법 제384조), 파산선고 이후 파산재단과 관련된 등기사항은 파산관재인의 신청에 의하여 등기하여야 한다(표시방법 : ○○○ 파산관재인 ○○○).

② 파산선고의 등기 후에는 파산재단에 속하는 재산에 대하여 「국세징수법」 또는 「지방세기본법」에 의하여 징수할 수 있는 청구권(국세징수의 예에 의하여 징수할 수 있는 청구권을 포함한다)에 기한 체납처분을 할 수 없으므로(법 제349조제2항), 파산등기 후에 국세징수법 또는 지방세법에 의하여 징수할 수 있는 청구권에 기한 체납처분의 등기촉탁이 있으면 등기관은 이를 각하하여야 한다.

③ 파산선고의 등기가 된 채무자의 부동산 등의 권리에 관하여 강제집행, 가압류, 가처분, 또는 담보권실행을 위한 경매에 관한 등기촉탁이 있는 경우에 등기관은 이를 수리하여야 한다.

제22조 (임의매각에 따른 등기신청)

① 파산관재인이 법 제492조에 따라 부동산에 관한 물권이나 등기하여야 하는 국내선박 및 외국선박을 매각하고, 이에 대한 등기를 신청하기 위하여는 법원의 허가서 등본 또는 감사위원의 동의서 등본을 첨부하여야 한다. 이 경우 당해 부동산 등의 권리에 관한 보전처분의 등기 이후에 그 보전처분에 저촉되는 등기가 경료된 경우에는 그 등기의 말소등기도 동시에 신청하여야 한다.

② 파산선고의 등기가 되어 있는 부동산 등의 권리의 일부지분이 임의매각된 경우에 등기관은 보전처분등기 및 파산선고등기가 나머지 지분에 관하여 존속하는 것으로 직권으로 변경하여야 한다(등기목적 : "○번 보전처분" 또는 "○번 파산선고"를 "○번 ○○○지분 보전처분" 또는 "○번 ○○○지분 파산선고"로 하는 변경).

③ 파산관재인이 제1항의 규정에 의하여 파산선고를 받은 채무자명의의 부동산 등을 처분하고 제3자 명의의 소유권이전등기를 경료한 경우에는, 법원사무관 등은 파산관재인의 신청에 의하여 관할등기소 등기관에게 "매각"을 원인으로 하여 보전처분등기 및 파산선고등기의 각 말소를 촉탁하여야 하고, 등기관은 이를 수리하여야 한다.

④ 파산관재인이 제1항 내지 제3항에 의해 소유권이전등기를 신청하는 경우에는 등기필정보는 제공할 필요가 없다.

제23조 (권리포기에 따른 등기신청) 법원사무관 등은 파산관재인이 파산등기가 되어 있는 부동산 등에 대한 권리를 파산재단으로부터 포기하고 파산등기의 말소를 촉탁하는 경우 권리포기허가서의 등본을 첨부하여야 한다.

제24조 (파산절차에 있어서 부인등기 등의 말소) 부인등기가 마쳐진 이후 파산선고 취소결정이 확정되거나, 법 제26조제4항에 의한 임의매각 등에 의하여 제3자에게

이전등기를 하지 아니한 채 파산폐지결정이 확정된 때 또는 파산종결결정이 있는 때에는 부인의 효과는 상실되므로, 등기상 이해관계 있는 제3자가 있는 경우를 제외하고는, 부인의 등기는 법원의 촉탁에 의하여 이를 말소할 수 있다.

제25조 (파산취소 등의 등기)

① 법원사무관 등은 파산취소의 등기를 촉탁하는 경우, 결정서의 등본 또는 초본을 첨부하여야 한다.

② 등기의 목적은 "파산취소", 등기의 원인은 "파산취소", 원인일자는 "파산취소가 확정된 날"이다.

③ 파산취소의 등기는 법원사무관 등의 촉탁에 의하여 말소하여야 한다.

제26조 (파산폐지 등의 등기)

① 법원사무관 등이 파산폐지의 등기를 촉탁하는 경우, 결정서의 등본 또는 초본을 첨부하여야 한다.

② 등기의 목적은 "파산폐지", 등기의 원인은 "파산폐지", 원인일자는 "파산폐지가 확정된 날"이다.

③ 법원사무관 등은 파산폐지등기가 경료된 후 이해관계인(부동산의 신소유자, 용익물권자, 담보물권자 등)의 신청이 있으면 관할등기소 등기관에게 지체없이 파산폐지등기의 말소를 촉탁하여야 한다.

④ 법원사무관 등은 파산폐지등기가 마쳐진 날로부터 3월이 경과한 이후에는 이해관계인의 신청이 없는 경우에도 직권으로 관할등기소 등기관에게 파산폐지등기의 말소를 촉탁할 수 있다.

⑤ 제3항, 제4항의 경우 등기의 목적은 "○번○○등기말소"이고, 등기원인 및 그 원인일자는 기록하지 않는다. 위 촉탁서에는 결정서의 등본은 첨부할 필요가 없다.

⑥ 제1항 내지 제5항의 규정은 파산종결등기에 대하여 준용한다. 다만 제2항의 원인일자는 "파산종결이 결정된 날"로 한다.

제27조 (기타) 파산등기가 되어 있지 아니한 부동산 등의 권리에 파산취소, 파산폐지, 파산종결 등의 등기촉탁이 있는 경우 등기관은 「부동산등기법」 제29조제6호에 의하여 이를 각하하여야 한다.

제28조 (채무자가 법인인 경우의 특례) 법인인 채무자 명의의 부동산 등의 권리에 대해서 파산선고의 등기 등의 촉탁이 있는 경우, 등기관은 「부동산등기법」 제29조제2호를 적용하여 이를 각하하여야 한다(법 제24조제3항).

제4편 개인회생절차

제29조 (보전처분 및 부인의 등기촉탁)
① 개인회생절차에서 채무자 명의의 부동산 등의 권리에 대해서 법원사무관 등으로부터 법 제24조제6항에 의한 보전처분 및 그 취소 또는 변경의 등기의 촉탁이 있는 경우에는 등기관은 이를 수리하여야 한다.
② 개인회생절차에서 채무자 명의의 부동산 등의 권리에 대해서 법 제26조제1항, 제584조에 의한 부인등기의 신청 및 그 말소 촉탁이 있는 경우 등기관은 이를 수리하여야 한다.

제30조 (개인회생절차개시결정 등의 등기촉탁의 각하) 개인회생절차에서 개인회생절차개시결정, 변제계획의 인가결정, 개인회생절차폐지결정 등은 등기할 사항이 아니므로, 법원사무관 등으로부터 이러한 등기촉탁이 있는 경우, 등기관은 「부동산등기법」 제29조제2호에 의하여 이를 각하하여야 한다.

제5편 국제도산

제31조 (외국도산절차승인과 등기) 법원은 외국도산절차의 승인신청 후 그 결정이 있을 때까지 또는 외국도산절차를 승인함과 동시에 또는 승인한 후 채무자의 변제금지 또는 채무자 재산의 처분금지 결정을 할 수 있으므로(법 제635조제1항, 제636조제1항제1호 내지 제3호), 등기관은 법원사무관 등의 촉탁에 의하여 채무자에 속하는 권리에 관하여 변제금지 또는 처분금지의 등기를 하여야 한다.

부 칙(2014. 04. 24. 제1516호)
이 예규는 2014년 4월 28일부터 시행한다.

[별지 1]

1. 채무자재산 등의 보전처분에 관한 등기

가. 보전처분

【 갑 　 구 】			(소유권에 관한 사항)	
순위번호	등기목적	접수	등기원인	권리자 및 기타사항
5	보전처분	2007년4월13일 제3789호	2007년4월11일 서울중앙지방법원의 재산보전처분(2007 회단20)	금지사항 양도, 저당권 또는 임차권의 설정 기타 일체의 처분행위의 금지

※ 주 : 소유권 이외의 권리의 등기에 대한 보전처분의 경우는 권리의 등기에 부기등기로 한다.

나. 보전처분변경

【 갑 　 구 】			(소유권에 관한 사항)	
순위번호	등기목적	접수	등기원인	권리자 및 기타사항
6	5번보전처분변경	2007년4월25일 제3977호	2007년4월23일 서울중앙지방법원의 변경처분	금지사항 양도, 저당권의 설정 행위

※ 주 : 보전처분의 변경등기는 주등기에 의한다. 다만 을구에 기재한 보전처분변경등기는 부기등기로 한다.

다. 효력의 상실로 인한 보전처분말소

【 갑 　 구 】			(소유권에 관한 사항)	
순위번호	등기목적	접수	등기원인	권리자 및 기타사항
5	~~보전처분~~	~~2007년4월13일 제3789호~~	~~2007년4월11일 서울중앙지방법원의 재산보전처분(2007 회단20)~~	~~금지사항 양도, 저당권 또는 임차권의 설정 기타 일체의 처분행위의 금지~~
6	5번보전처분등기말소	2007년5월4일 제4307호	2007년5월2일 취소	

※ 주 : 회생절차개시신청, 파산신청 또는 개인회생절차개시신청이 기각, 취하, 취소 기타 사유로 보전처분이 그 효력을 상실한 경우 법원사무관 등의 촉탁으로 보전처분등기를 말소한다.

2. 회생절차에 관한 등기

가. 회생절차개시결정의 기입등기

【 갑 구 】 (소유권에 관한 사항)				
순위번호	등기목적	접수	등기원인	권리자 및 기타사항
5	보전처분	2007년4월13일 제3789호	2007년4월11일 서울중앙지방법원의 재산보전처분(2007 회단20)	금지사항 양도, 저당권 또는 임차권의 설정 기타 일체의 처분 행위의 금지
6	회생절차개시	2007년5월4일 제3987호	2007년5월2일 서울중앙지방법원의 회생절차개시결정 (2007회단20)	

나. 회생절차개시의 취소 및 회생절차개시등기의 말소

【 갑 구 】 (소유권에 관한 사항)				
순위번호	등기목적	접수	등기원인	권리자 및 기타사항
5	보전처분	2007년4월13일 제3789호	2007년4월11일 서울중앙지방법원의 재산보전처분(2007 회단20)	금지사항 양도, 저당권 또는 임차권의 설정 기타 일체의 처분 행위의 금지
6	회생절차개시	2007년5월4일 제3987호	2007년5월2일 서울중앙지방법원의 회생절차개시결정 (2007회단20)	
7	회생절차개시 취소	2007년7월4일 제4087호	2007년6월18일 회생절차개시결정취소	
8	5번보전처분, 6번회생절차개 시등기말소	2007년7월4일 제4087호	2007년6월18일 회생절차개시결정취소	

※ 주 : 회생절차개시취소의 등기촉탁과 동시에 보전처분등기 및 회생절차개시등기의 말소등기의 촉탁이 있는 경우 등기관은 회생절차개시취소의 등기를 실행하면서 보전처분등기 및 회생절차개시등기를 말소하여야 한다.

다. 회생계획인가

【 갑 구 】	(소유권에 관한 사항)			
순위번호	등기목적	접수	등기원인	권리자 및 기타사항
8	회생계획인가	2007년6월14일 제4689호	2007년6월12일 회생계획인가	

라. 회생계획인가등기 후 파산등기말소

【 갑 구 】	(소유권에 관한 사항)			
순위번호	등기목적	접수	등기원인	권리자 및 기타사항
5	~~파산선고~~	~~2007년4월13일 제3802호~~	~~2007년4월12일 서울중앙지방법원의 파산선고결정(2007 하단35)~~	
6	회생절차개시	2007년5월4일 제3987호	2007년5월2일 서울중앙지방법원의 회생절차개시결정 (2007회단25)	
7	회생계획인가	2007년11월7일 제9987호	2007년11월5일 회생계획인가	
8	5번파산선고등 기말소			7번회생계획인가등기로 인하여 2007년11월7일 등기

※ 주 : 회생계획인가등기 전에 같은 부동산에 파산등기가 되어 있는 경우 등기관은 회생계획
    인가등기를 한 후 파산등기를 직권으로 말소하여야 한다.

마. 회생계획인가등기로 파산등기말소된 후 그 인가취소의 등기

【 갑 구 】	(소유권에 관한 사항)			
순위번호	등기목적	접수	등기원인	권리자 및 기타사항
5	~~파산선고~~	~~2007년4월13일 제3802호~~	~~2007년4월12일 서울중앙지방법원의 파산선고결정(2007 하단35)~~	
6	~~회생절차개시~~	~~2007년5월4일 제3987호~~	~~2007년5월2일 서울중앙지방법원의 회생절차개시결정~~	

			(2007회단25)	
7	회생계획인가	2007년11월7일 제9987호	2007년11월5일 회생계획인가	
8	5번파산선고등기말소			7번회생계획인가등기로 인하여 2007년11월7일 등기
9	회생계획인가취소	2008년3월28일 제2987호	2008년3월12일 회생계획인가취소	
10	5번파산선고등기회복			9번회생계획인가취소등기로 인하여 2008년3월28일 등기
5	파산선고	2007년4월13일 제3802호	2007년4월12일 서울중앙지방법원의 파산선고결정(2007 하단35)	
11	6번회생절차개시, 7번회생계획인가등기말소	2008년3월28일 제2987호	2008년3월12일 회생계획인가취소	

※ 주 : 1. 회생계획인가에 대하여 인가취소의 등기를 하는 경우 직권으로 말소한 파산등기를 회복하여야 한다.
　　　 2. 회생계획인가취소의 등기촉탁과 동시에 회생절차개시등기 및 회생계획인가등기의 말소등기의 촉탁이 있는 경우 등기관은 회생계획인가취소의 등기를 실행하면서 회생절차개시등기 및 회생계획인가등기를 말소하여야 한다.

바. 회생절차폐지

【 갑　　구 】		(소유권에 관한 사항)		
순위번호	등기목적	접수	등기원인	권리자 및 기타사항
8	회생절차폐지	2007년4월26일 제3789호	2007년4월10일 회생절차폐지	

※ 주 : 회생절차폐지의 등기촉탁과 동시에 회생절차개시등기의 말소등기의 촉탁도 있은 경우 등기관은 회생절차폐지의 등기를 실행하면서 회생절차개시등기를 말소하여야 한다.

사. 회생계획불인가

【 갑　　구 】		(소유권에 관한 사항)		
순위번호	등기목적	접수	등기원인	권리자 및 기타사항
8	회생계획불인가	2007년4월26일 제3789호	2007년4월10일 회생계획불인가	

※ 주 : 회생계획불인가의 등기촉탁과 동시에 회생절차개시등기의 말소등기의 촉탁도 있은 경우 등기관은 회생계획불인가의 등기를 실행하면서 회생절차개시등기를 말소하여야 한다.

아. 회생계획불인가와 파산등기를 함께 촉탁한 경우

【 갑 구 】 (소유권에 관한 사항)				
순위번호	등기목적	접수	등기원인	권리자 및 기타사항
4	소유권이전	2006년2월3일 제2087호	2006년1월6일 매매	소유자　　　　김갑동 420125-1045215 서울특별시 강서구 방화동 12
5	~~보전처분~~	~~2007년4월13일~~ ~~제3789호~~	~~2007년4월10일~~ ~~서울중앙지방법원~~ ~~의　재산보전처분~~ ~~(2007회단20)~~	~~금지사항 양도, 저당권 또는 임~~ ~~차권의 설정 기타 일체의 처분~~ ~~행위의 금지~~
6	~~회생절차개시~~	~~2007년5월4일~~ ~~제4899호~~	~~2007년5월2일~~ ~~서울중앙지방법원~~ ~~의 회생절차개시결~~ ~~정(2007회단20)~~	
7	(1)회생계획불 인가	2007년5월30일 제5425호	2007년5월14일 회생계획불인가	
7	(2)파산선고	2007년5월30일 제5425호	2007년5월14일 서울중앙지방법원 의　파산선고결정 (2007하단26)	
8	5번보전처분, 6번회생절차개 시등기말소	2007년5월30일 제5425호	2007년5월14일 회생계획불인가	

※ 주 : 1. 회생계획불인가 또는 회생절차폐지의 등기와 파산등기를 동일한 촉탁서에 의하여 촉
탁한 경우 등기관은 동일한 순위번호로 등기를 하되, 회생계획불인가 등의 등기를
한 후 파산등기를 하여야 한다.
2. 회생계획불인가 등의 등기촉탁과 동시에 보전처분등기 및 회생절차개시등기의 말소
등기의 촉탁이 있는 경우 등기관은 회생계획불인가 등의 등기를 실행하면서 보전처
분등기 및 회생절차개시등기를 말소하여야 한다.

자. 회생절차종결

【 갑 구 】 (소유권에 관한 사항)				
순위번호	등기목적	접수	등기원인	권리자 및 기타사항
10	회생절차종결	2007년4월13일 제3789호	2007년4월10일 회생절차종결	

※ 주 : 회생절차종결의 등기촉탁과 동시에 보전처분, 회생절차개시 및 회생계획인가등기의 말
소등기의 촉탁이 있는 경우 등기관은 회생절차종결의 등기를 실행하면서 보전처분, 회
생절차개시 및 회생계획인가등기를 말소하여야 한다.

차. 매각으로 인한 회생절차개시등기의 말소

【 갑 구 】 (소유권에 관한 사항)				
순위번호	등기목적	접수	등기원인	권리자 및 기타사항
5	보전처분	2007년4월13일 제3789호	2007년4월10일 서울중앙지방법원의 재산보전처분 (2007회단20)	금지사항 양도, 저당권 또는 임차권의 설정 기타 일체의 처분 행위의 금지
6	소유권이전	2007년4월25일 제3876호	2007년4월20일 매매	소유자 홍길동 450205-1345667 서울특별시 서초구 서초동 89
7	회생절차개시	2007년5월4일 제3987호	2007년5월1일 서울중앙지방법원의 회생절차개시결정(2007회단20)	
8	회생계획인가	2007년11월2일 제5178호	2007년11월1일 회생계획인가	
9	6번소유권이전 등기말소	2007년11월6일 제4087호	2007년11월5일 매각	
10	소유권이전	2007년11월6일 제4087호	2007년11월5일 매각	소유자 이을동 550505-1089321 서울특별시 성북구 종암동 34
10	5번보전처분, 7번회생절차개시, 8번회생계획인가등기말소	2007년11월8일 제4987호	2007년11월5일 매각	

카. 회생절차종결로 인한 회생절차개시등기의 말소

【 갑 구 】 (소유권에 관한 사항)				
순위번호	등기목적	접수	등기원인	권리자 및 기타사항
5	보전처분	2007년4월13일 제3789호	2007년4월10일 서울중앙지방법원의 재산보전처분(2007 회단20)	금지사항 양도, 저당권 또는 임차권의 설정 기타 일체의 처분행위의 금지
6	회생절차개시	2007년5월4일 제3987호	2007년5월1일 서울중앙지방법원의 회생절차개시결정 (2007회단20)	
7	회생계획인가	2007년11월2일 제5178호	2007년11월1일 회생계획인가	
8	회생절차종결	2008년2월25일 제2200호	2008년2월20일 회생절차종결	
9	5번보전처분, 6번회생절차개시, 7번회생계획인가등기말소	2008년2월25일 제2200호	2008년2월20일 회생절차종결	

※ 주 : 1. 법원사무관 등이 회생절차종결을 원인으로 하여 보전처분, 회생절차개시, 회생계획인가 등기의 말소를 회생절차종결등기와 함께 촉탁한 경우의 기재례이다.
   2. 위 기재례는 파산종결의 등기와 동시에 파산등기 등의 말소촉탁이 있는 경우에도 준용한다.

타. 회생절차종결등기 후 회생절차상의 등기에 대한 말소촉탁의 경우

【 갑 구 】 (소유권에 관한 사항)				
순위번호	등 기 목 적	접 수	등 기 원 인	권 리 자 및 기 타 사 항
3	보전처분	2006년4월14일 제3787호	2006년4월10일 서울중앙지방법원의 재산보전처분 (2006회단20)	금지사항 양도,저당권 또는 임차권의 설정 기타 일체의 처분행위의 금지
4	회생절차개시	2006년5월4일 제3987호	2006년5월1일 서울중앙지방법원의 회생절차개시결정 (2006회단25)	
5	3번보전처분등기말소			4번회생절차개시등기로 인하여 2006년4월13일 등기
6	회생계획인가	2006년11월26일 제9987호	2006년11월20일 회생계획인가	
7	회생절차종결	2007년2월25일 제2220호	2007년2월20일 회생절차종결	
8	4번회생절차개시, 6번회생계획인가, 7번회생절차종결등기말소	2007년3월17일 제3103호		

※ 주 : 1. 회생절차종결등기가 된 후 법원사무관 등이 회생절차상의 회생절차개시, 회생계획인가, 회생절차종결등기의 말소를 촉탁해 온 경우의 기재례이다. 파산종결등기가 된 후 파산등기 등의 말소촉탁이 있는 경우에도 준용한다.

    2. 다른 등기가 모두 말소되어 회생절차종결등기(또는 파산종결등기)의 말소등기를 촉탁해 온 경우에는 등기의 목적을 'ㅇ번회생절차종결등기말소'(또는 'ㅇ번파산종결등기말소')라고 기재하고, 등기원인 및 그 원인일자는 기재하지 않는다.

3. 파산에 관한 등기
가. 파산선고결정의 기입등기

【 갑 구 】		(소유권에 관한 사항)		
순위번호	등기목적	접수	등기원인	권리자 및 기타사항
5	보전처분	2007년4월13일 제3789호	2007년4월10일 서울중앙지방법원의 재산보전처분(2007하 단20)	금지사항 양도, 저당권 또는 임 차권의 설정 기타 일체의 처분 행위의 금지
6	파산선고	2007년5월4일 제3987호	2007년5월1일 서울중앙지방법원의 파산선고결정(2007하 단20)	

나. 매각으로 인한 파산등기의 말소

【 갑 구 】		(소유권에 관한 사항)		
순위번호	등기목적	접 수	등 기 원 인	권 리 자 및 기 타 사 항
3	보전처분	2006년4월14일 제3787호	2006년4월10일 서울중앙지방법원의 재산보전처분(2006화 단20)	금지사항 양도,저당권 또는 임 차권의 설정 기타 일체의 처분행 위의 금지
4	파산선고	2006년4월28일 제4778호	2006년4월27일 서울중앙지방법원의 파산선고결정(2006하 단35)	
5	3번보전처 분등기말소			4번파산선고등기로 인하여 2006년4월28일 등기
6	소유권이전	2006년6월2일 제6888호	2006년6월1일 매각	소유자 이도령 550505-1089321 서울시 서대문구 홍은동 9
7	5번파산선 고등기말소	2006년6월7일 제6988호	2006년6월1일 매각	

※ 주 : 말소등기 원인일자는 파산관재인이 매매한 일자를 기재한다.

다. 일부지분의 매각으로 인한 파산등기의 변경

【 갑 구 】 (소유권에 관한 사항)				
순위번호	등 기 목 적	접 수	등 기 원 인	권 리 자 및 기 타 사 항
2	소유권이전	2005년2월3일 제2087호	2005년2월2일 매매	소유자 김갑동 420125-1045215 　　서울시 중구 다동 8
3	~~보전처분~~	~~2006년4월14 일 제3787호~~	~~2006년4월10일 서울중앙지방법원의 재산보전처분(2006회 단20)~~	~~금지사항 양도,저당권 또는 임 차권의 설정 기타 일체의 처분 행위의 금지~~
4	~~파산선고~~	2006년4월28 일 제4778호	2006년4월27일 서울중앙지방법원의 파산선고결정(2006하 단35)	
4-1	4번파산변경			목적 2번김갑동지분파산선고 6번소유권이전등기로 인하여 2006년 6월 2일 부기
5	3번보전처분등 기말소			4번파산선고등기로 인하여 2006년4월28일 등기
6	소 유 권 일 부 이 전	2006년6월2일 제6787호	2006년6월1일 매각	공유자 지분 2분의 1 　이도령 550505-1089321 　　서울시 서대문구 홍은동 9

※ 주 : 파산선고등기가 되어 있는 부동산에 대하여 소유권의 일부가 임의매각된 경우에는 보
전처분등기 및 파산선고등기가 나머지 지분에 관하여 존속하는 것으로 등기관이 직권
으로 변경한다. 이때 보전처분등기 및 파산선고등기의 등기목적은 주말한다.

라. 권리포기로 인한 파산등기의 말소

【 갑 구 】 (소유권에 관한 사항)

순위번호	등 기 목 적	접 수	등 기 원 인	권 리 자 및 기 타 사 항
3	보전처분	2006년4월14일 제3787호	2006년4월10일 서울중앙지방법원의 재산보전처분(2006회단20)	금지사항 양도,저당권 또는 임차권의 설정 기타 일체의 처분 행위의 금지
4	파산선고	2006년4월28일 제4778호	2006년4월27일 서울중앙지방법원의 파산선고결정(2006하단35)	
5	3번보전처분등기말소			4번파산선고등기로 인하여 2006년4월28일 등기
6	4번파산선고등기말소	2006년5월11일 제6120호	2006년5월10일 권리포기	

마. 파산취소

【 갑 구 】 (소유권에 관한 사항)

순위번호	등기목적	접수	등기원인	권리자 및 기타사항
8	파산취소	2007년4월27일 제3789호	2007년4월11일 파산취소	

※ 주 : 파산취소의 등기촉탁과 동시에 파산선고등기의 말소등기의 촉탁도 있은 경우 등기관은 파산취소의 등기를 실행하면서 파산선고등기를 말소하여야 한다.

바. 파산폐지

【 갑 구 】 (소유권에 관한 사항)

순위번호	등기목적	접수	등기원인	권리자 및 기타사항
8	파산폐지	2007년4월27일 제3789호	2007년4월11일 파산폐지	

※ 주 : 파산폐지의 등기촉탁과 동시에 파산선고등기의 말소등기의 촉탁도 있은 경우 등기관은 파산폐지의 등기를 실행하면서 파산선고등기를 말소하여야 한다.

사. 파산종결

【 갑　　구 】		(소유권에 관한 사항)		
순위번호	등기목적	접수	등기원인	권리자 및 기타사항
8	파산종결	2007년4월13일 제3789호	2007년4월11일 파산종결	

※ 주 : 파산종결의 등기촉탁과 동시에 파산선고등기의 말소등기의 촉탁도 있은 경우 등기관은
　　　파산종결의 등기를 실행하면서 파산선고등기를 말소하여야 한다.

4. 부인등기

가. 등기원인행위의 부인의 경우

【 갑　　　구 】		(소유권에 관한 사항)		
순위번호	등 기 목 적	접 수	등 기 원 인	권 리 자 및 기 타 사 항
7	소유권이전	2006년4월4일 제4120호	2006년4월3일 매매	소유자　　　　　　홍길동 420125-1045215 　　서울시 중구 다동 8
8	7번소유권이전등 기원인의 채무 자회생및파산에관 한법률에 의한 부인	2006년4월7일 제4625호	2006년4월6일 판결	

※ 주 : 소유권이외의 권리등기의 등기원인행위의 부인의 등기도 이 기재례에 준하여 한다.

나. 등기의 부인의 경우

【 을　　　구 】		(소유권 이외의 권리에 관한 사항)		
순위번호	등 기 목 적	접 수	등 기 원 인	권 리 자 및 기 타 사 항
3	임차권설정	2006년4월 4일 제4122호	2006년4월 3일 설정계약	임차보증금 금2,000,000원 차 임　월 금50,000원 차임지급시기 매월 말일 존속기간 2006년2월14일부터 2007년2 월13일까지 임차권자 이갑돌 540623-1078972 　　서울시 중구 회현동 1

| 4 | 3번임차권설정등기의 채무자회생및파산에관한법률에 의한 부인 | 2006년4월7일 제4626호 | 2006년4월6일 판결 | |

※ 주 : 소유권이전등기 등의 부인의 등기도 이 기재례에 준하여 한다.

다. 부인등기의 말소 - 부인의 효과가 상실되면서 절차가 종료되는 경우

【 갑 구 】			(소유권에 관한 사항)	
순위번호	등기목적	접 수	등기원인	권리자 및 기타사항
2	소유권이전	2005년2월3일 제2087호	2005년2월2일 매매	소유자 김갑동 420125-1045215 서울시 중구 다동 8
3	~~보전처분~~	~~2006년4월3일 제3787호~~	~~2006년4월2일 서울중앙지방법원의 재산보전처분(2006회단20)~~	~~금지사항 양도,저당권 또는 임차권의 설정 기타 일체의 처분행위의 금지~~
4	소유권이전	2006년4월14일 제4120호	2006년4월13일 매매	소유자 홍길동 420125-1045215 서울시 중구 다동 8
5	~~4번소유권이전등기원인의 채무자회생및파산에관한법률에 의한 부인~~	~~2006년4월18일 제4425호~~	~~2006년4월17일 판결~~	
6	~~회생절차개시~~	~~2006년4월24일 제4914호~~	~~2006년4월21일 서울중앙지방법원의 회생절차개시결정(2006회단25)~~	
7	3번보전처분등기말소			6번회생절차개시등기로 인하여 2006년4월24일 등기
8	~~회생절차개시취소~~	~~2006년5월15일 제5588호~~	~~2006년5월12일 회생절차개시결정 취소~~	
9	5번등기원인의부인,6번회생절차개시,8번회생절차개시취소등기말소	2006년5월19일 제5988호	2006년5월12일 회생절차개시결정 취소	

※ 주 : 부인등기 후 회생절차 또는 파산절차 등이 종료되어 부인의 효과가 상실되는 경우 법원의 촉탁에 의하여 이를 말소할 수 있다.

라. 부인등기의 말소 - 부인의 효과가 확정되면서 절차가 종료되는 경우

【 갑 구 】 (소유권에 관한 사항)				
순위번호	등기목적	접 수	등기원인	권리자 및 기타사항
2	소유권이전	2005년2월3일 제2087호	2005년2월2일 매매	소유자 김갑동 420125-1045215 서울시 중구 다동 8
3	보전처분	2006년4월3일 제3787호	2006년4월2일 서울중앙지방법원 의 재산보전처분 (2006회단20)	금지사항 양도,저당권 또는 임차권의 설정 기타 일체의 처분행위의 금지
4	소유권이전	2006년4월14일 제4120호	2006년4월13일 매매	소유자 홍길동 420125-1045215 서울시 중구 다동 8
5	4번소유권이전 등기의 채무자 회생및파산에관 한법률에 의한 부인	2006년4월18일 제4425호	2006년4월17일 판결	
6	회생절차개시	2006년4월24일 제4914호	2006년4월21일 서울중앙지방법원 의 회생절차개시결 정(2006회단25)	
7	3번보전처분등 기말소			6번회생절차개시등기로 인하여 2006년4월24일 등기
8	회생계획인가	2006년5월10일 제5478호	2006년5월9일 회생계획인가	
9	4번소유권이전 등기말소	2006년6월2일 제6889호	2006년6월1일 매각	
10	소유권이전	2006년6월2일 제6889호	2006년6월1일 매각	소유자 이도령 550505-1089321 서울시 서대문구 홍은동 9
11	5번등기의부 인,6번회생절차 개시,8번회생계 획인가등기말소	2006년6월7일 제6989호	2006년6월1일 매각	

※ 주 : 부인등기 후 회생절차 또는 파산절차 등으로 매각되어 부인의 효과가 확정되는 경우 법원은 부인의 등기, 부인된 행위를 원인으로 하는 등기, 부인된 등기 및 위 각 등기의 뒤에 되어 있는 등기로서 회생채권자 또는 파산채권자에게 대항할 수 없는 것의 말소 를 촉탁하여야 하고, 등기관은 이를 수리하여야 한다.

[별표 1] (회생·파산사건의 등기촉탁 대상과 양식)

등기촉탁 종류 (등기원인)	채무자가 법인인 회생사건 (법인회생)	채무자가 개인이 아닌 파산사건 (법인파산)	채무자가 법인이 아닌 회생사건 (일반회생)	채무자가 개인인 파산사건 (개인파산)	개인회생 사건	전산 양식 번호
보전처분 기입등기 (보전처분 결정)	○	○	○	○	○	D6000
보전처분 말소등기 (절차실효 결정)	○	○	○	○	○	D6001
회생절차개시 등기 (회생절차개시결정)			○			D6002
회생절차개시 취소등기 (회생절차개시 취소결정)			○			D6003
회생계획인가 등기 (회생계획인가결정)			○			D6004
회생계획인가 취소등기 (회생계획인가 취소결정)			○			D6005
회생계획불인가 등기 (회생계획불인가 결정)			○			D6006
회생절차폐지 등기 (회생절차폐지 결정)			○			D6007
회생절차종결 등기 (회생절차종결결정)			○			D6008
직권파산선고 등기 (직권파산선고 결정)			○			D6009
파산선고 등기 (파산선고 결정)				○		D6010
파산 취소등기 (파산 취소결정)				○		D6011
파산폐지 등기 (파산폐지 결정)				○		D6012
파산종결 등기 (파산종결 결정)				○		D6013

[별지2-1양식]

○ ○ 지 방 법 원
등 기 촉 탁 서

등기관 귀하

사   건   ○○○○회단○○○

부동산의 표시

소 유 자

등 기 원 인   20 . . . 매각

등 기 목 적   ① 가압류·가처분등기(20 . . . 접수   호)말소,

　　　　　　　　 ② 회생절차개시등기(20 . . . 접수   호)말소,

　　　　　　　　 ③ 회생계획인가등기(20 . . . 접수   호)말소

등록면허세 및 등기촉탁수수료 : 지방세법 제26조제2항제1호, 등기사항증명서 등 수수
　　　　　　　　　 료규칙 제5조의2제2항제3호에 의하여 면제

첨   부   매각처분허가결정 정본 1통

위 등기를 촉탁합니다.

20   .   .   .

법 원 사 무 관   ○ ○ ○   ㉑

[별지2-2양식]

○○지방법원
등기촉탁서

등기관 귀하

사 건   ○○○○회단○○○

부동산의 표시

소 유 자

등 기 원 인   20 . . . 회생절차종결결정

등 기 목 적   ① 회생절차종결등기,

② 가압류·가처분등기(20 . . . 접수   호)말소,

③ 회생절차개시등기(20 . . . 접수   호)말소,

④ 회생계획인가등기(20 . . . 접수   호)말소

등록면허세 및 등기촉탁수수료 : 지방세법 제26조제2항제1호, 등기사항증명서 등
수수료규칙 제5조의2제2항제3호에 의하여 면제

첨 부   회생절차종결결정 정본 1통

위 등기를 촉탁합니다.

20   .   .   .

법 원 사 무 관   ○ ○ ○   ㉑

[별지2-3양식]

○ ○ 지 방 법 원
등 기 촉 탁 서

등기관 귀하

사   건   ○○○○회단○○○

부동산의 표시

소   유   자

등 기 목 적   회생절차종결등기(20 . . . 접수   호)말소

등록면허세 및 등기촉탁수수료 : 지방세법 제26조제2항제1호, 등기사항증명서 등
                    수수료규칙 제5조의2제2항제3호에 의하여 면제

첨   부   촉탁서 부본 1통

위 등기를 촉탁합니다.

20   .   .   .

법 원 사 무 관 ○ ○ ○ ○ ㊞

제 11장
파산신청 작성실례

파산신청사례 일러두기

◎ 각 사례는 신청서, 채권자목록, 첨부서류 등으로 구성되어 있음.

◎ 각 신청서와 첨부서류는 대법원예규의 양식을 사용하였음.

◎ 이 사례집의 사례는 여러 가지 유형의 소개를 목적으로 만들어진 가상의 사실관계에 기초하여 작성된 것임.

◎ 이 사례의 해설부분은 서울중앙지방법원 발간 "개인채무자회생실무"책자의 내용에 입각하여 쓰여졌음.

파산사례 Ⅰ.

직 업	현재 무직자
채무종류	카드대금, 대출금 등
부수신청	면책신청
재산유무	없음
가족관계	미혼
기 타	무상거주

※ 면책 동시신청

파산 신청서 및 면책 신청서

신청인 : ○ ○ ○

○○회생(지방)법원 귀중

【서식】 파산 및 면책신청서(채무자)　　　　　　*면책신청서 동시신청

파 산 및 면 책 신 청 서

　　　　　　　　　　　　　　　　　　　　　　　　┌─────────┐
　　　　　　　　　　　　　　　　　　　　　　　　│　 인지　 │
신 청 인(채 무 자)　　(주민등록번호 :　　 -　　　)　│ 2000원 │
주　소 :　　　　　　　　　　(우편번호 :　　　)　└─────────┘
거　소 :　　　　　　　　　　(우편번호 :　　　)
송달장소 :　　　　　　송달영수인 :　　　 (우편번호 :　　　)
등록기준지 :
연락처 : 휴대전화(　　　),집전화(　　　　),e-mail(　　　　　)

신 청 취 지

1. 신청인에 대하여 파산을 선고한다.

2. 채무자를 면책한다.
　라는 결정을 구합니다.

신 청 이 유

1. 신청인에게는 별첨한 진술서 기재와 같이 지급하여야 할 채무가 존재합니다.

2. 그런데 위 진술서 기재와 같은 신청인의 현재 자산, 수입의 상황 하에서는 채무를 지급할 수 없는 상태에 있습니다.

3. 따라서 신청인에 대하여 파산을 선고하며, 채무자를 면책한다.
　라는 결정을 구합니다.

첨 부 서 류

1. 가족관계증명서(상세증명서), 혼인관계증명서(상세증명서) 각 1부

2. 주민등록초본[주소변동내역(과거 주소 전체) 및 개명, 주민등록번호 변동사항 포함] 및 주민등록등본 각 1부

※ 가족관계증명서, 혼인관계증명서, 주민등록등본은 신청인 외 제3자의 주민등록번호 뒷자리가 표기되지 아니한 것을 제출(신청인 본인의 주민등록번호는 전체 표기)

3. 진술서(채권자목록, 재산목록, 현재의 생활 상황, 수입 및 지출에 관한 목록 포함) 1부

4. 자료제출목록 1부

휴대전화를 통한 정보수신 신청서

위 사건에 관한 파산선고결정, 면책결정 등 정보를 예납의무자가 납부한 송달료 잔액 범위 내에서 휴대전화를 통하여 알려주실 것을 신청합니다.

■ 휴대전화 번호 :

　　　　　신청인　채무자　　　　　　　　　　　(날인 또는 서명)

※ 파산선고 및 이의기간지정 결정(또는 면책심문기일 결정), 면책결정이 있으면 신속하게 위 휴대전화로 문자메시지가 발송됩니다. 문자메시지 서비스 이용금액은 메시지 1건당 17원씩 납부된 송달료에서 지급됩니다(송달료가 부족하면 문자메시지가 발송되지 않습니다). 추후 서비스 대상 정보, 이용금액 등이 변동될 수 있습니다.

법원외 타기관을 통한 개인파산 신청에 대한 지원 여부(해당사항 있을시 기재)

1.지원기관 (1.　　　　　　　2.　　　　　　) (예)신용회복위원회, 서울시복지재단, 법률구조공단 등

2. 지원내역과지원금액(1.　　　　　　　2.　　　　　　　　)
　(예)신청서 작성 지원, 변호사 수임료 지원, 송달료 지원, 파산관재인 보수 지원 등
　　서울시복지재단 - 파산관재인 보수 지원(30만원)

파산사건번호	
면책사건번호	
배당순위번호	
재　판　부	제　　　단독

20○○년 ○○월 ○○일

　　신청인 ○　○　○ ㊞

○○ 회생(지방)법원　귀중

진 술 서

○○회생(지방)법원 귀중

신 청 인   ○○○   (인)

신청인은 다음과 같은 내용을 <u>사실대로</u> 진술합니다.

또 본인의 현재의 채무, 자산, 생활의 상황 및 수입 · 지출 등은, 별지 「채권자목록」, 「재산목록」, 「현재의 생활상황」, 「수입 및 지출에 관한 목록」의 각 기재와 같습니다.

<u>위 각 서류에 사실과 다른 내용이 있을 경우 면책불허가될 수 있음을 잘 알고 있습니다.</u>

1. 본인의 과거 경력은 다음과 같습니다.

　(1) 최종 학력

　　　1987년 02월 15일　　　　　○○○ 고등학교 (졸업, 중퇴)

　(2) 과거 경력

　　　1999년 05월 10일부터 2001년 04월 30일까지(자영, 근무)

　　업종__서비스업__ 직장명__암웨이__ 직위__사원__

　　　1993년 07월 25일부터 2000년 07월 30일까지(자영, 근무)

　　업종__서비스업__ 직장명_대성자동차학원_ 직위__사원__

　　　　년 　월 　일부터 　년 　월 　일까지(자영, 근무)

2. 동시에 개인파산을 신청한 가족이 있는지 여부

1.1.1.1. (1) 배우자(성명 :　　　)와 동시에 개인파산을 신청하는 것이 (맞음, 아님)

1.1.1.2. (2) 배우자 외의 다른 가족과 동시에 개인파산을 신청하는 것이 (맞음, 아님)　(배우자 외의 다른 가족과 동시에 개인파산을 신청하는 경우 성명 및 신청　인과의 관계를 기재하여 주십시오)

1.1.1.3. _____

1.1.1.4. _____

1.1.1.5. 3. 본인의 현재까지의 생활상황 등은 다음과 같습니다.

1.1.1.6. (1) 사기죄, 사기파산죄, 과태파산죄, 도박죄로 고소되거나
형사재판을 받은   경험 (있음, 없음)

1.1.1.7. _____

1.1.1.8. (2)㈎ 과거에 파산신청을 하였다가 취하하거나 기각당한 경험
(있음, 없음)

　　　　년　　월　　일 (　　)회생(지방)법원에 파산신청을 하였는데 (취하함, 기각당함)

1.1.1.9. ㈏ 과거에 파산선고를 받은 경험 (있음, 없음)

　　　　년　　월　　일 (　　　　　)회생(지방)법원에서 파산선고를 받음

1.1.1.10. ㈐ 그 파산선고에 이어서 면책을 받은 경험 (있음, 없음)

　　　　년　　월　　일 (　　)회생(지방)법원에서 면책결정을 받았고,　년　월　일 위
결정이 확정됨

1.1.1.11. (3)㈎ 개인회생절차를 이용한 경험 (있음, 없음)(개인회생절차
중이면 기각될 수 있음)

　　　　년　　월　　일(　　　)회생(지방)법원에서 인가결정을 받음(사건번호:　　　　　)
　　　　년　　월　　일(　　　)회생(지방)법원에서 폐지결정을 받음
　　(폐지사유:　　　　　　　　　　　　　　　　　　　　　　　　)
　㈏ 그 개인회생절차에서 면책을 받은 경험 (있음, 없음)

　　　　년　　월　　일 (　　)회생(지방)법원에서 면책결정을 받았고,　년　월　일 위
결정이 확정됨

1.1.1.12. (4) 과거 1년간 물건을 할부나 월부로 구입하고 대금을
전부 지급하지 않은 상태에서 처분(매각, 입질 등)을
한 경험 (있음, 없음) (물건의 품명, 구입시기, 가격,
처분 시기 및 방법을 전부 기재하여 주십시오)

1.1.1.13. _____

1.1.1.14. _____

1.1.1.15. (5) 이번 항목은 개인 영업을 경영한 경험이 있는 분만 기재하여 주십시오.

▷ 영업 중 상업장부의 기재

☐ 정확히 기장하였다. ☐ 부정확하게 기장하였다. ☐ 기장하지 아니하였다.

▷ 영업 중에 도산을 면하기 위하여 상품을 부당하게 염가로 매각한 사실(있음, 없음) (언제 무엇을 매입원가의 몇 %로 할인판매를 하였는지를 기재하여 주십시오)

☆ 개인 영업을 경영한 경험이 있는 분은 아래 8종류의 사실증명(현재로부터 과거 3년까지의 기간에 관한 것)에 대하여 발급신청을 하고, 그에 따라 세무공무원이 교부하여 주는 서류를 제출하여 주시기 바랍니다. 8종류의 사실증명 : ① 사업자등록증명, ② 휴업사실증명, ③ 폐업사실증명, ④ 납세 및 체납사실증명, ⑤ 소득금액증명, ⑥ 부가가치세과세표준증명, ⑦ 부가가치세면세사업자수입금액증명, ⑧ 표준재무제표증명(개인, 법인)

1.1.1.16. 4. 채권자와의 상황은 다음과 같습니다.

(1) 채권자와 채무지급방법에 관하여 교섭한 경험 (있음, 없음)

▷ 그 결과 합의가 성립된 채권자수 (　　　)명

▷ 합의에 기하여 지급한 기간 (　　년　　월　　일부터　　년　　월　　일까지)

▷ 매월 지급한 총액　　1개월 평균 (　　　)원 정도

▷ 지급 내역 (누구에게 얼마를 지급하였는지를 기재하여 주십시오)

---

(2) 소송 · 지급명령 · 압류 · 가압류 등을 받은 경험 (있음, 없음)

▷ (　　)지방법원 (　　)지원　　사건번호 (　　　호)　상대방(　　)

▷ (　　)지방법원 (　　)지원　　사건번호 (　　　호)　상대방(　　)

1.1.1.17. _____

1.1.1.18. 5. 파산신청에 이르게 된 사정(채무 증대의 경위 및 지급이 불가능하게 된 사정)

(□안에 √ 표시)

(1) 많은 채무(연대보증에 의한 채무나 신용카드 이용에 의한 채무를 포함한다)를 지게 된 이유는 다음과 같습니다(두 가지 이상 선택 가능).

□ 생활비 부족 (부양가족수 :   ), (부족한 생활비 : 주거비, 의료비, 교육비, 기타   )

□ 주택구입자금 차용 (주택 구입 시기 :   ), (주택 처분 시기 :   )

　구입한 주택의 명세 :   )

□ 낭비 등(음식 · 음주, 투자 · 투기, 상품 구입, 도박 등)

□ 사업의 경영 파탄 (다단계 사업 포함) (사업 시기 :   년   월   일부터   년   월   일까지)

　(사업 종류 :   )

□ 타인(친족, 지인, 회사 등)의 채무 보증

□ 사기 피해를 당함 (기망을 한 사람 및 채무자와의 관계 :   ,   ) (피해액수 :   원)

□ 그 밖의 사유 :

(2) 지급이 불가능하게 된 계기는 다음과 같습니다(두 가지 이상 선택 가능)

□ 변제해야 할 원리금이 불어나 수입을 초과하게 됨

□ 실직함

□ 경영 사정 악화로 사업 폐업함

□ 급여 또는 사업 소득이 감소됨

□ 병에 걸려 입원함

□ 그 밖의 사유 :

(3) 지급이 불가능하게 된 시점 :   년   월   일

(4) 구체적 사정

시기(연월일)	채권자, 차용(보증) 액수, 차용한 돈의 사용처, 지급이 불가능하게 된 사정 등

(언제, 어떠한 사정 하에 누구로부터 얼마를 차용하여 어디에 사용하였는지, 언제어떠한 사정 하에 무엇을 구입하였는지, 어떠한 사정 하에 지급이 불가능하게 되었는지를 오래된 것부터 시간 순서에 따라 기재하여 주십시오. 별지를 사용하여도 됩니다.)

1.1.1.19. _____

1.1.1.20. 6. 지급이 불가능하게 된 시점 이후에 차용하거나 채무가 발생한 사실 (있음, 없음)

1.1.1.21.

시기(연월일)	차용(채무 발생) 원인, 금액, 조건 등

1.1.1.22. (있다면 차용 또는 채무발생의 시기, 원인, 금액, 조건 등을 기재하여 주십시오. 별지를 사용하여도 됩니다.)

1.1.1.23.

1.1.1.24. 7. 채무의 지급이 불가능하게 된 시점 이후에 일부 채권자에게만 변제한 경험 (있음, 없음) (변제한 채권자의 성명, 변제시기, 금액을 전부 기재하여 주십시오)

1.1.1.25. _____

1.1.1.26. _____

1.1.1.27. _____

1.1.1.28. _____

채권자목록(채권자명부)

1. 채권 내역

순번	채권자명	차용 또는 구입일자	발생 원인	최초 채권액	사용처	보증인	잔존 채권액	
							잔존 원금	잔존 이자·지연손해금
1	(주)국민은행	2000.12.09	1, 2	2,000,000	생활비 카드결제		533,420	427,124
2	(주)국민은행	2001.12.03	1, 2	1,000,000	생활비 카드결제		333,344	267,512
3	(주)국민은행	2002.08.16	1, 2	1,300,000	생활비 카드결제		920,838	729,538
4	(주)HK상호 저축은행	2001.12.31	1, 2	3,368,775	생활비 카드결제		3,109,770	259,005
5	롯데카드(주)	2002.01.18	1, 2	2,216,466	생활비 카드결제		1,078,630	1,137,836
6	엘지카드(주)	2003.05.13	1, 2	14,600,000	생활비 카드결제	○○○	4,147,865	17,503
6-1	○○○	2003.05.13	4		보증채무		미정	미정
7	상록수제일차 유동화전문(유)	2003.10.24	1, 2	28,770,938	생활비 카드결제		18,009,370	10,761,568
8	희망모아 유동화전문(유)	2005.05.13	1, 2	49,025,318	생활비 카드결제		30,891,290	18,134,028
9	케이엔피인베 스트먼트(주)	2005.06.17	1, 2	5,725,471	생활비 카드결제		3,552,145	2,173,326
10	(주)솔로몬 상호저축은행	2006.05.30	1, 2	7,340,379	생활비 카드결제		4,625,533	2,714,846
※채권의 '발생원인'란에는 아래 해당번호를 기재함 ①금원차용(은행대출,사채 포함), ②물품구입(신용카드에 의한 구입 포함), ③보증(피보증인 기재), ④기타						합계 103,824,491	잔존 원금 67,202,205	잔존 이자· 지연손해금 36,622,286

※ 기재요령 ※

채권자목록에 기재하여야 할 사항을 한 가지라도 기재하지 아니하거나 허위 또는 부정확하게 기재하는 경우에는 파산·면책절차가 진행되지 아니하거나 면책절차에서 불리하게 작용할 수 있으니 주의하시기 바랍니다.

1. 채권자목록은 채무별로 순번을 달리하여 기재하십시오. 다만, 같은 채권자에 대한 여러 개의 채무는 연이어 기재하되, 발생원인이 오래된 것부터 날짜 순서에 따라 기재하십시오.

2. 『채권자명』란에는 법인과 개인을 구분하여 채권자의 성명이나 법인명칭을 정확히 기재하십시오.

   채권자의 성명은 가족관계증명서 또는 주민등록등본이나 법인등기부등본상 주소와 일치하여야 하며, 법인의 경우에는 대표자까지 기재하여야 합니다(※잘못된 기재례 : 순이 엄마, 영주댁, ○○상사).

3. 채무자를 위하여 보증을 해 준 사람이 있으면 그 보증인도 『보증인』란에 정확하게 기재하여야 합니다. 보증으로 인한 구상채무는 보증인이 보증한 채무의 바로 다음에 기재하되, 『순번』란에는 보증한 채권의 순번에 가지번호(예:3-1)를 붙여 표시하고, 『잔존채권액·잔존원금 / 잔존 이자·지연손해금』란에는 '미정'이라고 기재하십시오.

4. 『차용 또는 구입일자』란에는 <u>원래 차용 또는 구입일자</u>를 기재하고 채권양도시 양도일자를 그 옆에 (   )를 표시하여 추가하며, 『발생원인』란에는 표 하단에 기재된 발생원인의 해당번호를, 『최초 채권액』란에는 채무발생 당시의 금액을, 『사용처』란에는 구체적 사용용도 또는 구입물품을 각 기재하십시오.

5. 『잔존 채권액·잔존원금 / 잔존 이자·지연손해금』란에는 <u>파산신청(면책신청) 당시까지</u> 채무자(채무자)가 갚지 못하고 있는 채무의 원금과 이자·지연손해금을 각 채권자별로 구분하여 기재하고, 하단의 『합계』란에는 채무의 총액을 기재하며, 『잔존원금』, 『잔존 이자·지연손해금』란에는 각각의 합계액을 반드시 기재하십시오.

2. 채권자 주소

※ 기재요령 ※

1. 채권자의 주소는 신청일 당시의 주소로 번지까지 정확하게 기재하고, **채무자를 위하여 보증을 해 준 사람이 있으면 그 보증인의 주소까지 정확히 기재하여야 합니다.**
2. 채권자가 금융기관이나 기타 법인인 경우에는 본점 소재지 또는 거래지점의 소재지를 정확하게 기재하여야 합니다.

순번	채권자명	주소	전화번호	팩스	비고 (우편번호)
1	(주)국민은행	서울 중구 남대문로5가 541 대우빌딩16층(소관:여신관리지원센타)	02-2288-2857	02-2288-2856	100-095
2	(주)HK상호 저축은행	서울 강남구 논현동 199-2 한솔빌딩	1588-6161	02-3443-0078	135-827
3	롯데카드(주)	서울 강남구 삼성동 157	02-2050-2208	02-2050-1444	135-090
4	엘지카드(주)	서울 중구 남대문로5가 6-1 YTN타워	1544-7000	02-3420-7002	100-998
5	○○○	○○시 ○○구 ○○동 ○○○-○○	1234-5678		123-456
6	상록수제일차 유동화전문(유)	서울 영등포구 여의도동 15-28	02-2003-6000	02-2003-6329	150-872
7	희망모아 유동화전문(유)	서울 강남구 역삼동 814	02-3420-5000	02-2103-6010	135-931
8	케이엔피인베 스트먼트(주)	서울 서추구 서초동 1549-10 남호빌딩 2/3층	02-3468-1212	02-3486-7949	137-070
9	(주)솔로몬 상호저축은행	서울 중구 초동 106-9	02-2022-8000	02-2199-9949	100-300

※ '신청서'를 제출한 경우, 법원 홈페이지 '나의 사건검색'에서 본 채권자목록의 반영 여부를 확인할 수 있습니다.

재 산 목 록

※ 먼저, 다음 재산목록 요약표에 해당재산이 있는지 √하고, 「□ 있음」에 √한 경우에는 아래 해당 항목에서 자세히 기재바랍니다. 이 양식을 파일형태로 이용할 경우 아래 표 중에「□ 있음」에 √한 부분만 출력하여 제출하여도 됩니다. 따라서 모두 「□ 없음」 에 √한 경우에는 아래 표 다음 부분을 생략할 수 있습니다 (실제로는 재산 처분이 있 었음에도 불구하고, '지급불가능 시점의 1년 이전부터 ~ 현재까지 재산 처분 여부'의 '없음'에 √해 놓고는 부동산등기사항전부증명서 등 소명자료를 뒷부분에 편철해놓는 경 우가 있는데, 이와 같이 재산목록 요약표와 소명자료 또는 진술서의 기재내용이 서로 불일치한 경우에는 허위진술 내지 불성실한 신청으로 간주되어 불이익한 처분을 받을 수 있습니다).

재산목록 요약표

1. 현금	□있음 ☑없음	6. 매출금	□있음 ☑없음	11.최근 2년간 재산 처분 여부	□있음 ☑없음
2. 예금	☑있음 □없음	7. 퇴직금	□있음 ☑없음	12.최근 2년간 받은 임차보증금	□있음 ☑없음
3. 보험	□있음 ☑없음	8. 부동산	□있음 ☑없음	13. 이혼재산분할	□있음 ☑없음
4. 임차보증금	□있음 ☑없음	9. 자동차·오토바이	□있음 ☑없음	14. 상속재산	□있음 ☑없음
5. 대여금	□있음 ☑없음	10. 기타 재산(주식, 특허권, 귀금속 등)	□있음 ☑없음		

1. **현금** : 금액 (　　　0　　　 원)

2. **예금**

　금융기관명(　　농협　　) 계좌번호(　000-00-00000　) 잔고 (1,000원)

　금융기관명(　　　　) 계좌번호(　　　　　) 잔고 (　원)

☆ 은행 이외의 금융기관에 대한 것도 포함합니다.

☆ 예금잔고가 소액이라도 반드시 기재하고 파산신청시의 잔고(정기예금분을 포함)와 최 종 금융거래일로부터 과거 1년간의 입출금이 기재된 통장 사본 또는 예금거래내역서 를 첨부하여 주십시오(공과금, 통신료, 카드사용, 급여이체 등이 기재된 통장 사본 또 는 예금거래내역서를 제출, 가족명의의 계좌로 거래하였다면 그 계좌에 관한 통장 사 본 또는 예금거래내역서를 제출).

3. 보험(생명보험, 화재보험, 자동차보험 등)

보험회사명(　　　) 　증권번호(　　　　) 　해약반환금 (　　　원)

보험회사명(　　　) 　증권번호(　　　　) 　해약반환금 (　　　원)

☆ 파산신청 당시에 가입하고 있는 보험은 해약환급금 없는 경우에도 반드시 전부 기재하여 주십시오.

☆ 생명보험협회에서 발급받은 채무자에 대한 생존자 보험가입내역조회를 첨부하여 주시고, 그러한 보험가입내역조회에 기재된 생명보험(손해보험, 자동차보험, 운전자보험, 여행자·단체보험, 주말휴일상해보험은 제외)의 해지·실효·유지 여부 및 예상해약환급금 내역을 기재한 각 보험회사 작성의 증명서도 첨부하여 주십시오.

4. 임차보증금

임차물건(　　　　), 임차보증금 (　　　원), 반환예상금 (　　　원)

☆ 반환예상금란에는 채무자가 파산신청일을 기준으로 임대인에게 임차물건을 명도할 경우 임대인으로부터 반환 받을 수 있는 임차보증금의 예상액을 기재하여 주십시오.

☆ 임대차계약서의 사본 등 임차보증금 중 반환예상액을 알 수 있는 자료를 첨부하여 주십시오.

☆ 상가 임대차의 경우에는 권리금이 있으면 반드시 권리금 액수를 기재해 주시기 바랍니다.

5. 대여금 · 구상금 · 손해배상금 · 계금 등

채무자명(　　　) 　채권금액 (　　　) 　회수가능금액 (　　　원)

채무자명(　　　) 　채권금액 (　　　) 　회수가능금액 (　　　원)

☆ 회수가 어렵다고 하더라도 반드시 기재하시고, 대여금뿐만 아니라 구상금, 손해배상금, 계금 등 어떠한 명목으로라도 제3자로부터 받아야 할 돈이 있으면 기재하시기 바랍니다.

6. 매출금(개인사업을 경영한 사실이 있는 분은 현재까지 회수하지 못한 매출금 채권)

채무자명(　　　) 　채권금액 (　　　원) 　회수가능금액 (　　　원)

채무자명(　　　) 　채권금액 (　　　원) 　회수가능금액 (　　　원)

7. 퇴직금

근무처명(　　　　　　) 　퇴직금예상액 (　　　원)

☆ 파산신청시에 퇴직하는 경우에 지급 받을 수 있는 퇴직금예상액(퇴직금이 없는 경우에는 그 취지)을 기재하여 주십시오. 만일 퇴직금채권을 담보로 하여 돈을 차용하였기 때문에 취업규칙상의 퇴직금보다 적은 액수를 지급 받게 되는 경우에는 그러한 취지를 기재하여 주시기 바랍니다.

8. 부동산(토지와 건물)

종류(토지 · 건물)   소재지 (   )

시   가 (원)   등기된 담보권의 피담보채권 잔액(원)

종류(토지 · 건물)   소재지 (   )

시   가 (원)   등기된 담보권의 피담보채권 잔액(원)

☆ 부동산을 소유하고 있는 경우 부동산등기사항전부증명서를 첨부하여 주십시오.
☆ 저당권 등 등기된 담보권에 대하여는 은행 등 담보권자가 작성한 피담보채권의 잔액증명서 등의 증명자료를 첨부하여 주십시오(가압류나 압류는 등기된 담보권이 아니므로 그 가액을 표시할 때는 가압류나 압류임을 명시하여 주시기 바랍니다).

☆ 경매진행 중일 경우에는 경매절차의 진행상태를 알 수 있는 자료를 제출하여 주십시오.

9. 자동차(오토바이를 포함한다)

차종 및 연식(   )   등록번호(   )   시가 (원)

☆ 자동차등록원부와 시가 증명자료를 첨부하여 주십시오.

10. 기타 재산적 가치가 있는 중요 재산권(주식, 회원권, 특허권, 귀금속, 미술품 등)

품목명(   )   시가 (원)

품목명(   )   시가 (원)

11. 진술서 4.(3) 기재 지급 불가능 시점의 1년 이전부터 현재까지 사이에 처분한 1,000만원 이상의 재산(다만, 여러 재산을 처분한 경우 그 합계액이 1,000만 원 이상이면 모두 기재하여야 하고, 부동산은 1,000만 원 미만이라도 기재하여야 합니다.)

_____

_____

☆ 처분의 시기, 대가 및 대가의 사용처를 상세히 기재하여 주시기 바랍니다. 그리고 여기서 말하는 재산의 처분에는 보험의 해약, 정기예금 등의 해약, 퇴직에 따른 퇴직금 수령 등도 포함합니다. 주거이전에 따른 임차보증금의 수령에 관하여는 다음의 12항에 기재하여 주시기 바랍니다.

☆ 특히 부동산이나 하나의 재산의 가액이 1,000만 원 이상의 재산을 처분한 경우에는 처분시기와 대가를 증명할 수 있는 부동산등기사항전부증명서, 계약서사본, 영수증사본 등을 첨부하시기 바랍니다(경매로 처분된 경우에는 배당표 및 사건별수불내역서를 제출하여 주십시오).

12. 최근 2년 이내에 주거이전에 따른 임차보증금을 수령한 사실

_____

_____

☆ 임차물건, 임대차계약상 임차보증금의 액수와 실제로 수령한 임차보증금의 액수, 수령한 임차보증금의 사용처를 기재하여 주시기 바랍니다.

13. 최근 2년 이내에 이혼에 따라 재산분여(할)한 사실

_____

_____

☆ 분여한 재산과 그 시기를 기재하여 주십시오.

☆ 최근 2년 이내에 이혼을 한 경우에는 그러한 이혼에 관한 재판서(조정·화해가 성립된 경우에는 그에 대한 조서) 또는 협의이혼의사확인서의 등본을 제출하여 주시기 바랍니다.

14. 친족의 사망에 따라 상속한 사실

　　　　년　　　월　　　일 친족_____의 사망에 의한 상속

상속상황

　　　㉠ 상속재산이 전혀 없었음

　　　㉡ 신청인의 상속포기 또는 상속재산 분할에 의하여 다른 상속인이 모두 취득하였음

　　　㉢ 신청인이 전부 또는 일부를 상속하였음

주된 상속재산과 그 처분의 경과

_____

☆ ㉡ 또는 ㉢항을 선택한 분은 주된 상속재산을 기재하여 주시기 바랍니다.

☆ ㉡항을 선택한 분은 다른 상속인이 주된 상속재산을 취득하게 된 경위를 기재하여 주십시오.

현재의 생활상황

1. 현재의 직업 【 자영, 고용, 무직 】

업종 또는 직업(   )   직장 또는 회사명 (   )

지 위 (   )   취 직 시 기   (년   월)

2. 수입의 상황(신청인의 월수입 합계   원)

자영수입(원) → 종합소득세 확정신고서(최근 2년분)를 첨부하여 주십시오.

월 급여 (원) → 급여증명서(최근 2년분)와 근로소득세 원천징수영수증의 사본을

첨부하여 주십시오.

연   금 (원) → 수급증명서를 첨부하여 주십시오.

생활보호(원) → 수급증명서를 첨부하여 주십시오.

기   타 (700,000 원) → 본인의 일용직 수입

3. 동거하는 가족의 상황(월수입 부분은 이 사건 신청일이 속한 달의 직전 달인   년 월기준)

성명	신청인과의 관계	연령	직업	월수입
○○○	부	71세		원
○○○	모	72세		원
		세		원
		세		원
		세		원
		세		원

4. 주거의 상황

거주를 시작한 시점 (2006 년 07 월 21 일)

거주관계 : 아래 ㉠ – ㉫ 중 선택 (   )

　㉠ 임대 주택(신청인 이외의 자가 임차한 경우 포함)

　㉡ 사택 또는 기숙사

　㉢ 신청인 소유의 주택

　㉣ 친족 소유의 주택에 무상으로 거주

　㉤ 친족 이외의 자 소유의 주택에 무상으로 거주

　㉥ 기타 (   )

㉠, ㉡항을 선택한 분에 대하여,

　관리비를 포함한 임대료 (원) 임대보증금 (원)

　연체액   (원)

　신청인 이외의 자가 임차인인 경우라면 임차인 성명 (   )

㉣, ㉤항을 선택한 분에 대하여,

　소유자 성명 (○○○   )   신청인과의 관계 (부   )

☆ ㉠ 또는 ㉡항을 선택한 분은 임대차계약서 또는 사용허가서 사본을 첨부하여 주시기 바랍니다.
☆ ㉢ 또는 ㉣항을 선택한 분은 등기부등본을 첨부하여 주십시오.
☆ ㉣ 또는 ㉤항을 선택한 분은 소유자 작성의 거주 증명서를 첨부하여 주십시오.

5. 조세 등 공과금의 납부 상황(체납 조세가 있는 경우 세목 및 미납액을 기재하십시오)

　소득세　　미납분　(없음　　　있음 – 미납액　　　　　　원)
　주민세　　미납분　(없음　　　있음 – 미납액　　　　　　원)
　재산세　　미납분　(없음　　　있음 – 미납액　　　　　　원)
　의료보험료 미납분　(없음　　　있음 – 미납액　　　　　　원)
　국민연금　미납분　(없음　　　있음 – 미납액　　　　　　원)
　자동차세　미납분　(없음　　　있음 – 미납액　　　　　　원)
　기타 세금 미납분　(없음　　　있음 – 미납액　　　　　　원)

수입 및 지출에 관한 목록

1. 가계수지표(2020. 08. 월분)(신청일이 속한 달의 직전 달 기준)

수 입			지 출	
항목		금액	항목	금액
급여 또는 자영 수입	신청인		주거비(임대료, 관리비 등)	
	배우자		식비(외식비 포함)	400,000
	기타( )		교육비	
연금	신청인		전기, 가스, 수수료	100,000
	배우자		교통비(차량유지 비 포함)	100,000
	기타( )		통신료	100,000
생활보호			의료비	
기타 (본인의 일용직수입)		700,000	보험료	
			기 타( )	
수입합계:		700,000	지출합계:	700,000

2. 채무자의 가용소득(개인회생절차를 신청할 경우 소득에서 생계비를 뺀 나머지 소득)

	구분	금액(단위 : 원)					
1	채무자의 월 평균 소득[9]						
2	생계비(기준 중위소득의 100분의 60[10])	1인 가구	2인 가구	3인 가구	4인 가구	5인 가구	6인 가구
	부양가족의 이름, 연령, 채무자와의 관계						
3	채무자의 가용소득(1 - 2)						

9) 최근 1년 동안의 모든 소득을 평균하여 기재하십시오

10) 본인을 포함한 부양가족(스스로 기준 중위소득의 40% 이상의 소득을 올리는 사람은 부양가족이 아닙니다)의 수에 해당하는 곳에 ○ 표 하십시오. 한편, 각 가구별 생계비로 기재될 금액은 국민기초생활보장법 제6조의 규정에 따라 공표된 해당 연도의 기준 중위소득에 100분의 60을 곱한 금액으로서 매년 변경됩니다. 위 규정에 따라 올바르게 계산된 금액을 가구별 생계비로 기재하여 주시기 바랍니다.

자료제출목록

채무자_____(인)

채무자는 아래와 같은 자료들을 제출합니다.

※ 아래표의 해당 □ 란에 ∨ 표시하고 뒷면에 제출하는 서류를 순서대로 첨부하여 제출합니다.

※ 가족관계증명서, 혼인관계증명서, 주민등록등본은 신청인 외 제3자의 주민등록번호 뒷자리가 표기되지 아니한 것을 제출합니다(다만, 신청인 본인의 주민등록번호는 전체를 표기하여야 합니다).

순번	제출하여야 하는 자료	제출 여부	제출 못하거나 일부만 제출한 이유	발급 기관
1	채무자의 가족관계증명서 (상세증명서)	□ 제출하였음		구청 등
2	채무자의 혼인관계증명서 (상세증명서)	□ 제출하였음		
3	채무자의 주민등록초본 [주소변동내역(과거 주소 전체) 및 개명, 주민등록번호 변동사항 포함]	□ 제출하였음		
4	채무자의 주민등록등본	□ 제출하였음		
5	채무자에 대한 지방세 세목별 과세증명서 (현재로부터 과거 5년까지의 기간에 관한 것. 모든 세목이 포함되도록 표시하여 발급하고, 전국 단위로 발급)	□ 제출하였음		
6	채무자 소유 자동차에 관한 자동차등록원부(갑, 을구 모두 포함) 및 시가 증명자료	□ 제출하였음	□ 해당사항 없음(차량소유 없음)	

7	채무자 소유 부동산에 관한 부동산등기사항전부증명서	☐ 제출하였음	☐ 해당사항 없음(부동산소유 없음)	구청·등기소 등
8	채무자의 생존자 보험가입내역 조회	☐ 제출하였음		생명보험협회11)
	보험가입내역조회에 기재된 생명보험의 해지·실효·유지 및 예상해약환급금 내역 (손해/자동차/운전자/여행자·단체/주말휴일상해 제외)	☐ 제출하였음		각 보험회사
9	채무자가 개인 영업을 하였던 경우, 채무자의 사실증명 (현재부터 과거 3년까지의 기간에 관한 것) ※ 아래 8종류의 사실증명에 대하여 발급신청을 하고, 그에 따라 세무공무원이 교부해주는 서류를 제출 ①사업자등록증명 ②휴업사실증명 ③폐업사실증명 ④납세 및 체납사실증명 ⑤소득금액증명 ⑥부가가치세과세표준증명 ⑦부가가치세면세사업자수입금액증명	☐ 제출하였음		세무서12)

	⑧표준재무제표증명(개인, 법인)			
10	과거 1년부터 현재까지의 채무자의 은행통장거래내역 (공과금, 통신료, 카드사용, 급여이체 등이 기재된 통장 사본 또는 예금거래내역서를 제출, 가족명의의 계좌로 거래하였다면 그 계좌에 관한 통장 사본 또는 예금거래내역서를 제출)	□ 전부 제출하였음 □ 일부만 제출하였음	□해당사항 없음(은행거래 없음) □협조거부 ( ) □기타 ( )	은행, 농협, 수협, 축협, 신협, 증권사, 우체국, 마을 금고 등
11	지급 불가능 시점의 1년 이전부터 신청 시까지 사이에 부동산이나 하나의 재산의 가액이 1,000만 원 이상의 재산을 처분한 경우, 처분시기와 대가를 증명할 수 있는 부동산등기사항전부증명서, 계약서사본, 영수증사본 (경매로 처분된 경우에는 배당표 및 사건별수불내역서)	□ 전부 제출하였음 □ 일부만 제출하였음	□해당사항 없음 (지급 불가능 시점의 1년 이전부터 신청 시까지 사이에 부동산이나 하나의 재산의 가액이 1,000만 원 이상의 재산을 처분한 일이 없음) □협조거부 ( ) □기타 ( )	채무자 보유 자료 (경매 법원)
12	임대차계약서의 사본 등 임차보증금 중 반환예상액을 알 수 있는 자료	□ 제출하였음	□해당사항 없음 (임차한 물건이 없음) □협조거부 ( ) □기타 ( )	채무자 보유 자료

13	최근 2년 이내에 이혼을 한 경우, 이혼에 관한 재판서(조정·화해가 성립된 경우에는 그에 대한 조서) 또는 협의이혼의사확인서의 등본	□ 제출하였음	□해당사항 없음 (최근 2년 이내 이혼 사실 없음)	법원
14	수입에 관한 자료 [자영수입이 있는 경우에는 종합소득세 확정신고서(최근 2년분)/급여수입이 있는 경우에는 급여증명서(최근 2년분)와 근로소득세 원천징수영수증의 사본/연금을 받는 경우에는 수급증명서/생활보호대상자인 경우에는 수급증명서/기타의 경우에는 수입원을 나타내는 자료]	□ 제출하였음		채무자 보유 자료, 세무서, 국민연금공단, 구청 등

개인채무자회생신청용
발급번호 20210801000

---

11) 생명보험협회의 인터넷 홈페이지 주소는 https://www.klia.or.kr이고, 전화번호는 02-2262-6600입니다.
12) 각종 증명서 조회 및 발급 등이 가능한 국세청 홈택스의 홈페이지 주소는 https://www.hometax.go.kr이고, 국세상담센터의 상담전화번호는 국번 없이 126번입니다.

부 채 증 명 서

○○○귀하
(주민등록번호 : 000000 - 0000000)

채권현재액 총합계	3,211,776원	현재채권액 산정기준일	2021년 07월 28일

채권번호	채권자	채권의 원인 원금 이자 및 연체이자	주소 및 연락처 채권의 내용 채권현재액(원금) 산정근거 채권현재액(이자)산정근거
1	(주)국민은행	2000-12-09 대출거래약정 2,000,000원 원금잔액 533,420원과 533,420원 427,124원	(주소) 서울 중구 남대문로5가 541 대우센터빌딩 16층(소관 여신관리지원센타) (전화) 02)2288-2852 (팩스) 02-2288-2856 이에 대한 완제일까지 이자 및 연체이율(연 25.00%)에 의한 금원
2	(주)국민은행	2002-08-16 대출거래약정 1,300,000원 원금잔액 920,838원과 920,838원 729,538원	(주소) 서울 중구 남대문로5가 541 대우센터빌딩 16층(소관 여신관리지원센타) (전화) 02)2288-2852 (팩스) 02-2288-2856 이에 대한 완제일까지 이자 및 연체이율(연 25.00%)에 의한 금원
3	(주)국민은행	2001-12-03 대출거래약정 1,000,000원 원금잔액 333,344원과 333,344원 267,512원	(주소) 서울 중구 남대문로5가 541 대우센터빌딩 16층(소관 여신관리지원센타) (전화) 02)2288-2852 (팩스) 02-2288-2856 이에 대한 완제일까지 이자 및 연체이율(연 25.00%)에 의한 금원

위 금액은 2021년 07월 28일 현재 저희 은행에 대한 귀하 명의의 부채잔액으로서 귀하께서 발급 요청하신 대출계좌의 잔액임을 증명합니다.

2021년 07월 28일

주식회사 국민은행 ○○지점장 (인)

1. (주)국민은행 부채

발행번호 20210801000

부 채 잔 액 증 명 서

금 삼백일십만구천칠백칠십원정(₩ 3,109,770)

채 무 자 명	○○○	주민(사업자)번호	000000-0000000
대출잔액 기준일자	2021년 08월 08일		현 재
발급용도	법원제출용		

부채내역	대출금종별	계좌번호	대출금잔액	대출금사용용도
	종합대출통장	000-00-00-0000000	3,109,770	생활자금 이자연체 259,005원
	합계	1건	3,109,770	

위 금액은 2006년 08월 08일 현재 ○○○ 귀하 명의의
부채잔액을 증명합니다(본건 여신 이외의 여신이 없음)

2021년 08월 08일

회사명 (주)HK상호저축은행

여신관리부(소
비자금융팀)장 ○ ○ ○ ㉑

4. (주)HK상호저축은행부채

NO: 엘카 - 202107270000 - 0931

서울 중구 남대문로5가 6-1 YTN빌딩
전화 : 1544-7000 Fax : 02-6050-1236, 1237

신용카드 채무존재

부 채 확 인 서 (신용카드)

성   명   ○ ○ ○
최초입회일   2021년02월08일   주 소   ○○시 ○○동 ○○○-○○○

1. 채권내역 (기준일:2021년 07월28일)   단위(원)

번호	채권의 원인			채권현황			
	대출일자 (발급일자)	대출과목	대출금액 (이용금액)	원금	법비용	이자/수수료	합계
1	2003.05.13	대환론	14,600,000	4,147,865	0	17,503	4,165,368
	채권의내용	신용카드 사용대금 연체로 인한 대환론 전환 채무					
	산정근거	금 4,165,368원 중 4,147,865원에 대하여 완제일까지 연 29.9% 비율의 금원					
	보증인1	○○○(000000-0000000)		보증인2			
	대출일자 (발급일자)	대출과목	대출금액 (이용금액)	원금	법비용	이자/수수료	합계
2							
	채권의내용						
	산정근거						
	보증인1			보증인2			
	대출일자 (발급일자)	대출과목	대출금액 (이용금액)	원금	법비용	이자/수수료	합계
3							
	채권의내용						
	산정근거						
	보증인1			보증인2			

※ 상기금액은 작성일자 기준금액으로 전산시스템에 미 반영된 금액이 있을시는 변경될 수 있습니다.

번호	피담보내용 및 목적물	피담보채권액	피담보 목적물 가액	담보부족예상액

▶ 용 도 : 파산신청용(용도외 사용불가)
▶ 확인자 : 광화문중앙고객센타 ○○○ ☎

상기 내용이 이상이 없음을 확임함.
2021년 07월 27일

확   인

※ 확인자의 날인이 없는
   확인서는 무효입니다.
   (서명은 무효)

엘 지 카 드(주) ㉑
대표이사 박해준

6. 엘지카드(주) 부채

부채잔액증명원

KNPInvestment

채무자 인적사항					
성명	○ ○ ○				
주민등록번호	000000-0000000				
조회일	21년08월29일 현재		대출일자	2020년12월20일	
원금	가지급금	추가법리	미수 연체이자	합계	비 고
3,552,145			2,173,326	5,725,471	

1. 채권자 동원캐피탈(주)의 채무자 ○○○(이)가 체결한 계약서상의 채권에 대한 일체의 권리를 2005년 06월 17일로 케이엔피인베스트먼트(주)가 양수받았으며,
2. 당해 채권의 잔액은 상기의 조회일 현재 금액과 일치함을 확인합니다.

케이엔피인베스트먼트

대표이사 ○○○

서울 서초구 서초동 1549-10 남호빌딩 2/3층(02-3486-1212FAX02-3486-7949)

9. 케이엔피인베스트먼트(주) 부채

위 임 장

사 건 번 호 : 2006 하단   개인파산

채무자(신청인) : ○○○(000000-0000000)

위 임 받 은 자 : 변호사 ○○○   전화 : 02)000-0000

주 민 등 록 번 호 : 000000-0000000

주   소 : ○○시 ○○구 ○○동 ○○○-○○○

  위 자를 대리인으로 정하여 아래의 권한을 위임함.

  위에 적은 사람에게   파산신청   사건에 관하여 다음
서류의 제출을 위임합니다.

- 아   래 -

▶파산 신청서, 진술서

2021년 09월 07일

신청인 ○ ○ ○ (인)

○○회생지방법원 귀중

제3편 총 칙

제3편 총 칙

목 적(제1조)

재정적인 어려움으로 파탄에 직면하였으나 경제적으로 갱생의 가치가 있는 채무자에 관하여 채권자, 주주, 지분권자 등 이해관계인의 이해를 조정하여 채무자 또는 채무자의 사업에의 효율적인 갱생을 도모하거나, 회생이 어려운 경우 채무자의 재산을 공정하게 환가, 배당하여 각 이해관계인의 이해를 조정하려는 제도이다.

회사정리법은 적용대상을 주식회사에 한정하였으나 이 법에서는 주식회사에 한정시키지 않음으로써 절차적 효율성을 높일 수 있게 하였다.

외국인 및 외국법인의 지위(제2조)

회사정리법 제1조(외국인의 지위)는 상호주의의 제한 없이 내국인, 외국인의 평등의 원칙을 규정하고 있었고, 구 파산법은 제2조(외국인의 지위)에서 상호주의에 따른 동일한 지위를 인정하였으나 이 법에서는 상호주의를 적용하지 아니하였다. 제정이유에 나와 있듯이 외국법인과 국내법인에 대한 공통적인 법규적용으로 외국법인이 국내에 투자하기 쉬운 환경을 조성하도록 하는 데에 입법목적이 있다.

재판관할(제3조)

1. 회생사건, 간이회생사건 및 파산사건 또는 개인회생사건은 다음 각 호의 어느 한 곳을 관할하는 회생법원의 관할에 전속한다.
   1. 채무자의 보통재판적이 있는 곳
   2. 채무자의 주된 사무소나 영업소가 있는 곳 또는 채무자가 계속하여 근무하는 사무소나 영업소가 있는 곳

3. 제1호 또는 제2호에 해당하는 곳이 없는 경우에는 채무자의 재산이 있는

2. 회생사건 및 파산사건

회생사건 및 파산사건은 채무자의 주된 사무소 또는 영업소의 소재지를 관할하는 고등법원 소재지의 회생법원에도 신청할 수 있다.

3. 제3항

제1항에도 불구하고 다음 각 호의 신청은 다음 각 호의 구분에 따른 회생법원에도 할 수 있다.

1. 「독점규제 및 공정거래에 관한 법률」 제2조제12호에 따른 계열회사에 대한 회생사건 또는 파산사건이 계속되어 있는 경우 계열회사 중 다른 회사에 대한 회생절차개시·간이회생절차개시의 신청 또는 파산신청: 그 계열회사에 대한 회생사건 또는 파산사건이 계속되어 있는 회생법원

2. 법인에 대한 회생사건 또는 파산사건이 계속되어 있는 경우 그 법인의 대표자에 대한 회생절차개시·간이회생절차개시의 신청, 파산신청 또는 개인 회생절차개시의 신청: 그 법인에 대한 회생사건 또는 파산사건이 계속되어있는 회생법원

3. 다음 각 목의 어느 하나에 해당하는 자에 대한 회생사건, 파산사건 또는 개인회생사건이 계속되어 있는 경우 그 목에 규정된 다른 자에 대한 회생절 차개시·간이회생절차개시의 신청, 파산신청 또는 개인회생절차개시의 신청: 그 회생사건, 파산사건 또는 개인회생사건이 계속되어 있는 회생법원

   가. 주채무자 및 보증인

   주채무자에 관해서 각종절차(회생, 파산절차)가 계속 중인 경우에 그 보증 채무자인 개인은, 개인회생절차가 계속 중인 그 지방법원에 대하여서도 신청을 할 수 있다. 보증채무자가 먼저 신청한 경우와, 주채무자와 보증채무자가 동시에 신청하는 경우에도 마찬가지로 본다.

   나. 채무자 및 그와 함께 동일한 채무를 부담하는 자

   민법상 용어로 바꾸면 연대채무자 및 부진정연대채무자를 가리키는 것

으 로서, 연대채무(부진정연대채무)의 관계에 있는 자에 관해서 각종절차(회생, 파산절차)가 진행중인 그 지방법원에 대하여서도 신청을 할 수 있으며, 1호와 마찬가지로 동시에 신청하는 경우에도 마찬가지로 본다.

다. 부부

부부 중 일방이 각종절차(회생, 파산절차)가 진행중인 경우 다른 일방도 그 지방법원에 대하여 신청을 할 수 있다. 이 부부에 사실혼 부부가 포함되는지에 관해서는 견해가 나뉜다.

4. 제4항

제1항에도 불구하고

채권자의 수가 300인 이상으로서 500억원 이상의 채무를 부담하는 법인에 대한 회생사건 및 파산사건은 서울회생법원에도 신청할 수 있다.

5. 제5항

개인이 아닌 채무자에 대한 회생사건 또는 파산사건은 제1항부터 제4항까지의 규정에 따른 회생법원의 합의부의 관할에 전속한다.

6. 제6항

상속재산에 관한 파산사건은 상속개시지를 관할하는 회생법원의 관할에 전속한다.

7. 제7항

「신탁법」 제114조에 따라 설정된 유한책임신탁에 속하는 재산(이하 "유한책임신탁재산"이라 한다)에 관한 파산사건은 수탁자의 보통재판적 소재지(수탁자가 여럿인 경우에는 그 중 1인의 보통재판적 소재지를 말한다)를 관할하는 회생법원의 관할에 전속한다.

8. 제8항

제7항에 따른 관할법원이 없는 경우에는 유한책임신탁재산의 소재지(채권의

경우에는 재판상의 청구를 할 수 있는 곳을 그 소재지로 본다)를 관할하는 회생법원의 관할에 전속한다.

9. 제10항

제1항에도 불구하고 채무자회생및파산에관한법률 제579조제1호에 따른 개인채무자의 보통재판적 소재지가 강릉시·동해시·삼척시·속초시·양양군·고성군인 경우에 그 개인채무자에 대한 파산선고 또는 개인회생절차개시의 신청은 춘천지방법원 강릉지원에도 할 수 있다.

손해나 지연을 피하기 위한 이송(제4조)

법원은 현저한 손해 또는 지연을 피하기 위하여 필요하다고 인정하는 때에는 직권으로 회생사건·파산사건 또는 개인회생사건을 다음 각호의 어느 하나에 해당하는 회생법원으로 이송할 수 있다.

1. 채무자의 다른 영업소 또는 사무소나 채무자재산의 소재지를 관할하는 회생법원
2. 채무자의 주소 또는 거소를 관할하는 회생법원
3. 제3조제2항 또는 제3항에 따른 회생법원
4. 제3조제2항 또는 제3항에 따라 해당 회생법원에 회생사건·파산사건 또는 개인회생사건이 계속되어 있는 때에는 제3조제1항에 따른 회생법원

법원간의 공조(제5조)

개별 법원간의 법률상의 협조를 통해 각 절차의 효율적인 진행을 꾀하도록 하였다. 채무자의 적극재산이 하나의 관할 법원에 속하지 않는 경우가 대부분이고 이해관계인도 절차개시신청을 할 수 있도록 하고 있기 때문에 개별 법원간의 공조와 협조의 필요성이 높다.

회생절차폐지 등에 따른 파산선고(제정이유)(제6조)

1. 제정이유

필요적 파산제도의 축소

1. 회사정리계획이 폐지되거나 불인가된 경우 법원이 반드시 파산선고를 하는 경직적 제도로 인하여 회생절차신청을 기피하는 문제를 해결하려는 것임

2. 회생계획인가후의 회생절차폐지의 경우에만 필요적 파산선고를 하고 나머지의 경우에는 임의적 파산선고를 하도록 함.

3. 파산선고를 받을 수 있다는 위험부담을 경감시킴으로써 회생절차의 이용을 촉진하고 회생계획이 폐지된 경우에도 활발하게 사적 조정을 강구할 수 있도록 하는데 기여할 것으로 기대됨.

2. 제1항

파산선고를 받지 아니한 채무자에 대하여 회생계획인가가 있은 후 회생절차폐지 또는 간이회생절차폐지의 결정이 확정된 경우 법원은 그 채무자에게 파산의 원인이 되는 사실이 있다고 인정하는 때에는 직권으로 파산을 선고하여야 한다.

■ **관련판례**

판례(대법원 2020. 12. 10., 선고, 2016다254467, 254474, 판결)

파산절차에서 신고된 파산채권에 관하여 파산관재인 등으로부터 이의가 있는 경우 파산채권자는 그 내용의 확정을 위해 이의자 전원을 상대방으로 하여 법원에 채권조사확정재판을 신청함이 원칙이지만[채무자 회생 및 파산에 관한 법률(이하 '채무자회생법'이라고 한다) 제462조 제1항], 파산선고 당시에 그 파산채권에 대하여 이미 소송이 계속 중인 경우라면 채무자회생법 제464조에 의하여 이의채권에 관하여 이의자 전원을 그 소송의 상대방으로 하여 소송을 수계해야 한다. 이처럼 파산채권에 대해 이미 소송이 계속 중인 경우에 조사확정재판을

신청하는 대신에 계속 중인 소송을 수계하도록 한 것은, 신소 제기에 따른 비용과 시간의 낭비를 방지하고 소송절차의 번잡을 피하기 위한 공익적인 목적을 위한 것이므로, 채무자회생법 제464조에 의한 소송수계를 할 수 있는 경우에 채무자회생법 제462조 제1항에 의한 파산채권확정의 소를 제기하는 것은 권리보호의 이익이 없어 부적법하다. 이는 채무자회생법 제6조 제1항에 의하여 파산선고를 받지 아니한 채무자에 대하여 회생계획인가가 있은 후 회생절차폐지의 결정이 확정된 경우 법원이 그 채무자에게 파산의 원인이 되는 사실이 있다고 인정하여 직권으로 파산을 선고함에 따라 파산절차가 진행된 때에도 마찬가지이므로, 채무자회생법 제464조에서 말하는 '이의채권에 관한 소송'에는 종전 회생절차에서 제기되어 진행 중인 회생채권 조사확정재판에 대한 이의의 소도 포함된다고 해석함이 타당하다. 따라서 채무자회생법 제6조 제1항에 의한 파산선고 당시에 종전 회생절차에서 제기되었던 조사확정재판에 대한 이의의 소가 계속 중이라면, 채권자는 채무자회생법 제464조에 따라 이의자 전원을 그 소송의 상대방으로 하여 소송을 수계해야 하고, 이때의 수계신청은 상대방도 할 수 있다

3. 제2항

파산선고를 받지 아니한 채무자에 대하여 다음 각호의 어느 하나에 해당하는 결정이 확정된 경우 법원은 그 채무자에게 파산의 원인이 되는 사실이 있다고 인정하는 때에는 채무자 또는 관리인의 신청에 의하거나 직권으로 파산을 선고할 수 있다.

1. 회생절차개시신청 또는 간이회생절차개시신청의 기각결정(제293조의5제2항 제2호가목의 회생절차개시결정이 있는 경우는 제외한다)
2. 회생계획인가 전 회생절차폐지결정 또는 간이회생절차폐지결정(제293조의5 제3항에 따른 간이회생절차폐지결정 시 같은 조 제4항에 따라 회생절차가 속행된 경우는 제외한다)
3. 회생계획불인가결정

4. 제3항

제1항 및 제2항의 규정에 의하여 파산선고를 한 경우 다음 각호의 어느 하나에 해당하는 등기 또는 등록의 촉탁은 파산의 등기 또는 등록의 촉탁과 함께

하여야 한다.
1. 제23조제1항, 제24조제4항·제5항의 규정에 의한 등기의 촉탁
2. 제27조에서 준용하는 제24조제4항 및 제5항의 규정에 의한 등록의 촉탁

5. 제4항

제1항 또는 제2항의 규정에 의한 파산선고가 있는 경우 제3편(파산절차)의 규정을 적용함에 있어서 그 파산선고 전에 지급의 정지 또는 파산의 신청이 없는 때에는 다음 각호의 어느 하나에 해당하는 행위를 지급의 정지 또는 파산의 신청으로 보며, 공익채권은 재단채권으로 한다.
1. 회생절차개시 또는 간이회생절차개시의 신청
2. 제650조의 사기파산죄에 해당하는 법인인 채무자의 이사(업무집행사원 그 밖에 이에 준하는 자를 포함한다. 이하 같다)의 행위

6. 제5항

회생계획인가결정 전에 제2항의 규정에 의한 파산선고가 있는 경우 제3편(파산절차)의 규정을 적용함에 있어서 제2편(회생절차)에 의한 회생채권의 신고, 이의와 조사 또는 확정은 파산절차에서 행하여진 파산채권의 신고, 이의와 조사 또는 확정으로 본다. 다만, 제134조 내지 제138조의 규정에 의한 채권의 이의, 조사 및 확정에 관하여는 그러하지 아니하다.

7. 제6항

제1항 또는 제2항의 규정에 의한 파산선고가 있는 때에는 관리인 또는 보전관리인이 수행하는 소송절차는 중단된다. 이 경우 파산관재인 또는 그 상대방이 이를 수계할 수 있다.

8. 제7항

제1항 또는 제2항의 규정에 의한 파산선고가 있는 때에는 제2편(회생절차)의 규정에 의하여 회생절차에서 행하여진 다음 각호의 어느 하나에 해당하는 자의 처분·행위 등은 그 성질에 반하지 아니하는 한 파산절차에서도 유효한 것으로

본다. 이 경우 법원은 필요하다고 인정하는 때에는 유효한 것으로 보는 처분·행위 등의 범위를 파산선고와 동시에 결정으로 정할 수 있다.

1. 법원
2. 관리인·보전관리인·조사위원·간이조사위원·관리위원회·관리위원·채권자협의회
3. 채권자·담보권자·주주·지분권자(주식회사가 아닌 회사의 사원 및 그 밖에 이와 유사한 지위에 있는 자를 말한다. 이하 같다)
4. 그 밖의 이해관계인

9. 제8항

파산선고를 받은 채무자에 대한 회생계획인가결정으로 파산절차가 효력을 잃은 후 제288조에 따라 회생절차폐지결정 또는 간이회생절차폐지결정이 확정된 경우에는 법원은 직권으로 파산을 선고하여야 한다.

10. 제9항

제8항의 경우 제3편(파산절차)의 규정을 적용함에 있어서 회생계획인가결정으로 효력을 잃은 파산절차에서의 파산신청이 있은 때에 파산신청이 있은 것으로 보며, 공익채권은 재단채권으로 한다.

11. 제10항

제3항·제6항 및 제7항의 규정은 제8항의 경우에 관하여 준용한다.

파산절차가 속행되는 경우의 공익채권 등(제7조)

공익채권이 재단채권으로 변경되는 경우를 규정하고 있다. 회생절차개시신청 또는 간이회생절차개시신청의 기각결정, 회생계획인가 전 회생절차폐지결정 또는 간이회생절차폐지결정, 회생계획불인가결정 중 하나에 해당하는 때에 재단채권으로 한다. 회생절차개시신청이 기각되는 경우에 공익채권으로서 규정하는 것보다 이해관계인의 이익을 보전하기 용이한 재단채권으로 전환시킴으로써 이해관계인의 이익을 보호할 수 있게 한다.

송달(제8조)

재판에 대한 송달을 통해 채무자와 이해관계인이 불의의 피해를 방지하고자 한다.

1. 재판은 직권으로 송달

2. 회사인 채무자의 사채권자 또는 주주·지분권자에 대한 송달
(1) 사채권자 또는 주주·지분권자가 이 법에 의하여 주소를 신고한 때 : 그 주소에 송달
(2) 사채권자 또는 주주·지분권자가 주소를 신고하지 아니한 때 : 사채원부·주주명부·사원명부 또는 등기부에 기재된 주소 또는 그 자가 회사인 채무자에 통지한 주소에 서류를 우편으로 발송

3. 등기된 담보권을 가진 담보권자에 대한 송달
(1) 담보권자가 이 법의 규정에 의하여 주소를 신고한 때 : 그 주소에 송달
(2) 주소를 신고하지 아니한 때 : 등기부에 기재된 주소에 서류를 우편으로 송달한다.

회사인 채무자의 사채권자 또는 주주·지분권자에 대한 송달	1. 사채권자 또는 주주·지분권자가 이 법에 의하여 주소를 신고한 때 : 그 주소에, 2. 주소를 신고하지 아니한 때 : 사채원부·주주명부·사원명부 또는 등기부에 기재된 주소 또는 그 자가 회사인 채무자에 통지한 주소에 서류를 우편으로 발송하여 할 수 있다
등기된 담보권을 가진 담보권자에 대한 송달	1. 담보권자가 이 법의 규정에 의하여 주소를 신고한 때 : 그 주소에 2. 주소를 신고하지 아니한 때 : 등기부에 기재된 주소에 서류를 우편으로 발송하여 할 수 있다

공고(제9조)

공고는 관보에의 게재 또는 대법원규칙이 정하는 방법에 의하여 행한다. 이법에서는 개별적인 통지 절차인 송달과 함께 공개적인 통지절차인 공고를 규정하

고 있다. 또한 공고가 있은 다음날에 효력을 발휘하게끔 하고 있다.

법원이 지정하는 일간신문에 게재하거나(대규모 상장기업 등의 경우) 전자통신매체(대법원 홈페이지 등)를 이용하여 공고할 수 있다.

필요하다고 인정하는 때에는 적합한 방법으로 공공사항의 요지를 공고할 수 있다.

법원주사 또는 법원주사보는 공고한 날짜와 방법을 기록에 표시하여야 한다.

공고는 공고사항의 요지를 공시할 수 있도록 하고, 공고한 날짜와 방법으로 기록에 표시하여야 한다.

송달에 갈음하는 공고 (제10조)

송달을 하여야 하는 대상이 주소와 거소 등 현재지의 파악이 용이하지 않을 경우 송달에 갈음하는 공고를 통해 재판의 진행이 원활하게끔 하고 있다.

다수의 이해관계인이 존재하는 도산절차의 특성상 송달을 시도하였으나 송달이 되지 않는 경우등의 사유가 있는 경우에 계속하여 송달을 시도하게 되면 도산절차의 신청이 현저하게 지연될 우려가 있으므로 공고로써 송달을 갈음할 수 있도록 한다.

도산절차의 진행이 현저하게 지연될 우려가 있거나, 회생절차의 개시당시(변경회생계획안이 제출된 경우에는 그 제출당시) 주식회사인 채무자의 부채총액이 자산총액을 초과하는 때로써 송달을 받을 자가 주주인 경우 송달에 갈음하는 공고를 한다.

■ 관련판례

판례(대법원 1999. 11. 17. 자 99그53 결정)

채권자가 회사정리절차개시결정 전 정리회사를 상대로 제기한 소송에서 승소판결을 받고 그 판결을 채무명의로 한 채권압류 및 추심명령을 받아 그 배당절차에 참가하여 배당을 기다리던 중 위 결정을 이유로 채권압류 및 추심명령이 취소되자 비로소 정리채권의 추완신고를 한 경우, 회사정리법 제127조 제1항 소정의 '책임을 질 수 없는 사유'에 해당한다고 본 사례.

【서식】 송달에 갈음하는 결정

서울회생법원
제201파산부
결　　정

사　　건　　　20○○회○○　　　　　회사정리

정리회사　　　○○ 주식회사

　　　　　　　○○시 ○○구 ○○동 ○○○

관 리 인　　　○　○　○ (주민등록번호　　　　-　　　　)

　　　　　　　주　소　　　　○○시 ○○구 ○○동 ○○○

　　　　　　　전화(휴대폰)번호 (02)　　-　　　, (010)　-

　　　　　　　팩스번호 (02)　　　-　　　, e-mail주소 :

주　　문

　관리인, 회사, 알고있는 정리채권자・정리담보권자 이외의 자에 대한 채무자회생
및파산에관한법률 제10조에 의한 송달은 공고로써 갈음한다.

이　　유

채무자회생및파산에관한법률 제10조에 의하여 다음과 같이 결정한다.

　　　　　　　　20○○. ○. ○.

　　　　　　　　　　　　　재판장 판사　○　○　○　㉑
　　　　　　　　　　　　　판사　○　○　○　㉑
　　　　　　　　　　　　　판사　○　○　○　㉑

공고 및 송달을 모두 하여야 하는 경우(제11조)

각종절차(회생, 파산절차)에 관한 재판의 내용 또는 결과를 일반적으로 알리기 위하여 이를 공고하도록 하고 있다. 또한 공고 및 송달을 모두 하여야 하는 경우에는 우편을 통한 송달을 인정하고 있다. 이때 공고는 모든 관계인에 대하여 송달의 효력이 있다.

임의적 변론과 직권조사(제12조)

심리에 관해서는 민사소송법이 준용되므로(본법 제33조) 구두변론을 통해 증인 신문을 할 수도 있으나, 구두변론 없이 직권으로 필요한 조사를 하는 것이 일반적이다. 일반적으로 서증과 채무자 심문만으로 심리를 종결하곤 한다. 동시폐지 사건의 경우에는 채권자에게 의견조회를 하도록 하고, 감독관청의 인허가 대상인 사업을 영위하는 경우(학교, 병원, 공익법인 등)에는 감독관청의 의견조회를 한다. 법원은 직권으로 회생사건·파산사건·개인회생사건 및 국제도산사건에 관하여 필요한 조사를 할 수 있다.

일반적 사건의 경우	구두변론을 통해 증인 신문을 할 수도 있으나, 구두변론 없이 직권으로 필요한 조사를 하는 것이 일반적
동시폐지 사건의 경우	채권자에게 의견조회를 하도록 한다
감독관청의 인허가 대상인 사업을 영위하는 경우(학교, 병원, 공익법인 등)	감독관청의 의견조회를 한다

【서식】 채권자의견조회(동시폐지사건)

서울회생법원
제201파산부

우)06594 서초구 서초동 서초중앙로 157 / 전화 02)530-1114 / / 주심 : ○○○ 판사

시행일자	20○○. ○. ○.
수　신	[3]
제　목	주식회사 ○○○ 파산절차진행에 대한 의견조회

1. 채무자 주식회사 ○○○(대표이사 ○○○)의 이 법원 20○○하○○호 파산신청사건 관련입니다.

2. 다음 사항에 대하여 귀 채권자의 의견을 조회하니 20○○. ○. ○.까지 이 법원에 도착될 수 있도록 팩시밀리전송이나 문서로 회신하여 주시기 바랍니다.

　1) 현재까지 채무자회사에 대한 채권 및 담보권(별제권)의 내용

　2) 채무자회사에 대하여 파산관재인이 선임되어 재산을 환가할 경우, 환가금액에서 비용을 공제한 나머지로서 담보권 없는 채권자들에게 배당할만한 재산이 있는지 여부

　① 배당할 재산이 있다면 → 채무자회사는 현재 회사기구가 해체되고 임직원이 흩어져 절차비용(관재인보수, 공고비용, 관리비용)을 법원에 예납하지 못하고 있는데 필요한 금액을 채권자로서 대신 납부할 의사가 있는지 여부

　② 배당할 재산이 없다면 → 채무자회사에 대한 파산선고 및 동시폐지(파산절차종료)에 동의하는지 여부. 끝.

재판장 판사　○　　○　　○

수신처 : ○○은행, ○○종합금융, ○○상호신용금고, ○○보증보험. 끝.

【서식】감독관청 의견조회

서울회생법원
제201파산부

우)06594 서초구 서초동 서초중앙로 157 / 전화 02)530-1114 / 주심 : ○○○ 판사

시행일자	20○○. ○. ○.
수　　신	○○ 북부출장소장
	(의정부시 ○○동 ○○ / 전화　　　　/ 팩스　　　　)
제　　목	의견조회

1. 재단법인 ○○공원(본점 : 서울 ○○구 ○○동 ○○, 대표이사 : ○○○)에 대한 이 법원 20○○하○○호 파산사건과 관련된 내용입니다.
2. 위 재단법인에 대하여 20○○. ○ ○ ○○(주) 등 7인으로부터 이 법원에 파산신청이 있었는 바, 위 재단법인의 목적사업(○○시 ○○ 공원묘지 유지관리)에 대한 감독관청인 귀 청의 의견을 조회하니, 20○○. ○. ○.까지 이 법원에 도착될 수 있도록 팩시밀리 전송 또는 문서로 회신하여 주시기 바랍니다.

- 다　　　　음 -

(1) 감독관청의 관점에서 볼 때 위 재단법인이 현재 변제기에 도래한 채무를 일반적으로 변제할 수 없는 객관적 상태(지급불능)에 있는가 여부
(2) 위 재단법인에게 파산원인이 존재하는 경우라도 파산선고를 하여서는 아니될 특별한 사정이 있는가 여부
(3) 기타 위 재단법인의 파산절차에 관한 의견. 끝.

재판장 판사　○　　○　　○

즉시항고(제13조)

1. 파산신청권자의 구분에 따른 즉시항고신청자

파산신청자	즉시항고신청자
채권자	채무자
개인이 직접 파산신청	채권자, 신청인 이외의 이사, 청산인 등 임원
주식회사인 경우 주주가 즉시항고권을 갖는지 여부에 대해서는 부정적으로 본다.	

2. 즉시항고는 재판의 공고가 있는 때에는 그 공고가 있은 날부터 14일 이내에 하여야 한다.

3. 즉시항고의 실효성을 높이기 위하여 즉시항고에 대한 집행정지의 효력을 인정하고 있다.
   단, 이 법에서 즉시항고에 대해 집행정지의 효력이 없다고 정하는 경우에는 집행정지의 효력을 인정하지 않는다.

▣ **관련판례**

판례(대법원 2021. 8. 13., 자, 2021마5663, 결정)

채무자 회생 및 파산에 관한 법률(이하 '채무자회생법'이라 한다) 제13조 제1항, 제53조 제1항에 따르면, 회생절차개시의 신청에 관한 재판에 대하여 이해관계를 가진 자는 즉시항고를 할 수 있다. 여기서 이해관계란 사실상·경제상 또는 감정상의 이해관계가 아니라 법률상의 이해관계를 말하는 것으로, 해당 재판의 결과에 따라 즉시항고를 하려는 자의 법률상의 지위가 영향을 받는 관계에 있는 경우를 의미한다.

회생절차가 개시되면 채무자의 업무의 수행과 재산의 관리 및 처분을 하는 권한이 관리인에게 전속하게 되는 등(채무자회생법 제56조 제1항) 채무자의 법률상 지위에 중대한 변화가 발생하므로, 채권자 등의 신청에 의해 회생절차개시 결정이 내려진 때에는 채무자가 이해관계인으로서 그에 대하여 즉시항고를 할 수 있다고 보아야 한다. 이때 채무자가 법인인 경우에는 채무자의 기존 대표자가 채무자를 대표하여 즉시항고를 제기할 수 있다. 만일 기존 대표자가 채무자를 대표하여 즉시항고를 제기할 수 없다면, 채무자로서는 회생절차개시결정에 대하여 사실상 다툴 수 없게 되기 때문이다.

불복의 방법(제14조)

재판에 대한 불복의 경우 서면을 통한 경우에만 할 수 있게 하여 구두를 통한 경우보다 불복의 신중성을 기할 수 있도록 하고 있다.

관리위원회의 설치(제15조)

회생사건, 파산사건 및 개인회생사건을 적정, 신속하게 처리하기 위하여 대법원규칙에서 정하는 지방법원에 관리위원회를 둔다. 이는 전문지식을 갖춘 관리위원회의 보조를 받아 회생법원의 전문성을 보완하고 과중한 업무를 경감함으로써 회생절차의 신속, 적정한 진행을 도모하기 위하여 도입된 제도이다.

관리위원회를 설치하는 법원	서울중앙지방법원, 인천지방법원, 수원지방법원, 대구지방법원

관리위원회의 구성 등(제16조)

1. 관리위원회의 구성

위원장 1인 및 부위원장 1인을 포함한 3인 이상 15인 이내의 관리위원으로 구성한다.

2. 관리위원의 임기

관리위원의 임기는 3년이며, 상임으로 할 수 있다. 상임관리위원은 전문계약직 공무원으로 보한다.

3. 관리위원의 자격

관리위원은 변호사, 공인회계사, 은행법에 의한 금융기관 및 도산처리와 밀접하게 관련된 업무를 수행하는 법인인 예금보험공사·한국자산관리공사에서 15년이상 근무한 경력이 있거나 상장기업의 임원으로 재직한 자, 법률학, 경영학, 경제학 등 석사학위 이상을 취득하고 관련분야에서 7년 이상 종사한 자, 기타 이에 준하는 자로서 학식과 경험을 갖춘 자여야 한다.

4. 관리위원의 위촉

관리위원의 자격이 되는 자 중에서 회생법원장이 위촉한다.

회생법원장이 관리위원을 위촉하거나 해촉한 때에는 그 내용을 관보에 게재하여야 한다.

5. 위원장의 지명과 임기와 공무원 의제

위원장은 관리위원 중에서 회생법원장이 지명하고 그 임기는 1년이다. 위원장은 관리위원회의 의장이 되고, 대외적으로 관리위원회의 사무를 총괄한다. 부위원장은 상임관리위원 중에서 위원장이 지명하며, 위원장은 필요한 경우 부위원장으로 하여금 그 직무를 수행하게 할 수 있다.

위원장은 관리위원회의 원활한 운영을 위하여 필요하다고 인정하는 때에는 특정 관리위원을 주무위원으로 지정하여 미리 안건을 검토하여 관리위원회에 보고하게 할 수 있다.

관리위원은 형법 기타 법률의 규정에 의한 벌칙의 적용에 있어서 공무원으로 본다.

6. 관리위원의 해촉

관리위원은 ①피성년후견인·피한정후견인 또는 파산선고를 받은 자로서 복권되지 아니한 자, ②금고 이상의 실형의 선고를 받고 그 집행이 종료(집행이 종료된 것으로 보는 경우를 포함한다)되거나 집행이 면제된 날부터 5년이 경과되지 아니한 자, ③금고 이상의 형의 집행유예선고를 받고 그 유예기간이 만료된 날부터 2년이 경과되지 아니한 자, ④금고 이상의 형의 선고유예를 받고 그 유예기간 중에 있는 자, ⑤다른 법률 또는 법원의 판결에 의하여 자격정지 또는 상실된 경우, ⑥중대한 심신상의 장애로 직무를 수행할 수 없게 된 때, ⑦법령 또는 직무상 의무에 위반하여 관리위원으로써 직무를 수행하는 것이 부적절하게 된 때를 제외하고는 본인의 의사에 반하여 해촉되지 않는다.

7. 관리위원의 보수

① 관리위원에 대하여는 예산의 범위내에서 보수를 지급한다.

구 분	보 수
상임 관리위원	전임 전문계약직 공무원(나급)에 해당하는 금액
비상임 관리위원	회의에 참석하는 경우에 한하여 지방법원장이 정하는 회의출석수당을 지급한다.

② 관리위원이 개인채무의 회생위원(법 제601조 제1항 제1호)으로 선임될 경우에는 법 제130조의 규정에 따른다.

8. 복무

관리위원은 국가공무원법 제56조(성실의무), 제59조(친절공정의 의무) 내지 제63조(품위유지의 의무)의 규정을 비상임 관리위원의 복무에 관하여 준용한다.

9. 기피

이해관계인은 관리위원에게 심의·의결의 공정을 기대하기 어려운 경우에는 그 사유를 서면으로 소명하여 법원에 기피신청을 할 수 있다. 기피신청이 있는 경우 법원은 결정으로 재판한다.

관리위원이 위 사유에 해당하는 경우에는 스스로 회피할 수 있다.

10. 간사 및 직원

관리위원회의 사무를 처리하기 위하여 간사 및 직원을 둘 수 있으며, 회생법원장은 소속직원 중에서 관리위원회의 업무를 담당할 간사 및 직원을 지정하여 관리위원회에 통보해야 한다.

관리위원회의 업무 및 권한(제17조)

1. 관리인·보전관리인·조사위원·간이조사위원·파산관재인·회생위원 및 국제도산관리인의 선임에 대한 의견의 제시

2. 관리인·보전관리인·조사위원·간이조사위원·파산관재인 및 회생위원의 업무수행의 적정성에 관한 감독 및 평가
   (1) 관리인, 보전관리인, 조사위원, 간이조사위원, 회생위원의 업무수행이 적절한지 여부의 감독 및 평가
   (2) 관리인, 보전관리인, 조사위원, 간이조사위원의 업무감독
   (3) 법원의 관리인에 대한 감독업무 보조
   (4) 관리인의 회사업무 수행 중 경미하고 일상적인 행위에 대하 허가업무를 담당
   (5) 보전처분 여부에 대한 사전 검토 및 보고
   (6) 회사정리 및 화의신청서의 검토 및 보고
   (7) 개시결정 단계에서 해당 기업의 경제성에 대한 검토
   (8) 관리인 및 파산관재인의 부인권 행사, 회생채권·회생담보권 및 파산채권에 이의제출 및 회생계획안의 작성에 관한 지도 또는 경고
   (9) 기타 도산절차에 관한 필요한 의견의 제시

3. 회생계획안·변제계획안에 대한 심사
   (1) 관리인이 작성한 정리계획안이 공정하며, 타당한지 여부에 대한 심사
   (2) 회생계획안에 대한 타당성 검토와 조성한 작성
   (3) 관계인집회의 참관과 이해조정

4. 채권자협의회의 구성과 채권자에 대한 정보의 제공

5. 이 법의 규정에 의한 절차의 진행상황에 대한 평가
   (1) 진행상황에 대한 평가를 통하여 법관에게 어떠한 결정을 내릴 것인가의 여부에 대한 의견을 개진 또는 신청한다.

(2) 경영에 대한 자문을 한다

(3) 각종 인수, 정리절차에서의 불만사항 처리 및 조사를 한다

(4) 불만처리와 그에 대한 조사를 통한 보완

6. 관계인집회 및 채권자집회와 관련된 업무

7. 그 밖에 대법원규칙 또는 법원이 정하는 업무

각 절차별 조건의 공정성, 적정성 심사를 실시한다.

8. 관리위원회가 업무의 일부를 관리위원에게 위임할 수 있도록 하며 법원이 해당 관리위원이 해당 업무에 대해 부적합하다고 판단할 경우 관리위원회에 다른 관리위원에게 해당 업무를 위임할 것을 요구할 수 있게 하고 있다. 직권으로 가능한 것이 아님을 유의해야 한다.

9. 관리위원회가 설치되어 있지 않는 지방법원은 관리위원회가 설치된 지방법원의 관리위원회에 사무수행을 촉탁할 수 있다.

10. 관리위원회는 위원장의 필요에 따라 수시로 소집할 수 있으며, 법원이 관리위원회의 의견을 요구한 경우에는 위원장은 즉시 관리위원회를 소집하여야 한다. 관리위원회의 회의는 공개하지 않으며, 다만 의결로 상당하다고 인정하는 자는 방청할 수 있다.

11. 의결권은 서면에 의하여 행사할 수 있다.

12. 관리위원회는 필요한 경우 공공기관·관련전문가 또는 이해관계인에 대하여 의견을 조회할 수 있으며, 그 직능을 수행하기 위하여 필요한 경우에는 공공기관 또는 관계당사자에게 자료의 제출을 요청하거나 기타 필요한 협력을 요청할 수 있다.

13. 관리위원회는 법원으로부터 의견을 요청받은 경우 신속하게 그 의견을

제출해야 하며, 법원이 의견제출기간을 정한 경우에는 이를 넘겨서는 안된다. 단 부득이한 사유가 있는 때에는 법원의 허가를 받아 의견제출 기간을 연장할 수 있다.

14. 법 제17조 제2항의 규정에 의하여 관리위원회가 업무의 일부를 특정관리 위원에게 위임한 경우에는 이를 즉시 서면으로 법원에 보고하여야 한다.

15. 법 제17조 제3항의 규정에 의하여 관리위원회가 법원으로부터 관리위 원의 교체를 요구받은 경우에는 즉시 해당 관리위원을 교체한 후 이를 서면으로 법원에 보고하여야 한다.

16. 관리위원회의 운영에 관하여 필요한 사항은 관리위원회의 의결을 거쳐 위원장이 정한다.

관리위원에 대한 허가사무의 위임(제18조)

1. 법 제61조 제1항에서 규정된 행위에 대한 허가사무중 법 제18조의 규정 에 의하여 관리위원에게 위임할 수 있도록 하고 있다.
   ① 재산의 처분(등기 또는 등록의 대상이 되는 재산의 처분행위 제외)
   ② 재산의 양수(제3자의 영업을 양수하는 경우 제외)
   ③ 자금의 차입 등 차재
   ④ 제119조의 규정에 의한 계약의 해제 또는 해지
   ⑤ 소의 제기, 소송대리인의 선임 기타행위(소의 취하, 상소권의 포기, 화해 또는 중재계약, 청구의 포기·인낙, 소송탈퇴의 경우 제외)
   ⑥ 임원을 제외한 모든 직원의 인사 및 보수결정
   ⑦ 계약의 체결, 기타 의무부담행위
   ⑧ 어음·수표계좌의 설정 및 어음·수표용지의 수령행위
   ⑨ 운영자금의 지출
   ⑩ 기타 법원이 지정하는 허가사무

2. 파산절차에 대한 위임할 수 있는 허가사무
   ① 동산의 임의매각
   ② 채권 및 유가증권의 양도
   ③ 법 제335조 제1항의 규정에 의한 이행의 청구
   ④ 기타 법원이 지정하는 허가사무

3. 위임의 절차 - 법원의 관리위원에 대한 허가사무의 위임은 결정으로 하여야 하며, 이는 변경하거나 취소할 수 있다. 위임의 범위는 가액 또는 종류별로 위임하되 위임의 범위가 명백하도록 한다. 위임결정은 관리위원 및 관리인 또는 파산관재인에게 송달하여야 한다. 관리위원은 법원으로부터 위임받아 수행한 허가사무의 처리결과를 매월 보고하여야 한다.

▣ 관련판례

판례(대법원 1993.9.14. 선고 92다12728 판결)

법원이 보전관리인에 대하여 법원의 허가를 얻어 회사정리법 제54조 각호의 행위를 하도록 정한 바가 없다면 보전관리인이 그 각호의 행위를 함에 있어서 법원의 허가를 받지 아니하였다 하여도 허가를 받지 아니하고 한 행위가 무효라고 한 위 제55조의 규정이 당연히 준용되는 것이라고는 할 수 없다.

관리위원의 행위에 대한 이의신청(제19조)

1. 이의신청의 방법

   위임을 받아 관리위원이 행한 결정 또는 처분에 불복하는 자는 관리위원에게 이의신청서를 서면으로 제출하여야 한다.

2. 이의신청의 처리권자

   관리인

3. 이의신청의 처리

이의신청이 이유있다고 인정할 수 있는 경우	지체없이 법원에 통지해야 한다
이의신청이 이유없다고 인정되는 경우	제출받은 날로부터 3일 이내에 이의신청서를 법원에 송부하여야 한다. 법원은 이유를 붙여 결정을 하여야 하며, 이의신청이 이유있다고 인정하는 경우에는 관리위원에게 상당한 처분을 명하고 그 뜻을 이의신청인에게 통지한다.

4. 불복신청과 집행정지의 효력유무

관리위원회의 관리위원이 행한 결정 또는 처분에 불복하는 자가 관리위원에게 이의신청서를 제출하는 경우 이의신청은 집행정지의 효력이 없음에 유의한다.

5. 이의신청의 기재사항

① 이의 신청인의 성명 및 주소
② 이의 신청의 대상이 되는 결정 또는 처분을 한 관리인의 성명
③ 이의 신청의 대상이 되는 결정 또는 처분의 내용
④ 이의 신청의 취지 및 이유
⑤ 이의신청서에는 이의신청의 대상이 되는 결정 또는 처분과 이해관계가 있음을 소명하는 자료를 첨부해야 한다.

보고서의 발간 및 국회 상임위원회 보고(제19조의2)

회생법원장은 관리위원회를 통한 관리·감독 업무에 관한 실적을 매년 법원행정처장에게 보고하여야 한다. 법원행정처장은 이에 따른 관리·감독 업무에 관한 실적과 다음 연도 추진계획을 담은 연간 보고서를 발간하여야 하며, 그 보고서는 국회 소관 상임위원회에 보고하여야 한다.

채권자협의회의 구성(제20조)

1. 채권자협의회 제도의 취지와 목적

채권자협의회제도는 채권자의 지위를 강화하기 위한 방안으로서 채권자들에게 정리절차에 관한 정보의 제공을 통해 채권자들의 의사소통을 원활화시킴으로써 채권자들의 의견을 최대한 반영할 수 있도록 하기 위하여 도입된 제도이다. 채권자협의회제도는 채권자들에게 각종 절차에 대한 자료와 정보의 제공을 제도화함으로써 채권자들이 절차에 대한 참여를 보장함으로써 채권자들의 활발한 활동을 통해 각 정리절차의 성공적인 수행을 확보하고자 하는데 그 목적이 있다.

2. 채권자협의회의 구성

① 채권자협의회는 10인 이내로 구성한다.

② 관리위원회는 회생절차개시신청·간이회생절차개시신청 또는 파산신청이 있은 사실을 법원으로부터 통보받은 후 1주일 이내에 채권자협의회를 구성한 다음 이를 채권자협의회의 구성원들에게 팩스 또는 이메일로 통지하고 법원에 보고하여야 한다.

③ 관리위원회가 채권자협의회를 구성하는 때에는 채권액의 총액 및 채무자의 주된 재산에 대한 담보권 보유상황을 참작하여 채권자 및 일반의 이익을 적절히 대표할 수 있도록 하여야 한다. 단, 주요채권자가 채무자와 특별한 이해관계를 가지고 있거나 채권자협의회의 구성원으로써의 책무를 다할 의사를 가지고 있지 않을 때에는 이를 제외할 수 있다.

④ 관리위원회는 회생절차 개시신청 또는 파산신청 이전부터 채권자들의 협의체가 구성되어 있는 경우에는 이를 참작하여 채권자협의회를 구성할 수 있다.

⑤ 관리위원회는 필요한 경우 채권자협의회의 구성원을 변경할 수 있다. 관리위원회가 채권자협의회 구성원을 변경한 경우에는 이를 법원에 보고하여야 한다.

⑥ 채권자협의회 구성원은 채권의 양도 또는 소멸등의 사유로 채권자협의회 구성원이 될 수 있는 자격을 상실한 때에는 즉시 그 사유 및 발생일자를 대표채권자 및 관리위원회에 통보하여야 한다.

⑦ 법원은 채권자협의회의 구성이 채권자 일반의 이익을 적절히 대표하도록 변경될 필요가 있다고 인정하는 때에는 관리위원회에 채권자협의회 구성원의 교체, 제외, 추가 등을 명할 수 있다.

⑧ 채무자의 주요채권자는 관리위원회에 채권자협의회 구성에 관한 의견을 제시할 수 있다.

3. 예외

원칙적으로는 모든 회사가 절차개시시신청 후에 회사의 주요 채권자들을 구성원으로 하는 채권자협의회를 구성해야 하나, 채무자가 개인 또는 「중소기업기본법」 제2조제1항의 규정에 의한 중소기업자(이하 "중소기업자"라 한다)인 경우에는 협의회 구성을 아니할 수 있으므로 중소기업의 경우에는 구체적 사건별로 협의회 구성 여부를 결정할 수 있다.

4. 소액채권자의 채권자협의회 참석가능여부

관리위원회는 필요하다고 인정하는 때에는 소액채권자를 채권자협의회의 구성원으로 참여하게 할 수 있다.

5. 대표채권자

채권자협의회는 규정에 의한 통지를 받은 날부터 3영업일 이내에 대표채권자를 지정하여 법원 및 관리위원회에 팩스 또는 이메일로 신고하여야 한다. 이 기간 내에 신고가 없는 경우 관리위원회가 대표채권자를 지정한다.

대표채권자는 채권자협의회의 의장이 되고, 대외적으로 채권자협의회를 대표하여 채권자협의회의 의견을 제시하며, 채권자협의회의 소집 및 연락업무를 담당하고 그 밖의 사무를 총괄한다.

법원 또는 관리위원회의 채권자협의회에 대한 의견조회는 대표채권자에 대하여 한다.

대표채권자가 채권자협의회의 구성원에서 제외되거나 그 밖의 사유로 대표채권자의 변경이 필요하게 된 경우 관리위원회는 지체없이 이를 채권자협의회의 구성원들에게 팩스 또는 이메일로 통지하고 법원에 보고하여야 한다.

6. 회의 및 의결

대표채권자는 회생절차 또는 파산절차와 관련하여 필요한 경우 회의를 소집할 수 있고, 법원 또는 관리위원회로부터 의견을 요청받거나 구성원의 4분의 1 이상의 요구가 있을 때에는 3영업일 이내에 회의 소집하여야 한다.

의결권은 서면 또는 대리인에 의하여 행사할 수 있으며, 채권자협의회의 구성원이 아닌 채권자도 관리위원회의 허가를 얻어 채권자협의회의 회의에 참석하여 발언할 수 있다. 그러나 의결권은 가지지 않는다.

7. 의견의 송부

채권자협의회는 법원 또는 관리위원회로부터 의견을 요청받은 경우 의결결과 및 출석구성원들의 채권액과 의견을 모두 기재하여 송부하여야 한다. 의결결과 등은 팩스 또는 이메일로 송부할 수 있다.

채권자협의회의 구성원들이 의견을 기재함에 있어서는 그와 같은 의견에 이르게된 이유를 함께 기재하여야 한다.

8. 변호사등 전문가의 선임

① 채권자협의회는 채권자 일반의 이익을 위하여 필요한 때에는 법원의 허가를 받아 변호사, 법무법인, 회계사, 회계법인, 그 밖의 전문가를 선임하여 조력을 받을 수 있다.

② 채권자협의회가 변호사등을 선임하는 때에는 계약조건, 계약의 상대방이 될 후보자의 경력·전문성·성실성·채무자 및 특정채권자와의 이해관계의 유무, 변호사등의 선임이 채무자의 재정상태에 미치는 영향등 제반사항을 참작하여 특별한 사정이 없는 한 가장 적합한 1인을 선정한 다음 법원의 허가를 받아 그 1인과 용역계약을 체결하여야 한다.

③ 채권자협의회가 변호사등과 용역계약에 대한 허가신청을 하려면 신청서에 제시한 계약조건과 경력 및 전문성에 관한 내용, 채권자협의회가 1인을 용역계약의 상대방으로 선정한 이유, 용역계약의 상대방으로 선정된 1인의 회생절차개시신청 또는 파산신청을 첨부하여 채무자나 특정채권자와 이해관계가 있는지 여부 및 그 내용(용역계약의 상대방으로 선정된 1

인이 작성한 진술서 첨부)이 기재된 서면을 제출하여야 한다. 신청은 서면으로 하며, 제공한 용역의 구체적인 내용, 소요한 시간, 지출한 비용 및 채권자 일반의 이익증진에 기여한 내용 및 정도도 기재하고 이에 대한 소명자료를 첨부한다. 법원은 해당용역의 제공이 채권자 일반의 이익증진에 기여할 내용 및 정도등을 참작하여 합리적인 범위내에서 채무자가 부담할 보수를 결정한다.

9. 채권자협의회의 활동에 필요한 비용등의 부담

채권자협의회는 채권자일반의 이익을 위하여 필요한 활동에 비용을 지출한 때에는 법원에 채무자로 하여금 그 비용을 채권자협의회에 지급하도록 명하는 취지의 신청을 할 수 있다. 신청은 서면으로 하며 비용의 액수, 비용지출의 필요성 및 그 사용처, 비용지출이 채권자 일반의 이익 증진에 기여한 내용 및 정도를 기재하고 소명자료를 첨부하여야 한다.

10. 운영규정

이외에 채권자협의회의 운영에 관하여 필요한 사항은 채권자협의회의 의결을 거쳐 대표채권자가 정한다.

채권자협의회의 기능 등 (제21조)

1. 채권자 협의회의 권한 강화(법 제20조 및 21조)

① 파산절차에서는 채권자협의회에 관한 규정이 없고, 회사정리절차에서도 채권자들의 이해를 조정하여 법원에 의견을 제시하는데 불과하여 기존의 절차가 채권자의 권리보호에 취약하다는 문제점을 해결하려는 것임

② 원칙적으로 중소기업과 개인을 제외하고는 채권자협의회의 구성을 의무화하며, 감사를 추천하고 회생계획인가후 회사의 경영상태에 관한 실사를 청구할 수 있도록 함

③ 채권자 협의회의 활동에 필요한 비용을 채무자에게 부담시킬 수 있게 하여 채권자협의회가 회생절차 등에 적극적으로 관여 할 수 있도록 함

④ 채권자협의회의 기능과 권한이 강화되어 관리인을 효과적으로 견제함으

로써 기업회생을 촉진하고 회생절차의 공정성과 투명성을 높이는데 기여할 것으로 기대됨

2. 채권자 협의회의 행위

① 회생절차 및 파산절차에 관한 의견제시

② 관리인·파산관리인 및 보전관리인의 선임 또는 해임에 관한 의견의 제시

③ 법인인 채무자의 감사(상법 제415조의2의 규정에 의한 감사위원회의 위원을 포함) 선임에 대한 의견의 제시

④ 회생계획인가 후 회사의 경영상태에 관한 실시의 청구

⑤ 그 밖에 법원이 요구하는 회생절차 및 파산절차에 관한 사항(관리인이 제공한 자료에 대한 설명요구, 관리인의 특별보상금에 대한 의견제시, 조사위원의 선임·해임에 대한 의견제시, 회생절차 종결 및 회생절차 폐지에 대한 의견 제시)

⑥ 그 밖에 대통령령이 정하는 행위란 다음 각 호의 사항을 말한다.

 1. 법 제17조제1항제3호에 따른 관리위원회의 회생계획안·변제계획안 심사시 의견제시

 2. 법 제22조제2항 및 제3항에 따라 제공된 자료에 관하여 관리인에 대한 설명 요구

 3. 법 제30조에 따른 특별보상금 및 법 제31조에 따른 보상금에 대한 의견 제시

 4. 법 제62조제3항에 따른 양도대가의 사용방법에 대한 의견 제시

 5. 법 제87조 및 법 제88조에 따른 조사위원의 선임 및 해임에 관한 의견 제시

 6. 법 제283조에 따른 회생절차의 종결 및 법 제285조 내지 제288조에 따른 회생절차의 폐지에 대한 의견 제시

채권자협의회에 대한 자료제공(제22조)

 1. **법원 : 절차개시신청에 관한 서류, 결정서, 감사보고서 기타 대법원규칙이 정하는 주요 자료의 사본을 채권자 협의회에 제공하여야 한다.**

 1) 회생절차개시신청서, 파산신청서 및 그에 첨부된 대차대조표, 손익계산서, 채권자 및 담보권자일람표, 제3자에 대한 지급보증 또는 물상보증 제공증명서

 2) 채무자의 업무 및 재산에 관한 보전처분결정 및 그 변경 취소결정

   3) 보전관리 명령결정

   4) 조사위원 선임결정

   5) 회생절차 개시신청 또는 파산신청의 기각결정

   6) 회생절차 개시결정 또는 파산선고결정(관리인 선임 또는 불선임 결정 또는 파산관재인 선임결정 포함)

   7) 영업등의 양도허가 결정

   8) 회생계획을 서면결의에 부치는 결정

   9) 회생계획안 제출기간 결정

   10) 회생계획 변경 허가 결정

   11) 회생계획 변경 불허가 결정

   12) 회생계획, 변경회생계획 인가결정

   13) 회생계획, 변경회생계획 불인가결정

   14) 회생계획, 변경회생계획 배제결정

   15) 회생계획수행에 관한 법원의 명령

   16) 회생절차 종결결정

   17) 회생절차 폐지결정 또는 파산 폐지결정

   18) 관리인이 작성한 재산목록, 대차대조표, 조사보고서

   19) 조사위원의 조사보고서

   20) 회생계획안·변경회생계획안 및 그 수정안

   21) 외부회계감사보고서

   22) 기타 회생절차 또는 파산결정에 관한 주요자료로서 법원이 정하는 것

2. 관리인 또는 파산관재인 : 법원에 대한 보고서류 중 법원이 지정하는 주요서류를 채권자협의회에 분기별로 제출해야한다 .

3. 채권자협의회의는 관리인 또는 파산관재인에게 필요한 자료의 제공을 청구할 수 있다.

4. 채권자협의회에 의하여 자료제공을 요청받은 자는 자료를 제공하여야 한다.

5. 채권자협의회에 속하지 아니하는 채권자라도 채권자협의회를 통하여 자료를 요청할 수 있다. 이때 채권자협의회는 그 채권자의 비용으로 자료의 사본을 제공한다.

6. 채권자협의회는 필요한 자료의 제공을 청구하는 때에는 자료중 필요한 부분을 특정하여 청구가 있는 경우 관리인 또는 파산관재인에게 열람·복사를 청구하여야 한다. 청구가 있는 경우 관리인 또는 파산관재인은 지체없이 채권자협의회에 해당자료의 열람·복사를 허용하여야 한다(자료제공 거부에 대한 법원의 허가를 얻지 못한 경우 포함). 다만 정당한 사유가 있는 경우에는 법원의 허가를 얻어 열람·복사를 전부 또는 일부를 거부할 수 있다. 자료제공을 거부하고자 하는 경우 관리인 또는 파산관재인은 자료제공 청구가 있은 후 즉시 법원에 거부사유를 적은 서면으로 자료제공거부 허가신청을 하여야 한다.

신규자금대여자의 의견제시권한 및 그에 대한 자료제공(제22조의2)

1) 제179조제1항제5호 및 제12호에 따라 자금을 대여한 공익채권자는 다음 각 호의 행위를 할 수 있다.
1. 채무자의 영업 또는 사업의 전부 또는 중요한 일부를 양도하는 것에 대한 의견의 제시
2. 회생계획안에 대한 의견의 제시
3. 회생절차의 폐지 또는 종결에 대한 의견의 제시
2) 제179조제1항제5호 및 제12호에 따라 자금을 대여한 공익채권자는 대법원규칙으로 정하는 바에 따라 관리인에게 필요한 자료의 제공을 청구할 수 있다. 이 경우 관리인은 대법원규칙으로 정하는 바에 따라 자료를 제공하여야 한다.

법인에 관한 등기의 촉탁(제23조)

1. 절차의 개시후의 등기

각 절차가 개시되면 회사사업의 경영권과 회사재산의 관리처분권은 관리인에게 전속하고 회사는 그 권한을 잃게 되므로 이를 공시함으로써 거래의 혼란을 방지하기 위하여 각 절차에 관한 등기를 하도록 되어있다.

2. 회생절차 개시결정 후 법원사무관의 등기 또는 등록

회생절차 개시결정 후에 회생채무자가 등기 또는 등록의 대상이 되는 권리를 취득한 것이 있는 것을 안 때에는 법원사무관등은 지체 없이 관할 등기소에 기입등기를 촉탁하여야하고, 위 권리를 상실한 때에도 지체 없이 기입등기 또는 기입등록의 말소촉탁을 실시하여야 한다.

법인인 채무자에 대하여 제43조 제3항·제74조 제1항·제355조 또는 제636조 제1항 제4호의 규정에 의한 처분이 있는 때에는 법원 사무관 등은 직권으로 지체없이 촉탁서에 그 처분의 등본 또는 초본을 첨부하여 그 처분의 등기를 채무자의 각 사무소 및 영업소의 소재지의 등기소에 촉탁하여야 한다. 등기된 처분이 변경 또는 취소된 때에도 또한 같다. 이는 법 제74조 제3항에 의하여 관리인을 선임하지 않는 처분을 한 경우에 준용하며, 등기된 처분이 변경 또는 취소된 때에도 같다. 이 경우 법원사무관등은 관리인을 선임하지 아니한다는 처분과 함께 법인인 채무자의 대표자를 관리인으로 본다는 취지의 등기를 함께 촉탁하여야 한다(기재례 : "채무자에 대하여 관리인을 선임하지 아니하고 채무자의 대표이사를 관리인으로 본다.").

3. 촉탁사유

① 회생절차개시(제293조의5제4항에 따라 회생절차가 속행된 경우를 포함한다)·간이회생절차개시 또는 파산선고의 결정이 있는 경우

② 회생절차개시결정취소·간이회생절차개시결정취소, 회생절차폐지·간이회생절차폐지 또는 회생계획불인가의 결정이 확정된 경우

③ 회생계획인가 또는 회생절차종결·간이회생절차종결의 결정이 있는 경우

④ 제266조의 규정에 의한 신주발행, 제268조의 규정에 의한 사채발행, 제269조의 규정에 의한 주식의 포괄적 교환, 제270조의 규정에 의한 주식의 포괄적 이전, 제271조의 규정에 의한 합병, 제272조의 규정에 의한 분할 또는 분할합병이나 제273조 및 제274조의 규정에 의한 신회사의 설립이 있는 경우. 이외에도 회생계획의 수행이나 법의 규정에 의하여 회생절차의 종료전에 법인인 채무자나 신회사에 관하여 등기할 사항이 생긴 때에는 법원 사무관등은 직권으로 지체없이 촉탁서에 결정서의 등본 또는 초본 등 관련서류를 첨부하여 채무자의 각 사무소 및 영업소(외국에 주된 사무

소 및 영업소가 있는 경우는 대한민국에 있는 사무소 또는 영업소)의 등기소에 그 등기를 촉탁하여야 한다.

⑤ 파산취소·파산폐지 또는 파산종결의 결정이 있는 경우

【서식】 회사정리절차 개시결정의 등기촉탁서

서울회생법원
제201파산부
등기촉탁서

서울중앙지방법원 상업등기소장 귀하

사 건   20○○회○○   회사정리

정리회사   ○○ 주식회사

○○시 ○○구 ○○동 ○○○

위 사건에 관하여 다음과 같이 회사정리절차 개시결정 및 관리인 선임결정의 등기를 촉탁합니다.

등기원인과 그 연월일   20○○. ○. ○. 09:30 회사정리절차 개시결정 및 관리인 선임결정.

등기의 목적   별지 기재 회사정리절차 개시결정 및 관리인 선임등기

첨   부   1. 결정 등본 1통.
2. 인감신고 1통.
3. 촉탁서 부본 1통.

20○○. ○. ○.

재판장 판사 ○ ○ ○

【서식】 회사재산에 관한 개시결정의 기입등기·등록촉탁서

서울회생법원
제201파산부
등기(등록)촉탁서

수 신   수신처 참조
사 건   20○○회○○   회사정리
정리회사   ○○ 주식회사
              ○○시 ○○구 ○○동 ○○○

　위 사건에 관하여 다음과 같이 회사정리절차 개시결정 기입등기(등록)를 촉탁합니다.

부동산(권리)의 표시   별지 기재와 같음.
등기원인과 그 연월일   20○○. ○. ○. 09:30 회사정리절차 개시결정.
등기의 목적   별지 기재 부동산(권리)에 대한 회사정리절차 개시결정 기 입등기(등록).

첨   부   1. 결정 등본 1통.
                2. 촉탁서 부본 1통.

20○○. ○. ○.

재판장 판사 ○ ○ ○

수신처 : 서울중앙지방법원 등기관, ○○등기소장.

등기된 권리에 관한 등기 등의 촉탁(제24조)

1. 다음의 경우 법원사무관등은 직권으로 지체 없이 촉탁서에 결정서의 등본 또는 초본을 첨부하여 회생절차개시·간이회생절차개시의 등기 또는 그 보전처분의 등기를 촉탁하여야 한다. 제2호 또는 제3호의 보전처분이 변경 또는 취소되거나 효력을 상실한 때에도 또한 같다.

    ① 법인이 아닌 채무자에 대하여 회생절차개시 또는 간이회생절차개시의 결정이 있는 경우 그 채무자의 재산에 속하는 권리 중에 등기된 것이 있는 때
    ② 처분대상인 채무자의 재산에 속하는 권리로서 등기된 것에 관하여 제43조제1항의 규정에 의한 보전처분이 있는 때
    ③ 등기된 권리에 관하여 제114조제1항 또는 제3항의 규정에 의한 보전처분이 있는 때

2. 법원은 회생계획의 수행이나 이 법의 규정에 의하여 회생절차가 종료되기 전에 등기된 권리의 득실이나 변경이 생긴 경우 : 직권으로 지체 없이 그 등기를 촉탁하여야 한다.

    예외) 채무자·채권자·담보권자·주주·지분권자와 신회사 외의 자를 권리자로 하는 등기의 경우에는 그러하지 아니하다.

3. 법원사무관등은 법인이 아닌 파산선고를 받은 채무자에 관한 등기가 있는 것을 안 때에는 직권으로 지체 없이 촉탁서에 파산결정서의 등본을 첨부하여 파산등기를 촉탁하여야 한다. 파산재단에 속하는 권리로서 등기된 것이 있음을 안 때에도 또한 같다.

4. 법원사무관등은 파산관재인이 파산등기가 되어 있는 권리를 파산재단으로부터 포기하고 그 등기촉탁의 신청을 하는 경우에는 촉탁서에 권리포기허가서의 등본을 첨부하여 권리포기의 등기를 촉탁하여야 한다.

5. 법원사무관등은 채무자의 재산에 속하는 권리로서 등기된 것에 대하여 개인회생절차에 의한 보전처분 및 그 취소 또는 변경이 있는 때에는 직

권으로 지체 없이 촉탁서에 결정서의 등본 또는 초본을 첨부하여 그 처분의 등기를 촉탁하여야 한다.

6. 법원사무관등은 제636조제1항제3호(채무자의 변제금지 또는 채무자 재산의 처분금지) 또는 제4호(국제도산관리인의 선임)의 규정에 의한 처분이 있는 경우 채무자의 재산에 속하는 권리로서 등기된 것이 있음을 안 때에는 직권으로 지체 없이 촉탁서에 결정서의 등본 또는 초본을 첨부하여 그 처분의 등기를 촉탁하여야 한다. 제635조제1항(법원은 외국도산절차의 대표자의 신청에 의하거나 직권으로 외국도산절차의 승인신청이 있은 후 그 결정이 있을 때까지 제636조제1항제1호(채무자의 업무 및 재산에 대한 소송 또는 행정청에 계속하는 절차의 중지) 내지 제3호((채무자의 변제금지 또는 채무자 재산의 처분금지)의 조치를 명할 수 있다)의 규정에 의하여 외국도산절차의 승인결정 전에 제636조제1항 제3호(채무자의 변제금지 또는 채무자 재산의 처분금지)의 처분이 있는 경우에도 또한 같다.

7. 파산절차에서 채무자의 재산에 대한 보전처분(법 제323조) 또는 법인이 이사의 재산에 대한 보전처분(법 제351조)이 있는 경우에 등기의 촉탁에 관해서는 법이 아무런 규정을 두고 있지 않으나, 이 경우에도 등기촉탁의 필요성이 있으므로 규칙에서 이를 규정하고 있다.

【서식】 회사재산에 관한 개시결정의 기입등기·등록촉탁서

서 울 회 생 법 원
등기(등록)촉탁서

수 신   수신처 참조
사 건   20○○개보○○   개인재산보전처분
채무자(신청인) ○ ○ ○(-   )
            ○○시 ○○구 ○○동 ○○○

　　위 사건에 관하여 다음과 같이 개인재산보전처분결정의 기입등기(등록)를 촉탁합니다.

부동산(권리)의 표시   별지 기재와 같음.
등기(등록)원인과 그   20○○. ○. ○. 개인재산보전처분결정
연월일

등기의 목적   별지 기재 부동산(권리)에 대한 개인재산보전처분결정 기입등기(등록)
등록세 및   채무자회생및파산에관한법률 제24조, 제27조, 제25조 제2항,
등기촉탁수수료   등기부등·초본등 수수료 규칙 제5조의2 제2항 제○호에 의하여 면제

첨   부   1. 개인재산보전처분결정등본 1통.
             2. 촉탁서 부본 1통.

　　　　　　　　　　　20○○. ○. ○.

　　　　　　　　　법원주사(보) ○ ○ ○

수신처 : 서울중앙지방법원 등기관, ○○등기소장...

등기소의 직무 및 등록세 면제(제25조)

1. 법 제23조(법인에 관한 등기의 촉탁), 법 제24조(등기된 권리에 관한 등기 등의 촉탁), 회생계획인가취소에 따른 파산등기말소 회복의 등기의 경우 등록세를 부과하지 않는다.

2. 회생계획인가의 등기를 하는 경우, 그전에 파산등기가 있었던 때에는 등기소는 직권으로 파산등기를 말소하여야 한다. 말소 후 회생계획인가취소의 등기를 하는 경우에는 직권으로 그 등기를 회복하여야 한다.

▣ 참조예규

1995.5.12. 등기예규 3402-376

지방세법 제264조 등에 의한 등록세 감면의 경우는 그 신청서에 등록세감면확인서를 첨부하여야 하고, 지방세법 제261조 등에 의한 등록세 경감의 경우에는 시·군 작성의 전산처리된 용지이거나, 수납부일련번호 및 세무공무원의 날인이 있는 용지에 의한 등록세영수필확인서 및 영수필통지서만을 첨부하면 된다.

【서식】 파산선고의 결정을 한 경우 등기촉탁서

서울회생법원
등기촉탁서

〇〇등기소 등기관 귀하

1. 상 호 　　〇〇 주식회사(등기번호 제1000호)
2. 본 점 　　〇〇시 〇〇구 〇〇동 〇〇〇번지
　　지 점 　　〇〇시 〇〇구 〇〇동 〇〇〇번지
3. 등기목적 　　파산등기
4. 등기사유 　　20〇〇년 〇월 〇일 〇〇지방법원 20〇〇회〇〇호 파산선고
　　　　　　　의 결정을 하였으므로 다음 사항의 등기를 구함
5. 등기할 사항
　　20〇〇년 〇월 〇일 〇〇지방법원에서의 파산선고
6. 등록세 및 농어촌특별세(채무자회생및파산에관한법률 제25조에 의하여
　　비과세)
7. 첨부서류
　　　　　　　(1) 파산결정등본 　　　　　1통

위와 같이 등기촉탁합니다.

20〇〇년 〇월 〇일

판사 〇 〇 〇 (인)

부인의 등기(제26조)

1. 부인등기를 하여야 할 경우

부동산에 관하여 매매, 담보권의 설정 등 등기의 원인행위가 부인된 때는 관리인 또는 파산관재인 또는 개인회생절차에서의 부인권자는 부인의 등기를 신청하여야 한다. 등기가 부인된 때에도 같다. 그리고 이에 대해서는 등록세를 부과하지 않는다.

2. 부인등기의 절차

회생절차의 경우 관리인이 부인권을 행사하여 그 판결이 확정되면 그 판결 정본을 첨부하여 단독으로 부인등기를 신청하여야 한다고 하고, 회생채무자의 재산에 대한 부인의 등기는 주등기로 한다.

3. 부인의 등기를 신청하여야 하는 경우

법 제23조 제1항 제1호(회생절차개시 또는 파산선고의 결정이 있는 경우) 내지 제3호(회생계획인가 또는 회생절차종결의 결정이 있는 경우) 및 제5호(파산취소·파산폐지 또는 파산종결의 결정이 있는 경우)의 경우 부인의 등기를 신청하여야 한다.

4. 이해관계인의 청구에 따른 등기의 말소

관리인 또는 파산관재인이 부인의 등기의 대상이 되었던 임의재산을 매각한 경우, 그 재산을 취득한 이해관계인이 회생채권자, 파생채권자보다 후순위의 등기를 갖게 되어 불안한 지위에 놓일 수 있으므로 이해관계인의 청구로 회생채권자, 파생채권자에게 대항 할 수 없는 것의 말소를 촉탁할 수 있다.

등록된 권리에의 준용(제27조)

채무자의 재산, 파산재단 또는 개인회생재단에 속하는 권리로서 등록된 것인 경우 제24조(등기된 권리에 관한 등기 등의 촉탁), 제26조(부인의 등기)의 규정을 준용한다.

사건기록의 열람 등(제28조)

1. 이해관계인은 법원에 사건기록(문서 그 밖의 물건을 포함한다)의 열람·복사, 재판서·조서의 정본·등본이나 초본의 교부 또는 사건에 관한 증명서의 교부를 청구할 수 있다.

2. 사건기록 중 녹음테이프 또는 비디오테이프(이에 준하는 방법에 의하여 일정한 사항을 기록한 물건을 포함한다. 이하 이 조에서 같다)에 관하여는 교부의 청구를 적용하지 아니한다. 다만, 이해관계인의 신청이 있는 때에는 법원은 그 복제를 허용할 수 있다.

3. 제1항 및 제2항의 규정에 불구하고 다음에 해당하는 자는 해당 각호의 각목에서 정하는 재판의 어느 하나가 있을 때까지는 사건기록 등의 교부 청구 및 녹음테이프 또는 비디오테이프의 복제의 신청을 할 수 없다. 다만, 그 자가 회생절차개시 또는 간이회생절차개시의 신청인 때에는 그러하지 아니하다.
   1) 채무자 외의 이해관계인
   (1) 보전처분
   (2) 보전관리명령
   (3) 중지명령
   (4) 포괄적 금지명령
   (5) 회생절차개시 또는 간이회생절차개시의 신청에 대한 재판
   2) 채무자
   (1) 보전처분, 보전관리명령, 중지명령, 포괄적 금지명령, 회생절차개시신청에 대한 재판
   (2) 회생절차개시 또는 간이회생절차개시의 신청에 관한 변론기일의 지정
   (3) 채무자를 소환하는 심문기일의 지정

4. 법원은 채무자의 사업유지 또는 회생에 현저한 지장을 초래할 우려가 있거나 채무자의 재산에 현저한 손해를 줄 우려가 있는 때에는 열람·복사, 정본·등본이나 초본의 교부 또는 녹음테이프 또는 비디오테이프의 복제

를 허가하지 아니할 수 있다.

5. 열람, 복사, 복제 등의 불허가에 의한 불허가결정에 대하여는 즉시항고
를 할 수 있다.

채무자의 재산 등에 관한 조회(제29조)

(제정이유)

채무자에 대한 재산조회 강화

1. 재산조회에 관련된 규정이 없어 채무자에 대한 재산자료의 확보가 어렵
고 채권회수가 곤란하다는 문제를 개선하려는 것임
2. 파산절차등을 신청하는 채무자에 대하여 이해관계인의 신청 또는 직권
으로 재산조회를 할 수 있도록 하고, 특히 파산선고나 면책결정 전에 채
무자에 대한 재산자료를 확보할 수 있도록 함
3. 파산신청의 남용을 방지하고 재산이 있는 자가 파산절차를 이용하여 채
무를 면책받는 것을 방지하여 채무자의 도덕적 해이를 사전에 예방하는
데 기여할 것으로 기대됨

1. 재산조회제도
   (1) 신청권자
       법원은 필요한 경우 관리인, 파산관재인, 그밖의 이해관계인의 신청에 의
       하거나 직권으로 채무자의 재산 및 신용에 관한 전산망을 관리하는 공공기
       관, 금융기관, 단체 등에 채무자명의의 재산에 관하여 조회할 수 있다.

   (2) 신청의 방법
       면책의 효력을 받을 이해관계인이 재산 조회 신청을 하는 때에는 조회할
       공공기관, 금융기관 또는 단체를 특정하여야한다. 이 경우 법원은 조회에
       드는 비용을 미리 내도록 명하여야 한다.

(3) 재산조회의 대상

재산조회의 대상은 등기, 등록의 대상이 되는 부동산, 자동차, 특허권 기타 산업재산권은 물론 계좌별 50만원 이상의 각종 금융자산과 보험해약환급금 등이다. 재산조회는 [별표 – 재산조회를 할 기관·단체 등]의 "기관·단체"란의 기관 또는 단체의 장에게 그 기관 또는 단체가 전산망으로 관리하는 채무자 명의의 재산에 관하여 실시한다. 이해관계인의 신청이 있는때 또는 필요하다고 인정하는 때에는 법원행정처장에게 도산절차의 신청이 있기전 2년안에 채무자가 보유한 재산내역을 조사할 수 있다. 법원은 [별표]의 순번 5 내지 15 기재 "기관·단체"란의 금융기관이 회원사, 가맹사 등으로 되어 있는 중앙회·연합회·협회 등이 채무자의 재산 및 신용도에 관한 전산망을 관리하고 있는 경우에는 그 협회등의 장에게 채무자 명의의 재산에 관하여 조회할 수 있다.

(4) 조회의 절차

① 채무자의 성명·주소·주민등록번호(주민등록번호가 없는 사람의 경우에는 여권번호 또는 등록번호, 법인 또는 법인 아닌 사단이나 재단의 경우에는 사업자등록번호·납세번호 또는 고유번호) 및 그 밖의 채무자의 인적사항, 조회할 재산의 종류, 조회에 대한 회답기관, 협회등을 통한 과거의 재산보유 내역에 대한 조회를 요구하는 때에는 그 취지와 조회기한, 법원이 채무자의 인적 사항을 적은 문서에 의하여 해당기관·단체의 장에게 채무자의 재산 및 신용에 관하여 그 기관·단체가 보유하고 있는 자료를 한꺼번에 모아 제출하도록 요구하는 때에는 그 취지, 금융기관에 대하여 재산조회를 하는 경우에는 관련 법령에 따른 재산 및 신용에 관한 정보등의 제공사실 통보의 유예를 신청하는 때에는 그 취지와 통보를 유예할 기간을 적은 서면을 제출하여 신청한다.

② 같은 협회등에 소속된 다수의 금융기관에 대한 재산조회는 협회등을 통하여 할 수 있다.

③ 재산조회를 받은 기관·단체의 장은 사건의 표시, 채무자의 표시, 조치를 받은 다음날 오전 영시 현재 채무자의 재산보유내역(법 제46조 제2항의 규정에 의한 조회를 받은 때에는 정해진 조회기관의 재산 보유내

역)에 관한 정보와 자료를 제공하여야 하고, 그 협회의 장은 제공받은 정보와 자료를 정리하여 한꺼번에 제출하여야 한다.

④ 재산조회를 요청받은 기관·단체의 장은 조회보고서나 자료의 제출을 위하여 필요한 때에는 소속기관·단체, 회원사, 가맹사 그 밖에 이에 준하는 기관·단체에게 자료 또는 정보의 제공·제출을 요청할 수 있다.

⑤ 법원은 제출된 조회회보서나 자료에 흠이 있거나 불명확한 점이 있는 때에는 다시 조회하거나 자료를 다시 제출하도록 요구할 수 있다.

⑥ 재산조회 절차는 전자통신매체를 이용하는 방법으로 할 수 있다.

⑦ 재산조회 절차의 열람·복사는 민사집행규칙 제29조의 규정을 준용한다. 다만 전자통신매체를 이용한 방법으로 재산조회를 한 경우는 별도의 정하는 바에 의한다.

2. 재산조회의 신청방식과 비용

대법원규칙 제2820호 제7조(재산조회의 신청방식)

① 법 제19조 제1항의 규정에 따라 회생위원이 채무자의 재산조회를 신청하는 때에는 다음 각호의 사항을 적은 서면으로 하여야 한다.

1. 채무자의 표시
2. 신청취지와 신청사유
3. 제8조 제2항의 규정에 따라 과거의 재산보유내역에 대한 조회를 요구하는 때에는 그 취지와 조회기간

② 법 제19조 제2항의 규정에 따라 면책의 효력을 받을 이해관계인이 채무자의 재산조회를 신청하는 때에는 다음 각호의 사항을 적은 서면으로 하여야 한다.

1. 채무자, 신청인과 그 대리인의 표시
2. 신청취지와 신청사유
3. 조회할 공공기관·금융기관 또는 단체
4. 조회할 재산의 종류
5. 제8조 제2항의 규정에 따라 과거의 재산보유내역에 대한 조회를 요구하는 때에는 그 취지와 조회기간

③ 법 제19조 제2항의 규정에 따라 제2항의 신청을 하는 이해관계인이 미리 내야 하는 비용은 별표 "조회비용"란과 같다.

④ 법 제19조 제1항의 규정에 따라 회생위원의 신청에 의하거나 법원의 직권으로 재산조회를 하는 경우에는 법원은 채무자에게 별표 "조회비용"란 기재의 금액을 미리 내도록 명하여야 한다.

[별표] 재산조회를 할 기관·단체 등

순번	기관·단체	조회할 재산	조회비용
1	법원행정처	토지·건물의 소유권	20,000원
2	국토교통부	건물의 소유권	없음
3	특허청	특허권·실용신안권·디자인권·상표권	20,000원
4	(삭제)	(삭제)	(삭제)
5	「은행법」에 따른 은행, 「한국산업은행법」에 따른 한국산업은행 및 「중소기업은행법」에 따른 중소기업은행	「금융실명거래 및 비밀보장에 관한 법률」 제2조제2호에 따른 금융자산(다음부터 "금융자산"이라 한다) 중 계좌별로 시가 합계액이 50만원 이상인 것	기관별 5,000원*
6	「자본시장과 금융투자업에 관한 법률」에 따른 투자매매업자, 투자중개업자, 집합투자업자, 신탁업자, 증권금융회사, 종합금융회사 및 명의개서대행회사	금융자산 중 계좌별로 시가 합계액이 50만원 이상인 것	기관별 5,000원*
7	「상호저축은행법」에 따른 상호저축은행 및 상호저축은행중앙회	금융자산 중 계좌별로 시가 합계액이 50만원 이상인 것	기관별 5,000원*
8	「농업협동조합법」에 따른 지역조합 및 품목조합	금융자산 중 계좌별로 시가 합계액이 50만원 이상인 것	기관별 5,000원*
9	「수산업협동조합법」에 따른 조합 및 중앙회	금융자산 중 계좌별로 시가 합계액이 50만원 이상인 것	기관별 5,000원*
10	「신용협동조합법」에 따른 신용협동조합 및 신용협동조합중앙회	금융자산 중 계좌별로 시가 합계액이 50만원 이상인 것	기관별 5,000원*
11	「산림조합법」에 따른 지역조합, 전문조합 및 중앙회	금융자산 중 계좌별로 시가 합계액이 50만원 이상인 것	기관별 5,000원*
12	「새마을금고법」에 따른 금고 및 중앙회	금융자산 중 계좌별로 시가 합계액이 50만원 이상인 것	기관별 5,000원*
13	(삭제)	(삭제)	(삭제)
14	(삭제)	(삭제)	(삭제)
15	「보험업법」에 따른 보험회사	해약환급금이 50만원 이상인 보험계약	기관별 5,000원*
16	과학기술정보통신부	금융자산 중 계좌별로 시가 합계액이 50만원 이상인 것	5,000원*
17	한국교통안전공단	자동차·건설기계의 소유권	5,000원

* 순번 5부터 12까지, 15 및 16 기재 "조회비용"란의 금액에는 「금융실명거래 및 비밀보장에 관한 법률」 제4조의2제4항, 같은 법 시행령 제10조의2에 따른 '명의인에의 통보에 소용되는 비용'이 포함되어 있음

【서식】 재산조회신청서

재 산 조 회 신 청 서

채 권 자	이름 : 주민등록번호 : 주소 : 전화번호 : 팩스번호: 이메일 주소 : 대리인 :
채 무 자	이름 : (한자 :) 주민등록번호 : 주소 : (사업자등록번호)
조회대상기관 조회대상재산	별지와 같음
개인회생사건	지방(회생)법원 20 개회 호
집행권원	
불이행 채권액	
신청취지	위 기관의 장에게 채무자 명의의 위 재산에 대하여 조회를 실시한다.
신청사유	채권자는 아래와 같은 사유가 있으므로 채무자회생 및 파산에 관한 법률 제29조 제1항의 규정에 의하여 채무자에 대한 재산조회를 신청합니다.
비용환급용 예금계좌	
첨부서류	
(인지 첨부란)	20 . . . 신청인 (날인 또는 서명) 지방(회생)법원 귀중

주 ① 신청서에는 1,000원의 수입인지를 붙여야 합니다.
　② 신청인은 별지 조회비용의 합계액을 법원보관금 중 재산조회비용으로 예납하여야 합니다.
　③ 신청인은 송달필요기관수에 2를 더한 횟수의 송달료를 예납하여야 합니다.
　※ 「송달필요기관」이란 별지 조회기관 중 음영으로 표시된 기관을 의미합니다.
　④ "불이행 채권액"란에는 채무자가 재산조회신청 당시까지 갚지 아니한 금액을 기재합니다.

참조 : 민집규 35, 25, 재산조회규칙 7,

순번	재산종류	기관분류	조회대상 재산 / 조회대상기관의 구분	개수	기관별/재산별 조회비용	예납액
1	토지.건물의 소유권	법원행정처	☐ 현재조회		20,000원	
			☐ 현재조회와 소급조회 ※소급조회는 재산명시명령이 송달되기 전 2년 안에 채무자가 보유한 재산을 조회합니다.		40,000원	

	과거주소 1.
	
	   2.
	
	   3.
	
	※ 부동산조회는 채무자의 주소가 반드시 필요하고, 현재주소 이외에 채무자의 과거주소를 기재하면 보다 정확한 조회를 할 수 있습니다.						

2	건물의 소유권	국토교통부	☐국토교통부 ※ 미등기 건물 등을 포함하여 건축물대장상의 소유권을 조회합니다.		없 음	
3	특허권,실용신안권, 디자인권, 상표권	특허청	☐특허청		20,000원	
4	자동차·건설기계의 소유권	한국교통안전공단	☐한국교통안전공단 ※ 한국교통안전공단에 조회신청을 하면 전국 모든 시·도의 자동차·건설기계소유권에 대하여 조회됩니다. ※ 특별시, 광역시, 도 및 특별자치시·도와 (구)교통안전공단에 대하여 하던 자동차·건설기계의 소유권 조회를 한국교통안전공단으로 일원화합니다.		5,000원	
5	금융자산 중 계좌별로 시가 합계액이 50만원 이상인 것	「은행법」에 따른 은행, 「한국산업은행법」에 따른 한국산업은행 및 「중소기업은행법」에 따른 중소기업은행	☐경남은행 ☐광주은행 ☐국민은행 ☐기업은행 ☐농협은행 ☐뉴욕멜론은행 ☐대구은행 ☐메트로은행 ☐뱅크오브아메리카 ☐부산은행 ☐수협은행 ☐스탠다드차타드은행(구, SC제일은행) ☐신한은행 ☐야마구찌은행 ☐엠유에프지은행(MUFG) ☐우리은행 ☐전북은행 ☐제이피모간 체이스은행 ☐제주은행 ☐크레디 아그리콜 코퍼레이트 앤 인베스트먼트뱅크 (구, 칼리온은행) ☐케이뱅크 ☐파키스탄국립은행 ☐하나은행(한국외환은행합병) ☐한국산업은행 ☐한국씨티은행 ☐한국카카오은행		기관별 5,000원	
			☐대화은행 ☐도이치은행 ☐디비에스은행 ☐멜라트은행 ☐미쓰이스미토모은행 ☐미즈호코퍼레이트은행 ☐비엔피파리바은행 ☐소시에테제네랄은행 ☐스테이트스트리트은행 ☐유바프은행 ☐중국건설은행 ☐중국공상은행 ☐중국은행 ☐크레디트스위스은행(구,크레디트스위스퍼스트보스톤은행) ☐호주뉴질랜드은행 ☐홍콩상하이은행(HSBC) ☐ING은행 ☐OCBC은행		기관별 5,000원	

순번	재산종류	기관분류	조회대상 재산 / 조회대상기관의 구분	개수	기관별/재산별 조회비용	예납액
6	금융자산 중 계좌별로 시가합계액이 50만원 이상인 것	「자본시장과 금융투자업에 관한 법률」에 따른 투자매매업자, 투자중개업자, 집합투자업자, 신탁업자, 증권금융회사, 종합금융회사, 및 명의개서대행회사	□상상인증권(구, 골든브릿지투자증권) □교보증권 □대신증권 □디비금융투자 주식회사 □리딩투자증권 □메리츠종합금융증권(구, 메리츠종금,메리츠증권,아이엠투자증권) □미래에셋증권 □부국증권 □삼성증권 □신영증권 □신한금융투자(구. 굿모닝신한증권) □씨티그룹글로벌마켓증권 □엔에이치투자증권(우리투자증권, 엔에이치농협증권합병) □우리종합금융(구. 금호종합금융) □유안타증권(구, 동양종합금융증권) □유진투자증권 □유화증권 □이베스트투자증권(구,이트레이드증권) □코리아에셋투자증권(구, 코리아RB증권중개) □크레디트스위스증권(구, Credit Suisse First Boston) □키움증권 □토스증권 □한국포스증권(구,펀드온라인코리아) □하나금융투자(구, 하나대투증권) □하이투자증권(구,CJ투자신탁증권) □한국예탁결제원(구, 증권예탁원) □한국투자증권(구,동원증권) □한양증권 □한화투자증권(구,푸르덴셜투자증권,한화증권) □흥국증권(구,흥국증권중개) □현대차증권(구, HMC투자증권) □IBK투자증권 □KB증권 □SK증권		기관별 5,000원	
			□다이와증권캐피탈마켓코리아 □도이치증권 □맥쿼리증권 □비엔피파리바증권(구,BNP파리바페레그린증권중개) □크레디 아그리콜 아시아증권(구, 알비에스 아시아증권) □한국증권금융(주) □홍콩상하이증권(HSBC) □CLSA □Goldman Sachs □J.P Morgan □KIDB채권중개 □Merrill Lynch □Morgan Stanley Dean Witter □Nomura □주식회사하나자산신탁		기관별 5,000원	
7	금융자산 중 계좌별로 시가합계액이 50만원 이상인 것	「상호저축은행법」에 따른 상호저축은행 및 상호저축은행중앙회	□상호저축은행중앙회		20,000원	
			□ □ □ ※ 중앙회에 조회신청을 하면 전국 모든 상호저축은행에 대하여 조회됩니다. ※ 개별상호저축은행에 대한 조회를 원하는 경우에는 그 명칭을 별도로 기재하여야 합니다.		기관별 5,000원	
8	금융자산 중 계좌별로 시가합계액이 50만원 이상인 것	「농업협동조합법」에 따른 지역조합 및 품목조합	□지역조합(지역농협, 지역축협)과 품목조합		20,000원	
			□ □ □ ※ 개별 단위지역조합에 대한 조회를 원하는 경우에는 그 명칭을 별도로 기재하여야 합니다.		기관별 5,000원	
9	금융자산 중 계좌별로 시가합계액이 50만원 이상인 것	「수산업협동조합법」에 따른 조합	□전국단위지역조합		20,000원	
			□ □ □ ※ 개별 단위지역조합에 대한 조회를 원하는 경우에는 그 명칭을 별도로 기재하여야 합니다.		기관별 5,000원	

순번	재산종류	기관분류	조회대상 재산 / 조회대상기관의 구분	개수	기관별/재산별 조회비용	예납액
10	금융자산 중 계좌별로 시가 합계액이 50만원 이상인 것	「신용협동조합법」에 따른 신용협동조합 및 신용협동조합중앙회	□신용협동조합중앙회 □ □ □ ※ 중앙회에 조회신청을 하면 전국 모든 신용협동조합에 대하여 조회됩니다. ※ 개별 신용협동조합에 대한 조회를 원하는 경우에는 그 명칭을 별도로 기재하여야 합니다.		20,000원 기관별 5,000원	
11	금융자산 중 계좌별로 시가 합계액이 50만원 이상인 것	「산림조합법」에 따른 지역조합, 전문조합 및 중앙회	□산림조합중앙회 □ □ □ ※ 중앙회에 조회신청을 하면 전국 모든 산림조합에 대하여 조회됩니다. ※ 개별 산림조합에 대한 조회를 원하는 경우에는 그 명칭을 별도로 기재하여야 합니다.		20,000원 기관별 5,000원	
12	금융자산 중 계좌별로 시가 합계액이 50만원 이상인 것	「새마을금고법」에 따른 금고 및 중앙회	□새마을금고중앙회 □ □ □ ※ 중앙회에 조회신청을 하면 전국 모든 새마을금고에 대하여 조회됩니다. ※ 개별 새마을금고에 대한 조회를 원하는 경우에는 그 명칭을 별도로 기재하여야 합니다.		20,000원 기관별 5,000원	
13	해약환급금이 50만원 이상인 것	「보험업법」에 의한 보험회사	□교보생명보험주식회사 □농협생명보험　　　□농협손해보험 □디비생명보험주식회사 (구. 동부생명보험주식회사) □디비손해보험주식회사 (구. 동부화재해상보험주식회사) □동양생명보험주식회사 □디지비(구, 우리아비바)생명보험주식회사 □라이나생명보험주식회사　　□롯데손해보험(주) □메리츠화재해상보험(주)　　□메트라이프생명보험주식회사 □미래에셋생명보험주식회사　　□삼성생명보험주식회사 □삼성화재해상보험(주)　　□서울보증보험(주) □신한라이프생명보험 주식회사(구 신한생명, 구 오렌지라이프생명) □악사손해보험(주)(구,교보악사손해보험(주)) □에이비엘생명보험 주식회사 (구. 알리안츠생명보험 주식회사) □에이스아메리칸화재해상보험(주)(구,ACE AMERICAN) □주식회사케이비손해보험(구, LIG손해보험) □처브라이프생명보험주식회사(구, 뉴욕생명보험주식회사) □퍼스트어메리칸 권원보험(주) □푸르덴셜생명보험주식회사　　□하나생명보험주식회사 □한화(구. 대한)생명보험주식회사　□ 한화손해보험(주) □푸본현대생명보험 주식회사(구 현대라이프생명보험주식회사) □현대해상화재보험(주)　　□흥국생명보험주식회사 □흥국(구, 흥국쌍용)화재해상보험주식회사 □AIA생명보험주식회사　　□AIG손해보험 □KDB생명보험주식회사 (구 금호생명보험주식회사) □MG손해보험주식회사　　□KB생명보험		기관별 5,000원	
			□하나손해보험 주식회사(구, 더케이손해보험 주식회사)) □동경해상일동화재보험　□미쓰이스미토모해상화재보험 □비엔피파리바카디프생명보험(구, 카디프생명보험) □비엔피파리바카디프(구,에르고다음다이렉트)손해보험		기관별 5,000원	
14	금융자산 중 계좌별로 시가 합계액이 50만원 이상인 것	과학기술정보통신부	□과학기술정보통신부		기관별 5,000원	
			송달필요기관수	합계		

※ 「송달필요기관수」란에는 음영으로 기재된 란에 표시된 조회대상기관 수의 합계를 기재함

　※ 크레디트스위스은행, KIDB채권중개 : 법인에 대해서만 조회 가능

관리인 등의 보수 등(제30조)

1. 보수 결정의 기준

관리인 등을 선임할 경우에 있어서는 관리인 등이 받을 보수를 결정하도록 하여야 한다.

관리인의 보수를 결정함에 있어서는 다음을 구체적으로 고려하여 결정해야 한다.

1) 임금조기본통계 보고서 중 당해 업종 경영자의 보수실태,
2) 회사의 대표이사가 종전에 받고 있던 보수액, 채무자의 규모, 관리인 업무의 내용과 난이도.

2. 특별보상금의 지급

관리인 등이 업무수행 중에 채무자가 은닉한 재산을 찾아내어 회생재단의 증식에 기여하는 경우와 같이 그 공로가 인정되는 경우에는 법원이 직권으로 관리인 등에게 특별보상금을 지급할 수 있다.

3. 실무준칙에의 공로의 예

(1) 관리인이 그의 경영 수완에 의하여 회생계획이 예정한 경영 목표를 초과하여 달성한 때
(2) 관리인의 능력과 노력에 기인하여 채무자의 재산 상황이 당해 관리인의 최초 취임당시에 비하여 현저히 개선된 때
(3) 관리인이 능동적으로 신규 자본을 물색, 유입하거나 다른 우량 기업과 인수, 합병을 이룩함으로써 회사 갱생에 현저한 기여를 한 때를 들고 있고, 그 특별보수는 채무자의 규모와 재정상황, 기여도 등을 종합하여 3억원 한도로 정하되, 이에 갈음하여 일정한 가격으로 주식을 매수할 권리, 이른바 스톡옵션을 부여할 수 있도록 규정하고 있다.

4. 보수 및 보상금의 한계

관리인 등의 보수 및 특별보상금은 채무자의 재산, 부채의 규모, 조사업무의

내용과 난이도 등을 감안하여 결정하되, 그 직무와 책임에 상응하는 것이어야 한다.

5. 즉시항고

관리인 등의 보수 또는 특별보상금에 관한 법원의 결정에 대하여는 즉시항고를 할 수 있다.

6. 비용의 예납

관리인 등은 업무수행을 위해 지출할 필요가 있는 비용은 미리 받을 수 있도록 하고 있다. 비용의 지출이 예상될 경우 채무자로부터 미리 예납을 받은 후, 관리인 등에게 보수와는 별도로 지급하여야 한다.

7. 관리인등의 보수 및 비용의 청구권의 성격

관리인등의 보수 및 비용의 청구권은 재단채권으로써, 회생절차에 의하지 아니하고 회생채권보다 먼저 수시로 변제 받을 수 있다.

대리위원 등의 보상금 등(제31조)

1. 비용의 상환 또는 보상금의 지급

법원은
1) 회생절차에서 회생에 공적이 있는 채권자·담보권자·주주·지분권자나 그 대리위원 또는 대리인
2) 파산절차에서 파산재단의 관리 또는 환가에 공적이 있는 자
에 대하여 적절한 범위 안에서 비용을 상환하거나 보상금을 지급할 것을 허가할 수 있다. 이 경우 비용 또는 보상금의 액은 법원이 정한다.

2. 즉시항고

비용 또는 보상금의 법원에 의한 결정에 대하여는 즉시항고를 할 수 있다.

시효의 중단(제32조)

1. 시효중단의 효력

각 절차 참가는 시효중단의 효력이 있다. 회생채권자 또는 회생담보권자가 그 권리를 신고하여 회생절차에 참가하는 것은 재판상의 확정을 가지고 올 가능성을 가지는 권리행사이고, 회생절차개시결정 후에는 회생채권자 등이 시효중단을 위해, 민법 제168조 1호 ,2호에서 규정하고 있는 청구 또는 개별 집행행위(압류, 가압류, 가처분)를 하는 것은 법률상 금지되거나(법 제58조 제1항) 혹은 실익이 전혀 없는 경우가 많다. 따라서 회생절차참가를 시효중단사유로 규정한 것이다.

2. 중단의 사유와 중단의 효력 발생 시기

(1) 회생채권 또는 회생담보권의 신고

이 경우 시효중단의 효과가 발생하는 시기는, 회생채권, 회생담보권의 사항을 기재한 서면을 법원에 제출한때이다.(신고는 서면주의가 원칙임에 유의한다.)

(2) 회생절차개시신청

개시신청은 신청을 한 채권자의 채권에 대해서만 시효중단의 효과가 미치고 신청을 하지 않은 채권자들에게는 시효중단의 효과가 미치지 않는다.

(3) 회생절차개시결정

회생절차개시결정은 그 자체로서는 시효중단사유가 되지 않는다. 그러므로 회생절차신청을 한 채권자를 제외한 채권자, 담보권자에 대하여는 회생절차개시결정이 있더라도 시효는 진행되고 따라서 신고시까지 사이에 시효가 완성하는 경우가 있을 수 있다. 다만 채무자 재산에 대한 체납처분 또는 조세채무담보를 위하여 제공된 물건의 처분이 개시결정에 의하여 금지 또는 중지된 경우에는 그 기간 중에는 당해 조세채권에 관하여는 시효가 진행되지 않도록 하는 특칙이 있다.

3. 시효중단이 안되는 경우

(1) 회생채권 등의 신고의 각하, 취하

회생채권, 회생담보권의 신고가 있었더라도 그 후 신고를 취하하거나 각하된 경우 시효중단의 효과가 발생하지 않는다.

(2) 회생절차개시신청의 각하, 취하

채권자가 행한 회생절차개시신청이 각하되거나 취하된 경우에도 채권 등의 신고의 경우와 마찬가지로 중단의 효과가 발생하지 않는다.

4. 보증인에 대한 시효

주채무자에 대하여 시효중단의 효력이 생기는 경우 보증인에 대하여도 그 효력이 미친다.

▣ **관련판례**

판례(대법원 2000. 12. 22. 선고 99두11349 판결)

구 토지구획정리사업법(1999. 2. 8. 법률 제5904호로 개정되기 전의 것) 제62조 제5항, 제68조의2의 규정에 의하면 토지구획정리사업에 있어서 과부족분에 대한 청산금은 환지처분 공고일의 다음날에 확정되고, 이 청산금을 징수할 권리는 5년간 이를 행사하지 아니하면 시효로 소멸하도록 하고 있는데, 한편 회사정리법 제5조 본문은 정리절차참가는 시효중단의 효력이 있다고 규정하고 있으므로 청산금 납부의무자에 대하여 회사정리절차가 개시되어 사업시행자가 청산금 징수채권을 정리채권으로 신고하였다면 이로써 시효가 중단된다고 할 것이나, 회사정리법 제157조 제2항, 제158조 제1항에 의하면 청산금 징수채권과 같이 체납처분이 가능한 공법상의 채권에 대하여는 일반 정리채권과 같은 조사·확정절차를 거치지 아니한 채 정리채권자표에 기재하도록 하되 다만 그러한 기재가 있었다고 하더라도 그 청구권의 원인이 행정심판·소송 등 불복의 신청을 허용하는 처분인 때에는 관리인이 여전히 회사가 할 수 있는 방법으로 불복을 신청할 수 있도록 하고 있어서, 이 경우에는 정리채권으로 신고되어 정리채권자표에 기재되면 확정판결과 동일한 효력이 있다고 규정한 회사정리법 제245조는 적용될 여지가 없고, 따라서 청산금 징수채권이 정리채권으로 신고되어 정리채권자표에 기재되었다고 하더라도 그 시효기간이 민법 제165조에 의하여 10년으로 신장되는 것으로 볼 수도 없다.

판례(대법원 1998. 11. 10. 선고 98다42141 판결)

시효중단의 보증인에 대한 효력을 규정한 민법 제440조는 보증채무의 부종성에서 비롯된 당연한 규정이 아니라 채권자의 보호를 위하여 보증채무만이 따로 시효소멸하는 결과를 방지하기 위한 정책적 규정이므로, 회사정리법 제240조 제2항이 회사정리계획의 효력 범위에 관하여 보증채무의 부종성을 배제하고 있다 하더라도 같은 법 제5조가 규정한 정리절차 참가로 인한 시효중단의 효력에 관하여 민법 제440조의 적용이 배제되지 아니하고, 따라서 정리절차 참가로 인한 시효중단의 효력은 정리회사의 채무를 주채무로 하는 보증채무에도 미치고 그 효력은 정리절차 참가라는 권리행사가 지속되는 한 그대로 유지된다.

정리회사의 주채무 중 지연손해금에 관한 연체이율을 감경하는 정리계획 인가결정이 확정되면, 감경된 부분에 관한 보증인의 보증채무에 대한 소멸시효는 그 인가결정 확정시부터 다시 진행하나, 지연손해금은 원금에 대한 변제가 지체된 기간의 경과에 따라 발생하는 것이므로 아직 지체기간이 경과하지도 아니한 장래의 지연손해금 채무 일체에 대하여 그 인가결정 확정시로부터 곧바로 소멸시효가 진행된다고 볼 수 없다.

판례(대법원 1995. 5. 26. 선고 94다13893 판결)

1. 회사정리절차 참가는 정리채권자 또는 정리담보권자의 권리행사로서의 실질을 가지는 것으로서 회사정리법 제5조의 규정에 의하여 그 참가행위에 인정되는 시효중단의 효력은 정리회사의 채무를 주채무로 하는 보증채무에도 미치는 것이고, 그 효력은 정리절차 참가라는 권리행사가 계속되는 한 그대로 유지되므로 정리계획이 인가되었다가 계획수행의 가망 없음이 명백하여 정리절차 폐지

결정이 내려진 경우에는 그 결정확정시에 채권자의 정리절차에서의 권리행사가 종료된 것으로 보이고, 중단되어 있던 보증채무의 소멸시효는 그 때부터 다시 진행을 개시한다.

2. 주채무에 관하여 채무를 면제하는 내용의 정리계획 인가결정이 있는 경우에는 인가결정의 확정에 의하여 면제의 효과가 확정됨으로써 주채무가 확정적으로 소멸하고, 그 시점에서 채권자의 정리절차에서의 권리행사는 종료하는 것이므로 이를 주채무로 하는 중단된 보증채무의 소멸시효는 그 인가결정확정시부터 다시 진행한다고 새겨야 한다.

판례(대법원 1994.3.8. 선고 93다49567 판결)

회사정리절차에의 참가는 정리채권자 또는 정리담보권자의 권리행사로서의 실질을 가지는 것으로서 회사정리법 제5조에 의하여 시효중단의 효력이 있는 것인바, 정리절차참가로 인정되는 시효중단의 효력은 정리회사의 채무를 주채무로 하는 보증채무에도 미치는 것이고, 그 효력은 참가라는 권리행사가 계속되는 한 그대로 유지된다.

판례(대법원 1994.1.14. 선고 93다47431 판결)

주채무자인 기업에 대하여 회사정리절차가 개시된 경우 정리채권의 신고 등 그 절차에의 참가는 정리채권자의 권리행사로서의 실질을 가지는 것으로서 회사정리법 제5조에 의하여 그 참가행위에 인정되는 시효중단의 효력은 정리회사의 채무를 주채무로 하는 보증채무에도 미치는 것이고 그 효력은 정리절차참가라는 권리행사가 지속되는 한 그대로 유지된다.

판례(대법원 2013. 9. 12., 선고, 2013다42878 판결)

　채무자 회생 및 파산에 관한 법률 제32조 제3호, 제589조 제2항은 개인회생채 권자목록의 제출에 대하여 시효중단의 효력이 있다고 규정하고 있고 그에 따른 시효중단의 효력은 특별한 사정이 없는 한 개인회생절차가 진행되는 동안에는 그대로 유지되므로, 개인회생채권자목록에 기재된 개인회생채권에 대하여는 소 멸시효의 중단을 위한 소송행위를 허용하는 예외를 인정할 필요가 있다고 할 수도 없다. 이러한 법리는 개인회생채권자목록에 기재된 개인회생채권에 관하여 개인회생절차개시의 결정 전에 이미 확정판결이 있는 경우에도 마찬가지로 적 용된다.

관련 질의응답　　Q & A

재산명시결정에 소멸시효중단의 효력이 인정되는지

문) 甲은 乙을 상대로 대여금청구소송을 제기하여 승소확정판결을 받았으나, 乙의 재산관 계를 알 수 없어 10년이 다 되도록 강제집행을 하지 못하고 있었습니다. 그러던 중 乙의 집행가능한 재산을 파악하기 위하여 재산명시신청을 하여 그 결정을 받았는데 그 사이 벌써 10년 3개월이 지났습니다. 이와 같은 재산명시결정에 압류나 가압류 등에 준하는 소멸시효중단의 효력이 인정될 수 있는지요?

답) 민법 제168조에 의하면 소멸시효의 중단사유로 ①청구, ②압류 또는 가압류, 가처분, ③승인을 규정하고 있고, 민법 제178조 제1항에 의하면 중단 후에 시효진행에 관하여 "시효가 중단된 때에는 중단까지에 경과한 시효기간은 이를 산입하지 아니하고 중단 사유가 종료한 때로부터 새로이 진행한다."라고 규정하고 있으며, 민법 제174조에 의 하면 재판 외의 청구인 최고의 시효중단과 관련하여 "최고는 6월내에 재판상의 청구, 파산절차참가, 화해를 위한 소환, 임의출석, 압류 또는 가압류, 가처분을 하지 아니하 면 시효중단의 효력이 없다."라고 규정하고 있습니다.

그런데 재산명시결정에 민법 제168조 제2호 소정의 소멸시효중단사유인 압류 또는 가압류, 가처분에 준하는 효력이 인정되는지에 관하여 판례를 보면, "재산명시절차는 비록 그 신청에 있어서 집행력 있는 정본과 강제집행의 개시에 필요한 문서를 첨부하 여야 하고 명시기일에 채무자의 출석의무가 부과되는 등 엄격한 절차가 요구되고, 그 내용에 있어서도 채무자의 책임재산을 탐지하여 강제집행을 용이하게 하고 재산상태 의 공개를 꺼리는 채무자에 대하여는 채무의 자진이행을 하도록 하는 간접강제적 효 과가 있다고 하더라도, 특정 목적물에 대한 구체적 집행행위 또는 보전처분의 실행을 내용으로 하는 압류 또는 가압류, 가처분과 달리 어디까지나 집행목적물을 탐지하여 강제집행을 용이하게 하기 위한 강제집행의 보조절차 내지 부수절차 또는 강제집행의 준비행위와 강제집행 사이의 중간적 단계의 절차에 불과하다고 볼 수밖에 없으므로, 민법 제168조 제2호 소정의 소멸시효 중단사유인 압류 또는 가압류, 가처분에 준하는 효력까지 인정될 수는 없고, 따라서 재산명시결정에 의한 소멸시효중단의 효력은 그로부터 6월내에 다시 소를 제기하거나 압류 또는 가압류, 가처분을 하는 등 민법 제174조에 규정된 절차를 속행하지 아니하는 한 상실되는 것으로 보는 것이 옳다."라고 하였습니다(대법원 2001. 5. 29. 선고 2000다32161 판결).

또한, 민사집행법 소정의 재산명시신청에 대한 결정이 채무자에게 송달된 경우 소멸시효중단사유인 '최고'로서의 효력을 인정할 수 있는지에 관하여 "소멸시효중단사유의 하나로서 민법 제174조가 규정하고 있는 '최고'는 채무자에 대하여 채무이행을 구한다는 채권자의 의사통지(준법률행위)로서, 이에는 특별한 형식이 요구되지 아니할 뿐 아니라 행위당시 당사자가 시효중단의 효과를 발생시킨다는 점을 알거나 의욕하지 않았다 하더라도 이로써 권리행사의 주장을 하는 취지임이 명백하다면 '최고'에 해당하는 것으로 보아야 할 것이므로, 채권자가 확정판결에 기한 채권의 실현을 위하여 채무자에 대하여 민사소송법(현행 민사집행법) 소정의 재산명시신청을 하고 그 결정이 채무자에게 송달이 되었다면 거기에 소멸시효중단사유인 '최고'로서의 효력을 인정하여야 한다."라고 하였습니다(대법원 1992. 2. 11. 선고 91다41118 판결).

따라서 위 사안에서도 甲은 재산명시결정이 乙에게 송달된 때로부터 6월 이내에 다시 소송을 제기하여야 위 채권의 소멸시효를 중단시킬 수 있을 것으로 보여집니다.

확정된 지급명령을 받은 채권의 소멸시효기간

문) 상인 甲은 乙에 대하여 물품대금을 청구하는 지급명령신청을 하여 그 지급명령을 받았으며, 그대로 이의신청기간이 경과되어 위 지급명령은 확정되었습니다. 그러나 현재 乙은 재산이 전혀 없으므로 강제집행은 그의 재산이 생길 때까지 기다려야 할 상태입니다. 이 경우 지급명령이 확정된 채권의 소멸시효기간도 확정판결의 경우와 같이 10년으로 되어 그 동안은 시효의 완성으로 권리가 소멸되는 일은 없겠는지요?

답) 민법 제163조 제6호에 의하면 '생산자 및 상인이 판매한 생산물 및 상품의 대가'의 채권은 3년간 행사하지 아니하면 소멸시효가 완성한다고 규정하고 있습니다. 그러므로 위 사안에서 甲의 乙에 대한 물품대금채권은 그 소멸시효기간이 3년이라 할 것입니다.

그리고 같은 법 제165조에 의하면 "①판결에 의하여 확정된 채권은 단기의 소멸시효에 해당한 것이라도 그 소멸시효는 10년으로 한다. ②파산절차에 의하여 확정된 채권 및 재판상의 화해, 조정 기타 판결과 동일한 효력이 있는 것에 의하여 확정된 채권도 전항과 같다."라고 규정하고 있습니다.

그러므로 확정된 지급명령이 민법 제165조 제2항의 '기타 판결과 동일한 효력이 있는 것'에 해당 될 경우에는 그 소멸시효도 10년으로 된다고 볼 수도 있으나 이에 대하여는 민사소송법의 개정과 관련하여서 약간의 논란이 일고 있습니다.

법률규정의 변천과 관련하여 이를 살펴보면, 구 민사소송법(1990. 1. 13. 법률 제4201호로 개정되기 전의 것) 제445조에 의하면 "가집행선고 있는 지급명령에 대하여 이의신청이 없거나 이의신청을 취하하거나 각하결정이 확정한 때에는 지급명령은 확정판결과 동일한 효력이 있다."라고 규정하여, 종전에는 지급명령이 이의신청과 가집행선고라는 2단계절차를 거쳐야만 확정되도록 하고, 일단 확정되면 이 지급명령에 확정판결과 동일한 효력을 부여하여 집행력은 물론 기판력까지 인정되도록 하였습니다. 그 후 1990년 1월 13일 개정되고 1990년 9월 1일부터 시행된 구 민사소송법(2002. 1. 26. 법률 제6626호로 개정되기 전의 것) 제445조에 의하면 "지급명령에 대하여 이의신청이 없거나 이의신청을 취하하거나 각하결정이 확정된 때에는 지급명령이 확정된다."라고 규정하여 '확정판결과 동일한 효력이 있다.'라는 문언부분이 삭제되고, 구 민사소송법(2002. 1. 26. 법률 제6626호로 개정되기 전의 것) 제521조 제2항에 따라 채무자가 지급명령 확정 전에 생긴 원인을 이유로 하더라도 청구이의의 소송을 제기할 수 있도록 규정하여 확정된 지급명령에 기판력이 인정되지 않았고, 다만, 구 민사소송법(2002. 1. 26. 법률 제6626호로 개정되기 전의 것) 제519조 제3호에서 확정된 지급명령에 의하여도 강제집행은 실시할 수 있다고 규정하여 단순히 집행력만 부여된 집행권원이 되도록 하였습니다. 그러므로 확정된 지급명령이 민법 제165조 제2항의 '기타 판결과 동일한 효력이 있는 것'에 해당되는지 문제되었는데, 이에 관하여 대법원판례는 없지만, 확정된 지급명령은 민법 제165조 제2항의 '기타 판결과 동일한 효력이 있는 것'에 해당되지 않고, 지급명령신청으로 중단된 소멸시효가 지급명령확정시로부터 새로이 진행하되 그 소멸시효기간은 그 채권의 성질에 따라서 결정되어야 한다는 것이 실무상 해석인 것으로 보입니다(이에 따를 때에는 물품대금채권에 대한 지급명령이 확정된 경우 3년 이내에 강제집행을 하여 그 채권을 변제 받지 못하면 소송제기 등으로 시효중단조치를 취하여야 함).

그런데 현행 민사소송법(법률 제6626호) 제474조에 의하면 "지급명령에 대하여 이의신청이 없거나, 이의신청을 취하하거나, 각하결정이 확정된 때에는 지급명령은 확정판결과 같은 효력이 있다."라고 규정하였으므로, 다시 확정된 지급명령은 민법 제165조 제2항의 '기타 판결과 동일한 효력이 있는 것'에 해당되어 확정된 이후 10년 이내에는 강제집행이 가능할 것으로 보입니다. 다만, 현행 민사집행법에 의하더라도 확정된 지급명령에 대한 청구이의의 소는 지급명령확정 전에 생긴 사유를 원인으로 하여 제기할 수 있도록 규정하고 있습니다(민사집행법 제58조 제3항, 제44조 제2항).

연대채무자 1인에 대한 소멸시효중단의 효력

문) 甲과 乙은 동업자로서 물품거래처인 丙과의 관계에서 발생한 물품대금채무에 대하여 연대책임을 지기로 하였으나 이를 갚지 못하고 있던 중, 丙이 甲·乙을 상대로 한 물품대금청구소송을 제기해와 승소확정판결을 받았습니다. 그로부터 9년 된 시점에서 丙은 채무자 중 1인 甲의 소유부동산에 강제경매를 신청하여 위 채권의 일부를 회수하

1002 · 제3편 총칙

였습니다. 그리고 위 판결이 확정된 후 12년이 지난 시점에서 소멸시효기간 연장을 위하여 다시 乙을 상대로 위 채무잔액의 지급을 구하는 소송을 제기해 왔습니다. 이 경우 乙에 대한 丙의 채권도 위 강제경매로 인하여 시효가 중단되는지요?

답) 민법 제168조 제2호에서는 '압류 또는 가압류, 가처분'을 소멸시효중단사유로 규정하고 있고, 민사집행법 제83조 제1항에 의하면 "경매절차를 개시하는 결정에는 동시에 그 부동산의 압류를 명하여야 한다."라고 규정하고 있으므로 부동산에 대한 강제경매개시결정은 소멸시효중단사유가 된다고 할 것입니다.

그리고 민법 제423조에 의하면 이행청구, 경개(更改), 상계(相計), 면제(免除), 혼동(混同), 소멸시효(消滅時效), 채권자지체의 사항 외에는 어느 연대채무자에 관한 사항은 다른 연대채무자에게 효력이 없다고 규정하고 있습니다. 이와 같이 소멸시효중단사유는 위와 같은 연대채무자간에 절대적 효력사항으로 규정하지 않았으므로, 연대채무자 1인의 소유 부동산에 대한 경매개시결정에 따른 시효중단의 효력이 다른 연대채무자에게 미치지 아니할 것으로 보입니다. 이에 관하여 판례도, "채권자의 신청에 의한 경매개시결정에 따라 연대채무자 1인의 소유 부동산이 압류된 경우, 이로써 그 채무자에 대한 채권의 소멸시효는 중단되지만, 압류에 의한 시효중단의 효력은 다른 연대채무자에게 미치지 아니하므로, 경매개시결정에 의한 시효중단의 효력을 다른 연대채무자에 대하여 주장할 수 없다."라고 하였습니다(대법원 2001. 8. 21. 선고 2001다22840 판결).

그리고 최고와 시효중단에 관하여 민법 제174조에 의하면 "최고는 6월내에 재판상의 청구, 파산절차참가, 화해를 위한 소환, 임의출석, 압류 또는 가압류, 가처분을 하지 아니하면 시효중단의 효력이 없다."라고 규정하고 있으며, 중단 후 시효의 진행에 관하여 민법 제178조에 의하면 "①시효가 중단된 때에는 중단까지에 경과한 시효기간은 이를 산입하지 아니하고 중단사유가 종료한 때로부터 새로이 진행한다. ②재판상의 청구로 인하여 중단한 시효는 전항의 규정에 의하여 재판이 확정된 때로부터 새로이 진행한다."라고 규정하고 있습니다.

그런데 채권자가 연대채무자 1인의 소유 부동산에 대하여 경매신청을 하고 6월내에 다른 연대채무자를 상대로 재판상 청구를 한 경우, 그 다른 연대채무자에 대하여 시효중단의 효력이 발생하는지에 관하여 위 판례는 "채권자가 연대채무자 1인의 소유 부동산에 대하여 경매신청을 한 경우, 이는 최고로서의 효력을 가지고 있고, 연대채무자에 대한 이행청구는 다른 연대채무자에게도 효력이 있으므로, 채권자가 6월내에 다른 연대채무자를 상대로 재판상 청구를 하였다면 그 다른 연대채무자에 대한 채권의 소멸시효가 중단되지만, 이로 인하여 중단된 시효는 위 경매절차가 종료된 때가 아니라 재판이 확정된 때로부터 새로 진행된다."라고 하였습니다.

따라서 위 사안의 경우 甲의 부동산에 대한 강제경매개시결정으로 인한 소멸시효중단의 효력은 乙에 대하여는 미치지 못할 것이지만, 丙의 강제경매신청은 최고로서 소멸시효중단사유로서 乙에 대하여도 효력이 미치게 될 것이고, 丙이 경매신청 후 6월이 지난 시점에서 乙을 상대로 소멸시효기간을 연장하기 위한 소송을 제기한 것으로 보이는바, 그러한 경우에는 丙의 위와 같은 강제경매신청이 최고로서의 소멸시효중단효력도 인정되지 않을 것으로 보입니다.

국가가 부당이득금반환 납부고지한 경우 시효중단의 효력이 있는지

문) 甲은 그의 아들 乙이 군복무 중 사망하게 되자 국가를 상대로 손해배상청구소송을 제기하여 제1심에서 가집행선고부 일부승소판결을 받고 그 판결에 기하여 가집행금을 수령하였으나, 위 판결은 상소심에서 결국 취소되어 甲의 패소로 확정되었습니다. 그런데 국가는 甲에 대하여 위 판결 확정시로부터, 5년이 경과되기 1년 전 위 가집행금과 그 이자를 반환하라는 납입고지를 하였고, 5년이 지난 후에야 부당이득금반환청구를 해왔습니다. 이 경우 위 납입고지에도 소멸시효중단의 효력이 인정되어 甲이 위 가집행금 등을 반환하여야 하는지요?

답) 금전의 급부를 목적으로 하는 국가의 또는 국가에 대한 권리의 소멸시효에 관하여 예산회계법 제96조에 의하면 "①금전의 급부를 목적으로 하는 국가의 권리로서 시효에 관하여 다른 법률에 규정이 없는 것은 5년간 행사하지 아니할 때에는 시효로 인하여 소멸한다. ②국가에 대한 권리로서 금전의 급부를 목적으로 하는 것도 또한 제1항과 같다."라고 규정하고 있습니다.

그리고 위와 같은 권리의 소멸시효의 중단과 정지에 관하여 예산회계법 제97조에 의하면 "금전의 급부를 목적으로 하는 국가의 권리에 있어서는 소멸시효의 중단·정지 기타의 사항에 관하여 적용할 다른 법률의 규정이 없을 때에는 민법의 규정을 준용한다. 국가에 대한 권리로서 금전의 급부를 목적으로 하는 것도 또한 같다."라고 규정하고, 있으며, 최고와 시효중단에 관하여 민법 제174조에 의하면 "최고는 6월 내에 재판상의 청구, 파산절차참가, 화해를 위한 소환, 임의출석, 압류 또는 가압류, 가처분을 하지 아니하면 시효중단의 효력이 없다."라고 규정하고 있습니다.

그러나 예산회계법 제98조에 의하면 "법령의 규정에 의하여 국가가 행하는 납입의 고지는 시효중단의 효력이 있다."라고 규정하고 있습니다.

그러므로 예산회계법상 절차에 의한 납입고지는 민법상의 최고보다 강한 시효중단의 효과가 인정되는데, 국가의 사법상(私法上) 청구권에 대해서도 예산회계법에 의한 납입고지로 확정적인 시효중단의 효력이 발생하는지 문제됩니다.

이에 관하여 판례를 보면, "예산회계법 제98조에 의하면 법령의 규정에 의하여 국가가 행하는 납입의 고지는 시효중단의 효력이 있다고 규정하여 민법의 시효중단의 효력에 대한 예외를 두고 있는바, 금전의 급부를 목적으로 하는 국가의 채권에 대하여 예산회계법 제51조와 예산회계법시행령 제26조 등의 규정의 형식과 절차를 거쳐 납입의 고지가 이루어진 경우에는 그 채권의 발생원인이 공법상의 것이건 사법상의 것이건 간에 시효중단의 효력이 생기는 것이다."라고 하였습니다(대법원 2001. 12. 14. 선고 2001다45539 판결, 1977. 2. 8. 선고 76다1720 전원합의체 판결).

그 이유는 예산회계법 제98조가 규정한 '법령에 의하여 국가가 행하는 납입고지'라 함은 국가가 조세 기타의 세입의 징수를 하기 위하여 예산회계법 제51조 및 예산회계법시행령 제26조 등의 규정에 의하여 행하는 공적인 절차로서 예산회계법과 예산회계법시행령 등에 명확한 절차와 형식이 정하여져 있으므로, 그 형식적 정확성에 의하여 국가가 행하는 납입고지에 일반 사인이 하는 일정한 형식에 제한이 없는 최고와 다른 시효중단의 효력을 인정한 것이며, 국가가 하는 납입의 고지에 시효중단의 효력을 인정하는 이유가 그와 같은 이상 금전의 급부를 목적으로 하는 국가의 채권에 관하여 위의 형식과 절차를 거쳐서 한 납입의 고지는 그 발생원인이 공법상의 것이건 사법상의 것이건 시효중단의 효력이 있다고 해석함이 상당할 뿐만 아니라, 예산회계법 제98조가 법령에 의한 납입고지는 시효중단의 효력이 있다고 명백하게 규정하여 민법의 시효중단에 대한 예외규정이 되고 있는 점으로 미루어 보아서도 그러하기 때문이라고 합니다.

따라서 위 사안의 경우에도 국가의 甲에 대한 부당이득반환청구채권의 소멸시효기간은 5년이라할 것이지만, 甲의 패소판결확정시로부터 5년이 지나기 전 국가에서 행한 납입고지로써 그 소멸시효는 중단되었다고 볼 것이므로 甲은 국가의 부당이득반환청구에 응하여야 할 것으로 보입니다.

재산명시명령이 송달된 때 '최고'로서 소멸시효가 중단되는지

문) 甲은 乙에 대한 대여금청구소송의 승소확정판결을 받은 후 10년이 다되어 강제집행 할 재산을 파악하기 위하여 재산명시신청을 하여 乙에게 송달되었고, 재산목록이 제출되었으나 집행할만한 재산이 전혀 없습니다. 그런데 甲이 재산명시신청을 하여 그 결정이 乙에게 송달된 후 1개월이 경과된 때에 위 판결의 확정시로부터 10년이 경과되었는바, 이 경우 시효중단을 위하여 다시 소송을 제기하면 소멸시효가 중단되는지요?

답) 민법 제168조 제1호에 의하면 청구를 소멸시효의 중단사유로 규정하고 있으며, 민법 제174조에 의하면 "최고는 6월내에 재판상의 청구, 파산절차참가, 화해를 위한 소환, 임의출석, 압류 또는 가압류, 가처분을 하지 아니하면 시효중단의 효력이 없다."라고 규정하고 있습니다.

그런데 재산명시신청에 대한 결정이 채무자에게 송달된 경우 시효중단사유인 '최고'로서의 효력을 인정할 수 있는지에 관한 판례를 보면, "소멸시효 중단사유의 하나로서 민법 제174조가 규정하고 있는 '최고'는 채무자에 대하여 채무이행을 구한다는 채권자의 의사통지(준법률행위)로서, 이에는 특별한 형식이 요구되지 아니할 뿐 아니라, 행위당시 당사자가 시효중단의 효과를 발생시킨다는 점을 알거나 의욕하지 않았다 하더라도 이로써 권리행사의 주장을 하는 취지임이 명백하다면 '최고'에 해당하는 것으로 보아야 할 것이므로, 채권자가 확정판결에 기한 채권의 실현을 위하여 채무자에 대하여 민사소송법(현행 민사집행법) 소정의 재산관계명시신청을 하고 그 결정이 채무자에게 송달이 되었다면 거기에 소멸시효 중단사유인 '최고'로서의 효력을 인정하여야 한다."라고 하였습니다(대법원 1992. 2. 11. 선고 91다41118 판결, 2003. 5. 13. 선고 2003다16238 판결).

따라서 위 사안에서 甲은 재산명시결정이 乙에게 송달된 후 6월내에 소송을 제기하면 소멸시효가 중단될 것이고, 다시 시작되는 소멸시효기간은 그 판결의 확정시로부터 10년이 될 것입니다.

손해배상청구권의 소멸시효 중단사유

불법행위로 인한 손해배상청구권은 피해자나 그 법정대리인이 그 손해 및 가해자를 안 날로부터 3년, 불법행위를 한 날로부터 10년이 경과되면 소멸시효의 완성으로 행사할 수 없습니다.

그러나 소멸시효가 완성되기 전에 피해자의 소송제기, 파산절차참가, 지급명령신청, 화해절차참가, 최고(催告)등의 방법에 의한 청구(請求)행위가 있거나, 가해자가 피해자의 압류, 가압류 및 가처분 통보를 받았거나, 피해자에 대한 배상책임을 인정하는 가해자의 승인(承認)행위가 있는 경우에는 소멸시효가 중단되며, 중단된 때에는 그 중단사유가 종료한 때로부터 새로이 소멸시효가 진행됩니다. 다만, 가해자에 대하여 내용증명 등으로 손해배상의 이행을 최고(催告)한 경우는 그로부터 6개월 이내에 소송제기 또는 가압류 등의 다른 중단조치를 취하여야만 최고한 때에 시효의 중단효력이 인정됩니다.(민법 제766조, 제168조, 제178조)

차별적 취급의 금지(제32조의2)

누구든지 채무자회생및파산에관한법률에 따른 회생절차 · 파산절차 또는 개인회생절차 중에 있다는 이유로 정당한 사유없이 취업의 제한 또는 해고 등 불이익한 처우를 받지 않는다.

「민사소송법」 및 「민사집행법」의 준용(제33조)

각 절차에 관하여 민사소송법을 준용토록 한 취지는 각 절차를 소송사건으로 인정하려 하는 취지가 아니고 본 법에 규정이 없는 경우에 보충적으로 적용할 뿐임을 의미한다.

제4편 회생절차

제 1 장 회생절차의 개시 · 1009

제 2 장 회생절차의 기관 · 1092

제 3 장 채무자재산의 조사 및 확보 · 1115

제 4 장 회생채권자·회생담보권자·주주·지분권자 · 1177

제 5 장 관계인집회 · 1334

제 6 장 회생계획 · 1349

제 7 장 회생계획인가 후의 절차 · 1493

제 8 장 회생절차의 폐지 · 1538

제 9 장 소액영업소득자에 대한 간이회생절차 · 1574

제4편 회생절차

제 1 장
회생절차의 개시

제1절 회생절차개시의 신청

회생절차개시의 신청(제34조)

제정이유

화의제도를 폐지하고 회생절차로 단일화

1. 화의제도는 회사정리절차보다 간이하고 비용이 저렴하며 채무자의 입장에서는 법원의 감독을 덜 받고 채권자와 자주적으로 절차를 운용하는 장점이 있으나, 그간의 현실적 경험에 비추어 보면, 도산상태를 일시적으로 회피하고 경영권을 유지할 목적으로 화의제도가 악용되어 온 사례가 적지 아니하고, 대기업이 회사정리가 아닌 화의를 신청함으로써 화의인가가 나지 아니하거나 화의인가가 나더라도 회생에 실패하여 채권자들의 권리행사가 유보되고 절차비용만 증가하는 등의 부작용이 발생하였는바, 이를 개선하려는 것임.

2. 화의절차를 폐지하고 회사정리절차를 개선하는 방향으로 회생절차를 일원화함

3. 도산기업의 회생이 보다 신속하게 이루어지고 비용도 크게 절감되어 효율적인 회생시스템을 구축할 것으로 기대됨

1. 채무자가 회생절차를 신청할 수 있는 상황요건

  (1) 사업의 계속에 현저한 지장을 초래하지 아니하고는 변제기에 있는 채무를 변제할 수 없는 경우

(2) 채무자에게 파산의 원인인 사실이 생길 염려가 있는 경우

2. 채무자외의 자가 회생절차개시를 신청하기 위한 요건

채무자외의 자가 신청하기 위해서는 제1항 제2호(채무자에게 파산의 원인인 사실이 생길 염려가 있는 경우에 해당하는 경우)에 해당하는 경우에만 가능하며 제1항 제1호(사업의 계속에 현저한 지장을 초래하지 아니하고는 변제기에 있는 채무를 변제할 수 없는 경우)에 해당한다하여 채무자외의 자가 회생절차개시 신청을 할 수 있는 것은 아니다. 제1항 제2호(채무자간에 파산의 원인인 사실이 생길 염려가 있는 경우)에 해당하는 경우 다음과 같이 분류된다.

(1) 채무자가 주식회사 또는 유한회사인 경우

가. 자본의 10분의 1이상에 해당하는 채권을 가진 채권자

나. 자본의 10분의 1이상에 해당하는 주식 또는 출자지분을 가진 주주·지분권자

(2) 채무자가 주식회사 또는 유한회사가 아닌 때

가. 5천만원 이상의 금액에 해당하는 채권을 가진 채권자

나. 합명회사·합자회사 그 밖의 법인 또는 이에 준하는 자에 대하여는 출자총액의 10분의 1이상의 출자지분을 가진 지분권자

3. 채권자·주주·지분권자가 회생절차개시의 신청을 한 때에는 채무자에게 경영 및 재산상태에 관한 자료를 제출할 것을 명할 수 있다.

파산신청의무와 회생절차개시의 신청(제35조)

1. 회생절차의 취지

회생절차는 재정적 궁핍으로 파탄에 직면해 있는 채무자가 경제적으로 회복의 가능성이 있다고 인정되는 경우 파산 등을 방지하여 사업을 회생, 재건하는 것을 목적으로 한다. 따라서 다른 법률에 의하여 파산을 신청하여야 하는 경우에도 회생절차개시의 신청을 할 수 있도록 하고 있다.

2. 청산 중이거나 파산선고를 이미 받은 채무자의 신청

청산 중이거나 파산선고를 이미 받은 채무자가 회생절차개시의 신청을 하는 때에는 상법 제229조(회사의 계속)제1항, 제285조(해산의 계속)제2항, 제519조(회사의 계속) 또는 제610조(회사의 계속)의 규정을 준용한다.

신청서(제35조)

회생절차개시의 신청은 다음 각호의 사항을 기재한 서면으로 하여야 한다.

1. 신청인 및 그 법정대리인의 성명 및 주소
2. 채무자가 개인인 경우에는 채무자의 성명·주민등록번호(주민등록번호가 없는 사람의 경우에는 외국인등록번호 또는 국내거소번호를 말한다. 이하 같다) 및 주소
3. 채무자가 개인이 아닌 경우에는 채무자의 상호, 주된 사무소 또는 영업소(외국에 주된 사무소 또는 영업소가 있는 때에는 대한민국에 있는 주된 사무소 또는 영업소를 말한다)의 소재지, 채무자의 대표자(외국에 주된 사무소 또는 영업소가 있는 때에는 대한민국에서의 대표자를 말한다. 이하 같다)의 성명
4. 신청의 취지
5. 회생절차개시의 원인
6. 채무자의 사업목적과 업무의 상황
7. 채무자의 발행주식 또는 출자지분의 총수, 자본의 액과 자산, 부채 그 밖의 재산상태
8. 채무자의 재산에 관한 다른 절차 또는 처분으로서 신청인이 알고 있는 것
9. 회생계획에 관하여 신청인에게 의견이 있는 때에는 그 의견
10. 채권자가 회생절차개시를 신청하는 때에는 그가 가진 채권의 액과 원인
11. 주주·지분권자가 회생절차개시를 신청하는 때에는 그가 가진 주식 또는 출자지분의 수 또는 액

【서식】 개인회생절차 개시신청서(개인채무자)

개인회생절차 개시신청서

신청인	성 명		주민등록번호	
	주민등록상 주소		우편번호 :	
	현 주 소		우편번호 :	
	송 달 장 소	(송달영수인:)우편번호 :		
	전화번호(집·직장)		전화번호(휴대전화)	

대리인	성 명			
	사무실 주소			우편번호:
	전화번호 (사무실)			
	이-메일 주소		FAX번호	

주채무자가(또는 보증채무자가, 연대채무자가, 배우자가) 이미 귀 법원에 파산신청 또는 개인회생절차 개시신청을 하였으므로 그 사실을 아래와 같이 기재합니다.

성 명		사건번호	

신 청 취 지

「신청인에 대하여 개인회생절차를 개시한다.」라는 결정을 구합니다.

신 청 이 유

1. 신청인은, 첨부한 개인회생채권자목록 기재와 같은 채무를 부담하고 있으나, 수입 및 재산이 별지 수입 및 지출에 관한 목록과 재산목록에 기재된 바와 같으므로, 파산의 원인사실이 발생하였습니다(파산의 원인사실이 생길 염려가 있습니다).

   □ 신청인은 정기적이고 확실한 수입을 얻을 것으로 예상되고, 또한 채무자 회생 및 파산에 관한 법률 제595조에 해당하는 개시신청 기각사유는 없습니다(급여소득자의 경우).

   □ 신청인은 부동산임대소득·사업소득·농업소득·임업소득 그 밖에 이와 유사한 수입을 장래에 계속적으로 또는 반복하여 얻을 것으로 예상되고, 또한 채무자 회생 및 파산에 관한 법률 제595조에 해당하는 개시신청 기각사유는 없습니다(영업소득자의 경우).

2. 신청인은, 각 회생채권자에 대한 채무 전액의 변제가 곤란하므로, 그 일부를 분할하여 지급할 계획입니다. 즉 현시점에서 계획하고 있는 변제예정액은_____개월간 월 _____원씩이고, 이 변제의 준비 및 절차비용지급의 준비를 위하여, 개시결정이 내려지는 경우 ____.__.__.을 제1회로 하여, 이후 매월 _____에 개시결정시 통지되는 개인회생위원의 은행계좌에 동액의 금전을 입금하겠습니다.

3. 이 사건 개인회생절차에서 적립금을 반환받을 신청인의 예금계좌는 _____은행 _____이며, 신청인의 계좌가 변경되거나 어떤 사유로든 사용할 수 없게 된 경우에는 신청인은 사건담당 회생위원에게 즉시 변경된 예금계좌를 신청인의 통장사본을 첨부하여 신고하겠습니다.

4. 개인회생채권자목록 부본(개인회생채권자목록상의 채권자수 + 2통)은 개시결정 전 회생위원의 지시에 따라 지정하는 일자까지 반드시 제출하겠습니다.

첨 부 서 류

1. 개인회생채권자목록 1통
2. 재산목록 1통
3. 수입 및 지출에 관한 목록 1 통
4. 진술서 1통
5. 신청서 부본 1통(위 1 내지 4의 첨부서류 및 소명방법을 모두 포함한 것)
6. 수입인지 1통(30,000원)
7. 송달료납부서 1통(송달료 52,000원 + (채권자수 × 5,200원 × 8))
8. 신청인 본인의 예금계좌 사본 1통(대리인의 예금계좌 사본 아님)
9. 위임장 1통(대리인에 의하여 신청하는 경우)

휴대전화를 통한 정보수신 신청서

위 사건에 관한 개인회생절차 개시결정, 폐지결정, 면책결정, 월 변제액 3개월분 연체의 정보를 예납의무자가 납부한 송달료 잔액 범위 내에서 휴대전화를 통하여 알려주실 것을 신청합니다.

■ 휴대전화 번호 :

　　　　　　　신청인 채무자　　　　　　　　　　(날인 또는 서명)

※ 개인회생절차 개시결정, 폐지결정, 면책결정이 있거나, 변제계획 인가결정 후 월 변제액 3개월분 이상 연체시 위 휴대전화로 문자메시지가 발송됩니다.

※ 문자메시지 서비스 이용금액은 메시지 1건당 17원씩 납부된 송달료에서 지급됩니다(송달료가 부족하면 문자메시지가 발송되지 않습니다). 추후 서비스 대상 정보, 이용금액 등이 변동될 수 있습니다.

20○○ .　　 .　　 .

　　　　　　　　　　신청인　　　　　　　　　　　　(인)

○○회생(지방)법원 귀중

개인회생절차 개시신청서 작성요령

(1) 채무한도

개인회생절차를 신청하려면 총채무액이 무담보채무의 경우에는 5억원, 담보부 채무의 경우에는 10억원 이하인 개인채무자여야 합니다.

(2) 관할법원

채무자의 주소지를 관할하는 지방법원 본원(강릉지원)에 신청하여야 합니다. 서울의 경우는 서울회생법원에 신청하여야 합니다. 다만 주채무자와 보증인, 채무자 및 그와 함께 동일한 채무를 부담하는 자, 부부의 경우 그 중 하나에 파산사건 또는 개인회생사건이 계속되어 있으면 같은 법원에 신청할 수 있고 신청서의 해당란에 성명과 사건번호를 기재하여야 합니다.

(3) 신청인

신청인의 성명 등 인적사항을 모두 기재합니다. 특히 현주소는 법원으로부터 우편물을 송달받을 수 있는 확실한 주소를 기재하여야 하고 연락이 가능한 휴대폰 등 전화번호를 반드시 기재하여야 합니다.

(4) 신청이유

① 급여소득자 또는 영업소득자인지 여부를 신청이유 1항의 해당란에 ☑ 표시를 합니다.

② 변제계획안에 예정되어 있는 변제기간과 월변제예정액을 각 기재하고 신청일로부터 2개월 후의 일정한 날(급여소득자의 경우 급여일, 영업소득자의 경우 매출채권 회수일 등)을 정하여 그 날을 제1회의 납입개시일과 매월 변제일로 기재합니다. 여기서 기재하는 금액은 변제계획인가시의 월변제예정액과 달라질 수 있습니다.

③ 개인회생절차 개시 후 변제계획이 불인가될 경우 그 동안 적립된 금액을 반환받을 예금계좌를 기재합니다.

④ 개인회생절차 개시신청 후 회생위원과의 면담을 통하여 개인회생채권자목록의 잘못된 부분과 누락된 부분을 수정하는 등으로 최종적인 개인회생채권자목록을 작성한 후 그 원본과 채권자수에 2통을 더한 부본을 회생위원이 지정한 날까지 이 법원에 제출하여야 합니다.

【서식】정리절차개시신청 통지서(1)

서 울 회 생 법 원
제101파산부

▪▪

(06594) 서울 서초구 서초동 서초중앙로 157 전화 02)530-1114 인터넷전화 9*221-2646

20○○. ○. ○. 10:30

모사전송에 의해 통지함

법원주사 ○ ○ ○

\<FACSIMILE COVER\>

수 신	수 신 자	금융감독위원회
	수 신 자	기업공시국장
	FAX 번호	3786-8486
발 신	발 신 자	○ ○ ○
	발 신 일	20○○. ○. ○.
매 수(표지포함)		2매
비 고	받아보지 못한 면이 있으면 연락바라며, 수신자에게 즉시 전달바랍니다.	

회사정리사건 접수 통지

서울회생법원

접 수 년 월 일	20○○. ○. ○
사 건 번 호 및 사 건 명	20○○회○○　　　　　회사정리 20○○회○○　　　　　회사재산보전처분
신 청 인 겸 사 건 본 인	○○○○ 주식회사 ○○시 ○○구 ○○동 ○○○ 대표이사 ○　○　○ 대리인 변호사 ○　○　○
신 청 요 지	사건본인 회사에 대하여 회사정리절차의 개시 및 회사재산보전처분을 신청함
사건본인회사의 개　　　　　요	업　　　　종 : 국내외 무역업, 주택건설업등 발행주식수 : 100만주 자 본 액 :　　50억 자 산 액 :　762억 부 채 액 :　699억 매 출 액 :　335억(20○○년 ○월 기준) 상장법인여부 : 비상장 주거래은행 : ○○은행
담 당 재 판 부 또는 담 당 법 관	제 101 파 산 부
비　　　　고	

【서식】 정리절차개시신청 통지서(2)

서울회생법원
제101파산부
통 지 서

수 신　　　　수신처 참조

사 건　　　　20○○회○○　　　　회사정리

신청인겸 사건본인

　　　　　　○○ 주식회사

　　　　　　○○시 ○○구 ○○동 ○○○

　　　　　　대표이사 ○ ○ ○

통 지 사 항　　신청인으로부터 20○○. ○. ○. 위 사건본인 회사에 대하여
　　　　　　　회사정리절차개시의 신청이 있으므로 채무자회생및파산에관한
　　　　　　　법률 제40조의 규정에 의하여 통지합니다.

사건본인회사의 개요　　1. 주업종 : 컴퓨터 및 주변기기 제조 및 판매업 등.
　　　　　　　　　　　2. 상장법인 여부 : 비상장
　　　　　　　　　　　3. 주거래은행 : ○○은행

20○○. ○. ○.

재판장 판사 ○ ○ ○

수신처 : 법무부장관, 기획재정부장관, 고용노동부장관, 산업자원부장관, 금
융감독위원장, 국세청장, 관세청장, 서울특별시장, ○○구청장, ○
○세무서장. 끝.

서류의 비치(제37조)

회생절차개시의 신청에 관한 서류는 이해관계인의 열람을 위하여 법원에 비치하여야 한다.

소명(제38조)

1. 소명과 원인의 추정

회생절차개시의 신청을 하는 자는 회생절차개시의 원인인 사실을 소명하여야 한다. 그리고 법 제628조 제1호의 규정에 의한 외국도산절차가 진행되고 있는 때에는 그 채무자에게 파산의 원인 사실이 있는 것으로 추정한다.

2. 소명을 해야할 자

채권자, 주주, 지분권자가 회생절차개시의 신청을 하는 경우 신청하는 자가 가진 채권의 액 또는 주식이나 출자지분의 수 또는 액도 소명하여야 한다.

비용의 예납 등(제39조)

1. 비용의 예납

절차개시의 신청을 하는 경우 절차의 비용으로 법원이 정하는 금액을 예납하여야 한다. 예납의 금액은 법원이 사건의 대소 등을 고려하여 정한다. 채무자 이외의 자가 신청을 한 때에는 회생절차개시 후의 비용에 관하여는 채무자의 재산에서 지급할 수 있는 금액도 고려하여 정하여야 한다.

- 회생절차개시 신청자에 따른 구분

회생절차개시 신청자	
채무자	신청인은 회생절차의 비용을 미리 납부해야 한다.
채무자 이외의 자	1. 신청인은 회생절차의 비용을 미리 납부해야 한다. 2. 개시결정이 있는 경우에는 신청인은 채무자의 재산으로부터 회생절차의 비용을 상환받을 수 있다. 3. 회생절차 개시 후의 비용에 관하여는 채무자의 재산에서 지급할 수 있는 금액도 고려하여 정한다

2. 실무에서의 처리

실무에서는 통상 신청서를 검토하면서 대표자심문기일결정과 아울러 비용예납명령을 함께 하고 있다. 예납비용은 원칙적으로 회생절차 개시결정 때까지 필요한 비용이기 때문에(제3항) 송달료, 공고비용, 회생결정 전 파산절차로 이행할 경우의 파산절차비용 등이 이에 포함된다.

▣ 관련판례

판례(대법원 1969.6.30. 자 69마361 판결)

회사정리법 제34조 제2항의 경우에도 비용예납 의무가 면제되는 것은 아니다.

【서식】 비용예납결정

서울회생법원
제201파산부
결 정

사 건   20○○회○○   회사정리
신청인겸 사건본인

     ○○ 주식회사

     ○○시 ○○구 ○○동 ○○○

     대표이사 ○ ○ ○

주 문

신청인은 이 결정을 송달받은 날로부터 5일 이내에 금 100,000,000원을 예납
하여야 한다.

이 유

채무자회생및파산에관한법률 제39조에 의하여 주문과 같이 결정한다.

20○○. ○. ○.

재판장 판사 ○ ○ ○
판사 ○ ○ ○
판사 ○ ○ ○

회생절차의 진행에 관한 법원의 감독 등(제39조의2)

법원은 채권자 일반의 이익과 채무자의 회생 가능성을 해하지 아니하는 범위에서 회생절차를 신속·공정하고 효율적으로 진행하여야 한다. 또 법원은 필요하다고 인정하는 경우 이해관계인의 신청이나 직권으로 다음 각 호의 조치를 취할 수 있다.

1. 회생절차의 진행에 관한 이해관계인과의 협의
2. 회생절차의 진행에 관한 일정표의 작성·운용
3. 채무자, 관리인 또는 보전관리인에게 다음 각 목의 사항에 관한 보고 또는 자료 제출의 요청
   가. 채무자의 업무 및 재산의 관리 상황
   나. 회생절차의 진행 상황
   다. 제179조제1항제5호 및 제12호에 따라 차입된 자금의 사용목적이 정하여진 경우 그 자금집행 사항
   라. 그 밖에 채무자의 회생에 필요한 사항
4. 관계인집회의 병합
5. 제98조의2에 따른 관계인설명회의 개최 명령
6. 그 밖에 채무자의 회생에 필요한 조치

감독행정청에의 통지 등(제40조)

1. 통지 대상

절차개시의 신청이 있은 때에는 채무자의 업무를 감독하는 행정청, 금융위원회, 채무자의 주된 사무소 또는 영업소(외국에 주된 사무소 또는 영업소가 있는 때에는 대한민국에 있는 주된 사무소 또는 영업소를 말한다)의 소재지를 관할하는 세무서장에게 이를 통지하여야 한다.

2. 통지의 기한

통지는 필요적인 것으로 실무에서는 통상 접수일로부터 3일이내에 통지하고 있다.

3. 의견청취

법원은 필요한 경우 채무자의 업무를 감독하는 행정청, 금융위원회, 회생채
권보다 우선하는 국세징수법 또는 지방세징수법에 의하여 징수할 수 있는
청구권(국세징수의 예, 국세 또는 지방세 체납처분의 예에 의하여 징수할 수
있는 청구권으로서 그 징수우선순위가 일반 회생채권보다 우선하는 것을 포
함한다)에 관하여 징수의 권한을 가진 자에 대하여 회생절차에 관한 의견의
진술을 요구 할 수 있다. 아울러 이에 해당하는 자는 법원에 대하여 회생절
차에 관하여 의견을 진술할 수 있다.

심문(제41조)

1. 대표자의 심문

회생절차개시의 신청이 있는 때에는 법원은 채무자 또는 회사의 대표자를
심문하여야 한다. 그러나 채무자 또는 그 대표자의 소재를 알 수 없거나, 채
무자 또는 그 대표자가 외국에 거주하여 채무자에 대한 심문이 절차를 현저
히 지체시킬 우려가 있는 때에는 심문을 하지 않을 수 있다.

2. 실무에서의 처리

서면심사 만으로는 회사의 상황을 판단하기에는 자료가 부족한 경우가 많고,
실무에서는 이미 신청인이 회사인지, 채권자 또는 주주인지에 관계없이 대표
자를 심문하는 것이 관행이기도 하다.

실무에서는 보전처분 결정이 발하여진 후에 대표자 심문을 시행하고 있다.
심문기일의 개최나 심문방식의 준수 여부 등을 기록화하기 위하여 조서를
작성할 필요는 없고, 심문기일에서 제출된 주장·증거는 기록상 편리한 방법
으로 명확하게 되면 족하다.

3. 심문기일의 지정

법원은 도산절차의 원활하고 효율적인 진행을 위하여 이해관계인의 신청에
의하거나 직권으로 심문기일을 지정할 수 있다. 이 경우 심문기일에 출석하

여야할 관리인(채무자회생및파산에관한법률 제74조 제4항의 관리인으로 보는자 포함), 파산관재인, 회생위원, 국제도산관리인이나 채권자협의회의 대표자 또는 구성원 그 밖의 이해관계인에게 심문기일을 통지하여야 한다.

【서식】 대표자심문기일지정결정

서울회생법원
제201파산부
결 정

사 건   20○○회○○   회사정리
            20○○회○○   회사재산보전처분
신청인겸 사건본인
      ○○ 주식회사
      ○○시 ○○구 ○○동 ○○○
      대표이사 ○ ○ ○
      대리인 법무법인 ○○
      담당변호사 ○○○, ○○○, ○○○, ○○○

위 사건에 관하여 아래와 같이 대표자심문을 시행한다.
대표자심문은 수명법관으로 하여금 하게 한다.
    1. 일시 : 20○○. ○. ○. 15:00
    2. 장소 : 서울회생법원 준비절차실(3별관 201호)

20○○. ○. ○.

재판장 판사 ○ ○ ○
판사 ○ ○ ○
판사 ○ ○ ○

위 수명법관으로 판사 ○○○을 지정한다.

20○○. ○. ○.

재판장 판사 ○ ○ ○

회생절차개시신청의 기각사유(제42조)

회생절차의 비용을 미리 납부하지 아니한 경우, 회생절차개시신청이 성실하지 아니한 경우, 그 밖에 회생절차에 의함이 채권자 일반의 이익에 적합하지 아니한 경우의 어느 하나에 해당하는 경우에는 절차개시신청을 기각하여야 한다고 규정하고 있고, 이는 필요적 기각사유이므로 이에 해당하는 사유가 있는지 직권으로 검토하여야 한다.

▣ 관련판례

판례(대법원 1999. 1. 11. 자 98마1583 판결)

1. 1998. 2. 24. 법률 제5517호로 개정된 회사정리법 부칙 제2조 제1항은 같은 법 시행 전에 생긴 사항에 대하여도 개정법을 적용한다고 규정하고 있고, 또한 항고법원은 제1심결정의 당부만을 심사하는 것이 아니라 제1심결정 이후의 사정까지 참작하여 신청의 적법 여부를 심사하는 것이므로, 항고법원이 동 법원에 사건이 계속되던 중 회사정리법이 개정된 경우 개정된 법률을 적용하여 정리절차개시신청의 적법 여부를 판단하여야 한다.

2. 회사정리법 제38조는 "다음의 경우에는 법원은 정리절차개시의 신청을 기각하여야 한다. 다만, 제5호(회사를 청산할 때의 가치가 회사를 계속 존속시킬 때의 가치보다 큰 경우)의 경우에는 법 제93조의2 규정에 의한 관리위원회의 의견을 들어야 한다."고 규정하고 있으나, 이는 정리사건의 신속·적정한 처리를 위하여 법원으로 하여금 관리위원회의 의견을 듣도록 한 것뿐 법원이 반드시 그 의견을 따라야만 하는 것은 아니므로, 법원이 관리위원회의 의견을 듣지 아니하고 정리절차개시신청을 기각하였다 하여 바로 그 결정이 위법한 것으로 볼 수는 없다.

판례(대법원 1994.9.22. 자 94마506 판결)

회사정리법 제38조 제5호에서 "정리의 가망"이라고 함은 정리계획에 따라 회사의 경영을 계속하여 수익을 얻고 이로써 채무를 변제하여 재정적 파탄상태를 벗어나 독자적인 기업으로서 산업활동을 할 수 있는 가능성을 말한다.

판례(대법원 2015. 5. 28., 선고, 2015두37099 판결)

건설산업기본법 시행령 제79조의2 제3호 (가)목(이하 '시행령 조항'이라 한다)이 자본금 기준에 미달한 건설업자에 대한 등록 말소의 예외사유로 '회생절차가 개시되어 진행 중인 경우'를 규정한 것은, 회생절차가 진행 중에 있는 건설업자의 효율적인 회생을 뒷받침하고자 함과 아울러, 회생절차가 진행되는 동안에는 회생법원이 회사 운영 전반을 감독함으로써 추가적인 부실발생이 방지되고 회생계획이 인가되면 회생채권에 대한 감면 등 권리변경이 이루어져 재무구조가 개선되고 결국 자본금 기준을 다시 충족하게 될 가능성이 크다는 점에서 이러한 등록기준의 미달이 단순히 일시적인 것에 그칠 여지가 많다고 보기 때문이다.

시행령 조항의 규정 취지와 목적, 건설산업기본법 시행령 제79조의2에 규정된 건설업 등록 말소의 다른 예외사유의 내용, 채무자회생 제도의 취지와 절차적 특성 등과 함께, 시행령 조항은 문언상 회생절차가 진행 중인 사실 자체를 건설업 등록 말소의 예외사유로 규정하고 있을 뿐, 말소사유인 자본금 기준에 미달한 사실과 예외사유의 시간적 선후관계에 관하여 명시하고 있지 아니한 점, 채무자 회생 및 파산에 관한 법률(이하 '채무자회생법'이라 한다)은 회생법원의 감독행정청에 대한 회생절차개시신청사실 통지의무와 감독행정청의 의견진술권을 규정하고 있고(제40조 제1항 제1호, 제3항), 이러한 절차를 통하여 건설업자가 건설업 등록 말소를 피하기 위한 목적에서 회생절차개시신청을 한 것임이 밝혀진 경우에는 신청이 성실하지 않다고 보아 이를 기각할 수 있으므로(제42조 제2호), 회생절차가 등록 말소를 회피하기 위한 수단으로 남용될 우려가 크지 아니한 점, 회생절차 개시결정과 자본금 기준 미달사실 발생의 선후관계에 따라 등록 말소 여부를 달리 보아야 하거나 시행령 조항의 적용 범위를 문언보다 좁게 해석해야 할 합리적 이유를 찾기 어려운 점, 회생절차는 재정적 어려움으로 파탄에 직면한 채무자를 효율적으로 회생시켜 채무자는 물론 채권자, 주주, 근로자 등 여러 이해관계인 공동의 이익을 도모하기 위한 제도인데, 건설업자의 사업의 기초가 되는 건설업 등록이 말소되면 더 이상의 영업활동이 불가능해져 회생절차가 곧바로 무산될 수밖에 없는 점 등을 종합해 보면, 시행령 조항은 자본금 기준에 미달한 사실이 회생절차 개시결정 전후에 있었는지를 가리지 않고 건설업자에 대한 회생절차가 개시되어 진행 중인 경우에 적용된다.

가압류·가처분 그 밖의 보전처분(제43조)

1. 의의

(1) 법원의 회생절차개시의 결정의 효과

1) 법원이 회생절차개시의 결정을 내리는 경우 사업경영과 재산의 관리, 처분에 관한 권리는 관리인에게 전속하게 된다.

2) 이해관계인의 채무자에 대한 개별적 권리행사는 금지된다.

2. 보전처분과 가압류와 가처분의 취지

위에서와 같은 효과는 회생절차개시를 신청한 경우라 하더라도 법원에 의하여 개시결정이 이루어지기 전까지는 채무자나 채권자에게 아무런 영향을 미치지 않는다. 그러므로 회생절차개시의 결정이 있기 전에 회사의 재무상태가 악화되는 등 이해관계인들의 권리행사에 심대한 악영향을 미칠 우려가 있고, 나아가 이해관계인간의 불공평한 분배가 이루어지는 상황이 발생 할 수 도 있다. 이를 방지하기 위하여 본법은 보전처분과 가압류와 가처분에 관한 규정을 두고 있다.

3. 보전처분, 가압류와 가처분의 시기

회생절차개시 신청이 있은 후 개시신청에 관한 개시결정 또는 기각결정이 있기 전까지의 사이

4. 보전처분의 대상

채무자회생및파산에관한법률 제43조 제1항(가압류·가처분 그 밖의 보전처분)에 의하여 채무자의 업무와 재산에 관하여 가압류, 가처분 기타 필요한 보전처분을 명하는 경우와 채무자회생및파산에관한법률 제43조 제3항에 의하여 보전관리인에 의한 관리를 명하는 처분을 통틀어 보전처분이라 칭한다.

5. 민사소송법상의 보전처분과의 구별

채무자회생및파산에관한법률 제43조 제1항에서 가압류, 가처분이라는 용어를 쓰고있기는 하나, 본법상의 보전처분은 민사소송법상의 보전처분과는 그의 성격이 다른 특수한 보전처분이라고 본다.

본법상의 보전처분은 예외 없이

(1) 본안법원의 관할에 속하며

(2) 신청인에 대한 상대방이 항상 존재하여야 하는 것도 아니고

(3) 본안법원이 그 처분을 직권으로 명할 수 있을 뿐만 아니라

(4) 처분 후에도 직권으로도 이를 취소, 변경할 수 있기 때문에

민사소송법상의 가압류, 가처분에 관한 규정이 본법상의 보전처분에도 예외 없이 그대로 적용된다고 볼 수 없다.

회생절차 개시신청이 있는 경우에 그 개시 전에 보전처분을 취해야 될 경우에는 민사소송법상의 보전처분을 발하는 것이 아닌 채무자회생및파산에관한 법률상의 처리를 구하여야 한다.

6. 채무자회생및파산에관한법률 114조(법인의 이사등의 재산에 대한 보전처분)의 보전처분과의 관계

채무자회생및파산에관한법률 제114조(법인의 이사등의 재산에 대한 보전처분)에 의하면 회생절차의 잠정적인 처분으로서 회생절차개시 전에도 긴급한 필요가 인정되는 경우에는 법원이 발기인, 이사 등에 대하여 손해배상청구권의보전을 위한 보전처분을 할 수 있도록 규정되어 있다. 그러나 제114조에 의한 처분은 이사 등에 대한 손해배상청구권보전을 위한 제도임에 반해, 제43조에 의한 보전처분은 채무자의 사업과 재산에 관한 제도이므로 서로 다른 제도이다. 그리고 이 두 가지 보전처분은 병존할 수 있다.

- 법 제43조와 제114조의 차이

법 제43조에 의한 보전처분	채무자의 사업과 재산에 관한 보전처분을 할 수 있도록 하는 규정
법 제114조에 의한 보전처분	발기인, 이사 등에 대하여 손해배상청구권보전을 위한 보전처분을 할 수 있도록 하는 규정

7. 신청권자와 신청권자의 소명

채무자 외에 채권자, 주주이기만 하면 회생절차개시신청권이 없는 소액 채권자나 소액 주주도 신청권이 있다고 본다.

보전처분 신청인은 회생절차개시원인에 대한 소명은 물론 보전의 필요성에 대해서도 소명하여야 한다.

보전처분신청서에는 민사소송등 인지법 제9조 제2항에 의거 2천원의 인지를 붙인다.

8. 처리기준

법원은 보전처분을 결정할 때 회생절차개시원인, 보전의 필요성, 절차의 진행정도, 보전처분의 내용, 거래처에 미치는 영향 등을 종합적이고도 구체적으로 고려하여야 한다. 또한 법원이 보전처분, 보전관리인의 선임, 그 취소 및 변경을 할 경우에는 관리위원회의 의견을 들어야 한다.

9. 결정시한

법원은 신청일부터 7일 이내에 보전처분 여부를 결정하여야 한다.

▣ 관련판례

판례(대법원 2003. 9. 26. 선고 2002다62715 판결)

회사정리법 제39조 제3항, 제39조의3, 제53조 제1항, 제96조의 규정에 의하면, 정리절차 개시 전이라도 법원의 관리명령에 따라 보전관리인이 선임된 경우에는 회사 재산의 관리·처분권한이 보전관리인에게 전속되고, 회사의 재산에 관한 소에 있어서는 보전관리인이 원고 또는 피고가 된다는 점에서 회사에 대한 채권을 목적으로 한 가압류에 있어서도 회사가 아닌 보전관리인이 제3채무자로 되어야 한다.

판례(대법원 2000. 2. 11. 선고 99다52312 판결)

회사정리절차개시결정이 있기 이전에 이의 있는 정리채권에 관한 소송이 계속중에 회사재산보전처분이 내려지고 보전관리인이 선임되자 소송의 상대방을 정리회사에서 보전관리인으로 하여 한 수계신청을 회사정리법 제149조 제1항 소정의 소송수계신청으로 볼 수는 없다.

판례(대법원 1999. 6. 25. 선고 99다5767 판결)

채무초과상태에 있는 주식회사에 대하여 회사정리법에 따라 회사재산보전처분결정이 내려졌다 하더라도 그 후 정리절차개시신청기각, 정리절차폐지 또는 정리계획불인가의 결정이 확정되면 그 회사에 대하여 파산선고를 할 수 있으므로, 회사재산보전처분결정 사실을 들어 그 회사가 파산의 우려가 있는 상태에서 회복되었다고 할 수는 없으며, 그 회사는 채무초과의 상태가 계속되는 한 회사정리법에 의한 회사재산보전처분결정에도 불구하고 여전히 파산의 우려가 있는 상태에 있는 것이라고 아니할 수 없다.

판례(대법원 1993.9.14. 선고 92다12728 판결)

1. 회사정리절차개시의 신청을 받은 법원이 그 결정을 하기에 앞서 회사정리법 제39조 제1항의 규정에 의한 보전처분으로서 회사에 대하여 채권자에 대한 채무의 변제를 금지하였다 하더라도 그 처분의 효력은 원칙적으로 회사에만 미치는 것이어서 회사가 채권자에게 임의로 변제하는 것이 금지될 뿐 회사의 채권자가 강제집행을 하는 것까지 금지되는 것은 아니고, 다른 한편 정리절차가 개시된 후에도 정리채권자 또는 정리담보권자는 회사정리법 제162조에 정한 바에 따라 정리절차에 의하지 아니하고 상계를 할 수 있음이 원칙인 점에 비추어 볼

때 보전처분만이 내려진 경우에는 회사의 채권자에 의한 상계가 허용되지 않는다고 할 수 없다.

2. 법원이 보전관리인에 대하여 법원의 허가를 얻어회사정리법 제54조 각호의 행위를 하도록 정한 바가 없다면 보전관리인이 그 각호의 행위를 함에 있어서 법원의 허가를 받지 아니하였다 하여도 허가를 받지 아니하고 한 행위가 무효라고 한 위 제55조의 규정이 당연히 준용되는 것이라고는 할 수 없다.

판례(대법원 2019. 8. 14., 선고, 2019다204463 판결)

상법 제393조 제1항은 주식회사의 중요한 자산의 처분 및 양도, 대규모 재산의 차입 등 회사의 업무집행은 이사회의 결의로 한다고 규정함으로써 주식회사의 이사회는 회사의 업무집행에 관한 의사결정권한이 있음을 밝히고 있으므로, 주식회사의 중요한 자산의 처분이나 대규모 재산의 차입행위뿐만 아니라 이사회가 일반적·구체적으로 대표이사에게 위임하지 않은 업무로서 일상 업무에 속하지 아니한 중요한 업무에 대해서는 이사회의 결의를 거쳐야 한다.

주식회사가 회생절차를 신청할 경우 개시결정 전에도 그 신청사실은 금융위원회와 감독행정청 등에 통지되고[채무자 회생 및 파산에 관한 법률(이하 '채무자회생법'이라고 한다) 제40조], 법원의 보전처분을 통해 채무자의 업무 및 재산에 관한 처분권한이 통제되는 등(채무자회생법 제43조) 채무자에 미치는 영향이 적지 않다.

주식회사에 대하여 회생절차가 개시되는 경우 이를 이유로 한 계약의 해지 및 환취권 행사 등으로 인하여 회사의 영업 또는 재산에 상당한 변동이 발생하게 된다. 또한 본래 주식회사의 업무집행권은 대표이사에게 부여되고(상법 제389조 제3항, 제209조 제1항), 정관이나 법률이 정한 사항 내지 중요한 자산의 처분 및 양도 등에 관한 의사결정권은 주주총회 내지 이사회가 가지고 있으나(상법 제361조, 제393조 제1항), 회생절차가 개시되면 주식회사의 업무수행권과 관리처분권이 관리인에게 전속하게 되고, 관리인이 재산의 처분이나 금전의 지출 등 일정한 행위를 하기 위해서는 미리 법원의 허가를 받아야 하는 등(채무자회생법 제56조 제1항, 제61조 등 참조) 회사의 경영에 근본적인 변화가 발생하게 된다.

주식회사는 회생절차를 통하여 채권자·주주 등 여러 이해관계인의 법률관계를 조정하여 채무자 또는 그 사업의 효율적인 회생을 도모할 수 있으나(채무자회생법 제1조), 회생절차 폐지의 결정이 확정된 경우 파산절차가 진행될 수 있는 등(채무자회생법 제6조 제1항) 회생절차 신청 여부에 관한 결정이 주식회사에 미치는 영향이 크다.

위와 같은 주식회사에서의 이사회의 역할 및 주식회사에 대한 회생절차개시 결정의 효과 등에 비추어 보면 주식회사의 회생절차개시신청은 대표이사의 업무권한인 일상 업무에 속하지 아니한 중요한 업무에 해당하여 이사회 결의가 필요하다고 보아야 한다.

관련 질의응답   Q & A

회사에 대한 채권으로 대표이사 개인재산을 강제집행할 수 있는지

문) 저는 甲에게 사업자금 5,000만원을 빌려주면서 교부받은 차용증에는 乙주식회사 대표이사 甲이 차용하는 것으로 기재하였습니다. 그 후 甲이 돈을 갚지 않아 확인해보니 乙회사는 甲이 설립한 소규모의 회사로서 등기부상 이름만 남아 있을 뿐 직원도 없고 그 회사명의의 재산은 아무 것도 없었습니다. 그러나 甲은 개인명의의 재산을 많이 갖고 있는데, 제가 甲을 상대로 위 대여금을 청구하여 甲의 개인재산에 강제집행을 할 수 있는지요?

답) 법률상 권리의무의 주체로는 자연인과 법인이 있습니다. 주식회사는 1인 이상이 자본을 주식의 형태로 출자하여 설립한 법인으로서(상법 제288조), 그 본질상 그 회사를 구성하는 자연인과는 별개의 법인격체를 이루며, 회사의 재산은 주주나 이사의 개인재산과는 완전히 분리되고 회사의 채무에 대하여는 회사명의의 재산으로만 책임을 지게 됩니다.

즉, 상법 제331조에 의하면 "주주의 책임은 그가 가진 주식의 인수가액을 한도로 한다."라고 규정하고 있습니다. 다만, 상법 제331조의 주주유한책임의 원칙은 주주의 의사에 반하여 주식의 인수가액을 초과하는 새로운 부담을 시킬 수 없다는 취지에 불과하고, 주주들의 동의 아래 회사채무를 주주들이 부담하는 것까지 금지하는 취지는 아니므로(대법원 1989. 9. 12. 선고 89다카890 판결, 1983. 12. 13. 선고 82도735

판결), 주주나 이사가 개인적으로 회사채무를 부담키로 한 경우에는 그들에게 청구가 가능합니다.

그러므로 귀하의 경우에는 차용증서상 '乙주식회사'에 돈을 빌려준 것으로 되어 있어 乙회사를 상대로 재판을 하고 판결을 받아 乙회사명의의 재산에 대하여만 강제집행을 할 수 있을 뿐이며, 乙회사의 주주나 대표이사 甲 개인을 상대로는 청구할 수는 없을 것으로 보입니다. 다만, 甲이 乙회사의 재산을 빼돌려 개인적인 용도에 사용하였다면 형사적으로는 甲을 횡령죄로 고발할 수 있고, 민사적으로는 채권자취소권의 행사도 검토해볼 수 있을 것입니다.

그런데 주식회사라고 하지만 현실적으로는 개인기업이나 마찬가지인 가족회사나 실질적으로 1인 회사인 경우가 많이 있습니다. 그와 같은 소규모의 회사의 경우 회사재산과 경영주 개인의 재산이 혼동될 우려가 있으며, 회사가 파산하는 경우에는 주주 개인의 재산으로는 책임을 지지 않기 때문에 채권회수가 어려워지는 경우가 많이 있습니다. 이러한 경우 그 회사의 법인격을 부인할 수 있을 것인지에 관하여 판례를 보면, "회사가 외형상으로는 법인의 형식을 갖추고 있으나 이는 법인의 형태를 빌리고 있는 것에 지나지 아니하고 그 실질에 있어서는 완전히 그 법인격의 배후에 있는 타인의 개인기업에 불과하거나 그것이 배후자에 대한 법률적용을 회피하기 위한 수단으로 함부로 쓰여지는 경우에는, 비록 외견상으로는 회사의 행위라 할지라도 회사와 그 배후자가 별개의 인격체임을 내세워 회사에게만 그로 인한 법적 효과가 귀속됨을 주장하면서 배후자의 책임을 부정하는 것은 신의성실의 원칙에 위반되는 법인격의 남용으로서 심히 정의와 형평에 반하여 허용될 수 없고, 따라서 회사는 물론 그 배후자인 타인에 대하여도 회사의 행위에 관한 책임을 물을 수 있다고 보아야 한다."라고 하였습니다(대법원 2001. 1. 19. 선고 97다21604 판결, 1977. 9. 13. 선고 74다954 판결).

그러나 1인 회사의 존재도 인정하고 있으며(대법원 1993. 6. 11. 선고 93다8702 판결), 법인격 부인은 불가피한 경우에 제한적으로 적용하고 있으므로, 위 사안에서 귀하가 甲에게 위 대여금을 지급 받기 위해서는 위 회사가 '명목상의 회사(형해화(形骸化)된 회사)'에 불과하다는 사실을 입증할 수 있어야 할 것입니다.

참고로 우리가 어떤 개인에게 돈을 빌려줄 때에는 그 사람의 신용과 자력을 보고 돈을 빌려주는 것과 마찬가지로 법인에게 돈을 빌려줄 경우에는 그 회사의 신용과 자력이 튼튼한지 또 그 회사가 앞으로 지속되고 성장할 수 있는지 여부를 확인하고, 만약 그것이 불확실하다면 물적 담보를 설정한다던가 주주 또는 이사 개인으로 하여금 연대보증을 서게 하고 돈을 빌려주는 것이 안전할 것입니다.

소송진행 중 피고회사가 회사정리절차개시 신청된 경우

문) 乙은 저의 명의를 도용하여 甲주식회사로부터 승합차 1대(인도금 180만원, 할부금 1,000만원)를 구입하면서 위조한 저의 인감도장으로 인감증명을 발급 받아 위임장과 함께 제출하였습니다. 그 후 甲주식회사는 저에게 할부금의 납부를 수차에 걸쳐 독촉하였고 저는 甲주식회사를 상대로 채무부존재확인소송을 제기하여 이를 진행 중에 있었습니다. 그런데 甲주식회사에 대하여 회사정리절차개시신청이 법원에 제기되고 곧이어 재산보전처분과 함께 보전관리인을 丙으로 선임한다는 결정이 났습니다. 이 경우 제가 제기한 위 소송은 계속하여 진행할 수 있는지, 만일 甲주식회사에 대하여 회사정리절차개시결정이 나면 그때는 어떻게 되는지요?

답) 채무자회생및파산에관한법률 제43조 제1항 전문에 의하면 "법원은 정리절차개시의 결정을 하기 전에 이해관계인의 신청에 의하여 또는 직권으로 회사의 업무와 재산에 관하여 가압류·가처분 기타 필요한 보전처분을 명할 수 있다."라고 규정하고 있습니다.

그리고 채무자회생및파산에관한법률 제44조 제1항에 의하면 "법원은 회생절차개시의 신청이 있는 경우 필요하다고 인정하는 때에는 이해관계인의 신청에 의하거나 직권으로 회생절차개시의 신청에 대한 결정이 있을 때까지 다음 각호의 어느 하나에 해당하는 절차의 중지를 명할 수 있다. 다만, 제2호의 규정에 의한 절차의 경우 그 절차의 신청인인 회생채권자 또는 회생담보권자에게 부당한 손해를 끼칠 염려가 있는 때에는 그러하지 아니하다."라고 규정하고 있습니다.

그런데 채무자회생및파산에관한법률상 주식회사에 대하여 재산보전처분 및 보전관리인 선임결정이 난 것만으로는 법원에서 채무자회생및파산에관한법률 제44조의 중지명령이 내려지지 않는 한 소송절차에는 아무런 영향이 없다는 것이 대법원의 입장입니다(대법원 1993. 9. 14. 선고 92다12728 판결). 위 중지명령의 요건을 법원이 '필요하다고 인정하는 때'라고 규정하고 있는바, 실무에서는 그 요건을 엄격히 해석하여 현재 가동되고 있는 공장 등 회사의 기본재산이나 회사의 자산에서 상당한 비중을 차지하는 부동산에 대한 강제집행, 담보권실행을 위한 경매, 체납처분의 경우에만 제한적으로 중지명령을 인용하고 있으므로 귀하의 사건에는 그 적용이 없을 것으로 보입니다.

또한, 회사정리절차개시결정 후 당사자적격에 관하여 채무자회생및파산에관한법률 제78조에 의하면 "채무자의 재산에 관한 소송에서는 관리인이 당사자가 된다."라고 규정하고 있으며, 이 규정은 채무자회생및파산에관한법률 제43조에서 재산보전처분이 된 경우에도 준용하도록 규정하고 있으므로 재산보전처분 및 보전관리인선임결정이 나면 위 甲주식회사의 당사자적격이 보전관리인으로 변경되므로, 귀하는 보전관리인을 피신청인으로 하는 소송절차수계신청을 하여야 소송을 계속 진행할 수 있습니다.

그리고 회사정리절차개시결정이 나더라도 회사정리법상 甲주식회사의 당사자적격이 관리인으로 변경되고 계속중인 소송절차는 당연히 중단되지만(채무자회생및파산에관한법률 제59조), 귀하의 사건은 정리채권 또는 정리담보권에 관계없는 것이므로 회사정리절차개시결정 여부와 상관없이 소송을 진행할 수 있을 것으로 보여집니다.

따라서 귀하는 甲주식회사의 관리인을 피신청인으로 하는 소송절차수계신청을 하여 소송을 진행할 수 있을 것입니다.

【서식】 보전처분에 대한 의견조회

서울회생법원
제201파산부

(06594) 서초구 서초동 서초중앙로 157 / 전화 02)530-1114 / 주심 : ○○○ 판사

시행일자	20○○. ○. ○.
수 신	서울회생법원 관리위원회
참 조	주무 관리위원 ○○○
제 목	보전처분에 대한 의견조회

1. ○○주식회사에 대한 이 법원 20○○회○○호 회사정리 사건과 관련된 내용입니다.

2. 채무자회생및파산에관한법률 제43조 제1항, 회사정리등규칙 제13조 제2호에 의하여 보전처분 여부에 대한 의견을 조회하오니 회신하여 주시기 바랍니다.

재판장 판사 ○   ○   ○

의 견 서

서울회생법원 제201파산부 귀중

의 견 :

20○○. ○. ○.

서울회생법원 관리위원회 위원장 ○ ○ ○

【서식】 보전처분결정

서울회생법원
제201파산부
결   정

사   건   20○○회○○   회사재산보전처분
신청인겸 사건본인
            ○○ 주식회사
            ○○시 ○○구 ○○동 ○○○
            대표이사 ○ ○ ○
            대리인 법무법인 ○○
            담당변호사 ○○○, ○○○, ○○○, ○○○

주   문

1. 사건본인회사는 20○○. ○. ○. 09:30 이전의 원인으로 생긴 일체의 금전 채무에 관하여 그 변제 또는 담보제공을 하여서는 아니된다.

2. 사건본인회사는 부동산, 자동차, 중기, 공업소유권 등 등기 또는 등록의 대상이 되는 그 소유의 일체의 재산 및 금 10,000,000원 이상의 기타 재산에 관한 소유권의 양도, 담보권·임차권의 설정 기타 일체의 처분행위를 하여서는 아니된다. 그러나 계속적이고 정상적인 영업활동에 해당하는 제품, 원재료 등의 처분행위는 예외로 한다.

3. 사건본인회사는 명목 여하를 막론하고 차재(어음할인을 포함한다)를 하여서는 아니된다.

4. 사건본인회사는 노무직, 생산직을 제외한 임직원을 채용하여서는 아니된다.

5. 위 각 항의 경우에 있어서 미리 이 법원의 허가를 받았을 때에는 그 제한을 받지 아니한다.

이   유

이 사건 신청은 이유 있으므로, 채무자회생및파산에관한법률 제43조 제1항
에 의하여 주문과 같이 결정한다.

20○○. ○. ○.

재판장 판사 ○ ○ ○
판사 ○ ○ ○
판사 ○ ○ ○

다른 절차의 중지명령 등(제44조)

1. 중지명령의 의의

(1) 회생절차의개시의 신청이 있는 경우에 필요하다고 인정하는 때에는 법
원은 이해관계인의 신청에 의하여 또는 직권으로 회생절차개시의 신청
에 관하여 결정이 있을 때까지 채무자 재산에 대하여 경매절차, 소송절
차, 행정절차의 중지를 명할 수 있다.

(2) 국세징수법 또는 지방세징수법에 의한 체납처분, 국세징수의 예에 의한
체납처분 또는 조세채무담보를 위하여 제공된 물건의 처분의 중지도
명할 수 있다. 이 경우 징수의 권한을 가진 자의 의견을 들어야 한다.
중지·금지명령 신청·취소신청서에는 민사소송등인지법 제9조 제3항
에 의거 5천원의 인지를 붙인다.

2. 보전처분과의 관계

경매절차 등의 중지명령은 보전처분과 함께 회생절차 개시결정 전에 강제적
인 권리실현행위를 금지함으로써 회사 재산의 보전을 목적으로 하는 제도로
써, 채무자의 채권자와 담보권자등 제3자에 대하여 강제적인 권리실현행위를
방지함으로써 채무자재산의 보전을 목적으로 하는 것인 점에서 채무자 자신
에 대하여 행위를 제한하는 보전처분과 차이가 있다.

다른(경매 등) 절차의 중지명령	채무자의 채권자와 담보권자등 제3자에 대하여 강제적인 권리실현행위를 방지
보전처분제도	채무자 자신에 대하여 행위를 제한

3. 제58조(다른 절차의 중지 등)에 의한 절차중지와의 관계

회생절차 개시의 결정이 내려지는 경우에는 법 제58조에 의하여 채권자를
비롯한 이해관계인의 권리행사는 제한된다. 유의할 것은, 여기서 말하는 다
른 절차의 중지 등은 회생절차개시결정의 효과로서 진행되고 있는 강제집행,
가압류, 가처분, 담보권실행 등을 포함한 경매절차 등 일정한 절차를 일반적
인 의미에서 실효 또는 중지시키는 것일 뿐이고 다시 새로이 이를 개시하는

것을 금지하는 것은 아니다. 그러나 제44조에 의한 중지명령은 회생절차개시 전에 이미 계속되고 있는 일정한 절차를 개별적으로 중지하는 점에서 구별된다.

제44조에 의한 중지명령	회생절차개시 전에 이미 계속되고 있는 일정한 절차를 개별적으로 중지한다.
제58조에 의한 절차중지	강제집행, 가압류, 가처분, 담보권실행 등을 포함한 경매절차 등 일정한 절차를 일반적인 의미에서 실효 또는 중지시키는 것일 뿐이고 다시 새로이 이를 개시하는 것을 금지하는 것은 아니다.

4. 요건

(1) 필요하다고 인정하는 때

"필요하다고 인정하는 때"란 중지절차의 진행 없이 채무자의 행위를 어떠한 제한 없이 허용할 경우 회생절차 개시결정까지의 사이에 채무자 재산이 처분되는 등 채권자간의 형평에 심각한 차별의 결과가 빚어질 가능성이 높은 경우를 의미한다.

(2) 부당한 손해를 끼칠 염려가 없어야 한다

중지에 의하여 받는 채무자의 이익에 비하여 중지로 인한 채권자의 손해가 수인할 수 없을 정도로 지나치게 큰 경우에 있어서는 각 절차의 중지를 명할 수 없다.

5. 중지명령의 효력

중지명령이 내려진 경우 명령의 대상이 되었던 절차는 현재의 상태에서 그의 진행이 중지되어 그 이상의 진행은 없게 된다. 중지명령은 당해 절차를 그 이상 진행시키지 않는다는 효력이 있을 뿐이기 때문에, 이미 진행된 절차의 효력에 대해서는 그를 소급하여 무효로 만드는 것은 아니다. 따라서 중지명령이 있기 이전에 집행된 압류, 가처분 등의 효력은 그대로 유지된다.

중지명령이 있기 이전에 집행된 압류, 가처분 등의 효력	그대로 유지
중지명령이 있은 후의 압류, 가처분 등의 효력	현재의 상태에서 그의 진행이 중지되어 그 이상의 진행은 없다

6. 중지명령의 취소, 변경

법원은 소송절차 등의 방법을 통해 중지명령을 변경 또는 취소할 수 있다. 법원이 필요하다고 인정될 경우에는 명령 이전의 사유이든, 명령 이후의 사정변경이든 어느 것을 이유로도 중지명령의 변경과 취소를 할 수 있다. 중지명령에 대하여는 불복이 인정되지 않는다.

관련 질의응답 Q & A

경제적 사정으로 체납한 것이 조세범처벌법상 정당사유인지

문) 甲은 사업에 실패하여 파산지경에 이르게 됨으로 인하여 각종 세금이 체납되었습니다. 이러한 경우에도 조세범처벌법에 의하여 처벌되게 되는지요?

답) 조세범처벌법 제10조에 의하면 "납세의무자가 정당한 사유 없이 1회계 연도에 3회 이상 체납하는 경우에는 1년 이하의 징역 또는 체납액에 상당한 벌금에 처한다."라고 규정하고 있습니다.

그런데 조세범처벌법 제10조 소정의 '정당한 사유'의 의미에 관하여 판례를 보면, "조세범처벌법 제10조에 의하면 말하는 정당한 사유라 함은 천재·지변·화재·전화(戰禍) 기타 재해를 입거나 도난을 당하는 등 납세자가 마음대로 할 수 없는 사유는 물론 납세자 또는 그 동거가족의 질병, 납세자의 파산선고, 납세자 재산의 경매개시 등 납세자의 경제적 사정으로 사실상 납세가 곤란한 사유도 포함한다 할 것이고, 나아가 그 정당사유의 유무를 판단함에 있어서는 그 처벌의 입법취지를 충분히 고려하면서 체납의 경위, 체납액 및 기간 등을 아울러 참작하여 구체적인 사안에 따라 개별적으로 판단하여야 할 것이며, 정당한 사유가 없다는 점에 대한 입증책임은 검사에게 있다."라고 하면서, "납세의무자가 경제적 사정으로 사실상 납세가 곤란하여 체납한 것이 조세범처벌법 제10조 소정의 '정당한 사유'에 포함된다."라고 한 사례가 있습니다(대법원

2000. 10. 27. 선고 2000도2858 판결).
따라서 위 사안에서 甲도 사업의 실패로 인하여 사실상 납세가 곤란하여 세금을 체납한 것이라면 조세범처벌법위반으로 처벌되지 않을 듯합니다.

회생채권 또는 회생담보권에 기한 강제집행등의 포괄적 금지명령(45조)

제정이유

포괄적인 금지명령제도의 신설

1. 그 동안 법률행위별로 개별적인 중지명령만 인정되어 다수의 재산이 서로 다른 법원의 관할 지역에 산재한 경우 등에는 책임재산의 보전이 곤란하였으므로 이를 개선하려는 것임

2. 개별절차의 중지명령에 의하여도 회생절차의 목적을 충분히 달성하지 못할 특별한 사정이 있는 경우에 법원이 하나의 결정으로 모든 회생채권자 등에 대하여 회생채무자의 재산에 대한 강제집행 등의 금지를 명할 수 있도록 함.

3. 채무자의 재산에 대한 강제집행을 신속히 금지함으로써 회생절차를 효율적으로 진행하고 채권자간의 형평성을 도모하는데 기여할 것으로 기대됨

법원은 회생절차개시의 신청이 있는 경우 채무자회생및파산에관한법률 제44조 제1항의 규정에 의한 중지명령에 의하여는 회생절차의 목적을 충분히 달성하지 못할 우려가 있다고 인정할 만한 특별한 사정이 있는 때에는 이해관계인의 신청에 의하거나 직권으로 회생절차개시의 신청에 대한 결정이 있을 때까지 모든 회생채권자 및 회생담보권자에 대하여 회생채권 또는 회생담보권에 기한 강제집행등의 금지를 명할 수 있다. 포괄적 금지명령이 있는 때에는 채무자의 재산에 대하여 이미 행하여진 회생채권 또는 회생담보권에 기한 강제집행등은 중지된다. 법원은 포괄적 금지명령을 변경하거나 취소할 수 있으며, 채무자의 사업의 계속을 위하여 특히 필요하다고 인정하

는 때에는 채무자(보전관리인이 선임되어 있는 때에는 보전관리인을 말한다)의 신청에 의하여 제3항의 규정에 의하여 중지된 회생채권 또는 회생담보권에 기한 강제집행등의 취소를 명할 수 있다. 이 경우 법원은 담보를 제공하게 할 수 있다.

포괄적 금지명령, 규정에 의한 취소명령에 대하여는 즉시항고를 할 수 있고, 즉시항고는 집행정지의 효력이 없다.

포괄적 금지명령이 있는 때에는 그 명령이 효력을 상실한 날의 다음 날부터 2월이 경과하는 날까지 회생채권 및 회생담보권에 대한 시효는 완성되지 아니한다.

포괄적인 금지명령신청(개인채무자회생절차에 준용하는 경우 포함) 또는 중지된 절차의 취소신청의 경우에는 민사소송등 인지법 제9조 제3항에 의거 2천원의 인지를 붙인다.

포괄적 금지명령에 관한 공고 및 송달 등(제46조)

포괄적 금지명령에 관한 공고 및 송달등은 채무자, 신청인, 회생채권자, 회생담보권자 등에게 송달하여 불측의 피해를 입는 일을 방지하고자 하는데 그 취지가 있다고 할 수 있겠다. 포괄적인 금지명령 및 이를 변경 또는 취소하는 결정의 효력발생시기를 채무자 또는 보전관리인에게 결정서가 송달된 때로 규정하고 있다.

포괄적 금지명령의 적용 배제(제47조)

포괄적인 금지명령제도의 신설

1. 그 동안 법률행위별로 개별적인 중지명령만 인정되어 다수의 재산이 서로 다른 법원의 관할 지역에 산재한 경우 등에는 책임재산의 보전이 곤란하였으므로 이를 개선하려는 것임

2. 개별절차의 중지명령에 의하여도 회생절차의 목적을 충분히 달성하지 못할 특별한 사정이 있는 경우에 법원이 하나의 결정으로 모든 회생채권

자 등에 대하여 회생채무자의 재산에 대한 강제집행 등의 금지를 명할 수 있도록 함.

3. 채무자의 재산에 대한 강제집행을 신속히 금지함으로써 회생절차를 효율적으로 진행하고 채권자간의 형평성을 도모하는데 기여할 것으로 기대됨.

법원은 포괄적 금지명령이 있는 경우 회생채권 또는 회생담보권에 기한 강제집행등의 신청인인 회생채권자 또는 회생담보권자에게 부당한 손해를 끼칠 우려가 있다고 인정하는 때에는 그 회생채권자 또는 회생담보권자의 신청에 의하여 그 회생채권자 또는 회생담보권자에 대하여 결정으로 포괄적 금지명령의 적용을 배제할 수 있다. 이 경우 그 회생채권자 또는 회생담보권자는 채무자의 재산에 대하여 회생채권 또는 회생담보권에 기한 강제집행등을 할 수 있으며, 포괄적 금지명령이 있기 전에 그 회생채권자 또는 회생담보권자가 행한 회생채권 또는 회생담보권에 기한 강제집행등의 절차는 속행된다. 신청에 대한 재판과 즉시항고에 대한 재판이 있는 때에는 법원은 그 결정서를 당사자에게 송달하여야 한다. 이 경우 채무자회생및파산에관한법률 제10조의 규정은 적용하지 아니한다.
포괄적인 금지명령의 적용배제 신청의 경우(개인채무자회생절차에 준용하는 경우 포함)에는 민사소송등인지법 제9조 제3항에 의거 5천원의 인지를 붙인다.

회생절차개시신청 등의 취하의 제한(제48조)

1. 명령이 있기 전

   신청인은 보전처분, 보전관리명령, 중지명령, 포괄적 금지명령이 있기 전에는 신청을 자유로이 취하할 수 있다.

2. 명령이 있은 후

   보전처분, 보전관리명령, 중지명령, 포괄적 금지명령이 결정된 후에는 법원의 허가를 받아야만 그를 취하할 수 있다.

3. 취지

이 규정의 취지는, 신청인이 보전처분을 받아 채무의 일시유예 또는 부도유예의 혜택을 받아 당면한 위기를 넘긴 다음 위기상황이 종료되면 임의로 절차를 종료시키는 방법으로 보전처분제도가 악용될 수 있는 여지가 있을 수 있기 때문에 그와 같은 악용을 막기 위한 것이다.

4. 법원의 결정의 기준

보전처분이 발령된 후에 신청인이 개시신청의 취하를 신청하는 경우, 법원은 개시신청 이후에 이를 취하할만한 정당한 사유 발생여부, 신청인이 보전처분제도를 악용하는 것은 아닌지에 대한 여부, 보전처분을 취하하는 것이 채권자를 비롯한 이해관계인의 이익을 현격히 침해하지는 않는 것인지의 여부에 대해서 개별적이고 구체적인 사정을 판단하여 취하허가 여부를 결정하여야 한다.

5. 취하의 방법

개시신청에 관하여 서면주의를 원칙으로 취하고 있으므로 신청의 취하도 역시 서면으로 하여야 한다.

6. 관리위원회의 의견청취

신청 취하의 허가는 신청인이 회생법원에 신청하여야 하며, 법원이 개시신청의 취하를 허가할 경우 이미 발령한 보전처분의 취소가 수반되므로 관리위원회의 의견을 듣는 것이 바람직할 것이다. 그리고 법원은 다른 이해관계인들이 절차의 진행을 희망하고 있는지 등을 판단하여 취하의 허가 여부를 결정하여야 한다.

7. 신청 취하를 허가할 경우

법원은 보전처분, 보전관리명령, 중지명령, 포괄적 금지명령의 신청 취하를 허가할 경우 그의 명령의 취소를 하여야 한다.

8. 등기의 촉탁

법원이 보전처분이나 관리명령을 취소하는 경우 에는 지체 없이 직권으로 처분대상인 권리의 목적물을 관할하는 등기소 또는 회사의 본점소재지(외국의 본점이 있는 때에는 대한민국에 주된 영업소의 소재지)의 등기소에 등기를 촉탁하여야만 한다.

【서식】 회사정리절차 개시신청의 취하 허가결정

서울회생법원
제201파산부
결   정

사   건   20○○회○○   회사정리
신청인겸 사건본인
              ○○ 주식회사
              ○○시 ○○구 ○○동 ○○○
              대표이사 ○ ○ ○
              대리인 법무법인 ○○
              담당변호사 ○○○, ○○○, ○○○, ○○○

주   문

이 사건 회사정리절차 개시신청의 취하를 허가한다.

이   유

  신청인으로부터 이 사건 회사정리절차 개시신청 취하서가 제출되었고, 이해관계인의 이익 등 제반 사정을 종합하면 이를 허가하는 것이 상당하다고 보이므로, 채무자회생및파산에관한법률 제48조 제1항에 의하여 주문과 같이 결정한다.

                    20○○. ○. ○.

                              재판장 판사 ○ ○ ○
                                   판사 ○ ○ ○
                                   판사 ○ ○ ○

【서식】 회사정리절차 취하 허가결정

서울회생법원
제201파산부
결   정

사   건   20○○회○○   회사재산보전처분
신청인겸 사건본인
　　　　　　　　○○ 주식회사
　　　　　　　　○○시 ○○구 ○○동 ○○○
　　　　　　　　대표이사 ○ ○ ○
　　　　　　　　대리인 법무법인 ○○
　　　　　　　　담당변호사 ○○○, ○○○, ○○○, ○○○

주   문

이 사건 회사재산보전처분신청의 취하를 허가한다.

이   유

　신청인으로부터 이 사건 회사재산보전처분신청 취하서가 제출되었고, 이해관계인의 이익 등 제반 사정을 종합하면 이를 허가하는 것이 상당하다고 보이므로, 채무자회생및파산에관한법률 제48조 제1항에 의하여 주문과 같이 결정한다.

20○○. ○. ○.

　　　　　　　　　　　　　재판장 판사 ○ ○ ○
　　　　　　　　　　　　　　　　판사 ○ ○ ○
　　　　　　　　　　　　　　　　판사 ○ ○ ○

【서식】 보전처분 취소결정

서울회생법원
제201파산부
결   정

사   건   20○○회○○   회사재산보전처분
신청인겸 사건본인
            ○○ 주식회사
            ○○시 ○○구 ○○동 ○○○
            대표이사 ○ ○ ○
            대리인 법무법인 ○○
            담당변호사 ○○○, ○○○, ○○○, ○○○

주   문

1. 이 법원이 사건본인회사에 대하여 한 20○○. ○. ○.자 회사재산보전처분결
   정을 취소한다.
2. 신청비용은 신청인의 부담으로 한다.

이   유

   신청인이 이 법원의 허가를 얻어 회사정리절차 개시신청 및 회사재산보전처분
신청을 취하하였으므로, 채무자회생및파산에관한법률 제48조에 의하여 주문과 같
이 결정한다.

20○○. ○. ○.

재판장 판사 ○ ○ ○
      판사 ○ ○ ○
      판사 ○ ○ ○

【서식】 보전처분 및 관리명령 취소결정

서울회생법원
제201파산부
결 정

사   건   20○○회○○   회사재산보전처분
신청인겸 사건본인
              ○○ 주식회사
              ○○시 ○○구 ○○동 ○○○
              대표이사 ○ ○ ○
              대리인 법무법인 ○○
              담당변호사 ○○○, ○○○, ○○○, ○○○
보전관리인   ○ ○ ○

주 문

1. 이 법원이 사건본인회사에 대하여 한 20○○. ○. ○.자 회사재산보전처분결
   정 및 20○○. ○. ○.자 보전관리인에 의한 관리명령을 모두 취소한다.
2. 신청비용은 신청인의 부담으로 한다.

이 유

  신청인이 이 법원의 허가를 얻어 회사정리절차 개시신청 및 회사재산보전처분
신청을 취하하였으므로, 채무자회생및파산에관한법률 제48조에 의하여 주문과 같
이 결정한다.

                20○○. ○. ○.

                          재판장 판사 ○ ○ ○
                              판사 ○ ○ ○
                              판사 ○ ○ ○

【서식】 관리명령 취소 공고

○○ 주식회사 보전관리인에 의한 관리명령의 취소 공고

사　　건　　　　20○○회○○　　　　　회사재산보전처분
신청인겸 사건본인
　　　　　　　○○ 주식회사
보전관리인　　　○　○　○

채무자회생및파산에관한법률 제43조 제7항에 의하여 다음과 같이 공고합니다.

- 다　　음 -

　이 법원이 20○○. ○. ○.자로 주식회사에 대하여 한 보전관리인에 의한 관리명령을 취소한다.

20○○. ○. ○.

서울회생법원 제201파산부

재판장 판사　○　○　○
판사　○　○　○
판사　○　○　○

제2절 회생절차개시의 결정

회생절차개시의 결정(제49조)

개시결정은 각종 법률관계에 있어서 그의 영향이 중대하므로, 그 개시결정의 연, 월, 일, 시를 명확히 할 필요가 있다.

개시 여부에 관한 결정은 신청일로부터 1월 이내에 해야 한다.

회생절차개시결정은 그 결정시부터 효력이 있다.

회생절차개시결정과 동시에 정하여야 할 사항(제50조)

1. 필수적 결정사항

회생절차개시결정과 동시에 관리위원회와 채권자협의회의 의견을 들어 1인 또는 여럿의 관리인을 선임하고 다음 각호의 사항을 정하여야 한다.

(1) 관리인이 목록을 작성하여 제출하는 기간

관리인이 제147조제1항에 규정된 목록을 작성하여 제출하여야 하는 기간(제223조제4항에 따른 목록이 제출된 경우는 제외한다). 이 경우 기간은 회생절차개시결정일부터 2주 이상 2월 이하이어야 한다.

(2) 회생채권·회생담보권·주식 또는 출자지분의 신고기간

신고기간은 제1호에 따라 정하여 진 제출기간의 말일(제223조제4항에 따른 목록이 제출된 경우에는 회생절차개시결정일)부터 1주 이상 1월 이하이어야 한다.

(3) 목록에 기재되어 있거나 신고된 회생채권·회생담보권의 조사기간

신고기간의 말일부터 1주 이상 1월 이하이어야 한다.

(4) 회생계획안의 제출기간

제출기간은 조사기간의 말일(제223조제1항에 따른 회생계획안이 제출된 경우에는 회생절차개시결정일)부터 4개월 이하(채무자가 개인인 경우에는 조사기간의 말일부터 2개월 이하)여야 한다.

2. 기간의 연장

법원은 특별한 사정 여부가 인정될 때에는 규정된 기일을 늦추거나 기간을 늘일 수 있다. 이해관계인의 신청에 의하거나 직권으로 회생계획안의 제출기간을 2개월 이내에서 늘일 수 있다. 다만, 채무자가 개인이거나 중소기업자인 경우에는 제출기간의 연장은 1개월을 넘지 못한다.

【서식】 정리절차 개시결정

서울회생법원
제201파산부
결   정

사   건   20○○회○○   회사정리
신청인겸 사건본인

　　　　　　　○○ 주식회사

　　　　　　　○○시 ○○구 ○○동 ○○○

　　　　　　　대표이사 ○ ○ ○

　　　　　　　대리인 법무법인 ○○

　　　　　　　담당변호사 ○○○, ○○○, ○○○, ○○○
보전관리인　　　　○ ○ ○

주　　문

1. 사건본인회사에 대하여 회사정리절차를 개시한다.
2. ○○○(○○○, 주민등록번호 : ○○○○○○-○○○○○○○, 주소 : ○○
   시 ○○구 ○○동 ○○○)을 사건본인회사의 관리인으로 선임한다.
3. 관리인 ○○○의 임기를 정리계획 인가결정일까지로 한다.
4. 정리채권, 정리담보권 및 주식의 신고기간을 20○○. ○. ○. 까지로 한다.
5. 제1회 관계인집회 및 정리채권·정리담보권 조사의 기일 및 장소를 20○○.
   ○. ○. 15:00 서울회생법원 제○○○호 법정으로 한다.

이　　유

1. 인정사실

   이 사건 기록에 의하면 다음 사실을 인정할 수 있다.

　(1) 사건본인회사는 1930. 11. 15. 경 조선미곡창고 주식회사로 설립되어
1963. 2. 1. 현재의 상호로 변경한 이래 지금까지 육상운송업, 해상운송업, 택
배업, 유통업 등을 영위하여 오고 있다.

　(2) 사건본인회사는 상장법인으로서 수회의 증자를 통하여 현재 발생주식수는
3,440만주(납입자본금 1,720억원)이며, 20○○. ○. ○. 현재 ○○○이
1,162,090주(3.38%), ○○주식회사가 660,914조(1.92%), 우리사주조합이
3,719,213(10.81%), 자사주펀드가 330,772주(0.96%)를 보유하고 있고, 나
머지 주식들은 일반 주주들이 보유하고 있다.

(3) 사건본인회사는 1998년도에 약 889억원 정도의 손실을 보았으나 1999년도에는 약 140억원의 순이익을 실현하였고 2000년도에도 순이익이 예상되는 상태이다. 또한 사건본인회사는 2000. 9. 현재 자산이 약 1조 2,227억원이고, 뒤에 보는 보증채무금 약 7,900억원 정도를 제외한 부채가 약 6,539억원이라는 재산상태를 제시하고 있다.

(4) 그러나 사건본인회사는 1966년경에 ○○그룹에 편입된 이래 1998. 5.경 ○○주식회사가 기업개선작업 대상기업으로 선정되면서 그 유효여부를 다투고 있는 연대보증을 하게 되었는데, 20○○. ○. ○. 현재 그 보증채무액이 7,900억원 정도에 이르게 되었다.

(5) 그런데 ○○ 주식회사의 채권자들은 20○○. ○.경 ○○주식회사가 기업개선작업 대상기업에서 제외됨에 따라 사건본인회사에 대하여 보증채무의 이행을 청구하면서 사건본인회사의 견질어음을 일시에 교환에 회부하였다. 유동자금에 여력이 없던 사건본인회사는 결국 20○○. ○. ○. 100억원, 다음날 100억원 합계 200억원의 어음금을 결제하지 못하고 최종적으로 부도를 내게 되었다.

2. 판단

위 인정사실에 의하면, 사건본인회사는 사업에 현저한 지장을 초래하지 아니하고는 변제기의 채무를 갚을 수 없는 상태에 처해 있어 채무자회생및파산에관한법률 제34조 제1항이 정한 회사정리절차 개시사유가 있다고 판단되고, 달리 채무자회생및파산에관한법률 제42조 각 호의 회사정리절차 개시신청의 기각사유도 엿보이지 아니한다.

그렇다면 이 사건 신청은 이유 있으므로 사건본인회사에 대하여 회사정리절차를 개시하기로 하고, 채권자협의회, 관리위원회의 의견을 참작하여 ○○○을 임기를 정하여 관리인으로 선임하기로 하며, 정리채권, 정리담보권 및 주식의 신고기간과 제1회 관계인 집회기일 및 정리채권·정리담보권 조사기일의 기일에 관하여는 채무자회생및파산에관한법률 제50조에 의하여 주문과 같이 결정한다.

20○○. ○. ○. 09:30

재판장 판사 ○ ○ ○

판사 ○ ○ ○

판사 ○ ○ ○

회생절차개시의 공고와 송달(제51조)

1. 공고

(1) 실무상 적용

개시결정과 동시에 제1회 관계인집회의 기일도 지정하고 있고, 관계인집회의 기일과 목적인 사항은 공고해야 되므로 현재 실무는 개시결정과 관계인집회를 동시에 공고하고 있다.

(2) 방법

관보 및 법원이 지정하는 신문에 게재함

(3) 촉탁시기

개시결정 당일 또는 다음날

(4) 공고할 사항

(가) 회생절차개시결정의 주문

(나) 관리인의 성명 또는 명칭

(다) 제50조의 규정에 의하여 정하여진 기간 및 기일

(라) 회생절차가 개시된 채무자의 재산을 소지하고 있거나 그에게 채무를 부담하는 자는 회생절차가 개시된 채무자에게 그 재산을 교부하여서는 아니 된다는 뜻이나 그 채무자에게 그 채무를 변제하여서는 아니 된다는 뜻과 회생절차가 개시된 채무자의 재산을 소지하고 있거나 그에게 채무를 부담하고 있다는 사실을 일정한 기간 안에 관리인에게 신고하여야 한다는 뜻의 명령

2. 송달

(1) 송달방법

발송송달

(2) 송달대상자

(가) 관리인

(나) 채무자

(다) 알고 있는 회생채권자·회생담보권자·주주·지분권자

(라) 회생절차가 개시된 채무자의 재산을 소지하고 있거나 그에게 채무를 부담하는 자

(3) 다른 규정의 준용

공고와 송달의 규정은 관리인의 성명 또는 명칭 내지 회생절차가 개시된 채무자의 재산을 소지하고 있거나 그에게 채무를 부담하는 자는 회생절차가 개시된 채무자에게 그 재산을 교부하여서는 아니 된다는 뜻이나 그 채무자에게 그 채무를 변제하여서는 아니 된다는 뜻과 회생절차가 개시된 채무자의 재산을 소지하고 있거나 그에게 채무를 부담하고 있다는 사실을 일정한 기간 안에 관리인에게 신고하여야 한다는 뜻의 명령의 변경이 생긴 경우에 관하여 준용한다. 다만, 조사기간의 변경은 공고하지 아니할 수 있다.

(4) 손해배상

고의 또는 과실로 제1항 제4호 의 규정에 의한 신고를 게을리 한 자는 이로 인하여 채무자의 재산에 생긴 손해를 배상하여야 한다.

【서식】 개시결정 공고

○○ 주식회사 회사정리절차 개시결정 및 관계인집회 공고

사　건　　　20○○회○○ 회사정리
정리회사　　○○ 주식회사
　　　　　　○○시 ○○구 ○○동 ○○○

　이 사건에 관하여 이 법원은 회사정리절차개시결정을 하였으므로 채무자회생및파산에관한법률 제51조, 제185조 제1항에 의하여 다음과 같이 공고합니다.

- 다　　음 -

1. 회사정리절차개시 결정일시 : 20○○. ○. ○. 09:30
2. 관리인 : ○○○(○○○, 주민등록번호 : ○○○○○○-○○○○○○○, 주소 : ○○시 ○○구 ○○동 ○○○)
3. 권리신고기간과 장소
　① 권리신고기간 : 20○○. ○. ○. 까지
　② 권리신고장소 : 서울회생법원 파산과(제○○○호실)
4. 제1회 관계인집회와 채권조사기일의 일시 및 장소
　① 제1회 관계인집회 및 채권조사기일 : 20○○. ○. ○. 15:00
　② 제1회 관계인집회 및 채권조사기일의 장소 : 서울중회생법원 제○○호법정
　③ 제1회 관계인집회의 목적사항 : 관리인의 보고와 이해관계인의 의견진술
5. 유의사항
　① 위 신고기간내에 권리신고가 없으면 실권될 수 있습니다.
　② 위 회사의 채무자와 위 회사 재산의 소지자는 위 회사 대표이사에게 채무를 변제하거나 그 재산을 교부하여서는 아니되며, 채무를 부담하는 사실 또는 그 재산을 소지하는 사실을 20○○. ○. ○.까지 관리인에게 신고하여야 합니다.

20○○. ○. ○.
서울회생법원 제201파산부

재판장 판사　○　○　○
판사　○　○　○
판사　○　○　○

【서식】 송달에 갈음하는 결정

서울회생법원
제201파산부
결 정

사 건   20○○회○○   회사정리

정리회사   ○○ 주식회사

                ○○시 ○○구 ○○동 ○○○

관 리 인   ○ ○ ○

주 문

관리인, 회사, 알고 있는 정리채권자·정리담보권자 이외의 자에 대한 채무자회생및파산에관한법률 제10조에 의한 송달은 공고로써 갈음한다.

이 유

채무자회생및파산에관한법률 제10조에 의하여 주문과 같이 결정한다.

20○○. ○. ○.

재판장 판사 ○ ○ ○

판사 ○ ○ ○

판사 ○ ○ ○

회생절차개시의 통지(제52조)

1. 통지대상

채무자의 업무를 감독하는 행정청, 법무부장관, 금융위원회에 통지한다.
세무관서의 경우 본점 소재지의 세무서의 장, 지방자치단체의 장에게만 통지
하면 되고, 모든 조세채권자에게 통지하여야 하는 것은 아니다.

2. 통지사항

(1) 회생절차개시결정의 주문
(2) 관리인의 성명 또는 명칭
(3) 제50조의 규정에 의하여 정하여진 기간 및 기일
(4) 회생절차가 개시된 채무자의 재산을 소지하고 있거나 그에게 채무를 부
   담하는 자는 회생절차가 개시된 채무자에게 그 재산을 교부하여서는 아
   니 된다는 뜻이나 그 채무자에게 그 채무를 변제하여서는 아니 된다는
   뜻과 회생절차가 개시된 채무자의 재산을 소지하고 있거나 그에게 채무
   를 부담하고 있다는 사실을 일정한 기간 안에 관리인에게 신고하여야 한
   다는 뜻의 명령

【서식】 채권자협의회에 대한 개시결정의 통지

서울회생법원
제201파산부

(06594) 서초구 서초동 서초중앙로 157 / 전화 02)530-1114 / 주심 : ○○○ 판사

시행일자	20○○. ○. ○.
수　　신	○○(주)의 채권자협의회 (대표채권자 : ○○은행)
참　　조	여신관리부장 (전화 :　　－　　, 팩시밀리 :　　－　　)
제　　목	회사정리절차 개시결정문 송부

1. ○○주식회사(본점 : ○○시 ○○구 ○○동 ○○○, 관리인 : ○○○)에 대한 이 법원 20○○회○○호 회사정리사건과 관련된 내용입니다.

2. 이 법원은 위 회사에 대하여 다음과 같이 회사정리절차 개시결정을 하였으므로 회사정리등규칙 제37조 제2항에 의하여 별첨과 같이 회사정리절차 개시결정문을 송부하오니 업무에 참고하시기 바랍니다.

< 다　　음 >

(1) 회사정리절차개시 결정일시 : 20○○. ○. ○. 09:30
(2) 관리인 : ○○○
(3) 권리신고기간, 관계인집회 및 채권조사기일과 장소
　① 권리신고기간 : 20○○. ○. ○. 까지
　② 권리신고장소 : 서울회생법원 파산과(제○○○호실)
　③ 관계인집회기일 : 20○○. ○. ○. 15:00
　④ 관계인집회장소 : 서울중회생법원 제○○○호 법정

▷ 별첨 : 회사정리절차개시결정문 등본 1부

재판장 판사 　○　　○　　○

회생절차개시신청에 관한 재판에 대한 즉시항고(제53조)

1. 항고를 할 수 있는 자

(1) 원칙

재판에 이해관계를 가진 자

(2) 개시신청 각하결정의 경우의 즉시항고 신청권자

신청각하의 결정이 신청인만의 문제이므로 그 신청인만이 항고할 수 있다. 신청기각결정의 경우에도 신청인 이외에 스스로 독립하여 개시신청을 할 수 있는 자는 따로 개시신청을 하면 되므로 신청인만이 즉시 항고를 할 수 있다.

결정의 종류	항고권자
신청각하의 결정	신청인만이 항고할 수 있다
신청기각의 결정	신청인만이 항고할 수 있다.
나머지 회생절차개시신청에 관한 재판	재판에 이해관계를 가진 자

2. 즉시항고의 효과

즉시항고는 집행정지의 효력은 없다. 개시결정이 효력을 발생하면 회생절차 개시의 효과가 발생하는데 만일 즉시항고에 집행정지의 효력이 있다고 한다면 먼저 발생했던 절차개시의 효과가 정지되어 그 결과 항고기각의 재판이 있기까지의 사이에 채무자의 재산이 분산되는 등의 사태가 발생하여 채무자의 재건의 가능성이 봉쇄당할 수 있기 때문이다. 따라서 즉시항고가 이유 있는 것으로 인정되어 개시결정이 취소된 경우에 절차개시의 효과가 소급하여 소멸하는 것으로 보아야 한다.

■ **관련판례**

판례(대법원 2021. 8. 13., 자, 2021마5663, 결정)

채무자 회생 및 파산에 관한 법률(이하 '채무자회생법'이라 한다) 제13조 제1항, 제53조 제1항에 따르면, 회생절차개시의 신청에 관한 재판에 대하여 이해관계를 가진 자는 즉시항고를 할 수 있다. 여기서 이해관계란 사실상·경제상 또는 감정상의 이해관계가 아니라 법률상의 이해관계를 말하는 것으로, 해당 재판의 결과에 따라 즉시항고를 하려는 자의 법률상의 지위가 영향을 받는 관계에 있는 경우를 의미한다. 회생절차가 개시되면 채무자의 업무의 수행과 재산의 관리 및 처분을 하는 권한이 관리인에게 전속하게 되는 등(채무자회생법 제56조 제1항) 채무자의 법률상 지위에 중대한 변화가 발생하므로, 채권자 등의 신청에 의해 회생절차개시결정이 내려진 때에는 채무자가 이해관계인으로서 그에 대하여 즉시항고를 할 수 있다고 보아야 한다. 이때 채무자가 법인인 경우에는 채무자의 기존 대표자가 채무자를 대표하여 즉시항고를 제기할 수 있다. 만일 기존 대표자가 채무자를 대표하여 즉시항고를 제기할 수 없다면, 채무자로서는 회생절차개시결정에 대하여 사실상 다툴 수 없게 되기 때문이다.

회생절차개시결정의 취소(제54조)

1. 취소결정

회생절차 개시결정은 그 회생절차개시확정 전에도 효력이 발생하는데, 그에 대한 취소결정이 있는 경우 개시결정의 효력은 소급적으로 소멸하게 된다.

(1)취소결정이 내려지는 경우

1) 개시결정에 대한 즉시항고에 기하여 항고법원이 취소결정을 하는 경우

2) 개시결정을 한 법원이 이에 대한 즉시항고가 있어 스스로 취소결정을 하는 경우

2. 취소결정의 후속조치

취소결정의 확정으로 개시결정의 효력이 소급적으로 소멸하게 되므로, 개시결정의 공고, 송달, 관계행정청 등에 대한 통지, 본점, 지점 소재지 등기소에 대한 등기촉탁, 회사재산에 관한 등기(등록) 촉탁에 대응하여 취소결정의 경우도 마찬가지의 후속조치를 취하여야 한다.

3. 취소결정확정의 효과

(1) 개요

취소결정확정으로 회생절차개시는 소급적으로 그 효력을 잃는다. 그러나 취소결정의 소급효가 무제한적으로 되는 것은 아니다. 취소결정이 확정되더라도 이미 적법한 개시결정을 기초로 이루어진 행위를 모두 무효로 볼 경우 제3자에 불측의 손해를 가하고 법률관계를 불필요하게 복잡하게 만들게 되어 바람직하지 않게 되어 위와 같이 규정하였다.

(2) 채무자의 지위

채무자는 재산의 관리권 및 처분권을 회복하고, 회생채권에 대한 변제금지의 효력도 없어진다. 취소결정의 효과는 소급효가 있으므로 개시결정 후 채무자가 행한 법률행위, 채권자의 권리취득, 채무자에 대한 변제 등도 소급적으로 유효가 된다.

(3) 관리인의 지위

취소결정의 확정으로 채무자가 권한을 회복하는 반면, 관리인의 권한은 소멸한다. 그러나 개시결정 후 그 권한에 기하여 한 행위 실체법상의 행위뿐 아니라 소송행위의 결과도 그 효력을 잃지 않는다. 관리인의 권한이 소멸하므로 취소결정 후에는 관리인의 권한에 기한 행위를 하지 못하는 것이 원칙이다.

(4) 관리인의 권한의 소멸의 예외

본조 제3항은 관리인은 공익채권을 변제하며 이의가 있는 것에 관하여는 그 채권자를 위하여 공탁을 하여야 한다고 규정하고 있다. 따라서 이 범위 내에서 관리인의 권한은 존속하게 된다.

본조 제3항의 "이의가 있다"는 뜻은 관리인과 채권자 사이에 다툼이 있는 채권은 물론 관리인과 회사 사이에 다툼이 있는 채권도 포함된다. 관리인이 공익채권을 변제한다는 뜻은 관리인이 그 자격으로 회생채무자였던 채무자의 재산으로 변제한다는 뜻으로서 관리인 개인의 재산으로 변제하라는 뜻은 아니다.

(5) 기타 절차

채무자에 대하여 할 수 없었던 각종 절차, 즉 회생채권에 기한 이행소송의 제기, 채무자 재산에 대한 강제집행, 가압류, 가처분, 경매절차 등이 취소결정 확정 이후에 할 수 있다.

개시결정에 의하여 중단된 소송절차는 취소결정의 확정으로서 채무자가 그를 수계하고, 개시결정 후 관리인 또는 상대방이 수계한 소송절차는 취소결정에 의하여 다시 중단되고 채무자가 그를 수계한다. 회생절차개시결정에 의하여 중지된 강제집행, 가압류, 가처분 등을 위한 경매절차 및 체납처분은 중지상태가 종료되고 속행된다.

(6) 회생절차상의 행위

소급효가 없는 회생절차폐지나 불인가의 경우는 소급효가 없고 장래효만 갖게 되나 취소결정에 있어서는 회생절차에 특유한 효과로서 개시결정의 효력은 확정적으로 소멸한다.

취소결정이 내려지는 경우 다음과 같다.

(가) 제1심의 개시결정에 대한 즉시항고에 기하여 항고심이 취소결정을 하는 경우

(나) 개시결정을 한 법원이 이에 대한 즉시항고가 있어 재도의 고안을 하여 스스로 취소결정을 하는 경우.

회생절차개시 후의 자본감소 등(제55조)

회생절차개시결정이 있은 후에는 채권자, 주주를 비롯한 이해관계인의 신뢰를 보호하기 위해 채무자는 자본 또는 출자액의 감소, 지분권자의 가입, 신주 또는 사채의 발행, 자본 또는 출자액의 증가, 주식의 포괄적 교환 또는 주식의 포괄적 이전, 합병·분할·분할합병 또는 조직변경, 해산 또는 회사의 계속, 이익 또는 이자의 배당과 같은 행위를 할 수 없다. 또한 회생절차개시 이후부터 그 회생절차가 종료될 때까지 법인인 채무자의 정관을 변경하고자 하는 때에는 법원의 허가를 받아야 한다.

■ **관련판례**

판례(대법원 2020. 10. 20., 자, 2020마6195, 결정)

상법 제466조 제1항은 회사 발행주식의 총수 중 100분의 3 이상에 해당하는 주식을 가진 주주의 회계장부 등에 대한 열람·등사청구권을 인정하고 있다. 주주가 상법상 인정되는 이사해임청구권(상법 제385조), 위법행위 유지청구권(상법 제402조), 대표소송권(상법 제403조) 등 각종 권한을 행사하려면 회사의 업무나 재산상태에 대해 정확한 지식과 적절한 정보를 가지고 있어야 한다. 상법 제448조에 따라 회사에 비치되어 있는 재무제표의 열람만으로는 충분한 정보를 얻기 어렵기 때문에 위와 같이 주주에게 재무제표의 기초를 이루는 회계장부와 회계서류까지 열람하거나 등사할 수 있는 권한을 인정한 것이다. 다만 상법은 그 남용을 막기 위해 단독주주권이 아닌 소수주주권으로 규정하고 있다.

이러한 소수주주의 회계장부 등에 대한 열람·등사청구권은 회사에 대하여 채무자 회생 및 파산에 관한 법률(이하 '채무자회생법'이라 한다)에 따른 회생절차가 개시되더라도 배제되지 않는다고 보아야 한다. 상세한 이유는 다음과 같다.

① 채무자회생법은 회생계획에서 채무자의 자본 감소, 합병 등 일정한 사항을 정한 경우 그에 관한 상법 조항의 적용을 배제하고(채무자회생법 제264조 제2항, 제271조 제3항 등), 채무자에 대해 회생절차가 개시되면 자본 감소, 신주 발행, 합병 등 조직변경 등의 행위를 회생절차에 의하지 않고는 할 수 없도록 금지하고 있다(채무자회생법 제55조 제1항). 그러나 회사에 대해 회생절차가 개시되면 상법 제466조 제1항의 적용이 배제된다는 규정도 없고, 주주가 회생절차에 의하지 않고는 상법 제466조 제1항의 회계장부 등에 대한 열람·등사청구권을 행사할 수 없다는 규정도 없다. 상법 제466조 제1항에 따라 주주가 열람·등사를 청구할 수 있는 서류에는 회계장부와 회계서류도 포함되어 채무자회생법에 따라 이해관계인이 열람할 수 있는 서류보다 그 범위가 넓은데, 이처럼 다른 이해관계인과 구별되는 주주의 권리를 회생절차가 개시되었다는 이유만으로 명문의 규정 없이 배제하거나 제한하는 것은 부당하다.

② 회사에 대해 회생절차가 개시되었더라도 회생계획이 인가되기 전에 회생절차가 폐지되면, 회생계획 인가로 인한 회생채권 등의 면책(채무자회생법 제251

조) 또는 권리의 변경(채무자회생법 제252조) 등의 효력 없이 채무자의 업무수행권과 재산의 관리·처분권이 회복된다. 따라서 회생절차가 개시되더라도 그것만으로 주주가 상법 제466조 제1항에 따른 권리를 행사할 필요성이 부정되지 않는다.

③ 상법 제466조 제1항에서 정하고 있는 주주의 회계장부와 서류에 대한 열람·등사청구가 있는 경우 회사는 청구가 부당함을 증명하여 이를 거부할 수 있고, 주주의 열람·등사청구권 행사가 부당한 것인지는 행사에 이르게 된 경위, 행사의 목적, 악의성 유무 등 여러 사정을 종합적으로 고려하여 판단하여야 한다. 채무자의 효율적 회생이라는 목적을 위해 회사에 대해 채무자회생법에서 정한 회생절차가 개시되었는데, 주주가 회사의 회생을 방해할 목적으로 이러한 열람·등사청구권을 행사하는 경우에는 정당한 목적이 없어 부당한 것이라고 보아 이를 거부할 수 있다.

회생절차개시 후의 업무와 재산의 관리(제56조)

1. 회생절차개시의 효력 발생시기

회생절차는 개시의 결정을 한 때로부터 효력이 생긴다. 개시결정에 대한 즉시항고를 하더라도 집행정지의 효력은 인정되지 않기 때문에 회생절차개시의 결정이 있게 되면, 채무자는 업무의 수행과 재산의 관리 및 처분권을 상실하고 이러한 권한은 관리인에게 전속하게 된다.

2. 관리인의 업무수행 보장

개인인 채무자 또는 개인이 아닌 채무자의 이사는 업무의 수행과 재산의 관리 및 처분권을 갖고 있는 관리인의 권한을 침해하거나 부당하게 그 행사에 관여할 수 없도록 하여 관리인의 업무수행에 독립성을 부여하면서 원활한 업무수행을 보장할 수 있도록 하였다.

▣ 관련판례

판례(대법원 2003. 9. 26. 선고 2002다62715 판결)

회사정리법 제39조 제3항, 제39조의3, 제53조 제1항, 제96조의 규정에 의하면, 정리절차 개시 전이라도 법원의 관리명령에 따라 보전관리인이 선임된 경우에는 회사 재산의 관리·처분권한이 보전관리인에게 전속되고, 회사의 재산에 관한 소에 있어서는 보전관리인이 원고 또는 피고가 된다는 점에서 회사에 대한 채권을 목적으로 한 가압류에 있어서도 회사가 아닌 보전관리인이 제3채무자로 되어야 한다.

판례(대법원 2001. 1. 19. 선고 99다72422 판결)

회사정리개시결정이 있는 경우 회사정리법 제53조 제1항에 따라 회사사업의 경영과 재산의 관리 및 처분을 하는 권한이 관리인에게 전속되므로 정리회사의 대표이사가 아니라 관리인이 근로관계상 사용자의 지위에 있게 되고 따라서 단체협약의 사용자측 체결권자는 대표이사가 아니라 관리인이므로, 정리회사에 대한 회사정리절차가 진행 중 노조와 정리회사의 대표이사 사이에 이루어진 약정은 단체협약에 해당하지 아니하여 그 효력이 근로자 개인에게 미칠 수 없다.

판례(대법원 1999. 1. 26. 선고 97후3371 판결)

회사정리법에 의한 정리절차개시결정이 있는 때에는 회사 사업의 경영과 재산의 관리 및 처분을 하는 권리는 관리인에게 전속하며(회사정리법 제53조 제1항), 회사의 재산에 관한 소에서는 관리인이 원고 또는 피고가 되는 것인바(같은 법 제96조), 여기에서 말하는 회사의 재산에 관한 소송 가운데는 회사 명의의 상표등록취소를 구하는 심판도 당연히 포함되므로, 정리회사가 상표권자인 상표에 대한 등록의 취소를 청구하는 심판에서 정리회사는 피심판청구인이 될 수 없고 오로지 관리인만이 피심판청구인적격이 있는 것이다.

판례(대법원 1996. 9. 24. 선고 96다13781 판결)

회사에 대하여 정리절차가 개시되어 회사사업의 경영과 재산의 관리 및 처분을 하는 권리가 관리인에게 전속하게 되어도 회사의 법인격 자체에는 변동이 없고, 특별한 다른 규정이나 사정이 없는 한 그 개시결정 전에 생긴 회사와 제3자 사이의 법률관계는 그대로 유지되는 것이므로, 채무자 회사의 근로자들이 그 임금 등 채권에 기하여 그 회사의 제3채무자에 대한 채권에 대하여 압류 및 추심명령을 받고 적법한 통지까지 마친 후에 그 채무자 회사에 대하여 회사정리절차가 개시되었다고 하더라도, 종전의 그 회사를 채무자로 하여 이미 이루어진 압류 및 추심명령은 별도의 수계나 승계집행문 또는 경정 없이도 제3채무자나 정리회사에 대하여 효력을 가진다.

판례(대법원 1995.7.25. 선고 95다17267 판결)

회사정리법 제96조의 규정은 같은 법 제53조 제1항의 규정에 따라 정리회사의 사업경영과 재산의 관리 및 처분권을 관리인에게 전속시키게 됨에 따라 정리회사의 재산에 관한 소에 있어서는 정리회사의 당사자 적격을 배제하고, 관리인에게 당사자 적격을 인정하려고 하는 데 그 취지가 있는 것이므로, 같은 법 제96조에서 말하는 '회사'는 정리회사를 의미하며, 정리계획에 의하여 설립된 신회사는 이에 해당하지 아니한다.

판례(대법원 1994.9.23. 선고 93누12770 판결)

주식회사의 업무집행권을 가진 대표이사는 회사의 주주가 아니라 하더라도 회사로부터 회사의 영업에 관하여 재판상 또는 재판 외의 모든 행위를 할 권한을 위임받고 있는 것이므로, 특별한 사정이 없는 한 사용자의 지휘·감독아래 일정한 근로를 제공하고 소정의 임금을 받는 고용관계에 있는 것이 아니어서 근로기준법상의 근로자라고 할 수 없다고 할 것이고, 회사정리절차개시결정이 있을 때에는 회사사업의 경영과 재산의 관리 및 처분을 하는 권리는 회사의 관리인에게 전속되므로(회사정리법 제53조 제1항) 회사의 대표이사는 회사정리절차개시결정에 따라 관리인에게 이전되는 위의 권한을 상실하고 그 이외의 업무에 관해서만 권한을 갖게 되는 것이지만, 회사정리절차의 개시에 의하여 그 지위를 상실하거나 관리인의 지휘·감독하에 임금을 목적으로 근로를 제공하는 근로자의 지위에 서게 되는 것은 아니다.

판례(대법원 1994.5.24. 선고 92누11138 판결)

회사정리법에 의한 정리절차개시결정이 있은 때에는 회사사업의 경영과 재산의 관리처분권은 관리인에 전속하고 관리인은 정리회사의 기관이거나 그 대표자는 아니지만 정리회사와 그 채권자 및 주주로 구성되는 이해관계인 단체의 관리자인 일종의 공적 수탁자라는 입장에서 정리회사의 대표, 업무집행 및 재산관리 등의 권한행사를 혼자서 할 수 있게 되므로 정리절차개시 후에 비로소 과점주주가 된 자는 과점주주로서의 주주권을 행사할 수 없게 되는 것이고, 따라서 정리회사의 운영을 실질적으로 지배할 수 있는 지위에 있지 아니하는 셈이 되어 그 재산을 취득한 것으로 의제하는 구 지방세법(1990.12.31. 법률 제4269호로 개정되기 전의 것) 제105조 제6항 소정의 과점주주의 요건에 해당되지 아니한다.

판례(대법원 2021. 8. 13., 자, 2021마5663, 결정)

채무자 회생 및 파산에 관한 법률(이하 '채무자회생법'이라 한다) 제13조 제1항, 제53조 제1항에 따르면, 회생절차개시의 신청에 관한 재판에 대하여 이해관계를 가진 자는 즉시항고를 할 수 있다. 여기서 이해관계란 사실상·경제상 또는 감정상의 이해관계가 아니라 법률상의 이해관계를 말하는 것으로, 해당 재판의 결과에 따라 즉시항고를 하려는 자의 법률상의 지위가 영향을 받는 관계에 있는 경우를 의미한다.

회생절차가 개시되면 채무자의 업무의 수행과 재산의 관리 및 처분을 하는 권한이 관리인에게 전속하게 되는 등(채무자회생법 제56조 제1항) 채무자의 법률상 지위에 중대한 변화가 발생하므로, 채권자 등의 신청에 의해 회생절차개시 결정이 내려진 때에는 채무자가 이해관계인으로서 그에 대하여 즉시항고를 할 수 있다고 보아야 한다. 이때 채무자가 법인인 경우에는 채무자의 기존 대표자가 채무자를 대표하여 즉시항고를 제기할 수 있다. 만일 기존 대표자가 채무자를 대표하여 즉시항고를 제기할 수 없다면, 채무자로서는 회생절차개시결정에 대하여 사실상 다툴 수 없게 되기 때문이다.

정보 등의 제공(제57조)

1. 정보와 자료의 요구

관리인이 채무자의 영업과 경영권 그리고 주식에 대한 행위를 할 경우 채무자의 영업 및 재산에 대한 효과가 클 수 있으므로 관리인이 그와 같은 행위를 할 경우 채무자의 영업, 사업에 관한 정보, 자료를 요구함으로써 절차적 안전을 기할 수 있도록 하였다.

2. 정보와 자료의 요구의 거부

정당한 사유가 있을 때에는 영업, 사업에 관한 정보, 자료에 관한 제공을 거부할 수 있도록 하여 관리인의 관리행위에 대한 독립성을 일정부분 보장해주고 있다고 할 수 있다. 채무자의 영업, 사업의 비밀에 속하는 정보와 자료 등은 공개를 거부할 수 있도록 하기 위한 것이다.

3. 인수희망자의 정보 등의 제공청구

인수희망자는 사업자등록증, 법인등기부등본, 최근 3년간의 비교 대차대조표, 최근 3년간의 자금수지표 및 현금흐름표, 임직원현황, 주요업종, 생산품, 납입자본금, 발행주식수, 주식소유관계, 인수동기, 목적 및 향후 구체적인 인수계획의 내용 및 인수예정시기, 인수에 필요한 자료의 구체적인 조달계획 및 이에 관한 증빙자료, 제공을 요청하는 정보 및 자료를 특정할 수 있는 사항 및 이를 필요로 하는 구체적인 사유, 정보 및 자료에 관한 비밀을 준수하고 이를 채무자·채권자·주주 등의 이익에 반하는 목적을 위하여 이용하지 않겠다는 진술서를 적은 서면과 해당자료를 첨부하여 관리인에게 영업 및 사업에 관한 필요한 정보 및 자료의 제공을 청구할 수 있다.

청구가 있을 경우 관리인은 지체없이 서면으로 법원에 정보 및 자료제공 여부에 관한 허가신청을 하여야 한다.

이 허가신청중 정보 및 자료제공의 전부 또는 일부 거부에 관한 허가신청서에는 정보 및 자료를 인수희망자에게 제공하는 것이 채무자의 영업이나 사업의 유지·계속에 지장을 초래하거나 또는 채무자의 재산에 손해를 줄 우려가 있다는 사정 그 밖에 청구를 거부할 정당한 사유를 기재해야 한다.

법원이 허가신청에 대하여 정보 및 자료의 제공을 허가하거나 제공의 거부를 허가하지 않는 결정을 한 경우 관리인은 지체없이 인수희망자에게 해당 정보 및 자료의 열람 또는 복사를 허용하여야 한다. 이때 채무자의 정보 및 자료를 제공하는데 필요한 비용은 인수희망자의 부담으로 한다.

다른 절차의 중지 등(제58조)

1. 회생절차개시결정이 다른 절차에 미치는 효력

회생절차개시결정이 있으면, 파산, 강제집행, 가압류, 가처분, 임의경매절차, 체납처분 등의 절차는 허용되지 않는다. 이와 같이 규정한 이유는 회생절차 개시 후에도 위와 같은 절차를 허용하면 회생절차를 원활히 진행할 수 없으며 또한 회생절차가 성공한다면 위와 같은 절차의 필요성이 없어지기 때문이다.

2. 금지, 실효, 중지되는 절차

회생절차개시결정의 효과로서 신청이 금지되고, 회생절차개시결정전에 이미 계속 중인 경우는 다음과 같은 절차는 중지 된다

(1) 파산절차

파산은 회생절차와 대립적인 목적이 있는 관계에 있다. 파산과 회생절차는 대립적인 목적을 갖고 있으므로 양립할 수 없고 회생절차의 개시결정이 있으면 그 이후의 파산절차도 중지 되도록 한 것이다.

(2) 채무자의 재산에 대하여 이미 행한 회생채권 또는 담보채권에 기한 강제집행 등

강제집행, 가압류, 가처분, 담보권실행을 위한 경매절차도 회생채권 또는 회생담보권에 의하여 채무자의 재산에 대하여 행해지는 이상, 회생절차개시결정 이후의 신청은 금지되고, 이미 착수가 진행된 경우에는 중지된다.

(가) 회생채권 또는 회생담보권에 의한 것만을 의미하므로 환취권에 의한 강제집행이나 가처분은 금지, 중지의 대상이 아니다.

(나) '채무자'의 재산에 대하여 행하는 것에 한하므로, 연대채무자, 보증인, 물상보증인의 재산에 대하여 행하는 것은 금지되거나 중지되지 않는다.

(다) 채무자의 '재산'에 대하여 행하는 것에 한하므로 채무자의 인격적 활동에 대하여 행해지는 가처분 등은 금지, 중지의 대상이 아니다.

(3) 국세징수의 예에 의하여 징수할 수 있는 청구권으로서 그 징수우선순위가 일반회생채권보다 우선하지 아니한 것에 기한 체납처분

금지, 중지되는 처분은 회생채권 또는 회생담보권에 기한 것만을 의미하므로 공익채권이 되는 조세 등의 청구권에 기한 체납처분은 중지되지 않고, 향후 개시하는 것도 방해되지 않는다.

또한 금지, 중지되는 처분은 채무자의 재산에 대하여 행하여지는 것에 한정하므로, 연대납세의무자를 비롯한 제2차 납세의무자 등 제3자의 재산에 대하여 행하여지는 체납처분 등의 재산에 대하여 행하여지는 체납처분 등은 금지, 중지되지 않는다.

(4) 금지, 중지되는 행위와 기간

밑의 (가)와 (나)의 처분은 다음의 기간중 말일이 먼저 기래하는 동안 처분할 수 없다.

1. 회생절차개시결정이 있는 날부터 회생계획인가가 있는 날까지
2. 회생절차개시결정이 있는 날부터 회생절차가 종료되는 날까지
3. 회생절차개시결정이 있는 날부터 2년이 되는 날까지 말일이 먼저 도래하는 기간 동안

(가) 회생채권 또는 회생담보권에 기한 채무자의 재산에 대한 국세징수법 또는 지방세징수법에 의한 체납처분

(나) 국세징수의 예에 의하여 징수할 수 있는 청구권으로서 그 징수우선순위가 일반 회생채권보다 우선하는 것에 기한 체납처분과 조세채무담보를 위하여 제공된 물건의 처분

(5) 시효의 진행 여부

회생채권 또는 회생담보권에 기한 채무자의 재산에 대한 국제징수법 또는 지방세법에 의한 체납처분, 국제징수의 예에 의하여 징수할 수 있는 청구권으로서 그 징수우선순위가 일반 회생채권보다 우선하는 것에 기한 체납처분과 조세채무담보를 위하여 제공된 물건의 처분을 할 수 없거나 처분이 중지된 기간 중에는 시효는 진행하지 아니한다.

(6) 절차 또는 처분의 속행명령

법원은 회생절차에 지장이 없다고 인정하는 경우에는 중지한 절차 또는 처분의 속행을 명할 수 있다. 중지된 절차·처분의 속행·취소신청서에는 민사소송등 인지법 제9조 제3항에 의거 2천원의 인지를 붙인다. 이 속행은 신청에 의하거나 또는 직권으로 명한다. 이 신청권은 관리인과 조세등의 청구권에 관하여 징수권한이 있는 자에게만 있고, 일반의 회생채권자와 회생담보권자에게는 중지한 절차 또는 처분의 속행을 신청할 수 있는 신청권이 없다. 속행은 결정으로 명하는데 이에 대한 불복신청은 허용되지 않는다.

(7) 비용청구권의 성격

속행된 절차 또는 처분에 관한 채무자에 대한 비용청구권은 공익채권으로 한다.

【서식】화의절차 중지명령

서울회생법원
제201파산부
결   정

사   건   20○○회○○   회사정리
신청인겸 사건본인
        ○○ 주식회사
        ○○시 ○○구 ○○동 ○○○
        대표이사 ○ ○ ○

주   문

 사건본인회사에 대한 이 법원 20○○회○○ 회사정리사건에 관하여 정리절차 개시신청에 관한 결정이 있을 때까지 사건본인회사에 대한 이 법원 20○○거○○화의개시사건의 화의절차를 중지한다.

이   유

채무자회생및파산에관한법률 제44조 제1항을 적용하여 주문과 같이 결정한다.

        20○○. ○. ○.

                재판장 판사 ○   ○   ○
                    판사 ○   ○   ○
                    판사 ○   ○   ○

■ **관련판례**

판례(대법원 2004. 5. 12. 자 2003마1656 판결)

정리절차개시결정이 확정되기 전에는 기존의 화의절차의 실효는 유동적인 것에 불과하다고 보아야 하므로 정리절차개시결정 당시 외관상 존재하는 확정된 화의인가의 효력이 미치는 화의채권자들이 정리절차에서 신고할 채권 및 그 액수에 대한 혼란을 방지하고 절차를 명확하게 하기 위하여 법원은 화의취소사유가 발생한 경우에는 정리절차개시결정 후라도 그 결정이 확정되기 전에 별도로 계속되는 화의의 취소결정을 할 수 있다.

판례(대법원 2004. 4. 23. 선고 2003다6781 판결)

주식의 약식질권자가 주식의 소각대금채권에 대하여 물상대위권을 행사하기 위하여는 민법 제342조, 제355조, 구 민사소송법(2002. 1. 26. 법률 제6626호로 전문 개정되기 전의 것) 제733조 제2항, 제3항에 의하여 질권설정자가 지급받을 금전 기타 물건의 지급 또는 인도 전에 압류하여야 하나, 한편 회사정리법 제67조 제1항에서 개별집행절차개시를 금지하는 규정을 둔 목적의 하나는 정리채권과 정리담보권 모두가 회사정리절차에 따라야 한다는 회사정리절차의 기본구조를 뒷받침하려는 데 있으므로 회사정리절차개시결정이 있은 후에는 물상대위권의 행사를 위한 압류의 허용 여부와는 별도로 추심명령은 그 효력을 발생할 수 없다.

판례(대법원 2003. 2. 28. 선고 2000다50275 판결)

1. 회사정리절차에 있어서는 담보권자는 개별적으로 담보권실행행위를 할 수 없고(회사정리법 제67조), 정리담보권자로서 정리절차 내에서의 권리행사가 인정될 뿐, 정리절차 외에서 변제를 받는 등 채권소멸행위를 할 수 없으며(같은 법 제123조 제2항, 제112조), 또한 같은 법 제81조 후단이 부인하고자 하는 행위가 집행행위에 기한 것인 때에도 부인권을 행사할 수 있다고 규정한 취지에 비추어 보면, 질권의 목적물을 타에 처분하여 채권의 만족을 얻는 경우도 그 실질

에 있어서 집행행위와 동일한 것으로 볼 수 있어 부인의 대상이 되는 행위에 포함된다.

2. 질권자가 그 질권의 목적인 유가증권을 처분하여 채권을 회수한 행위에 대하여 회사정리법상의 부인권이 행사된 경우, 그 유가증권의 원상회복에 갈음하여 그 가액의 상환을 청구할 수 있다고 한 원심판결을 수긍한 사례.

판례(대법원 2002. 12. 6. 자 2002마2754 판결)

1. 신탁법상의 신탁재산은 위탁자의 재산권으로부터 분리될 뿐만 아니라 수탁자의 고유재산으로부터 구별되어 관리되는 독립성을 갖게 되는 것이며, 그 독립성에 의하여 수탁자 고유의 이해관계로부터 분리되므로 수탁자의 일반채권자의 공동담보로 되는 것은 아니고, 따라서 경매목적물이 정리회사의 고유재산이 아니라 신탁재산이라면 회사정리법 제67조에 따른 경매절차의 금지 내지 중지조항이 적용될 것이 아니다.

2. 경매목적물의 감정가격이나 낙찰가격이 시가에 비하여 저렴하다는 취지의 주장은 단순히 낙찰가격을 다투는 것으로서 적법한 재항고이유가 되지 아니한다.

판례(대법원 2020. 12. 10., 선고, 2017다256439, 256446, 판결)

채무자 회생 및 파산에 관한 법률(이하 '채무자회생법'이라고 한다) 제58조 제1항 제2호에 의하면 회생절차개시결정이 있는 때에는 회생채권 또는 회생담보권에 기한 강제집행 등은 할 수 없고, 채무자회생법 제141조 제1항은 양도담보권도 회생담보권에 포함되는 것으로 규정하고 있다. 따라서 회생절차개시결정이 있는 때에 금지되는 채무자회생법 제58조 제2항 제2호의 '회생담보권에 기한 강제집행 등'에는 양도담보권의 실행행위도 포함된다.

양도담보권의 실행행위는 종국적으로 채권자가 제3채무자에 대해 추심권을 행사하여 변제를 받는다는 의미이다. 특히 양도담보권의 목적물이 금전채권인 경우 피담보채권의 만족을 얻기 위해 금전채권을 환가하는 등의 별도의 절차가 필요 없고, 만약 양도담보권자가 제3채무자를 상대로 채무의 이행을 구하는 소를 제기하여 승소판결을 얻는다면 제3채무자가 양도담보권자에게 임의로 변제하는 것을 막을 방법이 없다. 따라서 채권이 담보 목적으로 양도된 후 채권양도인인 채무자에 대하여 회생절차가 개시되었을 경우 채권양수인인 양도담보권자가 제3채무자를 상대로 그 채권의 지급을 구하는 이행의 소를 제기하는 행위는 회생절차개시결정으로 인해 금지되는 양도담보권의 실행행위에 해당한다. 이와 같이 해석하는 것이 채무자의 효율적 회생을 위해 회생절차개시결정 이후 채권자의 개별적 권리행사를 제한하는 한편 양도담보권도 회생담보권에 포함된다고 규정한 채무자회생법의 내용에도 부합한다.

소송절차의 중단 등(제59조)

1. 취지

회생절차개시결정이 있은 때에는 채무자의 재산에 관한 소송절차는 중단한다. 이처럼 소송절차의 중단을 규정한 취지는 회생절차개시결정에 의하여 채무자가 채무자의 재산에 대한 관리처분권을 상실하고 그의 관리권, 처분권은 관리인에게 전속하기 때문에 채무자가 당사자가 되는 소송은 당사자 적격조차 충족하지 못하기 때문이다.

2. 중단하는 소송의 범위

채무자의 재산관계의 소송이면 회생채권 또는 회생담보권에 기한 소송에 한하지 않고 환취권, 공익채권 등 어떠한 채권에 기한 것이라도 모두 중단하게 된다. 그러나 채무자의 '재산'에 관한 소송만이 중단될 뿐 채무자의 인격 활동에 관한 것은 중단하지 않고 그대로 수행된다.

3. 정리절차 중의 신소송의 제기

회생절차 중에 채무자에 대하여 새로운 소를 제기하는 경우에 채무자의 재산관계외의 소는 채무자를 원고 또는 피고로 하게 되고, 채무자의 재산관계의 소는 관리인을 원고 또는 피고로 하여 제기하게 된다.

4. 수계의 유형

(1) 회생채권, 회생담보권에 관계없는 소송절차의 수계

1) 수계할 수 있는 자

관리인 또는 상대방이 이를 수계할 수 있다.

2) 수계할 수 있는 소송

수계 할 수 있는 소송은 개시결정에 의하여 중단된 채무자의 재산관계의 소송 중에서 회생채권 또는 회생담보권에 관계없는 것을 의미한다. 즉 환취권과 공익채권에 관한 소송, 회사가 가지는 권리에 기한 이행 또는 적극적인 확인을 구하는 소송 등이 수계할 수 있는 소송에 속한다고 할 수 있다.

3) 수계한 경우 소송비용청구권의 성격

관리인 또는 상대방이 수계를 한 경우 채무자에 대한 소송비용청구권은 공익채권으로 된다. 즉, 상대방이 승소한 경우의 소송비용청구권은 관리인이 수계한 이후의 소송비용뿐만 아니라 회사가 소송을 수행한 경우의 비용까지도 공익채권으로 된다.

(2) 회생채권 또는 회생담보권에 관한 소송절차의 수계

1) 개시결정의 효과

개시결정 이전에 회생채권 또는 회생담보권에 관한 소송절차가 계속 중인 경우일지라도 개시결정이 있으면 소송절차는 중단된다.

2) 중단 후 이의가 없는 경우

중단 후 회생채권 등 조사기일에 이의가 없으면 회생채권 등이 확정된다. 조사의 결과를 기재한 회생채권자표, 회생담보권자표는 확정판결과 같은 효력이 있다.

3) 중단 후 이의가 있는 경우

채권조사기일에 이의가 있는 때에는 이의자를 상대로 하여 소송을 수계함으로써 권리의 확정을 구하여야 한다.

(3) 행정청에 계속한 사건의 중단과 수계

채무자의 재산관계의 사건으로서 회생절차개시 당시 행정청에 계속한 것에 관하여도 회생절차개시의 결정이 있는 경우 절차는 중단된다. 이 경우 행정청에 계속된 절차가 회생채권 또는 회생담보권과 관계없는 것은 관리인 또는 상대방이 이를 수계할 수 있다. 회생채권이나 회생담보권에 관한 것이라면 관리인이 채무자가 할 수 있는 방법으로 불복을 신청 할 수 있다.

(4) 채권자취소소송등

채무자의 채권자가 채권자취소권에 기하여 제기한 소송 또는 부인의 소송이 회생절차개시 당시 계속한 경우에는 그 소송절차는 중단된다. 중단한 소송절차는 관리인 또는 상대방이 이를 수계할 수 있다. 이러한 소송은 채무자를 당사자로 하는 소송이 아니기 때문에 채무자의 재산관계의 소송이 아닌 경우가 많으나, 전체 채권자를 위하여 채무자의 재산의 회복을 도모하고자 하는 소송이므로 관리인이 그 역할을 인수하는 것이 보다 적절하므로 관리인으로 하여금 수계하게 한 것이다.

회생채권, 회생담보권에 관계없는 소송절차의 수계	중단된 소송절차 중 회생채권 또는 회생담보권에 관계없는 것은 관리인 또는 상대방이 이를 수계할 수 있다
회생채권 또는 회생담보권에 관한 소송절차의 수계	개시결정 이전에 회생채권 또는 회생담보권에 관한 소송절차가 계속 중인 경우일지라도 개시결정이 있으면 소송절차는 중단된다
행정청에 계속한 사건의 중단과 수계	1. 채무자의 재산관계의 사건으로서 회생절차개시 당시 행정청에 계속한 것에 관하여도 회생절차개시의 결정이 있는 경우 절차는 중단된다. 2. 행정청에 계속된 절차가 회생채권 또는 회생담보권과 관계없는 것은 관리인 또는 상대방이 이를 수계할 수 있다.
채권자 취소소송등	중단한 소송절차는 관리인 또는 상대방이 이를 수계할 수 있다

◨ **관련판례**

판례(대법원 2000. 2. 11. 선고 99다52312 판결)

1. 정리절차개시결정 당시 정리채권에 관하여 소송이 계속중인 경우에 회사정리사건의 관할법원에 정리채권의 신고를 하였으나 조사기일에서 이해관계인의 이의가 있어 정리채권자가 권리의 확정을 청구하고자 할 때에는 종전의 소송이 계속중인 법원에 신고된 정리채권에 관한 이의자를 상대로 하여 소송을 수계하여야 하며, 그 수계신청은 권리의 조사가 있은 날로부터 1개월 내에 하여야 하고, 그 기간 경과 후에 수계신청을 한 경우에는 그에 따른 정리채권 확정의 소는 부적법하게 된다.

2. 회사정리절차개시결정이 있기 이전에 이의 있는 정리채권에 관한 소송이 계속중에 회사재산보전처분이 내려지고 보전관리인이 선임되자 소송의 상대방을 정리회사에서 보전관리인으로 하여 한 수계신청을 회사정리법 제149조 제1항 소정의 소송수계신청으로 볼 수는 없다.

판례(대법원 1999. 1. 26. 선고 97후3371 판결)

회사정리법에 의한 정리절차개시결정이 있는 때에는 회사 사업의 경영과 재산의 관리 및 처분을 하는 권리는 관리인에게 전속하며(회사정리법 제53조 제1항), 회사의 재산에 관한 소에서는 관리인이 원고 또는 피고가 되는 것인바(같은 법 제96조), 여기에서 말하는 회사의 재산에 관한 소송 가운데는 회사 명의의 상표등록취소를 구하는 심판도 당연히 포함되므로, 정리회사가 상표권자인 상표에 대한 등록의 취소를 청구하는 심판에서 정리회사는 피심판청구인이 될 수 없고 오로지 관리인만이 피심판청구인적격이 있는 것이다.

판례(대법원 1997. 8. 22. 선고 97다17155 판결)

회사정리절차가 개시된 때에는 회사정리절차 개시 전의 원인으로 생긴 재산상의 청구권에 해당하는 정리채권에 관한 소송절차는 중단되고, 다만 정리절차 개시결정 당시 정리채권에 관하여 소송이 계속중인 경우에 회사정리사건의 관할법원에 정리채권의 신고를 하였으나 조사기일에서 이해관계인의 이의가 있어 정리채권자가 권리의 확정을 청구하고자 할 때에는 종전의 소송이 계속중인 법원에 신고된 정리채권에 관한 이의자를 상대로 하여 소송을 수계하여야 하며, 수계신청은 상대방도 할 수 있으나 어느 경우이든 권리의 조사가 있은 날로부터 1개월 내에 하여야 하고, 그 기간 경과 후에 수계신청을 한 경우에는 그에 따른 정리채권 확정의 소는 부적법하게 된다.

판례(대법원 1996. 9. 24. 선고 96다13781 판결)

회사에 대하여 정리절차가 개시되어 회사사업의 경영과 재산의 관리 및 처분을 하는 권리가 관리인에게 전속하게 되어도 회사의 법인격 자체에는 변동이 없고, 특별한 다른 규정이나 사정이 없는 한 그 개시결정 전에 생긴 회사와 제3자 사이의 법률관계는 그대로 유지되는 것이므로, 채무자 회사의 근로자들이 그 임금 등 채권에 기하여 그 회사의 제3채무자에 대한 채권에 대하여 압류 및 추심명령을 받고 적법한 통지까지 마친 후에 그 채무자 회사에 대하여 회사정리절차가 개시되었다고 하더라도, 종전의 그 회사를 채무자로 하여 이미 이루어진 압류 및 추심명령은 별도의 수계나 승계집행문 또는 경정 없이도 제3채무자나 정리회사에 대하여 효력을 가진다.

판례(대법원 1995.10.13. 선고 95다30253 판결)

회사정리법상의 부인권은 정리절차개시 결정 이전에 부당하게 처분된 회사재산을 회복함으로써 회사사업을 유지·갱생시키고자 인정된 회사정리법상의 특유한 제도로서 정리절차의 진행을 전제로 관리인만이 행사할 수 있는 권리이므로, 정리절차의 종결에 의하여 소멸하고, 비록 정리절차 진행 중에 부인권이 행사되었다고 하더라도 이에 기하여 회사에게로 재산이 회복되기 이전에 정리절차가 종료한 때에는 부인권 행사의 효과로서 상대방에 대하여 재산의 반환을 구하거나 또는 그 가액의 상환을 구하는 권리 또한 소멸한다고 보아야 할 것이므로, 부인의 소 또는 부인권의 행사에 기한 청구의 계속중에 정리절차폐지 결정이 확정된 경우에는 관리인의 자격이 소멸함과 동시에 당해 소송에 관계된 권리 또한 절대적으로 소멸하고 어느 누구도 이를 승계할 수 없다.

판례(대법원 2021. 12. 10., 자, 2021마6702, 결정판결)

소송사건에서 제3자가 한쪽 당사자를 돕기 위하여 보조참가를 하려면 소송결과에 이해관계가 있어야 한다(민사소송법 제71조 참조). 해당 소송에서 판결의 효력이 직접 미치지 않는다고 하더라도 그 판결을 전제로 보조참가를 하려는 자의 법률상 지위가 결정되는 관계에 있으면 이러한 이해관계가 인정된다.

채무자가 채권자에 대한 사해행위를 한 경우에 채권자는 민법 제406조에 따라 채권자취소권을 행사할 수 있다. 그러나 채무자에 대한 회생절차가 개시된 후에는 관리인이 채무자의 재산을 위하여 부인권을 행사할 수 있다[채무자 회생 및 파산에 관한 법률(이하 '채무자회생법'이라 한다) 제100조, 제105조]. 회생채권자가 제기한 채권자취소소송이 회생절차개시 당시 계속되어 있는 때에는 소송절차는 중단되고 관리인이나 상대방이 이를 수계할 수 있고(채무자회생법 제113조, 제59조 제2항), 관리인이 기존 소송을 수계하고 부인의 소로 변경하여 부인권을 행사할 수 있다.

회생채권자가 제기한 채권자취소소송이 계속되어 있던 중 채무자에 대한 회생절차가 개시되어 관리인이 소송을 수계하고 부인의 소로 변경한 경우 소송결과가 채무자 재산의 증감에 직접적인 영향을 미치는 등 회생채권자의 법률상 지위에 영향을 미친다고 볼 수 있다. 따라서 종전에 채권자취소의 소를 제기한 회생채권자는 특별한 사정이 없는 한 소송결과에 이해관계를 갖고 있어 관리인을 돕기 위하여 보조참가를 할 수 있다.

이송(제60조)

회생계속법원은 회생절차개시당시 채무자의 재산관계의 소송이 다른 법원에 계속하고 있는 경우에는 결정으로써 그 이송을 청구할 수 있다. 회생절차개시 후 다른 법원에 계속하게 된 것에 관하여도 같다. 위 결정에 의하여 이송의 청구를 받은 법원은 소송을 회생계속법원에 이송하여야 한다. 결정은 회생계속법원이 직권으로만 할 수 있으며 관리인 또는 기타의 자의 신청은 직권발동 촉구의 의미만을 가질 뿐이다.

법원의 허가를 받아야 하는 행위(제61조)

1. 원칙

회생절차는 관리인의 재량을 존중하여 관리인의 행위에 관하여는 법원의 허가를 요하지 않도록 함이 원칙이다.

2. 법원의 허가를 받아야 할 경우

채무자 재산의 처분, 재산의 양수 기타 채무자재산과 직접적인 관계가 있는 행위와 같이 중요한 것은 개별적으로 법원의 감독을 확실하게 할 필요가 있으므로 법원은 관리인이 일정한 행위를 함에 있어서 그 허가를 얻어야 하는 것으로 할 수 있다. 그리고 법원의 명령이 없는 경우에는 관리인의 자유로운 활동에 맡겨서 관리의 자율, 적시성을 도모하고 있다.

관리인의 행위	법원의 허가를 받도록 함이 원칙이다
관리인의 채무자 재산의 처분, 재산의 양수 기타 채무자재산과 직접적인 관계가 있는 행위와 같이 중요한 것	법원은 관리인의 일정한 행위를 함에 있어서 그 허가를 얻어야 하는 것으로 할 수 있다.

3. 법원의 허가를 받아야 하는 관리인의 행위

① 재산의 처분
② 재산의 양수
③ 자금의 차입 등 차재
④ 채무자회생파산에관한법률 제119조의 규정에 의한 계약의 해제 및 해지
⑤ 소의 제기
⑥ 화해 또는 중재계약
⑦ 권리의 포기
⑧ 공익채권 또는 환취권의 승인
⑨ 그 밖에 법원이 지정하는 행위
⑩ 채무자의 영업 또는 재산을 양수하는 행위

⑪ 채무자에 대하여 자기의 영업 또는 재산을 양도하는 행위
⑫ 그 밖에 자기 또는 제3자를 위하여 채무자와 거래하는 행위
법원의 허가를 받지 않고 한 위의 행위는 무효로 한다. 단, 선의의 제3자에게 대항하지 못한다.

영업 등의 양도(제62조)

제정이유

인수, 합병(M&A)의 활성화(법 제62조, 제63조 및 제237조)
1. 도산기업이 회생할 수 있는 가장 적절한 방법이 인수, 합병인 바, 종전 회사정리법상의 채권조사, 확정절차와 주식소각제도만으로는 인수, 합병을 활성화하는데 크게 미흡하다는 지적이 제기되어 이를 개선하려는 것임

2. 회생계획인가 전이라도 법원의 허가를 얻어 영업 또는 사업을 양도 할 수 있도록 함

3. 청산을 내용으로 하는 회생계획안을 가결하기 위하여 종전에는 담보권자 전원의 동의를 얻도록 하던 것을, 앞으로는 의결권 총액의 5분의 4이상에 해당하는 의결권을 가진 자의 동의를 얻도록 그 요건을 완화함

4. 인수, 합병을 통하여 기업이 가치를 유지하면서 조기에 회생하는데 크게 기여할 것으로 기대됨

회생절차개시 이후 회생계획인가 전이라도 관리인은 채무자의 회생을 위하여 필요한 경우 법원의 허가를 받아 채무자의 영업 또는 사업의 전부 또는 중요한 일부를 양도할 수 있다. 허가를 하는 때에는 법원은 다음 관리위원회·채권자협의회·채무자의 근로자의 과반수로 조직된 노동조합(없는 때에는 채무자의 근로자의 과반수를 대표하는 자)의 의견을 들어야 한다.
허가를 하는 경우 주식회사인 채무자의 부채총액이 자산총액을 초과하는 때

에는 법원은 관리인의 신청에 의하여 결정으로 「상법」 제374조(영업양도·양수·임대 등)제1항의 규정에 의한 주주총회의 결의에 갈음하게 할 수 있다. 이 경우「상법」 제374조(영업양도·양수·임대 등)제2항 및 제374조의2(반대주주의 주식매수청구권)와 "「자본시장과 금융투자업에 관한 법률」제165조의5(주주의 주식매수청구권)의 규정은 적용하지 않는다.

주식회사의 영업 등의 양도에 대한 허가결정의 송달 등(제63조)

1. 허가결정서의 송달

채무자의 영업 또는 사업의 전부 또는 중요한 일부에 대한 양도를 허가하는 경우 허가결정의 결정서를 관리인에게 송달하고 그 결정의 요지를 기재한 서면을 주주에게 송달하여야한다.

2. 효력발생 시기

양도 허가결정에 대한 효력은 결정서가 관리인에게 송달된 때에 효력이 발생한다.

3. 즉시항고

주주는 법원의 양도허가 결정에 대해 즉시항고를 할 수 있다.

제정이유

인수, 합병(M&A)의 활성화(법 제62조, 제63조 및 제237조)

1. 도산기업이 회생할 수 있는 가장 적절한 방법이 인수, 합병인 바, 종전 회사정리법상의 채권조사, 확정절차와 주식소각제도만으로는 인수, 합병을 활성화하는데 크게 미흡하다는 지적이 제기되어 이를 개선하려는 것임

2. 회생계획인가 전이라도 법원의 허가를 얻어 영업 또는 사업을 양도 할 수 있도록 함

3. 청산을 내용으로 하는 회생계획안을 가결하기 위하여 종전에는 담보권 자 전원의 동의를 얻도록 하던 것을, 앞으로는 의결권 총액의 5분의 4이 상에 해당하는 의결권을 가진 자의 동의를 얻도록 그 요건을 완화함

4. 인수, 합병을 통하여 기업이 가치를 유지하면서 조기에 회생하는데 크게 기여할 것으로 기대됨

회생절차개시 후의 채무자의 행위(제64조)

1. 회생절차개시 후의 채무자의 행위

채무자가 회생절차개시 후 채무자재산에 관하여 한 법률행위는 회생절차의 관계에 있어서 그 효력을 주장하지 못한다.

2. 법률행위의 의의

법률행위라 함은 매매, 임대차, 권리의 포기, 채무의 승인 등 채무자 재산에 관한 권리의무에 영향을 미치는 모든 행위를 의미한다.

3. 효력의 범위와 상대방

회생절차의 관계에 있어서는 그 효력을 주장하지 못한다는 의미이고, 관리인이 그 행위의 유효를 주장하는 것은 무방하다. 이 때 상배방의 선의, 악의는 불문한다.

4. 효과

채무자의 행위가 무효로 된 경우 상대방의 반대이행이 이미 되어 있는 때에 는 채무자는 이를 부당이득으로 반환해야 하고, 상대방은 이를 공익채권으로 주장할 수 있다.

5. 회생절차개시일에 행한 법률행위

채무자가 회생절차개시일에 행한 법률행위는 회생절차개시후에 한 것으로 추정된다.

회생절차개시 후의 권리취득(제65조)

1. 회생절차개시 후의 권리취득

회생절차개시 후 회생채권 또는 회생담보권에 관하여 채무자 재산에 대한 권리를 채무자의 행위에 의하지 아니하고 취득하여도 그 취득은 회생절차의 관계에 있어서는 그 효력을 주장하지 못한다.

2. 회생절차개시일의 권리취득

회생절차개시일의 권리취득은 회생절차개시 후에 한 것으로 추정된다.

회생절차개시 후의 등기와 등록(제66조)

1. 부동산 또는 선박에 관하여 회생절차개시전에 생긴 등기원인으로 한 등기 또는 가등기

부동산 또는 선박에 관하여 회생절차개시 전에 발생한 등기원인에 의하여 회생절차개시 '후'에 한 등기 또는 가등기는 회생절차의 관계에 있어서는 그 효력을 주장할 수 없다. 그러나 등기나 가등기를 이전 받은 권리자가 선의인 경우에는 그러하지 아니하다.

2. 판례의 태도

한편 대법원은 위 법문의 반대해석으로 회생절차개시 전의 등기원인으로 회생절차개시 전에 부동산등기법 제3조에 의하여 한 가등기는 회생절차의 관계에 있어서 그 효력을 주장할 수 있고, 따라서 이와 같은 가등기권자는 회생채무자의 관리인에 대하여 본등기를 청구할 수 있다고 판시하고 있다.

3. 회생절차 개시결정의 기입등기가 경료 된 경우

회생절차 개시결정의 기입등기가 경료 된 경우에는 회생채무자의 부동산 등에 대하여 관리인이 아닌 회생채무자가 신청한 등기는 등기원인이 회생절차개시전에 생긴 경우라 하더라도 이를 수리하여서는 아니된다.

구분	효력 주장 가능 여부
등기원인 - 회생절차 개시'전' 등기시점 - 회생절차 개시'후'	효력 주장 불가능 (단 등기나 가등기를 이전받은 자가 선의인 경우에는 효력주장 가능하다)
등기원인 - 회생절차 개시'전' 등기시점 - 회생절차 개시'전'	효력 주장 가능

▣ **관련판례**

판례(대법원 1982.10.26. 선고 81다108 판결)

회사정리법 제103조 제1항에는 정리회사의 관리인은 정리회사와 상대방이 회사정리절차 개시 당시 아직 그 이행을 완료하지 않은 쌍무계약에 대하여는 이를 해제할 수 있다고 규정하고 있으나 한편 동법 제58조 제1항의 본문의 반대해석에 의하면 정리절차개시전의 등기원인으로 정리절차개시 전에 부동산등기법 제3조에 의하여 한 가등기는 정리절차의 관계에 있어서 그 효력을 주장할 수 있다고 할 것이고 따라서 위와 같은 가등기권자는 정리회사의 관리인에게 대하여 본등기 청구를 할 수 있다고 보아야 하므로 유효한 가등기가 경료된 부동산에 관한 쌍무계약에 대하여는 회사정리법 제103조의 적용이 배제된다 할 것이니, 정리절차 개시당시 아직 매매계약이 이행완료되지 않았으나 이 사건에서와 같이 정리회사 소유인 매매목적 부동산에 관하여 순위보전의 가등기가 경료되어 있는 경우에는 관리인은 동법 제103조 제1항에 의하여 그 매매를 해제할 수 없다.

회생절차개시 후의 채무자에 대한 변제(제67조)

1. 회생절차개시 후의 변제

회생절차개시 후에 채무자의 채무자는 관리인에게 변제하여야 하나, 그 사실을 알지 못하고 채무자에게 변제한 경우에는 회생절차의 관계에 있어서도 그 효력을 주장할 수 있다.

2. 회생절차개시 후 악의로 채무자에게 변제한 경우

회생절차개시 후 악의로 채무자에 변제한 경우에도 이로서 채무자 재산이 이익을 얻은 때에는 그 이익의 한도에서만 회생절차의 관계에 있어서 그 효력을 주장할 수 있다.

선의 또는 악의의 추정(제68조)

채무자회생및파산에관한법률 제66조 및 제67조의 규정을 적용함에 있어서 회생절차개시의 공고 전에는 그 사실을 알지 못한 것으로 추정하고, 공고 후에는 그 사실을 안 것으로 추정한다.

법 제66조, 제67조를 적용함에 있어서는 회생절차개시의 공고 전에는 선의로, 공고 후에는 악의로 각각 추정된다.

파산선고를 받은 채무자에 대하여 회생절차개시신청의 기각결정, 회생계획인가 전 회생절차폐지결정, 회생계획불인가결정의 어느 하나에 해당하는 결정이 확정되어 파산절차가 속행되는 때에는 공익채권은 재단채권으로 한다.

공유관계(제69조)

1. 분할의 청구

채무자가 타인과 공동하여 재산권을 가진 경우에 회생절차개시가 있은 때에는 관리인은 분할을 하지 아니한다는 약정이 있는 때에도 분할의 청구를 할 수 있다.

2. 보상의 지급과 채무자의 지분 취득

분할 금지의 약정이 있는 경우에도 분할을 할 수 있으므로 이러한 불이익을 구제하기 위하여 그 경우 다른 공유자는 상당한 보상을 지급하고 채무자 지분을 취득할 수 있도록 하여 분할을 피할 수 있게 하였다.

환취권(제70조)

1. 회생절차의 개시가 환취권에 영향을 미치는지 여부

회생절차개시는 채무자에 속하지 아니하는 재산을 채무자로부터 환취할 권리인 환취권에 영향을 미치지 아니한다. 그 이유는 환취권의 기초가 되는 권리는 소유권인 경우가 일반적이기 때문이다.

2. 환취권의 행사 방법

환취권을 행사함에 있어서 반드시 회생절차에 의할 필요는 없으나 관리인이 환취권을 승인하는 데에는 법원의 허가를 받아야 한다.

운송 중인 매도물의 환취(제71조)

1. 매도인이 목적물을 환취할 수 있는 경우

매도인이 매매의 목적인 물건을 매수인에게 발송한 경우에 매수인이 그 대금의 전액을 변제하지 아니하고 또 도달지에서 그 물건을 수령도 하지 아니한 경우에 매수인에 관하여 회생절차개시가 있은 때에는 매도인은 그 물건을 환취할 수 있다.

2. 목적물을 환취할 수 없는 경우

관리인이 법원의 허가를 얻어 대금전액을 지급하고 그 물건의 인도를 청구할 수 있다.

위탁매매인의 환취권(제72조)

물건매수의 위탁을 받은 위탁매매인이 그 물건을 위탁자에게 발송한 경우에도 위탁자로부터 그 대금의 전액을 변제하지 아니하고 또 도달지에서 그 물건을 수령도 하지 아니한 경우에 위탁자에 관하여 회생절차개시가 있은 때에는 위탁매매인은 그 물건을 환취할 수 있다.

대체적 환취권(제73조)

1. 채무자가 회생절차개시 전에 환취권의 목적인 재산을 양도한 경우

   환취권자는 반대이행의 청구권의 이전을 청구할 수 있으며 관리인이 환취권의 목적인 재산을 양도한 경우에도 같고 그 경우에 관리인이 반대이행을 받은 때에는 환취권자는 관리인이 반대이행으로서 받은 재산의 급여를 구할 수 있다.

2. 회생절차의 개시전에 채무자에 재산을 양도한 자

   담보의 목적으로 한 것을 이유로 그 재산을 환취하지 못한다.

제 2 장

회생절차의 기관

제1절 관리인

관리인의 선임(제74조)

제정이유

기존 경영자 관리인 제도 도입

1. 종전 회사정리절차에서는 기존 대표자를 회사 경영에서 배제하기 때문에 기업이 경영권 박탈을 우려하여 회사정리절차를 기피하는 경향이 뚜렷하여 기업의 조기 회생에 걸림돌로 작용하여 왔으므로 이를 개선하려는 것임

2. 원칙적으로 법인대표자를 관리인으로 선임하고, 예외적으로 재산 유용, 은닉 또는 중대한 책임이 있는 부실경영에 의하여 경제적 파탄에 이르게 된 경우나 채권자협의회의 요청이 있는 경우로서 상당한 이유가 있는 경우 등에는 제3자를 관리인으로 임명하도록 함

3. 기존 경영자를 관리인으로 임명할 경우 회생절차를 적극적으로 이용할 수 있고, 경영노하우를 활용할 수 있어 기업 회생의 효율성이 크게 높아질 것으로 기대됨

1. 관리인의 선정 시기

개시여부의 결정은 개시신청일로부터 1개월 내에 하도록 되어 있다. 관리인을 선임하기 위해서는 관리위원회와 채권자협의회에 대하여 관리인의 선임에 대한 의견조회절차를 거쳐야 하므로 가급적이면 개시신청이 접수되는 즉

시 관리인과 조사위원회의 물색에 착수함이 바람직하다. 관리인은 개시결정과 동시에 선임하여야 하는 것이 법규정상으로 명백하지만, 조사위원의 선임시기에 관하여는 법률에 명백한 규정이 없는 것이 문제이다. 그러나 실무에서는 예외 없이 개시결정과 동시에 조사위원을 선임하고 있다.

실무상 채권자가 수천명에 달하는 도산사건의 경우 채권자들에 대한 송달업무 및 각종채권자표 작성업무를 법원사무관등이 감당하기가 어렵기 때문에 법원은 도산절차의 신속한 진행을 위하여 관리인, 파산관재인, 회생위원, 국제도산관리인으로부터 필요한 업무의 보조를 받을 수 있다.

2. 선정방법

(1) 관리인의 선정방법

법원은 관리위원회와 채권자협의회의 의견을 들어 관리인의 직무를 수행함에 적합한 자를 관리인으로 선임하여야 한다. 법원은 채무자의 업종에 전문적인 경험이나 소양이 있고 공정하게 업무를 수행할 수 있는 사람을 선정하여 그에 관한 관리위원회와 채권자협의회의 의견을 들어 관리인을 선임하되, 필요한 때에는 그 선정을 위하여 채무자, 관리위원회, 채권자협의회, 자금력 있는 제3의 인수자, 관련 행정부처, 기타 적절한 기관에 추천을 의뢰할 수 있다. 법원은 각종 경제단체나 한국공인회계사회 및 대한변호사협회 등에게 관리인 희망자 추천을 의뢰하여 미리 적임자 명단을 확보하고 있다가 필요 할 때에 이를 활용하는 것이 바람직하다.

(2) 법원은 다음 각호에 해당하는 때를 제외하고 개인인 채무자나 개인이 아닌 채무자의 대표자를 관리인으로 선임하여야 한다.

① 채무자의 재정적 파탄의 원인이 다음 각목의 어느 하나에 해당하는 자가 행한 재산의 유용 또는 은닉이나 그에게 중대한 책임이 있는 부실경영에 기인하는 때

가. 개인인 채무자

나. 개인이 아닌 채무자의 이사

다. 채무자의 지배인

② 채권자협의회의 요청이 있는 경우로서 상당한 이유가 있는 때

③ 그 밖에 채무자의 회생에 필요한 때

채권자협의회는 (2)의 각 호에 해당하는 경우 법원에 관리인 후보자를 추천할 수 있다.

(3) 조사위원의 선정방법

법원은 필요하다고 인정하는 때에는 관리위원회의 의견을 들어 1인 또는 수인의 조사위원을 선임할 수 있다. 조사위원은 조사에 필요한 학식과 경험을 갖춘 자로서 이해관계가 없는 자 중에서 선임하여야 한다. 따라서 회생채무자의 주주인 자, 회생채무자에 대하여 채권을 가지고 있는 자, 최근에 회생회사를 외부감사 또는 경영컨설팅을 한 적이 있는 자는 배제하는 것이 바람직할 것이다.

(4) 관리인을 선임하지 않을 수 있는 채무자(기존 경영자 관리인제도 DIP)

① 비영리 법인 또는 합명회사·합자회사

② 회생절차 개시신청 당시 증권거래법 제2조 제13항에서 규정된 상장법인 및 주권상장법인과 같은 조 제15항에서 규정된 코스닥 상장법인에 해당하는 채무자

③ 회생절차 개시 당시 재정적 부실의 정도가 중대하지 않고 일시적인 현금유동성의 악화로 회생절차를 신청한 채무자

④ 회생절차 개시 당시 일정한 수준의 기술력, 영업력 및 시장점유율을 보유하고 있어 회생절차에서의 구조조정을 통하여 조기회생이 가능하다고 인정되는 채무자

⑤ 회생절차 개시결정 당시 주요 회생담보권자 및 회생채권자와 사이에 회생계획안의 주요 내용에 관하여 합의가 이루어진 채무자

⑥ 회생절차 개시 당시 자금력 있는 제3자 또는 구 주주의 출자를 통하여 회생을 계획하고 있다고 인정되는 채무자

⑦ 그 밖에 관리인을 선임하지 않는 것이 채무자의 회생에 필요하거나 도움이 된다고 법원이 인정하는 채무자

■관련판례

판례(대법원 1995.6.30. 선고 94누149 판결)

1.정리회사의 관리인은 정리회사의 대표자의 지위에 있다고 하기보다는 일종의 공익적 수탁자의 지위에 있는 것이므로, 법인세법시행령 제94조의2 제1항 제1호가 규정하는 인정상여의 취지나 정리회사의 관리인의 법적 지위에 비추어 볼 때 정리회사의 관리인은 특별한 사정이 없는 한 인정상여로 소득처분되는 법인의 대표자로 볼 수 없다.

2. 1항의 법리는 정리회사의 관리인이 회사정리법상 법원에 의하여 선임되고, 그 보수 또한 법원이 정하며, 관리인의 사업의 경영과 재산의 관리업무 중 회사 재산의 처분, 재산의 양수 등과 법원이 지정하는 행위에 대하여는 법원의 허가 등을 통한 후견적 감독이 행하여지는 것이므로, 그 임무에 대한 공정성이 담보되어 정리회사, 채권자, 주주 등으로 구성되는 이해관계인 단체의 이해를 적절히 조정하여 회사의 갱생을 도모하는 공익적 지위에 있음을 전제로 하는 것이므로, 대표이사가 관리인으로 선임되어 종전의 회사 조직을 그대로 장악하여 스스로 공익적 수탁자의 지위에서 벗어나 적극적으로 매출의 은닉, 누락 및 원자재 매입의 가장을 지시하는 등으로 자금을 조성하여 그 상당액을 사외유출시켜 그 본연의 임무에 위배하여 부당행위를 저지른 사정이 존재하는 경우에는 비록 관리인의 지위를 갖고 있다 하여도 그를 인정상여로 소득처분되는 법인의 대표자와 달리 취급하여야 할 아무런 이유가 없다.

판례(대법원 1994.10.28. 자 94모25 판결)

주식회사에 대하여 회사정리개시결정이 내려져 있는 경우라고 하더라도 적법하게 선임되어 있는 대표이사가 있는 한 그 대표이사가 형사소송법 제27조 제1항에 의하여 피고인인 회사를 대표하여 소송행위를 할 수 있고, 정리회사의 관리인은 정리회사의 기관이거나 그 대표자가 아니고 정리회사와 그 채권자 및 주주로 구성되는 소외 이해관계인단체의 관리자로서 일종의 공적 수탁자이므로 관리인이 형사소송에서 피고인인 정리회사의 대표자가 된다고 볼 수 없다.

판례(대법원 1992.7.14. 선고 92누3120 판결)

정리회사의 관리인은 정리회사의 대표자의 지위에 있다고 하기 보다는 정리회사, 채권자, 주주 등으로 구성되는 이해관계인 단체의 관리자로서 그러한 자들을 위하여 정리법원의 감독 아래 회사경영 및 재산의 관리, 처분을 하는 일종의 공적 수탁자의 지위에 있다 할 것이므로, 인정상여제도의 취지나 정리회사의 관리인의 법적 지위에 비추어 볼 때 정리회사의 관리인은 특별한 사정이 없는 한 위와 같은 경우에 있어 인정상여로 소득처분되는 법인의 대표자로는 볼 수 없다.

판례(대법원 1988.10.11. 선고 87다카1559 판결)

정리회사의 관리인은 정리회사의 기관이거나 그 대표자가 아니고 정리회사와 그 채권자 및 주주로 구성되는 소위 이해관계인 단체의 관리자로서 일종의 공적 수탁자이다.

여럿인 관리인의 직무집행(제75조)

1. 관리인을 수인으로 선임한 경우의 직무집행

관리인을 수인으로 선임한 경우에 관리인들은 공동으로 그 직무를 행해야 한다. 따라서 공동 관리인들은 공동명의로 법률행위를 하여야 하고, 법원의 허가신청도 공동으로 하여야 한다.

2. 법원의 허가를 받은 경우

법원의 허가를 얻은 경우에는 그 직무를 분담할 수 있다.

3. 관리인이 수인인 경우에 제3자의 의사표시

관리인이 수인인 때에는 제3자의 의사표시는 1인에 대하여 하면 된다.

관리인대리(제76조)

1. 관리인의 대리의 선임

관리인은 필요한 때 그 직무를 행하게 하기 위하여 자기책임으로서 관리인 대리를 선임할 수 있으며, 그 선임에 있어서는 법원의 허가를 필요로 한다. 관리인 대리의 자격요건에 관하여는 아무런 제한이 없지만, 관리인 대리는 최소한 관리인으로서의 결격사유가 없는 자이어야 한다.

2. 소멸후 즉시보고

과거 한때 구 사주 등을 관리인대리로 선임한 사례가 종종 있었는데, 이러한 경우 관리인의 회사에 대한 장악력, 영향력이 부족한 경우에는 관리인은 명목상의 최고책임자에 불과하게 되고, 실제 경영은 구 사주 등이 지배할 가능성이 높았다. 따라서 지금은 구 사주 등을 관리인대리로 선임하지 않고 있으며, 오히려 채무자의 규모, 업무의 난이도 등에 비추어 관리인 1인이 채무자의 회사를 장악하기가 어려우면서 수인의 관리인을 선임하기가 부적절한 경우에는 관리인으로 하여금 자신과 함께 일할 수인의 관리인대리를 선발하도록 권유할 수 있다. 그 외에는 관리인 대리는 특별한 필요가 있음을 구체적으로 소명한 경우에 한하여 그 선임을 허가하고 있다. 관리인대리를 선임할 필요성이 소멸한 때에는 즉시 그 사유를 보고하게 한다.

3. 관리인대리의 선임허가를 한 경우의 등기

법원이 관리인대리의 선임허가를 한 경우에는 지체 없이 직권으로 채무자 소재지 등기소에 선임등기를 촉탁하여야 하는데, 이때에는 결정서의 등본 또는 초본을 첨부하여야 한다. 그리고 관리인대리의 선임허가결정은 공고하면 된다.

4. 관리인 대리의 업무수행 범위와 보수

관리인 대리는 관리인에 갈음하여 재판상 또는 재판 외의 모든 행위를 할 수 있다. 한편 관리인대리가 재판 외에서 법률행위를 함에 있어서는 관리인 명의가 아닌 자기 명의로 하면 된다. 관리인대리의 보수에 관하여는 법원이 결정하여야 한다.

◰ **관련판례**

판례(대법원 1985.5.28. 선고 84다카2285 판결)

회사정리법 제53조 제1항에 의하면 정리절차개시의 결정이 있을 때에는 회사 사업의 경영과 재산의 관리 및 처분을 하는 권리는 관리인에 전속한다 하고 제98조에 의하면 회사의 재산에 관한 소에 있어서는 관리인이 원고 또는 피고가 된다고 규정하고 있으므로 정리회사에 관한 소에 있어서 당사자적격을 가진 자는 그 관리인이라 할 것이고 이 경우 당사자의 표시는 "주식회사 OOOO 관리인 OOO"라 기재함이 상당하다.

고문(제77조)

1. 고문의 선임과 보수

관리인은 필요한 경우에는 법원의 허가를 통해 법률 또는 경영에 관한 전문가(고문)를 선임할 수 있으며, 법률고문 등은 법원이 정하는 보수를 받을 수 있다.

2. 실무상의 경우

실무상 관리인이 이 규정에 의하여 법률고문 등을 선임하는 경우는 거의 없으며, 특정 변호사나 법무법인과 사이에 법률자문에 관한 계약을 맺는 경우가 더 많다.

당사자적격(제78조)

회생절차 개시결정이 있으면 채무자의 재산에 관한 관리권과 처분권이 관리인에게 전속하기 때문에 채무자의 재산에 관한 소송에서는 관리인이 소송당사자가 된다.

■ **관련판례**

판례(대법원 2003. 9. 26. 선고 2002다62715 판결)

회사정리법 제39조 제3항, 제39조의3, 제53조 제1항, 제96조의 규정에 의하면, 정리절차 개시 전이라도 법원의 관리명령에 따라 보전관리인이 선임된 경우에는 회사 재산의 관리·처분권한이 보전관리인에게 전속되고, 회사의 재산에 관한 소에 있어서는 보전관리인이 원고 또는 피고가 된다는 점에서 회사에 대한 채권을 목적으로 한 가압류에 있어서도 회사가 아닌 보전관리인이 제3채무자로 되어야 한다.

판례(대법원 1999. 1. 26. 선고 97후3371 판결)

회사정리법에 의한 정리절차개시결정이 있는 때에는 회사 사업의 경영과 재산의 관리 및 처분을 하는 권리는 관리인에게 전속하며(회사정리법 제53조 제1항), 회사의 재산에 관한 소에서는 관리인이 원고 또는 피고가 되는 것인바(같은 법 제96조), 여기에서 말하는 회사의 재산에 관한 소송 가운데는 회사 명의의 상표등록취소를 구하는 심판도 당연히 포함되므로, 정리회사가 상표권자인 상표에 대한 등록의 취소를 청구하는 심판에서 정리회사는 피심판청구인이 될 수 없고 오로지 관리인만이 피심판청구인적격이 있는 것이다.

판례(대법원 1995.7.25. 선고 95다17267 판결)

회사정리법 제96조의 규정은 같은 법 제53조 제1항의 규정에 따라 정리회사의 사업경영과 재산의 관리 및 처분권을 관리인에게 전속시키게 됨에 따라 정리회사의 재산에 관한 소에 있어서는 정리회사의 당사자 적격을 배제하고, 관리인에게 당사자 적격을 인정하려고 하는 데 그 취지가 있는 것이므로, 같은 법 제96조에서 말하는 '회사'는 정리회사를 의미하며, 정리계획에 의하여 설립된 신회사는 이에 해당하지 아니한다.

판례(대법원 1995.1.12. 선고 93후1414 판결)

회사정리법에 의한 정리절차개시결정이 있는 때에는 회사사업의 경영과 재산의 관리 및 처분을 하는 권리는 관리인에게 전속하며, 회사의 재산에 관한 소에 있어서는 관리인이 원고 또는 피고가 되는 것인바, 그 회사의 재산에 관한 소송 가운데는 회사에 대한 정리회사 명의의 상표등록의 취소를 구하는 심판도 포함되므로, 정리회사가 상표권자인 상표의 등록취소를 청구하는 심판에 있어서 정리회사는 피심판청구인이 될 수 없고 오로지 관리인만이 피심판청구인적격이 있다.

판례(대법원 2017. 5. 17., 선고, 2016다274188, 판결)

사망자를 피고로 하는 소 제기는 원고와 피고의 대립당사자 구조를 요구하는 민사소송법의 기본원칙에 반하는 것으로서 실질적 소송관계가 성립할 수 없어 부적법하므로, 그러한 상태에서 제1심판결이 선고되었다 할지라도 판결은 당연무효이다. 피고가 소 제기 당시에는 생존하였으나 그 후 소장부본이 송달되기 전에 사망한 경우에도 마찬가지이다.

이러한 법리는 사망자를 채무자로 한 지급명령에 대해서도 적용된다. 사망자를 채무자로 하여 지급명령을 신청하거나 지급명령 신청 후 정본이 송달되기 전에 채무자가 사망한 경우에는 지급명령은 효력이 없다. 설령 지급명령이 상속인에게 송달되는 등으로 형식적으로 확정된 것 같은 외형이 생겼다고 하더라도 사망자를 상대로 한 지급명령이 상속인에 대하여 유효하게 된다고 할 수는 없다. 그리고 회생절차폐지결정이 확정되어 효력이 발생하면 관리인의 권한은 소멸하므로, 관리인을 채무자로 한 지급명령의 발령 후 정본의 송달 전에 회생절차폐지결정이 확정된 경우에도 채무자가 사망한 경우와 마찬가지로 보아야 한다.

관리인의 검사 등(제79조)

1. 관리인의 검사

관리인은 개인인 채무자나 그 법정대리인, 개인이 아닌 채무자의 이사, 감사, 청산인 및 이에 준하는 자, 채무자의 지배인 또는 피용자에 대하여 채무자의 업무와 재산의 상태에 관하여 보고를 요구하며 채무자의 장부, 서류, 금전 기타의 물건을 검사할 수 있다.

2. 감정인의 선임

관리인은 필요한 경우 법원의 허가를 얻어 감정인을 선임할 수 있다. 관리인은 조사를 함에 있어 법원의 허가를 받아 집행관의 원조를 요구 할 수도 있다.

우편물의 관리 및 그 해제(제80조)

1. 운송물에 대한 촉탁

법원은 체신관서·운송인 그 밖의 자에 대하여 채무자에게 보내오는 우편물·전보 그 밖의 운송물을 관리인에게 배달할 것을 촉탁할 수 있다. 관리인은 그가 받은 채무자에게 보내오는 우편물·전보 그 밖의 운송물을 열어볼 수 있다. 채무자는 자신에게 보내진 우편물·전보 그 밖의 운송물의 열람을 요구할 수 있으며, 채무자의 재산과 관련이 없는 것의 교부를 요구할 수 있다.

2. 법원에 의한 등기의 촉탁의 취소 또는 변경

법원은 채무자의 청구에 의하거나 직권으로 관리인의 의견을 들어 채무자의 우편물, 전보 그 밖의 운송물이 관리인에게 배달되는 것에 대한 등기의 촉탁을 취소 또는 변경할 수 있다.

3. 회생절차가 종료한 경우

회생절차가 종료한 때에는 법원은 채무자의 우편물을 관리인에게 배달되도록 한 등기의 촉탁을 취소하여야 한다.

관리인에 대한 감독(제81조)

1. 관리인에 대한 감독

관리인은 법원의 관리를 받으며, 법원은 관리인에게 그 선임을 증명하는 서면을 교부한다. 관리인은 그 직무를 수행하는 경우 이해관계인의 요구가 있는 때에는 선임을 증명하는 서면을 제시한다.

2. 선임증 교부시기

개시결정일시에 관리인을 소환하여 구두로 그 취지를 고지한 후 교부

3. 유의사항

선임증을 수여할 때에는 채무자 영업의 주요 간부가 있는 경우 그들을 참석하게 하여 관리인의 법적 지위를 이해하고 체감하도록 하는 것이 바람직하다.

관리인의 의무 등(제82조)

1. 관리인의 의무

관리인에게 선량한 관리자의 의무를 부과하여 채무자의 영업과 사업에 대한 관리행위를 방만하게 진행하지 않도록 하였다.

2. 연대 손해배상 책임

선량한 관리자의 주의의무를 위반하는 경우 이해관계인들의 손해배상청구권을 인정하여 이해관계인들의 불측의 피해를 방지하고자 하였다. 또한 다수의 관리인이 있을 경우 연대하여 손해를 배상할 책임을 부여한다.

관련 질의응답　　　Q & A

불법행위 성립 후의 감사가 잘못된 경우 감사자의 불법행위책임 여부

문) 甲은 乙새마을금고의 회원인바, 乙새마을금고의 이사장 丙이 금고의 자금을 친척들에게 불법적으로 대출하는 등 부실하게 운용하여 乙새마을금고는 파산지경이다. 그런데 이것은 새마을금고연합회에서 지도·감독의무를 소홀히 한 탓도 있다고 생각되는바, 새마을금고연합회에 배상청구를 할 수는 없는지?

답) 연합회의 지도·감독에 관하여 새마을금고법 제61조에 의하면 "①회장은 이 법과 이 법에 의한 명령 또는 정관이 정하는 바에 의하여 금고를 지도·감독하며 이에 필요한 규정의 제정과 지시를 할 수 있다. ②회장은 제1항의 직무를 수행하기 위하여 필요하다고 인정할 때에는 그 소속직원으로 하여금 금고를 검사하게 할 수 있다. ③회장은 금고가 그 업무를 집행함에 있어서 이 법과 이 법에 의한 명령 또는 정관에 위반된다고 인정될 때에는 당해 금고에 대하여 그 시정을 명할 수 있다. ④회장은 금고의 재산상의 손실이 과중하여 제3항의 규정에 의한 시정명령으로 그 시정이 곤란하다고 인정될 때에는 관계 임원의 개선 또는 직무의 정지를 명할 수 있다. ⑤회장은 금고가 제3항의 명령에 복종하지 아니할 때에는 기간을 정하여 업무의 전부 또는 일부를 정지시키거나 관계 임원의 개선 또는 직무의 정지를 명할 수 있다. ⑥회장은 금고의 경영상태를 평가하고 그 결과에 따라 당해 금고에 대하여 경영개선요구·합병권고 등 필요한 조치를 요구할 수 있다."라고 규정하고 있다.

그러므로 위와 같은 새마을금고연합회의 지도·감독권을 소홀히 한 책임을 물을 수 있는지 문제된다.

그런데 이에 관하여 판례를 보면, "새마을금고법 제46조, 제54조, 제61조 소정의 새마을금고연합회의 지도·감독의무는 추상적, 일반적 지도·감독의무라 할 것이어서 이를 근거로 연합회가 새마을금고나 그 직원을 구체적·실질적으로 지휘·감독하고 있다고 할 수 없고, 따라서 새마을금고 직원의 불법행위에 대하여 연합회가 사용자 내지 그에 갈음한 감독자로서 손해배상책임을 진다고 할 수 없다."라고 하면서, "불법행위가 성립한 이후의 감사가 잘못되었다고 하여 새마을금고연합회가 불법행위의 책임을 부담할 것은 아니다."라고 하였다(대법원 1998. 1. 23. 선고 97다39490 판결).

따라서 위 사안의 경우 甲 등의 회원이 새마을금고연합회가 乙새마을금고의 업무지도·감독을 잘못하여 회원들에게 손해를 끼쳤다는 이유로 손해배상을 청구하기는 어려울 것으로 보인다.

관리인의 사임 및 해임(제83조)

1. 관리인은 법원의 허가를 받아 사임할 수 있고, 법원도 중요한 사유가 있는 때에는 관리인을 해임할 수 있다.

   관리인의 해임사유는 다음과 같다.

   (1) 관리인으로 선임된 후 그 관리인에게 제74조 제2항 제1호(채무자의 재정적 파탄의 원인이 다음 각목의 어느 하나에 해당하는 자가 행한 재산의 유용 또는 은닉이나 그에게 중대한 책임이 있는 부실경영에 기인하는 때가 발견된 때) 사유

(2) 관리인이 선관주의의무의 규정에 의한 의무를 위반한 때

(3) 관리인이 경영능력이 부족한 때

(4) 그 밖에 상당한 이유가 있는 때

2. 즉시항고

관리인의 해임결정이 있는 경우에는 즉시항고를 할 수 있다.

3. 집행정지의 효력 유무

즉시항고는 집행정지의 효력이 없다.

4. 적용 배제

관리인의 해임결정이 있는 경우 새로운 관리인을 선임하는 경우 예외적 사유가 아닌한 개인인 채무자나 개인이 아닌 채무자의 대표자를 관리인으로 선임하여야 한다는 규정은 적용하지 않는다.

임무종료의 경우의 보고의무 등(제84조)

1. 계산의 보고

관리인의 임무가 종료한 경우에는 관리인 또는 그 승계인은 지체 없이 법원에 계산의 보고를 하여야 한다.

2. 승계인의 의미

여기에서의 "승계인"이란 다음을 의미한다.

(1) 관리인이 사망한 경우의 그 상속인

(2) 흡수합병으로 소멸한 경우에는 합병 후 존속회사 또는 신설회사

"승계인"의 의미를 잘못 해석하여 후임 관리인 명의로 계산의 보고서를 제출하려 해서는 안된다.

3. 보고의 내용

보고의 내용은 수입, 지출 계산서 등 관리인의 업무 전반을 파악할 수 있는 내용 및 관리인의 사무 인계에 필요한 중요사항 등을 가리킨다. 관리인의 직을 마치는 관리인에게는 미리 이러한 계산의 보고의무가 있음을 알려 후임 관리인과 사이에 정확하고도 원활한 수지계산 및 업무 인수, 인계가 이루어 지도록 하여야 한다.

제2절 보전관리인

보전관리인의 권한(제85조)

1. 관리명령의 효과

관리명령이 내려지면 채무자의 사업의 경영 및 재산의 관리처분권한은 보전관리인에게 속하게 된다. 보전관리인이 채무자의 경영과 관리처분권을 가지는 것은 채무자의 의사결정기관, 대표기관으로서의 권한에 의한 것은 아니므로 이사회나 주주총회의 결의를 요할 사항에 관하여도 그러한 의결을 필요로 하지 않는다.

2. 채무자를 비롯한 종래의 이사, 감사

관리명령이 내려지면 채무자를 비롯한 종래의 이사, 감사 등은 관리처분권한을 잃게 되고, 주주총회나 이사회를 소집하거나 개최하는 등의 권한만을 갖게 된다.

관리인에 관한 규정 등의 준용(제86조)

1. 관리인에 대한 규정을 보전관리인에도 준용하여 적용한다.

(1) 제61조 - 법원의 허가를 받아야 하는 행위
(2) 제74조 - 관리인의 선임

(3) 제75조 - 여럿인 관리인의 직무집행

(4) 제78조 - 당사자적격

(5) 제84조 - 임무종료의 경우의 보고의무 등

(6) 제89조 - 채무자의 업무와 재산의 관리

2. 보전관리 명령의 유무에 따른 구분

(1) 보전관리명령이 있는 경우

(가) 회생절차개시결정이 있는 때

채무자의 재산에 관한 소송절차는 중단된다.

(나) 중단된 소송절차의 수계

중단한 소송절차 중 회생채권 또는 회생담보권과 관계없는 것은 관리인 또는 상대방이 이를 수계할 수 있다. 이 경우 채무자에 대한 소송비용청구권은 공익채권으로 한다.

(2) 보전관리명령이 효력을 상실한 경우

(가) 회생채권 또는 회생담보권과 관계없는 소송절차 중에 관리인 또는 상대방의 수계가 있기 전에 회생절차가 종료한 때

채무자는 당연히 소송절차를 수계한다.

(나) 회생채권 또는 회생담보권과 관계없는 소송절차 중에 관리인 또는 상대방의 수계가 있은 후에 회생절차가 종료한 때

소송절차는 중단된다. 이 경우 채무자는 소송절차를 수계해야 한다.

(3) 보전관리명령이 행정청에 계속되어 있는 경우

(가) 회생절차개시결정이 있는 때

채무자의 재산에 관한 소송절차는 중단된다.

(나) 회생채권 또는 회생담보권과 관계없는 소송절차 중에 관리인 또는 상대방의 수계가 있은 후에 보전관리명령이 효력을 상실한 때

소송절차는 중단된다. 이 경우 채무자는 소송절차를 수계해야 한다.

보전관리명령이 있는 경우	
회생절차개시결정이 있는 때	채무자의 재산에 관한 소송절차는 중단된다.
중단한 소송절차 중 회생채권 또는 회생담보권과 관계없는 것	관리인 또는 상대방이 이를 수계할 수 있다.
보전관리명령이 효력을 상실한 경우 회생채권 또는 회생담보권과 관계없는 소송절차 중의 경우	
관리인 또는 상대방의 수계가 있기 '전'에 회생절차가 종료한 때	채무자가 소송절차를 수계한다
관리인 또는 상대방의 수계가 있은 '후'에 회생절차가 종료한 때	소송절차는 중단되며 채무자는 소송절차를 수계한다.
보전관리명령이 행정청에 계속되어 있는 경우	
회생절차 개시결정이 있는 때	채무자의 재산에 관한 소송절차는 중단된다
회생채권 또는 회생담보권과 관계없는 소송절차 중에 관리인 또는 상대방의 수계가 있은 후에 보전관리명령이 효력을 상실한 때	소송절차는 중단되며 채무자는 소송절차를 수계한다.

제3절 조사위원

조사위원(제87조)

1. 조사위원제도의 의의

조사위원의 선임이 필수적 사항은 아니다. 그러나 재무, 경영분석, 청산가치와 존속가치의 산정, 수행가능한 채무변제계획의 제시 등의 지극히 전문적인 분야는 고도의 회계, 경영, 경제지식과 판단능력이 요구되는 것으로서, 실무에서는 거의 예외 없이 조사위원을 선임하고 있는 실정이다.

2. 조사위원의 경제성에 대한 판단

조사위원의 경제성에 대한 판단은 법원의 회생절차의 계속 진행여부에 대한 판단에 있어서 지대한 영향을 미치고, 조사위원이 제출하는 조사보고서상 장래 달성 가능할 것으로 평가된 사업계획이나 채무변제계획이 향후 관리인이 작성하는 회생계획안의 기초를 이루게 된다. 따라서 회생절차의 성공적인 수행 여부는 결과적으로 최초 조사위원의 경제성 판단중에서 특히 향후 사업계획에 대한 예측이 얼마나 정확하였느냐에 따라 대단히 큰 영향을 받게 된다. 그러므로 법원은 객관적이고 능력 있는 조사위원을 선임하여 조사하도록 꾸준히 노력하여야 한다.

3. 조사위원의 자격 및 선임

조사위원의 선임은 조사에 필요한 학식과 경험이 있는 자로서 이해관계가 없는 자 중에서 선임하여야 한다. 따라서 회생채무자의 회사의 주주인 자, 회생채무자에 대하여 채권을 가지고 있는 자, 최근에 회생채무자의 회사를 외부회계감사 또는 경영컨설팅을 한 적이 있는 자는 공정한 조사를 위해서 배제하는 것이 바람직하다. 대법원 송무예규(송민 92-5)는 조사가 필요한 사항이 고도의 경제적, 경영적 지식과 판단능력이 요구되는 경우에는 공인회계사, 회계법인이나 신용평가기관을 직접 선임하되, 특히 법률적 검토가 필요한 경우에는 변호사를 공동으로 선임할 수 있도록 하고 있다.

회사가 중소기업기본법 제2조 제1항에 규정된 중소기업인 경우에는 관리위원을 조사위원으로 선임할 수 있다.

4. 조사위원의 조사내용

법원은 조사위원을 선임한 경우에는 기간을 정하여 조사위원에게 제90조, 제92조에 규정된 사항의 전부 또는 일부를 조사하게 하고, 회생절차를 계속 진행함이 적정한지의 여부에 관한 의견서를 제출하게 할 수 있다. 법원은 필요하다고 인정하는 때에는 조사위원에게 제3항의 규정에 의한 사항 외의 사항을 조사하여 보고하게 할 수 있다.

대법원 송무예규는 조사위원의 위 법 제90조 내지 제92조에 규정된 사항 이외의 조사내용으로 회사의 부채액에 산입되지 아니하는 회사의 제3자에 대한 보증채무의 금액, 내용 및 보증책임의 발생가능성, 회사의 이사나 이에 준하는 자 또는 지배인의 중대한 책임이 있는 행위로 인하여 회생절차개시의 원인이 발생하였는지 아닌지 및 위와 같은 이사 등의 중대한 책임이 있는 행위에 상당한 영향력을 행사한 주주 및 친족 기타 특수관계에 있는 주주의 범위를 열거하고 있다. 실무에서는 법원이 조사위원에게 위 예규에 열거된 사항의 조사를 명하지 않더라도 조사위원이 그 사항까지 포함된 조사결과를 제출하는 것이 관행이다.

5. 조사보고서의 제출기간

조사보고서의 제출기한에 관한 특별한 법문상 규정은 없으나, 실무에서는 보통 절차의 신속, 조사 대상 채무자의 규모, 조사의 난이도, 지정된 제1회 관계인집회의 기일등을 고려하여 통상 2개월 전후의 범위 내에서 조사보고서를 제출하도록 결정하고 있다.

6. 조사위원의 책무와 권한

(1) 조사 및 조사보고서 제출

조사위원의 주요 임무는 법원의 명에 따라 일정한 기간 내에 제90조, 제92조에 규정된 사항의 전부 또는 일부를 조사하고, 회생절차를 계속 진행함이 적정한지의 여부에 관한 의견서를 제출하는 것이다. 조사위원이 작성 제출한 의견서는 이해관계인으로 하여금 열람하게 하기 위하여 법원에 비치하고 채권자협의회에 1부를 송부하여야 하는데, 이를 위하여 조사위원에게 조사보고서를 약10부 정도 제출하도록 하는 것이 일반적이다. 제1회 관계인집회에서 법원은 조사위원으로부터 회생절차를 계속 진행함이 적정한지의 여부에 관한 의견을 들어야 하므로 제1회 관계인집회에 출석하여 위 사항에 관한 의견을 제시하여야 한다. 법원은 회생절차개시 후 채무자에 자금을 대여하려는 자가 채무자의 업무 및 자산·부채, 그 밖의 재산상태에 관한 자료를 요청하는 경우 그 자금 차입이 채무자의 사업을 계속하는 데에 필요하고 자료 요청에 상당한 이유가 있다고 인정하는 때에는 조사위원에게 그 요청과 관련한 사항을 조사하여 보고하게 한 후 조사결과의 전부 또는 일부를 자금차입에 필요한 범위에서 자료요청자에게 제공할 수 있다.

(2) 보고요구, 감사권

조사위원은 개인인 채무자나 그 법정대리인, 개인이 아닌 채무자의 이사, 감사, 청산인 및 이에 준하는 자, 채무자의 지배인 또는 피용자에 대하여 채무자의 업무와 재산의 상태에 관하여 보고를 요구하며 채무자의 장부, 서류, 금전 기타의 물건을 검사할 수 있다.

(3) 선관주의의무

조사위원은 선량한 관리자의 주의로써 그 직무를 집행하여야 한다. 조사위원이 그 주의를 해태함으로써 손해가 발생한 경우에는 그 조사위원은 이해관계인에 대하여 연대하여 손해를 배상할 책임이 있다. 법원은 상당한 이유가 있다고 인정되는 경우에는 이해관계인의 신청에 의하여 또는 직권으로 해임할 수 있다. 이 경우에는 그 조사위원을 심문하여야 한다.

7. 조사위원의 보수결정

조사위원의 보수에 관하여 대법원 송무예규는 조사위원의 기본보수는 조사의 내용, 조사기간, 조사의 난이도, 조사의 성실성 등을 고려하여 상당한 범위 내에서 가감할 수 있으며, 관리위원을 중소기업 조사위원으로 선임한 경우의 조사위원 보수는 앞서의 기준에 의하여 산정된 금액에서 적절히 감액하여 정하도록 하고, 조사를 위하여 한국감정원 등 외부기관의 감정이 필요한 경우 또는 기타 이에 준하는 경우에는 그에 소요된 비용을 별도로 지급할 수 있도록 규정하고 있다.

【서식】 조사위원 보수 기준표

조사위원 보수 기준표

조사 당시의 자산 총액	기본 보수
50억원 미만	700만원
50억원 이상 80억원 미만	1,000만원
80억원 이상 120억원 미만	1,500만원
120억원 이상 200억원 미만	1,800만원
200억원 이상 300억원 미만	2,200만원
300억원 이상 500억원 미만	2,500만원
500억원 이상 1,000억원 미만	2,800만원
1,000억원 이상 3,000억원 미만	3,200만원
3,000억원 이상 5,000억원 미만	4,500만원
5,000억원 이상 7,000억원 미만	5,500만원
7,000억원 이상 1조원 미만	6,000만원
1조원 이상 2조원 미만	6,800만원
2조원 이상	7,600만원 이상 (1조원당 800만원씩 추가)

【서식】조사위원 선임에 관한 의견조회서

서울회생법원
제201파산부

(06594) 서초구 서초동 서초중앙로 157 / 전화 02)530-1114 / 주심 : ○○○ 판사

시행일자	20○○. ○. ○.
수　신	서울회생법원 관리위원회
참　조	주무 관리위원 ○○○
제　목	조사위원 선임에 대한 의견조회

1. ○○주식회사에 대한 이 법원 20○○회○○호 회사정리 사건과 관련된 내용입니다.
2. 채무자회생및파산에관한법률 제87조, 회사정리등규칙 제13조 제4호에 의하여 조사위원으로 ○○회계법인(또는 ○○신용평가 주식회사)을 선임함에 대한 의견을 조회하오니 회신하여 주시기 바랍니다.

재판장 판사　○　　○　　○

의 견 서

서울회생법원 제201파산부 귀중

의 견 :

20○○. ○. ○.

서울회생법원 관리위원회 위원장 ○　○　○

【서식】 조사위원 선임결정

서울회생법원
제201파산부
결   정

사 건	20○○회○○ 회사정리
정리회사	○○ 주식회사
	○○시 ○○구 ○○동 ○○○
관 리 인	○ ○ ○

주   문

1. ○○회계법인(대표이사 : ○○○, 본점 : ○○시 ○○구 ○○동 ○○○)을 정리회사의 조사위원으로 선임한다.
2. 조사위원은 채무자회생및파산에관한법률 제90조 내지 제92조 소정의 사항에 관한 의견을 붙인 조사결과를 20○○. ○. ○.까지 이 법원에 제출하여야 한다.

이   유

채무자회생및파산에관한법률 제87조에 의하여 주문과 같이 결정한다.

20○○. ○. ○.

재판장 판사   ○ ○ ○
판사   ○ ○ ○
판사   ○ ○ ○

관리인에 관한 규정의 준용(제88조)

관리인의 검사, 관리인에 대한 감독, 관리인은 정당한 사유가 있는 때에는 법원의 허가를 얻어 사임할 수 있다는 규정을 조사위원에 준용한다.

제 3 장
채무자재산의 조사 및 확보

제1절 채무자의 재산상황의 조사

채무자의 업무와 재산의 관리(제89조)

관리인은 취임 후 즉시 그의 기본적인 의무로서 회사의 업무와 재산의 관리에 착수하여야 한다.

재산가액의 평가(제90조)

관리인 회생절차개시 후 지체 없이 채무자에게 속하는 모든 재산의 가액을 평가하여야 한다. 또한 지체될 우려가 있는 경우를 제외하고는 채무자도 참여하여야 한다.

재산목록과 대차대조표의 작성(제91조)

1. 재산의 가액평가와 대차대조표의 작성

관리인은 회생절차개시 후 지체 없이 채무자에 속하는 모든 재산의 가액을 평가하여야 하고, 개시결정시의 재산목록과 대차대조표를 작성하여 이를 법원에 제출하여야 한다.

2. 실무에서의 처리

실무에서는 개시결정시에 위와 같은 서류의 제출기간을 정하고 있는데, 일반적으로 조사위원의 조사보고서 제출기간과 같은 기간으로 정하고 있다.

관리인의 조사보고(제92조)

조사보고서에 기재해야 할 내용

채무자가 회생절차의 개시에 이르게 된 사정, 채무자의 업무 및 재산에 관한 사항, 법인의 이사 등의 재산에 대한 보전처분 또는 이사 등에 대한 출자이행청구권이나 이사 등의 책임에 기한 손해배상청구권의 존부와 그 내용을 조사 확정하는 재판을 필요로 하는 사정의 유무, 그 밖에 채무자의 회생에 관하여 필요한 사항을 조사보고서에 기재하여야 한다.

그 밖의 보고 등(제93조)

1. 기타 법원이 명하는 사항에 대한 보고

관리인은 법원이 정하는 바에 따라 그 업무와 재산의 관리상태 기타 법원이 명하는 사항을 법원에 보고하여야 할 의무가 있다.

2. 법원이 정하는 주요서류의 제출

한편 관리인은 법원에 대한 보고서류 중 법원이 정하는 주요서류를 채권자협의회에 분기별로 제출하도록 되어 있다.

3. 실무에서의 처리

실무상 위와 같이 법원이 지정을 한 사례가 거의 없었다. 따라서 최근 실무는 채권자협의회의 활성화를 위하여 법원의 허가상황과 위임사항에 관한 결정에 매 3개월째 보고서(분기보고서를)를 채권자협의회에 제출하도록 명하고 있다.

【서식】 법원의 허가사항과 위임사항에 관한 결정

서울회생법원
제201파산부
결   정

사 건	20○○회○○	회사정리
정리회사	○○ 주식회사	
	○○시 ○○구 ○○동 ○○○	
관 리 인	○ ○ ○	

주   문

1. 관리인이 다음의 각 행위를 함에는 이 법원의 허가를 얻어야 한다.

   가. 부동산·자동차·중기·특허권 등 등기 또는 등록의 대상이 되는 일체의 재산에 대한 소유권의 양도, 담보권·임차권의 설정 기타 일체의 처분행위.

   나. 등기·등록의 대상이 되지 아니하는 시가 금 1,000만원 이상의 재산에 대한 소유권의 양도, 담보권·임차권의 설정 기타 일체의 처분행위. 다만 계속적이고 정상적인 영업활동에 해당하는 상품, 제품, 원재료 등의 처분행위는 예외로 한다. 그러나 단서에서 제외된 처분행위에 관하여도 매월(월간보고서)마다 그 거래 내역을 보고해야 한다.

   다. 금 1,000만원 이상의 재산의 양수.

   라. 항목당 금 1,000만원을 초과하는 금원지출. 다만, 정리담보권 및 정리채권에 대한 변제는 1,000만원 미만의 금원지출도 포함하고, 반면 국세, 지방세, 전기료, 수도료, 가스료, 전화료, 국민연금, 장애인고용분담금, 직업훈련분담금, 개발부담금 등 제세공과금과 의료보험료, 고용보험료, 산재보험료 중 공익채권에 해당하는 금원지출은 제외한다. 그러나 단서에서 제외된 금원지출에 관하여도 매월(월간보고서)마다 그 지출상황을 보고하여야 한다.

마. 금 1,000만원을 초과하는 금원의 지출이 예상되는 증여, 매매, 교환, 소비대차, 임대차, 고용, 도급, 위임, 임치 등 계약의 체결 또는 의무부담행위.

바. 명목이나 방법 여하를 막론한 차재.

사. 어음·수표계좌의 설정. 어음·수표용지의 수령 및 발행행위.

아. 채무자회생및파산에관한법률 제119조의 규정에 의한 계약의 해제 또는 해지.

자. 소의 제기, 소송대리인의 선임, 화해 기타 일체의 소송행위. 다만, 미수 채권회수를 위하여 채무자의 물건 및 채권에 대하여 하는 가압류·가처분 신청행위는 제외하되, 다만 매 3개월(분기보고서)마다 그 가압류·가처분 상황을 법원에 보고하여야 한다.

차. 과장급 이상의 인사 및 보수결정.

카. 권리의 포기.

타. 정리담보권, 정리채권 등에 대한 시인·부인 및 이의의 철회.

파. 공익채권과 환취권의 승인.

하. 관리인의 자기 또는 제3자를 위한 정리회사와의 거래.

거. 경영상 이유에 의한 근로자의 해고.

너. 자본의 감소, 신주나 사채의 발행, 합병, 해산, 회사의 조직변경이나 계속 또는 이익이나 이자의 배당 기타 회사의 상무에 속하지 아니하는 행위.

2. 관리인이 이 법원의 허가를 얻어야 할 수 있는 위 각 목의 행위 중 '다'목 내지 '차'목에 대한 허가사무를 이 법원 관리위원회 소속 관리위원에게 위임한다. 다만 아래의 행위에 대한 허가사무는 위임하지 아니한다.

가. "다"목 중 제3자의 영업의 양수.

나. "라"목 중 정리담보권 및 정리채권의 변제.

다. "조"목 중 소의 취하, 화해, 청구의 포기·인낙, 소송탈퇴.

라. "차"목 중 임원의 인사 및 보수결정.

3. 관리위원은 허가위임사무의 처리결과를 매월 이 법원에 보고하여야 한다.

4. 채무자회생및파산에관한법률 제91조의 규정에 의한 재산목록과 대차대조표의 제출기간, 제92조의 규정에 의한 조사보고서의 제출기간을 각 20○○. ○. ○. 까지로 한다.

5. 관리인은 정리절차 개시결정일로부터 매월 정리회사의 업무 및 재산의 관리 상태 기타 부수사항에 관한 보고서(월간보고서)를 작성하여 다음 달 20.까지 이 법원에 제출하여야 한다. 다만 매 3개월째의 보고서(분기보고서)에는 대차대조표 및 손익계산서 등본을 첨부하여야 하고, 위 분기보고서는 채권자협의회에도 제출해야 한다.

6. 관리인은 정리절차 개시결정일로부터 매년 정리회사의 결산보고서를 작성하여 회계연도 종료 후 3월 이내에 이 법원에 제출하여야 한다.

이　유

채무자회생및파산에관한법률 제18조, 제61조, 제91조, 제92조, 제93조, 회사정리규칙 제24조, 제25조에 의하여 주문과 같이 결정한다.

20○○. ○. ○. 09:30

재판장 판사　○　○　○
판사　○　○　○
판사　○　○　○

영업용 고정재산의 평가(제94조)

관리인이 채무자의 재산목록 및 대차대조표를 작성하는 때에는 일반적으로 공정·타당하다고 인정되는 회계관행에 따라야 한다. 일반적으로 인정되는 회계관행을 따라야 한다는 것은 기본적으로 기업회계기준서를 의미한다.

서류의 비치(제95조)

조사위원이 작성 제출한 의견서는 이해관계인으로 하여금 열람하게 하기 위하여 법원에 비치하여야 한다.

영업의 휴지(제96조)

채무자의 영업의 존속가치보다 청산가치가 더 클 경우에는 관리인은 법원의 허가를 얻어 그 영업을 휴지시킬 수 있다.

재산의 보관방법 등(제97조)

법원은 금전을 비롯한 기타 재산의 보관방법과 금전의 수입과 지출에 있어서의 사용범위나 방법 그리고 목적의 제한에 관하여 필요한 사항을 정할 수 있다.

관리인 보고를 위한 관계인집회(제98조)

1. 관계인집회 소집

법원은 필요하다고 인정하는 경우 관리인으로 하여금 제92조제1항 각 호에 규정된 사항에 관하여 보고하게 하기 위한 관계인집회를 소집할 수 있다. 이 경우 관리인은 제92조제1항 각 호에 규정된 사항의 요지를 관계인집회에 보고하여야 한다.

법 제92조의 사항이란 다음과 같다

1) 채무자가 회생절차의 개시에 이르게 된 사정

2) 채무자의 업무 및 재산에 관한 사항

3) 제114조제1항의 규정에 의한 보전처분 또는 제115조제1항의 규정에 의한 조사확정재판을 필요로 하는 사정의 유무

4) 그 밖에 채무자의 회생에 관하여 필요한 사항

2. 관계인집회를 소집하게 할 필요성이 인정되지 아니하는 경우

법원은 관계인집회를 소집하게 할 필요성이 인정되지 아니하는 경우에는 관리인에 대하여 다음 각 호 중 하나 이상의 조치를 취할 것을 명하여야 한다. 이 경우 관리인은 해당 조치를 취한 후 지체 없이 그 결과를 법원에 보고하여야 한다.

1. 회생계획 심리를 위한 관계인집회의 개최 또는 제240조제1항에 따른 서면결의에 부치는 결정 전에 법원이 인정하는 방법으로 제92조제1항 각 호에 규정된 사항의 요지를 제182조제1항 각 호의 자에게 통지할 것

2. 제98조의2제2항에 따른 관계인설명회의 개최

3. 그 밖에 법원이 필요하다고 인정하는 적절한 조치

3. 관리인의 의무

관리인은 2. 각 호에 따른 조치를 취하는 경우에는 제182조제1항 각 호의 자에게 제92조제1항 각 호에 규정된 사항에 관한 의견을 법원에 서면으로 제출할 수 있다는 뜻을 통지하여야 한다.

관계인설명회(제98조의2)

1. 관계인설명회 개최

채무자(보전관리인이 선임되어 있는 경우에는 보전관리인을 포함한다. 이하 이 조에서 같다)는 회생절차의 개시 전에 회생채권자·회생담보권자·주주에게 다음 각 호의 사항에 관하여 설명하기 위하여 관계인설명회를 개최할 수 있다.

1. 채무자의 업무 및 재산에 관한 현황

  2. 회생절차의 진행 현황
  3. 그 밖에 채무자의 회생에 필요한 사항

2. 관리인의 관계인설명회 개최

관리인은 회생절차의 개시 후에 제182조제1항 각 호의 자에게 제92조제1항 각 호에 규정된 사항에 관하여 설명하기 위하여 관계인설명회를 개최할 수 있다.

　※ 제182조제1항 각 호의 자
 1. 관리인
 2. 조사위원·간이조사위원
 3. 채무자
 4. 목록에 기재되어 있거나 신고한 회생채권자·회생담보권자·주주·지분 권자
 5. 회생을 위하여 채무를 부담하거나 담보를 제공한 자가 있는 때에는 그 자
　※ 제92조제1항 각 호에 규정된 사항
 1. 채무자가 회생절차의 개시에 이르게 된 사정
 2. 채무자의 업무 및 재산에 관한 사항
 3. 제114조제1항의 규정에 의한 보전처분 또는 제115조제1항의 규정에 의한 조사확정재판을 필요로 하는 사정의 유무
 4. 그 밖에 채무자의 회생에 관하여 필요한 사항

3. 법원에 보고

③ 채무자 또는 관리인은 제1항 또는 제2항의 관계인설명회를 개최한 경우에는 그 결과의 요지를 지체 없이 법원에 보고하여야 한다.

【서식】 정리절차 개시결정

서울회생법원
제201파산부
결 정

사 건 　　　20○○회○○　　　　　　회사정리
신청인겸 사건본인
　　　　　　○○ 주식회사
　　　　　　○○시 ○○구 ○○동 ○○○
　　　　　　대표이사 ○ ○ ○
　　　　　　대리인 법무법인 ○○
　　　　　　담당변호사 　○○○, ○○○, ○○○, ○○○

주 문

1. 사건본인회사에 대하여 회사정리절차를 개시한다.
2. ○○○(○○○, 주민등록번호 : ○○○○○○-○○○○○○○, 주소 : ○○
   시 ○○구 ○○동 ○○○)을 사건본인회사의 관리인으로 선임한다.
3. 관리인 ○○○의 임기를 정리계획 인가결정일까지로 한다.
4. 정리채권, 정리담보권 및 주식의 신고기간을 20○○. ○. ○.까지로 한다.
5. 제1회 관계인집회 및 정리채권·정리담보권 조사의 기일 및 장소를 20○○.
   ○. ○. 15:00 서울회생법원 제○○○호 법정으로 한다.

이 유

1. 인정사실
   이 사건 기록에 의하면 다음 사실을 인정할 수 있다.

(1) 사건본인회사는 1930. 11. 15.경 조선미곡창고 주식회사로 설립되어 1963. 2. 1. 현재의 상호로 변경한 이래 지금까지 육상운송업, 해상운송업, 택배업, 유통업 등을 영위하여 오고 있다.

(2) 사건본인회사는 상장법인으로서 수회의 증자를 통하여 현재 발생주식수는 3,440만주(납입자본금 1,720억원)이며, 20○○. ○. ○. 현재 ○○○이 1,162,090주(3.38%), ○○주식회사가 660,914주(1.92%), 우리사주조합이 3,719,213주(10.81%), 자사주펀드가 330,772주(0.96%)를 보유하고 있고, 나머지 주식들은 일반 주주들이 보유하고 있다.

(3) 사건본인회사는 1998년도에 약 889억원 정도의 손실을 보았으나, 1999년도에는 약 140억원의 순이익을 실현하였고 2000년도에도 순이익이 예상되는 상태이다. 또한 사건본인회사는 20○○. ○. 현재 자산이 약 1조 2,227억원이고, 뒤에 보는 보증채무금 약 7,900억원 정도를 제외한 부채가 약 6,539억원이라는 재산상태를 제시하고 있다.

(4) 그러나 사건본인회사는 1966년경에 ○○그룹에 편입된 이래 1988. 5.경 ○○주식회사가 기업개선작업 대상기업으로 선정되면서 그 유효여부를 다투고 있는 연대보증을 하게 되었는데, 20○○. ○. ○. 현재 그 보증채무액이 7,900억원 정도에 이르게 되었다.

(5) 그런데 ○○ 주식회사의 채권자들은 20○○. ○.경 ○○주식회사가 기업개선작업 대상기업에서 제외됨에 따라 사건본인회사에 대하여 보증채무의 이행을 청구하면서 사건본인회사의 견질어음을 일시에 교환에 회부하였다. 유동자금에 여력이 없던 사건본인회사는 결국 20○○. ○. ○. 100억원, 다음날 100억원 합계 200억원의 어음금을 결제하지 못하고 최종적으로 부도를 내게 되었다.

2. 판단

위 인정사실에 의하면, 사건본인회사는 사업에 현저한 지장을 초래하지 아니하고는 변제기의 채무를 갚을 수 없는 상태에 처해 있어 채무자회생및파산에관한법률 제34조 제1항이 정한 회사정리절차 개시사유가 있다고 판단되고, 달리 채무자회생및파산에관한법률 제42조 각 호의 회사정리절차 개시신청의 기각사유도 엿보이지 아니한다.

　그렇다면 이 사건 신청은 이유 있으므로 사건본인회사에 대하여 회사정리절차를 개시하기로 하고, 채권자협의회, 관리위원회의 의견을 참작하여 ○○○을 임기를 정하여 관리인으로 선임하기로 하며, 정리채권, 정리담보권 및 주식의 신고기간과 제1회 관계인집회기일 및 정리채권·정리담보권 조사기일의 기일에 관하여는 채무자회생및파산에관한법률 제50조에 의하여 주문과 같이 결정한다.

　　　　　　　2○○○. ○. ○. 09:30

　　　　　　　　　　　　재판장 판사　○　○　○
　　　　　　　　　　　　　　판사　○　○　○
　　　　　　　　　　　　　　판사　○　○　○

【서식】 개시결정 공고

○○주식회사 회사정리절차 개시결정 및 관계인집회 공고

사　건　　　20○○회○○　　　　회사정리
정리회사　　○○ 주식회사
　　　　　　○○시 ○○구 ○○동 ○○○

다　　음

1. 회사정리절차개시 결정일시 : 20○○. ○. ○. 09:30
2. 관리인 : ○○○(○○○, 주민등록번호 : ○○○○○○-○○○○○○○, 주
　　소 : ○○시 ○○구 ○○동 ○○○)
3. 권리신고기간과 장소
　　① 권리신고기간 : 20○○. ○. ○. 까지
　　② 권리신고장소 : 서울회생법원 파산과(제○○○호실)
4. 제1회 관계인집회와 채권조사기일의 일시 및 장소
　　① 제1회 관계인집회 및 채권조사기일 : 20○○. ○. ○. 15:00
　　② 제1회 관계인집회 및 채권조사기일의 장소 : 서울회생법원 제○○○호 법
　　　정
　　③ 제1회 관계인집회의 목적사항 : 관리인의 보고와 이해관계인의 의견진술
5. 유의사항
　　① 위 신고기간내에 권리신고가 없으면 실권될 수 있습니다.
　　② 위 회사의 채무자와 위 회사 재산의 소지자는 위 회사 대표이사에게 채무
　　　를 변제하거나 그 재산을 교부하여서는 아니되며, 채무를 부담하는 사실
　　　또는 그 재산을 소지하는 사실을 20○○. ○. ○.까지 관리인에게 신고하
　　　여야 합니다.

20○○. ○. ○.

서울중회생법원 제201파산부

재판장 판사 ○ ○ ○

판사 ○ ○ ○

판사 ○ ○ ○

【서식】 감독행정청 등에 대한 개시결정의 통지

서울회생법원
제201파산부
결   정

수 　　신　　　수신처 참조
사 　　건　　　20○○회○○　　　　　　회사정리
정리회사　　　○○ 주식회사(본점 : ○○시 ○○구 ○○동 ○○○)
관 리 인　　　○　○　○

　위 사건에 관하여 이 법원은 20○○. ○. ○. 09:30 회사정리절차 개시결정을 하였으므로 채무자회생및파산에관한법률 제51조 제1항, 제52조의 규정에 의하여 다음 사항을 통지합니다.

1. 정리절차개시결정의 주문
　가. 사건본인 ○○ 주식회사의 대하여 회사정리절차를 개시한다.
　나. ○○○(주민등록번호 : ○○○○○○-○○○○○○○, 주소 : ○○시 ○○구 ○○동 ○○○)를 사건본인회사의 관리인으로 선임한다.
2. 정리채권·정리담보권 및 주식의 신고기간 및 장소 : 20○○. ○. ○. 까지 서울회생법원 파산과(제○○○호실)
3. 제1회 관계인 집회기일 및 정리채권·정리담보권의 조사기일 및 장소 : 20○○. ○. ○. 15:00, 서울회생법원 제○○○호 법정
4. 정리회사의 채무자와 정리회사 재산의 소지자는 정리회사 대표이사에게 채무를 변제하거나 그 재산을 교부하여서는 아니되며, 채무를 부담하는 사실 또는 그 재산을 소지하는 사실을 20○○. ○. ○.까지 관리인에게 신고하여야 합니다

20○○. ○. ○.

재판장 판사　○　○　○

수신처 : 법무부장관, 기획재정부장관, 고용노동부장관, 국토교통부장
        관, 산업통상자원부장관, 금융위원회위원장, 국세청장, 관세청
        장, 서울특별시장, ○○구청장, ○○세무서장. 끝.

【서식】 제1회 관계인집회 및 정리채권 등의 일반조사기일 조서

서 울 회 생 법 원
관계인집회 및 정리채권과 정리담보권의 조사기일

조   서

20○○회○○	회사정리	기일 : 20○○. ○. ○. 15:00	
재판장 판사	○ ○ ○	장소 : 서울회생법원	
판사	○ ○ ○	제○○○호 법정	
판사	○ ○ ○	공개여부 : 공 개	
법원사무관	○ ○ ○		

사건과 당사자를 호명

정리회사 ○○ 주식회사의 관리인 ○○○   출석

정리회사 ○○ 주식회사의 대표이사 ○○○   출석

정리회사 ○○ 주식회사의 조사위원 ○○회계법인의 대리인 ○○○   출석

정리채권자, 정리담보권자 및 주주 등 이해관계인의 출석사항은 "별첨 출석상황
표"의 기재와 같음.

재판장

1. 정리회사 ○○주식회사에 대한 제1회 이해관계인집회와 정리채권·정리담
   보권의 조사기일을 병합하여 개최한다고 선언.
2. 출석한 이해관계인들에게 제1회 관계인집회와 채권조사기일에 관하여 설명.
3. 관계인집회에서 의견 진술의 기회가 부여됨을 설명하고, 다만 의견을 진술
   할 수 있는 권한은 정리채권자·정리담보권자·주주 중에서 소정의 절차에
   따라 이 법원에 신고한 자 및 그 대리인에게만 부여된다는 사실을 고지.

재판장

   먼저 제1회 관계인집회를 개최한다고 선언.

관리인에게 (1) 정리회사가 정리절차개시에 이르게 된 사정, (2) 회사의 업무 및 재산에 관한 경과와 현상, (3) 회사의 사업을 계속할 때의 가치가 회사를 청산할 때의 가치보다 큰지 여부, (4) 기타 정리에 관하여 필요한 사항, (5) 신고된 정리채권, 정리담보권에 대하여 조사한 결과를 각 보고할 것을 명.

관리인

법원에 제출된 별첨 관리인 보고서에 의하여 정리회사가 정리절차개시에 이르게 된 사정, 회사의 업무 및 재산에 관한 경과와 현상, 회사의 사업을 계속할 때의 가치보다 회사를 청산할 때의 가치보다 큰지 여부, 기타 정리에 관하여 필요한 사항을 보고하고, 신고된 정리채권 및 정리담보권에 대한 조사결과의 보고는 제1회 관계인집회기일과 병합된 채권조사기일에서의 정리채권 및 정리담보권에 대한 시·부인으로 갈음하겠다고 진술.

재판장

조사위원에게 조사경과, 정리회사의 업무 및 재산 등의 관리, 정리회사에 대한 정리절차를 계속 진행함이 적정한 지 여부에 관한 의견진술의 기회 부여.

조사위원 ○○회계법인의 대리인 ○○○

법원으로부터 조사위원으로 선임된 시기와 조사경과, 정리회사의 현황을 조사한 결과를 설명하고, 정리회사에 대한 조사결과 계속기업가치가 ○○○억원, 청산가치가 ○○○억원으로 계속기업가치가 더 크므로 정리절차를 계속 진행함이 적정하다는 의견을 진술.

재판장

이해관계인들에게 관리인 및 조사위원 선임의 적부, 회사의 업무 및 재산의 관리, 정리절차를 계속 진행함이 적정한지 여부에 관한 의견진술의 기회 부여.

재판장

이해관계인들에게 관리인 및 조사위원 선임의 적부, 회사의 업무 및 재산의 관리, 정리절차를 계속 진행함이 적정한지 여부에 관한 의견진술의 기회 부여.

이해관계인들

별다른 이의나 의견을 진술하지 아니한다.

재판장

1. 정리회사의 제1회 이해관계인집회를 종료하고, 정리채권 및 정리담보권에 대한 조사기일의 개최를 선언.
2. 관리인과 출석한 이해관계인들 중에 채권신고기간(20○○. ○. ○.)마감 후 신고된 정리채권을 이 조사기일에 함께 조사함에 관하여 이의가 있는 자에게 의견진술의 기회 부여.

관리인 및 출석한 이해관계인들

별다른 이의를 하지 아니하다.

재판장

1. 채권신고기간 마감 후 신고된 정리채권·정리담보권도 이 조사기일에서 함께 조사할 것을 고지.
2. 채권조사의 의의와 효력 및 불복절차에 관하여 설명.
3. 관리인에게 신고된 정리채권 및 정리담보권에 대한 조사결과 및 시·부인 내용을 진술할 것을 명.

관리인

1. 별첨 관리인보고서에 첨부된 정리채권·정리담보권의 시·부인 기준표에 의하여 조사기준 설명.
2. 별첨 제1회 이해관계인 집회, 정리채권·정리담보권 조사기일 시·부인표에

의하여 신고된 정리채권 및 정리담보권에 대한 조사결과 및 시·부인 내용을 진술

재판장

출석한 이해관계인들에게 관리인의 조사결과 및 시·부인내용에 관한 의견을 진술할 기회를 부여.

재판장

출석한 이해관계인들에게 관리인의 조사결과 및 시·부인 내용에 관한 의견을 진술할 기회를 부여.

정리담보권자 신고번호 ○번   주식회사 ○○은행의 대리인 ○○○

우리은행이 주식회사 ○○은행으로부터 양수하여 정리담보권으로 신고한 채권에 관하여 근저당권 이전의 부기등기가 되지 않았다는 이유로 관리인은 정리담보권을 부인하고 정리채권으로 시인하였으나, 근저당권을 이전받지 못한 이유는 채권양수 후 근저당권 이전 일정이 확정되지 않아 이를 시행하지 못하였을 뿐이므로, 이를 정리담보권으로 인정하지 않은 것은 부당하다고 진술.

관리인

정리회사에 대한 정리절차개시결정 당시 정리담보권 신고인인 주식회사 ○○은행이 담보권을 취득하지 않은 상태였기 때문에 부득이 정리담보권 부분은 부인할 수밖에 없었는바, 추후 협의하겠다고 진술.

정리담보권자 신고번호 ○번   ○○조합의 대리인 ○○○

관리인은 보증기간이 경과한 채권에 대하여 일괄적으로 부인하였으나, ○○조합으로서는 보증기간이 경과한 경우라도 채권자의 요구가 있으면 이를 이행할 책임을 지게 되므로, 관리인이 위와 같이 일괄적으로 부인한 것은 부당하다고 진술.

관리인

보증기간이 경과한 채권으로서 현재까지 당사자들로부터 하자보수요청이나 하
도급대금의 지급요청 등의 문제가 생기지 않은 것에 대하여 부인하였고 향후
그와 관련하여 당사자들이 ○○조합에게 이행을 요구하는 경우는 거의 없으리
라 생각되어 부인하였다고 진술.

정리담보권자 신고번호 ○번   ○○종합금융 주식회사의 대리인 ○○○

관리인이 저희가 신고한 채권 중 연체이자 부분을 부인한 것은 부당하다고 진술

관리인

일응 주채권자의 신고가 있었던 부분으로 판단하여 채무자회생및파산에관한법
률 제430조에 의하여 부인하였으나, 향후 다시 검토해 보겠다고 진술.

나머지 정리채권자들 및 이해관계인들

정리회사의 대표이사 ○○○에게 신고된 정리채권 및 정리담보권에 관하여 이
의를 진술할 기회를 부여.

정리회사의 대표이사 ○○○

별다른 이의를 제기하지 아니하다.

재판장

신고한 정리채권자·정리담보권자·주주 또는 그 대리인들에게 다른 정리채권
또는 정리담보권에 대하여 이의를 진술할 기회를 부여.

신고한 정리채권자·정리담보권자·주주

별다른 이의를 제기하지 아니하다.

재판장

1. 정리담보권자 및 정리채권자에게, 관리인으로부터 이의가 진술된 경우 조사기일부터 1개월 이내에 채권확정의 소를 제기하거나 이미 정리절차개시결정 당시 소송이 제기되어 있는 경우에는 1개월 이내에 소송수계절차가 밟지 않으면 권리를 상실할 수 있으므로 기간 준수를 당부하고, 다만 조사기일부터 1개월 내에 관리인에 의하여 이의가 철회된 경우 조사기일에서 시인된 것과 같이 채권 확정의 효력이 있음을 설명.

2. 조사위원의 조사결과 회사의 사업을 계속할 때의 가치가 회사를 청산할 때의 가치보다 크다고 인정되므로 별지 정리계획안 제출명령에 의하여 관리인에게 20○○. ○. ○.까지 회사 사업의 계속을 내용으로 하는 정리계획안의 제출을 명하고 아울러 채권자나 주주 등 이해관계인 중에서도 원하는 경우에는 위와 동일한 기한까지 정리계획안을 작성·제출할 수 있음을 설명하고, 정리계획안이 제출되면 이를 심리하기 위한 관계인집회를 다시 소집할 것을 고지.

3. 정리회사에 대한 제1회 관계인집회 및 정리채권, 정리담보권에 대한 조사기일의 종료를 선언.

집회종료

> 법원 사무관 ○ ○ ○
> 재판장 판사 ○ ○ ○

법원의 의견청취(제99조)

법원은 관계인집회에서 법원은 관리인, 조사위원, 간이조사위원, 채무자,
채무자회생및파산에관한법률 제147조 제1항의 규정에 의한 목록에 기재되
어 있거나 신고한 회생채권자·회생담보권자·주주·지분권자로부터 관리
인 및 조사위원, 간이조사위원의 선임·채무자의 업무 및 재산의 관리·회
생절차를 계속 진행함이 적정한지의 여부에 관한 의견을 들어야 한다.

【서식】 관리인이 유의할 사항

관리인이 유의할 사항

1. 관리인은 전체 이해관계인 집단을 관리 조정하여야 하는 공적인 기관입니다. 따라서 관리인은 주주나 회사의 임직원, 채권자 중 어느 한쪽의 이익에 치우 쳐서는 아니되며 모든 이해관계인의 형평과 공정을 꾀하여야 할 것입니다.

2. 회사의 경영과 재산의 관리 · 처분권한은 전적으로 관리인에게 귀속됩니다. 따라서 관리인은 자기의 경영능력과 성의를 다하여 회사 갱생에 힘써야 하고 그 경영 결과에 대하여 책임을 져야 하며, 법원은 회사의 경영이 잘못되었다 고 판단되는 경우에는 임기 전이라도 그 책임을 물을 것입니다.

3. 관리인이 업무를 수행함에 있어 이사 등에 의한 권한 침해나 부당한 간섭은 용인되지 않습니다. 관리인은 구 사주, 회사의 임원이나 노동조합에 대한 관 계에 있어서 독립적이어야 하고, 관리인의 책임을 임원 등에게 전가하여서도 아니됩니다.

4. 관리인은 보고의무를 철저히 이행하여야 합니다. 법원의 허가사항에 관하여 허가를 얻지 아니하고 한 행위는 무효로 될 수 있을 뿐만 아니라 형사처벌의 대상이 됩니다.

5. 회사갱생에 필요한 경우에는 새로운 투자자의 영입이나 타 기업과의 인수 · 합병을 적극적으로 추진하여야 합니다.

제2절 부인권

부인할 수 있는 행위(제100조)

1. 부인권의 의의

부인권이란 회생절차개시 전에 채무자가 회생채권자, 회생담보권자를 해하는 것을 알고 한 행위 또는 다른 회생채권자, 회생담보권자와의 평등을 해하는 변제, 담보의 제공 등과 같은 행위를 한 경우 회생절차개시 후에 관리인이 그 행위의 효력을 부인하고 일탈된 재산의 회복을 목적으로 하는 권리이다.

부인권은 채무자의 수익력의 회복을 가능하게 하여 채무자의 회생을 용이하게 하고, 나아가 채권자간에 공평을 기할 수 있도록 하는 제도이며, 후자가 특히 부인권을 인정하는 실질적인 근거로 이해되고 있다. 나아가 실무를 운영하는 입장에서는 부인권이 회생절차에 진입하지 않은 채무자들에 대하여 일정한 기능을 하고 있음을 유의해야 한다.

2. 부인권과 채권자취소권의 차이

부인권	채권자간의 공평한 처우를 기본으로 하여 채무자의 회생을 도모하기 위한 권리로서, 행사권한이 관리인에게 전속하고 대상행위, 요건, 행사의 방법 등이 완화된 강력한 권리
민법 제406조의 채권자취소권	집단적인 채무처리절차의 개시를 전제로 하지 않고 개별적으로 채권자에게 인정되는 권리로서, 취소대상의 행위나 행사의 방법 등이 매우 제한적

3. 부인의 유형은 여러 가지로 나눌 수 있으나 일반적으로 다음과 같이 나눈다.

(1) 고의부인

회사가 회생채권자 등을 해할 것을 알면서 한 행위를 부인.

(2) 위기부인

채무자가 지급의 정지 등 경제적 파탄이 표면화된 시기에 한 행위를 부인.
위기부인은 다음과 같이 다시 나뉜다.

1) 채무자의 의무에 속한 행위를 부인하는 본지행위부인
2) 채무자의 의무에 속하지 않는 행위를 부인하는 비본지행위부인

(3) 무상부인

채무자가 한 무상행위 내지 이와 동일시 해야하는 유상행위를 부인하는
무상부인

(4) 대항요건, 효력요건, 집행행위부인

그밖에 특수한 부인인 대항요건, 효력요건부인, 집행행위부인이 있다

(5) 특징

고의부인, 위기부인, 무상부인을 별도로 요건을 정하여 규정하고 있지만
상호 배타적인 관계에 있는 것이 아니라 상호 관련을 맺고 있으므로 1개의
행위가 각 부인유형에 해당하는 경우 어느 것이라도 주장하여 부인할 수
있고, 법원 또한 당사자가 주장하는 부인유형에 구속되지 않는다. 하급심
판례 중에는 부인소송의 소송물이 부인권 자체가 아니라 부인의 효과로서
발생한 권리관계에 기초한 이행청구 또는 확인청구이고, 부인의 주장은 공
격방어방법에 불과하다고 판시한 판례가 있다.

4. 부인권의 행사기간의 제한

실무상 법원은 회생절차개시결정과 동시에 관리인이 선임되면 관리인에게
즉시 채무자의 재산과 부채의 현황 파악에 착수하도록 하면서 아울러 채권
신고기간 동안 접수되는 채권에 대하여 인정할 것인지 여부를 조사하는 한
편, 특히 최근에 변제된 채권을 포함하여 부인권을 행사할 채권이 있는지 여
부에 관하여 검토를 철저히 하도록 주의를 환기시키고 있다. 또한 주심 판사
는 관리인으로 하여금 채권조사기일 이전에 부인권을 행사할지 여부를 검토

하도록 하고, 부득이한 사정이 있는 경우라도 회생계획안의 심리를 위한 관계인집회까지는 부인권의 행사여부에 대한 최종적인 결정을 하도록 하고 있다. 결국 관리인은 짧게는 1개월, 길어야 3개월 내지 4개월 사이에 부인권의 행사여부를 결정해야 하므로 채무자를 통하여 조속히 필요한 정보 및 자료의 수집에 나서야 한다.

5. 부인권 행사의 성립요건

(1) 일반적 성립요건

부인할 내용, 시기, 상대방에 따라 고의부인, 위기부인, 무상부인의 3종의 부인유형을 인정하고 있는데, 각 유형마다 특유한 성립요건 외에 공통되는 일반적 성립요건으로서 행위의 유해성과 채무자의 행위에 일반적 성립요건이 한정되어 있는지 여부가 문제된다.

1) 행위의 유해성

부인의 대상이 되는 행위는 채무자의 행위로 말미암아 회생채권자 등에게 있어서 손해를 끼치는 행위이어야 한다. 회생채권자 등에게 손해를 끼치는 행위에는 채무자의 일반재산을 절대적으로 감소시키는 사해행위 외에 채권자간의 평등을 저해하는 편파행위도 포함된다고 볼 것이다. 그런데 사해행위이든 편파행위이든 청산절차를 가정하여 당해 행위로 인하여 다른 채권자들의 배당률이 낮아질 때 행위의 유해성이 인정된다고 하는 것이 보다 간명한 설명이다. 이하에서는 행위의 유해성이 문제되는 몇 가지 행위 유형에 대하여 살펴보도록 한다.

가) 부동산의 매각행위

부동산의 매각에 있어서 부당한 가격으로 매각한 경우는 물론 부인의 대상이 되고, 적정한 가격으로 매각한 경우일지라도 부동산을 소비하기 쉬운 금전으로 환가하는 경우 채권자의 공동 담보력을 감소시킬 수 있는 것이므로 예외적인 경우를 제외하고는 일반채권자를 해하는 행위라고 보고 있다. 특히 채무자 재산의 중요 구성부분을 매각하는 것은 채무자의 영업의 수익력 내지 영업 가치를 해하는 행위로 부인의 대상이 될 수 있다.

나) 변제행위

변제행위와 관련하여 문제되는 것은 본지변제와 고의부인, 차입금에 의한 변제와 부인, 담보권자에 대한 변제, 대물변제와 부인이 문제된다.

2) 본지변제와 고의부인

변제기가 도래한 채권을 변제하는 본지변제행위가 형식적 위기시기에 이루어진 경우 불평등 변제로서 위기부인의 대상이 될 수 있다.

3) 차입금에 의한 변제

채무자가 제3자로부터 자금을 차입하여 특정채권자에게만 변제를 한 경우 다른 채권자와의 평등을 해하는 것으로서 원칙적으로 부인의 대상이 된다는 것이 일반적이다. 문제는 나아가 전적으로 특정채무의 변제를 위하여 차입을 하고 변제가 행하여진 경우이다. 최근의 판례는 일정한 사정을 언급하면서 차입금으로 변제가 예정된 특정채무를 변제하여도 채권자의 공동담보를 감소시키지 않아 채권자를 해하는 행위가 아니라고 판시하고 있다.

4) 담보권자에 대한 변제, 대물변제와 부인

회생절차에서의 담보권자에 대한 변제, 대물변제	부인의 대상이 될 수 있다.
파산절차에서의 담보권자에 대한 변제, 대물변제	부인의 대상이 될 수 없다. 대물변제의 경우에도 피담보채권과 목적물의 가액이 균형을 유지하는 한 부인의 대상이 되지 않음.

다) 담보권의 설정행위 및 담보권의 실행행위와 부인

담보권의 설정행위

담보권의 설정과 관련하여 논의되는 것은 기존 채무에 대한 담보권의 설정에 있는 것이 아니라 신규차입을 위하여 담보권을 설정하는 행위가 부인의 대상이 될 수 있는지 하는 문제이다. 우리나라 하급심 판례중에 새로이 융자를 받으면서 담보권을 설정하여 준 행위는 파산자의 의무없는 행위라고 볼 수 없다며 비본지행위의 부인을 부정한 판례가 있다.

담보권의 실행행위

회생절차에서 담보권의 실행행위는 다른 담보권자와의 관계에서 공평을 해하거나 채무자의 재산을 감소시키는 행위로서 부인의 대상이 될 수 있다. 그런데 담보권의 실행행위는 저당권과 같은 전형 담보이든 양도담보, 가등기담보, 소유권유보 등과 같은 비전형담보이든 통상 채무자의 행위가 존재하지 않으므로 부인의 대상이 될 수 있는지 문제된다. 일반적인 견해는 부인의 대상이 되는 행위는 반드시 채무자의 행위일 필요가 있는 것은 아니고 또 집행행위의 부인에 준하여 부인을 인정하고 있다.

(2) 개별적 성립요건

1) 악의부인 또는 고의부인

채무자가 회생채권자 등을 해할 것을 알고 한 행위는 부인할 수 있다. 그러나 수익자가 그 행위 당시 회생채권자 등을 해하게 되는 사실을 알지 못한 때에는 그러하지 아니하다.

고의부인을 인정한 사례로는

(가) 담보권을 설정하여 준 후 10일이 지나 부도가 났고 담보제공시 상대방이 회생절차개시신청을 준비하고 있던 경우

(나) 기업개선명령 대상기업으로 지정된 기업의 사채발행에 대하여 상대방과 사이에 사채보증보험계약상의 구상금채무에 대한 연대보증을 한 경우

(다) 부도 후 어음금채무의 변제에 갈음하여 임대차계약을 체결한 경우 등이 있다.

2) 위태부인 또는 위기부인

(가) 채무자가 지급의 정지 또는 파산 또는 회생절차개시의 신청이 있은 후에 한 회생채권자 등을 해하는 행위와 담보의 제공 또는 채무의 소멸에 관한 행위는 부인할 수 있다. 그러나 수익자가 그 행위 당시 지급의 정지 등이 있는 것 또는 회생채권자 등을 해하는 사실을 알고 있는 때에 한한다. 고의부인과는 달리 형식적 위기 상태에서의 행위이므로 채무자의 사해의사는 요건으로 하지 않는다.

회생채권자 등을 해하는 행위란 담보의 제공, 채무의 소멸이라는 편파행위를 제외한 총 채권자를 해하는 행위, 즉 일반재산의 감소 행위를 의미한다. 또 지급정지란 지급불능을 추정하게 하는 사실로서 변제자력의 결핍으로 인하여 변제기가 도래한 채무를 일반적, 계속적으로 변제하는 것이 불가능함을 명시적, 묵시적으로 외부에 표시하는 것을 말하고, 자력의 결핍이란 채권자에게 채무를 변제할 수 있는 자산이 없고 변제의 유예를 받거나 변제하기에 족한 융통을 받을 신용도 없는 것을 말한다.

위태부인 또는 위기부인권을 인정한 사례로는

㉠ 상대방이 회사가 은행거래 정지처분을 받고 회생절차개시신청을 한 사실을 알면서 변제받은 경우

㉡ 어음부도 후 근저당권을 설정하여 준 경우, 부도 후 물품대금의 대물변제 내지 담보목적으로 임대차계약을 체결한 경우

㉢ 부도 후 어음금채무에 갈음하여 임차권 대물변제계약을 체결한 경우 등이 있다

위태부인 또는 위기부인권을 부정한 사례로는

㉠ 1차 부도를 낸 회사가 부도 당일 14:00경 변제합의를 하여 변제를 하고 21:30분경 회생절차 개시신청을 하고서 다음 날 최종 부도를 낸 경우가 있다.

악의부인 또는 고의부인	수익자가 그 행위 당시 회생채권자 등을 해하게 되는 사실을 알지 못한 때에는 부인할 수 없다
위태부인 또는 위기부인	형식적 위기 상태에서의 행위이므로 채무자의 사해의사는 요건으로 하지 않는다

(나) 채무자가 지급의 정지 등이 있은 후 또는 그 전 60일 내에 한 담보의 제공 또는 채무의 소멸에 관한 행위로서 채무자의 의무에 속하지 아니하거나 그 방법 또는 시기가 채무자의 의무에 속하지 아니하는 것은 이를 부인 할 수 있다. 그러나 채권자가 그 행위 당시 채무자가 다른 회생채권자 등과의 평등을 해하게 되는 것을 알고 한 사실을 알지 못한 때나 지급의 정지 등이 있은 후의 경우에 그 사실도 알지 못한

때에는 그러하지 아니하다.

행위 자체가 채무자의 의무에 속하지 아니하는 예로는 채무자가 기존의 채무에 대하여 담보를 제공하기로 하는 약속이 없음에도 담보제공을 하는 경우를 들 수 있다. 방법이 의무에 속하지 아니하는 예로는 본래 약정이 없음에도 대물변제를 하는 경우를, 시기가 의무에 속하지 아니하는 예로는 변제기 전에 채무를 변제하는 경우를 들 수 있다.

채무자의 의무에 속하지 아니하거나 그 방법 또는 시기가 채무자의 의무에 속하지 아니하는 것	부인 할 수 있다
채권자가 평등을 해하게 될 것이라는 사실을 알지 못하는 경우	부인 할 수 없다

(다) 무상부인

채무자가 지급의 정지 등이 있은 후 또는 그 전 6개월 내에 한 무상행위와 이와 동시에 하여야 할 유상행위는 부인할 수 있다. 위 악의부인, 고의부인과 위태부인, 위기부인과는 달리 채무자의 사해의사 또는 수익자의 악의의 존부는 불문한다. 부인의 대상이 되는 행위의 무상성으로 인하여 그 범위기가 시기적으로 위기부인보다 확장되고 주관적 요건이 배제되는 점에 그 특징이 있다.

무상부인을 긍정한 사례로는 계열회사에 대한 지급보증, 대가 없는 약속어음 배서행위, 부도 후 부동산을 증여한 경우 등이 있다.

무상부인을 부정한 사례로는 회사가 최초 어음할인 당시 연대보증을 하고 이후 대환에 의하여 주채무가 계속 연장됨에 따라 최초의 대출거래시기가 회사의 지급정지일로부터 6월 전에 해당되고, 최종 연장행위는 6개월 내에 해당되는 경우가 있다.

고의부인, 위태부인, 위기부인의 성립요건	채무자의 사해의사 또는 수익자의 악의가 필요하다
무상부인	채무자의 사해의사 또는 수익자의 악의가 불필요하다

(3) 행사

관리인이 소, 부인의 청구 또는 항변의 방법으로 행사한다. 회생채권자 등이 부인권을 대위하여 행사할 수 없고, 회생채권자 등 이해관계인은 법원에 대하여 관리인에게 부인권의 행사를 명하도록 신청할 수 있을 뿐이다. 부인의 청구에 대한 재판은 결정으로 하며, 결정전에 상대방 또는 전득자를 심문하여야 한다. 부인의 청구를 인용하는 결정에 불복이 있는 자는 그 송달을 받은 날로부터 1월 내에 이의의 소를 제기할 수 있다.

부인권은 회생절차개시가 있은 날로부터 2년간 이를 행사하지 않으면 소멸시효가 완성된다. 부인의 대상인 행위를 한 날로부터 10년을 경과한 때에도 같다.

(4) 부인권 행사의 효과

부인권의 행사는 채무자의 재산을 원상으로 회복시킨다. 그러나 상대방이 그 행위 당시 선의이었을 때에는 상대방은 이익이 현존하는 한도내에서 상환하면 된다.

채무자의 행위가 부인된 경우에 상대방의 지위는 다음과 같다.

1) 채무자가 받은 반대이행이 채무자의 재산 중에 현존할 때
   상대방은 그 반환을 청구할 수 있다

2) 반대이행이 현존하지 않는 경우라도 반대이행으로 인하여 생긴 이익이 현존하는 때
   그 이익의 한도 내에서 공익채권자로서 그 권리를 행사할 수 있다.

3) 반대이행으로 인하여 생긴 이익이 현존하지 아니하는 때
   상대방은 그 가액의 상환에 관하여 회생채권자로서 그 권리를 행사할 수 있다.

4) 채무자의 행위가 부인된 경우에 상대방이 받은 이행을 반환하거나 그 가액을 상환한 때
   상대방의 채권은 원상으로 회복된다.

(5) 실무상 문제되는 경우

회생계획이 인가된 후에 부인권이 행사되는 경우가 실무상 문제된다. 이

경우 부인의 효과에 의하여 상대방의 채권이 부활하더라도 회생계획안의 심리를 위한 관계인집회가 종료한 후에는 그 채권신고를 할 수 있는 방법이 없으므로 상대방에게 구제의 길이 없다고 볼 수 있다. 상대방으로서는 부인권 행사에 대비하여 부활될 채권에 대하여 예비신고를 하는 것이 바람직하나 이미 변제받은 채권자에 대하여 그러한 행위를 기대하는 것은 가혹하지 않느냐는 지적이 있다. 판례는 위와 같은 경위로 인하여 상대방이 부활한 채권을 행사 할 수 없게 된 때에는 회생채무자가 결국에는 상대방의 손실에 의하여 부당하게 이득을 얻은 것이 되므로 회생채무자의 관리인은 이를 회생절차개시 이후에 발생한 부당이득으로서 공익채권이 되어 상대방에게 반환할 의무가 있다고 판시하고 있다(대판 2002다36235). 법원은 이러한 사례가 발생하지 않도록 관리인으로 하여금 회생계획안의 심리를 위한 관계인집회가 끝나기 전까지 부인권을 행사하도록 권고하거나, 회생계획안 자체에 집회 종결 후의 부인권 행사로 부활하게 되는 미신고 채권을 보호하는 규정을 두는 것으로 이를 해결하고 있다.

▣ **관련판례**

판례(대법원 2004. 9. 3. 선고 2004다27686 판결)

1. 회사정리법 제78조 제1항 제1호 본문은 회사가 정리채권자 또는 정리담보권자를 해할 것을 알고 한 행위를 부인의 대상으로서 규정하고 있는바, 그 취지는 회사정리절차개시 전에 회사가 부당하게 그 재산을 감소시키는 등 정리채권자나 정리담보권자를 해하는 행위를 하거나 회사채권자 사이 등의 공평을 해하는 행위를 모두 부인의 대상으로 함으로써 회사기업의 재건을 위한 회사재산의 회복과 채권자의 평등을 꾀하려고 하는 것이다.

2. 정리회사가 현물출자를 받고 신주를 발행하는 행위는 비록 현물출자의 목적물이 과대평가되었다고 하더라도 특별한 사정이 없는 한 정리회사의 재산이 감소하지 아니하고 증가하게 되고, 따라서 그와 같은 행위는 회사정리법 제78조 제1항 제1호의 취지에 반하거나 그 실효성을 상실시키는 것이 아니므로 위 규정에 기초한 부인권행사의 대상이 되지 아니한다.

판례(대법원 2002다36235 판결)

정리회사의 관리인이 정리계획안 심리를 위한 관계인집회가 끝난 이후 부인의 소를 제기함으로써 상대방이 그 부활한 채권을 행사할 수 없게 된 때에는 정리회사가 상대방의 손실에 의하여 부당하게 이득을 얻은 것이 되므로, 정리회사의 관리인은 이를 정리절차개시 이후에 발생한 부당이득으로서 회사정리법 제208조 제6호 소정의 공익채권으로 상대방에게 반환할 의무가 있고, 다만 그 경우에 반환하여야 할 부당이득액은 부활한 채권이 정리채권으로서 회사정리절차에 참가하였더라면 정리계획에 의하여 변제받을 수 있는 금액이라고 봄이 상당하므로 그 상대방의 채권과 같은 성질의 채권에 대하여 정리계획에서 인정된 것과 동일한 조건으로 지급할 의무가 있다.

판례(대법원 2004다27686 판결)

회사정리법 제78조 제1항 제1호 본문은 회사가 정리채권자 또는 정리담보권자를 해할 것을 알고 한 행위를 부인의 대상으로서 규정하고 있는바, 그 취지는 회사정리절차개시 전에 회사가 부당하게 그 재산을 감소시키는 등 정리채권자나 정리담보권자를 해하는 행위를 하거나 회사채권자 사이 등의 공평을 해하는 행위를 모두 부인의 대상으로 함으로써 회사기업의 재건을 위한 회사재산의 회복과 채권자의 평등을 꾀하려고 하는 것이다.

정리회사가 현물출자를 받고 신주를 발행하는 행위는 비록 현물출자의 목적물이 과대평가되었다고 하더라도 특별한 사정이 없는 한 정리회사의 재산이 감소하지 아니하고 증가하게 되고, 따라서 그와 같은 행위는 회사정리법 제78조 제1항 제1호의 취지에 반하거나 그 실효성을 상실시키는 것이 아니므로 위 규정에 기초한 부인권행사의 대상이 되지 아니한다.

판례(대법원 2004. 2. 12. 선고 2003다53497 판결)

1. 회사정리법 제80조가 대항요건 내지 효력발생요건 자체를 독자적인 부인의 대상으로 규정하고 있는 취지는 대항요건 내지 효력발생요건 구비행위도 본래 같은 법 제78조의 일반 규정에 의한 부인의 대상이 되어야 하지만, 권리변동의 원인이 되는 행위를 부인할 수 없는 경우에는 가능한 한 대항요건 내지 효력발

생요건을 구비시켜 당사자가 의도한 목적을 달성시키면서 같은 법 제80조 소정의 엄격한 요건을 충족시키는 경우에만 특별히 이를 부인할 수 있도록 한 것이라고 해석되므로, 권리변동의 대항요건을 구비하는 행위는 같은 법 제80조 소정의 엄격한 요건을 충족시키는 경우에만 부인의 대상이 될 뿐이지, 이와 별도로 같은 법 제78조에 의한 부인의 대상이 될 수는 없다.

2. 회사정리법 제78조 제1항 각 호의 규정에 의하면, 부인의 대상은 원칙적으로 정리 전 회사의 행위라고 할 것이고, 다만 회사의 행위가 없었다고 하더라도 정리 전 회사와의 통모 등 특별한 사정이 있어서 채권자 또는 제3자의 행위를 회사의 행위와 동일시할 수 있는 경우에는 예외적으로 그 채권자 또는 제3자의 행위도 부인의 대상으로 할 수 있다.

판례(대법원 2003. 5. 30. 선고 2003다18685 판결)

채권조사기일 당시 유효하게 존재하였던 채권에 대하여 관리인 등으로부터의 이의가 없는 채로 정리채권자표가 확정되어 그에 대하여 불가쟁의 효력이 발생한 경우에는 관리인으로서는 더 이상 부인권을 행사하여 그 채권의 존재를 다툴 수 없게 되었다고 할 것이고, 나아가 관리인이 사후에 한 그러한 부인권 행사의 적법성을 용인하는 전제에서 정리채권으로 이미 확정된 정리채권자표 기재의 효력을 다투어 그 무효확인을 구하는 것 역시 허용될 수 없다

판례(대법원 2003. 2. 28. 선고 2000다50275 판결)

1. 회사정리절차에 있어서는 담보권자는 개별적으로 담보권실행행위를 할 수 없고(회사정리법 제67조), 정리담보권자로서 정리절차 내에서의 권리행사가 인정될 뿐, 정리절차 외에서 변제를 받는 등 채권소멸행위를 할 수 없으며(같은 법 제123조 제2항, 제112조), 또한 같은 법 제81조 후단이 부인하고자 하는 행위가 집행행위에 기한 것인 때에도 부인권을 행사할 수 있다고 규정한 취지에 비추어 보면, 질권의 목적물을 타에 처분하여 채권의 만족을 얻는 경우도 그 실질에 있어서 집행행위와 동일한 것으로 볼 수 있어 부인의 대상이 되는 행위에 포함된다.

판례(대법원 2002. 11. 8. 선고 2002다28746 판결)

회사정리법 제78조 제1항 제2호 소정의 '지급정지'라 함은 채무자가 변제기에 있는 채무를 자력의 결핍으로 인하여 일반적·계속적으로 변제할 수 없다는 것을 명시적·묵시적으로 외부에 표시하는 것을 말하고, 일반적으로 채무자가 어음을 발행한 후 은행이나 어음교환소로부터 당좌거래정지처분을 받은 때에는 특별한 사정이 없는 한 지급정지 상태에 있다고 할 것이므로, 위와 같은 회사의 당좌거래정지처분을 알고 있었던 자는 특별한 사정이 없는 한 회사가 위 법 소정의 지급정지 상태에 있었음을 알고 있었다고 봄이 상당하다.

판례(대법원 2002. 7. 9. 선고 2001다46761 판결)

1. 회사정리법 제78조 제1항 각 호의 규정에 의하면, 회사정리법상의 부인의 대상은 원칙적으로 정리 전 회사의 행위라고 할 것이고, 다만 회사의 행위가 없었다고 하더라도 정리 전 회사와의 통모 등 특별한 사정이 있어서 채권자 또는 제3자의 행위를 회사의 행위와 동일시할 수 있는 경우에는 예외적으로 그 채권자 또는 제3자의 행위도 부인의 대상으로 할 수 있다.

2. 금융기관이 정리 전 회사와 사이에 체결한 정리 전 회사의 대출채무를 담보하기 위한 정리 전 회사의 매출채권에 관한 채권양도를 목적으로 하는 대물변제의 예약의 내용에 따라 예약완결권과 대물변제로 양도·양수할 매출채권의 선택권을 행사하고 정리 전 회사를 대리하여 제3채무자에게 채권양도 사실을 통지한 것이회사정리법 제78조 제1항 제2호 소정의 위기부인의 대상이 되지 않는다고 한 사례.

판례(대법원 2002. 7. 9. 선고 99다73159 판결)

1. 회사정리법상의 부인은 원칙적으로 회사의 행위를 대상으로 하는 것이고, 회사의 행위가 없이 채권자 또는 제3자의 행위만 있는 경우에는, 예외적으로 회사가 채권자와 통모하여 가공하였거나 기타의 특별한 사정으로 인하여 회사의 행위가 있었던 것과 동시(同視)할 수 있는 사유가 있을 때에 한하여 부인의 대상이 될 수 있다.

2. 채권자와 주채무자 사이의 어음할인약정에 따른 주채무자의 채무에 대하여 정리 전 회사가 연대보증한 후 부인권행사 가능기간 내에 주채무자가 어음을 할인한 경우, 그 어음할인시에 정리 전 회사의 연대보증행위가 이루어졌다고 볼 수 없고 주채무자의 어음할인행위가 정리 전 회사의 행위와 동시할 수 없다는 이유로 부인권 행사의 여지가 없다고 한 사례.

판례(대법원 2002. 3. 26. 선고 2000다67075 판결)

회사정리법 제78조 제1항 제4호의 무상행위라고 함은 회사가 대가를 받지 않고 적극재산을 감소시키거나, 소극재산 즉 채무를 증가시키는 일체의 행위를 의미하는바, 정리회사가 어음거래약정에 따른 주채무자의 연대보증인으로서 주채무자로부터 아무런 금전적 대가도 받지 아니하고 부도일 전 6월 내에 채권자에게 그 소유의 골프회원권을 양도하고, 그 소유의 각 부동산에 채권자 앞으로 각 근저당권을 설정하여 준 행위는 회사정리법 제78조 제1항 제4호 소정의 무상행위에 해당한다고 할 것이고, 정리회사가 위 담보제공 당시 주채무자를 위하여 연대보증채무를 부담하고 있었다거나 위 담보제공으로 주채무자의 대출금채무와 함께 정리회사의 연대보증채무도 잠시 기한의 유예를 받았다고 하여 달리 볼 것이 아니다.

판례(대법원 2001. 11. 13. 선고 2001다55222,55239 판결)

금융기관과 채무자가 새로운 자금의 실질적 수수 없이 문서상으로만 신규대출의 형식을 구비하여 기존 채무를 변제한 것으로 처리하는 이른바 대환은 특별한 사정이 없는 한 실질적으로는 기존 채무의 변제기의 연장에 불과하고 이렇게 대환이 이루어진 경우에는 기존채무가 동일성을 유지한 채 존속하는 것이므로, 최초의 어음할인과 이에 관한 정리회사의 연대보증 등 대출거래가 있은 후 이와 같은 대환에 의하여 변제기가 연장되어 옴에 따라 최초의 대출거래시기가 정리회사의 지급정지일부터 6월 전 이전에 해당하게 된 경우에는 정리회사의 연대보증행위는 회사정리법 제78조 제1항 제4호에 규정된 무상행위 부인권의 대상이 될 수 없다

판례(대법원 2001. 6. 29. 선고 2000다63554 판결)

1. 회사정리법 제78조 제1항 제4호는 "회사가 지급의 정지 등이 있은 후 또는 그 전 6월 내에 한 무상행위와 이와 동시하여야 할 유상행위"를 정리절차 개시 후 회사재산을 위하여 부인할 수 있다고 규정하고, 같은 항 제2호는 "지급의 정지 또는 파산, 화의개시 또는 정리절차 개시의 신청"을 "지급의 정지 등"으로 규정하고 있는바, 그 중 지급의 정지란 채무자가 변제기에 있는 채무를 자력의 결핍으로 인하여 일반적, 계속적으로 변제할 수 없다는 것을 명시적, 묵시적으로 외부에 표시하는 것을 말하고, 자력의 결핍이란 채무자에게 채무를 변제할 수 있는 자산이 없고, 변제의 유예를 받거나 또는 변제하기에 족한 융통을 받을 신용도 없는 것을 말한다.

2. 이른바 부도유예협약은 은행, 종합금융회사, 보험회사, 증권회사 등의 금융기관들이 1997년 4월경 "부실징후기업의 정상화 촉진 및 부실채권의 효율적 정리를 위하여 채권금융기관이 조기에 공동대처함으로써 부실채권의 대형화를 예방하고 금융자산의 건전성을 제고하는 것"을 목적으로 체결하여 1997. 4. 21.부터 시행한 금융기관 사이의 협약(정식의 협약 명칭은 "부실기업의 정상화 촉진과 부실채권의 효율적 정리를 위한 금융기관 협약")으로서 경영위기에 처한 부실징후기업을 대상으로 정상화 가능성을 평가한 후 정상화 가능기업으로 평가되면 협약에서 정한 바에 따라 계속지원을 하고, 자체정상화가 불가능한 것으로 평가되면 부실채권 정리방법에 의한 처리를 위하여 법정관리, 은행관리, 제3자 인수 또는 청산 등의 절차를 개시하며, 그 평가 전까지의 기간 동안 임시로 금융기관들이 채권의 행사를 유예하고 정상영업활동에 소요되는 긴급자금을 지원하는 것을 그 내용으로 하고 있으므로 부도유예협약의 대상업체 중에는 자체정상화가 가능하여 금융기관으로부터 금융을 받을 신용이 있는 기업과 자체정상화가 불가능하여 금융기관으로부터 금융을 받을 신용이 없는 기업이 모두 포함되어 있어서 기업이 주거래은행에 부도유예협약 대상업체로 선정하여 줄 것을 요청하였다거나 주거래은행이 당해 기업을 부실징후기업으로 판단하여 부도유예협약 대상기업으로 결정하였다고 하여 곧바로 당해 기업이 변제기에 있는 채무를 자력의 결핍으로 인하여 일반적, 계속적으로 변제할 수 없다는 것을 명시

적, 묵시적으로 외부에 표시하였다고 할 수는 없다.

판례(대법원 2000. 12. 8. 선고 2000다26067 판결)

1. 구 회사정리법(1999. 12. 31. 법률 제6085호로 개정되기 전의 것) 제78조 제 1항 제3호는 '회사가 지급의 정지 등이 있은 후 또는 그 전 30일 내에 한 담보의 제공 또는 채무의 소멸에 관한 행위로서 회사의 의무에 속하지 아니하거나 그 방법 또는 시기가 회사의 의무에 속하지 아니하는 것은 채권자가 그 행위 당시 회사가 다른 정리채권자 등과의 평등을 해하게 되는 것을 알고 한 사실을 알지 못한 때나 지급의 정지 등이 있은 후의 경우에는 그 사실도 알지 못한 때를 제외하고는 부인권을 행사할 수 있다'는 취지로 규정하고 있는바, 여기에서 '회사의 의무에 속한다' 함은 일반적·추상적 의무로는 부족하고 구체적 의무를 부담하여 채권자가 그 구체적 의무의 이행을 청구할 권리를 가지는 경우를 의미한다.

2. '채무자의 신용변동, 담보가치의 감소, 기타 채권보전상 필요하다고 인정될 상당한 사유가 발생한 경우에는 채무자는 채권자의 청구에 의하여 채권자가 승인하는 담보나 추가담보의 제공 또는 보증인을 세우거나 이를 추가한다'는 여신거래기본약관의 규정은 채무자에게 일반적·추상적 담보제공의무를 부담시키는 것에 불과하고, 구체적인 담보제공의무를 부담시키는 것은 아니어서 채무자가 이에 불응하여도 채권자는 그의 이행을 소구할 수 없고 단지 약관의 규정 등에 따라 채무에 대한 기한의 이익이 상실되어 바로 채권을 회수할 수 있음에 불과하므로 그 약관 규정에 따른 담보제공은 구 회사정리법(1999. 12. 31. 법률 제 6085호로 개정되기 전의 것) 제78조 제1항 제3호 소정의 '회사의 의무에 속하는 행위'라고 볼 수 없다고 한 사례.

판례(대법원 2000. 3. 13. 자 99그90 판결)

회사정리법 제78조에서 정한 부인권은 정리절차 개시결정 이전에 부당하게 처분된 회사 재산을 회복함으로써 회사사업을 유지·갱생시키고자 인정된 회사정리법상의 특유한 제도로서, 같은 법 제82조에 의하면 부인권은 소, 부인의 청구 또는 항변에 의하여 관리인이 이를 행사한다고 규정함으로써 관리인으로서는 부인의 소를 제기하는 대신 그보다 신속·간이한 결정절차로 부인의 청구를 할 수도 있고, 정리채권자 등이 제기한 정리채권확정의 소 등에서는 부인의 항변을 제기하여 부인의 효과를 얻을 수도 있도록 되어 있으며, 한편 가집행의 선고는 상소권의 남용을 억제하고 신속한 권리실행을 허용함으로써 국민의 재산권과 신속한 재판을 받을 권리를 보장하기 위한 제도이므로, 이러한 가집행제도의 취지와 부인권을 소제기의 방법 외에 부인의 청구 또는 항변 등으로도 행사할 수 있는 점 등을 고려하면, 부인의 소와 병합하여 금전의 지급을 구하는 경우 그 청구를 인용할 때에는 금전지급을 명하는 부분에 대하여는 가집행을 허용할 수 있는 것으로 해석함이 타당하다.

판례(대법원 1999. 3. 26. 선고 97다20755 판결)

회사정리는 재정적 궁핍으로 파탄에 직면하였으나 경제적으로 갱생의 가치가 있는 주식회사에 관하여 채권자, 주주 기타의 이해관계인의 이해를 조정하며 그 사업의 정리재건을 목적으로 하는 것이고, 이러한 목적달성의 일환으로 회사정리법 제78조 제1항 제4호는 "회사가 지급의 정지 등이 있은 후 또는 그 전 6월 내에 한 무상행위와 이와 동시하여야 할 유상행위"를 정리절차개시 후 회사재산을 위한 부인의 대상으로 규정하여 감소한 재산과 기업의 수익력을 회복하거나 채권자들 사이의 평등을 도모하고 있는데, 여기에서의 무상행위라 함은 회사가 대가를 받지 않고 적극재산을 감소시키거나, 소극재산 즉 채무를 증가시키는 일체의 행위를 말하고, 이와 동시하여야 할 행위란 상대방이 반대급부로서 출연한 대가가 지나치게 근소하여 사실상 무상행위와 다름없는 경우를 말하는바, 정리회사가 의무 없이 타인을 위하여 한 보증 또는 담보의 제공은, 그것이 채권자의 주채무자에 대한 출연의 직접적인 원인이 되는 경우에도 정리회사가 그 대가로서 경제적 이익을 받지 아니하는 한 무상행위에 해당한다고 해석함이 상당하고, 이러한 법리는 주채무자가 소위 계열회사 내지 가족회사라고 하여 달리 볼 것은 아니다.

판례(대법원 1997. 3. 28. 선고 96다50445 판결)

1. 회사정리법 제78조 제1항 제2호에 의하여 회사가 지급의 정지 또는 파산, 화의개시 또는 정리절차개시의 신청이 있은 후에 채무의 소멸에 관한 행위를

한 경우에는 그로 인하여 이익을 받은 자가 그 행위 당시 지급의 정지 등이 있는 것 또는 정리채권자 등을 해하는 사실을 알고 있기만 하면 부인할 수 있다 할 것이고, 이러한 경우에 같은 법 제78조 제1항 제1호에 있어서와 같이 회사가 정리채권자 등을 해할 것을 알고 한 행위일 것을 요하는 것은 아니다.

2. 채무 일부를 변제한 것은 회사정리절차개시신청을 한 회사이고, 부인권을 행사하는 것은 정리회사의 관리인으로서 양자는 별개의 존재이고 부인권을 행사하는 것은 정리절차가 개시되기 전의 소외 회사의 채무변제행위를 응징하기 위한 관리인의 고유권한이므로 관리인이 부인권을 행사하는 것이 신의칙에 위반된다거나 권리남용에 해당된다고 할 수 없다.

판례(대법원 2021. 12. 10., 자, 2021마6702, 결정)

소송사건에서 제3자가 한쪽 당사자를 돕기 위하여 보조참가를 하려면 소송결과에 이해관계가 있어야 한다(민사소송법 제71조 참조). 해당 소송에서 판결의 효력이 직접 미치지 않는다고 하더라도 그 판결을 전제로 보조참가를 하려는 자의 법률상 지위가 결정되는 관계에 있으면 이러한 이해관계가 인정된다.

채무자가 채권자에 대한 사해행위를 한 경우에 채권자는 민법 제406조에 따라 채권자취소권을 행사할 수 있다. 그러나 채무자에 대한 회생절차가 개시된 후에는 관리인이 채무자의 재산을 위하여 부인권을 행사할 수 있다[채무자 회생 및 파산에 관한 법률(이하 '채무자회생법'이라 한다) 제100조, 제105조]. 회생채권자가 제기한 채권자취소소송이 회생절차개시 당시 계속되어 있는 때에는 소송절차는 중단되고 관리인이나 상대방이 이를 수계할 수 있고(채무자회생법 제113조, 제59조 제2항), 관리인이 기존 소송을 수계하고 부인의 소로 변경하여 부인권을 행사할 수 있다.

회생채권자가 제기한 채권자취소소송이 계속되어 있던 중 채무자에 대한 회생절차가 개시되어 관리인이 소송을 수계하고 부인의 소로 변경한 경우 소송결과가 채무자 재산의 증감에 직접적인 영향을 미치는 등 회생채권자의 법률상 지위에 영향을 미친다고 볼 수 있다. 따라서 종전에 채권자취소의 소를 제기한 회생채권자는 특별한 사정이 없는 한 소송결과에 이해관계를 갖고 있어 관리인을 돕기 위하여 보조참가를 할 수 있다.

특수관계인을 상대방으로 한 행위에 대한 특칙(제101조)

제정이유

1. 채무자가 계열회사나 친인척 등 특수관계인과 거래하는 경우에는 편파적 행위의 가능성이 높음에도 불구하고 종전 제도는 특수관계인과의 거래를 제3자와의 거래와 동일하게 취급하여 실질적인 형평을 저해하고 있으므로 이를 개선하려는 것임

2. 채무자와 친족관계 등 특수 관계인에게 담보의 제공이나 채무소멸 행위 등 채권자를 해하는 행위를 한 경우에 종전에는 지급정지가 있은 후 60일 이내에 한 행위에 대하여 부인할 수 있도록 한것을, 앞으로는 그 기간을 1년으로 확대하도록 함.

3. 타 채권자와의 형평을 도모하고 채무자의 재산도피행위를 사전에 차단하여 회생절차의 투명성을 높이는데 기여할 것으로 기대됨.

1. 특수관계인의 범위

배우자, 8촌 이내의 혈족, 4촌 이내의 인척, 본인의 금전 기타 재산에 의하여 생계를 유지하는 자 및 생계를 함께 하는 자, 본인이 100분의 30 이상을 출자한 법인 기타 법인·기타단체와 그 임원 등

2. 특칙의 적용

① 채무자가 지급의 정지, 회생절차의 신청 또는 파산의 신청이 있은 후에 한 회생채권자 또는 회생담보권자를 해하는 행위와 담보의 제공 또는 채무의 소멸에 관한 행위가 있은 경우 이익을 받은 자가 채무자와 특수관계인인 때에는 그 특수관계인이 그 행위 당시 지급의 정지등이 있은 것과 회생채권자 또는 회생담보권자를 해하는 사실을 알고 있었던 것으로 추정한다.

② 채무자가 지급의 정지등이 있은 후 또는 그 전 60일 이내에 한 담보의 제공 또는 채무의 소멸에 관한 행위로서 채무자의 의무에 속하지 않거나 그

방법이나 시기가 채무자의 의무에 속하지 않는 경우 특수관계인을 상대방으로 하는 행위인 때에는 "60일"을 "1년"으로 하고, 채무자회생및파산에관한법률 제100조 제1항 제3호 단서를 적용하는 경우에는 그 특수관계인이 그 행위 당시 채무자가 다른 회생채권자 또는 회생담보권자와의 평등을 해하게 되는 것을 알았던 것으로 추정한다.

③ 채무자가 지급의 정지등이 있은 후 또는 그 전 6월 이내에 한 무상행위 및 이와 동일시할 수 있는 유상행위의 경우 특수관계인을 상대방으로 하는 행위인 때에는 "6월"을 "1년"으로 한다.

어음채무지급의 예외(제102조)

1. 어음금 채무의 변제의 경우 부인의 예외

어음금 채무의 변제의 경우에는 어음 소지인이 채무자가 어음금을 제공함에도 이를 수령하지 않을 경우 소구권을 상실하게 되고, 따라서 변제를 받을 수밖에 없음에도 나중에 파산절차에서 그 변제가 부인된다면 그 때는 이미 거절증서작성기간이 도과되어 역시 소구권을 상실하게 되는 불합리한 결과를 초래하고 어음거래의 안전을 해하기 때문에 부인의 대상에서 제외한 것이다.

2. 부인의 예외의 제한

그러나 경우에 따라서는 이를 악용하여 어음금의 변제를 받는 방법으로 우선변제를 받을 수 있으므로 이를 제한하기 위하여 동조 제2항은 "제1항의 경우 최종의 상환의무자 또는 어음의 발행을 위탁한 자가 그 발행 당시 지급의 정지등이 있는 것을 알았거나 과실로 인하여 알지 못한 때에는 관리인은 그로 하여금 채무자가 지급한 금액을 상환하게 할 수 있다."고 규정하고 있다.

예를 들어 다음과 같은 경우가 있다.

(1) 채권자가 수취인으로 한 약속어음을 파산자에게 발생하도록 한 다음 제3자에게 자기를 수취인으로 한 약속어음을 파산자에게 발생하도록 한 다음 제3자에게 배서양도하여 대가를 받고, 제3자는 파산자에 어음을 제시하여 어음금을 지급받은 경우,

(2) 제3자를 수취인으로 한 약속어음을 발행하게 하고 제3자로부터 배서양
도 받아 파산자로부터 어음금을 지급받은 경우이다.

권리변동의 성립요건 또는 대항요건의 부인(제103조)

1. 대항요건 등의 구비행위를 권리변동의 원인행위와 분리

채무자회생및파산에관한법률 103조는 대항요건 등의 구비행위를 권리변동의
원인행위와 분리할 수 있도록 규정하고 있다.

2. 취지

(1) 대항요건 등의 구비행위에 대한 부인을 인정하는 취지는 원인행위가
있었음에도 상당기간 대항요건 등의 구비행위를 하지 않고 있다가 지급
정지 등이 있은 후에 그 구비행위를 한다는 것은 일반채권자들에게 예
상치 않았던 손해를 주기 때문에 이를 부인할 수 있도록 한 것이다.

(2) 대항요건 등의 구비행위도 통상적인 부인권에 따라 부인할 수 있는 것
이나 그 행위는 권리변동의 효력을 완성시키는 효력이 있을 뿐이고 원
인행위에 부인사유가 존재하지 않는 이상 가능하면 대항요건 등을 구비
시키는 것이 바람직하므로 부인권의 적용을 제한한 것이다.

3. 본조의 적용 제한

본조에서 부인대상이 되는 대항요건 등의 구비행위는 위기시기 이후 이루어
진 것이므로 부인권의 각 부인 중 위기부인만이 본 조에 의하여 적용이 제한
된다. 따라서 대항요건 등의 구비행위에 고의부인의 사유가 있는 경우에는
부인권에 의하여 부인할 수 있다고 한다.

4. 본 조에 의한 부인의 성립요건은 다음과 같다.

(1) 객관적 요건

권리의 설정, 이전 또는 변경의 효력발생요건 또는 대항요건을 구비하는
행위가 있어야 한다.

예를 들어 부동산의 등기, 동산의 인도, 채권의 양도와 입질에 관한 통지와 승낙, 지시채권의 배서, 교부, 선박의 등기, 자동차의 등록 등을 구비하는 행위를 가리킨다.

(2) 시기적 요건

권리의 설정, 이전, 변경이 있은 날부터 15일을 경과한 후에 대항요건 등의 구비행위가 이루어져야 한다.

유의해야 할 점은 15일의 기산점이 되는 날은 원인행위가 이루어진 날이 아니라 원인행위의 효력이 발생한 날을 의미한다는 것이다.

(3) 주관적 요건

수익자가 지급정지 등이 있음을 알고 있어야 한다.

5. 유의사항

지급정지 등이 있기 전에 이루어진 가등기에 기한 본등기는 부인의 대상이 되지 않는다. 이미 가등기가 경료된 경우에는 당해 재산이 채무자의 일반재산으로부터 일탈될 가능성을 대외적으로 공시하고 있는 것이기 때문에 가등기에 기초하여 본등기가 이루어지더라도 일반 채권자들에게 예상치 않은 손해를 준다고 할 수 없기 때문이다

▣ 관련판례

판례(대법원 2004. 2. 12. 선고 2003다53497 판결)

1. 회사정리법 제80조 제1항은 "지급의 정지 또는 파산, 화의개시, 정리절차개시의 신청이 있은 후 권리의 설정, 이전 또는 변경으로써 제3자에 대항하기 위하여 필요한 행위를 한 경우에 그 행위가 권리의 설정, 이전 또는 변경이 있은 날로부터 15일을 경과한 후 악의로 한 것인 때에는 이를 부인할 수 있다."라고 규정하고 있는바, 대항요건을 구비하여야 하는 위 15일의 기간은 권리변동의 원인행위가 이루어진 날이 아니고 그 원인행위의 효력이 발생하는 날부터 기산하여야 한다.

2. 회사정리법 제80조가 대항요건 내지 효력발생요건 자체를 독자적인 부인의 대상으로 규정하고 있는 취지는 대항요건 내지 효력발생요건 구비행위도 본래 같은 법 제78조의 일반 규정에 의한 부인의 대상이 되어야 하지만, 권리변동의 원인이 되는 행위를 부인할 수 없는 경우에는 가능한 한 대항요건 내지 효력발생요건을 구비시켜 당사자가 의도한 목적을 달성시키면서 같은 법 제80조 소정의 엄격한 요건을 충족시키는 경우에만 특별히 이를 부인할 수 있도록 한 것이라고 해석되므로, 권리변동의 대항요건을 구비하는 행위는 같은 법 제80조 소정의 엄격한 요건을 충족시키는 경우에만 부인의 대상이 될 뿐이지, 이와 별도로 같은 법 제78조에 의한 부인의 대상이 될 수는 없다.

집행행위의 부인(제104조)

1. 의의

집행행위의 부인이란 부인하고자 하는 행위에 관하여 상대방이 이미 채무명의를 가지고 있는 경우이거나 그 행위가 집행행위로서 이루어진 것일지라도 부인하는 것을 말한다. 따라서 통설은 본 조가 새로운 부인의 유형을 규정한 것이 아니고 집행행위도 부인에 관한 일반조항인 제100조 각 호의 부인대상이 된다는 것을 주의적으로 규정한 것으로 해석하고 있다.

2. 부인의 대상이 되는 행위

본 조 전단의 "부인하고자 하는 행위에 관하여 집행력있는 집행권원이 있는 때"와 관련하여 부인의 대상이 되는 행위를 든다면 다음과 같다.

(1) 집행권원의 내용을 이루는 의무를 발생시키는 파산자의 원인행위

(2) 집행권원의 내용을 이루는 의무를 이행하는 행위

(3) 집행권원의 자체를 성립시킨 채무자의 소송행위가 있다.

▣ 관련판례

판례(대법원 2003. 2. 28. 선고 2000다50275 판결)

1. 회사정리절차에 있어서는 담보권자는 개별적으로 담보권실행행위를 할 수 없고(회사정리법 제67조), 정리담보권자로서 정리절차 내에서의 권리행사가 인정될 뿐, 정리절차 외에서 변제를 받는 등 채권소멸행위를 할 수 없으며(같은 법 제123조 제2항, 제112조), 또한 같은 법 제81조 후단이 부인하고자 하는 행위가 집행행위에 기한 것인 때에도 부인권을 행사할 수 있다고 규정한 취지에 비추어 보면, 질권의 목적물을 타에 처분하여 채권의 만족을 얻는 경우도 그 실질에 있어서 집행행위와 동일한 것으로 볼 수 있어 부인의 대상이 되는 행위에 포함된다.

2. 질권자가 그 질권의 목적인 유가증권을 처분하여 채권을 회수한 행위에 대하여 회사정리법상의 부인권이 행사된 경우, 그 유가증권의 원상회복에 갈음하여 그 가액의 상환을 청구할 수 있다고 한 원심판결을 수긍한 사례.

부인권의 행사방법(제105조)

1. 부인권을 행사할 수 있는 자

관리인으로 한정되어 있다.

회생채권자가 부인권을 대위하여 행사할 수도 없고, 회생채권자는 법원에 대하여 관리인에게 부인권의 행사를 명하도록 신청할 수 있을 뿐이다.

2. 부인권의 행사방법

부인권은 소 또는 항변에 의하여 재판상 행사한다.

어느 수단을 통하여 부인권을 행사할지는 관리인이 판단한다. 관리인이 부인권을 행사하는 경우 부인권의 상대방이 되는 자는 수익자 또는 전득자 중 어느 일방 또는 쌍방을 상대로 하여 행사할 수 있고, 쌍방을 상대로 소를 제기하는 경우 필요적 공동소송이 아니라 통상의 공동소송이 된다.

3. 부인소송의 법적성질

학설과 판례는 이행, 확인소송설을 취하고 있다.

부인소송의 소송물은 부인권 자체가 아니라 부인의 효과로서 발생한 권리관계에 기한 이행청구 또는 확인청구이고, 부인의 주장은 공격방어방법으로서 판결이유 중에서 판단된다. 관리인은 부인의 소를 제기하거나 취하, 소송상 화해, 청구의 포기 등을 하기 위해서는 감사위원의 동의 등을 얻어야 한다.

4. 유의사항

부인권의 행사와 관련하여 유의해야 할 점은 채권조사절차와의 관계이다. 채권조사기일에 관리인이 아무런 이의도 제기하지 아니하고 다른 채권자들 역시 이의를 제기하지 아니하여 파산채권이 그대로 확정된 경우 그 후에는 부인권을 행사할 수 없다는 해석이 다수설이므로, 파산관재인으로서는 채권조사를 함에 있어 부인 대상의 유무를 주의해야 한다.

▣ 관련판례

판례(대법원 2021. 12. 10., 자, 2021마6702, 결정)

소송사건에서 제3자가 한쪽 당사자를 돕기 위하여 보조참가를 하려면 소송결과에 이해관계가 있어야 한다(민사소송법 제71조 참조). 해당 소송에서 판결의 효력이 직접 미치지 않는다고 하더라도 그 판결을 전제로 보조참가를 하려는 자의 법률상 지위가 결정되는 관계에 있으면 이러한 이해관계가 인정된다.

채무자가 채권자에 대한 사해행위를 한 경우에 채권자는 민법 제406조에 따라 채권자취소권을 행사할 수 있다. 그러나 채무자에 대한 회생절차가 개시된 후에는 관리인이 채무자의 재산을 위하여 부인권을 행사할 수 있다[채무자 회생 및 파산에 관한 법률(이하 '채무자회생법'이라 한다) 제100조, 제105조]. 회생채권자가 제기한 채권자취소소송이 회생절차개시 당시 계속되어 있는 때에는 소송절차는 중단되고 관리인이나 상대방이 이를 수계할 수 있고(채무자회생법 제113조, 제59조 제2항), 관리인이 기존 소송을 수계하고 부인의 소로 변경하여 부인권을 행사할 수 있다.

회생채권자가 제기한 채권자취소소송이 계속되어 있던 중 채무자에 대한 회생절차가 개시되어 관리인이 소송을 수계하고 부인의 소로 변경한 경우 소송결과가 채무자 재산의 증감에 직접적인 영향을 미치는 등 회생채권자의 법률상 지위에 영향을 미친다고 볼 수 있다. 따라서 종전에 채권자취소의 소를 제기한 회생채권자는 특별한 사정이 없는 한 소송결과에 이해관계를 갖고 있어 관리인을 돕기 위하여 보조참가를 할 수 있다.

부인의 청구(제106조)

1. 소명

관리인이 부인의 청구를 하는 경우에는 원인 사실을 소명하여야 한다.

2. 법원의 결정

부인의 청구를 인용하거나 기각하는 경우 이유를 붙인 결정으로 하여야 한다

3. 심문

법원은 부인의 청구에 대한 인용이나 기각에 대한 재판을 할 경우 부인권 행사의 상대방이 되는 자를 심문하여야 한다.

4. 송달

법원은 부인의 청구를 인용하는 결정을 한 때에는 그 결정서를 당사자에게 송달해야 한다.

부인의 청구를 인용하는 결정에 대한 이의의 소(제107조)

1. 제기권자

부인의 청구의 인용의 결정에 불복이 있는자

2. 제기기간

송달을 받은 날부터 1월 이내(불변기간으로 본다)

3. 관할

회생계속법원의 관할에 전속한다

4. 결정유형

부인의 소에 대한 판결에서는 부인의 청구를 인용하는 결정을 인가·변경 또는 취소한다. 다만, 부적법한 것으로 각하하는 때에는 그러하지 아니하다.

5. 판결의 효력

부인의 청구를 인용하는 결정의 전부 또는 일부를 인가하는 판결이 확정된 경우에는 그 결정(그 판결에서 인가된 부분에 한한다)은 확정판결과 동일한 효력이 있다. 제1항의 소가 같은 항에서 규정한 기간 이내에 제기되지 아니한 때, 취하된 때 또는 각하된 경우의 부인의 청구를 인용하는 결정에 관하여도 또한 같다.

부인권행사의 효과 등(제108조)

1. 원상회복

관리인과 부인의 상대방 사이의 효력	상대방의 행위를 기다리지 않고 채무자에게 당연히 복귀한다(물권적 효력)
제3자에 대한 효력	부인의 효력이 제3자에게도 바로 미치는 것은 아니다(상대적 무효)

(1) 금전교부행위가 부인된 경우 상대방은 파산자로부터 교부받은 액수와 동액의 금전 및 교부받은 날 이후의 지연이자를 반환하면 된다.

(2) 원상회복 되는 권리에 대항요건의 구비행위 자체가 등기가 부인된 경우
그 권리취득의 원인행위 또는 대항요건의 구비행위 자체가 부인되면 관리인은 부인의 등기 등을 하거나 통지 등에 의한 대항요건을 구비하여야 한

다. 등기의 원인이 부인되거나 등기 자체가 부인된 때에도 부인의 등기를 하여야 한다.

2. 가액배상

(1) 가액배상의 상황적 요건

관리인이 부인권을 행사할 당시 이미 그 대상이 되는 목적물이 물리적으로 멸실, 훼손되거나 상대방이 제3자에게 처분하여 반환이 불가능 하다면 가액배상을 청구 할 수 있다. 가액배상을 직접적으로 법문상 명문으로 규정하고 있지는 않으나 부인권 제도의 취지와 선의의 무상취득자의 현존이익반환의무와 가액상환에 따른 상대방의 채권의 부활을 근거로 인정하는 것이 통설이다.

(2) 배상액 산정의 기준시점

배상액산정의 기준시점은 부인권을 행사할 때의 가액이라고 본다.

3. 무상부인과 선의자의 보호

무상부인을 행사할 경우에는 상대방의 선의, 악의여부 묻지 않고 그의 행사를 허용하므로 상대방에게 예상치 못했던 가혹한 결과를 초래할 수 있다. 본법은 선의의 상대방을 보호하는 차원에서 부인권 행사에 따른 그의 반환범위를 경감하여 이익이 현존하는 한도 내에서 상환하도록 하고 있다. 전득자의 경우에 대해서도 전득 당시 선의이었다면 역시 이익이 현존하는 범위 내에서 상환하도록 규정하고 있다.

4. 부인된 경우의 권리행사

① 채무자가 받은 반대급부가 채무자의 재산 중에 현존하는 때에는 그 반대급부의 반환을 청구하는 권리
② 채무자가 받은 반대급부에 의하여 생긴 이익의 전부가 채무자의 재산 중에 현존하는 때에는 공익채권자로서 현존이익의 반환을 청구하는 권리
③ 채무자가 받은 반대급부에 의하여 생긴 이익이 채무자의 재산 중에 현존

하지 아니하는 때에는 회생채권자로서 반대급부의 가액상환을 청구하는 권리

④ 채무자가 받은 반대급부에 의하여 생긴 이익의 일부가 채무자의 재산 중에 현존하는 때에는 공익채권자로서 그 현존이익의 반환을 청구하는 권리와 회생채권자로서 반대급부와 현존이익과의 차액의 상환을 청구하는 권리

상대방의 채권의 회복(제109조)

1. 반대이행의 반환청구

부인권은 채무자의 재산을 부인의 대상이 되는 행위 이전의 상태로 원상회복을 시키는데 있지 채무자로 하여금 부당하게 이익을 얻게 하려는 것이 아니다. 따라서 채무자의 행위가 부인된 경우 채무자의 급부에 대하여 한 상대방의 반대이행은 채무자 재산으로부터 반환되어야 한다. 채무자의 행위가 회생계획안 심리를 위한 관계인집회가 끝난 후 또는 채무자회생및파산에관한법률 제240조의 규정에 의한 서면결의에 부치는 결정이 있은 후에 부인된 때에는 동법 제152조제3항의 규정에 불구하고 상대방은 부인된 날부터 1월 이내에 신고를 추후 보완할 수 있다.

(1) 반환방법

반환방법은 상대방이 한 반대급부가 채무자재산에 현존하고 있는지 여부에 따라 달라진다.

만약 상대방이 한 급부가 채무자의 재산 중에 현존하고 있다면	상대방은 그 반환을 청구할 수 있고, 상대방은 관리인에 대하여 동시이행의 항변권을 행사 할 수 있다
상대방이 한 반대급부 자체는 현존하지 않으나 그 반대급부로 인하여 생긴 이익이 현존하고 있다면	상대방은 이익이 현존하는 한도 내에서 공익채권자로서 상환을 청구할 수 있다

(2) 반대급부의 가액이 현존하는 이익보다 큰 경우의 상대방의 권리

그 차액에 대해서 상대방은 역시 회생채권자로서 권리를 행사할 수 있다.

2. 상대방 채권의 부활

부인권의 행사로 말미암아 채무의 이행행위가 부인된 경우 상대방이 그 받은 이익을 반환하거나 또는 그 가액을 상환한 경우에는 상대방의 채권이 부활한다. 상대방의 선이행의무를 명시하고 있는데, 이는 상대방의 의무를 선이행시켜 먼저 채무자의 재산을 현실적으로 원상회복시킨 후에야 비로서 상대방의 채권을 부활시키겠다는 것이다. 따라서 상대방은 부활한 채권을 재동채권으로 하고 반환채무와 상계할 수도 없다.

3. 실무상 문제되는 경우

실무상 문제되는 경우는 회생계획이 인가된 후에 부인권이 행사되는 경우이다. 이 경우 부인의 효과에 의하여 상대방의 채권이 부활하더라도 회생계획안의 심리를 위한 관계인 집회가 종료한 후에는 그 채권신고를 할 수 없으므로 상대방에게 구제의 길이 없다고 볼 여지가 많다. 상대방으로서는 부인권 행사에 대비하여 부활될 채권에 대하여 예비적 신고를 하는 것이 바람직하나 이미 변제받은 채권자에 대하여 그러한 행위를 기대하는 것은 가혹하지 않느냐는 지적도 있다.

▣ 관련판례

판례(대법원 2004. 9. 13. 선고 2001다45874 판결)

1. 정리담보권으로 신고된 채권에 대하여 정리회사의 관리인이 조사기일에 이의를 제기하므로 채권자가 제기한 정리담보권확정의 소에서 관리인이 회사정리법상 부인권을 행사하는 경우, 그 부인권의 행사로 인하여 부활될 채권까지 원래의 채권신고내용에 포함되어 신고되었다고는 할 수 없다.

2. 회사정리법 제127조 제3항이 정리채권 또는 정리담보권의 추완신고는 정리계획안 심리를 위한 관계인 집회가 끝난 후에는 하지 못한다고 규정하고 있으므로, 관계인 집회가 끝난 후에 비로소 부인권이 행사된 경우, 채권자는 정리채권자 또는 정리담보권자로서의 추완신고를 할 수 없어 그 권리를 행사할 수 없

게 되나, 다만 정리회사는 채권자의 손실에 의하여 부당하게 이득을 얻은 것이 므로, 채권자는 부활될 채권이 정리채권 또는 정리담보권으로서 회사정리절차에 신고되었더라면 정리계획에 의하여 변제받을 수 있는 금액에 관하여 정리절차 개시 이후에 발생한 부당이득으로서 회사정리법 제208조 제6호 소정의 공익채 권으로 청구할 수 있다.

판례(대법원 2003. 1. 10. 선고 2002다36235 판결)

정리회사의 관리인이 정리계획안 심리를 위한 관계인집회가 끝난 이후 부인 의 소를 제기함으로써 상대방이 그 부활한 채권을 행사할 수 없게 된 때에는 정리회사가 상대방의 손실에 의하여 부당하게 이득을 얻은 것이 되므로, 정리 회사의 관리인은 이를 정리절차개시 이후에 발생한 부당이득으로서 회사정리법 제208조 제6호 소정의 공익채권으로 상대방에게 반환할 의무가 있고, 다만 그 경우에 반환하여야 할 부당이득액은 부활한 채권이 정리채권으로서 회사정리절 차에 참가하였더라면 정리계획에 의하여 변제받을 수 있는 금액이라고 봄이 상 당하므로 그 상대방의 채권과 같은 성질의 채권에 대하여 정리계획에서 인정된 것과 동일한 조건으로 지급할 의무가 있다.

전득자에 대한 부인권(제110조)

1. 전득자에 대한 부인

부인권은 전득자가 전득 당시 각각 그 전자(前者)에 대하여 부인의 원인이 있음을 안 때, 전득자가 특수관계인인 때(전득 당시 각각 그 전자(前者)에 대 하여 부인의 원인이 있음을 알지 못한 때 제외), 전득자가 무상행위 또는 그 와 동일시할 수 있는 유상행위로 인하여 전득한 경우 각각 그 전자(前者)에 대하여 부인의 원인이 있는 때 전득자(轉得者)에 대하여도 행사할 수 있다. 부인권의 실효성을 확보하기 위해서는 전득자에 대해서도 부인의 효과가 미치 도록 할 필요가 있고, 반면 이를 관철할 경우 거래의 안전을 해칠 우려가 있다. 본 조는 일정한 요건 아래 부인의 효력을 전득자에게 주장할 수 있도록 규정하여 전득자를 적절히 보호하려 하고 있다. 전득자에 대하여 부인권을 행사한 다는 의미는 부인의 대상이 되는 행위가 채무자와 수익자 사이의 행위이고 다만 그 효과를 전득자에게 주장한다고 보는 것이다.

2. 성립요건

(1) 모든 부인에 적용되는 일반 성립요건

전득자에 대한 부인의 공통적인 성립요건은 전득자의 전자에 대한 부인의 원인이 있어야 한다.

(2) 고의부인이나 위기부인의 특별한 성립요건

전득자가 전득 당시 그 전자에 대하여 부인의 원인이 있음을 알고 있어야 하고 다만 전득자가 파산자의 친족 또는 동거자일 때는 전득자가 자신의 선의임을 입증해야 하며, 무상부인의 경우에는 그 전자에 대하여 부인의 원인이 있으면 족하다.

지급정지를 안 것을 이유로 하는 부인의 제한(제111조)

1. 지급정지를 안 것을 이유로 하는 부인의 제한

지급정지의 사실을 안 것을 이유로 하여 부인하는 경우에는 파산선고가 있는 날로부터 1년 전에 행하여진 행위는 부인할 수 없다. 부인권의 행사에 시간적 제약을 가함으로써 거래관계자의 신뢰를 보호하기 위한 것이다.

2. 개시 신청이 있은 날부터 1년을 넘어선 경우의 해결방법

채무자의 회생채권자 등을 해하는 행위가 지급정지 등이 있은 후, 그러나 회생절차 개시신청이 있은 날부터 1년을 넘어서 행하여진 경우, 관리인은 수익자가 지급정지 등이 있는 것을 알고 있더라도 이를 이유로 부인할 수 없고, 회생채권자 등을 해하는 사실을 알고 있음을 이유로 부인할 수 있다.

부인권행사의 기간(제112조)

부인권은 회생절차 개시가 있은 날부터 2년간 이를 행사하지 아니하면 소멸시효가 완성한다. 또한 부인의 대상이 되는 행위가 있던 날부터 10년을 경과한 경우에도 역시 소멸시효가 완성된다. 조속한 법률관계의 확정을 통하여 거래안전을 확보하기 위한 규정이다.

채권자취소소송 등의 중단(제113조)

1. 채권자취소소송의 중단의 취지

채권자취소소송(민법 제406조)이나 사해신탁(신탁법 제8조)은 채무자를 피고로 하는 것은 아니지만, 그 소송의 결과는 부인의 행사와 마찬가지로 채무자에게 영향이 있고, 이를 부인소송으로 변경하여 관리인이 통일적으로 수행할 필요가 있으므로 중단된다.

2. 소송의 경우에 있어서의 준용

제59조(소송절차의 중단 등) 제2항 내지 제5항의 규정에 의한 소송의 경우에도 회생절차개시 계속중인 경우 소송절차가 중단된다.

신탁행위의 부인에 관한 특칙(제113조의2)

1. 채무자가 신탁행위를 부인할 때

채무자가 신탁법에 따라 위탁자로서 한 신탁행위를 부인할 때에는 수탁자, 수익자 또는 그 전득자를 상대방으로 한다. 신탁행위가 제100조제1항제1호, 제2호 또는 제3호의 행위에 해당하여 수탁자를 상대방으로 하여 신탁행위를 부인할 때에는 같은 조 제1항제1호 단서, 제2호 단서 또는 제3호 단서를 적용하지 아니한다. 신탁행위가 제100조제1항제1호 또는 제2호의 행위에 해당하여 수익자를 상대방으로 하여 신탁행위를 부인하는 경우 같은 조 제1항제1호 단서 또는 제2호 단서를 적용할 때에는 "이로 인하여 이익을 받은 자"를 부인의 상대방인 수익자로 본다.

2. 관리인의 원상회복 청구

관리인은 수익자(수익권의 전득자가 있는 경우에는 그 전득자를 말한다) 전부에 대하여 부인의 원인이 있을 때에만 수탁자에게 신탁재산의 원상회복을 청구할 수 있다. 이 경우 부인의 원인이 있음을 알지 못한 수탁자에게는 현존하는 신탁재산의 범위에서 원상회복을 청구할 수 있다. 관리인은 수익권 취득 당시 부인의 원인이 있음을 알고 있는 수익자(전득자가 있는 경우 전득자를 포함한다)에게 그가 취득한 수익권을 채무자의 재산으로 반환할 것을 청구할 수 있다. 채무자가 위탁자로서 한 신탁행위가 부인되어 신탁재산이 원상회복된 경우 그 신탁과 관련하여 수탁자와 거래한 선의의 제3자는 그로 인하여 생긴 채권을 원상회복된 신탁재산의 한도에서 공익채권자로서 행사할 수 있다.

제3절 법인의 이사등의 책임

법인의 이사등의 재산에 대한 보전처분(제114조)

1. 이사등의 재산에 대한 보전처분

회생절차개시결정이 있는 경우 채무자의 발기인, 이사, 감사, 감사인 또는 청산인에 대한 출자이행청구권 또는 이사등의 책임에 기한 손해배상 청구권을 보전하기 위하여 이사등의 재산에 대한 보전처분을 할 수 있다.

2. 신청권자

관리인의 신청에 의하거나 법원의 직권으로도 가능하다.

3. 보전처분을 신청할 수 있는 시기

회생절차개시결정이 있은 후가 원칙이나 긴급하게 필요할 경우에는 회생절차개시결정전이라도 채무자의 신청에 의하거나 법원의 직권에 의해서 보전처분을 명할 수 있다.

4. 의견청취

법원이 관리위원회의 의견을 들어 보전처분을 취소할 수 있다.

5. 즉시항고

위의 보전처분에 대해서는 즉시항고가 가능하다

6. 집행정지의 효력 여부

즉시항고에 대해서는 집행정지의 효력은 인정되지 아니한다.

7. 송달

즉시항고에 대한 재판이 있는 경우 결정서를 당사자에게 송달하여야 한다.

법 제43조에 의한 보전처분	채무자의 사업과 재산에 관한 보전처분을 할 수 있도록 하는 규정
법 제114조에 의한 보전처분	발기인, 이사 등에 대하여 손해배상청구권보전을 위한 보전처분을 할 수 있도록 하는 규정

손해배상청구권 등의 조사확정재판(제115조)

1. 손해배상청구권 등의 조사확정재판

채무자회생및파산에관한법률 제114조에 규정한 이사등에 대한 출자이행청구권이나 이사등의 책임에 기한 손해배상청구권의 존부와 그 내용을 확정하는 재판을 할 수 있다.

2. 관리인이 재판을 신청해야 하는 경우

관리인은 위의 청구권이 있음을 알게 된 때에는 재판을 신청하여야 한다.

3. 관리인의 소명

관리인이 내용을 확정하는 재판을 하는 경우 그 원인되는 사실을 소명하여야 한다.

4. 법원이 직권으로 조사확정절차를 개시하는 경우

법원이 직권으로 조사확정절차를 개시하는 경우 그 취지의 결정을 하여야 한다.

5. 시효의 중단 여부

확정재판을 신청하는 경우와 조사확정절차개시결정이 있는 경우 시효의 중단이 있다.

6. 결정의 형식

조사확정의 재판과, 기각의 경우 둘다 이유를 붙인 결정으로 결정을 하여야 한다.

7. 이해관계인에 대한 심문

위의 조사확정의 재판과, 기각의 경우 법원은 이해관계인을 미리 심문하여야 한다.

8. 조사확정절차의 종료

조사확정결정이 있은 후의 것을 제외하고 조사확정절차는 회생절차가 종료한 때에는 종료한다.

9. 송달

조사확정결정이 있는 경우 그 결정서를 당사자에게 송달해야 한다.

관련 질의응답   Q & A

대표이사의 공금 횡령으로 파산한 주식회사 채권자의 손해배상청구권

문) 저는 甲이 대표이사인 乙주식회사의 고객인데, 甲은 乙주식회사의 공금을 횡령하여 그로 인해 乙주식회사가 파산지경에 이르게 됨으로 인하여 제가 乙회사에 대하여 가지고 있는 채권을 회수할 수 없게 되었습니다. 이러한 경우 제가 직접 甲을 상대로 손해배상청구를 할 수 있는지?

답) 합명회사 대표사원의 제3자에 대한 손해배상책임에 관하여 상법 제210조에 의하면 "회사를 대표하는 사원이 그 업무집행으로 인하여 타인에게 손해를 가한 때에는 회사는 그 사원과 연대하여 배상할 책임이 있다."라고 규정하고 있으며, 이 규정은 같은 법 제389조 제3항에 의하여 주식회사의 대표이사에게도 준용되고 있습니다. 또한, 같은 법 제401조 제1항에 의하면 "이사가 악의 또는 중대한 과실로 인하여 그 임무를 해태한 때에는 그 이사는 제3자에 대하여 연대하여 손해를 배상할 책임이 있다."라고 규정하고 있습니다.
그런데 관련 판례를 보면, "주식회사의 주주가 대표이사의 악의 또는 중대한 과실로 인한 임무해태행위로 직접 손해를 입은 경우에는 이사와 회사에 대하여 상법 제401 조, 제389조 제3항, 제210조에 의하여 손해배상을 청구할 수 있으나, 대표이사가 회사재산을 횡령하여 회사재산이 감소함으로써 회사가 손해를 입고 결과적으로 주주의 경제적 이익이 침해되는 손해와 같은 간접적인 손해는 상법 제401조 제1항에서 말하는 손해의 개념에 포함되지 아니하므로, 이에 대하여는 위 법 조항에 의한 손해배상을 청구할 수 없고, 이와 같은 법리는 주주가 중소기업창업지원법상의 중소기업창업 투자회사라고 하여도 다를 바 없다."라고 한 바 있습니다(대법원 1993. 1. 26. 선고 91다36093 판결).

따라서 위 사안과 같은 경우에도 乙회사가 甲을 상대로 甲의 불법행위로 인한 손해배상 또는 부당이득반환청구를 함은 별론으로 하고, 乙회사의 고객인 귀하가 甲을 상대로 乙회사가 파산지경에 이르게 됨으로써 입게 된 손해 즉, 간접손해를 청구할 수는 없을 것으로 보입니다.

참고로 이사의 제3자에 대한 책임과 관련하여 회사채무의 이행지체가 상법 제401조 소정의 이사의 임무해태행위에 해당하는지에 관한 판례를 보면, "이사가 제3자에 대하여 연대하여 손해배상책임을 지는 고의 또는 중대한 과실로 인한 임무해태행위라 함은 이사의 직무상 충실 및 선관의무위반의 행위로서 위법한 사정이 있어야 하고 통상의 거래행위로 인하여 부담하는 회사의 채무를 이행할 능력이 있었음에도 단순히 그 이행을 지체하고 있는 사실로 인하여 상대방에게 손해를 끼치는 사실만으로는 이를 임무를 해태한 위법한 경우라고 할 수는 없다."라고 한 바 있습니다(대법원 2003. 4. 11. 선고 2002다70044 판결, 대법원 1985. 11. 12. 선고 84다카2490 판결).

총주주의 동의로 감사의 회사에 대한 책임을 면제할 수 있는지

문) 저는 甲주식회사의 주주인데, 甲주식회사의 전 대표이사 乙은 재직기간 중 그의 개인적인 용도에 사용할 목적으로 甲회사명의의 수표를 발행하고, 제3자가 발행한 약속어음에 甲회사명의의 배서를 해주어 甲회사가 그 지급책임을 부담·이행하여 손해를 입었습니다. 그러나 甲주식회사에서는 총주주의 동의로 乙의 위와 같은 행위로 손해를 입게 된 금액을 특별손실로 처리하기로 결의했습니다. 그렇게 되면 甲회사의 손실이 너무 커서 파산지경에 처해지게 되므로 비록 위와 같이 특별손실처리를 하였지만, 甲회사가 다시 乙에 대해 손해배상을 청구할 수는 없는지?

답) 상법 제399조 제1항에 의하면 "이사가 법령 또는 정관에 위반한 행위를 하거나 그 임무를 해태한 때에는 그 이사는 회사에 대하여 연대하여 손해를 배상할 책임이 있다." 라고 규정하고 있습니다.

그리고 주식회사의 대표이사의 대표권남용에 따른 불법행위에 대하여 위 같은 법 제 399조의 손해배상청구권 이외에 불법행위를 이유로 한 손해배상청구권도 행사할 수 있는지에 관한 판례를 보면, "주식회사의 대표이사가 그의 개인적인 용도에 사용할 목적으로 회사명의의 수표를 발행하거나 타인이 발행한 약속어음에 회사명의의 배서를 해주어 회사가 그 지급책임을 부담·이행하여 손해를 입은 경우에는 당해 주식회사는 대표이사의 위와 같은 행위가 상법 제398조 소정의 이사와 회사간의 이해상반 하는 거래행위에 해당한다 하여 이사회의 승인여부에 불구하고 상법 제399조 소정의 손해배상청구권을 행사할 수 있음은 물론이고, 대표권의 남용에 따른 불법행위를 이유로 한 손해배상청구권도 행사할 수 있다."라고 하였습니다(대법원 1989. 1. 31. 선고 87누760 판결).

따라서 위 사안에서도 甲회사는 乙에 대하여 채무불이행으로 인한 손해배상청구권과 불법행위로 인한 손해배상청구권을 아울러 취득하여 그 중 어느 쪽의 손해배상청구권이라도 선택적으로 행사할 수 있었습니다(대법원 1983. 3. 22. 선고 82다카1533 전원합의체 판결, 1989. 4. 11. 선고 88다카11428 판결).

그런데 같은 법 제400조에서는 같은 법 제399조의 규정에 의한 이사의 책임은 총주주의 동의로 면제할 수 있다고 규정하고 있고, 민법 제506조에 의하면 "채권자가 채무자에게 채무를 면제하는 의사를 표시한 때에는 채권은 소멸한다. 그러나 면제로써 정당한 이익을 가진 제3자에게 대항하지 못한다."라고 규정하고 있습니다. 따라서 甲회사의 주주들이 乙의 행위로 인한 손해를 특별손실로 처리키로 결의한 바가 있으므로 그로써 乙의 책임이 전부 면책된 것인지 문제되는데, 관련 판례를 보면 "총주주의 동의를 얻어 대표이사의 행위로 손해를 입게 된 금액을 특별손실로 처리하기로 결의하였다면 그것은 바로 상법 제400조 소정의 이사의 책임소멸의 원인이 되는 면제에 해당되는 것이나, 이로써 법적으로 소멸되는 손해배상청구권은 상법 제399조 소정의 권리에 국한되는 것이지 불법행위로 인한 손해배상청구권까지 소멸되는 것으로는 볼 수 없고, 그 이유는 상법 제399조 소정의 손해배상청구권과 불법행위로 인한 손해배상청구권은 그 각 권리의 발생요건과 근거가 다를 뿐만 아니라 그 소멸원인의 하나인 채권자의 포기, 따라서 채무의 면제에 있어서도 전자는 상법 제400조의 방법과 효력에 의하는 반면에, 후자는 민법 제506조의 방법과 효력에 의하도록 되어 있기 때문이다."라고 하였으며(대법원 1989. 1. 31. 선고 87누760 판결), 같은 법 제415조, 제400조에 의하여 총 주주의 동의로 감사의 회사에 대한 불법행위책임을 면제할 수 있는지에 관하여도 "상법 제415조, 제400조에 의하여 총 주주의 동의로 면제할 수 있는 감사의 회사에 대한 책임은 위임관계로 인한 채무불이행책임이지 불법행위 책임이 아니므로, 사실상의 1인 주주가 책임면제의 의사표시를 하였더라도 감사의 회사에 대한 불법행위책임은 면제할 수 없다."라고 하였습니다(대법원 2002. 6. 14. 선고 2002다11441 판결, 1996. 4. 9. 선고 95다56316 판결).

따라서 위 사안에서 甲회사의 주주들이 위와 같은 손해금액을 특별처리키로 결의하기만 하고 甲회사에서 퇴직한 乙에게 별도로 채무면제의 의사표시를 한 바가 없다면, 甲회사의 乙에 대한 손해배상청구권 중 총주주의 동의로 특별손실처리키로 한 것은 채무불이행으로 인한 손해배상에 한정되고, 불법행위로 인한 손해배상채권은 甲회사에 남아 있다고 보아야 할 것입니다.

이의의 소(제116조)

1. 의의

조사확정의 재판에 불복이 있는 자는 결정을 송달받은 날부터 1월 이내에 이의의 소를 제기할 수 있다. 이 기간은 불변기간으로 한다. 소를 제기하는 자가 이사등인 때에는 관리인을, 관리인인 때에는 이사등을 피고로 한다.

이의의 소는 회생계속법원의 관할에 전속하며, 변론은 결정을 송달받은 날부터 1월을 경과한 후 개시할 수 있다. 판결에서는 결정를 인가·변경 또는 취소한다. 다만 부적법한 것으로 각하된 경우에는 그러지 않는다. 조사확정의 결정을 인가하거나 변경한 판결은 강제집행에 관하여 이행을 명한 확정판결과 동일한 효력이 있다.

2. 즉시항고를 할 수 있는 결정

(1) 보전처분신청을 인용하여 보전처분을 명하는 결정
(2) 보전처분을 취소, 변경하는 결정
(3) 보전처분신청을 기각하는 결정

3. 집행정지의 효력 여부

위 즉시항고에는 집행정지의 효력은 없다.

4. 신청권자

보존처분기각결정에 대하여 신청인이 항고할 수 있음은 당연하나, 그 외 주주 또는 채권자 등 제3자가 항고할 수 있는지에 관하여는 견해의 대립이 있으나 제3자 등은 별도로 보전처분 신청을 하면 되는 것이므로 항고할 수 없다고 보는 것이 타당하다고 생각된다.

조사확정재판의 효력(제117조)

이의의 소가 결정을 받은 때로부터 1월내에 제기되지 아니하였거나 취하된 때 또는 각하된 때에는 조사확정의 재판은 이행을 명한 확정판결과 동일한 효력이 있다.

제 4 장
회생채권자 · 회생담보권자 · 주주 · 지분권자

제1절 회생채권자 · 회생담보권자 · 주주·지분권자의 권리

회생채권(제118조)

1. 회생채권의 의의

채무자에 대하여 회생절차개시 전의 원인에 기하여 생긴 재산상의 청구권을 회생채권이라고 한다.

(1) 회생채권과 파산채권의 차이

회생채권은 파산절차상의 파산채권에 상당하는 것이라 할 수 있지만 파산의 경우와는 달리 회생채권에 있어서는 소위 금전화, 현재화의 원칙은 취하지 않고 있다. 다만, 관계인집회에서 의결권을 어느 정도로 부여할 것인가에 관해서 만은 전부의 채권에 관하여 동질적으로 취급할 수 없으므로 본 법은 이 관계에 있어서만 금전평가의 원칙을 채용하고 있다.

(2) 회생채권과 공익채권

회생채권과 상대되는 개념은 공익채권이다. 두 채권은 첫째로 발생원인에 있어서 차이가 있다. 즉 회생채권은 원칙적으로 회생절차개시 전의 원인으로 생긴 채권인 데 반하여 공익채권은 원칙적으로 개시결정 이후의 원인으로 생긴 채권이다. 다음에 두 채권은 효과에 있어서 커다란 차이가 있다. 즉 회생채권은 회생절차에 의하여서만 변제가 가능하고 그 이외의 소멸은 원칙적으로 금지되나 공익채권은 회생절차에 의하지 않고도 수시로 변제되는 것이다.

회생채권	공익채권
회생절차개시 전의 원인으로 생긴 채권	원칙적으로 개시결정 이후의 원인으로 생긴 채권
회생절차에 의하여서만 변제가 가능 그 이외의 소멸은 원칙적으로 금지	회생절차에 의하지 않고도 수시로 변제된다.

2. 회생채권의 요건

채무자에 대하여 회생절차개시 전의 원인에 기하여 생긴 재산상의 청구권이 회생채권이 된다. 회생채권으로 되기 위하여는 다음의 요건을 구비하여야 한다.

(1) 채무자에 대한 청구권

채무자에 대한 청구권이라는 것은 채무자의 일반재산을 담보로 하는 채권, 환언하면 채권적 청구권 또는 인적 청구권을 말한다. 다만 채권적 청구권이더라도 채무자의 재산에 속하지 않는 재산의 인도를 목적으로 하는 것은 회생채권은 아니고 환취권으로 된다. 이러한 청구에 대한 변제의 불가능은 절차개시의 원인이기 때문이다.

따라서 소유권 등에 기한 물권적 청구권, 특허권 기타의 무체재산권에 기한 물권적 청구권 유사의 청구권 등은 이런 의미에서 회생채권은 아니다. 점유침해를 이유로 하는 회수, 방해배제, 방해예방청구권도 위에 준한다. 이들 중 물건의 인도 또는 권리의 반환(등기, 등록의 말소)을 내용으로 하는 것은 환취권의 전형적인 예가 된다. 다만, 이들 물권 기타의 절대권의 침해를 이유로 하는 손해배상청구권, 부당이득반환청구권은 인적 청구권이라고 할 수 있다.

(2) 재산상의 청구권

재산상의 청구권은 채무자 재산의 가치이용에 의하여 이행될 청구권을 말한다. 다만, 재산상의 청구권이라 하여 반드시 금전채권일 필요는 없다. 금전으로 평가될 수 있는 청구권이면 족하다.

(3) 회생절차개시전의 원인에 기한 청구권

의사표시 등 채권발생의 기본적 구성요건 해당사실이 개시결정 전에 존재하는 것을 의미한다. 이와 같은 채권인 한 확정기한미도래의 채권, 장래의 정기금채권, 불확정기한부채권, 해제조건부채권, 회생조건부채권은 물론 장래의 구상권과 같은 장래의 청구권도 상관없다.

조세채권의 경우에는 회생절차개시결정 전의 법률에 의한 과세요건이 충족되어 있으면 그 부과처분이 회생절차개시 후에 있는 경우라도 회생채권에 해당된다.

(4) 물적담보를 가지지 않는 청구권

이러한 요건을 구비한 청구권이더라도 회생절차개시 당시 채무자 재산상에 존재하는 질권, 저당권, 유치권 등에 의하여 담보된 범위의 것은 회생담보권으로 되고 회생채권과는 구별된다. 다만, 회생담보권자가 가지는 채권이더라도 그 담보권의 목적의 가액을 초과하는 부분은 회생채권으로 된다.

(5) 공법상의 채권과 사법상의 채권 분류 여부

공법상의 채권과 사법상의 채권을 불문한다. 따라서 국세징수법 또는 국세징수의 예에 의하여 징수할 수 있는 국세 또는 지방세 등의 조세채권 기타의 청구권, 벌금, 과료, 형사소송비용, 추징금, 과태료도 회생채권으로 된다.

▣ **관련판례**

판례(대법원 2004. 11. 12. 선고 2002다53865 판결)

회사정리법 제121조 제1항 제2호에서 "정리절차개시 후의 불이행으로 인한 손해배상과 위약금"을 후순위 정리채권으로 정하고 있으나, 여기서 규정한 손해배상금과 위약금은 정리절차개시 전부터 회사에 재산상의 청구권의 불이행이 있기 때문에 상대방에 대하여 손해배상을 지급하거나 또는 위약금을 정기적으로 지급하여야 할 관계에 있을 때 그 계속으로 정리절차개시 후에 발생하고 있는 손해배상 및 위약금 청구권을 의미한다.

판례(대법원 2004. 8. 20. 선고 2004다3512,3529 판결)

회사정리법 제145조에 의하면, 확정된 정리채권과 정리담보권에 관하여는 정리채권자표와 정리담보권자표의 기재는 정리채권자, 정리담보권자와 주주의 전원에 대하여 확정판결과 동일한 효력이 있다고 규정하고 있는바, 여기서 확정판결과 동일한 효력이라 함은 기판력이 아닌 확인적 효력을 가지고 정리절차 내부에 있어 불가쟁의 효력이 있다는 의미에 지나지 않는 것이므로, 공익채권을 단순히 정리채권으로 신고하여 정리채권자표 등에 기재된다고 하더라도 공익채권의 성질이 정리채권으로 변경된다고 볼 수는 없고, 또한 공익채권자가 자신의 채권이 공익채권인지 정리채권인지 여부에 대하여 정확한 판단이 어려운 경우에 정리채권으로 신고를 하지 아니하였다가 나중에 공익채권으로 인정받지 못하게 되면 그 권리를 잃게 될 것을 우려하여 일단 정리채권으로 신고할 수도 있을 것인바, 이와 같이 공익채권자가 자신의 채권을 정리채권으로 신고한 것만 가지고 바로 공익채권자가 자신의 채권을 정리채권으로 취급하는 것에 대하여 명시적으로 동의를 하였다거나 공익채권자의 지위를 포기한 것으로 볼 수는 없다.

판례(대법원 2003. 9. 26. 선고 2002다62715 판결)

정리채권의 귀속을 둘러싸고 사전 또는 사후에라도 분쟁이 있고, 그 분쟁당사자 중 어느 일방이 이를 정리채권으로 신고하였으나, 나중에 신고를 하지 아니한 다른 당사자가 진정한 채권자임이 판명된 경우에는 정리회사의 관리인으로서는 정리절차의 진행과 관련하여 일단 정리채권 신고를 한 자를 정리채권자로 취급하여 절차를 진행하다가 나중에 진정한 채권자가 따로 있는 것이 밝혀지면 그 때부터 종전 신고자를 배제한 채 진정한 채권자를 정리채권자로 취급하여야 하고, 이와 같은 의미에서 무권리자가 한 정리채권의 신고도 유권리자에 대한 관계에서 그 효력이 인정된다.

판례(대법원 2002. 12. 10. 선고 2002다57102 판결)

1. 회사정리법 제102조의 정리채권이라 함은 의사표시 등 채권 발생의 원인이 정리절차개시 전의 원인에 기해 생긴 재산상의 청구권을 말하는 것으로, 채권

발생의 원인이 정리절차개시 전의 원인에 기한 것인 한, 그 내용이 구체적으로 확정되지 아니하였거나 변제기가 회사정리절차개시 후에 도래하더라도 상관없다.

2. 회사정리법 제102조의 정리채권에는 같은 법 제118조 제1항이 규정하는 조건부채권도 포함되는데, 여기에서 조건부채권이라 함은 채권의 전부 또는 일부의 성립 또는 소멸이 장래의 불확정한 사실인 조건에 의존하는 채권을 말하고, 위 조건은 채권의 발생원인인 법률행위에 붙은 의사표시의 내용인 부관에 한정되지 아니하므로, 가집행선고의 실효를 조건으로 하는 가지급물의 원상회복 및 손해배상 채권은 그 채권 발생의 원인인 가지급물의 지급이 정리절차개시 전에 이루어진 것이라면 조건부채권으로서 정리채권에 해당한다.

판례(대법원 2002. 9. 4. 선고 2001두7268 판결)

정리회사에 대한 조세채권이 회사정리 개시결정 전에 법률에 의한 과세요건이 충족되어 있으면 그 부과처분이 정리절차 개시 후에 있는 경우라도 그 조세채권은 정리채권이 되고, 정리회사에 대한 조세채권은 회사정리법 제157조에 따라 지체없이, 즉 정리계획안 수립에 장애가 되지 않는 시기로서 늦어도 통상 정리계획안 심리기일 이전인 제2회 관계인 집회일 전까지 신고하지 아니하면 실권 소멸된다.

판례(대법원 2002. 5. 10. 선고 2001다65519 판결)

1. 회사정리법 제110조 제1항 본문의 규정은 다수당사자의 정리채권 중 특히 장래의 구상권에 관한 것으로서 사전구상권의 근거가 민법 또는 개별약정에 따른 것이라고 하여 그 적용이 배제되는 것은 아니라 할 것이며, 사전구상금 채권이 사후구상금 채권과는 별개의 독립된 권리라고는 하더라도 회사정리법 제110조 제1항의 규정 취지와 회사정리절차의 특수성상 주채권자와 사전구상권을 취득한 보증인 중 누가 채권신고를 하였는지에 따라 정리채권으로서의 인정 여부 및 일반 정리채권과 후순위 정리채권의 인정 여부가 달라진다면 이는 다른 정리채권자의 이익을 해하고 그들의 지위를 불안정하게 만들 우려가 있어 불합리하다는 점에 비추어 볼 때, 보증인의 사전구상금 채권이 원금의 성격을 가지는 것인지 아니면 이자의 성격을 가지는 것인지는 주채권자의 권리를 기준으로 판

단할 것이므로, 주채권자의 권리가 이자인 이상 보증인의 사전구상금 채권 역시 이자로 취급하는 것이 상당하다.

2. 회사정리법 제121조 제1항 제1호 소정 후순위 정리채권인 정리절차 개시 후의 이자란 정리절차 개시결정일 이후에 발생한 이자로 해석할 것이므로, 사전구상금 채권이 정리절차 개시 이전의 원인, 즉 보증계약상의 사전구상금 및 기한의 이익 상실 조항에 근거한 것이라고는 하여도, 위 조항에서 정한 기한의 이익 상실 사유인 회사정리절차 개시신청이 있으면 정리회사로서는 원금에 관한 기한의 이익을 상실하고 그 시점에서 원금상환채무의 이행기가 도래한다는 것일 뿐, 실제 주채권자가 변제를 받기까지 앞으로 순차로 발생할 이자의 상환채무까지 한꺼번에 그 시점에서 발생하는 것은 아님이 명백한 이상, 아무리 보증인이 기한의 이익 상실시점에서 사전구상금 채권을 취득하였다고는 하더라도 기한의 이익 상실 이후 발생할 이자에 관한 사전구상금 채권 모두가 그 시점에서 일거에 발생하였다고는 볼 수 없는 것이니, 정리절차 개시결정 이후에 발생하는 이자는 여전히 후순위 정리채권에 해당된다고 봄이 옳다.

판례(대법원 2001. 6. 29. 선고 2001다24938 판결)

수인이 각각 전부의 이행을 할 의무를 지는 경우에 그 1인에 관하여 회사정리절차가 개시되고, 채권자가 채권의 전액에 관하여 정리채권자로서 권리를 행사한 때에는, 정리회사에 대하여 장래의 구상권을 가진 자는 정리채권자로서 권리를 행사할 수 없게 되지만, 장래의 구상권자가 훗날 채권 전액을 대위변제한 경우에는 회사정리법 제128조에서 정하는 신고명의 변경을 함으로써 채권자의 권리를 대위 행사할 수 있다고 할 것이고, 다만 채권의 일부에 대하여 대위변제가 있는 때에는 채권자만이 정리절차개시 당시 가진 채권의 전액에 관하여 정리채권자로서 권리를 행사할 수 있을 뿐, 채권의 일부에 대하여 대위변제를 한 구상권자가 자신이 변제한 가액에 비례하여 채권자와 함께 정리채권자로서 권리를 행사하게 되는 것이 아니라고 할 것이다.

판례(대법원 2000. 3. 10. 선고 99다55632 판결)

회사정리법 제102조의 정리채권이라 함은 의사표시 등 채권 발생의 원인이 정리절차개시 전의 원인에 기해 생긴 재산상의 청구권을 말하는 것으로, 채권 발생의 원인이 정리절차개시 전의 원인에 기한 것인 한 그 내용이 구체적으로 확정되지 아니하였거나 변제기가 회사정리절차개시 후에 도래하더라도 상관없다.

판례(대법원 2021. 7. 8., 선고, 2020다221747, 판결)

가집행선고의 실효를 조건으로 하는 가지급물의 원상회복 및 손해배상 채권(민사소송법 제215조)은 그 채권 발생의 원인인 가지급물의 지급이 회생절차개시 전에 이루어진 것이라면 조건부채권으로서 회생채권에 해당하고, 한편 신고하지 아니한 회생채권은 회생계획인가결정이 있는 때에는 실권되며, 이와 같이 실권된 회생채권은 그 후 회생절차가 폐지되더라도 부활하지 아니하므로 그 확정을 구하는 소는 소의 이익이 없어 부적법하다. 따라서 회생채권에 관한 소에서 회생채권의 신고 여부는 소송요건으로서 직권조사사항이므로 당사자의 주장이 없더라도 법원이 이를 직권으로 조사하여 판단하여야 하고, 사실심 변론종결 후에 소송요건이 흠결되는 사정이 발생한 경우 상고심에서 이를 참작하여야 한다.

판례(대법원 2021. 7. 8., 선고, 2020다47369, 판결)

「채무자 회생 및 파산에 관한 법률」(이하 '채무자회생법'이라고 한다) 제118조 제1호의 회생채권은 회생절차개시 전의 원인으로 생긴 재산상의 청구권을 말하고, 채권의 내용이 구체적으로 확정되지 않았더라도 주요한 발생 원인이 회생절차개시 전에 갖추어져 있으면 그에 해당한다(대법원 2016. 11. 25. 선고 2014다82439 판결 등 참조). 회생채권이 회생채권자 목록에 기재되거나 신고되지 않으면, 그 채권자가 회생절차에 참가할 기회를 전혀 얻지 못하는 등의 특별한 사정이 없는 한 회생계획인가결정이 있는 때에 실권된다(대법원 2016. 5. 12. 선고 2015다78215 판결, 대법원 2020. 9. 3. 선고 2015다236028, 236035 판결 등 참조). 회생채권에 대한 이러한 효력은 전혀 다른 제도인 개인회생절차에서의 면책(채무자회생법 제625조)과는 구별되고(대법원 2021. 2. 25. 선고 2018다43180

판결 참조), '채무자가 고의로 가한 불법행위로 인한 손해배상'(채무자회생법 제625조 제2항 단서 제4호)처럼 개인회생절차에서는 면책받을 수 없는 청구권이라도, 회생채권에 해당한다면 회생계획인가결정에 따른 실권의 대상이 된다.

판례(특허법원 2019. 2. 14., 선고, 2018나1268, 판결 : 상고)

甲 주식회사 및 甲 회사의 자회사인 乙 주식회사가 丙 외국법인의 국내 자회사인 丁 주식회사와 자산양도계약을 체결하여 丁 회사에 LCD 및 TFT LCD 사업 관련 특허발명이 포함된 자산 등을 양도하였고, 그 후 丁 회사에 대한 회생절차가 진행되었는데, 甲 회사 또는 乙 회사를 거쳐 丁 회사에서 연구원으로 근무하면서 다수의 직무발명에 참여한 戊 등이 위 회생절차 종결 후 丁 회사를 상대로 직무발명보상금의 지급을 구하자, 丁 회사가 戊 등의 직무발명보상금 채권은 회생절차에서 회생채권으로 신고되지 않아 회생절차 종결로 실권되었다고 항변한 사안에서, 위 직무발명 중 회생절차개시일 이전에 직무발명으로 신고 및 특허출원이 되어 회생절차개시일 전 또는 후에 등록된 것에 대한 직무발명보상금 채권은 위 회생절차에서 회생채권으로 신고되지 않아 실권되었고, 회생절차개시일 이전에 직무발명으로 신고되어 회생절차개시일 이후 특허출원 및 등록이 된 것이거나 회생절차개시일 이후 직무발명으로 신고된 나머지 직무발명에 대한 직무발명보상금 채권은 모두 회생절차개시일 이후에 발생한 것으로서 채무자 회생 및 파산에 관한 법률 제181조 제1항에서 정한 개시후기타채권에 해당하여 위 회생절차에 의하여 실권되지 않았다.

판례(대법원 2018. 6. 15., 선고, 2016두65688, 판결)

채무자 회생 및 파산에 관한 법률 제118조 제1호는 '채무자에 대하여 회생절차개시 전의 원인으로 생긴 재산상의 청구권'을 회생채권의 하나로 정하고 있다. 행정상의 의무위반행위에 대하여 과징금을 부과하는 경우에 과징금 청구권은 위 조항에서 정한 재산상의 청구권에 해당하므로, 과징금 청구권이 회생채권인지는 그 청구권이 회생절차개시 전의 원인으로 생긴 것인지에 따라 결정된다.

채무자에 대한 회생절차개시 전에 과징금 납부의무자의 의무위반행위 자체가 성립하고 있으면, 그 부과처분이 회생절차개시 후에 있는 경우라도 과징금 청구권은 회생채권이 된다.

관련 질의응답　　　Q & A

정리채권의 신고를 하지 아니한 정리채권자의 손해배상청구권

문) 甲은 2년 전 乙회사로부터 건축공사의 일부를 노무도급 받은 丙에게 고용되어 일하던 중 건축현장에서 추락하는 사고를 당하여 척추를 다쳤습니다. 그래서 乙회사와 하도급인 丙 모두를 상대로 불법행위로 인한 손해배상청구소송을 제기하였는데, 乙회사는 甲의 사고발생 후 회사정리법에 의한 정리절차가 개시되어 정리계획인가결정이 된 상태라고 합니다. 그러나 甲은 乙회사의 정리절차개시사실을 전혀 알지 못하여 정리채권신고를 하지 못하였는데, 이러한 경우 위 소송에서 甲의 乙회사에 대한 청구는 어떻게 되는지?

답) 채무자회생및파산에관한법률 제118조에 의하면 "회사에 대하여 정리절차개시전의 원인으로 생긴 재산상의 청구권은 이를 정리채권으로 한다."라고 규정하고 있으며, 판례는 "회사정리법 제102조(현. 채무자회생및파산에관한법률 제118조)의 정리채권이라 함은 의사표시 등 채권발생의 원인이 정리절차개시전의 원인에 기해 생긴 재산상의 청구권을 말하는 것으로, 채권발생의 원인이 정리절차개시전의 원인에 기한 것인 한 그 내용이 구체적으로 확정되지 아니하였거나 변제기가 회사정리절차개시 후에 도래하더라도 상관없다."라고 하였습니다(대법원 2002. 12. 10.선고 2002다57102 판결, 2000. 3. 10. 선고 99다55632 판결).

따라서 위 사안에 있어서 甲의 乙회사에 대한 손해배상청구권은 정리채권에 해당될 것으로 보입니다.

그런데 정리채권자는 회사정리절차가 개시된 법원이 정한 신고기간 내에 그 법원에 신고하여야 하고, 정리절차개시당시 소송이 계속하는 때에는 소송이 계속된 법원, 당사자, 건명과 번호도 신고하여야 합니다(채무자회생및파산에관한법률 제148조 제3항).

또한, 정리채권은 정리절차에 의하지 아니하고는 변제되지 않으며(채무자회생및파산에관한법률 제131조), 정리계획인가의 결정이 있은 때에는 계획의 규정 또는 회사정리법의 규정에 의하여 인정된 권리를 제외하고 회사는 모든 정리채권과 정리담보권에 관하여 그 책임을 면하며 주주의 권리와 회사의 재산상에 있던 모든 담보권은 소멸하게 됩니다(채무자회생및파산에관한법률 제251조). 판례도 "회사정리법(현. 채무자회생및파산에관한법률)에 의하면, 정리채권은 정리절차에 의하지 아니하고 변제하거나, 변제 받거나 기타 이를 소멸하게 할 수 없으며, 정리절차에 참가하고자 하는 정리채권자는 정리채권의 신고를 하여야 하고, 신고하지 아니한 정리채권은 정리계획인가결정이 있는 때에는 실권된다."라고 하였습니다(대법원 2000. 2. 11. 선고 99다10424 판결).

따라서 위 사안에 있어서 甲의 乙회사에 대한 청구는 이미 실권되었으므로 기각될 것으로 보입니다.

그리고 채무자회생및파산에관한법률 제180조 제1항에 의하면 "공익채권은 정리절차에 의하지 아니하고 수시로 변제한다."고 규정하고 있으며, 채무자회생및파산에관한법률 제179조 제10호(구. 회사정리법 제208조 제10호)는 회사의 근로자의 급료·퇴직금 및 재해보상금을 공익채권으로 규정하고 있으나(이 규정은 1999. 12. 31. 개정되면서 '재해보상금'이 추가되었고, 2000. 4. 1.부터 시행됨), 이 규정의 '재해보상금'은 근로 기준법상의 재해보상금을 의미하는 것으로 보아야 하고, 위 사안의 경우와 같은 민법 상 불법행위로 인한 손해배상채권은 배제되는 것으로 보아야 할 듯합니다.

쌍방미이행 쌍무계약에 관한 선택(제119조)

1. 쌍무계약

쌍무계약에 관하여 채무자와 그 상대방이 회생절차 개시 당시 아직 쌍방 모 두 그 이행을 완료하지 않은 상태일 때에는 관리인은 그 계약을 해제 또는 해지하거나 채무자의 채무를 이행하고 상대방의 채무이행을 청구 할 수 있 다.

그러나 관리인이 회생계획안 심리를 위한 관계인집회가 끝난 후 또는 서면 에 의한 결의가 있었던 경우에는 계약을 해제 또는 해지할 수 없다.

상대방은 계약의 해제나 해지 또는 그 이행의 여부에 대한 확답에 대해 관리 인에게 최고 할 수 있다. 최고를 받은 후 30일이 지도록 확답을 하지 아니한 때에는 관리인은 해제권 또는 해지권을 포기한 것으로 본다. 법원은 관리인 또는 상대방의 신청에 의하여 또는 직권으로 위기간을 연장하거나 단축할 수 있다.

계약이 해제 또는 해지된 경우에는 상대방은 손해배상채권에 관하여 회생채 권자로서 그 권리를 행사할 수 있고, 채무자가 받은 반대이행이 채무자 재산 중에 현존하는 때에는 상대방은 그 반환을 청구할 수 있고 현존하지 아니하 는 때에는 상대방은 그 가액의 상환에 관하여 공익채권자로서 그 권리를 행 사할 수 있다. 반면 관리인이 이행을 선택하는 경우에는 상대방이 채무자에 대하여 가지는 채권은 공익채권이 된다.

쌍무계약에 관하여 채무자와 그 상대방이 모두 회생절차개시 당시에 아직 그 이행을 완료하지 아니한 때에는 관리인은 계약을 해제 또는 해지하거나 채무자의 채무를 이행하고 상대방의 채무이행을 청구할 수 있으므로, 회생채 무자가 매도인인 경우 회생채무자의 관리인이 계약의 이행을 선택하거나 계약의 해제권이 포기된 것으로 간주되기까지는 매수인이 임의로 대금을 지급하는 등 계약을 이행하거나 관리인에게 계약의 이행을 청구할 수 없다.

2. 근로계약에 미치는 영향

근로계약은 근로자는 임금을 목적으로 노무를 제공하고, 사용자는 그 대가로 임금을 지급함으로써 노무제공과 임금지급이 서로 대가적 견련관계에 있는 쌍무계약으로서 민법상 채권계약의 한 유형인 고용계약에 속하지만, 근로자 보호를 위한 근로기준법과 기타 계약의 자유를 제한하는 여러 법령의 적용을 받는다는 점에서 특수한 계약형태라고 할 수 있다. 회생절차는 파산절차처럼 채무자의 사업을 청산하는 것이 아니라 회생채무자의 사업을 계속하여 그 재건을 도모하는 것을 목적으로 하는 절차이므로, 절차가 개시되더라도 채무자와 근로자 사이의 근로계약은 바로 영향을 받아 당연 소멸하는 것은 아니다. 그러나 대부분의 경우 고용인원의 합리적인 감축이 회생절차의 성공적 수행을 위하여 필수불가결할 뿐 아니라, 기본적으로 근로자에 대한 해고의 권한은 회생채무자의 인격적 사항에 관한 문제가 아니라 관리인의 전권사항인 회생채무자의 영업의 경영권, 채무자 재산의 처분권에 속하는 법률관계를 처리하는 것이기 때문에, 관리인은 쌍방 미이행 쌍무계약 일반에 대하여 적용되는 본 조를 근거로 하여 근로자를 정리해고할 수 있다.

일반적으로 관리인이 고용인원을 정리해고함에 있어 처음부터 해고권을 행사하지는 않고 1차적으로 희망퇴직자의 모집 등을 통하여 근로자의 자발적 퇴직을 유도하고 그러한 사전절차에도 불구하고 근로자의 자발적 협력이 불충분하여 당초 계획하였던 인원의 감축이 불가능한 경우에 비로서 정리해고를 하는 수순을 밟게 된다. 그리고 관리인에 의한 정리해고가 정당한지 여부는 일반적인 정리해고(근로기준법 제31조)와 동일한 기준에 의하여 판단한다. 다만 현재 회생절차가 진행 중임을 감안할 때 해고 대상자를 선정함에 있어 평상시의 정리해고보다 대상 근로자가 기업재건에 필요 불가결한 노동능력을 구비하고 있는지 여부에 대한 평가를 상대적으로 중시하여야 할 것이다. 그리고 본조에 기한 관리인의 해고권이 종전 법률관계를 정리하여 회생절차의 원활한 수행을 위하여 관리인에게 전속되는 권리라 하더라도 그 효력이 회생채무자에 미칠뿐만 아니라 관리인 자체를 근로기준법상의 사용자로 볼 수 있는 만큼 근로기준법 등 노동법의 적용이 당연히 배제되는 것은 아니라는 점에 주의하여야 할 것이다.

관련 질의응답　　　Q & A

화의인가결정이 확정된 회사에 대한 임금 등 청구 가능 여부

문) 저는 종업원수 80명인 甲회사에서 11년간 근무하고 퇴직하였으며, 최종 3개월분 임금과 퇴직금을 받지 못하고 있던 중 갑자기 甲회사가 부도났습니다. 甲회사는 법원에 화의신청을 하여 화의개시결정(和議開始決定)이 났으며, 그 후 채권자집회에서 가결된 화의조건에 기한 화의인가결정이 확정되었습니다. 이 경우 저의 체불임금 및 퇴직금을 받을 수 있는지?

답) 근로기준법 제37조 제1항에 의하면 "임금·퇴직금·재해보상금 기타 근로관계로 인한 채권은 사용자의 총재산에 대하여 질권 또는 저당권에 의하여 담보된 채권을 제외하고는 조세·공과금 및 다른 채권에 우선하여 변제되어야 한다. 다만, 질권 또는 저당권에 우선하는 조세·공과금에 대하여는 그러하지 아니하다."라고 규정하고 있고, 근로기준법 제37조 제2항에 의하면 근로자의 최종 3월분의 임금과 최종 3년간의 퇴직금 및 재해보상금은 사용자의 총재산에 대하여 질권 또는 저당권에 의하여 담보된 채권, 조세·공과금 및 다른 채권에 우선하여 변제되어야 한다고 규정되어 있습니다.
그리고 퇴직금의 우선변제에 관하여는 ①위 규정이 개정 시행된 1997년 12월 24일 이전에 퇴직한 근로자의 퇴직금은 위와 같은 우선변제규정이 신설된 1989년 3월 29일 이후의 계속근로연수에 대한 퇴직금을 우선변제대상으로 하고, ②1997년 12월 24일 이전에 채용되어 그 이후에 퇴직한 근로자의 경우에는 1989년 3월 29일부터 1997년 12월 24일까지의 계속근로연수에 대한 퇴직금과 1997년 12월 24일 이후의 계속근로연수에 대한 최종 3년간의 퇴직금을 합산하고, ③위의 어느 경우나 250일분의 평균임금의 범위 내에서만 우선변제권이 인정되도록 규정하고 있습니다(근로기준법 부칙 제2조).
채무자회생및파산에관한법률상의 화의(和議)란 채무자에게 파산의 원인이 발생한 경우에 법원, 정리위원, 화의관재인의 보조·감독하에 채무자는 파산선고를 예방하고, 채권자도 파산선고시보다 유리한 조건으로 변제를 받을 목적으로 체결되는 채무자와 채권자 사이의 채권 변제방법에 관한 일종의 합의를 말합니다.
화의개시결정의 구속력을 받는 자는 일반채권자에 한정되고 저당권자등 별제권자, 일반의 우선권 있는 채권자, 조세채권자 등은 자유롭게 자신의 권리를 행사할 수 있다

할 것입니다.

따라서 귀하의 경우 甲회사가 화의개시신청 전에 회사의 재산에 담보권을 가지고 있는 채권자의 동의를 얻었다고 하더라도 근로기준법상의 우선변제권이 있는 임금 및 퇴직금채권은 일반의 우선권 있는 채권에 해당되어 화의개시결정과 관계없이 영업시설인 공장건물, 기계설비 등에 대하여 경매를 신청할 수 있다 하겠습니다.

화의절차 중인 회사에 대한 임금청구

채무자회생및파산에관한법률상 화의란 채무자에게 파산의 원인이 발생하였거나 발생할 염려가 있는 경우, 채무자는 파산(破産)을 예방하고, 채권자도 파산시보다 유리한 조건으로 변제 받을 목적으로 법원의 감독하에 체결되는 채권자와 채무자사이의 채권변제방법에 관한 일종의 합의를 말합니다. 화의절차(和議節次) 중에는 채무자의 재산에 대하여 화의개시 전의 원인으로 발생한 재산상의 청구권인 화의채권(和議債權)으로 강제집행이나 가압류 또는 가처분을 할 수 없고, 화의개시 전에 이미 화의채권으로 강제집행이나 가압류 또는 가처분을 한 경우는 화의절차중 이를 중지합니다. 그러나 일반의 우선권 있는 채권인 임금청구권이나 조세채권 등은 화의채권으로 하지 않고 있으므로, 화의개시결정으로 채권을 행사하지 못하는 사람은 일반채권자에 한정되고 저당권자등 별제권자와 일반의 우선권 있는 채권자 그리고 조세채권자 등은 화의개시결정(和議開始決定)과 관계없이 공장건물 등에 대하여 경매를 신청할 수 있습니다.

참고로 채무자회생및파산에관한법률상 근로자의 임금 및 퇴직금은 공익채권으로 정리채권과 정리담보권에 우선하여 변제되며, 정리절차에 의하지 않고 수시로 변제 받을 수 있도록 규정하고 있습니다.(채무자회생및파산에관한법률 제179조, 제180조)

3. 단체협약의 특칙

쌍무계약에 관한 본조는 단체협약에는 적용되지 아니한다. 이는 단체협약을 단순한 민법상 고용계약과 동일시하는 것은 부당하므로 노사관계에서도 가능한 한 종래의 노사관계를 유지, 존속시키고자 하는 취지의 규정이다. 따라서 관리인은 회생절차개시 전에 체결된 단체협약이 회생절차를 진행하는 데에 지장이 있다고 하여도 그 내용을 변경하여 새로운 단체협약을 조합과 체결하거나 유효기간이 경과하지 않는 한 이에 구속된다.

▣ 관련판례

판례(대법원 2004. 11. 12. 선고 2002다53865 판결)

정리회사의 관리인이 회사정리절차개시결정 이전에 아파트 분양계약을 체결한 수분양자들로부터 분양잔대금을 지급받고 그들을 입주시킨 경우, 아파트 수분양자들의 정리회사에 대한 소유권이전등기청구권은 회사정리법 제208조 제7호에 정한 공익채권에 해당하고, 그 이행지체로 인한 손해배상청구권 역시 공익채권에 해당한다.

판례(대법원 2004. 8. 20. 선고 2004다3512,3529 판결)

기성공사부분에 대한 대금을 지급하지 못한 상태에서 도급인인 회사에 대하여 회사정리절차가 개시되고, 상대방이 정리회사의 관리인에 대하여 회사정리법 제103조 제2항에 따라 계약의 해제나 해지 또는 그 이행의 여부를 확답할 것을 최고했는데 그 관리인이 그 최고를 받은 후 30일 내에 확답을 하지 아니하여 해제권 또는 해지권을 포기하고 채무의 이행을 선택한 것으로 간주될 때에는 상대방의 기성공사부분에 대한 대금청구권은 같은 법 제208조 제7호에서 규정한 '법 제103조 제1항의 규정에 의하여 관리인이 채무의 이행을 하는 경우에 상대방이 가진 청구권'에 해당하게 되어 공익채권으로 된다.

판례(대법원 2003. 5. 16. 선고 2000다54659 판결)

1. 회사정리법 제103조 제1항이 규정하는 '쌍무계약'이라 함은 쌍방 당사자가 상호 대등한 대가관계에 있는 채무를 부담하는 계약을 가리키고, '그 이행을 완료하지 아니한 때'에는 채무의 일부를 이행하지 아니한 것도 포함되고 그 이행을 완료하지 아니한 이유는 묻지 아니한다.

판례(대법원 2003. 2. 11. 선고 2002다65691 판결)

1. 일반적으로 도급계약에 있어서 수급인이 완성하여야 하는 일은 불가분이므로 그 대금채권이 회사정리절차개시 전의 원인으로 발생한 것과 그러하지 아니한 것으로 분리될 수 없는 것이 원칙이고, 공사대금의 지급방법에 관하여 매월

1회씩 그 기성고에 따라 지급하기로 한 것은 중간공정마다 기성고를 확정하고 그에 대한 공사대금을 지급하기로 한 것과는 다를 뿐 아니라, 도급인인 정리회사의 관리인들이 단순히 수급인에 대하여 도급계약에 따른 채무이행의 청구를 한 것을 넘어서서 수급인과 사이에 당초의 도급계약의 내용을 변경하기로 하는 새로운 계약을 체결하기까지 하였다면, 정리개시결정 이전에 완성된 공사 부분에 관한 대금채권이라는 이유로 공익채권이 아니라 일반 정리채권에 불과한 것으로 취급될 수 없다.

2. 정리회사의 관리인이 회사정리법 제103조 제1항의 규정에 따라 쌍방 미이행의 쌍무계약을 해제함에 있어서는 성질상 민법 제547조의 제한을 받지 아니한다.

3. 회사정리법 제103조 제2항이 규정하는 상대방의 관리인에 대한 쌍무계약의 해제나 해지 또는 그 이행 여부에 관한 확답의 최고는 그 대상인 계약을 특정하여 명시적으로 하여야 한다.

4. 회사정리법 제103조 제1항의 규정에 따라 관리인이 쌍방 미이행의 쌍무계약에 관하여 그 계약을 해제 또는 해지하거나 회사채무를 이행하고 상대방의 채무이행을 청구할 수 있는 선택권은 같은 조 제2항의 규정에 의한 상대방의 최고가 없는 한 그 행사의 시기에 제한이 있는 것은 아니라고 할 것이므로 정리절차 개시 후 상당기간 경과된 뒤에 관리인이 해제권을 행사하였다거나 부인권의 행사와 선택적으로 행사되었다는 등의 사정만으로는 그 해제권의 행사가 실기한 공격방어방법에 해당하거나 신의칙에 반하는 것으로서 권리남용에 해당한다고 할 수 없다.

5. 정리채권확정의 소는 회사정리절차에서 정리채권으로 신고하여 정리채권자표에 기재되고 조사의 대상으로 되었던 채권을 대상으로 하여서만 허용되는 것이고, 신고하지 아니한 정리채권에 대한 확정을 구하는 것은 부적법하다

판례(대법원 2002. 5. 28. 선고 2001다68068 판결)

1. 회사정리법 제103조소정의 쌍무계약이라 함은 쌍방 당사자가 상호 대등한 대가관계에 있는 채무를 부담하는 계약으로서, 쌍방의 채무 사이에는 성립·이행·존속상 법률적·경제적으로 견련성을 갖고 있어서 서로 담보로서 기능하는 것을 가리키는 것이라고 봄이 상당하다.

2. 아파트 수분양자가 중도금과 잔금 납부를 지연할 때에는 소정의 가산금을 납부하고 분양자가 입주예정기일에 입주를 시키지 못할 때에는 소정의 지체상금을 지급하기로 하는 내용의 아파트 분양계약은회사정리법 제103조소정의 쌍무계약에 해당한다고 한 사례.

판례(대법원 2000. 4. 11. 선고 99다60559 판결)

1. 회사정리법 제103조 제1항 소정의 쌍무계약이라 함은 쌍방 당사자가 상호 대등한 대가관계에 있는 채무를 부담하는 계약으로서, 쌍방의 채무 사이에는 성립·이행·존속상 법률적·경제적으로 견련성을 갖고 있어서 서로 담보로서 기능하는 것을 가리키는 것이라고 봄이 상당하다.

2. 공동수급업체 사이에 대표사가 먼저 공사자금을 조달하여 지급한 후 회원사가 분담금을 상환하는 내용의 공동도급현장 경리약정이 회사정리법 제103조 제1항 소정의 쌍무계약에 해당하지 않는다고 한 사례.

판례(대법원 2021. 1. 14., 선고, 2018다255143, 판결)

채무자 회생 및 파산에 관한 법률(이하 '채무자회생법'이라 한다) 제119조 제1항 본문은 "쌍무계약에 관하여 채무자와 그 상대방이 모두 회생절차개시 당시에 아직 그 이행을 완료하지 아니한 때에는 관리인은 계약을 해제 또는 해지하거나 채무자의 채무를 이행하고 상대방의 채무이행을 청구할 수 있다."라고 정하고 있다. 채무자회생법 제179조 제1항은 제7호에서 '제119조 제1항의 규정에 의하여 관리인이 채무의 이행을 하는 때에 상대방이 갖는 청구권'을 공익채권으로 정하고 있다. 채무자회생법 제119조 제1항에서 정한 쌍무계약은 양쪽 당사자가 서로 대가관계에 있는 채무를 부담하는 계약으로, 양쪽 당사자의 채무 사이에 성립·이행·존속상 견련성을 갖고 있어서 서로 담보로서 기능하는 것을 가리킨다.

판례(대법원 2020. 11. 26., 선고, 2017다271995 판결)

甲 주식회사 등 4개 건설사로 구성된 공동수급체와 乙 공사 사이에 체결된 공사도급계약에 따라 공동수급체 구성원들이 각자 丙 공제조합과 계약이행보증계약을 체결하여 乙 공사에 공사이행보증서를 제출하였는데, 도급공사 진행 중 甲 회사가 乙 공사에 채무자 회생 및 파산에 관한 법률 제119조 제1항을 근거로 도급계약의 해지를 통보하자, 공동수급체의 잔존 구성원들이 乙 공사의 승인을 받아 甲 회사를 공동수급체에서 탈퇴시키고 甲 회사의 지분을 잔존 구성원들이 승계하는 내용으로 출자비율을 변경한 다음 乙 공사와 출자비율 변경을 반영한 도급계약을 다시 체결하여 공사를 계속하였으나, 결국 공사를 완료하지 못한 사안에서, 甲 회사가 도급계약을 해지한 때에 甲 회사가 丙 조합과 체결한 보증계약의 보증사고가 발생하였고 이후 잔존 구성원들이 도급계약상 의무를 이행하지 않아 乙 공사가 丙 조합을 상대로 위 보증계약에 따른 보증금의 지급을 청구할 수 있다고 보아야 하는데도, 이와 달리 본 원심판결에 법리오해 등 잘못이 있다.

판례(대법원 2014. 9. 4., 선고, 2013다204140,204157, 판결)

쌍방 미이행 쌍무계약의 경우에 관리인에게 계약의 이행 또는 해제에 관한 선택권을 부여한 구 회사정리법(2005. 3. 31. 법률 제7428호 채무자 회생 및 파산에 관한 법률 부칙 제2조로 폐지, 이하 '구 회사정리법'이라고 한다) 제103조 제1항이 정한 쌍무계약이라 함은 쌍방 당사자가 상호 대등한 대가관계에 있는 채무를 부담하는 계약으로서, 본래적으로 쌍방의 채무 사이에 성립·이행·존속상 법률적·경제적으로 견련성을 갖고 있어서 서로 담보로서 기능하는 것을 가리키고, 위 규정이 적용되려면 서로 대등한 대가관계에 있는 계약상 채무의 전부 또는 일부가 이행되지 아니하여야 한다. 구 회사정리법 제208조 제7호가 같은 법

제103조 제1항에 의하여 관리인이 채무의 이행을 하는 경우 상대방이 가진 청구권을 공익채권으로 규정한 것은 관리인이 상대방의 이행을 청구하려고 하는 경우에는 회사의 계약상 채무도 이를 이행하도록 함으로써 양 당사자 사이에 형평을 유지하도록 하자는 데 그 뜻이 있다.

지급결제제도 등에 대한 특칙(제120조)

제정이유

지급결제제도 등에 대한 특칙

1. 금융의 자유화 및 국제화를 도모하기 위하여 금융기관이 도산한 경우의 결제의 완결성을 법적으로 보장하는 제도를 마련하려는 것임
   - 지급결제의 완결성을 위하여 한국은행총재가 재정경제부장관과 협의하여 지정한 지급결제제도의 참가자에 대하여 회생절차가 개시된 경우, 그 참가자에 관련된 이체지시 또는 지급 및 이와 관련된 이행, 정산, 차감, 증거금 등 담보의 제공·처분·충당 그 밖의 결제에 관하여는 이 법의 규정에 불구하고 그 지급결제제도를 운영하는 자가 정한 바에 따라 효력이 발생하며 해제, 해지, 취소 및 부인의 대상이 되지 아니한다. 지급결제제도의 지정에 관하여 필요한 구체적인 사항은 대통령령으로 정한다.

2. 지급결제제도 및 청산결제제도의 완결성을 위하여 한국은행 총재가 재정경제부장관과 합의하여 지정한 지급결제제도 및 증권, 파생금융거래 등의 청산결제제도의 참가자에 대하여 회생절차개시시신청, 파산선고가 있는 경우에는 회생절차, 파산절차가 있는 경우에는 회생절차, 파산절차에 관한 일정 규정의 적용을 배제함
   - 「증권거래법」, 「선물거래법」 그 밖의 법령에 따라 증권·파생금융거래의 청산결제업무를 수행하는 자 그 밖에 대통령령에서 정하는 자가 운영하는 청산결제제도의 참가자에 대하여 회생절차가 개시된 경우 그 참가자와 관련된 채무의 인수, 정산, 차감, 증거금 그 밖의 담보의 제공·처분·충당 그 밖의 청산결제에 관하여는 이 법의 규정에 불구하고 그 청산결제

제도를 운영하는 자가 정한 바에 따라 효력이 발생하며 해제, 해지, 취소 및 부인의 대상이 되지 아니한다.

3. 선도·옵션, 스왑 등 파생금융거래로서 대통령령이 정하는 거래에 대하여는 당사자 일방에 대하여 회생절차개시결정, 파산선고가 있는 경우에도 기본계약에서 당사자가 정한 바에 따라 효력이 발생하고 해제, 해지, 취소 등의 대상이 되지 아니하도록 함.

  – 일정한 금융거래에 관한 기본적 사항을 정한 하나의 계약에 근거하여 적격금융거래를 행하는 당사자 일방에 대하여 회생절차가 개시된 경우 적격금융거래의 종료 및 정산에 관하여는 이 법의 규정에 불구하고 기본계약에서 당사자가 정한 바에 따라 효력이 발생하고 해제, 해지, 취소 및 부인의 대상이 되지 아니하며, 제4호의 거래는 중지명령 및 포괄적 금지명령의 대상이 되지 아니한다. 다만, 채무자가 상대방과 공모하여 회생채권자 또는 회생담보권자를 해할 목적으로 적격금융거래를 행한 경우에는 그러하지 아니하다.

쌍방미이행 쌍무계약의 해제 또는 해지(제121조)

1. 계약이 해제 또는 해지된 경우

계약이 해제 또는 해지된 때에는 상대방은 손해배상채권에 관하여 회생채권자로서 그 권리를 행사할 수도 있다.

채무자가 받은 반대이행이 채무자 재산중에 현존하는 경우	상대방은 그 반환을 청구할 수 있다
채무자가 받은 반대이행이 채무자 재산중에 현존하지 않는 경우	상대방은 그 가액의 상환에 관하여 공익채권자로서 그 권리를 행사할 수 있다

반면 관리인이 이행을 선택하는 경우에는 상대방이 채무자에 대하여 가지는 채권은 공익채권이 된다.

2. 쌍무계약에 관하여 회생절차개시 당시에 아직 그 이행을 완료하지 아니한 경우

관리인은 계약을 해제 또는 해지하거나 채무자의 채무를 이행하고 상대방의 채무이행을 청구할 수 있으므로, 회생채무자가 매도인인 경우 회생회사의 관리인이 계약의 이행을 선택하거나 계약의 해제권이 포기된 것으로 간주되기까지는 매수인이 임의로 대금을 지급하는 등 계약을 이행하거나 관리인에게 계약의 이행을 청구 할 수 없다.(대판 92. 2. 28 선고 91다30149)

▣ 관련판례

판례(대법원 2017. 6. 29., 선고, 2016다221887, 판결)

도급인이 파산선고를 받은 경우에는 민법 제674조 제1항에 의하여 수급인 또는 파산관재인이 계약을 해제할 수 있고, 이 경우 수급인은 일의 완성된 부분에 대한 보수와 보수에 포함되지 아니한 비용에 대하여 파산재단의 배당에 가입할 수 있다. 위와 같은 도급계약의 해제는 해석상 장래에 향하여 도급의 효력을 소멸시키는 것을 의미하고 원상회복은 허용되지 아니하므로, 당사자 쌍방이 이행을 완료하지 아니한 쌍무계약의 해제 또는 이행에 관한 채무자 회생 및 파산에 관한 법률(이하 '채무자회생법'이라고 한다) 제337조가 적용될 여지가 없다. 한편 회생절차는 재정적 어려움으로 파탄에 직면해 있는 채무자에 대하여 채권자 등 이해관계인의 법률관계를 조정하여 채무자 또는 사업의 효율적인 회생을 도모하는 것을 목적으로 하는 반면, 파산절차는 회생이 어려운 채무자의 재산을 공정하게 환가·배당하는 것을 목적으로 한다는 점에서 차이가 있기는 하다. 그러나 이러한 목적을 달성하기 위하여 절차개시 전부터 채무자의 법률관계를 합리적으로 조정·처리하여야 한다는 점에서는 공통되고, 미이행계약의 해제와 이행에 관한 규정인 채무자회생법 제121조와 제337조의 규율 내용도 동일하므로, 파산절차에 관한 특칙인 민법 제674조 제1항은 공사도급계약의 도급인에 대하여 회생절차가 개시된 경우에도 유추 적용할 수 있다.

따라서 도급인의 관리인이 도급계약을 미이행쌍무계약으로 해제한 경우 그때까지 일의 완성된 부분은 도급인에게 귀속되고, 수급인은 채무자회생법 제121조 제2항에 따른 급부의 반환 또는 그 가액의 상환을 구할 수 없고 일의 완성된 부분에 대한 보수청구만 할 수 있다. 이때 수급인이 갖는 보수청구권은 특별한 사정이 없는 한 기성비율 등에 따른 도급계약상의 보수에 관한 것으로서 주요한 발생원인이 회생절차개시 전에 이미 갖추어져 있다고 봄이 타당하므로, 이는 채무자회생법 제118조 제1호의 회생채권에 해당한다.

계속적 급부를 목적으로 하는 쌍무계약(제122조)

채무자에 대하여 계속적 공급의무를 부담하는 쌍무계약의 상대방은 회생절차 개시신청 전의 공급으로 발생한 회생채권 또는 회생담보권을 변제하지 아니함을 이유로 회생절차개시신청 후 그 의무의 이행을 거부할 수 없다. 이 경우 그 상대방이 회생절차개시신청 후 회생절차 개시결정 전까지 사이에 한 공급으로 생긴 청구권은 공익채권으로 보호된다.

개시 후의 환어음의 인수 등(제123조)

1. 개시 후의 환어음의 인수

환어음을 발행하거나 또는 배서한 채무자에 대하여 회생절차가 개시되었을 경우에 지급인 또는 예비지급인이 그 사실을 알지 못하고 또 채무자와 자금관계상 아직 자금을 수령하기 전에 그 어음에 관하여 인수 또는 지급을 하였을 경우 지급인 또는 예비지급인의 채무자에 대한 자금관계상의 청구권을 회생절차개시 후에 생긴 것을 이유로 회생채권으로 하지 않음은 타당하지 않다. 따라서 지급인 또는 예비지급인은 이것에 의하여 생긴 채권에 대하여 회생채권자로서 그 권리를 행사할 수 있도록 하였다.

2. 회생채권자로 될 수 있는 자의 선의, 악의 여부

회생채권자로 될 수 있는 자는 선의로 인수 또는 지급을 하는 경우에 한한다. 악의로 인수 또는 지급을 하였을 때에는 그 구상권은 후순위회생채권으로 된다.

임대차계약 등(제124조)

1. 임대인인 채무자에 대하여 회생절차가 개시된 경우

차임의 선급 또는 차임채권의 처분은 회생절차가 개시된 때의 당기 또는 차기에 관한 것을 제외하고는 이로써 회생절차의 관계에서는 그 효력을 주장할 수 없다.

2. 효력을 주장하지 못하게 된 자의 손해배상청구권

효력을 주장하지 못하게 된 자는 회생채권자로서 채무자에게 손해배상청구권을 행사 할 수 있다.

3. 지상권의 경우

제1항과 제2항은 지상권의 경우에도 준용한다.

4. 주택임대차보호법 준용 여부

임대인인 채무자에 관하여 회생절차가 개시된 경우 임차인이 주택임대차보호법 제3조 제1항, 상가건물 임대차보호법 제3조의 경우에 해당하는 경우 채무자회생및파산에관한법률 제119조 (쌍방미이행 쌍무계약에 관한 선택)의 규정을 적용하지 않는다.

상호계산(제125조)

1. 상호계산

상호계산(상법 제72조)은 원래 당사자의 신용을 기초로 하는 것이므로 각 당사자는 언제든지 이를 해지할 수 있다. 본 조는 상호계산은 당사자의 일방에 관하여 회생절차가 개시된 때에는 해지의 의사표시가 없이도 당연히 종료하는 것으로 규정하고 있다. 이 경우에는 각 당사자는 계산을 폐쇄하고 잔액의 지급을 청구할 수 있다.

2. 잔액청구권의 성격

상호계산을 종료하여 결산을 한 결과 상대방이 잔액청구권을 가지는 경우에는 비록 그것이 개시결정 이후에 채권을 취득한 것이지만 회생채권이 된다.

채무자가 다른 자와 더불어 전부의 이행을 할 의무를 지는 경우(제126조)

1. 여럿이 각각 전부의 이행을 하는 의무를 부담한 때에 그 전원이나 수인에 대하여 회생절차가 개시된 때

채권자는 회생절차 개시 당시에 가지는 채권전액에 관하여 각 회생절차에 있어 그 권리를 행사할 수 있다. 이것은 수인이 같은 급부의 내용에 관하여 이행의무를 부담하는 것을 말하는 것으로서 구체적으로는 수인이 불가분채무, 연대채무, 연대보증채무, 어음, 수표법에 의한 합동책임 등을 부담하는 것을 말한다.

2. 회생절차 개시 전에 채권소멸사유가 있는 경우

당해 회생절차가 개시될 때를 기준으로 하여 회생절차 개시시에 회생채무자에 대하여 주장할 수 있는 채권액을 가지고 회생채권자로서 권리를 행사하는 것이기 때문에, 그 전에 채권소멸사유가 있는 때에는 당초의 채권액으로부터 소멸된 부분을 제외한 잔액이 회생채권액이 되고, 회생절차 개시 후에 전부 의무자 중 그 일부의 자의 변제 기타 행위에 의하여 또는 일부의 자에 대한 회생절차에서 채권자가 만족을 얻었을 경우라도 채권의 완전한 만족이 없으면 당해 절차에 있어서 회생채권액에 아무런 영향을 미치지 않는다.

3. 당해 회생절차 내에서 법원의 허가 하에 이루어진 일부 변제

당해 회생절차 내에서 법원의 허가 하에 이루어진 일부 변제는 그 한도에서 회생채권액을 감소시키는 것으로 해석되며, 전부 의무자가 아닌 제3자가 일부 변제를 한 경우에도 전부의무관계의 문제가 아니기 때문에 본조의 적용대상이 아니다. 그리고 회생채무자와 함께 전부 의무를 부담하는 다른 채무자와 채권자 사이에 일부 경개나 일부 면제가 이루어진 경우에는 일반 민사법의 원칙에 따라 그 효력이 채무자에게도 미친다고 해석하여야 하므로 그 한도에서 회생채권액이 감소한다고 본다.

▣ 관련판례

판례(대법원 2005. 1. 27. 선고 2004다27143 판결)

정리절차개시 후에 정리채권자 또는 정리담보권자가 다른 채무자로부터 일부 변제를 받거나 다른 채무자에 대한 회사정리절차 내지 파산절차에 참가하여 변제 또는 배당을 받았다 하더라도 그에 의하여 채권자가 채권 전액에 대하여 만족을 얻은 것이 아닌 한 정리채권액에 감소를 가져오는 것은 아니므로, 채권자는 여전히 정리절차개시 당시의 채권 전액으로써 계속하여 정리절차에 참가할 수 있다.

판례(대법원 2021. 11. 11., 선고, 2017다208423, 판결)

여럿이 각각 전부 이행을 해야 하는 의무를 지는 경우 그중 1인의 변제는 다른 전부 이행을 할 의무를 지는 자(이하 '전부의무자'라 한다)에 대해서도 절대적 효력이 있으므로 채권자는 자신의 채권 중 변제 등으로 소멸된 나머지 채권에 대해서만 다른 전부의무자에게 청구할 수 있다. 그러나 전부의무자 전원 또는 일부에 관하여 회생절차가 개시되면, 채무자 회생 및 파산에 관한 법률(이하 '채무자회생법'이라 한다) 제126조 제1항, 제2항에 따라 채권자의 회생채권액은 회생절차개시 당시를 기준으로 고정되고, 그 이후 다른 전부의무자가 채무를 변제하더라도 채권 전액이 소멸한 경우를 제외하고는 회생채권액에는 아무런 영향을 주지 않는다.

변제를 한 다른 전부의무자는 채무자에 대해 구상권을 가지므로, 회생절차에서 채권자와 구상권자 사이의 권리를 조정할 필요가 생긴다. 채무자회생법 제126조 제3항, 제4항은 같은 조 제1항, 제2항에서 정한 법률관계를 전제로 다른 전부의무자와 회생채무자 사이의 구상관계를 다루고 있다. 채권자가 회생절차에 참가하지 않은 경우 전부의무자는 회생절차개시 당시 아직 전부의무를 이행하지 않아 구상권을 취득하지 않았더라도 '장래에 행사할 가능성이 있는 구상권'

으로 회생절차에 참가할 수 있다(제126조 제3항 본문 참조). 그러나 채권자가 회생절차개시 당시에 가지는 채권 전액에 관하여 회생절차에 참가한 경우에는 전부의무자는 회생절차에 참가할 수 없다(제126조 제3항 단서 참조). 채권자가 회생절차에 참가하여 전부의무자가 회생절차에 참가할 수 없는 경우에는 전부의무자는 채무자회생법 제126조 제4항에 따라 채권 전액이 소멸해야만 비로소 구상권의 범위 안에서 채권자가 가진 권리를 행사할 수 있다.

결국 채무자회생법 제126조는 이른바 현존액주의를 채택하여 회생절차에서 채권자가 확실히 채권의 만족을 얻을 수 있도록 함으로써 채권자를 보호하기 위한 규정이다. 즉, 여럿이 각각 전부 이행을 해야 하는 의무를 지는 경우 그 전원 또는 일부에 관하여 회생절차가 개시된 후 다른 전부의무자의 변제 등으로 채권자의 채권 일부가 소멸하더라도 이러한 사정을 회생절차에서 채권자의 채권액에 반영하지 않는다. 이에 따라 채권자는 회생절차개시 당시의 채권 전액으로 권리를 행사할 수 있는 반면, 일부 변제 등을 한 전부의무자는 회생절차에서 구상권이나 변제자대위권을 행사하는 것이 제한된다.

연대보증인은 채권자에 대해 채무자회생법 제126조에서 정한 전부의무자에 해당하고, 주채무자에 대한 회생절차개시 후에 채권자에게 변제 등으로 연대보증채무를 이행함으로써 구상권을 취득할 수 있는 지위에 있으므로, 같은 조 제2항부터 제4항까지 정한 '장래의 구상권자'에 해당한다.

따라서 주채무자에 대해 회생절차가 개시되고 채권자가 그 당시의 채권 전액에 관하여 회생채권자로서 권리를 행사한 경우, 장래의 구상권자인 연대보증인이 연대보증계약에 따른 채권자의 채권액 전부를 변제하지 않았다면 채무자회생법 제126조 제4항을 근거로 주채무자에 대해 채권자의 회생절차상 권리를 대위행사할 수 없다. 이때 연대보증인이 회생계획 인가 후 변제한 금액이 회생계획에 따라 감면되고 남은 주채무자의 채무액을 초과하더라도 연대보증계약에 따른 채권자의 채권액에는 미치지 못한다면 회생절차개시 후에 채권자의 채권액 전부를 변제한 것으로 볼 수 없다.

채무자가 보증채무를 지는 경우(제127조)

1. 원칙

보증채무는 주된 채무와 동일한 급부를 목적으로 하는 것을 원칙으로 하는 것을 의미하므로 원래 주채무자와 보증인과의 관계도 법 제126조의 "여럿이 각각 전부의 이행을 할 경우"에 해당한다.

2. 보증채무의 보충성

보증채무의 보충성으로 인하여 보증인은 최고 및 검색의 항변권(민법 제437조)을 갖게 되므로 보증인에 관하여 단독으로 또는 주채무자와 동시에 회생절차가 개시된 경우에 채권자의 권리행사는 다음과 같이 나뉜다.

(1) 보증인에 대한 회생절차에서 채권 전액을 가지고 회생채권자로서 권리를 행사하거나

(2) 주채무자에 대한 강제집행 또는 회생절차의 참가에 의해서도 채권전액의 만족을 얻을 수 없음을 정지조건으로 하여 그 권리를 행사

3. 보증인에 관하여 회생절차가 개시된 경우

주채무자에 관하여 회생절차가 개시되고 있는지의 여부를 불문하고 또 보충성에도 불구하고 채권자는 바로 회생절차 개시 당시의 채권액을 가지고 회생절차에 참가할 수 있도록 하고 있다.

▣ 관련판례

판례(대법원 2005. 1. 27. 선고 2004다27143 판결)

정리절차개시 후에 정리채권자 또는 정리담보권자가 다른 채무자로부터 일부변제를 받거나 다른 채무자에 대한 회사정리절차 내지 파산절차에 참가하여 변제 또는 배당을 받았다 하더라도 그에 의하여 채권자가 채권 전액에 대하여 만족을 얻은 것이 아닌 한 정리채권액에 감소를 가져오는 것은 아니므로, 채권자는 여전히 정리절차개시 당시의 채권 전액으로써 계속하여 정리절차에 참가할 수 있다.

법인의 채무에 대해 무한의 책임을 지는 자에 대하여 회생절차가 개시된 경우의 절차 참가(제128조)

무한책임사원에 대하여 회생절차가 개시된 경우 법인의 채무에 관하여 무한책임을 지는 사원이 개인회생절차개시결정을 받은 때에는 법인의 채권자는 회생절차개시결정시에 가진 채권의 전액에 관하여 그 회생절차에 관하여 회생채권자로서 그 권리를 행사 할 수 있다.

법인의 채무에 대해 유한책임을 지는 자에 대하여 회생절차가 개시된 경우의 절차 참가 등(제129조)

법인의 채무에 대해 무한책임을 지는 자에 대하여 회생절차가 개시된 경우	채권자는 회생절차개시시에 가진 채권의 전액에 관하여 회생절차에 참가할 수 있다.
법인의 채무에 대해 유한책임을 지는 자에 대하여 회생절차가 개시된 경우	채권자는 회생절차개시의 결정이 있는 경우에 법인의 채권자는 회생절차에 참가할 수 없다.

일부보증의 경우(제130조)

채무자회생및파산에관한법률 제126조(채무자가 다른 자와 더불어 전부의 이행을 할 의무를 지는 경우) 및 제127조(채무자가 보증채무를 지는 경우)의 규정은 보증인이 각각 채무의 일부를 부담하는 경우에 그 부담부분에 관하여 준용한다.

회생채권의 변제금지(제131조)

1. 채권의 소멸금지원칙

회생채권에 관하여는 회생절차에 의하지 않으면 변제하거나 변제를 받거나 기타 이것을 소멸시키는 행위를 할 수 없다. 여기서 말하는 회생절차에 의한다 함은 회생계획에 의하여 변제되는 것을 말한다.

본 조에 의하여 소멸이 금지되는 것은 회생채권이고 공익채권에 대하여는 수시로 변제가 가능하다.

회생절차에 의하지 않고 회생채권 또는 회생담보권을 소멸시키는 행위는 금지된다. 즉, 회생절차에 있어 예정된 방법(회생채권, 회생담보권의 신고, 조사, 확정을 거쳐 회생계획에 따른 변제 기타 권리의 만족) 이외의 방법으로 그 만족을 얻는 행위는 금지된다. 관리인에 의한 변제가 그 전형적인 예이지만 기타 대물변제, 경개, 공탁 등도 이에 해당한다.

채권의 소멸금지는 변제의 경우에는 변제를 하는 채무자측의 행위와 이를 수령하는 채권자측의 행위 쌍방을 금지시키는 것을 의미한다. 채무자측의 행위 중에는 제3채무자의 행위도 포함된다. 즉 회생채권자가 제3자에 대한 채무자의 채권에 대하여 압류명령, 추심명령을 얻어 추심 중에 채무자에 관하여 회생절차가 개시된 경우에는 제3채무자는 임의변제를 할 수 없으며 회생채권자도 이를 수령할 수 없다. 대법원은 압류 및 추심명령을 받은 경우 제3채무자에 대하여 추심금 청구소송은 할 수 있는 것으로 보고 있다.

이 규정에 반하여 한 변제 기타 회생채권을 소멸시키는 행위는 무효이다. 따라서 채권은 소멸하지 않은 것으로 취급하지 않으면 안되는 것이다.

2. 소멸금지원칙에 대한 예외

회생채권의 변제 기타의 소멸금지원칙에 대하여는 다음과 같은 예외가 있다.

(1) 제3자로부터의 변제 등

회생채권자가 채무자의 보증인 또는 제3자로부터 변제를 받고 이에 의하여 회생채권을 소멸시키는 것은 무방하다. 따라서 채무자의 회사의 임원이나 제3자가 채무자와 연대하여 채무를 부담하거나 또는 채무자의 채무를 보증한 경우에는 그 임원이나 제3자로부터 변제를 받을 수 있고 제3자가 채무자를 위하여 제공한 담보물권에 관하여 담보권을 행사하여 그 변제를 받을 수 있다. 대법원은 제3자의 재산에 관하여 담보권이 설정되어 있는 경우에 회생채권자가 담보권을 실행할 수 있음을 밝힌바 있다.

(2) 면제

회생채권으로부터 일방적으로 채무자에 대한 채권을 면제하는 것은 채무자 자산의 실질적 출연을 수반하지 않는 것이므로 무방하다.

(3) 조세 등의 청구권

국세징수법 또는 국세징수의 예에 의하여 징수할 수 있는 청구권에 관하여는 본 법상 회생채권이 되지만 그 특수성을 고려하여 회생계획에 의하지 않고도 만족을 얻을 수 있도록 소멸금지의 원칙에 대한 예외를 인정하고 있다.

(4) 상계

회생채권에 관하여서도 상계는 원칙적으로 허용된다.

(5) 법원의 변제허가에 따른 변제

회생채권	회생계획에 의하지 않으면 변제할 수 없다
공익채권	수시로 변제가 가능하다

▣ 관련판례

판례(대법원 2004. 4. 23. 선고 2003다6781 판결)

법원이 특정 정리채권(담보권)을 변제하지 아니하고서는 회사의 갱생에 현저한 지장을 초래할 우려가 있다고 인정하여 회사정리법 제112조의2 제2항에 따라 정리절차에 의하지 아니한 변제를 허가하였다 하더라도, 그 효과는 같은 법 제112조에서 정한 정리채권 소멸금지의 효력이 해제됨에 그칠 뿐이고, 허가받은 내용대로 변제가 이루어지지 아니한 경우에 정리절차와 무관하게 개별적인 권리행사에 나아갈 수 있는 것은 아니다

판례(대법원 2003. 2. 28. 선고 2000다50275 판결)

1. 회사정리절차에 있어서는 담보권자는 개별적으로 담보권실행행위를 할 수 없고(회사정리법 제67조), 정리담보권자로서 정리절차 내에서의 권리행사가 인정될 뿐, 정리절차 외에서 변제를 받는 등 채권소멸행위를 할 수 없으며(같은 법 제123조 제2항, 제112조), 또한 같은 법 제81조 후단이 부인하고자 하는 행위가 집행행위에 기한 것인 때에도 부인권을 행사할 수 있다고 규정한 취지에 비추어 보면, 질권의 목적물을 타에 처분하여 채권의 만족을 얻는 경우도 그 실질에 있어서 집행행위와 동일한 것으로 볼 수 있어 부인의 대상이 되는 행위에 포함된다.

2. 질권자가 그 질권의 목적인 유가증권을 처분하여 채권을 회수한 행위에 대하여 회사정리법상의 부인권이 행사된 경우, 그 유가증권의 원상회복에 갈음하여 그 가액의 상환을 청구할 수 있다고 한 원심판결을 수긍한 사례.

판례(대법원 2000. 2. 11. 선고 99다10424 판결)

회사정리법에 의하면, 정리채권은 정리절차에 의하지 아니하고 변제하거나, 변제받거나 기타 이를 소멸하게 할 수 없으며, 정리절차에 참가하고자 하는 정리채권자는 정리채권의 신고를 하여야 하고, 신고하지 아니한 정리채권은 정리계획인가결정이 있는 때에는 실권되므로 정리채권자가 회사정리법이 정하는 소정 기간 내에 정리채권신고를 한 바 없다면 정리채권이 있음을 내세워 상계 주장을 할 수 없으나, 이러한 정리채권의 변제금지와 상계의 제한은 정리절차가 개시된 이후에 비로소 생기는 것이므로, 정리절차가 개시되기 이전, 즉 정리채권이 아닌 단계에서의 채권에 대하여는 위와 같은 제한 없이 변제 내지 상계할 수 있으며, 그 후 정리절차가 개시되었다고 하여 달리 볼 것도 아니다.

판례(대법원 2000. 1. 5. 자 99그35 판결)

회사정리법 제112조의2 제2항에 의하면 법원은 정리채권을 변제하지 아니하고는 회사의 갱생에 현저한 지장을 초래할 우려가 있다고 인정되는 경우에는 정리계획인가 결정 전이라도 보전관리인·관리인 또는 회사의 신청에 의하여 그 전부 또는 일부의 변제를 허가할 수 있도록 되어 있는바, 법원의 변제허가에 의하여 정리계획인가 전에 변제된 채권은 그 변제된 한도에서 절대적으로 소멸하는 것이고(따라서 의결권의 액도 그 한도에서 감액된다.), 같은 법 제215조의2에 의하면 그 변제 내역을 정리계획에 명시하도록 하고 있을 뿐이므로 정리계획에서 별도의 변제조건을 설정하지 아니하였다고 하여 위법하다고 할 수 없다.

판례(대법원 2018. 9. 13., 선고, 2015다209347, 판결)

회생절차에서 회생채권을 변제 등으로 소멸하게 하는 행위는 회생계획에 의한 자본구성 변경과 불가분의 관계에 있으므로 종전의 채권·채무관계를 일단 동결할 필요가 있다. 만일 변제 등의 행위를 금지하지 않으면 회생채무자의 적극재산이 감소되어 회생채무자 또는 그 사업의 효율적인 회생을 도모할 수 없고, 일부 회생채권자에게만 회생계획에 의하지 않고 우선 변제 등의 행위를 하는 것은 회생채권자들 사이의 공평을 깨뜨릴 염려가 있다. 이러한 취지에서 채무자 회생 및 파산에 관한 법률(이하 '채무자회생법'이라 한다) 제131조 본문은 파산절차에서와는 달리 명시적으로 회생채무자에 대한 회생절차가 개시된 후에는 채무자회생법에 특별한 규정이 없는 한 회생채무자의 재산으로 회생채권을 변제하는 등 회생채권을 소멸하게 하는 행위를 포괄적으로 금지하고 있다. 이 규정에서 금지하는 행위에는 회생채무자 또는 관리인에 의한 회생채권 변제뿐만 아니라, 회생채무자 또는 관리인에 의한 상계와 보증인 등 제3자에 의한 상계도 포함된다고 보아야 한다. 이 규정은 행위의 주체를 한정하지 않고 있는 데다가 이러한 상계도 이 규정에서 정한 '회생채권을 소멸하게 하는 행위'에 해당하기 때문이다. 다만 이 규정에서 명시하고 있는 면제는 회생채무자의 재산이 감소되지 않기 때문에 예외적으로 허용된 것이다.

판례(대법원 2011. 8. 25., 선고, 2011다25145, 판결)

제1심에서 채무자를 상대로 금전지급을 구하는 이행청구의 소를 제기하여 가집행선고부 승소판결을 받고 그에 기하여 판결원리금을 지급받았다가, 항소심에 이르러 채무자에 대한 회생절차개시로 인해 당초의 소가 회생채권확정의 소로 교환적으로 변경되어 취하된 것으로 되는 경우에는 항소심 절차에서 가지급물의 반환을 구할 수 있다고 보아야 하고, 그것을 별소의 형식으로 청구하여 반환받아야만 된다고 볼 것은 아니다. 한편 회생채권자가 소 변경 전의 이행청구에 대한 가집행선고부 제1심판결에 기하여 지급받은 돈 중 그 후 교환적으로 변경된 회생채권확정의 소에서 확정받은 채권액 부분이 있다 하더라도 그 부분을 가지급물 반환 대상에서 제외할 것은 아니다.

판례(대법원 2008. 6. 26., 선고, 2006다77197,3 판결)

구 회사정리법(2005. 3. 31. 법률 제7428호 채무자 회생 및 파산에 관한 법률 부칙 제2조로 폐지) 제112조가 정리회사의 관리인의 변제·상계 등 정리채권 소멸행위에 대하여 정리법원의 허가를 받도록 규정한 취지는 정리회사의 관리인이 변제·상계 등을 통하여 정리절차에 의하지 아니하고 특정 정리채권을 다른 정리채권보다 우선하여 만족시킴으로써 정리채권자 상호간의 평등을 해치는 행위가 일어나는 것을 방지하기 위한 것이고, 정리법원이 민사소송절차에서와 같이 당사자 쌍방이 제출한 공격·방어방법을 토대로 자동채권과 수동채권의 존부 및 범위를 심리하여 그 실체적 권리관계를 확정할 것을 요하도록 한 것은 아니므로, 정리회사의 관리인의 상계허가신청에 대하여 정리법원의 허가결정이 내려지고 그 결정이 확정되었다 하더라도 정리회사의 상대방에 대한 자동채권의 존부 및 범위와 그에 따른 상계의 효력에 관하여는 별개의 절차에서 여전히 다툴 수 있다고 보아야 한다. 한편, 이 경우 자동채권의 존부 및 범위는 그 권리의 존재를 주장하는 측에서 증명할 책임이 있고, 정리법원의 상계허가결정에 의하여 자동채권의 존부 및 범위가 법률상 추정되어 그에 대한 증명책임이 정리회사의 관리인으로부터 상대방에게 전환되는 것은 아니다.

회생채권의 변제허가(제132조)

1. 변제허가의 요건

(1) 본 조 제1항의 변제허가

본 조 제1항에서는 채무자를 주된 거래상대방으로 하는 중소기업자가 채무자에 대하여 갖는 소액채권의 변제를 받지 아니하고서는 사업의 계속에 지장을 초래할 우려가 있을 때에 한하여 변제허가를 받을 수 있다고 규정하고 있다.

(2) 본 조 제2항의 변제허가

본 조 제2항에서는 회생채권의 변제가 채무자의 회생을 위하여 필요하다고 인정하는 때에는 회생계획인가결정 전이라도 관리인·보전관리인 또는 채무자의 신청에 의하여 그 전부 또는 일부의 변제를 허가할 수 있다고 규정하고 있다.

2. 변제허가의 절차와 재판

변제허가는 관리인의 신청에 의한다. 개개의 중소기업채권자에는 그러한 신청권이 없다.

3. 변제허가 및 변제의 효과

(1) 변제허가가 되면 법 제131조의 회생채권소멸금지의 효력이 해제됨에

그치고 허가가 있었다고 하여 공익채권으로 되는 것은 아니다. 따라서 채권자가 강제집행 등 방법으로 추심할 수는 없다. 또한 허가가 되더라도 회생채권임에는 틀림없으므로 변제될 때까지는 채권의 신고, 조사, 확정 등 절차를 거쳐야 하고 회생계획에서도 그 변제방법을 정하여야 한다.

(2) 변제허가에 의한 변제가 되면 회생채권은 그 변제된 한도에서 절대적

으로 소멸한다. 본조에 의한 변제내역은 뒤에 회생계획에서 이를 명시하여야 한다.

회생채권자의 권리(제133조)

회생채권에 관하여는 개별적인 권리실현이 금지되는 반면, 회생채권자에게는 그 회생채권을 가지고 절차에 참가하는 자격이 인정된다. 따라서 회생채권자는 회생계획에 정하는 바에 따라 만족을 얻을 수 있고, 관계인집회에 출석하여 회생계획안의 심리 및 결의에 참가할 수 있다. 이를 위하여 회생채권자는 법원이 정하는 신고기간 내에 회생채권을 신고하고, 채권조사절차를 통하여 그 권리가 확정되지 않으면 안된다. 따라서 신고하지 않은 채권자는 회생절차에 참여할 수 없으며, 결국 회생계획에 그 권리가 인정되지 못하여 실권하게 된다.

▣ 관련판례

판례(대법원 2016. 10. 27., 선고, 2016다235091, 판결)

회생채권에 관하여는 개별적인 권리실현이 금지되는 반면 회생채권자는 그가 가진 회생채권으로 회생절차에 참가할 수 있고(채무자 회생 및 파산에 관한 법률 제133조 제1항), 회생절차에 참가하기 위해서는 회생채권자 목록에 기재되거나(같은 법 제147조 제1항, 제2항 제1호) 법원이 정하는 신고기간 안에 회생채권의 내용 및 원인 등을 법원에 신고하고 증거서류 등을 제출하여야 한다(같은 법 제148조 제1항). 그런데 어음은 제시증권, 상환증권이므로(어음법 제38조, 제39조) 어음을 소지하지 않으면 어음상의 권리를 행사할 수 없는 것이 원칙이고, 이는 회생절차에 참가하기 위하여 어음채권을 회생채권으로 신고하는 경우에도 마찬가지이다.

이자없는 기한부채권(제134조)

1. 원칙

채권신고시에는 반드시 의결권액을 신고하여야 하며, 의결권의 신고가 없는 채권신고는 부적법하여 원칙적으로는 각하하여야 한다.

2. 적용

기한이 회생절차개시 후에 도래하는 이자없는 채권은 회생절차가 개시될 때부터 기한에 이르기까지의 법정이율에 의한 이자와 원금의 합계가 기한 도래 당시의 채권액이 되도록 계산한 다음 그 채권액에서 그 이자를 공제한 금액으로 한다.

3. 이자없는 기한부채권의 예외

금전채권의 경우에는 원칙적으로 채권액이 의결권액이 되지만, 이자없는 기한부채권 등에 대하여는 특칙이 있다.

무이자채권의 기한이 회생절차개시후에 도래하는 경우에는 호프만식 계산방법에 따라 회생절차개시 시부터 기한까지 회생채권액에 대한 법정이자를 채권의 명목가액에서 공제한 잔액을 회생채권액으로 한다.

정기금채권(제135조)

금액과 존속기간이 확정된 정기금채권은 회생절차개시시부터 각기의 정기금 기한까지 각 정기금에 대한 법정이율에 의한 중간이자를 공제한 액의 합계액을 화의채권액으로 한다. 다만 그 합계액이 법정이율에 의하여 그 정기금에 상당하는 이자를 발생시키는 원본액을 채권액으로 한다.

이자없는 불확정기한채권 등(제136조)

이자 없는 불확정채권 등 채권의 목적이 금전이 아니거나 금전이라도 그 액이 불확정한 때의 채권은 회생절차개시시점의 평가금액으로 한다. 정기금채권의 금액 또는 존속기간이 불확정한 때에도 회생절차개시시점의 평가금액으로 한다.

비금전채권 등(제137조)

1. 비금전채권

채무자가 보유하고 있는 부동산을 매수하였다는 이유로 소유권이전등기청구권을 회생채권으로 신고한 경우에는 본 조에 의하여 회생절차개시 당시의 평가액에 의한 금액이 의결권액인데, 통상 이미 매매계약이 체결되어 있는 부동산의 평가는 조사위원의 조사보고서나 관리인 보고서에서 매매대금 상당액을 부동산의 가액으로 평가하기 때문에, 위 청구권은 부동산의 매매가액이 의결권액으로 된다.

2. 의결권액의 산정을 위하여 평가가 필요한 채권

회생채권자가 일응의 평가를 하여 의결권액을 기재하면 족하고, 그 의결권액의 당부에 관한 판단은 채권조사기일에 내리면 충분하다.

(1) 의결권액의 기재가 없는 채권신고

부적법하여 각하하여야 하지만, 채권액에 상응하여 의결권을 가지는 경우 등 채권의 내용 및 원인의 기재로 의결권액을 알 수 있는 경우에는 채권액의 기재만으로도 의결권의 기재가 있었다고 해석하는 것이 타당하고 현재의 실무에서도 그와 같이 처리하고 있다.

▣ 관련판례

판례(대법원 1991.5.28. 자 90마954 판결)

1. 법 제177조의 규정에 의한 회사재산평가에 있어서 그 평가의 객관적 기준은 회사의 유지, 갱생 즉 기업의 계속을 전제로 평가한 가액인 이른바 계속기업가치이어야 하고 회사의 해산과 청산 즉 기업의 해체, 처분을 전제로 한 청산가치이어서는 안되므로 개개 재산의 처분가액을 기준으로 할 것이 아니고, 계속기업가치는 그 기업의 수익성에 의하여 좌우되는 것이므로 수익환원법에 의한 수익가치의 평가방식이 표준적인 방식이라고 할 수 있으나 재산의 종류와 특성에 따라 재조달원가에 의한 평가방식이나 비준가액에 의한 평가방식이라도 기업의

계속성을 감안한 객관적 가액을 표현할 수 있는 것이면 족하다.

2. 위 법 제177조에서 관리인에 의한 재산평가시 법원서기관 등이 참여하도록 규정한 것은 재산평가의 공정성을 확보하려는 취지에서 나온 것이므로 관리인에 의한 재산평가가 적정, 타당하다고 인정된다면 그 재산평가시에 법원서기관 등의 참여가 없었다는 이유만으로 그 평가의 효력을 부정할 수 없다.

조건부채권과 장래의 청구권(제138조)

1. 조건부채권과 장래의 청구권

조건부채권과 장래의 청구권은 회생절차개시의 때의 평가액에 의하여 산정한 금액에 따라 의결권을 가지는 것이고, 이러한 미확정채권에 대하여 채권액 전액에 대하여 의결권을 주는 것은 다른 의결권자들과의 관계에서 부당하므로, 최근의 실무는 현실화될 가능성을 평가하여 그에 한하여 의결권을 부여하고 있다.

2. 구체적 방법

건설회사의 경우 공사관련 보증기관 우발채무에 대하여 채권조사절차에서 의결권액에 대하여 이의가 없었다면 결의의 단계에서 의결권에 대하여 이의하는 것은 허용되지 않기 때문에, 이러한 채권에 대하여는 채권조사절차에서 채권액 자체에 대하여는 시인하더라도, 의결권액에 대하여는 현실화가능성을 평가하여 채권조사절차에서 그 만큼만 시인하거나, 이 단계에서 현실화가능성을 평가하기 곤란한 경우에는 일단 의결권액 전액에 대하여 이의를 하여 두고, 나중에 평가되는 현실화가능성에 따라 부분적으로 이의를 철회한 후, 이의가 남아있는 부분에 대하여 관계인집회에서 의결권에 대한 이의를 하는 방법으로 처리하고 있다.

▣ 관련판례

판례(대법원 2002. 12. 10. 선고 2002다57102 판결)

1. 회사정리법 제102조의 정리채권이라 함은 의사표시 등 채권 발생의 원인이 정리절차개시 전의 원인에 기해 생긴 재산상의 청구권을 말하는 것으로, 채권 발생의 원인이 정리절차개시 전의 원인에 기한 것인 한, 그 내용이 구체적으로 확정되지 아니하였거나 변제기가 회사정리절차개시 후에 도래하더라도 상관없다.

2. 회사정리법 제102조의 정리채권에는 같은 법 제118조 제1항이 규정하는 조건부채권도 포함되는데, 여기에서 조건부채권이라 함은 채권의 전부 또는 일부의 성립 또는 소멸이 장래의 불확정한 사실인 조건에 의존하는 채권을 말하고, 위 조건은 채권의 발생원인인 법률행위에 붙은 의사표시의 내용인 부관에 한정되지 아니하므로, 가집행선고의 실효를 조건으로 하는 가지급물의 원상회복 및 손해배상 채권은 그 채권 발생의 원인인 가지급물의 지급이 정리절차개시 전에 이루어진 것이라면 조건부채권으로서 정리채권에 해당한다.

판례(대법원 2021. 7. 8., 선고, 2020다221747, 판결)

가집행선고의 실효를 조건으로 하는 가지급물의 원상회복 및 손해배상 채권(민사소송법 제215조)은 그 채권 발생의 원인인 가지급물의 지급이 회생절차개시 전에 이루어진 것이라면 조건부채권으로서 회생채권에 해당하고, 한편 신고하지 아니한 회생채권은 회생계획인가결정이 있는 때에는 실권되며, 이와 같이 실권된 회생채권은 그 후 회생절차가 폐지되더라도 부활하지 아니하므로 그 확정을 구하는 소는 소의 이익이 없어 부적법하다. 따라서 회생채권에 관한 소에서 회생채권의 신고 여부는 소송요건으로서 직권조사사항이므로 당사자의 주장이 없더라도 법원이 이를 직권으로 조사하여 판단하여야 하고, 사실심 변론종결 후에 소송요건이 흠결되는 사정이 발생한 경우 상고심에서 이를 참작하여야 한다.

우선권의 기간의 계산(제139조)

일정 기간 안의 채권액에 관하여 우선권이 있는 때에는 그 기간은 회생절차가 개시된 때부터 소급하여 계산한다.

벌금·조세 등의 감면(제140조)

1. 회생계획에서 회생채권인 조세채권에 대하여

회생절차개시 전의 벌금·과료·형사소송비용·추징금 및 과태료의 청구권에 관해서는 회생계획에서 감면 그 밖의 영향을 미치는 내용을 정하지 못한다. 3년 이하의 기간의 징수유예 또는 체납처분에 의한 재산 환가의 유예 규정을 할 경우에는 징수권자의 의견을 들어야 하며, 3년을 초과하는 기간의 징수의 유예 또는 체납처분에 의한 재산 환가의 유예, 채무의 승계 기타 권리에 영향을 미칠 규정을 함에는 징수권자의 동의를 얻어야 한다. 따라서 회생계획안을 작성함에 있어서 조세채권에 관한 규정을 둘 때에는 조세징수권자로부터 동의를 받을 수 있는지 여부를 미리 고려하여 규정을 두어야 한다. 만약 3년을 초과하는 기간의 징수유예나 감면 등을 규정하는 것에 대하여 조세징수권자자 반대할 것이 분명하다면 3년을 초과하지 않는 범위 내에서 징수유예를 규정하는 것이 바람직하다

2. 실무에서의 처리

규정 중에는 본세 뿐 아니라 가산금과 중가산금에 대한 권리변경규정도 두어야 한다. 만약 가산금과 중가산금을 면제한다는 내용의 규정을 둔다면 조세징수권자의 동의를 얻어야 하는 사항이므로 주의하여야 한다. 그 동안의 실무례 중에서는 가산금과 중가산금을 모두 면제한 사례도 있고, 본세와 마찬가지로 분할 변제하도록 규정한 사례도 있다. 만약 세금부과에 관하여 심사청구, 심판청구, 행정소송 등이 제기되어 있거나 제기할 예정이라면 그러한 취지를 기재하고 그 결과에 따라 권리변경에 관한 조항을 적용하겠다는 내용을 기재하는 것이 바람직하다.

■ **관련판례**

채무자 회생 및 파산에 관한 법률(이하 '채무자회생법'이라 한다) 제251조 본문은 회생계획인가의 결정이 있는 때에는 회생계획이나 이 법의 규정에 의하여 인정된 권리를 제외하고는 채무자는 모든 회생채권과 회생담보권에 관하여 그 책임을 면한다고 정하고 있다. 회생채권에 해당하는 과징금 청구권도 위 규정에 따라 면책될 수 있음은 물론이다.

한편 채무자회생법 제140조 제1항, 제251조 단서는 회생절차개시 전의 벌금·과료·형사소송비용·추징금 및 과태료의 청구권은 회생계획인가의 결정이 있더라도 면책되지 않는다고 정하고 있다. 이는 회생계획인가의 결정에 따른 회생채권 등의 면책에 대한 예외를 정한 것으로서 그에 해당하는 청구권을 한정적으로 열거한 것으로 보아야 한다. 위 규정에 열거되어 있지 않은 과징금 청구권은 회생계획에서 인정된 경우를 제외하고는 회생계획인가의 결정이 있으면 면책된다고 보아야 한다.

따라서 회생채권인 과징금 청구권을 회생채권으로 신고하지 않은 채 회생계획인가결정이 된 경우에는 채무자회생법 제251조 본문에 따라 면책의 효력이 생겨 과징금 부과권자는 더 이상 과징금을 부과할 수 없다. 그러므로 과징금 부과권자가 회생계획인가결정 후에 그에 대하여 한 부과처분은 위법하다.

채무자 회생 및 파산에 관한 법률 제251조 본문은 회생계획인가의 결정이 있는 때에는 회생계획이나 이 법의 규정에 의하여 인정된 권리를 제외하고는 채무자는 모든 회생채권과 회생담보권에 관하여 그 책임을 면한다고 규정하고 있다. 그런데 채무자 회생 및 파산에 관한 법률 제140조 제1항, 제251조 단서는 회생절차개시 전의 벌금·과료·형사소송비용·추징금 및 과태료의 청구권은 회생계획인가의 결정이 있더라도 면책되지 않는다고 규정하고 있는바, 이는 회생계획인가의 결정에 따른 회생채권 등의 면책에 대한 예외를 정한 것으로서 그에 해당하는 청구권은 한정적으로 열거된 것으로 보아야 하고, 위 규정에 열거되지 않은 과징금의 청구권은 회생계획인가의 결정이 있더라도 면책되지 않는 청구권에 해당한다고 볼 수 없다.

회생담보권자의 권리(제141조)

1. 회생담보권의 의의

회생채권이나 회생절차개시 전의 원인으로 생긴 채무자 외의 자에 대한 재산상의 청구권으로서 회생절차개시 당시 채무자의 재산상에 존재하는 유치권·질권·저당권·양도담보권·가등기담보권·동산·채권 등의 담보에 관한 법률에 따른 담보권·전세권 또는 우선특권으로 담보된 범위의 것

(1) 이자 또는 채무불이행으로 인한 손해배상이나 위약금의 청구권일 경우

회생절차개시결정 전날까지 생긴것에 한한다.

(2) 경매절차의 중지 또는 금지

회생절차가 있어도 담보권자의 권리행사는 제약을 받지 않는 것이 원칙이나, 담보권의 실행에 의하여 생활의 기반이 되는 자산이나 영업의 계속에 필수적인 자산이 환가된다면 회생절차의 진행에 지장이 초래되고 채무자의 회생이 곤란하게 될 수 있으므로, 법원은 담보권실행 등을 위한 경매절차도 중지 또는 금지 할 수 있다.

2. 채무자회생및파산에관한법률 제126조(채무자가 다른 자와 더불어 전부의 이행을 할 의무를 지는 경우) 내지 131조(회생채권의 변제금지) 및 제139조(우선권의 기간의 계산)의 규정은 회생담보권에 관하여 준용한다.

3. 회생절차에 참가

회생절차에 참가한다는 것은 회생채권자가 회생절차에 참가하는 것과 마찬가지로 첫째 그 채권에 관하여 회생계획이 정하는 바에 따라 금전, 유가증권

등의 분배를 받을 수 있고, 둘째 이와 같은 회생계획을 성립시키는 데 있어 채권액에 따라서 발언권이 부여되는 것을 의미한다.

4. 회생담보권자의 권리실현

회생담보권자는 개별적으로 변제를 받을 수 없는 것은 물론 파산의 경우와 달리 별제권도 인정되지 않는 반면, 회생절차 내에서는 일반채권자나 기타 이해관계인에 비하여 유리한 취급을 받는다. 즉 절차적으로는 회생계획의 작성 및 결의를 위하여 회생담보권자는 독립의 조로 분류된다. 또한 회생계획안을 가결함에 있어서는 그 의결권액 총액의 4분의 3이상에 해당하는 의결권을 가진자의 동의를 요하도록 하여 다른 권리에 비하여 계획인가결의 요건을 엄격하게 하고 있다.

회생계획에 있어서 회생담보권자는 다른 권리자에 비하여 가장 유리하게 취급하여야 하는 것이 공정, 형평의 원칙에 합당한 것이 된다.

5. 회생절차에 참가할 수 있는 범위

(1) 피담보채권 중 담보가액의 범위내의 것

담보권자는 그 피담보채권 중 담보목적물의 가액의 범위내에서 회생담보권자로서 회생절차에 참가할 수 있다.

(2) 선순위담보권자가 있는 경우

동일한 담보물 위에 선순위의 담보권자가 있는 경우에는 그 선순위담보권으로 담보된 채권액을 목적물의 가액으로부터 공제하고 잔존하는 담보물의 가액에 상응하는 피담보채권액에 관하여서만 회생담보권이 된다.

(3) 담보가액범위를 넘는 채권의 취급

피담보채권 중 담보물가액을 초과한 부분에 관하여는 회생담보권으로서 아니라 회생채권으로서 취급됨에 불과하다.

6. 회생담보권자의 의결권

회생담보권자는 그 담보권의 목적의 가액에 비례하여 의결권을 가진다. 다

만, 피담보채권액이 담보권의 목적의 가액보다 적은 때에는 그 피담보채권액
에 비례하여 의결권을 가진다.

원칙	담보권의 목적의 가액에 비례하여 의결권을 가진다
피담보채권액이 담보권의 목적의 가액보다 적은 때	피담보채권액에 비례하여 의결권을 가진다

7. 준용규정

채무자회생및파산에관한법률 제133조 제2항 회생채권자는 제134조 내지 제
138조에 규정된 채권에 관하여는 그 규정에 의하여 산정한 금액에 따라, 그
밖의 채권에 관하여는 그 채권액에 따라 의결권을 가진다. 제134조(이자없는
기한부채권) 내지 제138조(조건부채권과 장래의 청구권) 의 규정은 회생담보
권자의 의결권에 관하여 준용한다.

▣ **관련판례**

판례(대법원 2005. 1. 27. 선고 2004다27143 판결)

정리절차개시 후에 정리채권자 또는 정리담보권자가 다른 채무자로부터 일부
변제를 받거나 다른 채무자에 대한 회사정리절차 내지 파산절차에 참가하여 변
제 또는 배당을 받았다 하더라도 그에 의하여 채권자가 채권 전액에 대하여 만
족을 얻은 것이 아닌 한 정리채권액에 감소를 가져오는 것은 아니므로, 채권자
는 여전히 정리절차개시 당시의 채권 전액으로써 계속하여 정리절차에 참가할
수 있다.

판례(대법원 2003. 9. 5. 선고 2002다40456 판결)

회사정리법 제241조 본문은 '정리계획인가의 결정이 있은 때에는 계획의 규정
또는 본법의 규정에 의하여 인정된 권리를 제외하고 회사는 모든 정리채권과
정리담보권에 관하여 그 책임을 면하며, 주주의 권리와 회사의 재산상에 있던

모든 담보권은 소멸한다.'고 규정하고, 같은 법 제123조 제1항은 정리담보권을 규정하면서 회사재산상에 존재하는 양도담보권으로 담보된 범위의 채권을 이에 포함시키고 있으므로, 회사의 채권에 관하여 설정된 양도담보권도 같은 법 제241조 본문의 규정에 의하여 소멸되는 담보권에 포함되는바, 위 규정에 의하여 채권에 관하여 설정된 양도담보권이 소멸되는 경우에는 그 양도담보의 설정을 위하여 이루어진 채권양도 또한 그 효력을 상실하여 채권양수인에게 양도되었던 채권은 다시 채권양도인인 회사에 이전되는 것인데, 이러한 채권의 이전은 법률의 규정에 의한 것이어서 지명채권양도의 대항요건에 관한 민법의 규정이 적용되지 아니하는 것이므로, 채무자로서는 그 채권의 이전에 관한 채권양수인의 통지 또는 채권양수인의 동의를 얻은 채권양도인의 철회의 통지 등의 유무와 관계없이 채권자로서의 지위를 상실한 채권양수인의 청구를 거부할 수 있다.

판례(대법원 2003. 2. 28. 선고 2000다50275 판결)

1. 회사정리절차에 있어서는 담보권자는 개별적으로 담보권실행행위를 할 수 없고(회사정리법 제67조), 정리담보권자로서 정리절차 내에서의 권리행사가 인정될 뿐, 정리절차 외에서 변제를 받는 등 채권소멸행위를 할 수 없으며(같은 법 제123조 제2항, 제112조), 또한 같은 법 제81조 후단이 부인하고자 하는 행위가 집행행위에 기한 것인 때에도 부인권을 행사할 수 있다고 규정한 취지에 비추어 보면, 질권의 목적물을 타에 처분하여 채권의 만족을 얻는 경우도 그 실질에 있어서 집행행위와 동일한 것으로 볼 수 있어 부인의 대상이 되는 행위에 포함된다.

2. 질권자가 그 질권의 목적인 유가증권을 처분하여 채권을 회수한 행위에 대하여 회사정리법상의 부인권이 행사된 경우, 그 유가증권의 원상회복에 갈음하여 그 가액의 상환을 청구할 수 있다고 한 원심판결을 수긍한 사례.

판례(대법원 2002. 12. 26. 선고 2002다49484 판결)

회사정리법 제123조 제1항 본문에 의하면, "정리채권 또는 정리절차 개시 전의 원인으로 생긴 회사 이외의 자에 대한 재산상의 청구권으로서 정리절차개시 당시 회사 재산상에 존재하는 유치권, 질권, 저당권, 양도담보권, 가등기담보권, 전세권 또는 우선특권으로 담보된 범위의 것은 정리담보권으로 한다."고 규정하고 있으므로, 정리담보권으로 신고하지 아니하였을 때 회사정리법 제241조에 의하여 소멸되는 정리담보권이 되기 위해서는 그 담보권이 정리절차개시 당시 회사 재산을 대상으로 하는 담보권이어야만 한다 할 것인데, 신탁법상의 신탁을 함에 있어서는 그 위탁자가 당연히 수익권자가 되는 것이 아니고 위탁자와 전혀 별개의 존재인 수익자를 지정하여야만 하는 것이며, 위탁자가 자신을 수익자로 지정하는 경우에도 위탁자와 수익자의 지위는 전혀 별개의 것이라고 보아야 할 것이므로, 특히 담보신탁이 아니라 분양형 토지(개발)신탁의 경우에 신탁계약시에 위탁자인 정리 전 회사가 제3자를 수익자로 지정한 이상, 비록 그 제3자에 대한 채권담보의 목적으로 그렇게 지정하였다 할지라도 그 수익권은 신탁계약에 의하여 원시적으로 그 제3자에게 귀속한다 할 것이지, 위탁자인 정리 전 회사에게 귀속되어야 할 재산권을 그 제3자에게 담보 목적으로 이전하였다고 볼 수는 없는 것이어서, 그 경우 그 수익권은 정리절차개시 당시 회사 재산이라고 볼 수 없다 할 것이고, 따라서 그 제3자가 정리절차에서 그 수익권에 대한 권리를 정리담보권으로 신고하지 아니하였다고 하여 회사정리법 제241조에 의하여 소멸된다고 볼 수는 없다.

판례(대법원 2001. 7. 24. 선고 2001다3122 판결)

어음발행인이 어음의 피사취 등을 이유로 지급은행에 사고신고와 함께 그 어음금의 지급정지를 의뢰하면서 예탁하는 사고신고담보금은 어음발행인인 회사가 출연한 재산이라고 하더라도 은행에 예탁된 이상 그 소유권은 은행에 이전되고 회사는 어음교환소규약이나 사고신고담보금처리에 관한 약정에서 정한 조건이 성취된 때에 한하여 은행에 대하여 사고신고담보금 반환청구권을 가지는데 불과하며, 어음소지인의 사고신고담보금에 대한 권리를 회사정리법상의 정리담보권이라고 볼 수 없으므로 어음의 정당한 소지인은 정리절차에 의하지 아니하고 지급은행을 상대로 사고신고담보금의 지급청구권을 행사하여 그 채권의 만족을 얻을 수 있고, 이 경우 어음소지인은 위 규약 등이 정하는 바에 따라 어음발행인인 정리회사의 관리인을 상대로 어음금채권에 대한 정리채권확정의 소에서 승소판결을 받고 그 판결이 확정되면 지급은행에 사고신고담보금의 지급을 청구할 수 있다.

판례(대법원 2020. 12. 10., 선고, 2017다256439, 256446, 판결)

채무자 회생 및 파산에 관한 법률(이하 '채무자회생법'이라고 한다) 제58조 제1항 제2호에 의하면 회생절차개시결정이 있는 때에는 회생채권 또는 회생담보권에 기한 강제집행 등은 할 수 없고, 채무자회생법 제141조 제1항은 양도담보권도 회생담보권에 포함되는 것으로 규정하고 있다. 따라서 회생절차개시결정이 있는 때에 금지되는 채무자회생법 제58조 제2항 제2호의 '회생담보권에 기한 강제집행 등'에는 양도담보권의 실행행위도 포함된다.

양도담보권의 실행행위는 종국적으로 채권자가 제3채무자에 대해 추심권을 행사하여 변제를 받는다는 의미이다. 특히 양도담보권의 목적물이 금전채권인 경우 피담보채권의 만족을 얻기 위해 금전채권을 환가하는 등의 별도의 절차가 필요 없고, 만약 양도담보권자가 제3채무자를 상대로 채무의 이행을 구하는 소를 제기하여 승소판결을 얻는다면 제3채무자가 양도담보권자에게 임의로 변제하는 것을 막을 방법이 없다. 따라서 채권이 담보 목적으로 양도된 후 채권양도인인 채무자에 대하여 회생절차가 개시되었을 경우 채권양수인인 양도담보권자가 제3채무자를 상대로 그 채권의 지급을 구하는 이행의 소를 제기하는 행위는 회생절차개시결정으로 인해 금지되는 양도담보권의 실행행위에 해당한다. 이와 같이 해석하는 것이 채무자의 효율적 회생을 위해 회생절차개시결정 이후 채권자의 개별적 권리행사를 제한하는 한편 양도담보권도 회생담보권에 포함된다고 규정한 채무자회생법의 내용에도 부합한다.

판례(대법원 2018. 11. 29., 선고, 2017다286577 판결)

민사집행법 제135조, 제91조 제2항에 따라 매수인이 매각 부동산의 소유권을 취득하고 매각 부동산 위의 저당권이 소멸하더라도, 저당권자는 이후 배당절차에서 저당권의 순위와 내용에 따라 저당부동산의 교환가치에 해당하는 매각대금으로부터 피담보채권에 대한 우선변제를 받게 된다.

따라서 부동산 경매절차에서 채무자 소유 부동산이 매각되고 매수인이 매각대금을 다 납부하여 매각 부동산 위의 저당권이 소멸하였더라도 배당절차에 이르기 전에 채무자에 대해 회생절차개시결정이 있었다면, 저당권자는 회생절차

개시 당시 저당권으로 담보되는 채권 또는 청구권을 가진 채무자 회생 및 파산에 관한 법률 제141조에 따른 회생담보권자라고 봄이 타당하다.

판례(대법원 2017. 9. 7., 선고, 2016다277682 판결)

채무자 회생 및 파산에 관한 법률(이하 '채무자회생법'이라고 한다) 제90조에 의한 재산가액의 평가에 있어서 평가의 객관적 기준은 회사의 유지·회생 즉 기업의 계속을 전제로 평가한 가액이어야 하고 회사의 해산과 청산 즉 기업의 해체, 처분을 전제로 한 개개 재산의 처분가액을 기준으로 할 것이 아니다. 이때 그 가액의 평가방법은 수익환원법 등 수익성의 원리에 기초한 평가방식이 표준적인 방식이라고 할 수 있으나, 재산의 종류와 특성에 따라 원가법 등 비용성의 원리에 기초한 평가방식이나 거래사례비교법 등 시장성의 원리에 기초한 평가방식이라도 기업의 계속성을 감안한 객관적 가액을 표현할 수 있는 것이면 족하다. 이는 채무자회생법 제141조 제4항에 따라 회생담보권의 목적의 가액을 산정함에 있어서도 마찬가지이다.

판례(대법원 2015. 5. 28., 선고, 2015다203790 판결)

채무자 회생 및 파산에 관한 법률 제251조 본문은 회생계획인가의 결정이 있는 때에는 회생계획이나 이 법의 규정에 의하여 인정된 권리를 제외하고는 회생채무자는 모든 회생채권과 회생담보권에 관하여 그 책임을 면하며, 주주·지분권자의 권리와 채무자의 재산상에 있던 모든 담보권은 소멸한다고 규정하고, 같은 법 제141조 제1항은 회생담보권을 규정하면서 회생채무자의 재산상에 존재하는 양도담보권으로 담보된 범위의 채권을 이에 포함시키고 있으므로, 회생채무자의 채권에 관하여 설정된 양도담보권도 같은 법 제251조 본문의 규정에 의하여 소멸되는 담보권에 포함되는바, 위 규정에 의하여 채권에 관하여 설정된 양도담보권이 소멸되는 경우에는 그 양도담보의 설정을 위하여 이루어진 채권양도 또한 그 효력을 상실하여 채권양수인에게 양도되었던 채권은 다시 채권양도인인 회생채무자에게 이전되는 것인데, 이러한 채권의 이전은 법률의 규정에 의한 것이어서 지명채권양도의 대항요건에 관한 민법의 규정이 적용되지 아니하는 것이므로, 위 이전된 채권의 채무자로서는 그 채권의 이전에 관한 채권양수인의 통지 또는 채권양수인의 동의를 얻은 채권양도인의 철회의 통지 등의 유무와 관계없이 채권자로서의 지위를 상실한 채권양수인의 청구를 거부할 수 있다.

대리위원(제142조)

1. 선임

회생채권자·회생담보권자·주주·지분권자는 법원의 허가를 받아 공동으로 또는 각각 1인 또는 여럿의 대리위원을 선임할 수 있다. 대리위원은 그를 선임한 회생채권자·회생담보권자·주주·지분권자를 위하여 회생절차에 관한 모든 행위를 할 수 있다. 대리위원이 여럿인 때에는 공동으로 그 권한을 행사하지만 제3자의 의사표시는 그중 1인에 대하여 하면 된다. 법원은 대리위원의 권한의 행사가 현저하게 불공정하다고 인정하는 때에는 허가를 취소할 수 있다.

2. 신고

회생채권, 회생담보권, 주식의 신고에 있어서 권리자 본인 또는 대리인이 신고할 수 있으며, 대리인에 의하여 신고할 경우 대리인이 반드시 변호사일 것을 요하지는 않지만, 대리권을 증명하는 서면(위임장 등)을 첨부하여야 한다. 회생채권자·회생담보권자·주주·지분권자는 대리위원을 해임한 때에는 지체없이 그 사실을 법원에 신고하여야 한다.

3. 회생채권자 등이 법원의 허가를 얻어 선임한 경우, 담보부사채신탁법상의 수탁회사의 경우

대리위원이나 수탁회사의 경우에는 그 대리위원이나 수탁회사가 신고할 수 있고, 일반 회사채의 경우에는 상법 제490조에 따라 법원의 허가를 얻어 사채권자집회를 개최하고 일정한 자에게 신고 등의 권한을 위임할 수 있다.

수탁회사(제143조)

1. 신고권자

「담보부사채신탁법」의 규정에 의한 수탁회사는 사채권자집회의 결의에 의하여 총사채권자를 위하여 회생채권 또는 회생담보권의 신고, 의결권의 행사 그 밖의 회생절차에 관한 모든 행위를 할 수 있다. 수탁회사가 총사채권자를 위하여 위 행위를 하는 때에는 각각의 사채권자를 표시하지 않을 수 있다. 권리자 본인 또는 대리인이 신고할 수 있으며, 대리인에 의하여 신고할 경우 대리인이 반드시 변호사일 것을 요하지는 않지만, 대리권을 증명하는 서면 (위임장 등)을 첨부하여야 한다.

2. 담보부사채신탁법상의 수탁회사의 경우

대리위원이 신고할 수 있다

3. 일반 회사채의 경우

상법 제490조에 따라 법원의 허가를 얻어 사채권자집회를 개최하고 일정한 자에게 신고 등의 권한을 위임할 수 있다.

4. 외국에 거주하는 채권자의 경우

위임장을 첨부하지 아니하고 국내에 있는 대리인을 통하여 신고하는 경우가 종종 있는데, 조사기일까지 위임장을 첨부하면 적법한 신고가 있는 것으로 처리하여야 한다.

상계권(제144조)

1. 상계를 인정하는 취지

회생채권자는 회생절차에 의하지 않으면 변제를 받을 수 없음에도 불구하고 채무자에 대하여 부담하는 자기의 채무는 완전히 변제하지 않으면 안 되는 것도 형평의 견지에서 타당하지 않다. 그래서 본 법은 일정한 한도에서 회생채권에 의한 상계를 인정하고 있다

2. 상계의 요건

회생절차에서 상계가 인정되는 것은 원칙적으로 신고기간만료 전에 상계적
상에 있는 것에 한한다. 즉 회생채권자 또는 회생담보권자가 회생절차개시
당시 채무자에 대하여 채무를 부담하는 경우에 회생채권과 채무자에 대하여
채무를 부담하는 경우에 회생채권과 채무자에 대한 채무의 쌍방이 회생채권
또는 회생담보권의 신고기간만료 전에 상계에 적합하게 되었을 때에는 회생
채권자 또는 회생담보권자는 그 기간 내에 한하여 회생절차에 의하지 않고
상계할 수 있다.

(1) 자동채권에 관한 요건

자동채권, 즉 회생채권 또는 회생담보권의 변제기가 신고기간만료 전까지
도래하는 것이 필요하고 신고기간의 만료 당시 자동채권의 변제기가 도래
하지 않으면 신고기간만료 전까지 상계적상에 있어야 한다는 요건을 충족
하지 못하므로 상계는 인정되지 않는다.

(2) 수동채권에 대한 제한

수동채권, 즉 회생채권자 또는 회생담보권자가 채무자에 부담하고 있는 채
무에 관하여는 신고기간만료시까지 변제기가 도래하지 않는 경우라도 회
생채권자 또는 회생담보권자가 기한의 이익을 포기함으로써 변제기가 도
래하여 상계적상에 이르므로 상계가 가능하다. 본조 제1항 후단이 "채무가
기한부인 때에도 같다"라고 함은 이것을 의미한다. 회생절차개시 후의 차
임, 지료를 수동채권으로 하는 상계에 있어서는 당기 및 차기의 것에 한하
여 상계가 인정된다.

3. 상계권의 행사

상계의 의사표시는 신고기간만료 전에 하지 않으면 안 된다. 상계의 의사표
시는 관리인에 대하여 하여야 한다. 상계의 효력은 상계의 의사표시가 행하
여진 때가 아니고 상계적상에 달한 때에 생기며 그 시점에서 채권채무가 소
멸한다.

4. 관리인측에서의 상계

관리인측에서의 상계는 원칙적으로 허용되지 않는다. 회생채권은 회생절차에 의하지 않으면 소멸시킬수 없기 때문이다. 다만 법원에 의한 변제허가가 있는 경우에는 그 범위 내에서 관리인은 상계를 할 수 있다.

■ **관련판례**

판례(대법원 2003. 3. 14. 선고 2002다20964 판결)

회사정리법 제162조 제1항에서는 정리채권자 또는 정리담보권자가 정리절차 개시당시 회사에 대하여 채무를 부담하는 경우에 채권과 채무의 쌍방이 정리채권과 정리담보권의 신고기간 만료 전에 상계할 수 있게 되었을 때에는 정리채권자 또는 정리담보권자는 그 기간 내에 한하여 정리절차에 의하지 아니하고 상계할 수 있다고 규정하고 있고, 이 때 '그 기간'이라고 함은 정리채권 등의 신고기간을 뜻한다.

판례(대법원 2000. 2. 11. 선고 99다10424 판결)

회사정리법에 의하면, 정리채권은 정리절차에 의하지 아니하고 변제하거나, 변제받거나 기타 이를 소멸하게 할 수 없으며, 정리절차에 참가하고자 하는 정리채권자는 정리채권의 신고를 하여야 하고, 신고하지 아니한 정리채권은 정리계획인가결정이 있는 때에는 실권되므로 정리채권자가 회사정리법이 정하는 소정 기간 내에 정리채권신고를 한 바 없다면 정리채권이 있음을 내세워 상계 주장을 할 수 없으나, 이러한 정리채권의 변제금지와 상계의 제한은 정리절차가 개시된 이후에 비로소 생기는 것이므로, 정리절차가 개시되기 이전, 즉 정리채권이 아닌 단계에서의 채권에 대하여는 위와 같은 제한 없이 변제 내지 상계할 수 있으며, 그 후 정리절차가 개시되었다고 하여 달리 볼 것도 아니다.

판례(대법원 2018. 1. 24., 선고, 2015다69990 판결)

출자의무를 이행하지 않은 구성원에 대하여 회생절차가 개시되었더라도 그 개시 이전에 이익분배금에서 미지급 출자금을 공제하기로 하는 특약을 하였다면 특별한 사정이 없는 한 그에 따른 공제의 법적 효과가 발생함에는 아무런 영향이 없다.

판례(대법원 2017. 3. 15., 선고, 2015다252501 판결)

채무자 회생 및 파산에 관한 법률(이하 '채무자회생법'이라고 한다) 제144조 제1항은 "회생채권자 또는 회생담보권자가 회생절차개시 당시 채무자에 대하여 채무를 부담하는 경우 채권과 채무의 쌍방이 신고기간 만료 전에 상계할 수 있게 된 때에는 회생채권자 또는 회생담보권자는 그 기간 안에 한하여 회생절차에 의하지 아니하고 상계할 수 있다. 채무가 기한부인 때에도 같다."라고 규정하여, 회생절차개시 이후라도 회생절차에 의하지 아니한 상계를 하는 것을 일정한 범위에서 허용하고 있다. 이는 회생채권자와 회생채무자 상호 간에 상대방에 대한 채권·채무를 가지고 있는 경우에는 상계함으로써 상쇄할 수 있다는 당사자의 기대를 보호하고자 하는 것이다. 또한 채무가 기한부인 때에도 상계가 가능하도록 한 것은, 기한부 채무는 장래에 실현되거나 도래할 것이 확실한 사실에 채무의 발생이나 이행의 시기가 종속되어 있을 뿐 채무를 부담하는 것 자체는 확정되어 있으므로 상계를 인정할 필요성은 일반채권의 경우와 다르지 않기 때문이다. 그리고 회생절차개시 이후에도 상계할 수 있으려면 채권과 채무의 쌍방이 신고기간 만료 전에 상계할 수 있어야 하므로, 신고기간 만료 전에 기한부 채무의 기한이 도래한 경우는 물론 회생채권자가 기한의 이익을 포기하고 상계하는 것도 허용된다.

판례(대법원 2009. 1. 30., 선고, 2008다49707 판결)

구 회사정리법(2005. 3. 31. 법률 제7428호 채무자 회생 및 파산에 관한 법률 부칙 제2조로 폐지) 제162조 제1항 등에 의해 상계를 제한하는 취지는, 정리채권자들의 무분별한 상계권행사가 회사정리를 위한 노력을 곤란하게 하고 정리계획의 작성 등 절차 진행에 지장을 초래하는 것을 방지함으로써 기업의 재건이라는 구 회사정리법의 목적을 실현하려는 데 있다. 그와 같은 입법 취지나 회사정리절차가 종결된 경우 정리계획에서 달리 정함이 없는 한 정리채권자들의 개별적인 권리행사가 가능해지는 점 등을 고려하여 보면, 구 회사정리법상의 정

리절차가 종결된 때에는 상계에 대한 위와 같은 제약도 해소된다고 해석하여야
한다.

상계의 금지(제145조)

1. 취지

본 법은 회생절차에 있어 상계가 금지된 경우를 열거하고 있다. 법이 상계를
금지하고 있는 것은 상계를 인정하면 채무자 재산의 증가를 방해하고 상계
를 주장한 자에게 부당한 이익을 줄 염려가 있기 때문이다.

2. 상계가 금지된 경우

(1) 회생절차개시후에 부담한 채무를 수동채권으로 하는 상계
(2) 채무자가 위험상태에 있음을 알고 부담한 채무를 수동채권으로 한 상계.
단, 그 부담이 법률에 정한 원인에 기한 때, 회생채권자 또는 회생담보권
자가 지급의 정지·회생절차개시의 신청 또는 파산의 신청이 있은 것을
알기 전에 생긴 원인에 의한 때, 회생절차개시시점 및 파산선고시점 중
가장 이른 시점보다 1년 이상 전에 생긴 원인에 의한 때는 제외한다.
(3) 회생절차개시후에 타인으로부터 취득한 회생채권 또는 회생담보권에 의
한 상계
(4) 채무자의 채무자가 회사가 위험상태에 있음을 알고 취득한 채권을 자
동채권으로 한 상계

3. 상계금지를 위반하여 한 상계의 효력

상계금지에 관한 동조 제1호 내지 제4호에 해당하는 경우(제2, 4호단서에 해
당하는 경우 제외)에는 상계는 관리인의 의사표시를 기다릴 필요 없이 당연
무효이다. 상계가 무효가 된 경우에는 회생채권자 또는 회생담보권자는 회생
절차에 의하여 자기채권의 만족을 받을 수 밖에 없다.

주주·지분권자의 권리(제146조)

1. 일반론

회생절차가 개시되면 사업의 경영과 재산의 관리 및 처분을 하는 권리는 관리인에게 전속하게 되지만 채무자는 그대로 존속하며 그 사단적 관계에 있어서의 활동은 할 수 있다. 따라서 회생절차에 관계없이 주주총회를 통하여 사단적 활동에 참가할 수 있다. 그러나 채무자에게는 재산의 관리 처분권이 없으므로 채무자의 사단적 활동이라도 비용을 요하는 경우에는 그 사단적 활동에 참가할 수 있는 권리, 즉 공익권에 사실상 큰 제약이 따를 수 밖에 없고, 또한 회생절차 개시 후 그 종료까지는 회생절차에 의하지 아니하면 자본의 감소나 신주의 발행, 이익의 배당 등이 금지되고 있으므로 주주의 자익권 역시 그 행사에 한계가 있다.

2. 주주의 회생절차 중의 지위

주주의 회생절차 중의 지위는 절차의 진행에 따라 다음과 같이 분류할 수 있다.

(1) 관계인으로서의 지위

주주는 채권조사기일에 출석하여 회생채권 또는 회생담보권에 대하여 이의를 진술하고 관계인집회에 출석하여 의견을 진술하고 의결권을 행사할 수 있다. 그러나 채무자에 파산의 원인인 사실이 있는 때에는 의결권을 가지지 아니한다.

(2) 회생계획입안자로서의 지위

주주는 회생계획안을 작성하여 법원에 제출할 수 있다.

(3) 회생계획상의 지위

주주는 회생절차에 있어서 그 권리의 변경을 받으며 그 권리의 변경에 있어서는 가장 후순위의 지위에 서게 된다. 그러나 회생계획상 수익자의 지위에 서게 된다.

3. 의결권

주주는 그가 가진 주식의 수에 따라 의결권을 가진다. 여기에서 말하는 의결
권이라 함은 관계인집회에 있어서의 주주의 의결권을 가리키며 주주총회에
있어서의 의결권과는 별개의 것이다.

회생절차의 개시당시 채무자의 부채의 총액이 자산의 총액을 초과하는 경우
에는 주주는 의결권을 가지지 아니한다. 일반적으로 채무초과의 경우에는 주
주에게 잔여재산분배청구권이 없으므로 채무정리절차에 있어서도 주주에게
의결권을 주지 아니하는 것이다. 상법상 회사는 자기주식에 대하여 의결권을
가지지 아니하는바(상법 제396조), 관계인집회에 있어서도 자기주식에 대하
여는 의결권이 없다고 할 것이다.

4. 권리

① 주주·지분권자는 그가 가진 주식 또는 출자지분으로 회생절차에 참가할
   수 있다.
② 주주·지분권자는 그가 가진 주식 또는 출자지분의 수 또는 액수에 비례하
   여 의결권을 가진다.
③ 회생절차의 개시 당시 채무자의 부채총액이 자산총액을 초과하는 때에는
   주주·지분권자는 의결권을 가지지 아니한다. 다만, 회생계획의 변경계획
   안을 제출할 당시 채무자의 자산총액이 부채총액을 초과하는 때에는 그
   러지 않는다.
④ 제회생계획의 변경계획안을 제출할 당시 채무자의 부채총액이 자산총액
   을 초과하는 때에는 주주·지분권자는 그 변경계획안에 대하여 의결권을
   가지지 않는다.

▣ **관련판례**

판례(대법원 1994.5.24. 선고 92누11138 판결)

회사정리법에 의한 정리절차개시결정이 있은 때에는 회사사업의 경영과 재산
의 관리처분권은 관리인에 전속하고 관리인은 정리회사의 기관이거나 그 대표

자는 아니지만 정리회사와 그 채권자 및 주주로 구성되는 이해관계인 단체의 관리자인 일종의 공적 수탁자라는 입장에서 정리회사의 대표, 업무집행 및 재산 관리 등의 권한행사를 혼자서 할 수 있게 되므로 정리절차개시 후에 비로소 과점주주가 된 자는 과점주주로서의 주주권을 행사할 수 없게 되는 것이고, 따라서 정리회사의 운영을 실질적으로 지배할 수 있는 지위에 있지 아니하는 셈이 되어 그 재산을 취득한 것으로 의제하는 구 지방세법(1990.12.31. 법률 제4269호로 개정되기 전의 것) 제105조 제6항 소정의 과점주주의 요건에 해당되지 아니한다.

판례(대법원 1992.7.28. 선고 92누4987 판결)

회사정리법 제52조 제1항의 규정에 의하면 정리절차개시 후에는 그 종료에 이르기까지 정리절차에 의하지 않고는 이익이나 이자의 배당을 할 수 없도록 되어 있고 이 규정은 회사정리법 제39조 제2항에 의하여 보전관리인에 의한 관리명령이 있는 경우에도 준용된다고 볼 것이므로, 보전관리인에 의한 관리명령이 있은 뒤에는 주주에 대한 인정배당처분을 할 수 없다.

판례(대법원 1991.5.28. 자 90마954 판결)

법 제129조 제3항 소정의 "파산의 원인인 사실이 있는 때"라함은 회사의 부채 총액이 자산총액을 초과하는 이른바 채무초과의 경우를 말하고, 그 채무초과 여부를 판단하는 시점 즉 회사재산의 평가기준시점에 관하여는 정리절차개시 당시를 기준으로 회사재산의 가액을 평가하여 주주의 의결권 유무를 미리 확정하는 것이 절차진행을 명확하게 하고 정리담보권자와의 사이에 균형을 유지할 수 있으며 또 회사정리절차의 성격에도 부합되어 타당하다.

판례(대법원 2007. 11. 29., 자, 2004그74, 결정 판결)

구 회사정리법(2005. 3. 31. 법률 제7428호 채무자 회생 및 파산에 관한 법률 부칙 제2조로 폐지) 제129조 및 제270조의 해석상 변경계획안의 의결에 관하여 주주에게 의결권이 인정되는지 여부는 변경계획안 제출 시점에 정리회사의 자산이 부채를 초과하는지 여부에 의하여 결정되는 것이므로, 가사 정리절차 개시 당시 자산이 부채를 초과하여 주주에게 의결권이 부여되었는데 그 후 실적의 악화나 기타 예상치 못한 사정으로 부채가 자산을 초과하게 되었을 뿐이라고 하더라도, 변경계획안 제출 시점에 정리회사의 부채가 자산을 초과하는 이상 주주에게 의결권을 인정할 수 없다.

제2절 회생채권자 · 회생담보권자 · 주주 · 지분권자의 목록작성 및 신고

회생채권자·회생담보권자·주주·지분권자의 목록(제147조)

제정이유

1. 종전 회사정리절차는 모든 채권자들이 신고기간 내에 채권을 신고하여야 하고 채권신고를 하지 아니하면 실권되므로, 채권자가 충분한 이의기회를 가지지 못한 상태에서 예측하지 못한 손실을 입는 경우가 발생하므로 이를 개선하려는 것임

2. 먼저 관리인이 채권을 조사하여 채권자목록을 제출하고, 신고 기간 및 조사기간을 통한 조사절차를 거치도록 하여 이해관계인이 자신의 채권뿐만 아니라 다른 채권에 대하여도 충분히 검토할 기회를 부여함

3. 이의가 있는 회생채권, 회생담보권에 관하여는 채권조사확정재판이라는 간이한 절차를 통하여 확정할 수 있도록 함

4. 채권조사확정절차를 신속히 진행시키고 채권자들에게 충분한 이의기회를 부여하여 억울하게 권리행사를 하지 못하는 경우가 생기지 아니하도록 하는데 기여할 것으로 기대됨

목록의 작성

(1) 관리인은 회생채권자의 목록, 회생담보권자의 목록과 주주·지분권자의 목록을 작성하여 회생절차개시결정일로부터 2주 이상 2월 이내에 제출하여야 한다.

(2) 목록의 기재사항

① 회생채권자의 목록

　　가. 회생채권자의 성명과 주소

　　　　나. 회생채권의 내용과 원인

　　　　다. 일반의 우선권 있는 채권이 있는 때에는 그 뜻

　　② 회생담보권자의 목록

　　　　가. 회생담보권자의 성명 및 주소

　　　　나. 회생담보권의 내용 및 원인, 담보권의 목적 및 그 가액, 회생절
　　　　　　차가 개시된 채무자 외의 자가 채무자인 때에는 그 성명 및 주소

　　　　다. 의결권의 액수

　　③ 주주·지분권자의 목록

　　　　가. 주주·지분권자의 성명 및 주소

　　　　나. 주식 또는 출자지분의 종류 및 수

(3) 법원은 신고기간 동안 이해관계인이 목록을 열람할 수 있도록 하여야
　　한다.

(4) 관리인은 신고기간의 말일까지 대법원규칙이 정하는 바에 따라 법원의
　　허가를 받아 목록에 기재된 사항을 변경 또는 정정할 수 있다. 이때에는
　　그 대상이 되는 회생채권·회생담보권·주식·지분권자 변경 또는 정
　　정의 이유 및 그 내용등을 기재하여 법원에 허가신청을 하여야 한다. 허
　　가신청에 대하여 허가결정을 받은 때에는 변경 또는 정정된 목록을 그
　　대상이 되는 회생채권·회생담보권·주식·지분권을 보유하고 있는 관
　　리자에게 지체없이 통지하여야 한다.

(5) 관리인이 위 목록을 작성·변경 또는 정정할 때에는 채무자회생및파산
　　에관한법률 제118조 제2호 내지 제4호의 규정에 의한 회생채권일 때에
　　는 그 취지 및 액수, 집행력있는 집행권원 또는 종국판결이 있는 회생채
　　권 또는 회생담보권인 때에는 그 뜻, 회생채권 또는 회생담보권에 관하
　　여 회생절차개시 당시 소송이 계속하는 때에는 법원·당사자·사건명
　　및 사건번호, 법 제140조 제1항·제2항에서 규정하는 벌금, 조세등의
　　청구권에 관하여 회생절차 개시 당시 행정심판 또는 소송이 계속중인
　　때에는 그 행정심판 또는 소송이 계속하는 행정기관 또는 법원·당사
　　자·사건명 및 사건번호를 함께 기재하여야 한다.

회생채권의 신고(제148조)

1. 회생채권의 신고

(1) 채권 규모 파악

회생채권신고의 회생절차가 개시되면 우선 채무자의 채권 규모를 파악하는 작업이 선행되어야 한다. 만약 채무자에 대한 채권의 정확한 규모와 그 내용을 알지 못한다면 회생계획안을 작성하는 것이 불가능하기 때문이다.

(2) 법원에 신고

본 법은 채무자의 채권자들로 하여금 일정한 기간 동안 자기의 채권을 법원에 신고하도록 함과 아울러, 만약 채권의 신고가 이루어지지 않아 회생계획에서 그 변제방법이 반영되지 않을 경우에는 이를 실권시킴으로써 사실상 그 신고를 강제하고 있다.

(3) 신고의 결과

채무자의 채권으로 신인된 채권은 회생계획안에서 변제의 대상으로 되고, 이를 기초로 채권자는 회생절차 내에서 의견진술, 의결권의 행사 등을 할 수 있게 된다. 이러한 의미에서 회생채권의 신고는 회생법원에 회생절차참가의 신청의 형식이라고 말할 수 있다.

이와 달리 공익채권은 신고를 필요로 하지 않으며 회생절차와 관계없이 그 권리를 행사할 수 있다.

2. 신고사항

(가) 회생채권자의 성명과 주소

(나) 각 채권의 내용 및 원인

(다) 의결권의 액

채권신고시에는 반드시 의결권액을 신고하여야 하며, 의결권의 신고가 없는 채권신고는 부적법하여 원칙적으로 각하하여야 한다.

(라) 우선권있는 채권과 후순위채권인 때에는 그 뜻

(마) 소송계속 중의 채권에 대하여는 위의 사항 이외에 법원, 당사자, 건명

과 번호

(바) 집행력 있는 채무명의가 있을 경우에는 그 취지

집행력 있는 채무명의가 있는 채권에 대하여 관리인이 이의를 한 경우에
는 관리인이 채무자가 할 수 있는 소송절차에 의해서만 그 이의를 주장할
수 있는 것이고, 다른 채권처럼 관리인이 이의를 하였다고 하여 채권자가
권리확정소송을 제기하여야 하는 것은 아니다. 그런데 채권신고인이 집행
력 있는 채무명의가 있으면서도 그 취지를 신고하지 않은 상태에서 관리
인이 채권에 대하여 이의를 제기한 경우에는 채권자가 회생채권확정소송
으로써 불복하여야 하므로, 그러한 채무명의가 있는 채권자가 그 취지를
기재하는 것이 자기 권리 확보를 위하여 필요하다.

3. 신고의 주체 및 상대방

권리자 본인 또는 대리인이 신고할 수 있으며, 대리인에 의하여 신고할 경우
대리권을 증명하는 서면(위임장 등)을 첨부하여야 한다.
신고는 법원에 대하여 하여야 하고, 채무자나 관리인에 대하여 한 신고는 효
력이 없다.

4. 신고기간

법원은 회생절차 개시결정을 함과 동시에 개시결정일로부터 2주이상 2개월
이하의 기간을 정하여 신고기간을 결정하여야 한다. 다만, 법원은 개시결정
일로부터 2개월 이내에는 신고기간을 변경할 수 있다.
조세채권이나 벌금 등은 신고기간 내에 신고하지 않더라도 지체없이 신고하
면 족하다. 그러나 이 경우에도 제2회 관계인집회가 끝나기 전까지는 신고를
하여야 한다.

▣ 관련판례

판례(대법원 2003. 9. 26. 선고 2002다62715 판결)

정리채권의 귀속을 둘러싸고 사전 또는 사후에라도 분쟁이 있고, 그 분쟁당사

자 중 어느 일방이 이를 정리채권으로 신고하였으나, 나중에 신고를 하지 아니한 다른 당사자가 진정한 채권자임이 판명된 경우에는 정리회사의 관리인으로서는 정리절차의 진행과 관련하여 일단 정리채권 신고를 한 자를 정리채권자로 취급하여 절차를 진행하다가 나중에 진정한 채권자가 따로 있는 것이 밝혀지면 그 때부터 종전 신고자를 배제한 채 진정한 채권자를 정리채권자로 취급하여야 하고, 이와 같은 의미에서 무권리자가 한 정리채권의 신고도 유권리자에 대한 관계에서 그 효력이 인정된다.

판례(대법원 2001. 7. 24. 선고 2001다3122 판결)

1. 회사정리법 제241조는 정리계획의 인가가 있는 때에는 계획의 규정 또는 같은 법의 규정에 의하여 인정된 권리를 제외하고 회사는 모든 정리채권과 정리담보권에 관하여 그 책임을 면한다고 규정하고 있는바, 여기서 말하는 면책이라 함은 채무 자체는 존속하지만 회사에 대하여 이행을 강제할 수 없다는 의미라고 봄이 상당하다.

2. 약속어음 소지인이 정리채권신고를 하지 아니하여 실권된 경우, 어음금 채권은 정리회사에 대한 관계에서 자연채무 상태로 남게 되어 어음소지인을 사고신고담보금의 지급을 구할 수 있는 어음의 정당한 권리자로 볼 수 없으므로, 따로 약정이 없는 한 어음을 발행하였던 정리회사의 관리인을 상대로 은행이 사고신고담보금을 지급하는 데 동의하라고 소구할 수 없고, 또한 어음교환소규약이 정하는 요건을 갖추지 않은 한 위 사고신고담보금에 대한 지급청구권이 어음소지인에게 있음의 확인을 구할 수도 없다.

판례(대법원 2001. 6. 29. 선고 2000다70217 판결)

회사정리법 제125조에 의하여 정리채권을 신고하는 경우 채권의 내용 및 원인에 대하여는 다른 채권과 식별하여 그 채권을 특정할 수 있을 정도로 기재하면 되는 것이고, 이때 신고의 기재 내용뿐만 아니라 신고시에 제출하는 증거서류 등에 의하여 특정될 수 있으면 족하다.

판례(대법원 2020. 9. 3., 선고, 2015다236028, 236035 판결)

甲 등이 乙 주식회사로부터 상가를 임차한 후 乙 회사에 대한 회생절차가 개시되었으나 乙 회사의 관리인이 회생채권자 목록에 甲 등의 임대차보증금반환채권을 기재하지 아니하였고, 甲 등은 회생절차에 관하여 알지 못하여 채권신고를 하지 못한 채 회생절차가 종결되었는데, 회생계획에서 미확정 회생채권이 확정될 경우 권리의 성질 및 내용을 고려하여 가장 유사한 회생채권의 권리변경 및 변제방법에 따라 변제한다고 정한 사안에서, 위 임대차보증금반환채권은 회생계획인가에 의하여 실권되지 아니하고, 미확정 회생채권에 해당하는 甲 등의 위 채권과 가장 유사한 회생채권이 회생계획에 구체적으로 기재되어 있지 않으므로, 종합적인 해석을 통해 권리변경 및 변제방법을 정하여야 하는데, 제반 사정에 비추어 甲 등은 乙 회사를 상대로 임대차보증금반환채권의 원금 전액에 관하여 반환을 구할 수 있다고 본 원심판단을 수긍한 사례.

판례(대법원 2018. 6. 12., 선고, 2016두59102 판결)

회생채권인 과징금 청구권을 회생채권으로 신고하지 아니한 채 회생계획인가 결정이 된 경우에는, 채무자 회생 및 파산에 관한 법률 제251조 본문에 따라 면책의 효력이 생겨, 행정청은 더 이상 그에 대한 부과권을 행사할 수 없다. 따라서 행정청이 회생계획인가결정 후에 그에 대하여 한 부과처분은 부과권이 소멸된 뒤에 한 것이어서 위법하다.

판례(대법원 2017. 6. 29., 선고, 2016다221887 판결)

채무자 회생 및 파산에 관한 법률에 의한 회생절차에 참가하고자 하는 회생채권자는 회생채권의 신고를 하여야 하고(제148조 제1항), 신고된 회생채권에 대하여 이의가 제기된 때에는 이의자 전원을 상대방으로 하여 법원에 채권조사확정재판을 신청할 수 있으며(제170조 제1항), 재판에 불복하는 자는 채권조사확정재판에 대한 이의의 소를 제기할 수 있다(제171조 제1항). 다만 회생절차개시 당시 회생채권에 관한 소송이 계속 중인 경우 회생채권자는 회생채권의 신고를 하고, 신고된 회생채권에 대하여 이의가 제기된 때에는 이의자 전원을 소송의 상대방으로 하여 소송절차를 수계하여야 한다(제172조 제1항). 따라서 회생절차가 개시된 후 회생채권자가 회생채권의 이의자를 상대로 회생채권의 이행을 구하는 소를 제기하는 것은 부적법하다.

판례(대법원 2016. 12. 27., 선고, 2016다35123 판결)

채무자 회생 및 파산에 관한 법률(이하 '채무자회생법'이라고 한다)에 의하면, 회생절차개시결정이 있는 때에는 채무자의 재산에 관한 소송절차는 중단된다(제59조 제1항). 회생절차에 참가하고자 하는 회생채권자는 회생채권의 원인 및 내용을 법원에 신고하여야 하고(제148조), 회생채권자 목록에 기재된 회생채권은 신고된 것으로 의제되는데(제151조), 신고하지 아니한 회생채권은 특별한 사정이 없는 한 채무자회생법 제251조에 따라 회생계획인가의 결정이 있는 때에는 실권된다. 신고된 회생채권에 관하여 관리인 등이 이의를 하여 회생채권이 확정되지 아니한 때에는 그 회생채권을 보유한 권리자는 채권조사확정재판을 신청할 수 있고(제170조 제1항), 회생절차개시 당시 이의채권에 관하여 소송이 계속하는 경우 권리의 확정을 구하고자 하는 때에는 이의자 전원을 상대방으로 하여 소송절차를 수계하여야 한다(제172조 제1항). 위 소송절차 수계는 회생채권 확정의 일환으로 진행되는 것으로서 조사기간의 말일까지 이루어지는 관리인 등의 회생채권에 대한 이의를 기다려, 회생채권자가 권리의 확정을 위하여 이의자 전원을 소송의 상대방으로 하여 신청하여야 하고, 소송수계에서 상대방이 되는 관리인은 회생채권에 대한 이의자로서의 지위에서 당사자가 되는 것이므로, 당사자는 이의채권이 되지 아니한 상태에서 미리 소송수계신청을 할 수는 없다.

【서식】 정리채권 등 신고서

정리 ┌ 채 권 ┐
　　 │ 담보권 │ 신고서
　　 └ 주 식 ┘

사　　건 20○○회○○　　　회사정리　（○○ 주식회사）

20○○년 ○○월 ○○일　신고

정리채권자 ○ ○ ○
정리담보권자의 성명 또는 상호 : ○　○　○ （인）

주 주 : ○ ○ ○
주 소 : ○○시 ○○구 ○○동 ○○번지
전 화 : ○○-○○○○-○○○○

위 대 리 인 성명 : ○　○　○ （인）
　　　　　　　주소 : ○○시 ○○구 ○○동 ○○번지
　　　　　　　전화 : ○○-○○○○-○○○○

○○ 회 생(지방) 법 원　귀중

접수번호	

회생담보권의 신고(제149조)

회생담보권자가 신고할 사항 중 회생채권자의 경우와 공통되는 부분은 회생담보권자의 성명, 주소, 회생담보권의 내용과 원인, 의결권의 액, 소송계속 중인 회생담보권에 관하여는 법원, 당사자, 사건명, 사건번호 등이다. 회생담보권에 특유한 신고사항은 담보권의 목적 및 그 가액, 채무자 이외의 자가 채무자인 때에는 그 성명, 주소 등이다.

■ 관련판례

판례(대법원 2007. 7. 13., 선고, 2005다71710 판결)

회사정리절차 개시결정에 의하여 중지된 배당절차에 참가하여 배당금을 수령한 정리담보권자가 그 배당금 상당의 채권액을 정리담보권 신고에서 제외하여 그에 상응하는 정리회사의 채무가 면책된 사안에서, 위 배당이 정리계획인가결정에 의하여 무효가 되었다고 하더라도 이로써 정리회사가 법률상 원인 없이 위 면책된 채무액 상당의 이익을 얻었다고 할 수 없다고 본 사례.

【서식】 정리담보권, 정리채권, 주식의 신고 및 시·부인 총괄표

정리담보권, 정리채권, 주식의 신고 및 시·부인 총괄표

정리회사 : ○○○○주식회사　　　　　　　　　　　　　　　(단위 : 원, 주)

구 분	건수	신고액	시인액	부인액	비고
정리담보권	10	200,000,000,000	150,000,000,000	50,000,000,000	(정리채권시인액 :
(추완)	1	10,000,000,000	10,000,000,000	0	40,000,000,000원)
소계	11	210,000,000,000	160,000,000,000	50,000,000,000	
정리채권	500	750,000,000,000	450,000,000,000	300,000,000,000	
(추완)	50	50,000,000,000	45,000,000,000	5,000,000,000	
소계	550	800,000,000,000	495,000,000,000	305,000,000,000	
정리담보권 중정리채권 시인액			40,000,000,000	△40,000,000,000	
합계	561	1,010,000,000,000	695,000,000,000	315,000,000,000	

조세채권	2	1,000,000,000			시부인 대상 아님
주식	5	300,000			시부인 대상 아님

주식 또는 출자지분의 신고(제150조)

1. 신고

회생절차에 참가하고자 하는 주주는 법원이 정한 신고기간 내에 성명, 주소와 주식의 종류 및 수 또는 액수를 법원에 신고하여야 한다. 법원은 기간을 정하여 주주명부를 폐쇄할 수 있으며, 이때에는 주주명부의 폐쇄가 시작되는 날로부터 2주전에 그 취지를 공고하여야 한다. 폐쇄는 그 기간을 2월을 넘지 못한다.

회생채권자·회생담보권자·지분권자는 통지 또는 송달을 받을 장소(대한민국내의 장소) 및 전화번호·팩시밀리번호·전자우편주소와 채무자회생및파산에관한법률 제118조 제2호 내지 제4호의 규정에 의한 회생채권일 때에는 그 취지 및 그 액수, 집행력 있는 집행권원 또는 종국판결이 있는 회생채권·회생담보권인 때에는 그 뜻을 기재하여 신고하여야 한다.

이때에는 회생채권자·회생담보권자·주주·지분권자가 대리인에 의하여 권리의 신고를 하는 때에는 대리권을 증명하는 서면, 회생채권 또는 회생담보권이 집행력있는 집행권원 또는 종국판결이 있는 것일 때에는 그 사본, 회생채권자 또는 회생담보권자의 주민등록등본 또는 법인등기부등본을 첨부하여야 한다.

2. 신고를 하지 않은 경우

회생채권자와 회생담보권자가 신고를 하지 아니하면 원칙적으로 실권하는데 대하여 주주는 신고를 하지 아니하여도 이해관계인으로서 관계인집회에 출석하여 의결권을 행사할 기회를 잃을 뿐 당연히 실권하지는 아니한다.

법원은 상당하다고 인정하는 때에는 신고기간이 경과한 후 다시 기간을 정하여 주식의 추가신고를 하게 할 수 있다.

3. 부본의 제출

회생채권자·회생담보권자·주주·지분권자가 그 권리에 관한 신고를 하는 때에는 신고서 및 그 첨부서류의 부본을 1부 제출하여야 한다. 부본이 제출되었을 때 법원사무관등은 해당관리인에게 이를 교부하여야 한다.

【서식】 주식(출자지분)보유명세서

주 식 (출 자 지 분) 보 유 명 세 서

①법 인 명			②사업자등록번호 (고 유 번 호)						
③소 재 지					(☎ :)				
④대 표 자			⑤ 사 업 년 도						
⑥ 주식발행 법 인 명 (사업자등록번호)	⑦총발행 주식수	공 익 법 인 보 유 주 식							
		⑧ 주식수	⑨ 지분율	⑩ 취득일	⑪ 취득구분	⑫ 가 액			
						장부가액	액면가액		
( )									
( )									
( )									
( )									
( )									
( )									
( )									
( )									
( )									

　채무자의회생및파산에관한법률 제150조의 규정에 의하여 주식보유 명세서를 위와 같이 제출합니다.

20○○년　○월　○일

제 출 자 　○ ○ ○ 　(서명 또는 인)

○○회생(지방)법원 귀중

【서식】조세채권 등 신고명세서

조세채권 등 신고 명세서

정리회사 : ○○○○주식회사   (단위 : 원)

접수 번호	채권자	주소	채권내용	신고액	비고
1	대한민국 (○○세무서)	서울○○구○○동○○	법인세 1. 본세 2. 가산금 3. 중가산금		부과일 : 20○○. ○. ○. 납기일 : 20○○. ○. ○. 소송진행 중 (서울행정법원 99구○○)
2	서울특별시장	서울○○구○○동○○	지방세 1. 취득세 2. 농특세		부과일 : 20○○. ○. ○. 납기일 : 20○○. ○. ○.
3	대한민국 (공정거래위원회)	과천시○○구○○동○○	과징금		부과일 : 20○○. ○. ○. 납기일 : 20○○. ○. ○.
4	서울지방검찰청	서울○○구○○동○○	벌 금		부과일 : 20○○. ○. ○. 납기일 : 20○○. ○. ○.
5	국민연금관리공단	서울○○구○○동○○	국민연금 보험료		부과일 : 20○○. ○. ○. 납기일 : 20○○. ○. ○. 공익채권
6	대한민국 (○○세관)	인천○○구○○동○○의 ○	관 세		부과일 : 20○○. ○. ○. 납기일 : 20○○. ○. ○.
	소 계				
	합 계				

신고의 의제(제151조)

목록에 기재된 회생채권, 회생담보권, 주식 또는 출자지분은 신고된 것으로 본다.

신고의 추후 보완(제152조)

1. 추완이 가능한 경우

회생채권자 등이 그 책임을 질 수 없는 사유로 인하여 법원이 정한 기간 내에 신고를 하지 못한 경우에는 그 사유가 끝난 후 1개월 내에 한하여 그 사유를 소명하는 자료를 첨부하여 추완신고를 할 수 있다. 이때에는 회생채권 또는 회생담보권의 신고서에 채권신고기간 내에 신고를 할 수 없었던 사유 및 그 사유가 끝난때를 기재하여야 한다.

(1) 유의사항

위 1개월의 기간은 신장이나 단축이 불가능하다고 해석되고 있으며, 이와 같은 추완신고도 제2회 관계인집회가 끝난 후에는 할 수 없다는 점에 주의하여야 한다.

2. 추완사유의 의미

여기서 "그 책임을 질 수 없는 사유"는 민사소송법 제173조 제1항 소정의 사유와 용어는 동일하지만, 민사소송법의 규정은 자신이 직접 담당하던 소송행위에 관한 규정임에 반하여 본 법상의 신고기간은 그러한 것이 아니다.

(1) 유의사항

신고를 게을리하였다고 하여 바로 실권하게 된다면 결과적으로 채권자에게 너무나 가혹하기 때문에 실무에서는 민사소송법의 규정보다는 넓게 해석하는 경향이 있다.

3. 추완신고가 접수된 경우의 처리

(1) 접수 직후의 조치

추완신고가 접수되면 파산과에서는 신고인에게 접수증을 교부함과 동시에 접수번호를 붙여야 한다. 접수번호는 신고기간까지 접수된 채권과 달리 "추완○○번"이라는 식으로 번호를 매긴다. 다만, 주식의 추가신고기간이 지정된 경우에 추가로 신고되는 주식의 경우에는 "추가○○번"이라는 번호를 매긴다.

(2) 일반조사기일 이전에 신고된 경우

1) 관리인이나 다른 이해관계인들로부터 이의가 제기되지 않는 경우
그 기일에서 다른 채권과 함께 조사함에 대하여 관리인이나 다른 이해관계인들로부터 이의가 제기되지 않는 한, 다른 회생채권 등과 함께 조사하면 된다.

2) 관리인이나 다른 이해관계인들로부터 이의가 제기된 경우
특별조사기일을 정하여야 하고, 그 비용은 추완신고한 회생채권자 등의 부담으로 한다.

(3) 일반조사기일 이후에 신고된 경우

특별조사기일을 정하여야 한다

1) 비용
추완신고한 회생채권자 등의 부담으로 한다.

2) 실무
대부분의 사건의 경우 특별조사기일을 제2회 및 제3회 관계인집회와 병합하여 실시하므로 실제로 추완신고 권리자가 특별조사기일 개최에 필요한 비용을 부담하는 경우는 거의 없다. 한편 추완신고된 채권을 조사기일에서 조사함에 있어서 별도로 추완사유가 있다는 결정을 할 필요는 없다.

3) 특별조사기일에서 관리인 및 이해관계인이 추완신고된 회생채권 및 회생담보권을 조사함에 대하여 별다른 이의를 하지 아니한 경우
추완신고의 하자는 치유되어 그 채권은 특별한 사정이 없는 한 그 기일에

서 조사되어야 할 것이고, 이 경우 그 후에 제기된 회생채권확정소송에서 관리인이나 이해관계인인은 추완신고의 적법여부를 다툴 수 없다.

▣ 관련판례

판례(대법원 2004. 9. 13. 선고 2001다45874 판결)

회사정리법 제127조 제3항이 정리채권 또는 정리담보권의 추완신고는 정리계획안 심리를 위한 관계인 집회가 끝난 후에는 하지 못한다고 규정하고 있으므로, 관계인 집회가 끝난 후에 비로소 부인권이 행사된 경우, 채권자는 정리채권자 또는 정리담보권자로서의 추완신고를 할 수 없어 그 권리를 행사할 수 없게 되나, 다만 정리회사는 채권자의 손실에 의하여 부당하게 이득을 얻은 것이므로, 채권자는 부활될 채권이 정리채권 또는 정리담보권으로서 회사정리절차에 신고되었더라면 정리계획에 의하여 변제받을 수 있는 금액에 관하여 정리절차개시 이후에 발생한 부당이득으로서 회사정리법 제208조 제6호 소정의 공익채권으로 청구할 수 있다.

판례(대법원 2003. 1. 10. 선고 2002다36235 판결)

정리회사의 관리인이 정리계획안 심리를 위한 관계인집회가 끝난 이후 부인의 소를 제기함으로써 상대방이 그 부활한 채권을 행사할 수 없게 된 때에는 정리회사가 상대방의 손실에 의하여 부당하게 이득을 얻은 것이 되므로, 정리회사의 관리인은 이를 정리절차개시 이후에 발생한 부당이득으로서 회사정리법 제208조 제6호 소정의 공익채권으로 상대방에게 반환할 의무가 있고, 다만 그 경우에 반환하여야 할 부당이득액은 부활한 채권이 정리채권으로서 회사정리절차에 참가하였더라면 정리계획에 의하여 변제받을 수 있는 금액이라고 봄이 상당하므로 그 상대방의 채권과 같은 성질의 채권에 대하여 정리계획에서 인정된 것과 동일한 조건으로 지급할 의무가 있다.

판례(대법원 2002. 1. 11. 선고 2001다11659 판결)

회사정리법 제110조 제1항, 제2항, 제118조 제2항, 제127조 제2항, 제4항 및 제

128조 제1항 등의 규정내용과 회사정리제도의 목적 등을 종합하여 보면, 정리회사에 대하여 장래의 구상권을 가지는 자는 구상채권 전액에 관하여 정리절차에 참가하여 정리채권자로서의 권리를 행사할 수 있으나, 채권자가 정리절차개시 당시의 채권 전부에 관하여 정리채권으로 신고한 경우에는 장래의 구상권을 가지는 자는 정리채권자로서의 권리를 행사할 수 없게 되는 것이고, 그가 채권자의 정리채권 신고 이후에 채권자에 대하여 대위변제를 한 경우에는 채권자의 정리채권이 그 동일성을 유지하면서 구상권자에게 그 변제의 비율에 따라 이전될 뿐이며, 신고기간 경과 후에 대위변제를 함으로써 구상금 채권이 발생하였다고 하더라도 구상권자가 대위변제액과 채권자의 정리채권 신고액과의 차액에 대하여 회사정리법 제127조 제2항에 의한 추완 신고를 할 수 없으며, 같은 법조 제4항에 의하여 신고된 정리채권 중 이자를 원금으로 변경하는 신고도 허용되지 아니한다.

판례(대법원 2020. 8. 20., 자, 2019그534, 결정)

채무자 회생 및 파산에 관한 법률(이하 '채무자회생법'이라고 한다)에 의한 회생절차에서 회생채권 추후보완신고 각하결정에 대하여 특별항고가 있어 대법원에 계속 중인 경우에 회생절차가 종결되면, 특별항고인으로서는 위 각하결정에 대하여 더 이상 특별항고로 불복할 이익이 없으므로 특별항고는 부적법하다. 그 이유는 다음과 같다.

채무자회생법 제153조에 따라 신고기간 경과 후에 생긴 회생채권이 신고된 경우, 회생법원은 위 제153조 제1항과, 제153조 제2항이 준용하고 있는 제152조 제2항, 제3항의 요건을 심사하여 신고의 적법 여부에 따라 각하결정을 하거나 회생채권으로서 조사절차를 거쳐야 한다.

그런데 회생계획에 따른 변제가 시작되면 법원은 회생절차종결의 결정을 하고(채무자회생법 제283조 제1항), 회생절차종결결정의 효력이 발생함과 동시에 채무자는 업무수행권과 재산의 관리처분권을 회복하고 관리인의 권한은 소멸한다. 따라서 회생절차가 종결하면, 추후보완신고한 채권자는 채무자를 상대로 이행의 소를 제기하는 등으로 그 권리를 구제받을 수 있을 뿐, 더 이상 회생채권 신고 및 조사절차 등 채무자회생법이 정한 회생절차에 의하여 회생채권을 확정받을 수 없다.

판례(대법원 2018. 7. 24., 선고, 2015다56789, 판결)

채무자 회생 및 파산에 관한 법률(이하 '채무자회생법'이라고 한다) 제152조 제3항, 제153조 제2항은 회생계획안심리를 위한 관계인집회가 끝난 후 또는 회생계획안을 서면결의에 부친다는 결정이 있은 후에는 제152조 제1항 또는 제153조 제1항에 의한 추완신고도 허용되지 않는다고 규정하고 있다. 그러나 회생채권자가 회생법원이 정한 신고기간 내에 회생채권을 신고하는 등으로 회생절차에 참가할 것을 기대할 수 없는 사유가 있는 경우에는 제152조 제3항에도 불구하고 회생채권의 신고를 보완하는 것이 허용되어야 한다. 그리고 이 경우에도 회생법원이 추완신고가 적법하다고 판단하여 특별조사기일에서 추완신고된 채권에 대한 조사절차까지 마쳤다면, 채권조사확정재판에서 신고의 추후 보완 요건을 구비하지 않았다는 사유를 주장할 수 없다.

판례(대법원 2016. 11. 25., 선고, 2014다82439 판결)

회생절차 개시 후에는 회생채권에 관하여 목록의 기재 또는 채권신고와 채권조사의 결과를 기다리지 않고 바로 소를 제기할 수 없다. 회생채권인 구상금채권을 취득하게 될 공동불법행위자는, 손해배상청구권자가 회생절차 개시 시에 가지는 채권 전액에 관하여 회생절차에 참가하지 아니한 이상, 아직 변제 등 출재에 의한 공동 면책을 시키기 전이라도 장래 발생 가능성이 있는 구상금채권을 주장하여 신고기간 내에 신고하여 회생절차에 참가할 수 있다[채무자 회생 및 파산에 관한 법률(이하 '법'이라고 한다) 제126조 제3항, 제148조 제1항]. 만약 책임을 질 수 없는 사유로 인하여 신고기간 안에 신고하지 못한 때에는 회생계획안 심리를 위한 관계인집회(이하 '관계인집회'라고 한다)가 끝나거나 회생계획안을 법 제240조에 의한 서면결의에 부친다는 결정(이하 '서면결의 결정'이라고 한다)이 있기 전에 그 사유가 끝난 후 1월 이내에 추후보완 신고를 하여 회생절차에 참가할 수 있다(법 제152조 제1항, 제3항). 신고하지 아니한 회생채권은 회생계획인가결정이 있는 때에 실권되는 것이 원칙이다(법 제251조).

그런데 회생법원이 정한 회생채권의 신고기간이 경과할 때까지는 물론 관계인집회가 끝나거나 서면결의 결정이 되어 더 이상 법 제152조에 따른 추후보완

신고를 할 수 없는 때까지도 손해배상책임의 부담 여부가 확정되지 아니한 경우에는, 미리 장래의 구상금채권 취득을 예상하여 회생채권 신고를 할 것을 기대하기 곤란한 경우가 있다. 만약 그러한 경우까지도 신고기간 내에 회생채권 신고를 하지 않았다고 하여 무조건 실권된다고 하면 이는 국민의 재산권을 기본권으로 보장한 헌법정신에 배치된다. 그러므로 공동불법행위로 인한 손해배상책임의 원인은 회생절차 개시 이전에 이미 존재하였지만 구상금채권은 관계인집회가 끝나거나 서면결의 결정이 있은 후에 발생하였고, 나아가 공동불법행위의 시점 및 공동불법행위자들의 관계, 구상금채권 발생의 직접적 원인인 변제 기타 출재의 경위, 공동불법행위자들 사이의 내부적 구상관계 발생에 대한 예견가능성, 공동불법행위로 인한 손해배상채무가 구체화된 시점과 구상금채권이 성립한 시점 사이의 시간 간격 등 제반 사정에 비추어 구상금채권자가 회생법원이 정한 신고기간 내에 장래에 행사할 가능성이 있는 구상권을 신고하는 등으로 회생절차에 참가할 것을 기대할 수 없는 사유가 있는 때에는, 법 제152조 제3항에도 불구하고 회생채권 신고를 보완하는 것이 허용되어야 한다. 이는 책임질 수 없는 사유로 회생채권신고를 할 수 없었던 채권자를 보호하기 위한 것이므로 신고 기한은 법 제152조 제1항을 유추하여 그 사유가 끝난 후 1개월 이내에 하여야 한다.

따라서 회생절차가 개시된 후 회생채권자가 장래에 행사할 가능성이 있는 구상권을 신고하거나 위와 같이 특별한 사정을 주장하여 추후보완 신고를 하여 그 절차에 따라 권리행사를 하는 대신에 관리인을 상대로 직접 구상금채권의 이행을 구하는 것은 허용될 수 없다.

신고기간 경과 후 생긴 회생채권 등의 신고(제153조)

1. 신고기간 경과 후에 발생한 회생채권의 경우

채무자의 행위가 부인되어 부활한 상대방의 채권, 관리인이 쌍무계약을 해지한 경우 상대방이 취득하는 손해배상청구권 등은 신고기간이 경과한 후에 발생한 회생채권이라고 할 수 있는데, 이러한 채권자는 권리발생 후 1개월의 불변기간 내에 채권의 신고를 하여야 하며, 그 처리는 추완신고된 일반적인 회생채권 등과 동일하다.

신고기간 경과후 발생한 회생채권등을 신고하는 경우에는 회생채권 또는 회생담보권의 신고서에 신고를 하는 회생채권 또는 회생담보권이 발생한 때를 기재해야 한다.

2. 실무에서의 처리

관리인이 원칙적으로 부인권을 제2회 관계인 집회가 종료하기 이전에 행사하고 있으나, 이해관계인들이 부인대상 법률행위에 대한 자료를 관리인에게 정확하게 제공하지 아니하거나, 회생담보권자가 개별적으로 관리인 모르게 부동산 이외의 담보권을 실행하는 등의 사정 때문에, 관리인이 제2회 관계인 집회가 종료된 후에 부인권을 행사하는 예가 있다. 이러한 경우 실무는 상대방의 회생채권이 실권됨을 전제로 관리인과 상대방간의 화해계약에 의한 해결을 도모하고 있으나, 궁극적으로는 입법적인 해결을 요한다.

3. 제2회 관계인집회 종료 후에 추완신고된 회생채권 등의 처리

추완신고는 제2회 관계인집회가 끝나기 전까지만 할 수 있다. 심리가 종결된 후에 신고된 채권은 이를 심리가 끝난 회생계획안에 반영시킬 방법이 없기 때문이다. 따라서 제2회 관계인집회가 종료된 후에 추완신고된 회생채권에 대하여는 부적법한 신고로서 각하결정을 하여야 한다.

■ **관련판례**

판례(대법원 2020. 8. 20., 자, 2019그534, 결정)

채무자 회생 및 파산에 관한 법률(이하 '채무자회생법'이라고 한다)에 의한 회생절차에서 회생채권 추후보완신고 각하결정에 대하여 특별항고가 있어 대법원에 계속 중인 경우에 회생절차가 종결되면, 특별항고인으로서는 위 각하결정에 대하여 더 이상 특별항고로 불복할 이익이 없으므로 특별항고는 부적법하다. 그이유는 다음과 같다.

채무자회생법 제153조에 따라 신고기간 경과 후에 생긴 회생채권이 신고된 경우, 회생법원은 위 제153조 제1항과, 제153조 제2항이 준용하고 있는 제152조

제2항, 제3항의 요건을 심사하여 신고의 적법 여부에 따라 각하결정을 하거나 회생채권으로서 조사절차를 거쳐야 한다.

 그런데 회생계획에 따른 변제가 시작되면 법원은 회생절차종결의 결정을 하고(채무자회생법 제283조 제1항), 회생절차종결결정의 효력이 발생함과 동시에 채무자는 업무수행권과 재산의 관리처분권을 회복하고 관리인의 권한은 소멸한다. 따라서 회생절차가 종결하면, 추후보완신고한 채권자는 채무자를 상대로 이행의 소를 제기하는 등으로 그 권리를 구제받을 수 있을 뿐, 더 이상 회생채권 신고 및 조사절차 등 채무자회생법이 정한 회생절차에 의하여 회생채권을 확정받을 수 없다.

판례(대법원 2018. 7. 24., 선고, 2015다56789, 판결)

 채무자 회생 및 파산에 관한 법률(이하 '채무자회생법'이라고 한다) 제153조에 따라 신고기간 경과 후에 생긴 회생채권이 신고된 경우, 회생법원은 위 제153조 제1항과, 제153조 제2항이 준용하고 있는 제152조 제2항, 제3항의 요건을 심사하여 신고의 적법 여부에 따라 각하결정을 하거나 회생채권으로서 조사절차를 거쳐야 한다. 그런데 일단 회생법원이 추완신고가 적법하다고 판단하여 특별조사기일을 열어 추완신고된 채권에 대한 조사절차까지 마친 경우에는, 채무자회생법에서 정한 신고의 추후 보완 요건을 구비하지 않았다는 것을 사유로 하는 이의는 허용되지 않는다고 봄이 타당하다. 이는 채무자회생법 제170조에 따른 채권조사확정재판에서도 마찬가지라고 보아야 하므로, 회생법원이 추완신고가 적법하다고 판단하여 특별조사기일에서 추완신고된 채권에 대한 조사절차까지 마쳤다면, 채권조사확정재판에서도 신고의 추후 보완 요건을 구비하지 않았다는 사유를 주장할 수 없다.

【서식】 정리채권 신고의 각하결정

서울회생법원
제201파산부
결   정

사   건   20○○회○○   회사정리
정리 회사   ○○ 주식회사
              ○○시 ○○구 ○○동 ○○○
관 리 인   ○ ○ ○
채권신고인   ○ ○ ○
              서울 ○○구 ○○동 ○○○
              대리인 ○ ○ ○

주   문

이 사건 정리채권 추완신고(접수번호 추완○○번)를 각하한다.

이   유

이 사건에 관하여 채권신고인은 20○○. ○. ○. 이 법원에 정리채권 추완신고를 하였으나, 이는 정리계획안 심리를 위한 관계인집회(20○○. ○. ○.)가 끝난 후에 한 것으로서 부적법하므로, 채무자회생및파산에관한법률 제152조 제3항에 의하여 이를 각하하기로 하여 주문과 같이 결정한다.

20○○. ○. ○.

재판장 판사 ○ ○ ○
        판사 ○ ○ ○
        판사 ○ ○ ○

명의의 변경(제154조)

1. 신고명의의 변경

(1) 신고명의 변경신청의 시기

이미 회생채권 등의 신고가 되었다면 신고기간의 전, 후를 불문하고 증거서류를 첨부하여 신고명의의 변경신청을 할 수 있다.

(2) 신고명의의 변경이 필요한 경우의 예

채권의 양도, 상속, 합병 등. 그러나 신고명의의 변경은 회생계획이 인가되기 전까지만 가능하고, 인가 이후에는 신고명의의 변경절차가 마련되어 있지 않다. 따라서 회생계획 인가일 이후에 권리를 양수한 자로서는 일반 민사법의 원리에 따라 관리인에 대하여 권리의 이전을 입증하거나 대항요건을 갖추어 권리를 행사하여야 한다.

(3) 신고명의 변경신청의 방법

신고명의의 변경을 하고자 하는 자는 성명, 주소, 취득한 권리와 취득의 일시 및 원인을 법원에 신고하고 그 등본이나 초본을 제출하여야 한다.

(4) 신고명의 변경신청 접수시 처리방법

신고명의 변경신청이 접수되면, 법원사무관 등은 그 신고가 명의 변경에 필요한 요건을 갖추었는지 여부(예를 들어, 채권양도의 경우에는 채권양도의 사실 및 대항요건의 구비 여부, 대리인이 신고할 경우에는 본인의 위임장 등 필요한 증거서류를 갖추었는지 여부)를 반드시 확인한 후, 이미 작성되어 있는 회생채권자표(회생담보권자표)의 비고란에 그 취지를 기재하고 날인하여야 한다.

채권양도의 경우 채권양도의 승낙은 관리인이 하여야 하므로, 회생채무자 명의로 된 채권양도 승낙서는 부적법하다. 다만, 채권양도의 통지는 당사자들의 법률지식 미비로 인하여 회생채무자만을 상대로 하여 이루어지는 경우가 있는데, 대표자가 관리인으로 기재되어 있는 경우에는 적법한 것으로 보아 처리하여도 될 것이지만, 대표자의 기재가 없거나 종전 대표이사를 대표자로 기재한 경우에는 적법한 채권양도의 통지가 없다고 보아야 하므로 명의변경을 허용해서는 안된다.

(5) 신고명의 변경의 효과

신고명의가 변경되면 명의변경된 채권자는 종전의 채권자를 대신하여 회생절차에 참가할 수 있다. 다만, 실무상 회생계획안에 소액채권자(특히 상거래채권자)에 대한 권리변경 및 변제조건을 우대하는 형태로 규정하는 경향이 있는데, 이러한 이유로 다액의 채권자가 채권을 분할하여 타인에게 양도하는 경우가 있다. 그러나 이 경우에도 회생계획에 달리 정함이 없는 경우에는 정리절차 개시결정 당시의 채권액을 기준으로 하여 권리변경 및 변제조건의 적용을 받는다고 해석하여야 하며, 관리인으로 하여금 그와 다른 해석의 여지가 없도록 그러한 취지를 회생계획안에 기재하도록 지도하여야 한다.

■ 관련판례

판례(대법원 2005. 3. 10. 자 2002그32 판결)

회사정리법 제231조는 "회사 또는 제3자가 정리계획의 조건에 의하지 아니하고 어느 정리채권자, 정리담보권자 또는 주주에게 특별한 이익을 주는 행위는 무효로 한다."고 규정하고 있으나, 정리채권 및 정리담보권의 양도는 회사정리절차상 용인되고 있고(같은 법 제128조 참조), 정리회사의 인수예정자 등 정리계획을 추진하는 자가 적극적으로 권리를 양수하는 것 역시 회사정리법 전체의 구조에서 시인되고 있으므로, 제3자가 정리채권이나 정리담보권을 양수하는 행위가 같은 법 제231조의 특별이익의 공여행위에 해당하려면, 양도 가격이 당해 정리채권이나 정리담보권의 실제 가치를 현저히 초과하는 경우에 한하는 것으로 제한적으로 해석하여야 한다.

판례(대법원 2002. 1. 11. 선고 2001다11659 판결)

회사정리법 제110조 제1항, 제2항, 제118조 제2항, 제127조 제2항, 제4항 및 제128조 제1항 등의 규정내용과 회사정리제도의 목적 등을 종합하여 보면, 정리회사에 대하여 장래의 구상권을 가지는 자는 구상채권 전액에 관하여 정리절차에 참가하여 정리채권자로서의 권리를 행사할 수 있으나, 채권자가 정리절차개시 당시의 채권 전부에 관하여 정리채권으로 신고한 경우에는 장래의 구상권을 가지는 자는 정리채권자로서의 권리를 행사할 수 없게 되는 것이고, 그가 채권자의 정리채권 신고 이후에 채권자에 대하여 대위변제를 한 경우에는 채권자의 정리채권이 그 동일성을 유지하면서 구상권자에게 그 변제의 비율에 따라 이전될 뿐이며, 신고기간 경과 후에 대위변제를 함으로써 구상금 채권이 발생하였다고 하더라도 구상권자가 대위변제액과 채권자의 정리채권 신고액과의 차액에 대하여 회사정리법 제127조 제2항에 의한 추완 신고를 할 수 없으며, 같은 법조 제4항에 의하여 신고된 정리채권 중 이자를 원금으로 변경하는 신고도 허용되지 아니한다.

판례(대법원 2001. 6. 29. 선고 2001다24938 판결)

수인이 각각 전부의 이행을 할 의무를 지는 경우에 그 1인에 관하여 회사정리절차가 개시되고, 채권자가 채권의 전액에 관하여 정리채권자로서 권리를 행사한 때에는, 정리회사에 대하여 장래의 구상권을 가진 자는 정리채권자로서 권리를 행사할 수 없게 되지만, 장래의 구상권자가 훗날 채권 전액을 대위변제한 경우에는 회사정리법 제128조에서 정하는 신고명의 변경을 함으로써 채권자의 권리를 대위 행사할 수 있다고 할 것이고, 다만 채권의 일부에 대하여 대위변제가 있는 때에는 채권자만이 정리절차개시 당시 가진 채권의 전액에 관하여 정리채권자로서 권리를 행사할 수 있을 뿐, 채권의 일부에 대하여 대위변제를 한 구상권자가 자신이 변제한 가액에 비례하여 채권자와 함께 정리채권자로서 권리를 행사하게 되는 것이 아니라고 할 것이다.

주식 또는 출자지분의 추가신고(제155조)

1. 주식의 추가 신고

(1) 의의

주주가 회생절차에 참가하기 위해서는 법원이 정한 신고기간 내에 주식 신고를 하여야 한다. 법원은 상당하다고 인정하는 때에는 신고기간이 경과한 후 다시 기간을 정하여 주식의 추가신고를 하게 할 수 있다.

(2) 취지

주식의 추가 신고제도의 취지는, 신고하지 않은 회생채권, 회생담보권이 회생계획인가로 인하여 실체적으로 실권되는 불이익을 구제하기 위한 채권의 추완신고제도와는 달리, 앞서 본 바와 같이 당초 정해진 신고기간 내에 신고를 하지 못한 주주의 의결권을 보장하고, 아울러 신고된 주식이 거래되어 의결권 행사당시의 주주가 신고명의자와 달라지는 경우를 구제하기 위한 것이다. 따라서 회생절차개시 당시 채무자의 자산 총액이 부채총액을 초과하여 주주의 의결권이 인정되는 경우에는, "상당하다고 인정하는 때"를 가급적 넓게 해석할 필요가 있다.

(3) 실무에서의 처리

종래 실무상으로는 회생절차의 개시 당시 채무자의 부채 총액이 자산 총액을 초과하는 경우가 대부분이어서, 주주는 의결권을 가질 수 없었고, 주주가 그 신고를 하지 않았더라도 실권되는 것은 아니므로, 주주가 주식 신고를 하는 사례도 실제로 많지 않았으며, 법원에서 추가신고기간을 지정해야 할 필요도 거의 없었다. 그러나 회생절차개시 당시 채무자의 자산총액이 부채 총액을 초과하는 경우에는, 주주에게도 의결권이 있고 의결권 행사는 주식신고를 전제로 하는 것이므로, 가급적 의결권을 행사하고자 하는 주주의 의결권을 보장하는 것이 전체 주주의 총의를 수렴할 수 있을 것이다. 따라서 주주의 의결권이 인정되는 경우에는 관리인으로 하여금 주식 신고를 적극적으로 유도하게 함은 물론, 최초에 정한 신고기간 내에 신고를 하지 못한 주주가 회생계획안의 결의를 위한 관계인집회 전에 추가로 주식 신고를 희망하거나, 그 신고된 주식의 수가 발행 주식 수에 비하여 지나치게 적다고 보이면, 가급적 추가신고기간을 정하여 주주의 의결권을 보장해 주는 쪽으로 실무를 운영함이 바람직하다.

(4) 신고된 주식의 의결권

신고된 주식은 조사기일에서의 조사 대상은 아니며, 주주는 그가 가진 주식의 수에 따라 의결권을 가지나, 관리인과 신고한 회생채권자, 회생담보권자 및 주주는 주주의 의결권에 대하여 이의를 할 수 있다. 이의 있는 주주의 권리에 관하여는 법원이 의결권을 행사하게 할 것인가의 여부와 의결권을 행사할 수를 정하여, 이해관계인의 신청에 의하여 또는 직권으로 언제든지 위와 같은 정함을 변경할 수 있다.

1) 의결권의 부여

신고한 주주의 의결권을 구체적으로 어떻게 부여할 것인지는 관계인집회에서의 의결권 행사 시점에서 주주인지 여부를 기준으로 가려야 할 것이지만, 주식에 대하여는 항상 거래가 이루어지고 있어 현실적으로 이 시점을 기준으로 가리는 것은 불가능하다.

가) 주권이 발행된 경우 : 신고 당시 주권의 실물에 의하여 주권번호를 확인한다.

나) 주권이 발행되지 않은 경우 : 주식신고인으로부터 금융실명거래및비밀보장에관한법률에 의한 금융거래정보이용동의서를 제출받아, 신고를 마감한 후 결의를 위한 관계인집회에 근접한 시점에서 관리인이 증권회사 등 관계기관에 주식신고인의 현재 주식 보유여부를 조회하여 만약 주주가 아닌 것으로 확인되면 관리인이 의결권에 대한 이의를 하고 법원이 이를 받아들이는 방법으로 처리하고 있다.

다) 주주의 지위를 상실한 경우 : 최초의 결의 당시 의결권에 대한 이의가 없어 의결권이 부여된 주주라고 하더라도, 그 이후 주주의 지위를 상실한 것으로 확인되면 속행집회에서는 그 의결권에 대한 이의가 가능하다고 본다.

【서식】 주식의 추가 신고기간 지정결정, 공고

서울회생법원
제201파산부
결 정

사   건   20○○회○○   회사정리

정 리 회 사   ○○ 주식회사

            ○○시 ○○구 ○○동 ○○○

관 리 인   ○○○

주   문

정리절차에 참가하고자 하는 주주의 주식 추가신고기간을 20○○. ○. ○.까지
로 정한다.

이   유

채무자회생및파산에관한법률 제155조에 의하여 주문과 같이 결정한다.

       20○○. ○. ○.

            재판장 판사 ○ ○ ○

                  판사 ○ ○ ○

                  판사 ○ ○ ○

【서식】정리회사 ○○ 주식회사의 추가신고기간 지정결정 공고

정리회사 ○○주식회사의 추가신고기간 지정결정 공고

사   건   20○○회○○   회사정리
정 리 회 사   ○○ 주식회사
관 리 인   ○○○

　이 법원은 위 정리회사에 관하여 주식의 추가신고기간을 다음과 같이 지정하였으므로 채무자회생및파산에관한법률 제155조에 의하여 이를 공고합니다.

다   음

1. 주식의 추가신고기간
　20○○. ○. ○. 까지

2. 신고방법
　정리회사의 정리계획안 결의를 위한 관계인집회(20○○. ○. ○. 15:00, 서울회생법원 제○○○호 법정)에 참가하고자 하는 주주는 위 추가신고기간까지 서울회생법원 파산과(○○○호)에 성명, 주소와 주식의 종류 및 수를 신고하고, 주권 기타 증거서류 또는 그 등본이나 초본을 제출하여야 합니다.

20○○. ○. ○.

서울회생법원 제201파산부

재판장 판사 ○ ○ ○
판사 ○ ○ ○
판사 ○ ○ ○

【서식】 신고기간이 지난 주식 신고의 각하결정

서울회생법원
제201파산부
결   정

사　　　건	20○○회○○　　　　　회사정리
정 리 회 사	○○ 주식회사
	○○시 ○○구 ○○동 ○○○
관 리 인	○○○
주식신고인	○○○
	서울 ○○구 ○○동 ○○○
	대리인 ○ ○ ○

주　　문

이 사건 주식신고(접수번호 추가○○번)를 각하한다.

이　　유

이 사건에 관하여 주식신고인은 20○○. ○. ○. 이 법원에 주식 추가신고를 하였으나, 이는 이 법원이 정한 신고기간(20○○. ○. ○.까지)이 지난 후에 한 것으로서 부적법하므로, 이를 각하하기로 하여 주문과 같이 결정한다.

20○○. ○. ○.

재판장 판사 ○ ○ ○
판사 ○ ○ ○
판사 ○ ○ ○

벌금·조세 등의 신고(제156조)

1. 벌금, 조세 등의 신고

조세채권이나 벌금 등은 신고기간 내에 신고하지 않더라도 지체없이 신고하면 족하다. 그러나 이 경우에도 제2회 관계인집회가 끝나기전까지는 신고를 하여야 한다. 이때에는 청구권자 및 대리인의 성명 또는 명칭과 주소, 통지 또는 송달을 받을 장소 및 전화번호·팩시밀리번호·전자우편주소, 회생절차 개시당시 청구권에 관하여 행정심판 또는 소송이 계속중인 때에는 그 행정심판 또는 소송이 계속하는 행정기관 또는 법원·당사자·사건명 및 사건번호도 신고하여야 한다.

2. 효력이 생기는 기재에 해당하는지 여부

조세채권 등 공법상의 청구권은 신고가 있으면 회생채권자표나 회생담보권표에 기재되나, 관리인은 채무자가 할 수 있는 방법으로 불복신청을 할 수 있으므로, 효력이 생기는 기재에서 제외된다.

▣ **관련판례**

판례(대법원 2002. 9. 4. 선고 2001두7268 판결)

정리회사에 대한 조세채권이 회사정리 개시결정 전에 법률에 의한 과세요건이 충족되어 있으면 그 부과처분이 정리절차 개시 후에 있는 경우라도 그 조세채권은 정리채권이 되고, 정리회사에 대한 조세채권은 회사정리법 제157조에 따라 지체없이, 즉 정리계획안 수립에 장애가 되지 않는 시기로서 늦어도 통상 정리계획안 심리기일 이전인 제2회 관계인 집회일 전까지 신고하지 아니하면 실권 소멸된다.

판례(대법원 2000. 12. 22. 선고 99두11349 판결)

구 토지구획정리사업법(1999. 2. 8. 법률 제5904호로 개정되기 전의 것) 제62조 제5항, 제68조의2의 규정에 의하면 토지구획정리사업에 있어서 과부족분에 대한 청산금은 환지처분 공고일의 다음날에 확정되고, 이 청산금을 징수할 권리는 5년간 이를 행사하지 아니하면 시효로 소멸하도록 하고 있는데, 한편 회사정리법 제5조 본문은 정리절차참가는 시효중단의 효력이 있다고 규정하고 있으므로 청산금 납부의무자에 대하여 회사정리절차가 개시되어 사업시행자가 청산금 징수채권을 정리채권으로 신고하였다면 이로써 시효가 중단된다고 할 것이나, 회사정리법 제157조 제2항, 제158조 제1항에 의하면 청산금 징수채권과 같이 체납처분이 가능한 공법상의 채권에 대하여는 일반 정리채권과 같은 조사·확정절차를 거치지 아니한 채 정리채권자표에 기재하도록 하되 다만 그러한 기재가 있었다고 하더라도 그 청구권의 원인이 행정심판·소송 등 불복의 신청을 허용하는 처분인 때에는 관리인이 여전히 회사가 할 수 있는 방법으로 불복을 신청할 수 있도록 하고 있어서, 이 경우에는 정리채권으로 신고되어 정리채권자표에 기재되면 확정판결과 동일한 효력이 있다고 규정한 회사정리법 제245조는 적용될 여지가 없고, 따라서 청산금 징수채권이 정리채권으로 신고되어 정리채권자표에 기재되었다고 하더라도 그 시효기간이 민법 제165조에 의하여 10년으로 신장되는 것으로 볼 수도 없다.

판례(대법원 1994.3.25. 선고 93누14417 판결)

정리회사에 대한 조세채권은 회사정리법 제157조에 따라 지체 없이(정리계획안 수립에 장애가 되지 않는 시기 즉, 늦어도 정리계획안 심리기일 이전으로서 통상 제2회 관계인 집회일 전까지) 신고하지 아니하면 실권 소멸된다.

판례(대법원 1981.7.28. 선고 80누231 판결)

정리회사에 대한 조세채권은 회사정리법 제157조에 따라 연체 없이 신고하면 정리채권자로서 실권되지 아니하고, 여기의 "연체없이"라 함은 정리계획안수립에 장애가 되지 아니하는 시기 즉, 늦어도 정리계획안 심리기일이전(통상 제2회 관계인집회일 전)까지라는 뜻이다.

판례(대법원 1980.9.9. 선고 80누232 판결)

회사정리법 제157조 소정의 "지체없이 신고하여야 한다"는 취지는 정리계획안 수립에 장애가 되지 않는 시기까지, 즉 늦어도 정리계획안 심리기일 이전의 통상 제2회 관계인 집회일 전까지 신고되어야 한다는 의미이다.

회생절차개시 전의 벌금 등에 대한 불복(제157조)

1. 불복 신청권자

회생채권이나 회생담보권에 관한 것이라면 관리인이 채무자가 할 수 있는 방법으로 불복을 신청할 수 있다.

2. 조세 등의 청구권

조세 등의 청구권도 회생채권이므로 신고를 요하고, 만일 그 신고가 없으면 실권되는 것이나, 신고가 있으면 일응 진정한 채권으로 인정되므로 채권조사의 대상이 되지 않으며, 관리인만이 채무자가 할 수 있는 방법으로 불복할 수 있을 뿐이다.

▣ **관련판례**

판례(대법원 2000. 12. 22. 선고 99두11349 판결)

구 토지구획정리사업법(1999. 2. 8. 법률 제5904호로 개정되기 전의 것) 제62조 제5항, 제68조의2의 규정에 의하면 토지구획정리사업에 있어서 과부족분에 대한 청산금은 환지처분 공고일의 다음날에 확정되고, 이 청산금을 징수할 권리는 5년간 이를 행사하지 아니하면 시효로 소멸하도록 하고 있는데, 한편 회사정리법 제5조 본문은 정리절차참가는 시효중단의 효력이 있다고 규정하고 있으므로 청산금 납부의무자에 대하여 회사정리절차가 개시되어 사업시행자가 청산금 징수채권을 정리채권으로 신고하였다면 이로써 시효가 중단된다고 할 것이나, 회사정리법 제157조 제2항, 제158조 제1항에 의하면 청산금 징수채권과 같이 체납처분이 가능한 공법상의 채권에 대하여는 일반 정리채권과 같은 조사·확정절차를 거치지 아니한 채 정리채권자표에 기재하도록 하되 다만 그러한 기재가 있었다고 하더라도 그 청구권의 원인이 행정심판·소송 등 불복의 신청을 허용하는 처분인 때에는 관리인이 여전히 회사가 할 수 있는 방법으로 불복을 신청할 수 있도록 하고 있어서, 이 경우에는 정리채권으로 신고되어 정리채권자표에 기재되면 확정판결과 동일한 효력이 있다고 규정한 회사정리법 제245조는 적용될 여지가 없고, 따라서 청산금 징수채권이 정리채권으로 신고되어 정리채권자표에 기재되었다고 하더라도 그 시효기간이 민법 제165조에 의하여 10년으로 신장되는 것으로 볼 수도 없다.

제3절 회생채권 · 회생담보권 등의 조사 및 확정

회생채권자표·회생담보권자표와 주주·지분권자표(제158조)

1. 작성권자

회생채권자표 등의 작성권자는 법원사무관 등이다. 그런데 회생채권 등의 조사의 결과도 역시 회생채권자표 등에 기재하여야 하는데, 이는 법원사무관 등이 아닌 "법원"이 기재하는 것으로 되어 있다.

2. 기재사항

회생채권자표	·회생채권자의 성명과 주소 ·회생채권의 내용과 원인 ·의결권의 액수 ·일반의 우선권이 있는 채권이 있는 때에는 그 뜻
회생담보권자표	·회생담보권자의 성명과 주소 ·회생담보권의 내용 및 원인, 담보권의 목적 및 그 가액, 채무자 외의 자가 채무자인 때에는 그 성명 및 주소 ·의결권의 액수
주주 · 지분권자표	·주주 · 지분권자의 성명 및 주소 ·주식 또는 출자지분의 종류와 수 또는 액수

3. 작성의 시기와 방법

법원사무관 등은 회생채권 등의 신고가 종료되면 지체없이 작성하여야 한다. 법원사무관 등은 회생채권표 등을 작성함에 있어 신고한 내용대로 작성하여야 하며 법적판단을 가하여 수정, 보충을 하여서는 아니된다. 채무자회생및파산에관한법률 제118조 제2호 내지 제4호의 규정에 의한 회생채권일 때에는 그 뜻 및 액수와 집행력있는 집행권원 또는 종국판결이 있는 회생채권 또는 회생담보권인 때에는 그 뜻을 기재해야 한다.

4. 등본의 교부 및 비치

법원사무관 등은 회생채권자표 등을 작성한 후 관리인의 청구를 기다리지 않고 즉시 이를 등본하여 관리인에게 교부하여야 한다. 그리고 이해관계인으로 하여금 회생채권자표 등을 열람할 수 있게 하기 위하여 이를 법원내에 비치하여야 한다.

5. 잘못된 기록 또는 계산의 경우

회생채권자표 등에 명백히 잘못된 기록 또는 계산이 있는 경우에는 작성권자인 법원사무관 등이 직권으로 정정할 수 있다. 그러나 이미 조사의 결과가 기재되어 만일 법관의 날인이 되었다면 그 정정을 함에 있어서도 법관의 날인이 필요하다고 본다.

【서식】 정리채권자표

정 리 채 권 자

사건	20○○회○○ 회사정리	정리회사 : ○○ 주식회사	
신고번호	○○번	신고일자	20○○. ○. ○
채권자의 성명	○○○(상호 : ○○상사) 또는 주식회사 ○○은행(대표이사 : ○○○)		
채권자의 주소	서울 ○○구 ○○동 ○○○		
정리채권의 내용 및 원인	① ·원인 : 1998. 1. 20. 자 일반자금대출(변제기 : 2000. 1. 20.) 　 ·내용 : 원금 ○○○원 　　　　2000. 12. 1. 개시결정일까지의 이자 ○○○원 ② ·원인 : 1998. 1. 20.~2000. 11. 30.까지 사이의 물품대금 　 ·내용 : 금 ○○○원 ③ ·원인 : 2000. 3. 1. 임대차계약 　 ·내용 : 임대보증금 반환채권 금 ○○○원		
우선권 있는 채권 또는 후순위 채권			
의결권의 액	금 ○○○원		
조사결과	시인액 : 금　　　　　원 　(우발채무시인액 : 금　　　　　원) 부인액 : 금　　　　　원 　(부인사유 :　　　　　　　　) 이의자 : 관리인　　　　이의액 금　　　　　원 　　　　　　　　2000. ○. ○. 　　　　　법원주사　　　○ ○ ○ 　　　　　재판장 판사　　○ ○ ○		
소송진행 여부		채무명의가 있는지 여부	
정리계획조항	별지 정리계획의 조항과 같음		
비고 (변동사항)			

【서식】정리담보권자표

정 리 담 보 권 자 표

사건	20○○회○○ 회사정리	정리회사 : ○○ 주식회사	
신고번호	○○번	신고일자	20○○. ○. ○
채권자의 성명	○○○(상호 : ○○상사) 또는 주식회사 ○○은행(대표이사 : ○○○)		
채권자의 주소	서울 ○○구 ○○동 ○○○		
정리채권의 내용 및 원인	① ·원인 : 1998. 1. 20. 자 일반자금대출(변제기 : 2000. 1. 20.) 　·내용 : 원금 ○○○원 　　　　2000. 12. 1. 개시결정일까지의 이자 ○○○원 ② ·원인 : 2000. 3. 1. 임대차계약 　·내용 : 임대보증금 반환채권 금 ○○○원		
담보권의 목적물 및 그 가액	·목적물 : 서울 ○○구 ○○동 ○○ 대 ○○㎡ ·가 액 : 감정가액 ○○원		
회사이외의 자가 채무자인 경우	·채무자의 성명 : ·채무자의 주소 :		
우선권있는 담보권 또는 후순위담보권			
의결권의 액	금 ○○○원		
조사결과	시인액 : 금　　　　　원 　(우발채무시인액 : 금　　　　원) 부인액 : 금　　　　　원 　(부인사유 :　　　　　　　　　) 이의자 : 관리인　　　이의액 금　　　　원 　　　　　20○○. ○. ○. 　　　　　　법원주사　　　○　○　○ 　　　　　　재판장 판사　　○　○　○		
소송진행 여부		채무명의가 있는지 여부	
정리계획조항	별지 정리계획의 조항과 같음		
비고 (변동사항)			

【서식】 주주표

주 주 표

사건	20○○회○○ 회사정리	정리회사 : ○○ 주식회사	
신고번호	○○번	신고일자	20○○. ○. ○
주주의 성명	○○○(상호 : ○○상사) 또는 주식회사 ○○(대표이사 : ○○○)		
주주의 주소	서울 ○○구 ○○동 ○○○		
주식의 종류 및 수	① 보통주 100,000주 (액면 5,000원) ② 우선주 10,000주 (액면 5,000원)		
의결권의 수	110,000주		
소송진행 여부			
조사결과	20○○. ○. ○. 법원주사 ○ ○ ○		
정리계획조항	별지 정리계획의 조항과 같음		
비고 (변동사항)			

등본의 교부(제159조)

법원사무관 등은 회생채권자표 등을 작성한 후 관리인의 청구를 기다리지 않고 즉시 이를 등본하여 관리인에게 교부하여야 한다.

조사기간 동안의 서류열람(제160조)

1. 조사의 의의

회생채권, 회생담보권의 조사라 함은 회생채권, 회생담보권에 대하여 그 존부. 내용, 의결권액, 우선권 있는 회생채권 또는 후순위채권 등에 대하여 관리인 기타 이해관계인에게 이의를 진술할 기회를 주어 권리와 의결권액을 확정하여 회생계획작성과 계획안에 대한 결의의 기초를 정하는 것을 말한다.

2. 조사절차 참가자

회생채권 등의 조사에 참가하는 자는 관리인, 채무자, 신고한 회생채권자 등이다.

3. 조사의 대상

회생채권, 회생담보권 등이 조사의 대상으로 되며. 조상의 내용은

(가) 신고된 회생채권 등의 신고서에 기재되어 있는 사항

(주소, 성명, 권리의 내용, 원인, 의결권의 액, 담보권의 목적, 그 가액 등)

(나) 추완신고 등에 관한 사항과 관련하여 일반조사기일에서 조사함에 대한 이의 여부

(추완사유, 신고기간 경과 후의 신고내용의 변경, 신고기간 경과 후에 발생한 권리의 신고 등)

(다) 주주의 권리는 시·부인의 대상으로 되지 아니하며, 회생절차 개시결정 전의 벌금, 과료, 형사소송비용, 추징금과 과태료, 국세징수법의 예에 의하여 징수할 수 있는 조세 등의 청구권 등도 조사의 대상으로 되지 않는다.

4. 조사기일

회생채권, 회생담보권을 조사하기 위하여 법원이 정한 일시가 조사기일이다. 조사기일의 조사절차는 법원의 지휘하에 행하여 진다. 조사기일에는 일반조사기일과 특별조사기일이 있다.

(1) 일반조사기일

일반조사기일은 회생채권, 회생담보권 등의 신고기간 내에 신고된 것을 조사하기 위하여 정하여진 기일이다.

일반조사기일은 회생절차개시결정과 동시에 법원이 정하고 그 기일은 공고되며, 관리인, 채무자, 알고 있는 회생채권자, 회생담보권자 및 주주에대하여는 이를 기재한 서면이 송달된다. 일반조사기일은 신고기일의 말일로부터 1주 이상 2월이하의 기간내에서 지정하도록 되어 있는데, 통상 제1회 관계인집회기일과 병합하여 실시하고 있다.

일반조사기일은 신고기간내에 신고한 회생채권, 회생담보권을 조사한다. 신고기간 후에 신고된 회생채권 등에 관하여서도 관리인, 회생채권자 및 주주의 이의가 없는 때에는 일반조사기일에서 조사할 수 있다.

(2) 특별조사기일

특별조사기일은 법원이 다음의 사항을 조사하기 위하여 정하는 기일이다. 특별조사기일을 지정해야 하는 경우는 다음과 같다.

(가) 회생채권자, 회생담보권자가 신고기간경과 후에 신고 또는 신고변경을 하였으나 일반조사기일에서 조사를 함에 관하여 이해관계인의 이의가 있는 경우의 당해 회생채권 및 회생담보권

(나) 회생채권자 또는 회생담보권자가 일반조사기일 이후에 신고 또는 신고변경을 한 경우의 당해 회생채권과 회생담보권

5. 병합

특별조사기일은 일반조사기일에 조사함에 대하여 이의가 있을 때에 이의를 받은 자의 신청에 의하여 당해 회생채권 등의 조사를 위하여 법원이 지정한다. 이의가 있었던 일반조사기일과 특별조사기일의 사이에는 관리인, 관계인

이 당해 회생채권 등의 조사를 준비함에 필요한 기간을 두어야 한다. 실무상 특별조사기일은 제2, 3회 관계인집회기일과 병합하여 실시하고 있다.

회생채권 및 회생담보권에 대한 이의 등(제161조)

1. 이의의 유무

법원은 조사기일을 지휘하며 그 기일에서 회생채권자표, 회생담보권자표에 기하여 출석한 관리인, 채무자, 목록에 기재되거나 신고된 회생채권자·회생담보권자·주주·지분권자의 이의의 유무를 명확히 한다.

2. 출석

관리인과 채무자는 조사기일에 반드시 출석하여야 하는데 반해, 이해관계인은 출석할 수는 있으나 반드시 출석하여야 하는 것은 아니다.

3. 이의의 대상으로 되는 사항

이의의 대상으로 되는 사항은 회생채권자표, 회생담보권표에 기재된 사항이며 이의의 내용 및 그 사유를 구체적으로 기재하여야 한다. 이의의 대상으로 되는 자는 당해조사기일에서 조사의 대상으로 될 자이다. 이의의 진술이 있으면 이의는 회생채권, 회생담보권의 확정소송에 의하여서만 확정된다.

4. 이의철회의 통지

이의를 제기한 자가 그 이의를 철회한 때에는 법원은 이의철회의 대상이 된 회생채권 또는 회생담보권을 갖고 있는 자에게 그 취지를 통지하여야 한다.

5. 관리인이 하는 이의의 방식

관리인은 목록에 기재되거나 신고된 회생채권 또는 회생담보권의 내용 및 의결권에 관하여 채권자의 성명·주소(채권신고번호 또는 목록기재번호를 함께 기재), 채권내용 및 신고액 또는 목록기재액, 이의있는 채권금액 및 이의없는 채권금액, 이의있는 의결권 액수 및 이의없는 의결권액수, 이의를 제기하는 이유를 기재한 시부인표를 작성하여 신고기간의 말일부터 1주이상 1월이하의 기간까지 법원에 제출하여야 한다.

추후 보완신고등이 있는 경우 관리인은 위 시부인표에 추후보완신고등에 관하여 기재해야 한다.

▣ 관련판례

판례(대법원 2004. 9. 13. 선고 2001다45874 판결)

정리담보권으로 신고된 채권에 대하여 정리회사의 관리인이 조사기일에 이의를 제기하므로 채권자가 제기한 정리담보권확정의 소에서 관리인이 회사정리법상 부인권을 행사하는 경우, 그 부인권의 행사로 인하여 부활될 채권까지 원래의 채권신고내용에 포함되어 신고되었다고는 할 수 없다.

판례(대법원 2003. 5. 16. 선고 2000다54659 판결)

정리채권확정의 소는 회사정리절차에서 정리채권으로 신고하여 정리채권자표에 기재되고 조사의 대상으로 되었던 채권을 대상으로 하여서만 허용되는 것이고, 신고하지 아니한 정리채권에 대한 확정을 구하는 것은 부적법하다.

판례(대법원 2016. 5. 25., 자, 2014마1427, 결정)

신고된 회생채권의 존부 및 내용 등에 관하여 채권조사절차에서 이의가 제출되어 미확정 상태에 있는 이른바 '이의채권'이라 하더라도, 관계인집회에서 그에 기한 의결권의 행사에 대하여 이의가 제기되지 아니한 이상 의결권은 신고한 액수에 따라 행사할 수 있다. 그리고 위와 같은 법리는 채권조사절차에서 신고된 회생채권의 의결권 액수에 대하여만 이의가 제출된 경우에도 마찬가지로 적용된다.

신고기간 후에 신고된 회생채권 및 회생담보권의 조사(제162조)

1. 기일의 지정

일반조사기일 이전에 추완신고된 회생채권 등을 일반조사기일에서 조사함에 대하여 이의가 있거나, 일반조사기일 이후에 회생채권 등이 추완신고된 경우에 지정한다. 통상 특별조사기일의 지정은 법정 외에서 지정하고 있다.

【서식】 제2회 관계인집회, 제3회 관계인집회 및 특별조사기일의 기일지정결정

서울회생법원
제201파산부
결   정

사   건   20○○회○○   회사정리

정 리 회 사   ○○ 주식회사

　　　　　　　서울 ○○구 ○○동 ○○○

관 리 인   ○ ○ ○

주   문

정리계획안의 심리 및 결의를 위한 관계인집회의 추완신고된 정리채권 등의 조사를 위한 특별기일의 기일 및 장소를 20○○. ○. ○. 15:00, 서울회생법원 제○○○호 법정으로 한다.

이   유

채무자회생및파산에관한법률 제155조 제2항, 제162조, 제224조, 제232조 제1항에 의하여 주문과 같이 결정한다.

　　　　　　　20○○. ○. ○.

　　　　　　　　　　　재판장 판사 ○ ○ ○

　　　　　　　　　　　　　　판사 ○ ○ ○

　　　　　　　　　　　　　　판사 ○ ○ ○

2. 공고, 송달 및 통지

특별조사기일을 지정하고 결정하는 관리인, 신고한 회생채권자 등에게 발송 송달의 방법으로 송달하면 족하고, 별도로 공지나 통지는 필요하지 않다. 그러나 일반적으로 특별조사기일을 제2회 관계인집회와 병합하여 실시하기 때문에, 관계인집회의 기일을 공고하면서 특별조사기일의 지정도 함께 공고하는 경우가 많다.

【서식】 면책결정 2(변제미완료시)

서울회생법원
결 정

사   건   20○○개회○○   개인회생

채   무   자   ○ ○ ○(-   )

서울 ○○구 ○○동 ○○

주   문

채무자를 면책한다.

이   유

채무자가 변제계획에 따른 변제를 완료하지 못하였으나, …(사정)…이므로, 채무자 회생및파산에관한법률 제624조 제2항을 적용하여 이해관계인의 의견을 듣고 채무자 의 신청에 의하여(직권으로) 주문과 같이 결정한다.

20○○. ○. ○.

판사 ○   ○   ○

3. 조사의 비용

특별조사기일에서의 회생채권 등의 조사를 위한 비용은 조사를 신청한 회생채권자 등의 부담으로 한다. 조사를 위하여 필요한 비용으로는 주로 특별조사기일 지정결정, 이의통지서의 송달 등에 필요한 비용이다.

법원은 특별조사기일에서 조사의 대상이 되는 회생채권 또는 회생담보권을 가지고 있는 자에게 기간을 정하여 그 조사비용의 예납을 명할 수 있다. 회생채권자 또는 회생담보권자가 예납을 명받고도 정해진 기간내에 조사비용을 납부하지 않는 경우 법원은 그 권리에 대한 신고를 각하할 수 있다.

4. 실무에서의 처리

특별조사기일을 제2회 관계인집회와 병합하여 실시하기 때문에 조사기일 지정결정만의 송달은 불필요하고, 신고 접수 단계에서 이의통지서의 송달에 필요한 비용을 예납받는 것도 어렵기 때문에, 실무상으로는 특별조사에 소요되는 비용을 채권신고인에게 부담시키는 경우가 거의 없다.

특별조사기일의 송달(제163조)

추완신고된 회생채권 등에 대한 특별조사기일을 지정하는 결정은 관리인, 채무자, 목록에 기재되거나 신고한 회생채권자, 회생담보권, 주주, 지분권자에게 송달하여야 한다.

관계인의 출석(제164조)

1. 관계인의 출석

대표자가 출석하지 않더라도 조사기일을 열 수 있으며, 정당한 사유가 있는 때에는 대리인을 출석하게 할 수 있다.

2. 이의제기

목록에 기재되거나 신고된 회생채권자, 회생담보권자, 주주, 지분권자나 그 대리인은 특별조사기일에 출석하여 다른 회생채권 또는 회생담보권에 관하여 이의를 할 수 있다. 이때에는 이의의 내용 및 그 사유를 구체적으로 진술하여야 한다. 신고한 회생채권자 등이 다른 회생채권 등에 대하여 이의를 진술하려면 조사기일에 출석하여 구두로 하여야 하며, 조사기일 이외에서 이의하거나 서면으로 이의의 취지를 제출하는 것만으로는 부족하다.

3. 통상의 이의제기

그러나 관리인이 이의하는 경우에는 달리 신고한 회생채권자 등이 다른 회생채권 등에 대하여 이의를 하는 경우에는 회생채권 등 확정소송의 출소책임이 이의자에게 있고, 신고한 회생채권자 등은 다른 회생채권 등에 관한 자료를 갖고 있지 않은 경우가 대부분이기 때문에 실제로 회생채권자 등이 다른 회생채권 등에 대하여 이의를 하는 경우는 거의 없다.

4. 대리인을 통하여 출석, 이의 제기

대리인을 통하여 출석하거나 이의를 제기하는 경우 대리권을 증명하는 서면을 제출하여야 한다.

관리인의 출석(제165조)

1. 관리인의 출석

관리인은 조사의 담당자이므로 조사기일에 반드시 출석하여야 하고, 관리인의 출석이 없으면 조사절차를 진행할 수 없다.

2. 관리인이 수인인 경우

관리인이 수인인 경우(공동관리인)에는 법원의 허가를 얻어 직무가 분장되어 있지 않는 한 공동관리인이 모두 출석하여야 한다.

3. 관리인대리가 있는 경우

원칙적으로 관리인이 출석하여야 하나, 관리인대리가 있는 경우에는 관리인을 대신하여 관리인대리가 출석해도 된다. 관리인이 법인인 경우에는 법인의 대표자 대신 관리인대리가 출석하는 경우가 많을 것이다. 만약 관리인이 조사기일에 출석하지 아니하면 기일을 변경 또는 연기할 수 밖에 없다.

4. 관리인이 이의권을 행사하지 않는 경우

이의권을 당연히 행사하여야 함에도 불구하고 관리인이 이를 행사하지 아니한 때에는 선량한 관리자의 주의의무를 태만히 한 것으로 되어 이해관계인에게 손해배상의 책임을 질 수가 있다. 그러므로 관리인은 선임일부터 선량한 관리자의 주의의무를 다하여 회생채무자의 재산과 채무 변동 원인인 법률행위의 성립시기, 대가관계, 상대방, 쟁점 법률사항 등을 정확하게 파악하고 정리하여야 한다.

회생채권 및 회생담보권 등의 확정(제166조)

1. 확정의 의의

회생절차에서는 신고가 있은 회생채권, 회생담보권에 대하여 회생계획상의 수익자격과 관계인집회에 있어서의 의결권의 유무와 그 한도를 관리인과 다른 관계인의 상호견제적 조사에 의하여 결정하도록 하여 조사기일에 이의가 없으면 그 회생채권, 회생담보권은 확정되며 그 이후 다툴 수 없게 된다. 이에 대하여 조사기일에 이의가 있으면 확정소송을 거쳐서 확정하도록 되어 있다.

2. 확정의 요건

회생채권 또는 회생담보권은 이의가 진술되지 아니하거나 또는 진술된 이의가 그 후 효력을 잃은 때에 확정된다.

(1) 조사기일에 이의의 진술이 없을 것

이의가 확정을 저지하는 효력을 가지는 것은 그것이 이의권을 가진 자에 의하여 진술된 때에 한한다. 이의권을 가지는 자는 관리인, 신고한 회생채권자, 회생담보권자, 신고한 주주다. 채무자도 넓은 의미에서의 이의권을 가지나 채무자의 이의는 여기에서 말하는 확정을 저지하는 효력은 없다.

(2) 조사기일에 진술된 이의가 그 후 효력을 잃을 것

이의는 이의의 철회, 이의자의 출소기간 도과, 이의자의 이의권의 상실에 의하여 효력을 잃는다.

1) 이의의 철회

관리인과 관계인은 일단 진술한 이의를 철회할 수 있으며 이의는 철회에 의하여 그 효력을 잃는다. 철회를 할 수 있는 시기는 이의의 대상인 권리의 확정 때까지이다. 이의의 철회는 일부에 대하여도 할 수 있다.

2) 이의자의 출소기간 도과

집행력있는 채무명의 또는 종국판결이 있는 권리와 채무명의 또는 판결이 없는 권리라 하더라도 회생채권, 회생담보권자 또는 주주만이 이의를 진술한 권리인 경우에는 이의있는 회생채권, 회생담보권의 권리자를 절차로부터 배제하기 위하여는 오히려 이의자쪽에서 권리의 부존재를 확정하기 위한 소를 제기하거나 계속 중인 소송을 수계하여야 하는데 이 경우 소를 제기하거나 수계하여야 할 기간은 조사일로부터 1월내로 정하여져 있다. 이러한 경우에 이의자가 이 1월의 기간을 도과하면 그것에 의하여 이의는 효력을 잃는다.

3) 이의자의 이의권의 상실

이의를 진술한 회생채권자. 회생담보권자가 그 후 스스로 절차에 참가하는 자격을 잃으면 동시에 이의권도 소멸한다.

■ 관련판례

판례(대법원 2014. 6. 26., 선고, 2013다17971 판결)

채무자 회생 및 파산에 관한 법률에 의한 회생절차에 참가하고자 하는 회생채권자는 회생채권 신고를 하여야 하고(제148조 제1항), 신고된 회생채권에 대하여 이의가 제기된 때에는 이의자 전원을 상대방으로 하여 법원에 채권조사확정재판을 신청할 수 있으며(제170조 제1항), 그 재판에 불복하는 자는 채권조사확정재판에 대한 이의의 소를 제기할 수 있다(제171조 제1항). 다만 회생절차개시 당시 회생채권에 관한 소송이 계속 중인 경우 회생채권자는 회생채권 신고를 하고, 신고된 회생채권에 대하여 이의가 제기된 때에는 이의자 전원을 소송상대방으로 하여 소송절차를 수계하여야 한다(제172조 제1항). 한편 신고된 회생채권에 대하여 이의가 없는 때에는 채권이 신고한 내용대로 확정되고(제166조 제1호), 확정된 회생채권을 회생채권자표에 기재한 때에는 그 기재는 확정판결과 동일한 효력이 있으므로(제168조), 계속 중이던 회생채권에 관한 소송은 소의 이익이 없어 부적법하게 된다.

회생채권자표 및 회생담보권자표에의 기재(제167조)

1. 조사결과의 기재권자

법원사무관등은 회생채권과 회생담보권 조사의 결과를 회생채권자표와 회생담보권자표에 기재하여야 한다. 채무자가 제출한 이의도 또한 같다. 이 기재행위는 재판행위가 아닌 공증행위다. 법원사무관등은 확정된 회생채권 및 회생담보권의 증서에 확정된 뜻을 기재하고 법원의 인(印)을 찍어야 하고 회생채권자 또는 회생담보권자의 청구에 의하여 그 권리에 관한 회생채권자표 또는 회생담보권자표의 초본을 교부하여야 한다.

2. 기재에 명백한 오류가 있는 경우

회생채권표 등의 기재내용에 명백한 오류나 위산이 있는 경우에는 민사소송법의 규정에 따라 경정결정을 할 수 있다.

한편, 이미 소멸된 채권이 이의 없이 확정되어 회생채권표에 기재되어 있더라도 이로 인하여 채권이 있는 것으로 확정되는 것은 아니므로 이것이 명백한 오류인 경우에는 회생법원의 경정결정에 의하여 이를 바로잡을 수 있고, 그렇지 아니한 경우에는 무효확인의 판결을 얻어 이를 바로잡을 수 있다는 판례가 있다.

▣ 관련판례

판례(대법원 2003. 5. 30. 선고 2003다18685 판결)

채권조사기일 당시 유효하게 존재하였던 채권에 대하여 관리인 등으로부터의 이의가 없는 채로 정리채권자표가 확정되어 그에 대하여 불가쟁의 효력이 발생한 경우에는 관리인으로서는 더 이상 부인권을 행사하여 그 채권의 존재를 다툴 수 없게 되었다고 할 것이고, 나아가 관리인이 사후에 한 그러한 부인권 행

사의 적법성을 용인하는 전제에서 정리채권으로 이미 확정된 정리채권자표 기
재의 효력을 다투어 그 무효확인을 구하는 것 역시 허용될 수 없다

기재의 효력(제168조)

1. 확정판결과 동일한 효력

조사절차에서 이의없이 확정한 회생채권, 회생담보권에 관한 회생채권자표,
회생담보권자표에의 회생채권자, 회생담보권자와 주주의 전원에 대하여 확
정판결과 동일한 효력을 가진다고 규정하여 후에 이를 다툴 수 없도록 하고
있다.

2. 기판력이 있는지 여부

회생채권자표 또는 회생담보권표의 효력에 관하여 확정판결과 동일한 효력
을 규정하였는데 그 효력은 기판력을 의미하는 것인가에 관하여 견해의 대
립이 있으나 다수설은 부인한다. 즉 기판력은 없고 확인적 의미 밖에 없다고
설명하고 있다. 우리나라 판례도 기판력이 아닌 확인적 효력으로서 회생절차
내부에 있어 불가쟁의 효력이라고 한다.

▣ 관련판례

판례(대법원 2004. 8. 20. 선고 2004다3512,3529 판결)

회사정리법 제145조에 의하면, 확정된 정리채권과 정리담보권에 관하여는 정리
채권자표와 정리담보권자표의 기재는 정리채권자, 정리담보권자와 주주의 전원
에 대하여 확정판결과 동일한 효력이 있다고 규정하고 있는바, 여기서 확정판결
과 동일한 효력이라 함은 기판력이 아닌 확인적 효력을 가지고 정리절차 내부에
있어 불가쟁의 효력이 있다는 의미에 지나지 않는 것이므로, 공익채권을 단순히
정리채권으로 신고하여 정리채권자표 등에 기재된다고 하더라도 공익채권의 성
질이 정리채권으로 변경된다고 볼 수는 없고, 또한 공익채권자가 자신의 채권이
공익채권인지 정리채권인지 여부에 대하여 정확한 판단이 어려운 경우에 정리채

권으로 신고를 하지 아니하였다가 나중에 공익채권으로 인정받지 못하게 되면 그 권리를 잃게 될 것을 우려하여 일단 정리채권으로 신고할 수도 있을 것인바, 이와 같이 공익채권자가 자신의 채권을 정리채권으로 신고한 것만 가지고 바로 공익채권자가 자신의 채권을 정리채권으로 취급하는 것에 대하여 명시적으로 동의를 하였다거나 공익채권자의 지위를 포기한 것으로 볼 수는 없다.

판례(대법원 2003. 5. 30. 선고 2003다18685 판결)

1. 회사정리법 제145조가 확정된 정리채권과 정리담보권에 관한 정리채권자표와 정리담보권자표의 기재는 정리채권자, 정리담보권자와 주주 전원에 대하여 확정판결과 동일한 효력이 있다고 규정한 취지는, 정리채권자표와 정리담보권자표에 기재된 정리채권과 정리담보권의 금액은 정리계획안의 작성과 인가에 이르기까지의 정리절차의 진행과정에 있어서 이해관계인의 권리행사의 기준이 되고 관계인집회에 있어서 의결권 행사의 기준으로 된다는 의미를 가지는 것으로서, 위 법조에서 말하는 확정판결과 동일한 효력이라 함은 기판력이 아닌 확인적 효력을 가지고 정리절차 내부에 있어 불가쟁의 효력이 있다는 의미에 지나지 않고, 이미 소멸된 채권이 이의 없이 확정되어 정리채권자표에 기재되어 있더라도 이로 인하여 채권이 있는 것으로 확정되는 것이 아니므로 이것이 명백한 오류인 경우에는 정리법원의 경정결정에 의하여 이를 바로잡을 수 있으며, 그렇지 아니한 경우에는 무효확인의 판결을 얻어 이를 바로잡을 수 있다.

2. 채권조사기일 당시 유효하게 존재하였던 채권에 대하여 관리인 등으로부터의 이의가 없는 채로 정리채권자표가 확정되어 그에 대하여 불가쟁의 효력이 발생한 경우에는 관리인으로서는 더 이상 부인권을 행사하여 그 채권의 존재를 다툴 수 없게 되었다고 할 것이고, 나아가 관리인이 사후에 한 그러한 부인권 행사의 적법성을 용인하는 전제에서 정리채권으로 이미 확정된 정리채권자표 기재의 효력을 다투어 그 무효확인을 구하는 것 역시 허용될 수 없다

판례(대법원 2003. 2. 11. 선고 2002다62586 판결)

1. 건물공사 도급계약의 해지로 인하여 선급금을 반환받는 경우, 도급인이 직

접 마련하여 지급한 선급금뿐만 아니라 국민주택관리기금 대출금으로 지급한 선급금도 그 반환의 대상에 포함되어 정리채권으로 확정할 수 있다고 본 사례.

2. 정리채권확정의 소는 그 소송물이 정리회사가 정리담보권과 정리채권으로 시인한 금액을 초과하는 정리채권의 존재 여부이고, 정리채권자표기재무효확인의 소의 소송물은 정리회사가 시인한 정리채권 중 일부의 존재 여부로서 그 소송물이 서로 다르므로 이미 확정된 정리채권확정판결의 기판력이 정리채권자표기재무효확인소송에 미칠 수 없다.

판례(대법원 2014. 6. 26., 선고, 2013다17971 판결)

채무자 회생 및 파산에 관한 법률에 의한 회생절차에 참가하고자 하는 회생채권자는 회생채권 신고를 하여야 하고(제148조 제1항), 신고된 회생채권에 대하여 이의가 제기된 때에는 이의자 전원을 상대방으로 하여 법원에 채권조사확정재판을 신청할 수 있으며(제170조 제1항), 그 재판에 불복하는 자는 채권조사확정재판에 대한 이의의 소를 제기할 수 있다(제171조 제1항). 다만 회생절차개시 당시 회생채권에 관한 소송이 계속 중인 경우 회생채권자는 회생채권 신고를 하고, 신고된 회생채권에 대하여 이의가 제기된 때에는 이의자 전원을 소송상대방으로 하여 소송절차를 수계하여야 한다(제172조 제1항). 한편 신고된 회생채권에 대하여 이의가 없는 때에는 채권이 신고한 내용대로 확정되고(제166조 제1호), 확정된 회생채권을 회생채권자표에 기재한 때에는 그 기재는 확정판결과 동일한 효력이 있으므로(제168조), 계속 중이던 회생채권에 관한 소송은 소의 이익이 없어 부적법하게 된다.

이의의 통지(제169조)

1. 이의의 통지

회생채권자 또는 회생담보권자가 회생채권과 회생담보권 조사기일에 출석하지 아니한 경우에 그 권리에 관하여 이의가 있는 때에는 법원은 이를 그 권리자에게 통지하여야 한다.

2. 통지의 시기, 방법 및 내용

(1) 통지의 시기

신고한 회생채권 등이 부인된 권리자로서 조사기일에 출석하지 아니한 자에 대하여 이의의 통지를 하는 이유는, 조사기일로부터 1개월이 경과하면 부인된 권리가 실권될 수 있기 때문에 그 권리자에게 이의가 진술되었음을 알려 주어 출소기간을 넘기게 되는 위험을 막고, 응소의 준비를 하도록 하기 위함이다. 따라서 이의의 통지는 조사기일 종료 후 지체 없이 하여야 한다.

(2) 통지의 방법

통지의 방법에 관한 특별한 규정은 없으나, 실무에서는 항상 서면으로 하고 있다.

(3) 통지의 내용

통지의 내용에 관하여 법률에 특별한 규정이 없으나, 통지서에는 신고채권을 특정할 수 있는 내용, 이의를 받은 사항과 그 범위, 이의의 사유와 함께 이의에 대한 권리구제방법에 대한 안내가 포함되어 있어야 한다.

【서식】 이의통지서

서울회생법원
제201파산부
결   정

사   건   20○○회○○ 회사정리

정 리 회 사   ○○ 주식회사(서울 ○○구 ○○동 ○○○

관 리 인   ○ ○ ○

채권신고인   ○ ○ ○

　　　　　　　　서울 ○○구 ○○동 ○○○

　　위 사건에 관하여 20○○. ○. ○. 15:00 개최된 정리담보권, 정리채권의 일반(특별)조사기일에서 귀하가 신고한 권리에 대하여 다음과 같이 이의가 있으므로, 채무자회생및파산에관한법률 제161조에 의하여 통지합니다. 위 조사기일로부터 1월 이내에 이의자를 상대로 당원에 정리담보권 또는 정리채권 확정의 소를 제기하지 아니하거나(채무자회생및파산에관한법률 제170조), 이미 소송이 법원에 제기되어 있는 경우에도 위 조사기일로부터 1개월 이내에 이의자를 상대로 소송의 수계절차를 밟지 않으면(채무자회생및파산에관한법률 제172조) 이의가 있었던 부분에 관하여는 정리담보권자 또는 정리채권자로서 정리회사에 대하여 권리주장을 할 수 없게 됨을 유의하시기 바랍니다.

- 다   음 -

1. 이의자 : 관리인 ○○○
2. 이의있는 권리   (단위 : 원)

접수번호	채권의 내용	신고 채권액	이의액	이의사유
채권○○				
담보권○○				

20○○. ○. ○.

재판장 판사 ○ ○ ○

회생채권 및 회생담보권 조사확정의 재판(제170조)

1. 회생채권 등 확정의 재판

(1) 제소의 시간

이의가 진술된 채권자의 권리자는 그 채권의 조사가 있었던 날로부터 1월 이내에 제소하여야 한다.

(2) 소송의 수계

개시결정 당시 당해 회생채권 또는 회생담보권을 소송물로 하는 소송이 계속 중인 경우에는 소송을 수계하여야 한다. 회생채권, 회생담보권에 관한 소송이라면 이행소송인가 확인소송인가 또 채무자가 원고인가 피고인가를 불문하고 수계하여야 한다. 그러나 이 경우 채권조사기일에서 조사의 결과 회생채권자표 또는 회생담보권자표에 기재된 사항에 관하여만 수계신청이 가능하고, 그곳에 기재되지 않은 사항을 주장하는 수계신청은 부적법하여 각하되어야 한다.

(3) 소송이 계속중인 경우

이미 소송이 계속 중이어서 소송수계신청을 하여야 함에도 불구하고 별도의 회생채권 확정의 소를 제기하는 것은 권리보호의 이익이 없으므로 부적법하다.

(4) 수계의 대상인 종전 소송을 취하한 경우

회생채권확정을 위한 소송수계신청을 하지 않고 부적법한 회생채권확정의 소를 제기하였다가 수계의 대상인 종전 소송을 취하한 경우, 그 시점이 회생채권확정의 소 제기기간 경과 후라면 새로운 회생채권확정의 소 제기도 불가능하고, 위 소취하로 인하여 기존의 부적법한 회생채권확정의 소의 하자가 치유되어 그 소 제기시에 소급하여 적법하게 되는것도 아니며, 단순히 당사자를 회사에서 관리인으로 변경한다는 당사자표시정정신청은 소송수계신청에 해당하지 않는다는 판례가 있다.

2. 적용

(1) 대상

회생채권 등 확정의 소의 대상이 되는 것은 회생법원에 신고된 채권으로서 채권조사결과 이의가 진술된 것이어야 한다. 따라서 회생법원에 신고되지 않았거나 채권조사결과 아무런 이의가 진술되지 않은 채권에 관한 소송이라면 부적법하여 각하되어야 한다. 다툼이 있는 채권이 신고되었는지 여부와 그에 관하여 이의가 진술되었는지 여부는 채권조사 후 작성되는 회생채권자표와 회생담보권자표로 확인할 수 있다. 만약 이러한 회생채권자표와 회생담보권자표가 아직 작성되지 않았다면 채권조사기일조사서의 내용으로 확인하여야 한다.

(2) 회생담보권의 경우

회생담보권의 경우에는 그 피담보채권의 존부, 금액뿐만 아니라 담보권의 존부, 금액, 순위도 확정의 대상으로 되고, 회생채권이 금전채권인 경우에는 그 채권의 존부와 금액이, 비금전채권인 경우에는 그 급부의 내용이 확정의 대상으로 되며, 또한 회생채권, 회생담보권 모두 의결권액이 독립한 확정의 대상으로서의 의미를 가진다.

(3) 조세채권

회생채권 중 조세채권은 신고하여야 하는 채권이지만 채권조사절차의 대상이 되지 않으며, 그에 대한 이의는 관리인만이 회사가 할 수 있는 방법으로 불복할 수 있을 뿐이므로, 회생채권 확정의 소로서 확정을 구할 이익이 없다. 따라서 조세채권의 원인이 되는 조세부과처분이 중대하고 명백한 하자가 있어서 당연히 무효라고 다투는 경우에는 관리인은 그 과세처분의 무효확인을 받아 구제를 받을 수 있을지언정 이의를 할 수 없고, 설사 이의를 하였다고 하더라도 그 이의는 회생채권 확정에 아무런 영향을 줄 수 없는 것이다. 이 경우에도 회생채권 또는 회생담보권 확정의 소는 그 권리의 조사가 있은 날로부터 1월내에 제기하여야 한다는 규정이 준용되는가는 명백하지 않으나, 신속한 채권 확정을 위하여 준용되는 것으로 보아야 하고, 이 경우 만약 조사의 대상이 되지 않는 조세채권 등에 관한 것이라면, "그 권리의 조사가 있은 날로부터 1월내"라는 규정은 채권의 신고가 있었던 것을 안날로부터 1월내로 해석할 수 밖에 없다고 보는 견해가 있다.

3. 출소기간(제소기간)

회생채권 등의 확정을 위한 소의 제기와 수계신청은 모두 해당 채권을 조사한 날로부터 1월내에 하여야 한다. 권리자가 이와 같은 출소기간 및 수계기간 내에 제소나 수계신청을 하지 않았을 경우, 당장 그 권리가 실체상으로 소멸하는 것은 아니지만, 그 권리에 관하여 회생절차에 참가할 수 없게 된다. 따라서 출소기간을 넘어서 제소하였거나 수계기간을 경과한 후에 수계신청을 한 경우에 그에 따른 회생채권 등의 확정의 소는 부적법하여 각하하여야 하지만, 회생절차가 회생계획인가 전에 폐지된 경우에는 자기의 권리를 행사할 수 있게 되며, 그 후부터는 통상의 소송을 제기하거나 계속 중인 회생채권 확정의 소를 통상의 소로 변경할 수 있다.

4. 신청

채권조사확정재판의 신청서에는 당사자 및 대리인의 성명 또는 명칭과 주소, 신청의 취지와 이유를 기재한다. 신청서에는 신청의 이유가 되는 사실을 구체적으로 기재하고 증거서류의 사본을 첨부한다. 이때 당사자의 수에 1을 더한 부본을 첨부하며, 법원은 신청서 부본을 상대방 당사자에게 송달해야 한다.

5. 조사확정재판의 방식

채권조사확정재판의 결정은 이유의 요지만을 적을 수 있으며, 법원은 채권조사확정재판을 구하는 신청에 대하여 화해를 권유하는 결정을 할 수 있다. 법원이 회부하는 결정을 한 경우 그 이후의 절차에 관해서는 '민사조정법' 및 '민사조정규칙'을 적용한다.

◨ **관련판례**

판례(대법원 2003. 5. 16. 선고 2000다54659 판결)

  정리채권확정의 소는 회사정리절차에서 정리채권으로 신고하여 정리채권자표에 기재되고 조사의 대상으로 되었던 채권을 대상으로 하여서만 허용되는 것이고, 신고하지 아니한 정리채권에 대한 확정을 구하는 것은 부적법하다.

판례(대법원 2003. 2. 11. 선고 2002다62586 판결)

  정리채권확정의 소는 그 소송물이 정리회사가 정리담보권과 정리채권으로 시인한 금액을 초과하는 정리채권의 존재 여부이고, 정리채권자표기재무효확인의 소의 소송물은 정리회사가 시인한 정리채권 중 일부의 존재 여부로서 그 소송물이 서로 다르므로 이미 확정된 정리채권확정판결의 기판력이 정리채권자표기재무효확인소송에 미칠 수 없다.

판례(대법원 2003. 2. 11. 선고 2002다56505 판결)

  회사정리법 제147조 제2항이 "정리채권 확정의 소는 그 권리의 조사가 있은 날로부터 1월 이내에 제기하여야 한다."고 규정하고 있는 취지는, 정리회사가 부담하는 채무를 되도록 빨리 확정함으로써 정리계획의 작성 등 회사정리절차를 신속하게 진행하여 권리관계의 빠른 안정을 꾀하는 데 있으므로, 특별한 사정이 없는 한 법원이 그 기간을 늘이거나 줄일 수 없고, 또 이와 같이 정리채권 확정의 소를 제기할 수 있는 기간은 불변기간이 아니므로 당사자가 책임질 수 없는 사유로 말미암아 그 기간을 지킬 수 없었다고 하더라도 소의 제기를 추후 보완할 수 없다.

판례(대법원 2001. 7. 24. 선고 2001다3122 판결)

  어음발행인이 어음의 피사취 등을 이유로 지급은행에 사고신고와 함께 그 어음금의 지급정지를 의뢰하면서 예탁하는 사고신고담보금은 어음발행인인 회사가 출연한 재산이라고 하더라도 은행에 예탁된 이상 그 소유권은 은행에 이전되고 회사는 어음교환소규약이나 사고신고담보금처리에 관한 약정에서 정한 조건이 성취된 때에 한하여 은행에 대하여 사고신고담보금 반환청구권을 가지는 데 불과하며, 어음소지인의 사고신고담보금에 대한 권리를 회사정리법상의 정리 담보권이라고 볼 수 없으므로 어음의 정당한 소지인은 정리절차에 의하지 아니하고 지급은행을 상대로 사고신고담보금의 지급청구권을 행사하여 그 채권의 만족을 얻을 수 있고, 이 경우 어음소지인은 위 규약 등이 정하는 바에 따라 어음발행인인 정리회사의 관리인을 상대로 어음금채권에 대한 정리채권확정의 소에서 승소판결을 받고 그 판결이 확정되면 지급은행에 사고신고담보금의 지급을 청구할 수 있다.

판례(대법원 2001. 6. 29. 선고 2001다22765 판결)

1. 정리채권에 대하여 이미 소송이 계속중인 경우에 회사정리법 제149조에 의하여 계속중인 소송을 수계하도록 한 것은, 신소를 제기함에 따른 비용과 시간의 낭비를 방지함과 동시에 소송절차의 번잡을 피하기 위한 공익적인 목적을 위한 것이고, 한편 같은 법 제147조 소정의 소는 정리법원의 전속관할인 데 비해서 같은 법 제149조 소정의 소송수계신청은 원래의 소송이 계속중인 법원에 하여야 하는 등 그 소송절차도 달라서, 같은 법 제149조에 의한 소송수계를 할 수 있는 경우에 같은 법 제147조에 의한 정리채권확정의 소를 제기하는 것은 권리보호의 이익이 없어 부적법하다.

2. 정리채권확정을 위한 소송수계신청을 하지 않고 부적법한 정리채권확정의 소를 제기하였다가 수계의 대상인 종전 소송을 취하한 경우, 그 시점이 정리채권확정의 소 제기기간 경과 후라면 새로운 정리채권확정의 소 제기도 불가능하고, 위 소취하로 인하여 기존의 부적법한 정리채권확정의 소의 하자가 치유되어 그 소 제기시에 소급하여 적법하게 되는 것도 아니라고 한 사례.

판례(대법원 2000. 2. 11. 선고 99다52312 판결)

1. 정리절차개시결정 당시 정리채권에 관하여 소송이 계속중인 경우에 회사정리사건의 관할법원에 정리채권의 신고를 하였으나 조사기일에서 이해관계인의 이의가 있어 정리채권자가 권리의 확정을 청구하고자 할 때에는 종전의 소송이

계속중인 법원에 신고된 정리채권에 관한 이의자를 상대로 하여 소송을 수계하여야 하며, 그 수계신청은 권리의 조사가 있은 날로부터 1개월 내에 하여야 하고, 그 기간 경과 후에 수계신청을 한 경우에는 그에 따른 정리채권 확정의 소는 부적법하게 된다.

2. 회사정리절차개시결정이 있기 이전에 이의 있는 정리채권에 관한 소송이 계속중에 회사재산보전처분이 내려지고 보전관리인이 선임되자 소송의 상대방을 정리회사에서 보전관리인으로 하여 한 수계신청을 회사정리법 제149조 제1항 소정의 소송수계신청으로 볼 수는 없다.

판례(대법원 2018. 7. 24., 선고, 2015다56789 판결)

채무자 회생 및 파산에 관한 법률(이하 '채무자회생법'이라고 한다) 제153조에 따라 신고기간 경과 후에 생긴 회생채권이 신고된 경우, 회생법원은 위 제153조 제1항과, 제153조 제2항이 준용하고 있는 제152조 제2항, 제3항의 요건을 심사하여 신고의 적법 여부에 따라 각하결정을 하거나 회생채권으로서 조사절차를 거쳐야 한다. 그런데 일단 회생법원이 추완신고가 적법하다고 판단하여 특별조사기일을 열어 추완신고된 채권에 대한 조사절차까지 마친 경우에는, 채무자회생법에서 정한 신고의 추후 보완 요건을 구비하지 않았다는 것을 사유로 하는 이의는 허용되지 않는다고 봄이 타당하다. 이는 채무자회생법 제170조에 따른 채권조사확정재판에서도 마찬가지라고 보아야 하므로, 회생법원이 추완신고가 적법하다고 판단하여 특별조사기일에서 추완신고된 채권에 대한 조사절차까지 마쳤다면, 채권조사확정재판에서도 신고의 추후 보완 요건을 구비하지 않았다는 사유를 주장할 수 없다.

판례(대법원 2017. 6. 29., 선고, 2016다221887, 판결)

채무자 회생 및 파산에 관한 법률에 의한 회생절차에 참가하고자 하는 회생채권자는 회생채권의 신고를 하여야 하고(제148조 제1항), 신고된 회생채권에 대하여 이의가 제기된 때에는 이의자 전원을 상대방으로 하여 법원에 채권조사확정재판을 신청할 수 있으며(제170조 제1항), 재판에 불복하는 자는 채권조사확정재판에 대한 이의의 소를 제기할 수 있다(제171조 제1항). 다만 회생절차개시 당시 회생채권에 관한 소송이 계속 중인 경우 회생채권자는 회생채권의 신고를 하고, 신고된 회생채권에 대하여 이의가 제기된 때에는 이의자 전원을 소송의 상대방으로 하여 소송절차를 수계하여야 한다(제172조 제1항). 따라서 회생절차가 개시된 후 회생채권자가 회생채권의 이의자를 상대로 회생채권의 이행을 구하는 소를 제기하는 것은 부적법하다.

판례(대법원 2016. 12. 27., 선고, 2016다35123 판결)

채무자 회생 및 파산에 관한 법률(이하 '채무자회생법'이라고 한다)에 의하면, 회생절차개시결정이 있는 때에는 채무자의 재산에 관한 소송절차는 중단된다(제59조 제1항). 회생절차에 참가하고자 하는 회생채권자는 회생채권의 원인 및 내용을 법원에 신고하여야 하고(제148조), 회생채권자 목록에 기재된 회생채권은 신고된 것으로 의제되는데(제151조), 신고하지 아니한 회생채권은 특별한 사정이 없는 한 채무자회생법 제251조에 따라 회생계획인가의 결정이 있는 때에는 실권된다. 신고된 회생채권에 관하여 관리인 등이 이의를 하여 회생채권이 확정되지 아니한 때에는 그 회생채권을 보유한 권리자는 채권조사확정재판을 신청할 수 있고(제170조 제1항), 회생절차개시 당시 이의채권에 관하여 소송이 계속하는 경우 권리의 확정을 구하고자 하는 때에는 이의자 전원을 상대방으로 하여 소송절차를 수계하여야 한다(제172조 제1항). 위 소송절차 수계는 회생채권확정의 일환으로 진행되는 것으로서 조사기간의 말일까지 이루어지는 관리인 등의 회생채권에 대한 이의를 기다려, 회생채권자가 권리의 확정을 위하여 이의자 전원을 소송의 상대방으로 하여 신청하여야 하고, 소송수계에서 상대방이 되는 관리인은 회생채권에 대한 이의자로서의 지위에서 당사자가 되는 것이므로, 당사자는 이의채권이 되지 아니한 상태에서 미리 소송수계신청을 할 수는 없다.

판례(대법원 2015. 7. 23., 선고, 2013다70903, 판결)

회생채권확정의 소는 회생채권자가 신고한 채권에 대하여 관리인 등에게서 이의가 있는 경우 이의채권의 존부 또는 내용을 정하여 권리를 확정하는 것을 내용으로 하는 소인바, 회생채권자 등은 회생채권확정의 소송절차에서 이의채권의 원인 및 내용에 관하여 회생채권자표에 기재된 사항만을 주장할 수 있을 뿐 회생채권자표에 기재된 사항 중 의결권의 액수는 대상에서 제외된 점(채무자 회생 및 파산에 관한 법률 제158조, 제173조, 제174조 제3항 등 참조)을 고려하면, 의결권의 액수는 회생채권확정의 소의 대상이 될 수 없다.

판례(대법원 2014. 6. 26., 선고, 2013다17971, 판결)

채무자 회생 및 파산에 관한 법률에 의한 회생절차에 참가하고자 하는 회생 채권자는 회생채권 신고를 하여야 하고(제148조 제1항), 신고된 회생채권에 대 하여 이의가 제기된 때에는 이의자 전원을 상대방으로 하여 법원에 채권조사확 정재판을 신청할 수 있으며(제170조 제1항), 그 재판에 불복하는 자는 채권조사 확정재판에 대한 이의의 소를 제기할 수 있다(제171조 제1항). 다만 회생절차개 시 당시 회생채권에 관한 소송이 계속 중인 경우 회생채권자는 회생채권 신고 를 하고, 신고된 회생채권에 대하여 이의가 제기된 때에는 이의자 전원을 소송 상대방으로 하여 소송절차를 수계하여야 한다(제172조 제1항). 한편 신고된 회 생채권에 대하여 이의가 없는 때에는 채권이 신고한 내용대로 확정되고(제166조 제1호), 확정된 회생채권을 회생채권자표에 기재한 때에는 그 기재는 확정판결 과 동일한 효력이 있으므로(제168조), 계속 중이던 회생채권에 관한 소송은 소 의 이익이 없어 부적법하게 된다.

판례(대법원 2014. 1. 23., 선고, 2012다84417,84424,84431, 판결)

회생계획인가의 결정이 있는 때에는 회생채권자 등의 권리는 회생계획에 따 라 변경되고 회생계획이나 채무자 회생 및 파산에 관한 법률(이하 '법'이라 한 다)의 규정에 의하여 인정된 권리를 제외하고는 모든 회생채권과 회생담보권에 관하여 면책의 효력이 발생하며(법 제251조, 제252조), 회생계획인가 결정 후 회 생절차 종결결정이 있더라도 채무자는 회생계획에서 정한 대로 채무를 변제하 는 등 회생계획을 계속하여 수행할 의무를 부담하게 되므로, 회생채권 등의 확 정을 구하는 소송의 계속 중에 회생절차 종결결정이 있는 경우 회생채권 등의 확정을 구하는 청구취지를 회생채권 등의 이행을 구하는 청구취지로 변경할 필 요는 없고, 회생절차가 종결된 후에 회생채권 등의 확정소송을 통하여 채권자의 권리가 확정되면 소송의 결과를 회생채권자표 등에 기재하여(법 제175조), 미확정 회생채권 등에 대한 회생계획의 규정에 따라 처리하면 된다. 따라서 회생채권 등의 확정소송이 계속되는 중에 회생절차 종결결정이 있었다는 이유로 채권자가 회생채권 등의 확정을 구하는 청구취지를 회생채권 등의 이행을 구하는 청구취지로 변경하고 그에 따라 법원이 회생채권 등의 이행을 명하는 판결을 선고하였다면 이는 회생계획 인가결정과 회생절차 종결결정의 효력에 반하는 것이므로 위법하다.

채권조사확정재판에 대한 이의의 소(제171조)

1. 불복의 기한과 병합

채권자가 회생채권조사확정재판에 대하여 불복을 하는 경우에 그 결정서를 송달받은 날로부터 1개월 이내에 이의의 소를 제기할 수 있고, 그러한 소의 변론은 결정서를 송달받은 날로부터 1월을 경과한 후가 아니면 개시할 수 없으며, 동일한 채권에 관하여 여러개의 소가 계속되어 있는 때에는 법원은 변론을 병합하여야 한다.

【서식】 채권조사확정재판에 대한 이의의 소장 (채권자→채무자 : 인용취지 불복)

소 장

원   고   ○ ○ ○(-   )
(채무자)   서울 ○○구 ○○동 ○○

피   고   ○ ○ ○(-   )
(채권자)   서울 ○○구 ○○동 ○○

채권조사확정재판에 대한 이의의 소

청 구 취 지

1. 서울회생법원 20○○. ○. ○.자 20○○개회○○호 채권조사확정재판을 다음과 같이 변경한다.
    피고(채권자)의 원고(채무자)에 대한 개인회생채권은, 금 27,000,000원 및 이에 대한 20○○. ○. ○.부터 20○○. ○. ○.까지 연 24%의 비율에 의한 금원의 일반 개인회생채권과 위 금 27,000,000원에 대한 20○○. ○. ○.부터 완제일까지 연 24%의 비율에 의한 금원의 후순위 개인회생채권임을 확정한다.
2. 소송비용은 피고의 부담으로 한다.

청 구 원 인

1. 원고(채무자, 이하 원고라 한다)는 20○○. ○. ○. 피고(채권자, 이하 피고라 한다)로부터 금 27,000,000원을 이율은 연 24%, 변제기는 20○○. ○. ○.로 정하여 차용하였고, 그후 원고는 피고에게 위 변제기까지의 이자를 전부 지급하였습니다.
2. 원고는 20○○. ○. ○. 이 법원 20○○개회○○호로 개인회생절차의 개시를 신청하였고, 아울러 그 개인회생채권자목록에 피고에 대한 채권의 원인을 '20○○. ○ ○.자 금 2,700만원 신용대출, 채권의 내용을 '원금 2,700만원

및 이에 대한 20○○. ○. ○.부터 완제일까지 연 24%의 비율에 의한 채권
(단 개인회생절차 개시결정일 이후의 이자, 지연손해금은 후순위 개인회생채
권임)'이라고 기재하였는데, 피고는 20○○. ○. ○. 원고에 대한 채권원금
이 2,700만원이 아닌 3,000만원이라는 이유로 서울중앙지방법원 20○○개
확○○호로 채권조사확정재판을 신청하였습니다.

3. 한편 서울회생법원은, 위 채권조사확정재판에서 피고의 주장을 받아들여 20
○○. ○. ○. 피고의 원고에 대하여 개인회생채권이 개인회생채권자목록에
기재된 원금 27,000,000만원 및 이에 대한 20○○. ○. ○.부터의 이자 및
지연손해금(그 중 개시결정일 이후 부분의 이자 및 지연손해금은 후순위 개
인회생채권임)이 아닌 원금 30,000,000원 및 이에 대한 20○○. ○. ○.부
터 개인회생절차 개시결정일 전날인 20○○. ○. ○.까지 연 24%의 비율에
의한 금원의 일반 개인회생채권과 위 금 30,000,000원에 대한 20○○. ○.
○.부터 완제일까지 연 24%의 비율에 의한 금원의 후순위 개인회생채권이
라는 결정을 하였고, 원고는 위 결정 정본을 20○○. ○. ○.에 송달받았습
니다.

4. 그러나 원고는 위 채권조사확정재판에 불복이므로, 귀 법원에 청구취지 기재
판결을 구하기 위하여 채무자회생및파산에관한법률 제353조 제1항에 의하여
채권조사확정재판에 대한 이의의 소를 제기합니다.

20○○. ○. ○.

원고(채무자)　○　○　○　(인)

입증방법

1.
2.

첨부서류

1.
2.

서울회생법원 귀중

【서식】 채권조사확정재판에 대한 이의의 소장(채권자→채무자 : 기각취지 불복)

소　　장

원　　　고　　　　○ ○ ○(　　　　-　　　　　)
(채권자)　　　　　서울 ○○구 ○○동 ○○

피　　　고　　　　○ ○ ○(　　　　-　　　　　)
(채무자)　　　　　서울 ○○구 ○○동 ○○

　채권조사확정재판에 대한 이의의 소

청 구 취 지

1. 서울회생법원 20○○. ○. ○.자 20○○개회○○호 채권조사확정재판을 다음과 같이 변경한다.
　　원고(채권자)의 피고(채무자)에 대한 개인회생채권은, 금 30,000,000원 및 이에 대한 20○○. ○. ○.부터 20○○. ○. ○.까지 연 24%의 비율에 의한 금원의 일반 개인회생채권과 위 금 30,000,000원에 대한 20○○. ○. ○.부터 완제일까지 연 24%의 비율에 의한 금원의 후순위 개인회생채권임을 확정한다.
2. 소송비용은 피고의 부담으로 한다.

청 구 원 인

1. 피고(채무자, 이하 피고라 한다)는 20○○. ○. ○. 원고(채권자, 이하 원고라 한다)로부터 금 30,000,000원을 이율은 연 24%, 변제기는 20○○. ○. ○.로 정하여 차용하였는데, 당시 위 변제기까지의 선이자 및 수수료 3백만원을 공제한 후 변제기일에 3천만원을 상환하기로 약정하였습니다.

2. 피고는 20○○. ○. ○. 이 법원 20○○개회○○호로 개인회생절차의 개시를 신청하였는데, 그 개인회생채권자목록에 원고에 대한 채권의 원인을 '20○○. ○. ○.자 금 2,700만원 신용대출', 채권의 내용을 '원금 2,700만원 및 이에 대한 20○○. ○. ○.부터 완제일까지 연 24%의 비율에 의한 채권 (단 개인회생절차 개시결정일 이후의 이자, 지연손해금은 후순위 개인회생채권임)'이라고 기재하였고, 이에 원고는 20○○. ○. ○.피고에 대한 채권원금이 2,700만원이 아닌 3,000만원이라는 이유로 서울중앙지방법원 20○○개확○○호로 채권조사확정재판을 신청하였습니다.

3. 한편 서울회생법원은, 위 채권조사확정재판에서 20○○. ○. ○. 원고는 피고에 대하여 위 개인회생채권자목록에 기재된 것과 같은 내용의 채권을 갖는다는 취지의 결정을 하였고, 원고는 위 결정 정본을 20○○. ○. ○.에 송달받았습니다.

4. 그러나 원고는 위 채권조사확정재판에 불복이므로, 귀 법원에 청구취지 기재판결을 구하기 위하여 채무자회생및파산에관한법률 제353조 제1항에 의하여 채권조사확정재판에 대한 이의의 소를 제기합니다.

20○○. ○. ○.

원고(채권자)　 ○ 　○ 　○ 　(인)

입증방법

1.
2.

첨부서류

1.
2.

서울회생법원 귀중

【서식】 채권조사확정재판에 대한 이의의 소장(채권자→제3채권자, 채무자 : 인용취지 불복)

소   장

원   고   ○ ○ ○(-   )
(채권자)   서울 ○○구 ○○동 ○○

피   고   ○ ○ ○(-   )
(채무자)   서울 ○○구 ○○동 ○○

피   고   ○ ○ ○(-   )
(제3채권자)   서울 ○○구 ○○동 ○○

채권조사확정재판에 대한 이의의 소

청 구 취 지

1. 서울회생법원 20○○. ○. ○.자 20○○개회○○호 채권조사확정재판을 다음과 같이 변경한다.
   원고(채권자)의 피고(채무자)에 대한 개인회생채권은, 금 2,000만원 및 이에 대한 20○○. ○. ○.부터 20○○. ○. ○.까지 연 10%의 비율에 의한 금원의 일반 개인회생채권과 위 금 2,000만원에 대한 20○○. ○. ○.부터 완제일까지 연 10%의 비율에 의한 금원의 후순위 개인회생채권임을 확정한다.
2. 소송비용은 피고들의 부담으로 한다.

청 구 원 인

1. (피고)채무자는 20○○. ○. ○. 이 법원 20○○개회○○호로 개인회생절차의 개시를 신청하였고, 아울러 개인회생채권자목록에 원고(채권자, 이하 원고라 한다)의 채권의 원인을 '20○○. ○. ○.자 차용금 3,000만원', 채권의 내용을 '2,000만원 및 이에 대한 20○○. ○. ○.부터 완제일까지 연 10%의 비율에 의한 채권(단 개인회생절차 개시결정일 이후의 이자, 지연손해금

은 후순위 개인회생채권임)'이라고 기재하였고, 위 기재는 정확합니다.

2. 서울회생법원은 20○○. ○. ○. 피고(채무자)에 대하여 개인회생절차 개시결정을 하면서 위 채권자목록에 대한 이의기간을 20○○. ○. ○.까지로 정하여 공고하였고, 피고(제3채권자)는 20○○. ○. ○. 원고의 피고(채무자)에 대한 채권원금이 1,000만원에 불과하다는 이유로 채권조사확정재판을 신청하였습니다.

3. 한편 서울회생법원은 20○○. ○. ○. 피고(제3채권자)의 주장을 받아들여 원고의 피고(채무자)에 대한 개인회생채권은 금 1,000만원 및 이에 대한 20○○. ○. ○.부터 20○○. ○. ○.까지의 연10%의 비율에 의한 금원의 일반 개인회생채권과 위 금 1,000만원에 대한 20○○. ○. ○.부터 완제일까지 연 10%의 비율에 의한 금원의 후순위 개인회생채권이라는 결정을 하였고, 원고는 위 결정 정본을 20○○. ○. ○.에 송달받았습니다.

4. 그러나 원고는 위 채권조사확정재판에 불복이므로, 귀 법원에 채무자회생및파산에관한법률 제353조 제1항에 의하여 채권조사확정재판에 대한 이의의 소를 제기합니다.

20○○. ○. ○.

원고(채무자)   ○ ○ ○ (인)

입증방법

1.
2.

첨부서류

1.
2.

서울회생법원 귀중

【서식】 채권조사확정재판에 대한 이의의 소장(제3채권자→채권자 : 기각취지 불복)

소 장

원　　고　　　　　○ ○ ○(　　　　　-　　　　　)
(제3채권자)　　　서울 ○○구 ○○동 ○○

피　　고　　　　　○ ○ ○(　　　　　-　　　　　)
(채권자)　　　　　서울 ○○구 ○○동 ○○

채권조사확정재판에 대한 이의의 소

청 구 취 지

1. 서울회생법원 20○○. ○. ○.자 20○○개회○○호 채권조사확정재판을 다음과 같이 변경한다.

　　피고(채권자)의 채무자 ○○○에 대한 개인회생채권은, 금 1,000만원 및 이에 대한 20○○. ○. ○.부터 20○○. ○. ○.까지 연 10%의 비율에 의한 금원의 일반 개인회생채권과 위 금 1,000만원에 대한 20○○. ○. ○.부터 완제일까지 연 10%의 비율에 의한 금원의 후순위 개인회생채권임을 확정한다.

2. 소송비용은 피고의 부담으로 한다.

청 구 원 인

1. 채무자는 20○○. ○. ○. 이 법원 20○○개회○○호로 개인회생절차의 개시를 신청하였고, 아울러 개인회생채권자목록에 피고(채권자, 이하 피고라 한다)의 채권의 원인을 '20○○. ○. ○.자 차용금 3,000만원', 채권의 내용을 '2,000만원 및 이에 대한 20○○. ○. ○.부터 완제일까지 연 10%의 비율에 의한 채권(단 개인회생절차 개시결정일 이후의 이자, 지연손해금은 후순위 개인회생채권임)'이라고 기재하였습니다.

2. 그러나, ○○○은 20○○. ○. ○. 원고(제3채권자, 이하 원고라 한다)로부터 금 2천만원을 차용하여 20○○. ○. ○.경 피고의 채권 원금 3,000만원 중

2,000만원을 변제하고 이자는 20○○. ○. ○.까지분을 완제하였습니다. 따라서 피고의 ○○○에 대한 개인회생채권은 1,000만원 및 이에 대한 20○○. ○. ○.부터 20○○. ○. ○.까지 연 10%의 비율에 의한 금원의 일반 개인회생채권과 위 금 1,000만원에 대한 20○○. ○. ○.부터 완제일까지 연 10%의 비율에 의한 금원의 후순위 개인회생채권밖에 없습니다.

3. 서울회생법원은 20○○. ○. ○. ○○○에 대하여 개인회생절차 개시결정을 하면서 위 채권자목록에 대한 이의기간을 20○○. ○. ○.까지로 정하여 공고하였고, 원고는 20○○. ○. ○. ○○○의 피고에 대한 채권원금이 1,000만원에 불과하다는 이유로 채권조사확정재판을 신청하였습니다.

   그런데, 서울회생법원은 20○○. ○. ○. 피고의 ○○○에 대한 개인회생채권은 금 2,000만원 및 이에 대한 20○○. ○. ○.부터 20○○. ○. ○.까지의 연10%의 비율에 의한 금원의 일반 개인회생채권과 위 금 2,000만원에 대한 20○○. ○. ○.부터 완제일까지 연 10%의 비율에 의한 금원의 후순위 개인회생채권이라는 결정을 하였고, 원고는 위 결정을 20○○. ○. ○.에 송달받았습니다.

4. 그러나 원고는 위 채권조사확정재판에 불복이므로, 귀 법원에 채무자회생및파산에관한법률 제353조 제1항에 의하여 채권조사확정재판에 대한 이의의 소를 제기합니다.

20○○. ○. ○.

원고(채무자)　○　○　○　(인)

입증방법

1.
2.

첨부서류

1.
2.

서울회생법원 귀중

2. 효력

회생채권의 확정에 관한 소송에 대한 판결은 회생채권자 전원에 대하여 그 효력이 있고, 회생채권조사확정재판에 대한 이의의 소가 정해진 기간 안에 제기되지 아니하거나 각하된 때에는 그 재판은 회생채권자 전원에 대하여 확정판결과 동일한 효력이 있다.

【서식】 채권조사확정재판에 대한 이의의 소 판결 주문기재례(채무자와 채권자 사이)

주 문 기 재 례

(원고 : 채무자, 피고 : 채권자 / 조사확정재판에서 채권자 주장 인정 : 이의의 소에서 이를 취소)

1. 서울회생법원 20○○. ○. ○.자 20○○개회○○호 채권조사확정재판을 다음과 같이 변경한다.
   피고(채권자)의 원고(채무자에 대한 개인회생채권은, 금 27,000,000원 및 이에 대한 20○○. ○. ○.부터 20○○. ○. ○.까지 연 24%의 비율에 의한 금원의 일반 개인회생채권과 위 금 27,000,000원에 대한 20○○. ○. ○.부터 완제일까지 연 24%의 비율에 의한 금원의 후순위 개인회생채권임을 확정한다.
2. 소송비용은 피고(채권자)의 부담으로 한다.

(원고 : 채권자, 피고 : 채무자 / 조사확정재판에서 채무자 주장 인정 : 이의의 소에서 이를 일부 변경)

1. 서울회생법원 20○○. ○. ○.자 20○○개회○○호 채권조사확정재판을 다음과 같이 변경한다.
   원고(채권자)의 피고(채무자에 대한 개인회생채권은, 금 28,000,000원 및 이에 대한 20○○. ○. ○.부터 20○○. ○. ○.까지 연 24%의 비율에 의한 금원의 일반 개인회생채권과 위 금 28,000,000원에 대한 20○○. ○. ○.부터 완제일까지 연 24%의 비율에 의한 금원의 후순위 개인회생채권임을 확정한다.
2. 소송비용은 이를 3등분하여 그 1은 원고(채권자)의, 나머지는 피고(채무자)의 각 부담으로 한다.

(원고 : 채권자, 피고 : 채무자 / 조사확정재판에서 채무자 주장 인정 : 이의의 소에서 이를 유지)

1. 서울회생법원 20○○. ○. ○.자 20○○개회○○호 채권조사확정재판을 인가한다.
2. 소송비용은 원고(채권자)의 부담으로 한다.

【서식】 채권조사확정재판에 대한 이의의 소 판결 주문기재례(채권자와 제3채권자, 채무자 사이)

주 문 기 재 례

(원고 : 채권자, 피고 : 제3채권자, 채무자 / 조사확정재판에서 제3채권자 주장 인정 : 이의의 소에서 이를 유지)

1. 서울회생법원 20○○. ○. ○.자 20○○개회○○호 채권조사확정재판을 인가한다.
2. 소송비용은 원고(채권자)의 부담으로 한다.

(원고 : 채권자, 피고 : 제3채권자, 채무자 / 조사확정재판에서 제3채권자 주장 인정 : 이의의 소에서 이를 유지)

1. 서울회생법원 20○○. ○. ○.자 20○○개회○○호 채권조사확정재판을 다음과 같이 변경한다.
   원고(채권자)의 피고(채무자에 대한 개인회생채권은, 금 2,000만원 및 이에 대한 20○○. ○. ○.부터 20○○. ○. ○.까지 연 10%의 비율에 의한 금원의 일반 개인회생채권과 위 금 2,000만원에 대한 20○○. ○. ○.부터 완제일까지 연 10%의 비율에 의한 금원의 후순위 개인회생채권임을 확정한다.
2. 소송비용은 피고들(채무자, 제3채권자)의 부담으로 한다.

(원고 : 제3채권자, 피고 : 채권자 / 조사확정재판에서 채권자 주장 인정 : 이의의 소에서 이를 유지)

1. 서울회생법원 20○○. ○. ○.자 20○○개회○○호 채권조사확정재판을 인가한다.
2. 소송비용은 원고(제3채권자)의 부담으로 한다.

(원고 : 제3채권자, 피고 : 채권자 / 조사확정재판에서 채권자 주장 인정 : 이의의 소에서 이를 취소)

1. 서울회생법원 20○○. ○. ○.자 20○○개회○○호 채권조사확정재판을 인가한다.
   피고(채권자)의 피고 ○○○에 대한 개인회생채권은, 금 1,000만원 및 이에 대한 20○○. ○. ○.부터 20○○. ○. ○.까지 연 10%의 비율에 의한 금원의 일반 개인회생채권과 위 금 1,000만원에 대한 20○○. ○. ○.부터 완제일까지 연 10%의 비율에 의한 금원의 후순위 개인회생채권임을 확정한다.
2. 소송비용은 피고(채권자)의 부담으로 한다.

3. 원고

조사확정재판의 당사자였던 채권자나 채무자 등이 원고 적격을 갖는다

4. 피고적격 및 변론병합의 구조 문제

(1) 채권조사확정재판의 당사자였던 자로서 그 채권조사확정재판에 대하여
불복이 있는 자는 모두 원고적격이 있다고 해석된다.

(2) 이의의 소를 제기하는 자가 이의채권을 보유하는 권리자인 때에는 이
의자 전원을 피고로 하고, 이의자인 때에는 그 회생채권자 또는 회생담
보권자를 피고로 하여야 한다.

(3) 본 법은 법원으로 하여금 변론을 병합하여야 한다는 의무를 부여하고
있는데, 변론의 병합은 수 개의 소송의 변론 및 재판을 1개의 소송절차
로 결합하여 심판할 것을 명하는 것으로서 각 사건마다 심리와 증거조
사를 단일화하고 판결을 동시에 하여 서로의 저촉을 막고 재판의 통일
을 기할 수 있다는데 그 실익이 있는 것이다. 이론적으로는 특히 유사필
수적 공동소송에서는 병합의무가 있고, 이러한 병합의무에 위반되면 재
판도 위법한 것이 된다.

▣ 관련판례

판례(대법원 2017. 6. 29., 선고, 2016다221887 판결)

채무자 회생 및 파산에 관한 법률에 의한 회생절차에 참가하고자 하는 회생
채권자는 회생채권의 신고를 하여야 하고(제148조 제1항), 신고된 회생채권에
대하여 이의가 제기된 때에는 이의자 전원을 상대방으로 하여 법원에 채권조사
확정재판을 신청할 수 있으며(제170조 제1항), 재판에 불복하는 자는 채권조사
확정재판에 대한 이의의 소를 제기할 수 있다(제171조 제1항). 다만 회생절차개
시 당시 회생채권에 관한 소송이 계속 중인 경우 회생채권자는 회생채권의 신
고를 하고, 신고된 회생채권에 대하여 이의가 제기된 때에는 이의자 전원을 소

송의 상대방으로 하여 소송절차를 수계하여야 한다(제172조 제1항). 따라서 회생절차가 개시된 후 회생채권자가 회생채권의 이의자를 상대로 회생채권의 이행을 구하는 소를 제기하는 것은 부적법하다.

이의채권에 관한 소송의 수계(제172조)

1. 이의채권에 관한 소송의 수계

회생절차 개시결정이 있기 이전에 이의 있는 회생채권에 관한 소송이 계속 중이었는데 보전처분과 관리명령이 내려져 보전관리인이 선임되어 소송의 상대방을 회생회사에서 보전관리인으로 수계신청을 한 경우에도 수계신청을 하여야 한다. 소송수계에 있어서 상대방이 되는 회생채무자의 관리인은 그 회생채권에 대한 이의자로서의 지위에서 당사자가 되는 것이기 때문이다.

2. 내용의 변경

출소기간 내에 회생채권 등의 확정의 소가 아닌 이행의 소를 제기하였다가 출소기간이 경과된 후에 청구취지를 회생채권의 확정을 구하는 내용으로 변경하는 것은 가능하다. 따라서 소송수계절차는 출소기간 내에 취하하였으나, 소의 변경이나 청구취지변경의 신청은 출소기간 뒤에 한 경우에도 적법하다.

◼ 관련판례

판례(대법원 2003. 5. 16. 선고 2000다54659 판결)

정리채권확정의 소는 회사정리절차에서 정리채권으로 신고하여 정리채권자표에 기재되고 조사의 대상으로 되었던 채권을 대상으로 하여서만 허용되는 것이고, 신고하지 아니한 정리채권에 대한 확정을 구하는 것은 부적법하다.

판례(대법원 2001. 6. 29. 선고 2001다22765 판결)

1. 정리채권에 대하여 이미 소송이 계속중인 경우에 회사정리법 제149조에 의

하여 계속중인 소송을 수계하도록 한 것은, 신소를 제기함에 따른 비용과 시간의 낭비를 방지함과 동시에 소송절차의 번잡을 피하기 위한 공익적인 목적을 위한 것이고, 한편 같은 법 제147조 소정의 소는 정리법원의 전속관할인 데 비해서 같은 법 제149조 소정의 소송수계신청은 원래의 소송이 계속중인 법원에 하여야 하는 등 그 소송절차도 달라서, 같은 법 제149조에 의한 소송수계를 할 수 있는 경우에 같은 법 제147조에 의한 정리채권확정의 소를 제기하는 것은 권리보호의 이익이 없어 부적법하다.

2. 정리채권확정을 위한 소송수계신청을 하지 않고 부적법한 정리채권확정의 소를 제기하였다가 수계의 대상인 종전 소송을 취하한 경우, 그 시점이 정리채권확정의 소 제기기간 경과 후라면 새로운 정리채권확정의 소 제기도 불가능하고, 위 소취하로 인하여 기존의 부적법한 정리채권확정의 소의 하자가 치유되어 그 소 제기시에 소급하여 적법하게 되는 것도 아니라고 한 사례.

판례(대법원 2000. 2. 11. 선고 99다52312 판결)

1. 정리절차개시결정 당시 정리채권에 관하여 소송이 계속중인 경우에 회사정리사건의 관할법원에 정리채권의 신고를 하였으나 조사기일에서 이해관계인의 이의가 있어 정리채권자가 권리의 확정을 청구하고자 할 때에는 종전의 소송이 계속중인 법원에 신고된 정리채권에 관한 이의자를 상대로 하여 소송을 수계하여야 하며, 그 수계신청은 권리의 조사가 있은 날로부터 1개월 내에 하여야 하고, 그 기간 경과 후에 수계신청을 한 경우에는 그에 따른 정리채권 확정의 소는 부적법하게 된다.

2. 회사정리절차개시결정이 있기 이전에 이의 있는 정리채권에 관한 소송이 계속중에 회사재산보전처분이 내려지고 보전관리인이 선임되자 소송의 상대방을 정리회사에서 보전관리인으로 하여 한 수계신청을 회사정리법 제149조 제1항 소정의 소송수계신청으로 볼 수는 없다.

판례(대법원 2016. 12. 27., 선고, 2016다35123, 판결)

채무자 회생 및 파산에 관한 법률(이하 '채무자회생법'이라고 한다)에 의하면, 회생절차개시결정이 있는 때에는 채무자의 재산에 관한 소송절차는 중단된다(제 59조 제1항). 회생절차에 참가하고자 하는 회생채권자는 회생채권의 원인 및 내용을 법원에 신고하여야 하고(제148조), 회생채권자 목록에 기재된 회생채권은 신고된 것으로 의제되는데(제151조), 신고하지 아니한 회생채권은 특별한 사정이 없는 한 채무자회생법 제251조에 따라 회생계획인가의 결정이 있는 때에는 실권된다. 신고된 회생채권에 관하여 관리인 등이 이의를 하여 회생채권이 확정되지 아니한 때에는 그 회생채권을 보유한 권리자는 채권조사확정재판을 신청할 수 있고(제170조 제1항), 회생절차개시 당시 이의채권에 관하여 소송이 계속하는 경우 권리의 확정을 구하고자 하는 때에는 이의자 전원을 상대방으로 하여 소송절차를 수계하여야 한다(제172조 제1항). 위 소송절차 수계는 회생채권 확정의 일환으로 진행되는 것으로서 조사기간의 말일까지 이루어지는 관리인 등의 회생채권에 대한 이의를 기다려, 회생채권자가 권리의 확정을 위하여 이의자 전원을 소송의 상대방으로 하여 신청하여야 하고, 소송수계에서 상대방이 되는 관리인은 회생채권에 대한 이의자로서의 지위에서 당사자가 되는 것이므로, 당사자는 이의채권이 되지 아니한 상태에서 미리 소송수계신청을 할 수는 없다.

판례(대법원 2015. 7. 9., 선고, 2013다69866 판결)

채무자 회생 및 파산에 관한 법률 제59조 제1항, 제118조, 제131조 등에 의하면 회생절차개시결정이 있는 때에는 채무자의 재산에 관한 소송절차는 중단되고, 회생절차개시 전의 원인으로 생긴 재산상의 청구권이나 회생절차개시 후의 불이행으로 인한 손해배상금 등 회생채권에 관하여는 특별한 규정이 있는 경우를 제외하고는 회생계획에 규정된 바에 따르지 아니하고는 변제받는 등 회생절차 외에서 개별적인 권리행사를 할 수 없다. 따라서 회생채권자가 채무자에 대한 회생절차개시결정으로 중단된 회생채권 관련 소송절차를 수계하는 경우에는 회생채권의 확정을 구하는 것으로 청구취지 등을 변경하여야 하고, 이러한 법리는 회생채무자의 관리인 등이 회생절차에서 회생채권으로 신고된 채권에 관하여 이의를 하고 중단된 소송절차를 수계하는 때에도 마찬가지이다.

또, 회생채무자에 대한 회생절차개시결정으로 중단된 소송절차가 수계된 경우에 법원이 종전의 청구취지대로 채무의 이행을 명하는 판결을 할 수는 없고, 만일 회생채권자가 이를 간과하여 청구취지 등을 변경하지 아니한 경우에는 법원은 원고에게 청구취지 등을 변경할 필요가 있다는 점을 지적하여 회생채권의 확정을 구하는 것으로 청구취지 등을 변경할 의사가 있는지를 석명하여야 한다.

판례(대법원 2014. 6. 26., 선고, 2013다17971 판결)

채무자 회생 및 파산에 관한 법률에 의한 회생절차에 참가하고자 하는 회생채권자는 회생채권 신고를 하여야 하고(제148조 제1항), 신고된 회생채권에 대하여 이의가 제기된 때에는 이의자 전원을 상대방으로 하여 법원에 채권조사확정재판을 신청할 수 있으며(제170조 제1항), 그 재판에 불복하는 자는 채권조사확정재판에 대한 이의의 소를 제기할 수 있다(제171조 제1항). 다만 회생절차개시 당시 회생채권에 관한 소송이 계속 중인 경우 회생채권자는 회생채권 신고를 하고, 신고된 회생채권에 대하여 이의가 제기된 때에는 이의자 전원을 소송상대방으로 하여 소송절차를 수계하여야 한다(제172조 제1항). 한편 신고된 회생채권에 대하여 이의가 없는 때에는 채권이 신고한 내용대로 확정되고(제166조 제1호), 확정된 회생채권을 회생채권자표에 기재한 때에는 그 기재는 확정판결과 동일한 효력이 있으므로(제168조), 계속 중이던 회생채권에 관한 소송은 소의 이익이 없어 부적법하게 된다.

주장의 제한(제173조)

회생채권자 또는 회생담보권자는 채권조사확정재판, 채권조사확정재판에 대한 이의의 소 및 제172조제1항의 규정에 의하여 수계한 소송절차에서 이의채권의 원인 및 내용에 관하여 회생채권자표 및 회생담보권자표에 기재된 사항만을 주장할 수 있다. 채권조사확정소송에서는 회생채권의 신고가 소송요건이고, 회생채권자는 채권표에 기재된 사항에 관하여만 청구권인으로 할 수 있으므로, 예컨대 채권표에 기재된 것과 다른 발생원인이나 그보다 다액의 채권액 등을 주장할 수 없다. 따라서 채권표에 기재되지 않은 권리, 액, 우선권의 유무 등의 확정을 구하는 파산채권확정소송 또는 채권표에 기재되지 않은 권리에 관하여 소송이 계속되어 있는 경우의 그 수계신청 등은 모두 부적법하다.

▣ 관련판례

판례(대법원 2003. 5. 16. 선고 2000다54659 판결)

정리채권확정의 소는 회사정리절차에서 정리채권으로 신고하여 정리채권자표에 기재되고 조사의 대상으로 되었던 채권을 대상으로 하여서만 허용되는 것이고, 신고하지 아니한 정리채권에 대한 확정을 구하는 것은 부적법하다.

판례(대법원 2015. 7. 23., 선고, 2013다70903 판결)

회생채권확정의 소는 회생채권자가 신고한 채권에 대하여 관리인 등에게서 이의가 있는 경우 이의채권의 존부 또는 내용을 정하여 권리를 확정하는 것을 내용으로 하는 소인바, 회생채권자 등은 회생채권확정의 소송절차에서 이의채권의 원인 및 내용에 관하여 회생채권자표에 기재된 사항만을 주장할 수 있을 뿐 회생채권자표에 기재된 사항 중 의결권의 액수는 대상에서 제외된 점(채무자 회생 및 파산에 관한 법률 제158조, 제173조, 제174조 제3항 등 참조)을 고려하면, 의결권의 액수는 회생채권확정의 소의 대상이 될 수 없다.

집행력있는 집행권원이 있는 채권 등에 대한 이의(제174조)

1. 집행력 있는 채무명의(집행권원)나 종국판결이 있는 회생채권

집행력 있는 채무명의(집행권원)나 종국판결이 있는 회생채권은 이의자가 이의를 받은 자를 상대로 채무자가 할 수 있는 소송절차에 의하여서만 회생채권 등을 확정할 수 있다. 이는 회생절차 개시결정 전에 신고채권자와 채무자 사이에 확정된 법률관계를 신고채권자와 이의자 사이에도 유지하려는 취지이다.

2. 집행력 있는 집행권원의 의미

"집행력 있는 집행권원"이란 "집행력 있는 정본"과 같은 뜻으로서 집행문을 요하는 경우에는 이미 집행문을 받아 바로 집행할 수 있는 것을 말한다. 따라서 채권 신고를 한 때에는 물론 이의를 한 무렵에도 집행문이 부여되어 있지 않은 약속어음 공정증서는 이의 후에 집행문이 부여되었다 하더라도 이에 해당하지 아니한다.

3. 채무자가 할 수 있는 소송절차

"채무자가 할 수 있는 소송절차"는 각 채무명의(집행권원) 또는 종국판결에 따라 다르다. 확정판결에 대해서는 재심의 소(민법 제422조), 판결의 경정신청(민사소송법 제211조), 집행문부여에 대한 이의(조건성취집행문, 승계집행문이 부여되어 있는 경우)를 할 수 있고, 확인판결에 대하여는 기판력의 기준시 이후의 사유에 의하여 소극적 확인의 소를 제기할 수 있으며, 이행판결에 대하여는 기판력 기준시 이후의 사유에 의하여 청구이의의 소를 제기하여야 한다. 미확정인 종국판결에 내하여는 이의자가 소송을 수계한 다음 상급심에서 절차를 속행하거나 상소를 하여야 한다. 이의자가 수인인 때에는 각 이의자가 독립하여 원고적격을 가진다.

▣ 관련판례

판례(대법원 2015. 7. 23., 선고, 2013다70903 판결)

회생채권확정의 소는 회생채권자가 신고한 채권에 대하여 관리인 등에게서 이의가 있는 경우 이의채권의 존부 또는 내용을 정하여 권리를 확정하는 것을 내용으로 하는 소인바, 회생채권자 등은 회생채권확정의 소송절차에서 이의채권의 원인 및 내용에 관하여 회생채권자표에 기재된 사항만을 주장할 수 있을 뿐 회생채권자표에 기재된 사항 중 의결권의 액수는 대상에서 제외된 점(채무자 회생 및 파산에 관한 법률 제158조, 제173조, 제174조 제3항 등 참조)을 고려하면, 의결권의 액수는 회생채권확정의 소의 대상이 될 수 없다.

판례(대법원 1990.2.27. 자 89다카14554 판결)

이의를 받은 정리채권등이 집행력있는 채무명의가 있는 것인 때에는 이의자는 회사가 할 수 있는 소송절차에 의하여서만 그 이의를 주장할 수 있다고 규정한 회사정리법 제152조 제1항의 "집행력 있는 채무명의"라 함은 집행력있는 정본과 같은 뜻으로 집행문을 요하는 경우에는 이미 집행문을 받아 바로 집행할 수 있는 것을 말하는 것이므로 정리채권신고를 한 때는 물론 이의를 한 무렵에도 집행문이 부여되어 있지 않은 약속어음공정증서는 이의 후에 집행문이 부여되었다 하더라도 이에 해당하지 아니한다.

회생채권 및 회생담보권의 확정에 관한 소송결과의 기재(제175조)

1. 소송결과의 기재

법원사무관등은 관리인, 회생채권자, 회생담보권자 또는 주주의 신청에 의하여 회생채권 또는 회생담보권의 확정에 관한 소송의 결과를 회생채권자표 또는 회생담보권자표에 기재하여야 한다. 신청을 하는 자는 재판서등본과 재판의 확정에 관한 증명서를 제출하여야 한다. 여기서 말하는 소송의 결과란 종국판결을 의미하는 것이 아니고 그 소송의 확정적 결론, 즉 판결의 확정, 인락, 화해 등을 의미하는 것이다.

2. 관리인이 승소한 경우

관리인이 승소하였을 경우에도 관리인의 신청이 있다면 소송의 결과를 기재하여야 할것이다. 신청서에는 판결정본, 확정증명서를 첨부하여야 하므로, 법원사무관 등은 소명자료가 제대로 첨부되었는지 여부를 검토한 후에 소송결과를 기재하여야 한다.

회생채권 및 회생담보권의 확정에 관한 소송의 판결 등의 효력 (제176조)

회생채권 및 회생담보권의 확정에 관한 소송에 대한 판결은 회생채권자·회생담보권자·주주·지분권자 전원에 대하여 그 효력이 있다.

채권조사확정재판에 대한 이의의 소가 결정서의 송달을 받은 날부터 1월 이내에 제기되지 아니하거나 각하된 때에는 그 재판은 회생채권자·회생담보권자·주주·지분권자 전원에 대하여 확정판결과 동일한 효력이 있다.

소송비용의 상환(제177조)

회생채권자 또는 회생담보권자, 주주·지분권자가 이의를 진술하고 수행한 채권확정소송에서 이의자가 승소한 경우 그 소송비용은 채무자의 재산이 이익을 받은 한도 안에서 공익채권자로서 소송비용의 상환을 청구 할 수 있다.

회생채권 또는 회생담보권 확정소송의 목적의 가액(제178조)

제정이유

1. 종전 회사정리절차는 모든 채권자들이 신고기간 내에 채권을 신고하여야 하고 채권신고를 하지 아니하면 실권되므로, 채권자가 충분한 이의기회를 가지지 못한 상태에서 예측하지 못한 손실을 입는 경우가 발생하므로 이를 개선하려는 것임

2. 먼저 관리인이 채권을 조사하여 채권자목록을 제출하고, 신고 기간 및 조사기간을 통한 조사절차를 거치도록 하여 이해관계인이 자신의 채권뿐만 아니라 다른 채권에 대하여도 충분히 검토할 기회를 부여함

3. 이의가 있는 회생채권, 회생담보권에 관하여는 채권조사확정재판이라는 간이한 절차를 통하여 확정할 수 있도록 함

4. 채권조사확정절차를 신속히 진행시키고 채권자들에게 충분한 이의기회를 부여하여 억울하게 권리행사를 하지 못하는 경우가 생기지 아니하도록 하는데 기여할 것으로 기대됨

1. 결정의 주체

회생채권 등의 확정에 관한 소송물가액은 회생법원이 이를 정한다. 여기서 말하는 회생법원은 회생사건을 담당하는 재판부(협의의 회생법원)를 의미한다.

2. 소송물가액 결정 신청의 주체

소송물가액의 결정은 당사자의 신청에 의하는 것으로 보고 있다. 회생채권 등 확정의 소는 대개의 경우 이의를 받은 자가 적극적 당사자로서 제기하여야 하는 것이니 만큼, 이를 전제로 하는 소가결정을 법원이 직권으로 할 수는 없다. 회생채권 등 확정의 소를 제기하려는 자가 신청하는 것이 일반적이다. 그 상대방도 그 소송에서 패소할 경우 소송비용을 부담하게 된다는 점에서 신청권이 있다고 해석되고 있다.

3. 신청과 결정의 시기

소송물가액결정의 신청의 시기에는 특별한 제한이 있는 것은 아니지만, 소를 제기하기 전에는 사실상 신청하기가 어렵다. 따라서 실제로는 소를 제기한 자가 소액의 인지를 첨부하여 소를 제기한 후에 소송물가액결정을 받아 인지를 보정하는 것이 보통이다.

소송물가액결정신청은 대부분의 경우 소 제기 직후에 신청되지만, 당사자가 제1심 종국판결이 내려진 후에 신청하는 경우도 있고, 심지어는 대법원의 판결로 소송이 종결된 후에 소송비용의 확정을 위해서 소송물가액결정신청을 하는 경우도 있다.

4. 소송물가액결정의 기준

소송물가액결정의 기준은 이의가 있는 회생채권 등의 권리자가 회생절차에 의하여 얻을 이익을 표준으로 하여 정하면 된다. 소송물가액결정을 하고 난 다음 회생계획안이 수정 또는 변경되었고, 그 후에 다시 다른 소송물가액결정 신청이 들어왔을 경우에는 수정 또는 변경된 회생계획안을 기준으로 하여 소송물가액을 결정하면 된다.

5. 소송물가액결정에 대한 불복

소송물가액결정에 대하여는 즉시항고할 수 있다는 규정이 없으므로 불복할 수 없다. 다만 특별항고는 가능하다.

6. 재도의 소가결정

이미 회생법원의 소가결정을 하였는데, 그 본안 판결의 패소자가 항소하면서 종전에 결정된 소가를 감액받을 의도로 재도의 소송물가액결정신청을 하는 경우가 종종 있다. 그러나 각 심급마다 권리확정소송의 소송물가액결정을 따로 하여야 한다는 규정이 없을 뿐 아니라, 소송물가액결정에 대해서는 통상적인 방법의 불복도 허용되지 않으므로 재도의 소송물가액결정신청은 허용되지 않는다고 본다. 그러나 청구취지가 변경(확장)된 경우나 일부 승소의 원심판결에 대하여 항소한 경우에는 확장된 소송물가액이나 항소심의 소송물가액을 산정하기가 곤란한 경우가 많을 것이므로, 회생법원이 다시 그 소가를 결정해 주어야 한다.

【서식】 정리채권 등 확정소송의 소가결정문(1)

서울회생법원
제201파산부
결 정

사 건	20○○회○○ 회사정리
소가결정신청인	○○ 주식회사
	부산 ○○구 ○○동 ○○○
	대표이사 ○ ○ ○
정 리 회 사	○○ 주식회사
	서울 ○○구 ○○동 ○○○
관 리 인	○ ○ ○

주 문

소가결정 신청인의 정리회사 관리인에 대한 이 법원 20○○가합○○호 정리채권확정소송의 목적의 가액을 금 ○○○원으로 정한다.

이 유

채무자회생및파산에관한법률 제178조에 의하여 주문과 같이 결정한다.

20○○. ○. ○.

재판장 판사 ○ ○ ○
판사 ○ ○ ○
판사 ○ ○ ○

【서식】 정리채권 등 확정소송의 소가결정문(2)

서울회생법원
제201파산부
결   정

사   건   20○○회○○   회사정리
소가결정신청인   ○○ 주식회사
               부산 ○○구 ○○동 ○○○
               대표이사 ○ ○ ○
정 리 회사   ○○ 주식회사
               서울 ○○구 ○○동 ○○○
관 리 인   ○ ○ ○

주   문

소가결정 신청인의 정리회사 관리인에 대한 이 법원 20○○가합○○호 정리채권확정소송의 청구취지 변경에 따른 목적의 가액을 금 ○○○원으로 정한다.

이   유

채무자회생및파산에관한법률 제178조에 의하여 주문과 같이 결정한다.

                 20○○. ○. ○.

                        재판장 판사 ○ ○ ○
                            판사 ○ ○ ○
                            판사 ○ ○ ○

【서식】정리계획안 제출명령

서울회생법원
제201파산부
결   정

사   건   20○○회○○   회사정리
정 리 회 사   ○○ 주식회사
            서울 ○○구 ○○동 ○○○
관 리 인   ○○○

주   문

관리인은 20○○. ○. ○.까지 회사의 존속, 합병, 분할, 분할합병, 신회사의 설
립 또는 영업의 양도 등에 의한 사업의 계속을 내용으로 하는 정리계획안을 제
출하여야 한다.

이   유

정리회사는 그 사업을 계속할 때의 가치가 회사를 청산할 때의 가치보다 크다고
인정되므로, 채무자회생및파산에관한법률 제220조 제1항에 의하여 주문과 같이
결정한다.

20○○. ○. ○.

재판장 판사 ○ ○ ○
          판사 ○ ○ ○
          판사 ○ ○ ○

제4절 공익채권과 개시 후 기타채권

공익채권이 되는 청구권(제179조)

1. 공익채권의 의의

공익채권이라 함은 회생절차의 수행에 필요한 비용을 지출하기 위하여 인정된 회사에 대한 청구권으로서 주로 회생절차개시 후의 원인에 기하여 생긴 청구권을 말한다.

2. 공익채권으로 되는 권리

(1) 회생채권자, 회생담보권자와 주주·지분권자의 공동의 이익을 위하여 한 재판상 비용청구권

(2) 회생절차개시 후의 채무자의 업무 및 재산의 관리와 처분에 관한 비용청구권

(3) 회생계획의 수행을 위한 비용청구권. 다만, 회생절차종료 후에 생긴 것을 제외한다.

(4) 채무자회생및파산에관한법률 제30조 및 제31조의 규정에 의한 비용·보수·보상금 및 특별보상금청구권

(5) 채무자의 업무 및 재산에 관하여 관리인이 회생절차개시 후에 한 자금의 차입 그 밖의 행위로 인하여 생긴 청구권

(6) 사무관리 또는 부당이득으로 인하여 회생절차개시 이후 채무자에 대하여 생긴 청구권

(7) 채무자회생및파산에관한법률 제119조제1항의 규정에 의하여 관리인이 채무의 이행을 하는 때에 상대방이 갖는 청구권

(8) 계속적 공급의무를 부담하는 쌍무계약의 상대방이 회생절차개시신청 후 회생절차개시 전까지 한 공급으로 생긴 청구권

(8의2) 회생절차개시신청 전 20일 이내에 채무자가 계속적이고 정상적인 영업활동으로 공급받은 물건에 대한 대금청구권

(9) 다음 각목의 조세로서 회생절차개시 당시 아직 납부기한이 도래하지 아니한 것

　가. 원천징수하는 조세. 다만, 「법인세법」 제67조(소득처분)의 규정에 의
하여 대표자에게 귀속된 것으로 보는 상여에 대한 조세는 원천징수된
것에 한한다.

　나. 부가가치세·개별소비세·주세 및 교통·에너지·환경세

　다. 본세의 부과징수의 예에 따라 부과징수하는 교육세 및 농어촌특별세

　라. 특별징수의무자가 징수하여 납부하여야 하는 지방세

(10) 채무자의 근로자의 임금·퇴직금 및 재해보상금

(11) 회생절차개시 전의 원인으로 생긴 채무자의 근로자의 임치금 및 신원보
증금의 반환청구권

(12) 채무자 또는 보전관리인이 회생절차개시신청 후 그 개시 전에 법원의
허가를 받아 행한 자금의 차입, 자재의 구입 그 밖에 채무자의 사업을
계속하는 데에 불가결한 행위로 인하여 생긴 청구권

(13) 채무자회생및파산에관한법률 제21조제3항의 규정에 의하여 법원이 결
정한 채권자협의회의 활동에 필요한 비용

(14) 제1호부터 제8호까지, 제8호의2, 제9호부터 제14호까지에 규정된 것 외
의 것으로서 채무자를 위하여 지출하여야 하는 부득이한 비용

(15) 위 제5호 및 제12호에 따른 자금의 차입을 허가함에 있어 법원은 채권
자협의회의 의견을 들어야 하며, 채무자와 채권자의 거래상황, 채무자의
재산상태, 이해관계인의 이해 등 모든 사정을 참작하여야 한다.

3. 기타 공익채권

(1) 보전처분 후 개시결정 전에 취소명령에 의하여 효력을 잃은 가압류, 가처
분으로 인하여 채무자에 대하여 생긴 채권과 그 절차에 관한 채무자에 대
한 비용청구권.

(2) 개시결정에 의하여 중단된 강제집행, 가압류, 가처분, 경매절차, 체납처
분 또는 조세담보를 위하여 제공된 물건의 처분의 속행을 명한 경우의
비용청구권.

(3) 채무자의 행위가 부인된 경우에 그 받은 반대이행이 채무자의 재산중에

현존하는 때 상대방이 가지는 반대이행의 반환 또는 반대이행으로 인하여 생긴이익이 현존하는 때 상대방이 가지는 반대이행으로 인하여 생긴 이익의 상환청구권.

(4) 개시결정에 의하여 중단된 회생채권이나 회생담보권에 관계없는 소송을 관리인이 수계한 경우의 채무자에 대한 소송비용청구권.

(5) 채무자의 행위가 부인된 경우에 그 받은 반대이행이 채무자의 재산중에 현존하는 때 상대방이 가지는 반대이행의 반환 또는 반대이행으로 인하여 생긴 이익이 현존하는 때 상대방이 가지는 반대이행으로 인하여 생긴 이익의 상환청구권.

(6) 쌍방미이행의 쌍무계약을 관리인이 해제 또는 해지한 경우에 상대방이 가지는 그 반대이행의 반환 또는 그 가액의 상환청구권.

▣ 관련판례

판례(대법원 2004. 11. 12. 선고 2002다53865 판결)

정리회사의 관리인이 회사정리절차개시결정 이전에 아파트 분양계약을 체결한 수분양자들로부터 분양잔대금을 지급받고 그들을 입주시킨 경우, 아파트 수분양자들의 정리회사에 대한 소유권이전등기청구권은 회사정리법 제208조 제7호에 정한 공익채권에 해당하고, 그 이행지체로 인한 손해배상청구권 역시 공익채권에 해당한다.

판례(대법원 2004. 9. 13. 선고 2001다45874 판결)

회사정리법 제127조 제3항이 정리채권 또는 정리담보권의 추완신고는 정리계획안 심리를 위한 관계인 집회가 끝난 후에는 하지 못한다고 규정하고 있으므로, 관계인 집회가 끝난 후에 비로소 부인권이 행사된 경우, 채권자는 정리채권자 또는 정리담보권자로서의 추완신고를 할 수 없어 그 권리를 행사할 수 없게 되나, 다만 정리회사는 채권자의 손실에 의하여 부당하게 이득을 얻은 것이므로, 채권자는 부활될 채권이 정리채권 또는 정리담보권으로서 회사정리절차에 신고되었더라면 정리계획에 의하여 변제받을 수 있는 금액에 관하여 정리절차개시 이후에 발생한 부당이득으로서 회사정리법 제208조 제6호 소정의 공익채권으로 청구할 수 있다.

판례(대법원 2004. 8. 20. 선고 2004다3512,3529 판결)

1. 기성공사부분에 대한 대금을 지급하지 못한 상태에서 도급인인 회사에 대하여 회사정리절차가 개시되고, 상대방이 정리회사의 관리인에 대하여 회사정리법 제103조 제2항에 따라 계약의 해제나 해지 또는 그 이행의 여부를 확답할 것을 최고했는데 그 관리인이 그 최고를 받은 후 30일 내에 확답을 하지 아니하여 해제권 또는 해지권을 포기하고 채무의 이행을 선택한 것으로 간주될 때에는 상대방의 기성공사부분에 대한 대금청구권은 같은 법 제208조 제7호에서 규정한 '법 제103조 제1항의 규정에 의하여 관리인이 채무의 이행을 하는 경우에 상대방이 가진 청구권'에 해당하게 되어 공익채권으로 된다.

2. 회사정리법 제145조에 의하면, 확정된 정리채권과 정리담보권에 관하여는 정리채권자표와 정리담보권자표의 기재는 정리채권자, 정리담보권자와 주주의 전원에 대하여 확정판결과 동일한 효력이 있다고 규정하고 있는바, 여기서 확정판결과 동일한 효력이라 함은 기판력이 아닌 확인적 효력을 가지고 정리절차 내부에 있어 불가쟁의 효력이 있다는 의미에 지나지 않는 것이므로, 공익채권을 단순히 정리채권으로 신고하여 정리채권자표 등에 기재된다고 하더라도 공익채권의 성질이 정리채권으로 변경된다고 볼 수는 없고, 또한 공익채권자가 자신의 채권이 공익채권인지 정리채권인지 여부에 대하여 정확한 판단이 어려운 경우에 정리채권으로 신고를 하지 아니하였다가 나중에 공익채권으로 인정받지 못하게 되면 그 권리를 잃게 될 것을 우려하여 일단 정리채권으로 신고할 수도 있을 것인바, 이와 같이 공익채권자가 자신의 채권을 정리채권으로 신고한 것만 가지고 바로 공익채권자가 자신의 채권을 정리채권으로 취급하는 것에 대하여 명시적으로 동의를 하였다거나 공익채권자의 지위를 포기한 것으로 볼 수는 없다.

판례(대법원 2003. 2. 11. 선고 2002다65691 판결)

일반적으로 도급계약에 있어서 수급인이 완성하여야 하는 일은 불가분이므로 그 대금채권이 회사정리절차개시 전의 원인으로 발생한 것과 그러하지 아니한 것으로 분리될 수 없는 것이 원칙이고, 공사대금의 지급방법에 관하여 매월 1회씩 그 기성고에 따라 지급하기로 한 것은 중간공정마다 기성고를 확정하고 그에 대한 공사대금을 지급하기로 한 것과는 다를 뿐 아니라, 도급인인 정리회사의 관리인들이 단순히 수급인에 대하여 도급계약에 따른 채무이행의 청구를 한 것을 넘어서서 수급인과 사이에 당초의 도급계약의 내용을 변경하기로 하는 새로운 계약을 체결하기까지 하였다면, 정리개시결정 이전에 완성된 공사 부분에 관한 대금채권이라는 이유로 공익채권이 아니라 일반 정리채권에 불과한 것으로 취급될 수 없다.

판례(대법원 2003. 1. 10. 선고 2002다36235 판결)

정리회사의 관리인이 정리계획안 심리를 위한 관계인집회가 끝난 이후 부인의 소를 제기함으로써 상대방이 그 부활한 채권을 행사할 수 없게 된 때에는 정리회사가 상대방의 손실에 의하여 부당하게 이득을 얻은 것이 되므로, 정리회사의 관리인은 이를 정리절차개시 이후에 발생한 부당이득으로서 회사정리법 제208조 제6호 소정의 공익채권으로 상대방에게 반환할 의무가 있고, 다만 그 경우에 반환하여야 할 부당이득액은 부활한 채권이 정리채권으로서 회사정리절차에 참가하였더라면 정리계획에 의하여 변제받을 수 있는 금액이라고 봄이 상당하므로 그 상대방의 채권과 같은 성질의 채권에 대하여 정리계획에서 인정된 것과 동일한 조건으로 지급할 의무가 있다.

판례(대법원 2021. 1. 14., 선고, 2018다255143 판결)

채무자 회생 및 파산에 관한 법률(이하 '채무자회생법'이라 한다) 제119조 제1항 본문은 "쌍무계약에 관하여 채무자와 그 상대방이 모두 회생절차개시 당시에 아직 그 이행을 완료하지 아니한 때에는 관리인은 계약을 해제 또는 해지하거나 채무자의 채무를 이행하고 상대방의 채무이행을 청구할 수 있다."라고 정하고 있다. 채무자회생법 제179조 제1항은 제7호에서 '제119조 제1항의 규정에 의하여 관리인이 채무의 이행을 하는 때에 상대방이 갖는 청구권'을 공익채권으로 정하고 있다. 채무자회생법 제119조 제1항에서 정한 쌍무계약은 양쪽 당사자가 서로 대가관계에 있는 채무를 부담하는 계약으로, 양쪽 당사자의 채무 사이에 성립·이행·존속상 견련성을 갖고 있어서 서로 담보로서 기능하는 것을 가리킨다.

판례(대법원 2019. 4. 11., 선고, 2018다203715 판결)

부동산에 관한 법률행위가 사해행위에 해당하는 경우에는 채무자의 책임재산을 보전하기 위하여 사해행위를 취소하고 원상회복을 명하여야 한다. 사해행위 취소로 인한 원상회복은 원물반환의 방법에 의하는 것이 원칙이지만, 원물반환이 불가능하거나 현저히 곤란한 사정이 있는 때에는 원물반환에 대신하여 금전적 배상으로서의 가액배상이 허용된다.

사해행위의 수익자 또는 전득자에 대하여 회생절차가 개시되는 경우 채무자의 채권자가 사해행위의 취소와 함께 회생채무자로부터 사해행위의 목적인 재산 그 자체의 반환을 청구하는 것은 채무자 회생 및 파산에 관한 법률(이하 '채무자회생법'이라고 한다) 제70조에 따른 환취권의 행사에 해당하여 회생절차개시의 영향을 받지 아니하므로, 채무자의 채권자는 수익자 또는 전득자의 관리인을 상대로 사해행위의 취소 및 그에 따른 원물반환을 구하는 사해행위취소의 소를 제기할 수 있다.

나아가 수익자 또는 전득자가 사해행위취소로 인한 원상회복으로서 가액배상을 하여야 함에도, 수익자 또는 전득자에 대한 회생절차개시 후 회생재단이 가액배상액 상당을 그대로 보유하는 것은 취소채권자에 대한 관계에서 법률상의 원인 없이 이익을 얻는 것이 되므로 이를 부당이득으로 반환할 의무가 있고, 이는 수익자 또는 전득자의 취소채권자에 대한 가액배상의무와 마찬가지로 사해행위의 취소를 명하는 판결이 확정된 때에 비로소 성립한다고 보아야 한다. 따라서 설령 사해행위 자체는 수익자 또는 전득자에 대한 회생절차개시 이전에 있었더라도, 이 경우의 사해행위취소에 기한 가액배상청구권은 채무자회생법 제179조 제1항 제6호의 '부당이득으로 인하여 회생절차개시 이후 채무자에 대하여 생긴 청구권'인 공익채권에 해당한다.

공익채권의 변제 등(제180조)

1. 회생절차에 의하지 아니하는 수시변제

회생채권 및 회생담보권	채권의 확정이 반드시 필요
공익채권	채권의 확정을 요하지 않음

공익채권의 행사를 위하여는 채권의 확정을 요하지 않는다. 회생채권과 회생담보권이 회생계획이 정하는 바에 따라 권리가 인정되기 위하여는 반드시 확정이 필요하고, 그를 위하여 조사기일이 열리지만 공익채권은 이와 같은 조사, 확정을 거치지 않고 행사할 수 있다. 공익채권의 존부와 액에 관하여 다툼이 있는 때에는 통상의 소송에 의하여 해결할 것이며 이경우에는 관리인을 소송당사자로 하면 된다.

공익채권은 회생계획이 정하는 바에 의하여 변제될 필요는 없다. 회생채권과 회생담보권은 회생계획에서 권리의 변경을 받은 후에 계획의 정함에 따라서 변제되는데 반하여 공익채권은 회생계획에 의한 권리의 변경을 받지 아니하므로 그 전부가 변제될 수 있다.

회생채권 및 회생담보권	회생계획의 정함에 따라서 변제됨
공익채권	회생계획이 정하는 바에 의하여 변제될 필요는 없음

2. 수시변제의 의의

회생채권과 회생담보권은 원칙적으로 회생계획이 인가되기까지는 변제가 보류되고 계획인가 후에는 계획에 구속되어 계획에 정하는 변제방법, 변제시기에 있어서만 변제를 받을 수 있는데 반해 공익채권은 수시로 변제한다. 수시변제라 함은 회생계획인가의 전후를 불문하고 그 채권의 본래의 변제기에 따라서 그때그때 변제하는 것을 말한다.

회생채권 및 회생담보권	회생계획이 인가되기까지는 변제가 보류되고 계획인가 후에는 계획에 정하는 방법과 시기에 있어서만 변제를 받을 수 있음
공익채권	수시로 변제받을 수 있음

3. 강제집행 등

관리인이 공익채권에 속하는 채무이행을 해태한 경우에 회생절차 중이라도 그 공익채권에 기하여 강제집행 또는 체납처분을 하거나 공익채권을 위하여 설정된 담보권에 기한 경매절차를 취할 수 있다고 해석된다.

4. 공익채권의 승인과 법원의 허가

법원은 필요하다고 인정할 때에는 관리인이 공익채권의 승인을 함에 있어서 법원의 허가를 얻어야 하는 것으로 할 수 있다.

5. 회생채권 및 회생담보권에 우선하는 변제

우선하여 변제한다는 의미는 경매대금으로부터 선순위의 담보권을 제쳐놓고 변제를 받을 수 있다는 의미는 아니다. 채무자의 일반재산으로부터 변제를 받음에 있어서 회생채권자 및 회생담보권자에 우선한다는 취지에 지나지 않고 특별한 담보권에까지 우선하는 취지는 아니라고 해석하는 것이 타당하다.

6. 채무자 재산이 부족한 경우의 변제방법

채무자재산이 공익채권의 총액을 변제하기에 부족한 것이 명백하게 된 때에는 공익채권은 법령이 정하는 우선권에 불구하고 아직 변제하지 아니한 채권액의 비율에 따라 변제된다. 그러나 공익채권에 관하여 존재하는 유치권, 질권, 저당권, 동산·채권 등의 담보에 관한 법률에 따른 담보권·전세권과 우선특권의 효력에 영향을 미치지 아니한다.

■ **관련판례**

판례(대법원 2016. 2. 18., 선고, 2014다31806 판결)

회생계획에서 공익채권에 관하여 채권의 감면 등 공익채권자의 권리에 영향을 미치는 규정을 정할 수는 없고, 설령 회생계획에서 그와 같은 규정을 두었더라도 공익채권자가 동의하지 않는 한 권리변경의 효력은 공익채권자에게 미치지 아니한다.

판례(대법원 2012. 7. 12., 선고, 2012다23252 판결)

정리계획이 정한 징수의 유예기간이 지난 후 정리채권인 조세채권에 기하여 이루어진 국세징수법에 의한 압류처분은 구 회사정리법(2005. 3. 31. 법률 제7428호 채무자 회생 및 파산에 관한 법률 부칙 제2조로 폐지, 이하 같다) 제67조 제2항, 제122조 제1항 등에 비추어 보면 적법하고, 회사정리절차에서 공익채권은 정리채권과 정리담보권에 우선하여 변제한다는 구 회사정리법 제209조 제2항은 정리회사의 일반재산으로부터 변제를 받는 경우에 우선한다는 의미에 지나지 아니하며, 구 회사정리법 제209조 제2항이 국세기본법 제35조 제1항이나 국세징수법 제81조 제1항에 대한 예외규정에 해당한다고 볼 수도 없으므로, 국세의 우선권이 보장되는 체납처분에 의한 강제환가절차에서는 정리채권인 조세채권이라 하더라도 공익채권보다 우선하여 변제를 받을 수 있다.

개시후기타채권(제181조)

회생절차개시 이후의 원인에 기하여 발생한 재산상의 청구권으로서 공익채권, 회생채권 또는 회생담보권이 아닌 청구권에 관하여는, 회생절차가 개시된 때부터 회생계획으로 정하여진 변제기간이 만료하는 때까지의 사이에는 변제를 하거나 변제를 받는 행위 그 밖에 이를 소멸시키는 행위를 할 수 없다. 또한 회생절차새시 이후에는 개시후 기타채권에 기한 채무자의 재산에 대한 강제집행, 가압류, 가처분 또는 담보권 실행을 위한 경매의 신청을 할 수 없다.

제 5 장
관계인집회

기일의 통지(제182조)

1. 제1회 관계인집회

제1회 관계인집회는 관계인에 대하여 관리인이 보고를 하고 관계인이 관리인의 선임과 회생채무자의 관리방침에 관하여 의견을 진술할 수 있음을 목적으로 하는 관계인집회이다.

2. 관계인집회의 기일

제1회 관계인집회의 기일은 회생절차개시결정과 동시에 정하여진다. 그리고 그 기일은 개시결정의 날로부터 4월 이내이어야 한다.

제1회 관계인집회의 기일은 회생절차개시 후 최초로 열리는 기일이 된다.

3. 제1회 관계인집회의 의미

회생절차의 개시에 의하여 개별적인 권리행사가 금지되어 당황하고 있는 관계인에 대하여 회생절차개시에 이르게 된 사정이나 채무자의 현황을 보고하게끔 하여 이를 알도록 하고 나아가 장래의 관리방침 등에 관하여 의견을 진술할 수 있다는 점에서 제1회 관계인집회는 매우 중요한 의미를 가진다.

4. 제2회 관계인집회

제2회 관계인집회는 회생계획안의 심리를 목적으로 하는 관계인집회이다.

관리인은 법원이 정한 기간 내에 회생계획안을 법원에 제출할 의무가 있고, 채무자와 신고한 회생채권자, 회생담보권자 및 주주도 법원이 정한 기간 내에 회생계획안을 법원에 제출할 수 있다.

그와 같이 제출된 회생계획안은 관계인집회의 가결을 거쳐 비로서 회생계획으로 성립된다. 그와 같은 결의에 앞서서 회생계획안의 내용을 심리하는 관계인집회가 바로 제2회 관계인집회이다.

이해관계인 일반에 대하여 결의에 붙이려고 하는 계획안의 내용을 미리 알 기회를 부여하고 이에 대하여 관계인으로 하여금 의견을 진술시키고 나아가 법원에 의한 수정명령 또는 배제명령을 통하여 계획안의 처리에 의견을 반영시키는 기회를 부여하기 위하여 제2회 관계인집회를 두게 된 것이다.

절차 외의 사실상의 절충에 많은 것을 기대하는 회생절차에서는 특히 관리인이 작성한 계획안이 제출된다는 것은 절충이 상당히 진행되어 계획안 가결의 전망이 선 것을 의미하는 일이 많거나 계획안의 제출이후 제2회 집회의 기일을 목표로 하여 절충이 강화될 것이므로 기일 그 자체는 형식화하는 일이 많다고 할 수 있다. 이와 같이 제2회 관계인집회의 실질적인 의의의 감퇴에 대응하여 실무상 이를 제3회 관계인집회와 병합하고 있다.

5. 제3회 관계인집회

제3회 관계인집회는 회생계획안의 결의를 위한 관계인집회이다. 회생계획안이 제2회 관계인집회의 심리를 거친 후 이에 대하여 특히 수정명령 또는 계획안을 배제할 사유가 없는 때에는 법원은 결의를 위한 관계인집회를 열어 그 결의에 붙이게 된다.

제3회 관계인집회는 회생절차의 최종단계에서 계획안을 결의하는 집회이므로 3회의 관계인집회 중에서 가장 중요한 집회라고 할 수 있다. 그리고 3회의 관계인집회 중에서 어떤 결의를 하는 일은 제3회 관계인집회에 국한된다.

6. 기일의 지정

제1회 관계인집회의 기일은 회생절차 개시결정과 동시에 법원이 정한다. 법원은 개시결정일로부터 4월의 기간 내에 제1회 관계인집회의 기일을 정하여야 하며, 이를 공고하여야 한다.

실무에서는 회생채권 등의 일반조사기일과 제1회 관계인집회를 병합하여 실시하고 있고, 그 기일은 개시결정일로부터 2개월 내지 3개월 사이로 지정하고 있다.

7. 관계인집회기일의 소환

기일 소환의 대상자는 관리인, 조사위원, 간이조사위원, 채무자, 신고한 회생
채권자, 회생담보권자 및 주주와 회생을 위하여 채무를 부담하거나 담보를
제공한 자이다. 실무에서는 개시결정과 함께 개시결정의 취지, 채권신고기간
및 제1회 관계인집회의 기일을 기재한 통지서를 작성하여 관리인, 조사위원,
간이조사위원, 채무자, 법원이 알고 있는 회생채권자, 회생담보권자 및 주주
에게 송달하고 있다. 한편, 의결권을 행사할 수 없는 회생채권자·회생담보
권자·주주·지분권자에게는 관계인집회의 기일을 통지하지 아니할 수 있
다. 실무상 회생을 위하여 채무를 부담하거나 담보를 제공한 자는 거의 없으
므로, 이러한 자에 대하여 송달을 한 사례는 거의 없다.

▣ 관련판례

판례(대법원 1992.6.15. 자 92그10 판결)

1. 법원이 정리회사 관계인집회기일에 앞서 이해관계인에 대한 기일소환장 및
정리계획안을 송달함에 있어 송달업무처리를 위임받은 정리회사 직원의 부주의
로 확정판결에 의하여 정리채권을 가지게 된 갑에 대한 송달을 빠뜨림으로써
갑이 위 기일에 출석하여 의견을 진술하거나 의결권을 행사하지 못한 채 위 정
리계획안이 심의 가결, 인가된 경우에 있어, 관계인집회기일에 관한 송달을 함
에 있어서는 확정된 채권자들뿐만 아니라 이의 있는 정리채권자들에 대하여도
송달을 하여야 하는 것인데 정리채권자인 갑에 대하여 그 송달을 누락함으로써
갑의 출석 없이 위 정리계획안이 심리 및 의결된 것은 그 절차에 있어 하자가
있음이 분명하나 법원은 위 관계인집회기일을 이해관계인들에게 개별통지함과
아울러 일간신문지에도 그 기일에 관한 공고를 미리 하였고 그 무렵 갑은 소송
대리인들을 통하여 법원에서 정리채권확정소송을 수행하고 있었으므로 갑측으
로서도 좀더 주의를 가지고 위 정리절차의 진행상황 등을 알아 보았더라면 그
기일을 미리 알 수도 있었던 사정하에 있었고, 관계인집회기일 당시 정리담보권
자의 조에서는 의결권 있는 정리담보권 전액에 해당하는 정리담보권자들 전원
이 위 기일에 출석하여 그 100%의 찬성으로 위 정리계획안이 가결되었고, 갑이

속한 정리채권자의 조에 있어서도 당시 의결권이 인정된 정리채권 총액 중 88.08%에 해당하는 정리채권자들이 출석하여 그 전원이 이를 찬성함으로써 결국 회사정리법에서 정한 가결요건인 의결권 있는 정리채권 총액 중 3분의 2를 훨씬 상회하는 비율의 찬성으로 위 정리계획안이 가결되었다면 위 절차상의 하자만으로는 그 위반의 정도가 위 정리계획안의 가결에 영향을 미쳤다거나 그 결의가 심히 성실, 공정한 방법으로 이루어진 것이 아니라고 볼 정도로 중대한 하자라고는 보이지 않는다고 한 사례.

기일의 통지(제183조)

법원은 관계인집회의 기일을 채무자의 업무를 감독하는 행정청, 법무부장관, 금융위원회의 위원장에게 통지하여야 한다. 채무자의 업무를 감독하는 행정청에는 기획재정부, 고용노동부장관, 국세청장, 관세청장, 관할 세무서장, 세관 등이 있으며, 채무자의 영업의 업종에 따라 산업통상자원부장관, 국토교통부장관 등이 포함될 수 있다.

법원의 지휘(제184조)

관계인집회는 법원이 기일의 통지를 하는 등 법원이 지휘한다.

기일과 목적의 공고(제185조)

법원은 관계인집회의 기일과 회의의 목적인 사항을 공고하여야 한다. 공고는 관보와 법원이 지정하는 신문에 게재하는 방법으로 하여야 한다. 다만, 관계인집회의 연기 또는 속행에 관한 선고가 있는 때에는 송달 또는 공고를 하지 않아도 된다.

【서식】 제2회 및 제3회 관계인집회기일 공고

정리회사 ○○ 주식회사 관계인집회기일 공고

사　　　건　　　20○○회○○　　　　　　회사정리

정 리 회 사　　　○○ 주식회사(서울 ○○구 ○○동 ○○○)

관 리 인　　　○○○

　위 정리회사의 정리계획안의 심리 및 결의를 위한 관계인집회와 추완신고된 정리채권 등의 조사를 위한 특별기일 및 장소를 20○○. ○. ○. 15:00 서울회생법원 제○○○호 법정으로 정하였으므로, 채무자회생및파산에관한법률 제185조에 의하여 이를 공고합니다.

　　　　　　　　20○○. ○. ○.

　　　　　　　　　　　　　　　　재판장 판사　○　○　○

　　　　　　　　　　　　　　　　　　판사　○　○　○

　　　　　　　　　　　　　　　　　　판사　○　○　○

관계인집회의 기일과 특별조사기일의 병합(제186조)

1. 병합의 필요성

신속한 절차의 진행을 위하여 대부분의 경우 제2회 관계인집회, 제3회 관계인집회와 추완신고된 회생채권 등에 대한 특별조사기일을 병합하여 실시하고 있다.

그 이유는 일반적으로 관리인은 회생계획안을 작성, 수정함에 있어 개별적으로 주요 채권자들과 접촉하여 그 의견을 반영하고 있으며, 그 과정에서 사전에 계획안 작성 및 수정에 관하여 법원의 지도, 감독을 받고 있기 때문에, 실무상으로는 심리에 부쳐진 회생계획안 그 자체로 결의에 붙일만한 것인 경우가 대부분이고, 막상 이해관계인의 의견을 들어 계획안의 대폭적인 수정을 가해야 할 경우는 거의 없기 때문이다. 그리고 만약 회생계획안의 심리를 마친 결과 이미 제출된 회생계획안을 그대로 붙이기에 부적절하다고 판단된다면, 이미 개최한 제2회 관계인 집회를 종료하지 않은 채 이를 속행함과 동시에 제3회 관계인집회를 연기한 후 다음 기일에서 두 집회를 병합하여 진행하면 될 것이다.

2. 병합의 절차

병합되는 제2회 및 제3회 관계인집회의 기일을 지정하는 방법으로는
(1) 처음부터 같은 기일을 지정하는 방법
(2) 일단 따로따로 기일을 지정한 후에 어느 기일을 변경하거나 연기하여 병합하는 방법이 있을 수 있지만, 관계인집회의 기일을 변경하는 경우에는 이해관계인의 소환이나 관계기관에 대한 통지절차가 있으므로 절차비용을 절감하기 위해서는 처음부터 기일을 병합하는 것이 바람직하다.

법원은 상당하다고 인정하는 때에는 관리인의 신청에 의하거나 직권으로 관계인집회의 기일을 병합할 수 있다. 따라서 이러한 경우 법원은 결정의 형식으로 기일의 병합을 고지하여야 하는 것으로 해석된다.

【서식】 제2회 관계인집회, 제3회 관계인집회 및 특별조사기일의 기일지정결정

서울회생법원
제201파산부
결　정

사　　건	20○○회○○	회사정리

정　리　회　사　　　○○ 주식회사

　　　　　　　　　서울 ○○구 ○○동 ○○○

관　리　인　　　　○　○　○

주　　문

정리계획안의 심리 및 결의를 위한 관계인집회와 추완신고된 정리채권 등의 조사를 위한 특별기일의 기일 및 장소를 20○○. ○. ○. 15:00, 서울회생법원 제○○○호 법정으로 한다.

이　　유

　채무자회생및파산에관한법률 제155조 제2항, 제162조, 제224조, 제232조 제1항에 의하여 주문과 같이 결정한다.

20○○. ○. ○.

재판장 판사　○　○　○

판사　○　○　○

판사　○　○　○

의결권에 대한 이의(제187조)

1. 회생채권자, 회생담보권자의 의결권에 대한 이의

우선 신고된 회생채권이나 회생담보권에 관하여 이의가 진술되어 확정되지 않은 상태인 경우에 의결권에 대한 이의를 할 수 있다. 관리인, 목록에 기재되어 있거나 신고된 회생채권자·회생담보권자·주주·지분권자는 의결권에 대한 이의가 제기되지 않은 회생채권자 또는 회생담보권자는 목록에 기재되거나 신고한 액수에 따라 의결권을 행사할 수 있다.

조사기일 이후 제소기간 내에 회생채권 등의 확정소송이나 수계가 이루어지기는 하였지만 관계인집회가 개최될 때까지 그 소송의 결과가 확정되지 않은 경우	회생담보권이나 회생채권이 확정되지 않은 경우에 해당
관계인집회가 개최될 때까지 그 소송의 종국판결이 확정된 경우	회생담보권이나 회생채권이 확정된 경우에 해당

경우에 따라서는 확정된 회생채권이나 회생담보권에 대하여도 의결권에 대한 이의를 할 수 있다. 예를 들어 신고 자체가 예비적으로 한 것으로서 비록 조사 기일에서 이의 없이 확정되었다 하더라도 그 성격상 의결권의 행사를 인정할 수 없을 경우(예를 들어 부인권 행사가 인정 되는 것을 조건으로 하여 회생채권 신고를 하였으나 추후에 공익채권으로 인정된 경우, 채권자에 의한 상계의 효력에 관하여 다툼이 있어 상계의 효력이 인정되지 않을 것을 조건으로 하여 회생채권 신고를 한 경우), 확정된 회생채권자표 등의 기재가 잘못되어 객관적으로 확정되어 있지 않다고 볼 수 있는 경우나 객관적으로 확정되어 있다 하더라도 그 의결권이나 권리 내용의 기재에 잘못이 있다는 취지의 다툼이 있는 경우에는 의결권에 대한 이의를 통하여 이를 다툴 수 있는 것으로 해석된다.

2. 주주의 의결권에 대한 이의

주주에 관하여는 그 신고의 제도만 있을 뿐 조사절차와 확정의 제도가 없기 때문에 주주가 가지는 의결권에 대한 다툼은 본조의 이의의 대상으로 하였다.

3. 실무에서의 처리

실무상으로는 채무자가 채무초과인 상태로 회생절차를 신청하는 경우가 많고, 회생절차개시결정 당시 채무자의 채무총액이 자산총액을 초과하는 경우에는 주주에게 의결권이 인정되지 않기 때문에 주주의 의결권에 대하여 이의가 제기되는 경우는 거의 없다. 그러나 이러한 경우 이해관계인은 법원의 직권발동을 촉구하는 의미에서 주주의 의결권에 대하여 이의를 제기할 수는 있다고 해석되고 있다.

법원은 채무자회생및파산에관한법률 제240조 제2항에서 규정하는 서면을 송달하기 전에 목록에 기재되거나 신고된 회생채권 또는 회생담보권으로써 확정되지 아니한 권리, 목록에 기재되거나 신고된 주식 및 출자지분에 관하여 의결권을 행사하게 할 것인지 여부 및 의결권을 행사하게 할 액 또는 수를 결정하여야 한다. 결정은 그 의결권에 관계된 회생채권자, 회생담보권자 또는 주주·지분권자에게 송달하여야 한다. 이 때 회생채권자등은 법원에 서면으로 의견을 진술할 수 있다.

4. 법원의 결정에 대한 이의

이의가 있는 권리에 대하여는 법원이 의결권을 행사하게 할 것인지 여부와 의결권을 행사할 수 있는 액이나 수를 결정하여야 한다. 의결권에 대한 이의는 제3회 관계인집회에서 이루어지기 때문에 법원의 이러한 결정은 관계인집회에서 선고의 방법으로 하는 것이 일반적이며, 결정의 선고를 한 경우에는 이를 송달할 필요가 없다. 그리고 이러한 법원의 결정은 기속력이 없기 때문에 관리인이나 이해관계인의 신청에 의하거나 직권으로 종전의 결정을 변경하는 경정을 할 수 있다.

5. 불복가능 여부

법원의 결정에 대하여는 불복할 수 없다. 그리고 이러한 법원의 결정이 권리의 실체적인 내용까지 확정짓는 것은 아니고, 단지 회생절차 내에서 절차적인 효력을 가지는 것에 불과하다.

의결권의 행사(제188조)

1. 이의의 대상이 되는 권리

관리인과 신고한 회생채권자, 회생담보권자 및 주주는 회생채권자, 회생담보권자와 주주의 의결권에 관하여 이의를 진술할 수 있다.

(1) 이의의 대상이 되지 않는 권리

조사절차에서 확정된 회생채권과 회생담보권을 가진 회생채권자와 회생담보권자의 의결권에 관하여는 그러하지 아니하다.

(2) 조사절차에서 확정된 회생채권과 회생담보권을 가진 회생채권자와 회생담보권자의 의결권에 대한 이의가 있는 경우

법원이 그 권리에 관하여 의결권을 행사하게 할 것인지 여부와 의결권의 범위를 정하여야 한다. 여기서 의결권에 대한 이의의 대상이 되는 것은 회생담보권자, 회생채권자, 주주의 의결권이다.

2. 법원의 결정

법원은 이의있는 권리에 관하여는 의결권을 행사하게 할 것인지 여부와 의결권을 행사할 액 또는 수를 결정한다.

3. 법원의 결정의 취소

법원의 결정은 이해관계인의 신청 또는 직권으로 변경될 수 있다.

4. 송달

법원의 결정과 그에 대한 취소는 송달을 하지 아니하여도 된다.

의결권의 불통일행사(제189조)

의결권자는 의결권을 통일하지 않고 행사할 수 있다.

의결권자들의 의결권 행사가 반드시 통일되어 있을 필요는 없으나, 불통일

행사를 하려는 경우 관계집회 7일 전까지는 서면으로 신고하도록 되어있다. 서면에 의한 결의를 하는 경우에는 채무자회생및파산에관한법률 제240조 제2항의 회신기간 내에 직접 의결권을 불통일행사하여 이를 회신하는 방법에 의한다.

부당한 의결권자의 배제(제190조)

1. 의결권 행사의 제한

법원은 권리취득의 시기, 대가 기타의 사정으로 보아 의결권을 가진 회생채권자, 회생담보권자 또는 주주가 관계인집회의 결의에 관하여 재산상의 이익을 수수하는 등 부당한 이익을 얻을 목적으로 그 권리를 취득한 것으로 인정하는 때에는 그에 대하여 그 의결권을 행사하지 못하게 할 수 있다. 법원은 이러한 처분을 하기 전에 그 의결권자를 심문하여야 한다.

2. 판단의 기준

법원이 이 규정에 의하여 의결권자를 배제하기 위해서는 그 요건을 신중하게 검토하여야 한다. 계획안에 대한 결의가 자기에게 유리한 방향으로 이루어지도록 하기 위하여 반대되는 의견을 가진 채권자로부터 권리를 취득하는 것 자체는 법률이 금지하고 있는 것이 아니기 때문이다. 따라서 의결권자가 부당한 이익을 얻을 목적으로 권리를 취득하였는지 여부를 판단함에 있어서는 권리취득의 시기, 권리의 대가, 의결권자가 상습적으로 같은 행위를 하였었는지 여부, 권리취득의 상대방, 취득의 방법, 취득한 권리의 액 또는 수 등을 종합적으로 고려하여야 한다.

의결권을 행사할 수 없는 자(제191조)

법률의 규정에 의하여 의결권을 행사할 수 없는 자
(1) 회생계획으로 그 권리에 영향을 받지 아니한 자

회생계획에 의하여 자기의 권리에 영향을 받지 아니하는 자는 회생계획안에 대한 결의에 참가할 아무런 이유가 없기 때문에 의결권을 행사 할 수 없다.

(2) 권리에 영향을 받는지 여부의 판단 기준

권리에 영향을 받는지 여부는 그 권리의 실제가치를 기준으로 하는 것이 아니고 표면상 권리의 내용을 기준으로 판단하여야 한다. 따라서 본래의 약정보다 변제기를 늦추거나 이자를 감면하는 경우는 모두 권리에 영향을 받는다고 보아야 한다. 다만 회생계획상 인가결정 이후 본래의 약정대로 채무를 변제하고 보전처분 이후 인가결정에 이르기까지의 이자 및 지연손해금을 모두 지급하도록 규정한 경우에는 권리에 아무런 영향을 받지 않는 경우라고 할 수 있다.

(3) 정리계획에 의하여 권리에 영향을 받지 않는 권리자가 있을 경우

회생계획안에서 권리에 영향을 받지 않는다거나 본래의 약정대로 변제한다고 기재하는 것보다는 본래의 약정의 내용이 무엇이고 그 약정에 따라 지급한다는 취지로 기재하는 것이 바람직하다.

(4) 벌금 등의 청구권

이러한 청구권은 본래 채무자에게 징벌적으로 부과되는 것이기 때문에 다수결에 의하여 그 내용이 변경되어질 성격의 것이 아니므로 의결권의 행사가 인정되지 않는다. 다만 이 청구권은 후순위 회생채권에 속하기 때문에 다른 회생담보권이나 일반 회생채권보다 열등하게 취급되어야 할 것이고, 따라서 다른 채권의 최종 변제기까지 그 지급이 유예되는 형태로 권리변경이 되는게 일반적이다.

(5) 의견표명

계획안에 의한 권리변경에 대하여 권리자(국가 또는 법무부장관)는 의결권의 행사를 통하여 의견을 표명할 수는 없고, 의견을 진술할 수 있을 뿐이다. 이러한 회생절차개시전의 벌금, 과료, 형사소송비용, 추징금과 과태료에 대하여는 회생계획에서 감면 기타 권리에 영향을 미칠 규정을 하지 못한다는 제한이 있다.

(6) 조세 등의 청구권

본법은 조세채권에 대하여 권리변경을 하기 위해서는 징수권자의 의견을 듣거나 동의를 얻어야 하는 것을 요건으로 함으로써 다른 권리에 비하여 우선적 지위를 인정하고 있는 반면, 관계인 집회에서의 의결권은 인정하고 있지 않다.

(7) 제244조제2항의 규정에 의하여 보호되는 자

회생계획안의 결의를 위하여 분류된 일부 조에서 가결요건에 해당하는 다수의 동의를 받기 어려운 것이 명백한 경우에 결의에 부치기 전에 일부 조에 대하여 권리보호조항을 정할 수가 있다. 이 경우에는 굳이 의결권을 행사하게 할 필요가 없으므로 그 권리자의 의결권 행사를 인정하지 않는 것이다.

의결권의 대리행사(제192조)

1. 대리행사권이 있는 자

회생채권자, 회생담보권자와 주주는 대리인에 의하여 그 의결권을 행사할 수 있다. 이해관계인은 제3회 관계인집회뿐 아니라 제1회 및 제2회 관계인집회에서도 대리인을 선임할 수 있으며, 대리인의 자격은 변호사로 국한되지 아니하고 소송능력이 있는 자이면 누구나 대리인으로 될 수 있다.

(1) 실무에서의 처리

실무에서도 채권자가 법인인 경우에는 그 임원이나 직원이 대리인으로서 관계인 집회에 출석하는 경우가 대부분이다. 그리고 채권자가 회생계획안에 동의하는 경우에는 제3회 관계인집회에 앞서 회생채무자의 직원을 대리인으로 선임하는 경우가 매우 많으며, 법원에서도 이해관계인의 수가 너무 많은 경우에는 관리인으로 하여금 회생계획안에 동의하는 채권자들로부터 위임장을 받도록 권고하기도 한다.

2. 대리인의 관계인집회 참가

대리인이 관계인집회에 참가하기 위해서는 대리권을 증명하는 서면을 제출하여야 한다.

(1) 실무에서의 처리

실무상으로는 대부분 본인이나 대표자의 위임장을 제출하고 있으며, 이러한 서면은 관계인집회 조서에 출석현황 및 의결표 뒤에 편철하고 있다. 다만 위임장의 분량이 너무 많을 경우에는 따로 편철하고 있다.

(2) 실무상 문제되는 경우

실무상 종종 문제가 되는 것은 회생채무자의 직원이 회생계획안에 동의하는 이해관계인으로부터 계획안 결의에 관한 위임장을 받아 최초의 제3회 관계인집회에 출석하여 결의에 참가하였는데, 만약 그 회생계획안이 부결되어 그 관계인집회가 속행되었을 경우에 다시 그 위임장을 가지고 채무자의 직원이 속행기일에 이해관계인을 대리하여 출석하고 결의에 참가할 수 있는지 여부이다. 제3회 관계인집회의 속행기일에서는 회생계획안의 불리한 변경이 허용되지 않으므로 이를 긍정적으로 해석할 수도 있으나, 달리 해석할 여지도 많으므로 "기재례"와 같은 위임장 양식을 관계인집회기일 통지서와 함께 송부한 채무자 직원으로 하여금 그 양식에 따라 위임장을 받도록 하여 실무상의 이와 같은 문제점을 해결하고 있다. 실무상 사례가 거의 없지만 만약 위임장을 제출한 권리자가 직접 속행기일에 출석하여 스스로 결의에 참가하고자 한다면 대리권 부여의사를 철회하였다고 보고 그 자에게 의결권 행사의 기회를 주어야 한다.

【서식】 위임장

위 임 장

사   건   20○○회○○   회사정리
정 리 회 사   ○○ 주식회사
관 리 인   ○ ○ ○

수 임 자   ○ ○ ○(주소 : 서울 ○○구 ○○동 ○○○)

　　위 사건에 관하여 정리계획안의 심리 및 결의를 위한 제2회 및 제3회 관계인 집회와 그 속행기일에서의 출석 및 의결권의 행사에 관한 일체의 권리를 상기 수임자에게 위임합니다.

20○○. ○. ○.

　　　　　　　　　　　　위임자 주소 :
　　　　　　　　　　　　성명 :
　　　　　　　　　　　　채권접수번호 :

※ 별첨 : 인감증명서 1부

서울회생법원 제○○○파산부 귀중

제 6 장
회 생 계 획

제1절 회생계획의 내용

회생계획의 내용(제193조)

1. 회생계획안에 반드시 기재되어야 할 사항

회생계획안의 기재사항 중에는 그 기재가 없으면 회생계획안이 부적법하게 되는 것이 있으므로, 만약 그 기재가 없는 경우 법원은 계획안 제출자로 하여금 그 기재사항을 수정하도록 지도하거나 수정명령을 내려야 하고. 수정이 되지 않는다면 회생계획안을 배제하거나 불인가하여야 한다.

수정이 되는 사항	법원은 수정지도를 하거나 수정명령을 내림
수정이 안 되는 사항	회생계획안을 배제하거나 불인가 함

그에 해당되는 것으로는

(1) 전부 또는 일부의 회생채권자, 회생담보권자 또는 주주의 권리를 변경하는 조항

(2) 공익채권의 변제에 관한 조항

(3) 채무의 변제잔금의 조달방법에 관한 조항

(4) 회생계획에서 예상된 액을 넘는 수익금의 용도에 관한 조항

(5) 미확정의 회생채권 등에 관한 조항

(6) 변제한 회생채권 등에 관한 조항

(7) 분쟁이 해결안된 관리에 관한 조항

다만 위 (5), (6), (7)의 경우는 그와 같은 사유가 있는 경우에 한하여 반드시 기재하여야 한다.

2. 선택적 기재사항

이에 반하여 영업이나 재산의 양도, 출자나 임대, 사업의 경영의 위임, 정관의 변경, 이사, 대표이사나 감사의 변경, 자본의 감소, 신주나 사채의 발행, 합병, 분할, 분할합병, 해산 또는 신회사의 설립에 관한 조항 기타 회생을 위하여 필요한 조항은 채무자회생의 구체적 방안에 따라 자유로이 선택하여 기재할 수 있다.

3. 실무에서의 처리

실제로는 관리인들이 종전에 인가된 다른 채무자의 회생계획을 참고로 하여 회생계획안을 작성하고 있으므로 회생계획안에 반드시 기재되어야 할 사항이 누락되는 경우는 그리 많지 않지만, 주심판사는 채무자의 사정을 잘 파악하여 회생계획안에 반드시 기재하여야 할 사항이 누락되어 있지는 않은지 상세히 검토하여야 한다.

회생채권자 등의 권리(제194조)

1. 권리에 영향을 받는 자

회생채권자, 회생담보권자, 주주, 지분권자의 권리를 변경하는 때에는 회생계획에 변경되는 권리를 명시하고, 변경 후의 권리의 내용을 정하여야 한다.

2. 권리에 영향을 받지 아니하는 자

회생채권자, 회생담보권자, 주주, 지분권자로서 회생계획에 의하여 그 권리에 영향을 받지 아니하는 자가 있는 때에는 그 자의 권리를 명시하여야 한다.

채무의 기한(제195조)

1. 회생계획에 의하여 채무를 부담하거나 채무의 기한을 유예하는 경우 그 채무의 기한은

담보가 있는 경우	담보물의 존속기간을 넘지 못한다
담보가 없거나 담보물의 존속기간을 판정할 수 없는 때	10년을 넘지 못한다

2. 회생계획의 정함에 의하여 사채를 발행하는 경우에는 위의 경우를 적용하지 않는다.

담보의 제공과 채무의 부담(제196조)

1. 채무자 또는 채무자 외의 자가 회생을 위하여 담보를 제공하는 때

   회생계획에 담보를 제공하는 자를 명시하고 담보권의 내용을 정하여야 한다

2. 채무자 외의 자가 채무를 인수하거나 보증인이 되는 등 회생을 위하여 채무를 부담하는 때

   회생계획에 그 자를 명시하고 그 채무의 내용을 정하여야 한다.

담보를 제공한 때	회생계획에 담보를 제공하는 자를 명시하고 담보권의 내용을 정하여야 한다
채무를 부담하는 때	회생계획에 부담하는 자를 명시하고 그 채무의 내용을 정하여야 한다

미확정의 회생채권 등(제197조)

이의 있는 회생채권 또는 회생담보권으로서 그 확정절차가 종결되지 않은

것이 있는 경우 권리확정의 가능성을 고려하여 회생계획안에 이에 대한 적
당한 조치를 정하여야 한다. 따라서 미확정인 채권이 있는 경우에는 회생계
획안 작성시 그러한 채권이 확정될 때를 대비하여 적절한 조항을 마련하여
야 하며, 이러한 조치를 취하지 않은 회생계획안은 부적법하다.

미확정 회생채권 등에 대한 권리변경과 변제방법을 정할 때에는 미확정의 권
리와 그 권리자, 확정될 경우의 취급 등에 관하여 상세히 규정하여야 한다.
또한 혹시 목록에서 누락되는 미확정 회생채권이 있을 경우를 대비하여, 확
정될 경우 법원의 허가를 얻어 권리변경과 변제방법을 정한다는 일반 규정
을 두는 것이 좋다.

▣ 관련판례

판례(대법원 2000. 1. 5. 자 99그35 판결)

회사정리법 제112조의2 제2항에 의하면 법원은 정리채권을 변제하지 아니하
고는 회사의 갱생에 현저한 지장을 초래할 우려가 있다고 인정되는 경우에는
정리계획인가 결정 전이라도 보전관리인·관리인 또는 회사의 신청에 의하여 그
전부 또는 일부의 변제를 허가할 수 있도록 되어 있는바, 법원의 변제허가에 의
하여 정리계획인가 전에 변제된 채권은 그 변제된 한도에서 절대적으로 소멸하
는 것이고(따라서 의결권의 액도 그 한도에서 감액된다.), 같은 법 제215조의2에
의하면 그 변제 내역을 정리계획에 명시하도록 하고 있을 뿐이므로 정리계획에
서 별도의 변제조건을 설정하지 아니하였다고 하여 위법하다고 할 수 없다.

변제한 회생채권 등(제198조)

회생채권 및 회생담보권 중 제131조 단서, 제132조제1항 및 제2항의 규정
에 의하여 변제한 것은 이를 반드시 명시하여야 한다.

(1) 제131조 단서 - 관리인이 법원의 허가를 받아 변제하는 경우와 회생계
획에서 국세징수법 또는 지방세법에 의하여 징수할 수 있는 청구권

(2) 제132조 제1항 및 제2항 - 채무자의 거래상대방인 중소기업자가 그가 가지는 소액채권, 회생채권을 변제하지 아니하고는 채무자의 회생에 현 저한 지장을 초래할 우려가 있는 채권

공익채권(제199조)

공익채권 변제에 관한 조항은 필요적 기재사항의 하나이다. 본 법은 구체적 으로 회생계획안에 공익채권에 관한 규정을 둘 때에는 이미 변제한 공익채 권을 명시하고 또 장래 변제할 것에 관하여 정하여야 한다고 하고 있다. 공익채권의 변재에 관한 조항을 규정하도록 한 취지는

(1) 공익채권의 규모가 회생채권, 회생담보권의 변제에도 영향을 미치는 것 이고

(2) 회생채무자의 영업상의 지출은 대부분 공익채권에 해당하는 것이기 때 문에 이를 명시하여 회생회사의 영업상태와 재정적 기초를 명백히 함으 로써 이해관계인에게 결의를 위한 자료를 제공함과 아울러 관리인에 의 한 사업경영, 재산관리를 간접적으로 견제하기 위한 것이다.

■ **관련판례**

판례(대법원 2016. 2. 18., 선고, 2014다31806 판결)

회생계획에서 공익채권에 관하여 채권의 감면 등 공익채권자의 권리에 영향 을 미치는 규정을 정할 수는 없고, 설령 회생계획에서 그와 같은 규정을 두었더 라도 공익채권자가 동의하지 않는 한 권리변경의 효력은 공익채권자에게 미치 지 아니한다.

영업 또는 재산의 양도 등(제200조)

1. 회생절차에 의하지 않으면 할 수 없는 사항의 변경

회생절차에 의하지 않으면 할 수 없는 사항, 예컨대 자본의 감소, 신주 및 사 채의 발행, 이익 및 이자의 배당, 합병, 해산, 조직변경, 청산 등은 절차종료

전까지는 반드시 회생계획의 정함에 따라 행하여야 하므로 당초의 회생계획
에는 없었으나 인가 후에 이러한 사항을 행할 필요가 있는 경우에는 반드시
회생계획변경의 절차를 거쳐야 한다.

2. 중대한 시책의 변경

원래계획에 관한 관계인집회의 심리 및 결의나 법원의 인가를 무의미하게
할 정도로 중대한 시책의 변경, 예컨대 영업 또는 재산의 양도, 출자, 임대차,
회생회사의 사업경영의 위임, 중대한 내용의 정관변경, 영업상의 손익을 공
통으로 하는 계약, 타인의 영업의 양수 등은 회생계획변경의 절차를 거쳐야
한다.

분쟁이 해결되지 아니한 권리(제201조)

채무자에게 속하는 권리로서 분쟁이 해결되지 아니한 것이 있는 경우
1. 회생계획에 화해나 조정의 수락에 관한 사항을 정하거나
2. 관리인에 의한 소송의 수행 그밖에 실행에 관한 방법을 정하여야한다.

정관의 변경(제202조)

1. 정관의 변경

채무자의 정관을 변경하는 때에는 그 변경의 내용을 회생계획에 기재하여야
한다.

2. 실무에서의 처리

실무상 회생계획 인가와 동시에 정관을 변경해야 하는 경우가 그리 많지 않
기 때문에 회생계획안에는 "회생절차 중 관리인은 법원의 허가를 얻어 정관
을 변경하여야 한다"라는 취지로 기재하는 것이 보통이다.

3. 출자전환이나 주주의 권리변경 또는 제3자 인수와 관련하여 채무자의 발행예정 주식의 총수를 변경하여야 하는 경우

이러한 경우에는 회생계획안에 변경 전 정관의 조항과 변경 후 정관의 조항을 명시하여야 한다.

이사 등의 변경(제203조)

1. 이사 등의 변경

회생계획안에는 이사, 대표이사, 감사의 변경에 관한 조항을 기재할 수 있으며, 새로이 채무자의 이사 또는 감사를 선임하거나 채무자의 대표이사를 선정하는 때에는 선임이나 선정될 자와 임기 또는 선임이나 선정의 방법과 임기를 정하여야 한다.

2. 유임의 경우

채무자의 이사, 대표이사, 또는 감사 중 유임하게 할 자가 있는 때에는 그 자와 임기를 정하여야 하는데, 만약 회생절차 개시의 원인이 이사, 대표이사 또는 감사의 채무자 재산의 도피, 은닉 또는 고의적인 부실경영 등 행위에 기인한 경우에는 해당 임원을 유임하게 할 수 없다. 채무자의 이사, 대표이사, 또는 감사로서 회생계획에서 유임할 것으로 정해지지 않는 자는 계획의 인가결정과 동시에 해임된 것으로 본다.

3. 유임된 임원의 임기

회생계획에 의하여 선임되거나 유임되는 임원의 임기는 1년을 초과하지 못한다.

이사 등의 선임 등에 관한 사항(제204조)

법인인 채무자 또는 신회사(합병 또는 분할합병으로 인하여 설립되는 신회사 제외)의 이사·대표이사 또는 감사의 선임·선정 또는 유임이나 그 선임 또는 선정의 방법에 관한 회생계획은 형평에 맞아야 하며, 회생채권자·회생담보권자·주주·지분권자 일반의 이익에 합치하여야 한다.

주식회사 또는 유한회사의 자본감소(제205조)

1. 자본의 감소

회생계획에 의한 자본감소는 임의적인 것과 필요적인 것이 있다. 어느 경우이든 회생계획에는 감소할 자본의 액과 자본감소의 방법을 정하여야 한다. 자본감소는 채무자의 자산 및 부채와 채무자의 수익능력을 참작하여 정하여야 한다.

(1) 임의적 자본감소

일반적으로 회생채무자는 재무구조가 부실하고 만성적인 운영자금의 부족을 겪는 경우가 많으므로 외부의 신규자본을 유치함으로써 이러한 어려움을 극복할 필요가 있다. 따라서 이러한 경우에는 기존에 발행되어 있는 주식을 병합 또는 소각함으로써 신규 자본 유치에 필요한 여건을 조성하여야 한다. 이 때 어느 정도까지 자본을 감소시켜야 하는지는 채무자의 자산 및 부채와 수익능력, 채무자회생및파산에관한법률 제206조에서 규정하는 신주발행에 관한 사항을 참작하여 정하여야 한다. 그런데 일반적으로 회생채무자는 부채가 자산을 초과하는 경우가 많아 뒤에 설명하는 필요적인 자본감소 규정을 두어야 하는 경우가 대부분이기 때문에, 실제로 임의적으로 자본감소를 하여야 할 경우는 그리 많지 않다.

(2) 지배주주 등에 대한 징벌적인 주식소각(필요적 자본조각)

채무자의 이사나 이에 준하는 자 또는 지배인의 중대한 책임이 있는 행위로 인하여 회생절차개시의 원인이 발생한 경우에는 그 행위에 상당한 영향력을 행사한 주주 및 그 친족 기타 대법원규칙이 정하는 특수관계에 있는 주주가 가진 주식 3분의 2 이상을 소각하거나 3주이상을 1주로 병합하는 방법으로 자본을 감소할 것을 정하여야 한다. 자본감소후 신주를 발행하는 때(채무자회생및파산에관한법률 제206조)에는 위 주주는 신주를 인수할 수 없다. 다만, 「상법」 제340조의2의 규정에 의한 주식매수 선택권을 부여할 수는 있다.

(3) 특수관계에 있는 주주의 범위

특수관계에 있는 주주의 범위에 관하여는 회사정리등규칙이 정하고 있다(회사정리등규칙 제42조). 위 규정은 1998년 법률 개정시에 개정된 것인데, 과거의 실무가 지배주주의 책임을 지나치게 넓게 인정하여 도산기업의 주주들이 회생절차의 신청을 기피하는 주요한 원인이 된다는 지적이 있었기 때문에 법률 개정을 통하여 그 자본감소의 요건과 정도를 분명히 한 것이다.

부실경영에 책임이 있는 지배주주 및 그 특수관계인은 신주를 발행하는 경우에 신주를 인수 할 수 없으므로, 향후 해석상의 다툼의 여지를 없애기 위하여 회생계획안에 이를 명시하는 것이 좋다.

▣ 관련판례

판례(대법원 2002. 4. 12. 선고 2001다30520 판결)

구 회사정리법(1998. 2. 24. 법률 제5517호로 개정되기 전의 것) 제221조 제2항에 의하여 정리회사의 자본을 감소함으로써 주주의 권리를 변경하는 내용의 정리계획 인가결정이 확정된 경우에, 주식 신고기간이 지난 후 그 인가결정이 있기 전에 종전의 주주로부터 기명주식을 양수하고 명의개서절차까지 마쳤다고 하더라도, 주식 신고기간이 경과하여 그 사실을 신고하지 못하였을 뿐만 아니라 정리법원 또는 정리회사의 관리인에게 그와 같은 사실을 통지하지도 아니하여 당해 주식의 양수사실이 주주표나 정리계획안에 반영되지 못하였다면, 종전의 주주가 한 주식의 신고 내용에 따라 정하여진 정리계획에 따라 주주의 권리에 관한 권리변경적 효력이 발생하는 것으로서, 주식 양수인으로서는 그 정리계획에 의하여 소각된 주식이 종전 주주의 소유가 아니라 자기 소유라는 사유로 그 소각의 효력을 다툴 수 없다고 보아야 할 것이고, 회사정리법 제244조의 규정이 있다고 하여 달리 볼 것이 아니다.

판례(대법원 2007. 11. 29., 자, 2004그74, 결정)

정리회사의 부실경영 주주와 구 회사정리법(2005. 3. 31. 법률 제7428호 채무자 회생 및 파산에 관한 법률 부칙 제2조로 폐지) 제221조 제4항, 구 회사정리

등 규칙(2006. 3. 23. 대법원규칙 제2002호 채무자 회생 및 파산에 관한 규칙 부칙 제2항으로 폐지) 제42조에서 규정하고 있는 특수한 관계에 있는 자는, 실질적으로 정리회사에 대하여 손해배상의무를 부담하고 감소된 자본을 보충하여야 할 지위에 있다고 보아야 하므로, 정리계획에서 그가 정리회사에 대하여 가지고 있는 정리채권의 내용을 변경함에 있어, 그 정리채권자와 정리회사의 관계, 그 정리채권의 발생원인, 정리회사가 정리절차에 이르게 된 원인, 정리회사의 채무초과상태 여부 및 그 정도, 그에 대한 부실경영 주주 및 특수관계인인 정리채권자의 원인제공 정도 등 정리절차과정에서 나타난 여러 사정을 종합적으로 고려하여, 다른 동종의 정리채권의 권리변경내용과는 다른 내용으로 특수관계인인 정리채권자의 권리를 변경할 수 있고 나아가 그 정리채권을 면제할 수도 있는 것이며, 그렇다고 하여 그 정리계획이 구 회사정리법 제233조 제1항이나 제229조에서 규정한 실질적 평등에 반한다고 볼 수 없다.

판례(대법원 2018. 6. 28., 선고, 2017두68295 판결)

회생계획에서 별도의 납입 등을 요구하지 아니하고 신주발행 방식의 출자전환으로 기존 회생채권 등의 변제를 갈음하기로 하면서도 출자전환에 의하여 발행된 주식은 무상으로 소각하기로 정하였다면, 인가된 회생계획의 효력에 따라 새로 발행된 주식은 그에 대한 주주로서의 권리를 행사할 여지가 없고 다른 대가 없이 그대로 소각될 것이 확실하게 된다. 그렇다면 위와 같은 출자전환의 전제가 된 회생채권 등은 회생계획인가의 결정에 따라 회수불능으로 확정되었다고 봄이 타당하다.

주식회사 또는 유한회사의 신주발행(제206조)

1. 신주발행의 세 가지 유형

회생채무자는 회생절차에 의하지 아니하고는 신주의 발행을 할 수 없다. 따라서 회생회사의 경우에는 회생계획안에 신주발행에 관한 규정을 마련하고 위 조항에 따라 신주를 발행하는 방법에 의해서만 신주를 발행 할 수 있을 뿐이다. 본조는 회생계획안에 의한 신주발행 유형을 세가지로 나누고 있다.

(1) 이해관계인의 종전권리에 갈음하여 신주를 발행하는 경우

채무자가 회생채권자, 회생담보권자, 주주의 종전의 권리에 갈음하여 신주를 발행하는 것이다. 이때에도 자본충실의 원칙이 준수되어야 하므로 회생채권의 액 또는 회생담보권의 액이 신주의 액면가와 대등하거나 그 이상이어야 한다는 점을 유의하여야 한다.

이 방식에 의하여 신주를 발행할 경우에는

1) 신주의 종류와 수

2) 신주의 배정에 관한 사항

3) 신주의 발행으로 인하여 증가할 자본과 준비금의 액에 관한 사항

을 정하여야 한다.

신주의 배정에 관한 사항을 정할 때에는 각 조 사이의 공정하고 형평한 차등이 이루어지고 있는지 유의하여야 한다. 예를 들어 회생담보권자에게는 채권 50,000원에 신주 1주를, 회생채권자에게는 100,000원에 신주 1주를 배정하는 식으로 각 조 사이에 적정한 차등을 두어야 한다는 것이다.

(2) 신주발행의 효력발생 시기

한편 이 규정에 의하여 신주를 발행하는 경우에 신주발행의 효력은 계획인가일이나 회생계획에서 정한 때에 발생한다. 다만 주식병합에 의한 자본감소와 동시에 이 규정에 의한 신주발행을 하는 경우에는 신주발행의 효력발생시기를 주식병합의 효력발생(주권제출기간 만료시)후로 회생계획에 정해 둘 필요가 있다. 만약 자본감소의 효력이 발행하기 전에 신주발행의 효력이 발생한다면 일시적으로 발행한 주식수가 정관에 정한 발행예정주식총수를 초과할 가능성이 있고, 신주발행의 효력이 발행한 후에 구주식에 관하여만 주식병합의 효력을 발생시켜야 한다는 문제가 발생할 수 있기 때문이다.

(3) 단주의 처리

그리고 회생계획에 신주발행과정에서 발생하는 단주의 처리에 관한 사항도 정하는 것이 바람직하다. 만약 회생채권자, 회생담보권자의 배정부분에 관하여 단주의 처리방법을 마련해 두지 않으면 그 단주에 해당하는 부분은

회생계획 인가시에 실권된다. 주주에 신주를 배정하는 경우에는 주식병합에 관한 상법 제440조 내지 제444조의 규정이 준용되므로 단주 처리에 관한 조항을 두어야 한다.

(4) 이해관계인의 종전의 권리에 갈음하여 신주를 발행하는 경우

회생채권자, 회생담보권자 또는 주주에게 추가적으로 납입 또는 현물출자시킨 다음 신주를 발행하는 것이다. 이 경우는 이해관계인에게 종전의 권리에 갈음하여 신주인수권을 부여하는 것인데, 신주인수권을 부여받은 이해관계인이 이를 행사하지 않으면 신주인수권을 상실할 뿐 아니라 종전의 권리도 소멸된다. 결국 이해관계인의 입장에서는 신주인수권을 타인에게 양도하지 않는 한, 납입 또는 현물출자가 강제되는 것이다. 실무상 이러한 방법으로 신주를 발행하는 경우는 거의 없다.

(5) 이해관계인을 특별취급하지 않고 신주를 발행하는 경우

이해관계인에게 그 권리에 갈음하여 신주를 발행하거나 신주인수권을 부여하는 경우를 제외하고 회생채무자가 다른 방법으로 신주를 발행하고자 하는 경우에는 회생계획에 의하지 않으면 안된다. 따라서 회생계획에 이 방법에 의한 신주발행에 관한 규정이 없다면 신주발행에 관한 사항을 신설하는 내용의 회생계획 변경을 하여야 한다.

회생계획안에는 다음의 사항을 기재하여야 한다

1) 신주의 종류와 수
2) 새로 현물출자를 하는 자가 있을 때에는 그 자
3) 출자의 목적인 재산
4) 그 가격과 이에 대하여 부여할 주식의 종류와 수
5) 신주의 발행가액과 납입기일에 관한 사항

다만, 회생계획안 작성 당시에는 구체적인 신주발행계획을 세울 수가 없는 경우가 대부분이므로 이 사항 중의 상당부분을 관리인이 법원의 허가를 얻어 정하도록 규정하는 경우가 많다.

◪ 관련판례

판례(대법원 2003. 8. 22. 선고 2001다64073 판결)

기존채권의 지급을 위하여 제3자가 발행한 약속어음이 교부되었는데 그 약속어음 채권이 후일 제3자에 대한 회사정리절차에서 정리채권으로 신고되어 정리계획에 따라 그 전부 또는 일부가 출자전환됨으로써 그 부분 정리채권인 약속어음 채권의 변제에 갈음하기로 한 경우 출자전환된 부분의 약속어음 액면 상당의 기존채권이 소멸된 것으로 볼 것이 아니라 신주발행의 효력발생일 당시를 기준으로 하여 정리채권자가 인수한 신주의 시가를 평가하여 그 평가액에 상당하는 부분의 기존채권이 변제된 것으로 보아야 한다.

판례(대법원 2018. 6. 28., 선고, 2017두68295 판결)

회생계획에서 별도의 납입 등을 요구하지 아니하고 신주발행 방식의 출자전환으로 기존 회생채권 등의 변제를 갈음하기로 하면서도 출자전환에 의하여 발행된 주식은 무상으로 소각하기로 정하였다면, 인가된 회생계획의 효력에 따라 새로 발행된 주식은 그에 대한 주주로서의 권리를 행사할 여지가 없고 다른 대가 없이 그대로 소각될 것이 확실하게 된다. 그렇다면 위와 같은 출자전환의 전제가 된 회생채권 등은 회생계획인가의 결정에 따라 회수불능으로 확정되었다고 봄이 타당하다.

주식회사의 주식의 포괄적 교환(제207조)

1. 포괄적 교환을 해야 할 경우의 기재사항

주식회사인 채무자가 다른 회사와 주식의 포괄적 교환을 하는 때에는 회생계획에 다음 각 호의 사항을 정하여야 한다.

1. 다른 회사의 상호
2. 다른 회사가 「상법」 제360조의2(주식의 포괄적 교환에 의한 완전모회사의 설립)제1항의 규정에 의한 완전모회사(이하 "완전모회사"라 한다)로 되는 경우 그 회사가 주식의 포괄적 교환에 의하여 정관을 변경하는 때에

는 그 규정

3. 완전모회사로 되는 회사가 주식의 포괄적 교환을 위하여 발행하는 신주의 총수·종류 및 종류별 주식의 수와 「상법」 제360조의2(주식의 포괄적 교환에 의한 완전모회사의 설립)제1항의 규정에 의한 완전자회사(이하 "완전자회사"라 한다)가 되는 회사의 주주에 대한 신주의 배정에 관한 사항

4. 완전모회사로 되는 회사의 증가하게 되는 자본의 액과 준비금에 관한 사항

5. 다른 회사의 주주에게 금전을 지급하거나 사채를 배정할 것을 정하는 때에는 그 규정

6. 다른 회사의 주식의 포괄적 교환계약서 승인결의를 위한 주주총회의 일시(그 회사가 주주총회의 승인을 얻지 아니하고 주식의 포괄적 교환을 하는 때에는 그 뜻)

7. 주식의 포괄적 교환을 하는 날

8. 다른 회사가 주식의 포괄적 교환을 하는 날까지 이익을 배당하거나 「상법」 제462조의3(중간배당)제1항의 규정에 의하여 금전으로 이익배당을 하는 때에는 그 한도액

9. 「상법」 제360조의6(신주발행에 갈음할 자기주식의 이전)의 규정에 의하여 완전모회사가 되는 회사가 자기의 주식을 이전하는 때에는 이전할 주식의 총수 및 종류와 종류별 주식의 수

10. 완전모회사가 되는 회사에 취임하는 이사 및 감사를 정하는 때에는 그 성명 및 주민등록번호

주식회사의 주식의 포괄적 이전(제208조)

1. 회생계획에서 신회사를 설립하는 방법을 취하여 회생 재건을 기도하고자 할 경우의 기재사항

1) 신회사의 상호

2) 신회사의 정관의 규정

3) 신회사가 주식의 포괄적 이전을 위하여 발행하는 주식의 종류 및 수와 완

전자회사가 되는 채무자의 회생채권자·회생담보권자 또는 주주에 대한 주식의 배정에 관한 사항

4) 신회사의 자본의 액과 준비금에 관한 사항

5) 완전자회사가 되는 채무자의 주주에게 금전을 지급하거나 사채를 배정할 것을 정하는 때에는 그 규정

6) 주식의 포괄적 이전을 하는 시기

7) 완전자회사가 되는 채무자가 주식의 포괄적 이전의 날까지 이익을 배당하거나「상법」 제462조의3(중간배당)제1항의 규정에 의하여 금전으로 이익배당을 하는 때에는 그 한도액

8) 신회사의 이사 및 감사의 성명 및 주민등록번호

주식회사의 사채발행(제209조)

1. 사채발행

회생절차가 진행중인 채무자는 회생계획에 의하지 않으면 사채를 발행할 수 없다. 회생계획에 의하여 사채를 발행하는 경우에는 사채발행에 관한 상법규정의 적용이 일부 배제되고, 증권거래법 제8조의 적용이 배제되어 그 절차의 간이, 신속을 기할 수 있도록 되어 있다.

2. 사채발행의 결정

주식회사인 채무자가 사채를 발행하는 때에는 회생계획에 다음의 사항을 정하여야 한다.

1. 사채의 총액

2. 각 사채의 금액, 사채의 이율, 사채상환의 방법 및 기한, 이자지급의 방법 그 밖에 사채의 내용

3. 사채발행의 방법과 회생채권자·회생담보권자 또는 주주에 대하여 새로 납입하게 하거나 납입하게 하지 아니하고 사채를 발행하는 때에는 그 배정에 관한 사항

4. 담보부사채인 때에는 그 담보권의 내용

3. 사채발행의 방법

회생계획에 의하여 사채를 발행하는 경우에도 신주를 발행하는 경우에 있어서와 같이 세 가지 방법이 있다.

1) 이해관계인에 대하여 새로이 납입을 시키지 않고 발행하는 것
2) 이해관계인에 대하여 새로이 납입을 시키고 발행하는 것
3) 이해관계인을 특별히 취급하지 않고 사채를 발행하는 것

회사의 흡수합병(제210조)

1. 흡수합병의 절차

회생절차 중의 채무자는 회생계획에 의하지 아니하고는 합병할 수 없다. 그리고 회생계획을 통하여 회생회사가 합병을 하고자 하는 경우에는 회생계획안에 필요한 사항을 기재하여야 한다. 만약 회생계획을 통하여 합병을 할 경우에는 합병에 관한 상법상의 절차가 생략된다. 그러나 합병의 상대방 회사의 경우에는 상법에 따라 합병절차를 진행 하여야 하므로 회생회사에 있어서 회생계획의 작성, 성립과 상대방 회사에 있어서의 합병절차가 서로 보조를 맞추어 진행되어야 한다. 한편 합병 당사회사들이 모두 회생회사인 경우에는 각 채무자의 회생계획안에 합병에 필요한 사항이 규정되어 있어야 한다.

2. 합병에 필요한 요건

합병을 내용으로 하는 회생계획을 인가하기 위해서는 합병에 필요한 요건을 갖출 것을 필요로 한다. 따라서 상대방 회사가 회생회사가 아닐 경우에는 합병계약서 또는 분할합병계약서의 승인의 결의가 있어야 하고, 상대방 회사가 회생회사일 경우에는 합병을 내용으로 하는 회생계획조항이 있어야 한다. 특히 회생회사 사이의 합병을 내용으로 하는 계획안을 작성할 때에는 해당 회생회사들의 관계인집회를 동시에 개최하는 경우가 많은데, 만약합병 당사회사 중 어느 한 회사라도 회생계획안이 가결되지 않을 경우에는 다른 회사의 회생계획안이 가결되더라도 계획 수행의 가능성이 없음이 분명하므로 불인가될 가능성이 크다. 따라서 상대방 회사의 회생계획안이 가결되지 못할 것에 대비한 규정을 반드시 마련해 두는 것을 놓쳐서는 안된다.

【서식】 흡수합병에 관한 기재례

---

1. 합병 당사회사의 상호
    (주) 뉴코아, 시대종합건설(주), 뉴타운개발(주)

2. 합병의 목적
    합병 당사회사간의 유기적인 관계회복, 경영정책의 합리화, 관리부분의 중복비용 절감 등을 제고하여 매출 및 이익극대화를 통한 회사갱생을 도모하기 위함이다.

3. 합병의 방법
    (주)뉴코아는 뉴타운개발(주), 시대종합건설(주)를 흡수합병하여 존속하고, 뉴타운개발(주), 시대종합건설(주)는 소멸한다.
    단, 합병 당사회사 중 (주)뉴코아의 정리계획안이 가결되지 아니하였을 경우에는 합병하지 아니하고, 뉴타운개발(주), 시대종합건설(주) 중 어느 한 회사의 정리계획안이라도 인가되지 아니하였을 경우에는 정리계획안이 인가된 회사만 (주)뉴코아에 흡수합병되어 소멸한다.

4. 합병의 절차 및 내용
  가. 합병기일
    합병 당사회사들의 정리계획안 최종 인가일로 한다.
    단, 제3항 단서 후단의 경우에는 정리계획안이 가결된 회사들의 최종인가일로 한다.
  나. 합병등기
    합병 당사회사들의 정리계획안 최종 인가결정의 확정일로부터 2주내에 존속회사의 관리인은 합병을 원인으로 한 변경등기를, 소멸회사의 관리인은 해산등기를 각 경료하여야 하며, 위 각 등기가 모두 경료된 때에 합병의 효력이 발생한다.
  다. 합병의 내용
    (1) 존속회사인 (주)뉴코아는 소멸회사들의 권리와 의무를 포괄적으로 승계한다.
    (2) 합병으로 인한 존속회사의 주식매수청구권은 인정하지 아니한다.
    (3) 소멸회사의 발행된 주식은 100% 무상소각하며, 존속회사는 합병을 원인으로 한 신주발행이나 증자를 하지 아니한다.
  라. 합병으로 인한 정리채권 등의 권리변경
    합병 당사회사들에 대한 정리담보권과 정리채권 중 합병으로 인하여 중복되는 것은 정리담보권(주채무)으로 채권을 존속시키고, 나머지 합병 당사회사에 대한 채권은 소멸한다. 다만, 채권자가 정리계획안 인가결정 직후 정리채권을 존속시키겠다는 의사를 표시한 경우에는 정리채권을 존속시키고 나머지 정리담보권은 소멸된다.

마. 합병으로 인한 정리채권의 소멸

합병 당사회사들 사이의 채권과 채무는 합병의 효력이 발생함과 동시에 소멸한다. 다만, 소멸될 채권이 제3자의 권리의 목적이 되는 경우에는 그러하지 아니하다

5. 변동된 자금수지표 등

합병에 따라 변동되는 존속회사의 자금수지표, 정리채권 및 정리담보권의 권리변경 및 변제방법은 (별표15)와 같다.

3. 흡수합병의 결정

회사인 채무자가 다른 회사와 합병하여 그 일방이 합병 후 존속하는 때에는 회생계획에 다음의 사항을 정하여야 한다.

1. 다른 회사의 상호
2. 존속하는 회사가 합병시 발행하는 주식 또는 출자지분의 종류와 수, 그 주식 또는 출자지분에 대한 주주·지분권자의 신주인수권 또는 출자지분인수권의 제한에 관한 사항과 특정한 제3자에 부여할 것을 정하는 때에는 이에 관한 사항
3. 합병으로 인하여 소멸하는 회사의 회생채권자·회생담보권자·주주·지분권자에 대하여 발행할 주식 또는 출자지분의 종류 및 수와 그 배정에 관한 사항
4. 존속하는 회사의 증가할 자본과 준비금의 액
5. 합병으로 인하여 소멸하는 회사의 주주·지분권자에게 금전을 지급하거나 사채를 배정할 것을 정하는 때에는 그 규정
6. 합병계약서의 승인결의를 위한 다른 회사의 주주총회 또는 사원총회의 일시
7. 합병을 하는 날
8. 존속하는 회사가 합병으로 인하여 정관을 변경하기로 정한 경우에는 그 규정
9. 다른 회사가 합병으로 인하여 이익의 배당 또는 「상법」 제462조의3(중간배당)제1항의 규정에 의하여 금전으로 이익배당을 하는 때에는 그 한도액
10. 합병으로 인하여 존속하는 회사에 취임하게 될 이사 및 감사(감사위원회 위원을 포함한다. 이하 이 조 내지 제213조에서 같다)를 정하는 때에는 그 성명 및 주민등록번호

▣ 관련판례

판례(대법원 1969.8.19. 선고 68다2439 판결)

본조는 정리계획에서 이미 주주의 권리로 인정되어 있으면 굳이 그 주주의 권리를 신고할 필요가 없다는 것을 규정한 것이므로, 정리회사의 주주의 권리를 양수한 자라도 정리계획에서 그 권리가 자기 앞으로 인정되지 아니한 이상 본조의 적용대상이 될 수 없다.

회사의 신설합병(제211조)

회사인 채무자가 다른 회사와 합병하여 신회사를 설립하는 때에는 회생계획에 다음의 사항을 정하여야 한다.

1. 다른 회사의 상호
2. 신회사의 상호, 목적, 본점 및 지점의 소재지, 자본과 준비금의 액 및 공고방법
3. 신회사가 발행하는 주식 또는 출자지분의 종류와 수 및 그 배정에 관한 사항
4. 신회사설립시에 정하는 신회사가 발행하는 주식 또는 출자지분에 대한 주주·지분권자의 신주인수권 또는 출자지분인수권의 제한에 관한 사항과 특정한 제3자에 부여할 것을 정하는 때에는 이에 관한 사항
5. 회생채권자·회생담보권자 또는 각 채무자의 주주·지분권자 또는 다른 회사의 주주·지분권자에 대하여 발행하는 주식 또는 출자지분의 종류 및 수와 그 배정에 관한 사항
6. 각 회사의 주주·지분권자에게 금전을 지급하거나 사채를 배정하는 것을 정하는 때에는 그 규정
7. 합병계약서 승인결의를 위한 다른 회사의 주주총회 또는 사원총회의 일시
8. 합병을 하는 날
9. 다른 회사가 합병으로 인하여 이익의 배당 또는 「상법」 제462조의3(중간배당)제1항의 규정에 의하여 금전으로 이익배당을 하는 때에는 그 한도액
10. 합병으로 인하여 존속하는 회사에 취임하게 될 이사 및 감사를 정하는 때에는 그 성명 및 주민등록번호

주식회사의 분할(제212조)

주식회사인 채무자가 분할되어 신회사를 설립하는 때에는 회생계획에 다음의 사항을 정하여야 한다.

(1) 주식회사인 채무자가 분할되어 신회사를 설립하는 때
  ① 신회사의 상호, 목적, 본점 및 지점의 소재지, 발행할 주식의 수, 1주의 금액, 자본과 준비금의 액 및 공고의 방법
  ② 신회사가 발행하는 주식의 총수, 종류 및 종류별 주식의 수
  ③ 신회사설립시에 정하는 신회사가 발행하는 주식에 대한 주주의 신주인수권의 제한에 관한 사항과 특정한 제3자에게 신주인수권을 부여하는 것을 정하는 때에는 그에 관한 사항
  ④ 채무자의 회생채권자·회생담보권자 또는 주주에 대하여 새로이 납입을 시키지 아니하고 신회사의 주식을 배정하는 때에는 발행하는 주식의 총수 및 종류, 종류별 주식의 수 및 그 배정에 관한 사항과 배정에 따라 주식의 병합 또는 분할을 하는 때에는 그에 관한 사항
  ⑤ 채무자의 주주에게 금전을 지급하거나 사채를 배정하는 것을 정하는 때에는 그 규정
  ⑥ 신회사에 이전되는 재산과 그 가액
  ⑦ 「상법」 제530조의9(분할 및 분할합병 후의 회사의 책임)제2항의 규정에 의한 정함이 있는 때에는 그 내용
  ⑧ 신회사의 이사·대표이사 및 감사가 될 자나 그 선임 또는 선정의 방법 및 임기. 이 경우 임기는 1년을 넘을 수 없다.
  ⑨ 신회사가 사채를 발행하는 때에는 제209조 각호의 사항
  ⑩ 회생채권자·회생담보권자·주주 또는 제3자에 대하여 새로 납입하게 하고 주식을 발행하는 때에는 그 납입금액 그 밖에 주식의 배정에 관한 사항과 납입기일
  ⑪ 현물출자를 하는 자가 있는 때에는 그 성명 및 주민등록번호, 출자의 목적인 재산, 그 가격과 이에 대하여 부여하는 주식의 종류 및 수
  ⑫ 그 밖에 신회사의 정관에 기재하고자 하는 사항

⑬ 자본과 준비금의 액

⑭ 분할하는 날

(2) 분할 후 채무자가 존속하는 때

① 감소하는 자본과 준비금의 액

② 자본감소의 방법

③ 분할로 인하여 이전하는 재산과 그 가액

④ 분할 후의 발행주식의 총수

⑤ 채무자가 발행하는 주식의 총수를 감소하는 때에는 그 감소하는 주식의 총수·종류 및 종류별 주식의 수

⑥ 그 밖에 정관변경을 가져 오게 하는 사항

주식회사의 분할합병(제213조)

주식회사인 채무자가 분할되어 그 일부가 다른 회사와 합병하여 그 다른 회사가 존속하는 때와 다른 회사가 분할되어 그 일부가 주식회사인 채무자와 합병하여 그 채무자가 존속하는 때에는 회생계획에 다음의 사항을 정하여야 한다.

(1) 주식회사인 채무자가 분할되어 그 일부가 다른 회사와 합병하여 그 다른 회사가 존속하는 때와 다른 회사가 분할되어 그 일부가 주식회사인 채무자와 합병하여 그 채무자가 존속하는 때

① 다른 회사의 상호

② 존속하는 회사가 분할합병으로 인하여 발행하여야 하는 주식의 총수가 증가하는 때에는 증가하는 주식의 총수·종류 및 종류별 주식의 수, 그 주식에 대한 주주의 신주인수권의 제한에 관한 사항과 특정한 제3자에게 신주인수권을 부여하는 것을 정하는 때에는 그에 관한 사항

③ 분할되는 채무자의 회생채권자·회생담보권자 또는 주주에 대하여 발행하는 신주의 총수 및 종류, 종류별 주식의 수 및 그 배정에 관한 사항과 배정에 따른 주식의 병합 또는 분할을 하는 때에는 그에 관한 사항

④ 분할되는 회사의 주주에게 금전을 지급하거나 사채를 배정하는 것을 정하는 때에는 그에 관한 사항

⑤ 존속하는 회사의 증가하는 자본의 총액과 준비금에 관한 사항

⑥ 분할되는 채무자가 존속하는 회사에 이전하는 재산과 그 가액

⑦ 「상법」 제530조의9(분할 및 분할합병 후의 회사의 책임)제3항의 규정에 의한 정함이 있는 때에는 그에 관한 사항

⑧ 분할합병계약서를 승인하는 결의를 하기 위한 다른 회사의 주주총회의 일시

⑨ 분할합병을 하는 날

⑩ 다른 회사가 존속하는 경우 그 회사의 이사 및 감사를 정하는 때에는 그 성명 및 주민등록번호

⑪ 그 밖에 존속하는 채무자의 정관변경을 가져오게 하는 사항

(2) 채무자가 분할되어 그 일부가 다른 회사 또는 다른 회사의 일부와 분할합병을 하여 신회사를 설립하는 때와 다른 회사가 분할되어 그 일부가 채무자 또는 채무자의 일부와 분할합병을 하여 신회사를 설립하는 때

① 다른 회사의 상호

② 신회사의 상호, 목적, 본점 및 지점의 소재지, 발행할 주식의 수, 1주의 금액, 자본과 준비금의 액 및 공고방법

③ 신회사설립시에 정하는 신회사가 발행하는 주식에 대한 주주의 신주인수권의 제한에 관한 사항과 특정한 제3자에게 신주인수권을 부여하는 것을 정하는 때에는 그에 관한 사항

④ 채무자 또는 다른 회사가 신회사에 이전하는 재산과 그 가액

⑤ 「상법」 제530조의9(분할 및 분할합병 후의 회사의 책임)제2항의 규정에 의한 정함이 있는 때에는 그 내용

⑥ 그 밖에 신회사의 정관에 기재하고자 하는 사항

⑦ 채무자의 회생채권자·회생담보권자·주주 또는 다른 회사의 주주에 대하여 발행하는 주식의 총수 및 종류, 종류별 주식의 수 및 그 배정에 관한 사항과 배정에 따른 주식의 병합 또는 분할을 하는 때에는 그에 관한 사항

⑧ 채무자 또는 다른 회사의 주주에게 금전을 지급하거나 사채를 배정하는 것을 정하는 때에는 그 사항

⑨ 다른 회사에서 분할합병계약서를 승인하는 결의를 하기 위한 주주총회의 일시

⑩ 분할합병을 하는 날

⑪ 신회사의 이사·대표이사 및 감사가 될 자나 그 선임 또는 선정의 방법 및 임기. 이 경우 임기는 1년을 넘을 수 없다.

주식회사의 물적분할(제214조)

채무자회생및파산에관한법률 제212조(주식회사의 분할) 및 제213조(주식회사의 분할합병)의 규정은 분할되는 주식회사인 채무자가 분할 또는 분할합병으로 인하여 설립되는 회사의 주식의 총수를 취득하는 경우에 관하여 준용한다.

주식회사 또는 유한회사의 신회사 설립(제215조)

(1) 회생채권자·회생담보권자·주주·지분권자에 대하여 새로 납입 또는 현물출자를 하지 아니하고 주식 또는 출자지분을 인수하게 함으로써 신회사(주식회사 또는 유한회사에 한한다)를 설립하는 때에는 회생계획에 다음의 사항을 정하여야 한다.

① 신회사의 상호, 목적, 본점 및 지점의 소재지와 공고의 방법

② 신회사가 발행하는 주식 또는 출자지분의 종류와 수

③ 1주 또는 출자 1좌의 금액

④ 신회사설립시에 정하는 신회사가 발행하는 주식 또는 출자지분에 대한 주주의 신주인수권 또는 지분권자의 출자지분인수권의 제한에 관한 사항과 특정한 제3자에 부여하는 것을 정하는 때에는 이에 관한 사항

⑤ 회생채권자·회생담보권자·주주·지분권자에 대하여 발행하는 주식 또는 출자지분의 종류 및 수와 그 배정에 관한 사항

⑥ 그 밖에 신회사의 정관에 기재하는 사항

⑦ 신회사의 자본 또는 출자액의 준비금의 액

⑧ 채무자에서 신회사로 이전하는 재산과 그 가액

⑨ 신회사의 이사·대표이사 및 감사가 될 자나 그 선임 또는 선정의 방법 및 임기. 이 경우 임기는 1년을 넘을 수 없다.

⑩ 신회사가 사채를 발행하는 때에는 채무자회생및파산에관한법률 제209 조 각호의 사항

(2) 위에 규정된 경우를 제외하고 주식의 포괄적 이전·합병·분할 또는 분할 합병에 의하지 아니하고 신회사를 설립하는 때에는 회생계획에 다음의 사항을 정하여야 한다.

① 제1호 내지 제3호, 제6호와 제8호 내지 제10호의 사항

② 신회사설립 당시 발행하는 주식 또는 출자지분의 종류 및 수와 회생채 권자·회생담보권자 또는 주주·지분권자에 대하여 새로 납입 또는 현물 출자를 하게 하기나 하게 하지 아니하고 주식 또는 출자지분을 인수하 게 하는 때에는 제5호의 사항

③ 새로 현물출자를 하는 자가 있는 때에는 그 성명 및 주민등록번호, 출 자의 목적인 재산, 그 가액과 이에 대하여 부여하는 주식 또는 출자지 분의 종류와 수

해산(제216조)

1. 해산의 절차

회생절차가 진행 중인 때에는 회생계획에 의하지 않고는 해산을 할 수 없다. 즉 채무자가 합병, 분할, 분할합병에 의하지 않고 해산할 때에는 그 뜻과 해 산의 시기를 정하여야 한다.

회생절차는 재건의 가망이 있는 채무자에 관하여 그 사업의 회생, 재건을 도 모하는 데 그 목적이 있는 것으로서, 회생절차 중에 채무자를 해산하는 것은 예외적인 경우라 할 것인데, 이 경우는 다음과 같이 나눌 수 있다.

(1) 채무자 갱생의 방법의 일환으로서 해산을 수반하게 되는 경우

(2) 채무자 재건의 목적을 달할 수 없어서 해체하기에 이른 경우

그런데 (1)의 경우 중에는 채무자가 타회사와 합병을 통해 해산하는 경우도 그에 포함되지만 채무자가 다른 회사와 합병을 하게 되는 경우에는, 합병에 의하여 채무자는 당연히 해산, 소멸하게 되므로 해산에 관하여 따로 정할 필요는 없다. 따라서 본 조는 합병에 의한 해산의 경우 이외의 경우에만 적용되는 규정이다. 위 (1)의 경우 즉, 채무자 재건의 방법으로서 신회사를 설립하는 경우나, 신회사를 설립하지는 않고 영업양도를 하는 경우에는 회생채무자가 항상 재건하게 되는 것은 아니고 존속하는 경우도 가능한 것이므로 이에 회생채무자의 해산의 유무를 명백히 하기 위하여, 해산하는 때에는 그 취지와 해산의 시기를 정하는 것이 요구되는 것이다.

또 (2)의 경우, 즉 청산을 목적으로 하는 회생계획이 작성되는 시기에 이르게 된 경우에는 채무자가 해산하는 것이 당연하지만 그 시기가 분명하지 않으므로 역시 회생계획에서 해산에 관하여 기재할 것이 요구되는 것이다.

공정하고 형평한 차등(제217조)

1. 회생담보권자, 회생채권자, 주주의 권리를 변경하는 조항은 본 조에서 정하는 순위

   (1) 회생담보권

   (2) 일반의 우선권 있는 회생채권

   (3) 일반의 우선권 있는 회생채권에 규정된 것 외의 회생채권

   (4) 잔여재산의 분배에 관하여 우선적 내용이 있는 주주, 지분권자의 권리

   (5) 전호에 게기하는 것 이외의 주주, 지분권자의 권리를 고려하여 공정, 형평한 차등을 두어야 한다.

2. 실무에서의 처리

   실무에서는 소액 상거래채권에 해당하는 등 합리적인 사정이 있는 경우에는 일반 금융기관 채권에 비하여 우대를 하고 있다. 현가율을 산정함에 있어서

적용하는 현가할인율은 실무 편의상 조사보고서의 할인율을 적용하고 있는데, 절대적인 우열이 아닌 상대적인 우열을 비교하는 것이기 때문에 다른 기준의 할인율을 적용(예를 들어 정기예금 금리 등)하더라도 무방하다.

■ 관련판례

판례(대법원 2004. 12. 10. 자 2002그121 결정)

1. 회사정리법 제228조 제1항은 "정리계획에서는 정리담보권, 정리채권, 주주의 권리의 순위를 고려하여 계획의 조건에 공정·형평한 차등을 두어야 한다."고 규정하고 있는데, 이 공정·형평의 원칙은 선순위 권리자에 대하여 수익과 청산시의 재산분배에 관하여 우선권을 보장하거나 후순위 권리자를 선순위 권리자보다 우대하지 않아야 됨을 의미한다고 할 것이어서, 예컨대 정리채권자의 권리를 감축하면서 주주의 권리를 감축하지 않는 것은 허용되지 아니하고, 다만 주식과 채권은 그 성질이 상이하여 단순히 정래채권의 감축 비율과 주식 수의 감소 비율만을 비교하여 일률적으로 우열을 판단할 수는 없고, 자본의 감소와 그 비율, 신주발행에 의한 실질적인 지분의 저감 비율, 정리계획안 자체에서 장래 출자전환이나 인수·합병을 위한 신주발행을 예정하고 있는 경우에는 그 예상되는 지분 비율, 그에 따라 정리계획에 의하여 정리회사가 보유하게 될 순자산 중 기존주주의 지분에 따른 금액의 규모, 변제될 정리채권의 금액과 비율, 보증채권의 경우 주채무자가 그 전부 또는 일부를 변제하였거나 변제할 개연성이 있다면 그 규모 등을 두루 참작하여야 한다.

2. 회사정리법 제229조는 "정리계획의 조건은 같은 성질의 권리를 가진 자 사이에서는 평등하여야 한다."고 규정하고 있는데, 여기에서의 평등이라는 의미는 형식적인 평등을 말하는 것이 아니라 공정·형평의 관념에 반하지 않는 실질적인 평등을 말하는 것으로서, 정리계획에 있어서 모든 권리를 반드시 같은 법 제228조 제1항 제1호 내지 제6호가 규정하는 6종류의 권리로 나누어 각 종류의 권리를 획일적으로 평등하게 취급하여야만 하는 것은 아니고, 6종류의 권리 내부에 있어서도 정리채권이나 정리담보권의 성질의 차이 등을 고려하여 이를 더 세분하여 차등을 두더라도 형평의 관념에 반하지 아니하는 경우에는 그와 같이 할 수 있다.

판례(대법원 2000. 1. 5. 자 99그35 결정)

1. 정리계획의 인가를 하기 위하여는 정리계획이 회사정리법 제233조 제1항 제2호 전단이 규정하는 공정·형평성을 구비하고 있어야 하는바, 여기서 말하는 공정·형평성이란 구체적으로는 정리계획에 같은 법 제228조 제1항이 정하는 권리의 순위를 고려하여 이종(異種)의 권리자들 사이에는 계획의 조건에 공정·형평한 차등을 두어야 하고, 같은 법 제229조가 정하는 바에 따라 동종(同種)의 권리자들 사이에는 조건을 평등하게 하여야 한다는 것을 의미하는 것으로, 여기서의 평등은 형식적 의미의 평등이 아니라 공정·형평의 관념에 반하지 아니하는 실질적인 평등을 가리키는 것이므로, 정리계획에 있어서 모든 권리를 반드시 같은 법 제228조 제1항 제1호 내지 제6호가 규정하는 6종류의 권리로 나누어 각 종류의 권리를 획일적으로 평등하게 취급하여야만 하는 것은 아니고, 6종류의 권리 내부에 있어서도 정리채권이나 정리담보권의 성질의 차이 등 합리적인 이유를 고려하여 이를 더 세분하여 차등을 두더라도 공정·형평의 관념에 반하지 아니하는 경우에는 합리적인 범위 내에서 차등을 둘 수 있는 것이며, 다만 같은 성질의 정리채권이나 정리담보권에 대하여 합리적인 이유 없이 권리에 대한 감면의 비율이나 변제기를 달리하는 것과 같은 차별은 허용되지 아니한다.

2. 이른바 팩토링 금융회사의 정리채권을 금융기관 정리채권으로 분류하여 상거래 정리채권과 차등을 둔 정리계획인가가 헌법상 평등의 원칙이나 회사정리법 제228조, 제229조, 제233조 제1항 제2호를 위반하였다고 볼 수 없다고 한 사례.

3. 후순위인 일반 주주의 권리는 10분의 1로 축소시키고, 주채권인 상거래 정리채권은 2차년도까지 전액 변제하기로 하며, 보증채권 아닌 정리채권은 금융기관 정리채권과 상거래 정리채권 사이에 차등을 두면서도 보증채권인 상거래 정리채권을 보증채권인 금융기관 정리채권과 함께 전액 면제시킨 정리계획은 공정·형평의 관념 및 평등의 원칙에 위반된다고 한 사례.

판례(대법원 2018. 5. 18., 자, 2016마5352, 결정)

법원이 회생계획의 인가를 하기 위해서는 채무자 회생 및 파산에 관한 법률(이하 '채무자회생법'이라고 한다) 제243조 제1항 제2호 전단에 따라 회생계획이 공정하고 형평에 맞아야 한다. 구체적으로는 채무자회생법 제217조 제1항이 정하는 권리의 순위를 고려하여 이종(異種)의 권리자들 사이에는 회생계획의 조건에 공정하고 형평에 맞는 차등을 두어야 하고, 채무자회생법 제218조 제1항이 정하는 바에 따라 동종(同種)의 권리자들 사이에는 회생계획의 조건을 평등하게 하여야 한다는 것을 의미한다. 여기서 평등은 형식적 의미의 평등이 아니라 공정·형평의 관념에 반하지 아니하는 실질적인 평등을 가리킨다. 따라서 회생계획에서 모든 권리를 반드시 채무자회생법 제217조 제1항 제1호 내지 제5호가 규정하는 5종류의 권리로 나누어 각 종류의 권리를 획일적으로 평등하게 취급하여야만 하는 것은 아니다. 5종류의 권리 내부에서도 회생채권이나 회생담보권의 성질의 차이, 채무자의 회생을 포함한 회생계획의 수행가능성 등 제반 사정에 따른 합리적인 이유를 고려하여 이를 더 세분하여 차등을 두더라도 공정·형평의 관념에 반하지 아니하는 경우에는 합리적인 범위 내에서 차등을 둘 수 있다. 다만 같은 성질의 회생채권이나 회생담보권에 대하여 합리적인 이유 없이 권리에 대한 감면 비율이나 변제기를 달리하는 것과 같은 차별은 허용되지 아니한다.

판례(대법원 2015. 12. 29., 자, 2014마1157, 결정)

법원이 회생계획의 인가를 하기 위하여는 구 채무자 회생 및 파산에 관한 법률(2014. 12. 30. 법률 제12892호로 개정되기 전의 것, 이하 '채무자회생법'이라고 한다) 제243조 제1항 제2호 전단에 따라 회생계획이 공정하고 형평에 맞아야 하는데, 여기서 말하는 공정·형평이란 구체적으로는 채무자회생법 제217조 제1항이 정하는 권리의 순위를 고려하여 이종(異種)의 권리자들 사이에는 회생계획의 조건에 공정하고 형평에 맞는 차등을 두어야 하고, 채무자회생법 제218조 제1항이 정하는 바에 따라 동종(同種)의 권리자들 사이에는 회생계획의 조건을 평등하게 하여야 한다는 것을 의미한다.

평등의 원칙(제218조)

1. 평등의 원칙

같은 성질을 가진 자 사이에서는 회생계획이 평등하여야 한다. 이는 본 법이 회생계획안을 가결함에 있어 다수결 원칙을 취하고 있기 때문에 의결권액이 큰 채권자에 대하여 우대를 함으로써 발생할 수 있는 폐해를 방지하기 위하여 마련한 규정이다. 따라서 다른 이해관계인에 비하여 불이익을 받는 같은 성질을 가지는 자의 동의가 있는 경우와 특정 이해관계인에 비하여 불이익을 받는 자의 동의가 있는 경우에는 특정 이해관계인에 대하여 불이익하게 취급하는 것도 무방한 것으로 해석된다. "동일한 종류의 권리를 가진 자"라는 것은 같은 일반 회생채권자라 하더라도 회사채권, 어음채권, 외상매출채권 등 그 성질에 따라 다른 내용의 규정을 할 수 있다. 그러나 차등을 두는 경우가 있더라도 그 차등의 정도가 평등원칙의 기본이념에 벗어날 정도로 크면 안된다.

2. 평등의 원칙의 예외

회생채권자, 회생담보권자의 경우에는 그 채권이 소액일 경우에는 평등의 원칙의 예외를 인정하고 있다. 따라서 비교적 소액 채권이라고 인정되는 경우에는 다른 채권에 비하여 조기변제하는 등 그 조건을 우대할 수 있다. 어느 정도의 채권이 소액이라 하여 평등의 원칙의 예외를 인정할 수 있는지는 채무자의 전체 부채 규모와 해당 채권자조의 채권 규모 등 제반사정을 구체적으로 판단하여야 한다.

▣ 관련판례

판례(대법원 2004. 12. 10. 자 2002그121 결정)

1. 회사정리법 제229조는 "정리계획의 조건은 같은 성질의 권리를 가진 자 사이에서는 평등하여야 한다."고 규정하고 있는데, 여기에서의 평등이라는 의미는 형식적인 평등을 말하는 것이 아니라 공정·형평의 관념에 반하지 않는 실질적인

평등을 말하는 것으로서, 정리계획에 있어서 모든 권리를 반드시 같은 법 제228조 제1항 제1호 내지 제6호가 규정하는 6종류의 권리로 나누어 각 종류의 권리를 획일적으로 평등하게 취급하여야만 하는 것은 아니고, 6종류의 권리 내부에 있어서도 정리채권이나 정리담보권의 성질의 차이 등을 고려하여 이를 더 세분하여 차등을 두더라도 형평의 관념에 반하지 아니하는 경우에는 그와 같이 할 수 있다.

2. 보증인인 회사에 대하여 정리절차가 개시된 경우 채권자는 개시 당시 가지는 채권의 전액에 관하여 정리채권으로 권리를 행사할 수 있으나, 이와 같은 정리채권에 대하여는 그 변제방법을 정함에 있어 다른 정리채권보다 차등을 두어 불리한 조건을 정하는 것은, 비록 그것이 연대보증채권이라고 하더라도 회사정리법 제229조에 정한 평등의 원칙에 반하는 것이 아니다.

판례(대법원 2000. 1. 5. 자 99그35 결정)

1. 정리계획의 인가를 하기 위하여는 정리계획이 회사정리법 제233조 제1항 제2호 전단이 규정하는 공정·형평성을 구비하고 있어야 하는바, 여기서 말하는 공정·형평성이란 구체적으로는 정리계획에 같은 법 제228조 제1항이 정하는 권리의 순위를 고려하여 이종(異種)의 권리자들 사이에는 계획의 조건에 공정·형평한 차등을 두어야 하고, 같은 법 제229조가 정하는 바에 따라 동종(同種)의 권리자들 사이에는 조건을 평등하게 하여야 한다는 것을 의미하는 것으로, 여기서의 평등은 형식적 의미의 평등이 아니라 공정·형평의 관념에 반하지 아니하는 실질적인 평등을 가리키는 것이므로, 정리계획에 있어서 모든 권리를 반드시 같은 법 제228조 제1항 제1호 내지 제6호가 규정하는 6종류의 권리로 나누어 각 종류의 권리를 획일적으로 평등하게 취급하여야만 하는 것은 아니고, 6종류의 권리 내부에 있어서도 정리채권이나 정리담보권의 성질의 차이 등 합리적인 이유를 고려하여 이를 더 세분하여 차등을 두더라도 공정·형평의 관념에 반하지 아니하는 경우에는 합리적인 범위 내에서 차등을 둘 수 있는 것이며, 다만 같은 성질의 정리채권이나 정리담보권에 대하여 합리적인 이유 없이 권리에 대한 감면의 비율이나 변제기를 달리하는 것과 같은 차별은 허용되지 아니한다.

2. 이른바 팩토링 금융회사의 정리채권을 금융기관 정리채권으로 분류하여 상거래 정리채권과 차등을 둔 정리계획인가가 헌법상 평등의 원칙이나 회사정리법 제228조, 제229조, 제233조 제1항 제2호를 위반하였다고 볼 수 없다고 한 사례.

3. 금융기관이 파산선고를 받아 파산절차가 진행중이라는 것만으로는 차등을 둘 합리적인 이유가 될 수 없는 것이므로 다른 정상적인 금융기관과 동일한 조건에서 정리채권을 변제받도록 한 정리계획이 평등의 원칙에 반한다거나 파산의 특수성 또는 그 목적에 위배된다고 할 수 없다.

4. 일반적으로 보증채무의 경우에는 변제책임을 지는 주채무자가 따로이 있을 뿐만 아니라 반드시 보증에 상응하는 대가를 얻는 것도 아니라는 점에서 정리채권이 보증채권인 경우에는 주채권인 경우에 비하여 일정한 차등을 두더라도 공정·형평이나 평등의 원칙에 어긋난다고 볼 수는 없다.

5. 후순위인 일반 주주의 권리는 10분의 1로 축소시키고, 주채권인 상거래 정리채권은 2차년도까지 전액 변제하기로 하며, 보증채권 아닌 정리채권은 금융기관 정리채권과 상거래 정리채권 사이에 차등을 두면서도 보증채권인 상거래 정리채권을 보증채권인 금융기관 정리채권과 함께 전액 면제시킨 정리계획은 공정·형평의 관념 및 평등의 원칙에 위반된다고 한 사례.

판례(대법원 2015. 12. 29., 자, 2014마1157, 결정)

법원이 회생계획의 인가를 하기 위하여는 구 채무자 회생 및 파산에 관한 법률(2014. 12. 30. 법률 제12892호로 개정되기 전의 것, 이하 '채무자회생법'이라고 한다) 제243조 제1항 제2호 전단에 따라 회생계획이 공정하고 형평에 맞아야 하는데, 여기서 말하는 공정·형평이란 구체적으로는 채무자회생법 제217조 제1항이 정하는 권리의 순위를 고려하여 이종(異種)의 권리자들 사이에는 회생계획의 조건에 공정하고 형평에 맞는 차등을 두어야 하고, 채무자회생법 제218조 제1항이 정하는 바에 따라 동종(同種)의 권리자들 사이에는 회생계획의 조건을 평등하게 하여야 한다는 것을 의미한다.

판례(대법원 2015. 12. 29., 자, 2014마1157, 결정)

정리계획에 의하면 갑 등의 요트건조 관련 정리채권은 요트건조계약의 불이행으로 인한 손해배상채권으로서 위 채권은 6차년도에서 시작하여 19차년도에 이르기까지 무이자로 원금만 분할 변제함에 반하여 위 채권과 함께 기타 일반 정리채권으로 분류하고 있는 리스회사의 채권은 준비년도 말에 전액 변제하고 일반상거래 채권은 준비년도부터 시작하여 2차년도까지 전액 변제하게 되어 있으며 금액에 있어서도 일반상거래 채권자들 중에서 갑 등의 요트건조 관련 채권액보다 고액의 채권을 가진 자가 상당수 있다면 정리계획의 조건은 같은 성질의 권리를 가진 자간에서는 원칙적으로 평등하여야 한다는 회사정리법 제229조의 규정에 비추어 단지 그 채권의 성질이 일반상거래 채권과는 달리 손해배상채권이라는 것만으로는 변제조건 등에 있어서 심하게 차등을 둘 합리적 이유가 있다고 보기 어렵다고 한 사례.

판례(대법원 2018. 5. 30., 선고, 2018다203722, 203739, 판결)

甲 주식회사에 대한 회생계획에는 甲 회사의 이사였다가 해임된 乙 등이 소송을 제기하여 지급을 구하는 미지급 급여 및 퇴직금 상당의 채권이 '미확정 회생채권'이라는 내용과 '미확정 회생채권이 확정될 경우 그 권리의 성질 및 내용을 고려하여 가장 유사한 회생채권의 권리변경 및 변제방법에 따라 변제한다'는 내용이 기재되어 있고, 회생계획의 '용어의 정의'란에는 乙 등이 다른 특수관계인 개인들과 함께 특수관계인 개인으로 기재되어 있으며, '회생채권의 권리변경과 변제방법'란에는 위 '용어의 정의'란에 기재된 특수관계인 개인들 중 乙 등을 제외한 나머지 특수관계인 개인들의 회생채권에 대해 '전액을 면제한다'는 내용이 기재되어 있는데, 위 소송에 관한 판결이 확정된 후 甲 회사가 소송에서 확정된 乙 등의 채권은 회생계획상 채권 전액이 면제되는 특수관계인 개인들의 회생채권과 성질 및 내용이 가장 유사하므로 乙 등의 채권이 전액 면제되었다고 주장한 사안에서, 乙 등의 회생채권이 다른 특수관계인 개인들의 회생채권과 성질 및 내용이 유사하지 않다고 보아 甲 회사의 주장을 배척한 원심판단에 회생계획의 해석에 관한 법리오해의 잘못이 있다고 한 사례.

특별한 이익을 주는 행위의 무효(제219조)

채무자가 자신 또는 제3자의 명의로 회생계획에 의하지 아니하고 일부 회생채권자, 회생담보권자, 주주, 지분권자에게 특별한 이익을 주는 행위는 무효로 한다.

▣ 관련판례

판례(대법원 2005. 3. 10. 자 2002그32 판결)

1. 회사정리법 제231조는 "회사 또는 제3자가 정리계획의 조건에 의하지 아니하고 어느 정리채권자, 정리담보권자 또는 주주에게 특별한 이익을 주는 행위는 무효로 한다."고 규정하고 있으나, 정리채권 및 정리담보권의 양도는 회사정리절차상 용인되고 있고(같은 법 제128조 참조), 정리회사의 인수예정자 등 정리계획을 추진하는 자가 적극적으로 권리를 양수하는 것 역시 회사정리법 전체의 구조에서 시인되고 있으므로, 제3자가 정리채권이나 정리담보권을 양수하는 행위가 같은 법 제231조의 특별이익의 공여행위에 해당하려면, 양도 가격이 당해 정리채권이나 정리담보권의 실제 가치를 현저히 초과하는 경우에 한하는 것으로 제한적으로 해석하여야 한다.

2. 회사정리법 제233조 제1항 제3호는 정리계획안 인가의 요건으로 결의가 성실·공정하게 이루어질 것을 들고 있는바, 불성실·불공정한 결의란 계획안의 가부를 결정하기 위한 의결권 행사의 의사표시를 하는 과정에 있어서 본인 이외의 제3자로부터 위법·부당한 영향이 작용하는 경우를 말하는 것으로서, 이해관계인에 대한 협박이나 기망은 물론, 의결권 행사 혹은 그 위임의 대가로 특별한 이익이 공여된 경우도 결의의 성실·공정을 해하는 사유에 해당할 수 있다.

3. 정리계획안의 가부를 결정하기 위한 결의를 함에 있어서, 실제로 정리담보권 자체를 양도받은 양수인이 관계인집회 때까지 신고명의의 변경 등 이전에 필요한 절차를 밟을 시간적 여유가 없어 양도인들로부터 위임장을 교부받아 의결권을 대리행사한 데 지나지 아니하고, 정리담보권의 양도가격이 그 실제 가치

를 현저히 초과하지 않아 양수행위가 특별이익의 공여에 해당한다고 볼 정도에까지 이르지 않은 이상, 그 양수행위로 인하여 위 결의에 위법·부당한 영향을 미쳐 공정성을 해하였다고 할 수는 없다.

제2절 회생계획안의 제출

회생계획안의 제출(제220조)

1. 의의

계속가치가 청산가치보다 크다고 인정되는 경우	법원은 제1회 관계인집회기일이나 그 후 지체없이 관리인에게 기간을 정하여 채무자 사업의 계속을 내용으로 하는 회생계획안의 제출을 명하여야 한다.
청산가치가 계속가치보다 크다고 인정되는 경우	법원은 청산을 내용으로 하는 계획안의 작성을 허가하지 않는 한 회생절차를 폐지하여야 한다.

2. 명령의 시기

회생계획안의 제출명령의 제출시기는 제1회 관계인집회기일이나 그 직후에 하여야 한다. 입법취지를 고려하여 볼 때, 만약 제1회 관계인집회를 개최할 무렵에 이미 채무자의 사업의 계속가치가 청산가치보다 높다는 것이 분명한 것으로 인정 되었다면 집회기일에서 회생계획안의 제출명령을 하는 것이 바람직할 것이다. 그러나 제1회 관계인집회를 개최할 때까지도 채무자의 사업의 계속가치가 청산가치보다 높은지 여부에 관한 다툼이 심하여 조사나 심리가 필요하다고 인정되는 경우에는 관계인집회에서 회생계획안의 제출명령을 발할 수 없을 것이다. 그러나 이 경우에도 채무자와 관련된 이해관계인들의 불안정한 상태를 오래 지속시키는 것은 조속한 권리관계의 확정을 위해서나, 이해관계인들의 지위를 지나치게 오랫동안 불안하게 할 수 있으므로 최대한 빠른 시간 내에 제출명령의 발령 여부를 결정하여야 할 것이다. 이 내용은 2014년 12월 30일 전문개정 되었다. 그 개정문은 다음과 같다.

관리인은 채무자회생및파산에관한법률 제50조제1항제4호 또는 같은 조 제3항에 따라 법원이 정한 기간 안에 회생계획안을 작성하여 법원에 제출하여야 한다. 관리인은 제1항의 기간 안에 회생계획안을 작성할 수 없는 때에는 그 기간 안에 그 사실을 법원에 보고하여야 한다.

3. 명령 후의 조치사항

법원이 회생계획안 제출명령을 한 경우에는 이를 공고하고, 관리인, 조사위원, 채무자, 신고한 회생채권자. 회생담보권자 및 주주에게 송달하여야 한다.

【서식】회생계획안 제출명령

서울회생법원
제201파산부
결   정

사   건   20○○회○○   회사정리
정 리 회사   ○○ 주식회사
             서울 ○○구 ○○동 ○○○
관 리 인   ○ ○ ○

주   문

관리인은 20○○. ○. ○.까지 회사의 존속, 합병, 분할, 분할합병, 신회사의 설
립 또는 영업의 양도 등에 의한 사업의 계속을 내용으로 하는 회생계획안을 제
출하여야 한다.

이   유

정리회사는 그 사업을 계속할 때의 가치가 회사를 청산할 때의 가치보다 크다고
인정되므로, 채무자회생및파산에관한법률 제220조 제1항에 의하여 주문과 같이
결정한다.

20○○. ○. ○.

재판장 판사 ○ ○ ○
판사 ○ ○ ○
판사 ○ ○ ○

4. 회생계획안의 작성, 제출권자

회생계획안의 작성, 제출권자는 관리인이다. 관리인이 회생계획안의 작성 및 제출을 게을리하는 경우가 있다면 그것은 관리인의 해임사유가 될 것이다. 한 편 채무자, 신고한 회생채권자, 회생담보권자, 주주도 회생계획안 제출명령에 정해진 기간 내에 회생계획안을 작성하여 제출 할 수 있다. 회생계획안 제출 명령은 형식상으로는 관리인에 대한 제출명령이지만, 실질적으로는 이해관계인 전체에 대하여 회생계획안의 제출을 허용한다는 선언이 되기도 하다.

5. 실무에서의 처리

실무상 채무자는 회생절차 개시결정 이후 채무자의 의사결정 과정이나 경영권에서 배제되는 경우가 많기 때문에 채무자가 회생계획안을 제출한 사례는 거의 없다. 그리고 회생계획안을 작성 및 제출하기 위해서는 채무자의 사업계획, 채권신고현황에 대한 상세한 자료와 함께 회계적인 전문지식도 요구되기 때문에 채권자나 주주가 별도의 계획안을 제출하는 경우는 사실상 없다. 다만 주주가 회생계획안을 따로 제출하여 복수의 회생계획안이 제출된 경우가 간혹 있었다.

채무자의 부채 총액이 자산의 총액을 초과하여 주주가 의결권을 갖지 못하는 경우에도 회생계획안을 작성하여 제출할 수 있다.

6. 제출기간의 결정

(1) 개요

회생계획안의 작성 및 제출권자는 법원이 정한 기간 내에 회생계획안을 제출하여야 한다. 따라서 법원은 회생계획안 제출명령과 회생계획안의 제출기간을 함께 정해야 한다.

(2) 회생계획안이 제출기간을 넘어 제출된 경우

회생계획안이 제출기간을 넘어 제출된 경우라 하더라도 그 회생계획안이 제출된 유일한 회생계획안일 경우에는 기한초과를 이유로 기각하기 보다는 그것을 가지고 절차를 진행하는 것이 바람직하다. 이 때 아무런 조치없이 그 회생계획안을 향후의 절차에 반영되는 방법도 불가능한 것은 아니나, 절차를 명확히 하기 위해서는 제출기간의 연장결정을 하는 것이 바람직하다.

(3) 제출기간을 결정할 때에 주의하여야 할 점

원칙적으로 회생계획안 제출기간은 4월을 넘지 못한다. 다만, 제1회 관계인집회 전날까지 사전계획안을 제출하거나 동의한 채권자가 가진 채권의 총액이 회생채권 및 담보권의 3분의 2이상에 해당하는 경우 회생계획안 제출기간은 2월을 넘지 못한다. 제출기간을 정함에 있어서는 채무자의 부채의 규모, 채무자를 둘러싼 이해관계인의 다소, 이해관계인의 채무자에 대한 협력의 정도, 기타 회생절차 외적인 요소 등을 고려하면 충분하다. 실무상 제출기간은 제1회 관계인집회 후 1개월 뒤로 정하고 있다.

7. 제출기간의 연장결정

(1) 의의

법원은 제출권자의 신청에 의하거나 또는 직권으로 회생계획안 제출기간의 연장결정을 내릴 수 있다. 관리인이 제출기간 내에 회생계획안을 제출할 수 없을 때에는 제출기간 내에 그 취지의 보고서를 법원에 제출하여야 하므로, 일반적으로는 관리인의 제출기간 연장결정 신청을 접수받고 연장결정을 하는 경우가 대부분이지만, 법원이 직권으로 연장결정을 하는 경우도 종종 있다.

제출기간 전에 관리인 최소한의 요건을 갖춘 회생계획안을 작성할 수 있는 경우에는, 굳이 제출기간을 연장할 필요 없이 우선적으로는 제출기간 내에 회생계획안을 제출하도록 한 뒤 추후에 회생계획안의 수정을 통하여 회생계획안의 내용을 보완하는 방법을 택할 수도 있다.

(2) 기간 연장이 필요한 사유

회생계획안 제출기간을 연장하여야 할 경우는 사실상 많지 않았지만, 실무상으로는

① 계열회사의 기업개선작업의 진행경과에 따라 회생계획안의 내용이 크게 변경되는 경우 ② 함께 회생절차가 개시된 계열회사와 동시에 회생절

차를 진행하여야 하는데 그 계열회사의 관리인이 제출기간 내에 회생계획안을 제출할 수 없는 사유가 있는 경우 ③ 회생회사에 대한 제3자 인수협상이 진행되고 있어 그 결과를 기다려야 하는 경우 등의 사유가 있어 회생계획안의 연장결정을 한 사례가 있었다.

(3) 기간 연장결정을 할 때에 주의하여야 할 점

법원의 제출기간 연장결정은 대기업의 경우에는 2개월, 중소기업의 경우에는 1개월을 넘어서는 안된다. 다만, 제1회 관계인집회 전날까지 사전계획안을 제출하거나 동의한 채권자가 가진 채권의 총액이 회생채권 및 담보권의 3분 2 이상에 해당하는 경우 제출기간 연장은 1월을 넘지 못한다.

(4) 기간 연장에 제한이 있는지 여부

그러나 연장결정은 1회에 한하는 것이 아니라 수차례 할 수 있다고 해석되고 있으며, 수차례 연장결정을 한 결과 제출기간이 회생계획안 제출명령일로부터 4개월을 초과하더라도 부적법 하지는 않는다고 본다. 그렇지만 결과적으로 계속적으로 연장결정을 하여 지나치게 회생계획안이 지연 되어 제출된 결과 절차의 신속성을 바라는 개정법의 취지에 어긋나게 돼서는 안 될 것이다.

【서식】정리계획안 제출기간의 연장결정문

서울회생법원
제201파산부
결   정

사   건   20○○회○○   회사정리

정 리 회사   ○○ 주식회사

              서울 ○○구 ○○동 ○○○

관 리 인   ○○○

주   문

정리회사의 정리계획안 제출기간을 "20○○. ○. ○.까지"에서 "20○○. ○. ○. 까지"로 연장한다.

이   유

관리인의 신청에 의하여 채무자회생및파산에관한법률 제220조 제3항, 제221조 제2항을 적용하여 주문과 같이 결정한다.

20○○. ○. ○.

재판장 판사 ○ ○ ○

판사 ○ ○ ○

판사 ○ ○ ○

【서식】 정리계획안 제출기간 연장결정의 공고문

정리계획안 제출기간 연장결정 공고

사　　건　　20○○회○○　　　　　　회사정리

정 리 회 사　　○○ 주식회사

　　　　　　　서울 ○○구 ○○동 ○○○

관 리 인　　　○ ○ ○

　　위 사건에 관하여 당원은 채무자회생및파산에관한법률 제8조 제1항, 제10조에 의하여 다음과 같이 공고합니다.

다　　음

　정리회사의 정리계획안 제출기간을 "20○○. ○. ○.까지"에서 "20○○. ○. ○.까지"로 연장한다.

　　　　　　　　20○○. ○. ○.

　　　　　　　　　　서울중회생법원 제201파산부

　　　　　　　　　　재판장 판사　○ ○ ○

　　　　　　　　　　　　　판사　○ ○ ○

　　　　　　　　　　　　　판사　○ ○ ○

회생채권자 등의 회생계획안 제출(제221조)

1. 의무자

원칙적으로 회생계획안의 작성, 제출권자임과 동시에 의무자는 관리인이다. 만약 관리인이 회생계획안의 작성 및 제출을 게을리 한다면 해임사유가 될 것이다.

2. 제출

한편 채무자와 목록에 기재되어 있거나 신고한 회생채권자·회생담보권자·주주·지분권자도 회생계획안을 제출할 수 있다. 회생계획안 제출명령은 형식상으로는 관리에 대한 명령이지만, 실질적으로는 이해관계인 전체에 대하여 회생계획안의 제출을 허용하는 선언이기도 하다.

청산 또는 영업양도 등을 내용으로 하는 회생계획안(제222조)

1. 회생계획안의 원칙

회생절차가 예정하고 있는 회생계획안은 채무자의 존속, 영업의 양도, 신회사의 설립 등 채무의 존속을 내용으로 하는 회생계획안이다. 따라서 어떠한 사유로든지 회생계획안을 작성하지 못할 경우에는 회생절차를 폐지하고 파산절차로 이행해야 한다.

2. 회생계획안의 원칙에 대한 예외

그러나 위와 같은 원칙만을 고집할 경우에는 그 동안에 진행된 절차가 한순간에 수포로 돌아갈 수 있으므로 전체적으로 시간이나 비용의 측면에서 큰 손실을 초래하게 되는 경우도 있을 수도 있다. 따라서 본 법은 일정한 요건 하에서는 청산을 내용으로 하는 계획안의 작성을 허용함으로써 실질적인 파산절차를 회생절차에 수용하여 절차의 효율성과 경제성을 추구하고 있다. 청산을 내용으로 하는 계획안이 관계인집회에서 가결되고 법원의 인가를 받아 실행되는 경우 파산절차가 행하여진 것과 같은 결과로 된다.

3. 실무에서의 처리

현행 법률이 필요적 파산선고의 범위를 확대하고 회생절차에서 이루어진 사항들을 그대로 파산절차에서도 활용할 수 있도록 하는 등 양 절차 사이의 연계성을 강조하고 있다는 점과 실무상 청산형 회생계획안을 활용하기가 절차상으로도 난해하고, 가결요건마저도 까다롭다는 점을 감안하면 청산형 회생계획안은 극히 예외적인 경우에 한하여 작성될 것으로 보인다. 그러나 처음부터 청산을 내용으로 하는 계획안을 작성한다는 목표로 회생절차를 신청하거나 개시결정을 하는 것은 허용되지 않는다.

4. 청산형 회생계획안의 의의

청산형 회생계획안은 채무자의 회사를 실질적으로 해체하는 것을 말한다. 따라서 법률적으로 회사의 법인격의 소멸 여부만을 가지고 청산형 회생계획안인지 여부를 판별하여서는 안된다.

(1) 회생계획안을 통하여 신회사의 설립을 통하여 구회사의 재산관계를 전면적으로 신회사에게 인수시키는 내용의 계획안, 타 회사에 흡수되는 내용의 계획안, 회사를 분할하여 분할되는 회사에게 재산을 이전시키는 내용의 계획안 등은 재건형계획안이지 청산형 회생계획안은 아니다.

(2) 회사의 재산 일체를 매각 또는 임대하여 그 매각대금이나 임대료를 가지고 채권자에게 분배하는 내용의 회생계획안도 본래의 물적인 기업자체는 해산이나 소멸없이 계속 존속하는 것이기 때문에 진정한 의미에서의 청산형 회생계획안이라 할 수 없다. 왜냐하면 이것은 객관적인 기업의 존재를 실질적으로 해체하여 그 매각대금을 채권자들에게 분배하는 것을 내용으로 하는 것이 아니라, 채무자의 사업의 계속가치를 그대로 존속시키면서 이를 채권자들에게 분배하는 한 형태이기 때문이다.

(3) 영업양도 등에 의한 회생계획안이 일반적인 갱생형 회생계획안과 차이가 있다면, 후자는 채무자의 사업의 계속가치의 분배를 수년에 걸쳐서 연차적으로 채권자에게 분배하는 것인데 반하여, 전자는 수년에 걸쳐

발생하는 계속가치를 현재 시점에서 한번에 채권자에게 분배하는 것을 내용으로 한다는 점에 차이가 있을 뿐이다.

(4) 실무상 청산형 회생계획안의 여부를 가리는 것은 회생계획안의 가결요건에서 매우 중요한 의미를 지닌다. 왜냐하면 일반회생계획안의 경우에는 회생담보권자의 조에 있어서 의결권 총액의 4분의 3 이상에 해당하는 의결권자의 동의를 얻으면 되지만, 청산형 회생계획안의 경우에는 의결권을 행사할 수 있는 자 전원의 동의를 얻지 않으면 안되기 때문이다.

5. 청산형 회생계획안 작성의 허가 요건
(1) 허가의 필요성

청산을 내용으로 하는 계획안은 회생절차의 본래의 목적과는 정반대의 목적을 추구하는 것으로 이해관계인에 대하여 실체적, 절차적 이익의 침해를 가져올 가능성이 많고, 앞서 언급하였듯이 갱생형 회생계획안을 작성하지 못할 사정이 있는 경우에는 절차를 폐지하는 것이 원칙이므로, 청산을 내용으로 하는 계획안을 작성하기 위해서는 법원의 허가를 얻어야 한다. 사업의 계속을 내용으로 하는 계획의 인가 후에 계획의 변경에 의하여 청산을 내용으로 하는 계획안을 작성하는 경우도 동일하다. 법원이 청산형 회생계획안의 작성을 허가하기 위해서는 다음과 같은 요건이 필요하다.

1) 채무자의 사업의 청산가치가 계속사업가치보다 큰 경우

채무자의 사업을 청산할 때의 가치가 채무자의 사업을 계속할 때의 가치보다 크다고 인정되는 경우에 청산형 회생계획안의 작성을 허가할 수 있다. 본래 채무자의 청산가치가 계속가치보다 큰 경우에는 회생절차폐지의 결정을 하여야 한다. 하지만, 회생절차를 그대로 폐지하는 것보다는 청산형 회생계획안을 작성하도록 하는 것이 구체적으로 타당한 경우도 있으므로 이러한 경우에는 청산형 회생계획안의 작성을 허가할 수 있도록 규정한 것이다.

2) 갱생형 회생계획안의 작성이 곤란함이 명백한 경우

회생절차개시 후 회사의 존속, 합병, 분할, 분할합병, 신회사의 설립 또는 영업의 양도 등에 의한 사업의 계속을 내용으로 하는 회생계획안의

작성이 곤란한 것이 명백한 경우에도 청산형 회생계획안의 작성을 허가할 수 있다. "작성이 곤란하다"는 것은 채무자의 수익력이 좋지 않아 도저히 갱생을 내용으로 하는 계획안을 작성하기가 어려운 경우와 갱생형 회생계획안을 작성, 제출하더라도 법정 다수의 동의를 이해관계인으로부터 얻을 수 없는 것이 확실할 정도로 예측되거나 계획안에 반대할 것으로 예상되는 조에 대하여 권리보호조항을 두면 사업의 존속을 기대할 수 없는 경우도 포함된다.

3) 채권자 일반의 이익을 해하지 않을 것

채무자가 위와 같은 요건 중의 하나를 충족하여 그의 허용을 할 수 있는 경우라 하더라도 청산형 회생계획안을 작성하는 것이 채권자 일반의 이익을 해할 경우에는 그 작성을 허가하여서는 안된다. "채권자 일반의 이익을 해한다"는 것은 곧 파산절차로 이행할 경우와 대비하여 청산형 회생계획안을 작성하는 것이 이해관계인에 대한 실체적, 절차적 처우에 있어서 현저히 균형을 잃는 경우를 의미한다.

6. 절차적 요건

(1) 청산형 회생계획안의 작성허가를 신청할 수 있는 자

회생계획안을 작성하여 제출할 수 있는 자, 즉 관리인, 채무자, 목록에 기재되어 있거나 신고한 회생채권자·회생담보권자·주주·지분권자이다.

(2) 허가의 신청방법

허가의 신청은 법원이 정한 회생계획안 제출기간 내에 하는 것이 원칙이지만, 제출기간이 경과한 경우 일지더라도 회생절차가 아직 폐지되지 않은 경우에는 청산형 회생계획안의 작성허가신청과 함께 계획안 제출기간의 연장신청을 할 수도 있다. 이미 갱생형 회생계획안에 대한 심리가 종료된 경우일지라도 청산형 회생계획안의 작성허가신청과 계획안 제출기간의 연장신청을 할 수 도 있다.

청산형 회생계획안의 작성허가신청을 할 때에 반드시 완성된 내용의 계획안을 제시할 필요가 있는 것은 아니다. 그렇지만 법원이 그러한 회생계획안의 작성을 허가하는 것이 채권자 일반의 이익을 해하는지 여부를 검토해야 하기 때문에 신청자가 적어도 작성할 계획안의 대강을 제시할 수 있어야 한다.

7. 작성허가결정

법원은 청산형 회생계획안의 작성 허가에 필요한 요건을 갖추었는지 여부를 심사한 후, 그 당부를 결정의 방법으로 판단하여야 한다. 허가 여부에 관한 결정은 신청인에게 고지하여야 하며, 이 결정에 대해서는 불복이 허용되지 않는다. 관리인, 채무자, 목록에 기재되어 있거나 신고한 회생채권자·회생담보권자·주주·지분권자는 허가에 관하여 의견을 진술할 수 있다.

【서식】 정리계획안 제출기간의 연장결정문

서울회생법원
제201파산부
결   정

사   건   20○○회○○   회사정리

정 리 회 사   ○○ 주식회사

　　　　　　　　서울 ○○구 ○○동 ○○○

관 리 인   ○ ○ ○

주   문

관리인이 정리회사의 청산을 내용으로 하는 정리계획안을 작성하는 것을 허가한다.

이   유

채무자회생및파산에관한법률 제222조 제1항에 의하여 주문과 같이 결정한다.

　　　　20○○. ○. ○.

　　　　　　　　　　재판장 판사 ○   ○   ○

　　　　　　　　　　　　　판사 ○   ○   ○

　　　　　　　　　　　　　판사 ○   ○   ○

8. 허가 후의 절차

법원이 청산형 회생계획안의 작성을 허가하는 경우에 이미 정한 회생계획안의 제출기간을 연장할 필요가 있으면 연장결정을 하여야 한다. 그리고 회생계획안이 제출되면 일반 회생계획안이 제출된 경우와 마찬가지로 계획안에 대한 심사를 거친 후 관계인집회를 소집한다.

9. 허가의 취소

법원은 청산형 회생계획안을 결의에 부치기 전까지는 이미 한 회생계획안의 작성허가를 언제든지 취소할 수 있다. 이와 같이 허가를 취소를 할 수 있는 경우를 예로 들자면 다음과 같다.

(1) 별도의 사업의 계속을 내용으로 하는 계획안이 소정 기간 내에 제출되고 이것을 심리에 부치는 것이 타당하다고 인정되는 경우

(2) 청산을 내용으로 하는 계획안이 채권자 일반의 이익에 반하는 것으로 뒤늦게 판명된 경우 등이다.
경우에 따라서는 이 규정에 의하여 허가취소를 하는 방법이 아닌, 청산형 회생계획안을 배제하는 방법을 사용할 수도 있을 것이다.

10. 청산형 회생계획안의 심리 및 결의

청산형 회생계획안도 일반 회생계획안과 마찬가지로 법원의 수정명령의 대상이 되고 관계인집회에서 심리, 가결되고 법원의 인가를 받음으로써 그 효력이 발생하게 된다. 다만, 청산형 회생계획안에 대한 회생담보권자 조의 가결요건은 갱생형 회생계획안과 달리 회생담보권자 전원의 동의를 요한다.

갱생형 회생계획안	회생담보권자 전원의 동의를 요하는 것은 아님
청산형 회생계획안	회생담보권자 전원의 동의를 요함

본래 청산형 회생계획안이란 회생절차 내에서 파산절차를 수행하는 것을 내용으로 하는 것인데, 담보권자들은 파산절차에 의할 경우 별제권자로서 개별적으로 권리행사를 할 수 있는데 반하여, 회생절차가 계속될 경우에는 회생

계획안에서 달리 정함이 없는 이상 담보권자로서의 권리행사에 제약을 받게 될 것이기 때문에 그 전원의 동의를 요하도록 한 것이다.

11. 가결요건

회생채권자의 가결요건은 다른 계획안에 있어서와 같다. 청산을 함에 있어서 채무초과인 경우 주주에게는 의결권이 없다. 그리고 청산을 내용으로 하는 회생계획의 인가결정이 있으면 관리인이 계획을 수행하게 되고 별도의 청산인을 선임하는 것은 아님을 유의한다.

회생계획안의 사전제출(제223조)

1. 사전계획안의 제출권자

통상의 절차에서는 채무자의 부채의 2분의 1이상에 해당하는 채권을 가진 채권자 또는 이러한 채권자의 동의를 얻은 채무자는 회생절차개시의 신청이 있은 때부터 회생절차개시 전까지 회생계획안을 작성하여 법원에 제출할 수 있다. 그러나 사전계획안은 채무자의 부채의 2분의 1이상에 해당하는 채권을 가진 채권자만이 제출할 수 있는 것이다.

2. 사전계획안의 제출시기

사전계획안 제출 당시 채권자가 부채총액 2분의 1 이상에 해당하는지 여부에 관한 판단은 일단 채무자의 대차대조표를 비롯한 기타 회계장부를 바탕으로 하여 이를 산정하면 되고, 2분의 1의 요건의 의미는 사전계획안의 성립을 위한 전제조건을 의미할 뿐이고 직접적 법적 효과가 없는 것이므로 일단 소명으로 충분하다.

3. 회생계획안 사전제출의 효과

(1) 채무자의 부채의 2분의 1 이상에 해당하는 채권을 가진 채권자에 의하여 사전계획안이 제출된 사실 그 자체만으로는 법률효과가 없다. 부채의 2분의 1 이상에 해당하는 채권을 가진 채권자가 사전계획안을 제출하는 것만으로는 부족하고, 반드시 시간적 요건으로서 '제1회 관계인집

회의 기일 전날까지'사전계획안 제출한 제출 명의자 또는 동의자의 비율이 관리인이 조사하여 보고한 회생채권 및 회생담보권의 3분의 2 이상에 해당하여야 한다.

(2) 회생계획제출명령 기간 단축

통상의 경우에 회생계획안 제출기간은 4월을 넘지 못하고, 제출기간의 연장결정은 대기업의 경우에는 2개월, 중소기업의 경우에는 1개월을 넘어서는 안되지만, 사전계획안이 제출되고, 그 제출자 또는 동의자가 회생채권 및 회생담보권의 3분의 2 이상에 해당하는 경우에는, 회생계획안 제출기간은 2월을 넘지 못하고, 그 연장결정도 1월을 넘지 못한다.

(3) 관리인의 회생계획안 제출의무 면제

통상의 절차에서는 회생법원이 회생계획안제출명령을 하는 경우, 관리인은 회생계획안의 작성, 제출권자임과 동시에 의무자가 된다. 그런데 사전계획안이 제출되고, 그 제출자 또는 동의자가 회생채권 및 회생담보권의 3분의 2이상에 해당하는 경우에는 관리인은 회생법원의 허가를 받아 회생계획안 제출의무를 면할 수 있다.

(4) 관계인집회에서의 동의간주

통상의 절차에서는 회생계획안에 대한 동의는 반드시 제3회 관계인집회기일에 출석하여 행하여야 하고, 의결권자가 출석하지 아니하고 동의서를 제출한 것만으로는 적법한 동의로 볼 수 없다. 그런데 사전계획안이 제출되고, 그 제출자 또는 동의자가 회생채권 및 회생담보권의 3분의 2 이상에 해당하는 경우에는 사전계획안을 제출하거나 동의한다는 의사를 표시한 채권자는 관계인집회에서 그 사전계획안에 동의한 것으로 간주된다. 동의간주의 효과는 관계인집회 전날까지 동의의사를 표시한 채권자 뿐 아니라 그 이후동의 의사를 표시한 채권자에게도 미친다. 다만, 사전계획안의 내용이 당해 채권자에게 불리하게 수정되거나 현저한 사정변경이 있거나 그 밖에 중대한 사정이 있는 경우에는 제3회 관계인집회 전날까지 회생법원의 허가를 받아 그 동의를 철회할 수 있다.

(5) 별도의 회생계획안 제출 명령 필요 여부

채권자가 사전계획안을 제출한 경우, 또는 더 나아가 회생계획안의 가결요
건을 이미 충족한 채권자가 사전계획안을 제출한 경우에도, 회생법원은 반
드시 회생계획안 제출명령을 하여야 하는가.

이러한 경우까지 회생계획안 제출명령을 하여야 한다면, 가결가능성이 높
은 회생계획안이 이미 제출되었음에도 불구하고, 실효성 없는 회생계획안
제출명령을 하고, 이를 공고, 송달하며, 그 제출기간 경과를 기다리는 동안
상당한 시간과 비용이 소요되는 문제점이 생긴다. 그러나 현행법상으로는
사전계획안이 제출되더라도 일단 회생계획안 제출명령을 하여야 한다고
해석할 수밖에 없다.

회생계획안심리를 위한 관계인집회(제224조)

1. 회생계획안 심리를 위한 관계인집회

법원은 회생계획안이 제출되면 그 계획안을 심리하기 위하여 기일을 정하여
관계인집회를 소집하여야 한다. 그러나 한편 법원은 제출된 회생계획안을 심
리에 붙이기에 앞서 그 계획안이 법률에 위반되는지 여부, 공정, 형평하지 않
은지 여부, 수행가능한지 여부 등을 사전에 심리하여야 하기 때문에, 회생계
획안이 제출되었다 하여 바로 심리를 위한 관계인집회를 소집하는 경우는
거의 없고, 회생계획안이 인가요건을 갖추었는지 여부를 검토한 후 심리를
위한 관계인집회의 기일을 정하게 된다.

2. 법원의 심사

채무자와 신고한 회생채권자, 회생담보권자 및 주주도 회생계획안을 제출할
수 있고 그 회생계획안 제출 전에 그들을 사실상 지도 하는 것은 불가능할
것이기 때문에, 그들이 제출하는 회생계획안에 대하여는 인가에 필요한 최소
한의 요건을 갖추고 있다면 바로 제2회 관계인집회의 기일을 지정하여도 되
겠지만, 그렇지 못한 경우에는 수정명령을 내림으로써 적법하고 수행가능한
회생계획안의 제출을 유도하여야 한다. 법원은 회생절차를 신속하게 진행하
기 위해서 회생계획안의 심사를 단기간에 집중적으로 마치도록 하여야 한다.

회생계획안에 대한 의견청취(제225조)

1. 의견청취

관리인, 채무자, 목록에 기재되어 있거나 신고한 회생채권자·회생담보권자·주주·지분권자는 관계인집회에서 계획안에 대한 의견을 진술할 수 있다. 추완신고된 징수권자에게도 의견조회를 하여 그 의견을 들어야 한다. 실무상 이들에게는 관계인집회 기일통보서를 송달하면서 회생계획안의 요지를 함께 송부하고, 제2회 관계인집회에서 회생계획안에 대한 의견진술의 기회를 부여하는 방법을 취하고 있다.

2. 의견조회의 실시 시기와 회신기한

(1) 실시 시기

의견조회는 관계인집회의 기일을 결정하면서 실시하고 있다. 법원은 제출된 회생계획안이 심리 및 결의에 부칠만하다고 판단하는 경우에 기일을 지정하고 있으므로, 이 때에 의견조회를 함께 하는 것이 적절하기 때문이다.

(2) 회신기한

의견조회의 회신기한은 관계인집회보다 7일 내지 10일전으로 정하고 있다. 다만, 조세채권자가 많아 권리변경에 관하여 징수권자의 동의를 얻기가 번잡하다는 등의 사정이 있는 경우에는 그 회신기한은 더 앞당길 수도 있다.

3. 의견조회 회신 도착 후의 조치

(1) 내용 통보

이해관계인이 회생계획안 전부 또는 일부 조항에 대하여 반대하는 내용의 회신을 한다 하더라도 법원이나 회생계획안 제출자가 의견조회 회신결과에 대하여 구속을 받는 것은 아니지만, 회생계획안 제출자가 회생계획안 수정작업에 참고할 수 있도록 그 내용을 통보하여 주는 것이 좋다.

(2) 조세징수권자가 회생계획안에 대하여 동의하지 않는다는 취지의 회신을 한 경우

회생계획안 제출자에게 신속히 알려 조세징수권자와 협의를 다시 하거나, 회생계획안을 수정할 기회를 갖도록 하여야 한다. 이론상으로는 조세채권자의 동의를 얻지 않은 채 회생계획안을 가결시킨 후 계획인부기일을 따로 정하여 그 인부결정시까지 조세채권자의 동의를 얻도록 노력하는 방법도 생각해 볼 수 있지만, 이는 채무자를 둘러싼 여러 이해관계인들의 권리를 불안정한 상태에 놓이게 하는 것이므로 바람직하지 않다. 따라서 회생계획안의 작성 및 제출단계에서부터 조세채권자의 동의 여부를 고려하여야 한다.

감독행정청 등의 의견(제226조)

1. 의견청취

법원은 필요하다고 인정하는 때에는 채무자의 업무를 감독하는 행정청, 법무부장관, 금융위원회 기타의 행정기관에 대하여 회생계획안에 대한 의견의 진술을 요구할 수 있다. 다만 채무자의 업무를 감독하는 행정청, 법무부장관 및 금융위원회는 법원이 요구가 없더라도 언제든지 법원에 대하여 계획안에 관하여 의견을 진술할 수 있다.

2. 통지

법원은 감독행정청 등에게 관계인집회의 기일을 통지하여야 한다.

3. 행정청의 허가, 인가, 면허 기타의 처분을 요하는 사항을 정하는 계획안

법원은 그 사항에 관하여 당해 행정청의 의견을 들어야 한다. 이는 회생계획안에 행정청의 허가, 인가 등의 처분을 요하는 사항을 정하였을 경우 행정청의 의견과 중요한 점에 있어서 상반된다면 법원은 회생계획인가의 결정을 할 수 없기 때문이다. 실제로 이와 같은 행정청의 처분을 요하는 내용을 회생계획안에 정하는 사례는 거의 없다.

채무자의 노동조합 등의 의견(제227조)

1. 의견청취법원은 회생계획안에 관하여 채무자의 사용인의 과반수로 조직된 노동조합이 있는 때에는 그 노동조합, 채무자의 사용인의 과반수로 조직된 노동조합이 없는 때에는 채무자의 사용인의 과반수를 대표하는 자의 의견을 들어야 한다.

2. **실무에서의 처리**

   실무상으로는 노동조합의 대표자나 노사협의회 기타 이에 준하는 노동자단체 앞으로 의견조회서를 보내고 있다.

【서식】 회사의 노동조합 등에 대한 의견조회서

서울회생법원
제201파산부

(06594) 서울특별시 서초구 서초중앙로 187 / 전화 (02)530-1114 / 주심 : ○○○ 판사

시행일자   20○○. ○. ○.
수 신   정리회사 ○○ 주식회사의 노동조합 위원장 ○○○
       (주소 : 서울 ○○구 ○○동 ○○○ ○○주식회사 내)
       전화 ( ) - / 팩시밀리 ( ) -
제 목   주식회사 ○○○ 파산절차진행에 대한 의견조회

1. 정리회사 ○○주식회사(본점 : 서울 ○○구 ○○동 ○○○, 관리인 : ○○○)에 대한 이 법원 20○○회○○호 회사정리 신청사건과 관련된 내용입니다.
2. 위 정리회사의 관리인으로부터 정리계획안이 제출됨에 따라 다음과 같이 정리계획안의 심리 및 결의를 위한 관계인집회를 개최하기로 하여 채무자회생및파산에관한법률 제227조에 의하여 이를 통지하고 귀 조합의 의견을 조회하고자 하니, 20○○. ○. ○.까지 그 의견을 회신하여주기 바랍니다.
  가. 일시 : 20○○. ○. ○. 15:00
  나. 장소 : 서울회생법원 제466○○○호 법정
  다. 정리계획안의 주요 내용
    (1) 정리담보권 : 원금은 4년 거치 6년 균등분할상환, 개시전이자는 면제, 개시후이자의 이율은 프라임레이트를 적용하여 균등분할상환.
    (2) 금융기관 정리채권 : 원금 중 20%는 면제, 80%는 4년 거치 6년 균등분할상환, 개시전이자는 면제, 개시후이자의 이율은 연 2%.
    (3) 상거래 정리채권 : 원금은 준비연도부터 2차연도까지 균등분할상환, 이자는 면제,
    (4) 주식 : 대주주 및 특수관계인의 주식은 90% 무상소각하고, 나머지 주식은 5:1의 비율로 병합하여 자본감소.

◈ 별첨 : 정리계획안 1부. 끝.

재판장 판사 ○ ○ ○

회생계획안의 수정(제228조)

1. 관련규정

회생계획안의 제출자는 계획안 심리를 위한 관계인집회의 기일까지는 법원의 허가를 얻어 계획안을 수정할 수 있다.

2. 계획안 수정의 요건

(1) 계획안 수정 신청권자

회생계획안 제출자에 한한다. 공동으로 제출한 경우에는 전원이 함께 수정신청을 하지 않으면 안된다

(2) 수정의 시기

회생계획안의 심리를 위하여 개최되는 제2회 관계인집회의 기일까지의 의미는 일반적으로 기일이 종료에 이를 때까지로 해석되고 있다. 회생계획안의 수정이 언제까지 가능한가의 문제는 이해관계인들에게 불리한 영향을 주는 내용의 회생계획안 수정이 언제까지 허용하느냐 하는 문제와 직접적인 관련이 있다.

(3) 제2회 관계인집회와 제3회 관계인집회를 병합하여 진행하는 경우

제2회 관계인집회와 제3회 관계인집회를 병합하여 진행하는 경우에도 제출자에 의한 수정은 인정되며, 이 경우에도 그 수정은 제2회 관계인집회가 종료될 때까지만 인정된다.

(4) 제2회 관계인집회에서 이해관계인들의 의견을 청취한 결과 이미 제출된 회생계획안의 내용을 대대적으로 수정하여야 할 필요성이 있어 이를 바로 결의에 부치기가 곤란한 경우.

가) 제2회 관계인집회에서 이해관계인들의 의견을 청취한 결과 이해관계인들에 대한 권리 변경 및 변제방법에 대한 내용을 대폭 수정하여야 할 사유가 발생하였는데, 단시일 내에 그 회생계획의 수행가능성이나 이해관계인들 사이에 공정, 형평한 차등의 원칙과 평등의 원칙이 지켜지고

있는지 여부를 검토하기가 어려운 경우

나) 회생계획안의 일부 중요한 내용을 수정할 필요가 있으나 그 수정을 위해서는 다소간의 시일이 필요한 경우.

(5) 실무에서의 처리

실무상으로는 법원에서 제2회 관계인집회 전에 회생계획안의 내용을 세심히 검토하기 때문에 이러한 일이 발생하는 경우는 드물지만, 실제로 이러한 경우가 발생하였다면 제2회 관계인집회를 속행하고 제3회 관계인집회를 연기하여 다시 수정된 회생계획안에 대하여 심리 및 결의를 하는 것이 바람직하다. 그러나 수정하여야 할 내용이 경미한 경우에는 집회중에 법원의 허가를 얻어 수정하면 충분하다.

(6) 수정의 한계

서면에 의하여 회생계획안의 수정허가를 신청하는 것이 일반적이다. 그러나 신청을 서면으로 하여야 한다는 명문의 규정은 없으므로 제2회 관계인집회의 석상에서 구두에 의한 신청도 허용된다. 법원은 수정을 명할 수는 있지만, 직권으로 회생계획안을 수정할 수는 없다.

(7) 결정과 불복

법원은 수정신청에 대하여 그 허부에 관한 결정을 하여야 하며, 이와 같은 법원의 수정을 허가하거나 허가하지 아니하는 결정에 대하여는 불복할 수 없다.

(8) 실무에서의 처리

실무상으로 관리인은 제2회 관계인집회가 개최되기 전에 미리 재판부에 구두로 회생계획안의 수정 여부를 협의하는 것이 일반적이며, 이 과정에서 법원의 회생계획안의 사전심사도 함께 이루어지고 있다. 따라서 법원이 수정신청에 대하여 이를 허가하지 않은 사례는 거의 없다.

회생계획안의 수정명령(제229조)

1. 의의

법원은 이해관계인의 신청에 의하거나 직권으로 회생계획안 제출자에 대하여 기한을 정하여 계획안의 수정을 명할 수 있다. 이 명령을 받은 계획안 제출자는 그 기한내에 계획안을 수정하여야 한다. 실무상으로는 법원이 계획안을 사전심사하는 과정에서 관리인에 대한 제도를 통하여 수정을 하도록 하고 있기 때문에 수정명령이 내려지는 경우는 드물지만 아래와 같은 경우에는 이 제도를 통하여 적정한 절차의 진행을 도모할 수 있을 것이다.

2. 수정명령을 할 수 있는 시기

수정명령은 해석상으로는 제3회 관계인집회의 기일을 정할 때까지 가능하다고 할 수 있다.

그러나 실질적으로는 법원이 기일의 지정 및 변경의 권한을 가지고 있으므로, 일단 제3회 관계인집회의 기일을 정한 후에도 계획안을 수정할 필요가 있을 경우에는 기일의 지정을 취소하고 수정명령을 할 수 있다. 따라서 수정명령은 제3회 관계인집회가 열릴때까지 할 수 있다고 해석된다.

3. 수정명령의 내용

수정명령을 함에 있어서는 제출자에게 일정한 기한을 정하여야 하고, 회생계획안 중 어느 부분을 어떻게 수정하여야 하는지를 명시하여야 한다. 이 경우 종전의 정리계획안에 비하여 이해관계인에게 불리한 영향을 미치는지 여부는 상관이 없다. 수정의 내용은 제한이 없지만, 법원에게 회생계획안의 작성권한이 인정되고 있지 않은 점에 비추어 보면 적어도 본래의 회생계획안과 본질적으로 다른 내용의 수정명령을 할 수는 없다고 본다.

4. 수정의 기한

수정의 기한은 수정되어야 할 내용에 따라 결정하면 된다. 제2회 관계인집회 이전에 수정명령을 할 경우에는 그 집회기일까지 수정이 이루어질 수 있도록 기한을 정하여야 하고, 제2회 관계인집회 종료후에 수정명령을 한 경우에는 재개할 제2회 관계인집회의 기일 등을 감안하여 수정기간을 정하여야 한다.

5. 수정명령신청에 대한 재판

수정명령을 신청할 수 있는 자는 관리인, 채무자, 신고한 회생채권자, 회생담보권자, 주주 등의 이해관계인이다. 수정명령을 신청함에 있어서는 수정 내용과 수정 이유를 제시하여야 하는데 법원이 이 신청에 구속당하는 것은 아니다. 수정명령의 신청은 서면이나 관계인집회에서 구두로 할 수 있다. 그러나 관계인집회석상에서 각 이해관계인이 하는 발언은 그것이 회생계획안의 수정을 원하는 것이라 할지라도 여기서 말하는 수정명령의 신청이라고 볼 수 없는 경우가 많다.

수정명령신청이 있을 경우 법원은 이를 받아들여 수정명령을 하든지 아니면 기각을 하든지 어떠한 형태로든 응답을 하지 않으면 안된다. 이러한 법원의 결정에 대해서는 불복을 신청할 수 없다.

6. 수정명령 후의 절차

법원으로부터 수정명령을 받은 제출자는 정해진 기한 내에 명령의 내용대로 회생계획안을 수정하여 수정신청을 하여야 한다. 수정신청후의 절차는 제출자가 법원의 허가를 얻어 계획안을 수정하는 경우와 같다. 이 경우 법원의 허가는 수정된 계획안이 법원의 명령에 따른 것인지 여부를 심사하는 확인적 의미를 가진다.

7. 법원이 정한 기간 경과 후의 수정신청

법원이 정한 기간 경과 후의 수정신청이라도 그 내용이 수정명령에 따른 것이라면 법원은 재량에 따라 수정 허가를 할 수 있다. 회생계획안제출자의 수정신청이 그 내용에 있어서 법원의 수정명령에 반하는 경우에는 이것을 제출자의 자발적인 변경신청으로 보아서 그 요건에 따라 허가, 불허가를 결정할 것이다. 따라서 제2회 관계인집회 전이라면 채무자회생및파산에관한법률 제220조(회생계획안의 수정)에 따라서 처리되어야 하고 제2회 관계인집회가 끝난 후라면 이해관계인에게 불리한 영향을 미치는 변경은 법원의 수정명령에 의하여야만 가능하다.

제2회 관계인집회가 종료된 후에 수정명령을 한 경우에는 적법한 수정신청이 있기를 기다려 재개할 제2회 관계인집회를 지정하여야 한다.

만약 계획안 제출자가 수정명령에 따르지 않더라도 법원이 직권으로 계획안을 수정할 수는 없다. 다만 이러한 경우에는 회생계획안을 배제하거나, 가결되더라도 불인가결정을 할 수 있으며, 제출자가 관리인인 경우에는 관리인의 해임사유가 될 수도 있다.

관계인집회의 재개(제230조)

1. 관계인집회의 재개

채무자회생및파산에관한법률 제229조에 의한 수정명령이 내려지고 그 계획안이 수정되었을 경우에는 법원은 수정된 계획안을 심리하기 위하여 다시 제2회 관계인집회의 기일을 정하여 이해관계인들을 소집할 수 있다.

2. 수정명령의 효력발생시기

수정명령이 그 기능을 발휘하는 것은 제2회 관계인집회 종료 이후이다. 왜냐하면, 그 단계에서는 제출자에 의한 자발적 수정이 허용되지 않고(법 제228조) 또한 제3회 관계인집회에서는 이해관계인에게 불리한 영향을 주지 않는 범위 내에서만 계획안의 변경이 허용되는 등 중대한 제약이 있기 때문이다.

회생계획안의 배제(제231조)

1. 회생계획안의 배제

법원은 회생계획안이 법률의 규정에 위반되거나 공정, 형평하지 아니하거나 수행불가능한 것이라고 인정되는 경우에는 계획안을 관계인집회 심리 또는 결의에 부치지 아니할 수 있다.

2. 법원의 권한

법원은 회생계획 인부의 권한을 가지고 있으며, 회생계획이 일정한 요건을 갖추지 못한 경우에는 이를 불인가하여야 한다. 그러나 회생계획의 인부는 절차의 최종단계에서 이루어지는 것이기 때문에 인가될 수 없는 계획안에 대한 절차가 장기간 진행된다면 절차경제의 관점에서는 좋지 않은 것이다. 그래서 본 법은 법원에 회생계획안의 수정명령을 할 권한을 인정함과 동시에 이 수정명령권을 실질적으로 보장하기 위하여 계획안을 집회에 부칠지 여부에 관한 재량권을 부여하고 있다.

3. 배제할 수 있는 경우

(1) 배제사유

회생계획안을 배제할 수 있는 경우는 회생계획안이 법률의 규정에 반하는 경우, 공정하지 못한 경우, 형평하지 않은 경우, 수행불가능한 경우에 한한다. 이 요건은 논리적으로 볼 때 회생계획 인가요건과 동일한 의미로 해석되어야 한다.

계획안이 "법률의 규정에 반한다"는 것은 계획안의 내용으로 기재되는 것이 요구되는 사항의 일부를 흠결하였거나, 기재되어 있는 사항이 본 법이나 다른 법률에 저촉하는 것이다.

공평, 형평한 것이 아니다 라는 것은 권리변경의 원칙으로서 본 법이 열거하고 있는 각 권리자 사이의 우선순위 원칙을 어기는 것이다. 예를 들어 채권의 일부 면제나 기한의 유예를 정하면서 주주의 권리는 그대로 존속시키는 계획안을 들 수 있다.

수행불가능한 것이라는 것은 계획안이 제대로 수행된다 하더라도 기업이 파산상태로부터 탈출할 수 없거나, 계획안이 완전하게 수행된다면 기업의 재정비는 분명하게 되겠지만 계획대로 실현될 가능성이 비교적 적은 계획안을 말한다.

(2) 법원의 재량권

회생계획안에 배제사유가 있다고 하더라도 그러한 회생계획안을 모두 이 단계에서 배제하여야 하는 것은 아니다. "법원은 계획안을 관계인집회의 심리 또는 결의에 부치지 아니할 수 있다"라는 것은 법원에 재량권을 부여하는 취지로서, 이러한 회생계획안에 대하여 법원은 세 가지의 선택을 할 수 있다.

1) 만약 그 계획안의 흠결이 비교적 중대하고, 가결되어도 인가할 수 없는 것이 명확하거나 도저히 집회의 심리에 부칠 수 없는 것으로서 수정에 의하여서는 도저히 그 흠결을 제거할 수 없는 경우

본조에 의하여 회생계획안을 배제하는 것이 바람직하다.

2) 그 흠결이 수정에 의하여 제거할 수 있는 경우

수정명령을 통하여 그 제거를 명하거나 계획안 제출자의 자발적인 수정을 사실상 지시하는 것이 바람직하다.

3) 수정명령을 내리지 않더라도 그 흠결이 가결까지의 과정에서 제거될 가능성이 있는 경우 그대로 집회의 심리 또는 결의에 부쳐도 좋다.

4. 배제의 시기, 방법

(1) 배제의 시기

회생계획안의 배제는 회생계획안의 제출 후로부터 그 회생계획안에 대한 제3회 관계인집회의 기일을 지정하기까지 언제라도 할 수 있다. 위와 같은 경우라면 이미 이해관계인에게 회생계획안을 송달하였거나 제2회 관계인 집회의 심리를 마친 경우라 하더라도 상관이 없다.

(2) 배제의 방법

계획안의 배제는 결정의 형식으로 하여야 한다.

1) 제2회 관계인 집회 전이면

"관계인집회의 심리에 부치지 아니한다"라는 주문으로,

2) 제3회 관계인집회전이면

"관계인집회의 결의에 부치지 아니한다"라는 주문으로 하여야 한다.

3) 소집절차

회생계획안을 집회의 심리 또는 결의에 부친다는 취지의 결정을 할 필요는 없고, 바로 제2회 관계인집회 또는 제3회 관계인집회의 소집절차를 취하면 된다.

4) 회생계획안 배제결정

회생계획안 배제결정에는 계획안을 심리 또는 결의에 부치지 아니하는 이유를 기재하여야 한다. 회생계획안을 배제하는 결정에 대하여는 불복할 수 없다.

5. 배제의 효과

(1) 계획안에 대한 효과

회생계획안이 배제되면 그 계획안에 대하여는 그 후의 절차가 진행되지 않는다. 그리고 배제된 계획안에 대한 수정신청은 전제를 흠결한 것으로서 무효이기 때문에 이를 각하하여야 한다.

(2) 회생절차의 폐지에 대한 법원의 권한

회생계획안이 배제된 결과 집회의 심리 또는 결의에 부쳐질 계획안이 전혀 없게 된다면 법원은 회생절차를 폐지할 수 있다. 그러나 법원은 필요한 경우에는 다시 회생계획안 제출기간을 지정할 수도 있으며, 그 기간 내에 다시 회생계획안이 제출된다면 다시 절차를 진행하면 된다.

(3) 회생계획안의 배제 없이 그 후의 절차가 진행된 경우

회생계획안이 본조에 의하여 배제되지 않은 채 그 후의 절차가 진행된다 하더라도, 그 계획안이 반드시 법률의 규정에 합치하고, 공정, 형평 그리고 수행가능한 것이라는 의미는 아니며, 따라서 회생계획의 인부 단계에서 다시 이점에 관한 심사를 하여야 한다. 이러한 의미에서 회생계획안의 배제 사유는 인가의 요건에 비하여 비교적 소극적이라고 할 수 있다.

회생계획안의 배제에 대한 특칙(제231조의2)

1. 회생계획안을 관계인집회의 심리 또는 결의에 부치지 아니할 수 있는 경우

회생계획안이 채무자회생및파산에관한법률 제57조 각 호의 어느 하나에 해당하는 행위를 내용으로 하는 경우로서 다음 각 호의 요건을 모두 충족하는 경우에는 법원은 회생계획안을 관계인집회의 심리 또는 결의에 부치지 아니할 수 있다.

1. 다음 각 목의 어느 하나에 해당하는 자의 중대한 책임이 있는 행위로 인하여 회생절차개시의 원인이 발생하였다고 인정될 것

　가. 회사인 채무자의 이사(「상법」 제401조의2제1항에 따라 이사로 보는 자를 포함한다)나 해당 이사와 제101조제1항에 따른 특수관계에 있는 자

　나. 회사인 채무자의 감사

　다. 회사인 채무자의 지배인

2. 제57조 각 호의 어느 하나에 해당하는 행위를 하려는 자가 다음 각 목의 어느 하나의 경우에 해당할 것

　가. 제1호에 해당하는 자의 자금제공, 담보제공이나 채무보증 등을 통하여 57조 각 호의 어느 하나에 해당하는 행위를 하는 데에 필요한 자금을 마련한 경우

　나. 현재 및 과거의 거래관계, 지분소유관계 및 자금제공관계 등을 고려할 때 제1호에 해당하는 자와 채무자의 경영권 인수 등 사업 운영에 관하여 경제적 이해관계를 같이하는 것으로 인정되는 경우

　다. 제1호에 해당하는 자와 배우자, 직계혈족 등 대통령령으로 정하는 특수관계에 있는 경우

2. 회생계획안을 관계인집회의 심리 또는 결의에 부쳐서는 아니 되는 경우

회생계획안이 무자회생및파산에관한법률 제57조 각 호의 어느 하나에 해당하는 행위를 내용으로 하는 경우로서 그 행위를 하려는 자 또는 그와 대통령령으로 정하는 특수관계에 있는 자가 다음 각 호의 어느 하나에 해당하는 경우에는 법원은 회생계획안을 관계인집회의 심리 또는 결의에 부쳐서는 아니 된다.

1. 채무자를 상대로 「형법」 제347조(사기)·제347조의2(컴퓨터등 사용사기)·제349조(부당이득)·제355조(횡령, 배임)·제356조(업무상의 횡령과 배임)·제357조(배임수증재)의 죄(「형법」 또는 다른 법률에 따라 가중처벌되는 경우 및 미수범을 포함한다)를 범하여 금고 이상의 실형을 선고받고 그 집행이 끝나거나(집행이 끝난 것으로 보는 경우를 포함한다) 집행이 면제된 날부터 10년이 지나지 아니한 경우

2. 채무자를 상대로 제1호의 죄를 범하여 금고 이상의 형의 집행유예 또는 선고유예를 선고받고 그 유예기간 중에 있는 경우

3. 이 법을 위반하여 금고 이상의 실형을 선고받고 그 집행이 끝나거나(집행

이 끝난 것으로 보는 경우를 포함한다) 집행이 면제된 날부터 5년이 지나
지 아니한 경우

4. 이 법을 위반하여 금고 이상의 형의 집행유예 또는 선고유예를 선고받고
그 유예기간 중에 있는 경우

3. 정보의 제공 또는 자료의 제출을 명할 수 있는 경우

법원은 위 1. 또는 2.의 내용을 확인하기 위하여 필요한 경우에는 채무자, 관
리인, 보전관리인, 그 밖의 이해관계인 등에게 정보의 제공 또는 자료의 제출
을 명할 수 있다.

회생계획안의 결의를 위한 관계인집회(제232조)

1. 제2회 관계인집회 및 제3회 관계인집회의 의의

(1) 제2회 관계인집회의 의의

제2회 관계인집회는 제출된 회생계획안의 심리를 위한 관계인집회다. 제출
된 회생계획안은 관계인집회에서의 가결을 거쳐야 비로소 회생계획으로
성립되고 법원의 인부결정의 대상이 되는데, 그와 같은 결의절차를 거치기
전에 회생계획안의 내용을 심리하기 위하여 마련된 절차가 제2회 관계인
집회이다.

(2) 이해관계인들의 의견청취

제출된 회생계획안은 가결가능성을 염두에 두고 작성된 것이기 때문에 이
해관계인들의 의견이 반영되어 작성되는 것이 일반적이다. 그러나 회생계
획안이 제출되기 전에 계획안의 제출자가 모든 이해관계인들로부터 의견
을 듣는 것은 거의 불가능하므로, 계획안에 대한 결의를 거치기 전에 관계
인집회를 개최하여 계획안 제출자로 하여금 계획안의 내용을 알리고, 이에
대한 이해관계인들의 의견을 듣기위한 절차로서 마련된 것이 제2회 관계
인집회이다.

(3) 제3회 관계인집회의 의의

제3회 관계인집회는 심리를 마친 회생계획안의 결의를 위한 관계인집회이다. 이 관계인집회에서의 주된 절차는 제2회 관계인집회에서 심리를 거친 회생계획안에 대하여 이해관계인들의 찬부를 묻는 것이지만, 이를 위하여 부수적인 절차도 진행된다.

(4) 용어의 정의

한편, 여기서 사용하고 있는 "제2회 관계인집회"나 "제3회 관계인집회"는 본 법에서 사용되고 있는 용어는 아니지만, 실무상 제1회 관계인집회에 대응하여 회생계획안의 심리나 결의를 위한 관계인집회를 달리 부르는 용어로 사용되고 있는 것이며, 실무에서는 위 두 가지의 용어가 혼용되고 있다.

회생을 위하여 채무를 부담하는 자 등의 출석(제233조)

1. 회생을 위하여 채무를 부담하거나 담보를 제공하는 자의 진술

회생을 위하여 채무를 부담하거나 담보를 제공하는 자는 제3회 관계인집회에 출석하여 그 뜻을 진술하여야 한다. 그러나 정당한 사유가 있을 때에는 대리인을 출석하게 할 수 있으나, 대리인은 대리권을 증명하는 서면을 법원에 제출하여야 한다.

2. 본조의 의미

본 조가 법률적인 의미를 가지는 것은 회생을 위하여 채무를 부담하거나 담보를 제공하는 것을 회생계획안에서 창설적으로 규정한 경우이다.

(1) "회생을 위하여 채무를 부담하는 자"란

채무자 이외의 자로서 채무자의 채무를 인수하거나 보증하는 등 회생을 위하여 채무를 부담하는 것이 회생계획안에서 창설적으로 규정된 자를 말한다.

(2) "회생을 위하여 담보를 제공하는 자"란

채무자 또는 채무자 이외의 자로서 채무자의 채무를 위하여 담보를 제공한다는 취지가 회생계획안에서 창설적으로 규정된 자를 말한다.

(3) "출석하여 그 뜻을 진술하여야 한다"란

회생을 위하여 채무를 부담하거나 담보를 제공하는 자에게 출석의 의무를 지운다는 뜻이 아니고, 만약 그러한 자가 출석하여 진술하지 아니하였을 경우에는 회생계획안이 인가되더라도 채무부담이나 담보제공이 유효하게 성립된 채무부담 또는 담보제공의 내용은 회생계획에 기재되고 그 효력은 회생계획 인가 시부터 발생한다는 것을 말한다.

(4) 회생계획안의 내용상 회생을 위하여 채무를 부담하거나 담보를 제공하는 자가 있는 경우 제3자가 회사를 인수하는 것을 내용으로 하는 회생계획안이나 회생계획 변경계획안이 제출되는 경우에 계획안의 내용이 인수자가 신주대금납입의무를 부담하는 것으로 되어 있으면 이에 해당할 수 있다.

(5) 개별약정 등이 성립되어 있는 경우

인수자와 채권자들 사이에 채무 부담에 관한 개별 약정이 이미 성립되어 있고 회생계획안에는 보고적인 의미로서 인수자의 채무부담에 관한 규정을 기재한 경우에는, 채무를 부담하는 자가 출석하여 진술하더라도 이는 계획안 제출자의 설명을 보충하는데 지나지 않으므로 그러한 진술을 하지 않았더라도 채무의 불성립이라는 효과는 생기지 않는다.

(6) 실무에서의 처리

실무에서는 이와 같이 채무를 부담하는 인수자의 진술이 보충적인 의미에 지나지 않는 경우라도 반드시 소환하여 그와 같은 취지를 진술하도록 하고 있다. 이와 같이 회생을 위하여 채무를 부담하거나 담보를 제공하는 자의 진술은 적어도 제2회 관계인집회가 개최된 이후 회생계획안에 대한 결의에 들어가기 전까지는 이루어져야 한다. 결의의 동의는 서면의 방식에 의한다.

회생계획안의 변경(제234조)

1. 의의

회생계획안의 제출자는 회생채권자, 회생담보권자와 주주에게 불리한 영향을 주지 아니하는 경우에 한하여 제3회 관계인집회에서 법원의 허가를 얻어 회생계획안을 변경할 수 있다.

2. 회생계획안의 변경과 회생계획안의 수정과의 차이

회생계획안의 변경은 이해관계인에게 불리한 영향을 주지 않는 범위 내에서만 변경할 수 있는데, 이 점이 회생계획안 수정이나 회생계획이 인가된 후 회생계획의 수행 중에 하는 회생계획의 변경과 다른 점이다.

3. 변경의 요건

(1) 변경 신청권자

회생계획안 제출자에 한한다

(2) 변경할 수 있는 시기

회생계획안의 변경은 제3회 관계인집회에서만 허용된다. 제3회 관계인집회에서 회생계획안이 가결되지 않고 속행기일이 정해졌다면, 속행된 제3회 관계인집회에서의 회생계획안 변경도 가능하다. 그러나 회생계획안이 가결된 후에는 회생계획안의 변경이 허용되지 않는다.

(3) 변경의 한계

회생계획안에 대한 심리절차가 종료된 후에는 절차상 이해관계인들에게 변경에 관하여 의견을 진술할 기회가 보장되지 않기 때문에, 회생계획안의 변경은 회생채권자, 회생담보권자 및 주주 등 이해관계인에게 불리한 영향을 미치지 않는 한도에서만 허용된다. 그리고, 회생계획안의 수정과 마찬가지로 회생계획안의 내용을 본질적으로 변경하는 것을 내용으로 할 수는 없다.

1) "불리한 영향"이란

계획안의 조항 중 이해관계인의 권리에 관한 조항이 변경됨으로써 그

자가 받을 수 있는 권리의 내용이 실질적으로 불리하게 되는 것을 말하
며 단순히 다른 사람이나 다른 조와의 관계에 있어서 상대적으로 지위
가 저하되는 것은 포함되지 않는다.

  2) 전원의 동의가 있는 경우

  불리한 영향을 받는 같은 성질의 이해관계인들 전원의 동의가 있는 경
우에는 그 이해관계인들에게 불리한 영향을 미칠 수 있는 내용으로 변
경할 수 있으며, 특정 이해관계인이 동의하는 경우에는 그 이해관계인
에 대한 권리변경 조항만을 불리하게 변경할 수도 있다.

4. 변경의 절차

회생계획안의 변경은 제3회 관계인집회 석상에서 법원에 대하여 신청한다.
신청은 서면으로 할 수도 있고 구두로 할 수도 있는데, 실무상으로는 관리인
이 제3회 관계인집회 전에 서면으로 회생계획안의 변경을 신청하는 경우가
일반적이고, 관리인이 관계인집회에서 다시 변경의 신청을 구두로 진술하고
법원이 이를 허가하는 형식을 취하고 있다.

5. 법원의 결정

법원은 변경신청에 대하여 허가 또는 허가하지 아니한다는 결정을 하여야
한다.

6. 불복신청 가능 여부

이 결정에 대하여는 불복신청을 할 수 없다.

7. 유의할 점

실무상 유의할 것은 회생계획안의 최종적인 결의를 앞두고 관리인과 이해관
계인들의 막바지 협상단계에서 채권자들이 변제조건 등을 개선해달라고 요
구하는 사례가 많고, 관리인도 회생계획안을 가결시키려는 욕심으로 이러한
요구를 무차별적으로 수용하고 싶어 하는 경향이 있는 것 같다. 그러나 채권
자들에 대한 변제조건의 개선에는 회생회사 자금조달능력 검토가 선행되어
야 하는 것이므로 법원은 회생계획안의 변경을 허가함에 있어 수행가능성의

점과 이해관계인들 사이의 공정, 형평 등 인가의 요건을 항상 고려하여야 하고, 경우에 따라서는 권리보호조항을 설정하는 인가의 방법도 미리 검토할 필요가 있다.

▣ 관련판례

판례(대법원 1991.12.13. 선고 91다1677 판결)

회사정리법 제202조 소정의 정리계획안의 변경은 관계인집회의 심리를 거친 정리계획안에 관하여 정리계획안 결의를 위한 제3회 관계인집회에서 하는 계획안의 변경으로서 법원의 인부결정이 있기 전에 하는 절차를 의미하고, 같은 법 제270조 소정의 정리계획의 변경은 정리계획안에 대한 법원의 인가결정이 있은 후 정리계획에서 정한 사항의 변경을 의미한다.

제3절 회생계획안의 결의

결의의 시기(제235조)

회생채권 등에 대한 일반조사기일이 종료하기 전에는 회생계획안을 결의에 부칠 수 없다.

결의의 방법과 회생채권자 등의 분류(제236조)

1. 조별결의

회생계획안이 제3회 관계인집회의 결의에 부쳐지면 조별로 나누어 결의를 행한다. 즉 신고한 회생채권자·회생담보권자·주주·지분권자가 모두 함께 결의를 하는 것이 아니라 각 조별로 찬부를 결정하여 각 조가 찬성하였을 때 계획안이 가결된 것으로 된다. 다만 그 집회는 조별로 소집하는 것이 아니고 신고한 회생채권자·회생담보권자·주주·지분권자의 전체집회를 먼저 개최하고 다음에 조별로 결의에 들어가게 된다.

2. 조의 형성

조는 다음과 같이 분류됨이 원칙이다.

(1) 회생담보권자
(2) 일반의 우선권 있는 채권을 가진 회생채권자
(3) 제2호에 규정된 회생채권자 외의 회생채권자
(4) 잔여재산의 분배에 관하여 우선적 내용을 갖는 종류의 주식 또는 출자 지분을 가진 주주·지분권자
(5) 제4호에 규정된 주주·지분권자 외의 주주·지분권자.

3. 법원의 조의 분류

법원은 위에서 설명한 조의 구성원이 가지고 있는 권리의 성질과 이해의 관계를 고려하여 2 이상의 조를 하나의 조로 하거나 하나의 조를 2이상의 조로

분류할 수 있다. 다만 조를 병합 및 분류함에 있어서 회생채권자, 회생담보권자와 주주는 각각 다른 조로 하여야 한다.

4. 실무에서의 처리

실무례는 대체로 회생채권자조, 회생담보권자조, 주주조로 분류하고 있다.

5. 결의의 대상

결의의 대상이 되는 것은 계획안 전체이다. 계획안을 일체로 하여 찬부를 결정하는 것이지 각 조항마다 결의를 하는 것은 아니다.

결정의 대상이 될 계획안이 수개일 때에는 결의에 부칠 순서를 법원이 정한다. 이 때 먼저 결의에 부친 계획안이 가결되었을 때에도 나머지 계획안을 결의에 부친다. 그리하여 결의안이 수개인 경우에는 다시 그 중 한 개의 계획안을 선택하는 결의를 하게 된다.

6. 결의에 참가할 자(의결권자)

결의에 참가할 수 있는 의결권자는 원칙적으로 신고한 회생채권자·회생담보권자·주주·지분권자이다. 신고를 한 회생채권자·회생담보권자·주주·지분권자라면 조사절차에서 이의가 진술되거나 확정소송이 계속 중인 자라도 의결권에 대한 이의가 없는 한 의결권을 행사 할 수 있다. 그리고 의결권을 가지는가의 여부는 회생계획안에서 권리가 인정되는가의 여부와는 관계없는 것이므로 후순위 회생채권자로서 회생계획안에서 그 권리가 전액 면제되는 자도 의결권을 가짐은 변함이 없다.

7. 의결권의 범위

확정된 회생채권 및 회생담보권과 이의 없는 의결권을 가진 회생채권자, 회생담보권자는 그 확정 또는 신고한 액이나 수에 따라 의결권을 행사할 수 있다.

(1) "이의"

조사기일에서의 이의를 말하는 것이 아니라 "의결권에 대한 이의"를 말하는 것으로 해석되고 있다. 따라서 확정된 회생채권 및 회생담보권의 권리자는 당연히 그 확정액 만큼의 의결권을 가지게 된다.

(2) 조사기일에서 이의가 진술된 미확정의 회생채권, 회생담보권

제3회 관계인집회에서 의결권에 대한 이의가 진술되지 아니하면 그 권리자는 그 신고한 액 상당의 의결권을 행사 할 수 있게 된다.

(3) 다음의 경우에는 예외적으로 의결권이 없다

(ㄱ) 채무자회생및파산에관한법률 제180조 제2항에 의하여 이의있는 회생채권, 회생담보권에 대하여 법원의 결정으로 의결권을 행사할 수 없다고 정하여진 자

(ㄴ) 채무자회생및파산에관한법률 제190조 제1항에 의하여 부당한 이익을 얻을 목적으로 권리를 취득하여 법원의 결정으로 의결권을 행사할 수 없다고 정한 자

(ㄷ) 회생계획으로 그 권리에 영향을 받지 아니하는 자

(ㄹ) 벌금, 과료 등의 청구권을 가진 자

(ㅁ) 국세징수법 또는 국세징수의 예에 의하여 징수할 수 있는 청구권을 가진 자

(ㅂ) 본법 제244조 제2항에 의하여 그 권리보호가 인정된 자

(ㅅ) 채무자에 파산의 원인인 사실 있을 때의 주주

가결의 요건(제237조)

제정이유

인수, 합병(M&A)의 활성화(채무자회생및파산에관한법률 제62조, 제63조 및 제237조)

1. 도산기업이 회생할 수 있는 가장 적절한 방법이 인수, 합병인 바, 종전 회사정리법상의 채권조사, 확정절차와 주식소각제도만으로는 인수, 합병을 활성화하는데 크게 미흡하다는 지적이 제기되어 이를 개선하려는 것이다.

2. 회생계획인가 전이라도 법원의 허가를 얻어 영업 또는 사업을 양도 할

수 있도록 함

3. 청산을 내용으로 하는 회생계획안을 가결하기 위하여 종전에는 담보권 자 전원의 동의를 얻도록 하던 것을, 앞으로는 의결권 총액의 5분의 4이 상에 해당하는 의결권을 가진 자의 동의를 얻도록 그 요건을 완화함

4. 인수, 합병을 통하여 기업이 가치를 유지하면서 조기에 회생하는데 크게 기여할 것으로 기대됨

1. 가결의 요건

(1) 가결요건의 법정과 동의

제3회 관계인집회에서 회생계획안이 가결되기 위하여는 위와 같이 분류된 각 조의 동의가 필요하다. 각 조마다 가결의 요건은 다르다. 그 각 조마다 의 동의를 위한 요건은 채무자회생및파산에관한법률 제237조에 정하여져 있다. 제237조는 각 조마다 그 조에 정하여져 있는 비율에 의한 다수의 의 결권을 가지는 자의 동의가 있어야 회생계획안이 가결되도록 정하고 있다.

(2) 유의점

법정다수라 함은 의결권액 또는 의결권수에 의한 다수이고, 의결권자의 두 수에 의한 다수가 아니다. 가결에 필요한 각 조의 법정다수의 비율을 산정 하는 분모로 되는 것은 각 조에 있어서 의결권을 행사할 자 전원의 의결권 액 또는 수이고, 제3회 관계인집회 기일에 출석한 의결권자만의 의결권의 총액 또는 총수는 아니다.

(3) 회생계획안에 대한 동의 시기

회생계획안에 대한 동의는 제3회 관계인집회 기일에 그 집회에서 행하여 져야 한다. 그러므로 관계인집회에 출석하지 않고 서면으로 동의서만 제출 한 것으로서는 동의가 될 수 없다. 출석하지 않은 의결권자에게 동의간주 의 효력이 생기지 않음은 물론이다.

(4) 동의의 효력 발생시기

회생계획안은 위의 각 조에 있어서 본 조에서 정한 요건에 따라 각각 동의된 경우에 비로서 "회생계획안이 관계인집회에서 가결"된 것으로 된다. 그러므로 어느 조에서는 가결되었으나 다른 조에서는 부동의가 된 경우에는 회생계획안이 관계인집회에서 부결된 것으로 된다.

(5) 민사소송법의 준용

동의, 부동의의 의사표시는 조를 단위로 한 일종의 집단적 화해의 의사표시이지만 재판절차상의 행위이므로 그 능력, 무능력자의 법정대리에 관하여는 민사소송법이 준용된다고 본다.

(6) 임의대리의 경우 특별규정

임의대리에 관하여는 특별규정이있다. 그리고 동의, 부동의는 관계인간에 일체 분가분적으로 형성되는 집단적 법률관계의 기초가 되는 것이므로 표의자의 내심적 의사를 문제로 할 수 없다. 따라서 민법 제107조 이하의 의사표시의 하자에 관한 규정은 적용 내지 유추적용을 할 수 없다고 본다. 다만 사기, 강박에 의하여 동의 또는 부동의의 의사표시를 하여 불성실 내지 불공정한 방법에 의한 결의로 인정된다면 회생계획의 불인가사유가 될 수 있다.

(7) 회생채권자의 조에 있어서의 비율

회생채권자의 조에 있어서는 그 조에 속하는 의결권자의 의결권총액의 3분의 2이상에 해당하는 의결권을 가진 자의 동의가 필요하다. 회생채권자의 조인 이상 우선적 회생채권자의 조이든 후순위회생채권자의 조이든 동일함은 물론이다. 회생채권자의 조가 세분되어 있으면 그만큼 가결되기가 사실상 어렵게 된다.

(8) 회생담보권자의 조에 있어서의 비율

회생담보권자의 조에 있어서 가결에 필요한 다수의 비율은 회생담보권자의 권리에 어떠한 영향을 미치는가에 따라 다르다.

1) 청산을 내용으로 하는 계획안

의결권을 행사할 수 있는 회생담보권자의 5분의 4이상에 해당하는 의결권을 필요로 한다. 채무자 갱생의 가망이 없을 때에는 청산을 하게되는데 파산법에 의하여 담보권자는 별제권자로서 자유로이 권리를 행사할 수 있으나, 청산을 목적으로 하는 계획안이 확정되면 그 계획에 따라야 하므로 회생담보권자에게 영향을 미치는 바 크다. 따라서 회생담보권자의 전원의 동의를 얻도록 한 것이다.

2) 그 외의 계획안의 경우

의결권을 행사할 회생담보권자의 의결권총액의 4분의 3 이상에 해당하는 의결권을 가진 자의 동의가 필요하다.

과거에는 회생담보권의 기한의 유예를 정하는 계획안의 경우와 회생담보권의 감면 기타 기한의 유예 이외의 방법에 의하여 그 권리에 영향을 미칠 규정을 하는 계획안의 경우를 나누어 전자의 경우에는 위와 같은 요건을 적용하였으나 후자의 경우에 의결권을 행사할 수 있는 회생담보권자의 전원의 동의가 필요하도록 하였는데 이에 대하여 이와 같은 요건은 너무 엄격한 것이라는 비판이 있었고, 실제적으로도 이를 악용하여 소수의 회생담보권자가 관리인에게 무리한 요구를 하는 폐단이 있어 의결권을 행사할 회생담보권자의 의결권총액의 5분의 4 이상으로 가결요건을 완화하였다가 다시 4분의 3 으로 완화 한 것이다.

(9) 주주의 조에 있어서의 비율

의결권을 행사할 수 있는 주주의결권의 총수의 과반수에 해당하는 의결권을 가진 자의 동의를 얻어야 한다. 다만 채무자에 파산원인인 사실이 있을 때에는 주주는 의결권을 가지지 않으므로 주주의 조는 전체로서 의결권이 없게 된다.

그러나 주주에게 그러한 의결권이 없다고 하여 주주의 조가 인정될 수 없는 것은 아니다. 주주의 조는 채무초과 등 파산원인이 존재하더라도 의연히 존재하는 것이고 따라서 주주는 관계인집회에 출석할 권리와 질문권 등을 가진다고 보아야 한다.

▣ 관련판례

판례(대법원 2018. 1. 16., 자, 2017마5212, 결정)

간이회생절차에는 채무자 회생 및 파산에 관한 법률(이하 '채무자회생법'이라고 한다) 제2편 제9장에서 달리 정한 것을 제외하고는 회생절차에 관한 규정을 적용하고(채무자회생법 제293조의3 제1항), 법원이 채무자회생법 제293조의5 제3항에 따라 간이회생절차폐지의 결정을 하더라도 채권자 일반의 이익 및 채무자의 회생 가능성을 고려하여 회생절차를 속행할 수 있으며, 이 경우 간이회생절차에서 행하여진 법원, 간이조사위원, 채권자 등의 처분·행위 등은 그 성질에 반하는 경우가 아니면 회생절차에서도 유효한 것으로 보도록 규정되어 있다(채무자회생법 제293조의5 제4항). 이러한 관련 규정의 내용과 간이회생절차의 입법 취지 등에 비추어 보면, 채무자회생법 제293조의5 제3항 제1호에서 정한 폐지사유가 존재하더라도, 채권자 일반의 이익·채무자의 회생 가능성 및 이를 고려한 회생절차 속행 가능성, 채무자회생법 제237조 제1호의 가결요건 충족 여부, 한도액의 초과 정도, 채무자의 현황, 그 밖의 모든 사정을 고려하여 회생계획을 인가하지 아니하는 것이 부적당하다고 인정되는 때에는 채무자회생법 제293조의3 제1항, 제243조 제2항에 따라 회생계획인가의 결정을 할 수 있다고 보는 것이 타당하다.

속행기일의 지정 (제238조)

1. 가결되지 않은 경우의 처리

(1) 법원이 취할 조치

회생계획안이 결의를 위한 관계인집회에서 가결되지 않았을 경우에는 법원은 다음과 같은 3가지의 조치를 할 수 있다.

1) 기일의 속행

법원은 회생채권자·회생담보권자·주주·지분권자의 각 조에서 소정 비율에 의한 동의가 있으면 신청 또는 직권에 의하여 속행기일을 선고하여야 한다.

2) 권리보호조항을 두고 인가 할 수 있다. 즉 일부의 조에 있어서만 다수의

동의를 얻지 못할 경우에는 법원은 그 조의 회생채권자·회생담보권자
·주주·지분권자의 권리를 보호하는 조항을 정하고 계획의 인가결정을
할 수 있다.

3) 회생절차의 폐지이다. 즉 회생계획안이 부결되었을 때에는 법원은 위에
서 설명한 2가지 경우를 택하지 않는 한 회생절차를 폐지하여야 한다.

(2) 기일의 속행

1) 속행기일의 제도의 취지

결의를 위한 관계인집회에서 회생계획안이 가결되지 않았다고 하여 곧
회생절차를 폐지한다는 것은 바람직하지 못하다. 비록 가결되지 않았다
고 하여도 계획안을 변경한다거나 또는 관계인간의 절충 내지는 설득에
의하여 다시 결의를 한다면 가결될 가능성이 있는 경우도 있다. 이러한
경우에까지 항상 회생절차를 폐지한다면 법원, 관리인 관계인 들이 그
때까지 들인 노력, 시간, 비용 등이 허사로 되어 채무자의 회생재건을
목적으로 하는 본 법의 본래의 취지에 반하게 된다. 따라서 동법은 일정
한 경우에 속행기일을 정하여 다시 결의를 할 기회를 주고 있다. 이것이
속행기일의 제도이다.

2) 의결 정족수

가. 관계인집회에서 회생계획안이 가결되지 않은 경우

회생채권자의 조에 있어서는 의결권을 행사할 수 있는 회생채권자
의 의결권의 총액의 3분의 1이상에 해당하는 의결권을 가진 자의 동
의가 있어야 한다.

나. 회생담보권자의 조

의결권을 행사할 수 있는 회생담보권자의 의결권의 총액의 2분의 1
이상에 해당하는 의결권을 가진 자의 동의가 있어야 한다.

다. 주주·지분권자의 조

의결권을 행사하는 주주·지분권자의 의결권의 총수의 3분의 1이상
에 해당하는 의결권을 가진 자가 기일의 속행에 동의한 때에는 법원
은 관리인 기타 이해관계인의 신청 또는 직권으로 속행기일을 정하
여 선고하도록 하고 있다.

3) 속행기일에서의 재결의

속행기일에는 모든 조에서 다시 결의를 한다. 직전 기일에 필요한 수의 동의를 얻지 못한 조만 재결의를 하는 것은 아니다.

가결의 시기(제239조)

1. 가결의 시기

채무자회생및파산에관한법률은 회생절차가 지연되는 것을 방지하기 위하여 회생계획안의 가결기간에 관하여 특별한 규정을 두고 있다. 즉 제235조가 결의의 시기를 정하고 있음에 반하여 본 조는 종기를 제한하고 있는 것이다.

(1) 회생계획안의 가결시기(제3회 관계인집회 기준)

회생계획안은 제3회 관계인집회의 제1기일로부터 2월내에 가결되어야 한다. 여기서 기산점이 되는 제1기일은 회생계획안의 결의를 위한 관계인집회(제3회 관계인집회)로 최초로 지정된 기일을 말하는 것으로서, 이 기일이 변경되거나 연기되어 실제로 실시되지 않은 경우에도 변함이 없다고 해석되고 있다. 2개월의 기간 계산에 있어서는 초일인 당해 기일은 산입하지 않는다. 따라서 제2회 관계인집회와 제3회 관계인집회를 병합하는 실무례를 취할 경우에는 가결을 위한 기간이 짧으므로 주의하여야 할 것이다.

(2) 법원의 기간연장

법원은 필요하다고 인정되는 경우에는 회생계획안 제출자의 신청에 의하거나 또는 직권으로 위 가결기간을 연장할 수 있는데, 이 경우에도 그 연장된 기간은 최초의 가결기간으로부터 1월을 넘지 못한다. 이러한 가결기간의 연장은 거듭하여 할 수 있으나, 법률의 취지에 비추어 모두 합산하여 최초의 가결기간으로부터 1월을 넘지 못한다고 해석된다. 이러한 가결기간의 연장은 거듭하여 할 수 있으나, 법률의 취지에 비추어 모두 합산하여 최초의 가결기간으로부터 1월을 넘지 못한다고 해석된다.

1) 송달여부 : 가결기간의 연장은 결정으로 하여야 하며, 관계인집회에서 가결기간 연장의 결정을 고지한 경우에는 이를 송달할 필요가 없지만, 법정 외에서 계획안 제출자가 가결기간 연장을 신청한 경우 이에 대한

허부의 결정은 신청인에게 송달하여야 한다.

(3) 회생계획안의 가결시기(회생절차 개시결정일 기준)

그리고 회생계획안은 회생절차 개시결정일로부터 1년 내에 가결되어야 한다. 그러나 만약 불가피한 사유가 있다고 인정되는 때에는 6개월의 범위 내에서 그 기간을 연장할 수 있는데, 이 경우에도 가결기간의 연장은 거듭할 수는 있지만 그 연장기간의 합산이 회생절차개시결정일로부터 1년을 경과한 날로부터 6개월을 넘지 못한다고 해석된다. 이 가결기간 연장의 결정도 관계인집회에서 고지할 수 있으며 이 경우에는 이를 이해관계인들에게 송달할 필요가 없으나, 기일 외에서 이를 결정할 수도 있다.

서면에 의한 결의(제240조)

1. 결의의 대상

결의의 대상은 회생계획안 전체이고 회생계획안 개개의 조항에 대하여 의사표시를 하여야 하는 것은 아니다. 따라서 앞서 언급한 바와 같이 특정 조항을 제외하고 나머지 회생계획안에 대하여 찬성한다는 취지의 의사표시는 결국 회생계획안에 대하여 부동의한 것으로 해석되어야 한다.

2. 결의의 방법

(1) 서면에 의한 결의법원은 회생계획안이 제출된 때에 상당하다고 인정하는 때에는 회생계획안을 서면에 의한 결의에 부치는 취지의 결정을 할 수 있다. 이 경우 법원은 그 뜻을 공고하여야 한다.

위의 경우에 의한 서면결의를 결정한 때에는 법원은 다음의 자들에게 회생계획안의 사본 또는 그 요지를 송달함과 동시에 의결권자에 대하여는 회생계획안에 동의하는지 여부와 인가 여부에 관한 의견, 회생계획안이 가결되지 아니한 경우 속행기일의 지정에 동의하는지 여부(제223조제2항의 사전계획안이 제출된 때에는 속행기일의 지정에 동의하는지 여부는 묻지 아니한다)를 법원이 정하는 기간(이하 이 장에서 "회신기간"이라 한다)안에 서면으로 회신하여야 한다는 뜻을 기재한 서면을 송달하여야 한다.

1) 관리인

2) 조사위원

3) 채무자

4) 목록에 기재되어 있거나 신고한 회생채권자·회생담보권자·주주·지분권자

5) 회생을 위하여 채무를 부담하거나 담보를 제공한 자가 있는 때에는 그 자

이 경우 회신기간은 제1항의 규정에 의한 결정일부터 2월을 넘을 수 없다.

(2) 송달

위의 경우에 의한 송달은 서류를 우편으로 발송하여 할 수 있다.

위의 경우에 의하여 회생계획안을 송달한 때에는 채무자회생및파산에관한법률 제224조의 회생계획안 심리를 위한 관계인집회가 완료된 것으로 본다.

3. 회신기간 안에 회신이 도달한 경우

회신기간 안에 회생계획안에 동의한다는 뜻을 서면으로 회신하여 법원에 도달한 의결권자의 동의가 채무자회생및파산에관한법률 제237조의 규정에 의한 가결요건을 충족하는 때에는 그 회생계획안은 가결된 것으로 본다.

4. 준용

의결권의 행사 및 부당한 의결권의 배제의 규정은 서면결의에 관하여 준용한다.

5. 서면결의로 가결되지 아니한 경우

서면결의로 가결되지 아니한 회생계획안에 대하여 채무자회생및파산에관한법률 제238조의 규정에 의한 속행기일이 지정된 때에는 속행기일에서 결의에 부쳐야 하고 다시 서면결의에 부칠 수 없다.

회생계획안이 가결된 경우의 법인의 존속(제241조)

법인은 청산 또는 파산선고에 의하여 해산되고, 회생계획안이 가결되어도 소급적으로 회생계획의 효과가 소멸하는 것은 아니기 때문에, 법인계속의 절차를 취하여야 한다. 청산중이거나 파산선고를 받은 사단법인 또는 재단법인인 채무자에 대하여 회생절차가 개시되어 회생계획안이 가결된 때에는 그 사단법인은 정관의 변경에 관한 규정에 따라, 재단법인은 주무관청의 인가를 받아 법인을 존속하게 할 수 있다.

제4절 회생계획의 인가 등

회생계획의 인가 여부(제242조)

1. 관계인집회에서 회생계획안이 가결된 경우

법원은 그 기일이나 그 기일에서 바로 선고한 기일(계획인부기일)에 인부에 관하여 결정을 하여야 한다. 계획인부기일을 관계인집회에서 선고한 경우에는 기일의 공고와 소환장의 송달을 요하지 아니한다.

2. 실무상의 처리방법

회생계획에 대한 인부결정을 하기 위해서 법원은 그 회생계획안이 인가에 필요한 요건을 갖추고 있는지 여부를 심사하기 위한 시간이 필요하겠지만, 현재의 실무에서는 회생계획안을 관계인집회에 부치기 전에 법원이 미리 회생계획인가요건까지도 감안하여 심사하기 때문에, 회생계획안이 관계인집회에서 가결되면 바로 그 자리에서 회생계획을 인가하고 있다.

3. 문제되는 경우

비록 법원이 회생계획안이 인가에 필요한 요건을 갖추고 있다고 판단하여 관계인집회의 결의에 부치고 그 결과 가결까지 되었다 하더라도 바로 인가결정을 하기 어려운 경우도 있다.

예를 들어 다음과 같은 경우가 있을 수 있다.

(1) 상호 지급보증관계에 있는 두 계열회사의 회생계획안이 서로 상대 회사의 회생계획안이 인가되는 것을 전제로 작성되었는데, 그 결의 결과 한 회사의 회생계획만이 가결되는 바람에 보증채무가 현실화되어 그 수행가능성이 의심되는 경우.

(2) 일단 회생회사의 제3자인수를 내용으로 하는 회생계획안이 가결되었는데, 그 인수계획을 마무리하기 위한 나머지 절차가 남아 있어 아직 가결된 회생계획안의 수행가능성을 장담할 수 없는 경우.

이러한 경우에는 회생계획안이 가결되었다 하더라도 그 인가요건을 심사하기 위한 시간이 필요하므로, 제3회 관계인집회에서 다음 계획인가기일을 선고하여 회생계획의 인부결정을 하여야 한다. 실무상 회생회사 M&A를 위한 회생계획 변경절차에서 인수인은 변경집회전에 인수대금을 모두 납입함이 원칙이나, M&A계약에서 변경계획안이 집회에서 가결된 후 인부결정전에 인수대금을 납입하기로 하는 특별한 사정이 있는 경우에는, 인부결정 선고기일을 예정된 인수대금 납입기일 후로 지정하고 있다. 회생계획안 제출 단계에서 M&A가 활성화된다면, M&A계약 내용에 따라 제3회 관계인집회에서 즉시 인가결정을 하거나 인수대금 납입기일에 맞추어 회생계획 인가기일을 따로 정하여야 할 것이다.

4. 회생계획안이 관계인집회에서 확정적으로 부결된 경우

법원은 회생절차를 폐지할 것인지 아니면 권리보호조항을 정하고 부결된 회생계획을 인가할 것인지를 결정하여야 한다. 만약 권리보호조항을 정하는 것으로 사전에 검토를 마쳤다면, 그 관계인집회 석상에서 권리보호조항을 정하고 인가결정을 선고하면 된다. 그러나 검토가 끝나지 못한 상태라면, 권리보호조항을 정하여 회생계획을 인가하는 쪽으로 결론이 날 경우를 대비하여, 회생계획 인부기일을 그 관계인집회에서 선고하는 방식으로 지정하는 것이 좋다.

5. 계획인부기일을 지정하는 경우의 실무

계획인부기일을 따로 지정할 경우에는 특정한 기일을 지정하여 선고하여야 하며 기일을 추후에 지정할 수는 없다. 그러나 일단 지정된 기일의 변경은 허용된다. 계획인부기일을 관계인 집회에서 선고한 경우에는 기일을 공고하거나 이해관계인을 소환할 필요가 없다. 그러나 이미 지정된 기일을 법정 외에서 변경하는 경우에는 기일의 소환, 통지 및 공고를 하여야 한다. 원심법원의 인부결정이 항고심에서 취소되어 환송된 경우에 다시 인부결정을 할 경우에도 마찬가지로 계획인부의 기일을 정하여 그 기일의 소환, 통지 및 공고를 하여야 한다.

6. 이해관계인의 의견진술

회생계획의 인부결정을 함에 대하여 관리인, 조사위원, 채무자, 신고한 회생채권자, 회생담보권자, 행정청, 법무부장관, 금융위원회이다.

관리인, 조사위원, 채무자, 신고한 회생채권자, 회생담보권자에게 의견진술의 기회를 주는 이유는 이러한 자들이 회생계획의 인부결정에 의하여 그 권리에 영향을 받기 때문에 이에 대한 심문청구권을 보장하기 위해서이고, 행정청, 법무부장관, 금융위원회에 의견진술의 기회를 주는 이유는 인가요건의 존부를 판단함에 있어 이러한 자들의 의견을 참고하고자 하기 위함이다.

▣ 관련판례

판례(대법원 1987.12.29. 자 87마277 결정)

회사정리법 제237조 제4항에 의하면 정리계획 인부결정에 대한 항고심결정에 대하여는 재항고가 허용되지 아니하고 동법 제8조에 의하여 준용되는 민사소송법 제420조에 의한 특별항고만 허용된다.

판례(서울회법 2017. 9. 21., 자, 2016회합100116, 결정 : 즉시항고)

의료기관을 운영하는 甲 의료법인에 대한 회생절차개시결정 후 관리인이 우선협상대상자로 지정된 乙 주식회사와 '乙 회사가 甲 의료법인에 자금을 무상출연 및 대여하고 甲 의료법인의 임원 추천권을 갖는' 내용의 무상출연 및 자금대여계약을 체결하였고, 그 후 회생계획안이 관계인집회에서 가결된 사안에서, 의료법 제33조는 의료기관의 개설주체를 의사, 의료법인, 비영리법인 등으로 한정하고 있는바, 의료기관을 개설·운영하는 주체는 甲 의료법인이고, 乙 회사는 甲 의료법인에 자금을 출연 및 대여한 자에 불과하며, 또한 乙 회사가 출연 및 대여를 통하여 甲 의료법인의 임원을 추천할 수 있는 권한을 갖게 된다고 하더라도 의료기관 개설·운영의 주체는 여전히 甲 의료법인이고, 그 주체에 변동이 생기는 것이 아니므로, 무상출연계약 및 회생계획안이 의료기관 개설주체를 제한하고 있는 의료법 규정에 반한다고 보기 어렵고, 그 외 채무자 회생 및 파산에 관한 법률 제243조 제1항에서 정한 요건 역시 모두 구비하였다고 인정하여 회생계획을 인가한 사례.

1436 · 제4편 회생절차

서면결의를 거친 경우 회생계획의 인가 여부(제242조의2)

① 서면결의에 의하여 회생계획안이 가결된 때에는 법원은 지체 없이 회생 계획의 인가 여부에 관하여 결정을 하여야 한다.

② 법원은 제1항에 따른 회생계획의 인가 여부에 관한 결정에 앞서 제240조 제2항의 회신기간 이후로 기일을 정하여 회생계획 인가 여부에 관한 이 해관계인의 의견을 들을 수 있다.

③ 제242조제2항 각 호의 어느 하나에 해당하는 자는 제2항에 따른 기일에서 회생계획의 인가 여부에 관하여 의견을 진술할 수 있다.

④ 제2항에 따른 기일을 정하는 결정이 있는 때에는 법원은 이를 공고하고 그 결정서를 제240조제2항에 따라 회생계획 인가 여부에 관한 의견을 서 면으로 회신한 자에게 송달하여야 한다.

⑤ 법원은 상당하다고 인정하는 때에는 관리인의 신청에 의하거나 직권으로 제2항에 따른 기일과 특별조사기일을 병합할 수 있다.

⑥ 법원은 제1항에 따라 회생계획의 인가 또는 불인가의 결정을 한 때에는 제182조제1항 각 호의 자에게 그 주문 및 이유의 요지를 기재한 서면을 송달하여야 한다.

회생계획인가의 요건(제243조)

제정이유

1. 종전 회사정리절차에서는 회생계획이 회생채권 등의 청산가치를 보장하 여야 한다는 규정이 없어 다수의 채권자가 청산가치에 못 미치는 내용의 회생계획에 동의하는 경우 소액채권자들이 피해를 보게 되는 문제점을 개선하려는 것임

2. 회생계획에 의한 변제방법이 채무자의 사업을 청산할 때 각 채권자에게 변제하는 것보다 불리하지 아니하여야 함을 명시하고, 동의한 채권자의 경우에는 예로 할 수 있도록 함

3. 소액채권자의 권익을 보호하고, 파산보다는 채권자에게 이익이 되도록 강제함으로써 도덕적 해이를 방지하는데 기여할 것으로 기대됨

1. 권리보호조항제도

법원이 권리보호조항을 정함으로써 계획안을 실질적으로 변경할 경우에도 변경 후의 계획안은 본 조의 인가요건을 갖추고 있어야 한다. 권리보호조항 제도는 회생계획 인가의 요건 중 가결요건의 흠결을 일정한 범위 내에서 보충하는데 불과한 것이고, 흠결이 치유된 계획안의 인부는 본래의 인가요건의 구비 여부에 따라 결정되어야 하기 때문이다.

2. 수행가능성의 요건

과거 권리보호조항을 설정한 사례 중에는 부동의 조의 변제조건을 일부 상향 하는 것을 내용으로 한 사례가 많이 있는데, 이 경우에도 실질적으로 변경된 회생계획안의 내용이 채무자가 수행할 수 있는 범위 내에 있어야 한다. 법원 이 직권으로 회생계획안을 변경하여 인가하는 것이기 때문에 인가 후에 그 수행이 불가능한 것으로 밝혀질 경우의 법원의 부담은 다른 경우보다 더 클 수밖에 없고, 따라서 이러한 경우에는 좀 더 신중이 수행가능성을 검토하여야 하고, 실무상 인가결정전에 미리 조사위원으로 하여금 예상되는 몇 가지 가능 성을 기초로 한 수행가능성 검토보고서를 제출하게 하는 것이 바람직하다.

▣ 관련판례

판례(대법원 2005. 3. 10. 자 2002그32 결정)

1. 회사정리법 제233조 제1항 제3호는 정리계획안 인가의 요건으로 결의가 성실·공정하게 이루어질 것을 들고 있는바, 불성실·불공정한 결의란 계획안의 가부를 결정하기 위한 의결권 행사의 의사표시를 하는 과정에 있어서 본인 이외의 제3자로부터 위법·부당한 영향이 작용하는 경우를 말하는 것으로서, 이해관계인에 대한 협박이나 기망은 물론, 의결권 행사 혹은 그 위임의 대가로 특별한 이익이 공여된 경우도 결의의 성실·공정을 해하는 사유에 해당할 수 있다.

2. 정리계획안의 가부를 결정하기 위한 결의를 함에 있어서, 실제로 정리담보권 자체를 양도받은 양수인이 관계인집회 때까지 신고명의의 변경 등 이전에 필요한 절차를 밟을 시간적 여유가 없어 양도인들로부터 위임장을 교부받아 의결권을 대리행사한 데 지나지 아니하고, 정리담보권의 양도가격이 그 실제 가치를 현저히 초과하지 않아 양수행위가 특별이익의 공여에 해당한다고 볼 정도에까지 이르지 않은 이상, 그 양수행위로 인하여 위 결의에 위법·부당한 영향을 미쳐 공정성을 해하였다고 할 수는 없다.

판례(대법원 2001. 9. 21. 자 2000그98 결정)

정리계획에 의하여 행해지는 출자전환은 법률이나 정관에 명시된 건설공제조합의 목적이나 건설산업기본법 제56조에서 정하고 있는 사업 자체는 아니라고 하더라도 그 목적 및 사업을 수행하는 데 있어서 직접, 간접으로 필요한 것이라고 하지 않을 수 없으므로, 출자전환 방식의 권리변경을 내용으로 하는 정리계획이 법률의 규정에 합치되지 않는다고 할 수 없다.

판례(대법원 2000. 1. 5. 자 99그35 결정)

1. 회사정리절차에 있어서 법원은 정리계획이 회사정리법 제233조 제1항 각 호가 정하고 있는 요건을 구비하고 있는 경우에 한하여 인가의 결정을 할 수 있는바, 회사정리법이 이와 같이 정리계획인가의 요건을 엄격하게 규정하고 있는 취지는 회사정리절차에 있어서는 우선순위가 다른 채권자들끼리의 결의에 의하여 권리변경이 이루어지므로 정리계획의 내용이 각 이해관계인 사이에 공정·형평하게 이루어질 수 있도록 함과 동시에 정리제도의 목적인 기업의 정리·재건을 달성할 수 있도록 하려는 것이다.

2. 정리계획의 인가를 하기 위하여는 정리계획이 회사정리법 제233조 제1항 제2호 전단이 규정하는 공정·형평성을 구비하고 있어야 하는바, 여기서 말하는 공정·형평성이란 구체적으로는 정리계획에 같은 법 제228조 제1항이 정하는 권리의 순위를 고려하여 이종(異種)의 권리자들 사이에는 계획의 조건에 공정·형

평한 차등을 두어야 하고, 같은 법 제229조가 정하는 바에 따라 동종(同種)의 권리자들 사이에는 조건을 평등하게 하여야 한다는 것을 의미하는 것으로, 여기서의 평등은 형식적 의미의 평등이 아니라 공정·형평의 관념에 반하지 아니하는 실질적인 평등을 가리키는 것이므로, 정리계획에 있어서 모든 권리를 반드시 같은 법 제228조 제1항 제1호 내지 제6호가 규정하는 6종류의 권리로 나누어 각 종류의 권리를 획일적으로 평등하게 취급하여야만 하는 것은 아니고, 6종류의 권리 내부에 있어서도 정리채권이나 정리담보권의 성질의 차이 등 합리적인 이유를 고려하여 이를 더 세분하여 차등을 두더라도 공정·형평의 관념에 반하지 아니하는 경우에는 합리적인 범위 내에서 차등을 둘 수 있는 것이며, 다만 같은 성질의 정리채권이나 정리담보권에 대하여 합리적인 이유 없이 권리에 대한 감면의 비율이나 변제기를 달리하는 것과 같은 차별은 허용되지 아니한다.

3. 이른바 팩토링 금융회사의 정리채권을 금융기관 정리채권으로 분류하여 상거래 정리채권과 차등을 둔 정리계획인가가 헌법상 평등의 원칙이나 회사정리법 제228조, 제229조, 제233조 제1항 제2호를 위반하였다고 볼 수 없다고 한 사례.

4. 회사정리법 제112조의2 제2항에 의하면 법원은 정리채권을 변제하지 아니하고는 회사의 갱생에 현저한 지장을 초래할 우려가 있다고 인정되는 경우에는 정리계획인가 결정 전이라도 보전관리인·관리인 또는 회사의 신청에 의하여 그 전부 또는 일부의 변제를 허가할 수 있도록 되어 있는바, 법원의 변제허가에 의하여 정리계획인가 전에 변제된 채권은 그 변제된 한도에서 절대적으로 소멸하는 것이고(따라서 의결권의 액도 그 한도에서 감액된다.), 같은 법 제215조의2에 의하면 그 변제 내역을 정리계획에 명시하도록 하고 있을 뿐이므로 정리계획에서 별도의 변제조건을 설정하지 아니하였다고 하여 위법하다고 할 수 없다.

5. 금융기관이 파산선고를 받아 파산절차가 진행중이라는 것만으로는 차등을 둘 합리적인 이유가 될 수 없는 것이므로 다른 정상적인 금융기관과 동일한 조건에서 정리채권을 변제받도록 한 정리계획이 평등의 원칙에 반한다거나 파산의 특수성 또는 그 목적에 위배된다고 할 수 없다.

6. 일반적으로 보증채무의 경우에는 변제책임을 지는 주채무자가 따로이 있을 뿐만 아니라 반드시 보증에 상응하는 대가를 얻는 것도 아니라는 점에서 정리채권이 보증채권인 경우에는 주채권인 경우에 비하여 일정한 차등을 두더라도 공정·형평이나 평등의 원칙에 어긋난다고 볼 수는 없다.

7. 후순위인 일반 주주의 권리는 10분의 1로 축소시키고, 주채권인 상거래 정리채권은 2차년도까지 전액 변제하기로 하며, 보증채권 아닌 정리채권은 금융기관 정리채권과 상거래 정리채권 사이에 차등을 두면서도 보증채권인 상거래 정리채권을 보증채권인 금융기관 정리채권과 함께 전액 면제시킨 정리계획은 공정·형평의 관념 및 평등의 원칙에 위반된다고 한 사례.

8. 정리계획에 부분적인 위법이 있으나 정리계획인가결정을 취소할 것이 아니라 회사정리법 제234조 제1항을 준용하여 그 결정을 변경·인가하는 것이 바람직하다고 본 사례.

판례(대법원 2018. 5. 18., 자, 2016마5352, 결정)

법원이 회생계획의 인가를 하기 위해서는 채무자 회생 및 파산에 관한 법률(이하 '채무자회생법'이라고 한다) 제243조 제1항 제2호 후단에 따라 회생계획의 수행이 가능하여야 한다. 여기서 말하는 '수행가능성'이란 채무자가 회생계획에 정해진 채무변제계획을 모두 이행하고 다시 회생절차에 들어오지 않을 수 있는 건전한 재무 상태를 구비하게 될 가능성을 의미한다.

채무자회생법 제243조 제1항 제6호는 회생계획 인가의 요건으로 '회생계획에서 행정청의 허가·인가·면허 그 밖의 처분을 요하는 사항이 제226조 제2항의 규정에 의한 행정청의 의견과 중요한 점에서 차이가 없을 것'을 규정하고 있다. 이는 회생계획안이 행정청의 허가 등을 전제로 하는 경우에 그러한 처분이 내려지지 않으면 회생계획의 수행가능성에 문제가 발생할 수 있으므로 회생계획 인가의 요건으로 규정한 것이다.

한편 채무자회생법 제226조 제2항은 "행정청의 허가·인가·면허 그 밖의 처분을 요하는 사항을 정하는 회생계획안에 관하여는 법원은 그 사항에 관하여 그 행정청의 의견을 들어야 한다."라고 규정하고 있다. 법원이 채무자회생법 제226

조 제2항에서 정한 의견조회를 누락한 경우, 이는 회생계획 인가의 요건 중 채무자회생법 제243조 제1항 제1호의 '회생절차가 법률의 규정에 적합할 것'이라는 요건을 흠결한 것이지 회생계획의 수행가능성과 관련한 채무자회생법 제243조 제1항 제6호의 요건을 흠결한 것으로 볼 수 없다.

판례(대법원 2016. 2. 18., 선고, 2014다31806, 판결)

상법은 분할 또는 분할합병으로 설립되는 회사 또는 존속하는 회사(이하 '승계회사'라 한다)는 분할 전의 회사채무에 관하여, 분할되는 회사와 연대하여 변제할 책임이 있고(제530조의9 제1항), 다만 주주총회의 특별결의로써 승계회사가 분할되는 회사의 채무 중에서 출자한 재산에 관한 채무만을 부담할 것을 정할 수 있으며, 이 경우 상법 제527조의5 등의 규정에 따른 채권자보호절차를 거치도록 정하고 있다. 그런데 채무자 회생 및 파산에 관한 법률(이하 '채무자회생법'이라 한다) 제272조 제1항, 제4항은 회생계획에 의하여 주식회사인 채무자가 분할되는 경우 채권자보호절차 없이도 분할되는 회사와 승계회사가 분할 전의 회사 채무에 관하여 연대책임을 지지 않도록 정할 수 있다고 규정하고 있다. 채무자회생법에서 특례규정을 둔 것은 회생절차에서 채권자는 회사분할을 내용으로 하는 회생계획안에 대한 관계인집회에서의 결의절차를 통하여 회사분할이 채권자에게 유리 또는 불리한 결과를 가져올 것인지를 판단할 수 있고, 법원도 인가요건에 대한 심리를 통하여 채권자에 대한 적절한 보호를 심사하게 되므로 별도의 상법상 채권자보호절차는 불필요하다는 사정을 고려하였기 때문이다. 이러한 취지와 회생계획에서 공익채권자의 권리에 영향을 미치는 규정을 정할 수는 없는 점 등을 종합하면, 회생채권자와 달리 회생계획안에 관한 결의절차에 참여할 수 없는 공익채권자에 대하여는 위 특례규정이 적용되지 않는다.

회생계획의 불인가(제243조의2)

① 회생계획안이 제57조 각 호의 어느 하나에 해당하는 행위를 내용으로 하는 경우로서 제231조의2제1항 각 호의 요건을 모두 충족하는 경우에는 법원은 회생계획불인가의 결정을 할 수 있다.

② 회생계획안이 제57조 각 호의 어느 하나에 해당하는 행위를 내용으로 하

는 경우로서 그 행위를 하려는 자 또는 그와 대통령령으로 정하는 특수관계
에 있는 자가 제231조의2제2항 각 호의 어느 하나에 해당하는 경우에는 법원
은 회생계획불인가의 결정을 하여야 한다.

③ 법원은 제1항 또는 제2항의 내용을 확인하기 위하여 필요한 경우에는 채
무자, 관리인, 보전관리인, 그 밖의 이해관계인 등에게 정보의 제공 또는 자
료의 제출을 명할 수 있다.

동의하지 아니하는 조가 있는 경우의 인가(제244조)

1. 권리보호 조항제도의 취지

권리보호 조항제도는 비록 회생계획안이 일부 조에서 법정 다수의 동의를 얻
지 못하여 부결되었다 하더라도, 법원이 부결된 조에 속하는 권리자들의 권리
를 보호하는 조항을 정하고, 회생계획을 인가할 수 있도록 하는 제도이다.

2. "조"

채무자회생및파산에관한법률은 회생계획안에서 권리의 순위에 따라 차등을
두도록 하면서도, 같은 성질을 가지는 권리자 사이의 형평을 위하여, "조"라
는 제도를 두어. 각조별로 결의를 하도록 하여 어느 조에서라도 법정 다수의
동의를 얻지 못할 경우에는, 회생계획안이 부결되는 것으로 정하고 있다.

3. 회생계획안이 부결되는 경우의 폐해방지

그런데 회생계획안이 부결되는 경우에 반드시 회생절차를 폐지해야 한다면,
경제성 있는 채무자의 회생재건을 위하여 회생절차에서 진행되었던 이해관
계인들의 모든 노력이 허사로 돌아가게 된다. 특히 일부 이해관계인들의 무
리한 요구로 인하여 공들여 작성된 회생계획안이 부결되어 경제성 있는 채
무자에 대한 회생절차가 폐지된다면, 그 피해는 나머지 회생채권자, 회생담
보권자, 주주, 채무자의 종업원 등에게 돌아가고 사회경제적으로도 안타까운
일이다. 이러한 취지에서 채무자회생및파산에관한법률은 회생계획안이 부결
된 경우라도, 부결된 조에 속하는 권리자의 권리를 보호하는 조항을 두어 회

생계획을 인가할 수 있는 재량권을 법원에 부여하고 있다. 이러한 권리보호
조항제도는 후순위 권리자의 조에 대하여는 회생계획안에 대한 반대를 억제
하는 수단으로서의 기능을 하고, 선순위 권리자의 조에 대하여는 부당한 양
보의 요구로부터 그 최소한의 권리를 지키는 수단으로서의 기능을 한다고
한다. 이 제도는 법원이 직권으로 회생계획안을 변경할 수 있는 유일한 제도
이다. 그러나 권리보호조항 제도가 회생계획안의 부결로 인한 폐지를 회피하
기 위한 수단으로 원칙 없이 이용되어서는 안 될 것이다.

4. 권리보호조항의 설정 요건

(1) 일부 조의 부동의

모든 조에서 회생계획안 가결에 필요한 법정 다수의 동의를 얻지 못할 경
우에는 권리보호조항을 적용할 수 없고, 반드시 회생절차를 폐지하여야 한
다. 반대로 모든 조에서 법정 다수의 동의를 얻었다면 법원은 권리보호조
항을 정함이 없이 가결된 회생계획에 대한 인부결정을 하여야 한다. 그러
나 모든 조에서 법정 다수의 동의를 얻었지만 일부 조에서 그 결의가 불성
실, 불공정한 방법으로 되었기 때문에 그 상태로는 불인가하여야 할 경우
에는, 그 조의 권리자를 위하여 권리보호조항을 인가할 수 있다고 본다.

(2) 권리보호조항의 설정

권리보호조항의 설정은 법원이 직권으로 하여야 한다. 이 경우에는 계획안
의 결의 전에 미리 권리보호조항의 정함을 허가할 경우와 같이 계획안 작
성자와 권리자들의 의견을 들을 필요가 없지만, 가능하다면 그 의견을 듣
는 것이 바람직하다.

(3) 유의할 점

권리보호조항은 부동의 조의 권리자 전원에 대하여 정하는 것이지, 결의시
에 부동의한 권리자에 대해서만 권리보호조항을 정하는 것은 허용되지 아
니한다. 권리보호조항의 적용으로 본래의 회생계획안 내용보다 당해 이해
관계인에게 결과적으로 불리해지는 경우에도 위법이 아니며, 권리보호조항
을 정하면서 권리보호조항에 의하여 변제를 받는 것과 원 회생계획안에 의

하여 변제를 받는 것을 그 조의 각 권리자의 선택에 맡길 수 있다고 한다.

(4) 구체적인 권리보호조항의 적용

구체적인 권리보호조항의 적용에 있어서는, 권리자의 권리 보호의 정도가 문제로 된다. 이 점에 관하여 본 법에서는 법원이 정하는 공정한 거래가격이라는 개념을 사용하고 있으며, 학설은 대체로 보호의 대상이 되는 권리를 청산가치로 보고 있는 듯하다.

(5) 제도의 심리나 결의 불필요

회생계획안 작성자의 신청에 따라 사전에 권리보호조항을 정하는 경우에는 권리보호조항을 정하는 조의 권리자 1인 이상의 의견을 들어야 하지만, 회생계획안이 부결된 후에 법원이 권리보호조항을 정하여 인가하는 경우에는, 그러한 권리자의 의견을 들어야 한다는 규정은 없으므로, 법원은 권리보호조항의 내용을 심리나 결의에 부칠 필요는 없다. 그러나 이 경우에도 법원은 그 동안의 절차진행과정에서 드러난 이해관계인들의 의견을 충분히 고려하여야 함은 물론이다. 다만, 관리인, 조사위원, 채무자, 신고한 회생채권자, 회생담보권자 및 주주와 회생을 위하여 채무를 부담하거나 담보를 제공한 자, 채무자의 업무를 감독하는 행정청, 법무부장관과 금융감독위원회는 계획의 인부에 관하여 의견을 진술할 수 있다.

(6) 인가의 재량성

일부 조에서 법정 다수의 동의를 얻지 못한 경우에 권리보호조항을 정하여 회생계획을 인가할 것인지 여부는 법원의 재량에 속하는 사항이다. 따라서 법원이 권리보호조항을 정하여 인가하지 않고 회생절차를 그대로 폐지한 경우에는, 권리보호조항을 정하여 회생계획을 인가한 경우에, 권리보호조항을 정한 것 자체를 항고 사유로 삼을 수 없다. 다만, 권리보호조항을 정하여 회생계획을 인가한 경우에 그 권리보호조항이 부동의 조에 속하는 이해관계인의 권리를 보호하기에 부족하다거나, 권리보호조항을 적용하여 인가한 회생계획이 수행 불가능하거나 공정, 형평하지 않다는 이유로 항고할 수는 있을 것이다. 그러나 법원의 재량은 자의를 허용한다는 취지가 아니므로, 재량권의 행사는 합리적인 근거를 바탕으로 하여야 한다.

5. 권리보호조항을 정하는 방법

(1) 회생담보권자

1) 제1호

회생담보권자에 관하여 그 담보권의 목적인 재산을 그 권리를 존속하게 하면서 신회사에 이전하거나 타인에게 양도하거나 회사에 보류하는 방법이다.

제1호의 방법 중 담보목적물을 신회사에 이전하거나 제3자에게 양도하는 경우 회생회사가 회생담보권자에 대하여 인적채무(피담보채권에 대응하는 채무)를 부담하는 경우에는 이것까지도 신회사나 제3자에게 인수시켜야 한다. 그리고 제1호의 경우 인수되거나 존속하는 채무의 금액이나 기한 등은 회생담보권으로 확정된 금액, 기한이다.

만약 회생담보권의 기한이 도래하였는데도 채권의 만족을 얻지 못한 경우의 법률관계는 담보목적물이 신회사나 제3자에게 이전된 경우와 회생회사에 보류한 경우에 차이가 있다. 결론적으로 말하면 전자의 경우에는 회생담보권자가 그 재산에 대한 강제집행을 통하여 채권의 만족을 얻을 수 있지만, 후자의 경우에는 그렇지 않다고 한다. 따라서 후자의 경우에는 회생담보권자가 자기 권리의 만족을 얻기 위해서는 권리보호조항 자체에 강제집행이 가능하다는 근거조항을 두거나, 강제집행이 가능하도록 회생계획의 변경을 추진하여야 한다.

2) 제2호

회생담보권자에 관하여는 그 권리의 목적인 재산을 법원이 정하는 공정한 거래가격(담보권의 목적인 재산에 관하여는 그 권리로 인한 부담이 없는 것으로 평가한다)이상의 가액으로 매각하고, 그 매득금에서 매각의 비용을 공제한 잔금으로 변제하거나 분배하거나 공탁하는 방법이다.

제2호의 방법은 실질적으로 담보권의 실행을 허용하는 것과 같은 효과를 가져오는, 다만 그 환가의 주체가 관리인이란 점이 일반의 강제집행과 다른 점이다. 이 경우 매각의 방법이나 매각의 상대방을 반드시 권리보호조항에 명기하여야 할 필요는 없으나, 매각시기는 권리보호조항에 명기함이 바람직하다. 매각시기가 특정되지 않는다면, 실질적인 권리보장은 기대할 수 없기 때문이다. 매각시기는 목적물의 종류, 매각 예정가 등에 따라 임의경매절차 진행시 예상되는 기간, 임의 매각시 소요되는 기간 등을 참작하여 회생법원이 정한다.

3) 제3호

법원이 정하는 그 권리의 공정한 거래가액을 권리자에게 지급하는 방법이다. 제3호의 방법은 법원이 회생담보권의 가치를 평가하여 그 평가액을 담보권자에게 지급하는 방법이다. 법원의 회생담보권의 가치를 평가함에 있어서는 제2호에 의할 경우 회생담보권자가 변제받을 수 있는 액을 일응의 기준으로 할 수 있다. 예를 들어 회사를 청산할 경우 채무자의 청산가치에서 공익채권 등을 공제한 나머지 가액 중 회생담보권자들에게 돌아갈 몫이 산출된다면, 채권의 분할 변제와 같은 방법으로 회생담보권자들에게 돌아갈 수 있었던 청산가치 수준 이상의 적정한 권리를 보장하는 내용으로 계획안을 변경하면 된다. 다만 이를 분할 변제할 경우에는 인가시를 기준으로 하여 그 총 변제금액의 현재가치가 보호되어야 할 청산가치 수준 이상의 적정한 가치 수준과 같아야 할 것이다.

4) 제4호

기타 제1~3호에 준하여 공정, 형평하게 권리자를 보호하는 방법이다. 제4호에서 말하는 공정, 형평이란 회생담보권자의 우선적 지위를 존중하여 파산절차에서의 별제권자에 준하는 만족을 주는 것을 가리킨다. 따라서 단순히 부결된 회생계획안의 내용을 회생담보권자에게 유리하게 수정하는 것으로는 부족하다. 제1~3호를 혼합하여 권리자를 보호하는 방법도 가능하다.

서울중앙지방법원에서는 2001. 7 (주)신호스틸 사건과 2001. 11 (주)고려산업개발 사건에서 제4호를 적용한 사례가 있고, 회생법원이 정한 권리보호조항이 본 호에서 정하는 요건을 갖추지 못한 것이라고 하여 인가결정을 취소한 서울고등법원의 사례도 있다.

(2) 회생채권자

1) 제2호 및 제3호

회생채권자에 관하여는 그 채권의 변제에 충당될 채무자의 재산을 법원이 정하는 공정한 거래가격(담보권의 목적인 재산에 관하여는 그 권리로 인한 부담이 없는 것으로 평가한다)이상의 가액으로 매각하고 그 매득금에서 매각의 비용을 공제한 잔금으로 변제하거나 분배하거나 공탁하는 방법과 법원이 정하는 그 권리의 공정한 거래가액을 권리자에게 지급하는 방법이다.

제2호의 방법은 회생채권자의 권리 변제에 충당하여야 할 채무자의 재산을 공정한 거래가격 이상으로 매각하여 그 매각대금으로 만족을 주는 방법이고, 제3호는 법원이 회생채권의 가치를 평가하여 그 가액만큼 권리자에게 지급하도록 하는 방법이다. 이러한 방법에 의할 경우의 가장 큰 문제점은 회생채권자의 몫으로 돌아갈 채무자 재산의 범위를 어떻게 정하는가 하는 점인데, 이 때에는 청산가치에 의하여 채무자재산을 평가하여, 그 총액을 각 조의 권리자에게 그 우선순위에 따라 순차배당하는 방법으로 부동의한 회생채권자의 조에게 분배할 재산의 가액 이상이면 된다. 예를 들어 채무자 총 재산의 청산가치가 1,000억원, 공익채권 100억원, 회생담보권이 600억원, 회생채권이 1,000억원인 경우라면 청산가치에서 회생채권에 우선하는 공익채권 100억원, 회생담보권 600억원을 공제한 나머지 300억원이 회생채권자들에게 돌아갈 몫이 된다. 따라서 이러한 경우에는 최소한 즉시 300억원 상당의 재산을 매각하여 회생채권자들에게 그 채권액에 안분하여 변제하거나, 제3호를 적용하여 회생채권을 분할변제하되 그 변제금을 적정한 할인율로 할인한 후의 현재가치가 300억원 상당에 이르도록 조건을 정하면 된다.

2) 실무에서의 처리

청산가치만을 보장한다면, 실무상 대부분의 경우에는 회생채권자들이 회생계획에 의하여 변제받는 것이 채무자를 청산하여 돌아올 몫을 받는 것보다 훨씬 유리하고, 청산가치가 법원이 정하는 공정한 거래가격과 같은 경우는 적기 때문에, 만약 법원이 위와 같은 형태의 권리보호조항을 정하게 된다면, 회생채권자들의 입장에서는 변경 전의 회생계획보다 불리한 조건으로 변제를 받게 된다. 결국 이러한 경우에는 회생채권자들이 회생계획안에 반대할 실익이 없음에도 불구하고 스스로 그 불이익을 자초한 셈이 된다. 따라서 이러한 경우 굳이 권리보호조항을 정하여 회생계획을 인가할 것이라면, 수행가능한 범위 내에서 채무자의 계속기업가치 중의 일부를 회생채권자에게 추가로 배분하여야 하는 것이 바람직하다. 예를 들어위 사례에서 채무자의 영업의 계속가치가 모두 1,500억원이고, 회생계획에 의하여 변제할 공익채권, 회생담보권의 총액의 현재가치가 각각 100억원, 800억원이라면, 남는 600억원의 범위 내에서 회생채권자들에 대한 변제조건을 청산가치에 의할 경우보다 상향조정하여 정할 수 있다. 다만, 회생채권자들이 자유로운 의사에 기하여 회생계획안에 반대한 것이고 이러한 의사는 존중될 필요가 있으므로, 이와 같은 권리보호조항을 정할지 여부는 신중하게 검토되어야 한다.

(3) 주주

주주의 경우는 회생채권자에 대한 설명이 그대로 적용될 수 있다. 하지만 실무에서는 주주에게 의결권을 부여할 수 있는 경우가 거의 없기 때문에 권리보호조항을 정하는 경우도 거의 없을 것이다. 왜냐하면 주주에게 의결권이 부여되지 않는다는 것은 채무자의 영업의 계속가치를 분배할 때 주주에게 돌아갈 몫(잔여재산분배청구권)이 없다는 것(채무자의 총 채무액이 총 자산보다 많다는 것)을 의미하는데, 회생계획안의 제출명령은 채무자의 영업의 계속가치보다 청산가치가 많다는 것을 전제로 하는 것이기 때문에, 후순위 채권자인 주주의 몫으로서 보호되어야 할 청산가치도 없을 것이기 때문이다.

(4) 사전에 권리보호조항을 적용하는 방법

1) 의견청취

제3회 관계인집회에서 가결에 필요한 의결권자의 동의를 얻지 못할 것이 명백한 조가 있는 경우에 법원은 회생계획안 작성자의 신청에 의하여 미리 그 조의 권리자를 위하여 권리보호조항을 정하여 계획안을 작성할 것을 허가 할 수 있다. 이러한 신청이 있는 경우에 법원은 신청인과 권리보호조항을 정할 조의 권리자 1인 이상의 의견을 들어야 한다.

2) 제도의 취지

일부 조에서 부결되었을 경우에 권리보호조항을 정하여 회생계획을 인가할 수 있는 길을 열어두었다면, 결의 전에 특정 조에서 부결될 것이 분명한 경우에 굳이 결의 절차에서 부결되기를 기다릴 필요 없이 처음부터 부결될 것이 분명한 조에 대하여 권리보호조항을 정하는 내용의 계획안을 작성토록 하는 것이 절차경제상 효과적이라는 점에 이 제도의 취지가 있다.

3) 요건

첫째, 법정 다수의 동의를 얻지 못할 것이 명백한 조가 있어야 한다.

어느 조에서 법정 다수의 동의를 얻지 못할지 여부가 불분명한 경우에는 권리보호조항을 정할 것이 아니고, 통상의 권리변경 조항을 정하도록 하여 결의에 부쳐야 한다.

둘째, 회생계획안 작성자의 신청과 법원의 허가

사전에 회생계획안에 권리보호조항을 정하기 위해서는 회생계획안 작성자의 신청이 있어야 한다. 법원은 직권으로 사전에 권리보호조항을 정할 수 없고, 다만 그러한 신청이 있을 경우에 이를 허가할지 여부를 결정할 수 있을 뿐이다. 법원이 신청을 허가하기 위해서는 신청인과 그 권리보호조항의 대상이 되는 조의 권리자 1인 이상의 의견을 들어야 한다. 권리자의 의견을 듣는 이유는 그 조에서 회생계획안이 부결될 것인지 여부를 확인하고, 구 권리자에게 권리보호조항에 대한 의견을 진술할 기회를 부여하기 위함이다. 법원의 결정은 관계인집회에서 구두로 고지할 수 있다.

4) 효과

권리보호조항의 적용을 받는 조의 권리자는 의결권을 행사 할 수 없다. 그러나 이 권리자도 계획인부에 관한 의견을 진술 할 수 있다.

본조에 의한 권리보호조항의 설정은 계획안 작성자에 의한 계획안의 수정이지만, 채무자회생및파산에관한법률 제203조에 대한 특별규정이기 때문에 일반규정의 적용이 없는 것으로 해석된다. 따라서 제2회 관계인집회 후에도 권리보호조항을 정할 수가 있으며, 그 내용이 종전의 회생계획안보다 이해관계인에게 불리하다 하더라도 다시 회생계획안의 심리를 위한 관계인집회를 개최할 필요가 없다.

■ **관련판례**

판례(대법원 2004. 12. 10. 자 2002그121 결정)

정리계획안에 부동의한 조가 있는 경우에 법원이 정할 수 있는 정리채권자에 대한 권리보호조항은 정리회사가 계속기업으로서 존속함을 전제로 한 정리계획안에 정리채권자조가 부동의한 경우에도 최소한 청산을 전제로 하였을 때 정리채권자조가 배당받을 수 있는 금액 상당을 변제받을 수 있도록 배려하는 한편, 그 요건이 충족된 경우에는 법원이 여러 사정을 참작하여 정리채권자조의 부동의에도 불구하고 정리계획안을 인가할 수 있도록 한 데에 그 취지가 있는 것이고, 따라서 여기서 회사재산의 평가는 기업재산을 해체·청산함이 없이 이를 기초로 하여 기업활동을 계속할 경우의 가치(계속기업가치)에 의할 것이 아니라 원칙적으로 도산기업이 파산적 청산을 통하여 해체·소멸되는 경우에 기업을 구성하는 개별 재산을 분리하여 처분할 때의 가액을 합산한 금액(청산가치)에 의하여야 한다.

판례(대법원 2018. 5. 18., 자, 2016마5352, 결정)

법원이 채무자 회생 및 파산에 관한 법률(이하 '채무자회생법'이라고 한다) 제244조 제1항에 따라 인가결정을 할 경우에는 위 조항 각호의 어느 하나에 해당하는 방법 또는 그에 준하는 방법에 의하여 공정하고 형평에 맞게, 권리가 본질에서 침해되지 않고 피해를 최소화할 수 있도록 권리의 실질적 가치를 부여함으로써 권리자를 보호하는 방법으로, 동의하지 않은 조의 권리자 전원에 대하여 권리보호조항을 정하여야 한다. 그런데 권리보호조항을 정하기 위하여 법원이 회생계획안을 반드시 변경하여야 하는 것은 아니다. 부결된 회생계획안 자체가 이미 부동의한 조의 권리자에게 청산가치 이상을 분배할 것을 규정하여 채무자회생법 제244조 제1항 각호의 요건을 충족하고 있다고 인정되는 경우에는, 법원이 부동의한 조의 권리자를 위하여 회생계획안의 조항을 그대로 권리보호조항으로 정하고 인가를 하는 것도 허용된다.

회생계획인가 여부 결정의 선고 등(제245조)

1. 공고와 송달

항고심의 재판은 선고 또는 결정정본을 송달하는 방법으로 고지한다. 그런데 항고심의 재판결과는 항고인뿐만 아니라 회생절차와 관련된 이해관계인 다수에게도 영향을 미치는 것이므로, 회생계획의 인부결정을 선고와 함께 공고하도록 한 법률의 취지에 따라 항고심의 재판도 공고하여야 할 경우도 있다. 공고를 하여야 하는 경우의 예는 다음과 같다.

(1) 항고심이 원심결정을 취소하고 재판을 할 경우(인가결정을 취소하고 불인가결정을 할 경우나 불인가결정을 취소하고 인가결정을 할 경우).

(2) 항소심이 원심결정을 취소하고 환송할 경우(인가결정을 취소하고 불인가결정을 할 경우나 불인가결정을 취소하고 인가결정을 할 경우).

(3) 항고심이 원심결정을 취소하고 인가결정을 할 경우.

(4) 그리고 항고심이 원심결정을 취소하고 환송할 경우(인가결정을 취소, 환송할 경우나 불인가결정을 취소, 환송할 경우).

2. 공고가 필요하지 않은 경우

항고기각결정이나 항고각하 결정의 경우에는 공고가 필요하지 않고, 항고법원이 상당하다고 인정되는 방법으로 항고인에게 고지하는 것으로 족하다.

3. 등기, 등록의 촉탁

(1) 항고심

항고심은 또한 등기, 등록의 촉탁도 하여야 한다. 즉 항고를 인용하여 인가결정을 파기환송하는 경우에도 인가의 취소등기, 등록을 촉탁해야 한다.

(2) 불인가결정을 취소하는 경우

불인가 결정을 취소하는 경우에는 그러한 등기, 등록이 되어있지 않으므로 취소하는 촉탁을 할 필요가 없다.

(3) 인가결정에 대한 항고기각

인가결정에 대한 항고기각은 이미 인가등기, 등록이 되어 있으므로 촉탁할 필요가 없으나, 불인가결정에 대한 항고기각은 불인가결정 확정되었다는 점에 대한 등기, 등록의 촉탁이 필요하다.

■ **관련판례**

판례(대법원 2016. 7. 1., 자, 2015깨마94, 결정)

채무자 회생 및 파산에 관한 법률(이하 '채무자회생법'이라 한다) 제245조 제1항은 법원이 회생계획의 인가 여부의 결정을 선고하고 그 주문, 이유의 요지와 회생계획이나 그 요지를 공고하여야 한다고 규정하고 있다. 이는 회생계획 인가 여부의 결정이 회생계획의 효력 발생 여부를 정하는 결정으로서 다수의 이해관계인에게 미치는 영향이 크므로, 송달의 어려움으로 인한 회생절차의 지연을 방지하고 회생계획 인가 여부의 결정을 확정하는 시기의 통일성을 확보하기 위한 것이다. 그런데 회생계획 인가 여부의 결정과 마찬가지로 인가결정의 취소결정 역시 다수의 이해관계인에게 미치는 영향이 크고 확정 시기의 통일성을 확보할 필요가 있으므로, 회생계획 인가결정의 취소결정에 대한 고지방법에도 회생계획 인가 여부의 결정에 관한 채무자회생법 제245조 제1항이 유추적용된다.

따라서 항고심이 회생계획 인가결정에 대한 즉시항고를 받아들여 인가결정을 취소하고 제1심법원으로 환송하는 결정을 하는 경우에 항고심법원은 주문과 이유의 요지를 공고하여야 하며, 위 항고심결정에 대하여 법률상의 이해관계를 가지고 있는 사람은 공고일부터 14일 이내에 재항고를 할 수 있고, 또한 공고가 있기 전에 재항고를 하는 것도 허용된다.

회생계획의 효력발생시기(제246조)

1. 회생계획의 효력발생시기

회생계획은 인가결정이 있은 때로부터 효력이 생긴다. 인가결정은 반드시 선고하게 되어 있으므로, 구체적인 효력발생시기는 인가결정 선고시이다.

2. 취지(일반적인 소송절차와의 차이점)

일반적인 소송절차에서는 결정이 확정되어야 효력이 발생하지만, 회생계획은 기본적으로 채무자의 갱생을 위한 계획이기 때문에 인부결정의 확정을 기다리다가 그 시기를 놓치면 소기의 목적을 달성할 수 없는 경우가 발생할 수 있을 뿐 아니라, 인가결정 당시 법원에서 그 인가요건을 심사하기 때문에 뒤에 그 인가결정이 취소되는 사례가 매우 적기 때문이다.

3. 가처분을 하는 경우

회생계획을 그대로 수행하게 되면 항고인에게 회복할 수 없는 손해가 발생할 우려가 있는 경우에는 소정의 요건에 따라 수행을 정지시키거나 필요한 처분(가처분)을 할 수 있는 방안이 있다.

4. 회생법원이 회생계획을 불인가하거나 회생절차를 폐지하였는데, 항고심이 원심을 취소하고 회생계획을 인가한 경우

인가결정시에 회생계획의 효력이 발생한다. 다만 본 조에서 말하는 "인가의 결정이 있은 때"라 함은 회생계획의 효력을 받을 자 전원에 대하여 인가결정을 고지한 때를 가리키므로, 항고심에 있어서는 그 인가결정을 공고한 때에 회생계획의 효력이 발생한다.

▣ **관련판례**

판례(대법원 2008. 5. 9., 자, 2007그127, 결정)

제3자 배정방식의 신주발행으로 인하여 기존 주주들의 지분권이 희석됨으로써 만일 정리계획에서 계획한 제3자 배정방식의 신주발행이 이루어지지 아니한 상태에서 정리회사가 청산될 경우 기존 주주가 분배받을 수 있는 청산가치보다 더 적은 가치가 기존 주주들에게 귀속되는 결과가 발생하게 되었다 하더라도, 정리회사가 청산을 선택하지 아니하고 사업을 계속하기로 하는 내용의 정리계획이 확정된 이상, 정리회사의 관리인은 신주의 발행가액을 정함에 있어서 신주발행 당시의 장부상의 청산가치에 의한 제한을 받지 아니하고 통상적인 방법에 따라 신주발행가액을 정할 수 있으므로 정리법원의 허가를 받아 발행한 신주의 발행가액이 현저하게 불공정하다는 등의 특별한 사정이 없는 한 그와 같은 정리계획에 의한 신주발행에 어떠한 위법이 있다고 볼 수 없다.

항고(제247조)

1. 회생계획 인부결정에 대한 불복방법

회생계획 인부결정은 회생절차의 핵심인 회생계획에 대하여 법적인 효력을 부여함으로써 회사재건의 회생계획을 수행할 것인지 아니면 법적인 효력을 부여하지 않고 거절함으로써 회생절차를 종료시킬 것인지를 결정하는 중요한 재판이다. 따라서 본 법은 회생계획 인부결정에 대하여는 즉시항고의 방법으로 불복할 수 있도록 규정하고 있다.

2. 즉시항고권자

회생계획 인부결정에 대하여 즉시항고를 할 수 있는 자는 그 재판에 대하여 법률상의 이해관계를 가지고 있는 자라야 한다. 즉 회생계획의 효력을 받는 지위에 있는 자로서 회생계획의 효력발생 여부에 따라 자기의 이익이 침해되는 자이다.

(1) 회생채권자, 회생담보권자

신고한 회생채권자, 회생담보권자는 항고 할 수 있다. 신고한 회생채권자이거나 회생담보권자인 이상 의결권이 있는지 여부, 현실적으로 결의절차에 참석하였는지 여부는 묻지 않는다. 결의절차에서 회생계획안에 찬성한 자도 인가결정에 대하여 항고 할 수 있다. 그러나 회생계획안에 반대한 자는 불인가 결정에 대하여는 항고할 수 없다.

(2) 신고한 회생채권자, 회생담보권자인 이상 그 권리가 미확정된 경우

이와 같은 경우에도 즉시항고를 할 수 있다. 그러나 권리확정소송에서 그 권리가 부존재함이 확정되거나 확정소송의 제소기간 도과 등의 사유로 회생절차에 참가할 자격을 확정적으로 상실한 자는 항고할 수 없다. 벌금 등 청구권은 회생계획에 감면 기타 그 권리에 영향을 미치는 규정을 할 수 없고 착오로 그러한 규정이 있다 하여도 효력이 생기지 않으므로 벌금 등 청구권자는 항고권이 없다.

(3) 신고하지 아니한 회생채권자, 회생담보권자

신고를 하지 아니한 회생채권자, 회생담보권자는 즉시항고권이 없다. 이들은 회생계획이 인가되면 실권될 운명에 놓여 있으므로 불복을 신청할 법률상의 이익이 없고, 회생계획이 불인가된 경우에는 자신들의 권리가 부활될 것이므로 역시 불복신청의 이익이 없는 것이다. 다만, 신고하지 아니한 회생채권자라 하더라도 회생절차가 법률의 규정에 위반되어 채권신고의 기회를 상실한 경우에는 그를 이유로 항고할 수 있다.

(4) 주주

신고한 주주도 회생계획 인부결정에 대하여 즉시항고권이 있다. 의결권이 있는지 여부, 결의에 참가하였는지 여부, 계획에 찬성하였는지 여부 등은 신고한 회생채권자, 회생담보권자의 경우와 같다.

(5) 채무자

채무자가 회생계획 인부결정에 대하여 즉시항고를 할 수 있는지에 관하여는 견해가 대립되어 있으나, 회생계획의 효력이 채무자에게도 미친다는 점, 채무자야말로 회생계획의 인부에 중대한 이해관계를 갖게 된다는 점을 들어, 이를 긍정하는 견해가 유력하다.

(6) 회생을 위하여 채무를 부담하거나 담보를 제공한 자

회생채권자·회생담보권자·주주·지분권자만을 언급하고 있으므로 회생을 위하여 채무를 부담하거나 담보를 제공한 항고권이 없다고 해석할 여지도 있다. 그러나 이러한 자도 회생계획의 효력을 받으므로 항고권을 인정해야 할 것이다. 다만 불인가결정에 대하여는 불복할 수 없다.

(7) 관리인

관리인에게 항고권이 있느냐에 대해서는 견해의 대립이 있다.

(6) 항고권이 없는 자

감독행정관청, 법무부장관, 금융위원회, 회사의 노동조합은 계획안에 대하여 의결을 진술할 수 있으나 회생계획에 의하여 직접 권리의무에 영향을 받지 않으므로 회생계획 인부결정에 대해서는 항고할 수 없다고 해석된다. 그러나 조세채권의 징수권자는 그 권리가 신고된 이상 회생채권자 또는 회생담보권자에 해당되므로 항고할 수 있다.

3. 즉시항고의 절차

(1) 항고제기의 방식

회생계획 인부결정에 대한 항고는 회생계속법원에 항고장을 제출함으로써 한다. 항고장의 기재 내용은 일반 민사소송법과 다르지 않으며, 2,000원의 인지를 붙여야 한다.

(2) 항고기간

회생계획 인부결정에 대한 항고는 인부결정의 공고가 있은 날부터 2주간이다. 기산일은 공고가 효력을 발생한 날이고 이 기간은 불변기간이므로 소송행위의 추완이 허용된다.

(3) 항고권자에 관한 소명

의결권이 없는 회생채권자·회생담보권자·주주·지분권자는 자신이 회생채권자·회생담보권자·주주·지분권자인 것을 소명하여야 항고할 수 있다.

(4) 항고장의 심사 및 보증금 공탁명령

1) 항고장의 심사

즉시항고가 제기된 경우 원심법원인 회생법원은 항고장을 심사하여 소정의 인지가 붙여져 있는지, 즉시항고 기간 안에 제기되었는지 검토하여야 하며, 만약 항고인이 인지보정명령을 이행하지 않거나 항고가 항고기간을 넘겼음이 명백한 경우 재판장은 명령으로 항고장을 각하해야 한다.

2) 경정

일반 민사소송절차와 마찬가지로 회생법원은 항고가 이유 있다고 인정되는 경우 재도의 고안으로서 원결정을 경정할 수 있다. 항고가 이유 없다고 판단되면 그러한 취지의 의견서를 첨부하여 항고기록을 송부하여야 한다.

3) 불인가결정과 보증금 공탁명령

회생계속법원은 회생계획 불인가결정에 대한 항고가 있은 때 기간을 정하여 항고인에게 보증으로 대법원규칙이 정하는 범위 안에서 금전 또는 법원이 인정하는 유가증권을 공탁하게 할 수 있다. 따라서 회생계속법원(원심법원)은 항고장이 접수되면 즉시 항고장을 심사함과 아울러 공탁을 명할지 여부를 1주일 이내에 결정해야 한다(회사정리등규칙 제44조 제1항).

4) 공탁하게 할 금액

가. 항고인에게 보증으로 공탁하게 할 금액은 회생채권자와 회생담보권자의 확정된 의결권액(아직 채권조사기일을 개최하지 않아서 채권액이 확정되지 않은 경우 신고된 의결권액)총액의 20분의 1 범위 안에서 정하되(회사정리등규칙 제43조 제2항) 채무자의 자산, 부채의 규모 및 재산상태, 항고인의 지위 및 항고에 이르게 된 경위, 향후 사정변경의 가능성, 그 동안의 절차진행 경과 및 기타 제반 사정을 고려하여야 한다. 일반적으로 회생계획불인가의 경우에는 의결권액이 확정된 경우와 회생채권확정소송 등이 계류 중이어서 의결권이 확정되지 않은 경우가 통상적일 것이므로 전자의 확정된 의결권액과 후자의 신고된 의결권액을 합산한 금액이 기준이 된다.

나. 회생법원이 공탁명령을 할 당시 이미 확정되었거나 확정된 채권 중 일부가 변제된 경우 잔존하는 채권액을 기준으로 정해야 한다. 다만 보증금을 과대하게 설정하면 항고권의 행사를 원칙적으로 봉쇄하는 결과를 초래할 수 있으므로 주의하여야 한다.

5) 항고인이 법원이 정하는 기간 내에 보증을 제공하지 아니하는 때

법원은 결정으로 항고를 각하해야 한다. 본 항의 법문상 "항고를 각하"하는 것으로 되어 있으나 본 "항고"는 "항고장"을 의미한다고 해석함이 타당하다. 따라서 항고인이 정해진 기간 내에 보증을 제공하지 아니한 때에는 원심법원이 결정으로 "항고장"을 각하하여야 한다.

(5) 항고기록의 송부

회생계획 인부결정에 대한 항고가 있는 경우 일반 민사소송절차와 같이, 원칙적으로 항고장이 제출된 날로부터, 2주일 이내에 항고기록을 송부하여야 한다. 다만 회생계획 불인가결정에 대하여 보증금 공탁명령이 있는 경우에는 보증금이 공탁되기를 기다려 보증금이 제공된 날로부터 1주일 이내에 항고법원에 항고기록을 송부하여야 한다.

(6) 기록송부

인가결정에 대한 항고가 있는 경우에는 회생계획의 효력이 바로 발생하고 이에 따라 회생계획을 수행해야 되므로 기록등본(재판장이 지정하는 필요 부분)을 만들어 항고법원으로 보내야 한다. 다만, 불인가 결정에 대한 항고의 경우에도 등본을 하여 송부하는 것이 원칙일 것이나 본래기록을 그대로 송부하더라도 무방하다.

4. 항고심의 심판

(1) 항고이유

항고는 인부결정이 위법임을 이유로 그 취소를 구하는 신청이다. 따라서 인가결정은 인가요건이 존재하지 않은 것이 위법이 되고, 불인가결정은 인가요건이 존재하는 것이 위법이 된다.

인가결정에 대한 항고는 최소한 하나라도 인가요건의 흠결사유를 주장하면 되지만 불인가결정에 대한 항고는 인가요건이 모두 존재한다는 것을 항고이유로 주장해야 한다.

(2) 항고인의 항고사유 제한

항고인은 자신의 이익에 관한 사유만을 항고사유로 주장할 수 있다.

(3) 인가요건의 직권조사

인가요건의 존부는 직권조사사항이므로 항고인의 주장은 직권발동을 촉구하는 의미밖에 없다.

(4) 항고

한편, 채무자회생및파산에관한법률 제244조의 적용과 관련하여 권리보호조항을 정하여 인가할 것인지 여부는 회생법원의 재량사항이므로 권리보호조항을 정하여 인가를 하였다는 점 또는 권리보호조항을 정하지 아니하고 불인가하였다는 점 자체에 대해서는 항고사유가 될 수 없다. 권리보호조항 자체의 위법을 이유로 항고할 수 있음은 물론이다.

(5) 항고심에서의 심리의 범위

회생계획 인가요건의 존부는 항고심에서도 모두 직권으로 조사할 사항이다. 따라서 항고심은 항고인이 항고이유로 주장한 사유만이 아니라 원칙적으로 모든 인가요건의 존부에 관하여 심리하여야 한다.

(6) 인가결정에 대한 항고의 경우

회생절차 또는 회생계획에 관한 하자가 특정한 이해관계인이나 특정한 조에 속한 권리자의 이익에만 관계되고 그 하자가 그러한 자들의 승인에 의하여 치유될 수 있는 성질의 것이라면 항고이유로 주장되지 않는 한 고려할 필요가 없다.

(7) 인가결정을 취소하는 경우

일단 효력이 발생한 회생계획을 실효시키고 이미 수행된 회생계획을 번복시키는 것이므로 신중을 기하여야 한다.

(8) 항고심의 재판

항고권 없는 자에 의하여 항고가 제기된 경우 등 부적법한 항고에 대하여는 항고각하의 결정을 한다, 항고가 이유 없는 경우에는 항고기각의 결정을 하고, 항고가 이유 있으면 원결정을 취소하는 결정을 해야 한다.

(9) 인가 후의 사유가 포함되는 지 여부

회생절차의 하자와 관련한 채무자회생및파산에관한법률 제243조 제2항은 항고심에서도 적용된다. 이 때 고려하여야 할 사항에는 인가 후에 발생한 사정도 포함된다. 인가요건 판단의 기준시점은 항고심 결정시이다. 따라서 원심결정시 수행가능성이 인정되었던 회생계획이라 하더라도 항고 후 경제사정의 변화로 회생계획 수행가능성이 없음이 인정되면 인가요건을 흠결하게 되어 인가결정에 대한 항고는 이유가 있는 것이 된다.

(10) 문제되는 경우

그런데 항고를 인용하여 원결정을 취소하는 경우 항고심이 재판을 할 것인지 아니면 제1심법원으로 환송할 것인지가 논란이 되고 있다. 원칙적으로 회생절차는 회생법원에게 맡기는 것이 적당하므로 환송하는 것이 바람직하다. 한편 입법론으로는 개시결정에 대한 항고를 인용할 때와 같이 원결정을 취소하고 사건을 원심법원에 환송하는 규정을 두는 것이 바람직하다고 한다.

(11) 항고심의 재판의 고지방법 및 재판에 부수하는 조치

항고심의 재판은 선고 또는 결정정본을 송달하는 방법으로 고지한다. 그런데 항고심의 재판 결과는 항고인뿐만 아니라 회생절차와 관련된 이해관계인다수에게도 영향을 미치는 것이므로, 회생계획의 인부결정을 선고와 함께 공고하도록 한 법률의 취지에 따라 항고심의 재판도 공고하여야 할 경우도 있다. 항고심이 원심결정을 취소하고 재판을 할 경우(인가결정을 취소하고 불인가결정을 할 경우나 불인가결정을 취소하고 인가결정을 할 경우)에는 공고를 하여야 한다. 그리고 항고심이 원심결정을 취소하고 환송할 경우(인가결정을 취소, 환송할 경우나 불인가결정을 취소, 환송할 경우)에도 일단 원심법원이 인부결정에 대한 공고를 한 이상 그 결정이 취소되었다는 취지의 공고를 할 필요가 있다.

(12) 공고가 필요하지 않은 경우

항고기각결정이나 항고각하결정의 경우에는 공고가 필요하지 않고, 항고법원이 상당하다고 인정되는 방법으로 항고인에게 고지하는 것으로 족하다.

(13) 등기, 등록의 촉탁

항고심은 또한 등기, 등록의 촉탁도 하여야 한다. 즉 항고를 인용하여 인가결정을 파기환송하는 경우에도 인가의 취소등기, 등록을 촉탁해야 한다. 그러나 불인가결정을 취소하는 경우에는 그러한 등기, 등록이 되어있지 않으므로 취소하는 촉탁을 할 필요가 없다. 인가결정에 대한 항고기각은 이미 인가등기, 등록이 되어 있으므로 촉탁할 필요가 없으나, 불인가결정에 대한 항고기각은 불인가결정 확정되었다는 점에 대한 등기, 등록의 촉탁이 필요하다.

5. 즉시항고와 회생계획의 수행

(1) 즉시항고와 집행정지의 효력

본조 제3항 본문은 회생계획 인가결정에 대한 즉시항고는 회생계획의 수행에 영향을 미치지 아니한다고 명시하고 있다. 일반 민사소송법상의 즉시항고와는 달리 집행정지의 효력을 인정하지 않음으로써 인가결정의 확정을 기다리지 않고 바로 회생계획의 효력을 발생하도록 한 채무자회생및파산에관한법률 제246조를 보장할 수 있게 된다.

(2) 수행정지 등의 가처분

1) 취지

인가결정에 대한 즉시항고는 위와 같이 집행정지의 효력이 없는 것이 원칙이므로 경우에 따라서는 항소심에서 항고가 인용되더라도 항고인에게 회복할 수 없는 손해를 입힐 수 있다. 그렇다면 결국 인가결정에 대한 불복신청을 허용하는 것이 무의미하게 되므로 본 조 제3항 단서는 엄격한 요건 아래 수행정지등의 가처분제도를 두고 있다.

2) 성질

이 가처분은 민사소송법상의 통상의 가처분이 아닌 특수한 가처분이므로 민사집행법 제300조 이하는 적용되지 않는다.

3) 관할법원

이 가처분은 항고법원 또는 회생계속법원이 발할 수 있다. 회생법원이 이 가처분을 발할 수 있는 것은 항고기록을 항고법원에 송부하기 전 또는 항고법원으로부터 기록이 송부된 경우에 한하여 가능하다.

4) 가처분의 요건

항고가 법률상 이유 있다고 인정되고, 계획의 수행으로 생길 회복할 수 없는 손해를 피하기 위하여 긴급한 필요가 있어야 하며, 사실에 관한 소명이 있어야 한다. 회복할 수 없는 손해를 피하기 위한 경우는 회생담보권자의 담보권을 소멸시키고 목적물을 타인에게 양도할 것을 내용으로 하는 계획이 수행되면 제3자가 목적물에 대하여 취득한 권리는 후에 인가결정이 취소되어도 무효로 되지 않아 회생담보권자에게 손해가 발생하는 것이 그 예이다.

5) 가처분의 내용, 효력

법원이 할 수 있는 가처분은 회생계획의 전부 또는 일부에 대한 수행을 정지하거나 그 밖에 필요한 처분이다. 그밖에 필요한 처분의 경우로는 회생절차개시의 등기의 촉탁에 의한 말소한 등기의 회복등기촉탁과 같이 회생계획의 수행에 의하여 생긴 법률 상태의 원상회복에 필요한 처분을 들 수 있다.

회생계획의 수행정지명령이 있으면 항고인은 그 정본을 관리인에게 제출하여 현실적으로 수행행위를 정지할 것을 요구하겠지만 법원도 감독권 행사의 일환으로서 관리인에게 명령의 내용을 통지할 필요가 있다. 관리인의 명령이 위반하여 한 행위는 무효이지만 선의의 제3자에게는 대항할 수 없다.

이 가처분은 항고인에게 담보를 제공하게 하거나 담보를 제공하게 하지 아니하고 명할 수 있다. 담보를 제공하게 한 경우 그 담보는 회생계획의 수행을 정지함으로써 생긴 손해를 담보하는 것이므로 본래 손해를 입은 이해관계인이 이에 대한 권리를 취득해야 하나, 계획수행의 책임자인 관리인이 각 이해관계인을 대표하여 행사할 수 있다.

6. 인가결정 취소의 효과

(1) 취소의 효과

회생계획 인가결정이 취소되면 회생계획은 원칙적으로 소급하여 실효되므로 권리변동의 효력도 발생하지 않고 관리인이 한 행위도 소급하여 무효이다. 그러나 계획의 수행에 따라 제3자가 이미 취득한 권리는 해할 수 없다. 그렇게 해석하지 않는다면 거래의 안전을 해할 뿐만 아니라 인가결정이 확정되기 전에는 회생계획 수행이 곤란하게 되기 때문이다. 따라서 채무자의 재산을 양수한 제3자의 권리는 인가결정의 취소에 따라 상실되지 않고 만약 결과적으로 손해를 받은 자가 있다면 그 손해배상채권은 공익채권이 된다.

(2) 원상회복을 수행하는 자

인가결정이 취소된 경우 법원은 계획수행의 결과를 원상으로 회복하여야 되는데, 각 행위의 성질에 따라 회생법원 또는 관리인이 행해야 한다. 예를 들어 회생계획의 수행으로 기입하였던 등기, 등록의 원상회복은 회생법원이 회복을 촉탁해야 하고, 회생채권자에게 변제된 금원의 반환청구는 관리인이 해야 한다. 다만 고액채권에 대한 변제는 회생계획에 따라 행하여진 것이 아니므로 반환청구를 할 수 없다.

7. 특별항고에의 준용

회생계획 인가결정에 특별항고의 사유가 있는 경우 지금까지 보아온 항고에 관한 규정이 준용된다. 판례가 인가결정에 대한 특별항고 규정이 있음을 이유로 즉시항고에 대한 재항고를 인정하지 않고 있다.

8. 항고와 보증으로 공탁하게 할 금액

회생계획 불인가 또는 회생절차 폐지의 결정에 대하여 항고장이 제출된 경우 원심법원은 1주일 이내에 항고인에게 보증으로 공탁하게 할 것인지 여부를 결정해야 한다. 항고인에게 보증으로 공탁하게 할 금액은 회생채권자와 회생담보권자의 확정된 의결권액(확정되지 않은 경우에는 신고된 의결권액)의 총액의 20분의 1에 해당하는 금액 범위내에서 정한다. 이때에는 채무자의 자산·부채의 규모 및 재산상태, 항고인의 지위 및 항고에 이르게된 경위, 향후 사정변경의 가능성, 그 동안의 절차 진행경과 및 그 밖의 여러사정을 고려해야 한다.

원심법원이 기간을 정하여 항고인에게 보증으로 공탁할 것을 명한 경우에 항고인이 정해진 기간 내에 보증을 제공하지 않은 때에는 원심법원은 결정으로 항고장을 각하하여야 한다.

원심법원이 기간을 정하여 항고인에게 보증으로 공탁할 것을 명한 경우의 항고기록의 송부는 항고장이 각하되지 않는 한 그 보증이 제공된 날로부터 1주일 이내에 하여야 한다.

▣ 관련판례

판례(대법원 1999. 6. 30. 자 98마3631 결정)

회사정리법 제280조 제1항은 "제237조 제1항과 제2항의 규정은 정리절차폐지의 결정에 대한 항고와 제8조에서 준용하는 민사소송법 제420조의 규정에 의한 항고에 준용한다."고 규정하고 있는바, 위 규정에 비추어 보면 정리절차폐지의 결정에 대한 항고심 결정에 대하여는 재항고가 허용되지 아니하고 같은 법 제8조에 의하여 준용되는 민사소송법 제420조에 의한 특별항고만이 허용된다.

판례(대법원 1997. 3. 4. 자 96마2170 결정)

정리절차폐지의 결정에 대한 항고심 결정에 대하여는 재항고가 허용되지 아니하고구 회사정리법(1996. 12. 12. 법률 제5182호로 개정되기 전의 것) 제8조에 의하여 준용되는민사소송법 제420조에 의한 특별항고만 허용된다.

판례(대법원 1991.12.13. 선고 91다1677 판결)

법 제270조소정의 정리계획변경의 경우 주주 등에게 불이익한 영향을 미칠 것으로 인정되는 계획의 변경신청이 있는 경우에는 정리계획안의 제출이 있는 경우의 절차에 관한 규정을 준용하므로 관계인집회에서 변경계획안에 관한 결의를 거쳐야 하나 법원이 계획변경에 의하더라도 주주 등에게 불이익한 영향이 없을 것으로 판단하고 위와 같은 절차를 거치지 아니하고 인가를 결정하는 경우 그 결정에 대하여는 같은 법 제237조에 따른 즉시항고를 제기할 수 있는바, 설혹 정리계획안의 변경이 주주 등에게 불이익한 영향을 미친다고 하더라도 법원의 인가결정이 주주 등의 즉시 항고 없이 확정되었으면 이를 다툴 길이 없다.

판례(대법원 1991.5.28. 자 90마954 결정)

회사정리계획 인부결정에 대한 항고법원의 결정에 대하여는 회사정리법 제11조, 제237조 제4항, 제8조의 규정에 의하여 민사소송법 제420조 소정의 특별항고만이 허용된다.

판례(대법원 2019. 7. 25., 자, 2018마6313, 결정)

개인회생절차에서 변제계획 변경 인가결정에 대하여 즉시항고가 있어 항고심이나 재항고심에 계속 중이더라도 면책결정이 확정되면, 항고인이나 재항고인으로서는 변제계획 변경 인가결정에 대하여 더 이상 즉시항고나 재항고로 불복할 이익이 없으므로 즉시항고나 재항고는 부적법하다. 그 이유는 다음과 같다.

① 변제계획 인가결정에 대한 즉시항고는 변제계획의 수행에 영향을 미치지 아니하여 항고법원 또는 회생계속법원이 변제계획의 전부나 일부의 수행을 정지하는 등의 처분을 하지 아니하는 한 집행정지의 효력이 없다[채무자 회생 및 파산에 관한 법률(이하 '채무자회생법'이라 한다) 제618조 제2항, 제247조 제3항]. 이는 변제계획 변경 인가결정에서도 같다. 따라서 변제계획 변경 인가결정에 대하여 즉시항고가 이루어져 항고심이나 재항고심에 계속 중이더라도 채무자가 변경된 변제계획에 따른 변제를 완료하면, 법원은 면책결정을 하여야 하고 면책결정이 확정되면 개인회생절차는 종료하게 된다(채무자회생법 제624조 제1항, 채무자 회생 및 파산에 관한 규칙 제96조).

② 채무자회생법 제625조 제2항 본문은 "면책을 받은 채무자는 변제계획에 따라 변제한 것을 제외하고 개인회생채권자에 대한 채무에 관하여 그 책임이 면제된다."라고 규정하고 있다. 여기서 말하는 면책이란 채무 자체는 존속하지만 채무자에 대하여 이행을 강제할 수 없다는 의미이므로 면책된 개인회생채권은 통상의 채권이 가지는 소 제기 권능을 상실하게 된다.

③ 채무자회생법 제2편의 회생절차에서는 회생계획 인가결정이 있은 때에 회생채권자 등의 권리변경 효력이 발생하여 채무의 전부 또는 일부의 면제, 기한의 연장, 권리의 소멸이 이루어진다(채무자회생법 제252조 제1항 참조). 그런데 이와 달리 채무자회생법 제4편의 개인회생절차에서는 변제계획 인가결정으로 개인회생채권자의 권리가 변경되지 않고, 다만 면책결정으로 책임이 면제될 뿐이다(채무자회생법 제615조 제1항 참조). 따라서 개인회생절차에서 변제계획 변경 인가결정에 대한 즉시항고나 재항고 절차가 계속 중이더라도 면책결정이 확정됨에 따라 개인회생절차가 종료되었다면, 추후 변제계획 변경 인가결정에 대한 즉시항고나 재항고가 받아들여져서 채무자에 대한 변제계획 변경 인가결정이 취소되더라도 더 이상 항고인의 권리가 회복될 가능성이 없다. 또한 면책결정의 확정으로 항고인의 개인회생채권은 채무자에 대한 관계에서 자연채무의 상태로 남게 되었으므로, 변제계획을 다시 정하더라도 항고인이 채무자에 대하여 채무의 이행을 강제할 수 없으며, 특별히 자연채무의 범위를 다시 정하여야 할 실익이 있다고 볼 수도 없다.

회생계획불인가의 결정이 확정된 경우(제248조)

1. 확정시기

회생법원의 인부결정은 일반원칙에 따라 항고기간의 도과 또는 항고각하 내지 항고기각의 결정이 확정될 때 확정된다. 항고각하 내지 항고기각의 결정은 항고인에게 고지됨과 동시에 확정된다. 항고법원이 인부결정을 할 경우에는 재항고를 할 수 없으므로 회생계획의 효력이 미치는 전원에게 고지되는 시점인 채무자회생및파산에관한법률 제245조에 따른 공고가 이루어진 때 확정된다.

2. 확정의 효과

(1) 인가결정의 확정

인가결정이 확정되면 누구도 인가요건의 흠결을 다툴 수 없고 회생계획의 효력도 다툴 수 없게 된다. 따라서 회생계획의 내용이 공정, 형평에 반한다거나 평등의 원칙에 반하더라도 그 하자를 주장하여 인가결정의 효력, 회생계획의 효력을 다툴 수는 없다.

그러나 인가결정이 있다고 하여 본래 회생계획안상의 내용상의 하자가 하자 없는 것으로 변경되는 것은 아니다. 예를 들어 필요적 기재사항인 변제자금의 조달방법이 누락된 채 회생계획이 인가되어 확정되더라도 그 사항이 기재된 것으로 되지 않는다. 이러한 내용은 회생계획 수행단계에서 회생계획변경의 절차를 밟아야 할 것이다.

(2) 불인가결정의 확정

가. 회생절차의 종료

불인가결정이 확정된 때 회생계획의 효력은 생기지 않는 것으로 확정되고 회생절차는 종료된다. 불인가결정의 성질은 회생계획인가 전 폐지결정과 같은 성질의 것으로 설명되고 있고, 따라서 절차 중에 생긴 법률효과는 소급하여 무효로 되지 않고 원칙적으로 유효하다.

나. 관리인의 역할

불인가결정의 확정에 따라 회생절차가 종료하게 되면 관리인은 공익채권을 변제하여야 하고 또한 이의 있는 공익채권에 대해서는 공탁을 해야 한다.

다. 회생절차 중에 확정된 회생채권, 회생담보권 중 조사기일에 채무자가 이의를 하지 않은 것에 관한 회생채권자표, 회생담보권자표에의 기재

채무자에 대하여 확정판결과 동일한 효력이 있고, 회생채권자, 회생담보권자는 이에 의하여 채무자에 대하여 강제집행을 할 수 있다.

라. 관리인의 지위 상실

불인가결정의 확정에 따라 관리인은 그 지위를 상실하고 회생절차로 인하여 관리인에게 전속되었던 채무자의 사업경영권과 재산의 관리처분권은 채무자에게 회복된다. 그러나 관리인은 공익채권의 변제범위 내에서 권리와 의무를 가지게 된다. 그러므로 회생법은 이를 상업등기부, 부동산등기부에 공시하기 위하여 직권으로 등기, 등록을 촉탁하여야 한다.

회생채권자표 등의 기재(제249조)

1. 회생계획조항의 기재

회생계획 인가결정이 확정된 때에는 법원사무관 등이 계획의 조항을 회생채권자표 또는 회생담보권자표와 주주표에 기재하여야 한다. 회생계획 인가결정이 확정됨으로써 회생채권자 등의 권리변경이 확정되고, 이후 회생계획 수행과정에서 기준이 되는 변경된 권리내용을 명확히 하기 위한 것이다. 회생채권자표와 회생담보권자표의 기재는 확정판결과 동일한 효력이 있고, 회생절차가 종료된 때에는 채무명의(집행권원)가 된다.

2. 기재권자

회생계획 인가결정의 확정에 따른 계획 조항의 기재는 채권조사기일에서 조사결과를 기재하는 것이 아닌 법원사무관 등이 기재하는 것이다. 회생계획조항의 본래 개개의 회생채권 또는 회생담보권 마다 회생계획 조항에 의하여 인정된 권리를 기재함이 바람직하다. 그러나, 회생채권자나 회생담보권자 등이 수백, 수천 명에 이르고 회생계획조항도 방대하므로, 회생채권자표와 회생담보권자표 뒤에 확정된 회생계획을 등본하여 첨부하고 있다. 이 때 개개의 회생채권자표나 회생담보권자표에는 회생계획조항을 기재하는 난이 마련되어 있고, 그 난에는 "별지 회생계획의 조항과 같음"이라는 부동문자가 인쇄되어 있다. 만약 회생채권자 등으로부터 기록열람 등사신청이 제기되면 법원사무관 등이 해당 부분만을 사본하여 초본으로 발급하고 있다.

회생계획의 효력범위(제250조)

1. 효력이 미치는 주관적 범위

효력이 미치는 주관적 범위는 채무자, 신회사, 회생채권자, 회생담보권자, 주주, 지분권자, 회생을 위하여 채무를 부담하거나 또는 담보를 제공하는 자이다.

2. 관리인도 포함되는지 여부

관리인도 포함된다는 점에 대하여는 명문의 규정은 없지만 관리인 또한 인정하고 있다. 채무자에 대해서는 조사절차에서 이의가 있었는지의 여부에 관계없이 효력을 미친다.

3. 시효기간의 특칙

민법 제165조 제1항은 판결에 의하여 확정된 채권은 단기의 소멸시효에 해당하는 것이라도 그 소멸시효는 10년으로 한다고 규정하고 있다. 회생채권자표 및 회생담보권자표의 기재에 대하여서도 민법의 일반원칙을 적용하여 확정판결과 같은 효력이 있다고 규정하고 있으므로, 소멸시효기간이 10년으로 연장된다고 보는 것이 통설이다.

공법상의 청구권은 회생채권자표와 회생담보권자표에 기재되더라도 전술한 바와 같이 확정판결과 같은 효력이 생기는 것이 아니므로, 시효기간에 변함이 없다.

▣ 관련판례

판례(대법원 2005. 1. 27. 선고 2004다27143 판결)

1. 정리계획에서 신주를 발행하는 방식의 출자전환으로 정리채권이나 정리담보권의 전부 또는 일부의 변제에 갈음하기로 한 경우에는 신주발행의 효력발생일 당시를 기준으로 하여 정리채권자 또는 정리담보권자가 인수한 신주의 시가 상당액에 대하여 정리회사의 주채무가 실질적으로 만족을 얻은 것으로 볼 수 있어 보증채무도 그만큼 소멸하는 것으로 보아야 한다.

2. 정리채권이나 정리담보권의 변제에 갈음하여 정리채권자 또는 정리담보권자에게 전환사채를 발행하는 경우에는 정리채권자 또는 정리담보권자는 여전히 채권자의 지위를 유지하고 있고 단지 채권액을 감액하고 유통성을 높이고자 유가증권의 형식을 갖춘 것에 불과하다는 점에 비추어 볼 때, 전환권이 실제로 행사된 때에 그 주식의 시가 상당액의 보증채무가 소멸하는 것으로 봄은 별론으

로 하고, 그 행사 이전에는 달리 특별한 사정이 없는 한 전환사채를 취득하였다 하여 이를 취득한 시점에 그 평가액만큼 주채무가 실질적으로 만족을 얻은 것으로 볼 수는 없고, 따라서 그 평가액만큼 보증채무가 소멸한다고 할 수는 없다.

판례(대법원 2003. 5. 30. 선고 2003다18685 판결)

1. 회사정리법 제241조 본문은 정리계획의 인가가 있는 때에는 계획의 규정 또는 같은 법의 규정에 의하여 인정된 권리를 제외하고 회사는 모든 정리채권과 정리담보권에 관하여 그 책임을 면한다고 규정하고 있고, 한편 같은 법 제240조 제2항에서는 정리계획은 정리채권자 또는 정리담보권자가 회사의 보증인 기타 회사와 함께 채무를 부담하는 자에 대하여 가진 권리와 회사 이외의 자가 정리채권자 또는 정리담보권자를 위하여 제공한 담보에 영향을 미치지 아니한다고 규정하고 있는바, 이는 정리계획에 따라 회사의 채무가 면책되거나 변경되더라도 보증인이나 물상보증인 등의 의무는 면책되거나 변경되지 아니한다는 취지를 규정한 것으로서 여기서 '회사 이외의 자가 정리채권자 또는 정리담보권자를 위하여 제공한 담보'라고 함은 정리채권자 등이 회사에 대한 채권을 피담보채권으로 하여 제3자의 재산상에 가지고 있는 담보물권을 말한다고 할 것인데, 같은 법 제240조 제2항의 규정 취지에 비추어 보면 같은 법 제241조의 규정에 따라 채권자의 권리가 실권된 경우에도 같은 법 제240조 제2항의 규정이 마찬가지로 적용되어 실권된 채권의 권리자의 보증인이나 물상보증인에 대한 권리에는 영향을 미치지 않는다.

2. 신탁자가 자기 소유의 부동산에 대하여 수탁자와 부동산관리신탁계약을 체결하고 수탁자 앞으로 신탁을 원인으로 한 소유권이전등기를 경료해 주어 대내외적으로 신탁부동산에 관한 소유권을 수탁자에게 완전히 이전한 다음 수탁자로 하여금 신탁부동산에 관하여 다시 신탁자의 채권자의 채권을 위하여 근저당권설정등기를 경료하도록 하였다면, 수탁자는 결국 신탁자를 위한 물상보증인과 같은 지위를 갖게 되었다고 할 것이고 그 후 신탁자에 대한 회사정리절차가 개시된 경우 채권자가 신탁부동산에 대하여 갖는 근저당권 등 담보권은 회사정리법 제240조 제2항에서 말하는 '정리회사 이외의 자가 정리채권자 또는 정리담보권자를 위하여 제공

한 담보'에 해당하여 정리계획이 여기에 영향을 미칠 수 없다고 할 것일 뿐만 아니라 채권자가 정리채권 신고기간 내에 신고를 하지 아니함으로써 정리계획에 변제의 대상으로 규정되지 않았다 하더라도, 이로써 실권되는 권리는 채권자가 신탁자에 대하여 가지는 정리채권 또는 정리담보권에 한하고, 수탁자에 대하여 가지는 신탁부동산에 관한 담보권과 그 피담보채권에는 아무런 영향이 없다.

판례(대법원 2003. 1. 10. 선고 2002다12703,12710 판결)

회사정리법 제240조 제2항은 정리계획은 정리채권자 또는 정리담보권자가 회사의 보증인 기타 회사와 함께 채무를 부담하는 자에 대하여 가진 권리와 회사 이외의 자가 정리채권자 또는 정리담보권자를 위하여 제공한 담보에 영향을 미치지 아니한다고 규정하고 있지만, 정리계획에서 출자전환으로 정리채권의 변제에 갈음하기로 한 경우에는 신주발행의 효력발생일 당시를 기준으로 하여 정리채권자가 인수한 신주의 시가를 평가하여 그 평가액에 상당하는 채권액이 변제된 것으로 보아야 하고, 이러한 경우 주채무자인 정리회사의 채무를 보증한 보증인들로서는 정리채권자에 대하여 위 변제된 금액의 공제를 주장할 수 있다.

판례(대법원 2002. 4. 12. 선고 2001다30520 판결)

구 회사정리법(1998. 2. 24. 법률 제5517호로 개정되기 전의 것) 제221조 제2항에 의하여 정리회사의 자본을 감소함으로써 주주의 권리를 변경하는 내용의 정리계획 인가결정이 확정된 경우에, 주식 신고기간이 지난 후 그 인가결정이 있기 전에 종전의 주주로부터 기명주식을 양수하고 명의개서절차까지 마쳤다고 하더라도, 주식 신고기간이 경과하여 그 사실을 신고하지 못하였을 뿐만 아니라 정리법원 또는 정리회사의 관리인에게 그와 같은 사실을 통지하지도 아니하여 당해 주식의 양수사실이 주주표나 정리계획안에 반영되지 못하였다면, 종전의 주주가 한 주식의 신고 내용에 따라 정하여진 정리계획에 따라 주주의 권리에 관한 권리변경적 효력이 발생하는 것으로서, 주식 양수인으로서는 그 정리계획에 의하여 소각된 주식이 종전 주주의 소유가 아니라 자기 소유라는 사유로 그 소각의 효력을 다툴 수 없다고 보아야 할 것이고, 회사정리법 제244조의 규정이 있다고 하여 달리 볼 것이 아니다.

판례(대법원 2001. 7. 13. 선고 2001다9267 판결)

신탁법상의 신탁은 위탁자가 특정의 재산권을 수탁자에게 이전하거나 기타의 처분을 하고 수탁자로 하여금 수익자의 이익을 위하여 또는 특정의 목적을 위하여 그 재산권을 관리, 처분하게 하는 법률관계를 말하므로, 신탁자가 어음거래약정상의 채무에 대한 담보를 위하여 자기 소유의 부동산에 대하여 수탁자와 담보신탁용 부동산관리·처분신탁계약을 체결하고 채권자에게 신탁원본 우선수익권을 부여하고서, 수탁자 앞으로 신탁을 원인으로 한 소유권이전등기를 경료하였다면, 위탁자의 신탁에 의하여 신탁부동산의 소유권은 수탁자에게 귀속되었다고 할 것이고, 그 후 신탁자에 대한 회사정리절차가 개시된 경우 채권자가 가지는 신탁부동산에 대한 수익권은 회사정리법 제240조 제2항에서 말하는 '정리회사 이외의 자가 정리채권자 또는 정리담보권자를 위하여 제공한 담보'에 해당하여 정리계획이 여기에 영향을 미칠 수 없다고 할 것이므로 채권자가 정리채권 신고기간 내에 신고를 하지 아니함으로써 정리계획에 변제의 대상으로 규정되지 않았다 하더라도, 이로써 실권되는 권리는 채권자가 신탁자에 대하여 가지는 정리채권 또는 정리담보권에 한하고, 수탁자에 대하여 가지는 신탁부동산에 관한 수익권에는 아무런 영향이 없다고 할 것이다

판례(대법원 2001. 6. 12. 선고 99다1949 판결)

리스이용자에게 회사정리법상의 회사정리절차가 개시된 경우에 리스업자인 채권자가 그 리스계약상의 채권을 정리법원에 신고하지 아니함으로 말미암아 실권되었다 하더라도, 회사정리법 제240조 제2항의 규정에 비추어 보면 리스업자가 보증인에 대하여 가지는 권리에는 영향을 미치지 않는 것으로 보아야 한다.

판례(대법원 2020. 4. 29., 선고, 2019다226135, 판결)

원래 보증채무는 주채무의 한도로 감축되는 부종성을 가지는데(민법 제430조), 채무자의 회생절차에서도 보증채무의 부종성을 관철한다면 채권자에게 지나치게 가혹한 결과를 가져올 것이라는 이유로 채무자 회생 및 파산에 관한 법률(이하 '채무자회생법'이라 한다) 제250조 제2항 제1호에서 보증채무의 부종성에 대

한 예외를 규정하고 있다.

회생계획이 인가되어 회생기업의 채무조정이 이루어지는 경우에도 회생기업의 채무를 연대보증한 경영자에게는 채무조정의 효력이 미치지 않는다. 이에 따라 경영자 개인은 여전히 재기하기 어렵고, 경영자가 기업의 채무를 연대보증하는 경우가 많은 중소기업의 현실에 비추어 결국 기업의 실효성 있는 회생도 어려워진다는 점을 고려하여 기술보증기금법 제37조의3과 신용보증기금법 제30조의3이 신설되었다. 이러한 조항을 적용하면 보증채무의 부종성에 대한 예외를 규정한 채무자회생법 제250조 제2항 제1호의 적용은 배제되고, 결국 원래로 돌아가 보증채무의 부종성이 인정된다.

그러나 지역신용보증재단에 적용되는 지역신용보증재단법에는 채무자회생법 제250조 제2항 제1호의 적용을 배제하는 규정이 없다. 이 경우에도 기술보증기금법 제37조의3과 신용보증기금법 제30조의3을 유추적용하여 채권자가 지역신용보증재단인 경우에 주채무가 인가된 회생계획에 따라 감경·면제된 때 연대보증채무도 동일한 비율로 감경·면제된다는 결론을 도출할 수는 없다. 그 이유는 다음과 같다.

위 조항들은 채권자의 권리가 희생되는 불가피한 점이 있는데도, 일반 채권자와 구별하여 기술보증기금이나 신용보증기금에 대해서는 달리 취급하겠다고 입법자가 결단하여 특별한 예외를 정한 것이다. 따라서 지역신용보증재단법에 위 조항들과 같은 규정이 없다고 해서 법률의 흠결이 있다고 할 수 없다.

이를 법률의 흠결로 보더라도 기술보증기금 또는 신용보증기금과 지역신용보증재단 사이에 채무자를 위한 보증업무를 제공한다는 유사점이 있다는 이유만으로 유추적용을 긍정해야 하는 것도 아니다. 기술보증기금과 신용보증기금은 국민경제의 발전에 이바지함을 설립목적으로 하고 있지만(기술보증기금법 제1조, 신용보증기금법 제1조), 지역신용보증재단은 지역경제 활성화와 서민의 복리 증진에 이바지함을 설립목적으로 하고 있다(지역신용보증재단법 제1조). 지역신용보증재단은 기술보증기금이나 신용보증기금과 달리, 정부와 금융기관뿐만 아니라 지방자치단체로부터도 기금 조성을 위한 출연을 받고 있다(기술보증기금법 제13조, 신용보증기금법 제6조, 지역신용보증재단법 제7조). 채무자를 위해 제공하는 보증의 한도에 관해서도 기술보증기금과 신용보증기금은 30억 원을 한도로 하는데(기술보증기금법 시행령 제23조 제2항, 신용보증기금법 시행령 제20조

제2항), 지역신용보증재단은 8억 원에 불과하다(지역신용보증재단법 시행령 제16조 제3항). 이처럼 기술보증기금이나 신용보증기금과 지역신용보증재단 사이에는 설립목적과 재원, 신용보증을 제공하는 경우의 보증한도액 등에서 차이가 있다. 이러한 사정에 비추어 지역신용보증재단이 채권자인 경우에 기술보증기금법 제37조의3과 신용보증기금법 제30조의3을 유추적용하는 것이 정당하다고 볼수 없다.

판례(대법원 2012. 6. 14., 선고, 2010다28383, 판결)

회사정리절차는 공익상 필요에서 재정적 궁핍으로 파탄에 직면한 회사의 정리재건 목적을 이루기 위하여 회사가 부담하고 있는 채무 또는 책임을 감소시켜 되도록 부담이 가벼워진 상태에서 회사가 영업을 계속하여 수익을 올릴 수 있는 여건을 만들어 주자는 것이므로, 회사가 정리채권자에게 부담하는 채무에 관하여는 면책 등 광범위한 변경을 가하여 이해 조정을 하게 되지만, 보증인 등 회사가 아닌 제3자가 정리채권자에게 부담하는 채무를 경감시키는 것은 회사정리절차가 달성하고자 하는 본래 목적과는 전혀 무관한 것일 뿐만 아니라, 만약 정리계획에 의하여 정리채권자가 회사에 갖는 권리가 소멸 또는 감축되는 외에 보증인 등에게 갖는 권리까지도 마찬가지로 소멸 또는 감축되게 되면, 이는 회사 정리재건에 직접 필요한 범위를 넘어 정리채권자에게 일방적인 희생을 강요하게 되는 셈이 되어 오히려 회사 정리재건을 저해하는 요인이 될 수 있으며, 구 회사정리법(2005. 3. 31. 법률 제7428호 채무자 회생 및 파산에 관한 법률 부칙 제2조로 폐지) 제240조 제2항에서 정리계획은 보증인 등의 책임범위에 아무런 영향이 없다고 규정하고 있는 것도 이러한 취지에서 비롯된 것이다.

회생채권 등의 면책 등(제251조)

1. 회생계획의 인가

회생계획이 인가되면 회생계획이나 본 법에서 인정되는 권리를 제외하고는 재산상에 있던 모든 담보권은 소멸하게 된다.

2. 실무에서의 처리

실무에서는 대부분의 경우 담보권에 대한 존속조항을 두고 있다. 다만 이 경우에도 존속되는 담보권의 피담보채권은 권리변경 전의 것이 아니라 회생계획을 통하여 권리변경된 회생담보권이라는 점을 명시해야 한다. 따라서 종전의 담보권 중에서 회생담보권으로 인정되지 않은 경우이거나 회생담보권액을 초과하는 부분의 담보권은 회생계획 인가결정으로 소멸하게 된다. 나아가 실무에서는 담보의 목적으로 등기 경료된 지상권 또한 인가결정으로 소멸하는 것으로 보고 있다.

▣ 관련판례

판례(대법원 2003. 9. 26. 선고 2002다62715 판결)

정리채권의 귀속을 둘러싸고 사전 또는 사후에라도 분쟁이 있고, 그 분쟁당사자 중 어느 일방이 이를 정리채권으로 신고하였으나, 나중에 신고를 하지 아니한 다른 당사자가 진정한 채권자임이 판명된 경우에는 정리회사의 관리인으로서는 정리절차의 진행과 관련하여 일단 정리채권 신고를 한 자를 정리채권자로 취급하여 절차를 진행하다가 나중에 진정한 채권자가 따로 있는 것이 밝혀지면 그 때부터 종전 신고자를 배제한 채 진정한 채권자를 정리채권자로 취급하여야 하고, 이와 같은 의미에서 무권리자가 한 정리채권의 신고도 유권리자에 대한 관계에서 그 효력이 인정된다.

판례(대법원 2003. 9. 5. 선고 2002다40456 판결)

회사정리법 제241조 본문은 '정리계획인가의 결정이 있은 때에는 계획의 규정 또는 본법의 규정에 의하여 인정된 권리를 제외하고 회사는 모든 정리채권과 정리담보권에 관하여 그 책임을 면하며, 주주의 권리와 회사의 재산상에 있던 모든 담보권은 소멸한다.'고 규정하고, 같은 법 제123조 제1항은 정리담보권을 규정하면서 회사재산상에 존재하는 양도담보권으로 담보된 범위의 채권을 이에 포함시키고 있으므로, 회사의 채권에 관하여 설정된 양도담보권도 같은 법 제241조 본문의 규정에 의하여 소멸되는 담보권에 포함되는바, 위 규정에 의하여 채권에 관하여 설정된 양도담보권이 소멸되는 경우에는 그 양도담보의 설정을 위하여 이루어진 채권양도 또한 그 효력을 상실하여 채권양수인에게 양도되었던 채권은 다시 채권양도인인 회사에 이전되는 것인데, 이러한 채권의 이전은 법률의 규정에 의한 것이어서 지명채권양도의 대항요건에 관한 민법의 규정이 적용되지 아니하는 것이므로, 채무자로서는 그 채권의 이전에 관한 채권양수인의 통지 또는 채권양수인의 동의를 얻은 채권양도인의 철회의 통지 등의 유무와 관계없이 채권자로서의 지위를 상실한 채권양수인의 청구를 거부할 수 있다.

판례(대법원 2003. 5. 30. 선고 2003다18685 판결)

1. 회사정리법 제241조 본문은 정리계획의 인가가 있는 때에는 계획의 규정 또는 같은 법의 규정에 의하여 인정된 권리를 제외하고 회사는 모든 정리채권과 정리담보권에 관하여 그 책임을 면한다고 규정하고 있고, 한편 같은 법 제240조 제2항에서는 정리계획은 정리채권자 또는 정리담보권자가 회사의 보증인 기타 회사와 함께 채무를 부담하는 자에 대하여 가진 권리와 회사 이외의 자가 정리채권자 또는 정리담보권자를 위하여 제공한 담보에 영향을 미치지 아니한다고 규정하고 있는바, 이는 정리계획에 따라 회사의 채무가 면책되거나 변경되더라도 보증인이나 물상보증인 등의 의무는 면책되거나 변경되지 아니한다는 취지를 규정한 것으로서 여기서 '회사 이외의 자가 정리채권자 또는 정리담보권자를 위하여 제공한 담보'라고 함은 정리채권자 등이 회사에 대한 채권을 피담보채권으로 하여 제3자의 재산상에 가지고 있는 담보물권을 말한다고 할 것인데, 같은 법 제240조 제2항의 규정 취지에 비추어 보면 같은 법 제241조의 규정에 따라 채권자의 권리가 실권된 경우에도 같은 법 제240조 제2항의 규정이 마찬가지로 적용되어 실권된 채권의 권리자의 보증인이나 물상보증인에 대한 권리에는 영향을 미치지 않는다.

2. 신탁자가 자기 소유의 부동산에 대하여 수탁자와 부동산관리신탁계약을 체결하고 수탁자 앞으로 신탁을 원인으로 한 소유권이전등기를 경료해 주어 대내외적으로 신탁부동산에 관한 소유권을 수탁자에게 완전히 이전한 다음 수탁자로 하여금 신탁부동산에 관하여 다시 신탁자의 채권자의 채권을 위하여 근저당권설정등기를 경료하도록 하였다면, 수탁자는 결국 신탁자를 위한 물상보증인과 같은 지위를 갖게 되었다고 할 것이고 그 후 신탁자에 대한 회사정리절차가 개시된 경우 채권자가 신탁부동산에 대하여 갖는 근저당권 등 담보권은 회사정리법 제240조 제2항에서 말하는 '정리회사 이외의 자가 정리채권자 또는 정리담보권자를 위하여 제공한 담보'에 해당하여 정리계획이 여기에 영향을 미칠 수 없다고 할 것일 뿐만 아니라 채권자가 정리채권 신고기간 내에 신고를 하지 아니함으로써 정리계획에 변제의 대상으로 규정되지 않았다 하더라도, 이로써 실권되는 권리는 채권자가 신탁자에 대하여 가지는 정리채권 또는 정리담보권에 한하고, 수탁자에 대하여 가지는 신탁부동산에 관한 담보권과 그 피담보채권에는 아무런 영향이 없다.

판례(대법원 2003. 3. 14. 선고 2002다20964 판결)

회사정리법 제242조 제1항은 정리계획인가의 결정이 있은 때에는 정리채권자, 정리담보권자와 주주의 권리는 계획의 규정에 따라 변경된다고 규정하고 있는데, 이는 정리계획 인가결정에 의하여 정리채권자 등의 권리가 그 정리계획의 내용대로 실체적으로 변경되는 효력이 있음을 규정한 것이고 단지 채무와 구별되는 책임만의 변경을 뜻하는 것은 아니라고 할 것이며, 이 점에서 정리절차를 통하여 회사에 대한 권리자들에게 그 동안 절차참여의 기회를 보장하였음에도 절차에 참여하지 아니한 권리자는 보호할 가치가 없다는 점과 뒤늦게 권리를 주장하고 나서는 권리자로 인하여 정리계획의 수행이 불가능하게 된다는 점을 감안하여 마련된 같은 법 제241조의 면책과는 그 성질을 달리하는 것이므로 정리계획의 인가결정이 있으면 정리채권자 등의 권리는 정리계획의 조항에 따라 채무의 전부 또는 일부의 면제효과가 생기고 기한유예의 정함이 있으면 그에 따라 채무의 기한이 연장되며 정리채권이나 정리담보권을 출자전환하는 경우에는 그 권리는 인가결정시 또는 정리계획에서 정하는 시점에서 소멸한다.

판례(대법원 2003. 1. 10. 선고 2002다36235 판결)

정리회사의 관리인이 정리계획안 심리를 위한 관계인집회가 끝난 이후 부인의 소를 제기함으로써 상대방이 그 부활한 채권을 행사할 수 없게 된 때에는 정리회사가 상대방의 손실에 의하여 부당하게 이득을 얻은 것이 되므로, 정리회사의 관리인은 이를 정리절차개시 이후에 발생한 부당이득으로서 회사정리법 제208조 제6호 소정의 공익채권으로 상대방에게 반환할 의무가 있고, 다만 그 경우에 반환하여야 할 부당이득액은 부활한 채권이 정리채권으로서 회사정리절차에 참가하였더라면 정리계획에 의하여 변제받을 수 있는 금액이라고 봄이 상당하므로 그 상대방의 채권과 같은 성질의 채권에 대하여 정리계획에서 인정된 것과 동일한 조건으로 지급할 의무가 있다.

판례(대법원 2002. 12. 26. 선고 2002다49484 판결)

회사정리법 제123조 제1항 본문에 의하면, "정리채권 또는 정리절차 개시 전의 원인으로 생긴 회사 이외의 자에 대한 재산상의 청구권으로서 정리절차개시 당시 회사 재산상에 존재하는 유치권, 질권, 저당권, 양도담보권, 가등기담보권, 전세권 또는 우선특권으로 담보된 범위의 것은 정리담보권으로 한다."고 규정하고 있으므로, 정리담보권으로 신고하지 아니하였을 때 회사정리법 제241조에 의하여 소멸되는 정리담보권이 되기 위해서는 그 담보권이 정리절차개시 당시 회사 재산을 대상으로 하는 담보권이어야만 한다 할 것인데, 신탁법상의 신탁을 함에 있어서는 그 위탁자가 당연히 수익권자가 되는 것이 아니고 위탁자와 전혀 별개의 존재인 수익자를 지정하여야만 하는 것이며, 위탁자가 자신을 수익자로 지정하는 경우에도 위탁자와 수익자의 지위는 전혀 별개의 것이라고 보아야 할 것이므로, 특히 담보신탁이 아니라 분양형 토지(개발)신탁의 경우에 신탁계약시에 위탁자인 정리 전 회사가 제3자를 수익자로 지정한 이상, 비록 그 제3자에 대한 채권담보의 목적으로 그렇게 지정하였다 할지라도 그 수익권은 신탁계약에 의하여 원시적으로 그 제3자에게 귀속한다 할 것이지, 위탁자인 정리 전 회사에게 귀속되어야 할 재산권을 그 제3자에게 담보 목적으로 이전하였다고 볼 수는 없는 것이어서, 그 경우 그 수익권은 정리절차개시 당시 회사 재산이라고 볼 수 없다 할 것이고, 따라서 그 제3자가 정리절차에서 그 수익권에 대한 권리를 정리담보권으로 신고하지 아니하였다고 하여 회사정리법 제241조에 의하여 소멸된다고 볼 수는 없다.

판례(대법원 2001. 7. 24. 선고 2001다3122 판결)

1. 회사정리법 제241조는 정리계획의 인가가 있는 때에는 계획의 규정 또는 같은 법의 규정에 의하여 인정된 권리를 제외하고 회사는 모든 정리채권과 정리담보권에 관하여 그 책임을 면한다고 규정하고 있는바, 여기서 말하는 면책이라 함은 채무 자체는 존속하지만 회사에 대하여 이행을 강제할 수 없다는 의미라고 봄이 상당하다.

2. 약속어음 소지인이 정리채권신고를 하지 아니하여 실권된 경우, 어음금 채권은 정리회사에 대한 관계에서 자연채무 상태로 남게 되어 어음소지인을 사고신고담보금의 지급을 구할 수 있는 어음의 정당한 권리자로 볼 수 없으므로, 따로 약정이 없는 한 어음을 발행하였던 정리회사의 관리인을 상대로 은행이 사고신고담보금을 지급하는 데 동의하라고 소구할 수 없고, 또한 어음교환소규약이 정하는 요건을 갖추지 않은 한 위 사고신고담보금에 대한 지급청구권이 어음소지인에게 있음의 확인을 구할 수도 없다.

판례(대법원 2021. 10. 28., 선고, 2019다200096, 판결)

회생계획인가의 결정이 있는 때에는 회생채권자 등의 권리는 회생계획에 따라 실체적으로 변경되고 회생계획인가결정의 효력은 회생절차가 폐지되더라도 영향을 받지 않는다[채무자 회생 및 파산에 관한 법률(이하 '채무자회생법'이라고 한다) 제252조 제1항, 제288조 제4항]. 따라서 회생계획인가결정이 있으면 회생채권자 등의 권리는 회생계획의 조항에 따라 채무의 전부 또는 일부의 면제 효과가 생긴다. 한편 재정적 어려움으로 파탄에 직면해 있는 채무자에 대하여 채권자 등 다수의 이해관계인의 법률관계를 조정하여 채무자 또는 그 사업의 효율적인 회생을 도모하려는 회생절차의 목적(채무자회생법 제1조 참조), 당사자의 의사와 무관하게 법률의 규정에 의해 채무면제 효과가 발생하는 회생계획

인가결정의 효력(채무자회생법 제252조 제1항 참조) 등에 비추어 볼 때, 회생채권자인 원고가 회생채권신고액수를 기준으로 사해행위취소 및 가액배상을 청구한 사건에서는 피고가 명시적으로 주장하지 않았더라도 위와 같이 채무자에 대하여 회생절차가 개시되어 원고를 포함한 회생채권자들의 권리변경내역이 담긴 회생계획인가결정문 등이 제출되었다면, 원심으로서는 원고의 원래 채권액이 회생계획인가결정에 따라 일부 면제되었는지, 피고가 이를 주장하는지 등에 관하여 석명권을 행사하여야 한다.

판례(대법원 2021. 6. 30., 선고, 2018다290672, 판결)

회생채권이 소멸시효기간 경과 전에 채무자 회생 및 파산에 관한 법률 제251조에 의하여 실권되었다면 더 이상 그 채무의 소멸시효 중단이 문제 될 여지가 없다. 따라서 회생채권자가 제3자를 상대로 한 소송 계속 중에 회생채무자를 상대로 소송고지를 하고 소송고지서에 실권된 회생채무의 이행을 청구하는 의사가 표명되어 있더라도, 회생채권자는 그로써 다른 연대채무자나 보증인에 대하여 민법 제416조 또는 제440조에 따른 소멸시효 중단을 주장할 수 없다.

판례(대법원 2020. 12. 10., 선고, 2016다254467, 254474, 판결)

회생계획인가의 결정이 있는 때에는 회생채권자 등의 권리는 회생계획에 따라 실체적으로 변경되고 회생계획인가결정의 효력은 회생절차가 폐지되더라도 영향을 받지 않는다(채무자 회생 및 파산에 관한 법률 제288조 제4항). 따라서 회생계획인가결정이 있으면 회생채권자 등의 권리는 회생계획의 조항에 따라 채무의 전부 또는 일부의 면제효과가 생기고 기한유예의 정함이 있으면 그에 따라 채무의 기한이 연장되며 회생채권을 출자전환하는 경우에는 그 권리는 인가결정 시 또는 회생계획에서 정하는 시점에서 소멸한다.

판례(대법원 2019. 3. 14., 선고, 2018다281159, 판결)

채무자 회생 및 파산에 관한 법률(이하 '채무자회생법'이라고 한다) 제251조는 "회생계획인가의 결정이 있는 때에는 회생계획이나 이 법의 규정에 의하여 인정된 권리를 제외하고는 채무자는 모든 회생채권과 회생담보권에 관하여 그 책임을 면한다."라고 규정하고 있다. 여기서 말하는 면책이란 채무 자체는 존속하지만 회사에 대하여 이행을 강제할 수 없다는 의미이다. 따라서 면책된 회생채권은 통상의 채권이 가지는 소 제기 권능을 상실하게 된다.

채무자가 채무자회생법 제251조에 따라 회생채권에 관하여 책임을 면한 경우에는, 면책된 회생채권의 존부나 효력이 다투어지고 그것이 채무자의 해당 회생채권자에 대한 법률상 지위에 영향을 미칠 수 있는 특별한 사정이 없는 한, 채무자의 회생채권자에 대한 법률상 지위에 현존하는 불안·위험이 있다고 할 수 없어 회생채권자를 상대로 면책된 채무 자체의 부존재확인을 구할 확인의 이익을 인정할 수 없다(다만 채무자의 다른 법률상 지위와 관련하여 면책된 채무의 부존재확인을 구할 확인의 이익이 있는지는 별도로 살펴보아야 한다).

판례(대법원 2018. 11. 29., 선고, 2017다286577, 판결)

회생계획인가결정이 있는 때에는 회생계획이나 채무자 회생 및 파산에 관한 법률(이하 '채무자회생법'이라고 한다)에 의해 인정된 권리를 제외하고는 채무자는 모든 회생채권과 회생담보권에 관해 그 책임을 면하고(채무자회생법 제251조), 회생채권자·회생담보권자의 권리는 회생계획에 따라 변경된다(채무자회생법 제252조 제1항). 여기서 말하는 면책이란 채무 자체는 존속하지만 채무자에 대하여 이행을 강제할 수 없다는 의미이고, 권리변경이란 채무와 구별되는 책임만이 변경되는 것이 아니라 회생계획의 내용대로 권리가 실체적으로 변경된다는 의미이다.

권리의 변경(제252조)

계획 인가 전에는 실권, 권리의 변경 등의 실질적인 권리변동이 없다. 회생계획인가의 결정이 있는 때에는 회생채권자, 회생담보권자, 주주, 지분권자의 권리는 회생계획에 따라 변경된다. 이는 「상법」 제339조(질권의 물상대위) 및 제340조(주식의 등록질)제3항은 주주·지분권자가 제1항의 규정에 의한 권리의 변경으로 받을 금전 그 밖의 물건, 주식 또는 출자지분, 채권 그 밖의 권리와 주권에 관하여 준용한다.

■ **관련판례**

판례(대법원 2005. 3. 24. 선고 2004다71928 판결)

어음발행인이 어음의 피사취 등을 이유로 지급은행에게 사고신고와 함께 어음금의 지급정지를 의뢰하면서 체결한 "어음소지인이 어음금지급청구소송에서 승소하고 판결확정증명 또는 확정판결과 동일한 효력이 있는 것으로 지급은행이 인정하는 증서를 제출한 경우 등에는 지급은행이 어음소지인에게 사고신고담보금을 지급한다."는 사고신고담보금의 처리에 관한 약정은 제3자를 위한 계약으로서, 어음소지인과 어음발행인 사이의 수익의 원인관계에 변경이 있다고 하더라도 특별한 사정이 없는 한 낙약자인 지급은행이 제3자인 어음소지인에 대하여 부담하는 급부의무에는 영향이 없다고 할 것이므로, 어음발행인에 대한 회사정리절차에서 어음소지인의 어음상의 권리가 정리계획의 규정에 따라 변경되었다고 하더라도 이는 정리채권인 어음소지인의 어음상의 권리에만 영향을 미치는 것에 불과하고 어음소지인이 지급은행에 대하여 갖는 사고신고담보금에 대한 권리에는 아무런 영향을 미칠 수 없다고 한 사례.

판례(대법원 2003. 8. 22. 선고 2001다64073 판결)

1. 회사정리법 제242조 제1항은 정리계획인가의 결정이 있은 때에는 정리채권자, 정리담보권자와 주주의 권리는 계획의 규정에 따라 변경된다고 규정하고 있는데 이는 정리계획 인가결정에 의하여 정리채권자 등의 권리가 그 정리계획의 내용대로 실체적으로 변경되는 효력이 있음을 규정한 것이므로, 정리계획의 인가결정이 있으면 정리채권자 등의 권리는 정리계획의 조항에 따라 채무의 전부 또는 일부의 면제효과가 생기고 기한유예의 정함이 있으면 그에 따라 채무의 기한이 연장되며 정리채권이나 정리담보권을 출자전환하는 경우에는 그 권리는 인가결정시 또는 정리계획에서 정하는 시점에서 소멸한다.

2. 기존채권의 지급을 위하여 제3자가 발행한 약속어음이 교부되었는데 그 약속어음 채권이 후일 제3자에 대한 회사정리절차에서 정리채권으로 신고되어 정리계획에 따라 그 전부 또는 일부가 출자전환됨으로써 그 부분 정리채권인 약

속어음 채권의 변제에 갈음하기로 한 경우 출자전환된 부분의 약속어음 액면 상당의 기존채권이 소멸된 것으로 볼 것이 아니라 신주발행의 효력발생일 당시를 기준으로 하여 정리채권자가 인수한 신주의 시가를 평가하여 그 평가액에 상당하는 부분의 기존채권이 변제된 것으로 보아야 한다.

판례(대법원 2003. 3. 14. 선고 2002다20964 판결)

회사정리법 제242조 제1항은 정리계획인가의 결정이 있은 때에는 정리채권자, 정리담보권자와 주주의 권리는 계획의 규정에 따라 변경된다고 규정하고 있는데, 이는 정리계획 인가결정에 의하여 정리채권자 등의 권리가 그 정리계획의 내용대로 실체적으로 변경되는 효력이 있음을 규정한 것이고 단지 채무와 구별되는 책임만의 변경을 뜻하는 것은 아니라고 할 것이며, 이 점에서 정리절차를 통하여 회사에 대한 권리자들에게 그 동안 절차참여의 기회를 보장하였음에도 절차에 참여하지 아니한 권리자는 보호할 가치가 없다는 점과 뒤늦게 권리를 주장하고 나서는 권리자로 인하여 정리계획의 수행이 불가능하게 된다는 점을 감안하여 마련된 같은 법 제241조의 면책과는 그 성질을 달리하는 것이므로 정리계획의 인가결정이 있으면 정리채권자 등의 권리는 정리계획의 조항에 따라 채무의 전부 또는 일부의 면제효과가 생기고 기한유예의 정함이 있으면 그에 따라 채무의 기한이 연장되며 정리채권이나 정리담보권을 출자전환하는 경우에는 그 권리는 인가결정시 또는 정리계획에서 정하는 시점에서 소멸한다.

판례(대법원 2002. 4. 12. 선고 2001다30520 판결)

구 회사정리법(1998. 2. 24. 법률 제5517호로 개정되기 전의 것) 제221조 제2항에 의하여 정리회사의 자본을 감소함으로써 주주의 권리를 변경하는 내용의 정리계획 인가결정이 확정된 경우에, 주식 신고기간이 지난 후 그 인가결정이 있기 전에 종전의 주주로부터 기명주식을 양수하고 명의개서절차까지 마쳤다고 하더라도, 주식 신고기간이 경과하여 그 사실을 신고하지 못하였을 뿐만 아니라 정리법원 또는 정리회사의 관리인에게 그와 같은 사실을 통지하지도 아니하여 당해 주식의 양수사실이 주주표나 정리계획안에 반영되지 못하였다면, 종전의 주주가 한 주식의 신고 내용에 따라 정하여진 정리계획에 따라 주주의 권리에 관한 권리변경적 효력이 발생하는 것으로서, 주식 양수인으로서는 그 정리계획에 의하여 소각된 주식이 종전 주주의 소유가 아니라 자기 소유라는 사유로 그 소각의 효력을 다툴 수 없다고 보아야 할 것이고, 회사정리법 제244조의 규정이 있다고 하여 달리 볼 것이 아니다.

판례(대법원 2021. 10. 28., 선고, 2019다200096, 판결)

회생계획인가의 결정이 있는 때에는 회생채권자 등의 권리는 회생계획에 따라 실체적으로 변경되고 회생계획인가결정의 효력은 회생절차가 폐지되더라도 영향을 받지 않는다[채무자 회생 및 파산에 관한 법률(이하 '채무자회생법'이라고 한다) 제252조 제1항, 제288조 제4항]. 따라서 회생계획인가결정이 있으면 회생채권자 등의 권리는 회생계획의 조항에 따라 채무의 전부 또는 일부의 면제 효과가 생긴다. 한편 재정적 어려움으로 파탄에 직면해 있는 채무자에 대하여 채권자 등 다수의 이해관계인의 법률관계를 조정하여 채무자 또는 그 사업의 효율적인 회생을 도모하려는 회생절차의 목적(채무자회생법 제1조 참조), 당사자의 의사와 무관하게 법률의 규정에 의해 채무면제 효과가 발생하는 회생계획인가결정의 효력(채무자회생법 제252조 제1항 참조) 등에 비추어 볼 때, 회생채권자인 원고가 회생채권신고액수를 기준으로 사해행위취소 및 가액배상을 청구한 사건에서는 피고가 명시적으로 주장하지 않았더라도 위와 같이 채무자에 대하여 회생절차가 개시되어 원고를 포함한 회생채권자들의 권리변경내역이 담긴 회생계획인가결정문 등이 제출되었다면, 원심으로서는 원고의 원래 채권액이 회생계획인가결정에 따라 일부 면제되었는지, 피고가 이를 주장하는지 등에 관하여 석명권을 행사하여야 한다.

판례(대법원 2020. 12. 10., 선고, 2016다254467, 254474, 판결)

회생계획인가의 결정이 있는 때에는 회생채권자 등의 권리는 회생계획에 따라 실체적으로 변경되고 회생계획인가결정의 효력은 회생절차가 폐지되더라도 영향을 받지 않는다(채무자 회생 및 파산에 관한 법률 제288조 제4항). 따라서 회생계획인가결정이 있으면 회생채권자 등의 권리는 회생계획의 조항에 따라 채무의 전부 또는 일부의 면제효과가 생기고 기한유예의 정함이 있으면 그에 따라 채무의 기한이 연장되며 회생채권을 출자전환하는 경우에는 그 권리는 인가결정 시 또는 회생계획에서 정하는 시점에서 소멸한다.

판례(대법원 2019. 7. 25., 자, 2018마6313, 결정)

개인회생절차에서 변제계획 변경 인가결정에 대하여 즉시항고가 있어 항고심이나 재항고심에 계속 중이더라도 면책결정이 확정되면, 항고인이나 재항고인으로서는 변제계획 변경 인가결정에 대하여 더 이상 즉시항고나 재항고로 불복할 이익이 없으므로 즉시항고나 재항고는 부적법하다. 그 이유는 다음과 같다.

① 변제계획 인가결정에 대한 즉시항고는 변제계획의 수행에 영향을 미치지 아니하여 항고법원 또는 회생계속법원이 변제계획의 전부나 일부의 수행을 정지하는 등의 처분을 하지 아니하는 한 집행정지의 효력이 없다[채무자 회생 및 파산에 관한 법률(이하 '채무자회생법'이라 한다) 제618조 제2항, 제247조 제3항]. 이는 변제계획 변경 인가결정에서도 같다. 따라서 변제계획 변경 인가결정에 대하여 즉시항고가 이루어져 항고심이나 재항고심에 계속 중이더라도 채무자가 변경된 변제계획에 따른 변제를 완료하면, 법원은 면책결정을 하여야 하고 면책결정이 확정되면 개인회생절차는 종료하게 된다(채무자회생법 제624조 제1항, 채무자 회생 및 파산에 관한 규칙 제96조).

② 채무자회생법 제625조 제2항 본문은 "면책을 받은 채무자는 변제계획에 따라 변제한 것을 제외하고 개인회생채권자에 대한 채무에 관하여 그 책임이 면제된다."라고 규정하고 있다. 여기서 말하는 면책이란 채무 자체는 존속하지만 채무자에 대하여 이행을 강제할 수 없다는 의미이므로 면책된 개인회생채권은 통상의 채권이 가지는 소 제기 권능을 상실하게 된다.

③ 채무자회생법 제2편의 회생절차에서는 회생계획 인가결정이 있은 때에 회생채권자 등의 권리변경 효력이 발생하여 채무의 전부 또는 일부의 면제, 기한의 연장, 권리의 소멸이 이루어진다(채무자회생법 제252조 제1항 참조). 그런데 이와 달리 채무자회생법 제4편의 개인회생절차에서는 변제계획 인가결정으로 개인회생채권자의 권리가 변경되지 않고, 다만 면책결정으로 책임이 면제될 뿐

이다(채무자회생법 제615조 제1항 참조). 따라서 개인회생절차에서 변제계획 변경 인가결정에 대한 즉시항고나 재항고 절차가 계속 중이더라도 면책결정이 확정됨에 따라 개인회생절차가 종료되었다면, 추후 변제계획 변경 인가결정에 대한 즉시항고나 재항고가 받아들여져서 채무자에 대한 변제계획 변경 인가결정이 취소되더라도 더 이상 항고인의 권리가 회복될 가능성이 없다. 또한 면책결정의 확정으로 항고인의 개인회생채권은 채무자에 대한 관계에서 자연채무의 상태로 남게 되었으므로, 변제계획을 다시 정하더라도 항고인이 채무자에 대하여 채무의 이행을 강제할 수 없으며, 특별히 자연채무의 범위를 다시 정하여야 할 실익이 있다고 볼 수도 없다.

회생채권자 및 회생담보권자의 권리(제253조)

회생계획에 의하여 정하여진 회생채권자 또는 회생담보권자의 권리는 확정된 회생채권 또는 회생담보권을 가진 자에 대하여만 인정된다. 또한 모든 주주에게도 회생계획의 효력이 미친다고 보아야 한다. 그러나 모든 이해관계인에게 회생계획의 효력이 미친다고 할 수는 없다. 이러한 자들의 권리가 그 권리가 확정된 경우에는 인가결정시로 소급하여 권리를 부여받게 된다.

신고하지 아니한 주주·지분권자의 권리(제254조)

1. 주주의 경우

주주의 경우에는 회생채권자와 회생담보권자와는 달리 비록 신고를 하지 않더라도 회생계획에서 주주의 권리가 인정되면 실권되지 않으므로, 모든 주주에게는 회생계획의 효력이 미친다고 본다.

2. 회생계획의 규정에 의하여 인정되는 권리

회생계획의 규정에 의하여 인정되는 권리는 확정된 회생채권 또는 회생담보권을 가진 자에 대해서만 인정되므로, 인가결정 당시 권리확정소송이 계속 중인 회생채권자와 회생담보권자에게는 바로 회생계획의 효력이 미친다고 할 수 없으며, 따라서 이러한 자들의 권리는 그 권리가 확정된 경우에 인가결정시로 소급하여 권리를 부여받게 된다.

회생채권자표 등의 기재의 효력(제255조)

1. 기재의 효력

(1) 확정판결과 동일한 효력

회생계획 인가결정이 확정된 경우에는 회생계획 수행에 장애를 초래하지 않기 위해 회생계획에 의하여 인정된 권리를 더 이상 다툴 수 없게 할 필요가 있다. 이에 따라 본 법은 회생계획 인가결정이 확정 된 때 회생채권 또는 회생담보권에 기초한 계획의 규정에 의하여 인정된 권리를 회생채권자표 또는 회생담보권자표에 기재하도록 하고, 그 기재는 확정판결과 같은 효력이 있다고 규정하고 있다.

채무자회생및파산에관한법률은 회생채권자표, 회생담보권자표의 기재를 하면 회생계획에 의하여 인정된 권리의 불가쟁성을 보장하고 이를 기초로 그 기재에 집행력을 인정하여 회생절차종결 후 강제집행을 할 수 있도록 하고 있다.

(2) 기판력 문제

"확정판결과 동일한 효력"에 기판력이 포함되는 가에 대하여 대법원은 기판력을 부인하는 입장이다.

(3) 제186조와의 관계

제186조	회생계획에 의한 권리변경이 생기기전의 권리를 내용으로 함
제255조	회생계획인가 후의 권리를 내용으로 함

2. 효력이 생기는 기재

확정판결과 같은 효력이 인정되는 기재는 회생계획에 의하여 인정된 권리에 관한 회생채권자표와 회생담보권자표의 기재이다. 법원사무관 등이 회생계획조항을 회생채권자표와 회생담보권자표에 기재함으로써 어떤 채권자가 회생계획에 의하여 어떠한 권리를 취득하였는가를 표시하여 주는 것이다.

3. 기재의 대상

회생계획에 의하여 인정되는 권리이므로 그 내용은 채권이나 담보권에 한하지 않고 일정수량의 주식, 신주인수권, 사채, 사채인수권을 갖는다는 기재도 가능하다. 그러나 조세채권 등 공법상의 청구권은 신고가 있으면 회생채권자표나 회생담보권자표에 기재는 되지만, 관리인은 채무자가 할 수 있는 방법으로 불복신청을 할 수 있으므로, 효력이 생기는 기재에서 제외된다.

◼ 관련판례

판례(대법원 2003. 9. 26. 선고 2002다62715 판결)

회사정리법 제245조 제1항이 정리계획인가의 결정이 확정된 때에는 정리채권 또는 정리담보권에 기하여 계획의 규정에 의하여 인정된 권리에 관하여는 그 정리채권자표 또는 정리담보권자표의 기재는 회사, 신회사(합병 또는 분할합병으로 설립되는 신회사를 제외한다), 정리채권자, 정리담보권자, 회사의 주주와 정리를 위하여 채무를 부담하거나 또는 담보를 제공하는 자에 대하여 확정판결과 동일한 효력이 있다고 규정한 취지는, 정리계획인가결정이 확정된 경우 정리채권자표 또는 정리담보권자표에 기재된 정리채권 또는 정리담보권 중 정리계획의 규정에 의하여 인정된 권리를 기준으로 정리계획을 수행하도록 하여 신속하고도 안정적인 정리계획의 수행을 보장하려는 데에 있고, 이와 같은 의미에서 위 법조에서 말하는 '확정판결과 동일한 효력'이라 함은 기판력이 아닌 정리절차 내부에서의 불가쟁의 효력으로 보아야 한다.

판례(대법원 2000. 12. 22. 선고 99두11349 판결)

구 토지구획정리사업법(1999. 2. 8. 법률 제5904호로 개정되기 전의 것) 제62조 제5항, 제68조의2의 규정에 의하면 토지구획정리사업에 있어서 과부족분에 대한 청산금은 환지처분 공고일의 다음날에 확정되고, 이 청산금을 징수할 권리는 5년간 이를 행사하지 아니하면 시효로 소멸하도록 하고 있는데, 한편 회사정리법 제5조 본문은 정리절차참가는 시효중단의 효력이 있다고 규정하고 있으므로 청산금 납부의무자에 대하여 회사정리절차가 개시되어 사업시행자가 청산금 징수채권을 정리채권으로 신고하였다면 이로써 시효가 중단된다고 할 것이나, 회사정리법 제157조 제2항, 제158조 제1항에 의하면 청산금 징수채권과 같이 체납처분이 가능한 공법상의 채권에 대하여는 일반 정리채권과 같은 조사·확정절차를 거치지 아니한 채 정리채권자표에 기재하도록 하되 다만 그러한 기재가 있었다고 하더라도 그 청구권의 원인이 행정심판·소송 등 불복의 신청을 허용하는 처분인 때에는 관리인이 여전히 회사가 할 수 있는 방법으로 불복을 신청할 수 있도록 하고 있어서, 이 경우에는 정리채권으로 신고되어 정리채권자표에 기재되면 확정판결과 동일한 효력이 있다고 규정한 회사정리법 제245조는 적용될 여지가 없고, 따라서 청산금 징수채권이 정리채권으로 신고되어 정리채권자표에 기재되었다고 하더라도 그 시효기간이 민법 제165조에 의하여 10년으로 신장되는 것으로 볼 수도 없다.

판례(대법원 2017. 5. 23., 자, 2016마1256, 결정)

회생계획인가의 결정이 있는 때에는 회생채권자 등의 권리는 회생계획에 따라 변경되고, 회생계획이나 채무자 회생 및 파산에 관한 법률(이하 '채무자회생법'이라 한다)의 규정에 의하여 인정된 권리를 제외하고는 모든 회생채권과 회생담보권에 관하여 면책의 효력이 발생한다(채무자회생법 제251조, 제252조). 회생계획인가결정 후 회생절차종결결정이 있더라도, 채무자는 회생계획에서 정한 대로 채무를 변제하는 등 회생계획을 계속하여 수행할 의무를 부담하고, 회생절차가 종결된 후에 회생채권 등의 확정소송을 통하여 채권자의 권리가 확정되면 소송의 결과를 회생채권자표 등에 기재하여(채무자회생법 제175조), 미확정 회생채권 등에 대한 회생계획의 규정에 따라 처리하면 된다.

그리고 회생절차개시결정이 있는 때에는 회생채권 또는 회생담보권에 기한 강제집행 등은 할 수 없고, 채무자의 재산에 대하여 이미 행한 회생채권 또는 회생담보권에 기한 강제집행은 중지되며(채무자회생법 제58조), 회생계획의 인가결정이 되면 중지된 강제집행은 효력을 잃는다(채무자회생법 제256조 제1항).

따라서 회생채권에 관하여 회생절차개시 이전부터 회생채권 또는 회생담보권에 관하여 집행권원이 있었다 하더라도, 회생계획인가결정이 있은 후에는 채무자회생법 제252조에 의하여 모든 권리가 변경·확정되고 종전의 회생채권 또는 회생담보권에 관한 집행권원에 의하여 강제집행 등은 할 수 없으며, 회생채권자표와 회생담보권자표의 기재만이 집행권원이 된다.

중지 중의 절차의 실효(제256조)

1. 의의

회생계획 인가결정이 있으면 중지된 파산절차, 강제집행, 가처분, 담보권실행 등을 위한 경매절차는 그 효력을 잃게 된다. 위와 같은 절차들의 효력을 상실시키는 이유는 회생계획에 따라 채무자는 이미 파산상태를 벗어나게 되고 채권은 회생계획의 내용에 따라 실체적으로 변경되어 이에 따라 변제가 이루어져야 하는 이상 위와 같은 절차를 유지하거나 진행할 실익이 전혀 없기 때문이다.

2. 실효하는 절차의 범위

효력을 잃는 대상은 회생절차 당시 채무자에 대하여 계속 중인 파산절차와, 회생채권, 회생담보권에 기하여 채무자 재산에 대하여 이루어져 있는 강제집행, 가압류, 가처분, 담보권실행 등을 위한 경매절차 등이다. 다만, 후자의 경우 속행된 절차 또는 처분은 실효되지 않는다.

그러나 이와 달리 국세징수법에 의한 체납처분이나 국세징수의 예에 의한 체납처분, 조세채무의 담보를 위하여 제공된 물건의 처분절차는 인가결정에 의하여 당연히 효력이 상실되는 것은 아니다. 위와 같은 절차는 인가결정과 동시에 그 절차의 속행이 가능하게 된다. 다만 회생계획에는 이러한 조세채권 등에 대한 권리변경과 변제방법을 따로 정하고 있기 때문에 그 변제기가 도래할 때까지 종전의 체납처분 등을 그대로 유지할 수는 없고, 채무자가 회생계획에서 정한 변제기에 이행을 하지 않을 경우에 종전에 중지된 절차를 속행할 수 있게 될 뿐이다.

3. 절차가 효력을 잃는다는 것의 의미 및 효과

절차가 그 효력을 잃는다는 의미는 장래의 속행을 허용하지 않는다는 의미가 아니라, 소급하여 그 절차가 효력을 잃는다는 것을 의미한다. 따라서 원칙적으로 위와 같은 절차는 법원의 별도의 재판이 없이도 그 효력을 잃게 되는 것이다. 효력을 잃은 파산절차에서의 재단채권은 공익채권이 된다.

4. 강제집행, 가압류, 가처분, 담보권실행 등을 위한 경매절차 등 의 경우

강제집행, 가압류, 가처분, 담보권실행 등을 위한 경매절차 등은 이미 진행되어 있는 절차의 외형을 제거하기 위한 형식적인 절차가 필요하다. 이러한 절차는 회생법원이 해당 집행법원에 대하여 기존에 이루어진 절차의 말소촉탁을 하는 방법도 가능하지만, 회생법원으로서는 채무자 재산에 관하여 어느 법원에서 어떤 절차가 진행되고 있는지 직접 확인하기 곤란하고, 그 절차의 기록도 보관하고 있지 않으므로, 현 실무에서는 관리인이 직접 신청법원이나 집행법원에 말소촉탁을 신청하는 방법을 주로 이용하고 있다. 이 때 관리인은 해당법원에 신청서와 함께 인가결정등본 및 말소촉탁의 대상이 되는 재산의 목록을 첨부하여야 한다.

5. 절차의 실효의 효과

절차의 실효의 효과는 인가결정과 동시에 발생하게 되는데, 만약 그 인가결정이 뒤에 취소되는 경우에 종전에 소멸하였던 절차가 다시 회복되는지 여부에 대해서 논란의 여지가 있다. 통설은 이러한 경우 파산절차는 당연히 그 효력을 회복하지만, 다른 절차는 그 효력이 회복되지는 않으며, 따라서 후자의 경우에는 채권자가 다시 새로운 신청을 하여야 한다고 해석되고 있다. 그러나 인가결정이 취소되고 나아가 회생절차가 폐지 또는 불인가되는 경우에는 파산절차로 곧장 이행하므로 새로운 강제집행, 가압류 신청은 사실상 그 실익이 없다고 할 수 있다.

▣ 관련판례

판례(대법원 2018. 11. 29., 선고, 2017다286577, 판결)

개개의 강제집행절차가 종료된 후에는 그 절차가 중지될 수 없는데, 부동산에 대한 금전집행은 매각대금이 채권자에게 교부 또는 배당된 때에 비로소 종료한다.

따라서 채무자 소유 부동산에 관하여 경매절차가 진행되어 부동산이 매각되고 매각대금이 납부되었으나 배당기일이 열리기 전에 채무자에 대하여 회생절차가 개시되었다면, 집행절차는 중지되고, 만약 이에 반하여 집행이 이루어졌다면 이는 무효이다. 이후 채무자에 대한 회생계획인가결정이 있은 때에 중지된 집행절차는 효력을 잃게 된다.

제 7 장
회생계획인가 후의 절차

회생계획의 수행(제257조)

1. 회생계획 수행의 담당자

회생계획의 인가결정이 있으면 관리인은 지체 없이 계획을 수행하여야 한다. 따라서 회생계획 수행의 담당자는 관리인이며, 관리인은 회생절차 개시결정이 있게 되는 때로부터 가지게 되는 채무자 사업의 경영과 재산의 관리, 처분의 권한을 가지고 회생계획의 내용을 수행하게 된다.

2. 관리인의 업무수행

관리인의 이러한 업무 수행은 채무자와 관련 이해관계인 모두를 위하여 형평성 있고 적정하게 이루어져야 한다. 본 법은 이러한 업무수행의 적정성을 보장하기 위하여 관리인의 업무를 법원과 관리위원회 감독 하에 두는 방법을 규정하고 있다. 관리인은 국가로부터 채무자를 둘러싼 이해관계의 조정과 회생채무자의 사업의 경영의 위탁을 받은 자로서 일반인들이 관리인에 대하여 기대하는 도덕성 수준은 일반 기업의 최고경영자보다 훨씬 높다고 할 수 있다. 그리고 일반적으로 하나의 기업이 도산하는 것은 경영자의 과욕이나 방만하고 부적법한 경영에 기인하는 경우가 많다. 따라서 관리인이 회생채무자를 갱생시키겠다는 욕심이 앞서 투명하지 못한 경영을 해서는 안되며, 종전에 채무자 경영과 관련하여 기득권을 가지고 있던 구 사주나 특정 협력업체로부터 트집 잡히지 않도록 채무자 영업의 경영에 있어 언제나 떳떳하고 적법한 범위를 벗어나지 않겠다는 원칙을 가져야 한다.

3. 자금의 조달

일반적으로 회생계획은 채무자의 자금조달계획을 기초로 작성되는데, 그와 같은 자금조달계획 중의 가장 중요한 부분은 영업활동을 통한 자금의 조달이다. 회생절차를 신청한 채무자들은 대체로 주요 영업이 부진해서 재정적 파탄에 빠진 경우가 많고, 따라서 회생계획이 인가된 후 채무자가 종전의 부진한 영업실적을 다시 본 궤도로 올리는 것이 매우 어려운 일이지만, 관리인은 회생채무자가 적어도 회생계획에서 예정하고 있는 수준 이상의 영업실적을 거둘 수 있도록 최선을 다하여 채무자의 영업을 경영하여야 한다. 그러한 연유로 회생채무자의 관리인은 파산법인의 파산관재인과 달리 해당 업종에 관한 전문지식과 경영 감각을 갖추고 있는 것이 필요하다.

4. 법원의 감독

법원은 회생채무자가 회생계획대로 실적을 올리고 있는지 여부를 정기적으로 점검하여야 하며, 회생채무자의 과거 및 현재 실적과 향후 영업전망에 관하여 파악하고 있어야 한다.

5. 자산매각계획의 수행

회생채무자들은 불요불급한 자산을 보유한 채 회생절차로 들어온 경우가 많다. 따라서 영업상 꼭 필요하지 않은 자산들은 회생계획에 매각하도록 규정하는 것이 일반적이며, 채무자의 영업계획에 따라서는 영업상 필요한 자산이라도 매각할 것을 예정하기도 한다. 그리고 실무상 회생계획에서는 이러한 자산매각을 통하여 들어온 자금을 재원으로 하여 공익채권, 회생담보권 등의 변제에 사용하거나 남는 재원을 운용자금으로 사용하도록 규정하는 것이 일반적이다. 따라서 회생계획에 있는 추정자금 수지표에는 언제 얼마만큼의 자금이 유입되는 것으로 반영되어 있는데, 만약 이러한 자금의 유입이 계획대로 이루어지지 않는다면 영업의 부진으로 인한 영업수익의 감소 못지 않게 자금수급에 부정적인 결과를 초래하기도 한다.

따라서 관리인은 회생계획상 매각하도록 예정된 자산을 적어도 회생계획상 예상 매각연도 이전에 적정한 가격으로 매각하여야 한다.

6. 매각 대상이 되는 자산

매각 대상이 되는 자산에는 주로 부동산, 유가증권 등이 있는데, 법원은 이러한 자산들이 회생계획대로 매각이 추진되고 있는지 여부를 정기적으로 점검하여야 하며, 경우에 따라서는 관리인에게 자산매각계획을 성실히 이행하도록 주의를 환기시켜 줄 필요가 있다.

7. 회생채권 등의 변제

관리인은 영업수익금이나 자산매각대금 등 채무자가 보유하고 있는 자금을 가지고 회생채권을 변제하여야 하는데, 여기의 회생채권 변제에는 신규차입을 통한 회생채권의 변제와 출자전환의 이행도 포함된다. 법원은 회생채무자가 회생계획에서 계획한대로 회생채권을 변제하는지 여부를 감독하여야 하고, 관리인이 회생채권을 변제하기 전에는 반드시 법원의 허가를 얻도록 하여야 한다.

8. 회생채권을 변제할 자력이 부족할 경우

법원은 관리인의 각종 보고서를 통하여 회생채무자가 향후 변제할 회생채권의 규모가 얼마인지, 변제할 재원이 마련되어 있는지를 파악하고 있어야 하며, 만약 회생채권을 변제할 자력이 부족하다면 앞으로 회생채권의 변제계획을 수행할 수 있을지 여부와 그 후의 조치사항에 대하여 방침을 가지고 있어야 한다. 만약 회생채무자가 당장은 변제지체를 하고 있지 않지만 앞으로 회생채권의 변제를 지체할 수 밖에 없는 상황이라면 적극적으로 회생절차의 폐지를 고려하는 것이 바람직하다.

9. 변제기 전에 변제하는 경우

(1) 관리인은 회생계획을 수행하다 보면 다양한 이유로 회생채권 등을 변제기 전에 변제할 필요가 있는 경우가 적지 않다.

대표적인 경우로는 다음과 같은 경우를 들 수 있다.

1) 자금압박으로 말미암아 도산에 몰리게 된 상거래채권자가 조기변제를 해 달라고 요청하는 경우

2) 회생채무자에 대하여 우월적인 지위에 있는 채권자가 회생채권을 조기에 변제하지 않으면 거래를 하지 않겠다고 주장하는 경우

(2) 이러한 사유가 회생계획 인가결정 전에 발생한 경우

법원의 허가를 받아 회생채권을 조기에 변제할 수 있다

(3) 이러한 사유가 회생계획 인가결정 후에 발생한 경우

법률상 조기변제에 관한 근거규정이 없기 때문에 회생계획에 조기변제에 관한 특별한 규정을 두지 않으면 그 필요성이 인정되는 경우에도 회생계획의 변경이란 불편한 절차를 거치지 않는 한 조기변제를 할 수 없게 되는 결과가 발생할 수 있다.

(4) 실무에서의 처리

실무에서는 회생계획안의 변제기일에 관한 조항에서 회생채무자의 변제기일을 규정한 뒤, "다만 위 변제기일 전이라도 법원의 허가를 받아 변제할 수 있다"라는 회생채권 조기변제의 근거규정을 두고 있다.

다만 이러한 경우에도 앞으로 채권자가 회생계획에 따라 변제받을 수 있는 채권액을 적절한 현가율로 할인한 후의 잔여 채권액을 변제하는 것이 실무상의 관행이다. 이 때 적용되었던 현가할인율은 채무자의 사정, 채권액의 다과 등에 따라 매우 차이가 큰 편인데, 대체로 프라임데이트에서 연 25% 정도 사이의 현가율이 적용된 경우가 많았다.

(5) 유의할 점

동일한 회생절차가 비교적 성질이 같은 여러 채권을 조기에 변제할 경우에는 적용하는 현가율의 차이로 말미암아 형평성 시비가 일어나지 않도록 주의하여야 한다. 또한, 회생채무자의 자금형편상 같은 성질의 채권자 모두에게 같은 조건으로 조기변제할 수 있는 능력이 없다거나 조만간 회생절차의 폐지가 예상됨에도 불구하고, 일부 채권자에게만 조기변제할 경우에는 나중에 특혜시비가 일어날 수 있음을 유의하여야 한다.

10. 신규자본의 유입

대부분의 회생계획에는 "회생채무자의 영업의 제3자 인수"라는 제목 아래 관리인에게 적극적으로 자본유치 및 인수, 합병(M&A)을 추진하여야 할 의무를 부과하고 있다. 경영이 정상화되고 있는 채무자라면 회생절차의 조기 종결을 위해서 M&A가 필요하고, 경영이 부진한 채무자의 영업의 경우에는 경영부진사유의 해소를 위하여 M&A가 필요하다.

11. 기타 회생계획에 규정된 사항의 수행

이 밖에도 회생계획에는 임원의 임면, 정관의 변경이나 자본 감소에 관한 규정을 두고 있는데, 관리인은 이러한 사항들을 수행하여야 한다. 특히 임원의 임면은 채무자의 영업의 경영에 매우 중요한 영향을 미치는 의사결정이므로 사전에 담당재판부와의 협의를 소홀히 하지 않도록 하여야 한다.

회생계획수행에 관한 법원의 명령(제258조)

1. 회생계획 수행명령

회생계획이 인가된 이후 회생법원은 회생계획의 효력을 받는 자 또는 관리인에 대하여 회생계획의 수행에 필요한 작위 또는 부작위를 명할 수 있다. 회생계획의 효력을 받는 자는 채무자회생및파산에관한법률 제250조 제1항에 게기된 자로서, 채무자, 모든 회생채권자와 회생담보권자, 주주 및 회생을 위하여 채무를 부담하거나 담보를 제공하는 자와 신회사(합병으로 설립되는 신회사를 제외한다)를 말한다.

2. 수행명령의 절차 및 효과

수행명령은 이해관계인의 신청 없이 직권으로 하는 것이 원칙이다. 이해관계인이 수행명령을 신청하는 경우 이는 직권의 발동을 촉구하는 성질의 것이기 때문에 수행명령을 하지 않을 때에 반드시 기각결정을 하여야 하는 것은 아니다. 수행명령은 결정 형식으로 하고 그 효력을 받는 상대방에게 송달함으로써 효력이 생긴다. 수행명령에 대해서는 불복신청을 할 수 없다. 수행명령이 상대방에 대하여 작위 또는 부작위를 명하는 경우에 이를 위반한 자에 대하여는 과태료의 제재가 규정되어 있다.

3. 실무상 수행명령의 기능과 의의

위와 같은 수행명령의 성격과 기능이 무언인지에 관하여는 아직까지도 명확한 해석론이 없는 것으로 보인다. 그러나 실무상으로는 회생절차의 수행이 법원의 감독 아래에 있다는 일반적인 규정으로서의 의미를 가진다고 볼 수 있다. 한편 회생계획의 수행을 담당하는 관리인에게는 회생계획의 적정한 수행의 의무가 부과된다는 점에서, 회생채무자를 둘러싼 이해관계인에게는 회생계획의 수행을 촉구할 수 있는 제도적 장치가 있다는 점에서 의의가 있다. 그러나 이러한 수행명령이 채무명의가 될 수 있는지 여부에 관한 해석이 불분명하고 실무에서도 그 유효성에 의문이 있기 때문에 잘 이용되지 않는 경향이 있다.

4. 실무에서의 처리

실무에서는 이해관계인들로부터 수행명령의 신청이 종종 제기된다. 그 신청의 내용은 대체로 미지급 회생채권의 변제, 회생채무자의 변제책임이 확정된 보증채무나 미확정채권(회생계획인가 당시 소송계속 중이었던 채권)의 변제 등을 요구하는 것들인데, 주로 회생계획 조항의 해석상의 다툼이 있는 경우가 많다. 회생계획의 해석은 회생법원이 하여야 하는 것이므로, 이와 같이 그 해석에 관한 다툼이 발생하여 수행명령신청이 제기된다면 법원으로서는 이에 대한 판단을 해주는 것이 바람직하다. 실무에서는 수행명령을 직접 발하는 경우는 매우 드물고 사실상 그에 관한 판단에 따라 관리인이 업무를 수행하도록 지도하는 선에 그치고 있다. 지방의 일부 법원에서는 직권으로 회생절차를 폐지할 때에 미리 수행명령을 발하고 폐지결정을 하는 경우도 있다고 한다.

채무자에 대한 실사(제259조)

회생계획을 제대로 수행하고 있지 못하는 경우, 회생절차의 종결 또는 폐지 여부의 판단을 위하여 필요한 경우, 회생계획의 변경을 위하여 필요한 경우에는 법원은 직권에 의하거나, 채권자협의회의 신청에 의하여 조사위원 또는 간이조사위원으로 하여금 채무자의 재산 및 영업상태를 실사하게 할 수 있다.

주주총회 또는 사원총회의 결의 등에 관한 법령의 규정 등의 배제 (제260조)

법령이나 정관의 규정에 불구하고 회생계획을 수행함에 있어서는 주주총회나 이사회의 결의를 요구하지 않는다. 따라서 회생계획안에는 이러한 주주의 권리제한에 관한 조항을 명시적으로 기재하는 것이 바람직하다. 다만, 이익배당에 관하여 종전의 실무에서는 "회생계획에 따라 변제하여야 할 회생채권을 모두 변제할 때까지" 이익배당을 할 수 없도록 한 회생계획안이 많은데, 회생절차가 조기종결되는 경우가 많으므로 최근에는 "회생절차가 종료될 때까지" 이익배당을 금지하도록 규정하는 경우가 많아지고 있다.

영업양도 등에 관한 특례(제261조)

1. 본 조의 적용 대상

회생계획에서 영업, 재산의 전부 또는 일부의 양도, 출자, 임대, 양수, 영업의 전부 또는 일부의 경영위임, 손익공통계약에 관하여 정하는 경우에 회생계획에 기재해야 할 사항을 규정하고 있다.

2. 상법의 규정에 대한 특칙

상법상 위와 같은 경우에는 주주총회의 특별결의가 필요한 것이 많으나, 본법에서는 주주총회의 특별결의를 배제하고 그에 갈음하여 회생계획에서 그 목적물, 대가, 상대방 기타 사항을 명기하고, 관계인집회에서 이를 가결하여야 한다고 하고 있다.

3. 이유

회생채무자의 경우에는 주주만의 이해보다는 회생채권자 기타의 이해관계인 전부에게 큰 영향을 미치기 때문이다. 또 상법상 주주총회의 특별결의의 필요 유무와 관련하여, 영업의 의미에 대하여 논의가 있으나, 본 법에서는 '영업이나 재산'으로 규정하고 있으므로 영업과 재산의 구별을 논할 실익은 없을 것이다.

정관변경에 관한 특례(제262조)

1. 정관의 변경

회사의 정관을 변경하는 때에는 그 변경의 내용을 회생계획에 기재하여야 한다.

2. 실무에서의 처리

실무상 회생계획 인가와 동시에 정관을 변경해야 하는 경우가 그리 많지 않기 때문에 회생계획안에는 "회생절차 중 관리인은 법원의 허가를 얻어 정관을 변경하여야 한다."라는 취지로 기재하는 것이 보통이다. 그러나 출자전환이나 주주의 권리변경 또는 제3자 인수와 관련하여 회사의 발행예정 주식 총수를 변경하여야 하는 경우가 간혹 있는데, 이러한 경우에는 회생계획 안에 변경 전 정관의 조항과 변경 후 정관의 조항을 명시하여야 한다.

이사 등의 변경에 관한 특례(제263조)

1. 임원의 선임과 해임

회생계획안에는 이사, 대표이사, 감사의 변경에 관한 조항을 기재할 수 있으며, 새로이 채무자의 이사 또는 감사를 선임하거나 채무자의 대표이사를 선정하는 때에는 선임이나 선정될 자와 임기 또는 선임이나 선정의 방법과 임기를 정하여야 한다.

2. 임원의 임기

채무자의 이사, 대표이사 또는 감사 중 유임하게 할 자가 있는 경우에는 그 자와 임기를 정하여야 하는데, 만약 회생절차 개시의 원인이 이사, 대표이사, 또는 감사의 채무자재산의 도피, 은닉 또는 고의적인 부실경영 등 행위에 기인한 경우에는 해당 임원을 유임하게 할 수 없다. 채무자의 이사, 대표이사 또는 감사로서 회생계획에서 유임할 것으로 정해지지 않는 자는 계획의 인가결정과 동시에 해임된 것으로 본다.

자본감소에 관한 특례(제264조)

회생계획에 자본감소의 규정이 있으면 그 내용에 따라 주주의 권리는 전부 또는 일부가 소멸되거나 변경을 받는다. 채무자회생및파산에관한법률 제205조(주식회사 또는 유한회사의 자본감소)의 규정에 의하여 회생계획에서 자본의 감소를 정한 때에는 회생계획에 의하여 자본을 감소할 수 있다. 이 경우 「상법」 제343조(주식의 소각)제2항, 제439조(자본감소의 방법, 절차)제2항·제3항, 제440조(주식병합의 절차), 제441조(주식병합의 절차), 제445조(감자무효의 소) 및 제446조(준용규정)의 규정은 적용하지 아니하며, 같은 법 제443조(단주의 처리)제1항 단서에 규정된 사건은 회생계속법원의 관할로 한다. 채무자의 자본감소로 인한 변경등기의 신청서에는 회생계획인가결정서의 등본 또는 초본을 첨부하여야 한다.

■ 관련판례

판례(대법원 2020. 10. 20., 자, 2020마6195, 결정)

상법 제466조 제1항은 회사 발행주식의 총수 중 100분의 3 이상에 해당하는 주식을 가진 주주의 회계장부 등에 대한 열람·등사청구권을 인정하고 있다. 주주가 상법상 인정되는 이사해임청구권(상법 제385조), 위법행위 유지청구권(상법 제402조), 대표소송권(상법 제403조) 등 각종 권한을 행사하려면 회사의 업무나 재산상태에 대해 정확한 지식과 적절한 정보를 가지고 있어야 한다. 상법 제448조에 따라 회사에 비치되어 있는 재무제표의 열람만으로는 충분한 정보를 얻기 어렵기 때문에 위와 같이 주주에게 재무제표의 기초를 이루는 회계장부와 회계서류까지 열람하거나 등사할 수 있는 권한을 인정한 것이다. 다만 상법은 그 남용을 막기 위해 단독주주권이 아닌 소수주주권으로 규정하고 있다.

이러한 소수주주의 회계장부 등에 대한 열람·등사청구권은 회사에 대하여 채무자 회생 및 파산에 관한 법률(이하 '채무자회생법'이라 한다)에 따른 회생절차가 개시되더라도 배제되지 않는다고 보아야 한다. 상세한 이유는 다음과 같다.

① 채무자회생법은 회생계획에서 채무자의 자본 감소, 합병 등 일정한 사항을 정한 경우 그에 관한 상법 조항의 적용을 배제하고(채무자회생법 제264조 제

2항, 제271조 제3항 등), 채무자에 대해 회생절차가 개시되면 자본 감소, 신주
발행, 합병 등 조직변경 등의 행위를 회생절차에 의하지 않고는 할 수 없도
록 금지하고 있다(채무자회생법 제55조 제1항). 그러나 회사에 대해 회생절차
가 개시되면 상법 제466조 제1항의 적용이 배제된다는 규정도 없고, 주주가
회생절차에 의하지 않고는 상법 제466조 제1항의 회계장부 등에 대한 열람·
등사청구권을 행사할 수 없다는 규정도 없다. 상법 제466조 제1항에 따라 주
주가 열람·등사를 청구할 수 있는 서류에는 회계장부와 회계서류도 포함되어
채무자회생법에 따라 이해관계인이 열람할 수 있는 서류보다 그 범위가 넓은
데, 이처럼 다른 이해관계인과 구별되는 주주의 권리를 회생절차가 개시되었
다는 이유만으로 명문의 규정 없이 배제하거나 제한하는 것은 부당하다.

② 회사에 대해 회생절차가 개시되었더라도 회생계획이 인가되기 전에 회생
절차가 폐지되면, 회생계획 인가로 인한 회생채권 등의 면책(채무자회생법
제251조) 또는 권리의 변경(채무자회생법 제252조) 등의 효력 없이 채무자
의 업무수행권과 재산의 관리·처분권이 회복된다. 따라서 회생절차가 개시
되더라도 그것만으로 주주가 상법 제466조 제1항에 따른 권리를 행사할 필
요성이 부정되지 않는다.

③ 상법 제466조 제1항에서 정하고 있는 주주의 회계장부와 서류에 대한 열
람·등사청구가 있는 경우 회사는 청구가 부당함을 증명하여 이를 거부할
수 있고, 주주의 열람·등사청구권 행사가 부당한 것인지는 행사에 이르게
된 경위, 행사의 목적, 악의성 유무 등 여러 사정을 종합적으로 고려하여
판단하여야 한다. 채무자의 효율적 회생이라는 목적을 위해 회사에 대해
채무자회생법에서 정한 회생절차가 개시되었는데, 주주가 회사의 회생을
방해할 목적으로 이러한 열람·등사청구권을 행사하는 경우에는 정당한 목
적이 없어 부당한 것이라고 보아 이를 거부할 수 있다.

납입 등이 없는 신주발행에 관한 특례(제265조)

1. 신주의 발행

신주를 발행 하는 경우에 신주발행의 효력은 계획인가일이나 회생계획에서
정한 때에 발생한다.

2. 주식병합에 의한 자본감소와 동시에 이 규정에 의한 신주발행을 하는 경우

신주발행의 효력발생시기를 주식병합의 효력발생(주권제출기간 만료시)후로 회생계획에 정해 둘 필요가 있다. 만약 자본감소의 효력이 발생하기 전에 신주발행의 효력이 발생한다면 일시적으로 발행한 주식수가 정관에 정한 발행예정주식총수를 초과할 가능성이 있고, 신주발행의 효력이 발생한 후에 구주식에 관하여만 주식병합의 효력을 발생시켜야 한다는 문제가 발생할 수 있기 때문이다.

3. 단주의 처리

회생계획에 신주발행과정에서 발생하는 단주의 처리에 관한 사항도 정하는 것이 바람직하다. 만약 회생채권자, 회생담보권자의 배정부분에 관하여 단주의 처리방법을 마련해 두지 않으면 그 단주에 해당하는 부분은 회생계획 인가시에 실권된다. 주주에 신주를 배정하는 경우에는 주식병합에 관한 상법 제440조 내지 제444조의 규정이 준용되므로 단주 처리에 관한 조항을 두어야 한다.

▣ 관련판례

판례(대법원 2005. 1. 27. 선고 2004다27143 판결)

정리계획에서 신주를 발행하는 방식의 출자전환으로 정리채권이나 정리담보권의 전부 또는 일부의 변제에 갈음하기로 한 경우에는 신주발행의 효력발생일 당시를 기준으로 하여 정리채권자 또는 정리담보권자가 인수한 신주의 시가 상당액에 대하여 정리회사의 주채무가 실질적으로 만족을 얻은 것으로 볼 수 있어 보증채무도 그만큼 소멸하는 것으로 보아야 한다.

판례(대법원 2003. 8. 22. 선고 2001다64073 판결)

1. 기존채권의 지급을 위하여 제3자가 발행한 약속어음이 교부되었는데 그 약속어음 채권이 후일 제3자에 대한 회사정리절차에서 정리채권으로 신고되어 정리계획에 따라 그 전부 또는 일부가 출자전환됨으로써 그 부분 정리채권인 약

속어음 채권의 변제에 갈음하기로 한 경우 출자전환된 부분의 약속어음 액면 상당의 기존채권이 소멸된 것으로 볼 것이 아니라 신주발행의 효력발생일 당시를 기준으로 하여 정리채권자가 인수한 신주의 시가를 평가하여 그 평가액에 상당하는 부분의 기존채권이 변제된 것으로 보아야 한다.

판례(대법원 2015. 4. 9., 선고, 2014다54168, 판결)

대출채권의 담보를 위하여 채무자가 채권자에게 제3자에 대한 다른 채권을 담보 목적으로 양도하였는데 양도된 채권이 후일 제3자에 대한 회생절차에서 채권자에 의하여 회생채권으로 신고되어 회생계획에 따라 그 전부 또는 일부가 출자전환됨으로써 회생채권의 변제를 갈음하기로 한 경우, 신주발행의 효력발생일 당시를 기준으로 하여 채권자가 인수한 신주의 시가를 평가하여 평가액에 상당하는 부분의 대출채권이 변제된 것으로 보아야 한다.

납입 등이 있는 신주발행에 관한 특례(제266조)

이 경우에는 이해관계인에게 종전의 권리에 갈음하여 신주인수권을 부여하는 것인데, 신주인수권을 부여받은 이해관계인이 이를 행사하지 않으면 신주인수권을 상실할 뿐 아니라 종전의 권리도 소멸된다. 결국 이해관계인의 입장에서는 신주인수권을 타인에게 양도하지 않는 한 납입 또는 현물출자가 강제되는 것이다. 회생채권자·회생담보권자 또는 주주에 대하여 새로 납입 또는 현물출자를 하게 하여 신주를 발행하는 때에는 이들 권리자는 회생계획에서 정한 금액을 납입하거나 현물출자를 하면 된다. 다만, 종전의 주주에 교부할 대금에서 단주(端株)에 대하여 납입할 금액 또는 이행할 현물출자에 상당하는 금액을 공제하여야 한다. 채무자의 신주발행으로 인한 변경등기의 촉탁서 또는 신청서에는 회생계획인가결정서의 등본 또는 초본 외에 주식의 청약과 인수를 증명하는 서면과 납입금의 보관에 관한 증명서를 첨부하여야 한다.

주식회사의 납입 등이 없는 사채발행에 관한 특례(제267조)

사채를 발행함에 있어서는 상법 제8절 이하의 사채발행에 관한 규정을 준수하여야 한다. 다만, 회생계획에 의하여 채무자가 회생채권자, 회생담보권자 또는 주주에 대하여 새로 납입을 하게 하지 아니하고 사채를 발행할 것을 정한 때에는 상법 제470조(총액의 제한)와 제471조(사채모집의 제한)의 적용을 배제하는 특칙이 있다.

■ **관련판례**

판례(대법원 2005. 1. 27. 선고 2004다27143 판결)

정리채권이나 정리담보권의 변제에 갈음하여 정리채권자 또는 정리담보권자에게 전환사채를 발행하는 경우에는 정리채권자 또는 정리담보권자는 여전히 채권자의 지위를 유지하고 있고 단지 채권액을 감액하고 유통성을 높이고자 유가증권의 형식을 갖춘 것에 불과하다는 점에 비추어 볼 때, 전환권이 실제로 행사된 때에 그 주식의 시가 상당액의 보증채무가 소멸하는 것으로 봄은 별론으로 하고, 그 행사 이전에는 달리 특별한 사정이 없는 한 전환사채를 취득하였다 하여 이를 취득한 시점에 그 평가액만큼 주채무가 실질적으로 만족을 얻은 것으로 볼 수는 없고, 따라서 그 평가액만큼 보증채무가 소멸한다고 할 수는 없다.

주식회사의 납입 등이 있는 사채발행에 관한 특례(제268조)

회생절차가 종료되기 전에는 회생절차에 의하지 아니하고 사채의 발생을 할 수 없다. 따라서 채무자의 자금수급계획상 사채의 발행이 예정되어 있는지를 불문하고 사채 발행에 관한 규정을 두는 일반적이다. 사채발행총액에 관해서는 상법의 제한이 있지만 회생계획에 의하여 회생채권자, 회생담보권자, 주주에 대하여 새로 납입을 하게 하지 않고 사채를 발행하는 경우에는 상법의 제한 규정이 적용되지 않는다. 전환사채 또는 신주인수권부사채의 등기의 촉탁서 또는 신청서에는 회생계획인가결정서의 등본 또는 초본, 전환사채 또는 신주인수권부사채의 청약 및 인수를 증명하는 서면, 각 전환사채 또는 신주인수권부사채에 대하여 납입이 있은 것을 증명하는 서면을 첨부하여야 한다.

주식회사의 주식의 포괄적 교환에 관한 특례(제269조)

회생계획에서 주식회사인 채무자가 다른 회사와 주식의 포괄적 교환을 하는 것을 정한 때에는 회생계획에 의하여 주식의 포괄적 교환을 할 수 있다. 채무자에 대한 「상법」 제360조의8(주권의 실효절차)의 규정을 적용하는 때에는 같은 조에서 "제360조의3제1항의 규정에 의한 승인"은 "주식의 포괄적 교환을 내용으로 하는 회생계획인가"로 보며, 「상법」 제360조의4(주식교환계약서등의 공시), 제360조의5(반대주주의 주식매수청구권), 제360조의7(완전모회사의 자본증가의 한도액) 및 제360조의14(주식교환무효의 소)의 규정은 적용하지 아니한다. 이 경우 완전모회사로 되는 회사의 주식의 배정을 받는 회생채권자 또는 회생담보권자는 회생계획인가시에 주식인수인으로 되고, 주식의 포괄적 교환의 효력이 생긴 때에 주주로 된다.

채무자가 완전모회사로 되는 때에 주식의 포괄적 교환에 의한 회사의 변경등기의 촉탁서 또는 신청서에는 회생계획인가결정서의 등본 또는 초본, 주식의 포괄적 교환계약서의 서류를 첨부하여야 한다.

주식의 포괄적 교환의 상대방인 다른 회사가 완전모회사로 되는 때에는 그 회사의 주식의 포괄적 교환에 의한 변경등기의 신청서에는 회생계획인가결정서의 등본 또는 초본, 그 회사의 주주총회의 의사록(그 회사가 주주총회의 승인을 얻지 아니하고 주식의 포괄적 교환을 한 때에는 그 회사의 이사회의 의사록)의 서류를 첨부하여야 한다.

주식회사의 주식의 포괄적 이전에 관한 특례(제270조)

회생계획에서 주식회사인 채무자가 주식의 포괄적 이전을 할 것을 정한 때에는 회생계획에 따라 주식의 포괄적 이전을 할 수 있다. 이 경우 회사에 대한 「상법」 제360조의19(주권의 실효절차)의 규정의 적용에 관하여는 같은 조에서 "제360조의16제1항의 규정에 의한 결의"는 "주식의 포괄적 이전을 내용으로 하는 회생계획인가"로 보며, 설립된 완전모회사인 신회사의 주식의 배정을 받는 회생채권자 또는 회생담보권자는 회생계획의 인가시에 주식인수인으로 되고 주식의 포괄적 이전의 효력이 생긴 때에 주주로 된다. 「상법」 제360조의17(주식이전계획서 등의 서류의 공시), 제360조의18(완전모회사의 자본의 한도액), 제360조의22(주식교환 규정의 준용)에서 준용하는 같은 법 제360조의5(반대주주의 주식매수청구권) 및 제360조의23(주식이전무효의 소)의 규정은 적용하지 아니한다. 주식의 포괄적 이전에 의한 설립등기의 촉탁서 또는 신청서에는 회생계획인가결정서의 등본 또는 초본 및 대표이사에 관한 이사회의 의사록을 첨부한다.

합병에 관한 특례(제271조)

1. 합병

회생절차 중의 회사는 회생계획에 의하지 아니하고는 합병할 수 없다.

2. 기재

회생계획을 통하여 회생회사가 합병을 하고자 하는 경우에는 회생계획안에 필요한 사항을 기재하여야 한다.

3. 회생계획을 통하여 합병을 할 경우

합병에 관한 상법상의 절차가 생략된다. 그러나 합병의 상대방 회사의 경우에는 상법에 따라 합병절차를 진행하여야 하므로 회생회사에 있어서 회생계획의 작성, 성립과 상대방 회사에 있어서의 합병절차가 서로 보조를 맞추어 진행되어야 한다.

4. 합병 당사회사들이 모두 회생회사인 경우

각 회사의 회생계획안에 합병에 필요한 사항이 규정되어 있어야 한다.

5. 신청서

합병으로 인한 채무자의 해산 또는 변경의 등기의 촉탁서 또는 신청서에는 다음 각호의 서류를 첨부하여야 한다.
① 회생계획인가결정서의 등본 또는 초본
② 합병계약서
③ 정관
④ 창립총회의 의사록
⑤ 대표이사에 관한 이사회의 의사록
⑥ 합병의 상대방인 다른 채무자가 선임한 설립위원의 자격을 증명하는
서면

분할 또는 분할합병에 관한 특례(제272조)

회생계획에 의하여 주식회사인 채무자가 분할되거나 주식회사인 채무자 또는 그 일부가 다른 회사 또는 다른 회사의 일부와 분할합병할 것을 정한 때에는 회생계획에 의하여 분할 또는 분할합병할 수 있다. 이 경우 분할합병 후 존속하는 채무자 또는 분할합병으로 설립되는 신회사의 주식을 배정받은 채무자의 주주·회생채권자 또는 회생담보권자는 회생계획인가가 결정된 때에 주식인수인이 되며, 분할합병의 효력이 생긴 때에 주주가 된다. 분할로 인한 채무자의 해산등기 또는 변경등기의 촉탁서 또는 신청서에는 회생계획인가결정서의 등본 또는 초본을 첨부하여야 하며, 분할합병으로 인한 채무자의 해산등기 또는 변경등기의 촉탁서 또는 신청서에는 회생계획인가결정서의 등본 또는 초본 외에 분할합병계약서를 첨부하여야 한다. 분할합병으로 인한 설립등기의 촉탁서 또는 신청서에는 회생계획인가결정서의 등본 또는 초본, 분할합병계약서, 정관, 창립총회의 의사록, 대표이사에 관한 이사회의 의사록을 첨부하여야 한다.

새로운 출자가 없는 신회사의 설립에 관한 특례(제273조)

회생계획에서 주식회사인 채무자를 분할하여 채무자의 출자만으로 신회사를 설립할 것을 정하거나 회생계획에서 회생채권자·회생담보권자·주주·지분권자에 대하여 새로 납입 또는 현물출자를 하게 하지 아니하고 주식 또

는 출자지분을 인수하게 함으로써 신회사를 설립할 것을 정한 때에는 신회사는 정관을 작성하고 회생계속법원의 인증을 얻은 후 설립등기를 한 때에 성립한다. 설립등기의 촉탁서에는 회생계획인가결정서의 등본 또는 초본, 정관, 회생계획에서 이사 또는 감사의 선임이나 대표이사의 선정의 방법을 정한 때에는 그 선임이나 선정에 관한 서류, 명의개서대리인을 둔 때에는 이를 증명하는 서면을 첨부해야 한다.

그 밖에 신회사의 설립에 관한 특례(제274조)

채무자회생및파산에관한법률 제273조의 경우를 제외하고 회생계획에서 주식회사인 채무자를 분할하여 신회사를 설립할 것을 정하거나 합병·분할 또는 분할합병에 의하지 아니하고 회생계획에서 신회사를 설립할 것을 정한 때에는 회생계획에 의하여 신회사를 설립할 수 있다. 이 경우 정관은 회생계속법원의 인증을 받아야 하고, 「상법」 제306조(납입금의 보관자 등의 변경)에 규정된 사건은 회생계속법원의 관할로 하며, 창립총회에서는 회생계획의 취지에 반하여 정관을 변경할 수 없고, 같은 법 제326조(회사불성립의 경우의 발기인의 책임)의 규정에 의한 발기인의 책임은 채무자가 진다. 회생채권자·회생담보권자·주주 또는 제3자에 대하여 새로 납입 또는 현물출자를 하게 하고, 주식을 인수하게 하는 때에는 이 자에 대하여 발행할 주식 중에서 인수가 없는 주식에 관하여는 「상법」 제289조(정관의 작성, 절대적 기재사항)제2항의 규정에 반하지 아니하는 한 새로 주주를 모집하지 아니하고 그 주식의 수를 신회사설립시에 발행하는 주식의 총수에서 뺄 수 있다.

해산에 관한 특례(제275조)

회생계획에서 채무자가 합병·분할 또는 분할합병에 의하지 아니하고 해산할 것을 정한 때에는 채무자는 회생계획이 정하는 시기에 해산한다. 해산등기의 신청서에는 회생계획인가결정서의 등본 또는 초본을 첨부하여야 한다.

주식 등의 인수권의 양도(제276조)

회생채권자·회생담보권자·주주·지분권자는 회생계획에 의하여 채무자 또는 신회사의 주식·출자지분 또는 사채를 인수할 권리가 있는 때에는 이를 타인에게 양도할 수 있다. 이해관계인의 권리에 갈음하여 신주인수권을 부여하는 신주발행의 경우 회생채권자, 회생담보권자 또는 주주에게 추가적으로 납입 또는 현물출자시킨 다음 신주를 발행하는 것이다. 이 경우는 이해관계인에게 종전의 권리에 갈음하여 신주인수권을 부여하는 것인데, 신주인수권을 부여받은 이해관계인이 이를 행사하지 않으면 신주인수권을 상실할 뿐 아니라 종전의 권리도 소멸된다. 결국 이해관계인의 입장에서는 본조에 의하여 신주인수권을 타인에게 양도하지 않는 한, 납입 또는 현물출자가 강제되는 것이다.

자본시장과 금융투자업에 관한 법률의 적용 배제(제277조)

주식회사인 채무자 또는 신회사가 주식 또는 사채를 발행하는 때에는 「자본시장과 금융투자업에 관한 법률」 제119조(모집 또는 매출의 신고)의 규정을 적용하지 아니한다.

공장재단 등에 관한 처분제한의 특례(제278조)

회생계획에 의하여 채무자의 재산을 처분하는 때에는 공장재단 그 밖의 재단 또는 재단에 속하는 재산의 처분제한에 관한 법령은 적용하지 아니한다.

허가·인가 등에 의한 권리의 승계(제279조)

회생계획에서 채무자가 행정청으로부터 얻은 허가·인가·면허 그 밖의 처분으로 인한 권리의무를 신회사에 이전할 것을 정한 때에는 신회사는 다른 법령의 규정에 불구하고 그 권리의무를 승계한다.

조세채무의 승계(제280조)

회생계획에서 신회사가 채무자의 조세채무를 승계하기로 한 경우 신회사는 그 조세를 납부할 책임을 지며, 채무자의 조세채무는 소멸한다.

퇴직금 등(제281조)

회생절차개시 후 채무자의 이사·대표이사·감사 또는 근로자이었던 자로서 계속하여 신회사의 이사·대표이사·감사 또는 근로자가 된 자는 채무자에서 퇴직한 것을 이유로 하여 퇴직금 등을 지급받을 수 없다.

채무자의 이사·대표이사·감사 또는 근로자이었던 자로서 계속하여 신회사의 이사·대표이사·감사 또는 근로자가 된 자가 채무자에게 재직한 기간은 퇴직금 등의 계산에 관해서는 신회사에서 재직한 기간으로 본다.

회생계획의 변경(제282조)

1. 회생계획 변경의 의의

회생계획의 변경이라 함은 회생계획인가의 결정이 있은 후 부득이한 사유로 계획에 정한 사항을 변경하는 것을 말한다.

2. 다른 제도와의 차이점

인가 후의 계획의 변경은 인가에 의하여 계획이 대외적으로 성립되어 현실적으로 수행되고 있는 단계에서 행하여지는 것이고, 인가로 인한 권리변경이나 면책의 효과가 발생된 후의 채권이나 주식을 대상으로 하는 것이라는 점에서 회생계획 성립과정에 있어서의 회생계획안의 수정 내지 변경과는 구별된다.

3. 원칙

회생계획은 관계인집회의 결의와 법원의 인가를 거쳐 권리변경 및 실권의 효과가 발생되었을 뿐 아니라 그것에 기초하여 이미 수행이 이루어지고 있기 때문에 원칙적으로 그 변경을 인정할 수 없는 것이다.

4. 예외

회생계획의 변경을 전혀 인정하지 않고, 경제상황 기타 사정의 급변으로 회생계획의 수행이 불가능하게 되는 경우에는 항상 회생절차를 폐지할 수 밖에 없다면, 채무자의 수익력 등의 점에서 보아 경제성 내지 갱생 가망성이 있는 회생채무자의 경우에는 사회경제적인 관점에서도 바람직하지 않고 이해관계인의 의사에도 반하는 결과가 될 수 있다. 따라서 본 법은 엄격한 요건 하에 회생계획변경이 가능하도록 하였다.

5. 회생계획 변경절차의 개요

회생계획의 변경은 신청에 의하여만 가능하며, 그 신청에 대한 법원의 조치는 다음과 같이 요약할 수 있다.

먼저 그 신청이 신청권자, 신청방식, 신청시기 등의 형식적 요건을 갖추지 못한 경우에는 회생계획변경신청 각하결정을 하고, 변경의 필요성이 없거나 인가의 요건을 갖추지 못한 경우에는 회생계획변경 불인가결정을 한다.

그와 같은 요건을 갖춘 경우에 법원은, 그 내용이 회생채권자, 회생담보권자 또는 주주에게 불리한 영향을 미치지 않는다고 판단하면 그대로 회생계획변경결정을 하면 되고, 만약 불리한 영향을 미친다고 판단하면 관계인집회를 개최하여 변경계획안의 심리 및 결의를 거쳐야 하는데, 관계인집회에서 가결되면 변경계획인가결정을 선고하고, 가결되지 못하면 권리보호조항을 정하여 변경계획 인가결정을 선고하거나 회생계획변경 불허가결정을 한다.

6. 회생계획 변경절차를 요하는 경우

(1) 회생계획에서 정한 사항의 교환적 변경

회생계획에 정한 사항의 변경은, 향후의 영업추정 등과 같이 단순한 예상 내지 목표로서의 정함이 아닌 한, 절대적 기재사항은 물론이고 상대적 기재사항이라도 반드시 회생계획변경절차를 밟아야 한다.

(2) 채권자와 주주의 권리에 관한 조항

회생계획 변경 중 가장 중요한 사항은 채권자와 주주의 권리에 관한 조항이다. 예컨대 채권 가운데 다시 일부를 더 면제하거나 변제기를 또 다시 연기하거나 주주의 권리를 재감축하는 것 등이다. 회생계획의 수행에 따라 일부 변제되거나 상계, 포기 등에 의하여 회생채권 등이 축소된 경우에는 그 잔액이 변경의 대상이 된다. 연체된 회생채권이나 개시후 이자도 변경의 대상이 되고, 조세 등의 청구권도 징수권자가 동의하면 권리를 변경할 수 있다.

(3) 권리변경의 대상

권리변경의 대상은 원래 회생채권 또는 회생담보권이었던 채권 및 주식에 한하고, 공익채권은 성립시기가 원 회생계획의 인가일 전후인지를 가리지 않고 권리변경은 허용되지 않는다. 변경계획안에서 공익채권을 권리변경한 다는 취지의 조항을 둔다고 하더라도, 이는 해당 공익채권자와 사이에 권리변경에 대한 합의가 이루어졌다는 사실을 보고적인 의미로 기재한 데 지나지 않는다. 이 경우 권리변경의 효과는 그 합의에 따라 발생한 것이다. 따라서 공익채권의 권리변경 조항에서는 권리변경의 근거가 된 해당 공익채권자와의 합의사실을 명시하여 두는 것이 좋다.

(4) 주식의 권리변경

원 회생계획인가 당시의 주식은 물론이고 인가 후의 새로운 주식도 계획의 정한 바에 따라서 발행된 이상 권리변경의 대상이 된다. 그러나 변경계획안에서 회생채권에 갈음하여 발행된 주식에 한하여 권리변경을 하고 새로이 불입 또는 현물출자를 하여 발생한 신주는 권리변경 대상에서 제외하더라도 주주평등의 원칙에 반하는 것은 아니라고 본다.

(5) 회생계획에 정함이 없는 사항의 추가적 변경

회생절차에 의하지 않으면 할 수 없는 사항, 예컨대 자본의 감소, 신주 및 사채의 발행, 이익 및 이자의 배당, 합병, 해산, 조직변경, 청산 등은 절차종료 전까지는 반드시 회생계획의 정함에 따라 행하여야 하므로, 당초의 회생계획에는 없었으나 인가 후에 이러한 사항을 행할 필요가 있는 경우에는 반드시 회생계획변경의 절차를 거쳐야 한다. 또한 원계획에 관한 관계인집회의 심리 및 결의나 법원의 인가를 무의미하게 할 정도로 중대한 시책의

변경, 예컨대 영업 또는 재산의 양도, 출자, 임대차, 회생채무자의 사업경영
의 위임. 중대한 내용의 정관변경, 영업상의 손익을 공통으로 하는 계약,
타인의 영업의 양수 등은 회생계획변경의 절차를 거쳐야 한다.

7. 회생계획 변경절차를 요하지 않는 경우

회생담보권, 회생채권을 변제계획에서 정하여진 시기보다 앞당겨 변제하는
것은 채무자가 기한의 이익을 포기하는 것에 불과하여 회생계획을 변경할
필요가 없다. 실제로도 원 회생계획에 조기변제에 관한 근거규정이 없는 경
우에도 채권자들 사이의 형평에 반하지 않는 한 법원의 사전 허가를 받은 후
채권자들의 신청을 받아 현가로 할인된 채권액을 대규모로 조기에 변제한
사례가 주식회사 미도파나 극동건설 주식회사 외 여러 경우가 있다.

8. 회생계획의 변경이 필요 없는 경우

유휴자산의 실제처분가격이 회생계획상 변제자금의 조달방법에 관한 조항에
서 정한 예정가격과 차이가 생기는 때와 같이 회생계획상의 조항이 하나의
목표나 예정에 불과하여 관리인을 구속하는 것이 아닌 경우에는 회생계획을
변경할 필요는 없다. 공익채권의 변제에 관한 정함도 하나의 목표나 예정에
불과하여 공익채권자를 구속하는 것이 되지 않는 바람에 그 정함에 반하는
결과가 되어도 계획의 변경이 필요한 것은 아니다.

9. 회생계획 변경의 절차

(1) 회생계획 변경의 요건

1) 신청권자

신청권자는 관리인, 채무자 또는 신고한 회생채권자, 회생담보권자 또는
주주로서 계획안 제출권자의 범위와 일치하며, 직권에 의한 변경은 불가
능하다. 위 회생채권자, 회생담보권자 또는 주주의 현재의 권리자일 것을
요하며, 이미 전부 변제를 받았거나 인가의 수행에 의하여 권리가 소멸되
었거나 또는 권리를 전부 양도한 자는 신청권이 없고, 반면 인가 후 잔존
채권을 양도받은 채권자나 회생계획의 정함에 의하여 발행된 주식을 취득

한 주주 등에게 신청권이 있음은 물론이다.

2) 신청의 방식

변경할 내용을 구체적으로 명시한 "회생계획 변경계획안"이라는 서면을 제출하여 신청한다. 변경할 내용을 명시하지 않은 채 적당하게 변경하여 달라는 식의 신청은 부적법하다.

3) 회생계획변경의 시기

회생계획의 변경은 회생계획 인가결정 후 회생절차 종료 전에 한하여 허용된다. 따라서 회생계획 인가결정 또는 폐지결정에 대한 항고 중에도 회생계획의 변경은 가능하다.

4) 부득이한 사유와 변경의 필요성

회생계획의 변경이 허용되는 경우는 인가결정이 있은 후 "부득이한 사유"로 계획에 정한 사항을 "변경할 필요"가 생긴 때라야 한다. 부득이한 사유가 인가 후에 생긴 것이 아니라 인가전부터 존재하던 사정이라면 계획을 변경할 필요가 있다고 볼 수 없다.

가. "부득이한 사유"라 함은

원 회생계획의 인가 당시 그러한 사정이 예상되었다면 당연히 현재와는 다른 계획이 수립되었을 것이라는 사태의 출현을 말한다. 인가 후 경제상황의 급변, 법령의 개폐와 같은 일반적인 사정변경이나 행정청으로부터 인, 허가를 예정대로 받지 못하였거나 취소당한 경우. 관련기업의 부도 발생 등 외부적 사유가 이에 해당할 것이나 주력 공장의 소실, 의외의 영업부진과 같은 내부적 사유도 원 회생계획인가 당시 예상할 수 없었던 경우에는 "부득이한 사유"에 해당한다고 볼 수 있다. 요컨대, 불가항력에 의한 사정에 한하는 것은 아니다.

나. 계획에 정한 사항을 "변경할 필요"라 함은

현재의 상태를 그대로 내버려두면 회생계획의 전부 또는 일부가 수행 불능이거나 현저하게 곤란하게 되는 상황에 처해 있으나 그 계획을 변경한다면 그와 같은 사태를 회피할 수 있고 기업의 유지갱생을 도모할 수 있는 경우를 말한다. 따라서 변경되는 계획의 내용은 이와 같은 변경의 필요성에 부합하는 내용이어야 한다.

5) 주의사항

회생계획은 최초부터 수행가능성을 전제로 인가된 것이므로 사후에 이를 변경하는 것은 예외적인 경우에만 허용되어야 하고, 경영부진으로 원 회생계획을 제대로 수행할 수 없게 되었다는 등의 이유로 이해관계인의 권리를 다시 감축하는 내용으로 원 회생계획을 변경하는 것이 무분별 하게 허용되어서는 안된다. 왜냐하면 회생계획이란 이미 관계인집회의 결의와 법원의 인가를 거쳐 성립된 공적인 약속이기 때문이다. 따라서 이러한 경우의 계획변경은 그 기업이 사회적, 경제적으로 존속할 가치가 있는가, 이해관계인의 의사는 어떠한가를 참작하여야 함은 물론, 새로운 사업계획을 토대로 하는 변경된 회생계획안에 따르면 그 기업은 회생가능성이 충분하다는 확신이 서는 경우에 한하여 허용되는 것이라는 관점에서 검토되어야 한다.

6) 흠결

가. 회생계획변경의 신청이 위와 같은 요건 중 신청권자, 신청방식, 신청시기에 관한 요건에 흠결이 있는 경우

회생계획변경신청 각하결정을 하여야 하고,

나. 변경의 필요성에 관한 요건에 흠결이 있는 경우

회생계획변경 불허가 결정을 하여야 한다.

7) 불복신청 가능여부

이러한 각하결정이나 불허가결정에 대하여는 불복신청을 할 수 없다.

(2) 회생계획 변경계획안의 심사

1) 개요

회생계획변경의 신청이 위와 같은 요건을 구비한 경우에는 법원은 나아가 변경의 내용을 심리하게 된다.

가. 심사 결과 변경내용이 법률의 규정에 위반하거나 공정, 형평의 원칙에 반한 경우 또는 수행불가능한 경우

변경계획안의 수정을 명할 수 있다.

나. 수정명령에 응하지 않거나 수정명령에 의하더라도 흠결이 치유될 수 없다고 판단되는 경우

회생계획변경 불허가결정을 한다.

2) 계획안의 배제와 변경계획안의 차이

계획안의 배제는 원계획의 경우에는 관계인집회의 심리나 결의에 부치지 않는다는 결정으로 되지만, 변경계획안의 경우에는 변경신청에 대한 응답으로서 불허가결정의 형식으로 이것을 배제하면 족하다. 회생계획변경불허가결정에 대하여는 불복신청을 할 수 없다.

3) 수행가능성에 대한 검토

변경계획안이 수행가능한 것인지 여부는 치밀한 검토를 요한다. 변경계획안이 인가된지 얼마 안되어 수행불가능한 것으로 판명된 결과 재차 회생계획을 변경하여야 하는 사태가 발생하여서는 곤란하기 때문이다. 대개 회생채무자로 하여금 회계법인 등에 의뢰하게 하여 변경계획안의 수행가능성을 검토하고 있다.

또한 절차상 채권자집회를 개최할 것인지 여부를 결정하기 위하여 그 내용이 "회생채권자. 회생담보권자 또는 주주에게 불리한 영향을 미치는지 여부"를 판단하여야 한다.

4) 이해관계인들에게 불리한 영향을 미치는가의 여부에 관한 심사

"불리한 영향을 미치는 경우"란 이해관계인의 채무자에 대한 권리나 지위가 원 회생계획에 비하여 질적, 양적으로 감소하거나 불안정하게 되는 경우를 말한다. 어느 조의 권리자를 원래의 회생계획보다 더 우대하면서 다른 조의 권리자는 원래의 회생계획대로 두는 이른바 상대적 지위의 저하는 포함되지 않는다는 것이 다수설이다.

권리의 재감축, 담보권의 해제, 변제기의 연장 등이 "불리한 영향을 미치는 경우"에 해당됨은 명백하다. 현금 변제 조항을 출자전환 조항으로 변경하는 것이 불리한 영향을 미치는 경우에 해당하는지 여부는 본래의 채무변제시기, 채무자의 객관적인 가치 등을 함께 검토하여야 하기 때문에 일률적으로 단정하기는 어렵지만 일응 불리한 것으로 보아야 할 것이고, 예상초과 수익금을 채권의 조기변제에 충당한다고 규정하였다가 운전자금에 사용하는 것으로 변경하는 경우, 기존 주주의 의결권 비율 감소와 주가 하락을 초래할 우려가 있는 증자를 내용으로 하는 변경, 기업의 경영에 있어서 중요한 의미를 가지고 이해관계인의 채무자에 대한 지위에 변경을 가져올 염려가 있는 경우, 예컨대 자본감소, 신주발행, 합병, 해산, 조직변경,

이익의 배당, 영업의 양도 등과 같은 조항의 추가 또는 그 중요한 부분의
변경은 구체적 사안에 따라 판단할 문제이지만, "불리한 영향을 미치는 경
우"에 해당될 가능성이 크다. 원 회생계획상의 회생채권을 현가로 계산한
금액에서 회수에 소요되는 시간과 비용, 회수 가능성 등을 고려하여 추가
로 할인한 금액을 일시에 조기변제 받는 방법으로 회생계획을 변경하는
경우 그 후, 불리를 속단할 수 없으나 회생채권 전액을 변제받지 못하게
되었다는 점에서 불리한 영향을 미치는 것으로 처리한 사례가 있다.

(3) 불리한 영향을 미치지 않는 경우의 절차

1) 법원은 회생계획변경의 요건 및 회생계획인가의 요건에 비추어 타당하다
고 인정되는 경우
회생계획변경결정을 내린다.

2) 법원은 회생계획변경의 요건 및 회생계획인가의 요건에 비추어 타당하다
고 인정되지 않는 경우
회생계획 불허가결정을 한다.

3) 회생계획변경신청이 신청권자, 신청방식, 신청시기에 관한 요건에 흠결이
있는 경우
회생계획변경신청각하결정을 하여야 한다.

4) 선고 및 공고에 관한 규정 준용 여부
불리한 영향을 미치지 않는 경우의 회생계획변경결정에 관하여 회생계획
인가결정의 선고 및 공고에 관한 규정은 준용되지 않는다고 보아야 하므
로, 직권으로 회생계획변경의 신청인, 관리인 및 채무자에 대하여 송달하
면 충분하고 선고나 공고는 필요없다.

5) 불복신청 가능여부
불허가결정의 경우에도 변경신청인에게 송달하면 족하고, 이에 대하여는
불복을 신청할 수 없다.

6) 회생절차가 폐지되는 경우
회생계획변경신청이 불허가되더라도 원래의 회생계획이 남아 있으므로 당연히
절차종료(회생절차의 폐지)의 사유가 되는 것은 아니지만, 이 때문에 원래의 회
생계획이 수행될 가망이 없다고 인정되는 경우에는 회생절차가 폐지될 수 있다.

(4) 불리한 영향을 미치는 경우의 절차

1) 준용규정

회생계획안의 제출이 있은 경우의 절차에 관한 규정이 준용된다.

2) 문제되는 점

다만, 불리한 영향을 받는 이해관계인 전원의 동의가 있는 경우에도, 관계인집회를 개최할 필요가 있는지에 관하여는 논란이 있다. 이 점에 관하여 법 규정상 회생계획안이 제출된 경우에는 관계인집회를 거쳐 회생계획안의 심리 및 결의를 하여야 하는 것이고 이에 관하여 서면으로 대체할 수 있다는 아무런 규정이 없으므로 이해관계인 전원의 동의가 있는 경우에도 관계인집회를 생략할 수 없다고 보는 견해도 있지만, 관리인이 개별 이해관계인과 사이의 합의를 통하여 원 회생계획상 해당 이해관계인과 관련된 조항을 변경하고자 하는 경우 그 합의만으로도 효력을 인정할 수 있는 것이므로, 불리한 영향을 받는 이해관계인전체로부터 동의를 받는 경우에는 이와 같은 논리를 확대시켜 원 회생계획을 변경할 수 있다고 해석하는 것이 타당하다.

3) 관계인집회기일의 결정, 공고, 소환 및 통지

회생계획 변경계획안의 심리 및 결의를 위하여 각각 기일을 정하여 관계인집회를 소집하되 두 기일을 병합할 수 있다. 실무상으로는 통상 두 기일을 병합하고 있으며, 관계인집회기일로부터 약 2주 내지 3주 전에 기일지정결정을 하고 있다.

4) 소환 및 통지

법원은 집회기일의 일시, 장소와 회의의 목적인 사항을 공고함과 함께 관리인, 채무자, 회생채권자, 회생담보권자 및 주주 등 이해관계인을 소환하여야 하고, 감독행정청, 법무부장관 및 금융감독위원회에 통지하여야 한다. 공고, 소환 및 통지의 방법은 원래의 회생계획의 경우와 동일하다.

5) 소환할 필요가 없는 경우

회생계획의 변경으로 불리한 영향을 받지 아니하는 권리는 절차에 참가하게 할 것을 요하지 아니하므로 소환할 필요가 없다. 나아가 회생계획 변경으로 불리한 영향을 받지만 의결권이 없는 권리자 또는 앞선 관계인집회에서 이의 진술에 의거하여 미리 의결권을 행사시키지 않기로 결정된 자 역시 소환할 필요가 없다.

6) 회생계획 변경계획안의 송달 등

회생계획 변경계획안의 사본 또는 그 요지를 관리인, 채무자, 회생채권자.
회생담보권자, 주주등의 이해관계인과 감독행정청, 법무부장관 및 금융감
독위원회에 송달하여야 하는 것과 감독행정청, 노동조합 등의 의견청취와
회생계획 변경계획안의 수정, 회생계획 변경계획안의 변경도 원래의 회생
계획의 경우와 동일하다.

7) 회생계획 변경계획안의 심리 및 결의

가. 결의를 위한 조의 분류

회생계획 변경계획안의 결의를 위해서는 원 회생계획에 의하여 권리
가 변경된 현재 상태의 권리의 성질에 따라 회생담보권자, 회생채권
자, 주주 등으로 조를 분류하면 된다. 당초에는 회생담보권이었더라도
전부출자전환되었다면 주주의 조로, 담보권이 유보되지 않은 권리자
는 회생채권자의 조로 분류한다.

나. 의결권

회생계획 변경계획안의 결의를 위하여는, 원 회생계획에 의하여 권리
변동된 결의 시점을 기준으로, 변경으로 인하여 불리한 영향을 받는
채권자 및 주주에게 그가 가지는 채권액 또는 주식수에 상응하는 의
결권을 주어야 한다.

주주의 의결권에 관하여는 "회생절차의 개시 당시 채무자의 부채의
총액이 자산의 총액을 초과하는 경우에는 주주는 의결권을 가지지 아
니한다.

다. 결의

결의는 조마다 행하여지고 각 조의 가결의 요건은 원래의 회생계획
의 경우와 같다. 즉 회생채권자의 조는 의결권의 총액의 3분의 2이상
에 해당하는 의결권을 가진자, 회생담보권자의 조는 회생계획안의 내
용에 따라, 회사의 존속, 합병 등 사업의 계속을 내용으로 하는 회생계
획안을 제출한 경우에는 의결권의 총액의 4분의 3 이상에 해당하는
의결권을 가진 자, 청산을 내용으로 하는 계획안을 제출한 경우에는
의결권을 행사할 수 있는 회생담보권자의 5분의 4 이상에 해당하는

의견권을 가진자, 주주의 조에서는 의결권 총수의 과반수에 해당하는
의결권을 가진 자의 동의가 필요하다.

라. 회생계획변경계획안의 가결요건에 대한 특칙

종래의 계획에 동의한 자가 회생계획 변경계획안의 결의에 참석하지
않은 경우에는 회생계획 변경계획안에 동의한 것으로 본다.

8) 가결된 변경계획안의 인부결정

회생계획 변경계획안이 관계인집회에서 가결된 경우에는 인가의 요건을
구비하고 있는지 여부를 심리하여 그 인부의 결정을 선고하여야 한다. 인
가의 요건이 구비된 경우에는 변경계획 인가결정, 그렇지 않은 경우에는
변경계획 불인가결정으로 표시하는 것이 타당하다고 설명된다.

회생계획 변경계획안이 가결되지 않은 경우라 하더라도 원래의 회생계획
이 존재하므로 당연히 회생절차를 폐지하여야 하는 것은 아니고, 회생계획
변경신청에 대한 응답으로 회생계획변경 불허가결정을 하면 되며 이에 대
하여는 불복신청을 할 수 없다.

9) 인부결정 선고 후의 법원의 조치

변경계획 인부결정을 선고한 경우에는 그 주문, 이유의 요지와 변경계획
이나 그 요지를 공고하여야 하고, 인부결정이 있었음을 감독행정청 등에
통지하여야 한다. 이해관계인에 대한 송달은 불필요하다. 회생계획 인가
결정이 확정된 때에 법원사무관 등은 회생계획 변경계획조항을 회생채권
자표 및 회생담보권자표에 기재하여야 한다.

10) 변경계획 불인가결정의 효력 및 즉시항고

변경계획 불인가결정을 한 경우 원래의 회생계획이 남아 있게 되므로
그 자체로서는 절차종료의 사유가 되지 않고, 다만 그 때문에 회생계획
수행의 가망성이 없게 되면 회생절차폐지결정을 하게 된다. 변경계획 불
인가결정에 대하여 즉시항고가 허용된다는 견해도 있으나 즉시항고가 허
용되지 않는다고 보아야 한다.

▣ 관련판례

판례(대법원 2002. 4. 12. 선고 2001다30520 판결)

구 회사정리법(1998. 2. 24. 법률 제5517호로 개정되기 전의 것) 제221조 제2 항에 의하여 정리회사의 자본을 감소함으로써 주주의 권리를 변경하는 내용의 정리계획 인가결정이 확정된 경우에, 주식 신고기간이 지난 후 그 인가결정이 있기 전에 종전의 주주로부터 기명주식을 양수하고 명의개서절차까지 마쳤다고 하더라도, 주식 신고기간이 경과하여 그 사실을 신고하지 못하였을 뿐만 아니라 정리법원 또는 정리회사의 관리인에게 그와 같은 사실을 통지하지도 아니하여 당해 주식의 양수사실이 주주표나 정리계획안에 반영되지 못하였다면, 종전의 주주가 한 주식의 신고 내용에 따라 정하여진 정리계획에 따라 주주의 권리에 관한 권리변경적 효력이 발생하는 것으로서, 주식 양수인으로서는 그 정리계획 에 의하여 소각된 주식이 종전 주주의 소유가 아니라 자기 소유라는 사유로 그 소각의 효력을 다툴 수 없다고 보아야 할 것이고, 회사정리법 제244조의 규정이 있다고 하여 달리 볼 것이 아니다.

판례(대법원 1991.12.13. 선고 91다1677 판결)

1. 회사정리법 제202조소정의 정리계획안의 변경은 관계인집회의 심리를 거친 정리계획안에 관하여 정리계획안 결의를 위한 제3회 관계인집회에서 하는 계획 안의 변경으로서 법원의 인부결정이 있기 전에 하는 절차를 의미하고,같은 법 제270조소정의 정리계획의 변경은 정리계획안에 대한 법원의 인가결정이 있은 후 정리계획에서 정한 사항의 변경을 의미한다.

2. 같은 법 제270조소정의 정리계획변경의 경우 주주 등에게 불이익한 영향을 미칠 것으로 인정되는 계획의 변경신청이 있는 경우에는 정리계획안의 제출이 있는 경우의 절차에 관한 규정을 준용하므로 관계인집회에서 변경계획안에 관 한 결의를 거쳐야 하나 법원이 계획변경에 의하더라도 주주 등에게 불이익한 영향이 없을 것으로 판단하고 위와 같은 절차를 거치지 아니하고 인가를 결정 하는 경우 그 결정에 대하여는같은 법 제237조에 따른 즉시항고를 제기할 수

있는바, 설혹 정리계획안의 변경이 주주 등에게 불이익한 영향을 미친다고 하더라도 법원의 인가결정이 주주 등의 즉시 항고 없이 확정되었으면 이를 다툴 길이 없다.

판례(대법원 2008. 6. 26., 선고, 2006다77197, 판결)

구 회사정리법(2005. 3. 31. 법률 제7428호 채무자 회생 및 파산에 관한 법률 부칙 제2조로 폐지)에 의한 회사정리절차에서 자신의 확정된 권리가 정리계획(또는 정리계획변경계획)의 권리변경 및 변제대상에서 누락되거나 제외된 정리채권자·정리담보권자로서는 그 확정된 권리의 존부 및 범위 자체에 관한 당부를 다투어 정리계획 인가결정에 대한 불복사유로 삼을 수는 없고, 정리회사에 대하여 아직 회사정리절차가 진행중인 때에는 정리계획의 경정 등을 통하여, 회사정리절차가 종결된 때에는 종결 후의 회사를 상대로 이행의 소를 제기하는 등으로 그 권리를 구제받을 수 있다.다.

【서식】 변경계획 인가결정

서울회생법원
제201파산부
결   정

사   건   20○○회○○   회사정리

정 리 회 사   ○○ 주식회사

　　　　　　　　서울 ○○구 ○○동 ○○○

관 리 인   ○ ○ ○

주   문

별지 정리계획 변경계획을 인가한다.

이   유

이 사건에 관하여 관리인으로부터 20○○. ○. ○. 제출되고, 20○○. ○. ○. 수정허가된 별지정리계획안은 20○○. ○. ○. 변경계획안의 결의를 위한 관계인집회에서 가결되었고, 채무자회생및파산에관한법률 제282조 제2항, 제243조에 정해진 요건을 구비하였다고 인정되므로 주문과 같이 결정한다.

20○○. ○. ○.

재판장 판사 ○ ○ ○

판사 ○ ○ ○

판사 ○ ○ ○

【서식】 변경계획 불허가결정

서울회생법원
제201파산부
결 정

사 건   20○○회○○   회사정리

정 리 회 사   ○○ 주식회사

서울 ○○구 ○○동 ○○○

관 리 인   ○ ○ ○

주 문

별지 정리계획 변경계획안에 의한 정리계획변경을 허가하지 아니한다.

이 유

이 사건에 관하여 관리인이 20○○. ○. ○. 제출하고 20○○. ○. ○. 수정하여 제출한 별지 정리계획 변경계획안이 20○○. ○. ○. 그 결의를 위한 관계인집회에서 채무자회생및파산에관한법률 제237조의 가결요건에 해당하는 동의를 얻지 못하여 부결된 채 채무자회생및파산에관한법률 제238조 소정의 속행기일 지정요건도 구비하지 못하였으므로 채무자회생및파산에관한법률 제282조 제2항, 제245조 제1항에 의하여 주문과 같이 결정한다.

20○○. ○. ○.

재판장 판사   ○ ○ ○

판사   ○ ○ ○

판사   ○ ○ ○

【서식】 변경계획 불인가결정

서울회생법원
제201파산부
결   정

사   건   20○○회○○   회사정리
정 리 회 사   ○○ 주식회사
             서울 ○○구 ○○동 ○○○
관 리 인   ○ ○ ○

주   문

별지 정리계획 변경계획을 인가하지 아나한다.

이   유

  정리회사의 관리인은 20○○. ○. ○. 정리계획의 변경계획안을 제출하였는 바, 변경계획안은 20○○. ○. ○. 별지 1기재 "정리계획 변경계획안 요약"과 같이 수정허가되어, 같은 날 변경계획안의 결의를 위한 관계인집회에서 가결되었다.

  위 변경계획의 요지는 정리회사가 제철소 운영에 필요한 주요 자산을 ○○에 매각하여 매수인으로부터 미화 ○○○달러를 지급받는 것을 전제로 그 자산매각대금을 각 정리담보권자 및 정리채권자에게 일정 비율에 따라 배분하고 그 나머지 채권을 면제받는 것을 내용으로 하고 있다. 따라서 위 변경계획은 정리회사가 위 자산매매계약상의 내용으로 그 자산매각대금을 수령하여야만 수행할 수 있는 것임이 명확하다.

  그런데, 기록에 의하면 위 자산매매계약상의 모든 의무의 종결일은 20○○. ○. ○. 로써 그때까지 위 자산매각대금이 매도인인 정리회사에 입금되도록 약

정 되어 있는데, 매수인은 매매계약 종결일이 끝나가는 지금 시각까지 위 대금을 입금하지 않고 있을 뿐 아니라, 매매계약 종결예정일 ○일전까지 이행하여야할 매매가격의 ○% 이상의 자산확보의무나 만족할만한 수준의 매수자금 조달계획도 제시하지 않고 있음이 명백하다. 사정이 이와 같다면 위 변경계획은 비록 이해관계인들의 적법한 가결이 있었다 하여도 그 전제가 되는 미화 ○○○달러의 자산매각대금을 지급받지 못하여 그 수행이 불가능하다 할 것이다.

그렇다면, 위 변경계획은 채무자회생및파산에관한법률 제282조 제2항 전단, 제243조 제1항 제2호에서 정한 요건을 구비하지 못한 경우에 해당한다 할 것이므로 주문과 같이 결정한다.

20○○. ○. ○.

재판장 판사 ○ ○ ○
판사 ○ ○ ○
판사 ○ ○ ○

【서식】 변경계획 인가결정 공고

정리회사 ○○ 주식회사 정리계획 변경계획 인가결정 공고

사   건   20○○회○○   회사정리
정 리 회사   ○○ 주식회사(서울 ○○구 ○○동 ○○○)
관 리 인   ○ ○ ○

　　위 사건에 관하여 이 법원은 20○○. ○. ○. 위 정리회사의 정리계획 변경계획을 인가하였으므로 채무자회생및파산에관한법률 제282조, 제245조에 의하여 다음과 같이 공고합니다.

다　　음

1. 주문
　　정리계획 변경계획을 인가한다.

2. 이유의 요지
　　관리인으로부터 20○○. ○. ○. 제출되고, 20○○. ○. ○. 수정허가된 별지 정리계획안은 20○○. ○. ○. 변경계획안의 결의를 위한 관계인집회에서 가결되었고, 채무자회생및파산에관한법률 제282조 제2항, 제243조에 정해진 요건을 구비하였다고 인정된다.

3. 정리계획 변경계획의 요지(권리변경 및 변제계획의 주요 내용)
　　가. 정리담보권, 리스채권

(이하중략)

　　사. 주주의 권리변경
　　　　대주주 및 특수관계인의 주식 중 3분의 2를 무상소각하고, 잔존 주식을 2.8 대 1의 비율로 병합.

20○○. ○. ○.

재판장 판사 ○ ○ ○
판사 ○ ○ ○
판사 ○ ○ ○

【서식】 인부결정 통지서 - 감독청 등에 대한 통지

서울회생법원
제201파산부

(06594) 서울특별시 서초구 서초중앙로 157 / 전화 (02)530-1114 / 주심 : ○○○ 판사

시행일자   20○○. ○. ○.
수   신   수신처 참조
참   조
제   목   정리계획 변경계획 인가결정 통지

1. 정리회사 ○○ 주식회사(본점 : 서울 ○○구 ○○동 ○○○, 관리인 : ○○○)에 대한 이 법원 20○○회○○호 회사정리 신청사건과 관련된 내용입니다.

2. 이법원은 20○○. ○. ○. 관리인이 제출한 정리계획 변경계획에 대하여 인가결정을 하였으므로, 채무자회생및파산에관한법률 제282조, 제245조 제2항, 제40조 제1항에 의하여 이를 통지합니다.

- 정리계획 변경계획의 주요내용 -

가. 정리담보권, 리스채권

(이하중략)

사. 주주의 권리변경

대주주 및 특수관계인의 주식 중 3분의 2를 무상소각하고, 잔존 주식을 2.8대 1의 비율로 병합.

재판장 판사   ○   ○   ○

수신처 : 법무부장관, 기획재정부장관, 산업통상자원부장관, 금융위원회위원장, 서울특별시장, 국세청장, 관세청장, ○○구청장, ○○세무서장. (끝)

【서식】 변경계획 불인가결정 공고

정리회사 ○○주식회사 정리계획 변경계획 불인가결정 공고

사   건   20○○회○○   회사정리
정 리 회사   ○○ 주식회사(서울 ○○구 ○○동 ○○○)
관 리 인   ○ ○ ○

　　위 사건에 관하여 이 법원은 20○○. ○. ○. 위 정리회사의 정리계획 변경
계획을 불인가 하였으므로 채무자회생및파산에관한법률 제282조, 제245조에
의하여 다음과 같이 공고합니다.

다   음

1. 주문
　　정리계획 변경계획을 인가하지 아니한다.

2. 이유의 요지
　　이 사건 정리계획 변경계획안은 20○○. ○. ○. 정리회사의 관리인으로부터
제출되었다가 20○○. ○. ○. 수정허가되어 변경계획안의 결의를 위한 관계
인집회에서 가결되었으나, 그 수행이 불가능하여 채무자회생및파산에관한법
률 제282조 제2항 전단, 제243조 제1항 제2호에서 정한 요건을 구비하지
못한 경우에 해당한다.

3. 정리계획 변경계획의 요지(권리변경 및 변제계획의 주요 내용)
　　가. 정리담보권, 리스채권

(이하중략)

　　사. 주주의 권리변경
　　　　대주주 및 특수관계인의 주식 중 3분의 2를 무상소각.
하고, 잔존 주식을 2.8 대 1의 비율로 병합.

20○○. ○. ○.

서울회생법원 제201파산부

재판장 판사 ○ ○ ○

판사 ○ ○ ○

판사 ○ ○ ○

회생절차의 종결(제283조)

1. 의의

회생절차의 종결이란, 회생채무자가 이미 회생계획이 수행되었거나 앞으로 회생계획의 수행이 확실하여 회생절차의 목적을 달성할 수 있다고 판단되는 경우에 법원이 이해관계인의 신청이나 직권으로 회생절차를 종료시키는 것을 말한다.

2. 회생절차 종결의 요건

(1) 시간적 요건

"회생계획에 따른 변제가 시작된 이후"에 회생절차의 종결결정을 할 수 있도록 규정하고 있다. 그런데 실무상 거의 모든 채무자들이 회생계획 인가결정 몇 개월 내에 회생채권 변제를 시작하기 때문에 실질적으로 이 요건을 충족시키지 못하는 채무자는 거의 없어 보인다. 따라서 회생절차 종결의 시기에 관한 이 요건은 실무상 큰 의미가 없다. 그러나 회생계획 인가결정에 대하여 항고가 제기되어 확정되지 않은 상태라면 회생절차 종결결정을 할 수 없다.

(2) 회생계획의 수행에 지장이 없다고 인정될 것

1) 의미

회생절차 종결에 관한 이 요건은 그 개념이 너무 포괄적으로 규정되어 있어 한 마디로 그 내용을 설명하기는 어렵다. 원칙적으로 갱생형 회생계획을 수행하고 있는 회생채무자의 경우에는 회생채무자가 법원의 관리, 감독을 받지 않더라도 일반 채무자와 같은 자본구성과 조직을 갖춘 상태에서 정상적으로 영업활동을 영위할 수 있는 때에 청산형 회생계획을 수행하고 있는 회생채무자의 경우에는 채무자가 보유하고 있는 모든 자산으로 채무를 변제한 때에 회생절차 종결의 요건을 갖추었다고 할 수 있다.

2) 갱생형 회생계획의 경우

과거 법원이 회생절차의 조기종결이나 중도폐지에 소극적이라는 경제계의 비판이 있었다는 점과 이러한 견해를 고려하여 현행 법률의 조기종결

의 요건을 완화하였다는 점을 감안한다면, 실무 운용에 있어서 종전보다
는 더 회생절차의 조기종결을 적극적으로 고려할 필요가 있다.

3) 회생절차의 조기 종결을 위하여 검토하여야 할 사항

예규에서 회생절차의 조기 종결을 위하여 검토하여야 할 요소로 열거하
고 있는 사항들은 일응의 기준이 될 수 있을 것이다. 아래에서는 회생절차
의 조기종결을 함에 있어 검토되어야 할 다른 사정들에 관하여 설명하기
로 한다.

가. 회생채무자에 대한 회생채권절차를 종결하기 위해서는 회생채권의 완
   제가능성도 있어야하지만 정상적으로 활동하기에 적정한 자본 구성을
   갖추어야 한다.

   특히 대부분의 회생채무자는 회생계획안 인가 당시 채무자의 인수 및
   합병(M&A)을 촉진하기 위한 목적으로 상당한 규모의 자본감소가 이
   루어져 있기 때문에 회생절차 종결을 위해서는 새로운 자본주가 채무
   자의 영업을 인수하는 것이 필요하다. 만약 채무자의 자본금이 적다면
   이러한 채무자를 상대로 한 투기성 자본이나 적대적 M&A시도에 대하
   여 매우 취약하게 되고, 그 결과 채무자의 안정적인 영업활동이 어려워
   지기 때문이다.

나. 회생채무자는 정상적으로 활동하기 위해 필요한 재무구조와 영업능력
   을 회복한 상태이어야 한다. 비록 회생채무자가 회생채권을 거의 변제
   할 수 있다 하더라도 회생채권을 변제한 결과 지나치게 많은 금융비용
   을 부담하게 되어 다시 도산의 위기에 빠질 우려가 있는 경우라면 회
   생절차를 종결하는 것은 바람직하지 않다. 따라서 채무자가 남은 회생
   채권을 변제할 수 있는지 여부도 물론 중요한 기준이 되겠지만, 채무
   자의 향후 영업전망, 공익채권의 크기, 금융비용 부담의 정도 등을 종
   합적으로 고려하여 회생절차의 종결 여부를 검토하여야 한다.

【서식】 정리절차 종결결정

서울회생법원
제201파산부
결   정

사   건   20○○회○○   회사정리

정 리 회 사   ○○ 주식회사

서울 ○○구 ○○동 ○○○

관 리 인   ○ ○ ○

주   문

이 사건 회사정리절차를 종결한다.

이   유

1. 이 사건 기록 및 관리인이 이 법원에 보고한 각종 보고서 등에 의하면 다음 사실이 소명된다.

가. 정리회사는 자동차제조업체로서, 2005. 4. 15. 이 법원으로부터 회사정리절차개시결정을, 2005. 12. 28. 정리계획인가결정을 각 받고, 2006. 5. 25. ○○ 주식회사가 ○○공업 주식회사, ○○판매 주식회사, ○○자동차판매 주식회사, ○○대전판매 주식회사 4사를 흡수합병하는 내용의 정리계획변경안이 인가되었다.

나. 정리회사는 회사정리절차개시결정 이후 공개입찰을 거쳐 현대 콘소시엄(○○자동차, ○○제철, ○○캐피탈)에 인수되었고, 인가결정 이후인 2006. 3. 31. 인수자금 1조 1,781억원(○○ 주식회사 8,415억원 + ○○공업 주식회사 3,366억원)이 증자대금으로 유입되었다.

다. 정리회사는 2006년도에 채무원금 1,904억 6,100만원(정리담보권 147억 2,000만원, 금융기관 정리채권 1억 5,400만원, 상거래채권 1,755억 8,700만원) 및 개시후 이자 1,980억원을 차질없이 변제하였고, 정리계획에 따라 향후 2010년까지 변제하여야 할 잔여채무 원금은 1조 5,667억 2,200만원이다.

라. 정리회사의 2006년도 자동차판매실적은 82만 2,823대로서 정리계획상 2006년 판매목표인 63만 6,400대를 29.3% 초과달성하고 있고, 2005년도 세전순이익이 1,824억원에 이를 것으로 집계되어 정리계획상 2005년도 세전순이익 목표 △3,779억원을 5,603억원 가량 초과달성할 것으로 예상되고 있다.

마. 2006. 9. 30. 현재 정리회사의 자산 총계는 7조 5,910억 8700만원, 부채 총계는 5조 8,010억 7,200만원으로 자산이 부채를 1조 7,900억 1,500만원 가량 초과하고 있다.

바. 이 법원 관리위원회 및 채권자협의회에 정리회사의 회사정리절차 종결여부에 대한 의견을 조회한 결과, 이 법원 관리위원회는 정리회사에 대한 회사정리절차를 조기종결함이 상당하다고 회신하고 있고, 채권자협의회 구성원 대부분이 정리회사의 회사정리절차 종결에 대하여 동의하고 있다.

2. 위 소명 사실에 의하면, 정리회사는 자금력 있는 제3자에 의하여 인수되어 회사의 재정 및 경영이 정상화되었을 뿐만 아니라, 현재까지의 정리계획을 충실하게 수행하였고 장래에도 정리계획의 수행에 지장이 없다고 인정되므로, 채무자회생및파산에관한법률 제283조 제1항에 의하여 정리회사에 대한 회사정리절차를 종결하기로 하여 주문과 같이 결정한다.

20○○. ○. ○.

재판장 판사 ○ ○ ○
판사 ○ ○ ○
판사 ○ ○ ○

이사등의 경영참여금지(제284조)

1. 원칙

회생채무자의 이사 등 임원의 선임은 원칙적으로 회생계획에서 정한대로 하여야 한다.

2. 예외

회생절차가 종결되면 채무자는 법원의 감독으로부터 벗어나게 되므로 채무자는 상법의 규정에 따라 임원을 선임할 수 있다. 그러나 회생절차 개시의 원인이 이사, 대표이사 또는 감사의 채무자재산의 도피, 은닉 또는 고의적인 부실경영 등 행위에 기인한 경우에는 회생절차가 종결되더라도 다시 당해 채무자의 이사 또는 감사로 선임되거나 대표이사로 선정될 수 없다.

제 8 장
회생절차의 폐지

회생계획안 제출명령 전의 폐지(제285조) ※ 이 조항 삭제

제285조는 2014년 12월 30일 법률 제12892호로 삭제되었다.

회생계획인가 전의 폐지(제286조)

1. 채무자회생및파산에관한법률 제286조 제1항에 의한 폐지

법원은 법원이 정한 기간 또는 연장한 기간 내에 회생계획안의 제출이 없거나 그 기간 내에 제출된 모든 계획안이 관계인집회의 보고 또는 결의에 부칠 만한 것이 못되는 때, 계획안이 부결되거나 결의를 위한 관계인집회의 제1기일로부터 2월 내 또는 연장한 기간 내에 가결되지 아니한 때, 회생계획안이 정한 기간 내에 가결되지 아니한 때에는 직권으로 회생절차 폐지의 결정을 하여야 한다.

(1) 법원이 정한 기간 또는 연장한 기간 내에 회생계획안이 제출되지 아니한 경우

비록 위 계획안 제출기간이 경과한 후라 할지라도 폐지결정을 하기 전에 회생계획안이 제출되는 경우에는 어떻게 처리할 것인가가 문제되나, 이 규정에 의한 폐지는 제출기간을 지키지 않은 것에 따른 징벌적 의미보다는 향후 회생계획안의 성립가능성이 없다는 취지에서 하는 것이다.

실무상으로는 회생절차 중에 회생계획안이 제출되지 않아 절차를 폐지한 사례는 거의 없다.

(2) 회생계획안 제출기간 내에 제출된 모든 회생계획안이 관계인집회의 심리 또는 결의에 부칠만한 것이 못되는 때

"심리 또는 결의에 부칠만한 것이 못되는 때"란 계획안의 내용이 법률의 규정에 반하는 경우 이거나, 공정, 형평하지 아니하여 수행이 불가능하다고 인정되어 계획안을 배제하여야 할 경우이다. 이런 경우에는 회생계획안의 배제결정과 회생절차의 폐지결정을 함께 하여야 한다.

(3) 회생계획안이 부결된 경우

"회생계획안이 부결"된 경우는 관계인집회에서 회생계획안 가결에 필요한 법정 다수의 동의를 얻지 못한 경우를 의미한다.

만약 의결권자가 부동의의 의견을 표시하지 않은 경우 일지라도 명시적으로 동의의 의견을 표시하지 않았다면 계획안에 동의한 것으로 취급되지 않는다는 것에 주의하여야 한다.

(4) 그리고 회생계획안이 부결된 직후에 기일의 속행 신청이 있고 이에 대하여 다수 의결권자의 동의가 있어 속행기일이 지정되는 경우에는 회생절차를 폐지하여서는 안 된다.

(5) 복수의 회생계획안의 결의에 부쳐져 일부의 회생계획안만 부결된 경우

회생절차를 폐지할 수 없다. 회생계획안이 부결되었으나 권리보호조항을 붙여 회생계획을 인가한 때에도 회생절차를 폐지할 수 없다.

(6) 회생절차를 폐지하여서는 안 되는 경우

1) 회생계획안이 부결된 직후에 기일의 속행 신청이 있고 이에 대하여 다수 의결권자의 동의가 있어 속행기일이 지정되는 경우
2) 복수의 회생계획안의 결의에 부쳐져 일부의 회생계획안만 부결된 경우
3) 회생계획안이 부결되었으나 권리보호조항을 붙여 회생계획을 인가한 경우

(7) 회생계획안이 결의를 위한 관계인집회의 제1기일로부터 2월 내 또는
연장한 기간 내에 가결되지 아니한 때

회생계획안의 가결기간은 결의를 위한 관계인집회의 제1기일로부터 2월내
에 그리고 회생절차 개시일로부터 1년 내에 가결되어야 한다. 법원이 위
가결기간을 연장한 경우에는 그 연장된 기간 내에 가결되어야 한다. 이 규
정의 취지는 회생절차를 신속하게 진행하여 그 지연을 막고자 하기 위한
것이므로, 위 기간 내에 회생계획안이 가결되지 않는 경우에는 반드시 회
생절차를 폐지하여야 한다.

2. 채무자회생및파산에관한법률 제272조 제2항에 의한 폐지

(1) 규정의 내용과 연혁

회생계획안의 제출 전 또는 그 후에 채무자의 사업을 청산할 때의 가치가
채무자의 사업을 계속할 때의 가치보다 크다는 것이 명백하게 밝혀진 때에
는 법원은 회생계획인가결정 전까지 관리인의 신청에 의하거나 직권으로 회
생절차폐지의 결정을 할 수 있다. 다만, 법원이 제222조에 따라 청산 등을 내
용으로 하는 회생계획안의 작성을 허가하는 경우에는 그러하지 아니하다.

(2) 요건

1) 시기적 요건

회생계획안 제출명령이 내려진 이후부터 회생계획 인가결정을 하기 전까
지 이 규정에 의하여 폐지결정을 할 수 있다.

2) 명백성

채무자의 청산가치가 계속가치보다 큰 것이 명백하게 밝혀져야 한다. "명
백하게 밝혀져야 할 것"을 요건으로 하는 이유는, 회생계획안 제출명령은
회생절차를 통하여 채무자가 회생할 수 있다는 기대를 이해관계인들로 하
여금 가지게 하지만, 이 규정에 의하여 폐지를 할 때에는 이해관계인들을
위한 절차적 보장이 충분하지 않는데에 그 이유가 있다.

3) 판단시점

경제적 갱생의 가치가 있는 여부에 대한 판단의 기준시점은 폐지결정을 하
는 시점이다.

4) 판단에 잘못이 있는 경우 또는 갱생의 가치가 변한 경우

회생계획안 제출명령 당시에 한 경제성에 관한 판단에 잘못이 있는 경우는 물론이고 회생계획안 제출명령 이후에 예상하지 못한 사정의 변경으로 말미암아 경제적 갱생의 가치가 변한 경우에도 이 규정에 의하여 폐지할 수 있다. 이 규정에 의한 폐지결정에 대하여 즉시항고가 제기되는 경우에 항고심에서는 항고심 계속 중에 발생한 사항도 참작할 수 있다.

(3) 실무의 운용

실무에서는 개시요건이 흠결되었다는 이유로 개시결정 후 회생절차를 폐지한 사례는 사실상 거의 없고, 회생절차가 개시된 건설회사에 대하여 갱생의 가능성과 경제성이 없다는 이유로서 이 규정에 의하여 폐지한 경우가 있을 뿐이다. 그 예로는 1998. 8에 회생절차가 개시되었던 태흥건설 주식회사에 대하여 인가 전 폐지를 한 경우를 들 수 있다.

그 이유로는 회생절차가 개시된 경우 이해관계인들은 회생채무자의 갱생 가능성에 대하여 신뢰를 가지게 되는 경우가 대부분이기 때문에 시일이 경과한 뒤에 법원이 종전의 결정을 번복하는 것은 이해관계인들의 신뢰와 그로 인하여 새롭게 발생한 이해관계인들의 신뢰를 해할 수 있으므로 부적절하다고 볼 수 있다는 점과, 현행법이 채권자 중심으로 운용되고 있는 점을 고려하여 판단하였을 때 관계인집회에서 채권자들의 의견을 물은 후 폐지 여부의 최종 결정을 해도 된다는 점이 고려되었기 때문이다.

(4) 반면에 조사보고서 작성 당시의 경제적 여건이나 채무자의 상황이 당초의 예상보다 판이하게 바뀌어서 조사보고서에서 예상하여 작성한 사업계획의 상당 부분을 수행할 수 없다고 판단되는 경우

이러한 경우에는 이 규정에 의하여 적극적으로 폐지결정을 하는 것이 더 바람직하다. 그러나 본래 계속가치와 청산가치의 차이가 근소하였던 채무자의 계속가치가 청산가치보다 다소 낮아진 이유가 회생계획의 수행가능성을 높이기 위하여 보수적으로 사업계획을 세워서인 경우에는 무조건 폐지결정을 하기보다 계획안에 대한 심리와 결의를 통하여 채권자들의 선택에 맡기는 것이 합리적인 실무 운용이다.

▣ 관련판례

판례(대법원 1999. 6. 30. 자 98마3631 결정)

회사정리법 제272조 제1항 제1호에 의하면 법원이 정한 기간 또는 연장한 기간 내에 정리계획안의 제출이 없거나 그 기간 내에 제출된 모든 계획안이 관계인집회의 심리 또는 결의에 부칠 만한 것이 못되는 때에는 법원은 직권으로 정리절차폐지의 결정을 하여야 한다고 규정되어 있는바, 위에서 말하는 관계인집회의 심리 또는 결의에 부칠 만한 것이 못되는 때라 함은 계획안의 내용이 법률의 규정에 합치되지 아니하거나 공정·형평성을 결여하거나 수행이 불가능한 경우 또는 관계인집회에서 계획안 가결을 받을 가능성이 없는 경우를 의미한다.

판례(대법원 1995.10.13. 선고 95다30253 판결)

회사정리법상의 부인권은 정리절차개시 결정 이전에 부당하게 처분된 회사재산을 회복함으로써 회사사업을 유지·갱생시키고자 인정된 회사정리법상의 특유한 제도로서 정리절차의 진행을 전제로 관리인만이 행사할 수 있는 권리이므로, 정리절차의 종결에 의하여 소멸하고, 비록 정리절차 진행 중에 부인권이 행사되었다고 하더라도 이에 기하여 회사에게로 재산이 회복되기 이전에 정리절차가 종료한 때에는 부인권 행사의 효과로서 상대방에 대하여 재산의 반환을 구하거나 또는 그 가액의 상환을 구하는 권리 또한 소멸한다고 보아야 할 것이므로, 부인의 소 또는 부인권의 행사에 기한 청구의 계속중에 정리절차폐지 결정이 확정된 경우에는 관리인의 자격이 소멸함과 동시에 당해 소송에 관계된 권리 또한 절대적으로 소멸하고 어느 누구도 이를 승계할 수 없다.

판례(대법원 1982.9.30. 자 82마585 결정)

회사정리법 제272조 제1항 제1호에서 말하는 제출된 정리계획안이 관계인집회의 심리 또는 결의에 부칠만한 것이 못되는 때라함은 계획안의 내용이 법률의 규정에 합치되지 아니하거나 공정·형평성을 결여하거나 수행이 불가능한 경우 또는 관계인집회에서 계획안가결을 받을 가능성이 없는 경우를 의미한다.

【서식】 정리절차 종결결정 기입등기 · 등록촉탁서

서울회생법원
제201파산부
등기(등록)촉탁서

수 　신　　수신처 참조
사 　건　　20○○회○○　　　　　회사정리
　　　　　　20○○회○○　　　　　회사재산보전처분
정리 회사　　○○ 주식회사
　　　　　　서울 ○○구 ○○동 ○○○

　위 사건에 관하여 다음과 같이 회사정리절차종결결정의 기입등기 및 회사재산
보전처분결정, 회사정리절차개시결정, 회사정리계획인가결정, 관리인 선임결정
의 각 말소등기를 촉탁합니다.

등기(등록)원인과 그 연월일　　　　20○○. ○. ○. 회사정리절차종결결정.

등기(등록)의 목적　　별지 기재 권리에 대하여 한 회사정리절차종결결정 기입
　　　　　　　　　　등기 및 회사재산보전처분결정, 회사정리절차개시결정,
　　　　　　　　　　회사정리계획인가결정, 관리인 선임결정의 각 말소등기.

첨 　부　　1. 회사정리절차종결결정 등본 1통
　　　　　　2. 촉탁서 부본 1통

20○○. ○. ○.

재판장 판사　○　○　○

수 　신　　○○등기소장, ○○구청장.

신청에 의한 폐지(제287조)

1. 의의

채무자가 신고기간 내에 신고된 모든 회생채권자와 회생담보권자에 대한 채무를 완제할 수 있음이 명백하게 된 때에는 법원은 관리인, 채무자 또는 신고한 회생채권자나 회생담보권자의 신청에 의하여 회생절차폐지의 결정을 하여야 한다. 이 경우 신청인은 회생절차폐지의 원인인 사실을 소명하여야 한다. 채무자가 회생채권자를 모두 변제할 수 있는 경우에는 일응 채권 전액을 변제한다는 취지의 회생계획안을 작성해도 된다고 할 수 있겠지만, 이는 회생절차의 목적에 비추어 봤을 때 적절하지 않기 때문에 절차를 폐지하도록 한 것이다. 그러나 실무에서는 아직까지 이 규정에 의하여 폐지한 경우는 없다.

2. 요건

채무자가 회생채권 등을 완제할 수 있을지 여부를 검토함에 있어서는 신고된 회생채권과 회생담보권만을 고려하면 되고, 신고되지 않은 채권까지 고려해야 하는 것은 아니다. 그러나 만약 신고기간 경과 후에 적법하게 추완신고된 채권이 있는 경우에 이러한 채권은 고려하여야 한다.

(1) 회생절차가 폐지되는 경우 신고되지 않은 채권의 처리

회생절차가 폐지되더라도 신고되지 않은 채권이 실권되는 것은 아니다. 그렇지만 실제로 신고되지 않은 회생채권의 규모가 크지 않고 또 폐지사유의 판정을 간편하게 하기 위하여 고려 대상에서 제외하는 것이다.

(2) 완제가능성

채무자가 신고된 회생채권을 완제할 수 있음이 명백하다고 인정되어야 한다.

만약 채무자가 회생채권을 모두 변제할 수 있는 경우지만 모두 변제완료를 할 경우에는 사업 계속에 현저한 지장을 받게 된다면 이 규정에 의하여 폐지할 수 없다. 시기적 요건으로서 이 규정에 의한 폐지결정은 신고기간이 만료된 후부터 회생계획이 인가되기 전까지 할 수 있다. 회생계획이 이미 인가된 경우에는 회생절차의 종결로서 되기 때문이다.

3. 절차

(1) 신청

이 규정에 의한 폐지는 반드시 신청에 의하여 하여야 하고, 직권으로 할수는 없다.

신청권자는 관리인, 채무자 또는 신고한 회생채권자나 회생담보권이다. 신청인이 이 규정에 의하여 폐지신청을 할 경우에는 그 원인이 되는 사실을 소명하여야 한다.

(2) 이해관계인에 대한 의견진술기회의 보장

신청권자가 신청을 하는 경우 법원은 채무자, 관리위원회, 채권자협의회및 신고한 회생채권자와 회생담보권자에 대하여 신청이 있었다는 취지와이에 대한 의견을 법원에 제출하도록 통지하여야 한다. 그리고 이해관계인들로 하여금 신청에 관한 서류를 열람할 수 있도록 이를 비치하여야 한다. 또한 법원은 위 규정에 의하여 통지를 발송한 1월 이상이 결과한 후에야 회생절차 폐지의 결정을 할 수 있다.

회생계획인가 후의 폐지(제288조)

1. 의의

회생계획 인가결정이 있은 후 계획수행의 가능성이 없음이 명백하게 된 때에는 법원은 관리인, 신고한 회생채권자 또는 회생담보권자의 신청에 의하여 또는 직권으로 회생절차폐지의 결정을 하여야 한다. 회생절차의 종결은 회생계획의 성공적인 수행을 통한 회생절차의 졸업을 의미한다고 할 수 있고, 회생절차의 폐지는 회생계획 수행 실패로 인한 회생절차로부터의 퇴출을 의미한다고 할 수 있다.

2. 폐지사유 및 필요성의 판단

(1) 폐지결정의 시기

회생절차 폐지결정은 회생절차 종결결정과 마찬가지로 회생계획 인가결정이 확정된 후에야 할 수 있다. 단, 인가결정이 확정되지 않은 경우 일지라도 항고심의 인가요건 존부의 판단시기는 항고심의 결정시이기 때문에, 항고심이 회생계획의 수행가능성이 없다는 이유로 인가결정을 취소함으로써, 실질적으로 회생절차 폐지와 같은 결과를 가져올 수도 있다.

(2) 폐지결정의 실질적 요건 -계획수행의 가망이 없음이 명백할 것

폐지결정을 하기 위해서는 회생채무자가 회생계획을 수행할 가능성이 없음이 명백해야 한다. 회생계획의 수행가능성이 없다는 것은 회생채무자가 갱생할 가능성이 없다는 것을 의미한다. 즉, 회생절차 기간 중에 다시 도산할 우려가 높은 경우이거나, 회생절차기간이 종료된 경우이더라도 독립하여 사업을 영위할 수 있는 여력이 없다는 것을 의미한다. 따라서 회생계획 중 회생채무자의 갱생과는 깊은 관련이 없는 사항, 예를 들어 소각이 예정된 주식 중 일부에 대하여 소각을 할 수 없는 사정이 발생한 경우이거나 일부 채권자의 소재불명으로 채권을 변제할 수 없다고 하는 사정은 여기서 말하는 회생계획의 수행불가능과는 관계가 없다고 할 수 있다. 그러나 이와 반대로 아직 주요 회생채권의 변제기가 도래하지 않았지만 현재 영업환경과 자금사정이 점차 열악해져 향후 변제기가 도래할지라도 회생채권을 변제하지 못할 것이 명백하게 예상된다면 아직 구체적인 회생계획의 미이행이 없더라도 회생계획 수행가능성이 없는 것으로 판단할 수 있는 것이다. 결론적으로 말하면 회생계획을 수행할 가능성이 없다는 것은 회생채무자가 회생계획에서 예정하고 있는 채무자의 사업계획, 자산매각계획, 증자계획, 신규자금 차입계획 등 자금수지계획의 주요부분에 있어서 이행하지 못하고 있는 경우이거나 이행할 가능성이 없어 앞으로 갱생할 가능성이 없다고 판단되는 경우를 의미한다.

(3) 실무상 폐지 사유를 검토함에 있어 주의할 사항

회생계획의 수행가능성이 없다는 것이 명백하게 드러나야 회생절차를 폐지할 수 있다. 법원 이 스스로 채무자가 회생계획의 올바르고도 적정한 수행여부를 쉽게 판단할 수 있는 경우가 대부분이지만, 평가를 전문으로 하는 회사나 회계법인에 채무자의 계획 수행가능성에 관한 조사를 의뢰할 수도 있을 것이다.

(4) 수행가능성의 판단기준

회생계획의 수행가능성은 채무자의 특정 사례와 사정을 표본으로 하여 결정할 것이 아니라 채무자의 모든 사정을 종합적이고 구체적으로 고려하여 판단하여야 할 것이다. 예를 든다면 회생계획에서 특정 연도에 증자를 계획하고 있었는데 회생채무자가 증자에 실패하여 자금사정이 어려워졌다고 하여 바로 폐지결정을 할 것은 아니다. 부실기업의 인수와 회생을 목적으로 하는 벌처펀드나 기업구조조정전문회사(조합)등이 이러한 회생채무자를 인수할 가능성도 배제할 수 없으므로, 이러한 가능성까지도 검토한 후에 폐지결정을 하는 것이 바람직하다.

(5) 유의할 점

부실기업의 무리한 수명 연장은 자칫 다른 건전한 기업의 부실도 가져올 수 있는 요인이 될 수 있으므로 전체적인 기업구조조정의 차원에서 부실기업을 조기에 퇴출하는 것이 국가경제에 도움이 된다고 하는 경제 논리가 최근 널리 인정되고 있으며, 그러한 이유에서 법원에 대해 부실한 회생채무자를 신속하게 퇴출하여 줄 것을 요구하는 목소리가 높아지고 있다. 그러므로 법원으로서는 회생계획을 적절히 수행하지 못하는 채무자에 대한 폐지결정에 소극적이어서는 안된다. 회생채무자는 회생계획 인가결정을 받음으로써 이미 회생의 기회가 주어진 것이므로 이러한 기회를 살리지 못한 채무자는 그 자체로서 이미 경쟁력을 상실했다고 판단해도 무리가 아니며, 이러한 채무자는 신속하게 퇴출시키는 것이 전체 국가경제계에 도움이 되는 조치이다.

그리고 대다수의 채권자가 회생채무자의 폐지를 바라지 않는다는 것 자체가 폐지결정을 함에 있어서 반드시 고려하여야 할 사항은 아니다. 그렇지만 채권자들의 대다수가 회생계획의 변경을 통하여 채무자의 갱생을 원하고 있고 변경될 회생계획이 채무자 갱생에 적합한 수준이라면 회생계획의 변경도 고려할 수 있을 것이다.

3. 폐지절차 및 실무상의 유의사항

(1) 이해관계인에 대한 의견청취

폐지결정을 하기 전에는 반드시 기한을 정하여 관리위원회, 채권자협의회 및 이해관계인에게 의견 제출의 기회를 주어야 한다. 필요하다면 관계인집회를 개최하여 의견을 들을 수도 있다. 의견제출 기한이나 기일은 공고하여야 할 사항이며, 확정된 회생채권이나 회생담보권으로서 회생계획의 규정에 의하여 인정된 권리를 가지는 자에 대하여는 이를 송달하여야 한다.

(2) 실무에서의 처리

1) 의견청취

실무상 폐지에 관한 의견을 듣기위하여 관계인집회를 개최하는 경우는 사실상 많지 않다. 그 이유는 관계인집회를 개최는 경우 일지라도 대부분 기일에 참석하지 않는 경우가 많고 참석하더라도 회생절차 폐지에 반대한다는 의견이나 불만만을 늘어놓는 경우가 많기 때문이다. 관계인집회를 개최하는 경우 집회기일의 송달은 공고로 갈음할 수 있다. 실무상 이해관계인의 의견을 듣기 전에 관리인이 폐지를 신청한 때에는 관리인으로 하여금 폐지신청에 이르게 된 경위 등을 설명하게 하고 있으며, 법원이 직권으로 폐지기일을 지정하여 실시하는 경우에는 법원이 그 동안의 경위 등을 설명하는 것이 바람직하다. 폐지를 위한 관계인집회에서는 어떠한 사항을 결의하는 것에 그 목표가 있는 것이 아니며, 단지 폐지결정을 함에 대한 이해관계인들의 의견을 듣는 것으로 족하다.

2) 관계인집회의 기일

실무에서는 폐지를 위한 관계인집회의 기일을 지정하여 실시하는 경우보다는 단순히 기한을 정하여 이해관계인들로 하여금 의견을 제출할 수 있는 기회를 부여하는 예가 더 많다. 이 의견 제출기한의 기한을 정하는 결정 역시 공고하여야 할 사항에 속하며, 확정된 회생채권 또는 회생담보권에 기하여 회생계획의 규정에 의하여 인정된 권리를 가진 자 중에서 채무자가 알고 있는 자에 대하여는 송달하여야 한다. 의견제출기한은 의견회신에 필요한 기간을 감안했을 때 보통 2주 내지 4주 정도로 정하고 있는 것이 일반적이다. 만약 채권자협의회가 구성되어 있는 경우에는 채권자협의회 앞으로도 의견조회서를 보내야 하겠지만, 실무상 채권자협의회의 구성원이 되는 채권자들에게 개별적으로 의견조회서를 보내고 있으므로 명시적으로 채권자협의회에 대한 의견을 묻지는 않고 있다.

실무상 의견회신결과 대부분의 채권자들이 반대의견을 내는 경우가 많은데 법원이 이에 구애받을 필요는 없다.

(3) 폐지결정 전의 준비사항

재판부 내부에서 폐지결정을 하기로 결정이 되면 그와 같은 취지를 관리인에게 알림과 동시에 폐지결정을 위한 준비를 하도록 한다.

1) 의견조회

폐지결정을 하기 전에 해당 채무자를 폐지할지 여부에 대해서 신중하게 고려하여야 함은 당연하다. 해당 채무자를 폐지하기로 결정하였다면 폐지결정에 필요한 사항의 준비와 폐지에 관한 의견조회를 한다.

2) 주의할 사항

법원이 폐지결정을 하기로 하였다는 사실이 알려지면 채무자에 대한 이해관계인 중에서 폐지결정을 하지 말아줄 것을 직접 또는 간접적으로 요청을 하는 경우가 종종 있다. 따라서 폐지결정에 관한 의견조회를 하기 전까지는 가급적 그 사실이 외부에 알려지지 않도록 주의를 기울여야 한다.

3) 어음을 발행하고 있는 채무자의 경우

폐지결정에 이르기까지 어음부도가 발생하지 않도록 각별한 주의를 기울일 필요가 있다. 어음에서와는 달리 일반 거래계에서는 회생채무자가 발행한 어음이 부도날 가능성이 적다고 하여 오히려 정상기업의 어음보다 더 신용이 높다고 하며, 그러한 이유로 인해 어음을 발행하고 있는 회생채무자들은 어음을 통하여 자금을 손쉽게 융통할 수도 있다고 생각한다. 따라서 폐지될 채무자의 어음이 부도나게 되면 회생계획을 잘 수행하고 있는 회생채무자 일지라도 악영향을 미칠 가능성이 매우 높아지게 된다. 회생채무자의 자금계획은 항상 법원으로부터 감독을 받게끔 되어 있는데, 만약 폐지결정 전에 회생채무자의 어음이 부도가 발생하게 되면 법원이 감독을 소홀히 하였다는 인식을 주게 된다. 따라서 어떤 채무자에 대하여 폐지결정을 하기로 결정이 있었다면 채무자의 발행어음 규모와 향후 결제가능성, 단기 자금수지계획 등을 종합적이고도 구체적으로 점검하여야 하며, 향후 폐지될 가능성이 높은 채무자에 대해서는 어음 발행 규모를 관리할 수 있는 수준까지 낮출 필요가 있다. 같은 이유로 상거래 공익채권도 사전에 그 채권의 규모와 결제가능성 등을 미리 점검하여 가능한 한 회생채무자와의 거래로 인한 피해가 최소화 되도록 노력할 필요가 있다.

4) 폐지에 관한 의견조회를 하기 전에는 관리인의 자료 제출

폐지에 관한 의견조회를 하기 전에는 관리인에게 폐지결정에 있어서 필요한 자료에 대해 제출하도록 하는 것이 좋다. 관리인에게 제출하도록 하는 주요 자료는 채무자의 개요, 파탄에 이르게 된 사정에 관한 내용, 회생절차개시신청 후 현재에 이르기까지의 경과, 최근 5개년간의 대차대조표, 손익계산서(회생계획상의 추정과 대비), 회생계획 인가결정 후 회생계획 수행 현황과 향후 수행가능성에 관한 의견, 공익채권 현황, 현재의 주요 회생담보권자, 회생채권자의 현황(채권자명, 담당부서, 전화, 팩스번호, 담당자) 등이다. 특히 회생계획 인가결정 후 회생계획 수행 현황과 향후 수행가능성에 관한 의견에 관하여는 회생계획상 회생담보권 및 회생채권의 규모와 변제계획, 회생채권 등의 변제실적과 미변제채무의 현황, 회생계획 수행차질의 원인 등에 관한 내용과 의견을 반드시 제출하도록 한다. 만약 폐지를 위한 관계인집회를 개최할 경우에는 관리인으로 하여금 위와 같은 내용이 포함된 보고서를 제출하도록 하면 될 것이다. 그리고 위와 같이 제출된 자료는 폐지 의견조회에 대한 이해관계인의 판단을 돕기 위하

여 법원과 채무자에 비치하여 자료 열람을 원하는 이해관계인들에게 공개하도록 하는 것이 바람직하다 할 것이다.

5) 폐지결정이 확정되는 경우

채무자의 관리처분권한은 다시 채무자 또는 채무자의 대표이사에게 환원된다. 그러나 채무자의 대표이사가 선임되어 있지 않은 경우도 있기 때문에, 폐지결정 후 채무자를 이끌어 갈 대표이사가 있는지 여부에 대해서 반드시 확인하여야 한다. 만약 대표이사가 없거나 대표이사가 있더라도 그 업무를 수행할 수 없는 상황이라면 폐지결정 전에 대표이사를 선임해 두어야 한다.

(4) 폐지결정

회생절차의 폐지는 결정으로 한다. 회생절차 폐지결정은 즉시항고 되는 경우가 많기 때문에 상급심의 판단에 도움을 준다는 차원에서 회생절차 폐지결정의 이유에는 회생계획의 수행가능성이 없음이 명백한 이유를 기재하는 것이 바람직하다.

4. 폐지결정 후의 법원의 조치

(1) 법원행정처 보고

종전에는 회생절차를 폐지한 경우에 일률적으로 법원행정처에 그 취지를 보고하여 왔지만, 현재는 개정된 대법원송무예규의 취지에 따라 사회적으로 이목을 끄는 사건 등의 중요 사건이 아닌 한 보고를 하지 않고 있다.

▣ 대법원 예규

1. 회생계획에 따른 변제를 제대로 이행하지 못하고 있고 앞으로도 변제의 지체가 계속될 것으로 예상되는 경우
2. 영업실적이 회생계획상 예정된 사업계획의 수준에 비하여 현저히 미달하고 있고 가까운 장래에 회복될 전망이 보이지 않는 경우
3. 회생계획에서 정한 자산매각계획을 실현하지 못하여 향후 자금수급계획에 현저한 지장을 초래할 우려가 있는 경우
4. 공익채권이 과다하게 증가하여 향후 회생계획의 수행에 지장을 초래

할 우려가 있는 경우

5. 노사쟁의, 기타 채무자 내부의 분규나 이해관계인의 불합리하고 과하다한 간섭 등이 계속되어 채무자의 영업 운영에 심각한 차질이 발생한 경우 등을 회생계획수행가능성을 판단함에 있어 부정적으로 고려할 요소로 열거하면서, 법원이 회생채무자의 회생계획 수행과정을 면밀하게 주시하여 회생계획 수행가능성이 없는 것으로 드러나는 경우에는 조기에 회생절차를 폐지함이 바람직하다고 하고 있다.

이와 같은 지표들이 폐지 사유를 검토함에 있어 일응의 기준이 될 수 있다

◼ 관련판례

판례(대법원 2021. 10. 28., 선고, 2019다200096, 판결)

회생계획인가의 결정이 있는 때에는 회생채권자 등의 권리는 회생계획에 따라 실체적으로 변경되고 회생계획인가결정의 효력은 회생절차가 폐지되더라도 영향을 받지 않는다[채무자 회생 및 파산에 관한 법률(이하 '채무자회생법'이라고 한다) 제252조 제1항, 제288조 제4항]. 따라서 회생계획인가결정이 있으면 회생채권자 등의 권리는 회생계획의 조항에 따라 채무의 전부 또는 일부의 면제 효과가 생긴다. 한편 재정적 어려움으로 파탄에 직면해 있는 채무자에 대하여 채권자 등 다수의 이해관계인의 법률관계를 조정하여 채무자 또는 그 사업의 효율적인 회생을 도모하려는 회생절차의 목적(채무자회생법 제1조 참조), 당사자의 의사와 무관하게 법률의 규정에 의해 채무면제 효과가 발생하는 회생계획인가결정의 효력(채무자회생법 제252조 제1항 참조) 등에 비추어 볼 때, 회생채권자인 원고가 회생채권신고액수를 기준으로 사해행위취소 및 가액배상을 청구한 사건에서는 피고가 명시적으로 주장하지 않았더라도 위와 같이 채무자에 대하여 회생절차가 개시되어 원고를 포함한 회생채권자들의 권리변경내역이 담긴 회생계획인가결정문 등이 제출되었다면, 원심으로서는 원고의 원래 채권액이 회생계획인가결정에 따라 일부 면제되었는지, 피고가 이를 주장하는지 등에 관하여 석명권을 행사하여야 한다.

판례(대법원 2020. 12. 10., 선고, 2016다254467, 254474, 판결)

회생계획인가의 결정이 있는 때에는 회생채권자 등의 권리는 회생계획에 따라 실체적으로 변경되고 회생계획인가결정의 효력은 회생절차가 폐지되더라도 영향을 받지 않는다(채무자 회생 및 파산에 관한 법률 제288조 제4항). 따라서 회생계획인가결정이 있으면 회생채권자 등의 권리는 회생계획의 조항에 따라 채무의 전부 또는 일부의 면제효과가 생기고 기한유예의 정함이 있으면 그에 따라 채무의 기한이 연장되며 회생채권을 출자전환하는 경우에는 그 권리는 인가결정 시 또는 회생계획에서 정하는 시점에서 소멸한다.

판례(대법원 2017. 4. 26., 선고, 2015다6517, 6524, 6531, 판결)

회생계획인가의 결정이 있은 후 회생절차가 폐지되는 경우 그동안의 회생계획의 수행이나 법률의 규정에 의하여 생긴 효력에 영향을 미치지 아니하므로[채무자 회생 및 파산에 관한 법률(이하 '채무자회생법'이라고 한다) 제288조 제4항], 회생절차가 폐지되기 전에 관리인이 채무자회생법 제119조 제1항에 따라 계약을 해제하였다면 이후 회생계획폐지의 결정이 확정되어 채무자회생법 제6조 제1항에 의한 직권 파산선고에 따라 파산절차로 이행되었다고 하더라도 위 해제의 효력에는 아무런 영향을 미치지 아니한다.

【서식】정리절차 폐지에 관한 관계인집회 기일지정결정

서울회생법원
제201파산부
결　정

사　　건　　20○○회○○ 회사정리
정 리 회사　　○○ 주식회사
　　　　　　　서울 ○○구 ○○동 ○○○
관 리 인　　○○○

주　　문

정리회사 ○○주식회사 정리절차 폐지에 관한 이해관계인의 의견을 듣기 위한 관계인집회의 기일과 장소를 20○○. ○. ○. 15:00 서울회생법원 제○○○호 법정으로 정한다.

이　　유

채무자회생및파산에관한법률 제288조 제1항에 의하여 주문과 같이 결정한다.

20○○. ○. ○.

재판장 판사　○　○　○
판사　○　○　○
판사　○　○　○

【서식】 정리절차 폐지에 관한 관계인집회 기일지정공고

정리회사 ○○ 주식회사 관계인집회기일 공고

사　　건　　　20○○회○○ 회사정리
정리　회사　　　○○ 주식회사(서울 ○○구 ○○동 ○○○)
관　리　인　　　○ ○ ○

　　위 사건에 관하여 다음과 같이 관계인집회의 기일을 정하였으므로 채무자회생
및파산에관한법률 제288조 제2항에 의하여 이를 공고합니다.

다　　　　음

1. 집회기일 : 20○○. ○. ○. 15:00
2. 집회장소 : 서울회생법원 제○○○호 법정
3. 집합의 목적 : 위 정리회사에 대한 회사정리절차를 폐지함에 관한 이해관계
　　　　　　　인의 의견을 듣기 위함.
4. 참석할 수 있는 이해관계인의 범위 : 서울회생법원 관리위원회 관리위원, 채
　　　　　　　권자협의회 구성원, 정리담보권자, 정리채권자, 공익채권자, 주
　　　　　　　주 등 회사의 모든 이해관계인.

20○○. ○. ○.

서울중앙지방법원 제1파산부
재판장 판사　○　○　○
　　　　판사　○　○　○
　　　　판사　○　○　○

【서식】 정리절차 폐지에 관한 관계인집회 조서

서 울 회 생 법 원
정리절차폐지에 관한 관계인집회조서

조   서

20○○회○○	회사정리	기일 : 20○○. ○. ○. 15:00
재판장 판사	○ ○ ○	장소 : 서울회생법원
판사	○ ○ ○	제○○○호 법정
판사	○ ○ ○	공개여부 : 공 개
법원사무관	○ ○ ○	

사건과 당사자를 호명

정리회사 ○○○ 주식회사의 관리인 ○○○   출석

서울중앙지방법원 관리위원회 관리위원 ○○○   출석

정리채권자, 정리담보권자 및 주주 등 이해관계인의 출석사항은 별첨 "출석현황 및 의결표"의 기재와 같음.

재판장

1. 정리회사 ○○주식회사의 정리절차 폐지에 관하여 이해관계인의 의견을 듣 기위한 관계인집회를 개최한다고 선언.
2. 먼저 관리인에게 정리회사 ○○주식회사에 대한 정리절차 게시 후 현재에 이르기까지의 제반 사정, 그 동안의 영업현황 및 정리계획 수행현황에 대 하여 보고할 것을 명.

관리인

별지 관리인보고서 기재와 같이 정리회사 ○○주식회사의 그 동안의 제반사 정, 영업현황 및 정리계획 수행현황에 대하여 보고.

재판장

출석한 이해관계인들에게 정리회사에 대한 정리절차 폐지에 관한 의견 진술의 기회를 부여.

관리인

......

관리위원 ○○○

정리회사에 대한 정리절차를 폐지함이 상당하다고 진술.

정리담보권자 주식회사 ○○은행의 대리인 ○○○

정리회사는 ......이므로, 정리회사에 대한 정리절차 폐지에 동의한다고 진술.

재판장

다른 출석한 이해관계인들에게 의견의 진술을 구하다.

나머지 출석한 이해관계인들

별다른 의견진술을 하지 아니하다.

재판장

1. 본 관계인집회에서 나온 이해관계인들의 의견을 충분히 참작하여 정리회사 ○○ 주식회사에 대한 정리절차 폐지 여부를 결정하겠다고 고지.
2. 정리회사에 대한 정리절차가 폐지될 경우 정리계획에 정해진 사항의 효력과 정리절차가 폐지되는 경우 회사에 대한 권리자들의 권리구제방안에 관하여 설명.
3. 정리회사에 대한 회사정리절차 폐지에 관한 관계인집회의 종료를 선언.

집회종료

법원 사무관   ○   ○   ○

재판장 판사   ○   ○   ○

【서식】 정리절차 폐지결정에 관한 의견제출기한 지정 결정

서울회생법원
제201파산부
결   정

사   건   20○○회○○   회사정리
정 리 회 사   ○○ 주식회사
              서울 ○○구 ○○동 ○○○
관 리 인   ○○○

주   문

정리회사에 대한 정리절차폐지 여부에 관한 이해관계인의 의견제출기한을 20
○○. ○. ○. 까지로 한다.

이   유

정리회사의 정리절차폐지 여부에 관하여 관리위원회·채권자협의회 및 이해관계
인에게 의견제출의 기회를 부여하기 위하여 채무자회생및파산에관한법률 제288
조에 의하여 주문과 같이 결정한다.

20○○. ○. ○.

재판장 판사 ○ ○ ○
판사 ○ ○ ○
판사 ○ ○ ○

【서식】 정리회사 폐지결정에 관한 의견제출기한 공고

정리회사 ○○ 주식회사 관계인집회기일 공고

사　　건　　20○○회○○　　　　회사정리
정리 회사　　○○ 주식회사
　　　　　　　서울 ○○구 ○○동 ○○○
관 리 인　　○○○

　　당원은 채무자회생및파산에관한법률 제288조에 의하여 정리절차폐지 여부
에 관한 관리위원회·채권자협의회 및 이해관계인의 의견제출기한을 20○○.
○. ○.까지로 정하였으므로 이를 공고합니다.

　　　　　　　　　20○○. ○. ○.

　　　　　　　　　　　　　서울회생법원 제201파산부
　　　　　　　　　　　　　재판장 판사　○　○　○
　　　　　　　　　　　　　　　　　판사　○　○　○
　　　　　　　　　　　　　　　　　판사　○　○　○

【서식】 정리절차 폐지결정에 관한 의견조회서(이해관계인용)

서울회생법원
제201파산부

20○○. ○. ○. 발송필

(06594) 서울특별시 서초구 서초중앙로 157 / 전화 (02)530-1114 / 주심 : ○○○ 판사

시행일자	20○○. ○. ○.
수 신	채권자협의회 및 이해관계인
제 목	정리절차폐지에 관한 의견조회

1. 정리회사 ○○ 주식회사(본점 : 서울 ○○구 ○○동 ○○○, 관리인 : ○○○)에 대한 이 법원 20○○회○○호 회사정리 사건과 관련된 내용입니다.

2. 채권자협의회 및 이해관계인에게 위 정리회사의 정리절차폐지 여부에 관한 의견을 조회하니, 이에 대한 의견이 있는 경우 20○○. ○. ○. 까지 이 법원에 도착할 수 있도록 팩시밀리 전송의 방법이나 우편으로 제출하여 주시기 바랍니다.

3. 의견제출에 필요한 자료는, 정리회사의 관리인이나 이 법원 파산과(전화번호 530-1114)에 문의하시기 바랍니다.

재판장 판사 ○ ○ ○

【서식】 정리절차 폐지결정에 관한 의견조회서(관리위원회용)

서울회생법원
제201파산부

(06594) 서울특별시 서초구 서초중앙로 157 / 전화 (02)530-1114 / 주심 : ○○○ 판사

시행일자   20○○. ○. ○.
수   신   서울회생법원 관리위원회
참   조   주무 관리위원 ○○○
제   목   정리절차폐지에 관한 의견조회

1. ○○ 주식회사에 대한 이 법원 20○○회○○호(본점 : 서울 ..., 관리인 : ○○○) 회사
   정리 사건과 관련된 내용입니다.
2. 채무자회생및파산에관한법률 제288조 제1항에 의하여 정리회사의 정리절차폐지 여부
   에 대한 의견조회를 하오니 20○○. ○. ○. 까지 회신하여 주시기 바랍니다.

재판장 판사 ○   ○   ○

의 견 서

서울회생법원 제201파산부 귀중

의 견 :

20○○. ○. ○.

서울회생법원 관리위원회 위원장 ○ ○ ○

【서식】 인가 후 정리절차 폐지결정

서울회생법원
제201파산부
결　정

사　　　건　　　20○○회○○　　　　　　회사정리
정　리　회　사　　　○○ 주식회사
　　　　　　　　　　서울 ○○구 ○○동 ○○○
관　리　인　　　　○　○　○

주　　문

이 사건 회사정리절차를 폐지한다.

이　　유

1. 인정사실

　　이 사건 기록에 의하면, 다음 사실을 인정할 수 있다.

　(1)(가) 정리회사는 1984. 5. 10.경 설립된 이래 산업용 포장재를 제조·판매하여 왔는데, 1997년 외환위기로 인한 자금난과 원가부담을 이기지 못하고 1998. 5. 18. 이 법원에 회사정리절차 개시신청을 하였다. 이 법원은 1999. 3. 12. 관계인집회에서 정리계획이 가결되자 같은 날 인가를 하였는데, 정리계획 수행기간은 1998년과 1999년을 준비연도로 하고 2000년도부터 2009년까지 10년간으로 예정하였다.

　　　　(나) 정리계획 인가 당시 권리가 변경되어 확정된 정리채무의 내역은 정리담보권 약 150억원, 정리채권 약 240억원 이었고, 공익채권도 약 37억원이 발생되어 있었다. 정리회사는 그와 같은 정리채무는 물론 회사의 운영자금을 조달하기 위한 주된 수입원을 매출을 통한 영업수익금으로 계획하였는데, 당시 정리회사가 예상한 구체적인 매출 등의 영업수지 중 1999년도부터 2001년 9월까지의 내역은 "별지 손익계산서"의 "추정"이란 기재와 같다.

　(2)(가) 정리회사는 정리계획이 인가됨에 따라 그 수행에 들어갔는데, 우리나라 유화업계가 과일설비에 따른 수익성 악화로 감산경영을 함에 따라 유화업체

를 주된 거래처로 삼고 있던 정리회사로서는 내수시장의 침체라는 예상치 않은 상황을 맞이하게 되었고, 이로 인하여 정리회사의 영업실적은 1999년부터 2001년 9월까지 "별지 손익계산서"의 "실적"란 기재와 같이 정리계획상의 예정치를 훨씬 밑도는 매출 등의 영업수지를 보이고 있다.

(나) 정리회사의 영업상황 중 가장 중요한 회사의 자금유입원인 매출의 경우 정리계획 대비 실적 비율이 1999년 73.34%, 2000년 46.74%, 2001년 9월 335.49%로서 점점 예정치 달성 비율이 낮아지고 있고, 매출액의 절대규모 역시 지속적인 하향추세를 보이고 있다. 영업수지 역시 1999년도에 약 2억 5천만원의 영업이익을 실현해야 되나 약 1억 4천만원에 그쳤고, 2000년도에는 예정하였던 영업이익 약 12억 7천만원에 현저하게 미달하는 약 10억 7천만원의 영업손실을 냈으며, 2001년도 9월까지 영업수지 역시 약 10억 4천만원을 예정하고 있음에도 오히려 6억 5천만원의 영업손실을 보는 등 영업수지가 개선될 기미를 보이고 있지 않은 실정이다.

(3)(가) 정리회사는 위와 같은 영업부진 등으로 자금조달이 제대로 이루어지지 않음에 따라 2000. 11. 30.자로 이미 변제기가 경과한 정리채무 약 33억원 중 정리담보권 약 13억원, 정리채권 약 6억원을 지체하고 있다. 또한 정리회사는 2001. 11. 30.자로 변제기가 도래하는 정리담보권 약 10억원, 정리채권 약 7억 7천만원 합계 약 18억원의 채무를 추가로 이행해야 한다.

(나) 정리회사는 위와 같은 부진한 영업상황을 개선하고 극심한 자금사정을 타개하기 위하여 2000년부터 계속하여 M&A 등을 통한 새로운 투자자의 확보에 노력을 기울였으나 현재까지 별다른 성과를 보지 못하였고, 정리회사의 그동안의 영업상황, 유화업계의 경기동향 등에 비추어 그 결과 또한 회의적이다.

(4) 한편, 채권자 중 정리담보권의 96%와 정리채권의 26%를 보유하고 있는 ○○유한회사는 정리회사에 대한 정리절차 폐지여부를 묻는 이 법원의 의견조회에 대하여 위와 같은 정리회사의 전반적인 영업상황 등을 이유로 정리절차의 폐지를 요청하고 있다.

2. 판단

위 인정사실과 같이, 정리회사가 정리계획과는 달리 매출이 현저히 부진을 면치 못함에 따라 영업이익 등이 큰 폭으로 적자를 내는 등 수입을 거의 창출하지 못하고 있는 점, 정리계획에 따른 채무를 이미 19억원 정도 지체하고 있고 올해 변제기가 도래하는 18억원의 채무 역시 그 이행을 기대할 수 없는 점, 정리회사가 추진하는 신규자본 등의 유치도 구체적인 성과가 없고, 달리 금융기관으로부터의 지원도 기대할 수 없는 사정, 최대 채권자가 정리절차의 폐지를 요청하고 있는 사정, 그밖에 이 사건 기록에 나타난 제반 사정에 비추어 볼 때, 정리회사가 향후 정리계획기간안에 정리계획에 따라 영업활동으로 자금을 조달하여 정리채무를 변제하고 갱생의 바탕을 마련할 수 있는 것으로 보이지 않는다.

3. 결론

그렇다면 정리회사는 정리계획을 제대로 수행하지 못하고 있을 뿐만 아니라, 향후 정리계획을 수행할 가망이 없음이 명백하다고 판단되므로 채무자회생및파산에관한법률 제288조에 따라 이 사건 회사정리절차를 폐지하기로 하여 주문과 같이 결정한다.

20○○. ○. ○.

재판장 판사 ○ ○ ○

판사 ○ ○ ○

판사 ○ ○ ○

(별지생략)

폐지결정의 공고(제289조)

회생절차 폐지결정을 한 경우에는 그 주문과 이유의 요지를 공고하여야 한다. 그러나 폐지결정문을 이해관계인에게 반드시 송달할 필요 가 있는 것은 아니다. 실무에서는 관리인에게 폐지결정문을 송달하고 있다.

【서식】 정리회사 폐지결정 공고

정리회사 ○○ 주식회사 회사정리절차 폐지결정 공고

사　　건　　20○○회○○　　　　　　회사정리
정 리 회 사　　○○ 주식회사
　　　　　　　　서울 ○○구 ○○동 ○○○
관 리 인　　　○ ○ ○

　위 사건에 관하여 당원은 20○○. ○. ○. 회사정리절차 폐지결정을 하였으므로, 채무자회생및파산에관한법률 제289조의 규정에 의하여 다음과 같이 공고합니다.

다　　음

1. 주문
　이 사건 회사정리절차를 폐지한다.

2. 이유의 요지
　위 정리회사는 정리계획을 수행할 가망이 없음이 명백하므로, 채무자회생및파산에관한법률 제288조에 의하여 주문과 같이 결정한다.

20○○. ○. ○.

서울회생법원 제201파산부

재판장 판사 ○ ○ ○

판사 ○ ○ ○

판사 ○ ○ ○

항고(제290조)

폐지결정에 대한 불복

1. 즉시항고

회생절차 종결결정	불복(즉시항고)할 수 없다
회생절차 폐지신청 기각결정	불복(즉시항고)할 수 없다.
회생절차 폐지결정	불복(즉시항고)할 수 있다.

회생절차 종결결정에 대하여는 불복할 수 없지만, 회생절차 폐지결정에 대하여는 즉시항고를 할 수 있다. 한편 회생절차 폐지신청을 기각하는 결정에 대하여는 즉시항고가 허용되지 않는다. 한편 폐지결정에 대한 항고심의 결정에 대하여는 재항고를 할 수 없고, 민사소송법 제449조의 규정에 의하여 특별항고만이 허용된다.

2. 항고제기의 방식

(1) 항고권자

회생계획인가 전의 폐지의 경우의 항고권자의 범위	관리인, 공익채권자, 신고한 회생채권자, 회생담보권자, 주주등
회생계획인가 후의 폐지의 경우의 항고권자의 범위	관리인, 공익채권자, 회생계획의 규정에 의하여 권리가 인정된 회생채권자, 회생담보권자, 주주, 신회사, 합병의 상대회사, 영업양수인, 임차인, 경영의 책임자, 회생을 위하여 채무를 부담하거나 담보를 제공한 자 등

(2) 항고기간

즉시항고는 폐지결정의 공고가 있은 날로부터 기산하여 2주 내에 제기하여야 하며, 공고의 효력은 신문에 게재된 날의 다음날부터 발생한다. 반면 특별항고의 제기기간은 1주일이다.

(3) 항고장의 제출

항고의 제기는 회생법원에 항고장을 제출함으로써 한다. 항고장에는 항고
인 및 법정대리인, 항고로서 불복을 신청한 폐지결정에 대하여 항고한다는
취지를 기재하여야 하고, 2,000원의 인지를 첨부하여야 한다.

3. 항고의 심사 및 보증금 공탁명령

즉시항고가 제기된 경우, 원심법원인 회생법원은 항고장을 심사하여야 한다.
소정의 인지가 첨부되어 있는지 여부와 즉시항고 기간 내에 항고가 제기되
었는지 여부를 검토하여야 한다.

그리고 기간을 정하여 항고인으로 하여금 대법원규칙이 정하는 범위 안에서
보증으로 금전이나 법원이 인정하는 유가증권을 공탁하도록 명하여야 한다.
위 규정은 항고의 남용을 예방하기 위하여 규정되었다.

4. 항고인이 법원이 정하는 기간 내에 보증을 제공하지 아니하는 때

법원은 결정으로 항고를 각하해야 한다. 항고인이 정해진 기간 내에 보증을
제공하지 아니한 때에는 원심법원이 결정으로 "항고장"을 각하하여야 한다.
한편, 항고가 항고기간을 넘긴 것이 명백한 경우에는 회생법원 재판장이 항
고장을 각하하여야 한다.

항고인이 법원이 정하는 기간 내에 보증을 제공하지 아니하는 때	법원은 결정으로 항고를 각하
항고인이 정해진 기간 내에 보증을 제공하지 아니한 때	원심법원이 결정으로 "항고장"을 각하
항고가 항고기간을 넘긴 것이 명백한 때	회생법원 재판장이 항고장을 각하

회생법원이 항고가 이유 있다고 인정하는 경우에는 원 결정을 경정하여야
하며(재도의 고안), 항고가 이유 없다고 인정되는 경우에는 그러한 취지의
의견서를 첨부하여 항고법원에 기록을 송부하여야 한다.

회생법원이 항고가 이유 있다고 인정하는 경우	원 결정을 경정하여야 함(재도의 고안)
항고가 이유 없다고 인정되는 경우	그러한 취지의 의견서를 첨부하여 항고법원에 기록을 송부하여야 함

5. 항고제기의 효과

(1) 집행정지의 효력

즉시항고의 경우에는 통상항고와 달리 집행정지의 효력이 있다. 따라서 회생채무자에 대하여 폐지결정을 한 경우일지라도 즉시항고가 제기된 경우에는 종전의 개시결정이나 인가결정으로 인하여 발생했던 효력은 계속 유지된다. 이에 따라 관리인의 지위에는 변동이 없으며, 법원이 정했던 범위의 법률행위나 자금집행행위는 여전히 법원의 허가를 얻어야 하는 사항에 남게된다.

(2) 허가기준의 변화

회생절차가 폐지된 채무자는 대부분 청산하거나 파산으로 이행할 가능성이 높으므로 종전과 같은 허가기준을 적용하여서는 안된다. 예를 들어 신규사업을 추진한다하거나 통상의 영업행위의 범주에 속하지 않는 행위를 하는 것은 허가할 수 없는 경우가 적지 않을 것이다. 따라서 폐지결정에 대하여 즉시항고가 제기된 경우에는 법원은 파산재단에 속하게 될 재산이 산일되지 않도록 하기 위해 허가를 해줄 범위에 관하여 방침을 정해두고 있어야 한다.

한편 즉시항고가 제기되어 사건이 항고법원에 계속되어 사건이 위와 같은 통상의 허가사무를 원심법원과 항고법원 중 어느 법원에서 하여야 할지가 문제인데 원심법원이 허가 사무를 담당하는 것이 실무상 더 적절하다고 할 수 있을 것이다.

▣ 관련판례

판례(대법원 1999. 6. 30. 자 98마3631 결정)

회사정리법 제280조 제1항은 "제237조 제1항과 제2항의 규정은 정리절차폐지의 결정에 대한 항고와 제8조에서 준용하는 민사소송법 제420조의 규정에 의한 항고에 준용한다."고 규정하고 있는바, 위 규정에 비추어 보면 정리절차폐지의 결정에 대한 항고심 결정에 대하여는 재항고가 허용되지 아니하고 같은 법 제8조에 의하여 준용되는 민사소송법 제420조에 의한 특별항고만이 허용된다.

판례(대법원 1997. 9. 3. 자 97마1775 결정)

회사정리법 제280조 제1항에 비추어 볼 때 정리절차 폐지의 결정에 대한 항고심결정에 대하여는 재항고가 허용되지 아니하고같은 법 제8조에 의하여 준용되는 민사소송법 제420조에 의한 특별항고만이 허용된다.

판례(대법원 2011. 2. 21., 자, 2010마1689, 결정)

채무자 회생 및 파산에 관한 법률 제33조는 "회생절차에 관하여 이 법에 규정이 없는 때에는 민사소송법을 준용한다."고 규정하고, 같은 법 제13조는 "이 법의 규정에 의한 재판에 대하여 이해관계를 가진 자는 이 법에 따로 규정이 있는 때에 한하여 즉시항고를 할 수 있다."고 규정하고 있는데, 같은 법 제290조 제1항, 제247조 제5항에 의한 항고장 각하 결정에 대하여는 즉시항고를 할 수 있다는 규정이 없으므로 이에 대하여는 즉시항고를 할 수 없고, 민사소송법 제449조 제1항의 특별항고만 허용될 뿐이다.

공익채권의 변제(제291조)

1. 회생절차의 종료의 경우의 원칙

회생절차폐지의 결정이 확정되면 회생절차가 종료된다. 그리고 관리인의 권한은 소멸하고 회생채무자의 사업의 경영과 재산의 처분의 권한은 채무자에게 복귀하게 된다.

2. 예외

회생절차 폐지 후에는 관리인의 권한은 소멸하게 되지만 한가지 예외가 있다. 회생절차폐지 후에는 관리인은 공익채권을 변제해야 하므로 그 범위 내에서 관리인의 권한은 잔존하게 되는 것이다.

■ **관련판례**

판례(대법원 1974.11.26. 선고 73다898 판결)

　회사정리법 제281조의 규정은 정리절차폐지의 결정이 확정된 때에는 같은법 23조 또는 27조의 경우를 제외하고 관리인은 그 자격으로 정리회사의 재산으로 공익채권을 변제하며 이의있는 것에 대하여는 그 채권자를 위하여 공탁을 하라는 취지이고 관리인의 재산으로 정리회사의 채권을 변제할 의무가 없으며 정리절차폐지결정이 확정될 때 공익채권총액이 정리회사의 재산을 초과하는 재산상태하에서 관리인이었던 자가 위 법281조의 조치를 취하지 아니한 처사를 불법행위로 볼 수 없다.

회생채권자표 등의 기재의 효력(제292조)

1. 효력

(1) 확정판결과 동일한 효력

　회생절차에 있어서 권리의 존재가 확정된 회생채권 또는 회생담보권에 관하여는 회생계획인가 전에 절차가 폐지된 경우 일지라도 채무자에 대한 관계에서는 그 효력을 인정할 것이 요구된다 할 것이다. 이에 따라 본 법은 회생계획인가결정 전에 회생절차가 폐지된 경우에는 확정된 회생채권 또는 회생담보권에 관하여 회생채권자표 또는 회생담보권자표의 기재는 채무자가 조사기일에 있어서 그 권리에 대하여 이의를 하지 아니한 경우에 채무자에 대하여 확정판결과 동일한 효력이 있다 하였다. 반면에 채무자회생및파산에관한법률 제285조의 규정에 의한 폐지의 경우에는 이와 같은 효력을 인정하지 않고 있다.

(2) 기판력의 포함 여부

　확정판결과 동일한 효력에 과연 기판력도 포함되는가가 문제되나, 다른 조에서도 확정판결과 동일한 효력도 기판력은 생기지 않는다는 입장을 택하고 있는바 본 조에서도 기판력은 생기지 않고 집행력만 생긴다는 견해가 옳다고 본다.

(3) 집행력

회생채권자 또는 회생담보권자는 회생절차종료 후 채무자에 대하여 회생
채권자표 또는 회생담보권자표에 의하여 강제집행을 할 수 있다. 회생채권
자표와 회생담보권자표의 집행력을 규정한 것이다.

▣ 관련판례

판례(대법원 1991.4.9. 선고 91다63 판결)

회사정리법 제68조, 제112조, 제242조, 제245조, 제282조 등의 규정내용에 비추
어 보면, 정리회사의 관리인이 정리계획인가의 결정이 확정된 대로 정리채권을
변제하지 않더라도 회사정리절차가 진행중인 동안에는 정리채권자는 정리계획
에 정하여진 바에 따라 정리채권을 변제받을 수 있을 뿐, 강제집행을 할 수 없
음은 물론 그 채권의 이행이나 확인을 청구하는 소송도 제기할 수 없다.

준용규정(제293조)

1. 채무자회생및파산에관한법률 제255조(회생채권자표 등의 기 재의 효력)

(1) 제2항

금전의 지급 그 밖의 이행의 청구를 내용으로 하는 권리를 가진 자는 회생
절차종결 후 채무자와 회생을 위하여 채무를 부담한 자에 대하여 회생채권
자표 또는 회생담보권자표에 의하여 강제집행을 할 수 있다. 이 경우 보증
인은 「민법」 제437조(보증인의 최고, 검색의 항변)의 규정에 의한 항변
을 할 수 있다.

(2) 제3항

「민사집행법」 제2조(집행실시자) 내지 제18조(집행비용의 예납 등), 제
20조(공공기관의 원조), 제28조(집행력 있는 정본) 내지 제55조(외국에서
할 집행)의 규정은 제2항의 경우에 관하여 준용한다. 다만, 「민사집행법」
제33조(집행문부여의 소), 제44조(청구에 관한 이의의 소) 및 제45조(집행

문부여에 대한 이의의 소)의 규정에 의한 소는 회생법원의 관할에 전속한
다.

2. 제288조(회생계획인가 후의 폐지)

(1) 제1항

회생계획인가의 결정이 있은 후 회생계획을 수행할 수 없는 것이 명백하
게 된 때에는 법원은 관리인이나 목록에 기재되어 있거나 신고한 회생채권
자 또는 회생담보권자의 신청에 의하거나 직권으로 회생절차폐지의 결정
을 하여야 한다.

제 9 장

소액영업소득자에 대한 간이회생절차

제정이유

1) 총액 50억원 이하의 범위에서 채무를 부담하는 영업소득자에 대하여 간이회생절차를 신설하고, 간이회생절차에서는 관리인을 선임하지 아니할 수 있게 하고, 회생위원의 자격이 있는 사람을 간이조사위원으로 선임할 수 있게 함.

2) 회생채권자 의결권 총액의 3분의 2 이상의 의결권의 동의가 있는 경우 외에 의결권 총액의 2분의 1을 초과하는 의결권의 동의와 의결권자 과반수의 동의가 있는 경우 회생계획안에 관하여 회생채권자의 조에서 가결이 있는 것으로 봄.

용어의 정의(제293조의2)

이 장에서 사용하는 용어의 뜻은 다음과 같다.

1. "영업소득자"란 부동산임대소득·사업소득·농업소득·임업소득, 그 밖에 이와 유사한 수입을 장래에 계속적으로 또는 반복하여 얻을 가능성이 있는 채무자를 말한다.

2. "소액영업소득자"란 회생절차개시의 신청 당시 회생채권 및 회생담보권의 총액이 50억원 이하의 범위에서 대통령령으로 정하는 금액 이하인 채무를 부담하는 영업소득자를 말한다.

3. "간이회생절차"란 이 장의 규정에 따라 소액영업소득자에게 적용되는 회생절차를 말한다.

적용규정 등(제293조의3)

① 간이회생절차에 관하여는 이 장에서 달리 정한 것을 제외하고는 제2편(회생절차)의 규정을 적용한다.

② 이 법[제2편(회생절차)은 제외한다] 또는 다른 법령에서 회생절차를 인용하고 있는 경우에는 해당 법령에 특별한 규정이 있는 경우를 제외하고는 간이회생절차를 포함한 것으로 보아 해당 법령을 적용한다.

간이회생절차개시의 신청(제293조의4)

① 소액영업소득자는 법원에 간이회생절차개시의 신청을 할 수 있다. 다만, 개인인 소액영업소득자가 신청일 전 5년 이내에 개인회생절차 또는 파산절차에 의한 면책을 받은 사실이 있는 경우에는 그러하지 아니하다.

② 간이회생절차개시의 신청을 한 자는 제1항의 신청을 하는 때에 그 신청이 같은 항의 요건에 해당되지 아니할 경우에 회생절차개시의 신청을 하는 의사가 있는지 여부를 명확히 밝혀야 한다.

③ 간이회생절차개시의 신청은 다음 각 호의 사항을 기재한 서면으로 하여야 한다.

1. 채무자가 개인인 경우에는 채무자의 성명·주민등록번호 및 주소
2. 채무자가 개인이 아닌 경우에는 채무자의 상호, 주된 사무소 또는 영업소의 소재지, 채무자의 대표자의 성명
3. 간이회생절차개시의 신청을 구하는 취지
4. 간이회생절차개시의 원인
5. 채무자의 영업 내용 및 재산 상태
6. 소액영업소득자에 해당하는 채무액 및 그 산정 근거
7. 제2항에 따른 회생절차개시신청의 의사

④ 제3항에 따른 서면에는 다음 각 호의 서류를 첨부하여야 한다.

1. 채권자목록
2. 채무자의 영업 내용에 관한 자료
3. 채무자의 재산 상태에 관한 자료
4. 그 밖에 대법원규칙으로 정하는 서류

간이회생절차개시의 결정 등(제293조의5)

① 법원은 제293조의4제1항 본문의 신청이 있는 경우에 소액영업소득자인
채무자가 제34조제1항 각 호의 어느 하나에 해당하고, 제42조의 회생절차
개시신청의 기각 사유와 제293조의4제1항 단서에 해당하지 아니하는 경우
에는 간이회생절차개시의 결정을 하여야 한다.

② 법원은 제293조의4제1항 본문의 신청이 있는 경우에 채무자가 소액영업
소득자에 해당하지 아니하는 경우 또는 같은 항 단서에 해당되는 경우에는
다음 각 호의 구분에 따른 결정을 할 수 있다.

1. 채무자가 제293조의4제2항에 따라 회생절차개시의 신청을 하는 의사가 없
음을 밝힌 경우: 간이회생절차개시신청의 기각결정

2. 채무자가 제293조의4제2항에 따라 회생절차개시의 신청을 하는 의사가 있
음을 밝힌 경우: 간이회생절차개시신청의 기각결정과 다음 각 목의 어느
하나에 해당하는 결정

가. 회생절차개시결정

나. 회생절차개시신청의 기각결정

③ 법원은 제1항의 간이회생절차개시의 결정이 있은 후 회생계획인가결정의
확정 전에 다음 각 호의 어느 하나에 해당하는 경우에는 이해관계인의 신
청에 의하거나 직권으로 간이회생절차폐지의 결정을 하여야 한다.

1. 채무자가 소액영업소득자에 해당되지 아니함이 밝혀진 경우

2. 제293조의4제1항 단서에 해당됨이 밝혀진 경우

④ 법원은 제3항에 따라 간이회생절차폐지의 결정을 하는 경우에는 채권자
일반의 이익 및 채무자의 회생 가능성을 고려하여 회생절차를 속행할 수
있다. 이 경우 간이회생절차에서 행하여진 제6조제7항 각 호의 어느 하나
에 해당하는 자의 처분·행위 등은 그 성질에 반하는 경우가 아니면 회생
절차에서도 유효한 것으로 본다.

관리인의 불선임(제293조의6)

① 간이회생절차에서는 관리인을 선임하지 아니한다. 다만, 제74조제2항 각 호의 어느 하나에 해당한다고 인정하는 경우에는 관리인을 선임할 수 있다.

② 제1항 본문의 경우에는 채무자(개인이 아닌 경우에는 그 대표자를 말한다)는 이 편에 따른 관리인으로 본다.

간이조사위원 등(제293조의7)

① 간이회생절차에서 법원은 이해관계인의 신청에 의하거나 직권으로 제601조제1항 각 호의 어느 하나에 해당하는 자를 간이조사위원으로 선임할 수 있다. 간이조사위원에 대해서는 제79조, 제81조, 제82조, 제83조제1항 및 제87조를 준용한다.

② 간이조사위원은 제87조에 따른 조사위원의 업무를 대법원규칙으로 정하는 바에 따라 간이한 방법으로 수행할 수 있다.

③ 간이조사위원이 선임된 경우 관리인은 제91조부터 제93조까지의 규정에 따른 관리인의 업무를 대법원규칙으로 정하는 바에 따라 간이한 방법으로 수행할 수 있다.

회생계획안의 가결 요건에 관한 특례(제293조의8)

간이회생절차의 관계인집회에서는 제237조제1호에도 불구하고 다음 각 호의 요건 중 어느 하나를 충족하는 경우에는 회생계획안에 관하여 회생채권자의 조에서 가결된 것으로 본다.

1. 의결권을 행사할 수 있는 회생채권자의 의결권의 총액의 3분의 2 이상에 해당하는 의결권을 가진 자의 동의가 있을 것
2. 의결권을 행사할 수 있는 회생채권자의 의결권의 총액의 2분의 1을 초과하는 의결권을 가진 자의 동의 및 의결권자의 과반수의 동의가 있을 것

제5편 국제도산

제5편 국제도산

정의(제628조)

국제도산에서 사용하는 용어의 정의는 다음 각호와 같다.

1. "외국도산절차"라 함은 외국법원(이에 준하는 당국을 포함한다. 이하 같다)에 신청된 회생절차·파산절차 또는 개인회생절차 및 이와 유사한 절차를 말하며, 임시절차를 포함한다.
2. "국내도산절차"라 함은 대한민국 법원에 신청된 회생절차·파산절차 또는 개인회생절차를 말한다.
3. "외국도산절차의 승인"이라 함은 외국도산절차에 대하여 대한민국 내에 이 편의 지원처분을 할 수 있는 기초로서 승인하는 것을 말한다.
4. "지원절차"라 함은 이 편에서 정하는 바에 의하여 외국도산절차의 승인신청에 관한 재판과 채무자의 대한민국 내에 있어서의 업무 및 재산에 관하여 당해 외국도산절차를 지원하기 위한 처분을 하는 절차를 말한다.
5. "외국도산절차의 대표자"라 함은 외국법원에 의하여 외국도산절차의 관리자 또는 대표자로 인정된 자를 말한다.
6. "국제도산관리인"이라 함은 외국도산절차의 지원을 위하여 법원이 채무자의 재산에 대한 환가 및 배당 또는 채무자의 업무 및 재산에 대한 관리 및 처분권한의 전부 또는 일부를 부여한 자를 말한다.

▣ 관련판례

판례(대법원 2010. 3. 25., 자, 2009마1600, 결정)

외국법원의 면책재판 등은 실체법상의 청구권 내지 집행력의 존부에 관한 것으로서 그에 의하여 발생하는 효과는, 채무자와 개별 채권자 사이의 채무 혹은 책임의 감면이라고 하는 단순하고 일의적인 것이고, 그 면책재판 등의 승인 여부를 둘러싼 분쟁은 면책 등의 대상이 된 채권에 기하여 제기된 이행소송이나 강제집행절차 혹은 파산절차 등에서 당해 채무자와 채권자 상호간의 공격방어를 통하여 개별적으로 해결함이 타당하므로, 이 점에서 외국법원의 면책재판 등의 승인은 그 면책재판 등이 비록 외국도산절차의 일환으로 이루어진 것이라 하더라도 민사소송법 제217조가 규정하는 일반적인 외국판결의 승인과 다를 바 없다. 따라서 속지주의 원칙을 폐지한 채무자 회생 및 파산에 관한 법률하에서 외국도산절차에서 이루어진 외국법원의 면책재판 등의 승인 여부는 그 면책재판 등이 민사소송법 제217조의 승인요건을 충족하고 있는지를 심리하여 개별적으로 판단함이 상당하고, 그 승인 여부를 채무자 회생 및 파산에 관한 법률의 승인절차나 지원절차에 의하여 결정할 것은 아니다.

적용범위(제629조)

(1) 국제도산의 규정은 다음 각호의 경우에 적용한다.
① 외국도산절차의 대표자가 외국도산절차와 관련하여 대한민국 법원에 승인이나 지원을 구하는 경우
② 외국도산절차의 대표자가 대한민국 법원에서 국내도산절차를 신청하거나 진행 중인 국내도산절차에 참가하는 경우
③ 국내도산절차와 관련하여 관리인·파산관재인·채무자 그 밖에 법원의 허가를 받은 자 등이 외국법원의 절차에 참가하거나 외국법원의 승인 및 지원을 구하는 등 외국에서 활동하는 경우
④ 채무자를 공통으로 하는 국내도산절차 및 외국도산절차가 대한민국법원과 외국법원에서 동시에 진행되어 관련절차간에 공조가 필요한 경우
(2) 따로 규정하지 않은 사항은 채무자회생및파산에관한법률의 규정에 따른다.

관할(제630조)

외국도산절차의 승인 및 지원에 관한 사건은 서울중앙지방법원 합의부의 관할에 전속한다. 다만, 절차의 효율적인 진행이나 이해당사자의 권리보호를 위하여 필요한 때에는 서울중앙지방법원은 당사자의 신청에 의하거나

직권으로 외국도산절차의 승인결정과 동시에 또는 그 결정 후에 제3조가 규정하는 관할법원으로 사건을 이송할 수 있다.

외국도산절차의 승인신청(제631조)

외국도산절차승인신청서에는 외국도산절차의 대표자 및 대리인의 성명 또는 명칭과 주소, 외국도산절차의 대표자에 대한 대한민국내의 송달장소, 채무자의 성명 또는 명칭과 주소, 신청취지 및 신청이유, 외국도산절차가 신청된 국가에 소재하는 채무자의 영업소·사무소·주소, 외국도산절차가 신청된 국가의 명칭, 당해 외국도산절차를 담당하고 있는 법원 기타 그 절차를 관장할 권한있는 기관의 명칭과 사건의 표시, 외국도산절차의 신청일 및 그 효력발생일, 기타 당해 외국도산절차를 특정할 만한 구체적 사항을 기재하여야 한다. 법원은 상당하다고 인정할 경우 법원사무관등 또는 법원조직법 제54조의3의 규정에 따른 조사관에게 외국도산절차 승인신청 요건의 적부(채무자회생및파산에관한법률 제631조 제1항), 외국도산절차 승인신청 기각사유의 유무(제632조 제2항), 외국도산절차에 대한 지원처분의 필요여부 및 필요한 처분의 내용 또는 지원신청기각 사유의 유무(제636조 제1항·제3항)를 조사하여 보고하게 할 수 있다.

(1) 외국도산절차의 대표자는 외국도산절차가 신청된 국가에 채무자의 영업소·사무소 또는 주소가 있는 경우에 다음 각호의 서면을 첨부하여 법원에 외국도산절차의 승인을 신청할 수 있다. 이 경우 외국어로 작성된 서면에는 번역문을 붙여야 한다.

① 외국도산절차 일반에 대한 법적 근거 및 개요에 대한 진술서

② 외국도산절차의 개시를 증명하는 서면

③ 외국도산절차의 대표자의 자격과 권한을 증명하는 서면

④ 승인을 신청하는 그 외국도산절차의 주요내용에 대한 진술서(채권자·채무자 및 이해당사자에 대한 서술을 포함한다)

⑤ 외국도산절차의 대표자가 알고 있는 그 채무자에 대한 다른 모든 외국도산절차에 대한 진술서

①, ④, ⑤의 진술서에는

　가. 당해 외국도산절차 사건의 개요, 진행상황(절차개시의 판단유무 포함) 및 향후의 전망

　나. 당해 외국도산절차에 있어서 채권의 우선순위를 정하는 외국법의 규정

　다. 채무자의 업무의 수행 및 재산에 대하여 외국도산절차의 대표자가 갖는 관리·처분권의 행사범위, 존속기한, 권한행사에 필요한 법원의 허가 기타조건

　라. 채무자가 법인인 경우 그 설립의 준거일

　마. 대한민국에 있는 채무자의 주된 영업소 또는 사무소의 명칭과 소재지

　바. 채무자의 대한민국에서의 사용인 기타 종업원의 과반수로 조직된 노동조합이 있는 경우에는 그 명칭 및 대표자의 성명, 주소, 전화번호·팩시밀리번호·전자우편주소

　사. 채무자가 법인인 경우 그 법인의 설립이나 목적인 사업에 관하여 대한민국 행정청의 허가가 있는 때에는 그 행정청의 명칭과 소재지

　아. 외국도산절차의 대표자가 채무자에 대하여 국내도산절차가 계속중인 사실을 알고 있는 경우에는 그 법원·당사자·사건명·사건번호 및 진행상황

　자. 외국도산절차의 대표자가 다른 외국도산절차의 승인신청사건이 계속중인 사실을 알고 있는 경우에는 그 법원·당사자·사건명·사건번호 및 진행상황

을 기재해야 한다.

(2) 외국도산절차의 승인을 신청한 후 (1) 각호의 내용이 변경된 때에는 신청인은 지체 없이 변경된 사항을 기재한 서면을 법원에 제출하여야 한다.

(3) (1)의 규정에 의한 신청이 있는 때에는 법원은 지체 없이 그 요지를 공고하여야 한다.

(4) 채무자회생및파산에관한법률 제37조 및 제39조의 규정은 (1)의 규정에 의한 신청에 관하여 준용한다.

외국도산절차의 승인신청이 있은 후 외국도산절차의 대표자가 변경되거나

당해 외국도산절차가 개시 또는 종료된 때에는 외국도산절차의 대표자는 지체없이 변경된 사항을 기재한 서면을 법원에 제출해야 한다. 외국도산절차의 대표자는 외국도산절차의 승인신청이 있은 후 동일한 채무자에 대하여 국내도산절차 또는 다른외국도산절차의 승인·지원절차가 계속된 사실을 알게된 때에는지체없이 이 사실을 기재한 서면을 법원에 제출하여야 한다. 서면을 제출할 때에는 기재사항을 증명하는 서면을 첨부한다.

외국도산절차의 승인·지원절차가 계속중인 법원이 국내도산절차의 중지로 명하고자 하는 경우에는 미리 국내도산절차가 계속중인 법원의 의견을 들어야 한다.

외국도산절차의 승인결정(제632조)

(1) 법원은 외국도산절차의 승인신청이 있는 때에는 신청일부터 1월 이내에 승인 여부를 결정하여야 한다. 법인인 채무자에 대하여 외국도산절차의 승인결정이 있는 경우 그 법인의 설립이나 목적인 사업에 관하여 대한민국 행정청의 허가가 있는 때에는 법원은 외국도산절차의 승인결정이 있음을 주무관청에 통지하여야 한다. 이는 국제도산관리인이 선임(채무자회생및파산에관한법률 제637조)된 경우에 준용한다. 외국도산승인결정서에는 연·월·일·시를 기재해야 한다.

(2) 법원은 다음 각호의 어느 하나에 해당하는 경우에는 외국도산절차의 승인신청을 기각하여야 한다.

① 법원이 정한 비용을 미리 납부하지 아니한 경우

② 채무자회생및파산에관한법률 제631조제1항 각호의 서면을 제출하지 아니하거나 그 성립 또는 내용의 진정을 인정하기에 부족한 경우

③ 외국도산절차를 승인하는 것이 대한민국의 선량한 풍속 그 밖에 사회질서에 반하는 경우

(3) 법원은 외국도산절차의 승인결정이 있는 때에는 그 주문과 이유의 요지를 공고하고 그 결정서를 신청인에게 송달하여야 한다.

(4) 외국도산절차의 승인신청에 관한 결정에 대하여는 즉시항고를 할 수 있으며, 이 즉시항고는 집행정지의 효력이 없다.

외국도산절차승인의 효력(제633조)

외국도산절차의 승인결정은 이 법에 의한 절차의 개시 또는 진행에 영향을 미치지 아니한다.

외국도산절차의 대표자의 국내도산절차개시신청 등(제634조)

외국도산절차가 승인된 때에는 외국도산절차의 대표자는 국내도산절차의 개시를 신청하거나 진행 중인 국내도산절차에 참가할 수 있다.

승인 전 명령 등(제635조)

법원은 외국도산절차의 대표자의 신청에 의하거나 직권으로 외국도산절차의 승인신청이 있은 후 그 결정이 있을 때까지 채무자회생및파산에관한법률 제636조제1항제1호 내지 제3호의 조치를 명할 수 있다. 이는 외국도산절차의 승인신청을 기각하는 결정에 대하여 즉시항고가 제기된 경우에 준용한다. 이때 법원은 처분을 변경하거나 취소할 수 있다. 결정에 대하여는 즉시항고를 할 수 있으며, 즉시항고는 집행정지의 효력이 없다. 외국도산절차의 승인전명령신청서에는 민사소송등인지법 제9조 제3항에 의거 2천원의 인지를 붙인다.

외국도산절차에 대한 지원(제636조)

법원은 외국도산절차를 승인함과 동시에 또는 승인한 후 이해관계인의 신청에 의하거나 직권으로 채무자의 업무 및 재산이나 채권자의 이익을 보호하기 위하여 다음 각호의 결정을 할 수 있다.
① 채무자의 업무 및 재산에 대한 소송 또는 행정청에 계속하는 절차의 중지
② 채무자의 업무 및 재산에 대한 강제집행, 담보권실행을 위한 경매, 가압류·가처분 등 보전절차의 금지 또는 중지
③ 채무자의 변제금지 또는 채무자 재산의 처분금지
④ 국제도산관리인의 선임

⑤ 그 밖에 채무자의 업무 및 재산을 보전하거나 채권자의 이익을 보호하기 위하여 필요한 처분

- 금지명령등 지원신청서에는 채무자·신청인 기타 당사자의 성명 또는 명칭과 주소, 신청인의 대한민국내의 송달장소, 신청취지 및 신청이유, 외국도산절차가 개시되었거나 개시될 국가의 법률이 적용되는 경우 절차에 해당되는 당해 국가의 절차가 중지되거나 금지되는지 여부 및 그 범위를 기재해야 한다. 채무자의 재산에 속하는 권리로서 등기 또는 등록이 된 것에 관하여 지원신청을 한 경우에는 권리에 대한 등기부등본 또는 등록원부를 첨부해야 한다. 법원은 지원결정을 할 때에 필요하다고 인정하는 경우 신청인 또는 외국도산절차의 대표자에게 채권자의 성명·주소·채권액 및 발생원인을 기재한 채권자일람표 또는 그 밖에 소명자료의 제출을 명할 수 있다.

법원은 이 결정을 하는 때에는 채권자·채무자 그 밖의 이해관계인의 이익을 고려하여야 하며, 지원신청이 대한민국의 선량한 풍속 그 밖의 사회질서에 반하는 때에는 그 신청을 기각하여야 한다. 금지명령이 있는 때에는 그 명령의 효력이 상실된 날의 다음 날부터 2월이 경과하는 날까지 채무자에 대한 채권의 시효는 완성되지 아니한다. 법원은 필요한 경우 이해관계인의 신청에 의하거나 직권으로 결정을 변경하거나 취소할 수 있다.

법원은 ②의 금지명령 및 이를 변경하거나 취소하는 결정을 한 때에는 그 주문을 공고하고 그 결정서를 외국도산절차의 대표자나 신청인에게 송달하여야 한다. 법원은 특히 필요하다고 인정하는 때에는 이해관계인의 신청에 의하거나 직권으로 ②의 규정에 의하여 중지된 절차의 취소를 명할 수 있고, 이 경우 법원은 담보를 제공하게 할 수 있다. 이 결정에 대하여는 즉시항고를 할 수 있으며 집행정지의 효력이 없다.

외국도산절차의 지원신청, 외국도산절차의 지원결정의 변경·취소신청 또는 중지된 절차의 취소신청서에는 민사소송등인지법 제9조 제3항에 의거 2천원의 인지를 붙인다.

☑ 관련판례

판례(대법원 2010. 3. 25., 자, 2009마1600, 결정)

외국법원의 면책재판 등을 승인하기 위해서는 그 면책재판 등의 효력을 인정하는 것이 대한민국의 선량한 풍속이나 그 밖의 사회질서에 어긋나지 아니할 것이라는 요건을 충족하여야 하는바(

민사소송법 제217조 제3호), 여기서 대한민국의 선량한 풍속이나 그 밖의 사회질서에 어긋나는 경우라 함은, 국내 채권자의 외국도산절차에 대한 적법한 절차 참가권이 침해되는 등 외국법원의 면책재판 등의 성립절차가 선량한 풍속이나 그 밖의 사회질서에 어긋나는 경우나 외국법원의 면책재판 등의 내용이 선량한 풍속이나 그 밖의 사회질서에 어긋나는 경우뿐만 아니라, 외국법원의 면책재판 등에 따른 면책적 효력을 국내에서 인정하게 되면 국내 채권자의 권리나 이익을 부당하게 침해하는 등 그 구체적 결과가 선량한 풍속이나 그 밖의 사회질서에 어긋나는 경우 등도 포함된다.

국제도산관리인(제637조)

1. 국제도산관리인의 선임

국제도산관리인의 선임신청서에는 채무자·신청인 기타 당사자의 성명 또는 명칭과 주소, 신청인의 대한민국내의 송달장소, 신청취지 및 신청이유, 외국도산절차가 개시될 국가의 법률이 적용되는 경우 절차에 해당되는 당해 국가의 절차가 중지되거나 금지되는지 여부 및 그 범위, 채무자의 자산·부채 그 밖의 재산상태, 채무자가 사업을 영위하고 있는 때에는 그 사업의 목적과 업무의 상황·대한민국내의 영업소 또는 사무소의 명칭과 소재지 및 대한민국에서의 사용인 그 밖의 종업원의 현황, 외국도산절차의 대표자 이외의 사람을 국제도산관리인으로 선임하기를 원하는 경우에는 그 취지 및 사유를 기재하고 대한민국에 있는 채무자의 재산목록 기타 등기부 등본 등을 첨부하여 제출하여야 한다.

법원은 국제도산관리인으로 외국도산절차의 대표자 또는 그 밖에 국제도산관리인으로서의 직무를 수행함에 적절한 사람(법인 포함)을 선임하여야 한다. 법인이 국제도산관리인으로 선임된 경우 그 법인은 대표자 또는 임직원 중에서 국제도산관리인의 직무를 실제 수행할 사람을 지명하여 그 취지를 법원에 신고하여야 한다.

법원은 국제도산관리인에게 그 선임을 증명하는 서면을 교부하고, 국제도산관리인은 그 직무를 행하는 경우 이해관계인의 청구가 있는 때에는 그 서면을 제시해야 한다.

채무자회생및파산에관한법률 제2편제2장제1절(관리인) 및 제3편제2장제1절(파산관재인)에 관한 규정은 국제도산관리인에 관하여 준용한다.

2. 국제도산관리인의 임무와 감독등

국제도산관리인이 선임된 경우 채무자의 업무의 수행 및 재산에 대한 관리·처분권한은 국제도산관리인에게 전속한다. 국제도산관리인은 대한민국 내에 있는 채무자의 재산을 처분 또는 국외로의 반출, 환가·배당 그 밖에 법원이 정하는 행위를 하는 경우에는 법원의 허가를 받아야 한다.

국제도산관리인과 외국도산절차의 대표자는 외국도산절차에 대한 지원절차의 원활한 진행 및 채무자의 대한민국 내에서의 임무의 수행과 재산의 관리 및 처분의 공정성을 도모하기 위하여 상호 긴밀히 협조해야 한다.

국제도산관리인은 외국도산절차의 대표자에 대하여 채무자의 대한민국 내에서의 업무의 수행과 재산의 관리 및 처분에 대해 필요한 협력 및 정보의 제공을 요구할 수 있다.

국제도산관리인은 법원이 정하는 바에 따라 법원에 대하여 업무와 계산에 관한 보고를 하여야 한다.

국내도산절차와 외국도산절차의 동시진행(제638조)

채무자를 공통으로 하는 외국도산절차와 국내도산절차가 동시에 진행하는 경우 법원은 국내도산절차를 중심으로 채무자회생및파산에관한법률 제635조(승인 전 명령 등) 및 제636조(외국도산절차에 대한 지원)의 규정에 의한 지원을 결정하거나 이를 변경 또는 취소할 수 있다. 이 결정에 대하여는 즉시항고를 할 수 있으며, 집행정지의 효력은 없다.

복수의 외국도산절차(제639조)

채무자를 공통으로 하는 여러 개의 외국도산절차의 승인신청이 있는 때에는 법원은 이를 병합심리하여야 한다.

채무자를 공통으로 하는 여러 개의 외국도산절차가 승인된 때에는 법원은 승인 및 지원절차의 효율적 진행을 위하여 채무자의 주된 영업소 소재지 또는 채권자보호조치의 정도 등을 고려하여 주된 외국도산절차를 결정할 수 있다. 법원은 필요한 경우 주된 외국도산절차를 변경할 수 있다. 이 결정에 대하여는 즉시항고를 할 수 있으며 집행정지의 효력은 없다.

법원은 주된 외국도산절차를 중심으로 채무자회생및파산에관한법률 제636조의 규정에 의한 지원을 결정하거나 변경할 수 있다.

외국도산절차의 승인·지원절차가 계속중인 법원의 법원사무관등과 동일한 채무자에 대하여 국내도산절차가 계속중인 법원의 법원사무관등은 당해 외국도산절차의 승인절차 또는 국내도산절차가 계속중이라는 취지를 알게 된 경우 이를 각 해당 법원에 통지하여야 한다.

외국도산절차의 승인·지원절차가 계속중인 법원이 국내도산절차의 중지를 명하고자 하는 경우에는 미리 국내도산절차가 계속중인 법원의 의견을 들어야 한다.

국내도산절차가 계속중인 법원의 법원사무관등은 국내도산절차의 개시·폐지 또는 종결결정이 있은때, 회생계획 또는 변제계획의 인가결정이 있은 때, 그 밖의 사유에 의하여 국내도산절차가 종료한 때에는 그 취지를 외국도산절차의 승인·지원절차가 계속중인 법원에 통지하여야 한다.

외국도산절차의 승인·지원절차가 계속중인 법원의 법원사무관등은 외국도산절차의 승인결정이 있거나 그 변경 또는 취소결정이 있는때(법 제632조), 외국도산절차에 대한 지원결정(법 제636조) 또는 승인전명령(법 제635조)이 있거나 그 변경 또는 취소결정이 있을 때, 그 밖의 사유에 의하여 외국도산절차의 승인·지원절차가 종료한 때에는 그 취지를 국내도산절차가 계속중인 법원에 통지하여야 한다.

이는 채무자를 공통으로 하는 여러개의 외국도산절차의 승인신청이 있거나 그 승인결정이 내려진때 또는 이미 승인결정이 내려진 동일한 채무자에 대하여 다시 다른 외국도산절차의 승인신청이나 외국도산절차에 대한 지원신청이 있는 경우에 준용한다.

관리인 등이 외국에서 활동할 권한(제640조)

국내도산절차의 관리인·파산관재인 그 밖에 법원의 허가를 받은 자 등은 외국법이 허용하는 바에 따라 국내도산절차를 위하여 외국에서 활동할 권한이 있다. 채권자가 국내도산절차의 개시결정(파산선고 포함)이 있은 후 외국도산절차 또는 채무자의 국외재산으로부터 변제받은 때에도 그 변제를 받기전의 채권전부로써 국내도산절차에 참가할 수 있다. 다만, 외국도산절차 또는 채무자의 국외재산으로부터 변제받은 채권액에 관하여는 의결권을 행사하지 못한다.

채권자는 채무자회생및파산에관한법률 제642조에 따라 국내도산절차에서 그와 같은 조 및 순위에 속하는 다른 채권자가 동일한 비율의 변제를 받을 때까지 국내도산절차에서 배당 또는 변제를 받지 못한다.

공조(제641조)

(1) 법원은 동일한 채무자 또는 상호 관련이 있는 채무자에 대하여 진행 중인 국내도산절차 및 외국도산절차나 복수의 외국도산절차간의 원활하고 공정한 집행을 위하여 외국법원 및 외국도산절차의 대표자와 다음 각호의 사항에 관하여 공조하여야 한다.

① 의견교환

② 채무자의 업무 및 재산에 관한 관리 및 감독

③ 복수 절차의 진행에 관한 조정

④ 그 밖에 필요한 사항

(2) 법원은 공조를 위하여 외국법원 또는 외국도산절차의 대표자와 직접 정보 및 의견을 교환할 수 있다.

(3) 국내도산절차의 관리인 또는 파산관재인은 법원의 감독하에 외국법원 또는 외국도산절차의 대표자와 직접 정보 및 의견을 교환할 수 있다.

(4) 국내도산절차의 관리인 또는 파산관재인은 법원의 허가를 받아 외국법원 또는 외국도산절차의 대표자와 도산절차의 조정에 관한 합의를 할 수 있다.

배당의 준칙(제642조)

채무자를 공통으로 하는 국내도산절차와 외국도산절차 또는 복수의 외국도산절차가 있는 경우 외국도산절차 또는 채무자의 국외재산으로부터 변제받은 채권자는 국내도산절차에서 그와 같은 조 및 순위에 속하는 다른 채권자가 동일한 비율의 변제를 받을 때까지 국내도산절차에서 배당 또는 변제를 받을 수 없다.

이는 외국도산절차와 국내도산절차가 병행하고 있는 경우에 있어서 이른바 hotch pot rule(복수의 상속인 가운데 과거에 특별한 수익을 받은 자가 있는 경우 그 수익분을 상속재산에 반환한 것으로 하여 각 상속인의 상속분을 산정하는 것)을 채택하여 채권자 평등원칙을 실현하고자 하였다.

제6편 벌 칙

제6편 벌칙

사기회생죄 (제643조)

(1) 채무자가 자기 또는 타인의 이익을 도모하거나 채권자를 해할 목적으로 다음 각호의 어느 하나에 해당하는 행위를 하고, 채무자에 대하여 회생절차개시 또는 간이회생절차개시의 결정이 확정된 경우 그 채무자는 10년 이하의 징역 또는 1억원 이하의 벌금에 처한다.

① 채무자의 재산을 손괴 또는 은닉하거나 회생채권자·회생담보권자·주주·지분권자에 불이익하게 처분하는 행위

② 채무자의 부담을 허위로 증가시키는 행위

③ 법률의 규정에 의하여 작성하여야 하는 상업장부를 작성하지 아니하거나, 그 상업장부에 재산의 현황을 알 수 있는 정도의 기재를 하지 아니하거나, 그 상업장부에 부정의 기재를 하거나, 그 상업장부를 손괴 또는 은닉하는 행위

④ 「부정수표단속법」에 의한 처벌회피를 주된 목적으로 회생절차개시 또는 간이회생절차개시의 신청을 하는 행위

(2) 다음 각호의 어느 하나에 해당하는 자가 자기 또는 타인의 이익을 도모하거나 채권자를 해할 목적으로 제1항 각호의 행위를 하고, 채무자에 대하여 회생절차개시 또는 간이회생절차개시의 결정이 확정된 경우 그 자는 5년 이하의 징역 또는 5천만원 이하의 벌금에 처한다.

① 채무자의 법정대리인

② 법인인 채무자의 이사

③ 채무자의 지배인

(3) 채무자가 자기 또는 타인의 이익을 도모하거나 채권자를 해할 목적으로 다음 각호의 어느 하나에 해당하는 행위를 하고, 채무자에 대하여 개인회생절차개시의 결정이 확정된 때에는 5년 이하의 징역 또는 5천만원 이하의 벌금에 처한다.

① 재산을 은닉 또는 손괴하거나 채권자에게 불이익하게 처분하는 행위

② 허위로 부담을 증가시키는 행위

▣ 관련판례

판례(대법원 2016. 10. 13., 선고, 2016도8347, 판결)

구 채무자 회생 및 파산에 관한 법률(2013. 5. 28. 법률 제11828호로 개정되기 전의 것, 이하 '구 채무자회생법'이라 한다) 제643조 제1항은 채무자가 자기 또는 타인의 이익을 도모하거나 채권자를 해할 목적으로 채무자의 재산을 손괴 또는 은닉하는 등 각 호의 어느 하나에 해당하는 행위를 하고, 채무자에 대하여 회생절차개시의 결정이 확정된 경우 사기회생죄로 처벌하도록 하고 있고, 채무자 회생 및 파산에 관한 법률(이하 '채무자회생법'이라 한다) 부칙(2005. 3. 31.) 제4조는 벌칙에 관한 경과조치로 "이 법 시행 전의 행위에 대한 벌칙의 적용에 있어서는 종전의 규정에 의하고, 1개의 죄가 이 법 시행 전후에 걸쳐서 행하여 진 때에는 이 법 시행 전에 범한 것으로 본다."라고 규정하고 있다.

그런데 2005. 3. 31. 법률 제7428호로 채무자회생법이 제정되어 2006. 4. 1. 시행되기 전의 구 개인채무자회생법(법률 제7428호 부칙 제2조로 폐지, 이하 같다) 제87조는 구 채무자회생법 제643조 제1항과 유사하게, 채무자가 자기 또는 타인의 이익을 도모하거나 채권자를 해할 목적으로 재산을 은닉 또는 손괴하는 등 각 호의 어느 하나에 해당하는 행위를 하고, 채무자에 대하여 개인회생절차 개시의 결정이 확정된 때에는 사기개인회생죄로 처벌하도록 규정하되, 제48조에 서 개인채무자로서 일정한 금액(담보된 개인회생채권의 경우에는 10억 원, 그 외의 개인회생채권의 경우에는 5억 원)을 초과하지 아니하는 범위 안에서 대법 원규칙으로 정하는 금액 이하의 채무를 부담하는 급여소득자 또는 영업소득자 만이 개인회생절차의 개시를 신청할 수 있도록 규정하여 개인회생절차개시의 신청권자를 제한하였다가, 채무자회생법의 제정 및 시행으로 비로소 개인채무자 도 채무액의 제한 없이 회생절차의 개시를 신청할 수 있게 되었다(채무자회생법 제34조 참조).

이와 같은 구 개인채무자회생법 및 구 채무자회생법의 관련 규정들을 헌법 제13조 제1항 전단과 형법 제1조 제1항에서 밝히고 있는 형벌법규의 소급효금 지 원칙에 비추어 살펴볼 때, 채무자회생법의 시행 전에는 구 개인채무자회생법 제48조에서 정한 개인회생절차의 개시를 신청할 자격이 없던 개인채무자가 채무자회생법의 시행 전후에 걸쳐서 각각 구 개인채무자회생법 제87조 각 호의 사기개인회생죄 및 구 채무자회생법 제643조 제1항 각 호의 사기회생죄에서 정한 행위를 하고 구 채무자회생법의 시행 후에 그 채무자에 대하여 회생절차개시의 결정이 확정되었더라도, 그 시행 전의 행위는 행위 시의 법률인 구 개인채무자회생법에서 정한 사기개인회생죄의 주체가 될 수 없는 사람의 행위로서 범죄를 구성할 수 없으므로, 구 개인채무자회생법에서 정한 사기개인회생죄나 구 채무자회생법에서 정한 사기회생죄의 어느 것으로도 처벌할 수 없고, 그 행위가 범죄행위 자체에 해당하지 아니하는 이상 채무자회생법 시행 후의 행위와 포괄하여 일죄를 구성할 여지도 없다.

제3자의 사기회생죄(제644조)

채무자회생및파산에관한법률 제643조에 규정된 자 외의 자가 다음 각호의 어느 하나에 해당하는 행위를 하고, 채무자에 대하여 회생절차개시의 결정이 확정된 경우 그 자는 5년 이하의 징역 또는 5천만원 이하의 벌금에 처한다.
① 채무자회생및파산에관한법률 제643조제1항 각호의 행위
② 자기 또는 타인의 이익을 도모하거나 채권자를 해할 목적으로 회생채권자·회생담보권자·주주·지분권자로서 허위의 권리를 행사하는 행위

사기회생죄에 대한 특칙(제644조의2)

채무자회생및파산에관한법률 제231조의2 또는 제243조의2의 적용을 면탈할 목적으로 거짓의 정보를 제공하거나 거짓의 자료를 제출하고, 회생계획인가의 결정이 확정된 경우 해당 정보를 제공하거나 해당 자료를 제출한 자는 5년 이하의 징역 또는 5천만원 이하의 벌금에 처한다.

회생수뢰죄(제645조)

(1) 관리위원·조사위원·간이조사위원·회생위원·보전관리인·관리인(제637

조의 규정에 의한 국제도산관리인을 포함한다), 고문이나 관리인 또는 보전관리인·회생위원의 대리인이 그 직무에 관하여 뇌물을 수수·요구 또는 약속한 경우 그 자는 5년 이하의 징역 또는 5천만원 이하의 벌금에 처한다. 다음 각호의 어느 하나에 해당하는 자가 관계인집회의 결의에 관하여 뇌물을 수수·요구 또는 약속한 때에 그 자도 또한 같다.

① 회생채권자·회생담보권자·주주·지분권자

② 제1호에 규정된 자의 대리위원 또는 대리인

③ 제1호에 규정된 자의 임원 또는 직원

(2) 관리인(제637조의 규정에 의한 국제도산관리인을 포함한다)·보전관리인 또는 조사위원·간이조사위원·회생위원이 법인인 경우에는 관리인·보전관리인 또는 조사위원·간이조사위원·회생위원의 직무에 종사하는 그 임원 또는 직원이 그 직무에 관하여 뇌물을 수수·요구 또는 약속한 경우 그 임원 또는 직원은 5년 이하의 징역 또는 5천만원 이하의 벌금에 처한다. 관리인·보전관리인·회생위원 또는 조사위원·간이조사위원이 법인인 경우 그 임원 또는 직원이 관리인·보전관리인·회생위원 또는 조사위원의 직무에 관하여 관리인·보전관리인·회생위원 또는 조사위원·간이조사위원에게 뇌물을 수수하게 하거나 그 공여를 요구 또는 약속한 때에도 같다.

(3) (1) 및 (2)의 경우 범인 또는 그 정을 아는 제3자가 수수한 뇌물은 몰수한다. 이 경우 몰수가 불가능한 때에는 그 가액을 추징한다.

회생증뢰죄(제646조)

채무자회생및파산에관한법률 제645조제1항 또는 제2항에 규정한 뇌물을 약속 또는 공여하거나 공여의 의사표시를 한 자는 5년 이하의 징역 또는 5천만원 이하의 벌금에 처한다.

경영참여금지위반죄(제647조)

채무자회생및파산에관한법률 제284조의 규정을 위반하여 회생절차종결 또는 간이회생절차종결 후 채무자의 이사로 선임되거나 대표이사로 선정되어 취임한 자는 3년 이하의 징역 또는 3천만원 이하의 벌금에 처한다.

무허가행위 등의 죄(제648조)

(1) 관리인·파산관재인(채무자회생및파산에관한법률 제637조의 규정에 의한 국제도산관리인을 포함한다) 또는 보전관리인이 법원의 허가를 받아야 하는 행위를 허가를 받지 아니하고 행한 경우 그 자는 3년 이하의 징역 또는 3천만원 이하의 벌금에 처한다.

(2) 관리인 또는 보전관리인이 법원에 허위의 보고를 하거나 임무종료 후 정당한 사유 없이 채무자회생및파산에관한법률 제84조제1항의 규정에 의한 계산에 관한 보고를 하지 아니한 경우 그 자는 1년 이하의 징역 또는 1천만원 이하의 벌금에 처한다.

▣ 관련판례

판례(대법원 2013. 1. 31., 선고, 2012도2409, 판결)

채무자 회생 및 파산에 관한 법률(이하 '채무자회생법'이라고 한다) 제648조 제2항은 "관리인 또는 보전관리인이 법원에 허위의 보고를 하거나 임무 종료 후 정당한 사유 없이 제84조 제1항의 규정에 의한 계산에 관한 보고를 하지 아니한 경우 그 자는 1년 이하의 징역 또는 1천만 원 이하의 벌금에 처한다."고 규정하고 있는데, 위 규정 전문(前文)의 허위보고죄가 성립하려면 객관적으로 보고의 내용이 허위로서 진실과 불일치하여야 할 뿐만 아니라 주관적으로 관리인 등에게 그러한 허위에 관한 인식이 있어야 한다.

보고와 검사거절의 죄(제649조)

다음 각호의 어느 하나에 해당하는 자는 1년 이하의 징역 또는 1천만원 이하의 벌금에 처한다.

① 정당한 사유 없이 채무자회생및파산에관한법률 제22조제3항의 규정에 의한 자료제공을 거부·기피 또는 방해하거나 허위의 자료를 제공한 관리인 또는 파산관재인

② 정당한 사유 없이 채무자회생및파산에관한법률 제34조제3항의 규정에 의한 자료제출을 거부·기피 또는 방해하거나 허위의 자료를 제출한 채무자

③ 정당한 사유 없이 채무자회생및파산에관한법률 제79조제1항(제88조와 제293조의7제1항 후단에서 준용하는 경우를 포함한다)의 규정에 의한 보고를 거부·기피 또는 방해하거나 허위의 보고를 한 자

④ 정당한 사유 없이 채무자회생및파산에관한법률 제79조제1항(제88조와 제293조의7제1항 후단에서 준용하는 경우를 포함한다)의 규정에 의한 검사를 거부·기피 또는 방해한 채무자

④의2 정당한 사유 없이 채무자회생및파산에관한법률 제231조의2제3항에 따른 정보제공 또는 자료제출을 거부·기피 또는 방해하거나, 거짓의 정보를 제공하거나 거짓의 자료를 제출한 자

④의3 정당한 사유 없이 채무자회생및파산에관한법률 제243조의2제3항에 따른 정보제공 또는 자료제출을 거부·기피 또는 방해하거나, 거짓의 정보를 제공하거나 거짓의 자료를 제출한 자

⑤ 정당한 사유 없이 채무자회생및파산에관한법률 제591조의 규정에 의한 보고·조사·시정 요구를 거부하거나 허위보고를 한 채무자

사기파산죄(제650조)

(1) 채무자가 파산선고의 전후를 불문하고 자기 또는 타인의 이익을 도모하거나 채권자를 해할 목적으로 다음 각호의 어느 하나에 해당하는 행위를 하고, 그 파산선고가 확정된 때에는 10년 이하의 징역 또는 1억원 이하의 벌금에 처한다.

① 파산재단에 속하는 재산을 은닉 또는 손괴하거나 채권자에게 불이익하게 처분을 하는 행위
② 파산재단의 부담을 허위로 증가시키는 행위
③ 법률의 규정에 의하여 작성하여야 하는 상업장부를 작성하지 아니하거나, 그 상업장부에 재산의 현황을 알 수 있는 정도의 기재를 하지 아니하거나, 그 상업장부에 부실한 기재를 하거나, 그 상업장부를 은닉 또는 손괴하는 행위
④ 채무자회생및파산에관한법률 제481조의 규정에 의하여 법원사무관등이 폐쇄한 장부에 변경을 가하거나 이를 은닉 또는 손괴하는 행위
(2) 수탁자, 신탁재산관리인, 수탁자의 법정대리인, 수탁자의 지배인 또는 법인인 수탁자의 이사가 파산선고의 전후를 불문하고 자기 또는 타인의 이익을 도모하거나 채권자를 해할 목적으로 제1항 각 호의 어느 하나에 해당하는 행위를 하고, 유한책임신탁재산에 대한 파산선고가 확정된 경우에는 10년 이하의 징역 또는 1억원 이하의 벌금에 처한다.

▣ 관련판례

판례(대법원 2011. 1. 25., 자, 2010마1554,1555, 결정)

채무자가 채권자에게 채무를 부담하고 있는 상황에서 배우자의 상속재산에 관한 자신의 상속지분 일체를 포기하여 장남으로 하여금 단독으로 상속받도록 하고, 장남이 그 상속재산을 단독으로 상속한 후 일부 상속재산을 처분하기까지 하였음에도 파산신청서에 그 내용을 기재하지 않았을 뿐만 아니라 상속재산이 없다고 기재하여 본인의 재산상태에 관하여 허위의 진술을 하는 등 면책불허가 사유에 해당하는 행위를 저지르면서 한 파산신청을 파산절차의 남용행위로 보아 '채무자 회생 및 파산에 관한 법률' 제309조 제2항에 따라 그 파산신청을 기각한 원심판단은 수긍할 수 있고, 그러한 판단이 섣불리 파산신청을 기각하여 채무자에게 재량면책을 받을 기회를 부당히 상실하게 하는 것이라고 볼 수 없다고 한 사례.

과태파산죄 (제651조)

(1) 채무자가 파산선고의 전후를 불문하고 다음 각호의 어느 하나에 해당하는 행위를 하고, 그 파산선고가 확정된 경우 그 채무자는 5년 이하의 징역 또는 5천만원 이하의 벌금에 처한다.

① 파산의 선고를 지연시킬 목적으로 신용거래로 상품을 구입하여 현저히 불이익한 조건으로 이를 처분하는 행위

② 파산의 원인인 사실이 있음을 알면서 어느 채권자에게 특별한 이익을 줄 목적으로 한 담보의 제공이나 채무의 소멸에 관한 행위로서 채무자의 의무에 속하지 아니하거나 그 방법 또는 시기가 채무자의 의무에 속하지 아니하는 행위

③ 법률의 규정에 의하여 작성하여야 하는 상업장부를 작성하지 아니하거나, 그 상업장부에 재산의 현황을 알 수 있는 정도의 기재를 하지 아니하거나, 그 상업장부에 부정의 기재를 하거나, 그 상업장부를 은닉 또는 손괴하는 행위

④ 채무자회생및파산에관한법률 제481조의 규정에 의하여 법원사무관등이 폐쇄한 장부에 변경을 가하거나 이를 은닉 또는 손괴하는 행위

(2) 수탁자, 신탁재산관리인, 수탁자의 법정대리인, 수탁자의 지배인 또는 법인인 수탁자의 이사가 파산선고의 전후를 불문하고 제1항 각 호의 어느 하나에 해당하는 행위를 하고, 유한책임신탁재산에 대한 파산선고가 확정된 경우에는 5년 이하의 징역 또는 5천만원 이하의 벌금에 처한다.

■ **관련판례**

판례(대법원 2016. 8. 31., 자, 2016마899, 결정)

채무자 회생 및 파산에 관한 법률 제564조 제1항 제1호, 제651조 제1항 제2호는 '파산의 원인인 사실이 있음을 알면서 어느 채권자에게 특별한 이익을 줄 목적으로 한 담보의 제공이나 채무의 소멸에 관한 행위로서 채무자의 의무에 속하지 아니하거나 그 방법 또는 시기가 채무자의 의무에 속하지 아니하는 행위가 있다고 인정하는 때'를 면책불허가사유로 규정하고 있으므로, 채무자가 파산

의 원인인 사실이 있음을 알면서 여러 채권자들 중에서 어느 채권자에게 특별한 이익을 줄 목적으로 변제하였더라도 그 행위가 '변제기에 도달한 채무를 그 내용에 좇아 변제하는 것'인 경우에는 위 면책불허가사유에 해당한다고 볼 수 없다.

일정한 지위에 있는 자의 사기파산 및 과태파산죄(제652조)

다음 각호의 어느 하나에 해당하는 자가 채무자회생및파산에관한법률 제650조 및 제651조에 규정된 행위를 하고, 채무자에 대한 파산선고가 확정된 때에는 제650조 및 제651조의 예에 의한다. 상속재산에 대한 파산의 경우 상속인 및 그 법정대리인과 지배인에 관하여도 또한 같다.

① 채무자의 법정대리인
② 법인인 채무자의 이사
③ 채무자의 지배인

구인불응죄(제653조)

채무자회생및파산에관한법률 제제319조, 제320조, 제322조 및 제578조의6에 따른 구인의 명을 받은 자가 그 사실을 알면서도 파산절차를 지연시키거나 구인의 집행을 회피할 목적으로 도주한 때에는 1년 이하의 징역 또는 1천만원 이하의 벌금에 처한다.

제3자의 사기파산죄(제654조)

채무자 및 채무자회생및파산에관한법률 제652조 각호의 자가 아닌 자가 파산선고의 전후를 불문하고 자기 또는 타인의 이익을 도모하거나 채권자를 해할 목적으로 제650조 각호의 행위를 하거나 자기나 타인을 이롭게 할 목적으로 파산채권자로서 허위의 권리를 행사하고, 채무자에 대한 파산선고가 확정된 경우 그 행위를 한 자는 10년 이하의 징역 또는 1억원 이하의 벌금에 처한다.

파산수뢰죄(제655조)

파산관재인(제637조의 규정에 의한 국제도산관리인을 포함한다) 또는 감사위원이 그 직무에 관하여 뇌물을 수수·요구 또는 약속한 경우 그 자는 5년 이하의 징역 또는 5천만원 이하의 벌금에 처한다. 다음 각호의 어느 하나에 해당하는 자가 채권자집회의 결의에 관하여 뇌물을 수수·요구 또는 약속한 때에 그 자도 또한 같다. 이 때 범인 또는 그 정을 아는 제3자가 수수한 뇌물은 몰수한다. 이 경우 몰수가 불가능한 때에는 그 가액을 추징한다.

① 파산채권자
② 파산채권자의 대리인
③ 파산채권자의 이사

파산증뢰죄(제656조)

다음 각호의 어느 하나에 해당하는 자에게 뇌물을 약속 또는 공여하거나 공여의 의사를 표시한 자는 3년 이하의 징역 또는 3천만원 이하의 벌금에 처한다.

① 파산관재인(제637조의 규정에 의한 국제도산관리인을 포함한다)
② 감사위원
③ 파산채권자
④ 파산채권자의 대리인
⑤ 파산채권자의 이사

재산조회결과의 목적외사용죄(제657조)

채무자회생및파산에관한법률 제29조제1항의 규정에 의한 재산조회의 결과를 회생절차·파산절차 또는 개인회생절차를 위한 채무자의 재산상황조사 외의 목적으로 사용한 자는 2년 이하의 징역 또는 2천만원 이하의 벌금에 처한다

설명의무위반죄(제658조)

채무자회생및파산에관한법률 제321조 및 제578조의7에 따라 설명의 의무가 있는 자가 정당한 사유 없이 설명을 하지 아니하거나 허위의 설명을 한 때에는 1년 이하의 징역 또는 1천만원 이하의 벌금에 처한다.

국외범(제659조)

채무자회생및파산에관한법률 제645조 및 제655조의 규정은 대한민국 외에서 같은 조의 죄를 범한 자에게도 적용하며, 제646조 및 제656조의 죄는 「형법」 제5조(외국인의 국외범)의 예에 따른다.

과태료(제660조)

(1) 채무자회생및파산에관한법률 제29조제1항의 규정에 의하여 조회를 받은 공공기관·금융기관·단체 등의 장이 정당한 사유 없이 자료제출을 거부하거나 허위의 자료를 제출한 경우 그 자는 500만원 이하의 과태료에 처한다.

(2) 다음 각호의 어느 하나에 해당하는 자가 제258조제1항 또는 제2항의 규정에 의한 법원의 명령을 위반하는 행위를 한 경우 그 자는 500만원 이하의 과태료에 처한다.

① 채무자, 신회사의 이사나 지배인

② 회생채권자·회생담보권자·주주·지분권자와 회생을 위하여 채무를 부담하거나 담보를 제공한 자

(3) 채무자회생및파산에관한법률 제251조·제566조 또는 제625조에 의하여 면책을 받은 개인인 채무자에 대하여 면책된 사실을 알면서 면책된 채권에 기하여 강제집행·가압류 또는 가처분의 방법으로 추심행위를 한 자는 500만원 이하의 과태료에 처한다.

편찬   김용환(법무사)

- 서울중앙지방법원 파산부 근무
- 서울 강서 등기소 근무
- 서울 남부지법 근무
- 현 법무사

감수   박근영(변호사)

- 1983년 전남대 법대 졸업
- 1995년 제 37회 사법시험 합격
- 1998년 사법연수원 27기 수료
- 현 변호사 박근영사무소운영(서울)

개인회생·개인파산·법인파산을 실질실무와 이론·사례로 구성한

통합 도산법(파산·회생) 실무   정가 180,000원

2024年 1月 05日 2版 印刷
2024年 1月 10日 2版 發行
편　찬 : 김 용 환
감　수 : 박 근 영
발 행 인 : 김 현 호
발 행 처 : 법률미디어
공 급 처 : 법문 북스

152-050
서울 구로구 구로동 636-62
TEL : 02)2636-2911~3, FAX : 02)2636-012
등록 : 1979년 8월 27일 제5-22호
Home : www.lawb.co.kr

| ISBN : 978-89-5755-267-4(13360)